中国语言资源保护工程

中国语言资源集·浙江　编委会

主任

朱鸿飞

主编

王洪钟　黄晓东　叶　晗　孙宜志

编委

（按姓氏拼音为序）

包灵灵　蔡　嵘　陈筱姁　程　朝　程永艳　丁　薇

黄晓东　黄汕青　蒋婷婷　雷艳萍　李建校　刘力坚

阮咏梅　施　俊　宋六旬　孙宜志　王洪钟　王文胜

吴　众　肖　萍　徐　波　徐　越　徐丽丽　许巧枝

叶　晗　张　薇　赵翠阳

教育部语言文字信息管理司
浙江省教育厅　指导

中国语言资源保护研究中心　统筹

中国语言资源集

浙江

语音卷三

王洪钟　黄晓东

叶晗　孙宜志　主编

ZHEJIANG UNIVERSITY PRESS

浙江大学出版社

·杭州·

第二章 字音对照

方言点	0001 多	0002 拖	0003 大 ~小	0004 锣	0005 左	0006 歌	0007 个	0008 可
	果开一平歌端	果开一平歌透	果开一去箇定	果开一平歌来	果开一上哿精	果开一平歌见	果开一去箇见	果开一上哿溪
01 杭州	təu³³⁴	tʰəu³³⁴	dəu¹³	ləu²¹³	tsəu⁵³	kəu³³⁴	kəu⁴⁵	kʰəu⁵³
02 嘉兴	tou⁴²	tʰou⁴²	dou¹¹³	lou²⁴²	tsou⁵⁴⁴	kou⁴²	kɛ²²⁴ 一~ kou²²⁴ ~别	kʰo¹¹³
03 嘉善	tu⁵³	tʰu⁵³	du¹¹³	lu¹³²	tsu³³⁴	ku⁵³	kə⁴⁴	kʰo³³⁴
04 平湖	tu⁵³	tʰa⁵³白 tʰu⁵³文	du²¹³白 da²¹³文	lu³¹	tsu³³⁴	ku⁵³	ku³³⁴ ~体 kəʔ⁵ 一~	kʰo²¹³
05 海盐	tu⁵³	tʰu⁵³	du²¹³白 dɑ²¹³文	lu³¹	tsu⁴²³	ku⁵³	kəʔ⁵	kʰo⁴²³
06 海宁	təu⁵⁵	tʰəu⁵⁵	dəu¹³	ləu¹³	tsəu⁵³	kəu⁵⁵	kəu³⁵	kʰo⁵³
07 桐乡	təu⁴⁴	tʰəu⁴⁴	dəu²¹³	ləu¹³	tsəu⁵³	kəu⁴⁴	kɤɯ³³⁴ ~ kəʔ⁵ 这~	kʰo⁵³
08 崇德	tu⁴⁴	tʰɑ⁴⁴白 tʰu⁴⁴文	du¹³白 dɑ¹³文	lu¹³	tsu⁵³	ku⁴⁴	kɤɯ³³⁴ ~人 kəʔ⁵ 一~	kʰo⁵³
09 湖州	təu⁴⁴	tʰəu⁴⁴	dəu²⁴	ləu¹¹²	tsəu⁵²³	kəu⁴⁴	kei³⁵	kʰuo⁵²³
10 德清	təu⁴⁴	tʰəu⁴⁴	dəu¹¹³	ləu¹¹³	tsəu⁵²	kəu⁴⁴	kəu³³⁴	kʰəu⁵²
11 武康	tu⁴⁴	tʰu⁴⁴	du¹¹³	lu¹¹³	tsu⁵³	ku⁴⁴	kɜʔ⁵	kʰu⁵³
12 安吉	tʊ⁵⁵	tʰʊ⁵⁵	dʊ²¹³	lʊ²²	tsʊ⁵²	kʊ⁵⁵	kəʔ⁵	kʰʊ⁵²
13 孝丰	tu⁴⁴	tʰu⁴⁴白 da²¹³文	du²¹³白 da²¹³文	lu²²	tsu⁵²	ku⁴⁴	kəʔ⁵	kʰu⁵²
14 长兴	təu⁴⁴	tʰəu⁴⁴	dəu²⁴	ləu¹²	tsəu⁵²	kəu⁴⁴	kei³²⁴	kʰu⁵²
15 余杭	tu⁴⁴	tʰu⁴⁴白 da²⁴文	du²¹³	lu²²	tsu⁵³	ku⁴⁴	kɤ⁴³⁵韵殊	kʰoʔ⁵音殊
16 临安	to⁵⁵	tʰo⁵⁵	do³³	lo³³	tso⁵⁵	ko⁵⁵	kəʔ⁵⁴	kʰo⁵⁵
17 昌化	tɯ³³⁴	tʰɯ³³⁴	dɯ²⁴³白 da²⁴³文	lɯ¹¹²	tsu⁴⁵³	kɯ³³⁴	kəʔ⁵ 一~ kɛ⁵⁴⁴ ~把	kʰɯ⁴⁵³
18 於潜	tu⁴³³	tʰu⁴³³	da²⁴	lu²²³	tsu⁵¹	ku⁴³³	kəʔ⁵³	kʰu⁵¹
19 萧山	to⁵³³	tʰo⁵³³	do²⁴²白 da²⁴²文	lo³⁵⁵	tso³³	ko⁵³³	kəʔ⁵ 一~ ko⁴² ~别	kʰo³³
20 富阳	tʊ⁵³	tʰa⁵³白 tʰʊ⁵³文	dʊ²²⁴	lʊ¹³	tsʊ⁴²³	kɯ⁵³	kɯ³³⁵	kʰɯ⁴²³

续表

方言点	0001 多	0002 拖	0003 大 ~小	0004 锣	0005 左	0006 歌	0007 个	0008 可
	果开一平歌端	果开一平歌透	果开一去箇定	果开一平歌来	果开一上哿精	果开一平歌见	果开一去箇见	果开一上哿溪
21 新登	tu⁵³	tʰa⁵³白 tʰu⁵³文	du¹³	lu²³³	tsu³³⁴	ku⁵³	ku⁴⁵~头 kəʔ⁵ 一~	kʰu³³⁴
22 桐庐	tu⁵³³	tʰu⁵³³	du²⁴	lu¹³	tsu³³	ku⁵³³	kəʔ⁵ 一~ ku³⁵ ~别	kʰu³³
23 分水	to⁴⁴	tʰo⁴⁴	da¹³	lo²²	tso⁵³	ko⁴⁴	ko²⁴	kʰo⁵³
24 绍兴	to⁵³	tʰa⁵³白 tʰo⁵³文	do²²	lo²³¹	tso³³⁴	ko⁵³	ko³³	kʰo³³
25 上虞	to³⁵	tʰɤ³⁵	do³¹	lɤ²¹³	tsɤ³⁵	kɤ³⁵	kəʔ⁵ 量 kɤ⁵³~人	kʰɤ³⁵
26 嵊州	to⁵³⁴	tʰa⁵³⁴白 tʰo⁵³⁴文	do²⁴	lo²¹³	tso⁵³	ko⁵³⁴	ka³³⁴ 一~ ko³³⁴ ~别	kʰo⁵³
27 新昌	tɤ⁵³⁴	tʰa⁵³⁴白 tʰɤ⁵³⁴文	dɤ¹³	lɤ²²	tsɤ⁴⁵³	kɤ⁵³⁴	ka³³⁵ 一~ kɤ³³⁵ ~别	kʰɤ⁴⁵³许~
28 诸暨	tɤu⁵⁴⁴	tʰɤu⁵⁴⁴	dɤu³³	lɤu¹³	tsɤu⁴²	kɤu⁵⁴⁴	kʌ⁵⁴⁴	kʰɤu⁴²
29 慈溪	təu³⁵	tʰəu³⁵	dəu¹³	ləu¹³	tsəu⁴⁴	kəu³⁵	kəu⁴⁴	kʰəu³⁵
30 余姚	tou⁴⁴	tʰou⁴⁴	dou¹³	lou¹³	tsou³⁴	kou⁴⁴	kou⁵³	kʰou³⁴
31 宁波	təu⁵³	tʰa⁵³白 tʰəu⁵³文	dəu¹³	ləu¹³	tsəu⁵³	kəu⁵³	kəu⁵³	kʰəu⁴⁴
32 镇海	təu⁵³	tʰa⁵³白 tʰəu⁵³文	dəu²⁴	ləu²⁴	tsəu³⁵	kəu⁵³	kəu⁵³	kʰəu³⁵
33 奉化	təu⁴⁴	tʰa⁴⁴白 tʰəu⁴⁴文	dəu³¹	ləu³³	tsəu⁵⁴⁵	kəu⁴⁴	kəu⁵³	kʰəu⁴⁴调殊
34 宁海	təu⁴²³	tʰa⁴²³白 tʰəu⁴²³文	dəu²⁴	ləu²¹³	tsəu⁵³	kɯ⁴²³	kɯ³⁵	kʰəu⁵³
35 象山	təu⁴⁴	tʰəu⁴⁴	dəu¹³	ləu³¹	（无）	ku⁴⁴	kəu⁴⁴调殊	kʰəu⁴⁴
36 普陀	təu⁵³	tʰəu⁵³	dəu¹³	ləu²⁴	tsəu⁴⁵	kəu⁵³	kəu⁵⁵	kʰəu⁴⁵
37 定海	tʌu⁵²	tʰa⁵²白 tʰʌu⁵²文	dʌu¹³白 da¹³文	lʌu²³	tsʌu⁴⁴	kʌu⁵²	kʌu⁴⁴~别 goʔ² 一~	kʰʌu⁴⁵
38 岱山	tʌu⁵²	tʰa⁵²白 tʰʌu⁵²文	dʌu²¹³	lʌu¹³	tsʌu⁴⁴	kʌu⁵²	goʔ² 一~ kʌu⁴⁴~别	kʰʌu³²⁵
39 嵊泗	tʌu⁵³	tʰa⁵³白 tʰʌu⁵³文	dʌu²¹³	lʌu²⁴³	tsʌu⁴⁴⁵	kʌu⁵³	goʔ² 一~ kʌu⁵³~别	kʰʌu⁴⁴⁵

续表

方言点	0001 多	0002 拖	0003 大 ~小	0004 锣	0005 左	0006 歌	0007 个	0008 可
	果开一 平歌端	果开一 平歌透	果开一 去箇定	果开一 平歌来	果开一 上哿精	果开一 平歌见	果开一 去箇见	果开一 上哿溪
40 临海	to^{31}	t^ho^{31}	do^{324}白 da^{324}文	lo^{21}	tso^{52}	ko^{31}	ke^{55}一~ ko^{55}~人	k^ho^{31}
41 椒江	$təu^{42}$	$t^həu^{42}$	$dəu^{24}$白 da^{24}文	$ləu^{31}$	$tsəu^{42}$	ko^{42}	$kɯ^{55}$量 ko^{55}~人	k^ho^{42}
42 黄岩	tou^{32}	t^ha^{32}白 t^hou^{32}文	dou^{24}白 da^{24}文	lou^{121}	$tsou^{42}$	ko^{32}	kie^{55}一~ ko^{55}~人 $kəʔ^{5}$一~人	k^ho^{42}
43 温岭	tu^{33}	t^ha^{33}白 t^hu^{33}文	du^{13}	lu^{31}	tsu^{42}	$kɯ^{33}$	$kɯ^{55}$又 kie^{55}又	k^ho^{42}
44 仙居	$ɗo^{334}$	t^ha^{334}白 t^ho^{334}文	do^{24}白 da^{24}文	lo^{213}	tso^{324}	ko^{334}	ko^{55}	k^ho^{324}
45 天台	tou^{33}	t^ha^{33}~柴 t^ho^{33}~拉	dou^{35}	lou^{224}	（无）	ko^{33}	kou^{55}	k^ho^{325}
46 三门	$tʊ^{334}$	$t^hʊ^{334}$	$dʊ^{243}$白 da^{243}文	$lʊ^{113}$	$tsʊ^{325}$	$kʊ^{334}$	$kʊ^{55}$	$k^hʊ^{325}$
47 玉环	$təu^{42}$	t^ha^{42}白 $t^həu^{42}$文	$dəu^{22}$白 da^{22}文	$ləu^{31}$	$tsəu^{53}$	ko^{42}	kie^{55}量 ku^{55}~人	k^ho^{42}
48 金华	$tuɣ^{334}$	$t^hɑ^{334}$白 $t^huɣ^{334}$文	$duɣ^{14}$	$luɣ^{313}$	$tsuɣ^{55}$	$kuɣ^{334}$	$kɑ^{55}$~头 $kəʔ^{4}$一~	$k^huɣ^{535}$
49 汤溪	$tuɣ^{24}$	$t^hɑ^{24}$	$duɣ^{341}$	$luɣ^{11}$	$tsou^{52}$	$kuɣ^{24}$	$kɑ^{52}$	$k^huɣ^{535}$
50 兰溪	$tuɣ^{334}$	$t^hɑ^{334}$白 $t^huɣ^{334}$文	$duɣ^{24}$	$luɣ^{21}$	$tsuɣ^{45}$	$kuɣ^{334}$	$kɑ^{45}$	$k^huɣ^{55}$
51 浦江	$tɯ^{534}$	$t^hɯ^{534}$	$dɯ^{24}$	$lɯ^{113}$	$tsɯ^{55}$	$kɯ^{534}$	$kɑ^{55}$	$k^hɯ^{53}$
52 义乌	$tuɣ^{335}$	t^ha^{335}白 $t^huɣ^{335}$文	$duɣ^{24}$	$luɣ^{213}$	$tsuɣ^{45}$	$kuɣ^{335}$	ka^{45}~把 $kə^{45}$一~	$k^huɣ^{423}$
53 东阳	$tʊ^{334}$	t^ha^{334}	$dʊ^{24}$	$lʊ^{213}$	$tsʊ^{44}$	$kʊn^{334}$小	ka^{453}	$k^hʊ^{44}$
54 永康	$ɗuo^{55}$	t^hia^{55}白 t^huo^{55}文	duo^{241}	luo^{22}	$tsuo^{334}$	kuo^{55}	kuo^{52}	k^huo^{334}
55 武义	luo^{24}	t^huo^{24}	duo^{231}	luo^{324}	$tsuo^{53}$	kuo^{24}	$tɕia^{53}$	k^huo^{445}

续表

方言点	0001 多	0002 拖	0003 大 ~小	0004 锣	0005 左	0006 歌	0007 个	0008 可
	果开一平歌端	果开一平歌透	果开一去箇定	果开一平歌来	果开一上哿精	果开一平歌见	果开一去箇见	果开一上哿溪
56 磐安	tuɤ⁴⁴⁵	tʰɑ⁴⁴⁵白 tʰuɤ⁴⁴⁵文	duɤ¹⁴	luɤ²¹³	tsuɤ⁵²	kuɤ³³⁴	ka⁵²	kʰuɤ³³⁴
57 缙云	tu⁴⁴	tʰɑ⁴⁴ tʰu⁴⁴	du²¹³	lu²⁴³	tsu⁵¹	ku⁴⁴	ku⁴⁵³	kʰu⁵¹
58 衢州	tu³²	tʰu³²	du²³¹	lu²¹	tsu⁵³调殊	ku³²	ku⁵³~人 kəʔ⁵两~	kʰu⁵³调殊
59 衢江	tou³³	tʰɑ³³白 tʰou³³文	dou²³¹	lou²¹²	tsou⁵³ 调殊	kou³³	kəʔ⁵一~ kou⁵³~体	kʰou⁵³ 调殊
60 龙游	tu³³⁴	tʰu³³⁴白 tʰɑ³³⁴文	du²³¹	lu²¹	tsu⁵¹调殊	ku³³⁴	kɑ⁵¹一~ ku⁵¹~别	kʰu⁵¹调殊
61 江山	to⁴⁴	tʰɑ⁴⁴~车 tʰo⁴⁴~鞋	do³¹	lo²¹³	tso⁵¹	ko⁴⁴	ka⁵¹两~ ko⁵¹~别	kʰo⁴⁴调殊
62 常山	tɔ⁴⁴	tʰɑ⁴⁴~地 tʰɛ⁴⁴~下水	dɔ¹³¹	lɔ³⁴¹	tsɔ⁵²	kɔ⁴⁴	kɛ³²⁴一~ kɔ⁵²~别	kʰɔ⁴⁴
63 开化	tɔ⁴⁴	tʰɑ⁴⁴白 tʰɔ⁴⁴文	dɔ²¹³	lɔ²³¹	tsɔ⁵³	kɔ⁴⁴	ka⁵³调殊	kʰɔ⁵³
64 丽水	tu²²⁴	tʰuɔ²²⁴白 tʰu²²⁴文	du¹³¹	lu²²	tsu⁵⁴⁴	ku²²⁴	kuɔ⁵²	kʰu⁵⁴⁴
65 青田	ɖu⁴⁴⁵	tʰɑ⁴⁴⁵白 tʰu⁴⁴⁵文	du²²	lu²¹	tsu⁴⁵⁴	ku⁴⁴⁵	kɑ³³	kʰu⁴⁵⁴
66 云和	tu²⁴	tʰɔ²⁴白 tʰu²⁴文	du²²³	lu³¹²	tsu⁴¹	ku²⁴	kei⁴⁵又 ki⁴⁵又	kʰu⁴¹
67 松阳	tu⁵³	tʰu⁵³	du¹³	luə³¹	tsu²¹²	ku⁵³	ki²⁴一~ ku²⁴~体	kʰu²¹²
68 宣平	to³²⁴	tʰɑ³²⁴白 tʰo³²⁴文	do²³¹	lo⁴³³	tso⁵²调殊	ko³²⁴	ka⁵²~数 kəʔ⁵~别	kʰo⁴⁴⁵
69 遂昌	tu⁴⁵	tʰɑ⁴⁵白 tʰu⁴⁵文	du²¹³	lu²²¹	tsu⁵³³	ku⁴⁵	kei³³⁴一~ ku³³⁴~体	kʰu⁵³³
70 龙泉	tou⁴³⁴	tʰɑ⁴³⁴白 tʰou⁴³⁴文	dou²²⁴	lou²¹	tsou⁵¹	kou⁴³⁴	ki⁴⁵一~ kou⁴⁵~农	kʰou⁵¹

方言点	0001 多	0002 拖	0003 大 ~小	0004 锣	0005 左	0006 歌	0007 个	0008 可
	果开一 平歌端	果开一 平歌透	果开一 去箇定	果开一 平歌来	果开一 上哿精	果开一 平歌见	果开一 去箇见	果开一 上哿溪
71 景宁	to³²⁴	tʰa³²⁴白 tʰo³²⁴文	do¹¹³	lo⁴¹	tso³³	ko³²⁴	kai³⁵ ~数 ki³⁵两~	kʰo³³
72 庆元	ɗo³³⁵	tʰo³³⁵	to³¹	lo⁵²	tso³³	ko³³⁵	kæi¹¹	kʰo³³
73 泰顺	to²¹³	tʰo²¹³	to²²	lo⁵³	tso⁵⁵	ko²¹³	ki³⁵	kʰo⁵⁵
74 温州	tɤu³³	tʰɤu³³	dɤu²²	lɤu³¹	tsɤu²⁵	ku³³	kai⁵¹	kʰuɔ²⁵
75 永嘉	təu⁴⁴	tʰa⁴⁴白 tʰo⁴⁴文	dəu²²	lo³¹	tso⁴⁵	ku⁴⁴	kai⁵³	kʰo⁴⁵
76 乐清	to⁴⁴	tʰo⁴⁴	du²²	lo³¹	tɕio³⁵	ko⁴⁴	kai⁴¹	kʰo³⁵
77 瑞安	tou⁴⁴	tʰa⁴⁴白 tʰou⁴⁴文	dou²²	lou³¹	tsou³⁵	ku⁴⁴	kai⁵³	kʰo³⁵
78 平阳	tu⁵⁵	tʰu⁵⁵	du³³	lu²⁴²	tʃu⁴⁵	ku⁵⁵	kai⁵³	kʰo⁴⁵
79 文成	tou⁵⁵	tʰou⁵⁵	dou⁴²⁴	lou¹¹³	tʃou⁴⁵	ku⁵⁵	kai³³	kʰo⁴⁵
80 苍南	tu⁴⁴	tʰia⁴⁴白 tʰo⁴⁴文	du¹¹	lu³¹	tsu⁵³	ku⁴⁴	kai⁴²	kʰo⁵³
81 建德徽	tu⁵³	tʰɑ⁵³白 tʰu⁵³文	tʰu⁵⁵	lu³³	tso⁵⁵	ku⁵³	kɑ³³~把 kɐʔ⁵一~	kʰo⁵⁵
82 寿昌徽	tu¹¹²	tʰɑ¹¹²白 tʰu¹¹²文	tʰu³³	lu⁵²	tsu²⁴	ku¹¹²	kɑ³³几~ ku²⁴~别	kʰu⁵⁵~以
83 淳安徽	tu²⁴	tʰɑ²⁴白 tʰu²⁴文	tʰu⁵³白 tʰɑ⁵³文	lu⁴³⁵	tsu⁵⁵	ku²⁴	kɑ²⁴	kʰu⁵⁵
84 遂安徽	təɯ⁵³⁴	tʰɑ⁵³⁴	tʰəɯ⁵²	ləɯ³³	tso²¹³	kuəɯ⁵³⁴	kɑ⁴³	kʰuəɯ²¹³
85 苍南闽	（无）	tʰua⁵⁵	tua²¹	lo²⁴	tso⁴³	kua⁵⁵	ge²⁴	kʰɔ⁴³
86 泰顺闽	tou²¹³	tʰou²¹³	ta³¹	lou²²	tsou³⁴⁴	kou²¹³	kɔi⁵³	kʰou³⁴⁴
87 洞头闽	（无）	tʰua³³	tua²¹~麦 tai²¹老~	lo¹¹³	tso⁵³	kua³³	ge¹¹³几~ ko²¹~体	kʰo⁵³
88 景宁畲	to⁴⁴	tʰo⁴⁴	tʰɔi⁵¹	lo²²	tsau³²⁵	ko⁴⁴	kɔi⁴⁴	kʰo³²⁵

方言点	0009 鹅	0010 饿	0011 河	0012 茄	0013 破	0014 婆	0015 磨动	0016 磨名
	果开一平歌疑	果开一去歌疑	果开一平歌匣	果开三平戈群	果合一去戈滂	果合一平戈並	果合一平戈明	果合一去戈明
01 杭州	ŋəu²¹³	ŋəu¹³	əu²¹³	dʑia²¹³～子 dʑiɛ²¹³～儿	pʰa⁴⁵白 pʰəu⁴⁵文	bəu²¹³	məu²¹³	məu¹³
02 嘉兴	vu²⁴²	vu¹¹³	vu²⁴²	gᴀ²⁴²	pʰu²²⁴	bu²⁴²	mou²⁴²	mou¹¹³
03 嘉善	ŋu¹³²	ŋu¹¹³	u¹³²	ga¹³²	pʰu³³⁴	bu¹³²	mu¹³²	mu¹¹³
04 平湖	ŋu²¹³	ŋu²¹³	u³¹	ga³¹	pʰu³³⁴	bu³¹	mo⁵³	mo²¹³
05 海盐	u³¹	u²¹³	u³¹	ga³¹	pʰu³³⁴	bu³¹	mo³¹	mo²¹³
06 海宁	u¹³	u¹³	u¹³	ga¹³	pʰu³⁵	bu¹³	mo¹³	mo¹³
07 桐乡	u¹³	u²¹³	u¹³	ga¹³～子 ka⁴⁴番～	pʰu³³⁴	bu¹³	mo¹³	mo²¹³
08 崇德	u¹³	u¹³	u¹³	ga¹³～子 ka⁴⁴番～	pʰu³³⁴	bu¹³	moŋ¹³韵殊	moŋ¹³韵殊
09 湖州	ŋəu¹¹²	ŋəu³⁵	əu¹¹²	ga¹¹²	pʰu³⁵	bu¹¹²	muo¹¹²	muo¹¹²
10 德清	ŋəu¹¹³	ŋəu³³⁴	əu¹¹³	ga¹¹³	pʰu³³⁴	bu¹¹³	mu¹¹³	mu¹¹³调殊
11 武康	ŋu¹¹³	ŋu²²⁴	u¹¹³	ga¹¹³	pʰu²²⁴	bu²⁴²调殊	mu¹¹³	mu¹¹³调殊
12 安吉	ŋʊ²²	ŋʊ²¹³	ʊ²²	dʑia²²	pʰa³²⁴	bʊ²²	mʊ²¹³	mʊ²¹³
13 孝丰	ŋu²²	ŋu³²⁴	u²²	dʑia²²	pʰa³²⁴	bu²²	mʊ³²⁴	mʊ³²⁴
14 长兴	ŋəu¹²	ŋ³²⁴	vu¹²	ga¹²	pʰu³²⁴	bu¹²	mu¹²	mu³²⁴
15 余杭	ŋu²²	ŋu²¹³	u²²	ga²²	pʰu⁴²³	bu²²	mu²²	mu²¹³
16 临安	o³³	ŋo³³	o³³	ga³³	pʰa⁵⁵	bo³³	mo³³	mo³³
17 昌化	ŋɯ¹¹²	ŋɯ²⁴³	ɯ¹¹²	dʑia¹¹²	pʰa⁵⁴⁴白 pʰu⁵⁴⁴文	bu¹¹²	mu²⁴³	mu²⁴³
18 於潜	ŋu²²³	ŋu²⁴	u²²³	dʑia²²³	pʰa³⁵	bu²²³	mu²⁴	mu²⁴
19 萧山	ŋo³⁵⁵	ŋo²⁴²	o³⁵⁵	dʑia³⁵⁵	pʰa⁴²白 pʰo⁴²文	bo³⁵⁵	mo³⁵⁵	mo²⁴²
20 富阳	ŋɯ¹³	ŋɯ³³⁵	u¹³	dʑia¹³～子	pʰa³³⁵	bu¹³	mʊ¹³	mʊ³³⁵
21 新登	u²³³	u¹³	u²³³	dʑia²³³番～	pʰa⁴⁵	bu²³³	mu²³³	mu²³³
22 桐庐	ŋu¹³	ŋu²⁴	u¹³	dʑiᴀ¹³	pʰᴀ³⁵	bu¹³	mu¹³	mu²⁴

方言点	0009 鹅	0010 饿	0011 河	0012 茄	0013 破	0014 婆	0015 磨动	0016 磨名
	果开一平歌疑	果开一去歌疑	果开一平歌匣	果开三平戈群	果合一去戈滂	果合一平戈并	果合一平戈明	果合一去戈明
23 分水	ŋo²²	ŋo¹³	xo²²	dʑia²²	pʰo²⁴	bo²²	mo¹³	mo¹³
24 绍兴	ŋo²³¹	ŋo²²	o²³¹	dʑia²³¹	pʰa³³白 pʰo³³文	bo²³¹	mo²³¹	mo²²
25 上虞	ŋɵ²¹³	ŋɵ³¹	ɵ²¹³	dʑia²¹³~子 ga¹³番~	pʰa⁵³	bɵ²¹³	mɵ²¹³	mɵ³¹
26 嵊州	ŋo²¹³	ŋo²⁴	o²¹³	dʑia²¹³	pʰa³³⁴白 pʰo³³⁴文	bo²¹³	mo²¹³	mo²⁴
27 新昌	ŋɤ²²	ŋɤ¹³	ɤ²²	dʑia²²	pʰa³³⁵白 pʰɤ³³⁵文	bɤ²²	mɤ²²	mɤ¹³
28 诸暨	ŋɤu¹³	ŋɤu³³	ɤu¹³	dʑiA¹³	pʰA⁵⁴⁴	bɤu¹³	mɤu¹³	mɤu³³
29 慈溪	ŋəu¹³	ŋəu¹³	əu¹³	dʑia¹³~子 ga¹³番~	pʰa⁴⁴	bəu¹³	məu¹³	məu¹³
30 余姚	ŋou¹³	ŋou¹³	ou¹³	dʑia¹³油焖~ ga¹³番~ dʑiẽ¹³辣~	pʰa⁵³白 pʰou⁵³文	bou¹³	mou¹³	mou¹³
31 宁波	ŋəu¹³	ŋəu¹³	əu¹³	dʑia¹³~子 ga¹³番~ dze¹³辣~	pʰəu⁴⁴	bəu¹³	məu¹³	məu¹³
32 镇海	ŋəu²⁴	ŋəu²⁴	əu²⁴	dʑia²⁴~子 ga²⁴番~ dʑie²⁴单用	pʰəu⁵³	bəu²⁴	məu²⁴	məu²⁴
33 奉化	ŋø³²⁴音殊	ŋəu³¹	əu³³	dʑiɛ³²⁴调殊 ga³²⁴调殊	pʰa⁵³白 pʰəu⁵³文	bəu³³	məu³³	məu³¹
34 宁海	ŋəu³¹调殊	ŋəu²⁴	həu²¹³	dʑia²¹³	pʰa⁵³ pʰu³⁵	bu²¹³	mu²¹³	mu²⁴
35 象山	ŋo³¹韵殊	ŋəu¹³	əu³¹	dʑia³¹番~	pʰəu⁵³	bəu³¹	məu³¹	məu³¹
36 普陀	ŋəu²⁴	ŋəu¹³	əu²⁴	kɐʔ⁵番~ dʑiɛ²⁴单用	pʰəu⁵⁵	bəu²⁴	məu²⁴	məu¹³
37 定海	ŋʌu¹³小	ŋʌu¹³	ʌu²³	dʑia¹³小	pʰʌu⁴⁴	bʌu²³	mʌu²³	mʌu¹³

方言点	0009 鹅	0010 饿	0011 河	0012 茄	0013 破	0014 婆	0015 磨动	0016 磨名
	果开一平歌疑	果开一去歌疑	果开一平歌匣	果开三平戈群	果合一去戈滂	果合一平戈並	果合一平戈明	果合一去戈明
38 岱山	ŋʌu²¹³小	ŋʌu²¹³	ʌu²³	dʑia²³小	pʰʌu⁴⁴	bʌu²³	mʌu²³	mʌu²¹³
39 嵊泗	ŋʌu²¹³小	ŋʌu²¹³	ʌu²⁴³	ga²⁴³番~	pʰʌu⁵³	bʌu²⁴³	mʌu²⁴³	mʌu²¹³
40 临海	ŋo²¹	ŋe³²⁴	o²¹	dʑia²¹	pʰo⁵⁵	bo²¹	mo²¹~刀	mo³²⁴~粉
41 椒江	ŋo²⁴小	ŋɯ²⁴	ɯ³¹	dʑia³¹	pʰu⁵⁵	bu³¹	mo³¹	mo²⁴
42 黄岩	ŋo¹²¹	ȵie²⁴白 ŋo²⁴文	e¹²¹白 o¹²¹文	dʑia¹²¹	pʰu⁵⁵	bu¹²¹	mu¹²¹	mu²⁴
43 温岭	ŋɯ²⁴小	ŋɯ¹³	ɯ³¹白 o³¹文	dʑia³¹	pʰu⁵⁵	bu²⁴小	mu³¹	mu¹³
44 仙居	ŋo²¹³	ŋo²⁴	o²¹³	dʑya³⁵³小	pʰa⁵⁵~柴 pʰo⁵⁵~鱼	bo²¹³	mo²¹³	mo²⁴
45 天台	ŋou²²⁴	ŋou³⁵	ou²²⁴	gia²²⁴番~	pʰou⁵⁵	bou²²⁴	mou²²⁴~粉 mo²²⁴~刀	mou³⁵
46 三门	ŋʊ²⁵²小	ŋʊ²⁴³	ʊ¹¹³	dʑia²⁵²小	pʰʊ⁵⁵	bʊ²⁵²小	mʊ²⁴³	mʊ²⁴³
47 玉环	ŋo³¹	ŋu²²	u³¹	dʑia³¹	pʰa⁵⁵白 pʰu⁵⁵文	bu²⁴小	mu³¹	m²²白 mo²²文
48 金华	uɤ³¹³	uɤ¹⁴	uɤ³¹³	tɕia⁵⁵番~	pʰɑ⁵⁵	bɤ³¹³	mɤ³¹³~刀 mɤ¹⁴~碎	mɤ¹⁴
49 汤溪	uɤ¹¹	uɤ³⁴¹	uɤ¹¹	dʑiɑ⁰ 番~	pʰɑ⁵²打~ pʰɤ⁵²望~	bɤ¹¹	mɤ¹¹	mɤ³⁴¹
50 兰溪	uɤ²¹	uɤ²⁴	uɤ²¹	（无）	pʰɑ⁴⁵	bɔ²¹	mɔ²¹	mɔ²⁴
51 浦江	ŋɯ¹¹³	ŋɯ²⁴	ɯ¹¹³	dʑiɑ¹¹³~菜 tɕia⁵³⁴番~	pʰɑ⁵⁵	bɯ¹¹³	mɯ¹¹³~刀 mɯ²⁴~麦	mɯ²⁴
52 义乌	uɤ²¹³	ɔ²⁴	uɤ²¹³	gon²¹³小	pʰa⁴⁵白 pʰɯɤ⁴⁵文	bɯɤ²¹³	mɯɤ²¹³	mɯɤ²⁴
53 东阳	ŋʊ²¹³	ŋa²⁴	ʊ²¹³	ka⁴⁴番~	pʰa⁴⁵³	bʊ²¹³	mʊ²¹³	mʊ²⁴
54 永康	ŋuo²²	ŋuo²⁴¹	uo²²	dʑie²²	pʰia⁵²	buo²²	muo²⁴¹ ~豆腐 mau²²~刀	muo²⁴¹

续表

方言点	0009 鹅	0010 饿	0011 河	0012 茄	0013 破	0014 婆	0015 磨 动	0016 磨 名
	果开一 平歌疑	果开一 去歌疑	果开一 平歌匣	果开三 平戈群	果合一 去戈滂	果合一 平戈並	果合一 平戈明	果合一 去戈明
55 武义	ŋuo³²⁴	ŋuo²³¹	uo³²⁴	（无）	pʰia⁵³	buo³²⁴	muo³²⁴	muo²³¹
56 磐安	ŋuɤ²¹³	ŋa¹⁴	uɤ²¹³	dzia²¹³	pʰa⁵²白 pʰo⁵²文	bo²¹³	mo²¹³	mo¹⁴
57 缙云	ŋu²⁴³	ŋu²¹³	u²⁴³	gu²⁴³落~	pʰu⁴⁵³	bu²⁴³	mu²⁴³	mu²¹³
58 衢州	ŋu²¹	ŋu²³¹	u²¹	kɑ⁵³番~	pʰɛ⁵³形 pʰu⁵³动	bu²¹	mu²¹	mu²³¹
59 衢江	ŋou²¹²	ŋou²³¹	u²¹²	ka⁵³番~	pʰa⁵³	bu²¹²	mou²¹²	mou²³¹
60 龙游	ŋu²¹	ŋu²³¹	u²¹	kɑ³³⁴番~	pʰɑ⁵¹动 pʰɑ³⁵形	bu²¹	m²¹	m²³¹
61 江山	ŋo²¹³	ŋua³¹	o²¹³	go²¹³~饼 go³¹番~	pʰa²⁴¹形 pʰa⁵¹动	biə²¹³舅~ bo²²傻~	miə²¹³	miə³¹
62 常山	ŋɔ³⁴¹	uɛ¹³¹	ɔ³⁴¹	tɕiɑ⁵²	pʰɛ³²⁴	bie²⁴	mi³⁴¹	mie¹³¹
63 开化	ŋɔ²³¹	ua²¹³	xɔ²³¹	（无）	pʰa⁴¹²	biɛ²¹³外~ biɛ²³¹公~	ma²³¹	miɛ²¹³
64 丽水	ŋuo²²	ŋuei¹³¹	u²²	dʑio²²	pʰuo⁵²	bu²²	m²²~刀 m¹³¹~豆	m¹³¹
65 青田	ŋu²¹	ŋuæi²²	u²¹	dʑiu²¹	pʰɑ³³白 pʰu³³文	bu²¹	m²¹	m²²
66 云和	ŋ³¹²	uei²²³	u³¹²	dʑio³¹²	pʰɔ⁴⁵	bu³¹²	m³¹²~刀	m²²³
67 松阳	ŋ³¹	ŋa¹³	u³¹	dʑʑə³¹	pʰa²⁴	bu³¹	m³¹	m¹³
68 宣平	ŋo⁴³³	ŋuei²³¹	o⁴³³	ko³²⁴音殊	pʰa⁵²白 pʰo⁵²文	bo⁴³³	mo⁴³³~刀 mo²³¹~豆	mo²³¹
69 遂昌	ŋu²²¹	ŋei²¹³	u²²¹	dʑiɔ²²¹	pʰa³³⁴白 pʰu³³⁴文	bu²²¹	mu²²¹	mu²¹³
70 龙泉	ŋou²¹	ua²²⁴白 ŋou²²⁴文	ou²¹	dʑio²¹	pʰa⁴⁵白 pʰou⁴⁵文	pou⁴⁵外~ bou²¹读字	mou²¹	mou²²⁴
71 景宁	ŋo⁴¹	ŋuai¹¹³	o⁴¹	dʑio⁴¹	pʰa³⁵白 pʰo³⁵文	bo⁴¹	mo⁴¹~刀 mo¹¹³~豆	mo¹¹³

续表

方言点	0009 鹅 果开一 平歌疑	0010 饿 果开一 去歌疑	0011 河 果开一 平歌匣	0012 茄 果开三 平戈群	0013 破 果合一 去戈滂	0014 婆 果合一 平戈並	0015 磨 动 果合一 平戈明	0016 磨 名 果合一 去戈明
72 庆元	ŋo⁵²	ŋo³¹	xo⁵²	tɕia⁵²	pʰa¹¹白 pʰo¹¹文	po⁵²	mæi⁵²白 mo³¹文	mo³¹
73 泰顺	ŋo⁵³	ŋuæi²²	o⁵³	tɕyɔ⁵³	pʰa³⁵	po⁵³	muɔ⁵³	muɔ²²
74 温州	ŋo³¹白 ŋ³¹文	ŋai²²	vu³¹	dzɿ³¹~儿 ga³¹番~	pʰa⁵¹白 pʰø⁵¹文	bø³¹	mø³¹	mø²²
75 永嘉	ŋo³¹	vai²²	u³¹	dzɿ³¹~儿 ga³¹番~	pʰa⁵³白 pʰu⁵³文	bu³¹	m³¹	m²²
76 乐清	ŋo³¹	vai²²	o³¹	dzi³¹~花 ga³¹番~	pʰe⁴¹白 pʰu⁴¹文	bu³¹	m³¹	m²²
77 瑞安	ŋ³¹	ŋai²²	vɯ³¹	dzi³¹落~ ga³¹番~	pʰa⁵³白 pʰɤ⁵³文	bɤ³¹	mɤ³¹	mɤ²²
78 平阳	ŋ²⁴²	ŋai³³	vu²⁴²	dzi²⁴²落~ gA²⁴²番~	pʰA⁵³	bu²⁴²	mu²⁴²	mu³³
79 文成	ŋou¹¹³	ŋai⁴²⁴	vu¹¹³	dzi¹¹³落~ ga¹¹³番~	pʰɔ³³	bu¹¹³	mo¹¹³	mo⁴²⁴
80 苍南	ŋu³¹	ŋuai¹¹	u³¹	gia³¹	pʰia⁴²白 pʰu⁴²文	bu³¹	mu³¹	mo¹¹
81 建德徽	ŋu³³	ŋu⁵⁵	u³³	ka⁵⁵番~	pʰa³³	pu³³	m³³~刀 m⁵⁵~粉	m⁵⁵
82 寿昌徽	ŋu⁵²	ŋu³³	xu⁵²	tɕia³³番~	pʰa³³	pʰɯ⁵²	mɯ⁵²~刀	mɯ³³
83 淳安徽	u⁴³⁵	u⁵³	hu⁴³⁵又 fu⁴³⁵又	ko²⁴	pʰa²⁴	pʰu⁴³⁵	mu⁴³⁵~刀 mu⁵³~粉	mu⁵³
84 遂安徽	vəɯ³³	vəɯ⁵²	xəɯ³³	tɕia³³	pʰa⁴³	pʰəɯ³³	məɯ³³	məɯ³³
85 苍南闽	gia²⁴	无	hɔ²⁴	kio²⁴	pʰua²¹	pʰo²⁴	bua²⁴	bo²¹
86 泰顺闽	ŋou²²	ŋou³¹	ou²²	køi²²	pʰia⁵³	pou²²	mou³¹	mou³¹
87 洞头闽	gia¹¹³	(无)	ho¹¹³	kieu¹¹³	pʰua²¹	pʰo¹¹³	bua¹¹³	bo²¹
88 景宁畲	(无)	ŋo⁵¹	xo²²	kʰio³²⁵	pʰo⁴⁴	pʰo²²	mo²²	mo⁵¹

方言点	0017 躲	0018 螺	0019 坐	0020 锁	0021 果	0022 过 ~来	0023 课	0024 火
	果合一 上戈端	果合一 平戈来	果合一 上戈从	果合一 上戈心	果合一 上戈见	果合一 去戈见	果合一 去戈溪	果合一 上戈晓
01 杭州	təu⁵³	ləu²¹³	dzəu¹³	səu⁵³	ku⁵³	ku⁴⁵	kʰəu⁴⁵	xu⁵³
02 嘉兴	to⁵⁴⁴文	lou²⁴²	zou¹¹³	sou⁵⁴⁴	kou⁵⁴⁴	kou²²⁴	kʰou²²⁴	fu⁵⁴⁴
03 嘉善	tu⁴⁴	lu¹³²	zu¹¹³	su⁴⁴	ku⁴⁴	ku³³⁴	kʰu³³⁴	fu⁴⁴声殊 ɸu⁴⁴又
04 平湖	tu⁴⁴	lu³¹	zu²¹³	su⁴⁴	ku⁴⁴	ku³³⁴	kʰu²¹³	fu⁴⁴
05 海盐	(无)	lu³¹	zu⁴²³	su⁴²³	ku⁴²³	ku³³⁴	kʰu³³⁴	fu⁴²³
06 海宁	to⁵³	ləu¹³	zəu²³¹	so⁵³	kəu⁵³	kəu³⁵	kʰəu³⁵	fu⁵³声殊 ɸu⁵³又
07 桐乡	(无)	ləu¹³	zəu²⁴²	səu⁵³	kəu⁵³	kəu³³⁴	kʰəu³³⁴	fu⁵³
08 崇德	to⁵³	lu¹³	zo²⁴²	so⁵³	ku⁵³	ku³³⁴	kʰu³³⁴	hu⁵³
09 湖州	təu⁵²³	ləu¹¹²	zəu⁵²³	səu⁵²³	kəu⁵²³	kəu³⁵	kʰəu³⁵	xəu⁵²³
10 德清	təu⁵²	ləu¹¹³	zəu¹⁴³	səu⁵²	kəu⁵²	kəu³³⁴	kʰəu³³⁴	xəu⁵²
11 武康	tu⁵³	lu¹¹³	zu²⁴²	su⁵³	ku⁵³	ku²²⁴	kʰu²²⁴	fu⁵³
12 安吉	tʊ⁵²	lʊ²²	zʊ²⁴³	su⁵²	ku⁵²	ku³²⁴	kʰʊ³²⁴	hu⁵²
13 孝丰	tʊ⁵²	lu²²	zu²⁴³	su⁵²	ku⁵²	ku³²⁴	kʰu³²⁴	hu⁵²
14 长兴	təu⁵²	ləu¹²	zəu²⁴³	səu⁵²	kəu⁵²	kəu³²⁴	kʰəu³²⁴	həu⁵²
15 余杭	tu⁵³	lu²²	zu²⁴³	su⁵³	ku⁵³	ku⁴²³	kʰu⁴²³	fu⁵³声殊 ɸu⁵³又
16 临安	to⁵⁵	lo⁵⁵	zo⁵⁵	so⁵⁵	ko⁵⁵	ko⁵⁵	kʰo⁵⁵	fu⁵⁵声殊 ɸu⁵⁵又
17 昌化	tu⁴⁵³	lɯ¹¹²	zɯ²⁴³	su⁴⁵³	kɯ⁴⁵³	kɯ⁵⁴⁴	kʰɯ³³⁴	xɯ⁴⁵³
18 於潜	tu⁵¹	lu²²³	zu²⁴	su⁵¹	ku⁵¹	ku³⁵	kʰu⁴³³	xu⁵¹
19 萧山	to³³	lo³⁵⁵	zo¹³	so³³	ku³³	ku⁴²	kʰo⁴²	xu³³
20 富阳	tʊ⁴²³	lʊ¹³	zʊ²²⁴	sʊ⁴²³	ku⁴²³	ku³³⁵	kʰɯ³³⁵	hu⁴²³
21 新登	tu³³⁴	lu²³³	zu¹³	su³³⁴	ku³³⁴	ku⁴⁵	kʰu⁴⁵	hu³³⁴
22 桐庐	tu³³	lu¹³	zu²⁴	su³³	ku³³	ku³⁵	kʰu³⁵	xu³³

中国语言资源集·浙江 语音卷

方言点	0017 躲	0018 螺	0019 坐	0020 锁	0021 果	0022 过 ~来	0023 课	0024 火
	果合一 上戈端	果合一 平戈来	果合一 上戈从	果合一 上戈心	果合一 上戈见	果合一 去戈见	果合一 去戈溪	果合一 上戈晓
23 分水	to^{53}	lo^{22}	dzo^{13}	so^{53}	ko^{53}	ko^{24}	k^{h}o^{53}	xo^{53}
24 绍兴	to^{334}	lo^{231}	zo^{223}	so^{334}	ku^{334}	ku^{33}	k^{h}o^{33}	fu^{334}
25 上虞	（无）	lɷ^{213}	zɷ^{213}	so^{35}名 su^{35}动	ku^{35}	ku^{53}	k^{h}ɷ^{53}	fu^{35}
26 嵊州	to^{53}	lo^{213}	zo^{22}	so^{53}	ko^{53}	ko^{334}	k^{h}o^{334}	ho^{53}
27 新昌	tɤ^{453}	lɤ^{22}	zɤ^{232}	sɤ^{453}	kɤ^{453}	kɤ^{335}	k^{h}ɤ^{335}	hɤ^{453}
28 诸暨	tɤu^{42}	lɤu^{13}	zɤu^{242}	sɤu^{42}	kɤu^{42}	kɤu^{544}	k^{h}ɤu^{544}	hɤu^{42}
29 慈溪	（无）	ləu^{13}	dzəu^{13}	səu^{35}	kəu^{35}	kəu^{44}	k^{h}əu^{44}	həu^{35}
30 余姚	（无）	lou^{13}	zou^{13}	sou^{34}	kou^{34}	kou^{53}	k^{h}ou^{53}	hou^{34}
31 宁波	to^{35}读字	ləu^{13}	zəu^{13}	səu^{35}	kəu^{35}	kəu^{53}	k^{h}əu^{53}	həu^{35}
32 镇海	（无）	ləu^{24}	zəu^{24}	səu^{35}	kəu^{35}	kəu^{53}	k^{h}əu^{53}	həu^{35}
33 奉化	（无）	ləu^{33}	zəu^{324}	səu^{545}	kəu^{545}	kəu^{53}	k^{h}əu^{53}	həu^{545}
34 宁海	（无）	ləu^{213}	zəu^{31}	səu^{53}	ku^{53}	ku^{35}	k^{h}u^{35}	hu^{53}
35 象山	təu^{44}读字	ləu^{31}	zəu^{31}	so^{44}	ku^{44}	ku^{53}	k^{h}əu^{53}	hu^{44}
36 普陀	to^{45}	ləu^{24}	zəu^{23}	səu^{45}	kəu^{45}	kəu^{55}	k^{h}əu^{55}	xəu^{45}
37 定海	to^{45}	lʌu^{23}	zʌu^{23}	sʌu^{45}	kʌu^{45}	kʌu^{44}	k^{h}ʌu^{44}	xʌu^{45}
38 岱山	（无）	lɤ^{213}小	zʌu^{244}	sʌu^{325}	kʌu^{325}	kʌu^{44}	k^{h}ʌu^{44}	xʌu^{325}
39 嵊泗	（无）	lʌu^{243}	zʌu^{334}	sʌu^{445}	kʌu^{445}	kʌu^{53}	k^{h}ʌu^{53}	xʌu^{445}
40 临海	to^{52}	lo^{21}	zo^{21}	so^{52}	ko^{52}	ku^{55}	k^{h}o^{55}	ho^{52}
41 椒江	tio^{42}	ləu^{31}	zo^{31}	so^{42}	ku^{42}	ku^{55}	k^{h}u^{55}	hu^{42}
42 黄岩	tou^{42}	lou^{121}	zo^{121}	so^{42}	ku^{42}	ku^{55}	k^{h}u^{55}	hu^{42}
43 温岭	tu^{42}	lu^{31}	zo^{31}	su^{42}	ku^{42}	ku^{55}	k^{h}u^{55}	hu^{42}
44 仙居	ɗo^{324}读字	lo^{213}	zo^{213}	so^{324}	ko^{324}	ku^{55}韵殊	k^{h}o^{55}	ho^{324}
45 天台	（无）	lou^{224}	zo^{214}	so^{325}	ku^{325}	ku^{55}	k^{h}ou^{55}	ho^{325}
46 三门	tʊ^{325}	lʊ^{113}	ʑiʊ^{243}	ɕiʊ^{325}	kʊ^{325}	ku^{55}	k^{h}ʊ^{55}	hʊ^{325}

续表

方言点	0017 躲	0018 螺	0019 坐	0020 锁	0021 果	0022 过 ~来	0023 课	0024 火
	果合一上戈端	果合一平戈来	果合一上戈从	果合一上戈心	果合一上戈见	果合一去戈见	果合一去戈溪	果合一上戈晓
47 玉环	təu⁵³	ləu²⁴小	zo⁴¹	səu⁵³	ku⁵³	ku⁵⁵	kʰu⁵⁵	fu⁵³
48 金华	tuɤ⁵³⁵	luɤ³¹³	suɤ⁵³⁵	suɤ⁵³⁵	kuɤ⁵³⁵	kuɤ⁵⁵	kʰuɤ⁵⁵	xuɤ⁵³⁵
49 汤溪	tɤ⁵²读字	luɤ¹¹	zuɤ¹¹³	suɤ⁵³⁵	kuɤ⁵³⁵	kuɤ⁵²	kʰuɤ⁵²	xuɤ⁵³⁵
50 兰溪	tuɤ⁵⁵	luɤ²¹	suɤ⁵⁵	suɤ⁵⁵	kuɤ⁵⁵	kuɤ⁴⁵	kʰuɤ⁴⁵	xuɤ⁵⁵
51 浦江	（无）	luɯ¹¹³	zuɯ²⁴³	suɯ⁵³	kuɯ⁵³	kuɯ⁵⁵	kʰɯ⁵⁵	xuɯ⁵³
52 义乌	tuɤ⁴²³	luɤ²¹³	zuɤ³¹²	suɤ⁴²³	kuɤ⁴²³	kuɤ⁴⁵	kʰuɤ⁴⁵	huɤ⁴²³
53 东阳	tʊ⁴⁴	lʊ²¹³	zʊ²⁴	sʊ⁴⁴	kʊ⁴⁴	kʊ⁴⁵³	kʰʊ⁴⁵³	hʊ⁴⁴
54 永康	duo³³⁴	luo²²	zuo¹¹³	suo³³⁴	kuo³³⁴	kuɑ⁵²	kʰuo⁵²	xuo³³⁴
55 武义	（无）	luo³²⁴	zuo¹³	suo⁴⁴⁵	kuo⁴⁴⁵	kuo⁵³	kʰuo⁵³	xuo⁴⁴⁵
56 磐安	（无）	luɤ²¹³	suɤ³³⁴	suɤ³³⁴	kuɤ³³⁴	kuɤ⁵²	kʰuɤ⁵²	xuɤ³³⁴
57 缙云	（无）	lu²⁴³	zu³¹	su⁵¹	ku⁵¹	ku⁴⁵³	kʰu⁴⁵³	xu⁵¹
58 衢州	tu³⁵	lu²¹	zu²³¹	su³⁵	ku³⁵	ku⁵³	kʰu⁵³	xu³⁵
59 衢江	tou²⁵	lou²¹²	zou²¹²	sou²⁵	ku²⁵苹~ / kuo²⁵水~	kuo⁵³	kʰu⁵³	xuo²⁵
60 龙游	tu³⁵	lu²¹	zu²²⁴	su³⁵	ku³⁵	ku⁵¹	kʰu⁵¹	xu³⁵
61 江山	to²⁴¹	lo²¹³	ʑi²²~车 / zo²²一定	so²⁴¹	kyə²⁴¹水~ / ko²⁴¹结~	kyə⁵¹	kʰo⁵¹	xuɛ²⁴¹
62 常山	tɔ⁵²	lɔ³⁴¹	ʑi²⁴	sɔ⁵²	tɕyɛ⁵²水~ / kɔ⁵²如~	tɕyɛ³²⁴	kʰɔ⁵²	xui⁵²发~ / ɕye⁵²香~
63 开化	tɔ⁵³	lɔ²³¹	zuei²¹³	sɔ⁵³	kɔ⁵³	tɕyɛ⁴¹²	kʰɔ⁵³调殊	xuei⁵³
64 丽水	tu⁵⁴⁴	lu²²	zu²²	su⁵⁴⁴	kuo⁵⁴⁴	kuo⁵²	kʰuo⁵²	xuo⁵⁴⁴
65 青田	ɗu⁴⁵⁴	lu²¹	zu³⁴³	su⁴⁵⁴	ku⁴⁵⁴	ku³³	kʰu³³	xu⁴⁵⁴
66 云和	（无）	lu³¹²	zu²³¹	su⁴¹	ko⁴¹	ko⁴⁵	kʰo⁴⁵	xo⁴¹
67 松阳	tu⁵³调殊	lu³¹	zu²²	su²¹²	ku²¹²	ku²⁴	kʰu²⁴	fu²¹²
68 宣平	to⁴⁴⁵	lo⁴³³	zo²²³	so⁴⁴⁵	ko⁴⁴⁵	ko⁵²	kʰo⁵²	xo⁴⁴⁵

续表

方言点	0017 躲 果合一 上戈端	0018 螺 果合一 平戈来	0019 坐 果合一 上戈从	0020 锁 果合一 上戈心	0021 果 果合一 上戈见	0022 过 ~来 果合一 去戈见	0023 课 果合一 去戈溪	0024 火 果合一 上戈晓
69 遂昌	tiu⁴⁵调殊	lu²²¹	zu¹³	su⁵³³	ku⁵³³	ku³³⁴	kʰu³³⁴	xu⁵³³
70 龙泉	tou⁴⁵调殊	lɛ²¹田~ lou²¹~丝	sou⁵¹	sou⁵¹	kou⁵¹	kou⁴⁵	kʰou⁴⁵	xuəi⁵¹白 xou⁵¹文
71 景宁	(无)	lo⁴¹	zo³³	so³³	ko³³	ko³⁵	kʰo³⁵	xo³³
72 庆元	ɗo³³⁵调殊	læi⁵²田~ lo⁵²~蛳	so²²¹	so³³	ko³³	kuɤ¹¹	kʰo¹¹	xuæi³³白 xo³³文
73 泰顺	to⁵⁵	lo⁵³	so²¹	so⁵⁵	kuɔ⁵⁵	kuɔ³⁵	kʰuɔ³⁵	fuɔ⁵⁵
74 温州	tɣu²⁵	lɣu³¹	zuɔ¹⁴	so²⁵	ku²⁵	ku⁵¹	kʰu⁵¹	fu²⁵
75 永嘉	to⁴⁵	lo³¹	zo¹³	so⁴⁵	ku⁴⁵	ku⁵³	kʰu⁵³	fu⁴⁵
76 乐清	to³⁵	lo⁴⁴吹~ lo³¹田~	zo²⁴	so³⁵	ku³⁵	ku⁴¹	kʰu⁴¹	fu³⁵
77 瑞安	tou³⁵	lou³¹	zo¹³	sou³⁵	kɯ³⁵	kɯ⁵³	kʰɯ⁵³	fɯ³⁵
78 平阳	tu⁴⁵	lu²⁴²	zo²³	su⁴⁵	ku⁴⁵	ku⁵³	kʰu⁵³	fu⁴⁵
79 文成	tou⁴⁵	lou¹¹³	zou²²⁴	sou⁴⁵	ku⁴⁵	ku³³	kʰu³³	fu⁴⁵
80 苍南	to²²³调殊	lu³¹	zo²⁴	su⁵³	ku⁵³	ku⁴²	kʰu⁴²	hu⁵³
81 建德徽	tu²¹³	lu³³	su²¹³	su²¹³	ku²¹³	ku³³	kʰu⁵³	hu²¹³
82 寿昌徽	tu²⁴	lu¹¹²文	su⁵³⁴	su²⁴	ku²⁴	ku³³	kʰu³³	xu²⁴
83 淳安徽	tu⁵⁵	lu⁴³⁵	su⁵⁵	su⁵⁵	ku⁵⁵	ku²⁴	kʰu²⁴	hu⁵⁵又 fu⁵⁵又
84 遂安徽	təɯ²¹³	ləɯ³³	səɯ⁴³	səɯ²¹³	kuəɯ²¹³	kuəɯ⁴³	kʰuəɯ⁴³	fəɯ²¹³
85 苍南闽	(无)	lə²⁴	tsə³²	so⁴³	kɔ⁴³	kə²¹	kʰɔ²¹	hə⁴³
86 泰顺闽	(无)	lɔi²²	sɔi³¹	sou³⁴⁴	kou³⁴⁴	kou⁵³	kʰou⁵³	fɔi³⁴⁴
87 洞头闽	(无)	lə¹¹³	tsə²¹	so⁵³	ko⁵³	kə²¹	kʰo²¹	hə⁵³
88 景宁畲	(无)	lo²²	tsʰo⁴⁴	sau³²⁵	ko³²⁵	ku⁴⁴	kʰo⁴⁴	fu³²⁵

方言点	0025 货	0026 祸	0027 靴	0028 把 量	0029 爬	0030 马	0031 骂	0032 茶
	果合一 去戈晓	果合一 上戈匣	果合三 平戈晓	假开二 上麻帮	假开二 平麻並	假开二 上麻明	假开二 去麻明	假开二 平麻澄
01 杭州	xu⁴⁵	əu¹³	ɕiɛʔ⁵	pa⁵³	ba²¹³	ma⁵³	ma¹³	dza²¹³
02 嘉兴	fu²²⁴	vu¹¹³	ɕyə⁴²	po⁵⁴⁴	bo²⁴²	mo¹¹³	mo¹¹³	zo²⁴²
03 嘉善	fu³³⁴声殊	u¹¹³	ɕyø⁵³音殊	po³³⁴	bo¹³²	mo¹¹³	mo¹¹³	zo¹³²
04 平湖	fu³³⁴	u²¹³	ɕyo⁵³	po⁴⁴	bo³¹	mo²¹³	mo²¹³	zo³¹
05 海盐	fu³³⁴	u⁴²³	ɕyɤ⁵³	po⁴²³	（无）	mo⁴²³	mo²¹³	zo³¹
06 海宁	fu³⁵声殊	u²³¹	ɕie⁵⁵音殊	po⁵³	bo¹³	mo²³¹	mo¹³	zo¹³
07 桐乡	fu³³⁴	u²⁴²	ɕiɤɯ⁴⁴	po⁵³	bo¹³	mo²⁴²	mo²¹³	zo¹³
08 崇德	hu³³⁴	u⁵³	ɕiɤɯ⁴⁴	po⁵³	bo¹³	mo⁵³	mo¹³	zo¹³
09 湖州	xəu³⁵	əu⁵²³	ɕiʉ⁴⁴音殊	puo⁵²³	buo¹¹²	muo⁵²³	muo³⁵	dzuo¹¹²
10 德清	xəu³³⁴	əu⁵²	ɕie⁴⁴音殊	puo⁵²	buo¹¹³	muo⁵²	muo³³⁴	zuo¹¹³
11 武康	fu²²⁴	uo⁵³	ɕiɿ⁴⁴音殊	puo⁵³	buo¹¹³	muo²⁴²	muo²²⁴	dzuo¹¹³
12 安吉	fu³²⁴	ʊ⁵²	ɕy⁵⁵	pʊ⁵²	bʊ²²	mʊ⁵²	mʊ²¹³	dzʊ²²
13 孝丰	hu³²⁴	u⁵²	ɕy⁴⁴	pʊ⁵²	bʊ²²	mʊ⁵²	mʊ³²⁴	dzʊ²²
14 长兴	həu³²⁴	vu⁵²	ʃiɣ⁴⁴	pu⁵²	bu¹²	mu⁵²	mu³²⁴	dzu¹²
15 余杭	fu⁴²³声殊	u⁵³	ɕiɿ⁴⁴音殊	puo⁵³	buo²²	muo⁵³	muo²¹³	zuo²²
16 临安	fu⁵⁵声殊	o³³	ɕy⁵⁵音殊	po⁵⁵	bo⁵⁵	mo³³	mo³³	dzo³³
17 昌化	xɯ⁵⁴⁴	ɯ²⁴³	ɕye³³⁴	pu⁴⁵³	bu¹¹²	mu⁴⁵³	mu²⁴³	zu¹¹²
18 於潜	xu³⁵	u²⁴	ɕy⁴³³	pa⁵¹	ba²²³	ma⁵¹	ma²⁴	dza²²³
19 萧山	xu⁴²	o¹³	ɕy⁵³³	po³³	po³⁵⁵	mo¹³	mo²⁴²	dzo³⁵⁵
20 富阳	hu³³⁵	u²²⁴	（无）	po⁴²³	bo¹³	mo²²⁴	mo³³⁵	dzo¹³
21 新登	hu⁴⁵	u²³³	（无）	pɑ³³⁴	bɑ²³³	mɑ³³⁴	mɑ¹³	dzɑ²³³
22 桐庐	xu³⁵	u²⁴	ɕyE⁵³³	po³³	bo¹³	mo³³	mo²⁴	dʑyo¹³
23 分水	xo²⁴	o²⁴	ɕye⁴⁴	pa⁵³	ba²²	ma⁵³	ma¹³	dza²²
24 绍兴	fu³³	o²²³	ɕy⁵³	po⁵³	bo²³¹	mo²²³	mo²²	dzo²³¹
25 上虞	fu⁵³～色	ɷ²¹³	ɕy³⁵	po³⁵	bo²¹³	mo²¹³	mo³¹	dzo²¹³

续表

方言点	0025 货	0026 祸	0027 靴	0028 把量	0029 爬	0030 马	0031 骂	0032 茶
	果合一去戈晓	果合一上戈匣	果合三平戈晓	假开二上麻帮	假开二平麻並	假开二上麻明	假开二去麻明	假开二平麻澄
26 嵊州	ho³³⁴	o²⁴	ɕy⁵³调殊	po³³⁴	bo²¹³	mo²²	mo²⁴	dzo²¹³
27 新昌	hɤ³³⁵	ɤ²³²	ɕy⁵³⁴	po³³⁵	bo²²	mo²³²	mo¹³	dzo²²
28 诸暨	hɤu⁵⁴⁴	ɤu²⁴²	ɕy⁵⁴⁴	po⁴²	bo¹³	mo²⁴²	mo³³	dzo¹³
29 慈溪	həu⁴⁴	əu¹³	ɕy³⁵	po³⁵	bo¹³	mo¹³	mo¹³	dzo¹³
30 余姚	hou⁵³	ou¹³	ɕy⁴⁴	po³⁴	bo¹³	mo¹³	mo¹³	dzo¹³
31 宁波	həu⁴⁴	əu¹³	ɕy⁵³	po⁵³	bo¹³	mo¹³	(无)	dzo¹³
32 镇海	həu⁵³	əu²⁴	ɕy⁵³	po³⁵	bo²⁴	mo²⁴	mo²⁴	dzo²⁴
33 奉化	həu⁵³	əu³²⁴	ɕy⁴⁴	po⁵⁴⁵	bo³³	mo³²⁴	mo³¹	dzo³³
34 宁海	hu³⁵	u³¹	ɕy⁴²³	po³⁵	bo²¹³	mo³¹	mo²⁴	dzo²¹³
35 象山	həu⁵³	əu³¹	ɕy⁴⁴	po⁵³调殊	bo³¹	mo³¹	mo¹³	dzo³¹
36 普陀	xəu⁵⁵	əu²³	ɕyɛʔ⁵	po⁴⁵	bo²⁴	mo²³	mo¹³	dzo²⁴
37 定海	xʌu⁴⁴	ʌu²³	ɕy⁵²	po⁴⁵	bo²³	mo²³	(无)	dzo²³
38 岱山	xʌu⁴⁴	ʌu²³	ɕy³²⁵调殊	po⁴⁴	bo²³	mo²⁴⁴	(无)	dzo²³
39 嵊泗	xʌu⁵³	ʌu²⁴³	ɕy⁵³	po⁴⁴⁵	bo²⁴³	mo⁴⁴⁵	(无)	dzo²⁴³
40 临海	ho⁵⁵	o⁵²	ɕy³¹又 hy³¹又	po⁵²	bo²¹	mo⁵²	ma³²⁴	dzo²¹
41 椒江	hu⁵⁵	u⁴²	hy⁴²	po⁴²	bo³¹	mo⁴²	mo²⁴	dzo³¹
42 黄岩	hu⁵⁵	u⁴²	hy³²	po⁴²	bo¹²¹	mo⁴²	mo²⁴	dzo¹²¹
43 温岭	hu⁵⁵	u⁴²	hy³³	po⁴²	bo³¹	mo⁴²	mo¹³	dzo³¹
44 仙居	ho⁵⁵	o³²⁴	ɕy³³⁴	ɓo³²⁴	bo²¹³	mo³²⁴	mo²⁴	dzo²¹³
45 天台	hou⁵⁵	o²¹⁴	ɕy³³	po³²⁵	bo²²⁴	mo³²⁵	mo³⁵	dzo²²⁴
46 三门	hʊ⁵⁵	ʊ²¹³	ɕy³³⁴	po³²⁵	bo¹¹³	mo³²⁵	ma²⁴³	dzo¹¹³
47 玉环	fu⁵⁵	u⁴²	ɕy⁴²	po⁵³	bo³¹	mo⁵³	mo²²	dzo³¹
48 金华	xuɤ⁵⁵	uɤ⁵³⁵	ɕyɤ³³⁴	pɤa⁵⁵量	bɤa³¹³	mɤa⁵³⁵	mɤa¹⁴	dzuɑ³¹³
49 汤溪	xuɤ⁵²	uɤ¹¹³	ɕyɤ²⁴	pɤ⁵²调殊	bɤa¹¹	mɤa¹¹³	mɤ³⁴¹	dzuɑ¹¹

续表

方言点	0025 货	0026 祸	0027 靴	0028 把量	0029 爬	0030 马	0031 骂	0032 茶
	果合一去戈晓	果合一上戈匣	果合三平戈晓	假开二上麻帮	假开二平麻並	假开二上麻明	假开二去麻明	假开二平麻澄
50 兰溪	xuɤ⁴⁵	uɤ⁵⁵	ɕyɤ³³⁴	pia⁵⁵	bia²¹	mia⁵⁵	mia²⁴	dzuɑ²¹
51 浦江	xuɯ⁵⁵	uɯ²⁴³	ɕyɯ⁵³⁴	pia⁵⁵	bia¹¹³	mia²⁴³	mia²⁴	dzʑyɑ¹¹³
52 义乌	huɤ⁴⁵	uɤ³¹²	ɕye³³⁵	puɑ⁴⁵	buɑ²¹³	muɑ³¹²	muɑ²⁴	dzuɑ²¹³
53 东阳	hʊ⁴⁵³	ʊ²⁴	ɕiʊ³³⁴	po⁴⁴	bo²¹³	mo²³¹	(无)	dzo²¹³
54 永康	xuo⁵²	uo¹¹³	ɕye⁵⁵	ɓuɑ⁵²	buɑ²²	muɑ¹¹³	muɑ²⁴¹	dzuɑ²²
55 武义	xuo⁵³	uo¹³	ɕye²⁴	puɑ⁵³ 一~	buɑ³²⁴	muɑ¹³	muɑ²³¹	dzuɑ³²⁴
56 磐安	xuɤ⁵²	uɤ³³⁴	ɕye⁴⁴⁵	pə⁵² 调殊	bə²¹³	mə³³⁴	(无)	dzuə²¹³
57 缙云	xu⁴⁵³	u³¹	ɕyɑ⁴⁴	pu⁵¹	bu²⁴³	mu³¹	mu²¹³	dzu²⁴³
58 衢州	xu⁵³	u²³¹	ʃyə̃³² 韵殊	pɑ³⁵	bɑ²¹	mɑ⁵³	mɑ²³¹	dzɑ²¹
59 衢江	xuo⁵³	u²³¹	(无)	puo²⁵	buo²¹²	muo²¹²	muo²³¹	dzuo²¹²
60 龙游	xu⁵¹	u²²⁴	su³³⁴	pu⁵¹ 调殊	bu²¹	m²²⁴	m²³¹	dzuɑ²¹
61 江山	xyə⁵¹	o³¹	xyə⁴⁴	po²⁴¹	bo²¹³	mo²²	mo³¹	dzɒ²¹³
62 常山	ɕyɛ³²⁴	ɔ¹³¹	ɕye⁴⁴	pie⁵²	bie³⁴¹	mie²⁴ 单用 mie⁵² 灶~ ma⁵² 姓~	mie¹³¹	dzɑ³⁴¹
63 开化	ɕyɛ⁴¹²	xɔ²¹³	ɕye⁴⁴	pie⁵³	biɛ²³¹	miɛ²¹³ 单用 ma²¹³ 地名	miɛ²¹³	dzɑ²³¹
64 丽水	xuo⁵²	uo⁵⁴⁴ 调殊	ɕyɛ²²⁴	puo⁵⁴⁴	buo²²	muo⁵⁴⁴	muo¹³¹	dzuo²²
65 青田	xu³³	u⁴⁵⁴	ɕiu⁴⁴⁵	ɓu⁴⁵⁴	bu²¹	mu⁴⁵⁴	(无)	dzu²¹
66 云和	xo⁴⁵	o⁴¹	ɕyɛ²⁴	po⁴¹	bo³¹²	mo⁴¹	(无)	dzo³¹²
67 松阳	fu²⁴	uə¹³	ɕiu⁵³	pu²⁴	buə³¹	muɑ²²	(无)	dzuə³¹
68 宣平	xo⁵²	o²²³	ɕio³²⁴ 白 ɕyə³²⁴ 文	po⁵² 调殊	bo⁴³³	mo²²³	(无)	dzo⁴³³
69 遂昌	xu³³⁴	u²¹³	ɕiɒ⁴⁵ ɕyɛʔ⁵	pu⁵³³	bɒ²²¹	mɒ¹³	mɒ¹³	dzɒ²²¹
70 龙泉	xou⁴⁵	ouʔ⁵ 调殊	ɕiou⁴³⁴	pou⁵¹	bou²¹	mo⁵¹	mo²²⁴	dzo²¹

方言点	0025 货	0026 祸	0027 靴	0028 把量	0029 爬	0030 马	0031 骂	0032 茶
	果合一去戈晓	果合一上戈匣	果合三平戈晓	假开二上麻帮	假开二平麻並	假开二上麻明	假开二去麻明	假开二平麻澄
71 景宁	xo³⁵	o³³	ɕio³²⁴	po³³	bo⁴¹	mo³³	(无)	dzo⁴¹
72 庆元	xo¹¹	o²²¹	ɕyɑ³³⁵	ɓo³³	po⁵²	mo²²¹	(无)	tso⁵²
73 泰顺	fuɔ³⁵	uɔ⁵⁵	ɕyɔ²¹³	puɔ⁵⁵	puɔ⁵³	muɔ⁵⁵	muɔ²²	tsɔ⁵³
74 温州	fu⁵¹	vu¹⁴	ɕy³³	po²⁵	bo³¹	mo¹⁴	ma²²	dzo³¹
75 永嘉	fu⁵³	u¹³	sʮ⁴⁴	po⁴⁵	bo³¹	mo¹³	ma²²	dzo³¹
76 乐清	fu⁴¹	vu²⁴	ɕy⁴⁴	pɯʌ³⁵	bɯʌ³¹	mɯʌ²⁴	(无)	dʑio³¹
77 瑞安	fuɯ⁵³	vuɯ¹³	ɕiou⁴⁴	pu³⁵	bu³¹	mo¹³	mɔ²²	dzo³¹
78 平阳	fu⁵³	vu²³	su⁵⁵	po⁴⁵	bo²⁴²	mo⁴⁵	(无)	dʐo²⁴²
79 文成	fu³³	o²²⁴	ɕyø⁵⁵	po⁴⁵	bo¹¹³	mo²²⁴	(无)	dʐo¹¹³
80 苍南	hu⁴²	u²⁴	su⁴⁴	puɔ⁵³	buɔ³¹	mo⁵³	(无)	zo³¹
81 建德徽	hu³³	u²¹³	ɕy⁵³	po²¹³	po³³	mo²¹³	mo⁵⁵	tso³³
82 寿昌徽	xu³³	xu⁵³⁴	ɕyei¹¹²	pəɯ²⁴	pʰɤ⁵²	mɤ⁵³⁴	(无)	tɕʰyə⁵²
83 淳安徽	hu²⁴ 又 fu²⁴ 又	u⁵³	(无)	pu⁵⁵	pʰo⁴³⁵	mo⁵⁵	mo⁵³	tsʰo⁴³⁵
84 遂安徽	fəɯ⁴³	fəɯ⁴³	fɛ̃⁵³⁴	pɑ²¹³	pʰɑ³³	mɑ⁴³	mɑ⁵²	tsʰɑ³³
85 苍南闽	hə²¹	ho³²	hia⁵⁵	pe⁴³	pe²⁴	be⁴³	mã²¹	te²⁴
86 泰顺闽	xou⁵³	ua²²	xøi²¹³	pa³⁴⁴	pa²²	ma³⁴⁴	teu³⁴⁴	ta²²
87 洞头闽	hə²¹	ə²¹	hia³³	pe⁵³	pe¹¹³	be⁵³	mã²¹	te¹¹³
88 景宁畲	xo⁴⁴	(无)	ɕio⁴⁴	pɔ³²⁵	pʰɔ²²	mɔ⁴⁴ 调殊	mɔ⁴⁴	tsʰɔ²²

方言点	0033 沙	0034 假 真~	0035 嫁	0036 牙	0037 虾	0038 下 方位	0039 夏 春~	0040 哑
	假开二 平麻生	假开二 上麻见	假开二 去麻见	假开二 平麻疑	假开二 平麻晓	假开二 上麻匣	假开二 去麻匣	假开二 上麻影
01 杭州	sa³³⁴	tɕia⁵³	tɕia⁴⁵	ia²¹³	ɕia³³⁴	ia¹³	ia¹³	ia⁵³
02 嘉兴	so⁴²	kʌ⁵⁴⁴	kʌ²²⁴	ŋʌ²⁴²白 ʌ²⁴²文	ho⁴²	o¹¹³	o²²⁴调殊	o⁵⁴⁴
03 嘉善	so⁵³	ka⁴⁴	ka³³⁴	ŋa¹³²	xø⁵³韵殊 ɕia⁵³文	o¹¹³	o³³⁴	o³³⁴
04 平湖	so⁵³	ka⁴⁴	ka³³⁴	ŋa³¹	hø⁵³韵殊	o²¹³	o³³⁴	o⁴⁴
05 海盐	so⁵³	kɑ⁴²³	kɑ³³⁴	ɑ³¹	xɤ⁵³韵殊	o⁴²³	o³³⁴	o⁴²³
06 海宁	so⁵⁵	ka³⁵	ka³⁵	a¹³	hei⁵⁵韵殊 ɕia⁵⁵文	o²³¹	o⁵³	o⁵³
07 桐乡	so⁴⁴	ka⁵³	ka³³⁴	a¹³	ɕia⁴⁴	o²⁴²	o²¹³	o⁵³白 a⁴⁴文
08 崇德	so⁴⁴	kɑ⁵³	kɑ³³⁴	ɑ¹³	ho⁴⁴	o⁵³	o¹³	o⁵³白 ɑ⁴⁴文
09 湖州	suo⁴⁴	ka⁵²³	ka³⁵	ŋa¹¹²	xuo⁴⁴白 ɕia⁴⁴文	uo⁵²³	uo³⁵	uo⁵²³
10 德清	suo⁴⁴	ka⁵²	ka³³⁴	ŋa¹¹³	xuo⁴⁴白 ɕia⁴⁴文	uo⁵²	uo³³⁴	uo⁵²
11 武康	suo⁴⁴	ka⁵³	ka²²⁴	ŋa¹¹³	xuo⁴⁴白 ɕia⁵³文	uo²⁴²	uo²²⁴	uo⁵³
12 安吉	sʊ⁵⁵	ka⁵²	ka³²⁴	ŋa²²	hʊ⁵⁵	ʊ⁵²	ʊ²¹³	ʊ⁵²
13 孝丰	sʊ⁴⁴	ka⁵²	ka³²⁴	ŋa²²	hʊ⁴⁴	ʊ⁵²	ʊ²¹³	ʊ⁵²
14 长兴	su⁴⁴	ka⁵²	ka³²⁴	ŋa¹²	hu⁴⁴	u⁵²	u³²⁴	u⁵²
15 余杭	suo⁴⁴	ka⁵³	ka⁴²³	ŋa²²	xuo⁴⁴	uo⁵³	uo²¹³	uo⁵³
16 临安	so³³	ka⁵⁵	ko⁵⁵	ŋo⁵⁵	ho⁵⁵	o³³	o³³	o⁵⁵
17 昌化	su³³⁴	tɕia⁴⁵³	ku⁵⁴⁴	ŋɯ¹¹²	xu³³⁴白 ɕia³³⁴文	u²⁴³	u²⁴³	u⁴⁵³
18 於潜	sa⁴³³	tɕia⁵¹	tɕia³⁵	ŋa²²³	xa⁴³³	zia²⁴	zia²⁴	ŋa⁵¹白
19 萧山	so⁵³³	ko³³	ko⁴²	ŋo³⁵⁵	xo⁵³³	o²⁴²	o²⁴²	o³³

续表

方言点	0033 沙	0034 假 真~	0035 嫁	0036 牙	0037 虾	0038 下 方位	0039 夏 春~	0040 哑
	假开二平麻生	假开二上麻见	假开二去麻见	假开二平麻疑	假开二平麻晓	假开二上麻匣	假开二去麻匣	假开二上麻影
20 富阳	so⁵³	ko⁴²³	ko³³⁵	ŋo¹³	ho⁵³	o²²⁴	o³³⁵	o⁴²³
21 新登	sɑ⁵³	kɑ³³⁴	kɑ⁴⁵	ɑ²³³	hɑ⁵³	ɑ³³⁴	ɑ¹³	ɑ³³⁴
22 桐庐	ɕyo⁵³³	kuo³³	kuo³⁵	uo¹³	xuo⁵³³	uo²⁴	uo²⁴	uo³³
23 分水	sa⁴⁴	tɕia⁵³	tɕia²⁴	ŋa²²白 ia²²文	xa⁴⁴	zia¹³	zia¹³	a⁵³
24 绍兴	so⁵³	ko³³⁴	ko³³	ŋo²³¹	ho⁵³	o²²³	o²²	o³³⁴
25 上虞	so³⁵	ko³⁵	ko⁵³	ŋo²¹³	ho³⁵	o²¹³	o³¹	o³⁵
26 嵊州	so⁵³⁴	ko⁵³	ko³³⁴白 tɕia³³⁴文	ŋo²¹³	ho⁵³⁴	o²⁴	o²⁴	o⁵³
27 新昌	so⁵³⁴	ko⁴⁵³	ko³³⁵	ŋo²²	fuo⁵³⁴	o¹³	o¹³	o⁴⁵³
28 诸暨	so⁵⁴⁴	ko⁴²	ko⁵⁴⁴	ŋo¹³	ho⁵⁴⁴	o²⁴²	o³³	o⁴²
29 慈溪	so³⁵	ko³⁵	ko⁴⁴	ŋo¹³	hẽ³⁵小	o¹³	o¹³	o³⁵
30 余姚	so⁴⁴	ko³⁴	ko⁵³	ŋo¹³	ho⁴⁴	o¹³	o¹³	o³⁴
31 宁波	so⁵³	ko⁵³	ko⁵³	ŋo¹³	ho³⁵小	o¹³	o¹³	o⁵³
32 镇海	so⁵³	ko³⁵	ko⁵³白 tɕia⁵³文	ŋo²⁴	ho³⁵小	o²⁴	o²⁴	o³⁵
33 奉化	so⁴⁴	ko⁵⁴⁵	ko⁵³	ŋo³³	ho⁵⁴⁵小	o³²⁴	o³¹	o⁴⁴调殊
34 宁海	so⁴²³	ko⁵³	ko³⁵	ŋo²¹³	ho⁵³小	o³¹	o²⁴	o⁵³
35 象山	so⁵³调殊	ko⁵³调殊	ko⁵³	ŋo³¹	ho⁵³小	o¹³	o¹³	o⁴⁴
36 普陀	so⁵³	ko⁵³调殊	ko⁵⁵	ŋo²⁴	xo⁴⁵小	o²³	o¹³	o⁵³调殊
37 定海	so⁵²	ko⁵²调殊	ko⁴⁴	ŋo²³	xuo⁴⁵小	uo²³	uo¹³	uo⁵²调殊
38 岱山	so⁵²	ko⁵²调殊	ko⁴⁴	ŋo²³	xuø³²⁵小	uo²⁴⁴	uo²¹³	uo⁵²调殊
39 嵊泗	so⁵³	ko⁵³调殊	ko⁵³	ŋo²⁴³	xuɤ⁴⁴⁵小	uo²⁴³调殊	uo²¹³	uo⁵³调殊
40 临海	so³¹	ko⁵²	ko⁵⁵	ŋo²¹	ho³¹	o⁵²	o³²⁴	o⁵²
41 椒江	so⁴²	ko⁴²	ko⁵⁵	ŋo³¹	ho³⁵小	o⁴²	o²⁴	o⁴²
42 黄岩	so³²	ko⁴²	ko⁵⁵	ŋo¹²¹	ho³²	o⁴²	o²⁴	o⁴²

续表

方言点	0033 沙 假开二平麻生	0034 假 真~ 假开二上麻见	0035 嫁 假开二去麻见	0036 牙 假开二平麻疑	0037 虾 假开二平麻晓	0038 下 方位 假开二上麻匣	0039 夏 春~ 假开二去麻匣	0040 哑 假开二上麻影
43 温岭	so^{33}	ko^{42}	ko^{55}	ŋo^{31}	ho^{15} 小	o^{42}	o^{13}	o^{42}
44 仙居	so^{334}	ko^{324}	ko^{55}	ŋo^{213}	ho^{53} 小	o^{324}	o^{24}	o^{324}
45 天台	so^{33}	ko^{325}	ko^{55}	ŋo^{224}	ho^{51} 小	o^{214}	o^{35}	o^{325}
46 三门	so^{334}	ko^{325}	ko^{55}	ŋo^{113}	ho^{52} 小 ·	o^{213}	o^{243}	o^{213}
47 玉环	so^{35} 小	ko^{53}	ko^{55}	ŋo^{31}	ho^{35} 小	o^{53}	o^{22}	o^{53}
48 金华	suɑ^{334}	kuɑ^{535}	kuɑ^{55}	uɑ^{313}	xuɑ^{334}	uɑ^{535}	uɑ^{14}	uɑ^{535}
49 汤溪	sɑ^{24}	kuɑ^{535}	kuɑ^{52}	uɑ^{11}	xuɑ^{24}	uɑ^{113}	uɑ^{341}	uɑ^{535}
50 兰溪	suɑ^{334}	kuɑ^{55}	kuɑ^{45}	uɑ^{21}	xuɑ^{334}	uɑ^{55}	uɑ^{24}	uɑ^{55}
51 浦江	ɕyɑ^{534}	tɕiɑ^{53}	tɕiɑ^{55}	n̩iɑ^{113}	ɕiɑ^{423}	iɑ^{423}	iɑ^{24}	iɑ^{53}
52 义乌	sa^{335}	kɔ^{423}	kɔ^{45}	ɔ^{213}	hɔn^{335} 小	ɔ^{312}	ɔ^{24}	ɔ^{423}
53 东阳	sa^{334}	ko^{453}	ko^{453}	ŋo^{213}	hua^{334} 韵殊	o^{231}	o^{24}	o^{44}
54 永康	suɑ^{55}	kuɑ^{334}	kuɑ^{52}	ŋuɑ^{22}	xuɑ^{241} 小	uɑ^{113}	uɑ^{241}	uɑ^{113}
55 武义	ɕia^{24}	kuɑ^{445}	kuɑ^{53}	ŋuɑ^{324}	xuɑŋ^{24} 小	uɑ^{13}	uɑ^{231}	uɑ^{53}
56 磐安	sa^{445}	kuə^{334}	kuə^{52}	ŋuə^{213}	xua^{445} 韵殊	uə^{334}	uə^{14}	uə^{334}
57 缙云	su^{44}	ku^{51}	ia^{453}	ŋu^{243}	xu^{322} 小	ia^{51}	u^{213}	u^{51}
58 衢州	sa^{32}	ka^{35}	ka^{53}	ŋa^{21}	xa^{32}	ɑ^{231}	ɑ^{231}白 ziɑ^{231}文	a^{35}
59 衢江	sa^{33}	kuo^{25}	kuo^{53}	ŋuo^{212}	xuo^{33}	u^{231}	uo^{231}	u^{25}
60 龙游	sɑ^{334}	kuɑ^{35}	kuɑ^{51}	ŋuɑ^{21}	xuɑ^{334}	uɑ^{224}	uɑ^{21}调殊	u^{35}
61 江山	sa^{44}	kɒ^{241}	kɒ^{51}	ŋɒ^{213}	xɒ^{241}调殊	o^{22}	ɒ^{31}	o^{241}
62 常山	sɛ^{44}粗~ sɑ^{44}~发	ka^{52}	ka^{324}	ŋa^{341}	xa^{44}	ɔ^{24}	ɑ^{131}	a^{52}
63 开化	sa^{44}	ka^{53}	ka^{412}	ŋa^{231}	xɔ^{44}糠~ xa^{44}~皮	o^{213}	ɑ^{213}	a^{53}~巴 ɔ^{53}~了
64 丽水	suo^{224}	kuo^{544}	io^{52}声殊	ŋuo^{22}	xuo^{224}	io^{544}调殊	uo^{131}	uo^{544}
65 青田	su^{445}	ku^{454}	ku^{33}	ŋu^{21}	xo^{55} 小	u^{454}	u^{22}	u^{454}

方言点	0033 沙	0034 假 真~	0035 嫁	0036 牙	0037 虾	0038 下 方位	0039 夏 春~	0040 哑
	假开二平麻生	假开二上麻见	假开二去麻见	假开二平麻疑	假开二平麻晓	假开二上麻匣	假开二去麻匣	假开二上麻影
66 云和	so²⁴	ko⁴¹	io⁴⁵声殊	ŋo³¹²	xo²⁴	io⁴¹调殊	o²²³	o⁴¹
67 松阳	sa⁵³	kuə²¹²	yə²⁴	ŋuə³¹	fu⁵³	yə²²	uə¹³	u²²~嘴
68 宣平	sa³²⁴	ko⁴⁴⁵	ia⁵²声殊	ŋo⁴³³	xo³²⁴	ia²²³	o²³¹	o⁴⁴⁵
69 遂昌	sa⁴⁵	kɒ⁵³³	iɒ³³⁴	ŋɒ²²¹	xu⁴⁵	iɒ¹³	ɒ²¹³	u⁵³³
70 龙泉	so⁴³⁴地名 sa⁴³⁴~土	ko⁵¹	io⁴⁵~囝儿 ko⁴⁵~妆	ŋo²¹	xou⁴³⁴韵殊	io⁵¹白 o⁵¹文	o²²⁴	ouʔ⁵白 o⁴⁵文
71 景宁	so³²⁴白 sa³²⁴文	ko³³	ko³⁵	ŋo⁴¹	xo³²⁴	io³³	o¹¹³	o³³
72 庆元	sɑ³³⁵	ko³³	iɑ¹¹白 ko¹¹文	ŋo⁵²	xɔ̃⁵⁵小	iɑ²²¹	xo³¹	o³³
73 泰顺	sɔ²¹³	kɔ⁵⁵	kɔ³⁵	ŋɔ⁵³	xɔ²¹³	yɔ⁵⁵	ɔ²²	ɔ⁵⁵
74 温州	so³³	ko²⁵	ko⁵¹	ŋo³¹	ho³³	o¹⁴	o²²	o²⁵
75 永嘉	so⁴⁴	ko⁴⁵	ko⁵³	ŋo³¹	ho⁴⁴	o¹³	o²²	o⁴⁵
76 乐清	so⁴⁴	ko³⁵	ko⁴¹	ŋo³¹	ho⁴⁴	o²⁴	o²²	o³⁵
77 瑞安	so⁴⁴	ko³⁵	ko⁵³	ŋo³¹	ho⁴⁴	o¹³	o²²	o³⁵
78 平阳	so⁵⁵	ko⁴⁵	ko⁵³	ŋo²⁴²	xoŋ⁵⁵小	o⁴⁵	o³³	o⁴⁵
79 文成	so⁵⁵	ko⁴⁵	ko³³	ŋo¹¹³	xo⁵⁵	o²²⁴	o⁴²⁴	o⁴⁵
80 苍南	so⁴⁴	ko⁵³	ko⁴²	ŋo³¹	ho⁴⁴	o⁵³	o¹¹	o⁵³
81 建德徽	so⁵³	ko²¹³	ko³³	ŋo³³	ho⁵³	ho²¹³	ho⁵⁵	o²¹³
82 寿昌徽	ɕyə¹¹²	kuə²⁴	kuə³³	ŋuə¹¹²文	xuə¹¹²	xuə⁵³⁴	xuə³³立~	uə²⁴
83 淳安徽	so²⁴	ko⁵⁵	ko²⁴	o⁴³⁵	ho²⁴	ho⁵⁵	ho⁵³	o⁵⁵
84 遂安徽	sa⁵³⁴	kɑ²¹³	kɑ⁴³	ɑ³³	xɑ⁵³⁴	xɑ⁴³	xɑ⁴³	ɑ²¹³
85 苍南闽	sua⁵⁵	ke⁴³	ke²¹	ge²⁴	he²⁴调殊	e²¹	he²¹	e⁴³
86 泰顺闽	sa²¹³	ka³⁴⁴	ko²¹³白 ka⁵³文	ŋa²²	xa²²调殊	a³¹	xa³¹	a³⁴⁴
87 洞头闽	sua³³	ke⁵³	ke²¹	ge¹¹³	he¹¹³调殊	e²¹	he²¹	e³³调殊
88 景宁畲	sɔ⁵¹白 sɔ⁴⁴文	kɔ³²⁵	kɔ⁴⁴	ŋɔ²²	xɔ³²⁵小	xɔ⁵¹	xɔ⁵¹	ɔ³²⁵

方言点	0041 姐	0042 借	0043 写	0044 斜	0045 谢	0046 车～辆	0047 蛇	0048 射
	假开三上麻精	假开三去麻精	假开三上麻心	假开三平麻邪	假开三去麻邪	假开三平麻昌	假开三平麻船	假开三去麻船
01 杭州	（无）	tɕia⁴⁵	ɕia⁵³白 ɕi⁵³文	dʑia²¹³	dʑia¹³	tsʰuei³³⁴	dzuei²¹³	zuei¹³
02 嘉兴	tɕiA⁵⁴⁴	tɕiA²²⁴	ɕiA⁵⁴⁴	dʑiA²⁴²	dʑiA¹¹³	tsʰo⁴²	zo²⁴²	zə¹¹³
03 嘉善	tɕia³³⁴调殊	tɕia³³⁴	ɕia⁴⁴	dʑia¹¹³	dʑia¹¹³	tsʰo⁵³	zo¹³²	zo¹¹³
04 平湖	（无）	tsia³³⁴	ɕia⁴⁴	zia³¹	zia²¹³	tsʰo⁵³	zo³¹	za²¹³～尿 zo²¹³～箭
05 海盐	（无）	tɕiɑ³³⁴	ɕiɑ⁴²³	dʑiɑ³¹	dʑiɑ²¹³	tsʰo⁵³	zo³¹	zɑ²¹³～尿 zɤ²¹³～箭
06 海宁	tɕia⁵³	tɕia³⁵	ɕia⁵³	dʑia¹³	dʑia¹³	tsʰo⁵⁵	zo¹³	zei¹³
07 桐乡	（无）	tsia³³⁴	sia⁵³	zia²⁴²	zia²¹³	tsʰo⁴⁴	zo¹³	za²¹³白 zo²¹³文
08 崇德	（无）	tɕiɑ³³⁴	ɕiɑ⁵³	ʑiɑ²⁴²	ʑiɑ¹³	tsʰo⁴⁴	zo¹³	zɑ¹³白 zɛ¹³文
09 湖州	（无）	tɕia³⁵	ɕia⁵²³	ʑia¹¹²	ʑia²⁴	tsʰuo⁴⁴	zuo¹¹²	zei¹¹²
10 德清	tɕia⁵²	tɕia³³⁴	ɕia⁵²	ʑia¹¹³	ʑia¹¹³	tsʰuo⁴⁴	zuo¹¹³	zuo¹¹³
11 武康	（无）	tɕia²²⁴	ɕia⁵³	ʑia²⁴²	ʑia¹¹³	tsʰuo⁴⁴	zuo¹¹³	dzuo¹¹³
12 安吉	（无）	tɕia³²⁴	ɕia⁵²	ʑia²⁴³	ʑia²¹³	tsʰʊ⁵⁵	zʊ²²	zE²¹³
13 孝丰	（无）	tɕia³²⁴	ɕia⁵²	ʑia²²	ʑia²¹³	tsʰʊ⁴⁴	zʊ²²	ze²¹³
14 长兴	tʃia⁵²	tʃia³²⁴	ʃia⁵²	ʒia¹²	ʒia²⁴	tsʰu⁴⁴	zu¹²	zu²⁴
15 余杭	（无）	tsia⁴²³	sia⁵³	zia²⁴³	zia²¹³	tsʰuo⁴⁴	zuo²²	zuo²¹³
16 临安	（无）	tɕia⁵⁵	ɕia⁵⁵	ʑia³³	ʑia³³	tsʰo⁵⁵	zo³³	zo³³
17 昌化	（无）	tɕie⁵⁴⁴	ɕie⁴⁵³	ʑie¹¹²	ʑie²⁴³	tsʰu³³⁴	zu¹¹²	ʑie²⁴³
18 於潜	（无）	tɕia³⁵	ɕia⁵¹	ʑia²²³	ʑia²⁴	tsʰa⁴³³	za²²³	za²⁴
19 萧山	（无）	tɕia⁴²	ɕia³³	ʑia³⁵⁵	ʑia²⁴²	tsʰo⁵³³	zo³⁵⁵	dze²⁴²
20 富阳	（无）	tɕia³³⁵	ɕia⁴²³	ʑia¹³	ʑia²²⁴	tsʰo⁵³	zo¹³	zo²²⁴
21 新登	（无）	tɕia⁴⁵	ɕia³³⁴	ʑia²³³	ʑia¹³	tsʰɑ⁵³	zɑ²³³	dzɑ¹³～尿 zaʔ²～箭
22 桐庐	（无）	tɕiA³⁵	ɕiA³³	ʑiA¹³	ʑiA²⁴	tɕʰyo⁵³³	ʑyo¹³	ʑyo²⁴
23 分水	（无）	tɕie²⁴	ɕie⁵³	ʑie²²	ʑie¹³	tsʰa⁴⁴	za²²	zɛ¹³

方言点	0041 姐	0042 借	0043 写	0044 斜	0045 谢	0046 车 ~辆	0047 蛇	0048 射
	假开三 上麻精	假开三 去麻精	假开三 上麻心	假开三 平麻邪	假开三 去麻邪	假开三 平麻昌	假开三 平麻船	假开三 去麻船
24 绍兴	(无)	tɕia³³	ɕia³³⁴	ʑia²³¹	ʑia²²	tsʰo⁵³	zo²³¹	ʑɛ²³¹
25 上虞	(无)	tɕia⁵³	ɕia³⁵	ʑia²¹³	ʑia³¹	tsʰo³⁵	zo²¹³	zo³¹ ~箭
26 嵊州	(无)	tɕia³³⁴	ɕia⁵³	ʑia²¹³	ʑia²⁴	tsʰo⁵³⁴	zo²¹³	zo²⁴
27 新昌	tɕia⁴⁵³	tɕia³³⁵	ɕia⁴⁵³	ʑia²²	ʑia¹³	tsʰo⁵³⁴	zo²² dzo²²~豆	dʑia¹³~尿 zo¹³~箭
28 诸暨	(无)	tɕiA⁵⁴⁴	ɕiA⁴²	ʑiA¹³	ʑiA³³	tsʰo⁵⁴⁴	zo¹³	zo³³
29 慈溪	(无)	tɕia⁴⁴	ɕia³⁵	ia¹³	ia¹³	tsʰo³⁵	dzo¹³	zoʔ²~箭
30 余姚	tɕia³⁴	tɕia⁵³	ɕia³⁴	ia¹³	ia¹³	tsʰo⁴⁴	dzo¹³	zoʔ²
31 宁波	tɕia³⁵阿~	tɕia⁴⁴	ɕia³⁵	ʑia¹³	ʑia¹³	tsʰo⁵³	dzo¹³	zo¹³老 ʑiəʔ²新
32 镇海	tɕia³⁵阿~	tɕia⁵³	ɕia³⁵	ʑia²⁴	ia²⁴	tsʰo⁵³	zo²⁴	zoʔ¹²又 ieʔ¹²又
33 奉化	tɕia⁴⁴调殊	tɕia⁵³	ɕia⁵⁴⁵	ʑia³²⁴调殊	ʑia³¹	tsʰo⁴⁴	dzo³³	zaʔ²~箭 zo³¹放~
34 宁海	tɕia⁵³	tɕia³⁵	ɕia⁵³	ʑia²¹³	ʑia²⁴	tsʰo⁴²³	zo²¹³	zo²⁴
35 象山	tɕia⁵³调殊	tɕia⁵³	ɕia⁴⁴	ia³¹	ia¹³	tsʰo⁴⁴	zo³¹	zo¹³
36 普陀	(无)	tɕia⁵⁵	ɕia⁴⁵	ia²⁴	ia¹³	tsʰo⁵³	dzo²⁴	iɛʔ²³音殊
37 定海	(无)	tɕia⁴⁴	ɕia⁴⁵	ia²³	ia¹³	tsʰo⁵²	dzo²³	ieʔ²~击 dza¹³~溅
38 岱山	(无)	tɕia⁴⁴	ɕia³²⁵	ia²³	ia²¹³	tsʰo⁵²	dzo²³	ieʔ²~击 dza²¹³~溅
39 嵊泗	(无)	tɕia⁵³	ɕia⁴⁴⁵	ia²⁴³	ia²¹³	tsʰo⁵³	dzo²⁴³	iɛʔ²~击 dza²¹³~溅
40 临海	tɕia³⁵³小	tɕia⁵⁵	ɕia⁵²	ʑia²¹	ʑia³²⁴	tsʰo³¹	zo²¹	zo³²⁴
41 椒江	tɕia⁵¹小 tɕi⁵¹小	tɕia⁵⁵	ɕia⁴²	ʑia³¹	ʑia²⁴	tsʰo⁴²	zo³¹	zo²⁴
42 黄岩	tɕia⁴²	tɕia⁵⁵	ɕia⁴²	ʑia¹²¹	ʑia²⁴	tsʰo³²	zo¹²¹	ʑia²⁴
43 温岭	tɕie⁵¹小 tɕi⁵¹小	tɕia⁵⁵	ɕia⁴²	ʑia³¹	ʑia¹³	tsʰo³³	zo³¹	zo¹³

续表

方言点	0041 姐	0042 借	0043 写	0044 斜	0045 谢	0046 车 ~辆	0047 蛇	0048 射
	假开三 上麻精	假开三 去麻精	假开三 上麻心	假开三 平麻邪	假开三 去麻邪	假开三 平麻昌	假开三 平麻船	假开三 去麻船
44 仙居	$tɕi^{324}$	$tɕi^{55}$	$ɕi^{324}$	$ʑya^{213}$韵殊	$ʑia^{24}$	$tsʰo^{334}$	zo^{213}	zo^{24}
45 天台	（无）	$tɕi^{55}$	$ɕi^{325}$	$ʑia^{224}$~纹	$ʑia^{35}$~你 $ʑi^{35}$多~	$tsʰo^{33}$	zo^{224}	zo^{35}
46 三门	$tɕia^{52}$	$tɕia^{325}$	$ɕia^{325}$	$ʑia^{113}$	$ʑia^{243}$	$tsʰo^{334}$	zo^{113}	zo^{243}
47 玉环	$tɕia^{53}$	$tɕia^{55}$	$ɕia^{53}$	$ʑia^{31}$	$ʑia^{22}$	$tsʰo^{42}$	zo^{31}	$ʑia^{22}$白 zo^{22}文
48 金华	（无）	$tsia^{55}$	sia^{535}	$ʑia^{313}$	$ʑia^{14}$	$tsʰia^{334}$	$ʑia^{313}$	$dʑia^{14}$~涎 $ʑia^{14}$~箭
49 汤溪	（无）	$tsia^{52}$	sia^{535}	$ʑia^{11}$	$ʑia^{341}$	$tsʰɑ^{24}$	$zuɑ^{11}$	$ʑyɑ^{341}$
50 兰溪	（无）	$tsia^{45}$	sia^{55}	（无）	$ʑia^{24}$	$tsʰɑ^{334}$	$zuɑ^{21}$	$zuɑ^{24}$
51 浦江	$tsia^{55}$	$tsia^{55}$	$ɕia^{53}$	$ʑia^{113}$	$ʑia^{24}$	$tɕʰyɑ^{534}$	$ʑia^{113}$	$dʑiɑ^{24}$~涎 $ʑyɑ^{24}$~箭
52 义乌	（无）	$tsia^{45}$	sia^{423}	$ʑia^{213}$	$ʑia^{24}$	$tsʰia^{335}$	$ʑia^{213}$	za^{24}~箭 dza^{24}肚~
53 东阳	（无）	$tɕia^{453}$	$ɕia^{44}$	$ʑia^{213}$	$ʑia^{24}$	$tɕʰia^{334}$	$ʑia^{213}$	za^{24}
54 永康	（无）	$tɕia^{52}$	$ɕia^{334}$	$ʑia^{22}$	$ʑia^{241}$	$tɕʰia^{55}$	$ʑia^{22}$	$ʑia^{241}$
55 武义	（无）	$tɕia^{53}$	$ɕia^{445}$	（无）	$ʑia^{231}$	$tɕʰia^{24}$	$ʑia^{324}$	$ʑia^{231}$
56 磐安	$tɕian^{52}$小	$tɕia^{52}$	$ɕia^{334}$	$ʑia^{213}$	$ʑia^{14}$	$tɕʰia^{445}$	$ʑia^{213}$	$ʑia^{14}$
57 缙云	（无）	$tɕia^{453}$	$ɕia^{51}$	$ʑia^{243}$	$ʑia^{213}$	$tɕʰia^{44}$	$ʑia^{243}$	$ʑia^{213}$
58 衢州	（无）	$tɕia^{53}$	$ɕiɑ^{35}$	$ʑiɑ^{21}$	$ʑiɑ^{231}$	$tʃʰyɑ^{32}$	$ʒyɑ^{21}$	$ʒyɑ^{231}$
59 衢江	（无）	$tɕie^{53}$	$ɕie^{25}$	$ʑie^{212}$	$ʑie^{231}$	$tɕʰyø^{33}$	$ʑyø^{212}$	$ʑyø^{231}$
60 龙游	（无）	$tɕia^{51}$	$ɕiɑ^{35}$	$ʑiɑ^{21}$	$ʑiɑ^{231}$	$tsʰɑ^{334}$	$zɑ^{21}$	$zuɑ^{231}$
61 江山	$tɕiə^{51}$	$tɕiə^{51}$	$ɕiə^{241}$	$ʑiə^{213}$	$ʑiə^{31}$	$tɕʰiə^{44}$	$dzuɛ^{213}$	$ʑiə^{231}$
62 常山	$tɕiɛ^{52}$小~	$tɕie^{324}$	$ɕie^{52}$	$ʑie^{341}$	ie^{52}多~ $ʑiɛ^{131}$姓~	$tɕʰie^{44}$	$dzuɛ^{341}$	$ʑie^{131}$
63 开化	（无）	$tɕiɛ^{412}$	$ɕiɛ^{53}$	$ʑiɛ^{231}$	$ʑiɛ^{213}$	$tɕʰiɛ^{44}$	$dzuɛ^{231}$	$ʑiɛ^{213}$
64 丽水	（无）	$tɕio^{52}$	$ɕio^{544}$	$ʑio^{22}$	$ʑio^{131}$	$tɕʰio^{224}$	$ʑio^{22}$	$ʑio^{131}$
65 青田	$tsɛ^{55}$小	$tɕiu^{33}$	$ɕiu^{454}$	iu^{21}	iu^{22}	$tɕʰiu^{445}$	iu^{21}	iu^{22}

续表

方言点	0041 姐	0042 借	0043 写	0044 斜	0045 谢	0046 车 ~辆	0047 蛇	0048 射
	假开三 上麻精	假开三 去麻精	假开三 上麻心	假开三 平麻邪	假开三 去麻邪	假开三 平麻昌	假开三 平麻船	假开三 去麻船
66 云和	（无）	tɕio⁴⁵	ɕio⁴¹	zio³¹²	zio²²³	tɕʰio²⁴	zio³¹²	zio²²³
67 松阳	（无）	tɕyə²⁴	ɕyə²¹²	zyə³¹	zyə¹³	tɕʰyə⁵³	zyə³¹	zyə¹³
68 宣平	（无）	tɕia⁵²	ɕia⁴⁴⁵	zia⁴³³	zia²³¹	tɕʰia³²⁴	zia⁴³³	zia²³¹
69 遂昌	（无）	tɕiɒ³³⁴	ɕiɒ⁵³³	ziɒ²²¹	ziɒ²¹³	tɕʰiɒ⁴⁵	ziɒ²²¹	ziɒ²¹³
70 龙泉	（无）	tɕio⁴⁵	ɕio⁵¹	zio²¹	zio²²⁴	tɕʰio⁴³⁴	zio²¹	zio²²⁴
71 景宁	（无）	tɕio³⁵	ɕio³³	zio⁴¹	zio¹¹³	tɕʰio³²⁴	zio⁴¹	zio¹¹³
72 庆元	tɕiɑ³³	tɕiɑ¹¹	ɕiɑ³³	ɕiɑ⁵²	ɕiɑ³¹	tɕʰiɑ³³⁵	ɕiɑ⁵²	ɕiɑ³¹
73 泰顺	（无）	tɕyɔ³⁵	ɕyɔ⁵⁵	ɕyɔ⁵³	ɕyɔ²²	tɕʰyɔ²¹³	ɕyɔ⁵³	ɕyɔ²²
74 温州	tsei²⁵	tsei⁵¹	sei²⁵	zei³¹	zei²²	tsʰo³³	zei³¹	zei²²
75 永嘉	tsʅ⁴⁵	tsʅ⁵³	sʅ⁴⁵	zʅ³¹	zʅ²²	tsʰʅ⁴⁴水~ tsʰo⁴⁴汽~	zʅ³¹	zʅ²²
76 乐清	tɕi³⁵	tɕi⁴¹	si³⁵	zi³¹	zi²²	tɕʰio⁴⁴	zi³¹	zi²²
77 瑞安	tsei³⁵	tsei⁵³	sei³⁵	zei³¹	zei²²	tsʰei⁴⁴白 tsʰo⁴⁴文	zei³¹	zei²²
78 平阳	（无）	tɕi⁵³	si⁴⁵	zi²⁴²	zi³³	tʃʰo⁵⁵	zi²⁴²	zi³³
79 文成	（无）	tɕi³³	sei⁴⁵	zei¹¹³	zei⁴²⁴	tʃʰo⁵⁵	zei¹¹³	zei⁴²⁴
80 苍南	tɕi⁵³	tɕi⁴²	ɕi⁵³	dʑi³¹	dʑi¹¹	tɕʰi⁴⁴白 tsʰo⁴⁴文	dʑi³¹	dʑi¹¹
81 建德徽	（无）	tɕie³³	ɕie²¹³	tɕʰia²¹³读字	ɕie⁵⁵	tsʰo⁵³	so³³	tsʰɑ⁵⁵~浣 sɑ²¹³~箭
82 寿昌徽	tɕiɛ⁵⁵文	tɕiɛ³³	ɕiɛ²⁴	ɕiɛ⁵²	ɕiɛ⁵⁵感~	tɕʰyə¹¹²	ɕyə⁵²	səʔ³¹音殊
83 淳安徽	tɕi⁵⁵	tɕiɑ²⁴	ɕiɑ⁵⁵	ɕiɑ⁴³⁵	ɕiɑ⁵³	tsʰo²⁴	so⁴³⁵	tsʰɑ⁵³白 ɕie⁵³文
84 遂安徽	（无）	tɕiɛ⁴³	ɕiɛ²¹³	ɕiɛ³³	ɕiɛ⁵²	tsʰɑ⁵³⁴	sɑ³³	ɕiɛ⁵²
85 苍南闽	（无）	tɕio⁴³	ɕia⁴³	tɕʰia²⁴	ɕia²¹	tɕʰia⁵⁵	tsua²⁴	ɕia²¹
86 泰顺闽	（无）	tɕia⁵³	ɕia³⁴⁴	tɕʰia²²	ɕia³¹	tɕʰia²¹³	ɕia²²	ɕia³¹
87 洞头闽	tsa³³调殊	tɕieu⁵³	ɕia⁵³	tɕʰia¹¹³	ɕia²¹	tɕʰia³³	tsua¹¹³	ɕia²¹
88 景宁畲	（无）	tsa⁴⁴	ɕia³²⁵	ɕiai²²	ɕia⁵¹	tɕʰia⁴⁴	ɕia²²	ɕia⁵¹

方言点	0049 爷	0050 野	0051 夜	0052 瓜	0053 瓦 名	0054 花	0055 化	0056 华 中~
	假开三 平麻以	假开三 上麻以	假开三 去麻以	假合二 平麻见	假合二 上麻疑	假合二 平麻晓	假合二 去麻晓	假合二 平麻匣
01 杭州	ia²¹³	i⁵³	ia¹³	kua³³⁴	ua⁵³	xua³³⁴	xua⁴⁵	ua²¹³
02 嘉兴	iA²⁴²	iA¹¹³	iA²²⁴调殊	ko⁴²	o¹¹³	ho⁴²	ho²²⁴	uA²⁴²
03 嘉善	ia¹³²	ia¹¹³	ia³³⁴	ko⁵³	ŋo¹¹³	xo⁵³	xo³³⁴	o¹³²
04 平湖	ia³¹	ia²¹³	ia³³⁴	ko⁵³	ŋo²¹³	ho⁵³	ho⁴⁴调殊	o³¹
05 海盐	iɑ³¹	iɑ⁴²³	iɑ³³⁴	ko⁵³	o⁴²³	xo⁵³	xo³³⁴	o³¹
06 海宁	ia¹³	ia²³¹	ia³⁵	ko⁵⁵	o²³¹	ho⁵⁵	ho³⁵	o¹³
07 桐乡	ia¹³	ia²⁴²	ia³³⁴	ko⁴⁴	o²⁴² 뇌 / uə?²³ 砚~	ho⁴⁴	ho³³⁴	o¹³
08 崇德	iɑ¹³	iɑ⁵³	iɑ³³⁴	ko⁴⁴	o⁵³	ho⁴⁴	ho³³⁴	o¹³
09 湖州	ia¹¹²	ia⁵²³	ia³⁵	kuo⁴⁴	ŋuo²³¹	xuo⁴⁴	xuo³⁵	uo¹¹²
10 德清	ia¹¹³	ia⁵²	ia³³⁴	kuo⁴⁴	uo⁵²	xuo⁴⁴	xuo³³⁴	uo¹¹³
11 武康	ia⁴⁴	ia²⁴²	ia²⁴²调殊	kuo⁴⁴	ŋuo²⁴²	xuo⁴⁴	xuo²²⁴	uo¹¹³
12 安吉	ia²⁴³	ia⁵²	ia²¹³	kʊ⁵⁵	ŋʊ⁵²	hʊ⁵⁵	hʊ³²⁴	ʊ²²
13 孝丰	ia²²	ia⁵²	ia³²⁴	kʊ⁴⁴	ŋʊ⁵²	hʊ⁴⁴	hʊ³²⁴变~ / hua³²⁴~学	ua²²
14 长兴	ia¹²	ia⁵²	ia³²⁴	ku⁴⁴	ŋu⁵²	hu⁴⁴	hu³²⁴	u¹²
15 余杭	ia²²	ia⁵³	ia²¹³	kuo⁴⁴	uo⁵³	xuo⁴⁴	xuo⁴²³	uo²²
16 临安	ia³³	ia³³	ia³³	ko⁵⁵	ŋo³³	ho⁵⁵	ho⁵⁵	ua³³
17 昌化	ie¹¹²	ie²⁴³	ie²⁴³	ku³³⁴	ŋɯ⁴⁵³	xu³³⁴	xua⁵⁴⁴	ua¹¹²
18 於潜	ia²²³	ia⁵¹	ia²⁴	kua⁴³³	ŋa⁵¹	xua⁴³³	xua³⁵	ua²²³
19 萧山	ia³⁵⁵	ia¹³	ie²⁴²	kuo⁵³³	ŋo¹³	xuo⁵³³	xuo⁴²	uo³⁵⁵
20 富阳	（无）	ia⁴²³	ia³³⁵	kuo⁵³	ŋo²²⁴	huo⁵³	hua³³⁵	ua¹³
21 新登	ia²³³	ia³³⁴	ia¹³	kuɑ⁵³	ɑ³³⁴	hua⁵³	hua⁴⁵	ua²³³
22 桐庐	iA¹³	iA³³	iA²⁴	kuo⁵³³	uo³³	xuo⁵³³	xuo³⁵	uA¹³
23 分水	ie²²	ie⁵³	ie¹³	kua⁴⁴	ŋa⁵³	xua⁴⁴	ua²⁴	ua²²
24 绍兴	ia²³¹	ia²²³	ia²²	kuo⁵³	ŋo²²³	huo⁵³	huo³³	uo²³¹

续表

方言点	0049 爷	0050 野	0051 夜	0052 瓜	0053 瓦名	0054 花	0055 化	0056 华中~
	假开三平麻以	假开三上麻以	假开三去麻以	假合二平麻见	假合二上麻疑	假合二平麻晓	假合二去麻晓	假合二平麻匣
25 上虞	ia²¹³	ia²¹³	ia³¹	kuo³⁵	ŋo²¹³	fo³⁵	fo⁵³	uo²¹³
26 嵊州	ia²¹³	ia²⁴	ia²⁴	kuo⁵³⁴	ŋo²⁴	fo⁵³⁴	fo³³⁴	uo²¹³
27 新昌	ia²²	ia²³²	ia¹³	kuo⁵³⁴	ŋo²³²	fuo⁵³⁴	fuo³³⁵	uo²²
28 诸暨	iA¹³	iA²⁴²	iA³³	ko⁵⁴⁴	ŋo²⁴²	ho⁵⁴⁴	ho⁵⁴⁴	o¹³
29 慈溪	ia¹³	ia¹³	ia¹³	kuo³⁵	ŋo¹³	huo³⁵	huo⁴⁴	uo¹³
30 余姚	ia¹³	ia¹³	ia¹³	kuo⁴⁴	ŋo¹³	huo⁴⁴	ho⁵³	o¹³
31 宁波	ia¹³	ia¹³	ia¹³	ko⁵³	ŋo¹³	ho⁵³	ho⁵³	o¹³
32 镇海	ia²⁴	ia²⁴	ia²⁴	ko⁵³	ŋo²⁴~ㄐ	ho⁵³	ho⁵³	o²⁴
33 奉化	ia³³	ia³²⁴	ia³¹	kuo⁴⁴	ŋo³³调殊	huo⁴⁴	huo⁵³	uo³¹调殊
34 宁海	ia³¹调殊	ia⁵³调殊	ia²⁴	ko⁴²³	ŋo³¹	ho⁴²³	ho³⁵	o²¹³
35 象山	ia¹³调殊	ia³¹	ia¹³	kuo⁴⁴	ŋo³¹	huo⁴⁴	huo⁵³	uo³¹
36 普陀	ia²⁴	ia²³	ia¹³	ko⁵³	ŋo²³	xo⁵³	xo⁵⁵	uo²⁴
37 定海	ia²³	ia²³	ia¹³	ko⁵²	ŋo²³	xo⁵²	xuo⁴⁴	uo²³
38 岱山	ia²³	ia²⁴⁴	ia²¹³	ko⁵²	ŋo²⁴⁴	xuo⁵²	xuo⁴⁴	uo²³
39 嵊泗	ia²⁴³	ia⁴⁴⁵	ia²¹³	ko⁵³	ŋo⁴⁴⁵	xuo⁵³	xuo⁵³	uo²⁴³
40 临海	ia⁵¹小	ia⁵²	ia³²⁴	kua³¹	ŋo⁵²	hua³¹	hua⁵⁵	ua²¹
41 椒江	ia²⁴小	ia⁴²	ia²⁴	kua⁴²	ŋo⁴²	hua⁴²	hua⁵⁵	ua³¹
42 黄岩	ia¹²¹	ia⁴²	ia²⁴	kua³²	ŋo⁴²	hua³²	hua⁵⁵	ua¹²¹
43 温岭	ia²⁴小	ia⁴²	ia¹³	ko³³	ŋo⁴²	ho³³白 hua³³文	hua⁵⁵	o³¹
44 仙居	i²¹³	ia³²⁴	i²⁴	ko³³⁴	ŋo³²⁴	ho³³⁴	ho⁵⁵	ua²¹³
45 天台	ʑi²²⁴	i²¹⁴~人 ia²¹⁴田~	i³⁵	ko³³	ŋo²¹⁴	ho³³	ho⁵⁵	o²²⁴
46 三门	ia²⁵²小	ia³²⁵	ia²⁴³	ko³³⁴	ŋo³²⁵	ho³³⁴	ho⁵⁵	o¹¹³
47 玉环	ia²⁴小	ia⁴²	ia²²	ko⁴²白 kua⁴²文	ŋo⁵³	ho⁴²白 hua⁴²文	hua⁵⁵	ua³¹

续表

方言点	0049 爷	0050 野	0051 夜	0052 瓜	0053 瓦 名	0054 花	0055 化	0056 华 中~
	假开三 平麻以	假开三 上麻以	假开三 去麻以	假合二 平麻见	假合二 上麻疑	假合二 平麻晓	假合二 去麻晓	假合二 平麻匣
48 金华	ia³¹³	ia⁵³⁵	ia¹⁴	kuɑ³³⁴	uɑ⁵³⁵	xuɑ³³⁴	xuɑ⁵⁵	uɑ³¹³
49 汤溪	iɑ¹¹父亲 iɑ⁵²祖父	iɑ¹¹³	iɑ³⁴¹	kuɑ²⁴	uɑ¹¹³	xuɑ²⁴	xuɑ⁵²	uɑ¹¹
50 兰溪	iɑ²¹	iɑ⁵⁵	iɑ²⁴	kuɑ³³⁴	uɑ⁵⁵	xuɑ³³⁴	xuɑ⁴⁵	uɑ²¹
51 浦江	iɑ¹¹³	iɑ²⁴³	iɑ²⁴	kuɑ⁵³⁴	n̥iɑ²⁴³	xuɑ⁵³⁴	xuɑ⁵⁵	uɑ¹¹³
52 义乌	ia²¹³	ia³¹²	ia²⁴	kua³³⁵	n³¹²	hua³³⁵	hua⁴⁵	ua²¹³
53 东阳	ia²¹³	ia²³¹	ia²⁴	kua³³⁴	ŋo²³¹	hua³³⁴	hua⁴⁵³	ua²¹³
54 永康	ia²²	ia¹¹³	ia²⁴¹	kuɑ⁵⁵	ŋuɑ¹¹³	xuɑ⁵⁵	xuɑ⁵²	uɑ²²
55 武义	ia³²⁴	ia¹³	ia²³¹	kuɑ²⁴	ŋuɑ¹³	xuɑ²⁴	xuɑ⁵³	uɑ⁵³
56 磐安	ia²¹³	ia³³⁴	ia¹⁴	kua⁴⁴⁵	ŋuə³³⁴	xua⁴⁴⁵	xua⁵²	ua²¹³
57 缙云	iɑ²⁴³	iɑ⁵¹	iɑ²¹³	ku⁴⁴	mu³¹声殊	xu⁴⁴	xu⁴⁵³	u²⁴³
58 衢州	iɑ²¹	iɑ²³¹	iɑ²³¹	kuɑ³²	ŋɑ²³¹	xuɑ³²	xuɑ⁵³	uɑ²¹
59 衢江	iɑ²¹²	iɑ²¹²	(无)	kuo³³	ŋou²¹²	xuo³³	xuo⁵³	xuo²¹²声殊
60 龙游	iɑ³⁵调殊	iɑ²²⁴	iɑ²³¹	ku³³⁴	ŋuɑ²²⁴	xu³³⁴	xuɑ⁵¹	uɑ²¹
61 江山	iə²¹³	iə²²	iə³¹	kuɒ⁴⁴西~ kyə⁴⁴黄~	ŋuɒ²²	xuɒ⁴⁴	xuɒ⁵¹	uɒ²¹³
62 常山	ye³⁴¹	ie²⁴	ie¹³¹	tɕyɛ⁴⁴白 kuɑ⁴⁴文	ua²⁴	xuɑ⁴⁴	xuɑ³²⁴	uɑ³⁴¹
63 开化	yo²³¹白 iɛ²³¹文	iɛ⁵³调殊	iɛ²¹³	kuɑ⁴⁴	ŋɑ²¹³	xuɑ⁴⁴	xuɑ⁴¹²	xuɑ²¹³ 调殊
64 丽水	io²²白 iɛ²²文	io⁵⁴⁴	io¹³¹	kuo²²⁴	uo⁵⁴⁴	xuo²²⁴	xuo⁵²	uo²²
65 青田	iu²¹老~	iu⁴⁵⁴	iu²²	ku⁴⁴⁵	ŋu⁴⁵⁴	xu⁴⁴⁵	xu³³	u²¹
66 云和	io³¹²	io⁴¹	io²²³	ko²⁴	ŋo⁴¹	xo²⁴	xo⁴⁵	o³¹²
67 松阳	yə³¹	yə²²	yə¹³	kuə⁵³	ŋuə²²	fuə²⁴调殊	fuə²⁴	uə³¹
68 宣平	ia⁴³³	ia²²³	(无)	ko³²⁴	ŋo²²³	xo³²⁴	xo⁵²	o⁴³³
69 遂昌	iu²²¹~娘	iɒ¹³	iɒ²¹³	kɒ⁴⁵	ŋɒ¹³	xɒ⁴⁵	xɒ³³⁴	uɒ²²¹

续表

方言点	0049 爷	0050 野	0051 夜	0052 瓜	0053 瓦名	0054 花	0055 化	0056 华 中~
	假开三平麻以	假开三上麻以	假开三去麻以	假合二平麻见	假合二上麻疑	假合二平麻晓	假合二去麻晓	假合二平麻匣
70 龙泉	io²¹	io²²⁴调殊	io²²⁴	kuo⁴³⁴	uo⁵¹	xuo⁴³⁴	xuo⁴⁵	uo²¹
71 景宁	io⁴¹	io³³	（无）	ko³²⁴	ŋo³³	xo³²⁴	xo³⁵	o⁴¹
72 庆元	io⁵²白 ia⁵²文	ia²²¹	ia³¹	ko³³⁵	ŋ²²¹	xo³³⁵	xo¹¹	o⁵²
73 泰顺	yɔ⁵³	yɔ⁵⁵	yɔ²²	kuɔ²¹³	uɔ⁵⁵	fuɔ²¹³	fuɔ³⁵	uɔ⁵³
74 温州	i³¹	i²⁵	i²²	ko³³	ŋo¹⁴	ho³³	ho⁵¹	o³¹
75 永嘉	ʅ⁵³	ʅ⁴⁵	zʅ²²	ko⁴⁴	ŋo¹³	ho⁴⁴	ho⁵³	o³¹
76 乐清	i⁴⁴祖父 i³¹老~	i³⁵	i²²	kuɯʌ⁴⁴	ŋo²⁴	fɯʌ⁴⁴	fɯʌ⁴¹	vɯʌ³¹
77 瑞安	i³¹	i³⁵	i²²	ku⁴⁴	ŋo¹³	hu⁴⁴	hu⁵³	u³¹
78 平阳	i²⁴²	ie⁴⁵	i³³	kuo⁵⁵	ŋo⁴⁵	xuo⁵⁵	xuo⁵³	uo²⁴²
79 文成	i¹¹³	io⁴⁵白 ie⁴⁵文	i⁴²⁴	ko⁵⁵	ŋo²²⁴	xo⁵⁵	xo³³	xo¹¹³
80 苍南	i⁴²	ie⁵³韵殊	i¹¹	ko⁴⁴	ŋo⁵³	huɔ⁴⁴	huɔ⁴²	uɔ³¹
81 建德徽	ia³³~娘	ia²¹³	ia⁵⁵	ko⁵³	o²¹³	ho⁵³	ho³³	hua²¹¹文
82 寿昌徽	ia⁵²老~	ia³³~菜	ia³³	kuə¹¹²	ŋuə⁵³⁴	xuə¹¹²	xuɑ⁵⁵文	xuɑ¹¹²文
83 淳安徽	iɑ⁴³⁵	iɑ⁵⁵	iɑ⁵³	ko²⁴	o⁵⁵	ho²⁴	ho²⁴	ho⁴³⁵
84 遂安徽	iɛ³³文	iɛ²¹³	iɛ⁵²	kuɑ⁵³⁴	ɑ⁴³	fɑ⁵³⁴	fɑ⁴³	vɑ³³
85 苍南闽	ia²⁴	ia⁴³	ia²¹	kue⁵⁵	hia³²	hue⁵⁵	hua²¹	hua²⁴
86 泰顺闽	ia²²	ia³⁴⁴	ia³¹	kua²¹³	ŋua³¹	fa²¹³	fa⁵³	fa²²
87 洞头闽	ia¹¹³	ia⁵³	ia²¹	kue³³	hia²¹	hue³³	hua²¹	hua¹¹³
88 景宁畲	ia²²	ia³²⁵	ia⁵¹	kɔ⁴⁴	ŋɔ³²⁵	fɔ⁴⁴	fɔ⁴⁴	uɔ²²

方言点	0057 谱家~	0058 布	0059 铺动	0060 簿	0061 步	0062 赌	0063 土	0064 图
	遇合一上模帮	遇合一去模帮	遇合一平模滂	遇合一上模並	遇合一去模並	遇合一上模端	遇合一上模透	遇合一平模定
01 杭州	pʰu⁵³	pu⁴⁵	pʰu³³⁴	bu¹³	bu¹³	tu⁵³	tʰu⁵³	du²¹³
02 嘉兴	pʰu²²⁴调殊	pu²²⁴	pʰu⁴²	bu¹¹³	bu¹¹³	tou⁵⁴⁴	tʰou⁵⁴⁴	dou²⁴²
03 嘉善	pʰu³³⁴	pu³³⁴	pʰu⁵³	bu¹¹³	bu¹¹³	tu⁴⁴	tʰu³³⁴	du¹³²
04 平湖	pu⁴⁴白 pʰu²¹³文	pu³³⁴	pʰu⁵³	bu²¹³	bu²¹³	tu⁴⁴	tʰu²¹³	du³¹
05 海盐	pʰu⁵³	pu³³⁴	pʰu⁵³	bu⁴²³	bu²¹³	tu⁴²³	tʰu⁴²³	du³¹
06 海宁	pʰəu⁵³	pu³⁵	pʰu⁵⁵	bu²³¹	bu¹³	təu⁵³	tʰəu⁵³	dəu¹³
07 桐乡	pu⁵³	pu³³⁴	pʰu⁴⁴	bu²⁴²	bu²¹³	təu⁵³	tʰəu⁵³	dəu¹³
08 崇德	pu⁵³	pu³³⁴	pʰu⁴⁴	bu²⁴²	bu¹³	tu⁵³	tʰu⁵³	du¹³
09 湖州	pʰu⁵²³	pu³⁵	pʰu⁴⁴	bu²³¹	bu²⁴	təu⁵²³	tʰəu⁵²³	dəu¹¹²
10 德清	pʰu⁵²	pu³³⁴	pʰu⁴⁴	bu¹⁴³	bu¹¹³	təu⁵²	tʰəu⁵²	dəu¹¹³
11 武康	pʰu²²⁴调殊	pu²²⁴	pʰu⁴⁴	bu²⁴²	bu¹¹³	tu⁵³	tʰu⁵³	du¹¹³
12 安吉	pʰu⁵²	pu³²⁴	pʰu⁵⁵	bu²⁴³	bu²⁴³	tu⁵²	tʰu⁵²	du²²
13 孝丰	pʰu⁵²	pu³²⁴	pʰu⁴⁴	bu²⁴³	bu²⁴³	tu⁵²	tʰu⁵²	du²²
14 长兴	pʰu⁵²	pu³²⁴	pʰu⁴⁴	bu²⁴³	bu²⁴	ɬəu⁵²	tʰəu⁵²	dəu¹²
15 余杭	pʰu⁵³	pu⁴²³	pʰu⁴⁴	bu²⁴³	bu²¹³	tu⁵³	tʰu⁵³	du²²
16 临安	pʰo⁵⁵	po⁵⁵	pʰo⁵⁵	bo³³	bo³³	to⁵⁵	tʰo⁵⁵	do³³
17 昌化	pʰu⁴⁵³	pu⁵⁴⁴	pʰu³³⁴	bu²⁴³	bu²⁴³	tu⁴⁵³	tʰu⁴⁵³	du¹¹²
18 於潜	pʰu⁵¹	pu³⁵	pʰu⁴³³	bu²⁴	bu²⁴	tu⁵¹	tʰu⁵¹	du²²³
19 萧山	pʰu³³	pu⁴²	pʰu⁵³³	bu¹³	bu²⁴²	tu³³	tʰu³³	du³⁵⁵
20 富阳	pu⁴²³	pu³³⁵	pʰu⁵³	bu²²⁴	bu²²⁴	tʊ⁴²³	tʰʊ⁴²³	dʊ¹³
21 新登	pʰu³³⁴	pu⁴⁵	pʰu⁵³	bu¹³	bu¹³	tu³³⁴	tʰu³³⁴	du²³³
22 桐庐	pʰu³³	pu³⁵	pʰu⁵³³	bu²⁴	bu²⁴	tu³³	tʰu³³	du¹³
23 分水	pʰu⁵³	pu²⁴	pʰu⁵³	bu¹³	bu¹³	tu⁵³	tʰu⁵³	du²²
24 绍兴	pʰu³³⁴	pu³³	pʰu⁵³	bu²²³	bu²²	tu³³⁴	tʰu³³⁴	du²³¹
25 上虞	pʰu³⁵	pu⁵³	pʰu³⁵	bu²¹³	bu³¹	tu³⁵	tʰu³⁵	du²¹³

续表

方言点	0057 谱 家~	0058 布	0059 铺 动	0060 簿	0061 步	0062 赌	0063 土	0064 图
	遇合一上模帮	遇合一去模帮	遇合一平模滂	遇合一上模並	遇合一去模並	遇合一上模端	遇合一上模透	遇合一平模定
26 嵊州	pu⁵³	pu³³⁴	pʰu⁵³⁴	bu²⁴	bu²⁴	tu⁵³	tʰu⁵³	du²¹³
27 新昌	pu⁴⁵³	pu³³⁵	pʰu⁵³⁴	bu²³²	bu¹³	tu⁴⁵³	tʰu⁴⁵³	du²²
28 诸暨	pu⁴²	pu⁵⁴⁴	pʰu⁵⁴⁴	bu²⁴²	bu³³	tu⁴²	tʰu⁴²	du¹³
29 慈溪	pʰu¹³	pu⁴⁴	pʰu³⁵	bu¹³	bu¹³	tu³⁵	tʰu³⁵	du¹³
30 余姚	pʰu³⁴	pu⁵³	pʰu⁴⁴	bu¹³	bu¹³	tu³⁴	tʰu³⁴	du¹³
31 宁波	pu³⁵老 pʰu⁵³新	pu⁴⁴	pʰu⁵³	bu¹³	bu¹³	tu³⁵	tʰu³⁵	du¹³
32 镇海	pʰu³⁵	pu⁵³	pʰu⁵³	bu²⁴	bu²⁴	tu³⁵	tʰu³⁵	du²⁴
33 奉化	bu³²⁴	pu⁵³	pʰu⁴⁴	bu³³调殊	bu³¹	tu⁵⁴⁵	tʰu⁵⁴⁵	du³³
34 宁海	pu⁵³	pu³⁵	pʰu⁴²³	bu³¹	bu²⁴	tu⁵³	tʰu⁵³	du²¹³
35 象山	pʰu⁴⁴	pu⁵³	pʰu⁴⁴	bu³¹	bu¹³	tu⁴⁴	tʰu⁴⁴	du³¹
36 普陀	pʰu⁴⁵	pu⁵⁵	pʰu⁵³	bu²³	bu¹³	tu⁴⁵	tʰu⁴⁵	du²⁴
37 定海	pʰu⁵²调殊	pu⁴⁴	pʰu⁵²	bu²³	bu¹³	tu⁴⁵	tʰu⁴⁵	du²³
38 岱山	pʰu⁵²调殊	pu⁴⁴	pʰu⁵²	bu²⁴⁴	bu²¹³	tu³²⁵	tʰu³²⁵	du²³
39 嵊泗	pʰu⁴⁴⁵	pu⁵³	pʰu⁵³	bu³³⁴	bu²¹³	tu⁴⁴⁵	tʰu⁴⁴⁵	du²⁴³
40 临海	pu⁵²	pu⁵⁵	pʰu³¹	bu⁵¹小	bu³²⁴	tu⁵²	tʰu⁵²	du²¹
41 椒江	pu⁴²	pu⁵⁵	pʰu⁴²	bu⁴¹小	bu²⁴	təu⁴²	tʰəu⁴²	dəu³¹
42 黄岩	pu⁴²	pu⁵⁵	pʰu⁵⁵	bu¹²¹	bu²⁴	tou⁴²	tʰou⁴²	dou¹²¹
43 温岭	pu⁴²	pu⁵⁵	pʰu³³	bu³¹	bu¹³	tu⁴²	tʰu⁴²	du³¹
44 仙居	bu²¹³音殊	ɓu⁵⁵	pʰu³³⁴	bu³⁵³小	bu²⁴	ɗu³²⁴	tʰu³²⁴	du²¹³
45 天台	pu³²⁵	pu⁵⁵	pʰu³³	bu³¹小	bu³⁵	tu³²⁵	tʰu³²⁵	du²²⁴
46 三门	pʰu³²⁵	pu⁵⁵	pʰu³³⁴	bu²⁵²小	bu²⁴³	tu³²⁵	tʰu³²⁵	du¹¹³
47 玉环	pʰu⁵³	pu⁵⁵	pʰu⁵⁵	bu⁴¹	bu²²	təu⁵³	tʰəu⁵³	dəu³¹
48 金华	pu⁵³⁵	pu⁵⁵	pʰu³³⁴	pu⁵³⁵	bu¹⁴	tu⁵³⁵	tʰu⁵³⁵	du³¹³
49 汤溪	pu⁵³⁵	pu⁵²	pʰu²⁴	bu¹¹³	bu³⁴¹	tu⁵³⁵	tʰu⁵³⁵	du¹¹

续表

方言点	0057 谱家~	0058 布	0059 铺动	0060 簿	0061 步	0062 赌	0063 土	0064 图
	遇合一上模帮	遇合一去模帮	遇合一平模滂	遇合一上模並	遇合一去模並	遇合一上模端	遇合一上模透	遇合一平模定
50 兰溪	p^hu^{55}	pu^{45}	p^hu^{334}	pu^{55}	bu^{24}	tu^{55}	t^hu^{55}	du^{21}
51 浦江	pu^{53}	pu^{55}	p^hu^{534}	bu^{243}	bu^{24}	tu^{53}	t^hu^{53}	du^{113}
52 义乌	pu^{423}	pu^{45}	p^hu^{335}	bun^{24}小	bu^{24}	tu^{423}	t^hu^{423}	du^{213}
53 东阳	pu^{44}	pu^{453}	p^hu^{453}	$bʋn^{24}$小	bu^{24}	tu^{44}	t^hu^{44}	du^{213}
54 永康	$ɓu^{334}$	$ɓu^{52}$	p^hu^{55}	bu^{113}	bu^{241}	$ɗu^{334}$	t^hu^{334}	du^{22}
55 武义	p^hu^{445}	pu^{53}	（无）	bu^{13}	bu^{231}	lu^{445}	t^hu^{445}	du^{324}
56 磐安	pu^{334}	pu^{52}	p^hu^{445}	bun^{14}小	bu^{14}	tu^{334}	t^hu^{334}	du^{213}
57 缙云	pu^{51}	pu^{453}	p^hu^{44}	bu^{31}	bu^{213}	tu^{51}	t^hu^{51}	du^{243}
58 衢州	p^hu^{35}	pu^{53}	p^hu^{32}	bu^{231}	bu^{231}	tu^{35}	t^hu^{35}	du^{21}
59 衢江	$p^hɤ^{25}$	$pɤ^{53}$	$p^hɤ^{33}$	$bɤ^{212}$	$bɤ^{231}$	$tɤ^{25}$	$t^hɤ^{25}$	dou^{212}
60 龙游	pu^{35}	pu^{51}	p^hu^{334}	bu^{224}	bu^{231}	tu^{35}	t^hu^{35}	du^{21}
61 江山	$p^hə^{241}$	$pə^{51}$	$p^hə^{44}$	$bə^{22}$	$bə^{31}$	$tuə^{241}$	$t^huə^{44}$名 $t^huə^{241}$形	$duə^{213}$
62 常山	p^hu^{52}	$puə^{324}$	$p^huə^{44}$	$buə^{24}$	$buə^{131}$	$tuə^{52}$	$t^huə^{52}$	du^{341}
63 开化	p^huo^{53}	puo^{412}	p^huo^{44}	buo^{213}	buo^{213}	tuo^{53}	t^huo^{53}	duo^{231}白 du^{231}文
64 丽水	p^hu^{544}	pu^{52}	p^hu^{224}	bu^{22}	bu^{131}	tu^{544}	t^hu^{544}	du^{22}
65 青田	$p^hø^{454}$	$ɓø^{33}$	$p^hø^{445}$	$bø^{343}$	$bø^{22}$	$ɗeu^{454}$	t^heu^{454}	deu^{21}
66 云和	p^hu^{41}	pu^{45}	p^hu^{24}	bu^{231}	bu^{223}	tu^{41}	t^hu^{41}	du^{312}
67 松阳	$p^huə^{212}$	$puə^{24}$	$p^huə^{53}$	$buə^{22}$	$buə^{13}$	$tuə^{212}$	$t^huə^{212}$	$duə^{31}$
68 宣平	p^hu^{445}	pu^{52}	p^hu^{324}	bu^{223}	bu^{231}	tu^{445}	t^hu^{445}	du^{433}
69 遂昌	$p^huə^{533}$	$puə^{334}$	$p^huə^{45}$	$buə^{13}$	$buə^{213}$	$tuə^{533}$	$t^huə^{533}$	$duə^{221}$
70 龙泉	$p^hɤɯ^{51}$	$pɤɯ^{45}$	$p^hɤɯ^{434}$	$pɤɯ^{51}$调殊	$bɤɯ^{224}$	$tɤɯ^{51}$	$t^hɤɯ^{51}$	$dɤɯ^{21}$
71 景宁	p^hu^{33}	pu^{35}	p^hu^{324}	bu^{33}	bu^{113}	ty^{33}	t^hy^{33}	dy^{41}
72 庆元	$ɓɤ^{33}$	$ɓɤ^{11}$	$p^hɤ^{335}$	$pɤ^{221}$	$pɤ^{31}$	$ɗɤ^{33}$	$t^hɤ^{33}$	$tɤ^{52}$

续表

方言点	0057 谱 家~	0058 布	0059 铺 动	0060 簿	0061 步	0062 赌	0063 土	0064 图
	遇合一上模帮	遇合一去模帮	遇合一平模滂	遇合一上模並	遇合一去模並	遇合一上模端	遇合一上模透	遇合一平模定
73 泰顺	pʰu⁵⁵	pø³⁵	pʰø²¹³	pø²¹	pø²²	tø⁵⁵	tʰø⁵⁵	tø⁵³
74 温州	pø²⁵	pø⁵¹	pʰø³³	bu¹⁴	bø²²	tø²⁵	tʰø²⁵	dø³¹
75 永嘉	pu⁴⁵	pu⁵³	pʰu⁴⁴	bu¹³	bu²²	təɯ⁴⁵	tʰəɯ⁴⁵	dəɯ³¹~画 / dəɯ³¹地~
76 乐清	pu³⁵	pu⁴¹	pʰu⁴⁴	bu²⁴	bu²²	ty³⁵	tʰy³⁵	dy³¹
77 瑞安	pɣ³⁵	pɣ⁵³	pʰɣ⁴⁴	bu¹³	bɣ²²	təɯ³⁵	tʰəɯ³⁵	dəɯ³¹
78 平阳	pʰu⁴⁵	pu⁵³	pʰu⁵⁵	bu²³	bu³³	tʉ⁴⁵	tʰʉ⁴⁵	dʉ²⁴²
79 文成	pʰu⁴⁵	pu³³	pʰu⁵⁵	bu²²⁴	bu⁴²⁴	tɵy⁴⁵	tʰɵy⁴⁵	dɵy¹¹³
80 苍南	pʰu⁵³	pu⁴²	pʰu⁴⁴	bu²⁴	bu¹¹	ty⁵³	tʰy⁵³	dy³¹
81 建德徽	pu²¹³	pu³³	pʰu⁵³	pu²¹³	pʰu⁵⁵	tu²¹³	tʰu²¹³	tu³³
82 寿昌徽	pʰu⁵⁵文	pu³³	pʰu¹¹²	pʰu⁵³⁴	pʰu³³	tu²⁴	tʰu²⁴	tʰu⁵²
83 淳安徽	pa⁵⁵	pa²⁴	pʰa²⁴	pʰa⁵⁵	pʰa⁵³白 / pʰu⁵³文	ta⁵⁵	tʰa⁵⁵	tʰa⁴³⁵
84 遂安徽	pʰu²¹³	pu⁴³	pʰu⁴³	pʰu⁴³	pʰu⁵²	tu²¹³	tʰu²¹³	tʰu³³
85 苍南闽	pʰɔ⁴³	pɔ²¹	pʰɔ⁵⁵	pɔ²¹	pɔ²¹	tɔ⁴³	tʰɔ⁴³	tɔ²⁴
86 泰顺闽	pʰou³⁴⁴	pou⁵³	pʰou²¹³	pou³¹	pou³¹	tu³⁴⁴	tʰu³⁴⁴	tu²²
87 洞头闽	pʰɔ⁵³	pɔ²¹	pʰɔ³³	pʰɔ²¹	pɔ²¹	tɔ⁵³	(无)	tɔ¹¹³
88 景宁畲	pʰu⁵¹	pu⁴⁴	pʰu⁴⁴	pu⁵¹	pʰu⁵¹	tu³²⁵	tʰu³²⁵	tu²²

方言点	0065 杜	0066 奴	0067 路	0068 租	0069 做	0070 错 对~	0071 箍 ~桶	0072 古
	遇合一 上模定	遇合一 平模泥	遇合一 去模来	遇合一 平模精	遇合一 去模精	遇合一 去模清	遇合一 平模见	遇合一 上模见
01 杭州	du¹³	nu²¹³	lu¹³	tsʮ³³⁴	tsəu⁴⁵	tsʰəu⁴⁵	kʰu³³⁴	ku⁵³
02 嘉兴	dou¹¹³	nou²⁴²	lou¹¹³	tsou⁴²	tsou²²⁴	（无）	kou⁴²	kou⁵⁴⁴
03 嘉善	du¹¹³	nu¹³²	lu¹¹³	tsu⁵³	tsu³³⁴	tsʰo⁵³	ku⁵³	ku⁴⁴
04 平湖	du²¹³	nu²¹³	lu²¹³	tsu⁵³	tsu³³⁴	（无）	ku⁵³	ku⁴⁴
05 海盐	du⁴²³	nu³¹	lu²¹³	tsu⁵³	tsu³³⁴	（无）	ku⁵³	ku⁴²³
06 海宁	dəu²³¹	nəu¹³	ləu¹³	tsəu⁵⁵	tsəu³⁵	tsʰo⁵⁵	kʰəu⁵⁵	kəu⁵³
07 桐乡	dəu²⁴²	nəu¹³	ləu²¹³	tsəu⁴⁴	tsəu³³⁴	tsʰəu³³⁴	kʰəu⁴⁴	kəu⁵³
08 崇德	du²⁴²	nu¹³	lu¹³	tsu⁴⁴	tsu³³⁴	tsʰu³³⁴	kʰu⁴⁴	ku⁵³
09 湖州	dəu²³¹	nəu¹¹²	ləu³⁵	tsəu⁴⁴	tsəu³⁵	tsʰəu³⁵	kəu⁴⁴	kəu⁵²³
10 德清	dəu¹⁴³	nəu¹¹³	ləu³³⁴	tsəu⁴⁴	tsəu³³⁴	tsʰəu³³⁴	kʰəu⁴⁴	kəu⁵²
11 武康	du²⁴²	nu¹¹³	lu²²⁴	tsu⁴⁴	tsu²²⁴	tsʰu²²⁴	ku⁴⁴	ku⁵³
12 安吉	du²⁴³	nʊ²²	lu²¹³	tsu⁵⁵	tsʊ³²⁴	tsʰʊ³²⁴	kʰu⁵⁵	ku⁵²
13 孝丰	du²⁴³	nu²²	lu³²⁴	tsu⁴⁴	tsu³²⁴	tsʰu³²⁴	kʰu⁴⁴	ku⁵²
14 长兴	dəu²⁴³	nəu¹²	ləu³²⁴	tsəu⁴⁴	tsəu³⁷⁴	tsʰəu³²⁴	kəu⁴⁴	kəu⁵²
15 余杭	du²⁴³	nu²²	lu²¹³	tsu⁴⁴	tsu⁴²³	tsʰu⁴²³	kʰu⁴⁴	ku⁵³
16 临安	do³³	no³³	lo³³	tso⁵⁵	tso⁵⁵	tsʰo⁵⁵	kʰo⁵⁵	ko⁵⁵
17 昌化	du²⁴³又 dɯ²⁴³又	nu¹¹²	lu²⁴³	tsu³³⁴	tsɯ⁵⁴⁴	tsʰu⁵⁴⁴	kʰu³³⁴	ku⁴⁵³
18 於潜	du²⁴	nu²²³	lu²⁴	tsu⁴³³	tsu³⁵	tsʰu³⁵	kʰu⁴³³	ku⁵¹
19 萧山	du¹³	nu³⁵⁵	lu²⁴²	tsu⁵³³	tso⁴²	tsʰo⁴²	kʰu⁵³³	ku³³
20 富阳	dʊ²²⁴	nʊ¹³	lʊ³³⁵	tsʊ⁵³	tsʊ³³⁵	tsʰʊ³³⁵	kʰu⁵³	ku⁴²³
21 新登	du¹³	nu²³³	lu¹³	tsʮ⁵³	tsu⁴⁵	tsʰu⁴⁵	kʰu⁵³	ku³³⁴
22 桐庐	du²⁴	nu¹³	lu²⁴	tsu⁵³³	tsu³⁵	tsʰu³⁵	kʰu⁵³³	ku³³
23 分水	du¹³	nu²²	lu¹³	tsu⁴⁴	tso²⁴	tsʰo²⁴	kʰu⁴⁴	ku⁵³
24 绍兴	du²²³	nu²³¹	lu²²	tsu⁵³	tso³³	tsʰo³³	kʰu⁵³	ku³³⁴
25 上虞	du²¹³	nu²¹³	lu³¹	tɕy³⁵	tsu⁵³	tsʰu⁵³	kʰu³⁵	ku³⁵

续表

方言点	0065 杜	0066 奴	0067 路	0068 租	0069 做	0070 错 对～	0071 箍 ～桶	0072 古
	遇合一 上模定	遇合一 平模泥	遇合一 去模来	遇合一 平模精	遇合一 去模精	遇合一 去模清	遇合一 平模见	遇合一 上模见
26 嵊州	du^{24}	nu^{213}	lu^{24}	tsu^{534}	tso^{334}	ts^{h}o^{334}	k^{h}u^{534}	ku^{53}
27 新昌	du^{13}	nu^{22}	lu^{13}	tsu^{534}	tsγ^{335}	ts$^h\gamma^{335}$	k^{h}u^{534}	ku^{453}
28 诸暨	du^{242}	lu^{13}声殊	lu^{33}	tsu^{544}	tsγu^{544}	ts$^h\gamma$u^{544}	k^{h}u^{544}	ku^{42}
29 慈溪	du^{13}	nu^{13}	vu^{13}白 lu^{13}文	tsη^{35}	ts∂u^{44}	ts$^h\partial$u^{44}	(无)	ku^{35}
30 余姚	du^{13}	nu^{13}	lu^{13}	tsη^{44}	tsou^{53}	ts^{h}ou^{53}	k^{h}u^{44}	ku^{34}
31 宁波	du^{13}	nu^{13}	lu^{13}	tsu^{53}	ts∂u^{44}	ts$^h\partial$u^{44}	k^{h}u^{53}	ku^{35}
32 镇海	du^{24}	nu^{24}	lu^{24}	tsu^{53}	ts∂u^{53}	ts$^h\partial$u^{53}	k$^h\partial$u^{53}	ku^{35}
33 奉化	du^{31}	nu^{33}	lu^{31}	tsu^{44}	ts∂u^{53}	ts$^h\partial$u^{53}	k^{h}u^{44}	ku^{545}
34 宁海	du^{31}	nu^{213}	lu^{24}	tsu^{423}	ts∂u^{35}	ts^{h}o^{35}	(无)	ku^{53}
35 象山	du^{31}	nu^{31}	lu^{13}	tsu^{44}	tsu^{53}	ts^{h}o^{53}	(无)	ku^{44}
36 普陀	du^{23}	nu^{24}	lu^{13}	tsu^{53}	ts∂u^{55}	ts$^h\partial$u^{55}	k^{h}u^{53}	ku^{53}
37 定海	du^{23}	nu^{23}	lu^{13}	tsu^{52}	tsΛu^{44}	ts$^h\Lambda$u^{44}	k^{h}u^{52}	ku^{45}
38 岱山	du^{244}	nu^{23}	lu^{213}	tsu^{52}	tsΛu^{44}	ts$^h\Lambda$u^{44}	k^{h}u^{44}调殊	ku^{52}
39 嵊泗	du^{334}	nu^{243}	lu^{213}	tφy^{53}又 tsu^{53}又	tsΛu^{53}	ts$^h\Lambda$u^{53}	k^{h}u^{53}	ku^{53}
40 临海	du^{21}地名	nu^{324}	lu^{324}	tsu^{31}	tso^{55}	ts^{h}o^{55}	tφ^hiu^{31}	ku^{52}
41 椒江	d∂u^{31}	n∂u^{31}	l∂u^{24}	ts∂u^{42}	ts∂u^{55}	ts^{h}o^{55}	tφ^hiu^{42}	ku^{42}
42 黄岩	dou^{121}	lou^{121}	lou^{24}	tsou^{55}	tsou^{55}	ts^{h}o^{55}	tφ^hiu^{32}	ku^{42}
43 温岭	du^{31}	nu^{31}	lu^{13}	tsu^{33}	tsu^{55}	ts^{h}o^{55}	tφ^hiu^{33}	ku^{42}
44 仙居	du^{213}	nu^{24}调殊	lu^{24}	tsu^{334}	tso^{55}	ts^{h}o^{55}	tφ^hi∂u^{334}	ku^{324}
45 天台	du^{214}	nu^{224}	lu^{35}	tsu^{33}	tsou^{55}	ts^{h}o^{55}	k^{h}iu^{33}音殊	ku^{325}
46 三门	du^{243}	nu^{113}	lu^{243}	sη^{55}白 tsu^{334}文	tφiυ^{55}	ts^{h}o^{55}	ku^{55}	ku^{325}
47 玉环	d∂u^{31}	n∂u^{31}	l∂u^{22}	ts∂u^{42}	ts∂u^{55}	ts^{h}o^{55}	k^{h}u^{42}又 tφ^hiu^{42}又	ku^{53}

续表

方言点	0065 杜	0066 奴	0067 路	0068 租	0069 做	0070 错 对~	0071 箍 ~桶	0072 古
	遇合一 上模定	遇合一 平模泥	遇合一 去模来	遇合一 平模精	遇合一 去模精	遇合一 去模清	遇合一 平模见	遇合一 上模见
48 金华	du^{14}	nu^{313}	lu^{14}	tsu^{334}	tsuɤ^{55}	(无)	k^{h}u^{334}	ku^{535}
49 汤溪	du^{341}~仲	nu^{11}	lu^{341}	tsu^{24}	tsuɤ^{52}	ts^{h}uɤ^{52}	k^{h}u^{24}	ku^{535}
50 兰溪	du^{24}	nu^{21}	lu^{24}	tsu^{334}	tsuɤ^{45}	(无)	k^{h}u^{334}	ku^{55}
51 浦江	du^{243}	nu^{113}	lu^{24}	tsu^{534}	tsu^{55}	(无)	k^{h}u^{534}	ku^{53}
52 义乌	du^{24}	nu^{213}	lu^{24}	tsu^{335}	tsuɤ^{45}	(无)	k^{h}u^{335}	ku^{423}
53 东阳	du^{24}	nu^{213}	lu^{24}	tsu^{334}	tsu^{453}	(无)	k^{h}u^{334}	ku^{453}
54 永康	du^{113}	nu^{22}	lu^{241}	tsu^{55}	tsuo^{52}	(无)	k^{h}u^{55}	ku^{334}
55 武义	tu^{53}	nu^{324}	lu^{231}	tsu^{24}	tsuo^{53}	(无)	k^{h}u^{24}	ku^{445}
56 磐安	tu^{334}	nu^{213}	lu^{14}	tsu^{445}	tsuɤ^{52}	(无)	k^{h}un^{445}小	ku^{334}
57 缙云	du^{31}	nu^{243}	lu^{213}	tsu^{44}	tsu^{453}	ts^{h}u^{453}	k^{h}u^{44}	ku^{51}
58 衢州	du^{231}	nu^{21}	lu^{231}	tsu^{32}	tsu^{53}	ts^{h}u^{53}	k^{h}u^{32}	ku^{35}
59 衢江	dou^{212}姓~ də?^{2}地名	nou^{212}	lɤ^{231}	tsɤ^{33}	tsou^{53}	ts^{h}ou^{53}	k^{h}uɤ^{33}	ku^{25}
60 龙游	du^{231}调殊	nu^{21}	lɿ^{231}	tsu^{334}	tsu^{51}	ts^{h}u^{51}	k^{h}u^{334}	ku^{35}
61 江山	duə^{31}	nuə^{213}	luə^{31}	tsuə^{44}	tso^{51}	ts^{h}o^{51}	k^{h}uə^{44}	kuə^{241}
62 常山	du^{131}	nu^{131}	luə^{131}	tsuə^{44}	tsɔ^{324}	ts^{h}ɔ^{324}	k^{h}uə^{44}	kuə^{52}
63 开化	du^{213}	nu^{213}调殊	luo^{213}	tsuo^{44}	tsɔ^{412}	ts^{h}ɔ^{412}	k^{h}uo^{44}	kuo^{53}白 ku^{53}文
64 丽水	du^{22}	nɔŋ^{22}韵殊	lu^{131}	tsu^{224}	tsu^{52}	ts^{h}u^{52}	k^{h}u^{224}	ku^{544}
65 青田	deu^{343}	nu^{21}	leu^{22}	tseu^{445}	tsu^{33}	ts^{h}u^{33}	k^{h}ø^{445}	kø^{454}
66 云和	du^{223}调殊	nu^{312}	lu^{223}	tsu^{24}	tso^{45}	ts^{h}u^{45}	k^{h}u^{24}	ku^{41}
67 松阳	duə^{22}	nuə^{31}	luə^{13}	tsɿə^{53}	tsu^{24}	ts^{h}u^{24}	k^{h}uə^{53}	kuə^{212}
68 宣平	du^{433}调殊	nən^{433}韵殊	lu^{231}	tsu^{324}	tso^{52}	ts^{h}o^{52}	k^{h}u^{324}	ku^{445}
69 遂昌	duə^{13}	nu^{221}	luə^{213}	tsuə^{45}	tsu^{334}	ts^{h}u^{334}	k^{h}uə^{45}	kuə^{533}
70 龙泉	tɤɯ^{51}	nɤɯ^{224}调殊	lɤɯ^{224}	tsɤɯ^{434}	tso^{45}	ts^{h}ou^{45}	k^{h}uɤɯ^{434}	kuɤɯ^{51}

续表

方言点	0065 杜	0066 奴	0067 路	0068 租	0069 做	0070 错 对~	0071 箍 ~桶	0072 古
	遇合一 上模定	遇合一 平模泥	遇合一 去模来	遇合一 平模精	遇合一 去模精	遇合一 去模清	遇合一 平模见	遇合一 上模见
71 景宁	dy³³	nəŋ⁴¹韵殊	ly¹¹³	tsʅ³²⁴	tso³⁵	tsʰoʔ⁵音殊	kʰu³²⁴	ku³³
72 庆元	tɤ²²¹	nɤ⁵²	lɤ³¹	tsɤ³³⁵	tso¹¹	tsʰo¹¹	kʰuɤ³³⁵	kuɤ³³
73 泰顺	tø²¹	no⁵³	lø²²	tsœ²¹³	tso³⁵	tsʰoʔ⁵音殊	kʰø²¹³	kø⁵⁵
74 温州	dø¹⁴	nɣu³¹	lø²²	tsø³³	tsɣu⁵¹	tsʰo³²³音殊	ku³³	ku²⁵
75 永嘉	dəɯ¹³	no³¹	ləɯ²²	tsɿ⁴⁴	tso⁵³	tsʰo⁴²³音殊	tɕʰiau⁴⁴	ku⁴⁵
76 乐清	dy²²调殊	no³¹	ly²²	tɕy⁴⁴	tɕio⁴¹	tɕʰio³²³ 音殊	ku⁴⁴	ku³⁵
77 瑞安	dəɯ¹³	nou²²	ləɯ²²	tsəɯ⁴⁴	tsou⁵³	tsʰo³²³音殊	kʰau⁴⁴	kuɯ³⁵
78 平阳	dʉ²³	nʉ²⁴²	lʉ³³	tɕy⁵⁵	tʃu⁵³	(无)	kʰau⁵⁵	ku⁴⁵
79 文成	dəy²²⁴	nou¹¹³	ləy⁴²⁴	tɕy⁵⁵	tʃou³³	(无)	kʰau⁵⁵	ku⁴⁵
80 苍南	dy²⁴	nu³¹	ly¹¹	tɕy⁴⁴	tsu⁴²	tsʰu⁴²	kʰau⁴⁴	ku⁵³
81 建德徽	tu²¹³	nu³³	lu⁵⁵	tsu⁵³	tsu³³	tsʰu³³	kʰu⁵³	ku²¹³
82 寿昌徽	tu²⁴姓~	nu¹¹²文	lu³³	tsu¹¹²	tsu³³	tsʰu³³	kʰu¹¹²	ku²⁴
83 淳安徽	tʰa⁵⁵白 tʰu⁵³文	lu⁴³⁵	la⁵³	tɕya²⁴	tsu²⁴	tsʰu²⁴	kʰua²⁴	kua⁵⁵
84 遂安徽	tʰu⁴³	lu³³	lu⁵²	tsu⁵³⁴	tsəɯ⁴³	tsʰəɯ⁴³	kʰu⁵³⁴	ku²¹³
85 苍南闽	tɔ²¹	nũ²⁴	lɔ²¹	tsɔ⁵⁵	tsue²¹	tsʰo²¹文	kʰɔ⁵⁵	kɔ⁴³
86 泰顺闽	tu³¹	nu²²	tøi³¹	tsʅ²¹³	tsou⁵³	tsʰou⁵³	kʰou²¹³	ku³⁴⁴
87 洞头闽	tɔ²¹	nɔ̃¹¹³	lɔ²¹	tsɔ³³	tsue²¹	(无)	kʰɔ³³	kɔ⁵³
88 景宁畲	tu⁵¹白 tu⁴⁴文	nu²²	lu⁵¹	tsu⁴⁴	tso⁴⁴	tsʰo⁴⁴	fu⁴⁴	ku³²⁵

方言点	0073 苦 遇合一 上模溪	0074 裤 遇合一 去模溪	0075 吴 遇合一 平模疑	0076 五 遇合一 上模疑	0077 虎 遇合一 上模晓	0078 壶 遇合一 平模匣	0079 户 遇合一 上模匣	0080 乌 遇合一 平模影
01 杭州	k^hu^{53}	k^hu^{45}	u^{213}	u^{53}	xu^{53}	u^{213}	u^{13}	u^{334}
02 嘉兴	k^hou^{113}	k^hou^{224}	vu^{242}	$ŋ^{113}$	fu^{544}	vu^{242}	vu^{113}	vu^{42}
03 嘉善	k^hu^{334}	k^hu^{334}	u^{132}	$ŋ^{113}$	fu^{44}声殊	u^{132}	u^{113}	u^{53}
04 平湖	k^hu^{213}	k^hu^{213}	u^{31}	$ŋ^{213}$	fu^{44}	u^{31}	u^{213}	u^{53}
05 海盐	k^hu^{423}	k^hu^{334}	u^{31}	n^{423}	fu^{423}	u^{31}	u^{213}	u^{53}
06 海宁	$k^həu^{53}$	$k^həu^{35}$	u^{13}	$ŋ^{231}$	fu^{53}声殊	u^{13}	u^{231}	u^{55}
07 桐乡	$k^həu^{53}$	$k^həu^{334}$	u^{13}	$ŋ^{242}$	fu^{53}	u^{13}	u^{242}	u^{44}
08 崇德	k^hu^{53}	k^hu^{334}	u^{13}	$ŋ^{53}$	hu^{53}	u^{13}	u^{13}	u^{44}
09 湖州	$k^həu^{523}$	$k^həu^{35}$	u^{112}	$ŋ^{523}$	$xəu^{523}$	u^{112}	u^{523}	u^{44}
10 德清	$k^həu^{52}$	$k^həu^{334}$	$əu^{113}$	$əu^{52}$	$xəu^{52}$	$əu^{113}$	$əu^{52}$	$əu^{44}$
11 武康	k^hu^{53}	k^hu^{224}	u^{113}	$ŋ^{242}$	fu^{53}声殊	u^{113}	u^{53}	u^{44}
12 安吉	k^hu^{52}	k^hu^{324}	u^{22}	$ŋ^{52}$	fu^{52}	u^{22}	u^{22}	u^{55}
13 孝丰	k^hu^{52}	k^hu^{324}	u^{22}	$ŋ^{52}$	hu^{52}	u^{22}	u^{22}	u^{44}
14 长兴	$k^həu^{52}$	$k^həu^{324}$	u^{12}	$ŋ^{52}$	$həu^{52}$	u^{12}	vu^{52}	vu^{44}
15 余杭	k^hu^{53}	k^hu^{423}	u^{22}	$ŋ^{53}$	fu^{53}声殊	u^{22}	u^{53}	u^{44}
16 临安	k^ho^{55}	k^ho^{55}	u^{33}	$ŋ^{33}$	fu^{55}声殊	u^{33}	u^{33}	u^{55}
17 昌化	k^hu^{453}	k^hu^{544}	u^{112}	$ŋ^{243}$	xu^{453}	u^{112}	u^{243}	u^{334}
18 於潜	k^hu^{51}	k^hu^{35}	u^{223}	u^{51}	xu^{51}	u^{223}	u^{24}	u^{433}
19 萧山	k^hu^{33}	k^hu^{42}	u^{355}	$ŋ^{13}$	xu^{33}	u^{355}	u^{13}	u^{533}
20 富阳	k^hu^{423}	k^hu^{335}	u^{13}	$ŋ^{224}$	hu^{423}	u^{13}	u^{335}	u^{53}
21 新登	k^hu^{334}	k^hu^{45}	u^{233}	u^{53}~个 $ŋ^{334}$~更	hu^{334}	u^{233}	u^{13}	u^{53}
22 桐庐	k^hu^{33}	k^hu^{35}	u^{13}	$ŋ^{33}$	xu^{33}	u^{13}	u^{24}	u^{533}
23 分水	k^hu^{53}	k^hu^{24}	u^{22}	$ŋ^{53}$	xu^{53}	u^{22}	u^{13}	u^{44}
24 绍兴	k^hu^{334}	k^hu^{33}	u^{231}	$ŋ^{223}$	fu^{334}	u^{231}	u^{223}	u^{53}
25 上虞	k^hu^{35}	k^hu^{53}	$ŋ^{213}$白 u^{213}文	$ŋ^{213}$	fu^{35}	u^{213}	u^{213}	u^{35}

续表

方言点	0073 苦	0074 裤	0075 吴	0076 五	0077 虎	0078 壶	0079 户	0080 乌
	遇合一上模溪	遇合一去模溪	遇合一平模疑	遇合一上模疑	遇合一上模晓	遇合一平模匣	遇合一上模匣	遇合一平模影
26 嵊州	kʰu⁵³	kʰu³³⁴	u²¹³	ŋ²²	fu⁵³	u²¹³	u²⁴	u⁵³⁴
27 新昌	kʰu⁴⁵³	kʰu³³⁵	u²²	ŋ²³²	fu⁴⁵³	u²²	u²³²	u⁵³⁴
28 诸暨	kʰu⁴²	kʰu⁵⁴⁴	vu¹³	ŋ²⁴²	fu⁴²	vu¹³	vu²⁴²	vu⁵⁴⁴
29 慈溪	kʰu³⁵	kʰu⁴⁴	ŋ¹³白 vu¹³文	ŋ¹³	fu⁴⁴调殊	vu¹³	vu¹³	u³⁵
30 余姚	kʰu³⁴	kʰu⁵³	vu¹³	ŋ¹³	fu⁴⁴	vu¹³	vu¹³	u⁴⁴
31 宁波	kʰu³⁵	kʰu⁴⁴	vu¹³	ŋ¹³	fu³⁵	vu¹³	vu¹³	u⁵³
32 镇海	kʰu³⁵	kʰu⁵³	vu²⁴	ŋ²⁴	fu³⁵	u²⁴	u²⁴	u⁵³
33 奉化	kʰu⁵⁴⁵	kʰu⁵³	vu³³	ŋ³²⁴	fu⁵⁴⁵	vu³³	vu³²⁴	u⁴⁴
34 宁海	kʰu⁵³	kʰu³⁵	ŋ²¹³	ŋ³¹	hu⁵³	u²¹³	u³¹	u⁴²³
35 象山	kʰu⁴⁴	kʰu⁵³	u³¹	ŋ³¹	hu⁴⁴	u³¹	u³¹	u⁴⁴
36 普陀	kʰu⁴⁵	kʰu⁵⁵	u²⁴	ŋ²³	fu⁴⁵	u²⁴	u²³	u⁵³
37 定海	kʰu⁴⁵	khu⁴⁴	u²³	ŋ²³	fu⁴⁵	u²³	u²³	u⁵²
38 岱山	kʰu³²⁵	kʰu⁴⁴	u²³	ŋ²⁴⁴	fu³²⁵	vu²³	vu²³	u⁵²
39 嵊泗	kʰu⁵³	kʰu⁵³	u²⁴³	ŋ⁴⁴⁵	fu⁴⁴⁵	vu²⁴³	vu²⁴³	u⁵³
40 临海	kʰu⁵²	kʰu⁵⁵	ŋ²¹白 u²¹文	ŋ⁵²	hu⁵²	u²¹	u⁵²	u³¹
41 椒江	kʰu⁴²	kʰu⁵⁵	u³¹	ŋ⁴²	hu⁴²	u³¹	u⁴²	u⁴²
42 黄岩	kʰu⁴²	kʰu⁵⁵	u¹²¹	ŋ⁴²	hu⁴²	u¹²¹	u⁴²	u³²
43 温岭	kʰu⁴²	kʰu⁵⁵	ŋ³¹	ŋ⁴²	hu⁴²	u³¹	u⁴²	u³³
44 仙居	kʰu³²⁴	kʰu⁵⁵	ŋ²¹³	ŋ³²⁴	hu³²⁴	u²¹³	u³²⁴	u³³⁴
45 天台	kʰu³²⁵	kʰu⁵⁵	vu²²⁴	ŋ³²⁵	hu³²⁵	vu⁵¹小	vu²¹⁴	u³³
46 三门	kʰu³²⁵	kʰu⁵⁵	u¹¹³	ŋ³²⁵	hu³²⁵	u²⁵²小	u²¹³	u³³⁴
47 玉环	kʰu⁵³	kʰu⁵⁵	ŋ³¹白 u³¹文	ŋ⁵³	fu⁵³	u³¹	u⁵³	u⁴²
48 金华	kʰu⁵³⁵	kʰu⁵⁵	u³¹³	ŋ⁵³⁵	xu⁵³⁵	u³¹³	u⁵³⁵～口 u¹⁴一～	u³³⁴

续表

方言点	0073 苦 遇合一 上模溪	0074 裤 遇合一 去模溪	0075 吴 遇合一 平模疑	0076 五 遇合一 上模疑	0077 虎 遇合一 上模晓	0078 壶 遇合一 平模匣	0079 户 遇合一 上模匣	0080 乌 遇合一 平模影
49 汤溪	k^hu^{535}	k^hu^{52}	u^{11}	η^{113}	xu^{535}	u^{11}	u^{113}	u^{24}
50 兰溪	k^hu^{55}	k^hu^{45}	u^{21}	n^{55}	xu^{55}	u^{21}	u^{24}	u^{334}
51 浦江	k^hu^{53}	k^hu^{55}	u^{113}	n^{232}	xu^{53}	u^{113}	u^{243}	u^{534}
52 义乌	k^hu^{423}	k^hu^{45}	n^{213}白 u^{213}文	n^{312}	fu^{423}	u^{213}	u^{24}	u^{335}
53 东阳	k^hu^{453}	k^hu^{453}	u^{213}	n^{213}	fu^{44}	u^{213}	u^{24}	u^{334}
54 永康	k^hu^{334}	k^hu^{52}	ηu^{22}	η^{113}	xu^{334}	u^{241}小	u^{241}	u^{55}
55 武义	k^hu^{445}	k^hu^{53}	n^{324}	n^{13}	xu^{445}	u^{324}	u^{13}	u^{24}
56 磐安	k^hu^{334}	k^hu^{52}	u^{213}	n^{213}调殊	xu^{334}	u^{213}	u^{334}	u^{445}
57 缙云	k^hu^{51}	k^hu^{453}	$\eta\gamma^{243}$	$\eta\gamma^{31}$	xu^{51}	vu^{243}	vu^{31}	vu^{44}
58 衢州	k^hu^{35}	k^hu^{53}	u^{21}	η^{231}	xu^{35}	u^{21}	u^{231}	u^{32}
59 衢江	$k^hu\gamma^{25}$	$k^hu\gamma^{53}$	u^{212}	$\eta u\gamma^{212}$	$xu\gamma^{25}$	$u\gamma^{212}$	u^{212}	$u\gamma^{33}$白 u^{33}文
60 龙游	k^hu^{35}	k^hu^{51}	ηu^{21}	n^{224}	xu^{35}	u^{21}	u^{224}	u^{334}
61 江山	$k^hu\partial^{241}$	$k^hu\partial^{51}$	$u\partial^{213}$	$\eta u\partial^{22}$	$xu\partial^{241}$	$u\partial^{213}$	$u\partial^{22}$	$u\partial^{44}$
62 常山	$k^hu\partial^{52}$	$k^hu\partial^{324}$	$u\partial^{341}$	$\eta u\partial^{24}$	$xu\partial^{52}$	$u\partial^{341}$	$u\partial^{131}$	$u\partial^{44}$
63 开化	k^huo^{53}	k^huo^{412}	$\eta\mathit{ɔ}^{231}$韵殊	ηuo^{213}	xuo^{53}	uo^{231}	uo^{213}	uo^{44}
64 丽水	k^hu^{544}	k^hu^{52}	η^{22}白 u^{22}文	η^{544}	fu^{544}白 xu^{544}文	u^{22}	u^{544}调殊	u^{224}
65 青田	$k^h\emptyset^{454}$	$k^h\emptyset^{33}$	$\eta\emptyset^{21}$	$\eta\emptyset^{454}$	fu^{454}	vu^{21}	vu^{454}	vu^{445}
66 云和	k^hu^{41}	k^hu^{45}	η^{312}	η^{41}	xu^{41}	u^{312}	u^{41}	u^{24}
67 松阳	$k^hu\partial^{212}$	$k^hu\partial^{24}$	$\eta u\partial^{31}$	$\eta u\partial^{22}$	$fu\partial^{212}$	$u\partial^{31}$	$u\partial^{22}$	$u\partial^{53}$
68 宣平	k^hu^{445}	k^hu^{52}	n^{433}白 u^{433}文	n^{223}	fu^{445}	u^{433}	u^{223}	u^{324}
69 遂昌	$k^hu\partial^{533}$	$k^hu\partial^{334}$	$\eta u\partial^{221}$	$\eta u\partial^{13}$	$xu\partial^{533}$	$u\partial^{221}$	$u\partial^{13}$	$u\partial^{45}$
70 龙泉	$k^hu\gamma\mathit{ɯ}^{51}$	$k^hu\gamma\mathit{ɯ}^{45}$	$u\gamma\mathit{ɯ}^{21}$	ηou^{51}	$xu\gamma\mathit{ɯ}^{51}$	$u\gamma\mathit{ɯ}^{21}$	$u\gamma\mathit{ɯ}^{51}$	$u\gamma\mathit{ɯ}^{434}$
71 景宁	k^hu^{33}	k^hu^{35}	η^{41}	η^{33}	xu^{33}	u^{41}	u^{33}	u^{324}

续表

方言点	0073 苦	0074 裤	0075 吴	0076 五	0077 虎	0078 壶	0079 户	0080 乌
	遇合一上模溪	遇合一去模溪	遇合一平模疑	遇合一上模疑	遇合一上模晓	遇合一平模匣	遇合一上模匣	遇合一平模影
72 庆元	kʰuɤ³³	kʰuɤ¹¹	ŋuɤ⁵²	ŋuɤ²²¹	xuɤ³³	uɤ⁵²	uɤ²²¹	uɤ³³⁵
73 泰顺	kʰø⁵⁵	kʰø³⁵	ŋø⁵³	ŋø⁵⁵	fø⁵⁵	uø⁵³	uø⁵⁵	uø²¹³
74 温州	kʰu²⁵	kʰu⁵¹	ŋ³¹	ŋ¹⁴	fu²⁵	vu³¹	vu¹⁴	u³³
75 永嘉	kʰu⁴⁵	kʰu⁵³	ŋ³¹	ŋ¹³	fu⁴⁵	u³¹	u¹³	u⁴⁴
76 乐清	kʰu³⁵	kʰu⁴¹	ŋ³¹	ŋ²⁴	fu³⁵	vu³¹	vu²⁴	u⁴⁴
77 瑞安	kʰɯ³⁵	kʰɯ⁵³	ŋ³¹	ŋ¹³	fɯ³⁵	vɯ³¹	vɯ¹³	ɯ⁴⁴
78 平阳	kʰu⁴⁵	kʰu⁵³	ŋ²⁴²	ŋ⁴⁵	fu⁴⁵	vu²⁴²	vu²³	vu⁵⁵
79 文成	kʰu⁴⁵	kʰu³³	ŋou¹¹³	ŋou²²⁴	fu⁴⁵	vu¹¹³	vu²²⁴	vu⁵⁵
80 苍南	kʰu⁵³	kʰu⁴²	ŋu³¹	ŋu⁵³	hu⁵³	u³¹	u²⁴	u⁴⁴
81 建德徽	kʰu²¹³	kʰu³³	u³³	n²¹³	hu²¹³	u³³	u²¹³	u⁵³
82 寿昌徽	kʰu²⁴	kʰu³³	u⁵²文	n⁵³⁴	xu²⁴	u⁵²	u²⁴文	u¹¹²
83 淳安徽	kʰua⁵⁵	kʰua²⁴	u⁴³⁵	ia⁵⁵	fu⁵⁵	u⁴³⁵	va⁵⁵	va²⁴
84 遂安徽	kʰu²¹³	kʰu⁴³	u³³	n²¹³	fu²¹³	u³³	u⁴³	u⁵³⁴
85 苍南闽	kʰɔ⁴³	kʰɔ²¹	gɔ²⁴	gɔ³²	hɔ⁴³	kɔ⁴³调殊	hɔ³²	ɔ⁵⁵
86 泰顺闽	kʰu³⁴⁴	kʰu⁵³	n²²	n³¹	fv³⁴⁴	fv²²	fv³¹	ou²¹³
87 洞头闽	kʰɔ⁵³	kʰɔ²¹	gɔ¹¹³	gɔ²¹	hɔ⁵³	ɔ¹¹³	hɔ²¹	ɔ³³
88 景宁畲	fu³²⁵白 kʰu³²⁵文	fu⁴⁴	ŋ²²	ŋ³²⁵	fu³²⁵	fu²²	fu⁵¹	u⁴⁴

方言点	0081 女	0082 吕	0083 徐	0084 猪	0085 除	0086 初	0087 锄	0088 所
	遇合三 上鱼泥	遇合三 上鱼来	遇合三 平鱼邪	遇合三 平鱼知	遇合三 平鱼澄	遇合三 平鱼初	遇合三 平鱼崇	遇合三 上鱼生
01 杭州	ȵy⁵³	ly⁵³	dʑy²¹³又 dzʅ²¹³又	tsʅ³³⁴	dzʅ²¹³	tsʰʅ³³⁴	dzʅ²¹³	səu⁵³
02 嘉兴	ȵy¹¹³	ly¹¹³	dzi²⁴²	tsʅ⁴²	zʅ²⁴²	tsʰou⁴²	zou²⁴²	sou⁵⁴⁴
03 嘉善	ȵy¹¹³	ly¹¹³	dzi¹³²	tsʅ⁵³	zʅ¹³²	tsʰu⁵³	zʅ¹³²	su³³⁴调殊
04 平湖	ȵy²¹³	ly²¹³	zi³¹	tsʅ⁵³	zʅ³¹	tsʰu⁵³	zu³¹	su⁴⁴
05 海盐	ȵy⁴²³	ly⁴²³	dʑi³¹	tsʅ⁵³	dʑy³¹	tsʰu⁵³	zʅ³¹白 zu³¹文	so⁴²³
06 海宁	ȵi²³¹	li²³¹	dʑi¹³	tsʅ⁵⁵	zʅ¹³	tsʰəu⁵⁵	zʅ¹³	so⁵³
07 桐乡	ȵi²⁴²	li²⁴²	zi¹³	tsʅ⁴⁴	zʅ¹³	tsʰəu⁴⁴	zʅ¹³白 zəu¹³文	səu⁵³
08 崇德	ȵi⁵³	li⁵³	zi¹³	tsʅ⁴⁴	zʅ¹³	tsʰu⁴⁴	zu¹³	so⁵³
09 湖州	ȵi⁵²³	li⁵²³	ʑi¹¹²	tsʅ⁴⁴	dzʅ¹¹²	tsʰəu⁴⁴	dzʅ¹¹²	səu⁵²³
10 德清	ȵi⁵²	li⁵²	dʑi¹¹³	tsʅ⁴⁴	dzʅ¹¹³	tsʰəu⁴⁴	dzʅ¹¹³	səu⁵²
11 武康	ȵi²⁴²	li²⁴²	ʑi¹¹³	tsʅ⁴⁴	dzʅ¹¹³	tsʰu⁴⁴	dzʅ¹¹³	su⁵³
12 安吉	ȵi⁵²	li⁵²	ʑi²²	tsʅ⁵⁵	dzʅ²²	tsʰu⁵⁵	zʅ²²	su⁵²
13 孝丰	ȵi⁵²白 ȵy⁵²文	li⁵²	ʑi²²	tsʅ⁴⁴	dzʅ²²	tsʰu⁴⁴	zʅ²²	sʊ⁵²
14 长兴	nʅ⁵²	lʅ⁵²	ʒʅ¹²	tsʅ⁴⁴	dzʅ¹²	tsʰəu⁴⁴	dzʅ¹²	su⁵²
15 余杭	ȵi⁵³	li⁵³	ʑi²²	tsʅ⁴⁴	zʅ²²	tsʰu⁴⁴	zʅ²²	suo⁵³韵殊
16 临安	ȵy³³	ly³³	ʑi³³	tsʅ⁵⁵	dʑy³³	tsʰu⁵⁵	zʅ³³	so⁵⁵
17 昌化	ȵy⁴⁵³	ly⁴⁵³	zʅ¹¹²姓~ ʑy¹¹²~州	tɕy³³⁴	ʑy¹¹²	tsʰu³³⁴	ʑy¹¹²	su⁴⁵³
18 於潜	ȵy⁵¹	li⁵¹	ʑi²²³	tɕy⁴³³	dʑy²²³	tsʰu⁴³³	ʑy²²³	su⁵¹
19 萧山	ȵy¹³	li¹³	ʑi³⁵⁵	tsʅ⁵³³	dʑy³⁵⁵	tsʰʅ⁵³³	zʅ³⁵⁵	so³³
20 富阳	ȵy²²⁴	li²²⁴	dʑi¹³	tsʅ⁵³	dʑy¹³	tsʰʊ⁵³	zʅ¹³	so³³⁵
21 新登	nʮ³³⁴	li³³⁴	ʑi²³³	tsʅ⁵³	dzʅ²³³	tsʰu⁵³	zʅ²³³	su³³⁴
22 桐庐	ny³³	li³³	dʑi¹³	tsʅ⁵³³	dʑy¹³	tsʰʊ⁵³³	zʅ¹³	su³³
23 分水	ȵy⁵³	ly⁵³	ʑi²²	tɕy⁴⁴	dʑy²²	tsʰu⁴⁴	dzu²²	su⁵³

续表

方言点	0081 女	0082 吕	0083 徐	0084 猪	0085 除	0086 初	0087 锄	0088 所
	遇合三 上鱼泥	遇合三 上鱼来	遇合三 平鱼邪	遇合三 平鱼知	遇合三 平鱼澄	遇合三 平鱼初	遇合三 平鱼崇	遇合三 上鱼生
24 绍兴	ȵy^{223}	li^{223}白 ly^{223}文	dʑi^{231}	tsɿ^{53}	dʑʐy^{231}	tsʰu^{53}	zɿ^{231}白 zu^{231}文	so^{334}
25 上虞	ȵy^{213}	li^{213}	zi^{213}	tsɿ^{35}	dʑʐy^{213}	tɕʰy^{35}	zɿ^{213}	so^{35}
26 嵊州	ȵy^{22}	li^{22}	dʑi^{213}	tsɿ^{53}	dzɿ^{213}	tsʰu^{534}	zɿ^{213}	so^{53}
27 新昌	ȵy^{232}	li^{232}	dʑi^{22}	tsɿ^{534}	dzɿ^{22}	tsʰu^{534}	zɿ^{22}	su^{453}
28 诸暨	ny^{242}	lɿ^{242}	dʒɿ^{13}	tsɿ^{544}	dʑʐy^{13}	tsʰu^{544}	zɿ^{13}	sɤu^{42}
29 慈溪	ȵy^{13}	li^{13}	i^{13}	tsɿ^{35}	dzʮ^{13}	tsʰʮ^{35}	dzʮ^{13}	səu^{35}
30 余姚	ȵy^{13}	li^{13}又 ly^{13}又	i^{13}	tsɿ^{44}	dzʮ^{13}	tsʰʮ^{44}	dzʮ^{13}	sou^{34}
31 宁波	ȵy^{13}	li^{13}	zi^{13}	tsʮ^{35}	dzʮ^{13}	tsʰu^{53}	zʮ^{13}白 dzu^{13}文	so^{35}
32 镇海	ȵy^{24}	li^{24}	zi^{24}	tsʮ^{35}调殊	dzʮ^{24}	tsʰu^{53}	dzʮ^{24}	so^{35}
33 奉化	ȵy^{324}	li^{324}	zi^{33}	tsʮ^{545}调殊	dzʮ^{33}	tsʰu^{44}	zɿ^{33}~头	so^{545}
34 宁海	ȵy^{31}	ly^{31}	zʮ^{213}	tsɿ^{423}	dzʮ^{213}	tsʰu^{423}	zɿ^{213}~头	su^{53}
35 象山	ȵy^{31}	li^{31}	zʮ^{31}	tsʮ^{44}	dzʮ^{31}	tsʰu^{44}	zʮ^{31}	so^{44}
36 普陀	ȵy^{23}	li^{23}	i^{24}	tsʮ^{45}小	dzʮ^{24}	tsʰu^{53}	dzʮ^{24}	so^{45}
37 定海	ȵy^{23}	li^{23}	i^{23}	tsʮ^{45}小	dzʮ^{23}	tsʰu^{52}	dzʮ^{23}	so^{45}
38 岱山	ȵy^{244}	li^{244}	i^{23}	tsʮ^{325}小	dzʮ^{23}	tsʰu^{52}	zʮ^{23}	so^{325}
39 嵊泗	ȵy^{445}	li^{445}	i^{243}	tsʮ^{445}小	dzʮ^{243}	tɕʰy^{53}又 tsʰu^{53}又	dzʮ^{243}	so^{445}
40 临海	ȵy^{52}~人	ly^{52}	zy^{21}	tsɿ^{31}	dʑʐy^{21}	tsʰu^{31}	zɿ^{21}~头	su^{52}
41 椒江	ȵy^{42}	ly^{42}	zʮ^{31}	tsɿ^{42}	dzʮ^{31}	tsʰəu^{42}	zɿ^{31}	so^{42}
42 黄岩	ȵy^{42}	ly^{42}	zʮ^{121}	tsɿ^{32}	dzʮ^{121}	tsʰou^{32}	zʮ^{121}	so^{42}
43 温岭	ȵy^{42}	ly^{42}	zy^{31}	tsɿ^{33}	dʑʐy^{31}	tsʰu^{33}	zɿ^{31}	su^{42}
44 仙居	ȵy^{324}	ly^{324}	zy^{213}	tsɿ^{334}	dʑʐy^{213}	tsʰu^{334}	zɿ^{213}	su^{324}
45 天台	ȵy^{214}~人	ly^{214}	zy^{224}	tsɿ^{33}	dʑʐy^{224}	tsʰu^{33}	zɿ^{224}	su^{325}
46 三门	ȵy^{325}	ly^{325}	zʮ^{113}	tsɿ^{334}	dzʮ^{113}	tsʰu^{334}	zɿ^{113}	sʮ^{325}

续表

方言点	0081 女	0082 吕	0083 徐	0084 猪	0085 除	0086 初	0087 锄	0088 所
	遇合三 上鱼泥	遇合三 上鱼来	遇合三 平鱼邪	遇合三 平鱼知	遇合三 平鱼澄	遇合三 平鱼初	遇合三 平鱼崇	遇合三 上鱼生
47 玉环	n̠y⁵³	ly⁵³	ʑy³¹	tsɿ⁴²	dʑy³¹	tsʰəu⁴²	zəu³¹	so⁵³
48 金华	n̠y⁵³⁵	ly⁵³⁵	ʑy³¹³	tɕy³³⁴	dʑy³¹³	tsʰu³³⁴	zɿ³¹³白 dʑy³¹³文	suɤ⁵³⁵
49 汤溪	n̠y¹¹³	li¹¹³	zi¹¹	tsɿ²⁴	dʑy¹¹	tsʰu²⁴	zɿ¹¹	suɤ⁵³⁵
50 兰溪	n̠y⁵⁵	li⁵⁵	zi²¹	tsɿ³³⁴	dʑy²¹	tsʰu³³⁴	zɿ²¹	suɤ⁵⁵
51 浦江	n̠y²⁴³	li²⁴³	zi¹¹³	tʃi⁵³⁴	dʑy¹¹³	tsʰu⁵³⁴	zɿ¹¹³	suɯ⁵³
52 义乌	na²⁴白 n̠y³¹²文	li³¹²白 ly³¹²文	zi²¹³白 ʑy²¹³文	tsua³³⁵	dʑy²¹³	tsʰu³³⁵	zua²¹³	suɤ⁴²³
53 东阳	n̠iɔ²³¹	li²³¹	zɿ²¹³	tso³³⁴	dzɿ²¹³	tsʰu³³⁴	zɔ²¹³	sʊ⁴⁴
54 永康	n̠y¹¹³	ly¹¹³	ʑy²²	tɕi⁵⁵	dʑy²²	tsʰu⁵⁵	zuɑ¹¹³	suo³³⁴
55 武义	n̠y¹³	ly¹³	zi³²⁴	li²⁴	dʑy³²⁴	tsʰu²⁴	zuɑ³²⁴	suo⁴⁴⁵
56 磐安	n̠y³³⁴	ly³³⁴	ʑy²¹³	tsuə⁴⁴⁵	dʑy²¹³	tsʰu⁴⁴⁵	zuə²¹³	suə³³⁴
57 缙云	n̠y³¹	ly³¹	zʮ²⁴³	ti⁴⁴	dzʮ²⁴³	tsʰu⁴⁴	zɔ²⁴³	su⁵¹
58 衢州	nɑ²³¹白 n̠y⁵³文	li⁵³	zɿ²¹	tʃy³²	dʒy²¹	tsʰu³²	zɿ²¹白 zu²¹文	su³⁵
59 衢江	nuo²¹²白 n̠y⁵³文	li⁵³调殊	zɿ²¹²	tuo³³	die²¹²衣裳 dʑy²¹²~法	tsʰou³³	zuo²¹²	sou²⁵
60 龙游	nuɑ²²⁴白 n̠y²²⁴文	li⁵¹调殊	ʑy²¹	tuɑ³³⁴白 tɕy³³⁴文	dʑy²¹	tsʰu³³⁴	zuɑ²¹白 dzu²¹文	su³⁵
61 江山	nɒ²²白 ŋyə²²文	lyə²²	zə²¹³	tɒ⁴⁴	dʑyə²¹³	tsʰo⁴⁴	zɒ²¹³	so⁴⁴调殊
62 常山	nɑ²⁴白 n̠y⁵³文	lui⁵²	zɿə³⁴¹	tɑ⁴⁴	die³⁴¹白 dʑy³⁴¹文	tsʰi⁴⁴~一 tsʰuə⁴⁴地名 tsʰu⁴⁴~中	zɑ³⁴¹	sɔ⁵²
63 开化	nɑ²¹³白 n̠y⁵³文	ly⁵³	zɿə²³¹老 dʑy²³¹新	tɑ⁴⁴	dieɛ²³¹白 dʑy²³¹文	tsʰuei⁴⁴白 tsʰu⁴⁴文	zɑ²³¹	sɔ⁵³
64 丽水	n̠y⁵⁴⁴	ly⁵⁴⁴	zʮ²²	ti²²⁴	dzʮ²²	tsʰu²²⁴	zuo²²	su⁵⁴⁴
65 青田	n̠ieu⁴⁵⁴	leu⁴⁵⁴	zɿ²¹	ɖi⁴⁴⁵	dzʮ²¹	tsʰu⁴⁴⁵	zʮ²¹	su⁴⁵⁴
66 云和	n̠y⁴¹	ly⁴¹	zʮ³¹²	ti²⁴	dzʮ³¹²	tsʰu²⁴	zo³¹²	su⁴¹
67 松阳	n̠yɛ²²	lyɛ²²	ʑyɛ³¹	tuə⁵³	dʑyɛ³¹	tsʰɿə⁵³	zuə³¹	suə²¹²
68 宣平	n̠y²²³	ly²²³	ʑy⁴³³	ti³²⁴	dʑy⁴³³	tsʰu³²⁴	zo⁴³³	so⁴⁴⁵

方言点	0081 女	0082 吕	0083 徐	0084 猪	0085 除	0086 初	0087 锄	0088 所
	遇合三 上鱼泥	遇合三 上鱼来	遇合三 平鱼邪	遇合三 平鱼知	遇合三 平鱼澄	遇合三 平鱼初	遇合三 平鱼崇	遇合三 上鱼生
69 遂昌	ȵyɛ^{13}	lyɛ^{13}	zyɛ^{221}	tɒ^{45}	dʑyɛ^{221}	tɕʰiu^{45}白 tsʰuə^{45}文	zɒ^{221}	su^{533}
70 龙泉	na^{51}白 ȵy^{51}文	li^{51}	zy^{21}	to^{434}白 tɕy^{434}文	dʑy^{21}	tsʰɤɯ^{434}	zo^{21}	sɤɯ^{51}
71 景宁	ȵy^{33}	ly^{33}	zy^{41}	ti^{324}白 tɕy^{324}文	dʑy^{41}	tsʰəɯ^{324}	zo^{41}	səɯ^{33}
72 庆元	ȵyE^{221}	li^{221}	ɕyE^{52}	ɗo^{335}	tɕyE^{52}	tsʰɤ^{335}	so^{52}	so^{33}
73 泰顺	ȵy^{55}	lø^{55}	ɕy^{53}	ti^{213}	tɕy^{53}	tsʰo^{213}	sɔ^{53}	so^{55}
74 温州	ȵy^{14}	lø^{14}	zei^{31}	tsei^{33}	dzʅ^{31}	tsʰɤu^{33}	zʅ^{31}板~ zɤu^{31}~地	so^{25}
75 永嘉	ȵy^{13}	ləɯ^{13} ləu^{13}	zʅ^{31}	tsʅ^{44}	dzʯ^{31}	tsʰo^{44}	zʅ^{31}	so^{45}
76 乐清	ȵy^{24}	ly^{24}	zi^{31}	tɕi^{44}	dʑy^{31}	tɕʰio^{44}	zʅ^{31}板~ zo^{31}~地	so^{35}
77 瑞安	ȵy^{13}	ləɯ^{13}	zei^{31}	tsei^{44}	dzəɯ^{31}	tsʰou^{44}	zʅ^{31}	so^{35}
78 平阳	ȵy^{45}	lʉ^{45}	dzi^{242}	tɕi^{55}	dʑy^{242}	tʃʰu^{55}	zʅ^{242}	so^{45}
79 文成	ȵy^{224}	lөy^{224}	zei^{113}	tɕi^{55}	dʑy^{113}	tʃʰou^{55}	zʅ^{113}	so^{45}
80 苍南	ȵyɛ^{53}	ly^{53}	dʑi^{11}又 dʑi^{31}又	tɕi^{44}	dʑy^{31}	tsʰu^{44}	zʅ^{31}白 dʑy^{31}文	so^{53}
81 建德徽	y^{213}白 ȵy^{213}文	li^{55}	ɕi^{33}	tsʅ^{53}	tɕy^{33}	tsʰu^{53}	sʅ^{33}	so^{55}
82 寿昌徽	ȵy^{534}	luei^{55}姓~	tɕʰy^{52}	tsʅ^{112}	tɕʰy^{52}	tsʰu^{112}	sʅ^{112}文	su^{55}~长
83 淳安徽	ya^{55}	li^{55}	tɕya^{24}白 ɕy^{24}文	tɕya^{24}白 tɕy^{24}文	tɕʰya^{435}	tɕʰya^{24}	ɕya^{435}	su^{55}
84 遂安徽	y^{213}	liu^{213}	ɕy^{33}	tɕy^{534}	tɕʰy^{33}	tsʰu^{534}	tɕʰy^{33}	so^{213}
85 苍南闽	lɯ^{43}	lɯ^{21}	sɯ^{24}	tɯ^{55}	tɯ^{24}	tsʰue^{55}	tɯ^{21}调殊	so^{43}
86 泰顺闽	ny^{344}	ly^{344}	ɕy^{22}	ty^{213}	ty^{22}	tsʰøi^{213}白 tsʰʅ^{213}文	ty^{22}	sou^{344}
87 洞头闽	lɯ^{53}	lɯ^{21}	sʅ^{113}	tɯ^{33}	tɯ^{113}	tsʰue^{33}白 tsʰɔ^{33}文	tɯ^{113}	so^{53}
88 景宁畲	ȵy^{325}	ly^{325}	ɕy^{22}	tɕy^{44}	tɕʰy^{22}	tsʰu^{44}	tɕʰy^{22}	su^{325}

方言点	0089 书	0090 鼠	0091 如	0092 举	0093 锯名	0094 去	0095 渠~道	0096 鱼
	遇合三平鱼书	遇合三上鱼书	遇合三平鱼日	遇合三上鱼见	遇合三去鱼见	遇合三去鱼溪	遇合三平鱼群	遇合三平鱼疑
01 杭州	sʮ^{334}	tsʰu^{53}	zʮ^{213}	tɕy^{53}	tɕy^{45}	tɕʰi^{45}	dʑy^{213}	y^{213}
02 嘉兴	sʮ^{42}	tsʰʮ^{113}	zʅ^{242}	tɕy^{544}	tɕy^{224}	tɕʰy^{224}	dʑy^{242}	ŋ^{242}
03 嘉善	sʮ^{53}	sʮ^{44}	zʮ^{132}	tɕy^{44}	kɛ^{334}白 tɕy^{334}文	tɕʰi^{334}	dʑy^{113}	ŋ^{132}
04 平湖	sʮ^{53}	sʮ^{44}	zʮ^{31}	tɕy^{44}	kəɯ^{334}	tɕʰi^{213}	dʑy^{213}	ŋ^{31}
05 海盐	ɕy^{53}	tɕʰy^{334}	dʑy^{31}	tɕy^{423}	ke^{334}	tɕʰi^{334}	dʑy^{31}	n^{31}
06 海宁	sʅ^{55}	sʅ^{53}	zʅ^{13}	tɕi^{53}	kəɯ^{53}	tɕʰi^{35}	dʑi^{231}	ŋ^{13}
07 桐乡	sʅ^{44}	sʅ^{53}	zʅ^{13}	tɕi^{53}	ki^{334}	tɕʰi^{334}	dʑi^{13}	ŋ^{13}
08 崇德	sʅ^{44}	sʅ^{44}白 tsʰʅ^{44}文	zʅ^{13}	tɕi^{53}	ki^{334}	tɕʰi^{334}	dʑi^{13}	ŋ^{13}
09 湖州	sʅ^{44}	tsʰʅ^{523}	zʅ^{112}	tɕi^{523}	køʉ^{35}	tɕʰi^{35}	dʑi^{112}	ŋ^{112}
10 德清	sʅ^{44}	tsʰʅ^{52}	dzʅ^{113}	tɕi^{52}	ka^{52}	tɕʰi^{334}	dʑi^{113}	ŋ^{113}
11 武康	sʅ^{44}	tsʰʅ^{53}	zʅ^{113}	tɕi^{53}	kɛ^{224}	tɕʰi^{224}	dʑi^{113}	ŋ^{113}
12 安吉	sʅ^{55}	tsʰʅ^{324}	zʅ^{22}	dʑi^{243}	kəl^{324}	tɕʰi^{314}	dʑy^{213}	ŋ^{22}
13 孝丰	sʅ^{44}	tsʰʅ^{52}	zʅ^{22}	tɕi^{52}	kəl^{324}	tɕʰi^{314}	dʑy^{213}	ŋ^{22}
14 长兴	sʅ^{44}	（无）	zʅ^{12}	tʃʅ^{52}	kɯ^{324}	tʃʰʅ^{324}	dʒʅ^{24}	ŋ^{12}
15 余杭	sʅ^{44}	tsʰʅ^{53}	zʅ^{243}	tɕi^{44}	tɕi^{423}	tɕʰi^{423}	dʑi^{213}	ŋ^{22}
16 临安	ɕy^{55}	tsʰʅ^{55}	zʮ^{33}	tɕy^{55}	kᴇ^{55}	tɕʰi^{55}	dʑy^{33}	ŋ^{33}
17 昌化	ɕy^{334}	tɕʰy^{453}	ʑy^{112}	tɕy^{544}	tɕy^{544}	tɕʰi^{544}	ʑy^{112}	y^{112}新 ŋ^{112}老
18 於潜	ɕy^{433}	tɕʰy^{51}	ʑy^{223}	tɕy^{35}	kiəu^{35}	tɕʰi^{35}	dʑy^{24}	y^{223}
19 萧山	sʅ^{533}	tsʰi^{33}	zʅ^{355}	tɕy^{33}	ki^{42}白 tɕy^{42}文	tɕʰi^{42}	dʑy^{355}	ŋ^{355}
20 富阳	ɕy^{53}	tɕʰy^{335}	ʑy^{13}	tɕy^{53}	tɕi^{335}	tɕʰi^{335}	dʑy^{13}	y^{13}
21 新登	sʮ^{53}	tsʰʮ^{334}	zʮ^{233}	tsʮ^{334}	kəu^{45}	tɕʰi^{45}	dʑʮ^{233}	ʮ^{233}
22 桐庐	ɕy^{533}	tɕʰy^{33}	zu^{13}	tɕy^{33}	kᴇ^{35}白 tɕy^{35}文	kʰi^{35}	dʑy^{13}	ŋ^{13}
23 分水	su^{44}	tɕʰy^{53}	lu^{22}	tɕy^{53}	tɕy^{24}	tɕʰy^{24}	dʑy^{22}	y^{22}

方言点	0089 书	0090 鼠	0091 如	0092 举	0093 锯名	0094 去	0095 渠~道	0096 鱼
	遇合三平鱼书	遇合三上鱼书	遇合三平鱼日	遇合三上鱼见	遇合三去鱼见	遇合三去鱼溪	遇合三平鱼群	遇合三平鱼疑
24 绍兴	ɕy⁵³	tshɿ⁵³白 tɕhy³³文	zy²³¹	tɕy³³⁴	kE³³白 tɕy³³文	tɕhi³³	dʑy²²³调殊	ŋ²³¹
25 上虞	ɕy³⁵	tshɿ³⁵	zy²¹³	tɕy³⁵	kie⁵³	tɕhi⁵³	dʑy²¹³	ŋ²¹³
26 嵊州	sɿ⁵³⁴	tshɿ⁵³	zɿ²¹³	tɕy⁵³	kE³³⁴	tɕhi³³⁴白 tɕhy³³⁴文	dʑy²¹³	ŋ²¹³
27 新昌	sɿ⁵³⁴	tshɿ⁴⁵³	zɿ²²	tɕy⁴⁵³	ke³³⁵	tɕhi³³⁵	dʑy²²	ŋ²²
28 诸暨	ɕy⁵⁴⁴	tɕhy⁴²	y¹³	tɕy⁴²	kie⁵⁴⁴	khie⁵⁴⁴	dʑy¹³	ŋ¹³
29 慈溪	sʮ³⁵	tshɿ⁴⁴调殊	zʮ¹³	tɕy³⁵	kie⁴⁴	khe⁴⁴白 tɕhy⁴⁴文	dʑy¹³	ŋ¹³
30 余姚	sʮ⁴⁴	tshɿ⁵³	zʮ¹³	tɕy³⁴	ke⁵³	khe⁵³	dʑy¹³	ŋ¹³
31 宁波	sʮ⁵³	tsɿ³⁵老~ tshʮ³⁵~疫	zʮ¹³	tɕy³⁵	ki⁵³ tɕy⁵³	tɕhi⁴⁴	dʑy¹³	ŋ¹³
32 镇海	sʮ⁵³	tshʮ³⁵	zʮ²⁴	tɕy³⁵	ki⁵³	tɕhi⁵³	dʑy²⁴	ŋ²⁴
33 奉化	sʮ⁴⁴	tshʮ⁵⁴⁵单用 tsɿ⁵⁴⁵老~	zʮ³³	tɕy⁵⁴⁵	kie⁵³	tɕhi⁵³	dʑy³³	ŋ³³
34 宁海	sʮ⁴²³	tshɿ⁵³老~	zʮ²¹³	ky⁵³	kie³⁵	tshɿ³⁵又 tɕhie⁵³又	gy²¹³	ŋ²¹³
35 象山	sʮ⁴⁴	tshɿ⁴⁴	zʮ³¹	tɕy⁴⁴	ki⁵³	tɕhie⁵³	dʑy³¹	ŋ³¹
36 普陀	sʮ⁵³	tshɿ⁴⁵	zʮ²⁴	tɕy⁴⁵	tɕy⁵⁵	tɕhi⁵⁵	dʑy²⁴	ŋ²⁴
37 定海	sʮ⁵²	tshɿ⁴⁵	zʮ²³	tɕy⁴⁵	ki⁵²	thɕi⁴⁴	dʑy²³	ŋ²³
38 岱山	sʮ⁵²	tshɿ⁵²	zʮ²³	tɕy³²⁵	ki⁵²	tɕhi⁴⁴	dʑy²¹³调殊	ŋ²³
39 嵊泗	sʮ⁵³	tshɿ⁵³	zʮ²⁴³	tɕy⁴⁴⁵	ki⁵³	tɕhi⁵³	dʑy²¹³调殊	ŋ²⁴³
40 临海	ɕy³¹	tshɿ⁵²	zy²¹	ky⁵²	ke⁵⁵	khe⁵⁵	gy²¹	ŋ²¹
41 椒江	sʮ⁴²	tshɿ⁴²	zʮ³¹	ky⁴²	kə⁵⁵	khə⁵⁵	gy³¹	ŋ²⁴小
42 黄岩	sʮ³²	tshɿ⁴²	zʮ¹²¹	ky⁴²	kie⁵⁵白 ky⁵⁵文	khie⁵⁵白 khy⁵⁵文	gy¹²¹	n¹²¹
43 温岭	ɕy³³	tshɿ⁴²	zy³¹	ky⁴²	kie⁵⁵	khie⁵⁵	gy³¹	ŋ²⁴小
44 仙居	ɕy³³⁴	tshɿ³²⁴	zy²¹³	cy³²⁴	kæ⁵⁵	khæ⁵⁵	ɟy²¹³	ŋ²¹³

续表

方言点	0089 书	0090 鼠	0091 如	0092 举	0093 锯名	0094 去	0095 渠~道	0096 鱼
	遇合三平鱼书	遇合三上鱼书	遇合三平鱼日	遇合三上鱼见	遇合三去鱼见	遇合三去鱼溪	遇合三平鱼群	遇合三平鱼疑
45 天台	ɕy³³	tsʰɿ³²⁵	ʑy²²⁴~果	ky³²⁵	kei⁵⁵	kʰei⁵⁵	gy²²⁴	ŋ⁵¹小
46 三门	sɥ³³⁴	tsʰɿ³²⁵	zɥ¹¹³	ky³²⁵	ke⁵⁵	tɕʰi⁵⁵	gy¹¹³	ŋ²⁵²小
47 玉环	ɕy⁴²	tsʰɿ⁵³	ʑy³¹	tɕy⁵³	kie⁵⁵白 / tɕy⁵⁵文	kʰie⁵⁵白 / tɕʰy⁵⁵文	gy²²白 / dʑy²²文	ŋ²⁴小
48 金华	ɕy³³⁴	tsʰɿ⁵³⁵	ʑy³¹³	tɕy⁵³⁵	kɤ⁵⁵	kʰɤ⁵⁵	dʑy³¹³	ȵy³¹³
49 汤溪	ɕy²⁴	tsʰɿ⁵³⁵	ʑy¹¹	tɕy⁵³⁵	kɯ⁵²	kʰəɯ⁵²	dʑy¹¹	ȵy¹¹
50 兰溪	ɕy³³⁴	tsʰɿ⁵⁵	ʑy²¹	tɕy⁵⁵	kəɯ⁴⁵	kʰi⁴⁵	dʑy²¹	ȵy²¹
51 浦江	ɕy⁵³⁴	tsɿ⁵³声殊	ʑy¹¹³	tɕy⁵³	kə̃⁵⁵韵殊	tɕʰi⁵⁵	dʑy¹¹³	ȵy¹¹³
52 义乌	ɕy³³⁵	tsʰi⁴²³	y²¹³	tɕy⁴²³	kɐɯ⁴⁵	kʰai⁴⁵	dʑy²¹³	n²¹³
53 东阳	sɿ³³⁴	tsʰe⁴⁴	zɿ²¹³	tɕiɤ⁴⁵³	kəɯ⁴⁵³	kʰəɯ⁴⁵³	dʑyu²¹³	ȵyun²¹³小
54 永康	ɕy⁵⁵	tɕʰi³³⁴	ʑy²²	tɕy³³⁴	kɯ⁵²	kʰɯ⁵²	dʑy²²	ȵy²⁴¹小
55 武义	ɕy²⁴	tɕʰi⁴⁴⁵	ʑy³²⁴	tɕy⁴⁴⁵	kɯ⁵³	kʰɯ⁵³	dʑy³²⁴	ȵy³²⁴
56 磐安	ɕy⁴⁴⁵	tɕʰi³³⁴	ʑy²¹³	tɕy³³⁴	kɐɯ⁵²	kʰɐɯ⁵²	dʑy²¹³	ȵy²¹³
57 缙云	sɥ⁴⁴	tsʰɿ⁵¹	zɥ²⁴³	tɕy⁵¹	kɤ⁴⁵³	kʰɤ⁴⁵³	dʑy³¹	ȵy²⁴³
58 衢州	ʃy³²	tʃʰy³⁵	ʒy²¹	tʃy⁵³调殊	kɯ⁵³	kʰi⁵³	dʒy²¹	ŋ²¹
59 衢江	ɕyø³³	tɕʰyø²⁵	ʑy²¹²	tɕy⁵³调殊	kɤ⁵³	kʰɤ⁵³	dʑy²¹²	ŋɤ²¹²
60 龙游	ɕy³³⁴	tsʰɿ³⁵白 / tɕʰy³⁵文	ʑy²¹	tɕy⁵¹调殊	kəɯ⁵¹白 / tɕy⁵¹文	kʰə⁴ʔ	dʑy²¹	ŋəɯ²¹
61 江山	ɕiə⁴⁴白 / ɕyə⁴⁴文	tɕʰiə²⁴¹	ʑyə²¹³	kyə⁴⁴	kə⁵¹	kʰə⁵¹	gyə²¹³	ŋə²¹³
62 常山	ɕie⁴⁴	tɕʰie⁵²	y³⁴¹	tɕy⁵²	kɤ³²⁴	kʰɤ³²⁴	dʑy³⁴¹	ŋɤ³⁴¹
63 开化	ɕiɛ⁴⁴白 / ɕy⁴⁴文	tɕʰiɛ⁵³	ʑy²¹³调殊	tɕy⁵³	kə⁴¹²	kʰiɛ⁴¹²	dʑy²³¹	ŋə²³¹
64 丽水	sɥ²²⁴	tsʰɿ⁵⁴⁴	zɥ²²	tsɥ⁵⁴⁴	kɯ⁵²	kʰɯ⁵²	dzɥ²²	ŋəɯ²²
65 青田	sɥ⁴⁴⁵	tsʰɿ⁴⁵⁴	zɥ²¹	tsɥ⁴⁵⁴	kɛ³³	kʰi³³	dzɥ²¹	ŋɛ²¹
66 云和	sɥ²⁴	tsʰɿ⁴¹	ȵy²⁴调殊	tsɥ⁴¹	tsɥ⁴⁵	kʰi⁴⁵	dzɥ³¹²	ȵy²⁴调殊
67 松阳	ɕyɛ⁵³	tsʰɿə²¹²	ȵyɛ³¹	tɕyɛ²¹²	kɯə²⁴	kʰɯə²⁴	dzyɛ²²	ŋɯə³¹

续表

方言点	0089 书	0090 鼠	0091 如	0092 举	0093 锯 名	0094 去	0095 渠 ～道	0096 鱼
	遇合三平鱼书	遇合三上鱼书	遇合三平鱼日	遇合三上鱼见	遇合三去鱼见	遇合三去鱼溪	遇合三平鱼群	遇合三平鱼疑
68 宣平	ɕy³²⁴	tsʰɿ⁴⁴⁵	ʑy⁴³³	tɕy⁴⁴⁵	ku⁵²	kʰɯ⁵²	dʑy⁴³³	n⁴³³
69 遂昌	ɕyɛ⁴⁵	tɕʰiɛ⁵³³	n̠yɛ²²¹	tɕyɛ⁵³³	kɤ³³⁴	kʰɤ³³⁴	dʑyɛ²²¹ dʑy²²¹	ŋɤ²²¹
70 龙泉	ɕy⁴³⁴	tɕʰi⁵¹	n̠y²¹	tɕy⁵¹	kɤɯ⁴⁵白 tɕy⁴⁵文	kʰɤɯ⁴⁵白 tɕʰy⁴⁵文	dʑy²¹	ŋɤɯ²¹白 n̠y²¹文
71 景宁	ɕy³²⁴	tɕʰi³³	ʑy⁴¹	tɕy³³	tɕy³⁵	kʰi³⁵	dʑy⁴¹	n̠y³²⁴调殊
72 庆元	ɕyE³³⁵	tɕʰiE³³	n̠yE¹¹	tɕyE³³	kæ̃⁵⁵小	kʰɤ¹¹	tɕy³¹	ŋɤ¹¹
73 泰顺	ɕy²¹³	tsʰɿ⁵⁵	ɕy⁵³	tɕy⁵⁵	ki³⁵	tsʰɿ³⁵	tɕy⁵³	n̠y²¹³
74 温州	sɿ³³	tsʰei²⁵	zɿ³¹	tɕy²⁵	ku⁵¹又 kø⁵¹又	kʰei⁵¹白 tɕʰy⁵¹文	dʑy³¹	ŋø³¹
75 永嘉	sɥ⁴⁴	tsʰɿ⁴⁵	zɥ³¹	tsɥ⁴⁵	ku⁵³	kʰei⁵³白 tsʰɥ⁵³文	dzɥ³¹	ŋ³¹
76 乐清	sy⁴⁴	tɕʰi³⁵	zy³¹	tɕy³⁵	tɕi⁴¹	tɕʰi⁴¹白 tɕʰy⁴¹文	dʑy³¹	n̠i³¹
77 瑞安	sɯ⁴⁴	tsʰei³⁵	zɯ³¹	tɕy³⁵	kɣ⁵³	kʰei⁵³白 tɕʰy⁵³文	dʑɣ²²	n̠ɣ³¹
78 平阳	sʉ⁵⁵	tɕʰi⁴⁵	zʉ²⁴²	tɕy⁴⁵	ku⁵³	kʰi⁵³	dʑy²⁴²	n̠y²⁴²
79 文成	søy⁵⁵	tɕʰi⁴⁵	zøy¹¹³	tɕy⁴⁵	ku³³白 tɕy³³文	kʰei³³	dʑy¹¹³	ŋou¹¹³
80 苍南	ɕy⁴⁴	tɕʰi⁵³	dʑy³¹	tɕy⁵³	kɣ⁴²	kʰi⁴²	dʑy³¹	n̠yɛ³¹
81 建德徽	ɕy⁵³	tsʰɿ²¹³	y³³	tɕy²¹³	ki³³	kʰi³³	tɕy²¹³	n³³
82 寿昌徽	ɕy¹¹²	tɕʰy⁵⁵白老~ tsɿ²⁴老~	y¹¹²文	tɕy²⁴	kəɯ³³	kʰəɯ³³	tɕy²⁴文	n̠y⁵²
83 淳安徽	ɕya²⁴	tɕʰy⁵⁵	y⁴³⁵	tɕy²⁴	kɯ²⁴	kʰɯ²⁴	ɕy⁴³⁵	ya⁴³⁵白 y⁴³⁵文
84 遂安徽	ɕy⁵³⁴	tɕʰy²¹³	lu³³	tɕy²¹³	kəɯ⁴³	kʰəɯ⁴³	tɕʰy³³	y³³
85 苍南闽	tsɯ⁵⁵	tsʰɯ⁴³	dzɯ²⁴	kɯ⁴³	kɯ²¹	kʰɯ²¹	kɯ²⁴	hɯ²⁴
86 泰顺闽	ɕy²¹³	tɕʰy³⁴⁴	ɕy²²	ky³⁴⁴	ky⁵³	kʰøi⁵³	ky²²	ny²²
87 洞头闽	tsɿ³³	tsʰɿ⁵³	dzu²¹调殊	kɯ⁵³	kɯ²¹	kʰɯ²¹	kɯ¹¹³	hɯ¹¹³
88 景宁畲	ɕy⁴⁴	ɕy³²⁵	ɕy²²	tɕy³²⁵	ky⁴⁴	xy⁴⁴	tɕy⁴⁴	n̠y⁵¹小

方言点	0097 许	0098 余 剩~,多~	0099 府	0100 付	0101 父	0102 武	0103 雾	0104 取
	遇合三 上鱼晓	遇合三 平鱼以	遇合三 上虞非	遇合三 去虞非	遇合三 上虞奉	遇合三 上虞微	遇合三 去虞微	遇合三 上虞清
01 杭州	ɕy⁵³	y²¹³	fu⁵³	fu⁴⁵	vu¹³	u⁵³	u¹³	tɕʰy⁵³
02 嘉兴	ɕy⁵⁴⁴	y²⁴²	fu⁵⁴⁴	fu²²⁴	vu¹¹³	vu¹¹³	vu¹¹³	tɕʰy¹¹³
03 嘉善	ɕy⁴⁴	y¹³²	fu⁴⁴	fu³³⁴	u¹¹³	u¹¹³	u¹¹³	tɕʰy³³⁴
04 平湖	he⁴⁴白 ɕy⁴⁴文	y³¹	fu⁴⁴	fu³³⁴	vu²¹³	vu²¹³	vu²¹³	tɕʰy²¹³
05 海盐	ɕy⁴²³	y³¹	fu⁴²³	fu³³⁴	u²¹³	u⁴²³	u²¹³	tɕʰy⁴²³
06 海宁	ɕi⁵³	i¹³	fu⁵³	fu³⁵	vu¹³	vu²³¹	vu²³¹	tɕʰi⁵³
07 桐乡	hɛ⁴⁴白 ɕi⁵³文	i¹³	fu⁵³	fu³³⁴	u²¹³	u²⁴²	u²¹³	tɕʰi⁵³
08 崇德	hɛ⁴⁴白 ɕi⁵³文	i¹³	fu⁵³	fu³³⁴	vu¹³	vu²⁴²	u¹³	tɕʰi⁵³
09 湖州	ɕi⁵²³	i¹¹²	fu⁵²³	fu³⁵	vu²³¹	vu²³¹	u³⁵	tɕʰi⁵²³
10 德清	ɕi⁵²	i¹¹³	fu⁵²	fu³³⁴	vu¹¹³	vu¹⁴³	u³³⁴	tɕʰi³³⁴
11 武康	ɕi⁵³	i¹¹³	fu⁵³	fu²²⁴	fu²²⁴	u²⁴²	u¹¹³	tɕʰi⁵³
12 安吉	ɕy⁵²	y²²	fu³²⁴	fu³²⁴	vu²⁴³	vu²⁴³	vu²¹³	tɕʰy⁵²
13 孝丰	ɕy⁵²	y²²	fu⁵²	fu³²⁴	vu²⁴³	vu²⁴³	u³²⁴	tɕʰi⁵²
14 长兴	ʃʅ⁵²	ʅ¹²	fu³²⁴	fu³²⁴	vu²⁴	vu²⁴³	vu³²⁴	tʃʅ⁵²
15 余杭	ɕi⁵³	i²²	fu⁵³	fu⁴²³	vu²²	vu²²	vu²¹³	tsʰi⁵³
16 临安	ɕy⁵⁵	y³³	fu⁵⁵	fu⁵⁵	vu³³	vu³³	vu³³	tɕʰy⁵⁵
17 昌化	ɕy⁴⁵³	y¹¹²	fu⁴⁵³	fu⁵⁴⁴	vu²⁴³	vu²⁴³	u²⁴³	tɕʰy⁴⁵³
18 於潜	ɕy⁵¹	y²²³	fu⁵¹	fu³⁵	vu²⁴	u²⁴	u²⁴	tɕʰy⁵¹
19 萧山	ɕy³³	y³⁵⁵	fu³³	fu⁴²	fu²⁴²	u²⁴²	u²⁴²	tsʰʅ³³白 tɕʰy³³文
20 富阳	ɕy⁴²³	y¹³	fu³³⁵	fu³³⁵	vu²²⁴	u²²⁴	vu²²⁴	tɕʰy⁴²³
21 新登	sʅ³³⁴	ʅ²³³	fu³³⁴	fu⁴⁵	vu¹³	u¹³	vu¹³	tsʰʅ³³⁴
22 桐庐	ɕy³³	y¹³	fu³³	fu³⁵	vu²⁴	u³³	u²⁴	tɕʰy³³
23 分水	ɕy⁵³	y²²	fu⁵³	fu²⁴	vu¹³	u⁵³	u¹³	tɕʰy⁵³

方言点	0097 许 遇合三 上鱼晓	0098 余 剩~,多~ 遇合三 平鱼以	0099 府 遇合三 上虞非	0100 付 遇合三 去虞非	0101 父 遇合三 上虞奉	0102 武 遇合三 上虞微	0103 雾 遇合三 去虞微	0104 取 遇合三 上虞清
24 绍兴	ɕy³³⁴	y²³¹	fu³³⁴	fu³³	u²²³	u²²³	u²²	tɕʰy³³⁴
25 上虞	ɕy³⁵	y²¹³	fu³⁵	fu⁵³	vu²¹³	vu²¹³	vu³¹	tɕʰy³⁵读字
26 嵊州	ɕy⁵³	y²¹³	fu³³⁴	fu³³⁴	u²⁴	u²⁴	u²⁴	tsʰɿ⁵³
27 新昌	he⁴⁵³白 ɕy⁴⁵³文	y²²	fu⁴⁵³	fu³³⁵	u²³²	u²³²	u¹³	tsʰɿ⁴⁵³
28 诸暨	ɕy⁴²	y¹³	fu⁴²	fu⁵⁴⁴	vu²⁴²	vu²⁴²	vu³³	tɕʰy⁴²
29 慈溪	ɕy³⁵	y¹³	fu⁴⁴调殊	fu⁴⁴	vu¹³	vu¹³	vu¹³	tsʰʯ³⁵
30 余姚	ɕy³⁴	y¹³	fu³⁴	fu⁵³	vu¹³	vu¹³	vu¹³	tsʰʯ³⁴
31 宁波	ɕy³⁵	y¹³	fu³⁵	fu⁵³	vu¹³	vu¹³	vu¹³	tsʰʯ³⁵
32 镇海	ɕy³⁵	y²⁴	fu³⁵	fu⁵³	vu²⁴	vu²⁴	vu²⁴	tsʰʯ³⁵
33 奉化	ɕy⁵⁴⁵	y³³	fu⁵⁴⁵	fu⁵³	vu³³调殊	vu³²⁴	vu³¹	tsʰʯ⁵⁴⁵
34 宁海	ɕy⁵³	y²¹³	fu⁵³	fu³⁵	vu³¹	vu³¹	vu²⁴	tsʰʯ⁵³
35 象山	ɕy⁴⁴	y³¹	fu⁴⁴	fu⁵³	vu³¹	vu³¹	vu¹³	tsʰʯ⁴⁴
36 普陀	ɕy⁴⁵	y²⁴	fu⁴⁵	fu⁵⁵	vu²³	u²³	u¹³	tsʰʯ⁴⁵
37 定海	xɐi⁴⁴白 ɕy⁴⁴文	y²³	fu⁴⁵	fu⁴⁴	vu²³	vu²³	vu¹³	tsʰʯ⁴⁵
38 岱山	xɐi⁴⁴白 ɕy³²⁵文	y²³	fu⁵²调殊	fu⁴⁴	vu²³	vu²⁴⁴	vu²¹³	tsʰʯ³²⁵
39 嵊泗	xɐi⁵³白 ɕy⁵³文	y²⁴³	fu⁴⁴⁵	fu⁵³	vu²¹³	vu⁴⁴⁵	vu²¹³	tsʰʯ⁴⁴⁵
40 临海	ɕy⁵²又 hy⁵²又	y²¹	fu⁵²	fu⁵⁵	vu²¹	vu²¹	u³²⁴	tɕʰy⁵²
41 椒江	hy⁴²	y³¹	fu⁴²	fu⁵⁵	vu³¹	vu³¹	vu²⁴	tsʰʯ⁴²
42 黄岩	hy⁴²	y¹²¹	fu⁴²	fu⁵⁵	vu¹²¹	vu¹²¹	vu²⁴	tsʰʯ⁴²
43 温岭	hy⁴²	y³¹	fu⁴²	fu⁵⁵	vu³¹	vu³¹	vu¹³	tɕʰy⁴²
44 仙居	çy³²⁴	y²¹³	fu³²⁴	fu⁵⁵	vu²¹³	vu²¹³	vu²⁴	tɕʰy³²⁴
45 天台	hy³²⁵	y²²⁴	fu³²⁵	fu⁵⁵	vu²¹⁴	vu²¹⁴	vu³⁵	tɕʰy³²⁵

续表

方言点	0097 许 遇合三 上鱼晓	0098 余 剩~,多~ 遇合三 平鱼以	0099 府 遇合三 上虞非	0100 付 遇合三 去虞非	0101 父 遇合三 上虞奉	0102 武 遇合三 上虞微	0103 雾 遇合三 去虞微	0104 取 遇合三 上虞清
46 三门	ɕy^{325}	y^{113}	fu^{325}	fu^{55}	vu^{243}	vu^{243}	u^{243}	tsʰ ʅ^{325}
47 玉环	ɕy^{53}	y^{31}	fu^{53}	fu^{55}	u^{31}	u^{31}	u^{22}	tɕʰy^{53}
48 金华	ɕy^{535}	y^{313}	fu^{535}	fu^{55}	vu^{14}	fu^{535}	vu^{14}	tɕʰy^{535}
49 汤溪	ɕy^{535} 允~ xɤ^{535} ~配 xa^{52} 几~	y^{11}	fu^{535}	fu^{52}	vu^{113}	vu^{113}	vu^{341}	tɕʰiəɯ^{535} 白 tɕʰy^{535} 文
50 兰溪	ɕy^{55}	y^{21}	fu^{55}	fu^{45}	vu^{24}	fu^{55}	vu^{24}	tɕʰy^{55}
51 浦江	ɕy^{53}	y^{113}	fu^{53}	fu^{55}	vu^{243}	vu^{243}	vu^{24}	tɕʰy^{53}
52 义乌	hɐɯ^{423} 白 ɕy^{423} 文	y^{213}	fu^{423}	fu^{45}	bu^{312} 白 vu^{312} 文	u^{312}	u^{24}	tɕʰy^{423}
53 东阳	ɕy^{44}	iʊ^{213}	fu^{44}	fu^{453}	(无)	u^{231}	u^{24}	tsʰ ɿ^{44}
54 永康	ɕy^{334}	y^{22}	fu^{334}	fu^{52}	vu^{113}	vu^{113}	vu^{241}	tɕʰy^{334}
55 武义	ɕy^{445}	y^{324}	fu^{445}	fu^{53}	vu^{13}	vu^{13}	vu^{231}	tɕʰy^{445}
56 磐安	ɕy^{334}	y^{213}	fu^{334}	fu^{52}	fu^{334}	u^{334}	u^{14}	tɕʰy^{334}
57 缙云	ɕy^{51}	y^{243}	fu^{51}	fu^{453}	vu^{31}	vu^{31}	mɔ^{213}	tsʰ ʅ^{51}
58 衢州	ʃy^{35}	y^{21}	fu^{35}	fu^{53}	vu^{231}	vu^{231}	vu^{231}	tʃʰy^{35}
59 衢江	xɤ^{25} ~愿 ɕy^{25} 姓~	y^{212}	fɤ^{25}	fɤ^{53}	vɤ^{212}	u^{212}	mɤ^{231}	tɕʰy^{25}
60 龙游	ɕy^{51} 调殊	y^{21}	fu^{35}	fu^{51}	vu^{224}	vu^{224}	vu^{231}	tɕʰy^{35}
61 江山	xə^{241} ~愿 xyə^{241} 姓~	yə^{213}	fə^{241}	fə^{51}	və^{22} 调殊	vu^{22}	mə^{31}	tsʰ ɯ^{241}
62 常山	xɤ^{52} ~愿 ɕy^{52} 姓~	y^{341}	fuə^{52}	fuə^{324}	vu^{24}	u^{24}	mɤ^{131} 白 u^{24} 文	tɕy^{52}
63 开化	xə^{53} 白 ɕy^{53} 文	y^{231}	fuo^{53} 白 fu^{53} 文	fuo^{412} 白 fu^{53} 文	vuo^{213} 白 vu^{213} 文	u^{53}	mɣŋ^{213} ~露 uo^{213} 单用	tɕʰy^{53}
64 丽水	sʮ^{544}	ʮ^{22}	fu^{544}	fu^{52}	vu^{22}	m^{544}	m^{131} 白 u^{131} 文	tsʰ ʮ^{544}
65 青田	sʮ^{454}	vu^{21}	fu^{454}	fu^{33}	vu^{454}	vu^{454}	m^{22}	tsʰ ʮ^{454}
66 云和	sʮ^{41}	y^{312}	fu^{41}	fu^{45}	vu^{231}	m^{41}	m^{223}	tsʰ ʮ^{41}

续表

方言点	0097 许	0098 余 剩~,多~	0099 府	0100 付	0101 父	0102 武	0103 雾	0104 取
	遇合三上鱼晓	遇合三平鱼以	遇合三上虞非	遇合三去虞非	遇合三上虞奉	遇合三上虞微	遇合三去虞微	遇合三上虞清
67 松阳	ɕyɛ²¹²	yɛ³¹	fuə²¹²	fuə²⁴	vuə²²	muə²²	muə¹³	tɕʰyɛ²¹²
68 宣平	ɕy⁴⁴⁵	y⁴³³	fu⁴⁴⁵	fu⁵²	vu²²³	mo²²³比~ / vu²²³~义	mu²³¹	tɕʰy⁴⁴⁵
69 遂昌	ɕyɛ⁵³³	yɛ²²¹	fuə⁵³³	fuə³³⁴	vuə¹³	muə¹³	muə²¹³	tɕʰyɛ⁵³³
70 龙泉	ɕy⁵¹	y²¹	fɤɯ⁵¹	vɤɯ²²⁴	fɤɯ⁵¹	mɤɯ⁵¹	mɤɯ²²⁴	tɕʰy⁵¹
71 景宁	ɕy³³	y⁴¹	fu³³	fu³⁵	vu³³	m³³	m¹¹³	tɕʰy³³
72 庆元	ɕyE³³	yE⁵²	fɤ³³	fɤ¹¹	fɤ²²¹	mɤ²²¹	mɤ³¹	tɕʰyE³³
73 泰顺	ɕy⁵⁵	y⁵³	fø⁵⁵	fø³⁵	uø²¹	u⁵⁵	mø²²	tɕʰy⁵⁵
74 温州	hei²⁵~个 / ɕy²⁵~多	vu³¹	fø²⁵	fø⁵¹	vø¹⁴	vu¹⁴	mø²²白 / vø²²文	tsʰ1²⁵
75 永嘉	sɿ⁴⁵	u³¹	fu⁴⁵	fu⁵³	u¹³	u¹³	mø²²白 / u²²文	tsʰɥ⁴⁵
76 乐清	he³⁵白 / ɕy³⁵文	y³¹	fu³⁵	fu⁴¹	vu²⁴	vu²⁴	m²²白 / vu²²文	tɕʰy³⁵
77 瑞安	he³⁵白 / ɕY³⁵文	Y³¹	fY³⁵	fY⁵³	Y¹³	vɯ¹³	mø²²	tsʰəɯ³⁵
78 平阳	sʉ⁴⁵	vʉ²⁴²	fu⁴⁵	fu⁵³	vu²³	vu²³	vu³³	tɕʰy⁴⁵
79 文成	søy⁴⁵	vʉ¹¹³	fu⁴⁵	fu³³	vu²²⁴	vu²²⁴	vu⁴²⁴	tɕʰy⁴⁵
80 苍南	ɕy⁵³	y³¹	fu⁵³	fu⁴²	u²⁴	u²⁴	mo¹¹白 / u¹¹文	tɕʰy⁵³
81 建德徽	ɕy²¹³~配 / ɕy⁵⁵姓~	y³³	fu²¹³	fu³³	fu²¹³	u²¹³	u⁵⁵	tɕʰy²¹³
82 寿昌徽	ɕy⁵⁵允~	y⁵²	fu⁵⁵政~	fu³³	fu²⁴~母	u³³比~	u³³	tɕʰy²⁴
83 淳安徽	ɕya⁵⁵白 / ɕy⁵⁵文	y⁴³⁵	fu²⁴	fa²⁴白 / fu²⁴文	fu⁵³	va⁵⁵	va⁵³	tɕʰya⁵⁵
84 遂安徽	ɕy²¹³	y³³	fu²¹³	fu⁴³	fu⁴³	u²¹³	u⁵²	tã̃²¹³
85 苍南闽	huɯ⁴³	ɯ²⁴	hu⁴³	hu²¹	hu³²	bu⁴³	bu²¹	tsʰu⁴³
86 泰顺闽	ɕy³⁴⁴	y²²	fv³⁴⁴	fv⁵³	fv³¹	u³⁴⁴	mou³¹	tɕʰy³⁴⁴
87 洞头闽	huɯ⁵³	ɯ¹¹³	hu⁵³	hu²¹	hu²¹	bu⁵³	bu²¹	tsʰu⁵³
88 景宁畲	ɕy³²⁵	y²²	fu³²⁵	fu⁴⁴	fu⁵¹	mu⁵¹	(无)	tɕʰy³²⁵

方言点	0105 柱	0106 住	0107 数动	0108 数名	0109 主	0110 输	0111 竖	0112 树
	遇合三上虞澄	遇合三去虞澄	遇合三上虞生	遇合三去虞生	遇合三上虞章	遇合三平虞书	遇合三上虞禅	遇合三去虞禅
01 杭州	$dz\textctyogh^{13}$	$dz\textctyogh^{13}$	$s\textctyogh^{53}$	$s\textctyogh^{45}$	$ts\textctyogh^{53}$	$s\textctyogh^{334}$	$z\textctyogh^{13}$	$z\textctyogh^{13}$
02 嘉兴	$z\textctyogh^{113}$	$z\textctyogh^{113}$	sou^{544}	sou^{224}	$ts\textctyogh^{544}$	$s\textctyogh^{42}$	$z\textctyogh^{113}$	$z\textctyogh^{113}$
03 嘉善	$z\textctyogh^{113}$	$z\textctyogh^{113}$	$s\textctyogh^{44}$	su^{334}	$ts\textctyogh^{44}$	$s\textctyogh^{53}$	$z\textctyogh^{113}$	$z\textctyogh^{113}$
04 平湖	$z\textctyogh^{213}$	$z\textctyogh^{213}$	$s\textctyogh^{44}$	su^{334}	$tɕy^{44}$	$s\textctyogh^{53}$	$z\textctyogh^{213}$	$z\textctyogh^{213}$
05 海盐	$dʑy^{423}$	$dʑy^{213}$	$ɕy^{423}$	su^{334}	$tɕy^{423}$	$ɕy^{53}$	$dʑy^{423}$	$dʑy^{213}$
06 海宁	$z\textctyogh^{231}$	$z\textctyogh^{13}$	$səu^{53}$	$səu^{35}$	$ts\textctyogh^{53}$	$s\textctyogh^{55}$	$z\textctyogh^{231}$	$z\textctyogh^{13}$
07 桐乡	$z\textctyogh^{242}$	$z\textctyogh^{213}$	$səu^{53}$	$səu^{334}$	$ts\textctyogh^{53}$	$s\textctyogh^{44}$	$z\textctyogh^{242}$	$z\textctyogh^{213}$
08 崇德	$z\textctyogh^{242}$	$z\textctyogh^{13}$	su^{53}	su^{334}	$ts\textctyogh^{53}$	$s\textctyogh^{44}$	$z\textctyogh^{242}$	$z\textctyogh^{13}$
09 湖州	$z\textctyogh^{231}$	$dz\textctyogh^{24}$	$səu^{523}$	$səu^{35}$	$ts\textctyogh^{523}$	$s\textctyogh^{44}$	$z\textctyogh^{231}$	$z\textctyogh^{24}$
10 德清	$z\textctyogh^{143}$	$z\textctyogh^{113}$	suo^{52}	suo^{334}	$ts\textctyogh^{52}$	$s\textctyogh^{44}$	$z\textctyogh^{143}$	$z\textctyogh^{113}$
11 武康	$z\textctyogh^{242}$	$dz\textctyogh^{113}$	su^{53}	su^{53}调殊	$ts\textctyogh^{53}$	$s\textctyogh^{44}$	$z\textctyogh^{242}$	$z\textctyogh^{113}$
12 安吉	$dz\textctyogh^{243}$	$dz\textctyogh^{213}$	su^{52}	su^{324}	$ts\textctyogh^{52}$	$s\textctyogh^{55}$	$z\textctyogh^{243}$	$z\textctyogh^{213}$
13 孝丰	$dz\textctyogh^{243}$	$dz\textctyogh^{213}$	su^{52}	su^{324}	$ts\textctyogh^{52}$	$s\textctyogh^{44}$	$z\textctyogh^{243}$	$z\textctyogh^{213}$
14 长兴	$dz\textctyogh^{243}$	$dz\textctyogh^{24}$	$səu^{52}$	$səu^{324}$	$ts\textctyogh^{52}$	$s\textctyogh^{44}$	$z\textctyogh^{243}$	$z\textctyogh^{24}$
15 余杭	$z\textctyogh^{243}$	$z\textctyogh^{213}$	su^{243}	su^{423}	$ts\textctyogh^{53}$	$s\textctyogh^{44}$	$z\textctyogh^{243}$	$z\textctyogh^{213}$
16 临安	$z\textctyogh^{33}$	$dʑy^{33}$	$ɕy^{55}$	$ɕy^{55}$	tsu^{55}	$ɕy^{55}$	$z\textctyogh^{33}$	$z\textctyogh^{33}$
17 昌化	$ʑy^{243}$	$ʑy^{243}$	$ɕy^{453}$	su^{544}	$tɕy^{453}$	$ɕy^{334}$	$ʑy^{243}$	$ʑy^{243}$
18 於潜	$ʑy^{24}$	$dʑy^{24}$	$ɕy^{51}$	su^{35}	$tɕy^{51}$	$ɕy^{433}$	$ʑy^{24}$	$ʑy^{24}$
19 萧山	$dz\textctyogh^{13}$	$dz\textctyogh^{242}$白 dzu^{242}文	$s\textctyogh^{33}$	su^{42}	$ts\textctyogh^{33}$白 tsu^{33}文	$s\textctyogh^{533}$白 $ɕy^{533}$文	$z\textctyogh^{242}$白 $ʑy^{242}$文	$z\textctyogh^{242}$
20 富阳	$dʑy^{224}$	$dʑy^{224}$	$ɕy^{423}$	$sʊ^{335}$	$tɕy^{423}$	$ɕy^{53}$	$ʑy^{224}$	$ʑy^{224}$
21 新登	$dz\textctyogh^{13}$	$dz\textctyogh^{13}$	$s\textctyogh^{334}$	su^{45}	$ts\textctyogh^{334}$	$s\textctyogh^{53}$	$z\textctyogh^{13}$	$z\textctyogh^{13}$
22 桐庐	$dʑy^{24}$	$dʑy^{24}$	$ɕy^{33}$	su^{35}	$tɕy^{33}$	$ɕy^{533}$	$ʑy^{24}$	$ʑy^{24}$
23 分水	$dʑy^{13}$	$dʑy^{13}$	su^{53}	su^{24}	$tɕy^{53}$	$ɕy^{53}$	zu^{13}	$ʑy^{13}$
24 绍兴	$dʑy^{223}$	$dʑy^{22}$	$ɕy^{334}$	su^{33}	$tɕy^{334}$	$ɕy^{53}$	$ʑy^{223}$	$ʑy^{22}$
25 上虞	$dʑy^{213}$	$dʑy^{31}$	$ɕy^{35}$	$ɕy^{53}$	$tɕy^{35}$	$ɕy^{35}$	$ʑy^{213}$	$ʑy^{31}$

续表

方言点	0105 柱	0106 住	0107 数动	0108 数名	0109 主	0110 输	0111 竖	0112 树
	遇合三 上虞澄	遇合三 去虞澄	遇合三 上虞生	遇合三 去虞生	遇合三 上虞章	遇合三 平虞书	遇合三 上虞禅	遇合三 去虞禅
26 嵊州	dzɿ^{24}	dzɿ^{24}	sɿ^{53}	su^{334}	tsɿ^{53}	sɿ^{534}	zɿ^{22}	zɿ^{24}
27 新昌	dzɿ^{232}	dzɿ^{13}	sɿ^{453}	su^{335}	tsɿ^{453}	sɿ^{534}	zɿ^{232}	zɿ^{13}
28 诸暨	dʑy^{242}	dʑy^{33}	ɕy^{42}	su^{544}	tɕy^{544}	ɕy^{544}	ʑy^{242}	ʑy^{33}
29 慈溪	dzʯ^{13}	dzʯ^{13}文	sʯ^{35}	sʯ^{44}	tsʯ^{35}	sʯ^{35}	zʯ^{13}	zʯ^{13}
30 余姚	dzʯ^{13}	dzʯ^{13}	sʯ^{34}	sʯ^{53}	tsʯ^{34}	sʯ^{44}	zʯ^{13}	zʯ^{13}
31 宁波	dzʯ^{13}	dzʯ^{13}	su^{35}	su^{44}	tsʯ^{35}	sʯ^{53}	zʯ^{13}	zʯ^{13}
32 镇海	dzʯ^{24}	dzʯ^{24}	su^{35}	su^{53}	tsʯ^{35}	sʯ^{53}	zʯ^{24}	zʯ^{24}
33 奉化	dzʯ^{31}	dzʯ^{31}读字	sʯ^{545}	su^{53}	tsʯ^{545}	sʯ^{44}	zʯ^{324}	zʯ^{31}
34 宁海	dzʯ^{31}	dzʯ^{24}	sʯ^{53}	su^{35}	tsʯ^{53}	sʯ^{423}	zʯ^{31}	zʯ^{24}
35 象山	dzʯ^{31}	dzʯ^{13}	su^{44}	su^{53}	tsʯ^{44}	sʯ^{44}	zʯ^{31}	zʯ^{13}
36 普陀	dzʯ^{23}	dzʯ^{13}	sʯ^{45}	su^{55}	tsʯ^{45}	sʯ^{53}	zʯ^{23}	zʯ^{13}
37 定海	dzʯ^{23}	dzʯ^{13}	su^{45}	su^{44}	tsʯ^{45}	sʯ^{52}	zʯ^{23}	zʯ^{13}
38 岱山	dzʯ^{244}	dzʯ^{213}	sʯ^{325}	su^{44}	tsʯ^{325}	sʯ^{52}	zʯ^{23}	zʯ^{213}
39 嵊泗	dzʯ^{243}	dzʯ^{213}	sʯ^{445}	ɕy^{53}又 / su^{53}又	tsʯ^{445}	sʯ^{53}	zʯ^{243}	zʯ^{213}
40 临海	dʑy^{21}	dʑy^{324}	sy^{52}	su^{55}~学	tɕy^{52}	ɕy^{31}	ʑy^{21}	ʑy^{324}
41 椒江	dzʯ^{31}	dzʯ^{24}	sʯ^{42}	səu^{55}	tsʯ^{42}	sʯ^{42}	zʯ^{31}	zʯ^{24}
42 黄岩	dzʯ^{121}	dzʯ^{24}	sʯ^{42}	sou^{55}	tsʯ^{42}	sʯ^{42}	zʯ^{121}	zʯ^{24}
43 温岭	dʑy^{31}	dʑy^{13}	ɕy^{42}	su^{55}	tɕy^{42}	ɕy^{33}	ʑy^{31}	ʑy^{13}
44 仙居	dʑy^{213}	dʑy^{24}	su^{324}	su^{55}	tɕy^{324}	ɕy^{334}	ʑy^{213}	ʑy^{24}
45 天台	dʑy^{214}	dʑy^{35}	ɕy^{325}	su^{55}~学	tɕy^{325}	ɕy^{33}	ʑy^{214}	ʑy^{35}
46 三门	dzʯ^{213}	dzʯ^{243}	sʯ^{325}	sʯ^{55}	tsʯ^{325}	sʯ^{334}	zʯ^{213}	zʯ^{243}
47 玉环	dʑy^{41}	dʑy^{22}	ɕy^{53}	səu^{55}	tɕy^{53}	ɕy^{42}~死 / ɕy^{55}运~	ʑy^{41}	ʑy^{22}
48 金华	tɕy^{535}	dʑy^{14}	su^{535}	su^{55}	tɕy^{535}	ɕy^{334}	ɕy^{535}	ʑy^{14}

续表

方言点	0105 柱	0106 住	0107 数动	0108 数名	0109 主	0110 输	0111 竖	0112 树
	遇合三上虞澄	遇合三去虞澄	遇合三上虞生	遇合三去虞生	遇合三上虞章	遇合三平虞书	遇合三上虞禅	遇合三去虞禅
49 汤溪	dʑy¹¹³	dʑy³⁴¹	ɕy⁵³⁵	su⁵²	tɕy⁵³⁵	ɕy²⁴	ʑy¹¹³	ʑy³⁴¹
50 兰溪	tɕy⁵⁵	dʑy²⁴	ɕy⁵⁵·	su⁴⁵	tɕy⁵⁵	ɕy³³⁴	ɕy⁵⁵	ʑy²⁴
51 浦江	dʑy²⁴³	dʑy²⁴	ɕy⁵³	su⁵⁵	tɕy⁵³	ɕy⁵³⁴	ʑy²⁴³	ʑy²⁴
52 义乌	dʑy³¹²	dʑy²⁴	ɕy⁴²³	su⁴⁵	tɕy⁴²³	ɕy³³⁵	y³¹²	y²⁴
53 东阳	dzʅ²⁴	dzʅ²¹³	sʅ⁴⁴	su⁴⁵³	tsʅ⁴⁴	sʅ³³⁴	zʅ²³¹	zʅ²¹³
54 永康	dʑy¹¹³	dʑy²⁴¹	ɕy³³⁴	su⁵²	tɕy³³⁴	ɕy⁵⁵	ʑy¹¹³	ʑy²⁴¹
55 武义	dʑy¹³	dʑy²³¹	ɕy⁴⁴⁵	su⁵³	tɕy⁴⁴⁵	ɕy²⁴	ʑy¹³	ʑy²³¹
56 磐安	tɕy³³⁴	dʑy¹⁴	ɕy³³⁴	su⁵²	tɕy³³⁴	ɕy⁴⁴⁵	ʑy³³⁴	ʑy¹⁴
57 缙云	dzʮ³¹	dzʮ²¹³	sʮ⁵¹	su⁴⁵³	tsʮ⁵¹	sʮ⁴⁴	zʮ³¹	zʮ²¹³
58 衢州	dʒy²³¹	dʒy²³¹	su³⁵	su⁵³	tʃy³⁵	ʃy³²	ʒy²³¹	ʒy²³¹
59 衢江	dʑyø²¹²	（无）	ɕyø²⁵	sou⁵³	tɕy²⁵	ɕyø³³~赢 / ɕy³³运~	ʑyø²¹²	dʑy²³¹
60 龙游	dʑy²²⁴	dʑy²³¹	ɕy³⁵	su⁵¹	tɕy³⁵	ɕy³³⁴	ʑy²²⁴	dzəɯ²³¹白 / ʑy²²⁴文
61 江山	dʑyə²²	dʑyə³¹	ɕyə²⁴¹	ɕyə⁵¹	tɕyə²⁴¹	ɕyə⁴⁴	ʑyə²²	dzɯ³¹白 / ʑyə³¹文
62 常山	dzuə²⁴	dzu²⁴	suə⁵²	suə³²⁴	tsuə⁵²做~ / tɕy⁵²~席	suə⁴⁴赢 / ɕy⁴⁴运~	zuə¹³¹	dziu¹³¹白 / y²⁴人名
63 开化	dʑyo²¹³	dʑy²¹³	ɕyo⁵³	ɕyo⁴¹²	tɕyo⁵³白 / tɕy⁵³文	ɕyo⁴⁴白 / ɕy⁴⁴文	ʑyo²¹³	dziɯ²¹³白 / ʑy²¹³文
64 丽水	dzʮ²²	dzʮ¹³¹	sʮ⁵⁴⁴	su⁵²	tsʮ⁵⁴⁴	sʮ²²⁴	zʮ²²	zʮ¹³¹
65 青田	dzʮ³⁴³	dzʮ²²	sʮ⁴⁵⁴	seu³³	tsʮ⁴⁵⁴	sʮ⁴⁴⁵	zʮ³⁴³	zʮ²²
66 云和	dzʮ²³¹	dzʮ²²³	（无）	su⁴⁵	tsʮ⁴¹	sʮ²⁴	zʮ²³¹	zʮ²²³
67 松阳	dʑyɛ²²	dʑyɛ¹³	suə²¹²	suə²⁴	tɕyɛ²¹²	ɕyɛ⁵³	ʑyɛ²²	dziɯ¹³
68 宣平	dʑy²²³	dʑy²³¹	ɕy⁴⁴⁵	su⁵²	tɕy⁴⁴⁵	ɕy³²⁴	ʑy²²³	ʑy²³¹
69 遂昌	dʑyɛ¹³	dʑyɛ¹³	（无）	suə³³⁴	tɕyɛ⁵³³	ɕyɛ⁴⁵	ʑyɛ¹³	dziɯ²¹³

方言点	0105 柱	0106 住	0107 数动	0108 数名	0109 主	0110 输	0111 竖	0112 树
	遇合三上虞澄	遇合三去虞澄	遇合三上虞生	遇合三去虞生	遇合三上虞章	遇合三平虞书	遇合三上虞禅	遇合三去虞禅
70 龙泉	tɕy⁵¹	dʑy²²⁴	ɕy⁵¹	sɤɯ⁴⁵	tɕy⁵¹	ɕy⁴³⁴	zy²²⁴调殊	dʑiəɯ²²⁴白 zy²²⁴文
71 景宁	tɕy³³	tɕy³³调殊	ɕy³³	sɿ³⁵	tɕy³³	ɕy³²⁴	zy³³	zy¹¹³
72 庆元	tɕyE²²¹	tɕyE³¹	ɕyE³³	sɤ¹¹	tɕyE³³	ɕyE³³⁵	ɕyE³¹	tɕiɯ³¹
73 泰顺	tɕy²¹	tɕy²²	ɕy⁵⁵	sœ³⁵	tɕy⁵⁵	ɕy²¹³	ɕy²¹	ɕy²²
74 温州	dzʅ¹⁴	dzʅ²²	sʅ²⁵	sɤu⁵¹	tsʅ²⁵	sʅ³³	zʅ¹⁴	zʅ²²
75 永嘉	dzɥ¹³	dzɥ²²	sɥ⁴⁵	so⁵³	tsɥ⁴⁵	sɥ⁴⁴	zɥ¹³	zɥ²²
76 乐清	dzy²⁴	dzy²²	sy³⁵	so⁴¹	tɕy³⁵	sy⁴⁴	zy²⁴	zy²²
77 瑞安	dzəɯ¹³	dzəɯ²²	səɯ³⁵	sou⁵³	tsəɯ³⁵	səɯ⁴⁴	zəɯ¹³	zəɯ²²
78 平阳	dzy²³	dzy³³	sɐ⁴⁵	su⁵³	tɕy⁴⁵	sɐ⁵⁵	zɐ²³	zɐ³³
79 文成	dzy²²⁴	dzy⁴²⁴	sou⁴⁵	sou³³	tɕy⁴⁵	søy⁵⁵	zøy²²⁴	zøy⁴²⁴
80 苍南	dzy²⁴	dzy¹¹	ɕy⁵³	su⁴²	tɕy⁵³	ɕy⁴⁴	(无)	dʑy¹¹
81 建德徽	tɕy²¹³	tɕʰy⁵⁵	(无)	su³³	tɕy²¹³	ɕy⁵³	ɕy²¹³	ɕy⁵⁵
82 寿昌徽	tɕʰy⁵³⁴	tɕy²⁴文	ɕy²⁴	su³³	tɕy²⁴	ɕy¹¹²	ɕy⁵³⁴	ɕy³³
83 淳安徽	tɕʰya⁵⁵	tɕʰy⁵³	(无)	ɕya²⁴	tɕya⁵⁵	ɕya²⁴	ɕya⁵⁵	ɕya⁵³白 ɕy⁵³文
84 遂安徽	tɕʰy⁴³	tsu⁵²	tiɛ̃²¹³	su⁴³	tɕy²¹³	ɕy⁵³⁴	su⁴³	su⁵²
85 苍南闽	tsu³²	tsu²¹	ɕiau²¹	sɔ²¹	tsu⁴³	su⁵⁵	su³²文	tɕʰiu²¹
86 泰顺闽	tʰiøu³¹	tɕy³¹	sɿ⁵³	sɿ²¹³	tsøi³⁴⁴	søi²¹³	tiɛʔ³	tsʰa²²
87 洞头闽	tsu²¹	tsu²¹	ɕiau²¹	sɔ²¹	tsu⁵³	su³³	(无)	tɕʰiu²¹
88 景宁畲	(无)	tɕy⁵¹	su³²⁵	su⁴⁴	tɕy³²⁵	ɕy⁴⁴	ɕy⁵¹	ɕy⁵¹

方言点	0113 句	0114 区 地～	0115 遇	0116 雨	0117 芋	0118 裕	0119 胎	0120 台 戏～
	遇合三 去虞见	遇合三 平虞溪	遇合三 去虞疑	遇合三 上虞云	遇合三 去虞云	遇合三 去虞以	蟹开一 平哈透	蟹开一 平哈定
01 杭州	tɕy⁴⁵	tɕʰy³³⁴	y¹³	y⁵³	y⁴⁵ 调殊	y¹³	tʰɛ³³⁴	dɛ²¹³
02 嘉兴	tɕy²²⁴	tɕʰy²²⁴	y¹¹³	y⁵⁴⁴	y¹¹³	y¹¹³ 文	tʰE⁴²	dE²⁴²
03 嘉善	tɕy⁴⁴	tɕʰy⁵³	y¹¹³	y⁴⁴	y⁴⁴	y¹¹³	tʰɛ⁵³	dɛ¹³²
04 平湖	tɕy³³⁴	tɕʰy⁵³	ȵy²¹³	y⁴⁴	y³³⁴	y²¹³	tʰɛ⁵³	dɛ³¹
05 海盐	tɕy³³⁴	tɕʰy⁵³	ȵy²¹³	y⁴²³	y³³⁴	y³³⁴	tʰɛ⁵³	dɛ³¹
06 海宁	tɕi³⁵	tɕʰi⁵⁵	ȵi⁵⁵	i²³¹	i³⁵	i¹³	tʰɛ⁵⁵	dɛ¹³
07 桐乡	tɕi³³⁴	tɕʰi⁴⁴	ȵi²¹³	i⁵³	i³³⁴	i⁴⁴	tʰE⁴⁴	dE¹³
08 崇德	tɕi³³⁴	tɕʰi⁴⁴	ȵi¹³	i⁵³	i³³⁴	i¹³	tʰE⁴⁴	dE¹³
09 湖州	tɕi³⁵	tɕʰi⁴⁴	ȵi²⁴	i⁵²³	n²⁴	i³⁵	tʰei⁴⁴	dei¹¹²
10 德清	tɕi³³⁴	tɕʰi⁴⁴	ȵi¹¹³	i⁵²	n³³⁴	i³³⁴	tʰɛ⁴⁴	dɛ¹¹³
11 武康	tɕi²²⁴	tɕʰi⁴⁴	i²²⁴	i⁵³	ŋ²²⁴	i²²⁴	tʰɛ⁴⁴	dɛ¹¹³
12 安吉	tɕy³²⁴	tɕʰy⁵⁵	y²¹³	i⁵²	n²¹³	zoʔ²³	tʰE⁵⁵	dE²²
13 孝丰	tɕy³²⁴	tɕʰi⁴⁴	i³²⁴	i⁵²	n³²⁴白 y³²⁴文	y³²⁴	tʰe⁴⁴	de²²
14 长兴	tʃɿ³²⁴	tʃʰɿ⁴⁴	ɿ¹²	ɿ⁵²	n³²⁴	ɿ³²⁴富·	tʰɯ⁴⁴	dɯ¹²
15 余杭	tɕi⁴²³	tɕʰi⁴⁴	i²¹³	i⁵³	i²¹³	i²²	tʰɛ⁴⁴	dɛ²²
16 临安	tɕy⁵⁵	tɕʰy⁵⁵	y³³	y³³	y³³	y³³	tʰE⁵⁵	dE³³
17 昌化	tɕy⁵⁴⁴	tɕʰy³³⁴	y²⁴³	y⁴⁵³	y⁴⁵³	y⁴⁵³	tʰɛ³³⁴	dɛ¹¹²
18 於潜	tɕy³⁵	tɕʰy⁴³³	y²⁴	y⁵¹	y²⁴	y²⁴	tʰe⁴³³	de²²³
19 萧山	tɕy⁴²	tɕʰy⁵³³	ȵy²⁴²	y¹³	y²⁴²	y²⁴²	tʰe⁵³³	de³⁵⁵
20 富阳	tɕy³³⁵	tɕʰy⁵³	y³³⁵	y⁴²³	ŋ³³⁵	y³³⁵	tʰe⁵³	dɛ¹³
21 新登	tsɿ⁴⁵	tsʰɿ⁵³	ɥ¹³	ɥ³³⁴	ɥ¹³	ɥ¹³	tʰe⁵³	de²³³
22 桐庐	tɕy³⁵	tɕʰy⁵³³	y²⁴	y³³	y²⁴	y²⁴	tʰE⁵³³	dE¹³
23 分水	tɕy⁵³	tɕʰy⁴⁴	y¹³	y⁵³	y¹³	y¹³	tʰe⁴⁴	dɛ²²
24 绍兴	tɕy³³	tɕʰy³³	ȵy²²	y²²³	ȵy²²	y²³¹ 调殊	tʰE³³⁴	dE²³¹

方言点	0113 句	0114 区 地~	0115 遇	0116 雨	0117 芋	0118 裕	0119 胎	0120 台 戏~
	遇合三 去虞见	遇合三 平虞溪	遇合三 去虞疑	遇合三 上虞云	遇合三 去虞云	遇合三 去虞以	蟹开一 平咍透	蟹开一 平咍定
25 上虞	tɕy⁵³	tɕʰy³⁵	n̠y³¹	y²¹³	ŋ²¹³	y²¹³	tʰe³⁵	dɛ²¹³
26 嵊州	tɕy³³⁴	tɕʰy⁵³⁴	y²⁴	y²⁴	y²⁴	y²⁴	tʰɛ⁵³⁴	dɛ²¹³
27 新昌	tɕy⁴⁵³	tɕʰy⁵³⁴	y¹³	y²³²	y¹³	y¹³	tʰe⁵³⁴	de²²
28 诸暨	tɕy⁵⁴⁴	tɕʰy⁵⁴⁴	ny³³	y²⁴²	y³³	y³³	tʰe⁵⁴⁴	de¹³
29 慈溪	tɕy⁴⁴	tɕʰy³⁵	n̠y¹³	y¹³	n¹³~芋 y¹³	y¹³	tʰe³⁵	de¹³
30 余姚	tɕy⁵³	tɕʰy⁴⁴	n̠y¹³	y¹³	n¹³	y¹³	tʰe³⁴	de¹³
31 宁波	tɕy⁵³	tɕʰy⁵³	n̠y¹³	y¹³	n¹³	y¹³	tʰe⁵³~盘 tʰei³⁵轮~	de¹³
32 镇海	tɕy⁵³	tɕʰy³⁵调殊	y²⁴	y²⁴	n²⁴	y²⁴	tʰe⁵³~盘	de²⁴
33 奉化	tɕy⁵³	tɕʰy⁴⁴	n̠y³¹	y³²⁴	ŋ³³调殊	y³³调殊	tʰe⁴⁴	de³³
34 宁海	ky³⁵	kʰy⁴²³	n̠y²⁴	y³¹	y²⁴	y²¹³调殊	tʰei⁴²³轮~	dei²¹³
35 象山	tɕy⁵³	tɕʰy⁴⁴	n̠y³¹	y³¹	n³¹白 y³¹文	y³¹	tʰei⁴⁴	dei³¹
36 普陀	tɕy⁵⁵	tɕʰy⁵⁵调殊	y²³	y²³	n¹³	y¹³	tʰɛ⁵³	dɛ²⁴
37 定海	tɕy⁴⁴	tɕʰy⁴⁴调殊	n̠y²³调殊	y²³	n¹³	y²³	tʰɛ⁵²	dɛ²³
38 岱山	tɕy⁵²	tɕʰy⁴⁴调殊	n̠y²³调殊	y²⁴⁴	n²¹³	y²³	tʰe⁵²	de²³
39 嵊泗	tɕy⁵³	tɕʰy⁴⁴⁵调殊	n̠y²¹³	y⁴⁴⁵	ŋ²¹³	y²⁴³	tʰe⁵³	de²⁴³
40 临海	ky⁵⁵	tɕʰy³¹又 kʰy³¹又	n̠y³²⁴	y⁵²	y²¹	y³²⁴	tʰe³¹	de²¹
41 椒江	ky⁵⁵	kʰy⁴²	n̠y²⁴	y⁴²	ɣ²⁴	y²⁴	tʰə⁴²	də³¹
42 黄岩	ky⁵⁵	kʰy³²	n̠y²⁴	y⁴²	y²⁴	y²⁴	tʰe⁴²	de¹²¹
43 温岭	ky⁵⁵	kʰy³³	n̠y¹³	y⁴²	y¹³	y¹³	tʰe⁴²	de³¹
44 仙居	cy⁵⁵	cʰy³³⁴	n̠y²⁴	y³²⁴	y²⁴	y⁵⁵	tʰæ³³⁴	dæ²¹³
45 天台	ky⁵⁵	kʰy³³	n̠y³⁵	y²¹⁴	y³⁵	y³⁵	tʰei³³~毛 tʰei³²⁵车~	dei²²⁴
46 三门	ky⁵⁵	tɕʰy³³⁴	n̠y²¹³	y³²⁵	y²⁴³	yəʔ²³音殊	tʰe³³⁴	de¹¹³

续表

方言点	0113 句	0114 区 地～	0115 遇	0116 雨	0117 芋	0118 裕	0119 胎	0120 台 戏～
	遇合三 去虞见	遇合三 平虞溪	遇合三 去虞疑	遇合三 上虞云	遇合三 去虞云	遇合三 去虞以	蟹开一 平咍透	蟹开一 平咍定
47 玉环	tɕy⁵⁵	tɕʰy⁴²	n̠y²²	y⁵³	y²²	yoʔ⁵ 音殊	tʰe⁵³	de³¹
48 金华	tɕy⁵⁵	tɕʰy³³⁴	y¹⁴	y⁵³⁵	y¹⁴	y¹⁴	tʰɛ³³⁴	dɛ³¹³
49 汤溪	tɕy⁵²	tɕʰy²⁴	（无）	y¹¹³	y³⁴¹	y⁰ 宽～	tʰɛ²⁴	dɛ¹¹
50 兰溪	tɕy⁴⁵	tɕʰy³³⁴	y²⁴	y⁵⁵	y²⁴	y²⁴	tʰɛ³³⁴	dɛ²¹
51 浦江	tɕy⁵⁵	tɕʰy⁵³⁴	y²⁴	y²⁴³	y²⁴	y²⁴ 读字	tʰa⁵³⁴	da¹¹³
52 义乌	tɕy⁴⁵	tɕʰy³³⁵	y²⁴	y³¹²	y³¹²	y⁴⁵ 调殊	tʰe³³⁵	de²¹³
53 东阳	tɕyu⁴⁵³	tɕʰyu³³⁴	（无）	yu²³¹	yu²⁴	y²¹³	tʰe³³⁴	de²¹³
54 永康	tɕy⁵²	tɕʰy⁵⁵	n̠y²⁴¹	y¹¹³	y²⁴¹	y²⁴¹	tʰəi⁵⁵	dəi²²
55 武义	tɕy⁵³	tɕʰy²⁴	（无）	y¹³	y²³¹	y²³¹	tʰa²⁴	da³²⁴
56 磐安	tɕy⁵²	tɕʰy⁴⁴⁵	（无）	y³³⁴	y¹⁴	y⁵² 调殊	tʰe⁴⁴⁵	de²¹³
57 缙云	tɕy⁴⁵³	tɕʰy⁴⁴	n̠y²¹³	y³¹	y²¹³	y²¹³	tʰei⁴⁴	dei²⁴³
58 衢州	tʃy⁵³	tʃʰy³²	y²³¹	y⁵³	y²³¹	y⁵³	tʰɛ³²	dɛ²¹
59 衢江	tɕyø⁵³	tɕʰy³³	y²³¹	yø²¹²	yø²³¹	y²³¹	tʰei³³	dei²¹²
60 龙游	tɕy⁵¹	tɕʰy³³⁴	y²³¹	y²²⁴	y²³¹	y⁵¹	tʰei³³⁴	dei²¹
61 江山	kyə⁵¹	kʰyə⁴⁴	yə³¹	yə²²	u³¹	yə³¹	tʰɛ⁴⁴	dɛ²¹³
62 常山	tɕyɛ⁵²	tɕʰy⁴⁴	y⁵²	yʌʔ³⁴ 又 ye²⁴ 又	n̠yɛ¹³¹	y⁵²	tʰɛ⁴⁴	dɛ³⁴¹
63 开化	tɕyo⁴¹²	tɕʰy⁴⁴	y²¹³	yo²¹³	yo²¹³	yɛʔ¹³ 调殊	tʰɛ⁴⁴	dɛ²³¹
64 丽水	tsʯ⁵²	tsʰʯ²²⁴	ʮ¹³¹	ʮ⁵⁴⁴	ʮ¹³¹	ʮ¹³¹	tʰɛ²²⁴	dɛ²²
65 青田	tsʯ³³	tsʰʯ⁴⁴⁵	n̠ieu²²	vu⁴⁵⁴	vu²²	ioʔ³¹ 音殊	tʰɛ⁴⁴⁵	dɛ²¹
66 云和	tsʯ⁴⁵	tsʰʯ²⁴	y²²³	y⁴¹	y²²³	y²²³	tʰa²⁴	da³¹²
67 松阳	tɕyɛ²⁴	tɕʰyɛ⁵³	n̠yɛ¹³	yɛ²²	yɛ¹³	yɛ¹³	tʰe⁵³	de³¹
68 宣平	tɕy⁵²	tɕʰy³²⁴	n̠y²³¹	y²²³	y²³¹	y²³¹	tʰei³²⁴	dei⁴³³
69 遂昌	kɤ³³⁴	tɕʰyɛ⁴⁵	yɛ²¹³	yɛ¹³	yɛ²¹³	yɛ²¹³	tʰei⁴⁵	dei²²¹

续表

方言点	0113 句	0114 区 地~	0115 遇	0116 雨	0117 芋	0118 裕	0119 胎	0120 台 戏~
	遇合三去虞见	遇合三平虞溪	遇合三去虞疑	遇合三上虞云	遇合三去虞云	遇合三去虞以	蟹开一平哈透	蟹开一平哈定
70 龙泉	kɤɯ⁴⁵白 tɕy⁴⁵文	tɕʰy⁴³⁴	y²²⁴	y⁵¹	u²²⁴白 y²²⁴文	y²²⁴	tʰɛ⁴³⁴	dɛ²¹
71 景宁	tɕy³⁵	tɕʰy³²⁴	y¹¹³	y³³	y¹¹³	y¹¹³	tʰai³²⁴	dai⁴¹
72 庆元	kɤ¹¹	tɕʰyɛ³³⁵	n̠yɛ³¹	yɛ²²¹	yɛ³¹	yɛ³¹	tʰæi³³⁵	tæi⁵²
73 泰顺	tɕy³⁵	tɕʰy²¹³	n̠y²²	y⁵⁵	y²²	y²²	tʰæi²¹³	tɛ⁵³
74 温州	tɕy⁵¹	tɕʰy³³	n̠y²²	vu¹⁴	vu²²	vu²²	tʰe³³	de³¹
75 永嘉	tsʮ⁵³	tsʰʮ⁴⁴	n̠y²²	u¹³	u²²	u¹³调殊	tʰe⁴⁴	de³¹
76 乐清	tɕy⁴¹	tɕʰy⁴⁴	n̠y²²	y²⁴	y²²	y²²	tʰe⁴⁴	de³¹
77 瑞安	tɕyɤ⁵³	tɕʰʏ⁴⁴	n̠y²²	ʏ¹³	ʏ²²	ʏ¹³调殊	tʰe⁴⁴	de³¹
78 平阳	tɕy⁵³	tɕʰy⁵⁵	n̠y³³	vʉ⁴⁵	vʉ³³	vʉ³³	tʰe⁵⁵	de²⁴²
79 文成	tɕy³³	tɕʰy⁵⁵	n̠y⁴²⁴	vʉ²²⁴	vʉ⁴²⁴	vʉ⁴²⁴	tʰe⁵⁵	de¹¹³
80 苍南	tɕy⁴²	tɕʰy⁴⁴	y⁵³	y⁵³	y¹¹	y¹¹	tʰe⁴⁴	de³¹
81 建德徽	tɕy⁵³	tɕʰy⁵³	y²¹³	y²¹³	y²¹³	y⁵⁵又 y²¹³又	tʰe⁵³	tɛ³³
82 寿昌徽	tɕy³³	tɕʰy¹¹²	y³³待~	y⁵³⁴	y³³	y³³	tʰiæ¹¹²	tʰiæ⁵²
83 淳安徽	tɕya²⁴	tɕʰya²⁴	y⁵³待~	ya⁵⁵	ya⁵³	y⁵³	tʰie²⁴	tʰie⁴³⁵
84 遂安徽	tɕy⁴³	tɕʰy⁵³⁴	(无)	y²¹³	y⁵²	y⁵²	tʰəɯ⁵³⁴	tʰəɯ³³
85 苍南闽	ku²¹	kʰu⁵⁵	gu²⁴文	hɔ³²	ɔ²¹	su²¹	tʰai⁵⁵	tai²⁴
86 泰顺闽	kou⁵³	kʰy²¹³	y³¹	xou³¹	ou³¹	y³¹	tʰɔi²¹³	tɔi²²白 tai²²文
87 洞头闽	ku²¹	kʰu³³	(无)	hɔ²¹	ɔ²¹	tsu²¹	tʰai³³	tai¹¹³
88 景宁畲	ku⁴⁴	tɕʰy⁴⁴	y⁵¹	y³²⁵谷~	fu⁵¹	y⁵¹	tʰoi⁴⁴	toi²²

方言点	0121 袋 蟹开一 去哈定	0122 来 蟹开一 平哈来	0123 菜 蟹开一 去哈清	0124 财 蟹开一 平哈从	0125 该 蟹开一 平哈见	0126 改 蟹开一 上哈见	0127 开 蟹开一 平哈溪	0128 海 蟹开一 上哈晓
01 杭州	$dε^{13}$	$lε^{213}$	$tsʰε^{45}$	$dzε^{213}$	$kε^{334}$	$kε^{53}$	$kʰε^{334}$	$xε^{53}$
02 嘉兴	dE^{113}	lE^{242}	$tsʰE^{224}$	zE^{242}	kE^{42}	kE^{544}	$kʰE^{42}$	hE^{544}
03 嘉善	$dε^{113}$	$lε^{132}$	$tsʰε^{334}$	$zε^{132}$	$kε^{44}$	$kε^{44}$	$kʰε^{53}$	$xε^{44}$
04 平湖	$dε^{213}$	$lε^{31}$	$tsʰε^{213}$	$zε^{31}$	$kε^{53}$	$kε^{44}$	$kʰε^{53}$	$hε^{44}$
05 海盐	$dε^{213}$	$lε^{31}$	$tsʰε^{334}$	$zε^{31}$	$kε^{53}$	$kε^{423}$	$kʰε^{53}$	$xε^{423}$
06 海宁	$dε^{13}$	$lε^{13}$	$tʰε^{35}$	$zε^{13}$	$kε^{55}$	$kε^{53}$	$kʰε^{55}$	$hε^{53}$
07 桐乡	dE^{213}	lE^{13}	$tsʰE^{334}$	zE^{13}	kE^{44}	kE^{53}	$kʰE^{44}$	hE^{53}
08 崇德	dE^{13}	lE^{13}	$tsʰE^{334}$	zE^{13}	kE^{44}	kE^{53}	$kʰE^{44}$	hE^{53}
09 湖州	dei^{24}	lei^{112}	$tsʰei^{35}$	$dzei^{112}$	kei^{44}	kei^{523}	$kʰei^{44}$	xei^{523}
10 德清	$dε^{113}$	$lε^{113}$	$tsʰε^{334}$	$zε^{113}$	$kε^{44}$	$kε^{52}$	$kʰε^{44}$	$xε^{52}$
11 武康	$dε^{113}$	$lε^{113}$	$tsʰε^{224}$	$dzε^{113}$	$kε^{44}$	$kε^{53}$	$kʰε^{44}$	$xε^{53}$
12 安吉	dE^{213}	lE^{22}	$tsʰE^{324}$	dzE^{22}	kE^{55}	kE^{52}	$kʰE^{55}$	hE^{52}
13 孝丰	de^{213}	$lε^{22}$	$tsʰe^{324}$	dze^{22}	$kε^{44}$	$kε^{52}$	$kʰe^{44}$	he^{52}
14 长兴	$dɯ^{24}$	$lɯ^{12}$	$tsʰɯ^{324}$	$zɯ^{12}$	$kɯ^{44}$	$kɯ^{52}$	$kʰɯ^{44}$	$hɯ^{52}$
15 余杭	dE^{213}	$lε^{22}$	$tsʰε^{423}$	$zε^{22}$	$kε^{44}$	$kε^{53}$	$kʰε^{44}$	$xε^{53}$
16 临安	dE^{33}	lE^{33}	$tsʰE^{33}$	dzE^{33}	kE^{55}	kE^{55}	$kʰE^{55}$	hE^{55}
17 昌化	$dε^{243}$	$lε^{112}$	$tsʰε^{544}$	$zε^{112}$	$kε^{334}$	$kε^{453}$	$kʰε^{334}$	$xε^{453}$
18 於潜	de^{24}	le^{223}	$tsʰe^{35}$	dze^{223}	ke^{433}	ke^{51}	$kʰe^{433}$	xe^{51}
19 萧山	de^{242}	$lε^{355}$	$tsʰe^{42}$	dze^{355}	ke^{533}	ke^{33}	$kʰe^{533}$	xe^{33}
20 富阳	$dε^{224}$	$lε^{13}$	$tsʰε^{335}$	$dzε^{13}$	$kε^{53}$	$kε^{423}$	$kʰε^{53}$	$hε^{423}$
21 新登	de^{13}	le^{233}	$tsʰe^{45}$	ze^{233}	ke^{53}	ke^{334}	$kʰe^{53}$	he^{334}
22 桐庐	dE^{24}	lE^{13}	$tsʰE^{35}$	dzE^{13}	kE^{533}	kE^{33}	$kʰE^{533}$	xE^{33}
23 分水	$dε^{13}$	$lε^{22}$	$tsʰε^{24}$	$dzε^{22}$	$kε^{44}$	$kε^{53}$	$kʰε^{44}$	$xε^{53}$
24 绍兴	dE^{22}	lE^{231}	$tsʰE^{33}$	dzE^{231}	kE^{53}	kE^{334}	$kʰE^{53}$	hE^{334}
25 上虞	de^{31}	le^{213}	$tsʰe^{53}$	ze^{213}又 dze^{213}又	ke^{35}	ke^{35}	$kʰe^{35}$	he^{35}

方言点	0121 袋 蟹开一去哈定	0122 来 蟹开一平哈来	0123 菜 蟹开一去哈清	0124 财 蟹开一平哈从	0125 该 蟹开一平哈见	0126 改 蟹开一上哈见	0127 开 蟹开一平哈溪	0128 海 蟹开一上哈晓
26 嵊州	$dɛ^{24}$	$lɛ^{213}$	$tsʰɛ^{334}$	$dzɛ^{213}$	$kɛ^{534}$	$kɛ^{53}$	$kʰɛ^{534}$	$hɛ^{53}$
27 新昌	de^{13}	le^{22}	$tsʰe^{335}$	ze^{22}白 dze^{22}文	ke^{534}	ke^{453}	$kʰe^{534}$	he^{453}
28 诸暨	de^{33}	le^{13}	$tsʰe^{544}$	dze^{13}	ke^{544}	ke^{42}	$kʰe^{42}$	he^{42}
29 慈溪	de^{13}	le^{13}	$tsʰe^{44}$	dze^{13}	ke^{44}	ke^{35}	$kʰe^{35}$	he^{35}
30 余姚	de^{13}	le^{13}	$tsʰe^{53}$	dze^{13}	ke^{44}	ke^{34}	$kʰe^{44}$	he^{34}
31 宁波	de^{13}	le^{13}	$tsʰe^{44}$	dze^{13}	ke^{53}	ke^{35}	$kʰe^{53}$	he^{35}
32 镇海	de^{24}	le^{24}	$tsʰe^{53}$	dze^{24}	ke^{53}活~	ke^{35}	$kʰe^{53}$	he^{35}
33 奉化	de^{31}	le^{33}	$tsʰe^{53}$	dze^{33}	ke^{44}	ke^{545}	$kʰe^{44}$	he^{545}
34 宁海	dei^{24}	lei^{213}	$tsʰei^{35}$	$dzei^{213}$	ke^{53}应~	ke^{53}	$kʰe^{423}$	hei^{53}
35 象山	dei^{13}	lei^{31}	$tsʰei^{53}$	$dzei^{31}$	ke^{44}	ki^{44}	$kʰi^{44}$	hei^{44}
36 普陀	$dɛ^{13}$	$lɛ^{24}$	$tsʰɛ^{55}$	$dzɛ^{24}$	$kɛ^{53}$	$kɛ^{45}$	$kʰɛ^{53}$	$xɛ^{45}$
37 定海	$dɛ^{13}$	$lɛ^{23}$	$tsʰɛ^{44}$	$dzɛ^{23}$	$kɛ^{52}$	$kɛ^{45}$	$kʰɛ^{52}$	$xɛ^{45}$
38 岱山	de^{213}	le^{23}	$tsʰe^{44}$	dze^{23}	ke^{325}调殊	ke^{325}	$kʰe^{52}$	xe^{325}
39 嵊泗	de^{213}	le^{243}	$tsʰe^{53}$	dze^{243}	ke^{53}	ke^{445}	$kʰe^{53}$	xe^{445}
40 临海	de^{324}	le^{21}	$tsʰe^{55}$	ze^{21}	ke^{31}	ke^{52}	$kʰe^{31}$	he^{52}
41 椒江	$də^{24}$	$lə^{31}$	$tsʰə^{55}$	$zə^{31}$	$kə^{42}$	$kə^{42}$	$kʰə^{42}$	$hə^{42}$
42 黄岩	de^{24}	le^{121}	$tsʰe^{55}$	ze^{121}	kie^{55}	kie^{42}	$kʰie^{32}$	he^{42}
43 温岭	de^{13}	le^{31}	$tsʰe^{55}$	ze^{31}	kie^{42}	kie^{42}	$kʰie^{33}$	he^{42}
44 仙居	$dæ^{24}$	$læ^{213}$	$tsʰæ^{55}$	$zæ^{213}$	$kæ^{334}$	$kæ^{324}$	$kʰæ^{334}$	$hæ^{324}$
45 天台	dei^{214}	lei^{224}	$tsʰei^{55}$	zei^{224}	kei^{33}	ke^{325}韵殊	$kʰei^{33}$	hei^{325}
46 三门	de^{243}	le^{113}	$tsʰe^{55}$	dze^{113}	ke^{334}	ke^{325}	$kʰe^{334}$	he^{325}
47 玉环	de^{22}	le^{31}	$tsʰe^{55}$	ze^{31}	kie^{42}	kie^{53}	$kʰie^{42}$	he^{53}
48 金华	$dɛ^{14}$	$lɛ^{313}$	$tsʰɛ^{55}$	$zɛ^{313}$	$kɛ^{334}$	$kɛ^{535}$	$kʰɛ^{334}$	$xɛ^{535}$
49 汤溪	$dɛ^{341}$	$lɛ^{11}$	$tsʰɛ^{52}$	$zɛ^{11}$	$kɛ^{24}$	$kɛ^{535}$	$kʰɛ^{24}$	$xɛ^{535}$

续表

方言点	0121 袋	0122 来	0123 菜	0124 财	0125 该	0126 改	0127 开	0128 海
	蟹开一去哈定	蟹开一平哈来	蟹开一去哈清	蟹开一平哈从	蟹开一平哈见	蟹开一上哈见	蟹开一平哈溪	蟹开一上哈晓
50 兰溪	de^{24}	le^{21}	ts^he^{45}	ze^{21}	ke^{334}	ke^{55}	k^he^{334}	xe^{55}
51 浦江	da^{24}	la^{113}	ts^ha^{55}	za^{113}	ka^{534}	ka^{53}	k^ha^{534}	xa^{53}
52 义乌	de^{24}	le^{213}	ts^he^{45}	ze^{213}白 dze^{213}文	ke^{335}	ke^{423}	k^he^{335}	he^{423}
53 东阳	de^{24}	le^{213}	ts^he^{453}	dze^{213}	ke^{334}	ke^{453}	k^he^{334}	he^{44}
54 永康	$dəi^{241}$	$ləi^{22}$	$ts^həi^{52}$	$zəi^{22}$	$kəi^{55}$	$kəi^{334}$	$k^həi^{55}$	$xəi^{334}$
55 武义	da^{231}	la^{324}	ts^ha^{53}	za^{324}	ka^{24}	ka^{445}	k^ha^{24}	xa^{445}
56 磐安	de^{14}	le^{213}	ts^he^{52}	dze^{213}发~ ze^{213}~主	ke^{445}	ke^{334}	k^he^{445}	xe^{334}
57 缙云	dei^{213}	lei^{243}	ts^hei^{453}	zei^{243}	kei^{44}	kei^{51}	k^hei^{44}	xei^{51}
58 衢州	$dɛ^{231}$	$lɛ^{21}$	$ts^hɛ^{53}$	$dzɛ^{213}$	$kɛ^{32}$	$kɛ^{35}$	$k^hɛ^{32}$	$xɛ^{35}$
59 衢江	dei^{231}	li^{212}	ts^hei^{53}	dza^{212}	kei^{33}	kei^{25}	k^hei^{33}	xei^{25}
60 龙游	dei^{231}	lei^{21}	ts^hei^{51}	$dzei^{21}$	kei^{334}	kei^{35}	k^hei^{334}	xei^{35}
61 江山	$dɛ^{31}$	li^{213}白 $lɛ^{213}$文	$tɕ^hi^{51}$	$dzɛ^{213}$	$kɛ^{44}$	$kɛ^{241}$	$k^hɛ^{44}$	$xɛ^{241}$
62 常山	$dɛ^{131}$	li^{341}	$tɕ^hi^{324}$	$zɛ^{341}$	$kɛ^{44}$	$kɛ^{52}$	$kɛ^{44}$	$xɛ^{52}$
63 开化	$dɛ^{213}$	li^{231}	$tɕ^hi^{412}$	$zɛ^{231}$	ka^{44}	ka^{53}	$k^hɛ^{44}$	$xɛ^{53}$
64 丽水	$dɛ^{131}$	li^{22}韵殊	$ts^hɛ^{52}$	$zɛ^{22}$	$kɛ^{224}$	$kɛ^{544}$	$k^hɛ^{224}$	$xɛ^{544}$
65 青田	$dɛ^{22}$	li^{21}	$ts^hɛ^{33}$	$zɛ^{21}$	$kɛ^{445}$	$kɛ^{454}$	$k^hɛ^{445}$	$xɛ^{454}$
66 云和	da^{223}	li^{312}韵殊	ts^ha^{45}	za^{312}	ka^{24}	ka^{41}	k^hei^{24}	xa^{41}
67 松阳	$dɛ^{13}$	li^{31}	ts^hei^{24}	$zɛ^{31}$	$kɛ^{53}$	$kɛ^{212}$	$k^hɛ^{53}$	$xɛ^{212}$
68 宣平	dei^{231}	lei^{433}	ts^hei^{52}	zei^{433}	kei^{324}	kei^{445}	k^hei^{324}	xei^{445}
69 遂昌	dei^{213}	lei^{221}	ts^hei^{334}	zei^{221}	kei^{45}	kei^{533}	k^hei^{45}	xei^{533}
70 龙泉	dE^{224}	lE^{21}	ts^hE^{45}	zE^{21}	kE^{434}	kE^{51}	k^hE^{434}	xE^{51}
71 景宁	dai^{113}	li^{41}韵殊	ts^hai^{35}	zai^{41}	kai^{324}	kai^{33}	k^hai^{324}	xai^{33}
72 庆元	$tæi^{31}$	liE^{33}调殊	$ts^hæi^{11}$	$sæi^{52}$	$kæi^{335}$	$kæi^{33}$	$k^hæi^{335}$	$xæi^{33}$

方言点	0121 袋 蟹开一 去咍定	0122 来 蟹开一 平咍来	0123 菜 蟹开一 去咍清	0124 财 蟹开一 平咍从	0125 该 蟹开一 平咍见	0126 改 蟹开一 上咍见	0127 开 蟹开一 平咍溪	0128 海 蟹开一 上咍晓
73 泰顺	$tɛ^{22}$	li^{53}	$tsʰæi^{35}$	$sɛ^{53}$	$kɛ^{213}$	ke^{55}	$kʰæi^{213}$	$xɛ^{55}$
74 温州	de^{22}	le^{31}	$tsʰe^{51}$	ze^{31}	ke^{33}	ke^{25}	$kʰe^{33}$	he^{25}
75 永嘉	de^{22}	lei^{31}	$tsʰe^{53}$	ze^{31}	ke^{44}	ke^{45}	$kʰe^{44}$	he^{45}
76 乐清	de^{22}	li^{31}白 le^{31}文	$tɕʰie^{41}$	ze^{31}	ke^{44}	ke^{35}	$kʰe^{44}$	he^{35}
77 瑞安	de^{22}	lei^{31}	$tsʰe^{53}$	ze^{31}	ke^{44}	ke^{35}	$kʰe^{44}$	he^{35}
78 平阳	de^{33}	li^{242}白 le^{242}文	$tʃʰe^{53}$	ze^{242}	ke^{55}	ke^{45}	$kʰe^{55}$	xe^{45}
79 文成	de^{424}	lei^{113}	$tʃʰe^{33}$	ze^{113}	ke^{55}	ke^{45}	$kʰe^{55}$	xe^{45}
80 苍南	de^{11}	li^{31}	$tsʰe^{42}$	ze^{31}	ke^{44}	ke^{53}	$kʰe^{44}$	he^{53}
81 建德徽	$tʰɛ^{55}$	$lɛ^{33}$	$tsʰɛ^{33}$	$sɛ^{33}$	$kɛ^{53}$	$kɛ^{213}$	$kʰɛ^{53}$	$hɛ^{213}$
82 寿昌徽	$tʰiæ^{33}$	$liæ^{52}$	$tɕʰiæ^{33}$	$ɕiæ^{52}$	$kiɛ^{112}$	$kiɛ^{24}$	$kʰiɛ^{112}$	$xiɛ^{24}$
83 淳安徽	$tʰie^{53}$	lie^{435}	$tɕʰie^{24}$	$ɕie^{435}$	kie^{24}	kie^{55}	$kʰie^{24}$	hie^{55}
84 遂安徽	$tʰəɯ^{52}$	$ləɯ^{33}$	$tsʰəɯ^{43}$	$səɯ^{33}$	$kəɯ^{534}$	$kəɯ^{213}$	$kʰəɯ^{534}$	$xəɯ^{213}$
85 苍南闽	$tə^{21}$	lai^{24}	$tsʰai^{21}$	$tsai^{24}$	kai^{55}	kue^{43} kai^{43}土~	$kʰui^{55}$	hai^{43}
86 泰顺闽	$tɔi^{31}$	li^{22}	$tsʰai^{53}$	$tsai^{22}$	kai^{213}	kai^{344}	$kʰai^{213}$	$xɔi^{344}$
87 洞头闽	$tə^{21}$	lai^{113}	$tsʰai^{21}$	$tsai^{113}$	kai^{33}	kue^{53}	$kʰui^{33}$	hai^{53}
88 景宁畲	$tʰoi^{51}$	loi^{22}	$tsʰoi^{44}$	$tsai^{22}$	kai^{44}	kai^{325}	foi^{44}~门 $kʰoi^{44}$~水	xai^{325}

方言点	0129 爱	0130 贝	0131 带动	0132 盖动	0133 害	0134 拜	0135 排	0136 埋
	蟹开一去哈影	蟹开一去泰帮	蟹开一去泰端	蟹开一去泰见	蟹开一去泰匣	蟹开二去皆帮	蟹开二平皆並	蟹开二平皆明
01 杭州	$ɛ^{45}$	pei^{45}	$tɛ^{45}$	$kɛ^{45}$	$ɛ^{13}$	$pɛ^{45}$	$bɛ^{213}$	$mɛ^{213}$
02 嘉兴	E^{224}	pei^{224}	tA^{224}	kE^{224}	E^{113}	pA^{224}	bA^{242}	mA^{42}调殊
03 嘉善	$ɛ^{334}$	$pɛ^{44}$调殊	ta^{334}	$kɛ^{44}$小	$ɛ^{113}$	pa^{334}	ba^{132}	ma^{53}
04 平湖	$ɛ^{334}$	pe^{334}	ta^{334}	$kɛ^{334}$	$ɛ^{213}$	pa^{334}	ba^{31}	ma^{53}
05 海盐	$ɛ^{334}$	pe^{334}	ta^{334}	$kɛ^{334}$	$ɛ^{213}$	pa^{334}	$bɑ^{31}$	$mɑ^{31}$
06 海宁	$ɛ^{35}$	pei^{55}调殊	ta^{35}	$kɛ^{35}$	$ɛ^{13}$	pa^{35}	ba^{13}	ma^{13}
07 桐乡	E^{334}	pi^{334}	ta^{334}	kE^{334}	$ɛ^{213}$	pa^{334}	ba^{13}	ma^{13}
08 崇德	E^{334}	pi^{44}	$tɑ^{334}$	kE^{334}	$ɛ^{13}$	$pɑ^{334}$	ba^{13}	$mɑ^{13}$
09 湖州	ei^{35}	pei^{35}	ta^{35}	kei^{35}	ei^{35}	pa^{35}	ba^{112}	ma^{112}
10 德清	$ɛ^{334}$	$pɛ^{334}$	ta^{334}	$kɛ^{334}$	$ɛ^{334}$	pa^{334}	ba^{113}	ma^{334}
11 武康	$ɛ^{224}$	$pɛ^{53}$读字	ta^{224}	$kɛ^{224}$	$ɛ^{224}$	pa^{224}	ba^{113}	ma^{224}
12 安吉	E^{324}	pe^{55}	ta^{324}	kE^{324}	E^{213}	pa^{324}	ba^{22}	ma^{22}
13 孝丰	$ɛ^{324}$	pe^{44}	ta^{324}	ke^{324}	$ɛ^{213}$	pa^{324}	ba^{22}	ma^{22}
14 长兴	$ɯ^{324}$	pei^{324}	ta^{324}	$kɯ^{324}$	$ɯ^{324}$	pa^{324}	ba^{12}	ma^{12}
15 余杭	$ɛ^{53}$	$pɛ^{423}$	ta^{423}	$kɛ^{423}$	$ɛ^{213}$	pa^{423}	ba^{22}	ma^{22}
16 临安	E^{55}	pE^{55}	ta^{55}	kE^{55}	E^{33}	pa^{55}	ba^{33}	ma^{55}
17 昌化	$ɛ^{544}$	$pɛ^{453}$	ta^{544}	$kɛ^{544}$	$ɛ^{243}$	pa^{544}	ba^{112}	ma^{112}
18 於潜	e^{24}	pe^{35}	ta^{35}	ke^{35}	e^{24}	pa^{35}	ba^{223}	ma^{223}
19 萧山	e^{42}	pe^{42}	ta^{42}	ke^{42}	e^{242}	pa^{42}	ba^{355}	ma^{355}
20 富阳	$ɛ^{335}$	$pɛ^{335}$	ta^{335}	$kɛ^{335}$	$ɛ^{224}$	pa^{335}	ba^{13}	ma^{13}
21 新登	e^{45}	pe^{45}	ta^{45}	ke^{45}	e^{13}	pa^{45}	ba^{233}	ma^{233}
22 桐庐	E^{35}	pE^{35}	tA^{35}	kE^{35}	E^{24}	pA^{35}	bA^{13}	mE^{13}
23 分水	$ɛ^{53}$	$pɛ^{53}$	$tɛ^{53}$	$kɛ^{24}$	$xɛ^{13}$	$pɛ^{24}$	$bɛ^{22}$	$mɛ^{22}$
24 绍兴	E^{33}	pE^{53}宝~	ta^{33}	kE^{33}	E^{22}	pa^{33}	ba^{231}	ma^{22}
25 上虞	e^{53}	pe^{53}	ta^{53}	ke^{53}	e^{31}	pa^{53}	ba^{213}	ma^{213}

续表

方言点	0129 爱	0130 贝	0131 带动	0132 盖动	0133 害	0134 拜	0135 排	0136 埋
	蟹开一去咍影	蟹开一去泰帮	蟹开一去泰端	蟹开一去泰见	蟹开一去泰匣	蟹开二去皆帮	蟹开二平皆并	蟹开二平皆明
26 嵊州	E^{334}	$pɛ^{53}$宝~	ta^{334}	$kɛ^{334}$	E^{24}	pa^{334}	ba^{213}	ma^{213}
27 新昌	e^{335}	pe^{335}	ta^{335}	ke^{335}	e^{13}	pa^{335}	ba^{22}	me^{22}动 ma^{22}~怨
28 诸暨	e^{544}	pe^{544}	$tʌ^{544}$	ke^{544}	e^{33}	$pʌ^{544}$	$bʌ^{13}$	me^{13}
29 慈溪	e^{44}	pe^{35}	ta^{44}	ke^{44}	he^{13}	pa^{44}	ba^{13}	ma^{13}
30 余姚	e^{53}	pe^{53}	ta^{53}	ke^{53}	e^{13}	pa^{53}	ba^{13}	ma^{13}
31 宁波	e^{44}	$pɐi^{44}$	ta^{44}	ke^{44}	e^{13}	pa^{44}	ba^{13}	me^{13}~伏 $mɔ^{13}$~怨
32 镇海	e^{53}	pei^{53}	ta^{53}	ke^{53}	e^{24}	pa^{53}	ba^{24}	me^{24}~伏
33 奉化	e^{53}	pei^{44}调殊	ta^{53}	ke^{53}	e^{31}	pa^{53}	ba^{33}	me^{33}
34 宁海	ei^{35}	pei^{35}	ta^{35}	ke^{35}	ei^{24}	pa^{35}	ba^{213}	ma^{213}
35 象山	$ɛ^{53}$	pei^{53}	ta^{53}	ki^{53}	$ɛ^{13}$	pa^{53}	ba^{31}	me^{31}
36 普陀	$ɛ^{55}$	$pæi^{55}$	ta^{55}	$kɛ^{55}$	$ɛ^{13}$	pa^{55}	ba^{24}	me^{24}
37 定海	$ɛ^{44}$	$pɐi^{44}$	ta^{44}	$kɛ^{44}$	$ɛ^{13}$	pa^{44}	ba^{23}	$mø^{23}$
38 岱山	e^{44}	$pɐi^{44}$	ta^{44}	ke^{44}	e^{213}	pa^{44}	ba^{23}	me^{23}
39 嵊泗	e^{53}	$pɐi^{53}$	ta^{53}	ke^{53}	e^{213}	pa^{53}	be^{243}	me^{243}
40 临海	e^{55}	pe^{55}	ta^{55}	ke^{55}	e^{324}	pa^{55}	ba^{21}	ma^{21}
41 椒江	$ə^{55}$	$pə^{55}$	ta^{55}	$kə^{55}$	$ə^{24}$	pa^{55}	ba^{31}	ma^{31}
42 黄岩	e^{55}	pe^{55}	ta^{55}	kie^{55}	e^{24}	pa^{55}	ba^{121}	ma^{121}
43 温岭	e^{55}	pe^{55}	ta^{55}	kie^{55}	e^{13}	pa^{55}	ba^{31}	ma^{31}
44 仙居	$æ^{55}$	$ɓæ^{55}$	$ɗa^{55}$	（无）	$æ^{24}$	$ɓa^{55}$	ba^{213}	（无）
45 天台	ei^{55}	pei^{55}	ta^{55}	kei^{55}	ei^{35}	pa^{55}	ba^{224}	ma^{224}
46 三门	e^{55}	pe^{55}	ta^{55}	ke^{55}	e^{243}	pa^{55}	ba^{113}	ma^{113}
47 玉环	e^{55}	pe^{55}	ta^{55}	kie^{55}	e^{22}	pa^{55}	ba^{31}	ma^{31}
48 金华	$ɛ^{55}$	pe^{55}	$tɑ^{55}$	$kɛ^{55}$	$ɛ^{14}$	$pɑ^{55}$	$bɑ^{313}$	$mɛ^{313}$

续表

方言点	0129 爱	0130 贝	0131 带动	0132 盖动	0133 害	0134 拜	0135 排	0136 埋
	蟹开一 去哈影	蟹开一 去泰帮	蟹开一 去泰端	蟹开一 去泰见	蟹开一 去泰匣	蟹开二 去皆帮	蟹开二 平皆并	蟹开二 平皆明
49 汤溪	ε^{52}	$p\varepsilon^{52}$	$t\alpha^{52}$	ke^{52}	ε^{341}	$p\alpha^{52}$	$b\alpha^{11}$	（无）
50 兰溪	e^{45}	pe^{45}	$t\alpha^{45}$	ke^{45}	e^{24}	$p\alpha^{45}$	$b\alpha^{21}$	$m\alpha^{21}$
51 浦江	a^{55}	pa^{55}	$t\alpha^{55}$	ka^{55}	a^{24}	$p\alpha^{55}$	$b\alpha^{113}$	ma^{113}
52 义乌	e^{45}	pe^{45}	ta^{45}	ke^{45}	e^{24}	$p\alpha^{45}$	ba^{213}	$m\varepsilon^{213}$~怨 mai^{213}~伏
53 东阳	e^{453}	pe^{453}	ta^{453}	（无）	e^{24}	$p\alpha^{453}$	ba^{213}	（无）
54 永康	∂i^{52}	$\beta\partial i^{52}$	$ɗia^{52}$	（无）	∂i^{241}	βia^{52}	bia^{22}	mia^{22}
55 武义	a^{53}	pa^{53}	lia^{53}	ka^{53}	a^{231}	pia^{53}	bia^{324}	（无）
56 磐安	e^{52}	pe^{52}	ta^{52}	（无）	e^{14}	$p\alpha^{52}$	ba^{213}	（无）
57 缙云	ei^{453}	pei^{453}	$t\alpha^{453}$	（无）	ei^{213}	$p\alpha^{453}$	$b\alpha^{243}$	$m\varepsilon^{243}$
58 衢州	ε^{53}	pe^{53}	$t\varepsilon^{53}$	$k\varepsilon^{53}$	ε^{231}	pe^{53}	be^{21}	$m\varepsilon^{21}$
59 衢江	ei^{53}	pei^{53}	ta^{53}	kei^{53}	ei^{231}	pa^{53}	ba^{212}	$m\varepsilon^{212}$
60 龙游	ei^{51}	pei^{51}	ta^{51}	kei^{51}	ei^{231}	$p\alpha^{51}$	$b\alpha^{21}$	$m\varepsilon^{21}$
61 江山	E^{51}	pE^{51}	ta^{51}	kE^{51}	E^{31}	pa^{51}	ba^{213}	ma^{213}
62 常山	ε^{324}	pi^{52}调殊	$t\varepsilon^{324}$	kue^{324}	ε^{131}	$p\varepsilon^{324}$	be^{341}	$m\varepsilon^{341}$
63 开化	a^{412}	pi^{53}调殊	ta^{412}	kua^{412}	ε^{213}	pa^{412}	ba^{231}	ma^{231}
64 丽水	ε^{52}	pei^{52}	$tu\mathfrak{o}^{52}$	$k\varepsilon^{52}$	ε^{131}	$pu\mathfrak{o}^{52}$	$bu\mathfrak{o}^{22}$	$m\varepsilon^{22}$
65 青田	ε^{33}	$\beta æi^{33}$	$ɗ\alpha^{33}$	$k\varepsilon^{33}$	ε^{22}	$\beta\alpha^{33}$	$b\alpha^{21}$	$m\alpha^{21}$
66 云和	a^{45}	pei^{45}	$t\mathfrak{o}^{45}$	（无）	a^{223}	$p\mathfrak{o}^{45}$	$b\mathfrak{o}^{312}$	$m\mathfrak{o}^{312}$
67 松阳	ε^{24}	pei^{24}	ta^{24}	$k\varepsilon^{24}$	a^{13}	pa^{24}	ba^{31}	$m\tilde{a}^{53}$音殊
68 宣平	ei^{52}	pei^{52}	ta^{52}	（无）	ei^{231}	pa^{52}	ba^{433}	（无）
69 遂昌	ei^{334}	pei^{334}	ta^{334}	ka^{334}~章	ei^{213}	pa^{334}	ba^{213}	ma^{221}
70 龙泉	E^{45}	pE^{45}	ta^{45}	kua^{45}旧 kE^{45}今	ua^{224}	pa^{45}	ba^{21}	$ma\mathfrak{\eta}^{21}$韵殊
71 景宁	ai^{35}	pai^{35}	ta^{35}	kai^{35}	ai^{113}	pa^{35}	ba^{41}	ma^{41}

续表

方言点	0129 爱 蟹开一 去哈影	0130 贝 蟹开一 去泰帮	0131 带 动 蟹开一 去泰端	0132 盖 动 蟹开一 去泰见	0133 害 蟹开一 去泰匣	0134 拜 蟹开二 去皆帮	0135 排 蟹开二 平皆並	0136 埋 蟹开二 平皆明
72 庆元	æei^{11}	ɓæi^{11}	ɗɑ^{11}	kuɑ^{11}	xuɑ^{31}	ɓɑ^{11}	pɑ^{52}	mæ̃^{52}韵殊
73 泰顺	ɛ^{35}	pæi^{35}	ta^{35}	kɛ^{35}	ɛ^{22}	pa^{35}	pa^{53}	ma^{53}
74 温州	e^{51}	pai^{51}	ta^{51}	ke^{51}	e^{22}	pa^{51}	ba^{31}	ma^{212}调殊
75 永嘉	e^{53}	pai^{53}	ta^{53}	ke^{53}	e^{22}	pa^{53}	ba^{31}	ma^{213}调殊
76 乐清	e^{41}	pai^{41}	te^{41}	kuai^{41}白 ke^{41}文	e^{22}	pe^{41}	be^{31}	me^{212}调殊
77 瑞安	e^{53}	pai^{53}	ta^{53}	ke^{53}	e^{22}	pa^{53}	ba^{31}	ma^{212}调殊
78 平阳	e^{53}	pai^{53}	tA^{53}	ke^{53}	e^{33}	pA^{53}	bA^{242}	mA^{12}调殊
79 文成	e^{33}	pai^{33}	tɔ^{33}	ke^{33}	e^{424}	pɔ^{33}	bɔ^{113}	mɔ^{113}
80 苍南	e^{42}	pai^{42}	tia^{42}	ke^{42}	e^{11}	pia^{42}	bia^{31}	mia^{112}调殊
81 建德徽	ɛ^{55}	pe^{55}	tɑ^{33}	kɛ^{33}	hɛ^{55}	pɑ^{33}	pɑ^{33}	mɑ^{33}
82 寿昌徽	iɛ^{33}	piæ^{33}	tɑ^{33}	kiɛ^{33}	xiɛ^{33}	pɑ^{33}	pʰɑ^{52}	mɑ^{52}
83 淳安徽	e^{24}	pie^{24}	tɑ^{24}	kie^{24}	hie^{53}	pɑ^{24}	pʰɑ^{435}	mɑ^{435}
84 遂安徽	ɑ^{43}	pəɯ^{43}	ta^{43}	kəɯ^{43}	xəɯ^{52}	pa^{43}	pʰa^{33}	ma^{33}
85 苍南闽	ai^{21}	pue^{21}	tua^{21}	kai^{21}文	hai^{21}	pai^{24}	pai^{24}	bai^{24}
86 泰顺闽	ai^{53}	pɔi^{53}	tai^{53}	kai^{53}	xai^{31}	pei^{53}	pei^{22}	mai^{22}
87 洞头闽	ai^{21}	pue^{21}	tua^{21}	kua^{21}	hai^{21}	pai^{21}	pai^{113}	（无）
88 景宁畲	ai^{44}	poi^{44}	tɔi^{44}	koi^{44}	xai^{51}	pai^{44}	pʰai^{22}	mai^{22}

方言点	0137 戒	0138 摆	0139 派	0140 牌	0141 买	0142 卖	0143 柴	0144 晒
	蟹开二去皆见	蟹开二上佳帮	蟹开二去佳滂	蟹开二平佳並	蟹开二上佳明	蟹开二去佳明	蟹开二平佳崇	蟹开二去佳生
01 杭州	ka^{45}白 tɕiɛ^{45}文	pɛ^{53}	pʰɛ^{45}	bɛ^{213}	mɛ^{53}	mɛ^{13}	dzɛ^{213}	sɛ^{45}
02 嘉兴	kA^{224}	pA^{544}	pʰA^{224}	bA^{242}	mA^{113}	mA^{113}	zA^{242}	so^{224}
03 嘉善	ka^{334}	pa^{44}	pʰa^{334}	ba^{132}	ma^{113}	ma^{113}	za^{132}	so^{334}
04 平湖	ka^{334}	pa^{44}	pʰa^{213}	ba^{31}	ma^{213}	ma^{213}	za^{31}	so^{334}
05 海盐	kɑ^{334}	pɑ^{423}	pʰɑ^{334}	bɑ^{31}	mɑ^{423}	mɑ^{213}	zɑ^{31}	so^{334}
06 海宁	ka^{35}	pa^{53}	pʰa^{35}	ba^{13}	ma^{231}	ma^{13}	za^{13}	so^{35}
07 桐乡	ka^{44}	pa^{53}	pʰa^{334}	ba^{13}	ma^{242}	ma^{213}	za^{13}	so^{334}
08 崇德	kɑ^{334}	pɑ^{53}	pʰɑ^{334}	bɑ^{13}	mɑ^{53}	mɑ^{13}	zɑ^{13}	so^{334}
09 湖州	ka^{35}	pa^{523}	pʰa^{35}	ba^{112}	ma^{523}	ma^{35}	za^{112}	suo^{35}
10 德清	ka^{334}	pa^{52}	pʰa^{334}	ba^{113}	ma^{52}	ma^{334}	za^{113}	suo^{334}
11 武康	ka^{224}	pa^{53}	pʰa^{224}	ba^{113}	ma^{242}	ma^{224}	za^{113}	suo^{224}
12 安吉	ka^{324}	pa^{52}	pʰa^{324}	ba^{22}	ma^{52}	ma^{213}	za^{22}	sa^{324}
13 孝丰	ka^{324}	pa^{52}	pʰa^{324}	ba^{22}	ma^{52}	ma^{324}	za^{22}	sa^{324}
14 长兴	ka^{324}	pa^{52}	pʰa^{324}	ba^{12}	ma^{52}	ma^{324}	za^{12}	su^{324}
15 余杭	ka^{423}	pa^{53}	pʰa^{53}	ba^{22}	ma^{53}	ma^{213}	za^{22}	suo^{423}
16 临安	ka^{55}	pa^{55}	pʰa^{55}	ba^{33}	ma^{33}	ma^{33}	za^{33}	sa^{55}
17 昌化	ka^{544}	pa^{453}	pʰa^{544}	ba^{112}	ma^{243}	ma^{243}	za^{112}	su^{544}
18 於潜	ka^{35}	pa^{51}	pʰa^{35}	ba^{223}	ma^{51}	ma^{24}	za^{223}	sa^{35}
19 萧山	ka^{42}	pa^{33}	pʰa^{42}	ba^{355}	ma^{13}	ma^{33}调殊	za^{355}	so^{42}
20 富阳	ka^{335}	pa^{423}	pʰa^{335}	ba^{13}	ma^{224}	ma^{335}	za^{13}	so^{335}
21 新登	ka^{45}	pa^{334}	pʰa^{45}	ba^{233}	ma^{334}	ma^{13}	za^{233}	sa^{45}
22 桐庐	kA^{35}	pA^{33}	pʰA^{35}	bA^{13}	mA^{33}	mA^{24}	zA^{13}	ɕyo^{35}
23 分水	kɛ^{24}	pɛ^{53}	pʰɛ^{24}	bɛ^{22}	mɛ^{53}	mɛ^{13}	dzɛ^{22}	sɛ^{24}
24 绍兴	ka^{33}	pa^{334}	pʰa^{334}调殊	ba^{231}	ma^{223}	ma^{22}	za^{231}	sa^{33}
25 上虞	ka^{53}	pa^{35}	pʰa^{35}调殊	ba^{213}	ma^{213}	ma^{31}	za^{213}	sa^{53}

续表

方言点	0137 戒 蟹开二 去皆见	0138 摆 蟹开二 上佳帮	0139 派 蟹开二 去佳滂	0140 牌 蟹开二 平佳并	0141 买 蟹开二 上佳明	0142 卖 蟹开二 去佳明	0143 柴 蟹开二 平佳崇	0144 晒 蟹开二 去佳生
26 嵊州	ka^{334}	pa^{53}	p^ha^{334}	ba^{213}	ma^{22}	ma^{24}	za^{213}	sa^{334}
27 新昌	ka^{335}	pa^{453}	p^ha^{335}	ba^{22}	ma^{232}	ma^{13}	za^{22}	so^{335}
28 诸暨	kA^{544}	pA^{42}	p^hA^{544}	bA^{13}	mA^{242}	mA^{33}	zA^{13}	so^{544}
29 慈溪	ka^{35}	pa^{35}	p^ha^{44}	ba^{13}	ma^{13}	ma^{13}	za^{13}	sa^{44}
30 余姚	ka^{53}	pa^{34}	p^ha^{53}	ba^{13}	ma^{13}	ma^{13}	za^{13}	sa^{53}
31 宁波	ka^{44}	pa^{35}	p^ha^{44}	$bɛ^{13}$ 打~ ba^{13} 名~	ma^{13}	ma^{13}	za^{13}	sa^{44}
32 镇海	ka^{53}	pa^{35}	p^ha^{53}	ba^{24}	ma^{24}	ma^{24}	za^{24}	sa^{53}
33 奉化	ka^{53}	pa^{545}	p^ha^{53}	ba^{324} 调殊	ma^{324}	ma^{31}	za^{33}	sa^{53}
34 宁海	ka^{35}	pa^{53}	p^ha^{35}	ba^{213}	ma^{31}	ma^{24}	za^{213}	so^{35}
35 象山	ka^{53}	pa^{44}	p^ha^{53}	ba^{31}	ma^{31}	ma^{13}	za^{31}	sa^{53}
36 普陀	ka^{55}	pa^{45}	p^ha^{55}	ba^{24}	ma^{23}	ma^{13}	za^{24}	sa^{55}
37 定海	ka^{44}	pa^{45}	p^ha^{44}	ba^{23}	ma^{23}	ma^{13}	za^{23}	sa^{44}
38 岱山	ka^{44}	pa^{325}	p^ha^{44}	ba^{23}	ma^{244}	ma^{213}	za^{23}	sa^{44}
39 嵊泗	ka^{53}	pa^{445}	p^ha^{53}	ba^{243}	ma^{445}	ma^{213}	za^{243}	sa^{53}
40 临海	ka^{55}	pa^{52}	p^ha^{55}	ba^{21}	ma^{52}	ma^{324}	za^{21}	so^{55}
41 椒江	ka^{55}	pa^{42}	p^ha^{55}	ba^{24} 小	ma^{42}	ma^{24}	za^{31}	so^{55}
42 黄岩	ka^{55}	pa^{42}	p^ha^{55}	ba^{121}	ma^{42}	ma^{24}	za^{121}	so^{55}
43 温岭	ka^{55}	pa^{42}	p^ha^{55}	ba^{24} 小	ma^{42}	ma^{13}	za^{31}	so^{55}
44 仙居	ka^{55}	$ɓa^{324}$	p^ha^{55}	ba^{213}	ma^{324}	ma^{24}	za^{213}	so^{55}
45 天台	ka^{55}	pa^{325}	p^ha^{55}	ba^{224}	ma^{214}	ma^{35}	za^{224}	so^{55} 韵殊
46 三门	ka^{55}	pa^{325}	p^ha^{55}	ba^{113}	ma^{325}	ma^{243}	za^{113}	so^{55}
47 玉环	ka^{55}	pa^{53}	p^ha^{55}	ba^{24} 小	ma^{53}	ma^{22}	za^{31}	so^{55}
48 金华	$kɑ^{55}$	$pɑ^{535}$	$p^hɑ^{55}$	ba^{313}	ma^{535}	ma^{14}	za^{313}	$sɑ^{55}$
49 汤溪	$kɑ^{52}$	$pɑ^{535}$	$p^hɑ^{52}$	ba^{11}	ma^{113}	ma^{341}	za^{11}	$suɑ^{52}$

续表

方言点	0137 戒 蟹开二 去皆见	0138 摆 蟹开二 上佳帮	0139 派 蟹开二 去佳滂	0140 牌 蟹开二 平佳並	0141 买 蟹开二 上佳明	0142 卖 蟹开二 去佳明	0143 柴 蟹开二 平佳崇	0144 晒 蟹开二 去佳生
50 兰溪	ka⁴⁵	pɑ⁵⁵	pʰɑ⁴⁵	bɑ²¹	mɑ⁵⁵	mɑ²⁴	zɑ²¹	suɑ⁴⁵
51 浦江	kɑ⁵⁵	pɑ⁵³	pʰɑ⁵⁵	bɑ¹¹³	mɑ²⁴³	mɑ²⁴	zɑ¹¹³	ɕyɑ⁵⁵
52 义乌	ka⁴⁵白 tɕie⁴⁵文	pa⁴²³	pʰa⁴⁵	ba²¹³	ma²¹³	ma²⁴	za²¹³	sua⁴⁵
53 东阳	ka⁴⁵³	pa⁴⁴	pʰa⁴⁵³	ban²¹³小	ma²³¹	ma²³¹调殊	za²¹³	so⁴⁵³
54 永康	tɕia⁵²	ɓia³³⁴	pʰia⁵²	bia²²	mia¹¹³	mia²⁴¹	ʑia²²	suɑ⁵²
55 武义	tɕia⁵³	pia⁴⁴⁵	pʰia⁵³	bia³²⁴	mia¹³	mia²³¹	ʑia³²⁴	suɑ⁵³
56 磐安	ka⁵²	pa³³⁴	pʰa⁵²	ba²¹³	ma³³⁴	ma¹⁴	za²¹³	suə⁵²
57 缙云	kɑ⁴⁵³	pɑ⁵¹	pʰɑ⁴⁵³	bɑ²⁴³	mɑ³¹	mɑ²¹³	zɑ²⁴³	sɑ⁴⁵³
58 衢州	kɛ⁵³	pɛ³⁵	pʰɛ⁵³	bɛ²¹	mɛ²³¹	mɛ²³¹	zɛ²¹	sɛ⁵³
59 衢江	ka⁵³	pa²⁵	pʰa⁵³	ba²¹²	muo²¹²	muo²³¹	za²¹²	suo⁵³
60 龙游	kɑ⁵¹	pɑ³⁵	pʰɑ⁵¹	bɑ²¹	mɑ²²⁴	mɑ²³¹	zɑ²¹	suɑ⁵¹
61 江山	ka⁵¹白 kia⁵¹文	pa²⁴¹	pʰa⁵¹	ba²¹³	mɒ²²	mɒ²²调殊	za²¹³姓～	sɒ⁵¹
62 常山	kɛ³²⁴	pɛ⁵²	pʰɛ³²⁴	bɛ³⁴¹	mɑ²⁴	mɑ¹³¹	dzɛ³⁴¹	sɑ³²⁴
63 开化	ka⁴¹²	pa⁵³	pʰa⁴¹²	ba²³¹	mɑ²¹³	mɑ²¹³	dzɛ²³¹ 姓～	sɑ⁴¹²
64 丽水	kuɔ⁵²	puɔ⁵⁴⁴	pʰuɔ⁵²	buɔ²²	muɔ⁵⁴⁴	muɔ¹³¹	zuɔ²²	suɔ⁵²
65 青田	kɑ³³	ɓɑ⁴⁵⁴	pʰɑ³³	bɑ²¹	mɑ⁴⁵⁴	mɑ²²	zɑ²¹	sɑ³³
66 云和	kɔ⁴⁵	pɔ⁴¹	pʰɔ⁴⁵	bɔ³¹²	mɔ⁴¹	mɔ²²³	zɔ³¹²	sɔ⁴⁵
67 松阳	ka²⁴	pa²¹²	pʰa²⁴	ba³¹	ma²²	ma¹³	za³¹	sa²⁴
68 宣平	ka⁵²	pa⁴⁴⁵	pʰa⁵²	ba⁴³³	ma²²³	ma²³¹	za⁴³³	sa⁵²
69 遂昌	ka³³⁴	pa⁵³³	pʰa³³⁴	ba²²¹	ma¹³	ma²¹³	za²²¹	sɒ³³⁴
70 龙泉	ka⁴⁵	pa⁵¹	pʰa⁴⁵	ba²¹	ma⁵¹	ma²²⁴	za²¹	sa⁴⁵
71 景宁	ka³⁵	pa³³	pʰa³⁵	ba⁴¹	ma³³	ma¹¹³	za⁴¹	sa³⁵
72 庆元	kɑ¹¹	ɓɑ³³	pʰɑ¹¹	pɑ⁵²	mɑ²²¹	mɑ³¹	sɑ⁵²	sɑ¹¹
73 泰顺	ka³⁵	pa⁵⁵	pʰa³⁵	pa⁵³	ma⁵⁵	ma²²	sa⁵³	sa³⁵

续表

方言点	0137 戒 蟹开二 去皆见	0138 摆 蟹开二 上佳帮	0139 派 蟹开二 去佳滂	0140 牌 蟹开二 平佳並	0141 买 蟹开二 上佳明	0142 卖 蟹开二 去佳明	0143 柴 蟹开二 平佳崇	0144 晒 蟹开二 去佳生
74 温州	ka⁵¹	pa²⁵	pʰa⁵¹	ba³¹	ma¹⁴	ma²²	za³¹	sa⁵¹
75 永嘉	ka⁵³	pa⁴⁵	pʰa⁵³	ba³¹	ma¹³	ma²²	za³¹	sa⁵³
76 乐清	ke⁴¹	pe³⁵	pʰe⁴¹	be³¹	me²⁴	me²²	ze³¹	se⁴¹
77 瑞安	ka⁵³	pa³⁵	pʰa⁵³	ba³¹	ma¹³	ma²²	za³¹	sa⁵³
78 平阳	kɑ⁵³	pɑ⁴⁵	pʰɑ⁵³	bɑ²⁴²	mɑ⁴⁵	mɑ³³	zɑ²⁴²	sɑ⁵³
79 文成	kɔ³³	pɔ⁴⁵	pʰɔ³³	bɔ¹¹³	mɔ²²⁴	mɔ⁴²⁴	zɔ¹¹³	sɔ³³
80 苍南	kia⁴²	pia⁵³	pʰia⁴²	bia³¹	mia⁵³	mia¹¹	dʑia³¹	ɕia⁴²
81 建德徽	kɑ³³	pɑ²¹³	pʰɑ³³	pɑ³³	mɑ²¹³	mɑ⁵⁵	sɑ³³	sɑ³³
82 寿昌徽	kɑ³³	pɑ²⁴	pʰɑ³³	pʰɑ⁵²	mɑ⁵³⁴	mɑ³³	sɑ⁵²	ɕyə³³
83 淳安徽	kɑ²⁴	pɑ⁵⁵	pʰɑ²⁴	pʰɑ⁴³⁵	mɑ⁵³调殊	mɑ⁵³	sɑ⁴³⁵	so²⁴
84 遂安徽	ka⁴³	pa²¹³	pʰa⁴³	pʰa³³	ma⁵²	ma⁵²	sa³³	sa⁴³
85 苍南闽	kai²¹	pai⁴³	pʰai²¹	pai²⁴	bue⁴³	bue²¹	tsʰa²⁴	(无)
86 泰顺闽	kai⁵³	pai³⁴⁴	pʰai⁵³	pei²²	mei³⁴⁴	mei³¹	tsʰa²²	sa⁵³
87 洞头闽	kai²¹	pai⁵³	pʰai²¹	pai¹¹³	bue⁵³	bue²¹	tsʰa¹¹³	(无)
88 景宁畲	kai⁴⁴	pai⁴⁴	pʰai⁴⁴	pʰai²²	mai³²⁵	mai⁵¹	tsʰai²²	sai⁴⁴

方言点	0145 街	0146 解 ~开	0147 鞋	0148 蟹	0149 矮	0150 败	0151 币	0152 制 ~造
	蟹开二 平佳见	蟹开二 上佳见	蟹开二 平佳匣	蟹开二 上佳匣	蟹开二 上佳影	蟹开二 去夬並	蟹开三 去祭並	蟹开三 去祭章
01 杭州	tɕiɛ³³⁴	ka⁵³白 tɕiɛ⁵³文	a²¹³白 iɛ²¹³文	xa⁵³白 ɕiɛ⁵³文	a⁵³白	bɛ¹³	bi¹³	tsɿ⁴⁵
02 嘉兴	kA⁴²	tɕiA⁵⁴⁴	A²⁴²	hA⁵⁴⁴	A⁵⁴⁴	bA¹¹³	bi¹¹³	tsɿ²²⁴
03 嘉善	ka⁵³	ga¹¹³	a¹³²	xa⁴⁴	a⁴⁴	ba¹¹³	bi¹¹³	tsɿ⁴⁴调殊
04 平湖	ka⁵³	ga²¹³	a³¹	ha⁴⁴	a⁴⁴	ba²¹³	bi²¹³	tsɿ³³⁴
05 海盐	kɑ⁵³	gɑ⁴²³白 tɕiɑ⁴²³文	ɑ³¹	xɑ⁴²³	ɑ⁴²³	bɑ²¹³	bi²¹³	tsɿ³³⁴
06 海宁	ka⁵⁵	ga²³¹	a¹³	ha⁵³	a⁵³	ba¹³	bi¹³	tsɿ³⁵
07 桐乡	ka⁴⁴	ga²⁴²白 tɕia⁵³文	a¹³	ha⁵³	a⁵³	ba²¹³	bi²⁴²	tsɿ³³⁴
08 崇德	kɑ⁴⁴	gɑ²⁴²白 tɕiɑ⁵³文	ɑ¹³	hɑ⁵³	ɑ⁵³	bɑ¹³	bi²⁴²	tsɿ³³⁴
09 湖州	ka⁴⁴	ga²³¹	a¹¹²	xa⁵²³	a⁵²³	ba²⁴	bi²⁴	tsɿ³⁵
10 德清	ka⁴⁴	ga¹⁴³	a¹¹³	xa⁵²	a⁵²	ba¹¹³	bi¹⁴³	tsɿ³³⁴
11 武康	ka⁴⁴	ga²⁴²	a¹¹³	xa⁵³	a⁵³	ba¹¹³	bi¹¹³	tsɿ⁵³
12 安吉	ka⁵⁵	ka⁵²	a²²	ha⁵²	a⁵²	ba²¹³	bi²²	tsɿ³²⁴
13 孝丰	ka⁴⁴	ka⁵²	a²²	ha⁵²	a⁵²	ba²¹³	bi²⁴³	tsɿ³²⁴
14 长兴	ka⁴⁴	ga²⁴³	a¹²	ha⁵²	a⁵²	ba²⁴	bɿ¹²	tsɿ³²⁴
15 余杭	ka⁴⁴	ga²⁴³	a²²	xa⁵³	a⁵³	ba²¹³	bi²²	tsɿ⁴²³
16 临安	ka⁵⁵	ka⁵⁵	a³³	ha⁵⁵	a⁵⁵	ba³³	bi³³	tsɿ⁵⁵
17 昌化	ka³³⁴	ka⁴⁵³	a¹¹²	xa⁴⁵³	ŋa⁴⁵³	ba¹¹²	bi²⁴³	tsɿ⁵⁴⁴
18 於潜	ka⁴³³	ka⁵¹	a²²³	xa⁵¹	ŋa⁵¹	ba²⁴	bi²⁴	tsɿ³⁵
19 萧山	ka⁵³³	ka³³白 tɕia³³文	ŋa³⁵⁵	xa³³	a³³	ba²⁴²	bi²⁴²	tsɿ⁴²
20 富阳	ka⁵³	ka⁴²³	a¹³	ha⁴²³	a⁴²³	ba²²⁴	bi²²⁴	tsɿ³³⁵
21 新登	ka⁵³	ka³³⁴	a²³³	ha³³⁴	a³³⁴	ba¹³	bi¹³	tsɿ⁴⁵
22 桐庐	kA⁵³³	kA³³	A¹³	xA³³	A³³	bA²⁴	pi³⁵	tsɿ³⁵

续表

方言点	0145 街	0146 解 ～开	0147 鞋	0148 蟹	0149 矮	0150 败	0151 币	0152 制 ～造
	蟹开二 平佳见	蟹开二 上佳见	蟹开二 平佳匣	蟹开二 上佳匣	蟹开二 上佳影	蟹开二 去央並	蟹开三 去祭並	蟹开三 去祭章
23 分水	$kɛ^{44}$	$tɕie^{53}$	$xɛ^{22}$	$xɛ^{13}$	$ɛ^{53}$	$bɛ^{13}$	bi^{13}	$tsʅ^{24}$
24 绍兴	ka^{53}	ka^{334}	a^{231}	ha^{334}	a^{334}	ba^{22}	bi^{231}	$tsʅ^{33}$
25 上虞	ka^{35}	ka^{35}	a^{213}	ha^{35}	a^{35}	ba^{31}	bi^{213}	$tsʅ^{53}$
26 嵊州	ka^{534}	ka^{53}	a^{213}	ha^{53}	a^{53}	ba^{24}	bi^{213}	$tsʅ^{334}$
27 新昌	ka^{534}	ka^{453}	a^{22}	ha^{453}	a^{453}	ba^{13}	bi^{13}	$tsʅ^{335}$
28 诸暨	kA^{544}	kA^{42}白 $tɕiA^{42}$文	A^{13}	hA^{42}	A^{42}	bA^{33}	$bʅ^{33}$	$tsʅ^{544}$
29 慈溪	ka^{35}	ka^{35}	a^{13}	ha^{35}	a^{35}	ba^{13}	bi^{13}	$tsʅ^{44}$
30 余姚	ka^{44}	ka^{34}	a^{13}	ha^{34}	a^{34}	ba^{13}	bi^{13}	$tsʅ^{53}$
31 宁波	ka^{53}	ka^{35}	a^{13}	ha^{35}	a^{35}	ba^{13}	bi^{13}	$tsʯ^{44}$
32 镇海	ka^{53}	ka^{35}	a^{24}	ha^{35}	a^{35}	ba^{24}	bi^{24}读字	$tsʯ^{53}$
33 奉化	ka^{44}	ka^{545}	a^{33}	ha^{545}	a^{545}	ba^{31}	bi^{33}调殊	$tsʯ^{53}$
34 宁海	ka^{423}	ka^{53}	a^{213}	ha^{53}	a^{53}	ba^{24}	bi^{24}	$tsʅ^{35}$
35 象山	ka^{44}	ka^{44}	a^{31}	ha^{44}	a^{44}	ba^{13}	bi^{31}	$tsʅ^{53}$
36 普陀	ka^{53}	ka^{45}	a^{24}	xa^{45}	a^{45}	ba^{13}	bi^{23}	$tsʅ^{55}$
37 定海	ka^{52}	ka^{45}	a^{23}	xa^{45}小	a^{45}	ba^{13}	bi^{23}	$tsʅ^{44}$
38 岱山	ka^{52}	ka^{325}	a^{23}	xa^{325}小	a^{325}	ba^{213}	bi^{23}	$tsʯ^{44}$
39 嵊泗	ka^{53}	ka^{445}	a^{243}	xa^{445}小	a^{445}	ba^{213}	bi^{243}	$tsʅ^{53}$
40 临海	ka^{31}	ka^{52}	a^{21}	ha^{52}	a^{52}	ba^{324}	pi^{55}	$tɕi^{55}$
41 椒江	ka^{42}	ka^{42}	a^{31}	ha^{42}	a^{42}	ba^{24}	bi^{24}	$tɕi^{55}$
42 黄岩	ka^{32}	ka^{42}	a^{121}	ha^{42}	a^{42}	ba^{24}	bi^{24}	$tɕi^{55}$
43 温岭	ka^{33}	ka^{42}	a^{31}	ha^{42}	a^{42}	ba^{13}	bi^{13}	$tɕi^{55}$
44 仙居	ka^{334}	ka^{324}	a^{213}	ha^{324}	a^{324}	ba^{24}	bi^{24}	$tɕi^{55}$
45 天台	ka^{33}	ka^{325}	a^{224}	ha^{325}	a^{325}	ba^{35}	bi^{35}	$tɕi^{55}$
46 三门	ka^{334}	ka^{325}	a^{113}	ha^{52}	a^{325}	ba^{243}	bi^{243}	$tɕi^{55}$

方言点	0145 街	0146 解 ~开	0147 鞋	0148 蟹	0149 矮	0150 败	0151 币	0152 制 ~造
	蟹开二平佳见	蟹开二上佳见	蟹开二平佳匣	蟹开二上佳匣	蟹开二上佳影	蟹开二去夬并	蟹开三去祭并	蟹开三去祭章
47 玉环	ka⁴²	ka⁵³	a³¹	ha⁵³	a⁵³	ba²²	bi²²	tɕi⁵⁵
48 金华	kɑ³³⁴	kɑ⁵³⁵	ɑ³¹³	xɑ⁵³⁵	ɑ⁵⁵调殊	bɑ¹⁴	bi¹⁴	tsʅ⁵³⁵调殊
49 汤溪	kɑ²⁴	kɑ⁵³⁵	ɑ¹¹	xɑ⁵³⁵	ɑ⁵³⁵	bɑ³⁴¹	bi¹¹³	tsʅ⁵²
50 兰溪	kɑ³³⁴	kɑ⁵⁵	ɑ²¹	xɑ⁵⁵	ɑ⁵⁵	bɑ²⁴	bi²⁴	tsʅ⁵⁵
51 浦江	kɑ⁵³⁴	kɑ⁵³	ɑ¹¹³	xɑ⁵³毛~	ɑ⁵⁵	bɑ²⁴	pʰi⁵⁵音殊	tsi⁵⁵
52 义乌	ka³³⁵白 tɕiei³³⁵文	ka⁴²³	a²¹³	ha⁴²³	a⁴²³	ba²⁴	bi²⁴	tsi⁴⁵
53 东阳	ka³³⁴	ka⁴⁴	a²¹³	han⁴⁵³小	a⁴⁴	ba²⁴	bi²⁴	tsi⁴⁵³
54 永康	tɕia⁵⁵	tɕia³³⁴	ia²⁴¹小	ɕia³³⁴	ia³³⁴	bia²⁴¹	bie²⁴¹	tɕie⁵²
55 武义	tɕia²⁴	tɕia⁴⁴⁵	in¹³小	ɕia⁴⁴⁵	ia⁴⁴⁵	bia²³¹	bie²³¹	tsʅ⁵³
56 磐安	ka⁴⁴⁵	ka³³⁴	a²¹³	xan⁵²小	a³³⁴	ba¹⁴	bi¹⁴	tɕi⁵²
57 缙云	ka⁴⁴	ka⁵¹	ɑ²⁴³	xɑ⁵¹	ɑ⁵¹	bɑ²¹³	bi²¹³	tsʅ⁴⁵³
58 衢州	kɛ³²	kɛ³⁵	ɛ²¹	xɛ³⁵	ɛ³⁵	bɛ²³¹	bi²³¹	tʃy⁵³
59 衢江	ka³³	kuɔ²⁵	a²¹²	xa²⁵	a²⁵	ba²³¹	bi²³¹	tɕy⁵³
60 龙游	kɑ³³⁴	kɑ³⁵	ɑ²¹	xɑ³⁵	ɑ³⁵	bɑ²³¹	bi²³¹	tsʅ⁵¹
61 江山	ka⁴⁴	kɒ²⁴¹	a²¹³	xɒ²⁴¹	a²⁴¹	ba³¹	bi³¹	tɕi⁵¹
62 常山	kɛ⁴⁴	kɑ⁵²	ɛ³⁴¹	xɑ⁵²	ɛ⁵²	bɛ¹³¹	bi³⁴¹白 pi⁵²文	tsʅ³²⁴
63 开化	ka⁴⁴	kɑ⁵³	a²³¹	xɑ⁵³	a⁵³	ba²¹³	bi²¹³	tsʅ⁴¹²
64 丽水	kuɔ²²⁴	kuɔ⁵⁴⁴	uɔ²²	xuɔ⁵⁴⁴	uɔ⁵⁴⁴	buɔ¹³¹	bi¹³¹	tsʅ⁵²
65 青田	kɑ⁴⁴⁵	kɑ⁴⁵⁴	ɑ²¹	xɑ⁴⁵⁴	ɑ⁴⁵⁴	bɑ²²	bi²²	tsʅ³³
66 云和	kɔ²⁴	kɔ⁴¹	ɔ³¹²	xɔ⁴¹	ɔ⁴¹	bɔ²²³	bi²²³	tsʅ⁴⁵
67 松阳	ka⁵³	ka²¹²	a³¹	xa²¹²	a²¹²	ba¹³	biɛ¹³	tsʅə²⁴
68 宣平	ka³²⁴	ka⁴⁴⁵	a⁴³³	xa⁴⁴⁵	a⁴⁴⁵	ba²³¹	bi²³¹	tsʅ⁵²
69 遂昌	ka⁴⁵	ka⁵³³	a²²¹	xa⁵³³	a⁵³³	ba²¹³	bi²¹³	tɕiɛ³³⁴

方言点	0145 街	0146 解 ~开	0147 鞋	0148 蟹	0149 矮	0150 败	0151 币	0152 制 ~造
	蟹开二 平佳见	蟹开二 上佳见	蟹开二 平佳匣	蟹开二 上佳匣	蟹开二 上佳影	蟹开二 去央並	蟹开三 去祭並	蟹开三 去祭章
70 龙泉	ka^{434}	xa^{51}旧 ka^{51}今	a^{21}	xa^{51}	a^{51}	ba^{224}	bi^{224}	tɕi^{45}
71 景宁	ka^{324}	ka^{33}	a^{41}	xa^{33}	a^{33}	ba^{113}	bi^{113}	tsɿ^{35}
72 庆元	kɑ^{335}	kɑ^{33}	xɑ^{52}	xɑ^{33}	ɑ^{33}	pɑ^{31}	pi^{31}	tɕiɛ^{11}
73 泰顺	ka^{213}	ka^{55}	a^{53}	xa^{55}	a^{55}	pa^{22}	pi^{35}	tsɿ^{35}
74 温州	ka^{33}	ka^{25}	a^{31}	ha^{25}	a^{25}	ba^{22}	bei^{22}	tsei^{323}调殊
75 永嘉	ka^{44}	ka^{45}	a^{31}	ha^{45}	a^{45}	ba^{22}	bei^{22}	tsɿ^{53}
76 乐清	ke^{44}	ke^{35}	e^{31}	he^{35}	e^{35}	be^{22}	bi^{22}	tɕi^{41}
77 瑞安	ka^{44}	ka^{35}	a^{31}	ha^{35}	a^{35}	ba^{22}	bei^{22}	tsei^{53}
78 平阳	kʌ^{55}	kʌ^{45}	ʌ^{242}	xʌ^{45}	ʌ^{45}	bʌ^{33}	bi^{33}	tɕi^{53}
79 文成	kɔ^{55}	kɔ^{45}	ɔ^{113}	xɔ^{45}	ɔ^{45}	bɔ^{424}	bei^{424}	tɕi^{33}
80 苍南	kia^{44}	kia^{53}	ia^{31}	hia^{53}	ia^{53}	bia^{11}	bi^{11}	tɕi^{42}
81 建德徽	kɑ^{53}	kɑ^{213}	hɑ^{33}	hɑ^{213}	ŋɑ^{213}	pʰɑ^{55}	pi^{213}	tsɿ^{55}
82 寿昌徽	kɑ^{112}	kɑ^{24}	xɑ^{52}	xɑ^{24}	ɑ^{24}	pʰɑ^{33}	pi^{24}文	tsɿ^{33}文
83 淳安徽	kɑ^{24}	kɑ^{55}	hɑ^{435}	hɑ^{55}	ɑ^{55}	pʰɑ^{53}	pi^{24}	tsɿ^{24}
84 遂安徽	ka^{534}	ka^{213}	xa^{33}	xa^{52}	a^{213}	pʰa^{52}	pi^{52}	tsɿ^{43}
85 苍南闽	kue^{55}	kai^{43}	ue^{24}	hue^{21}	ue^{43}	pai^{21}	pe^{21}	tse^{21}
86 泰顺闽	kei^{213}	kai^{344}	ei^{22}	xei^{31}	ei^{344}	pai^{31}	pi^{31}	tsei^{53}
87 洞头闽	kue^{33}	kai^{53}	ue^{113}	hue^{21}	ue^{53}	pai^{21}	pe^{21}	tse^{21}
88 景宁畲	kiai^{44}	kai^{325}	xai^{22}	xai^{325}	ai^{325}	pai^{51}	pi^{51}	tɕi^{44}

方言点	0153 世 蟹开三 去祭书	0154 艺 蟹开三 去祭疑	0155 米 蟹开四 上齐明	0156 低 蟹开四 平齐端	0157 梯 蟹开四 平齐透	0158 剃 蟹开四 去齐透	0159 弟 蟹开四 上齐定	0160 递 蟹开四 去齐定
01 杭州	$s\gamma^{45}$	$\textipa{n}i^{13}$	mi^{53}	ti^{334}	t^hi^{334}	t^hi^{45}	di^{13}	di^{13}
02 嘉兴	$s\gamma^{224}$～界	$\textipa{n}i^{113}$	mi^{113}	ti^{42}	t^hi^{42}	t^hi^{224}	di^{113}	di^{113}
03 嘉善	$s\gamma^{44}$调殊	$\textipa{n}i^{113}$	mi^{113}	ti^{53}	t^hi^{53}	t^hi^{334}	di^{113}	di^{113}
04 平湖	$s\gamma^{334}$	$\textipa{n}i^{213}$	mi^{213}	ti^{53}	t^hi^{53}	t^hi^{213}	di^{213}	di^{213}
05 海盐	$s\gamma^{334}$	$\textipa{n}i^{213}$	mi^{423}	ti^{53}	t^hi^{53}	t^hi^{334}	di^{423}	di^{31}
06 海宁	$s\gamma^{35}$	$\textipa{n}i^{13}$	mi^{231}	ti^{55}	t^hi^{55}	t^hi^{35}	di^{231}	di^{13}
07 桐乡	$s\gamma^{334}$	$\textipa{n}i^{213}$	mi^{242}	ti^{44}	t^hi^{44}	t^hi^{334}	di^{242}	di^{213}
08 崇德	$s\gamma^{334}$	$\textipa{n}i^{13}$	mi^{53}	ti^{44}	t^hi^{44}	t^hi^{334}	di^{242}	di^{13}
09 湖州	$s\gamma^{35}$	$\textipa{n}i^{35}$	mi^{523}	ti^{44}	t^hi^{44}	t^hi^{35}	di^{231}	di^{24}
10 德清	$s\gamma^{334}$	i^{334}	mi^{52}	ti^{44}	t^hi^{44}	t^hi^{334}	di^{143}	di^{113}
11 武康	$s\gamma^{224}$	i^{224}	mi^{242}	ti^{44}	t^hi^{44}	t^hi^{224}	di^{242}	di^{113}
12 安吉	$s\gamma^{324}$	$\textipa{n}i^{213}$	mi^{52}	ti^{55}	t^hi^{55}	t^hi^{324}	di^{243}	di^{213}
13 孝丰	$s\gamma^{324}$	i^{324}	mi^{52}	ti^{44}	t^hi^{44}	t^hi^{324}	di^{243}	di^{213}
14 长兴	$s\gamma^{324}$	$n\gamma^{324}$	$m\gamma^{52}$	$t\gamma^{44}$	$t^h\gamma^{44}$	$t^h\gamma^{324}$	$d\gamma^{243}$	$d\gamma^{24}$
15 余杭	$s\gamma^{423}$	$\textipa{n}i^{243}$	mi^{53}	ti^{44}	t^hi^{44}	t^hi^{423}	di^{243}	di^{213}
16 临安	$s\gamma^{55}$	$\textipa{n}i^{33}$	mi^{33}	ti^{55}	t^hi^{55}	t^hi^{55}	di^{33}	di^{33}
17 昌化	$s\gamma^{544}$	$\textipa{n}i^{243}$	mi^{453}	ti^{334}	$t^hɛ^{334}$	t^hi^{544}	di^{243}	di^{243}
18 於潜	$s\gamma^{35}$	$\textipa{n}i^{24}$	mi^{51}	ti^{433}	t^he^{433}	t^hi^{433}	di^{24}	di^{24}
19 萧山	$s\gamma^{42}$	$\textipa{n}i^{242}$	mi^{13}	ti^{33}	t^he^{533}白 t^hi^{533}文	t^hi^{42}	di^{13}	di^{242}
20 富阳	$s\gamma^{335}$	i^{335}	mi^{224}	ti^{53}	$t^hɛ^{53}$	t^hi^{335}	di^{224}	di^{224}
21 新登	$s\gamma^{45}$	i^{13}	mi^{334}	ti^{53}	t^hi^{53}～子 $t^hiə\textipa{P}^5$ 步～	t^hi^{45}	di^{13}	di^{13}
22 桐庐	$s\gamma^{35}$	i^{35}	mi^{33}	ti^{533}	t^hi^{533}	t^hi^{35}	di^{24}	di^{24}
23 分水	$s\gamma^{53}$	i^{53}	mi^{53}	ti^{44}	t^hi^{44}	t^hi^{24}	di^{13}	di^{13}
24 绍兴	$s\gamma^{33}$	$\textipa{n}i^{22}$	mi^{223}	ti^{53}	t^hE^{53}白 t^hi^{53}文	t^hi^{33}	di^{223}	di^{22}

方言点	0153 世 蟹开三 去祭书	0154 艺 蟹开三 去祭疑	0155 米 蟹开四 上齐明	0156 低 蟹开四 平齐端	0157 梯 蟹开四 平齐透	0158 剃 蟹开四 去齐透	0159 弟 蟹开四 上齐定	0160 递 蟹开四 去齐定
25 上虞	$sʅ^{53}$	$ȵi^{31}$	mi^{213}	ti^{35}	$tʰe^{35}$ 路~ $tʰi^{35}$ ~田	$tʰi^{53}$	di^{213}	di^{31}
26 嵊州	$sʅ^{334}$	$ȵi^{24}$	mi^{22}	ti^{534}	$tʰɛ^{534}$ 白 $tʰi^{534}$ 文	$tʰi^{334}$	di^{24}	di^{24}
27 新昌	$ɕi^{335}$白 $sʅ^{335}$文	$ȵi^{13}$	mi^{232}	ti^{534}	$tʰe^{534}$白 $tʰi^{534}$文	$tʰi^{335}$	di^{232}	de^{13}白 di^{13}文
28 诸暨	$sʅ^{544}$	$ȵʅ^{33}$	$mʅ^{242}$	$tʅ^{544}$	$tʰe^{544}$	$tʰʅ^{544}$	$dʅ^{242}$	$dʅ^{33}$
29 慈溪	$sʅ^{44}$	$ȵi^{13}$	mi^{13}	ti^{35}	$tʰe^{35}$~子 $tʰi^{35}$楼~	$tʰi^{44}$	di^{13}	di^{13}
30 余姚	$sʅ^{53}$	$ȵi^{13}$	mi^{13}	ti^{44}	$tʰe^{44}$楼~ $tʰi^{44}$~田	$tʰi^{53}$	$də̃^{13}$小 di^{13}~~	di^{13}
31 宁波	$sɥ^{44}$~面 $ɕi^{53}$一~生~	$ȵi^{13}$	mi^{13}	ti^{53}	$tʰe^{53}$路~ $tʰi^{53}$阶~	$tʰi^{44}$	di^{13}	di^{13}
32 镇海	$sɥ^{53}$	$ȵi^{24}$	mi^{24}	ti^{53}	$tʰi^{53}$	$tʰi^{53}$	di^{24}	di^{24}
33 奉化	$sɥ^{53}$	$ȵi^{33}$调殊	mi^{324}	ti^{44}	$tʰe^{545}$调殊	$tʰi^{53}$	di^{33}调殊	di^{31}
34 宁海	$sʅ^{35}$	$ȵi^{24}$	mi^{31}	ti^{423}	$tʰi^{423}$	$tʰi^{35}$	di^{31}	di^{24}
35 象山	$ɕi^{44}$白 $sʅ^{53}$文	$ȵi^{31}$	mi^{31}	ti^{44}	$tʰi^{44}$	$tʰi^{53}$	di^{13}	di^{13}
36 普陀	$ɕi^{55}$一~ $sʅ^{55}$~界	$ȵi^{13}$	mi^{23}	ti^{53}	$tʰɛ^{53}$	$tʰi^{55}$	di^{23}	di^{13}
37 定海	$sɥ^{44}$白 $ɕi^{44}$文	$ȵi^{13}$	mi^{23}	ti^{52}	$tʰɛ^{52}$白 $tʰi^{52}$文	$tʰi^{44}$	di^{23}	di^{13}
38 岱山	$ɕi^{44}$白 $sɥ^{44}$文	$ȵi^{213}$	mi^{244}	ti^{52}	$tʰe^{52}$	$tʰi^{44}$	di^{244}	di^{213}
39 嵊泗	$ɕi^{53}$白 $sɥ^{53}$文	$ȵi^{213}$	mi^{445}	ti^{53}	$tʰe^{53}$	$tʰi^{53}$	di^{243}	di^{213}
40 临海	$ɕi^{55}$	ni^{324}	mi^{52}	ti^{31}	$tʰi^{31}$楼~	$tʰi^{55}$	di^{51}小	di^{324}
41 椒江	$ɕi^{55}$	$ȵi^{24}$	mi^{42}	ti^{42}	$tʰi^{42}$	$tʰi^{55}$	di^{41}小	di^{24}
42 黄岩	$ɕi^{55}$	ni^{24}	mi^{42}	ti^{32}	$tʰi^{32}$	$tʰi^{55}$	di^{41}小	di^{24}
43 温岭	$ɕi^{55}$	ni^{13}	mi^{42}	ti^{33}	$tʰi^{33}$	$tʰi^{33}$	di^{41}小	di^{13}
44 仙居	$ɕi^{55}$	$ȵi^{24}$	mi^{324}	di^{334}	$tʰi^{334}$	$tʰi^{55}$	di^{213}	di^{24}

续表

方言点	0153 世	0154 艺	0155 米	0156 低	0157 梯	0158 剃	0159 弟	0160 递
	蟹开三 去祭书	蟹开三 去祭疑	蟹开四 上齐明	蟹开四 平齐端	蟹开四 平齐透	蟹开四 去齐透	蟹开四 上齐定	蟹开四 去齐定
45 天台	ɕi⁵⁵	n̠i³⁵	mi²¹⁴	ti³³	tʰi³³ 楼～	tʰi³³ ～头	di³¹ 小	di³⁵
46 三门	ɕi⁵⁵	n̠i²⁴³	mi³²⁵	ti³³⁴	tʰi⁵²	tʰi⁵⁵	di²⁵² 小	di²⁴³
47 玉环	ɕi⁵⁵	ni²²	mi⁵³	ti⁴²	tʰi⁴²	tʰi⁴²	di⁴¹ 小	di²²
48 金华	ɕyɤ⁵⁵ 白 sʅ⁵⁵ 文	n̠i¹⁴	mie⁵³⁵	tie³³⁴	tʰi³³⁴	tʰie⁵⁵	tie⁵³⁵	die¹⁴
49 汤溪	ɕie⁵²	n̠i³⁴¹	mie¹¹³	tie²⁴	tʰɛ²⁴	tʰie⁵²	die¹¹³	die³⁴¹
50 兰溪	sie⁴⁵	n̠i²⁴	mie⁵⁵	tie³³⁴	tʰe³³⁴	tʰie⁴⁵	tie⁵⁵	die²⁴
51 浦江	ʃi⁵⁵	n̠i²⁴	mi²⁴³	ti⁵³⁴	tʰi⁵³⁴	tʰi⁵⁵	di²⁴³	di²⁴
52 义乌	si⁴⁵	n̠i²⁴ 白 i²⁴ 文	mi³¹²	ti³³⁵	tʰi³³⁵ 楼～	tʰi⁴⁵	di³¹²	di²⁴
53 东阳	si⁴⁵³	n̠i²⁴	mi²³¹	ti³³⁴	tʰiɛn³³⁴ 小	tʰi⁴⁵³	di²⁴	(无)
54 永康	ɕie⁵²	n̠i²⁴¹	mie¹¹³	ɖie⁵⁵	tʰəi⁵⁵	tʰie⁵²	die¹¹³	die²⁴¹
55 武义	ɕie⁵³	n̠i²³¹	mie¹³	lie²⁴	tʰa²⁴	tʰie⁵³	die¹³	(无)
56 磐安	ɕi⁵²	n̠i¹⁴	mi³³⁴	ti⁴⁴⁵	tʰe⁴⁴⁵	tʰi⁵²	ti³³⁴	di¹⁴
57 缙云	sʅ⁴⁵³	n̠i²¹³	mi³¹	ti⁴⁴	tʰei⁴⁴	tʰi⁴⁵³	die³¹	di²¹³
58 衢州	ʃy⁵³	n̠i²³¹	mi⁵³	ti³²	tʰɛ³²	tʰi⁵³	di²³¹	di²³¹
59 衢江	ɕyø⁵³	ŋ²³¹	mi²¹²	ti³³	tʰei³³	tʰie⁵³	die²¹²	di²³¹
60 龙游	sʅ⁵¹	n̠i²³¹	mi²²⁴	ti³³⁴	tʰei³³⁴ 白 tʰi³³⁴ 文	tʰiɑ⁵¹	diɑ²²⁴	di²³¹
61 江山	se⁵¹ 白 ɕi⁵¹ 文	n̠i³¹	mi²²	ti⁴⁴	tʰE⁴⁴	tʰiə⁴⁴ 调殊	diə²²	dE³¹
62 常山	se³²⁴	n¹³¹	mi²⁴	te⁴⁴	tʰe⁴⁴	tʰie⁴⁴	die²⁴ 单用 de³⁴¹ 徒～	de¹³¹
63 开化	sɛ⁴¹²	n̠i²¹³	min²¹³ 白 mi⁵³ 文	tɛ⁴⁴	tʰɛ⁴⁴	tʰiɛ⁴⁴	diɛ²¹³	de²¹³
64 丽水	sʅ⁵²	n̠i¹³¹	mi⁵⁴⁴	ti²²⁴	tʰei²²⁴ 白 tʰi²²⁴ 文	tʰi⁵²	di²²	di¹³¹
65 青田	sʅ³³	n̠i²²	mi⁴⁵⁴	ɖi⁴⁴⁵	tʰi⁴⁴⁵	tʰi³³	di³⁴³	di²²
66 云和	sʅ⁴⁵	n̠i²²³	mi⁴¹	ti²⁴	tʰei²⁴ 白 tʰi²⁴ 文	tʰi⁴⁵	di²³¹	di²²³

续表

方言点	0153 世 蟹开三 去祭书	0154 艺 蟹开三 去祭疑	0155 米 蟹开四 上齐明	0156 低 蟹开四 平齐端	0157 梯 蟹开四 平齐透	0158 剃 蟹开四 去齐透	0159 弟 蟹开四 上齐定	0160 递 蟹开四 去齐定
67 松阳	$sɿə^{24}$	n^{13}	$miɛ^{22}$	$tiɛ^{53}$	$tʰɛ^{53}$	$tʰiɛ^{24}$	$diɛ^{22}$	$diɛ^{13}$
68 宣平	$sɿ^{52}$	$n̠i^{231}$	mi^{223}	ti^{324}	$tʰei^{324}$白 $tʰi^{324}$文	$tʰi^{52}$	di^{223}	di^{231}
69 遂昌	$ɕiɛ^{334}$	$n̠i^{213}$	mi^{13}	$tiɛ^{45}$	$tʰei^{45}$楼~ $tʰi^{45}$电~	$tʰiɛ^{334}$	$diɛ^{13}$	$diɛ^{213}$ di^{213}
70 龙泉	$ɕi^{45}$	$n̠i^{224}$	mi^{51}	ti^{434}	$tʰE^{434}$白 $tʰi^{434}$文	$tʰi^{45}$	ti^{51}	di^{224}
71 景宁	$ɕi^{35}$	$n̠i^{113}$	mi^{33}	ti^{324}	$tʰai^{324}$白 $tʰi^{324}$文	$tʰi^{35}$	di^{33}	di^{113}
72 庆元	$ɕiE^{11}$	$n̠i^{31}$	$mĩ^{221}$	$dʑiE^{335}$	$tʰæi^{335}$	$tʰiE^{335}$韵殊	tiE^{221}	$tɤ^{31}$白 ti^{31}文
73 泰顺	$sɿ^{35}$	$n̠i^{22}$	mi^{55}	ti^{213}	$tʰæi^{213}$楼~ $tʰi^{213}$电~	$tʰi^{35}$	ti^{21}	ti^{22}
74 温州	sei^{51}	$n̠i^{22}$	mei^{14}	tei^{33}	$tʰei^{33}$	$tʰei^{51}$	dei^{14}	dei^{22}
75 永嘉	$sɿ^{53}$	$n̠i^{22}$	mei^{13}	tei^{44}	$tʰei^{44}$	$tʰei^{53}$	dei^{13}	dei^{22}
76 乐清	si^{41}	$n̠i^{22}$	mi^{24}	ti^{44}	$tʰi^{44}$	$tʰi^{41}$	di^{24}	di^{22}
77 瑞安	sei^{53}	$n̠i^{22}$	mei^{13}	tei^{44}	$tʰei^{44}$	$tʰei^{53}$	dei^{13}	dei^{22}
78 平阳	si^{53}	$n̠ie^{33}$	mi^{45}	ti^{55}	$tʰi^{55}$	$tʰi^{53}$	di^{23}	di^{33}
79 文成	sei^{33}	i^{424}	mei^{224}	tei^{55}	$tʰei^{55}$	$tʰei^{33}$	dei^{224}	dei^{424}
80 苍南	$ɕi^{42}$	$n̠i^{11}$	mi^{53}	ti^{44}	$tʰi^{44}$	$tʰi^{42}$	di^{24}	di^{11}
81 建德徽	$sɿ^{33}$	$n̠i^{55}$白 $n̠i^{213}$文	mi^{213}	ti^{53}	$tʰe^{53}$白 $tʰi^{53}$文	$tʰi^{33}$	ti^{213}	$tʰi^{55}$
82 寿昌徽	$ɕi^{33}$	$n̠i^{33}$手~	mi^{534}	ti^{112}	$tʰi^{112}$	$tʰi^{33}$	$tʰi^{534}$	$tʰi^{33}$
83 淳安徽	$ɕie^{24}$白 $sɿ^{24}$文	i^{53}	mi^{55}	ti^{24}	$tʰie^{24}$	$tʰiɑ^{24}$	$tʰiɑ^{55}$	$tʰi^{53}$
84 遂安徽	$ɕie^{43}$	i^{52}	me^{213}	ti^{534}	$tʰəɯ^{534}$	$tʰi^{43}$	$tʰi^{43}$	$tʰi^{53}$
85 苍南闽	se^{21}	ge^{21}	bi^{43}	（无）	$tʰui^{55}$	$tʰi^{43}$	te^{32}	ti^{55}文
86 泰顺闽	sei^{53}	ni^{31}	mi^{344}	tei^{213}	$tʰei^{213}$	$tʰei^{53}$	tei^{31}	tei^{31}
87 洞头闽	se^{21}	ge^{21}	bi^{53}	（无）	$tʰui^{33}$	$tʰi^{21}$	te^{21}	ti^{21}文
88 景宁畲	$ɕi^{44}$	$n̠i^{51}$	mai^{325}	（无）	$tʰoi^{44}$	$tʰai^{44}$	$tʰai^{325}$	te^{22}

方言点	0161 泥	0162 犁	0163 西	0164 洗	0165 鸡	0166 溪	0167 契	0168 系 联～
	蟹开四 平齐泥	蟹开四 平齐来	蟹开四 平齐心	蟹开四 上齐心	蟹开四 平齐见	蟹开四 平齐溪	蟹开四 去齐溪	蟹开四 去齐匣
01 杭州	$ȵi^{213}$	li^{213}	$ɕi^{334}$	$ɕi^{53}$	$tɕi^{334}$	$tɕʰi^{334}$白 $ɕi^{334}$文	$tɕʰi^{45}$	$ɕi^{45}$
02 嘉兴	$ȵi^{242}$	li^{242}	$ɕi^{42}$	$ɕi^{544}$	$tɕi^{42}$	$tɕʰi^{42}$	$tɕʰi^{224}$	$ɕi^{224}$
03 嘉善	$ȵi^{132}$	li^{132}	$ɕi^{53}$	$ɕi^{44}$	$tɕi^{53}$	$tɕʰi^{53}$	$tɕʰi^{53}$	$ɕi^{53}$调殊
04 平湖	$ȵi^{31}$	li^{31}	si^{53}	$siɛ^{44}$	$tɕi^{53}$	$tɕʰi^{53}$	$tɕʰiəʔ^{5}$ 音殊	$ɕi^{334}$
05 海盐	$ȵi^{31}$	li^{31}	$ɕi^{53}$	$ɕi^{423}$	$tɕi^{53}$	$tɕʰi^{53}$	$tɕʰi^{53}$	$ɕi^{53}$
06 海宁	$ȵi^{13}$	li^{13}	$ɕi^{55}$	$ɕi^{53}$	$tɕi^{55}$	$tɕʰi^{55}$	$tɕʰiɛʔ^{5}$ 音殊 $tɕʰi^{53}$	$ɕi^{55}$调殊
07 桐乡	$ȵi^{13}$	li^{13}	si^{44}	$siɛ^{53}$	$tɕi^{44}$	$tɕʰi^{44}$	$tɕʰiəʔ^{5}$ 音殊	$ɕi^{44}$
08 崇德	$ȵi^{13}$	li^{13}	$ɕi^{44}$	$ɕiɿ^{53}$	$tɕi^{44}$	$tɕʰi^{44}$	$tɕʰi^{44}$	$ɕi^{44}$
09 湖州	$ȵi^{112}$	li^{112}	$ɕi^{44}$	$ɕi^{523}$	$tɕi^{44}$	$tɕʰi^{44}$	$tɕʰi^{35}$	$ɕi^{44}$调殊
10 德清	$ȵi^{113}$	li^{113}	$ɕi^{44}$	$ɕi^{52}$	$tɕi^{44}$	$tɕʰi^{44}$	$tɕʰi^{334}$	$ɕi^{334}$
11 武康	$ȵi^{113}$	li^{113}	$ɕi^{44}$	$ɕi^{53}$	$tɕi^{44}$	$tɕʰi^{44}$	$tɕʰi^{224}$	$ɕi^{53}$读字
12 安吉	$ȵi^{22}$	li^{22}	$ɕi^{55}$	$ɕi^{52}$	$tɕi^{55}$	$tɕʰi^{55}$	$tɕʰi^{324}$	zi^{213}
13 孝丰	$ȵi^{22}$	li^{22}	$ɕi^{44}$	$ɕi^{52}$	$tɕi^{44}$	$tɕʰi^{44}$	$tɕʰiɛʔ^{5}$ 音殊	$ɕi^{44}$
14 长兴	$ȵʅ^{12}$	$lʅ^{12}$	$ʃʅ^{44}$	$ʃʅ^{52}$	$tʃʅ^{44}$	$tʃʰʅ^{44}$	$tʃʰiɛʔ^{5}$ 音殊	$ʃʅ^{44}$
15 余杭	$ȵi^{22}$	li^{22}	si^{44}	si^{53}	$tɕi^{44}$	$tɕʰi^{44}$	$tɕʰi^{53}$读字	$ɕi^{44}$
16 临安	$ȵi^{33}$	li^{33}	$ɕi^{55}$	$ɕi^{55}$	$tɕi^{55}$	$tɕʰi^{55}$	$tɕʰi^{55}$	$ɕi^{55}$
17 昌化	$ȵi^{112}$	li^{112}	$sʅ^{334}$	$sʅ^{453}$	$tsʅ^{334}$	$tsʰʅ^{334}$	$tsʰʅ^{544}$	$sʅ^{544}$
18 於潜	$ȵi^{223}$	li^{223}	$ɕi^{433}$	$ɕi^{51}$	$tɕi^{433}$	$tɕʰi^{433}$	$tɕʰi^{35}$	$ɕi^{433}$
19 萧山	$ȵi^{355}$	li^{355}	$ɕi^{533}$	$ɕi^{33}$	$tɕi^{533}$	$tɕʰi^{533}$	$tɕʰi^{42}$	zi^{242}
20 富阳	$ȵi^{13}$	li^{13}	$ɕi^{53}$	$sɛ^{423}$	$tɕi^{53}$	$tɕʰi^{53}$	$tɕʰi^{335}$	$ɕi^{335}$
21 新登	$ȵi^{233}$	li^{233}	$ɕi^{53}$	$sɛ^{334}$	$tɕi^{53}$	$tɕʰi^{53}$	$tɕʰiəʔ^{5}$ 音殊	$ɕi^{45}$
22 桐庐	ni^{13}	li^{13}	$ɕi^{533}$	$sɛ^{33}$	$tɕi^{533}$	$tɕʰi^{533}$	$tɕʰi^{533}$	$ɕi^{35}$
23 分水	$ȵi^{22}$	li^{22}	$ɕi^{44}$	$ɕi^{53}$	$tɕʰi^{44}$	$tɕʰi^{44}$	$tɕʰi^{53}$	$ɕi^{44}$
24 绍兴	$ȵi^{231}$	li^{231}	$ɕi^{53}$	$ɕi^{334}$	$tɕi^{53}$	$tɕʰi^{53}$	$tɕʰi^{53}$调殊	$ɕi^{53}$

续表

方言点	0161 泥	0162 犁	0163 西	0164 洗	0165 鸡	0166 溪	0167 契	0168 系 联~
	蟹开四平齐泥	蟹开四平齐来	蟹开四平齐心	蟹开四上齐心	蟹开四平齐见	蟹开四平齐溪	蟹开四去齐溪	蟹开四去齐匣
25 上虞	n̠i²¹³	li²¹³	ɕi³⁵	ɕi³⁵ 干~	tɕi³⁵	tɕʰi³⁵	tɕʰi⁵³	ɕi³⁵
26 嵊州	n̠i²¹³	li²¹³	ɕi⁵³⁴	ɕi⁵³	tɕi⁵³⁴	tɕʰi⁵³⁴	tɕʰieʔ⁵ 音殊 tɕʰi³³⁴	ɕi³³⁴
27 新昌	n̠i²²	li²²	ɕi⁵³⁴	ɕi⁴⁵³	tɕi⁵³⁴	tɕʰi⁵³⁴	tɕʰi³³⁵	ɕi³³⁵
28 诸暨	nʐ¹³	lʐ¹³	ʃʐ⁵⁴⁴	ʃʐ⁴²	tʃʐ⁵⁴⁴	tʃʰʐ⁵⁴⁴	tʃʰʐ⁵⁴⁴	ʃʐ⁴² 调殊
29 慈溪	n̠i¹³	li¹³	ɕi³⁵	ɕi³⁵	tɕi³⁵	tɕʰi³⁵	tɕʰi³⁵	ɕi³⁵
30 余姚	n̠i¹³	li¹³	ɕi⁴⁴	ɕi³⁴ 干~	tɕi⁴⁴	tɕʰi⁴⁴	tɕʰi⁵³	ɕi⁴⁴
31 宁波	n̠i¹³	li¹³	ɕi⁵³	ɕi³⁵ 干~	tɕi⁵³	tɕʰi⁵³	tɕʰi⁴⁴	ɕi⁴⁴
32 镇海	n̠i²⁴	li²⁴	ɕi⁵³	ɕi³⁵ 干~	tɕi³⁵ 调殊	tɕʰi⁵³ ~坑	tɕʰi⁵³	ɕi⁵³
33 奉化	n̠i³³	li³³	ɕi⁴⁴	ɕi⁵⁴⁵ 读字	tɕi⁴⁴	tɕʰi⁴⁴	tɕʰi⁵³	ɕi⁴⁴ 调殊
34 宁海	n̠i²¹³	li²¹³	sʐ⁴²³	sʐ⁵³	tsʐ⁴²³	tsʰʐ⁴²³	tsʰʐ³⁵	sʐ³⁵
35 象山	n̠i³¹	li³¹	ɕi⁴⁴	ɕi⁴⁴	tɕi⁴⁴	tɕʰi⁴⁴	tɕʰi⁵³	ɕi⁵³
36 普陀	n̠i²⁴	li²⁴	ɕi⁵³	ɕi⁴⁵	tɕi⁵⁵ 小	tɕʰi⁵³	tɕʰi⁵⁵	ɕi⁵⁵
37 定海	n̠i²³	li²³	ɕi⁵²	ɕi⁴⁵ ~衣机	tɕi⁴⁵ 小	tɕʰi⁵²	tɕʰi⁴⁴	ɕi⁴⁴
38 岱山	n̠i²³	li²³	ɕi⁵²	ɕi³²⁵ ~衣机	tɕi³²⁵ 小	tɕʰi⁵²	tɕʰi⁴⁴	ɕi⁴⁴
39 嵊泗	n̠i²⁴³	li²⁴³	ɕi⁵³	ɕi⁴⁴⁵ ~衣机	tɕi⁴⁴⁵ 小	tɕʰi⁵³	tɕʰi⁵³	ɕi⁵³
40 临海	ni²¹	li²¹	ɕi³¹	ɕi⁵²	tɕi³¹ 又 ki³¹ 又	tɕʰi³¹ 又 kʰi³¹ 又	kʰi⁵⁵	ɕi⁵⁵ 又 ki⁵⁵ 又
41 椒江	n̠i³¹	li³¹	ɕi⁴²	ɕi⁴²	tɕi³⁵ 小	tɕʰi⁴²	tɕʰi⁵⁵	ɕi⁵⁵
42 黄岩	ni¹²¹	li¹²¹	ɕi³²	ɕi⁴²	tɕi³⁵ 小	tɕʰi³²	tɕʰi⁵⁵	ɕi⁵⁵
43 温岭	n̠i³¹	li³¹	ɕi³³	ɕi⁴²	tɕi¹⁵ 小	tɕʰi³³	tɕʰi⁵⁵	ɕi⁵⁵
44 仙居	n̠i²¹³	li²¹³	ɕi³³⁴	ɕi³²⁴	tɕi³³⁴	tɕʰi³³⁴	tɕʰi⁵⁵	ɕi⁵⁵
45 天台	n̠i²²⁴	li²²⁴	ɕi³³	ɕi³²⁵	ki³³	kʰi³³	kʰi⁵⁵	hi⁵⁵
46 三门	n̠i¹¹³	li¹¹³	ɕi³³⁴	ɕi³²⁵	tɕi³³⁴	tɕʰi³³⁴	tɕʰi³³⁴	ɕi⁵⁵
47 玉环	ni³¹	li³¹	ɕi⁴²	ɕi⁵³	tɕi³⁵ 小	tɕʰi⁴²	tɕʰi⁵⁵	ɕi⁵⁵

续表

方言点	0161 泥	0162 犁	0163 西	0164 洗	0165 鸡	0166 溪	0167 契	0168 系 联~
	蟹开四平齐泥	蟹开四平齐来	蟹开四平齐心	蟹开四上齐心	蟹开四平齐见	蟹开四平齐溪	蟹开四去齐溪	蟹开四去齐匣
48 金华	$ȵie^{313}$	li^{313}	$ɕie^{334}$	$ɕie^{535}$	$tɕie^{334}$	$tɕʰie^{334}$	$tɕʰiəʔ^{24}$ 音殊	$ɕi^{55}$
49 汤溪	$ȵie^{11}$	lie^{11}	sie^{24}	sie^{535}	$tɕie^{24}$	$tɕʰie^{24}$	$tɕʰie^{52}$	$ʑi^{113}$
50 兰溪	nie^{21}	li^{21}	sie^{334}	sie^{55}	$tɕie^{334}$	$tɕʰie^{334}$	$tɕʰi^{45}$	$ʑi^{24}$
51 浦江	$ȵi^{113}$	li^{113}	$ʃi^{534}$	$ʃi^{53}$	$tʃi^{534}$	$tʃʰi^{534}$	$tʃʰi^{55}$	$ʃi^{55}$
52 义乌	$ȵi^{213}$	li^{213}	si^{335}	si^{423}	$tɕi^{335}$	$tɕʰi^{335}$	$tɕʰi^{45}$	$ɕi^{335}$
53 东阳	$ȵi^{213}$	li^{213}	si^{334}	si^{44}	$tɕi^{334}$	$tɕʰi^{334}$	$tɕʰi^{453}$	$ɕi^{24}$
54 永康	$ȵie^{22}$	lie^{22}	$ɕie^{55}$	$ɕie^{334}$	$tɕie^{55}$	$tɕʰie^{55}$	$tɕʰie^{52}$	$ɕi^{52}$
55 武义	$ȵie^{324}$	lie^{324}	$ɕie^{24}$	$ɕie^{445}$	$tɕie^{24}$	$tɕʰie^{24}$	$tɕʰie^{53}$	$ɕi^{53}$
56 磐安	$ȵi^{213}$	li^{213}	$ɕi^{445}$	$ɕi^{334}$	$tɕi^{445}$	$tɕʰi^{445}$	$tɕʰi^{52}$	$ɕi^{52}$
57 缙云	$ȵi^{243}$	li^{243}	$sʅ^{44}$	$sʅ^{51}$	$tɕi^{44}$	$tɕʰi^{44}$	$tɕʰi^{453}$	$ɕi^{453}$
58 衢州	$ȵiẽ^{21}$韵殊	li^{21}	$sʅ^{32}$	$sʅ^{35}$	$tsʅ^{32}$	$tsʰʅ^{32}$	$tɕʰiəʔ^{5}$ 音殊	$sʅ^{53}$
59 衢江	$ȵie^{212}$	li^{212}	$sʅ^{33}$	$ɕie^{25}$	ie^{33}声殊	$tɕʰie^{33}$	$tɕʰiəʔ^{5}$ 音殊	$sʅ^{53}$
60 龙游	$ȵiɑ^{21}$	li^{21}	$ɕi^{334}$	$ɕi^{35}$	$tɕi^{334}$	$tɕʰi^{334}$	$tɕʰi^{51}$	$ʑi^{224}$
61 江山	$ȵiɔ^{213}$	$lɿ^{213}$	$ɕi^{44}$	$ɕi^{241}$	$iə^{44}$声殊	$tɕʰiə^{44}$	$kʰi^{51}$	xi^{51}
62 常山	$ȵie^{341}$	lue^{341}	se^{44}	$ɕi^{52}$	ie^{44}声殊	$tɕʰie^{44}$	$tɕʰiʌʔ^{5}$音殊	$ɕi^{52}$
63 开化	$ȵie^{231}$	le^{231}	$sɛ^{44}$东~ $ɕi^{44}$~瓜	$ɕi^{53}$	$iɛ^{44}$声殊	$tɕʰiɛ^{44}$	$tɕʰiẽ^{412}$ 韵殊	$ɕi^{412}$
64 丽水	$ȵi^{22}$	li^{22}	$sʅ^{224}$	$sʅ^{544}$	$tsʅ^{224}$	$tsʰʅ^{224}$	$tsʰʅ^{52}$	$sʅ^{52}$
65 青田	$ȵi^{21}$	li^{21}	$sʅ^{445}$	$sʅ^{454}$	$tsʅ^{445}$	$tsʰʅ^{445}$	$tsʰʅ^{33}$	i^{33}
66 云和	$ȵi^{312}$	li^{312}	$sʅ^{24}$	$sʅ^{41}$	$tsʅ^{24}$	$tsʰʅ^{24}$	$tsʰʅ^{45}$	$sʅ^{45}$
67 松阳	n^{31}	lie^{31}	$sʅə^{53}$	$sʅə^{212}$	$tsʅə^{53}$	$tsʰʅə^{53}$	$tsʰʅə^{24}$	$iɛ^{24}$
68 宣平	$ȵi^{433}$	li^{433}	$sʅ^{324}$	$sʅ^{445}$	$tsʅ^{324}$	$tsʰʅ^{324}$	$tsʰʅ^{52}$	$sʅ^{52}$
69 遂昌	$ȵiɒ^{221}$	li^{221}	$ɕiɛ^{45}$	$ɕiɛ^{533}$	$iɛ^{45}$声殊	$tɕʰiɛ^{45}$	$tɕʰiɛ^{334}$	$iɛ^{334}$ $ɕiɛ^{334}$
70 龙泉	$ȵi^{21}$	li^{21}	$ɕi^{434}$	$ɕi^{51}$	i^{434}白 $tɕi^{434}$文	$tɕʰi^{434}$	$tɕʰi^{45}$	$ɕi^{45}$音殊

方言点	0161 泥	0162 犁	0163 西	0164 洗	0165 鸡	0166 溪	0167 契	0168 系 联~
	蟹开四平齐泥	蟹开四平齐来	蟹开四平齐心	蟹开四上齐心	蟹开四平齐见	蟹开四平齐溪	蟹开四去齐溪	蟹开四去齐匣
71 景宁	ȵi⁴¹	li⁴¹	ɕi³²⁴	ɕi³³	tɕi³²⁴	tɕʰi³²⁴	tɕʰi³⁵	ɕi³⁵
72 庆元	ȵiɛ⁵²	li⁵²	ɕiɛ³³⁵	ɕiɛ³³	iɛ³³⁵声殊	tɕʰiɛ³³⁵	tɕʰiɛ¹¹	iɛ¹¹
73 泰顺	ȵi⁵³	li⁵³	sɿ²¹³	sɿ⁵⁵	tsɿ²¹³	tsʰɿ²¹³	tsʰɿ³⁵	i³⁵
74 温州	ȵi³¹	lei³¹	sei³³	sei²⁵	tsɿ³³	tsʰɿ³³	tsʰɿ⁵¹	i²²
75 永嘉	ȵiai³¹	lei³¹	sɿ⁴⁴	sɿ⁴⁵	tɕiai⁴⁴	tsʰɿ⁴⁴	tsʰɿ⁵³	zɿ²²声殊
76 乐清	ȵi³¹	li³¹	si⁴⁴	si³⁵	tɕi⁴⁴	tɕʰi⁴⁴	tɕʰi⁴¹	i²²
77 瑞安	ȵi³¹	lei³¹	sei⁴⁴	sei³⁵	tɕi⁴⁴	tɕʰi⁴⁴	tɕʰi⁵³	i²¹²调殊
78 平阳	ȵie²⁴²	li²⁴²	si⁵⁵	si⁴⁵	tɕi⁵⁵	tɕʰi⁵⁵	tɕʰi⁵³	si⁵³中文~ tɕi⁵³~鞋带
79 文成	ȵi¹¹³	lei¹¹³	sei⁵⁵	sei⁴⁵	tɕi⁵⁵	tɕʰi⁵⁵	tɕʰi³³	ɕi³³文
80 苍南	ȵi³¹	li³¹	ɕi⁴⁴	ɕi⁵³	tɕi⁴⁴	tɕʰi⁴⁴	tɕʰi⁴²	i³¹调殊
81 建德徽	ȵi³³	li³³	ɕi⁵³	ɕi⁵⁵	tɕi⁵³	tɕʰi⁵³	tɕʰi³³	ɕi⁵⁵
82 寿昌徽	ȵi⁵²	li⁵²	ɕi¹¹²	ɕi²⁴	tɕi¹¹²	tɕʰi¹¹²	tɕʰi³³	ɕi³³
83 淳安徽	ia⁴³⁵	li⁴³⁵	ɕi²⁴	ɕi⁵⁵	tɕi²⁴	tɕʰi²⁴	tɕʰi⁵³	ɕiʔ⁵音殊
84 遂安徽	iɛ³³	li³³	ɕiɛ⁵³⁴	ɕiɛ²¹³	tɕiɛ⁵³⁴	tɕʰiɛ⁵³⁴	tɕʰiɛ²⁴	ɕiɛ⁴³
85 苍南闽	nĩ²⁴	lue²⁴	sai⁵⁵白 se⁵⁵文	sue⁴³	kue⁵⁵	kʰue⁵⁵	kʰue⁴³	he²¹
86 泰顺闽	nei²²	lei²²	sei²¹³	sei³⁴⁴	kei²¹³	kʰei²¹³	kʰei⁵³	xei³¹
87 洞头闽	nĩ¹¹³	lue²⁴	sai³³白 se³³文	sue⁵³	kue³³	kʰue³³	kʰue²¹	he²¹
88 景宁畬	nai²²	lai²²	sai⁴⁴	sai³²⁵	kiai⁴⁴	ɕi⁴⁴	kʰi⁴⁴	ɕi⁴⁴

方言点	0169 杯	0170 配	0171 赔	0172 背 ~诵	0173 煤	0174 妹	0175 对	0176 雷
	蟹合一 平灰帮	蟹合一 去灰滂	蟹合一 平灰並	蟹合一 去灰並	蟹合一 平灰明	蟹合一 去灰明	蟹合一 去灰端	蟹合一 平灰来
01 杭州	pei^{334}	p^hei^{45}	bei^{213}	bei^{13}	mei^{213}	mei^{13}	tei^{45}	lei^{213}
02 嘉兴	pei^{42}	p^hei^{224}	bei^{242}	pei^{224}声殊	mei^{242}	mei^{113}	tei^{224}	lei^{242}
03 嘉善	$pɛ^{53}$	$p^hɛ^{334}$	$bɛ^{132}$	$pɛ^{334}$声殊	$mɛ^{132}$	$mɛ^{44}$	$tɛ^{334}$	$lɛ^{132}$
04 平湖	$pɛ^{53}$	p^he^{213}	be^{31}	be^{213}	me^{31}	me^{53}	te^{334}	le^{31}
05 海盐	$pɛ^{53}$	p^he^{334}	be^{31}	be^{213}	me^{31}	me^{213}	te^{334}	le^{31}
06 海宁	pei^{55}	p^hei^{35}	bei^{13}	bei^{13}	mei^{13}	mei^{13}	tei^{35}	$lɯ^{13}$
07 桐乡	pi^{44}	p^hi^{334}	bi^{13}	bi^{213}	mi^{13}	mi^{213}	ti^{334}	li^{13}
08 崇德	pE^{44}	p^hi^{334}	bi^{13}	bi^{13}	mi^{13}	mi^{13}	ti^{334}	li^{13}
09 湖州	pei^{44}	p^hi^{35}	bei^{112}	bei^{24}	mei^{112}	mei^{35}	tei^{35}	lei^{112}
10 德清	$pɛ^{44}$	$p^hɛ^{334}$	$bɛ^{113}$	$bɛ^{113}$	$mɛ^{113}$	$mɛ^{334}$	$tɛ^{334}$	$lɛ^{113}$
11 武康	$pɛ^{44}$	$p^hɛ^{224}$	$bɛ^{113}$	$bɛ^{113}$	$mɛ^{113}$	$mɛ^{224}$	$tɛ^{224}$	$lɛ^{113}$
12 安吉	pe^{55}	p^he^{324}	be^{22}	be^{213}	me^{22}	me^{55}	te^{324}	le^{22}
13 孝丰	pe^{44}	p^he^{324}	be^{22}	be^{213}	me^{22}	me^{44}	te^{324}	le^{22}
14 长兴	pei^{44}	p^hei^{324}	bei^{12}	pei^{324}声殊	mei^{12}	mei^{324}	tei^{324}	lei^{12}
15 余杭	$pɛ^{44}$	$p^hɛ^{423}$	$bɛ^{22}$	$bɛ^{213}$	$mɛ^{22}$	$mɛ^{213}$	$tɛ^{423}$	$lɛ^{22}$
16 临安	pE^{55}	p^hE^{55}	bE^{33}	bE^{33}	mE^{33}	mE^{55}	tE^{55}	lE^{33}
17 昌化	$pɛ^{334}$	$p^hɛ^{544}$	$bɛ^{112}$	$bɛ^{243}$	$mɛ^{112}$	$mɛ^{243}$	$tɛ^{544}$	$lɛ^{112}$
18 於潜	pe^{433}	p^he^{35}	be^{223}	be^{24}	me^{223}	me^{24}	te^{35}	le^{223}
19 萧山	pe^{533}	p^he^{42}	be^{355}	be^{242}	me^{355}	me^{242}	te^{42}	le^{355}
20 富阳	$pɛ^{53}$	$p^hɛ^{335}$	$bɛ^{13}$	$bɛ^{224}$	$mɛ^{13}$	$mɛ^{335}$	$tɛ^{335}$	$lɛ^{13}$
21 新登	pe^{53}	p^he^{45}	be^{233}	be^{13}	me^{233}	me^{13}	te^{45}	le^{233}
22 桐庐	pE^{533}	p^hE^{35}	bE^{13}	bE^{24}	mE^{13}	mE^{24}	tE^{35}	lE^{13}
23 分水	pe^{44}	p^he^{24}	be^{22}	pe^{24}声殊	me^{22}	me^{13}	te^{24}	le^{22}
24 绍兴	pE^{53}	p^hE^{33}	bE^{231}	bE^{22}	mE^{231}	mE^{33}	tE^{33}	lE^{231}
25 上虞	pe^{35}	p^he^{53}	be^{213}	be^{31}	me^{213}	me^{31}	te^{53}	le^{213}

中国语言资源集·浙江　语音卷

续表

方言点	0169 杯 蟹合一平灰帮	0170 配 蟹合一去灰滂	0171 赔 蟹合一平灰並	0172 背 ~诵 蟹合一去灰並	0173 煤 蟹合一平灰明	0174 妹 蟹合一去灰明	0175 对 蟹合一去灰端	0176 雷 蟹合一平灰来
26 嵊州	pɐ^{534}	pʰɐ^{334}	bɐ^{213}	bɐ^{24}	mɐ^{213}	mɐ^{22}	tɐ^{334}	lɐ^{213}
27 新昌	pe^{534}	pʰe^{335}	be^{22}	be^{13}	me^{22}	me^{13}	te^{335}	le^{22}
28 诸暨	pe^{544}	pʰe^{544}	be^{13}	be^{33}	me^{13}	me^{33}	te^{544}	le^{13}
29 慈溪	pe^{35}	pʰe^{44}	be^{13}	be^{13}	me^{13}	me^{13}	te^{44}	le^{13}
30 余姚	pe^{44}	pʰe^{53}	be^{13}	be^{13}	me^{13}	me^{13}	te^{53}	le^{13}
31 宁波	pɐi^{53}	pʰɐi^{44}	bɐi^{13}	bɐi^{13}	mɐi^{13}	mɐi^{13}	tɐi^{44}	lɐi^{13}
32 镇海	pei^{53}	pʰei^{53}	bei^{24}	bei^{24}	mei^{24}	mei^{24}	tei^{53}	lei^{24}
33 奉化	pei^{44}	pʰei^{53}	bei^{33}	bei^{31}	mei^{33}	mei^{31}	tei^{53}	lei^{33}
34 宁海	pei^{53}调殊	pʰei^{35}	bei^{213}	bei^{24}	mei^{213}	mei^{31}	tei^{35}	lei^{213}
35 象山	pei^{44}	pʰei^{53}	bei^{31}	bei^{13}	mei^{31}	mei^{44}	tei^{53}	lei^{31}
36 普陀	pæi^{53}	pʰæi^{55}	bæi^{24}	bæi^{13}	mæi^{24}	mæi^{55}小	tæi^{55}	læi^{24}
37 定海	pɐi^{52}	pʰɐi^{44}	bɐi^{23}	bɐi^{13}	mɐi^{23}	mɐi^{44}	tɐi^{44}	lɐi^{23}
38 岱山	pɐi^{52}	pʰɐi^{44}	bɐi^{23}	bɐi^{213}	mɐi^{23}	mɐi^{44}	tɐi^{44}	lɐi^{23}
39 嵊泗	pɐi^{53}	pʰɐi^{53}	bɐi^{243}	bɐi^{213}	mɐi^{243}	mɐi^{53}	tɐi^{53}	lɐi^{243}
40 临海	pe^{31}	pʰe^{55}	be^{21}	be^{324}	me^{21}	me^{51}小	te^{55}	le^{21}
41 椒江	pə^{42}	pʰə^{55}	bə^{31}	bə^{24}	mə^{31}	mə^{41}小	tə^{55}	lə^{31}
42 黄岩	pe^{32}	pʰe^{55}	be^{121}	be^{24}	me^{121}	me^{41}小	te^{55}	le^{121}
43 温岭	pe^{33}	pʰe^{55}	be^{31}	be^{13}	me^{31}	me^{41}小	te^{55}	le^{31}
44 仙居	ɓæ^{334}	pʰæ^{55}	bæ^{213}	bæ^{24}	mæ^{213}	mæ^{24}	ɗæ^{55}	læ^{213}
45 天台	pei^{51}小	pʰei^{55}	bei^{224}	bei^{35}	mei^{224}	mei^{51}小	tei^{55}	lei^{224}
46 三门	pe^{52}	pʰe^{55}	be^{113}	be^{243}	me^{113}	me^{252}小	te^{55}	le^{113}
47 玉环	pe^{42}	pʰe^{55}	be^{31}	be^{22}	me^{31}	me^{41}小	te^{55}	le^{31}
48 金华	pɛ^{334}	pʰɛ^{55}	bɛ^{313}	bɛ^{14}	mɛ^{313}	mɛ^{14}	tɛ^{55}	lɛ^{313}
49 汤溪	pɛ^{24}	pʰɛ^{52}	bɛ^{11}	bɛ^{341}	mɛ^{11}	mɛ^{341}	tɛ^{52}	lɛ^{11}

续表

方言点	0169 杯 蟹合一平灰帮	0170 配 蟹合一去灰滂	0171 赔 蟹合一平灰並	0172 背 ~诵 蟹合一去灰並	0173 煤 蟹合一平灰明	0174 妹 蟹合一去灰明	0175 对 蟹合一去灰端	0176 雷 蟹合一平灰来
50 兰溪	pe³³⁴	pʰe⁴⁵	be²¹	be²⁴	me²¹	me²⁴	te⁴⁵	le²¹
51 浦江	pa⁵³⁴	pʰa⁵⁵	ba¹¹³	ba²⁴	ma¹¹³	ma²⁴	ta⁵⁵	la¹¹³白 luɛ¹¹³文
52 义乌	pe³³⁵	pʰe⁴⁵	be²¹³	be²⁴	mɛ²¹³	mɛ²⁴	te⁴⁵	le²¹³
53 东阳	pen³³⁴小	pʰe⁴⁵³	be²¹³	be²⁴	me²¹³	me²⁴	te⁴⁵³	le²¹³
54 永康	ɓəi⁵⁵	pʰəi⁵²	bəi²²	bəi²⁴¹	məi²²	məi²⁴¹	ɗəi⁵²	ləi²²
55 武义	pa²⁴	pʰa⁵³	ba³²⁴	ba²³¹	ma³²⁴	ma²³¹	la⁵³	la³²⁴
56 磐安	pe⁴⁴⁵	pʰe⁵²	be²¹³	be¹⁴	me²¹³	me¹⁴	te⁵²	le²¹³
57 缙云	pei⁴⁴	pʰei⁴⁵³	bei²⁴³	bei²¹³	mei²⁴³	mei²¹³	tei⁴⁵³	lei²⁴³
58 衢州	pe³²	pʰe⁵³	be²¹	be²³¹	me²¹	me²³¹	te⁵³	le²¹
59 衢江	pei³³	pʰei⁵³	bei²¹²	bei²³¹	mei²¹²	mei²³¹	tei⁵³	lei²¹²
60 龙游	pei³³⁴	pʰei⁵¹	bei²¹	bei²³¹	mei²¹	mei²³¹	tei⁵¹	lei²¹
61 江山	pɛ⁴⁴	pʰɛ²⁴¹调殊	bɛ²¹³	bɛ³¹	mɛ²¹³	mɛ³¹	tuɛ⁵¹	luɛ²¹³
62 常山	pi⁴⁴	pʰue⁵²调殊	bue³⁴¹	bue¹³¹	mue³⁴¹	mue¹³¹	tue³²⁴	lue³⁴¹
63 开化	pei⁴⁴	pʰɛ⁵³调殊	bɛ²³¹	bɛ²¹³	mɛ²³¹	mɛ²¹³	tɛ⁴¹²	lɛ²³¹
64 丽水	pei²²⁴	pʰei⁵²	bei²²	bei¹³¹	mei²²	mei¹³¹	tei⁵²	lei²²
65 青田	ɓæi⁴⁴⁵	pʰæi³³	bæi²²	bæi²¹³	mɛ²¹	mɛ²²	ɗæi³³	læi²¹
66 云和	pei²⁴	pʰei⁴⁵	bei³¹²	bei²²³	mei³¹²	ma²²³韵殊	tei⁴⁵	lei³¹²
67 松阳	pei⁵³	pʰei²⁴	bei³¹	bei¹³	mei³¹	mɛ¹³	tei²⁴	lɛ³¹
68 宣平	pei³²⁴	pʰei⁵²	bei⁴³³	bei²³¹	mei⁴³³	mei²³¹	tei⁵²	lei⁴³³
69 遂昌	pei⁴⁵	pʰei³³⁴	bei²²¹	bei²¹³	mei²²¹	mei²¹³	tei³³⁴	lei²²¹
70 龙泉	pe⁴³⁴	pʰɛ⁴⁵	bɛ²¹	bɛ²²⁴	mi²¹韵殊	mɛ²²⁴	tɛ⁴⁵	lɛ²¹
71 景宁	pai³²⁴	pʰai³⁵	bai⁴¹	bai¹¹³	mai⁴¹	mai¹¹³	tai³⁵	lai⁴¹
72 庆元	ɓæi³³⁵	pʰæi¹¹	pæi⁵²	pæi³¹	mæi⁵²	mæi³¹	ɗæi¹¹	læi⁵²
73 泰顺	pæi²¹³	pʰæi³⁵	pæi⁵³	pæi²²	mæi⁵³	mɛ²²	tæi³⁵	læi⁵³

方言点	0169 杯	0170 配	0171 赔	0172 背 ～诵	0173 煤	0174 妹	0175 对	0176 雷
	蟹合一平灰帮	蟹合一去灰滂	蟹合一平灰並	蟹合一去灰並	蟹合一平灰明	蟹合一去灰明	蟹合一去灰端	蟹合一平灰来
74 温州	pai³³	pʰai⁵¹	bai³¹	bai²²	mai³¹	mai²²	tai⁵¹	lai³¹
75 永嘉	pai⁴⁴	pʰai⁵³	bai³¹	bai²²	mai³¹	mai²²	tai⁵³	lai³¹
76 乐清	pai⁴⁴	pʰai⁴¹	bai³¹	bai²²	mai³¹	mai²²	tai⁴¹	lai³¹
77 瑞安	pai⁴⁴	pʰai⁵³	bai³¹	bai²²	me³¹	me²²	tai⁵³	lai³¹
78 平阳	pai⁵⁵	pʰai⁵³	bai²⁴²	bai³³	mai²⁴²	mai³³	tai⁵³	lai²⁴²
79 文成	pai⁵⁵	pʰai⁵⁵	bai¹¹³	bai⁴²⁴	mai¹¹³	mai⁴²⁴	tai³³	lai¹¹³
80 苍南	pai⁴⁴	pʰai⁴²	bai³¹	bai¹¹	mai³¹	mai¹¹	tai⁴²	lai³¹
81 建德徽	pe⁵³	pʰe³³	pe³³	pʰe⁵⁵	me³³	me⁵⁵	te³³	le³³
82 寿昌徽	piæ¹¹²	pʰiæ³³	pʰiæ⁵²	pʰiæ³³	miæ⁵²	miæ³³	tiæ³³	liæ⁵⁵ 天～
83 淳安徽	pie²⁴	pʰie²⁴	pʰie⁴³⁵	pʰie⁵³	mie⁴³⁵	mie⁵³	tie²⁴	lie⁴³⁵
84 遂安徽	pɯ⁵³⁴	pʰəɯ⁴³	pʰəɯ³³	pəɯ⁴³	məɯ³³	məɯ⁵²	təɯ⁴³	ləɯ³³
85 苍南闽	pue⁵⁵	pʰue²¹	pə²⁴	pə²¹	mũĩ²⁴	bə²¹	tui²¹	lui²⁴
86 泰顺闽	pɔi²¹³	pʰɔi⁵³	pɔi²²	pɔi³¹	mɔi²²	mɔi⁵³	tɔi⁵³	lɔi²²
87 洞头闽	pue³³	pʰue²¹	pə¹¹³	pə²¹	mũĩ¹¹³	bə²¹	tui²¹	lui¹¹³
88 景宁畲	poi⁴⁴	pʰoi⁴⁴	pʰoi²²	poi⁵¹	moi²²	moi³²⁵ 小	tuoi⁴⁴	luoi²²

方言点	0177 罪	0178 碎	0179 灰	0180 回	0181 外	0182 会 开～	0183 怪	0184 块
	蟹合一 上灰从	蟹合一 去灰心	蟹合一 平灰晓	蟹合一 平灰匣	蟹合一 去泰疑	蟹合一 去泰匣	蟹合二 去皆见	蟹合一 去皆溪
01 杭州	dzuei^{13}	suei^{45}	xuei^{334}	uei^{213}	ŋa^{13}白 uɛ^{13}文	uei^{13}	kuɛ^{45}	k^{h}uei^{45}
02 嘉兴	zuei^{113}	sei^{224}	huei^{42}	uei^{242}	ŋA^{113}	uei^{113}	kuA^{224}	k^{h}uɛ^{224}
03 嘉善	zɛ^{113}	sɛ^{334}	fɛ^{53}声殊	vɛ^{132}声殊	ŋa^{113}	vɛ^{113}声殊	kua^{334}	k^{h}uɛ^{334}
04 平湖	zɛ^{213}白 zuɛ^{213}文	sɛ^{334}	hue^{53}	ue^{31}	ŋa^{213}	ue^{213}	kua^{334}	k^{h}ue^{213}
05 海盐	zue^{423}	sɛ^{334}	xue^{53}	ue^{31}	ɑ^{213}白	ue^{213}	kuɑ^{334}	k^{h}uɑ^{334}
06 海宁	zei^{231}	sɛ^{35}	hue^{55}	ue^{13}	ua^{13}	ue^{13}	kua^{35}	k^{h}uɛ^{35}
07 桐乡	zi^{242}	sE^{334}	fi^{44}	uei^{13}	ua^{213}～头 a^{213}～公	uei^{213}	kua^{334}	k^{h}uei^{334}
08 崇德	zi^{242}	sE^{334}	hui^{44}	ui^{13}	uɑ^{13} ɑ^{13}	ui^{13}	kuɑ^{334}	k^{h}ui^{334}
09 湖州	zei^{231}	sei^{35}	xuei^{44}	uei^{112}	ua^{35}	uei^{35}	kua^{35}	k^{h}uei^{35}
10 德清	zɛ^{143}	sɛ^{334}	xuɛ^{44}	uɛ^{113}	ua^{334}	uɛ^{334}	kua^{334}	k^{h}uɛ^{334}
11 武康	dzɛ^{242}	sɛ^{224}	xuɛ^{44}	uɛ^{113}	ua^{224}	uɛ^{224}	kua^{224}	k^{h}uɛ^{224}
12 安吉	zE^{243}	sue^{324}	hue^{55}	ue^{22}	ŋa^{213}	ue^{213}	kua^{324}	k^{h}uE^{324}
13 孝丰	zE^{243}	se^{324}	hue^{44}	ue^{22}	ŋa^{324}	ue^{213}	kua^{324}	k^{h}ue^{324}
14 长兴	zɯ^{243}	sɯ^{324}	huei^{44}	uei^{12}	ŋa^{324}	uei^{324}	kua^{324}	k^{h}uɯ^{324}
15 余杭	zɛ^{243}	sɛ^{423}	xuɛ^{44}	uɛ^{44}	a^{213}白 ua^{213}文	uɛ^{213}	kua^{423}	k^{h}uɛ^{423}
16 临安	tsE^{55}	sE^{55}	huE^{55}	uE^{33}	ŋa^{33}	uE^{33}	kua^{55}	k^{h}uE^{55}
17 昌化	zei^{243}	se^{544}	xuɛ^{334}	uei^{112}	ŋa^{243}	uei^{243}	kua^{544}	k^{h}uɛ^{544}
18 於潜	zue^{24}白 dze^{24}文	se^{35}	xue^{433}	ue^{223}	ŋa^{24}	ue^{24}	kua^{35}	k^{h}ue^{35}
19 萧山	dze^{242}	se^{42}	xue^{533}	ue^{355}	ŋa^{242}	ue^{242}	kua^{42}	k^{h}ue^{42}
20 富阳	dzɛ^{224}	zɛ^{224}	hue^{53}	uɛ^{13}	ŋa^{224}	uɛ^{335}	kua^{335}	k^{h}uɛ^{335}
21 新登	zɛ^{13}	sɛ^{45}	hue^{53}	ue^{233}	ua^{13}	ue^{13}	kua^{45}	k^{h}ue^{45}
22 桐庐	dzE^{24}	sE^{35}	xuE^{533}	uE^{13}	uA^{24}	uE^{24}	kuA^{35}	k^{h}uE^{35} 一～钱 k^{h}uA^{35}几～

续表

方言点	0177 罪	0178 碎	0179 灰	0180 回	0181 外	0182 会 开~	0183 怪	0184 块
	蟹合一 上灰从	蟹合一 去灰心	蟹合一 平灰晓	蟹合一 平灰匣	蟹合一 去泰疑	蟹合一 去泰匣	蟹合二 去皆见	蟹合一 去皆溪
23 分水	zue^{13}	sue^{24}	xue^{44}	ue^{22}	uɛ^{13}	ue^{13}	kuɛ^{24}	kʰuɛ^{24}
24 绍兴	dzE^{223}	sE^{33}	huE^{53}	uE^{231}	ŋa^{22}	uE^{22}	kua^{33}	kʰuE^{33}
25 上虞	ze^{213}	se^{53}	fe^{35}	ue^{213}	ŋa^{31}	ue^{53}	kua^{53}	kʰue^{53}
26 嵊州	zE^{24}白 dzE^{24}文	sE^{334}	huE^{534}	uE^{213}	ŋa^{24}	uE^{24}	kua^{334}	kʰuE^{334}
27 新昌	ze^{22}~过 dze^{22}犯~	se^{335}	fe^{534}	ue^{22}	ŋa^{13}	ue^{13}	kua^{335}	kʰue^{335}
28 诸暨	ze^{242}	se^{544}	fe^{544}	ve^{13}	ŋA^{33}	ve^{33}	kuA^{544}	kʰuA^{544}
29 慈溪	ze^{13}	se^{44}	hue^{35}	ue^{13}	ŋa^{13}	ue^{13}	kua^{44}	kʰue^{44}
30 余姚	ze^{13}	se^{53}	hue^{44}	ue^{13}	ŋa^{13}	ue^{13}	kua^{53}	kʰue^{53}
31 宁波	zɐi^{13}	sɐi^{44}	huɐi^{53}	uɐi^{13}	ŋa^{13}	uɐi^{13}	kua^{44}	kʰuɐi^{35}
32 镇海	zei^{24}	sei^{53}	huei^{53}	uei^{24}	ŋa^{24}	uei^{24}	kua^{53}~侬音殊	kʰuei^{35}
33 奉化	zei^{324}	sei^{53}	huei^{44}	uei^{33}	ŋa^{31}	uei^{31}	kua^{53}	kʰuei^{53}
34 宁海	zei^{31}	sei^{35}	huei^{423}	uei^{213}	ŋa^{24}	uei^{24}	kua^{35}	kʰuei^{35}
35 象山	zei^{31}	sei^{53}	huei^{44}	uei^{31}	ŋa^{13}	uei^{13}	kua^{53}	kʰuei^{53}
36 普陀	zæi^{23}	sæi^{55}	xuæi^{53}	uæi^{24}	ŋa^{23}	uæi^{13}	kua^{55}	kʰuæi^{55}
37 定海	zɐi^{23}	sɐi^{44}	xuɐi^{52}	uɐi^{23}	ŋa^{13}	uɐi^{13}	kua^{44}	kʰuɐi^{44}
38 岱山	zɐi^{244}	sɐi^{44}	xuɐi^{52}	uɐi^{23}	ŋa^{213}	uɐi^{213}	kua^{44}	kʰuɐi^{52} 调殊
39 嵊泗	zɐi^{334}	sɐi^{53}	xuɐi^{53}	uɐi^{243}	ŋa^{213}	uɐi^{213}	kua^{53}	kʰuɐi^{53}
40 临海	ze^{21}	se^{55}	hue^{31}	ue^{21}	ŋa^{324}	ue^{324}	kua^{55}	kʰue^{55}
41 椒江	zə^{31}	sə^{55}	huə^{42}	uə^{31}	ŋa^{24}	uə^{24}	kua^{55}	kʰuə^{55}
42 黄岩	ze^{121}	se^{55}	huø^{32}	uø^{121}	ŋa^{24}	uø^{24}	kua^{55}	kʰuø^{55}
43 温岭	ze^{31}	se^{55}	hue^{33}	ue^{31}	ŋa^{13}	ue^{13}	kua^{55}	kʰue^{55}
44 仙居	zæ^{213}	sæ^{55}	huæ^{334}	uæ^{213}	ŋæ^{24}	uæ^{24}	kua^{55}	kʰuæ^{55}
45 天台	zei^{214}	sei^{55}	huei^{33}	uei^{224}	ŋei^{35}	uei^{35}	kua^{55}	kʰuei^{55}

续表

方言点	0177 罪 蟹合一 上灰从	0178 碎 蟹合一 去灰心	0179 灰 蟹合一 平灰晓	0180 回 蟹合一 平灰匣	0181 外 蟹合一 去泰疑	0182 会 开~ 蟹合一 去泰匣	0183 怪 蟹合二 去皆见	0184 块 蟹合一 去皆溪
46 三门	ze²¹³	se⁵⁵	hue³³⁴	ue¹¹³	ŋa²⁴³	ue²⁴³	kua⁵⁵	kʰue⁵⁵
47 玉环	ze³¹	se⁵⁵	hue⁴²	ue³¹	ŋa²²	ue²²	kua⁵⁵	kʰue⁵⁵
48 金华	sɛ⁵³⁵白 dzui¹⁴文	sɛ⁵³⁵	xui³³⁴	ui³¹³	ɑ⁵³⁵白 ɛ¹⁴文	ui¹⁴	kuɑ⁵⁵	kʰuɛ⁵⁵
49 汤溪	zɛ¹¹³	sɛ⁵³⁵	xuɛ²⁴	uɛ¹¹	ɑ³⁴¹	uɛ³⁴¹	kuɑ⁵²	kʰuɛ⁵²
50 兰溪	se⁵⁵	se⁵⁵	xui³³⁴	ue²¹	ɑ⁵⁵	ue²⁴	kuɑ⁴⁵	kʰue⁴⁵
51 浦江	za²⁴³	suɛ⁵³	xua⁵³⁴	ua¹¹³	ŋa¹¹³~公 ŋɑ²⁴~面	ua²⁴	kuɑ⁵⁵	kʰua⁵⁵
52 义乌	ze³¹²	se⁴²³调殊	hue³³⁵	ue²¹³	ɔ²⁴~头 a²⁴~婆 uɛ²⁴~国	ue²⁴	kua⁴⁵	kʰue⁴⁵
53 东阳	dze²³¹	se⁴⁴	hue³³⁴	ue²¹³	ŋa²⁴	ue²⁴	kua⁴⁵³	kʰue⁴⁵³
54 永康	zəi¹¹³	səi⁵⁵	xuəi⁵⁵	uəi²²	n̠ia²⁴¹	uəi̠²⁴¹	kuai⁵²	kʰuəi⁵²
55 武义	za¹³	sa⁴⁴⁵	xui²⁴	ui³²⁴	n̠ia²³¹	ui²³¹	kua⁵³	kʰua⁵³
56 磐安	se³³⁴	se⁴⁴⁵调殊	xue⁴⁴⁵	ue²¹³	ŋa¹⁴~头 ŋe¹⁴~公	ue¹⁴	kua⁵²	kʰue⁵²
57 缙云	zei³¹	sei⁴⁴	xuel⁴⁴	uei²⁴³	ŋɑ²¹³	uei²¹³	kuɑ⁴⁵³	kʰuei⁴⁵³
58 衢州	ze²³¹	se³⁵调殊	xue³²	ue²¹	ŋɛ²³¹	ue²³¹	kue⁵³	kʰue⁵³
59 衢江	zei²¹²	sei²⁵调殊	xuei³³	uei²¹²	ŋa²³¹	uci²³¹	kɯa⁵³	kʰuei⁵³
60 龙游	zuei²²⁴	suei³⁵调殊	xuei³³⁴	uei²¹	ŋɑ²³¹	uei²³¹	kuɑ⁵¹	kʰuei⁵¹
61 江山	dzuE³¹	sʯE⁵¹	xuE⁴⁴	uE²¹³	ŋua³¹	uE³¹	kua⁵¹	kʰɞ²⁴¹音殊
62 常山	ze²⁴受~ dzue²⁴~犯	se⁵²调殊	xue⁴⁴	ue³⁴¹	uɛ²⁴	ue¹³¹	kuɛ³²⁴	kʰuɛ⁵²
63 开化	ze²¹³	sɛ⁵³调殊	xuɛ⁴⁴	uɛ²³¹	ua²¹³	uɛ²¹³	kua⁴¹²	kʰua⁵³调殊
64 丽水	zei²²	sei⁵²	xuei²²⁴	uei²²	uɔ¹³¹~面 ã²²~婆	uei¹³¹	kuɔ⁵²	kʰuei⁵²
65 青田	zæi³⁴³	sæi³³	xuæi⁴⁴⁵	uæi²¹	uɑ²²	uæi²²	kuɑ³³	kʰuæi³³
66 云和	zei²³¹	sei⁴⁵	xuei²⁴	uei³¹²	ua²²³	uei²²³	kua⁴⁵	kʰuei⁴⁵

续表

方言点	0177 罪	0178 碎	0179 灰	0180 回	0181 外	0182 会 开~	0183 怪	0184 块
	蟹合一 上灰从	蟹合一 去灰心	蟹合一 平灰晓	蟹合一 平灰匣	蟹合一 去泰疑	蟹合一 去泰匣	蟹合二 去皆见	蟹合一 去皆溪
67 松阳	zɛ²²	sei²¹²	fei⁵³	uei³¹	ŋa¹³	uei¹³	kua²⁴	kʰuei²⁴
68 宣平	zei²²³	sei³²⁴	xuei³²⁴	uei⁴³³	ua²³¹ ~面 a²²³ ~公	uei²³¹	kua⁵²	kʰuei⁵²
69 遂昌	zei¹³	sei⁵³³	xuei⁴⁵	uei²²¹	ua²¹³	uei²¹³	kua³³⁴	kʰuei³³⁴
70 龙泉	sɛ⁵¹	sɛ⁵¹ 调殊	xuəi⁴³⁴	uɛ²¹	ua²²⁴	uɛ²²⁴	kua⁴⁵	kʰuɐ⁴⁵ 一~砖 kʰuəi⁴⁵ 一~钱
71 景宁	zai³³	sai³²⁴ 调殊	xuai³²⁴	uai⁴¹	uɔ¹¹³	uai¹¹³	kuɔ³⁵	kʰuai³⁵
72 庆元	sæi²²¹	sæi³³	xuæi³³⁵	uæi⁵²	uɑ³¹	uæi³¹	kuɑ¹¹	kʰuæi¹¹
73 泰顺	sæi²¹	sæi⁵⁵ 调殊	fæi²¹³	uæi⁵³	ua²	uæi²²	kua³⁵	kʰuæi³⁵
74 温州	zai¹⁴	sai⁵¹	fai³³	vai³¹	va²²	vai²²	ka⁵¹	kʰai⁵¹
75 永嘉	zai¹³	sai⁵³	fai⁴⁴	vai³¹	va²²	vai²²	ka⁵³	kʰai⁵³
76 乐清	zai²⁴	sai⁴¹	fai⁴⁴	vai³¹	ve²²	vai²²	kue⁴¹	kʰuai⁴¹
77 瑞安	zai¹³	sai⁵³	fai⁴⁴	vai³¹	ŋa²²	vai²²	ka⁵³	kʰai⁵³
78 平阳	zai²³	sai⁴⁵ 调殊	fai⁵⁵	vai²⁴²	vA³³	vai³³	kA⁵³	kai⁵³ 白 kʰai⁵³ 文
79 文成	zai²²⁴	sei³³	fai⁵⁵	vai¹¹³	ŋɔ⁴²⁴	vai⁴²⁴	kɔ³³	kʰai³³ 白 kai³³ 文
80 苍南	zai²⁴	sai⁴²	huai⁴⁴	uai³¹	ya¹¹	uai¹¹	kia⁴²	kʰuai⁴²
81 建德徽	ɕye²¹³	ɕye²¹³	hue⁵³	ue³³	uɑ⁵⁵	ue⁵⁵	kuɑ³³	kʰue³³
82 寿昌徽	ɕiæ⁵³⁴	ɕiæ²⁴ 调殊	xuæ¹¹²	uæ⁵²	uɑ³³	uæ³³	kuɑ³³	kʰuæ³³
83 淳安徽	sue⁵⁵	ɕie⁵⁵	fie²⁴	ve⁴³⁵	uɑ⁵³	ve⁵³	kuɑ²⁴	kʰue²⁴
84 遂安徽	sɯ⁴³	ɕie⁴³	fəɯ⁵³⁴	vɔɯ³³	vəɯ⁵²	vəɯ⁵²	kua⁴³	kʰuəɯ⁴³
85 苍南闽	tsə³²	tsui²¹	hə⁵⁵	hue²⁴	gua²¹	hue²¹	kuai²¹	tə²¹
86 泰顺闽	tsəi³¹	səi³⁴⁴	fəi²¹³	fəi²²	nia³¹	fəi³¹	kuai⁵³	kʰuai⁵³
87 洞头闽	tsə²¹	tsui²¹	hə³³ 白 hue³³ 文	hue¹¹³	gua²¹	hue²¹	kuai²¹	kʰuai²¹
88 景宁畲	tsoi⁵¹	soi⁴⁴	foi⁴⁴	foi²²	uoi⁵¹	foi⁵¹	kuɔi⁴⁴	kʰuei⁴⁴

方言点	0185 怀 蟹合二 平皆匣	0186 坏 蟹合二 去皆匣	0187 拐 蟹合二 上佳见	0188 挂 蟹合二 去佳见	0189 歪 蟹合二 平佳晓	0190 画 蟹合二 去佳匣	0191 快 蟹合二 去夬溪	0192 话 蟹合二 去夬匣
01 杭州	uε^{213}	uε^{13}	kuε^{53}	kua^{45}	uε^{334}	ua^{13}	k^{h}uε^{45}	ua^{13}
02 嘉兴	guᴇ^{242}	uᴀ^{113}	kuᴀ^{544}	kou^{224}	huᴀ^{42}	o^{113}	k^{h}uᴀ^{224}	o^{113}
03 嘉善	ga^{132}白 vε^{132}文	ua^{334}	kuã^{334}白 kua^{334}文	ko^{334}	xua^{53}	o^{113}	k^{h}ua^{334}	o^{334}动 o^{113}名
04 平湖	ga^{31}白 uε^{31}文	ua^{334}	kua^{44}	ko^{334}	hua^{53}	o^{213}	k^{h}ua^{213}	o^{334}
05 海盐	gɑ^{31}	uɑ^{334}	kuɑ^{423}	ko^{334}	xuɑ^{53}	o^{213}	k^{h}uɑ^{334}	o^{213}
06 海宁	ua^{13}	ua^{35}	kua^{53}	ko^{35}	hua^{55}	o^{13}	k^{h}ua^{35}	o^{13}
07 桐乡	ga^{13}白 ua^{13}文	ua^{334}	kua^{53}	ko^{334}	hua^{44}	o^{213}	k^{h}ua^{334}	o^{213}
08 崇德	gɑ^{13}白 uε^{13}文	uɑ^{334}	kuɑ^{53}	ko^{334}	huɑ^{44}	o^{13}	k^{h}uɑ^{334}	o^{13}
09 湖州	uε^{112}	ua^{35}	kua^{523}	kuo^{35}	xua^{44}	uo^{35}	k^{h}ua^{35} k^{h}a^{35}~活	uo^{35}
10 德清	uε^{113}	ua^{334}	kua^{52}	kuo^{334}	uε^{44}	ua^{334}	k^{h}ua^{334}	uo^{334}
11 武康	uε^{113}	ua^{224}	guε^{113}声殊	kuo^{224}	ua^{44}	uo^{224}	k^{h}ua^{224}	uo^{224}
12 安吉	ua^{22}	ua^{213}	kua^{52}	kʊ^{324}	uã^{55}	ua^{213}名 ʊ^{213}动	k^{h}ua^{324}	ʊ^{213}
13 孝丰	ua^{22}	ua^{213}	kua^{52}	kʊ^{324}	huã^{44}又 ue^{44}又	ua^{213}国~ ʊ^{213}~图	k^{h}ua^{324}	ua^{213}白 ʊ^{213}文
14 长兴	uᴇ^{12}	ua^{24}	kua^{52}	ku^{324}	huã^{44}	u^{324}	k^{h}ua^{324}	u^{324}
15 余杭	uε^{22}	ua^{213}	kua^{53}	kuo^{423}	ua^{44}	uo^{213}	k^{h}ua^{423}	uo^{213}
16 临安	uᴇ^{33}	ua^{55}	kua^{55}	ko^{55}	ua^{55}	ua^{33}	k^{h}ua^{55}	o^{33}
17 昌化	ua^{112}	ua^{243}	kua^{453}	ku^{544}	ua^{334}	ua^{243}	k^{h}ua^{544}	ua^{243}
18 於潜	ua^{223}	ua^{24}	kua^{51}	kua^{35}	ua^{433}	ua^{24}	k^{h}ua^{35}	ua^{24}
19 萧山	ua^{355}	ua^{242}	kua^{33}	kuo^{42}	ua^{533}	uo^{242}	k^{h}ua^{42}	uo^{242}
20 富阳	ua^{13}	ua^{335}	kua^{423}	kuo^{335}	ua^{53}	uo^{335}	k^{h}ua^{335}	uo^{335}
21 新登	ua^{233}	ua^{13}	kua^{334}	kua^{45}	ua^{53}	uɑ^{13}	k^{h}ua^{45}	ua^{13}
22 桐庐	uᴀ^{13}	uᴀ^{24}	kuᴀ^{33}	kuᴀ^{35}	uᴀ^{533}	uo^{24}	k^{h}uᴀ^{35}	uo^{24}

续表

方言点	0185 怀 蟹合二 平皆匣	0186 坏 蟹合二 去皆匣	0187 拐 蟹合二 上佳见	0188 挂 蟹合二 去佳见	0189 歪 蟹合二 平佳晓	0190 画 蟹合二 去佳匣	0191 快 蟹合二 去夬溪	0192 话 蟹合二 去夬匣
23 分水	uɛ²²	uɛ¹³	kuɛ⁵³	kua²⁴	uɛ⁴⁴	ua¹³	kʰuɛ²⁴	ua¹³
24 绍兴	ua²³¹	ua²²	kua³³⁴	kuo³³	ua⁵³	uo²²	kʰua³³	uo²²
25 上虞	gua²¹³白 ua²¹³文	ua⁵³	kua³⁵	kuo⁵³	ua³⁵	uo³¹	kʰua⁵³	uo³¹
26 嵊州	ua²¹³	ua²⁴	kua⁵³	kuo³³⁴	ua⁵³⁴	uo²⁴	kʰua³³⁴	uo²⁴
27 新昌	ua²²	ua¹³	kua⁴⁵³	kuo³³⁵	ua⁵³⁴	uo¹³	kʰua³³⁵	uo¹³
28 诸暨	uA¹³	uA³³	kuA⁴²	ko⁵⁴⁴	uA⁵⁴⁴	o³³	kʰuA⁵⁴⁴	o³³
29 慈溪	ua¹³	ua¹³~人	kua³⁵	kuo⁴⁴	ua³⁵读字	uo¹³	kʰua⁴⁴	uo¹³
30 余姚	ua¹³	ua¹³	kua³⁴	kuo⁵³	ua⁴⁴	uo¹³	kʰua⁵³	uo¹³
31 宁波	uɛ¹³	ua⁵³~人 ua¹³~蛋	ka³⁵	ko⁴⁴	ua⁵³又 hua⁵³又	uo¹³	kʰua⁴⁴	uo¹³
32 镇海	uɛ²⁴	ua⁵³~人	kua³⁵	ko⁵³	ua⁵³	o²⁴	kʰua⁵³	o²⁴
33 奉化	uɛ³³	ua⁴⁴调殊	kua⁵⁴⁵	kuo⁵³	hua⁴⁴	uo³¹	kʰua⁵³	uo³¹
34 宁海	ua²¹³	ua²⁴	kua⁵³	ko³⁵	ua⁴²³~理	o²⁴	kʰua³⁵	o²⁴
35 象山	uɛ³¹	ua⁴⁴	kua⁴⁴	kuo⁵³	uɛ⁴⁴读字	uo¹³	kʰua⁵³	uo¹³
36 普陀	uɛ²⁴	ua¹³	kua⁴⁵	ko⁵⁵	xua⁵³	uo¹³	kʰua⁵⁵	uo¹³
37 定海	uɛ²³	ua¹³	kua⁴⁵	ko⁴⁴	xua⁵²	uo¹³	kʰua⁴⁴	uo¹³
38 岱山	uɛ²³	ua²¹³	kua³²⁵	ko⁴⁴	xua⁵²	uo²¹³	kʰua⁴⁴	uo²¹³
39 嵊泗	uɛ²⁴³	ua²¹³	kua⁴⁴⁵	ko⁵³	xua⁵³	uo²¹³	kʰua⁵³	uo²¹³
40 临海	ua²¹	ua³²⁴	kua⁵²	kua⁵⁵	uɛ³¹	ua³²⁴	kua⁵⁵	ua³²⁴
41 椒江	ua³¹	ua²⁴	kua⁴²	kua⁵⁵	ua⁴²	ua²⁴	kʰua⁵⁵	ua²⁴
42 黄岩	ua¹²¹	ua²⁴	kua⁴²	kua⁵⁵	ua³²	ua²⁴	kʰua⁵⁵	ua²⁴
43 温岭	ua³¹	ua¹³	kua⁴²	kua⁵⁵	ua³³	ua¹³	kʰua⁵⁵	o¹³白 ua¹³文
44 仙居	gua²¹³白 ua²¹³文	ua²⁴	kua³²⁴	ko⁵⁵	ua³³⁴	o²⁴	kʰua⁵⁵	o²⁴
45 天台	ua²²⁴~抱	ua³⁵	kua³²⁵	kuo⁵⁵	ua³³	uo³⁵	kʰua⁵⁵	uo³⁵

续表

方言点	0185 怀 蟹合二 平皆匣	0186 坏 蟹合二 去皆匣	0187 拐 蟹合二 上佳见	0188 挂 蟹合二 去佳见	0189 歪 蟹合二 平佳晓	0190 画 蟹合二 去佳匣	0191 快 蟹合二 去夬溪	0192 话 蟹合二 去夬匣
46 三门	ua^{113}	ua^{243}	kua^{325}	ko^{55}	$u\varepsilon^{334}$	o^{243}	k^hua^{55}	o^{243}
47 玉环	ua^{31}	ua^{22}	kua^{53}	kua^{55}	ua^{42}	ua^{22}	k^hua^{55}	ua^{22}
48 金华	$gu\alpha^{313}$白 $u\varepsilon^{313}$文	ua^{14}	$ku\varepsilon^{535}$	kua^{55}	$u\alpha^{334}$	ua^{14}	$k^hu\alpha^{55}$	$u\alpha^{14}$
49 汤溪	$gu\alpha^{11}$	ua^{341}	kua^{535}	kua^{52}	xua^{535}	$u\alpha^{341}$	$k^hu\alpha^{52}$	$u\gamma^{341}$
50 兰溪	$gu\alpha^{21}$	$u\alpha^{24}$	kua^{55}	kua^{45}	$u\alpha^{334}$	$u\alpha^{24}$	k^hua^{45}	$u\alpha^{24}$
51 浦江	$gu\alpha^{113}$白 $u\alpha^{113}$文	ua^{24}	kua^{53}	kua^{55}	（无）	$u\alpha^{24}$	k^hua^{55}	$u\alpha^{24}$
52 义乌	uai^{213}	$u\varepsilon^{24}$	kua^{423}	kua^{45}	$u\varepsilon^{335}$	$u\alpha^{24}$	k^hua^{45}	$u\alpha^{24}$
53 东阳	ua^{213}	$u\alpha^{24}$	kua^{453}	kua^{453}	$u\varepsilon^{334}$	$u\alpha^{24}$	k^hua^{453}	$u\alpha^{24}$
54 永康	uai^{22}	uai^{241}	$kuai^{334}$	$t\varphi ya^{52}$	uai^{55}	$u\alpha^{241}$	$t\varphi^h ya^{334}$	$u\alpha^{241}$
55 武义	ua^{324}	ua^{231}	kua^{445}	kua^{53}	（无）	$u\alpha^{231}$	ts^hua^{53}	$u\alpha^{231}$
56 磐安	ua^{213}	ua^{14}	kua^{334}	kua^{52}	$u\varepsilon^{445}$	$u\alpha^{14}$	k^hua^{52}	$u\alpha^{14}$
57 缙云	$u\alpha^{243}$	$u\alpha^{213}$	kua^{51}	$ku\alpha^{453}$	（无）	u^{213}	$k^hu\alpha^{453}$	u^{213}
58 衢州	$u\varepsilon^{21}$	$u\varepsilon^{231}$	$ku\varepsilon^{35}$	$ku\alpha^{53}$	$u\varepsilon^{32}$	$u\alpha^{231}$	$k^hu\varepsilon^{53}$	$u\alpha^{231}$
59 衢江	$u\varepsilon^{212}$	$u\alpha^{231}$	$ku\varepsilon^{25}$	kuo^{53}	ua^{33}	uo^{231}	k^hua^{53}	uo^{231}
60 龙游	$u\varepsilon^{21}$	$u\alpha^{231}$	$ku\varepsilon^{35}$	$ku\alpha^{51}$	$u\varepsilon^{334}$	u^{231}	k^hua^{51}	u^{231}
61 江山	ua^{213}	（无）	kua^{241}	$ku\mathfrak{p}^{51}$	θ^{44}白 ua^{44}文	$u\mathfrak{p}^{31}$	k^hua^{51}	$y\mathrm{ə}^{31}$白 $u\mathfrak{p}^{31}$文
62 常山	$gu\varepsilon^{341}$单用 $u\varepsilon^{341}$胸~	$u\varepsilon^{131}$	$ku\varepsilon^{52}$	kua^{324}	i^{44}又 $u\varepsilon^{44}$又	$u\alpha^{131}$	$k^hu\varepsilon^{324}$	ye^{131}白 $u\alpha^{131}$文
63 开化	gua^{231}~里 xua^{213}~疑	xua^{213}	kua^{53}	kua^{412}	ua^{44}	$u\alpha^{213}$动 $xu\alpha^{213}$名	$k^hu\alpha^{412}$	ye^{213}单用 $xu\alpha^{213}$电~
64 丽水	$u\mathfrak{o}^{22}$	$u\mathfrak{o}^{131}$	$ku\mathfrak{o}^{544}$	guo^{131}音殊	$u\mathfrak{o}^{224}$	uo^{131}	$k^hu\mathfrak{o}^{52}$	uo^{131}
65 青田	$gu\alpha^{21}$白 $u\alpha^{21}$文	$u\alpha^{22}$	kua^{454}	gu^{22}	$u\alpha^{445}$	u^{22}	k^hua^{33}	u^{22}
66 云和	ua^{312}	ua^{223}	kua^{41}	go^{223}音殊	ua^{24}	o^{223}	k^hua^{45}	o^{223}
67 松阳	ua^{31}	ua^{13}	kua^{212}	$ku\mathrm{ə}^{24}$	ua^{53}	$u\mathrm{ə}^{13}$	k^hua^{24}	u^{13}

方言点	0185 怀 蟹合二 平皆匣	0186 坏 蟹合二 去皆匣	0187 拐 蟹合二 上佳见	0188 挂 蟹合二 去佳见	0189 歪 蟹合二 平佳晓	0190 画 蟹合二 去佳匣	0191 快 蟹合二 去夬溪	0192 话 蟹合二 去夬匣
68 宣平	ua^{433}	ua^{231}	kua^{445}	go^{231}音殊	xuɛ^{445}	o^{231}	kʰua^{52}	o^{231}
69 遂昌	ua^{221}	ua^{213}	kua^{533}	kɒ^{334}	ua^{45}	uɒ^{213}	kʰua^{334}	u^{213}
70 龙泉	uaŋ^{21}韵殊	ua^{224}	kua^{51}	kuo^{45}	ua^{434}	uo^{224}	kʰua^{45}	uo^{224}
71 景宁	uɔ^{41}	uɔ^{113}	kuɔ^{33}	go^{113}音殊	uɔ^{324}	o^{113}	kʰuɔ^{35}	o^{113}
72 庆元	uɑ^{52}	uɑ^{31}破~	kuɑ^{33}	ko^{11}	uɑ^{335}	o^{31}	kʰuɑ^{11}	o^{31}
73 泰顺	ua^{53}	ua^{22}	kua^{55}	kuɔ^{22}调殊	ua^{213}	uɔ^{22}	kʰua^{35}	uɔ^{22}
74 温州	ga^{31}白 va^{31}文	va^{22}	ka^{51}调殊	ko^{51}	va^{33}	o^{22}	kʰa^{51}	o^{22}
75 永嘉	ga^{31}白 va^{31}文	va^{22}	ka^{53}调殊	ko^{53}	va^{44}	o^{22}	kʰa^{53}	o^{22}
76 乐清	gue^{31}白 ve^{31}文	ve^{22}	kue^{35}	kuɯʌ^{41}	ue^{44}	vɯʌ^{22}	kʰue^{41}	vɯʌ^{22}
77 瑞安	ga^{31}白 va^{31}文	va^{22}	ka^{35}	ku^{53}	va^{44}	u^{22}	kʰa^{53}	u^{22}
78 平阳	vʌ^{242}	vʌ^{33}	kʌ^{45}	kuo^{53}	vʌ^{55}	uo^{33}	kʰʌ^{53}	uo^{33}
79 文成	uɔ^{113}	uɔ^{424}	kɔ^{45}	ko^{33}	uɔ^{55}	o^{424}	kʰɔ^{33}	o^{424}
80 苍南	ya^{31}	ya^{11}	kia^{53}	ko^{42}	ya^{44}	uɔ^{11}	kʰia^{42}	uɔ^{11}
81 建德徽	uɑ^{33}	uɑ^{55}	kuɑ^{213}	ko^{33}	uɑ^{53}	o^{55}	kʰuɑ^{33}	o^{55}
82 寿昌徽	xuæ^{112}文	uɑ^{33}	kuɑ^{24}	kuə^{33}	（无）	uə^{33}	kʰuɑ^{33}	u^{33}笑~ uɑ^{55}电~
83 淳安徽	uɑ^{435}	uɑ^{53}	kuɑ^{55}	ko^{24}	uɑ^{24}	o^{53}	kʰuɑ^{24}	u^{53}
84 遂安徽	vɑ^{33}	vɑ^{52}	kuɑ^{213}	kuɑ^{43}	vɑ^{534}	vɑ^{52}	kʰuɑ^{43}	vɑ^{52}
85 苍南闽	huai^{24}	huai^{21}文	kuai^{43}	kua^{21}	uai^{55}	ue^{21}	kʰuai^{21}	ue^{21}
86 泰顺闽	fai^{22}	fai^{31}	kuai^{344}	kua^{53}	uaɛ^{213}	ua^{31}	kʰei^{53}	ua^{31}
87 洞头闽	huai^{113}	（无）	kuai^{21}调殊	kua^{21}	uai^{33}	ue^{21}	kʰuai^{33}	ue^{21}
88 景宁畲	uɔi^{44}	uɔi^{51}	kuɔi^{325}	kɔ^{44}	（无）	uɔ^{44}	xiai^{44}	uɔ^{51}

方言点	0193 岁	0194 卫	0195 肺	0196 桂	0197 碑	0198 皮	0199 被 ～子	0200 紫
	蟹合三去祭心	蟹合三去祭云	蟹合三去废敷	蟹合四去齐见	止开三平支帮	止开三平支并	止开三上支并	止开三上支精
01 杭州	suei⁴⁵	uei¹³	fi⁴⁵	kuei⁴⁵	pei³³⁴	bi²¹³	bi¹³	tsʅ⁵³
02 嘉兴	suei²²⁴	uei¹¹³	fi²²⁴	kuei²²⁴	pei⁴²	bi²⁴²	bi¹¹³	tsʅ⁵⁴⁴
03 嘉善	sɛ³³⁴	vɛ¹¹³声殊	fi³³⁴	kuɛ³³⁴	pɛ⁵³	bi¹³²	bi¹¹³	tsʅ⁴⁴
04 平湖	sue³³⁴	ue²¹³	fi³³⁴	kue³³⁴	pe⁵³	bi³¹	bi²¹³	tsʅ⁴⁴
05 海盐	sue³³⁴	ue²¹³	fi³³⁴	kue³³⁴	pe⁵³	bi³¹	bi⁴²³	tsʅ⁴²³
06 海宁	sei³⁵	ue¹³	fi³⁵	kue³⁵	pei⁵⁵	bi¹³	bi²³¹	tsʅ⁵³
07 桐乡	si³³⁴	uei²¹³	fi³³⁴	kuei³³⁴	pi⁴⁴	bi¹³	bi²⁴²	tsʅ⁵³
08 崇德	si³³⁴老 sui³³⁴新	ui¹³	fi³³⁴	kui³³⁴	pi⁴⁴	bi¹³	bi²⁴²	tsʅ⁵³
09 湖州	sei³⁵	uei³⁵	fi³⁵	kuei³⁵	pei⁴⁴	bi¹¹²	bi²³¹	tsʅ⁵²³
10 德清	sɛ³³⁴	uɛ³³⁴	fi³³⁴	kuɛ³³⁴	pɛ⁴⁴	bi¹¹³	bi¹⁴³	tsʅ⁵²
11 武康	sɛ²²⁴	uɛ²²⁴	fi²²⁴	kuɛ²²⁴	pɛ⁴⁴	bi¹¹³	bi²⁴²	tsʅ⁵³
12 安吉	sɛ³²⁴	ue²¹³	fi³²⁴	kue³²⁴	pe⁵⁵	bi²²	bi²⁴³	tsʅ⁵²
13 孝丰	sɛ³²⁴	uɛ³²⁴	fi³²⁴	kue³²⁴	pe⁴⁴	bi²²	bi²⁴³	tsʅ⁵²
14 长兴	su³²⁴	uei³²⁴	fʅ³²⁴	kuei³²⁴	pei⁴⁴	bʅ¹²	bʅ²⁴³	tsʅ⁵²
15 余杭	sɛ⁴²³	uɛ²¹³	fi⁴²³	kuɛ⁴²³	pɛ⁴⁴	bi²²	bi²⁴³	tsʅ⁵³
16 临安	sᴇ⁵⁵	uᴇ³³	fi⁵⁵	kuᴇ⁵⁵	pᴇ⁵⁵	bi³³	bi³³	tsʅ⁵⁵
17 昌化	sei⁵⁴⁴	uei²⁴³	fei⁵⁴⁴	kuei⁵⁴⁴	pɛ³³⁴	bi¹¹²	bi²⁴³	tsʅ⁴⁵³
18 於潜	ɕy³⁵白 sue³⁵文	ue²⁴	fi³⁵	kue³⁵	pe⁴³³	bi²²³	bi²⁴	tsʅ⁵¹
19 萧山	se⁴²	ue²⁴²	fi⁴²	kue⁴²	pe⁵³³	bi³⁵⁵	bi¹³	tsʅ³³
20 富阳	sɛ³³⁵	uɛ³³⁵	fi³³⁵	kuɛ³³⁵	pɛ⁵³	bi¹³	bi²²⁴	tsʅ⁴²³
21 新登	se⁴⁵	ue¹³	fi⁴⁵	kue⁴⁵	pe⁵³	bi²³³	bi¹³	tsʅ³³⁴
22 桐庐	sᴇ³⁵	uᴇ²⁴	fi³⁵	kuᴇ³⁵	pᴇ⁵³³	bi¹³	bi²⁴	tsʅ³³
23 分水	sue²⁴	ue¹³·	fi²⁴	kue²⁴	pe⁴⁴	bi²²	bi¹³	tsʅ⁵³
24 绍兴	sᴇ³³	uᴇ²²³	fi³³	kuᴇ³³	pᴇ⁵³	bi²³¹	bi²²³	tsʅ³³⁴
25 上虞	se⁵³	ue³¹	fi⁵³	kue⁵³	pe³⁵	bi²¹³	bi²¹³	tsʅ³⁵

续表

方言点	0193 岁	0194 卫	0195 肺	0196 桂	0197 碑	0198 皮	0199 被~子	0200 紫
	蟹合三去祭心	蟹合三去祭云	蟹合三去废敷	蟹合四去齐见	止开三平支帮	止开三平支并	止开三上支并	止开三上支精
26 嵊州	sE^{334}	ue^{24}	fi^{334}	kuE^{334}	pE^{534}	bi^{213}	bi^{22}	$tsɿ^{53}$
27 新昌	$sɿ^{335}$	ue^{13}	fi^{335}	kue^{335}	pe^{534}	bi^{22}	bi^{232}	$tsɿ^{453}$
28 诸暨	se^{544}	ve^{33}	$fʅ^{544}$	kue^{544}	pe^{544}	$bʅ^{13}$	$bʅ^{242}$	$tsɿ^{42}$
29 慈溪	se^{44}	ue^{13}	fi^{44}	kue^{44}	pe^{35}~文	bi^{13}	bi^{13}	$tsɿ^{35}$
30 余姚	se^{53}	ue^{13}	fi^{53}	kue^{53}	pe^{44}	bi^{13}	bi^{13}	$tsɿ^{34}$
31 宁波	$sʮ^{44}$儿~ / $sɐi^{53}$~月	$uɐi^{13}$	fi^{44}	$kuɐi^{44}$	$pɐi^{53}$	bi^{13}	bi^{13}	$tsɿ^{35}$
32 镇海	$sʮ^{53}$	uei^{24}	fi^{53}	$kuei^{53}$	pei^{53}	bi^{24}	bi^{24}	$tsɿ^{35}$
33 奉化	$sʮ^{53}$	uei^{33}调殊	fi^{53}	$kuei^{53}$	pei^{44}	bi^{33}	bi^{324}	$tsɿ^{545}$
34 宁海	$sʮ^{35}$	ui^{24}又 / uei^{24}又	fi^{35}	$kuei^{35}$	pei^{423}	bi^{213}	bi^{31}	$tsɿ^{53}$
35 象山	$sʮ^{53}$	uei^{31}	fi^{53}	$kuei^{53}$	pei^{44}	bi^{31}	bi^{31}	$tsɿ^{44}$
36 普陀	$sʮ^{55}$	$uæi^{13}$	fi^{55}	$kuæi^{55}$	$pæi^{55}$	bi^{24}	bi^{23}	$tsɿ^{45}$
37 定海	$sʮ^{44}$	$uɐi^{23}$	fi^{44}	$kuɐi^{44}$	$pɐi^{52}$	bi^{23}	bi^{23}	$tsɿ^{45}$
38 岱山	$sʮ^{44}$白 / $sɐi^{44}$文	$uɐi^{23}$	fi^{44}	$kuɐi^{44}$	$pɐi^{52}$	bi^{23}	bi^{244}	$tsɿ^{52}$调殊
39 嵊泗	$sʮ^{53}$白 / $sɐi^{53}$文	$uɐi^{243}$	fi^{53}	$kuɐi^{53}$	$pɐi^{53}$	bi^{243}	bi^{334}	$tsɿ^{445}$
40 临海	$ɕy^{55}$	ue^{324}	fi^{55}	ky^{31}	pe^{31}	bi^{21}	bi^{21}	$tsɿ^{52}$
41 椒江	$sʮ^{55}$	$uə^{24}$	fi^{55}	ky^{55}	$pə^{42}$	bi^{31}	bi^{31}	$tsɿ^{42}$
42 黄岩	$sʮ^{55}$	$uø^{24}$	fi^{55}	ky^{55}	pe^{32}	bi^{121}	bi^{121}	$tsɿ^{42}$
43 温岭	$ɕy^{55}$	y^{13}	fi^{55}	ky^{55}	pe^{33}	bi^{31}	bi^{31}	$tsɿ^{42}$
44 仙居	$ɕy^{55}$	$uæ^{24}$	fi^{55}	cy^{55}白 / $kʰuæ^{55}$文	$ɦæ^{334}$	bi^{213}	bi^{213}	$tsɿ^{324}$
45 天台	$ɕy^{55}$	uei^{35}	fi^{55}	ky^{55}	pei^{33}	bi^{224}	bi^{214}	$tsɿ^{325}$
46 三门	$sʮ^{55}$	ue^{243}	fi^{55}	kue^{55}	pe^{334}	bi^{113}	bi^{213}	$tsɿ^{325}$
47 玉环	$ɕy^{55}$	y^{22}	fi^{55}	ky^{55}	pe^{42}	bi^{31}	bi^{41}	$tsɿ^{53}$

续表

方言点	0193 岁	0194 卫	0195 肺	0196 桂	0197 碑	0198 皮	0199 被 ~子	0200 紫
	蟹合三 去祭心	蟹合三 去祭云	蟹合三 去废敷	蟹合四 去齐见	止开三 平支帮	止开三 平支並	止开三 上支並	止开三 上支精
48 金华	se^{55}	ui^{14}	fi^{55}	kui^{55}	pe^{334}	bi^{313}	pi^{535}	tsʅ^{535}
49 汤溪	sie^{52}	uei^{341}	fi^{52}	kuei^{52}	pe^{24}	bi^{11}	bi^{113}	tsʅ^{535}
50 兰溪	sie^{45}	ui^{24}	fi^{45}	kui^{45}	pe^{334}	bi^{21}	pi^{55}	tsʅ^{55}
51 浦江	ʃi^{55}	ue^{243}	fi^{55}	kue^{55}	pe^{534}	bi^{113}	bi^{243}	tsʅ^{53}
52 义乌	si^{45}	uai^{24}	fi^{45}	kuai^{45}	pai^{335}	bi^{213}	bi^{312}	tsʅ^{423}
53 东阳	sʅ^{453}	uei^{24}	fi^{453}	kuei^{453}	pei^{334}	bi^{213}	bi^{24}	tsʅ^{44}
54 永康	ɕie^{52}	uəi^{241}	fie^{52}	kuəi^{52}	ɓəi^{55}	bi^{22}	bi^{113}	tsʅ^{334}
55 武义	ɕie^{53}	ui^{231}	fie^{53}	kui^{53}	pa^{24}	bi^{324}	bi^{13}	tsʅ^{445}
56 磐安	ɕy^{52}	ue^{14}	fi^{52}	kue^{52}	pe^{445}	bi^{213}	pi^{334}	tsʅ^{334}
57 缙云	sɥ^{453}	uei^{213}	fi^{453}	tɕy^{453}	pei^{44}	bi^{243}	bi^{31}	tsʅ^{51}
58 衢州	se^{53}	ue^{231}	fi^{53}	kue^{53}	pe^{32}	bi^{21}	bi^{231}	tsʅ^{35}
59 衢江	ɕie^{53} 一~ sei^{53} 万~	uei^{231}	fi^{53}	kuei^{53}	pei^{33}	bi^{212}	bi^{212}	tsɤ^{25}
60 龙游	suei^{51}	uei^{231}	fi^{51}	kuei^{51}	pei^{334}	bi^{21}	bi^{224}	tsʅ^{35}
61 江山	xuɛ^{51} 几~ ɕy^{51} 太~	uɛ^{213} 调殊	fi^{51}	kuɛ^{51}	pɛ^{44}	bɛ^{213}	bɛ^{22}	tsə^{241}
62 常山	sue^{324}	ue^{341}	fi^{324}	kui^{44}	pi^{44}	bi^{341}	bi^{24}	tsʅ^{52}
63 开化	se^{412}	uei^{213}	fɛ^{412}	kuei^{412}	pei^{44}	bi^{231}	bi^{213}	tsʅə^{53}
64 丽水	sɥ^{52}	uei^{131}	fi^{52}	kuei^{52}	pei^{224}	bi^{22}	bi^{22}	tsʅ^{544}
65 青田	sɥ^{33}	vu^{22}	fi^{33}	kuæi^{33}	ɓæi^{445}	bi^{21}	bi^{343}	tsʅ^{454}
66 云和	sɥ^{45}	uei^{223}	fi^{45}	tsɥ^{45} 白 kuei^{45} 文	pei^{24}	bi^{312}	bi^{231}	tsʅ^{41}
67 松阳	ɕyɛ^{24}	uei^{13}	pʰiɛ^{24}	kuei^{24}	pei^{53}	bi^{31}	bi^{22}	tsʅə^{212}
68 宣平	ɕy^{52}	uei^{231}	fi^{52}	kuei^{52} ~花 kʰuei^{52} ~圆,声殊	pei^{324}	bi^{433}	bi^{223}	tsʅ^{445}
69 遂昌	ɕyɛ^{334}	uei^{213}	fiɛ^{334}	kuei^{334}	pei^{45}	bi^{221}	bi^{13}	tsɤ^{533}

续表

方言点	0193 岁	0194 卫	0195 肺	0196 桂	0197 碑	0198 皮	0199 被 ~子	0200 紫
	蟹合三去祭心	蟹合三去祭云	蟹合三去废敷	蟹合四去齐见	止开三平支帮	止开三平支並	止开三上支並	止开三上支精
70 龙泉	ɕy⁴⁵	uəi²²⁴	fi⁴⁵	tɕy⁴⁵旧 kuəi⁴⁵今	pɛ⁴³⁴	bi²¹	pi⁵¹	tsɿ⁵¹
71 景宁	ɕy³⁵	uai¹¹³	pʰi³⁵白 fi³⁵文	tɕy³⁵白 kuai³⁵文	pai³²⁴	bi⁴¹	bi³³	tsɿ³³
72 庆元	ɕyE¹¹	ȵyE³¹声殊	fi¹¹	tɕy¹¹	ɓæi³³⁵	pi⁵²	pi²²¹	tsɿ³³
73 泰顺	ɕy³⁵	y²²	fi³⁵	tɕy³⁵	pæi²¹³	pi⁵³	pi²¹	tsɿ⁵⁵
74 温州	sɿ⁵¹	vu²²	fei⁵¹	tɕy⁵¹	pai³³	bei³¹	bei¹⁴	tsɿ²⁵
75 永嘉	sʮ⁵³	u²²	fei⁵³	tsʮ⁵³	pai⁴⁴	bei³¹	bei¹³	tsɿ⁴⁵
76 乐清	sy⁴¹白 sai⁴¹文	y²²	fi⁴¹	kuai⁴¹	pai⁴⁴	bi³¹	bi²⁴	tsɿ³⁵
77 瑞安	səɯ⁵³	ɣ²²	fei⁵³	tɕy⁵³	pai⁴⁴	bei³¹	bei¹³	tsɿ³⁵
78 平阳	su⁵³	vɐ³³	fi⁵³	tɕy⁵³	pai⁵⁵	bi²⁴²	bi²³	tsɿ⁴⁵
79 文成	søy³³	vɐ⁴²⁴	fei³³	tɕy³³	pai⁵⁵	bei¹¹³	bei²²⁴	tsɿ⁴⁵
80 苍南	ɕy⁴²	y¹¹	fi⁴²	tɕy⁴²	pai⁴⁴	bi³¹	bi²⁴	tsɿ⁵³
81 建德徽	ɕi³³	ue²¹³	fi³³	kue³³	pe⁵³	pi³³	pi²¹³	tsɿ²¹³
82 寿昌徽	ɕi³³	uei³³	fi³³	kuei³³	piæ¹¹²	pʰi⁵²	pʰi⁵³⁴	tsɿ²⁴
83 淳安徽	ɕie²⁴	ve⁵³	fi²⁴	kue²⁴	pie²⁴	pʰi⁴³⁵	pʰi⁵⁵	tsa⁵⁵
84 遂安徽	ɕiɛ⁴³	vəɯ⁵²	fe⁴³	kuəɯ⁴³	pəɯ⁵³⁴	pʰi³³	pʰi⁴³	tsɿ²¹³
85 苍南闽	hə²¹	ui²¹	hui²¹	kui²¹	pue⁵⁵	pʰə²⁴	pʰə³²	tɕi⁴³
86 泰顺闽	sɔi⁵³	uei³¹	xei⁵³	køi⁵³	pi²¹³	pʰɔi²²	pʰɔi³¹	tsei³⁴⁴
87 洞头闽	hə²¹白 sui²¹文	ui²¹	hui²¹	kui²¹	pue³³	pʰə¹¹³	pʰə²¹	tɕi⁵³
88 景宁畲	ɕyoi⁴⁴	uei⁵¹	pʰi⁴⁴	kuei⁴⁴	poi⁴⁴	pʰi²²	pʰi⁴⁴	tsɿ³²⁵

方言点	0201 刺	0202 知	0203 池	0204 纸	0205 儿	0206 寄	0207 骑	0208 蚁
	止开三 去支清	止开三 平支知	止开三 平支澄	止开三 上支章	止开三 平支日	止开三 去支见	止开三 平支群	止开三 上支疑
01 杭州	tsʰɿ⁴⁵	tsɿ³³⁴	dzɿ²¹³	tsɿ⁵³	əl²¹³	tɕi⁴⁵	dʑi²¹³	ȵi³³⁴调殊
02 嘉兴	tsʰɿ²²⁴	tsɿ⁴²	zɿ²⁴²	tsɿ⁵⁴⁴	ŋ²⁴²	tɕi²²⁴	dʑi²⁴²	ȵi¹¹³
03 嘉善	tsʰɿ³³⁴	tsɿ⁵³	zɿ¹³²	tsɿ⁴⁴	ŋ¹³²白 ɚ¹³²文	tɕi³³⁴	dʑi¹³²	ȵi¹¹³
04 平湖	tsʰɿ²¹³	tsɿ⁵³	zɿ³¹	tsɿ⁴⁴	ŋ³¹白 əl³¹文	ke³³⁴	dʑi³¹	ȵi²¹³
05 海盐	tsʰɿ³³⁴	tsɿ⁵³	zɿ³¹	tsɿ⁴²³	n³¹白 əl³¹文	ke³³⁴	dʑy³¹	ȵiəʔ²³音殊
06 海宁	tsʰɿ³⁵	tsɿ⁵⁵	zɿ¹³	tsɿ⁵³	ŋ¹³白 əɯ¹³文	tɕi³⁵	dʑi¹³	ȵi¹³
07 桐乡	tsʰɿ³³⁴	tsɿ⁴⁴	zɿ¹³	tsɿ⁵³	ŋ¹³白 əl¹³文	ki³³⁴	dʑi¹³	（无）
08 崇德	tsʰɿ³³⁴	tsɿ⁴⁴	zɿ¹³	tsɿ⁵³	ŋ¹³白 əl¹³文	ki³³⁴～存 tɕi³³⁴～信	dʑi¹³	ȵi¹³
09 湖州	tsʰɿ³⁵	tsɿ⁴⁴	dzɿ¹¹²	tsɿ⁵²³	n³⁵	tɕi³⁵	dʑi¹¹²	mi³⁵
10 德清	tsʰɿ³³⁴	tsɿ⁴⁴	zɿ¹¹³	tsɿ⁵²	n¹¹³	tɕi³³⁴	dʑi¹¹³	ȵi⁴⁴
11 武康	tsʰɿ²²⁴	tsɿ⁴⁴	dzɿ¹¹³	tsɿ⁵³	n¹¹³白 ɚ¹¹³文	tɕi²²⁴	dʑi¹¹³	ȵi⁴⁴
12 安吉	tsʰɿ³²⁴	tsɿ⁵⁵	dzɿ²²	tsɿ⁵²	ŋ²²	tɕi³²⁴	dʑi²²	ȵi²¹³
13 孝丰	tsʰɿ³²⁴	tsɿ⁴⁴	dzɿ²²	tsɿ⁵²	ŋ²²白 əl²²文	tɕi³²⁴	dʑi²²	ȵi³²⁴
14 长兴	tsʰɿ³²⁴	tsɿ⁴⁴	dzɿ¹²	tsɿ⁵²	n¹²白 əl¹²文	tʃl³²⁴	dʒl¹²	nl³²⁴
15 余杭	tsʰɿ⁴²³	tsɿ⁵³	zɿ²²	tsɿ⁵³	n²²	tɕi⁴²³	dʑi²²	ȵi⁴⁴
16 临安	tsʰɿ⁵⁵	tsɿ⁵⁵	dzɿ³³	tsɿ⁵⁵	ŋ³³	tɕi⁵⁵	dʑi³³	ȵi³³
17 昌化	tsʰɿ⁵⁴⁴	tsɿ³³⁴	zɿ¹¹²	tsɿ⁴⁵³	ŋ¹¹²白 əl¹¹²文	tsɿ⁵⁴⁴	zɿ¹¹²	ȵi⁴⁵³
18 於潜	tsʰɿ³⁵	tsɿ⁴³³	dzɿ²²³	tsɿ⁵¹	ɚ²²³	tɕi³⁵	dʑi²²³	ȵi²⁴
19 萧山	tsʰɿ⁴²	tsɿ⁵³³	dzɿ³⁵⁵	tsɿ³³	ŋ³⁵⁵	tɕi⁴²	dʑi³⁵⁵	ȵi³³
20 富阳	tsʰɿ³³⁵	tsɿ⁵³	dzɿ¹³	tsɿ⁴²³	ŋ¹³	tɕi³³⁵	dʑi¹³	ȵi³³⁵

续表

方言点	0201 刺 止开三 去支清	0202 知 止开三 平支知	0203 池 止开三 平支澄	0204 纸 止开三 上支章	0205 儿 止开三 平支日	0206 寄 止开三 去支见	0207 骑 止开三 平支群	0208 蚁 止开三 上支疑
21 新登	tsʰɿ⁴⁵	tsɿ⁵³	dzɿ²³³	tsɿ³³⁴	ŋ²³³白 / əlɿ²³³文	tɕi⁴⁵	dʑi²³³	i⁴⁵
22 桐庐	tsʰɿ³⁵	tsɿ⁵³³	dzɿ¹³	tsɿ³³	ŋ¹³	tɕi³⁵	dʑi¹³	i³³
23 分水	tsʰɿ²⁴	tsɿ⁴⁴	dzɿ²²	tsɿ⁵³	ɣ²²	tɕi²⁴	dʑi²²	i¹³
24 绍兴	tsʰɿ³³	tsɿ³³	dzɿ²³¹	tsɿ³³⁴	ȵi²³¹白 / əl²³¹文	tɕi³³	dʑi²³¹	mi²³¹白~ / ȵi²³¹又
25 上虞	tsʰɿ⁵³	tsɿ³⁵	dzɿ²¹³	tsɿ³⁵	ȵi²¹³白 / əl²¹³文	tɕi⁵³	dʑi²¹³	ȵi²¹³
26 嵊州	tsʰɿ³³⁴	tsɿ⁵³⁴	dzɿ²¹³	tsɿ⁵³	ȵi²¹³白 / əl²¹³文	tɕi³³⁴	dʑi²¹³	ȵi²¹³
27 新昌	tsʰɿ³³⁵	tsɿ⁵³⁴	dzɿ²²	tsɿ⁴⁵³	ŋ²²白 / əl²²文	tɕi³³⁵	dʑi²²	ŋa²²白 / ȵi²²文
28 诸暨	tsʰɿ⁵⁴⁴	tsɿ⁵⁴⁴	dzɿ¹³	tsɿ⁴²	əl¹³	tʃɿ⁵⁴⁴	dʒɿ¹³	nɿ³³调殊
29 慈溪	tsʰɿ⁴⁴	tsɿ⁴⁴读字	dzɿ¹³	tsɿ³⁵	ŋ¹³白 / əl¹³文	tɕi⁴⁴	dʑi¹³	ȵi¹³
30 余姚	tsʰɿ⁵³	tsɿ⁴⁴	dzɿ¹³	tsɿ³⁴	ŋ¹³白 / l¹³文	tɕi⁵³	dʑi¹³	ȵi¹³
31 宁波	tsʰɿ⁴⁴	tsʮ⁴⁴	dʑi¹³	tsɿ³⁵	ŋ¹³白 / əl¹³文	tɕi⁴⁴	dʑi¹³	ȵi¹³蚂~
32 镇海	tsʰɿ⁵³	tsʮ⁵³通~	dʑi²⁴	tsɿ³⁵	ŋ²⁴白 / əl²⁴文	tɕi⁵³	dʑi²⁴	ȵi²⁴
33 奉化	tsʰɿ⁵³	tsɿ⁴⁴	dzɿ³³	tsɿ⁵⁴⁵	ŋ³³白 / əl³³文	tɕi⁵³	dʑi³³	ȵi³³调殊
34 宁海	tsʰɿ³⁵	tsʰʮ⁴²³	dzɿ²¹³	tsɿ⁵³	ŋ²¹³白 / l²¹³文	tsɿ³⁵	dʑi²¹³	ŋ³¹白~
35 象山	tsʰɿ⁵³	tsʮ⁴⁴	dzɿ³¹	tsɿ⁴⁴	ŋ³¹白 / əl³¹文	tɕi⁵³	dʑi³¹	ȵi³¹
36 普陀	tsʰɿ⁵⁵	tsɿ⁵⁵调殊	dzɿ²⁴	tsɿ⁴⁵	ŋ²⁴	tɕi⁵⁵	dʑi²⁴	ȵi²³
37 定海	tsʰɿ⁴⁴	tsʮ⁵²调殊	dzɿ²³	tsɿ⁴⁵	ŋ²³白 / əl²³文	tɕi⁴⁴	dʑi²³	ȵi²³
38 岱山	tsʰɿ⁴⁴	tsʮ⁴⁴调殊	dzʮ²³	tsɿ³²⁵	ŋ²³白 / əl²³文	tɕi⁴⁴	dʑi²³	ȵi²³

续表

方言点	0201 刺	0202 知	0203 池	0204 纸	0205 儿	0206 寄	0207 骑	0208 蚁
	止开三 去支清	止开三 平支知	止开三 平支澄	止开三 上支章	止开三 平支日	止开三 去支见	止开三 平支群	止开三 上支疑
39 嵊泗	tsʰ ʅ⁵³	tsʮ⁵³	dzʅ²⁴³	tsʅ⁴⁴⁵	ŋ²⁴³白 əl²⁴³文	tɕi⁵³	dʑi²⁴³	n̠i²⁴³
40 临海	tsʰ ʅ⁵⁵	tsʅ³¹	dzʅ²¹	tsʅ⁵²	n²¹	tɕi⁵⁵又 ki⁵⁵又	dʑi²¹又 gi²¹又	ni²¹
41 椒江	tsʰ ʅ⁵⁵	tsʅ⁴²	dzʅ³¹	tsʅ⁴²	n³¹	tɕi⁵⁵	dʑi³¹	n̠i³¹
42 黄岩	tsʰ ʅ⁵⁵	tsʅ³²	dzʅ¹²¹	tsʅ⁴²	n¹²¹	tɕi⁵⁵	dʑi¹²¹	ni¹²¹
43 温岭	tsʰ ʅ⁵⁵	tsʅ³³	dzʅ²⁴小	tsʅ⁴²	n³¹	tɕi⁵⁵	dʑi³¹	ni³¹
44 仙居	tsʰ ʅ⁵⁵	tsʅ³³⁴	dzʅ²¹³	tsʅ³²⁴	ŋ²¹³	tɕi⁵⁵	dʑi²¹³	ŋ³²⁴
45 天台	tsʰ ʅ⁵⁵	tsʅ³³	dzʅ²²⁴	tsʅ³²⁵	n²²⁴白 əl²²⁴文	ki⁵⁵	gi²²⁴	n̠i²¹⁴
46 三门	tsʰ ʅ⁵⁵	tsʅ³³⁴	dzʅ¹¹³	tsʅ³²⁵	ŋ¹¹³白 əl¹¹³文	tɕi⁵⁵	dʑi¹¹³	n̠i³²⁵
47 玉环	tsʰ ʅ⁵⁵	tsʅ⁴²	dzʅ³¹	tsʅ⁵³	ŋ³¹	tɕi⁵⁵	dʑi³¹	ni³¹
48 金华	tsʰ ʅ⁵⁵	tsʅ³³⁴	dzʅ³¹³	tsʅ⁵³⁵	ŋ³¹³	tɕi⁵⁵	dʑi³¹³	ua⁵³⁵
49 汤溪	tsʰ ʅ⁵²	tsʅ²⁴	dzʅ¹¹	tsʅ⁵³⁵	ŋ¹¹	tɕi⁵²	dʑi¹¹	ua¹¹³
50 兰溪	tsʰ ʅ⁴⁵	tsʅ³³⁴	dzʅ²¹	tsʅ⁵⁵	n²¹	tɕi⁴⁵	dʑi²¹	ua⁵⁵
51 浦江	tsʅ⁵⁵白 tsʰ ʅ⁵⁵文	tʃi⁵³⁴	dʒi¹¹³	tʃi⁵³	n¹¹³	tʃi⁵⁵	dʒi¹¹³	n²⁴³白～
52 义乌	tsʰ i⁴⁵白 tsʰ ʅ⁴⁵文	tsi³³⁵白 tsʅ³³⁵文	dzi²¹³	tsi⁴²³	n²¹³白 e²¹³文	tɕi⁴⁵	dʑi²¹³	ɔ³¹²白～
53 东阳	tsʰ i⁴⁵³	tsi³³⁴	dzi²¹³	tsi⁴⁴	n²¹³	tɕi⁴⁵³	dʑi²¹³	（无）
54 永康	tɕʰie⁵²	tɕi⁵⁵	dʑi²²	tɕi³³⁴	ŋ²²白 ly²²文	tɕi⁵²	dʑi²²	n̠ia¹¹³
55 武义	tɕʰi⁵³	tsʅ²⁴	dʑi³²⁴	tɕi⁴⁴⁵	n³²⁴	tɕi⁵³	dʑi³²⁴	nia¹³
56 磐安	tɕʰi⁵²	tɕi⁴⁴⁵老 tsʅ⁴⁴⁵新	dʑi²¹³	tɕi³³⁴	n²¹³	tɕi⁵²	dʑi²¹³	ŋɒn¹⁴小
57 缙云	tsʰ ʅ⁴⁵³	tsʅ⁴⁴	dzʅ²⁴³	tsʅ⁵¹	n̠i²⁴³	tɕi⁴⁵³	dʑi²⁴³	ŋɑ³¹
58 衢州	tsʰ ʅ⁵³	tʃy³²	dʒy²¹	tʃy³⁵	n̠i²¹白 əl²¹文	tsʅ⁵³	dzʅ²¹	i³²蚂～

方言点	0201 刺 止开三 去支清	0202 知 止开三 平支知	0203 池 止开三 平支澄	0204 纸 止开三 上支章	0205 儿 止开三 平支日	0206 寄 止开三 去支见	0207 骑 止开三 平支群	0208 蚁 止开三 上支疑
59 衢江	$tɕ^hyø^{53}$	$tɕy^{33}$	$dʑyø^{212}$	$tɕyø^{25}$	$ŋ^{212}$	$tsɿ^{53}$	$dʑɿ^{212}$	$ŋa^{212}$
60 龙游	$ts^hɿ^{51}$	$tsɿ^{334}$	$dʑɿ^{21}$	$tsɿ^{35}$	$n̠i^{21}$	$tɕi^{51}$	$dʑi^{21}$	$ŋɑ^{224}$
61 江山	$tɕ^hiə^{51}$	$tsə^{44}$白 $tɕi^{44}$文	$dʑi^{213}$	$tɕiə^{241}$	$n̠i^{241}$白 $ɵ^{213}$文	$kɛ^{51}$	$gɵ^{213}$	$ŋɵ^{22}$
62 常山	$ts^hɿə^{324}$	$tsɿə^{44}$~得 tsi^{44}~了 $tsɿ^{44}$~识	$dʑɿ^{341}$	$tɕie^{52}$	n^{52}白 $ø^{52}$文	ke^{324}	$guɛ^{341}$	$ŋɛ^{52}$白~ $ŋɛ^{24}$苍~
63 开化	$ts^hɿə^{412}$	$tsɿə^{44}$~得 $tɕy^{44}$~了 $tsɿ^{44}$通~	$dʑɿ^{231}$	$tɕiɛ^{53}$	$n̠i^{53}$白 $əl^{213}$文	$kɛ^{412}$	gua^{231}~马 $dʑɿ^{231}$~兵	$ŋa^{213}$
64 丽水	$ts^hɿ^{52}$	$tsɿ^{224}$	$dʑɿ^{22}$	$tsɿ^{544}$	$ŋ^{224}$白 $əl^{22}$文	$tsɿ^{52}$	$dʑɿ^{22}$	$ŋuɔ^{224}$音殊
65 青田	$ts^hɿ^{33}$	$tsɿ^{445}$	$dʑɿ^{21}$	$tsɿ^{454}$	n^{21}	$tsɿ^{33}$	$dʑɿ^{21}$	$ŋɑ^{445}$调殊
66 云和	$ts^hɿ^{45}$	$tsɿ^{24}$	$dʑɿ^{312}$	$tsɿ^{41}$	$n̠i^{24}$调殊	$tsɿ^{45}$	$dʑɿ^{312}$	$ŋɔ^{41}$韵殊
67 松阳	$ts^hɿə^{24}$	$tsɿə^{53}$	$dʑɿ^{31}$	$tsɿə^{212}$	$n̠iɛ^{31}$	$tsɿ^{24}$	$dʑɿ^{31}$	$ŋa^{22}$
68 宣平	$ts^hɿ^{52}$	$tsɿ^{324}$	$dʑɿ^{433}$	$tsɿ^{445}$	n^{324}白 $əɯ^{223}$文	$tsɿ^{52}$	$dʑɿ^{433}$	$ŋa^{223}$韵殊
69 遂昌	$tɕ^hiɛ^{334}$白 $ts^hɿ^{334}$文	$tsɿ^{45}$~识	$dʑɿ^{221}$	$tɕie^{533}$	$n̠ie^{221}$	$tsɿ^{334}$	$dʑɿ^{221}$	$ŋa^{13}$
70 龙泉	ts^hi^{45}白 ts^hi^{45}文	$tɕi^{434}$	$dʑɿ^{21}$	$tɕi^{51}$	$n̠i^{21}$	$tsɿ^{45}$	$dʑɿ^{21}$	$n̠i^{224}$调殊
71 景宁	$tɕ^hi^{35}$	$tsɿ^{324}$	$dʑɿ^{41}$	$tɕi^{33}$	$n̠i^{324}$调殊	$tɕi^{35}$	$dʑi^{41}$	$ŋa^{33}$韵殊
72 庆元	$tɕ^hiɛ^{11}$	$tɕiɛ^{335}$	$tsɿ^{52}$	$tɕiɛ^{33}$	$n̠iɛ^{11}$	$tsɿ^{11}$	$tsɿ^{52}$	$ŋɑ^{221}$
73 泰顺	$ts^hɿ^{35}$	$tsɿ^{213}$	$tsɿ^{53}$	$tsɿ^{55}$	$n̠i^{213}$	$tsɿ^{35}$	$tsɿ^{53}$	$ŋã^{55}$韵殊
74 温州	ts^hei^{51}白 $ts^hɿ^{51}$文	$tsɿ^{33}$	$dzei^{31}$	$tsei^{25}$	$ŋ^{31}$	$tsɿ^{51}$	$dzɿ^{31}$	$ŋa^{14}$白 $n̠i^{14}$文
75 永嘉	$ts^hɿ^{53}$	$tsɿ^{44}$	$dʑɿ^{31}$	$tsɿ^{45}$	$ŋ^{31}$	$tsɿ^{53}$	$dʑɿ^{31}$	$ŋa^{13}$白 $n̠i^{13}$文
76 乐清	$tɕ^hi^{41}$白 $ts^hɿ^{41}$文	$tsɿ^{44}$	$dʑi^{31}$	$tɕi^{35}$	$ŋ^{31}$	$tɕi^{41}$	$dʑi^{31}$	$ŋɛ^{24}$白 $n̠i^{24}$文

续表

方言点	0201 刺 止开三 去支清	0202 知 止开三 平支知	0203 池 止开三 平支澄	0204 纸 止开三 上支章	0205 儿 止开三 平支日	0206 寄 止开三 去支见	0207 骑 止开三 平支群	0208 蚁 止开三 上支疑
77 瑞安	ts^hei^{53}白 $ts^hɿ^{53}$文	$tsɿ^{44}$	$dzei^{31}$	$tsei^{35}$	$ŋ^{31}$	$tɕi^{53}$	$dʑi^{31}$	$ŋa^{13}$
78 平阳	$tɕ^hi^{53}$白 $ts^hɿ^{53}$文	$tsɿ^{55}$	$dʑi^{242}$	$tɕi^{45}$	$ŋ^{242}$	$tɕi^{53}$	$dʑi^{242}$	$ŋA^{33}$调殊
79 文成	$tɕ^hi^{33}$	$tsɿ^{55}$	$dʑi^{113}$	$tɕi^{45}$	n^{113}	$tɕi^{33}$	$dʑi^{113}$	$ȵi^{224}$
80 苍南	$tɕ^hi^{42}$白 $ts^hɿ^{42}$文	$tsɿ^{44}$	$dʑi^{31}$	$tɕi^{53}$	$ŋ^{31}$	$tɕi^{42}$	$dʑi^{31}$	$ȵia^{44}$调殊
81 建德徽	$ts^hɿ^{33}$	$tsɿ^{33}$	$tsɿ^{33}$	$tsɿ^{213}$	n^{33}	$tɕi^{33}$	$tɕi^{33}$	i^{213}
82 寿昌徽	$ts^hɿ^{33}$	$tsɿ^{112}$	$ts^hɿ^{52}$	$tsɿ^{24}$	n^{52}	$tɕi^{33}$	$tɕ^hi^{52}$	$ŋɑ^{33}$白~
83 淳安徽	$ts^hɑ^{24}$	tsa^{24}白 $tsɿ^{24}$文	$ts^hɿ^{435}$	tsa^{55}	la^{435}白 $əl^{435}$文	$tɕi^{24}$	$tɕ^hi^{435}$	$ɑ^{55}$
84 遂安徽	$ts^hɿ^{43}$	$tsɿ^{534}$	$ts^hɿ^{33}$	$tsɿ^{213}$	$əɯ^{33}$	$tsɿ^{43}$	$ts^hɿ^{33}$	i^{43}
85 苍南闽	$tɕ^hi^{21}$	ti^{55} $tsai^{55}$	ti^{24}	$tsua^{43}$	（无）	kia^{21}	k^hia^{24}	hia^{32}
86 泰顺闽	ts^hei^{53}	$tsei^{213}$	tei^{22}	$tɕia^{344}$	ni^{22}	kia^{53}	ki^{22}	nia^{31}
87 洞头闽	$tɕ^hi^{21}$	$tsai^{33}$ ti^{33}	ti^{113}	$tsua^{53}$	$dʑi^{113}$	kia^{21}	ki^{113}	hia^{21}
88 景宁畲	（无）	（无）	$ts^hɿ^{22}$	$tɕi^{325}$	（无）	ki^{44}	k^hi^{22}	$ȵi^{325}$

方言点	0209 义	0210 戏	0211 移	0212 比	0213 屁	0214 鼻	0215 眉	0216 地
	止开三 去支疑	止开三 去支晓	止开三 平支以	止开三 上脂帮	止开三 去脂滂	止开三 去脂並	止开三 平脂明	止开三 去脂定
01 杭州	$ȵi^{13}$	$ɕi^{45}$	i^{213}	pi^{53}	p^hi^{45}	$baʔ^2$ 白 $bieʔ^2$ 文	mi^{213}	di^{13}
02 嘉兴	$ȵi^{113}$	$ɕi^{224}$	i^{242}	pi^{544}	p^hi^{224}	$bieʔ^{13}$	mei^{242} 文 mi^{242} 白	di^{113}
03 嘉善	$ȵi^{113}$	$ɕi^{334}$	i^{132}	pi^{44}	p^hi^{334}	$bəʔ^2$	mi^{132}	di^{113}
04 平湖	$ȵi^{213}$	$ɕi^{334}$	i^{31}	pi^{44}	p^hi^{213}	$biəʔ^{23}$	mi^{31}	di^{213}
05 海盐	$ȵi^{213}$	$ɕi^{334}$	i^{31}	pi^{423}	p^hi^{334}	$biəʔ^{23}$	mi^{31}	di^{213}
06 海宁	$ȵi^{35}$	$ɕi^{35}$	i^{13}	pi^{53}	p^hi^{35}	$bieʔ^2$	mi^{13}	di^{13}
07 桐乡	$ȵi^{213}$	$ɕi^{334}$	i^{13}	pi^{53}	p^hi^{334}	$biəʔ^{23}$	mi^{13}	di^{213}
08 崇德	$ȵi^{13}$	$ɕi^{334}$	i^{13}	pi^{53}	p^hi^{334}	$bəʔ^{23}$	mi^{13}	di^{13}
09 湖州	$ȵi^{35}$	$ɕi^{35}$	i^{112}	pi^{523}	p^hi^{35}	$bəʔ^2$	mi^{112}	di^{112}
10 德清	$ȵi^{44}$	$ɕi^{334}$	i^{113}	pi^{52}	p^hi^{334}	$bəʔ^2$	mi^{113}	di^{113}
11 武康	$ȵi^{224}$	$ɕi^{224}$	i^{113}	pi^{53}	p^hi^{224}	$bieʔ^2$	$mɛ^{113}$	di^{113}
12 安吉	$ȵi^{213}$	$ɕi^{324}$	i^{22}	pi^{52}	p^hi^{324}	$biɛʔ^{23}$	mi^{22}	di^{213}
13 孝丰	$ȵi^{324}$	$ɕi^{324}$	i^{22}	pi^{52}	p^hi^{324}	$bieʔ^{23}$	mi^{22}	di^{213}
14 长兴	$nɿ^{324}$	$ʃɿ^{324}$	$ɿ^{12}$	$pɿ^{52}$	$p^hɿ^{324}$	$biɛʔ^2$	$mɿ^{12}$	$dɿ^{24}$
15 余杭	$ȵi^{213}$	$ɕi^{423}$	i^{22}	pi^{53}	p^hi^{44}	$bəʔ^2$	mi^{22}	di^{213}
16 临安	$ȵi^{33}$	$ɕi^{55}$	i^{33}	pi^{55}	p^hi^{55}	$bəʔ^{12}$	mi^{33}	di^{33}
17 昌化	$ȵi^{243}$	$sɿ^{544}$	i^{112}	pi^{453}	p^hi^{544}	$biɛʔ^{23}$	mi^{112}	di^{243}
18 於潜	$ȵi^{24}$	$ɕi^{35}$	i^{223}	pi^{51}	p^hi^{35}	$biæʔ^{23}$	mi^{223}	di^{24}
19 萧山	$ȵi^{242}$	$ɕi^{42}$	i^{355}	pi^{33}	p^hi^{42}	$bieʔ^{13}$	mi^{355}	di^{242}
20 富阳	$ȵi^{335}$	$ɕi^{335}$	i^{13}	pi^{423}	p^hi^{335}	$bɛʔ^2$	mi^{13}	di^{224}
21 新登	$ȵi^{13}$	$ɕi^{45}$	i^{233}	pi^{334}	p^hi^{45}	$bəʔ^2$	mi^{233}	di^{13}
22 桐庐	i^{24}	$ɕi^{35}$	i^{13}	pi^{33}	p^hi^{35}	$biəʔ^{13}$	mi^{13}	di^{24}
23 分水	i^{13}	$ɕi^{24}$	i^{22}	pi^{53}	p^hi^{24}	$biəʔ^{12}$	mi^{22}	di^{13}
24 绍兴	$ȵi^{22}$	$ɕi^{33}$	i^{231}	pi^{334}	p^hi^{33}	$bieʔ^2$	mi^{231}	di^{22}
25 上虞	$ȵi^{31}$	$ɕi^{53}$	i^{213}	pi^{35}	p^hi^{53}	$biəʔ^2$	mi^{213}	di^{31}

续表

方言点	0209 义 止开三 去支疑	0210 戏 止开三 去支晓	0211 移 止开三 平支以	0212 比 止开三 上脂帮	0213 屁 止开三 去脂滂	0214 鼻 止开三 去脂并	0215 眉 止开三 平脂明	0216 地 止开三 去脂定
26 嵊州	ȵi²⁴	ɕi³³⁴	i²¹³	pi⁵³	pʰi³³⁴	bɛʔ²	mi²¹³	di²⁴
27 新昌	ȵi¹³	ɕi³³⁵	i²²	pi⁴⁵³	pʰi³³⁵	beʔ²	mi²²	di¹³
28 诸暨	ŋʅ³³	ʃ⁵⁴⁴	ʒʅ¹³	pʅ⁴²	pʰʅ⁵⁴⁴	bieʔ¹³	mʅ¹³	dʅ³³
29 慈溪	ȵi¹³	ɕi⁴⁴	i¹³	pi³⁵	pʰi⁴⁴	biəʔ²	me¹³	di¹³
30 余姚	ȵi¹³	ɕi⁵³	i¹³	pi³⁴	pʰi⁵³	biəʔ²	me¹³	di¹³
31 宁波	ȵi¹³	ɕi⁵³	i¹³	pi³⁵	pʰi⁴⁴	baʔ²白 biəʔ²文	mi¹³白 mɐi¹³文	di¹³
32 镇海	ȵi²⁴	ɕi⁵³	i²⁴	pi³⁵	pʰi⁵³	baʔ¹²白 bieʔ¹²文	mi²⁴	di²⁴
33 奉化	ȵi³¹	ɕi⁵³	i³³	pi⁵⁴⁵	pʰi⁵³	biɿʔ²又 baʔ²又	mi³³	di³¹
34 宁海	ȵi²⁴	sʅ³⁵	i²¹³	pi⁵³	pʰi³⁵	biəʔ³	mi²¹³	di²⁴
35 象山	ȵi³¹	ɕi⁵³	i³¹	pi⁴⁴	pʰi⁵³	boʔ²白 bieʔ²文	mi³¹	di³¹
36 普陀	ȵi¹³	ɕi⁵⁵	i²⁴	pi⁴⁵	pʰi⁵⁵	bɐʔ²³	mi²⁴	di¹³
37 定海	ȵi¹³	ɕi⁴⁴	i²³	pi⁴⁵	pʰi⁴⁴	bɐʔ²³又 bieʔ²又	mi²³	di¹³
38 岱山	ȵi²¹³	ɕi⁴⁴	i²³	pi³²⁵	pʰi⁴⁴	bɐʔ²³又 bieʔ²又	mi²³	di²¹³
39 嵊泗	ȵi²¹³	ɕi⁵³	i²⁴³	pi⁴⁴⁵	pʰi⁵³	bɐʔ²又 biɛʔ²又	mi²⁴³	di²¹³
40 临海	ȵi³²⁴	ɕi⁵⁵	i²¹	pi⁵²	pʰi⁵⁵	biə³¹	mi²¹	di³²⁴
41 椒江	ȵi²⁴	ɕi⁵⁵	i³¹	pi⁴²	pʰi⁵⁵	bəʔ²	mi³¹	di²⁴
42 黄岩	ȵi²⁴	ɕi⁵⁵	i¹²¹	pi⁴²	pʰi⁵⁵	boʔ²	mi¹²¹	di²⁴
43 温岭	ȵi¹³	ɕi⁵⁵	i³¹	pi⁴²	pʰi⁵⁵	bəʔ²	mi³¹	di¹³
44 仙居	ȵi²⁴	ɕi⁵⁵	i²¹³	ɓi³²⁴	pʰi⁵⁵	biəʔ²³	mi²¹³	di²⁴
45 天台	ȵi³⁵	hi⁵⁵	i²²⁴	pi³²⁵	pʰi⁵⁵	biəʔ²～头 bi³⁵地名	mi²²⁴	di³⁵
46 三门	ȵi²⁴³	ɕi⁵⁵	i¹¹³	pi³²⁵	pʰi⁵⁵	bieʔ²³	mi¹¹³	di²⁴³

续表

方言点	0209 义 止开三 去支疑	0210 戏 止开三 去支晓	0211 移 止开三 平支以	0212 比 止开三 上脂帮	0213 屁 止开三 去脂滂	0214 鼻 止开三 去脂並	0215 眉 止开三 平脂明	0216 地 止开三 去脂定
47 玉环	ni²²	ɕi⁵⁵	i³¹	pi⁵³	pʰi⁵⁵	bɐʔ²	mi³¹	di²²
48 金华	ȵi¹⁴	ɕi⁵⁵	i³¹³	pi⁵³⁵	pʰi⁵⁵	biəʔ²¹²	mi³¹³	di¹⁴
49 汤溪	ȵi³⁴¹	ɕi⁵²	i¹¹	pi⁵³⁵	pʰi⁵²	bei¹¹³	mi¹¹	di³⁴¹
50 兰溪	ni²⁴	ɕi⁴⁵	i²¹	pi⁵⁵	pʰi⁴⁵	bieʔ¹²	mi²¹	di²⁴
51 浦江	ȵi²⁴	ʃi⁵⁵	i¹¹³	pi⁵³	pʰi⁵⁵	biə²³²	mi¹¹³	di²⁴
52 义乌	ȵi³¹²	ɕi⁴⁵	i²¹³	pi⁴²³	pʰi⁴⁵	bə³¹²	mi²¹³	di²⁴
53 东阳	ȵi²⁴	ɕi⁴⁵³	i²¹³	pi⁴⁴	pʰi⁴⁵³	biɛ²⁴	mi²¹³	di²⁴
54 永康	ȵi²⁴¹	ɕi⁵²	i²²	ɓi³³⁴	pʰi⁵²	bə¹¹³	mi²²	di²⁴¹
55 武义	ȵi²³¹	ɕi⁵³	i³²⁴	pi⁴⁴⁵	pʰi⁵³	bə²¹³	mi³²⁴	di²³¹
56 磐安	ȵi¹⁴	ɕi⁵²	i²¹³	pi³³⁴	pʰi⁵²	biɛ²¹³	mi²¹³	di¹⁴
57 缙云	ȵi²¹³	ɕi⁴⁵³	i²⁴³	pi⁵¹	pʰi⁴⁵³	bəɣ¹³白 biei¹³文	mi²⁴³	di²¹³
58 衢州	ȵi²³¹	sɿ⁵³	i²¹	pi³⁵	pʰi⁵³	bəʔ¹²白 biəʔ¹²文	mi²¹	di²³¹
59 衢江	ȵi²³¹	sɿ⁵³	i²¹²	pi²⁵	pʰi⁵³	bəʔ²又 biəʔ²又	mi²¹²	die²³¹
60 龙游	ȵi²³¹	ɕi⁵¹	i²¹	pi³⁵	pʰi⁵¹	biəʔ²³	mi²¹	diɑ²³¹白 di²³¹文
61 江山	ȵi³¹	xi⁵¹	i²¹³	pi²⁴¹	pʰi⁵¹	boʔ²	mɵ²¹³	diɵ³¹白 di³¹文
62 常山	ȵi¹³¹白 i⁵²文	ɕi³²⁴	i³⁴¹	pi⁵²	fɛ³²⁴放~ pʰi⁵²~话	bʌʔ³⁴	mi²⁴	die¹³¹
63 开化	ȵi²¹³	xuei⁴¹²白 ɕi⁴¹²文	i²³¹	pi⁵³	pʰi⁴¹²	biɛʔ¹³~头 bi²¹³~涕	min²³¹ 韵殊	die²¹³
64 丽水	ȵi¹³¹	sɿ⁵²	i²²	pi⁵⁴⁴	pʰi⁵²	bɛʔ²³	mi²²	di¹³¹
65 青田	n²²	sɿ³³	i²¹	ɓi⁴⁵⁴	pʰi³³	baʔ³¹	mi²¹~毛	di²²
66 云和	ȵi²²³	sɿ⁴⁵	i³¹²	pi⁴¹	pʰi⁴⁵	bəɯʔ²³	mi³¹²	di²²³
67 松阳	n¹³	sɿ²⁴	iɛ³¹	pi²¹²	pʰi²⁴	bɤʔ²	mi³¹	di¹³

续表

方言点	0209 义 止开三 去支疑	0210 戏 止开三 去支晓	0211 移 止开三 平支以	0212 比 止开三 上脂帮	0213 屁 止开三 去脂滂	0214 鼻 止开三 去脂並	0215 眉 止开三 平脂明	0216 地 止开三 去脂定
68 宣平	ȵi²³¹	sɿ⁵²	i⁴³³	pi⁴⁴⁵	pʰi⁵²	bəʔ²³	mi⁴³³	di²³¹
69 遂昌	ȵi²¹³	sɿ³³⁴	iɛ²²¹	pi⁵³³	pʰi³³⁴	biʔ²³	mi²²¹	di²¹³
70 龙泉	ȵi²²⁴	sɿ⁴⁵	i²¹	pi⁵¹	pʰi⁴⁵	bieiʔ²⁴	mi²¹	di²²⁴
71 景宁	ȵi¹¹³	ɕi³⁵	i⁴¹	pi³³	pʰi³⁵	baʔ²³	mi⁴¹	di¹¹³
72 庆元	ȵ ĩ³¹	sɿ¹¹	iɐ⁵²	ɓi³³	pʰi¹¹	pʏʔ³⁴	m ĩ⁵²	ti³¹
73 泰顺	ȵi²²	sɿ³⁵	i⁵³	pi⁵⁵	pʰi³⁵	piʔ²	mi²¹³	ti²²
74 温州	ȵi²²	sɿ⁵¹	i³¹	pei²⁵	pʰei⁵¹	bei²¹²	mei³¹	dei²²
75 永嘉	ȵi²²	sɿ⁵³	zɿ³¹	pi⁴⁵	pʰei⁵³	bei²¹³	mei³¹	dei²²
76 乐清	ȵi²²	ɕi⁴¹	i³¹	pi³⁵	pʰi⁴¹	bi²¹²	mi³¹	di²²
77 瑞安	ȵi²²	ɕi⁵³	i³¹	pei³⁵	pʰei⁵³	bei²¹²	mei³¹	dei²²
78 平阳	ȵi³³	si⁵³	i²⁴²	pi⁴⁵	pʰi⁵³	bi¹²	mi²⁴²	di³³
79 文成	ȵi⁴²⁴	sei³³	i¹¹³	pei⁴⁵	pʰei³³	be²¹²	mei¹¹³	dei⁴²⁴
80 苍南	ȵi¹¹	ɕi⁴²	i³¹	pi⁵³	pʰi⁴²	bi¹¹²	miɛ³¹	di¹¹
81 建德徽	ȵi⁵⁵	ɕi³³	i³³	pi²¹³	pʰi³³	piɐʔ¹²	mi³³	tʰi⁵⁵
82 寿昌徽	ȵi²⁴主~	ɕi³³	i⁵²	pi²⁴	pʰi³³	pʰiəʔ³¹	mi¹¹²文	tʰi³³
83 淳安徽	i⁵³	ɕi²⁴	i⁴³⁵	pi⁵⁵	pʰi²⁴	pʰiəʔ¹³	min⁴³⁵韵殊	tʰi⁵³
84 遂安徽	i⁵²	sɿ⁴³	i³³	pi²¹³	pʰi⁴³	pʰi²¹³	mi³³	tʰi⁵²
85 苍南闽	gi²¹	hi²¹	i²⁴	pi⁴³	pʰui²¹	pʰi²¹	m ĩ²⁴	tue²¹
86 泰顺闽	ni³¹	xei⁵³	ei²²	pi³⁴⁴	pʰi⁵³	pʰi⁵³	mi²²	ti³¹
87 洞头闽	gi²¹	hi²¹	i¹¹³	pi⁵³	pʰui²¹	pʰi²¹	bai¹¹³	tue²¹
88 景宁畲	ȵi⁵¹	xie⁴⁴	ie²²	pi³²⁵	pʰi⁴⁴调殊	pʰi⁵¹	mi²²	tʰi⁵¹

方言点	0217 梨	0218 资	0219 死	0220 四	0221 迟	0222 师	0223 指	0224 二
	止开三 平脂来	止开三 平脂精	止开三 上脂心	止开三 去脂心	止开三 平脂澄	止开三 平脂生	止开三 上脂章	止开三 去脂日
01 杭州	li²¹³	tsɿ³³⁴	sɿ⁵³	sɿ⁴⁵	dzɿ²¹³	sɿ³³⁴	tsɿ⁵³	əl¹³
02 嘉兴	li²⁴²	tsɿ⁴²	ɕi⁵⁴⁴	sɿ²²⁴	zɿ²⁴²	sɿ⁴²	tsɿ⁵⁴⁴	ȵi¹¹³
03 嘉善	li¹³²	tsɿ⁵³	ɕi⁴⁴	sɿ³³⁴	zɿ¹³²	sɿ⁵³	tsɿ⁴⁴	ȵi¹¹³
04 平湖	li³¹	tsɿ⁵³	si⁴⁴	sɿ³³⁴	zɿ³¹	sɿ⁵³	tsɿ⁴⁴	ni²¹³白 əl⁴⁴文
05 海盐	li³¹	tsɿ⁵³	ɕi⁴²³	sɿ³³⁴	zɿ³¹	sɿ⁵³	tsɿ⁴²³	ȵi²¹³
06 海宁	li¹³	tsɿ⁵⁵	ɕi⁵³	sɿ³⁵	zɿ¹³	sɿ⁵⁵	tsɿ⁵³	ni¹³白 əɯ¹³文
07 桐乡	li¹³	tsɿ⁴⁴	si⁵³	sɿ³³⁴	zɿ¹³	sɿ⁴⁴	tsɿ⁵³	ȵi²¹³
08 崇德	li¹³	tsɿ⁴⁴	ɕi⁵³	sɿ³³⁴	zɿ¹³	sɿ⁴⁴	tsɿ⁵³	ȵi¹³
09 湖州	li¹¹²	tsɿ⁴⁴	sɿ⁵²³	sɿ³⁵	dzɿ¹¹²	sɿ⁴⁴	tsɿ⁵²³	ȵi³⁵
10 德清	li¹¹³	tsɿ⁴⁴	ɕi⁵²	sɿ³³⁴	zɿ¹¹³	sɿ⁴⁴	tsɿ⁵²	n³³⁴
11 武康	li¹¹³	tsɿ⁴⁴	sɿ⁵³	sɿ²²⁴	dzɿ¹¹³	sɿ⁴⁴	tsɿ⁵³	liã̃²⁴²
12 安吉	li²²	tsɿ⁵⁵	sɿ⁵²	sɿ³²⁴	dzɿ²²	sɿ⁵⁵	tsɿ⁵²	ȵi²¹³白 əl²¹³文
13 孝丰	li²²	tsɿ⁴⁴	sɿ⁵²	sɿ³²⁴	dzɿ²²	sɿ⁴⁴	tsɿ⁵²	ȵi³²⁴白 əl³²⁴文
14 长兴	lɿ¹²	tsɿ⁴⁴	sɿ⁵²	sɿ³²⁴	dzɿ¹²	sɿ⁴⁴	tsɿ⁵²	n³²⁴
15 余杭	li²²	tsɿ⁴⁴	sɿ⁵³	sɿ⁴²³	zɿ²²	sɿ⁴⁴	tsɿ⁵³	ȵi²¹³
16 临安	li³³	tsɿ⁵⁵	sɿ⁵⁵	sɿ⁵⁵	dzɿ³³	sɿ⁵⁵	tsɿ⁵⁵	ȵi³³
17 昌化	li¹¹²	tsɿ³³⁴	sɿ⁴⁵³	sɿ⁵⁴⁴	zɿ¹¹²	sɿ³³⁴	tsɿ⁴⁵³	əl²⁴³
18 於潜	li²²³	tsɿ⁴³³	sɿ⁵¹	sɿ³⁵	dzɿ²²³	sɿ⁴³³	tsɿ⁵¹	ɚ²⁴
19 萧山	li³⁵⁵	tsɿ⁵³³	ɕi³³	sɿ⁴²	dzɿ³⁵⁵	sɿ⁵³³	tsɿ³³	ȵi²⁴²
20 富阳	li¹³	tsɿ⁵³	sɿ⁴²³	sɿ³³⁵	dzɿ¹³	sɿ⁵³	tsɿ⁴²³	ȵi³³⁵
21 新登	li²³³	tsɿ⁵³	sɿ³³⁴	sɿ⁴⁵	dzɿ²³³	sɿ⁵³	tsɿ³³⁴	ȵi¹³
22 桐庐	li¹³	tsɿ⁵³³	ɕi³³	sɿ³⁵	dzɿ¹³	sɿ⁵³³	tsɿ³³	ni²⁴老~
23 分水	li²²	tsɿ⁴⁴	sɿ⁵³	sɿ²⁴	dzɿ²²	sɿ⁴⁴ -	tsɿ⁵³	ɣ¹³
24 绍兴	li²³¹	tsɿ⁵³	ɕi³³⁴	sɿ³³	dzɿ²³¹	sɿ⁵³	tsɿ³³⁴	ȵi²²

续表

方言点	0217 梨 止开三 平脂来	0218 资 止开三 平脂精	0219 死 止开三 上脂心	0220 四 止开三 去脂心	0221 迟 止开三 平脂澄	0222 师 止开三 平脂生	0223 指 止开三 上脂章	0224 二 止开三 去脂日
25 上虞	li^{213}	tsɿ^{35}	ɕi^{35}	sɿ^{53}	dzɿ^{213}	sɿ^{35}	tsɿ^{35}	ȵi^{31}
26 嵊州	li^{213}	tsɿ^{534}	ɕi^{53}	sɿ^{334}	dzɿ^{213}	sɿ^{534}	tsɿ^{334}	ȵi^{24}
27 新昌	li^{22}	tsɿ^{534}	sɿ^{453}	sɿ^{335}	dzɿ^{22}	sɿ^{534}	tsɿ^{453}	ȵi^{13}
28 诸暨	lɿ^{13}	tsɿ^{544}	sɿ^{42}	sɿ^{544}	dzɿ^{13}	sɿ^{544}	tsɿ^{42}	nɿ^{33}
29 慈溪	li^{13}	tsɿ^{35}	ɕi^{35}	sɿ^{44}	dzɿ^{13}	sɿ^{35}	tsɿ^{35}	ȵi^{13}
30 余姚	li^{13}	tsɿ^{44}	ɕi^{34}	sɿ^{53}	dzɿ^{13}	sɿ^{44} 老~ so^{44} 又	tsɿ^{34}	ȵi^{13}
31 宁波	li^{13}	tsɿ^{53}	ɕi^{35}	sɿ^{44}	dzi^{13}	sɿ^{53}	tsɿ^{35}	ȵi^{13}
32 镇海	li^{24}	tsɿ^{53}	ɕi^{35}	sɿ^{53}	dzi^{24}白 dzɿ^{24}文	sɿ^{53}	tsɿ^{35}	ȵi^{24}
33 奉化	li^{33}	tsɿ^{44}	sɿ^{545}	sɿ^{53}	dzɿ^{33}	sɿ^{44}	tsɿ^{545}	ȵi^{31}
34 宁海	li^{213}	tsɿ^{423}	sɿ^{53}	sɿ^{35}	dzɿ^{213}	sɿ^{423}	tsɿ^{53}	ȵi^{24}
35 象山	li^{31}	tsɿ^{44}	sɿ^{44}	sɿ^{53}	dzɿ^{31}	sɿ^{44}	tsɿ^{44}	ȵi^{13}
36 普陀	li^{24}	tsɿ^{53}	ɕi^{45}	sɿ^{55}	dzɿ^{24}	sɿ^{53}	tsɿ^{45}	ȵi^{13}
37 定海	li^{23}	tsɿ^{52}	ɕi^{45}	sɿ^{44}	dzi^{23}白 dzɿ^{23}文	sɿ^{52}	tsɿ^{45}	ȵi^{13}
38 岱山	li^{23}	tsɿ^{52}	ɕi^{325}	sɿ^{44}	dzɿ^{23}	sɿ^{52}	tsɿ^{52}	ȵi^{213}
39 嵊泗	li^{243}	tsɿ^{53}	ɕi^{445}	sɿ^{53}	dzɿ^{243}	sɿ^{53}	tsɿ^{445}	ȵi^{213}
40 临海	li^{21}	tsɿ^{31}	sɿ^{52}	sɿ^{55}	dzɿ^{21}	sɿ^{31}	tsɿ^{52}	ni^{324}
41 椒江	li^{24}小	tsɿ^{42}	sɿ^{42}	sɿ^{55}	dzɿ^{31}	sɿ^{42}	tsɿ^{42}	n^{24}又 ȵi^{24}又
42 黄岩	li^{24}小	tsɿ^{32}	sɿ^{42}	sɿ^{55}	dzɿ^{121}	sɿ^{32}	tsɿ^{42}	n^{24}
43 温岭	li^{24}小	tsɿ^{33}	sɿ^{42}	sɿ^{55}	dzɿ^{31}	sɿ^{33}	tsɿ^{42}	n^{13}
44 仙居	li^{213}	tsɿ^{334}	sɿ^{324}	sɿ^{55}	dzɿ^{213}	sɿ^{334}	tsɿ^{324}	ŋ^{24}白 ȵi^{24}文
45 天台	li^{51}小	tsɿ^{33}	sɿ^{325}	sɿ^{55}	dzɿ^{224}	sɿ^{33}	tsɿ^{325}~点 tɕiəʔ^{5} 手~	ȵi^{35}
46 三门	li^{252}小	tsɿ^{334}	sɿ^{325}	sɿ^{55}	dzɿ^{113}	sɿ^{334}	tsɿ^{325}	ȵi^{243}

续表

方言点	0217 梨 止开三 平脂来	0218 资 止开三 平脂精	0219 死 止开三 上脂心	0220 四 止开三 去脂心	0221 迟 止开三 平脂澄	0222 师 止开三 平脂生	0223 指 止开三 上脂章	0224 二 止开三 去脂日
47 玉环	li^{24}小	$ts\gamma^{42}$	$s\gamma^{53}$	$s\gamma^{55}$	$dz\gamma^{31}$	$s\gamma^{42}$	$ts\gamma^{53}$	n^{22}
48 金华	li^{313}	$ts\gamma^{334}$	$s\gamma^{535}$	φi^{55}	$dz\gamma^{313}$	$s\gamma^{334}$	$ts\gamma^{535}$	ϑl^{14}
49 汤溪	li^{11}	$ts\gamma^{24}$	$s\gamma^{535}$	si^{52}	$dz\gamma^{11}$	$s\gamma^{24}$	$ts\gamma^{535}$	η^{341}
50 兰溪	li^{21}	$ts\gamma^{334}$	$s\gamma^{55}$	si^{45}	$dz\gamma^{21}$	$s\gamma^{334}$	$ts\gamma^{55}$	$\vartheta \mathrm{u}^{24}$
51 浦江	li^{113}	$ts\gamma^{534}$	$s\gamma^{53}$	$\int i^{55}$	$d\mathrm{ʒ}i^{113}$	$s\gamma^{534}$	$ts\gamma^{53}$	n^{24}
52 义乌	li^{213}	$ts\gamma^{335}$	$s\gamma^{423}$	si^{45}	dzi^{213}	$s\gamma^{335}$	$ts\gamma^{423}$动 $ts\vartheta^{324}$手~	n^{24}白 ai^{45}文
53 东阳	lin^{213}小	$ts\gamma^{334}$	（无）	si^{453}	dzi^{213}	$ts^{h}\gamma^{334}$	$ts\gamma^{44}$	（无）
54 永康	li^{241}小	$ts\gamma^{55}$	$s\gamma^{334}$	φi^{52}	dzi^{22}	$s\gamma^{55}$	$t\varphi i^{334}$	η^{241}
55 武义	li^{324}	$ts\gamma^{24}$	$s\gamma^{445}$	φi^{53}	dzi^{324}	$s\gamma^{24}$	$ts\gamma^{445}$	n^{231}
56 磐安	li^{213}	$ts\gamma^{445}$	$s\gamma^{334}$	φi^{52}	dzi^{213}	$s\gamma^{445}$	$ts\gamma^{334}$	n^{14}白 ϑl^{14}文
57 缙云	li^{243}	$ts\gamma^{44}$	$s\gamma^{51}$	$s\gamma^{453}$	$dz\gamma^{243}$	$s\gamma^{44}$	$ts\gamma^{51}$	$\mathrm{ȵ}i^{213}$
58 衢州	li^{21}	$ts\gamma^{32}$	$s\gamma^{35}$	$s\gamma^{53}$	$d\mathrm{ʒ}y^{21}$	$s\gamma^{32}$	$ts\gamma^{35}$	$\mathrm{ȵ}i^{231}$
59 衢江	li^{212}	$ts\gamma^{33}$	$s\mathrm{ɤ}^{25}$	$s\gamma^{53}$	$d\mathrm{ʑ}y^{212}$	$\varphi y\mathrm{ø}^{33}$~父 $s\gamma^{33}$老~	$ts\gamma^{53}$	η^{231}
60 龙游	li^{21}	$ts\gamma^{334}$	$s\gamma^{35}$	φi^{51}	$dz\gamma^{21}$	$s\gamma^{334}$	$ts\gamma^{35}$	$\mathrm{ȵ}i^{231}$
61 江山	li^{213}	$ts\vartheta^{44}$	$s\vartheta^{241}$	φi^{51}	$d\mathrm{ɛ}^{213}$	$\varphi i\mathrm{ɤ}^{44}$白 $s\mathrm{u}^{44}$文	$t\varphi i\mathrm{ɤ}^{241}$六~ $ti\vartheta^{241}$~人	$\mathrm{ȵ}i^{31}$白 $\mathrm{ɤ}^{51}$文
62 常山	li^{341}	$ts\gamma^{44}$	$s\gamma^{52}$	φi^{324}	de^{341}白 $dz\gamma^{341}$文	$s\tilde{\mathrm{i}}^{44}$~父 $s\gamma^{44}$老~	$ts\gamma^{324}$	n^{131}白 $\mathrm{ø}^{24}$文
63 开化	li^{231}	$ts\gamma^{44}$	$s\gamma\vartheta^{53}$	φi^{412}	$dzuei^{231}$白 $dz\gamma^{213}$文	$suei^{44}$白 $s\gamma^{44}$文	$tsuei^{53}$白 $ts\gamma^{53}$文	$\mathrm{ȵ}i^{213}$白 ϑl^{213}文
64 丽水	li^{22}	$ts\gamma^{224}$	$s\gamma^{544}$	$s\gamma^{52}$	$dz\gamma^{22}$	$s\gamma^{224}$	$ts\gamma^{544}$	η^{131}白 $\vartheta \mathrm{l̩}^{131}$文
65 青田	li^{21}	$ts\gamma^{445}$	$s\gamma^{454}$	$s\gamma^{33}$	$dz\gamma^{21}$	$s\gamma^{445}$	$ts\gamma^{454}$	n^{22}
66 云和	li^{312}	$ts\gamma^{24}$	$s\gamma^{41}$	$s\gamma^{45}$	$dz\gamma^{312}$	$s\gamma^{24}$	$ts\gamma^{41}$	$\mathrm{ȵ}i^{223}$
67 松阳	li^{31}	$ts\gamma\vartheta^{53}$	$s\gamma\vartheta^{212}$	$s\gamma^{24}$	$dz\gamma^{31}$	$s\gamma\vartheta^{53}$	$ts\gamma^{212}$	n^{13}

续表

方言点	0217 梨 止开三 平脂来	0218 资 止开三 平脂精	0219 死 止开三 上脂心	0220 四 止开三 去脂心	0221 迟 止开三 平脂澄	0222 师 止开三 平脂生	0223 指 止开三 上脂章	0224 二 止开三 去脂日
68 宣平	li^{433}	tsɿ^{324}	sɿ^{445}	sɿ^{52}	dzɿ^{433}	sɿ^{324}	tsɿ^{445}	n̠i^{231}
69 遂昌	li^{221}	tsɿ^{45}	sɤ^{533}	sɿ^{334}	dzɿ^{221}	ɕiu^{45}～父 sɤ^{45}老～ sɿ^{45}老～	tsɿ^{533}	n̠i^{213}
70 龙泉	li^{21}	tsɿ^{434}	sɤɯ^{51}	sɿ^{45}	dzɿ^{21}	sɤɯ^{434}	tsɿ^{51}	n̠i^{224}
71 景宁	li^{41}	tsɿ^{324}	sɿ^{33}	sɿ^{35}	dzɿ^{41}	sɿ^{324}	tsɿ^{33}	n̠i^{113}
72 庆元	li^{52}	tsɿ^{335}	sɤ^{33}	sɿ^{11}	tsɿ^{52}	sɤ^{335}	tsɿ^{33}	n̠ĩ^{31}
73 泰顺	li^{53}	tsɿ^{213}	sɿ^{55}	sɿ^{35}	tsɿ^{53}	sɿ^{213}	tsɿ^{55}	n̠i^{22}
74 温州	lei^{31}	tsɿ^{33}	sɿ^{25}	sɿ^{51}	dzɿ^{31}	sɿ^{33}	tsɿ^{25}	ŋ^{22}
75 永嘉	lei^{31}	tsɿ^{44}	sɿ^{45}	sɿ^{53}	dzɿ^{31}	sɿ^{44}	tsɿ^{45}	ŋ^{22}
76 乐清	li^{31}	tsɿ^{44}	sɿ^{35}	sɿ^{41}	dzɿ^{31}	sɿ^{44}	tsɿ^{35}	ŋ^{22}
77 瑞安	lei^{31}	tsɿ^{44}	sɿ^{35}	sɿ^{53}	dzɿ^{31}	sɿ^{44}	tsɿ^{35}	ŋ^{22}
78 平阳	li^{242}	tsɿ^{55}	sɿ^{45}	sɿ^{53}	dzɿ^{242}	sɿ^{55}	tsɿ^{45}	ŋ^{33}
79 文成	lei^{113}	tsɿ^{55}	sɿ^{45}	sɿ^{33}	dzɿ^{113}	sɿ^{55}	tsɿ^{45}	n^{424}
80 苍南	li^{31}	tsɿ^{44}	sɿ^{53}	sɿ^{42}	dzɿ^{31}	sɿ^{44}	tsɿ^{53}	ŋ^{11}
81 建德徽	li^{33}	tsɿ^{53}	ɕi^{213}	ɕi^{33}	tsɿ^{33}	sɿ^{53}	tsɿ^{213}	n^{55}
82 寿昌徽	li^{52}	tsɿ^{112}	sɿ^{24}	sɿ^{33}	tshɿ^{52}	sɿ^{112}	tsɿ^{24}	əɯ^{24}文
83 淳安徽	li^{435}	tsɿ^{24}	sa^{55}	sa^{24}	tsha^{435}	sa^{24}白 sɿ^{24}文	tsɿ^{55}	la^{53}白 əl^{53}文
84 遂安徽	li^{33}	tsɿ^{534}	sɿ^{213}	sɿ^{43}	tshɿ^{33}	sɿ^{534}	tsɿ^{213}	əɯ^{52}
85 苍南闽	lai^{24}	tsɯ^{55}	ɕi^{43}	ɕi^{21}	（无）	sai^{55}白 sɯ^{55}文	tɕi^{43}	dzi^{21}
86 泰顺闽	li^{22}	tsɿ^{213}	ɕi^{344}	ɕi^{53}	ti^{22}	sɿ^{213}	tɕi^{344}	ni^{31}
87 洞头闽	lai^{113}	tsɿ^{33}	ɕi^{53}	ɕi^{21}	ti^{21}	sai^{33}白 sɿ^{33}文	tɕi^{53}	dzi^{21}
88 景宁畲	（无）	tsɿ^{44}	ɕi^{325}	ɕi^{44}	（无）	su^{44}	tɕi^{325}	n̠i^{51}

方言点	0225 饥 ~饿	0226 器	0227 姨	0228 李	0229 子	0230 字	0231 丝	0232 祠
	止开三 平脂见	止开三 去脂溪	止开三 平脂以	止开三 上之来	止开三 上之精	止开三 去之从	止开三 平之心	止开三 平之邪
01 杭州	tɕi³³⁴	tɕʰi⁴⁵	i²¹³	li⁵³	tsɿ⁵³	dzɿ¹³	sɿ³³⁴	dzɿ²¹³
02 嘉兴	tɕi⁴²	tɕʰi²²⁴	i²⁴²	li¹¹³	tsɿ⁵⁴⁴	zɿ¹¹³	sɿ⁴²	zɿ²⁴²
03 嘉善	tɕi⁵³	tɕʰi³³⁴	i¹³²	li¹¹³	tsɿ⁴⁴	zɿ¹¹³	sɿ⁵³	zɿ¹³²
04 平湖	tɕi⁵³	tɕʰi²¹³	i³¹	li²¹³	tsɿ⁴⁴	zɿ²¹³	sɿ⁵³	zɿ³¹
05 海盐	tɕi⁵³	tɕʰi³³⁴	i³¹	li⁴²³	tsɿ⁴²³	zɿ²¹³	sɿ⁵³	zɿ³¹
06 海宁	tɕi⁵⁵	tɕʰi³⁵	i¹³	li²³¹	tsɿ⁵³	zɿ¹³	sɿ⁵⁵	dzɿ¹³
07 桐乡	tɕi⁴⁴	tɕʰi³³⁴	i¹³	li²⁴²	tsɿ⁵³	zɿ²¹³	sɿ⁴⁴	zɿ¹³
08 崇德	tɕi⁴⁴	tɕʰi³³⁴	i¹³	li⁵³	tsɿ⁵³	zɿ¹³	sɿ⁴⁴	zɿ¹³
09 湖州	tɕi⁴⁴	tɕʰi³⁵	i¹¹²	li⁵²³	tsɿ⁵²³	zɿ²⁴	sɿ⁴⁴	dzɿ¹¹²
10 德清	tɕi⁴⁴	tɕʰi³³⁴	i¹¹³	li⁵²	tsɿ⁵²	zɿ¹¹³	sɿ⁴⁴	zɿ¹¹³
11 武康	tɕi⁴⁴	tɕʰi⁴⁴调殊	i⁴⁴	li⁵³	tsɿ⁵³	zɿ¹¹³	sɿ⁴⁴	zɿ¹¹³
12 安吉	tɕi⁵⁵	tɕʰi³²⁴	i²²	li⁵²	tsɿ⁵²	zɿ²¹³	sɿ⁵⁵	dzɿ²²
13 孝丰	tɕi⁴⁴	tɕʰi³²⁴	i²²	li⁵²	tsɿ⁵²	zɿ²¹³	sɿ⁴⁴	dzɿ²²
14 长兴	tʃi⁴⁴	tʃʰɿ³²⁴	ɿ¹²	lɿ⁵²	tsɿ⁵²	zɿ²⁴	sɿ⁴⁴	zɿ¹²
15 余杭	tɕi⁴⁴	tɕʰi⁴²³	i²²	li⁵³	tsɿ⁵³	zɿ²¹³	sɿ⁴⁴	zɿ²²
16 临安	tɕi⁵⁵	tɕʰi⁵⁵	i³³	li³³	tsɿ⁵⁵	zɿ³³	sɿ⁵⁵	zɿ³³
17 昌化	tsɿ³³⁴	tsʰɿ⁵⁴⁴	i¹¹²	li⁴⁵³	tsɿ⁴⁵³	zɿ²⁴³	sɿ³³⁴	zɿ¹¹²
18 於潜	tɕi⁴³³	tɕʰi³⁵	i²²³	li⁵¹	tsɿ⁵¹	dzɿ²⁴	sɿ⁴³³	dzɿ²²³
19 萧山	tɕi⁵³³	tɕʰi⁴²	i³⁵⁵	li¹³	tsɿ³³	zɿ²⁴²	sɿ⁵³³	dzɿ³⁵⁵
20 富阳	tɕi³³⁵	tɕʰi³³⁵	i¹³	li²²⁴	tsɿ⁴²³	zɿ²²⁴	sɿ⁵³	dzɿ¹³
21 新登	tɕi⁵³	tɕʰi⁴⁵	i²³³	li³³⁴	tsɿ³³⁴	zɿ¹³	sɿ⁵³	zɿ²³³
22 桐庐	tɕi⁵³³	tɕʰi³⁵	i¹³	li³³	tsɿ³³	zɿ²⁴	sɿ⁵³³	dzɿ¹³
23 分水	tɕi⁴⁴	tɕʰi²⁴	i²²	li⁵³	tsɿ⁵³	zɿ¹³	sɿ⁴⁴	zɿ²²
24 绍兴	tɕi⁵³	tɕʰi⁵³	i²³¹	li²²³	tsɿ³³⁴	zɿ²²	sɿ⁵³	zɿ²³¹
25 上虞	tɕi³⁵	tɕʰi³⁵	i²¹³	li²¹³	tsɿ³⁵	zɿ³¹	sɿ³⁵	zɿ²¹³

方言点	0225 饥~饿	0226 器	0227 姨	0228 李	0229 子	0230 字	0231 丝	0232 祠
	止开三平脂见	止开三去脂溪	止开三平脂以	止开三上之来	止开三上之精	止开三去之从	止开三平之心	止开三平之邪
26 嵊州	tɕi^{534}	tɕʰi^{334}	i^{213}	li^{24}	tsɿ^{53}	zɿ^{24}	sɿ^{534}	zɿ^{213}
27 新昌	tɕi^{534}	tɕʰi^{335}	i^{13}	li^{232}	tsɿ^{453}	zɿ^{13}	sɿ^{534}	zɿ^{22}
28 诸暨	tʃɿ^{544}	tʃʰɿ^{544}	ʒɿ^{13}	lɿ^{242}	tsɿ^{42}	zɿ^{33}	sɿ^{544}	zɿ^{13}
29 慈溪	tɕi^{35}	tɕʰi^{44}	i^{13}	li^{13}	tsɿ^{35}	zɿ^{13}	sɿ^{35}	zɿ^{13}
30 余姚	tɕi^{44}	tɕʰi^{53}	i^{13}	li^{13}	tsɿ^{34}	dzɿ^{13}	sɿ^{44}	dzɿ^{13}
31 宁波	tɕi^{53}	tɕʰi^{44}	i^{13}	li^{13}	tsɿ^{35}	zɿ^{13}	sɿ^{53}	dzɿ^{13}
32 镇海	tɕi^{53}读字	tɕʰi^{53}	i^{24}	li^{24}	tsɿ^{35}	zɿ^{24}	sɿ^{53}	dzɿ^{24}
33 奉化	tɕi^{44}	tɕʰi^{53}	i^{33}	li^{324}	tsɿ^{545}	zɿ^{31}	sɿ^{44}	dzɿ^{33}
34 宁海	tsɿ^{423}	tsʰɿ^{35}	i^{213}~丈	li^{31}	tsɿ^{53}	zɿ^{24}	sɿ^{423}	dzɿ^{213}
35 象山	tɕi^{44}	tɕʰi^{53}	i^{31}	li^{31}	tsɿ^{44}	dzɿ^{13}	sɿ^{44}	dzɿ^{31}
36 普陀	tɕi^{53}	tɕʰi^{55}	i^{24}	li^{23}	tsɿ^{45}	zɿ^{13}	sɿ^{53}	dzɿ^{24}
37 定海	tɕi^{52}	tɕʰi^{44}	i^{23}	li^{23}	tsɿ^{45}	zɿ^{13}	sɿ^{52}	dzɿ^{23}
38 岱山	tɕi^{52}	tɕʰi^{44}	i^{23}	li^{244}	tsɿ^{325}	zɿ^{213}	sɿ^{52}	dzɿ^{23}
39 嵊泗	tɕi^{53}	tɕʰi^{53}	i^{243}	li^{445}	tsɿ^{445}	zɿ^{213}	sɿ^{53}	zɿ^{243}
40 临海	tɕi^{31}又 ki^{31}又	tɕʰi^{55}又 kʰi^{55}又	i^{51}小	li^{52}	tsɿ^{52}	zɿ^{324}	sɿ^{31}	dzɿ^{21}
41 椒江	tɕi^{42}	tɕʰi^{55}	i^{24}小	li^{42}	tsɿ^{42}	zɿ^{24}	sɿ^{42}	dzɿ^{31}
42 黄岩	tɕi^{32}	tɕʰi^{55}	i^{24}小	li^{42}	tsɿ^{42}	zɿ^{24}	sɿ^{32}	zɿ^{121}又 dzɿ^{121}又
43 温岭	tɕi^{33}	tɕʰi^{55}	i^{24}小	li^{42}	tsɿ^{42}	zɿ^{13}	sɿ^{33}	zɿ^{31}
44 仙居	tɕi^{334}	tɕʰi^{55}	i^{213}	li^{324}	tsɿ^{324}	zɿ^{24}	sɿ^{334}	zɿ^{213}
45 天台	ki^{33}	kʰi^{55}	i^{51}小	li^{214}	tsɿ^{325}	zɿ^{35}	sɿ^{33}	dzɿ^{224}
46 三门	tɕi^{334}	tɕʰi^{55}	i^{113}	li^{325}	tsɿ^{325}	zɿ^{243}	sɿ^{334}	dzɿ^{113}
47 玉环	tɕi^{42}	tɕʰi^{55}	i^{24}小	li^{53}	tsɿ^{53}	zɿ^{22}	sɿ^{42}	dzɿ^{3ꟾ}
48 金华	tɕi^{334}	tɕʰi^{55}	i^{313}	li^{535}	tsɿ^{535}	zɿ^{14}	sɿ^{334}	zɿ^{313}

方言点	0225 饥 ~饿	0226 器	0227 姨	0228 李	0229 子	0230 字	0231 丝	0232 祠
	止开三 平脂见	止开三 去脂溪	止开三 平脂以	止开三 上之来	止开三 上之精	止开三 去之从	止开三 平之心	止开三 平之邪
49 汤溪	tɕi²⁴	tɕʰi⁵²	i¹¹	li¹¹³	tsɿ⁵³⁵	zɿ³⁴¹	sɿ²⁴	zɿ¹¹
50 兰溪	tɕi³³⁴	tɕʰi⁴⁵	i²¹	li⁵⁵	tsɿ⁵⁵	zɿ²⁴	sɿ³³⁴	zɿ²¹
51 浦江	tʃi⁵³⁴	tʃʰi⁵⁵	i¹¹³	li²⁴³	tsɿ⁵³	zɿ²⁴	sɿ⁵³⁴	zɿ²⁴
52 义乌	tɕi³³⁵	tɕʰi⁴⁵	i²¹³	li³¹²	tsɿ⁴²³	zɿ²⁴	sɿ³³⁵	zɿ²¹³
53 东阳	tɕi³³⁴	tɕʰi⁴⁵³	in²¹³小	lin²¹³小	tsɿ⁴⁴	zɿ²⁴	sɿ³³⁴	zɿ²¹³
54 永康	tɕi⁵⁵	tɕʰi⁵²	i²²	li¹¹³	tsɿ³³⁴	zɿ²⁴¹	sɿ⁵⁵	zɿ²²
55 武义	tɕi²⁴	tɕʰi⁵³	i²⁴	li¹³	tsɿ⁴⁴⁵	zɿ²³¹	sɿ²⁴	zɿ³²⁴
56 磐安	tɕi⁴⁴⁵	tɕʰi⁵²	i²¹³	li³³⁴	tsɿ³³⁴	zɿ¹⁴	sɿ⁴⁴⁵	zɿ²¹³
57 缙云	tɕi⁴⁴	tɕʰi⁴⁵³	i²⁴³	li³¹	tsɿ⁵¹	zɿ²¹³	sɿ⁴⁴	zɿ²¹³
58 衢州	tsɿ³²肚~	tsʰɿ⁵³	i²¹	li⁵³	tsɿ³⁵	zɿ²³¹	sɿ³²	zɿ²¹
59 衢江	tsɿ³³	tsʰɿ⁵³	i²¹²	li²¹²水果 li⁵³姓~	tsʁ²⁵	zʁ²³¹	sʁ³³	zʁ²¹²
60 龙游	tɕi³³⁴	tɕʰi⁵¹	i²¹	li⁵¹调殊	tsɿ³⁵	zɿ²³¹	sɿ³³⁴	zɿ²¹
61 江山	kɛ⁴⁴	kʰi⁵¹	i⁵¹调殊	li²²	tsə²⁴¹	zə³¹	sə⁴⁴	zə²¹³
62 常山	ke⁴⁴	tɕʰi³²⁴	i³⁴¹	li⁵²	tsɿə⁵²儿~ tsɿ⁵²地支	zɿə¹³¹	sɿə⁴⁴	zɿə³⁴¹
63 开化	kɛ⁴⁴	tɕʰi⁵³调殊	i⁵³大~ i⁴⁴细~	li⁵³	tsɿə⁵³鸡~ tsɿ⁵³~时	zɿə²¹³	sɿə⁴⁴	zɿə²¹³调殊
64 丽水	tsɿ²²⁴	tsʰɿ⁵²	i²²	li⁵⁴⁴	tsɿ⁵⁴⁴	zɿ¹³¹	sɿ²²⁴	zɿ²²
65 青田	tsɿ⁴⁴⁵	tsʰɿ³³	i²¹	li⁴⁵⁴	tsɿ⁴⁵⁴	zɿ²²	sɿ⁴⁴⁵	zɿ²¹
66 云和	tsɿ²⁴	tsʰɿ⁴⁵	i³¹²	li⁴¹	tsɿ⁴¹	zɿ²²³	sɿ²⁴	zɿ³¹²
67 松阳	kɛ⁵³	tsʰɿ²⁴	i²⁴调殊	li²²	tsɿə²¹²	zɿə¹³	sɿə⁵³	zɿə²²~堂
68 宣平	tsɿ³²⁴	tsʰɿ⁵²	i⁵²调殊	li²²³	tsɿ⁴⁴⁵	zɿ²³¹	sɿ³²⁴	zɿ⁴³³
69 遂昌	kei⁴⁵	tsʰɿ³³⁴	i²²¹	li¹³姓~ li²²¹~儿	tsʁ⁵³³	zʁ²¹³	sʁ⁴⁵	zʁ²²¹
70 龙泉	tsɿ⁴³⁴	tsʰɿ⁴⁵	ɿ²¹~妈娘 i²¹阿~	li⁵¹	tsɿ⁵¹	zɿ²²⁴	sɿ⁴³⁴	zɿ²²⁴调殊

方言点	0225 饥 ～饿 止开三 平脂见	0226 器 止开三 去脂溪	0227 姨 止开三 平脂以	0228 李 止开三 上之来	0229 子 止开三 上之精	0230 字 止开三 去之从	0231 丝 止开三 平之心	0232 祠 止开三 平之邪
71 景宁	tɕi³²⁴	tɕʰɿ³⁵	i⁴¹	li³³	tsɿ³³	zɿ¹¹³	sɿ³²⁴	zɿ³³
72 庆元	kæi³³⁵	tsʰɿ¹¹	i³³⁵	li²²¹	tsɿ³³	sɿ³¹	sɿ³³⁵	sɿ⁵²
73 泰顺	tsɿ²¹³	tsʰɿ³⁵	i⁵³	li⁵⁵	tsɿ⁵⁵	sɿ²²	sɿ²¹³	sɿ⁵³
74 温州	tsɿ³³	tsʰɿ⁵¹	i³¹	lei¹⁴	tsɿ²⁵	zɿ²²	sɿ³³	zɿ³¹
75 永嘉	tsɿ⁴⁴	tsʰɿ⁵³	zɿ³¹	lei¹³	tsɿ⁴⁵	zɿ²²	sɿ⁴⁴	zɿ³¹
76 乐清	tɕi⁴⁴	tɕʰi⁴¹	i³¹	li²⁴	tsɿ³⁵	zɿ²²	sɿ⁴⁴	zɿ³¹
77 瑞安	tɕi⁴⁴	tɕʰi⁵³	i³¹	lei¹³	tsɿ³⁵	zɿ²²	sɿ⁴⁴	zɿ²²
78 平阳	tɕi⁵⁵	tɕʰi⁵³	i²⁴²	li⁴⁵	tsɿ⁴⁵	zɿ³³	sɿ⁵⁵	zɿ²⁴²
79 文成	tɕi⁵⁵	tɕʰi³³	i¹¹³	lei²²⁴	tsɿ⁴⁵	zɿ⁴²⁴	sɿ⁵⁵	zɿ¹¹³
80 苍南	tɕi⁴⁴	tɕʰi⁴²	i¹¹²调殊	li⁵³	tsɿ⁵³	zɿ¹¹	sɿ⁴⁴	zɿ³¹
81 建德徽	tɕi⁵³	tɕʰi³³	i³³	li²¹³	tsɿ²¹³	sɿ⁵⁵	sɿ⁵³	sɿ³³
82 寿昌徽	tɕi¹¹²	tɕʰi³³	i⁵⁵小	li⁵³⁴	tsɿ²⁴	sɿ³³	sɿ¹¹²	sɿ¹¹²文
83 淳安徽	tɕi²⁴	tɕʰi⁵³	i⁴³⁵	li⁵⁵	tsa⁵⁵白 tsɿ⁵⁵文	sa⁵³	sɿ²⁴	sa⁴³⁵
84 遂安徽	（无）	tsʰɿ⁴³	i³³	li⁴³	tsɿ⁴³	sɿ⁵²	sɿ⁵³⁴	tsʰɿ³³
85 苍南闽	ki⁵⁵	kʰi²¹	i²⁴	li³²	（无）	dʑi²¹	ɕi⁵⁵	suɯ²⁴
86 泰顺闽	ky²¹³	kʰi⁵³	i²²	li³⁴⁴	ki²²	tɕi³¹	ɕi²¹³	sɿ³¹
87 洞头闽	ki³³	kʰi²¹	i¹¹³	li⁵³	tsɿ⁵³	dʑi²¹	ɕi³³	sɿ²¹调殊
88 景宁畲	（无）	tɕʰi⁴⁴	i³²⁵小	li³²⁵	tsu³²⁵	tɕʰi⁵¹	ɕi⁴⁴	su²²

方言点	0233 寺	0234 治	0235 柿	0236 事	0237 使	0238 试	0239 时	0240 市
	止开三 去之邪	止开三 去之澄	止开三 上之崇	止开三 去之崇	止开三 上之生	止开三 去之书	止开三 平之禅	止开三 上之禅
01 杭州	$dz\textsci^{213}$	$dz\textsci^{13}$	$z\textsci^{13}$	$z\textsci^{13}$	$s\textsci^{53}$	$s\textsci^{45}$	$z\textsci^{213}$	$z\textsci^{13}$
02 嘉兴	$z\textsci^{113}$	$z\textsci^{113}$	$z\textsci^{113}$	$z\textsci^{113}$	$s\textsci^{544}$	$s\textsci^{224}$	$z\textsci^{242}$	$z\textsci^{113}$
03 嘉善	$z\textsci^{132}$调殊	$z\textsci^{113}$	$z\textsci^{113}$	$z\textsci^{113}$	$s\textsci^{44}$	$s\textsci^{44}$	$z\textsci^{132}$	$z\textsci^{113}$
04 平湖	$z\textsci^{31}$	$z\textsci^{213}$	$z\textsci^{213}$	$z\textsci^{213}$	$s\textsci^{44}$	$s\textsci^{44}$	$z\textsci^{31}$	$z\textsci^{213}$
05 海盐	$z\textsci^{213}$	$z\textsci^{213}$	$z\textsci^{213}$	$z\textsci^{213}$	$s\textsci^{423}$	$s\textsci^{334}$	$z\textsci^{31}$	$z\textsci^{423}$
06 海宁	$z\textsci^{13}$调殊	$z\textsci^{13}$	$z\textsci^{231}$	$z\textsci^{13}$	$s\textsci^{53}$	$s\textsci^{35}$	$z\textsci^{13}$	$z\textsci^{231}$
07 桐乡	$z\textsci^{13}$	$z\textsci^{213}$	$z\textsci^{242}$	$z\textsci^{213}$	$s\textsci^{53}$	$s\textsci^{334}$	$z\textsci^{13}$	$z\textsci^{242}$
08 崇德	$z\textsci^{13}$	$z\textsci^{13}$	$z\textsci^{242}$	$z\textsci^{13}$	$s\textsci^{53}$	$s\textsci^{334}$	$z\textsci^{13}$	$z\textsci^{242}$
09 湖州	$z\textsci^{24}$	$dz\textsci^{24}$	$z\textsci^{231}$	$z\textsci^{24}$	$s\textsci^{523}$	$s\textsci^{35}$	$z\textsci^{112}$	$z\textsci^{231}$
10 德清	$z\textsci^{113}$	$z\textsci^{143}$	$z\textsci^{143}$	$z\textsci^{143}$	$s\textsci^{334}$	$s\textsci^{334}$	$z\textsci^{113}$	$z\textsci^{143}$
11 武康	$dz\textsci^{113}$	$dz\textsci^{113}$	$z\textsci^{242}$	$z\textsci^{224}$	$s\textsci^{53}$	$s\textsci^{224}$	$z\textsci^{113}$	$z\textsci^{242}$
12 安吉	$z\textsci^{22}$	$dz\textsci^{243}$	$z\textsci^{243}$	$z\textsci^{213}$	$s\textsci^{324}$	$s\textsci^{324}$	$z\textsci^{22}$	$z\textsci^{243}$
13 孝丰	$z\textsci^{243}$	$dz\textsci^{22}$	$z\textsci^{243}$	$z\textsci^{213}$	$s\textsci^{44}$~馆	$s\textsci^{324}$	$z\textsci^{22}$	$z\textsci^{243}$
14 长兴	$z\textsci^{12}$	$dz\textsci^{12}$	$z\textsci^{243}$	$z\textsci^{24}$	$s\textsci^{52}$	$s\textsci^{324}$	$z\textsci^{12}$	$z\textsci^{243}$
15 余杭	$z\textsci^{213}$	$z\textsci^{213}$	$z\textsci^{243}$	$z\textsci^{213}$	$s\textsci^{423}$	$s\textsci^{423}$	$z\textsci^{22}$	$z\textsci^{243}$
16 临安	$z\textsci^{33}$	$dz\textsci^{33}$	$z\textsci^{33}$	$z\textsci^{33}$	$s\textsci^{55}$	$s\textsci^{55}$	$z\textsci^{33}$	$z\textsci^{33}$
17 昌化	$z\textsci^{243}$	$z\textsci^{112}$	$z\textsci^{243}$	$z\textsci^{243}$	$s\textsci^{453}$	$s\textsci^{544}$	$z\textsci^{112}$	$z\textsci^{243}$
18 於潜	$dz\textsci^{223}$	$dz\textsci^{223}$	$dz\textsci^{24}$	$dz\textsci^{24}$	$ts^h\textsci^{51}$	$ts^h\textsci^{35}$	$dz\textsci^{223}$	$z\textsci^{24}$
19 萧山	$z\textsci^{242}$	$dz\textsci^{242}$	$z\textsci^{242}$	$z\textsci^{242}$	$s\textsci^{33}$	$s\textsci^{42}$	$z\textsci^{355}$	$z\textsci^{13}$
20 富阳	$z\textsci^{224}$	$dz\textsci^{224}$	$z\textsci^{224}$	$z\textsci^{224}$	$s\textsci^{423}$	$s\textsci^{335}$	$z\textsci^{13}$	$z\textsci^{224}$
21 新登	$z\textsci^{13}$	$dz\textsci^{13}$	$z\textsci^{13}$	$z\textsci^{13}$	$s\textsci^{334}$	$s\textsci^{45}$	$z\textsci^{233}$	$z\textsci^{13}$
22 桐庐	$s\textsci^{533}$调殊	$dz\textsci^{24}$	$z\textsci^{24}$	$z\textsci^{24}$	$s\textsci^{33}$	$s\textsci^{35}$	$z\textsci^{13}$	$z\textsci^{24}$
23 分水	$z\textsci^{13}$	$dz\textsci^{13}$	$z\textsci^{13}$	$z\textsci^{13}$	$s\textsci^{53}$	$s\textsci^{24}$	$z\textsci^{22}$	$z\textsci^{13}$
24 绍兴	$z\textsci^{231}$调殊	$dz\textsci^{22}$	$z\textsci^{223}$	$z\textsci^{22}$	$s\textsci^{334}$	$s\textsci^{33}$	$z\textsci^{231}$	$z\textsci^{223}$
25 上虞	$z\textsci^{31}$	$dz\textsci^{31}$	$z\textsci^{213}$	$z\textsci^{213}$	$s\textsci^{35}$读字	$s\textsci^{53}$	$z\textsci^{213}$	$z\textsci^{213}$
26 嵊州	$z\textsci^{24}$	$dz\textsci^{24}$	$z\textsci^{24}$	$z\textsci^{24}$	$s\textsci^{53}$	$s\textsci^{334}$	$z\textsci^{213}$	$z\textsci^{24}$

续表

方言点	0233 寺 止开三 去之邪	0234 治 止开三 去之澄	0235 柿 止开三 上之崇	0236 事 止开三 去之崇	0237 使 止开三 上之生	0238 试 止开三 去之书	0239 时 止开三 平之禅	0240 市 止开三 上之禅
27 新昌	zɿ^{13}	dzɿ^{22}调殊	zɿ^{232}	zɿ^{13}	sɿ^{453}	sɿ^{335}	zɿ^{22}	zɿ^{232}
28 诸暨	zɿ^{33}	dzɿ^{242}调殊	zɿ^{242}	zɿ^{33}	sɿ^{42}	sɿ^{544}	zɿ^{13}	zɿ^{242}
29 慈溪	zɿ^{13}	dzɿ^{13}	zɿ^{13}	zɿ^{13}	sɿ^{44}调殊	sɿ^{44}	zɿ^{13}	zɿ^{13}
30 余姚	dzɿ^{13}	dzɿ^{13}	zɿ^{13}	zɿ^{13}	sɿ^{34}	sɿ^{53}	zɿ^{13}	zɿ^{13}
31 宁波	zɿ^{13}	dzʮ^{13}	zɿ^{13}	zɿ^{13}	sɿ^{35}	sɿ^{44}	zɿ^{13}	zɿ^{13}
32 镇海	dzɿ^{24}	dzɿ^{24}	zɿ^{24}	zɿ^{24}	sɿ^{35}	sɿ^{53}	zɿ^{24}	zɿ^{24}
33 奉化	zɿ^{324}	dzɿ^{31}	zɿ^{33}调殊	zɿ^{31}	sɿ^{545}	sɿ^{53}	zɿ^{33}	zɿ^{324}
34 宁海	zɿ^{24}	dzɿ^{24}	zɿ^{31}	zɿ^{24}	sɿ^{53}	sɿ^{35}	zɿ^{213}	zɿ^{31}
35 象山	zɿ^{31}	dzʮ^{31}	zɿ^{13}	zɿ^{31}	sɿ^{44}	sɿ^{53}	zɿ^{31}	zɿ^{13}
36 普陀	zɿ^{23}调殊	dzɿ^{13}	zɿ^{23}	zɿ^{13}	sɿ^{45}	sɿ^{55}	zɿ^{24}	zɿ^{23}
37 定海	zɿ^{13}	dzɿ^{13}	zɿ^{23}	zɿ^{13}	sɿ^{45}	sɿ^{44}	zɿ^{23}	zɿ^{13}
38 岱山	zɿ^{213}	dzʮ^{213}	zɿ^{23}	zɿ^{213}	sɿ^{325}	sɿ^{44}	zɿ^{23}	zɿ^{213}
39 嵊泗	zɿ^{213}	dzʮ^{213}	zɿ^{213}	zɿ^{213}	sɿ^{445}	sɿ^{53}	zɿ^{243}	zɿ^{213}
40 临海	zɿ^{21}	dzɿ^{324}	zɿ^{51}小	zɿ^{324}	sɿ^{52}	sɿ^{55}	zɿ^{21}	zɿ^{21}
41 椒江	zɿ^{24}	dzɿ^{24}	zɿ^{41}小	zɿ^{24}	sɿ^{55}	sɿ^{55}	zɿ^{31}	zɿ^{31}
42 黄岩	zɿ^{24}	dzɿ^{24}	zɿ^{41}小	zɿ^{24}	sɿ^{42}	sɿ^{55}	zɿ^{121}	zɿ^{121}
43 温岭	zɿ^{13}	dzɿ^{13}	zɿ^{41}小	zɿ^{13}	sɿ^{55}	sɿ^{55}	zɿ^{31}	zɿ^{31}
44 仙居	zɿ^{24}	dzɿ^{24}	zɿ^{213}	zɿ^{24}	sɿ^{324}	sɿ^{55}	zɿ^{213}	zɿ^{213}
45 天台	zɿ^{35}	dzɿ^{35}	zɿ^{31}小	zɿ^{35}	sɿ^{325}	sɿ^{55}	zɿ^{224}	zɿ^{214}
46 三门	zɿ^{243}	dzɿ^{243}	zɿ^{252}小	zɿ^{243}	sɿ^{325}	sɿ^{55}	zɿ^{113}	zɿ^{213}
47 玉环	zɿ^{22}	dzɿ^{22}	zɿ^{41}小	zɿ^{22}	sɿ^{42}	sɿ^{55}	zɿ^{31}	zɿ^{41}
48 金华	zɿ^{14}	dzɿ^{14}	zɿ^{14}小	zɿ^{14}	sɿ^{535}	sɿ^{55}	zɿ^{313}	zɿ^{14}
49 汤溪	zɿ^{341}	dzɿ^{341}	zɿ^{113}	zɿ^{341}	（无）	sɿ^{52}	zɿ^{11}	zɿ^{113}
50 兰溪	zɿ^{24}	dzɿ^{24}	zɿ^{24}	sɿ^{55}	sɿ^{55}	sɿ^{45}	zɿ^{21}	zɿ^{24}
51 浦江	zɿ^{24}	dʒi^{243}	zɿ^{24}	zɿ^{24}	sɿ^{53}	ʃi^{55}	zɿ^{113}	zɿ^{243}

续表

方言点	0233 寺 止开三 去之邪	0234 治 止开三 去之澄	0235 柿 止开三 上之崇	0236 事 止开三 去之崇	0237 使 止开三 上之生	0238 试 止开三 去之书	0239 时 止开三 平之禅	0240 市 止开三 上之禅
52 义乌	$zɿ^{24}$	dzi^{312}调殊	$zɿn^{24}$小	$zɿ^{24}$	$sɿ^{423}$	si^{45}白 $sɿ^{45}$文	$zɿ^{213}$	$zɿ^{312}$
53 东阳	$zɿ^{24}$	dzi^{24}	$zɿn^{24}$小	$zɿ^{24}$	$sɿ^{453}$	$sɿ^{453}$	$zɿ^{213}$	$zɿ^{24}$
54 永康	$zɿ^{241}$	$dʑi^{241}$	$zɿ^{241}$	$zɿ^{241}$	$sɿ^{334}$	$ɕi^{52}$	$ʑi^{22}$	$zɿ^{113}$
55 武义	$zɿ^{231}$	$dʑi^{231}$	zen^{231}小	$zɿ^{231}$	$sɿ^{445}$	$sɿ^{53}$	$zɿ^{324}$	$zɿ^{13}$
56 磐安	$zɿ^{14}$	$dʑi^{14}$	$sɿ^{334}$	$zɿ^{14}$	$sɿ^{334}$	$sɿ^{52}$	$zɿ^{213}$	$sɿ^{334}$
57 缙云	$zɿ^{213}$	$dzɿ^{213}$	$zɿ^{31}$	$zɿ^{213}$	$sɿ^{51}$	$sɿ^{453}$	$zɿ^{243}$	$zɿ^{31}$
58 衢州	$zɿ^{231}$	$dʒy^{231}$	$zɿ^{231}$	$zɿ^{231}$	$sɿ^{35}$	$sɿ^{53}$	$zɿ^{21}$	$zɿ^{231}$
59 衢江	$zɤ^{231}$	dzy^{231}	$ʑyø^{212}$	$ʑyø^{231}$	$sɿ^{25}$	$sɿ^{53}$	$ʑyø^{212}$~景 $zɿ^{212}$小~	$zɿ^{231}$
60 龙游	$zɿ^{231}$	$dzɿ^{231}$	$zɿ^{224}$	$zɿ^{231}$	$sɿ^{35}$	$sɿ^{51}$	$zɿ^{21}$	$zɿ^{231}$调殊
61 江山	$zə^{31}$	dzi^{31}	$ʑiɵ^{22}$	$ʑiɵ^{31}$	$ɕiɵ^{241}$	$ɕi^{51}$~用 $suɯ^{51}$~~	$ʑiɵ^{213}$白 $zuɯ^{213}$文	$zɯ^{22}$
62 常山	$zɿ^{341}$	$dʑi^{131}$	zi^{131}	zi^{131}	si^{52}~用 $sɿ^{52}$假~	$sɿ^{324}$ $sɿ^{52}$考~	$zɿ^{341}$	$zɿ^{24}$
63 开化	$zɿə^{213}$	$dzɿ^{213}$	$zuei^{213}$	$zuei^{213}$白 $zɿ^{213}$文	$suei^{53}$	$suei^{412}$白 $sɿ^{412}$文	$zuei^{231}$白 $zɿ^{231}$文	$zuei^{213}$白 $zɿ^{213}$文
64 丽水	$zɿ^{131}$	$dzɿ^{22}$调殊	$zɿ^{22}$	$zɿ^{131}$	$sɿ^{544}$	$sɿ^{52}$	$zɿ^{22}$	$zɿ^{22}$
65 青田	$zɿ^{22}$	$dzɿ^{22}$	$zɿ^{343}$	$zɿ^{22}$	$sɿ^{454}$	$sɿ^{33}$	$zɿ^{21}$	$zɿ^{343}$
66 云和	$zɿ^{223}$	$dzɿ^{223}$	$zɿ^{231}$	$zɿ^{223}$	$sɿ^{41}$	$sɿ^{45}$	$zɿ^{312}$	$zɿ^{231}$
67 松阳	$zɿə^{13}$	$dzɿ^{13}$	$zɿə^{22}$	$zɿə^{13}$	$sɿə^{212}$	$sɿ^{24}$~~ $sɿ^{24}$考~	$zɿ^{31}$	$zɿə^{22}$
68 宣平	$zɿ^{231}$	$dzɿ^{231}$	$zɿ^{223}$	$zɿ^{231}$	$sɿ^{445}$	$sɿ^{52}$	$zɿ^{433}$	$zɿ^{223}$
69 遂昌	$zɤ^{213}$	$dzɿ^{213}$	$ʑiu^{13}$	$zuə^{213}$	$sɿ^{533}$	$ɕiu^{334}$~~ $sɿ^{334}$考~	$ʑiu^{221}$多~ $zɿ^{221}$~间	$zɿ^{13}$
70 龙泉	$zɿ^{224}$	$dzɿ^{224}$	$sɤɯ^{51}$	$zɤɯ^{224}$	$sɤɯ^{51}$	$sɤɯ^{45}$白 $sɿʔ^{5}$文	$zɿ^{21}$	$sɿ^{51}$
71 景宁	$zɿ^{113}$	$dzɿ^{113}$	$zɿ^{33}$	$zɿ^{113}$	$sɿ^{33}$	$sɿ^{35}$	$zɿ^{41}$	$zɿ^{33}$

续表

方言点	0233 寺	0234 治	0235 柿	0236 事	0237 使	0238 试	0239 时	0240 市
	止开三 去之邪	止开三 去之澄	止开三 上之崇	止开三 去之崇	止开三 上之生	止开三 去之书	止开三 平之禅	止开三 上之禅
72 庆元	$sɿ^{31}$	$tsɿ^{31}$	$sɤ^{221}$	$sɤ^{31}$	$sɿ^{33}$	$sɤ^{11}$	$sɤ^{52}$白 $sɿ^{52}$文	$sɿ^{221}$
73 泰顺	$sɿ^{21}$调殊	$tsɿ^{22}$	$sɿ^{21}$	$sɿ^{22}$	$sɿ^{55}$	$sɿ^{35}$	$sɿ^{53}$	$sɿ^{21}$
74 温州	$zɿ^{22}$	$dzɿ^{22}$	$zɿ^{14}$	$zɿ^{22}$	$sɿ^{25}$	$sɿ^{51}$	$zɿ^{31}$	$zɿ^{14}$
75 永嘉	$zɿ^{22}$	$dzɿ^{22}$	$zɿ^{13}$	$zɿ^{22}$	$sɿ^{45}$	$sɿ^{53}$	$zɿ^{22}$	$zɿ^{13}$
76 乐清	$zɿ^{22}$	$dzɿ^{22}$	$zɿ^{24}$	$zɿ^{22}$	$sɿ^{35}$	$sɿ^{41}$	$zɿ^{31}$	$zɿ^{24}$
77 瑞安	$zɿ^{22}$	$dzɿ^{22}$	$zɿ^{13}$	$zɿ^{22}$	$sɿ^{35}$	$sɿ^{53}$	$zɿ^{22}$	$zɿ^{13}$
78 平阳	$zɿ^{33}$	$dzɿ^{33}$	$zɿ^{23}$	$zɿ^{33}$	$sɿ^{45}$	$sɿ^{53}$	$zɿ^{242}$	$zɿ^{23}$
79 文成	$zɿ^{424}$	$dzɿ^{424}$	$zɿ^{224}$	$zɿ^{424}$	$sɿ^{45}$	$sɿ^{33}$	$zɿ^{113}$	$zɿ^{224}$
80 苍南	$zɿ^{11}$	$zɿ^{11}$	$zɿ^{24}$	$zɿ^{11}$	$sɿ^{53}$	$sɿ^{42}$	$zɿ^{11}$	$zɿ^{24}$
81 建德徽	$sɿ^{213}$	$tsɿ^{213}$白 $tsʰɿ^{211}$文	$sɿ^{213}$	$sɿ^{55}$	$sɿ^{213}$	$sɿ^{33}$	$sɿ^{33}$	$sɿ^{213}$
82 寿昌徽	$sɿ^{24}$文	$tsʰɿ^{33}$	$sɿ^{534}$	$sɿ^{33}$	$sɿ^{24}$	$sɿ^{33}$	$sɿ^{112}$文	$sɿ^{24}$文
83 淳安徽	$sɿ^{24}$	$tsʰa^{53}$白 $tsʰɿ^{53}$文	$sɿ^{53}$	sa^{53}	$sɿ^{53}$	$tsʰa^{24}$白 $sɿ^{24}$文	sa^{435}	$sɿ^{24}$
84 遂安徽	$sɿ^{52}$	$tsʰɿ^{52}$	$sɿ^{43}$	$sɿ^{52}$	$sɿ^{213}$	$sɿ^{43}$	$sɿ^{33}$	$sɿ^{43}$
85 苍南闽	$ɕi^{21}$	ti^{21}	$kʰi^{32}$	sai^{21}白 $suɯ^{21}$文	$suɯ^{43}$	$ɕi^{21}$	$ɕi^{24}$	$tɕʰi^{21}$
86 泰顺闽	$sɿ^{31}$	$tɕi^{31}$	$kʰi^{31}$	$sɿ^{31}$	$sɿ^{344}$	sei^{53}	$ɕi^{22}$	$tɕʰi^{31}$
87 洞头闽	$tɕʰi^{21}$白 $ɕi^{21}$文	ti^{21}	$kʰi^{21}$	$sɿ^{21}$	$sɿ^{53}$	$ɕi^{21}$	$ɕi^{113}$	$tɕʰi^{21}$
88 景宁畲	$ɕi^{51}$	$tsɿ^{44}$	$kʰi^{445}$小	su^{51}	soi^{325}	su^{44}白 $ɕi^{44}$文	$ɕi^{22}$	$ɕi^{51}$

方言点	0241 耳	0242 记	0243 棋	0244 喜	0245 意	0246 几 ~个	0247 气	0248 希
	止开三 上之日	止开三 去之见	止开三 平之群	止开三 上之晓	止开三 去之影	止开三 上微见	止开三 去微溪	止开三 平微晓
01 杭州	əl⁵³	tɕi⁴⁵	dʑi²¹³	ɕi⁵³	i⁴⁵	tɕi⁵³	tɕʰi⁴⁵	ɕi³³⁴
02 嘉兴	ȵi¹¹³	tɕi²²⁴	dʑi²⁴²	ɕi⁵⁴⁴	i²²⁴	tɕi⁵⁴⁴	tɕʰi²²⁴	ɕi⁴²
03 嘉善	ȵi¹¹³白 ɚ¹¹³文	tɕi³³⁴	dʑi¹³²	ɕi⁴⁴	i³³⁴	tɕi⁴⁴	tɕʰi³³⁴	ɕi⁵³
04 平湖	ȵi²¹³白 əl²¹³文	tɕi³³⁴	dʑi³¹	ɕi⁴⁴	i³³⁴	tɕi³³⁴调殊	tɕʰi²¹³	ɕi⁵³
05 海盐	ȵi⁴²³	tɕi³³⁴	dʑi³¹	ɕi⁴²³	i³³⁴	tɕi⁴²³	tɕʰi⁴²³	ɕi⁵³
06 海宁	ȵi²³¹白 əɯ³¹文	tɕi³⁵	dʑi¹³	ɕi⁵³	i³⁵	tɕi⁵³	tɕʰi³⁵	ɕi⁵⁵
07 桐乡	ȵi²⁴²白 əl⁵³文	tɕi³³⁴	dʑi¹³	ɕi⁵³	i³³⁴	tɕi⁵³	tɕʰi³³⁴	ɕi⁴⁴
08 崇德	ȵi⁵³白 əl⁵³文	tɕi³³⁴	dʑi¹³	ɕi⁵³	i³³⁴	tɕi⁵³	tɕʰi³³⁴	ɕi⁴⁴
09 湖州	n²³¹白 ɚ²³¹文	tɕi³⁵	dʑi¹¹²	ɕi⁵²³	i³⁵	tɕi⁵²³	tɕʰi³⁵	ɕi⁴⁴
10 德清	n⁵²	tɕi³³⁴	dʑi¹¹³	ɕi⁵²	i³³⁴	tɕi⁵²	tɕʰi³³⁴	ɕi⁴⁴
11 武康	n²⁴²白 ɚ²²⁴文	tɕi²²⁴	dʑi¹¹³	ɕi⁵³	i²²⁴	tɕi⁵³	tɕʰi²²⁴	ɕi⁴⁴
12 安吉	ŋ⁵²	tɕi³²⁴	dʑi²²	ɕi⁵²	i³²⁴	tɕi⁵²	tɕʰi³²⁴	ɕi⁵⁵
13 孝丰	ŋ⁵²白 əl⁵²文	tɕi³²⁴	dʑi²²	ɕi⁵²	i³²⁴	tɕi⁵²	tɕʰi³²⁴	ɕi⁴⁴
14 长兴	n⁵²	tʃʅ³²⁴	dʒʅ¹²	ʃʅ⁵²	ʅ³²⁴	tʃʅ⁵²	tʃʰʅ³²⁴	ʃʅ⁴⁴
15 余杭	n⁵³	tɕi⁴²³	dʑi²²	ɕi⁵³	i⁵³	tɕi⁵³	tɕʰi⁴²³	ɕi⁴⁴
16 临安	ŋ³³白 ɚ³³文	tɕi⁵⁵	dʑi³³	ɕi⁵⁵	i³³	tɕi⁵⁵	tɕʰi⁵⁵	ɕi⁵⁵
17 昌化	əl²⁴³	tsʅ⁵⁴⁴	zʅ¹¹²	sʅ⁴⁵³	i⁵⁴⁴	tsʅ⁴⁵³	tsʰʅ⁵⁴⁴	sʅ³³⁴
18 於潜	ɚ⁵¹	tɕi³⁵	dʑi²²³	ɕi⁵¹	i³⁵	tɕi³⁵	tɕʰi³⁵	ɕi⁴³³
19 萧山	ȵi³³调殊	tɕi⁴²	dʑi³⁵⁵	ɕi³³	i⁴²	tɕi³³	tɕʰi⁴²	ɕi⁵³³
20 富阳	ŋ⁴²³	tɕi³³⁵	dʑi¹³	ɕi⁴²³	i³³⁵	tɕi⁴²³	tɕʰi³³⁵	ɕi⁵³
21 新登	ŋ³³⁴	tɕi⁴⁵	dʑi²³³	ɕi³³⁴	i⁴⁵	tɕi³³⁴	tɕʰi⁴⁵	ɕi⁵³

方言点	0241 耳	0242 记	0243 棋	0244 喜	0245 意	0246 几 ~个	0247 气	0248 希
	止开三 上之日	止开三 去之见	止开三 平之群	止开三 上之晓	止开三 去之影	止开三 上微见	止开三 去微溪	止开三 平微晓
22 桐庐	ni^{33}	tɕi^{35}	dzi^{13}	ɕi^{33}	i^{35}	tɕi^{33}	tɕʰi^{35}	ɕi^{533}
23 分水	ɣ^{53}	tɕi^{24}	dzi^{22}	ɕi^{53}	i^{24}	tɕi^{44}	tɕʰi^{24}	ɕi^{44}
24 绍兴	ȵi^{223}白 əl^{223}文	tɕi^{33}	dzi^{231}	ɕi^{334}	i^{33}	tɕi^{334}	tɕʰi^{33}	ɕi^{33}
25 上虞	ȵi^{213}白 əl^{213}文	tɕi^{53}	dzi^{213}	ɕi^{35}	i^{53}	tɕi^{35}	tɕʰi^{53}	ɕi^{35}
26 嵊州	ȵi^{24}白 əl^{24}文	tɕi^{334}	dzi^{213}	ɕi^{53}	i^{334}	tɕi^{334}	tɕʰi^{334}	ɕi^{534}
27 新昌	ŋ^{232}白 əl^{232}文	tɕi^{335}	dzi^{22}	ɕi^{453}	i^{335}	tɕi^{453}	tɕʰi^{335}	ɕi^{534}
28 诸暨	n^{242}白 nɿ^{242}文	tʃɿ^{544}	dʒɿ^{13}	ʃɿ^{42}	ʒɿ^{544}	tʃɿ^{42}	tʃʰɿ^{544}	ʃɿ^{544}
29 慈溪	ȵi^{13}白 əl^{13}文	tɕi^{44}	dzi^{13}	ɕi^{35}	i^{44}	tɕi^{35}	tɕʰi^{44}	ɕi^{35}
30 余姚	ȵi^{13}白 l^{13}文	tɕi^{53}	dzi^{13}	ɕi^{34}	i^{53}	tɕi^{34}	tɕʰi^{53}	ɕi^{44}
31 宁波	ȵi^{13}白 əl^{13}文	tɕi^{44}	dzi^{13}	ɕi^{35}	i^{44}	tɕi^{35}	tɕʰi^{44}	ɕi^{44}
32 镇海	ȵi^{24}白 əl^{24}文	tɕi^{53}	dzi^{24}	ɕi^{35}	i^{53}	tɕi^{35}	tɕʰi^{35}	ɕi^{53}
33 奉化	ȵi^{33}白 əl^{33}文	tɕi^{53}	dzi^{33}	ɕi^{545}	i^{53}	tɕi^{545}	tɕʰi^{53}	ɕi^{44}
34 宁海	ŋəu^{213}~朵 l^{213}木~	tsɿ^{35}	dzɿ^{213}~牌	sɿ^{53}	i^{35}	tsɿ^{53}	tsʰɿ^{35}	sɿ^{423}
35 象山	ŋ^{31}白 əl^{31}文	tɕi^{53}	dzi^{31}	ɕi^{44}	i^{53}	tɕi^{44}	tɕʰi^{53}	ɕi^{44}
36 普陀	ȵi^{23}	tɕi^{55}	dzi^{24}	ɕi^{45}	i^{55}	tɕi^{45}	tɕʰi^{55}	ɕi^{53}
37 定海	ȵi^{23}	tɕi^{44}	dzi^{23}	ɕi^{45}	i^{44}	tɕi^{45}	tɕʰi^{44}	ɕi^{52}
38 岱山	ȵi^{23}白 əl^{23}文	tɕi^{44}	dzi^{23}	ɕi^{325}	i^{44}	tɕi^{325}	tɕʰi^{44}	ɕi^{52}
39 嵊泗	ȵi^{445}白 əl^{445}文	tɕi^{53}	dzi^{243}	ɕi^{445}	i^{53}	tɕi^{445}	tɕʰi^{53}	ɕi^{53}

续表

方言点	0241 耳	0242 记	0243 棋	0244 喜	0245 意	0246 几 ～个	0247 气	0248 希
	止开三 上之日	止开三 去之见	止开三 平之群	止开三 上之晓	止开三 去之影	止开三 上微见	止开三 去微溪	止开三 平微晓
40 临海	η^{52} ～朵 $z\mathfrak{1}^{214}$ 木～	$t\varphi i^{55}$ 又 ki^{55} 又	$d\varphi i^{21}$ 又 gi^{21} 又	φi^{52} 又 hi^{52} 又	i^{55}	$t\varphi i^{52}$ 又 ki^{52} 又	$t\varphi^h i^{55}$ 又 hi^{55} 又	φi^{31} 又 hi^{31} 又
41 椒江	η^{42} ～朵 $z\mathfrak{1}^{31}$ 木～	$t\varphi i^{55}$	$d\varphi i^{31}$	φi^{42}	i^{55}	$t\varphi i^{42}$	$t\varphi^h i^{55}$	φi^{42}
42 黄岩	η^{42} ～朵 $z\mathfrak{1}^{121}$ 木～	$t\varphi i^{55}$	$d\varphi i^{121}$	φi^{42}	i^{55}	$t\varphi i^{42}$	$t\varphi^h i^{55}$	φi^{32}
43 温岭	η^{42} ～朵 $z\mathfrak{1}^{31}$ 木～	$t\varphi i^{55}$	$d\varphi i^{24}$ 小	φi^{42}	i^{55}	$t\varphi i^{42}$	$t\varphi^h i^{55}$	φi^{33}
44 仙居	η^{324} 白 zi^{213} 文	$t\varphi i^{55}$	$d\varphi i^{213}$	φi^{324}	i^{55}	$t\varphi i^{324}$	$t\varphi^h i^{55}$	φi^{334}
45 天台	$n.iə\mathfrak{1}^{2}$ ～朵 $z\mathfrak{1}^{214}$ 木～	ki^{55}	gi^{224}	hi^{325}	i^{55}	ki^{325}	$k^h i^{55}$	hi^{33}
46 三门	$əl^{325}$	$t\varphi i^{55}$	$d\varphi i^{252}$ 小	φi^{325}	i^{55}	$t\varphi i^{325}$	$t\varphi^h i^{55}$	φi^{334}
47 玉环	η^{53} ～朵 $z\mathfrak{1}^{31}$ 木～	$t\varphi i^{55}$	$d\varphi i^{31}$	φi^{53}	i^{55}	$t\varphi i^{53}$	$t\varphi^h i^{55}$	φi^{42}
48 金华	η^{535} 白 $əl^{535}$ 文	$t\varphi ie^{55}$ 量 $t\varphi i^{55}$ ～住	$d\varphi i^{313}$	φi^{535}	i^{55}	$t\varphi i^{535}$	$t\varphi^h i^{55}$	φi^{334}
49 汤溪	η^{113}	$t\varphi i^{52}$	$d\varphi i^{11}$	φi^{535}	i^{52}	$k\varepsilon^{535}$	$t\varphi^h i^{52}$	φi^{24}
50 兰溪	n^{55}	$t\varphi i^{45}$	$d\varphi i^{21}$	φi^{55}	i^{45}	$t\varphi i^{55}$	$t\varphi^h i^{45}$	φi^{334}
51 浦江	n^{113} 白 γ^{243} 文	$t\int i^{55}$	$d\mathbf{3}i^{113}$	$\int i^{53}$	i^{55}	$t\int i^{55}$	$t\int^h i^{55}$	$\int i^{534}$
52 义乌	n^{312} 白 e^{213} 文	$t\varphi i^{45}$	$d\varphi i^{213}$	φi^{423}	i^{45}	$t\varphi i^{423}$	$t\varphi^h i^{45}$	φi^{335}
53 东阳	n^{231} 白 $əl^{231}$ 文	$t\varphi i^{453}$	$d\varphi i^{213}$	φi^{453}	i^{453}	$t\varphi i^{44}$	$t\varphi^h i^{453}$	φi^{334}
54 永康	η^{113} ～朵 ly^{113} 木～	$t\varphi i^{52}$	$d\varphi i^{22}$	φi^{334}	i^{52}	$t\varphi i^{334}$	$t\varphi^h i^{52}$	φi^{55}
55 武义	n^{13}	$t\varphi i^{53}$	$d\varphi i^{324}$	φi^{445}	i^{53}	ka^{445}	$t\varphi^h i^{53}$	φi^{24}
56 磐安	n^{334} 白 ε^{334} 文	$t\varphi i^{52}$	$d\varphi i^{213}$	φi^{334}	i^{52}	$t\varphi i^{334}$	$t\varphi^h i^{52}$	φi^{445}
57 缙云	$n.iε\mathfrak{1}^{51}$ ～朵 mi^{31} 木～	$t\varphi i^{453}$	$d\varphi i^{243}$	φi^{51}	i^{453}	kei^{51}	$t\varphi^h i^{453}$	φi^{44}

续表

方言点	0241 耳	0242 记	0243 棋	0244 喜	0245 意	0246 几 ~个	0247 气	0248 希
	止开三 上之日	止开三 去之见	止开三 平之群	止开三 上之晓	止开三 去之影	止开三 上微见	止开三 去微溪	止开三 平微晓
58 衢州	ȵi²³¹白 əl⁵³文	tsʅ⁵³	dzʅ²¹	sʅ³⁵	i⁵³	tsʅ³⁵	tsʰʅ⁵³	sʅ³²
59 衢江	ŋ²¹²	tsʅ⁵³	dzʅ²¹²	sʅ²⁵	i⁵³	kei²⁵	tsʰʅ⁵³	sʅ³³
60 龙游	n²¹调殊	tɕi⁵¹	dʑi²¹	ɕi³⁵	i⁵¹	ki³⁵	tɕʰi⁵¹	ɕi³³⁴
61 江山	ȵi²²	kɐ⁵¹	gi²¹³	xi²⁴¹	ɐ⁵¹又 ŋɐ⁵¹又	ki²⁴¹	kʰɐ⁵¹断~ kʰi⁵¹生~	xi⁴⁴
62 常山	n²⁴	ki³²⁴	dʑi³⁴¹	ɕi⁵²	i³²⁴	ke⁵²	kʰi³²⁴	ɕi³²⁴
63 开化	ȵi²¹³白 əl²¹³文	kuei⁴¹²白 tɕi⁴¹²文	dʑi²³¹	ɕi⁵³	i⁵³调殊	kɛ⁵³	kʰuei⁴¹²	ɕi⁴⁴
64 丽水	ŋ⁵⁴⁴	tsʅ⁵²	dzʅ²²	sʅ⁵⁴⁴	i⁵²	kɛ⁵⁴⁴	tsʰʅ⁵²	sʅ²²⁴
65 青田	n²¹调殊	tsʅ³³	dzʅ²¹	sʅ⁴⁵⁴	i³³	kɛ⁴⁵⁴	tsʰʅ³³	sʅ⁴⁴⁵
66 云和	ȵi⁴¹	tsʅ⁴⁵	dzʅ³¹²	sʅ⁴¹	i⁴⁵	ki⁴¹	tsʰʅ⁴⁵	sʅ²⁴
67 松阳	n²²	tsʅ²⁴	dzʅ³¹	sʅ²¹²	i²⁴	ki²¹²	tsʰʅ²⁴	sʅ²⁴~望
68 宣平	n²²³~朵 ȵi²²³木~	tsʅ⁵²	dzʅ⁴³³	sʅ⁴⁴⁵	i⁵²	kei⁴⁴⁵	tsʰʅ⁵²	sʅ³²⁴
69 遂昌	ȵi¹³	tsʅ³³⁴	dzʅ²²¹	sʅ⁵³³	i³³⁴	kei⁵³³	kʰei⁵³³有~ tsʰʅ³³⁴空~	sʅ⁴⁵
70 龙泉	mi⁵¹白 ȵi⁵¹文	tsʅ⁴⁵	dzʅ²¹	sʅ⁵¹白 ɕi⁵¹文	ʅ⁴⁵	kɛ⁵¹白 tɕi⁵¹文	tsʰʅ⁴⁵	sʅ⁴³⁴
71 景宁	ȵi³³	tɕi³⁵	dʑi⁴¹	ɕi³³	i³⁵	kai³³	tɕʰi³⁵	ɕi³²⁴
72 庆元	mĩ²²¹又 ȵĩ²²¹又	tsʅ¹¹	tsʅ⁵²	ɕi³³	i¹¹	kæi³³	tsʰʅ¹¹	ɕi³³⁵
73 泰顺	ȵi⁵⁵	tsʅ³⁵	tsʅ⁵³	sʅ⁵⁵	i³⁵	kɛ⁵⁵	tsʰʅ³⁵	sʅ²¹³
74 温州	ŋ²⁵白 zʅ¹⁴文	tsʅ⁵¹	dzʅ³¹	sʅ²⁵	i⁵¹	ke²⁵	tsʰʅ⁵¹	sʅ³³
75 永嘉	ŋ¹³	tsʅ⁵³	dzʅ³¹	sʅ⁴⁵	i⁵³	ke⁴⁵	tsʰʅ⁵³	sʅ⁴²³调殊
76 乐清	ŋ³⁵白 zʅ²⁴文	tɕi⁴¹	dʑi³¹	ɕi³⁵	i⁴¹	ke³⁵	tɕʰi⁴¹	ɕi⁴⁴
77 瑞安	ŋ³⁵	tɕi⁵³	dʑi³¹	ɕi³⁵	i⁵³	ke³⁵	tɕʰi⁵³	ɕi⁴⁴

方言点	0241 耳	0242 记	0243 棋	0244 喜	0245 意	0246 几 ~个	0247 气	0248 希
	止开三 上之日	止开三 去之见	止开三 平之群	止开三 上之晓	止开三 去之影	止开三 上微见	止开三 去微溪	止开三 平微晓
78 平阳	ŋ⁴⁵	tɕi⁵³	dʑi²⁴²	si⁴⁵	i⁵³	ke⁴⁵	tɕʰi⁵³	si⁵⁵
79 文成	n²²⁴	tɕi³³	dʑi¹¹³	sei⁴⁵	i³³	ke⁴⁵	tɕʰi³³	sei⁵⁵
80 苍南	ŋ⁵³	tɕi⁴²	dʑi³¹	ɕi⁵³	i⁴²	ke⁵³白 tɕi⁵³文	tɕʰi⁴²	ɕi⁴⁴
81 建德徽	n⁵⁵白 əɯ⁵⁵文	tɕi³³	tɕi³³	ɕi²¹³	i³³	tɕi²¹³	tɕʰi³³	ɕi⁵³
82 寿昌徽	n⁵⁵~朵	tɕi³³	tɕʰi¹¹²文	ɕi²⁴	i³³	tɕi²⁴	tɕʰi³³	ɕi¹¹²
83 淳安徽	la⁵⁵白 əl⁵⁵文	tɕi²⁴	tɕʰi⁴³⁵	ɕi⁵⁵	i²⁴	tɕi⁵⁵	tɕʰi²⁴	ɕi²⁴
84 遂安徽	n⁴³	tsɿ⁴³	tsʰɿ³³	ɕi²¹³	i⁴³	tsɿ²¹³	tsʰɿ⁴³	sɿ⁵³⁴
85 苍南闽	hi³²	ki²¹	ki²⁴	hi⁴³	i²¹	kui⁴³	kʰi²¹	hi⁵⁵
86 泰顺闽	ni³⁴⁴	ki⁵³	ki²²	ɕi³⁴⁴	i⁵³	ky³⁴⁴	kʰi⁵³	ɕi²¹³
87 洞头闽	hi²¹	ki²¹	ki¹¹³	hi⁵³	i²¹	kui⁵³白 ki⁵³文	kʰui²¹白 kʰi²¹文	hi³³
88 景宁畲	ȵi³²⁵	ki⁴⁴	ki²²	xi³²⁵	i⁴⁴	ki³²⁵	kʰi⁴⁴	ɕi⁴⁴

方言点	0249 衣 止开三平微影	0250 嘴 止合三上支精	0251 随 止合三平支邪	0252 吹 止合三平支昌	0253 垂 止合三平支禅	0254 规 止合三平支见	0255 亏 止合三平支溪	0256 跪 止合三上支群
01 杭州	i³³⁴	tsuei⁵³	dzuei²¹³	tsʰuei³³⁴	dzuei²¹³	kuei³³⁴	kʰuei³³⁴	guei¹³
02 嘉兴	i⁴²	tsʅ⁵⁴⁴	zuei²⁴²	tsʰʅ⁴²白 tsʰuei⁴²文	zuei²⁴²	kuei⁴²	kʰuei⁴²	dʑy¹¹³ guei¹¹³
03 嘉善	i⁵³	tsʅ⁴⁴	zɛ¹³²	tsʰʅ⁵³	zʅ¹¹³白 zɛ¹¹³文	kuɛ⁵³	tɕʰy⁵³白 kʰuɛ⁵³文	dʑy¹¹³
04 平湖	i⁵³	tsʅ⁴⁴	zue³¹	tsʰʅ⁵³	zue²¹³	kuɛ⁵³	kʰue⁵³	dʑy²¹³
05 海盐	i⁵³	tsʅ⁴²³	zue³¹	tsʰʅ⁵³	zue³¹又 zue²¹³又	kuɛ⁵³	kʰue⁵³	dʑy⁴²³
06 海宁	i⁵⁵	tsʅ⁵³	zei¹³	tsʰʅ⁵⁵	zei¹³	kuɛ⁵⁵	tɕʰi⁵⁵白 kʰue⁵⁵文	dʑi²³¹
07 桐乡	i⁴⁴	tsʅ⁵³	zi¹³	tsʰʅ⁴⁴	zi¹³	kuei⁴⁴	kʰuei⁴⁴	dʑi²⁴²
08 崇德	i⁴⁴	tsʅ⁵³	zui¹³	tsʰʅ⁴⁴	zui¹³	kui⁴⁴	kʰui⁴⁴	dʑi²⁴²
09 湖州	i⁴⁴	tsei⁵²³	zei¹¹²	tsʰʅ⁴⁴	dzei²⁴	kuei⁴⁴	kʰuei⁴⁴	dʑi²³¹
10 德清	i⁴⁴	tsɛ⁵²	zɛ¹¹³	tsʰʅ⁴⁴	zɛ¹¹³	kuɛ⁴⁴	kʰuɛ⁴⁴	dʑi¹⁴³
11 武康	i⁴⁴	tsɛ⁵³	zɛ¹¹³	tsʰɛ⁴⁴	zɛ¹¹³	kuɛ⁴⁴	kʰuɛ⁴⁴	dʑi²⁴²白 guɛ²⁴²文
12 安吉	i⁵⁵	tse⁵²	ze²²	tsʰue⁵⁵	ze²²	kuɛ⁵⁵	kʰue⁵⁵	gue²⁴³
13 孝丰	i⁴⁴	tse⁵²	ze²²	tsʰe⁴⁴	dze²²	kuɛ⁴⁴	kʰue⁴⁴	gue²⁴³
14 长兴	ʅ⁴⁴	tsɯ⁵²	zei¹ʔ	tsʰʅ⁴⁴	dzei¹²	kuei⁴⁴	kʰuei⁴⁴	guei²⁴³
15 余杭	i⁴⁴	tsɛ⁵³	zɛ²²	tsʰɛ⁴⁴	zɛ²¹³	kuɛ⁴⁴	kʰuɛ⁴⁴	guɛ²⁴³
16 临安	i⁵⁵	tsʅ⁵⁵	zE³³	tsʰE⁵⁵	zE³³	kuE⁵⁵	kʰuE⁵⁵	guE³³
17 昌化	i³³⁴	tsei⁴⁵³	zei¹¹²	tsʰei³³⁴	zei¹¹²	kuei³³⁴	kʰuei³³⁴	guei²⁴³
18 於潜	i⁴³³	tsue⁵¹	zuɛ²²³	tɕʰy⁴³³白 tɕʰue⁴³³文	dzue²²³	kue⁴³³	kʰue⁴³³	gue²⁴
19 萧山	i⁵³³	tsʅ³³	ze³⁵⁵	tsʰʅ⁵³³	ze³⁵⁵	kue⁵³³	kʰue⁵³³	dʑy¹³
20 富阳	i⁵³	tsɛ⁴²³	zɛ¹³	tsʰɛ⁵³	（无）	kuɛ⁵³	kʰuɛ⁵³	guɛ²²⁴
21 新登	i⁵³	tsue³³⁴	ze²³³	tsʰʅ⁵³	zue²³³	kue⁵³	kʰue⁵³	gue¹³
22 桐庐	i⁵³³	tsE³³	zE¹³	tɕʰyE⁵³³	dʑyE¹³	kuE⁵³³	kʰuE⁵³³	guE²⁴
23 分水	i⁴⁴	tsue⁵³	zue²²	tsʰue⁴⁴	zue²²	kue⁴⁴	kʰue⁴⁴	gue¹³

方言点	0249 衣	0250 嘴	0251 随	0252 吹	0253 垂	0254 规	0255 亏	0256 跪
	止开三平微影	止合三上支精	止合三平支邪	止合三平支昌	止合三平支禅	止合三平支见	止合三平支溪	止合三上支群
24 绍兴	i^{53}	tsɛ^{334}	dzɛ^{231}	tsʰɿ^{53}	dzɛ^{231}	kuɛ^{53}	kʰuɛ^{53}	dʑy^{223}
25 上虞	i^{35}	tsɿ^{35}白 tse^{35}文	ze^{213}	tsʰɿ^{35}	ze^{213}	kue^{35}	kʰue^{35}	dʑy^{213}
26 嵊州	i^{534}	tsɿ^{53}	zɛ^{213}	tsʰɿ^{534}	zɿ^{213}白 dzɛ^{213}文	kuɛ^{534}	kʰuɛ^{534}	dʑy^{24}
27 新昌	i^{534}	tsɿ^{453}	ze^{22}	tsʰɿ^{534}	dzɿ^{22}白 ze^{22}文	kue^{534}	kʰue^{534}	dʑy^{232}
28 诸暨	ʐɿ^{544}	tsɿ^{42}	dze^{13}	tsʰɿ^{544}	dze^{13}	kue^{544}	kʰue^{544}	dʑy^{242}白 gue^{242}文
29 慈溪	i^{35}	tɕi^{35}白 tse^{35}文	ze^{13}	tsʰɿ^{35}	dze^{13}	kue^{35}	kʰue^{35}	dʑy^{13}白 gue^{13}文
30 余姚	i^{44}	tɕi^{34}	ze^{13}	tsʰɿ^{44}	ze^{13}	kue^{44}	kʰue^{44}	dʑy^{13}白 gue^{13}文
31 宁波	i^{53}	tsʮ^{35}	zɐi^{13}	tsʰʮ^{53}	zɐi^{13}	kuɐi^{53}	kʰuɐi^{53}	dʑy^{13}
32 镇海	i^{53}	tsʮ^{35}	zei^{24}	tsʰʮ^{53}	zei^{24}读字	kuei^{53}	kʰuei^{53}	dʑy^{24}白 guei^{24}文
33 奉化	i^{44}	tsɿ^{545}	ze^{33}	tsʰɿ^{44}	zei^{33}读字	kuei^{44}	kʰuei^{44}	dʑy^{324}白 guei^{324}文
34 宁海	i^{423}	tsʮ^{53}	zei^{213}	tsʰʮ^{423}	zei^{213}	kui^{423}	kʰui^{423}又 kʰuei^{423}又	gʝ^{31}
35 象山	i^{44}	tsʮ^{44}	zei^{31}	tsʰʮ^{44}	zei^{31}	kuei^{44}	kʰuei^{44}	dʑy^{31}
36 普陀	i^{53}	tsʮ^{45}	zæi^{24}	tsʰʮ^{53}	zæi^{24}	kuæi^{53}	kʰuæi^{53}	dʑy^{23}
37 定海	i^{52}	tsʮ^{45}	zɐi^{23}	tsʰʮ^{52}	zɐi^{23}	kuɐi^{52}	kʰuɐi^{52}	dʑy^{23}
38 岱山	i^{52}	tsʮ^{325}	zɐi^{23}	tsʰʮ^{52}	zɐi^{213}调殊	kuɐi^{52}	kʰuɐi^{52}	dʑy^{244}
39 嵊泗	i^{53}	tsʮ^{445}	zɐi^{243}	tsʰʮ^{53}	zɐi^{243}	kuɐi^{53}	kʰuɐi^{53}	dʑy^{334}
40 临海	i^{31}	tɕy^{52}	zy^{21}	tɕʰy^{31}	dʑy^{21}	ky^{52}又 tɕy^{52}又	kʰue^{31}	gʝ^{21}
41 椒江	i^{42}	tsʮ^{42}	zʮ^{31}	tsʰʮ^{42}	dzʮ^{31}	kuə^{42}	kʰuə^{42}	gʝ^{31}
42 黄岩	i^{32}	tsʮ^{42}	zʮ^{121}	tsʰʮ^{32}	dzʮ^{121}	ky^{32}白 kuø^{32}文	kʰuø^{32}	gʝ^{121}
43 温岭	i^{33}	tɕy^{42}	zy^{31}	tɕʰy^{33}	dʑy^{13}	ky^{33}白 kue^{33}文	kʰue^{33}	gʝ^{31}

续表

方言点	0249 衣 止开三 平微影	0250 嘴 止合三 上支精	0251 随 止合三 平支邪	0252 吹 止合三 平支昌	0253 垂 止合三 平支禅	0254 规 止合三 平支见	0255 亏 止合三 平支溪	0256 跪 止合三 上支群
44 仙居	i³³⁴	tɕy³²⁴	ʑy²¹³	tɕʰy³³⁴	dʑy²¹³	cy³³⁴白 kuæ³³⁴文	kʰuæ³³⁴	ɟy²¹³
45 天台	i³³	tɕy³²⁵	ʑy²²⁴	tɕʰy³³	ʑy²²⁴	kuei³³	kʰuei²¹⁴ 声殊	gy³⁵
46 三门	i³³⁴	tsʮ³²⁵	zʮ¹¹³	tsʰʮ³³⁴	dzʮ²⁴³	kue³³⁴	kʰue³³⁴	gy²¹³
47 玉环	i⁴²	tɕy⁵³	ʑy³¹	tɕʰy⁴²	dʑy³¹	ky⁴²白 kue⁴²文	kʰue⁴²	gy⁴¹
48 金华	i³³⁴	tsui⁵³⁵	ʑie³¹³白 zui³¹³文	tɕʰy³³⁴	dʑy³¹³白 zui³¹³文	kui³³⁴	kʰui³³⁴	tɕy⁵³⁵
49 汤溪	i²⁴	tsuei⁵³⁵	zei¹¹	tɕʰy²⁴	（无）	kuei²⁴	kʰuei²⁴	dʑy¹¹³
50 兰溪	i³³⁴	tsui⁵⁵	zui²¹	tɕʰy³³⁴白 tsʰui³³⁴文	dzui²¹	kui³³⁴	kʰui³³⁴	tɕy⁵⁵
51 浦江	i⁵³⁴	tʃi⁵³	zuɛ¹¹³	tɕʰy⁵³⁴	dʑy¹¹³	kue⁵³⁴	kʰuɛ⁵³⁴	dʑy²⁴³
52 义乌	i³³⁵	tɕy⁴²³	zuai²¹³	tɕʰy³³⁵	zuai²¹³	kuai³³⁵	kʰuai³³⁵	dʑy³¹²
53 东阳	i³³⁴	tsʅ⁴⁴	（无）	tsʰʅ³³⁴	zei²¹³	kuei³³⁴	kʰuei³³⁴	dʑyu²³¹
54 永康	i⁵⁵	tsəi³³⁴	zəi²²	tɕʰy⁵⁵	zəi²²	kuəi⁵⁵	kʰuəi⁵⁵	dʑy¹¹³
55 武义	i²⁴	tɕi⁴⁴⁵口~ tɕy⁴⁴⁵壶~	ʑy³²⁴	tɕʰy²⁴	ʑy¹³	kui²⁴	kʰui²⁴	dʑy¹³
56 磐安	i⁴⁴⁵	tɕy³³⁴	ʑye²¹³	tɕʰy⁴⁴⁵	dze²¹³	kue⁴⁴⁵	kʰue⁴⁴⁵	tɕy³³⁴
57 缙云	i⁴⁴	tsʮ⁵¹	zʮ²⁴³	tsʰʮ⁴⁴	zʮ²⁴³	kuei⁴⁴	tɕʰy⁴⁴	dʑy³¹
58 衢州	i³²	tse³⁵	ze²¹	tʃʰy³²	ze²¹	kue³²	kʰue³²	gue²³¹
59 衢江	i³³	tsei²⁵	zei²¹²	tɕʰy³³白 tsʰei³³文	zei²¹²	kuei³³	kʰuei³³	tɕʰy²⁵
60 龙游	i³³⁴	tsuei³⁵	zuei²¹	tsʰuei³³⁴	dzuei²¹	kuei³³⁴	kʰuei³³⁴	tɕʰy³⁵
61 江山	i⁴⁴	tɕy²⁴¹	zuE²¹³	tɕʰy⁴⁴	dzuE²¹³	kuE⁴⁴	kʰy⁴⁴吃~ kʰuE⁴⁴~心	kʰy²⁴¹
62 常山	i⁴⁴	tɕʰy⁵²	zue²⁴	tɕʰy⁴⁴白 tsʰue⁴⁴文	dzue³⁴¹	kuæ⁴⁴	tɕʰy⁴⁴吃~ kʰue⁴⁴~本	tɕʰy⁵²
63 开化	a⁵³~裳 i⁴⁴大~	tɕʰy⁵³	zuei²³¹	tɕʰy⁴⁴白 tsʰuei⁴⁴文	dzuei²³¹	kuei⁴⁴	tɕʰy⁴⁴白 kʰuei⁴⁴文	tɕʰy⁵³
64 丽水	i²²⁴	tsʮ⁵⁴⁴	zʮ²²	tsʰʮ²²⁴	dzʮ²²	kuei²²⁴	kʰuei²²⁴	dzʮ²²

续表

方言点	0249 衣 止开三 平微影	0250 嘴 止合三 上支精	0251 随 止合三 平支邪	0252 吹 止合三 平支昌	0253 垂 止合三 平支禅	0254 规 止合三 平支见	0255 亏 止合三 平支溪	0256 跪 止合三 上支群
65 青田	i^{445}	$tsʮ^{454}$	$zʮ^{21}$	$tsʰʮ^{445}$	$zʮ^{21}$	$kuæi^{445}$	$kʰuæi^{445}$	$dzʮ^{343}$
66 云和	i^{24}	$tsʮ^{41}$	$zʮ^{312}$	$tsʰʮ^{24}$	$zʮ^{312}$	$kuei^{24}$	$kʰuei^{24}$	$dzʮ^{231}$
67 松阳	i^{53}	$tsei^{212}$	zy^{31}	$tɕʰy^{53}$	zy^{31}	$kuei^{53}$	$kʰuei^{53}$	dzy^{22}
68 宣平	i^{324}	$tɕy^{445}$	zy^{433}	$tɕʰy^{324}$	zei^{433}	$kuei^{324}$	$kʰuei^{324}$	dzy^{223}
69 遂昌	i^{45}	$tɕy^{533}$	zy^{221}	$tɕʰy^{45}$	dzy^{221}	$kuei^{45}$	$kʰuei^{45}$	dzy^{13}
70 龙泉	$ɿ^{434}$	$tɕʰy^{51}$白 $tsuəi^{51}$文	zy^{21}	$tɕʰy^{434}$	dzy^{224} 调殊	$kuəi^{434}$	$kʰuəi^{434}$	$tɕy^{51}$
71 景宁	i^{324}	$tɕy^{33}$	zy^{41}	$tɕʰy^{324}$	dzy^{41}	$kuai^{324}$	$kʰuai^{324}$	$tɕy^{33}$
72 庆元	i^{335}	$tsæi^{33}$	$ɕy^{52}$	$tɕʰy^{335}$	$ɕy^{52}$	$kuæi^{335}$	$kʰuæi^{335}$	$tɕy^{221}$
73 泰顺	i^{213}	$tɕy^{55}$	$ɕy^{53}$	$tɕʰy^{213}$	$tɕy^{22}$	$kuæi^{213}$	$kʰuæi^{213}$	$tɕy^{22}$
74 温州	i^{33}	$tsɿ^{25}$	$zɿ^{31}$	$tsʰɿ^{33}$	$dzɿ^{31}$	$tɕy^{33}$	$kʰai^{33}$	dzy^{14}
75 永嘉	$ɿ^{44}$	$tsʮ^{45}$	$zʮ^{31}$	$tsʰʮ^{44}$	$dzʮ^{22}$	$tsʮ^{44}$白 kai^{44}文	$kʰai^{44}$	$dzʮ^{13}$
76 乐清	i^{44}	$tɕy^{35}$	zy^{31}	$tɕʰy^{44}$	dzy^{31}	$tɕy^{44}$	$kʰuai^{44}$	dzy^{24}
77 瑞安	i^{44}	$tsɯ^{35}$	$zɯ^{31}$	$tsʰɯ^{44}$	$dzɯ^{22}$	$tɕɣ^{44}$	$kʰai^{44}$	$dzɣ^{13}$
78 平阳	i^{55}	$tɕy^{45}$	$zʉ^{242}$	$tɕʰy^{55}$	dzy^{242}	$tɕy^{55}$	$kʰai^{55}$	dzy^{23}
79 文成	i^{55}	$tɕy^{45}$	$zθy^{113}$	$tɕʰy^{55}$	dzy^{113}	$tɕy^{55}$白 kai^{55}文	$kʰai^{55}$	dzy^{224}
80 苍南	i^{44}	$tɕy^{53}$	dzy^{11}	$tɕʰy^{44}$	dzy^{31}	$tɕy^{44}$白 $kuai^{44}$文	$kʰuai^{44}$	dzy^{24}
81 建德徽	i^{53}	$tɕye^{213}$	$ɕye^{33}$	$tɕʰye^{53}$	$tɕye^{33}$	kue^{53}	$kʰue^{53}$	kue^{213}
82 寿昌徽	i^{112}	$tsuei^{24}$文	$suei^{112}$文	$tɕʰyei^{112}$	$tsʰuei^{112}$文	$kuei^{112}$	$kʰuei^{112}$	$kʰuei^{534}$
83 淳安徽	i^{24}	$tɕy^{55}$	$ɕye^{435}$	$tɕʰya^{24}$	$tɕʰye^{53}$	kue^{24}	$kʰue^{24}$	$kʰui^{55}$
84 遂安徽	i^{534}	$kʰɯ^{213}$	$sɯ^{33}$	$tɕʰy^{534}$	$tsʰɯ^{33}$	$kuɯ^{534}$	$kʰuɯ^{534}$	$tɕʰy^{43}$
85 苍南闽	i^{55}	$tsʰui^{21}$	sui^{24}	$tsʰui^{55}$	$tʰui^{24}$	kui^{55}	$kʰui^{55}$	kui^{32}
86 泰顺闽	i^{213}	（无）	$ɕy^{22}$	$tsʰøi^{213}$	$ɕy^{31}$	$kuei^{213}$	$kʰuei^{213}$	$kuei^{31}$
87 洞头闽	i^{33}	$tsʰui^{21}$调殊	sui^{113}	$tsʰui^{33}$文 $tsʰə^{33}$白	sui^{113}文	kui^{33}	$kʰui^{33}$	kui^{21}
88 景宁畲	（无）	$tɕyoi^{44}$	$suei^{22}$	$tɕʰyoi^{44}$	$tɕʰy^{22}$	$kuei^{44}$	$kʰuei^{44}$	$kuei^{51}$

方言点	0257 危 止合三 平支疑	0258 类 止合三 去脂来	0259 醉 止合三 去脂精	0260 追 止合三 平脂知	0261 锤 止合三 平脂澄	0262 水 止合三 上脂书	0263 龟 止合三 平脂见	0264 季 止合三 去脂见
01 杭州	uei²¹³	lei¹³	tsuei⁴⁵	tsuei³³⁴	dzuei²¹³	suei⁵³	kuei³³⁴	tɕi⁴⁵
02 嘉兴	uei²⁴²	lei¹¹³	tsuei²²⁴	tsuei⁴²	zuei²⁴²	sʅ⁵⁴⁴	tɕy⁵⁴⁴白 kuei⁴²	tɕi²²⁴
03 嘉善	vε¹³²声殊	lε¹¹³	tsε³³⁴	tsε⁵³	zε¹³²	sʅ⁴⁴	tɕy⁴⁴白 kuε⁴⁴文	tɕi³³⁴
04 平湖	ue²¹³	le²¹³	tsue³³⁴	tsue⁵³	zue⁵³	sʅ⁴⁴	tɕy⁵³白 kue⁵³文	tɕi³³⁴
05 海盐	ue³¹	le²¹³	tsue³³⁴	tsue⁵³	zue³¹	sʅ⁴²³	tɕy⁵³	tɕi³³⁴
06 海宁	ue¹³	lei¹³	tsei³⁵	tsei⁵⁵	zei¹³	sʅ⁵³	tɕi⁵⁵白 kue⁵⁵文	tɕi³⁵
07 桐乡	uei²¹³	li²¹³	tsi³³⁴	tsi⁴⁴	zi¹³	sʅ⁵³	tɕi⁴⁴	tɕi³³⁴
08 崇德	ui¹³	li¹³	tsui³³⁴	tsui⁴⁴	zui¹³	sʅ⁵³	tɕi⁴⁴	tɕi³³⁴
09 湖州	uei¹¹²	lei³⁵	tsei³⁵	tsei⁴⁴	dzei¹¹²	sei⁵²³	tɕi⁴⁴白 kuei⁴⁴文	tɕi³⁵
10 德清	uε⁴⁴	lε³³⁴	tsε³³⁴	tsε⁴⁴	zε¹¹³	sʅ⁵²	tsʅ⁴⁴白 kuε⁴⁴文	tɕi³³⁴
11 武康	uε⁴⁴	lε²²⁴	tsε²²⁴	tsε⁴⁴	zε¹¹³	sε⁵³	kuε⁴⁴	tɕi²²⁴
12 安吉	ue²²	le²¹³	tse³²⁴	tse⁵⁵	dze²²	se⁵²	kue⁵⁵	tɕi³²⁴
13 孝丰	ue²²	le³²⁴	tse³²⁴	tse⁴⁴	dze²²	se⁵²	kue⁴⁴	tɕi³²⁴
14 长兴	uei¹²	lei³²⁴	tsɯ³²⁴	tsɯ⁴⁴	dzei¹²	sei⁵²	kuei⁴⁴	tʃʅ³²⁴
15 余杭	ue²¹³	lε⁵³	tse⁴²³	tse⁴⁴	zε²¹³	sε⁵³	kue⁴⁴	tɕi⁴²³
16 临安	uE⁵⁵	lE³³	tsE⁵⁵	tsE⁵⁵	dzE³³	sʅ⁵⁵	kuE⁵⁵	tɕi⁵⁵
17 昌化	uei¹¹²	lei²⁴³	tsei⁵⁴⁴	tsei³³⁴	zei¹¹²	sei⁴⁵³	kuei³³⁴	tsʅ⁵⁴⁴
18 於潜	ue²²³	le²⁴	tsue³⁵	tsue⁴³³	dzue²²³文	ɕy⁵¹	kue⁴³³	tɕi⁵¹
19 萧山	ue³⁵⁵	le²⁴²	tse⁴²	tse⁵³³	dze³⁵⁵	sʅ³³	tɕy⁵³³白 kue⁵³³文	tɕi⁴²
20 富阳	uε⁵³	lε³³⁵	tse³³⁵	tse⁵³	（无）	ɕye⁴²³	kue⁵³	tɕi³³⁵
21 新登	ue⁴⁵	le¹³	tse⁴⁵	tse⁵³	（无）	sɥ³³⁴	kue⁵³	tɕi⁴⁵
22 桐庐	uE⁵³³	lE²⁴	tsE³⁵	tɕyE⁵³³	dzuE¹³文	ɕyE³³	kuE⁵³³	tɕi³⁵

方言点	0257 危 止合三 平支疑	0258 类 止合三 去脂来	0259 醉 止合三 去脂精	0260 追 止合三 平脂知	0261 锤 止合三 平脂澄	0262 水 止合三 上脂书	0263 龟 止合三 平脂见	0264 季 止合三 去脂见
23 分水	ue²²	le¹³	tsue²⁴	tsue⁴⁴	dzue²²	sue⁵³	kue⁴⁴	tɕi⁵³
24 绍兴	uE²³¹	lE²²	tsE³³	tsE⁵³	zʅ²³¹白 dzE²³¹文	sʅ³³⁴	tɕy⁵³白 kuE³³⁴文	tɕi³³
25 上虞	ue²¹³	le³¹	tse⁵³	tse³⁵	ze²¹³	sʅ³⁵	tɕy³⁵白 kue³⁵文	tɕi⁵³
26 嵊州	uE²¹³	lE²⁴	tsE³³⁴	tsE⁵³⁴	dzE²¹³	sʅ⁵³白 sE⁵³文	tɕy⁵³白 kuE⁵³文	tɕi³³⁴
27 新昌	ue²²	le¹³	tse³³⁵	tse⁵³⁴	dzʅ²²	sʅ⁴⁵³	tɕy⁵³⁴	tɕi³³⁵
28 诸暨	ve¹³	le³³	tse⁵⁴⁴	tse⁵⁴⁴	dze¹³	sʅ⁴²	tɕy⁵⁴⁴白 kue⁵⁴⁴文	tʃʅ⁵⁴⁴
29 慈溪	ue¹³	le¹³	tse⁴⁴	tse³⁵	dze¹³	sʅ³⁵白 se³⁵文	tɕy³⁵白 kue³⁵文	tɕi⁴⁴
30 余姚	ue¹³	le¹³	tse⁵³	tse⁴⁴	dze¹³	sʅ³⁴	tɕy⁴⁴白 kue⁴⁴文	tɕi⁵³
31 宁波	uɐi¹³	lɐi¹³	tsɐi⁴⁴	tsɐi⁵³	zɐi¹³	sʮ³⁵白 sɐi³⁵文	tɕy⁵³白 kuɐi⁵³文	tɕi⁵³
32 镇海	uei²⁴	lei²⁴	tsei⁵³	tsei⁵³读字	zei²⁴	sʮ³⁵	tɕy⁵³白 kuei⁵³文	tɕi⁵³
33 奉化	uei³³	lei³¹	tsei⁵³	tse⁴⁴	ze³³	sʮ⁵⁴⁵	tɕy⁴⁴白 kuei⁴⁴文	tɕi⁵³
34 宁海	ui²¹³	li²⁴白 lei²⁴文	tsʮ³⁵	tsei⁴²³ 读字	zei²¹³读字	sʮ⁵³	ky⁴²³	tsʮ³⁵
35 象山	uei³¹	lei¹³	tsei⁵³	tsei⁴⁴	zei³¹	sʮ⁴⁴	tɕy⁴⁴白 kuei⁴⁴文	tɕi⁵³
36 普陀	uæi²⁴	læi¹³	tsæi⁵⁵	tsæi⁵³	zæi²⁴	sʮ⁴⁵白 sæi⁴⁵文	tɕy⁵³	tɕi⁵⁵
37 定海	uɐi²³	lɐi²³调殊	tsɐi⁴⁴	tsɐi⁵²	zɐi²³	sʮ⁴⁵	tɕy⁵²	tɕi⁴⁴
38 岱山	uɐi²³	lɐi²³调殊	tsɐi⁴⁴	tsɐi⁵²	dzɐi²³	sʮ³²⁵	tɕy⁵²	tɕi⁴⁴
39 嵊泗	uɐi²⁴³	lɐi²⁴³调殊	tsɐi⁵³	tsɐi⁵³	zɐi²⁴³	sʮ⁴⁴⁵	tɕy⁵³	tɕi⁵³
40 临海	ue²¹	le³²⁴	tɕy⁵⁵	tɕy³¹	dzʑy²¹	ɕy⁵²	ky³¹	ky⁵⁵
41 椒江	uə³¹	lə²⁴	tsʮ⁵⁵	tsʮ⁴²	dzʮ³¹	sʮ⁴²	ky⁴²	ky⁵⁵

续表

方言点	0257 危	0258 类	0259 醉	0260 追	0261 锤	0262 水	0263 龟	0264 季
	止合三 平支疑	止合三 去脂来	止合三 去脂精	止合三 平脂知	止合三 平脂澄	止合三 上脂书	止合三 平脂见	止合三 去脂见
42 黄岩	$uø^{121}$	le^{24}	$tsʮ^{55}$	$tsʮ^{32}$	$dzʮ^{121}$	$sʮ^{42}$	ky^{32}	ky^{55}
43 温岭	$ȵy^{13}$	le^{13}	$tɕy^{55}$	$tɕy^{33}$	$dzʑy^{31}$	$ɕy^{42}$	ky^{33}	ky^{55}
44 仙居	$uæ^{213}$	$læ^{24}$	$tɕy^{55}$	$tɕy^{334}$	$dzʑy^{213}$	$ɕy^{324}$	cy^{334}	cy^{55}
45 天台	uei^{224}	lei^{214}	$tɕy^{55}$	$tɕy^{33}$	$dzʑy^{224}$	$ɕy^{325}$	ky^{33}	ki^{55}
46 三门	ue^{113}	le^{243}	$tsʮ^{55}$	$tsʮ^{334}$	$dzʮ^{252}$ 小	$sʮ^{325}$	ky^{334}	ky^{55}
47 玉环	y^{22}	le^{22}	$tɕy^{55}$	$tɕy^{42}$	$dzʑy^{31}$	$ɕy^{53}$	ky^{42}	ky^{55}
48 金华	ui^{334}	lui^{14}	$tsɛ^{55}$	$tsɛ^{334}$	（无）	$ɕy^{535}$	kui^{334}	$tɕi^{55}$
49 汤溪	uei^{24}	lei^{341}	tsi^{52}	（无）	dzy^{11}	$ɕyei^{535}$	$tɕy^{0}$ 乌~ $kuei^{55}$ 文	$tɕi^{52}$
50 兰溪	ui^{334}	le^{24}	$tɕi^{45}$	$tsui^{334}$	$dzui^{21}$	$ɕy^{55}$	kui^{334}	$tɕi^{45}$
51 浦江	ue^{113}	$luɛ^{24}$	$tʃi^{55}$	（无）	$dzʑy^{113}$	$ɕy^{53}$	$tɕy^{534}$	$tʃi^{55}$
52 义乌	uai^{213}	lai^{24}	tsi^{45}	$tɕyai^{335}$	$dzʑyn^{213}$ 小	$ɕy^{423}$	$tɕy^{335}$ 白 $kuai^{335}$ 文	$tɕi^{45}$
53 东阳	uei^{213}	lei^{24}	$tsʅ^{453}$	$tsei^{334}$	$dzʐʅn^{213}$ 小	$sʅ^{44}$	$tɕiəɯ^{453}$	$tɕi^{453}$
54 永康	$ŋuəi^{55}$	$ləi^{241}$	$tsəi^{52}$	$tsəi^{55}$	$dzʑy^{22}$	$ɕy^{334}$	$tɕy^{55}$	$tɕi^{52}$
55 武义	ui^{24}	ly^{231}	$tɕi^{53}$	$tɕy^{24}$	$dzʑy^{218}$	$ɕy^{445}$	$tɕy^{53}$	$tɕi^{53}$
56 磐安	ue^{213}	le^{14}	$tɕy^{52}$	$tsue^{45}$	$dzʑy^{213}$	$ɕy^{334}$	$tɕiɐɯ^{445}$ 老 kue^{445} 新	$tɕi^{52}$
57 缙云	$ȵy^{44}$	$lɛ^{13}$ 白 lei^{213} 文	$tsʮ^{453}$	$tsʮ^{44}$	$dzʮ^{243}$	$sʮ^{51}$	$tɕy^{44}$	$tɕi^{453}$
58 衢州	ue^{21}	le^{231}	tse^{53}	tse^{32}	dze^{21}	$ʃy^{35}$ 白 se^{35} 文	kue^{53} 调殊	$tsʅ^{53}$
59 衢江	uei^{33} 调殊	lei^{231}	$tɕyø^{53}$	$tsei^{33}$	zei^{212}	$ɕy^{25}$ 食~ sei^{25} ~利	$kuei^{33}$	$tsʅ^{53}$
60 龙游	uei^{334} 调殊	lei^{231}	$tsuei^{51}$	$tsuei^{334}$	$dzuei^{21}$	$suei^{35}$	$kuei^{334}$	$tɕi^{53}$
61 江山	$uɛ^{213}$	$luɛ^{31}$	$tɕy^{51}$	$tsuɛ^{44}$	dza^{213} 韵殊	y^{241} ~勺① $ɕy^{241}$ ~果 $suɛ^{241}$ ~浒	$kɵ^{44}$	$kyə^{51}$

①　此音有人写作"楙"。"楙",《集韵》旨韵之诔切："闽人谓水曰楙。"也见于常山、开化、龙泉、遂昌等方言,多脱落声母[tɕ]。

续表

方言点	0257 危 止合三 平支疑	0258 类 止合三 去脂来	0259 醉 止合三 去脂精	0260 追 止合三 平脂知	0261 锤 止合三 平脂澄	0262 水 止合三 上脂书	0263 龟 止合三 平脂见	0264 季 止合三 去脂见
62 常山	ue^{341}	nue^{131}	$tsue^{324}$	$tɕy^{44}$单用 $tsue^{44}$~求	$dzɛ^{341}$	y^{52}~勺 $ɕy^{52}$风~ sue^{52}~利	ki^{44}	$tɕi^{52}$
63 开化	uei^{213}调殊	$luei^{213}$	$tsuɛ^{412}$	$tsuei^{44}$	$dzua^{231}$	y^{53}~田 $suei^{53}$~果	$kuei^{44}$	$tɕi^{412}$
64 丽水	uei^{22}	lei^{131}	$tsʮ^{52}$	$tsʮ^{224}$	$dzʮ^{22}$	$sʮ^{544}$	$tsʮ^{224}$白 $kuei^{224}$文	$tsʅ^{33}$
65 青田	$ŋuæi^{22}$调殊	leu^{21}	$tsʮ^{33}$	$tsʮ^{445}$	$dzʮ^{21}$	$sʮ^{454}$	$tsʮ^{445}$	$tsʮ^{33}$
66 云和	uei^{24}调殊	lei^{223}	$tsʮ^{45}$	$tsʮ^{24}$	$dzʮ^{312}$	$sʮ^{41}$	$tsʮ^{24}$白 $kuei^{24}$文	$tsʮ^{45}$
67 松阳	uei^{53}调殊	lei^{13}	$tsʅ^{24}$	$tɕy^{53}$	$dʑy^{31}$	$ɕy^{212}$	$tɕy^{53}$	$tɕy^{24}$
68 宣平	uei^{324}调殊	lei^{231}	$tɕy^{52}$	$tsei^{324}$	$dʑy^{433}$	$ɕy^{445}$	$tɕy^{324}$白 $kuei^{324}$文	$tsʅ^{52}$
69 遂昌	uei^{221}	lei^{213}	$tɕy^{334}$	$tɕy^{45}$	$dʑy^{221}$	y^{533}开~ $ɕy^{533}$~平	$tɕy^{45}$乌~ $kuei^{45}$~田	$tɕy^{334}$
70 龙泉	$uəi^{434}$	li^{224}	$tɕy^{45}$	$tɕy^{434}$	$dʑy^{21}$	y^{51}露~ $ɕy^{51}$~果	$tɕy^{434}$	$tɕy^{45}$
71 景宁	uai^{324} 调殊	lai^{113}	$tɕy^{35}$	$tɕy^{324}$	$dʑy^{41}$	$ɕy^{33}$	$tɕy^{324}$白 $kuai^{324}$文	$tɕy^{35}$
72 庆元	$n̠ʑĩ^{52}$音殊	$læi^{31}$	$tɕy^{11}$	$tɕy^{335}$	$tɕy^{52}$	$ɕy^{33}$	$tɕy^{335}$	$tɕy^{11}$
73 泰顺	$n̠ʑy^{22}$~险	$lø^{22}$	$tɕy^{35}$	$tɕy^{213}$	$tɕy^{53}$	$ɕy^{55}$	$tɕy^{213}$	$tɕy^{35}$
74 温州	$n̠ʑy^{31}$	$lø^{22}$	$tsʅ^{51}$白 $tsai^{51}$文	$tsʅ^{33}$	$dzʅ^{31}$	$sʅ^{25}$	$tɕy^{33}$	$tɕy^{51}$
75 永嘉	$n̠ʑy^{31}$	$ləɯ^{22}$	$tsʮ^{53}$白 $tsai^{53}$文	$tsʮ^{44}$	$dzʮ^{31}$	$sʮ^{45}$	$tsʮ^{44}$	$tsʮ^{53}$
76 乐清	$n̠ʑy^{31}$	ly^{22}	$tɕy^{41}$白 $tɕiai^{41}$文	$tɕy^{44}$	$dʑy^{31}$	sy^{35}	$tɕy^{44}$	$tɕy^{41}$白 $tɕi^{41}$文
77 瑞安	$n̠ʑy^{13}$调殊	lei^{22}	$tsəɯ^{53}$白 $tsai^{53}$文	$tsəɯ^{44}$	$dzəɯ^{31}$	$səɯ^{35}$	$tɕʏ^{44}$	$tɕʏ^{53}$
78 平阳	$n̠ʑy^{242}$	$lʉ^{33}$	$tɕy^{53}$	$tɕy^{55}$	$dʑy^{242}$	$sʉ^{45}$	$tɕy^{55}$	$tɕi^{53}$
79 文成	$n̠ʑy^{113}$	$ləy^{424}$	$tɕy^{33}$	$tɕy^{55}$	$dʑy^{113}$	$səy^{45}$	$tɕy^{55}$	$tɕy^{33}$

方言点	0257 危	0258 类	0259 醉	0260 追	0261 锤	0262 水	0263 龟	0264 季
	止合三 平支疑	止合三 去脂来	止合三 去脂精	止合三 平脂知	止合三 平脂澄	止合三 上脂书	止合三 平脂见	止合三 去脂见
80 苍南	ȵyɛ³¹音殊	lai¹¹	tɕy⁴²白 tsai⁴²文	tɕy⁴⁴	dʐy³¹	ɕy⁵³	tɕy⁴⁴	tɕy⁴²
81 建德 徽	ue⁵³	ne²¹³	tɕi³³	tɕye⁵³	tɕye³³	ɕye²¹³	kue⁵³	tɕi³³
82 寿昌 徽	uei¹¹²文	nuei²⁴文	tɕi³³	tɕyei¹¹²	tɕʰyei⁵⁵ 铁~	ɕyei²⁴	kuei¹¹²	tɕi³³
83 淳安 徽	ue⁴³⁵	lie⁵³	tsa²⁴	tɕye²⁴	tɕʰya⁴³⁵	ɕya⁵⁵白 ɕy⁵⁵文	kueʔ⁵ 音殊	tɕi²⁴
84 遂安 徽	vəɯ⁵³⁴	ləɯ⁵²	tɕiu⁴³	tɕy⁵³⁴	tɕʰy³³	ɕy²¹³	kuəɯ⁵³⁴	tsɿ⁴³
85 苍南 闽	ui²⁴	lui²¹	tsui²¹	tui⁵⁵	tui²⁴	tui⁴³	kui⁵⁵	kui²¹
86 泰顺 闽	ŋuei³¹	ly³¹	tɕy⁵³	tɕy²¹³	tʰy²²	tɕy³⁴⁴	kuei²¹³	kuei⁵³
87 洞头 闽	lui¹¹³	lui²¹	tsui²¹	tsui³³	tʰui¹¹³	tsui⁵³	kui³³	kui²¹
88 景宁 畲	uei⁴⁴	luei⁵¹	tsuei⁴⁴	tɕy⁴⁴	tɕʰy²²	ɕy³²⁵	kuei⁴⁴	tɕy⁴⁴

方言点	0265 柜	0266 位	0267 飞	0268 费	0269 肥	0270 尾	0271 味	0272 鬼
	止合三 去脂群	止合三 去脂云	止合三 平微非	止合三 去微敷	止合三 平微奉	止合三 上微微	止合三 去微微	止合三 上微见
01 杭州	guei¹³	uei¹³	fi³³⁴	fi⁴⁵	bi²¹³ ~皂 vei²¹³ ~料	mi⁵³ 白 uei⁵³ 文	bi¹³ ~道 vi¹³ ~精	kuei⁵³
02 嘉兴	guei¹¹³	uei¹¹³	fi⁴²	fi²²⁴	vi²⁴²	mi¹¹³ 白 vi¹¹³	mi¹¹³ 白 vi¹¹³	tɕy⁵⁴⁴
03 嘉善	dʑy¹¹³ 白 guɛ¹¹³ 文	vɛ¹¹³ 声殊	fi⁵³	fi³³⁴ vi¹¹³ 姓~	bi¹³² 白 vi¹³² 文	mi¹¹³ 白 nʑi¹¹³ 白 vi¹¹³ 文	mi¹¹³ 白 vi¹¹³ 文	tɕy⁴⁴ 白 kuɛ⁴⁴ 文
04 平湖	dʑy²¹³	ue²¹³	fi⁵³	vi²¹³ 姓~ fi³³⁴ 电~	bi³¹ 白 vi³¹ 文	mi²¹³ 白 vi²¹³ 文	mi²¹³ 白 vi²¹³ 文	tɕy⁴⁴
05 海盐	guɛ²¹³ 读字	ue²¹³	fi⁵³	vi²¹³ 姓~ fi³³⁴ 电~	bi³¹ 白 vi³¹ 文	mi⁴²³	mi²¹³	tɕy⁴²³ 白 kuɛ⁴²³ 文
06 海宁	dʑi¹³ 白 guɛ¹³ 文	ue¹³	fi⁵⁵	fi³⁵	bi¹³ 白 vi¹³ 文	mi²³¹ 白 vi²³¹ 文	mi¹³ 白 vi¹³ 文	tɕi⁵³ 白 kuɛ⁵³ 文
07 桐乡	dʑi²¹³	uei²¹³	fi⁴⁴	uei²¹³ 姓~ fi³³⁴ 电~	bi¹³ 白 vi¹³ 文	m²⁴² 老 mi²⁴² 新	mi²¹³ 白 vi²¹³ 文	tɕi⁵³
08 崇德	dʑi¹³	ui¹³	fi⁴⁴	vi¹³ 姓~ fi³³⁴ 电~	bi¹³ 白 vi¹³ 文	nʑi⁵³	mi¹³ 白 vi¹³ 文	tɕi⁵³
09 湖州	kuei³⁵	uei³⁵	fi⁴⁴	fi³⁵	bi¹¹² 白 vi¹¹² 文	n⁵²³ 白 vi²³¹ 文	mi³⁵ 白 vi²⁴ 文	tɕi⁵²³ 白 kuei⁵²³ 文
10 德清	dʑi¹¹³ 白 guɛ¹¹³ 文	uɛ³³⁴	fi⁴⁴	fi³³⁴	bi¹¹³ 白 vi¹¹³ 文	m¹⁴³ 白 vi¹⁴³ 文	mi³³⁴ 白 vi¹¹³ 文	tɕi⁵² 白 kuɛ⁵² 文
11 武康	guɛ¹¹³	uɛ²²⁴	fi⁴⁴	fi²²⁴	vi¹¹³	m²⁴² 白 vi²⁴² 文	vi¹¹³	kuɛ⁵³
12 安吉	guɛ²¹³	ue²¹³	fi⁵⁵	fi³²⁴	vi²²	m⁵² 又 mi⁵² 又	mi²¹³	kuɛ⁵²
13 孝丰	guɛ²¹³	ue³²⁴	fi⁴⁴	fi³²⁴	bi²² 白 vi²² 文	mi⁵²	mi³²⁴ 白 vi²¹³ 文	kuɛ⁵²
14 长兴	guei²⁴	uei³²⁴	fʅ⁴⁴	vʅ²⁴	vʅ¹²	n⁵²	bʅ²⁴	kuei⁵²
15 余杭	guɛ²¹³	uɛ²¹³	fi⁴⁴	vi²¹³ 姓~ fi⁴⁴ 浪~	bi²² 白 vi²² 文	m⁵³	vi²¹³	kuɛ⁵³
16 临安	guʆ³³	uʆ³³	fi⁵⁵	fi⁵⁵	bi³³ 白 vi³³ 文	m³³ 白 vi³³ 文	mi³³ 白 vi³³ 文	kuʆ⁵⁵
17 昌化	guei²⁴³	uei²⁴³	fei³³⁴	fei⁵⁴⁴	vei¹¹²	mi⁴⁵³ 白 vei²⁴³ 文	vei²⁴³	kuei⁴⁵³

续表

方言点	0265 柜 止合三 去脂群	0266 位 止合三 去脂云	0267 飞 止合三 平微非	0268 费 止合三 去微敷	0269 肥 止合三 平微奉	0270 尾 止合三 上微微	0271 味 止合三 去微微	0272 鬼 止合三 上微见
18 於潜	gue²⁴	ue²⁴	fi⁴³³	fi³⁵	vi²²³	mi⁵¹白 ue⁵¹文	vi²⁴	kue⁵¹
19 萧山	dʑy¹³	ue²⁴²	fi⁵³³	fi⁴²	bi³⁵⁵白 vi³⁵⁵文	mi⁵³³	mi²⁴²	tɕy³³
20 富阳	guɛ²²⁴	uɛ³³⁵	fi⁵³	fi³³⁵	bi¹³白 vi¹³文	m⁴²³	bi²²⁴白 vi²²⁴文	kuɛ⁴²³
21 新登	gue¹³	ue¹³	fi⁵³	fi⁴⁵	vi²³³	ŋ³³⁴	vi¹³	kue³³⁴
22 桐庐	guɐ²⁴	uɐ²⁴	fi⁵³³	fi³⁵	vi¹³	mi³³	vi²⁴	kuɐ³³
23 分水	dʑy¹³	ue¹³	fe⁴⁴	fi²⁴	vi²²	mi⁵³	vi¹³	kue⁵³
24 绍兴	dʑy²²白 guɐ²²文	uɐ²²	fi⁵³	fi³³	bi²³¹白 vi²³¹文	mi²²³白 vi²²³文	bi²²白 vi²²文	tɕy³³⁴白 kuɐ³³⁴文
25 上虞	gue³¹	ue³¹	fi³⁵	fi⁵³	bi²¹³白 vi²¹³文	mi²¹³	bi²¹³白 vi²¹³文	tɕy³⁵白 kue³⁵文
26 嵊州	dʑy²⁴白 guɐ²⁴文	uɐ²⁴	fi⁵³⁴	fi³³⁴	bi²¹³白 vi²¹³文	mi²⁴白 vi²⁴文	bi²⁴~道 vi²⁴~精	tɕy⁵³白 kuɐ⁵³文
27 新昌	dʑy¹³白 gue¹³文	ue¹³	fi⁵³⁴	fi³³⁵	bi²²白 vi²²文	mi²³²白 ue²³²文	mi¹³白 vi¹³文	tɕy⁴⁵³
28 诸暨	dʑy³³	ve³³	fʅ⁵⁴⁴	fʅ⁵⁴⁴	bʅ¹³白 vʅ¹³文	mʅ²⁴²	mʅ³³白 vʅ³³文	tɕy⁴²
29 慈溪	dʑy¹³	ue¹³	fi³⁵	fi⁴⁴	bi¹³白 vi¹³文	mi¹³白 vi¹³文	mi¹³白 vi¹³文	tɕy³⁵白 kue³⁵文
30 余姚	dʑy¹³白 gue¹³文	ue¹³	fi⁴⁴	fi⁵³	bi¹³白 vi¹³文	mi¹³	mi¹³白 vi¹³文	tɕy³⁴白 kue³⁴文
31 宁波	dʑy¹³白 guei¹³文	uɐi¹³	fi⁵³	vi¹³姓~ fi⁴⁴~用	bi¹³白 vi¹³文	mi¹³白 vi¹³文	mi¹³白 vi¹³文	tɕy³⁵白 kuɐi³⁵文
32 镇海	dʑy²⁴白 guei²⁴文	uei²⁴	fi⁵³	fi⁵³	bi²⁴白 vi²⁴文	mi²⁴白 vi²⁴文	mi²⁴白 vi²⁴文	tɕy³⁵白 kuei³⁵文
33 奉化	dʑy³¹白 guei³¹文	uei³¹	fi⁴⁴	fi⁵³	bi³³白 vi³³文	m³³白 vi³³文	mi³¹白 vi³¹文	tɕy⁵⁴⁵白 kuei⁵⁴⁵文
34 宁海	gy²⁴	uei²⁴	fi⁴²³	fi³⁵	bi²¹³白 vi²¹³文	mi³¹白 vi³¹文	mi²⁴白 vi²⁴文	ky⁵³白 kuei⁵³文
35 象山	dʑy³¹	uei³¹	fi⁴⁴	fi⁵³消~ vi³¹姓~	bi³¹白 vi³¹文	ŋ³¹白 mi³¹文	mi³¹白 vi³¹文	tɕy⁴⁴白 kuei⁴⁴文

续表

方言点	0265 柜	0266 位	0267 飞	0268 费	0269 肥	0270 尾	0271 味	0272 鬼
	止合三去脂群	止合三去脂云	止合三平微非	止合三去微敷	止合三平微奉	止合三上微微	止合三去微微	止合三上微见
36 普陀	guæi²³	uæi¹³	fi⁵³	fi⁵⁵	bi²⁴～皂 vi²⁴～肉	mi²³	mi¹³	tɕy⁴⁵白 kuæi⁴⁵文
37 定海	dʑy²³调殊	uɐi¹³	fi⁵²	fi⁴⁴	bi²³白 vi²³文	mi²³白 vi²³文	mi¹³白 vi¹³文	tɕy⁴⁵白 kuɐi⁴⁵文
38 岱山	dʑy²¹³	uɐi²¹³	fi⁵²	fi⁴⁴浪～ vi²¹³姓～	bi²³白 vi²³文	n̩i²³白 vi²³文	mi²¹³白 vi²¹³文	tɕy³²⁵白 kuɐi³²⁵文
39 嵊泗	dʑy²¹³	uɐi²¹³	fi⁵³	fi⁵³浪～ vi²¹³姓～	bi²⁴³白 vi²⁴³文	n̩i⁴⁴⁵白 vi⁴⁴⁵文	mi²¹³白 vi²¹³文	tɕy⁴⁴⁵白 kuɐi⁴⁴⁵文
40 临海	gy³²⁴	ue³²⁴～置 y³²⁴～牌	fi³¹	fi⁵⁵	bi²¹～肉 vi²¹～皂	mi⁵²～巴	mi³²⁴～道	ky⁵²
41 椒江	gy²⁴	uə²⁴	fi⁴²	fi⁵⁵	bi³¹白 vi³¹文	mi⁴²	mi²⁴	ky⁴²
42 黄岩	gy²⁴	uø²⁴	fi³²	fi⁵⁵	bi¹²¹白 vi¹²¹文	mi⁴²	mi²⁴	ky⁴²
43 温岭	gy¹³	y¹³	fi³³	fi⁵⁵	bi³¹白 vi³¹文	mi⁴²	mi¹³	ky⁴²
44 仙居	ɟy²⁴	y²⁴白 uæ²⁴文	fi³³⁴	fi⁵⁵	bi²¹³白 vi²¹³文	mi²¹³	mi²⁴	cy³²⁴
45 天台	gy³⁵	uei³⁵～置 y³⁵～牌	fi³³	fi⁵⁵	bi²²⁴～肉 vi²²⁴～皂	mi²¹⁴～巴 vi²¹⁴末～	mi³⁵～道 vi³⁵～精	ky³²⁵
46 三门	gy²⁴³	ue²⁴³	fi³³⁴	fi⁵⁵	bi¹¹³白 vi¹¹³文	mi³²⁵	mi²⁴³白 vi²¹³文	ky³²⁵
47 玉环	gy²²	y²²	fi⁴²	fi⁵⁵	bi³¹白 vi³¹文	mi⁵³	mi²²	ky⁵³
48 金华	dʑy¹⁴白 gui¹⁴文	ui¹⁴	fi³³⁴	fi⁵⁵	vi³¹³	m⁵³⁵白 ui⁵³⁵文	vi¹⁴	tɕy⁵³⁵白 kui⁵³⁵文
49 汤溪	（无）	uei³⁴¹	fi²⁴	fi⁵²	vi¹¹	ŋ¹¹³白 vi¹¹³文	vi³⁴¹	kuɛ⁵³⁵
50 兰溪	gui²⁴	ui²⁴	fi³³⁴	fi⁴⁵	vi²¹	n⁵⁵	vi²⁴	kue⁵⁵
51 浦江	dʑy²⁴	uɛ²⁴	fi⁵³⁴	fi⁵⁵路～ vi²⁴³姓～	bi¹¹³白 vi¹¹³文	m¹¹³～巴	vi²⁴	tɕy⁵³
52 义乌	dʑy²⁴白 guai²⁴文	uai²⁴	fi³³⁵	fi⁴⁵	vi²¹³	m³¹²～巴 vi³¹²结～	bi³¹²白 vi³¹²文	tɕy⁴²³

续表

方言点	0265 柜 止合三 去脂群	0266 位 止合三 去脂云	0267 飞 止合三 平微非	0268 费 止合三 去微敷	0269 肥 止合三 平微奉	0270 尾 止合三 上微微	0271 味 止合三 去微微	0272 鬼 止合三 上微见
53 东阳	dzʑu²⁴	ue²⁴	fi³³⁴	fi⁴⁵³	vi²¹³	（无）	bi²¹³白 vi²³¹文	tɕyu⁴⁵³
54 永康	guəi²⁴¹	uəi²⁴¹	fi⁵⁵	fie⁵²	vi²²	ŋ¹¹³白 vi¹¹³文	vi²⁴¹	kuəi³³⁴
55 武义	（无）	ui²³¹	fi²⁴	fie⁵³	vi³²⁴	n¹³	vi²³¹	kui⁴⁴⁵
56 磐安	dzʑy¹⁴老 gue¹⁴新	ue¹⁴	fi⁴⁴⁵	fi⁵²	bi²¹³～肉 vi²¹³减～	m³³⁴	bi¹⁴～道 vi¹⁴～精	tɕy³³⁴
57 缙云	dzʑy²¹³	uei²¹³	fi⁴⁴	fi⁴⁵³	bi²⁴³白 vi²⁴³文	ȵiɛŋ⁵¹	mi³¹	tɕy⁵¹
58 衢州	gue²³¹	ue²³¹	fi³²	fi⁵³	bi²¹白 vi²¹文	mi⁵³	mi²³¹白 vi²³¹文	tʃy³⁵白 kue³⁵文
59 衢江	guei²³¹	uei²³¹	fi³³	fi⁵³	bi²¹²～皂 vi²¹²～肉	mie²¹²	mi²³¹～道 vi²³¹～精	kuei²⁵
60 龙游	guei²³¹	uei²³¹	fi³³⁴	fi⁵¹	bi²¹白 vi²¹文	mie²¹调殊	vi²³¹	kuei³⁵
61 江山	gɘ³¹	uɐ³¹	fi⁴⁴	fi⁵¹	bi²¹³白 vi²¹³文	mɐ²²	mi³¹白 vi³¹白	kuɐ²⁴¹
62 常山	guɛ¹³¹	y³⁴¹白 uɛ¹³¹文	fi⁴⁴	fi³²⁴	bi³⁴¹～皂 vi³⁴¹化～	mi²⁴	mi²⁴～道 vi²⁴～精	kuɛ⁵²
63 开化	gua²¹³	y²¹³白 uei²¹³文	fi⁴⁴	fi⁵³调殊	bi²³¹～皂 vi²³¹化～	mi²¹³	min²¹³白 mi²¹³白 vi²¹³文	kuɛ⁵³见～ kuei⁵³～子
64 丽水	dzʯ¹³¹白 kuei⁵²文	uei¹³¹	fi²²⁴	fi⁵²	bi²²白 vi²²文	ŋ⁵⁴⁴白 mi⁵⁴⁴文	mi¹³¹	kuei⁵⁴⁴
65 青田	dzʯ²²	vu²²	fi⁴⁴⁵	fi³³	bi²¹～肉 vi²¹～料	mi²¹调殊	mi²²	kuæi⁴⁵⁴
66 云和	dzʯ²²³	y²²³白 uei²²³文	fi²⁴	fi⁴⁵	bi³¹²白 vi³¹²文	mi⁴¹	mi²²³	kuei⁴¹
67 松阳	dzʑy²²	uei¹³	pʰi⁵³	pʰiɛ²⁴	pʰi³¹声殊	miɛ²²	mi²²调殊	kuei²¹²
68 宣平	dzʑy²³¹	uei²³¹	fi³²⁴	fi⁵²	bi⁴³³白 vi⁴³³文	n²²³白 mi²²³文	mi²³¹白 vi²³¹文	kuei⁴⁴⁵
69 遂昌	dzʑy¹³	uei²¹³	fi⁴⁵	fie³³⁴	vi²²¹	miʔ²³韵殊	mi²¹³	kuei⁵³³

续表

方言点	0265 柜 止合三 去脂群	0266 位 止合三 去脂云	0267 飞 止合三 平微非	0268 费 止合三 去微敷	0269 肥 止合三 平微奉	0270 尾 止合三 上微微	0271 味 止合三 去微微	0272 鬼 止合三 上微见
70 龙泉	dʑy²¹调殊	y²²⁴白 uəi²²⁴文	fi⁴³⁴	fi⁴⁵	vi²¹	mi⁵¹	mi²²⁴	kuɛ⁵¹
71 景宁	dʑy⁴¹	y¹¹³白 uai¹¹³文	pʰi³²⁴白 fi³²⁴文	fi³⁵	bi⁴¹白 vi⁴¹文	mai³³	mi¹¹³	kuai³³
72 庆元	tɕyɛ³³调殊	y³¹	ɓæi³³⁵白 fi³³⁵文	fi¹¹	fi⁵²	m ĩ³³	m ĩ³¹	kuæi³³
73 泰顺	tɕy²²	y²²	fi²¹³	fi³⁵	fi⁵³	mæi⁵⁵	mi²²	kuæi⁵⁵
74 温州	dʑy²²	vu²²	fei³³	fei⁵¹	bei³¹白 vei³¹文	mei¹⁴	mei²²	tɕy²⁵
75 永嘉	dzʮ²²	u²²	fei⁴⁴	fei⁵³	bei³¹白 vei³¹文	mei¹³	mei²²	tsʮ⁴⁵
76 乐清	dʑy²²	y²²	fi⁴⁴	fi⁴¹	bi³¹白 vi³¹文	ŋ³⁵白 mi²⁴文	mi²²	tɕy³⁵
77 瑞安	dʑʏ²²	ʏ²²	fei⁴⁴	fei⁵³	bei³¹白 vei³¹文	mei¹³	mei²²	tɕʏ³⁵
78 平阳	（无）	vʉ³³	fi⁵⁵	fi⁵³	vi²⁴²	mai⁴⁵	mi³³	tɕy⁴⁵
79 文成	dʑy⁴²⁴	vʉ⁴²⁴	fei⁵⁵	fei³³	vei¹¹³	mai²²⁴	mei⁴²⁴	tɕy⁴⁵
80 苍南	dʑy¹¹	y¹¹	fi⁴⁴	fi⁴²	bi³¹白 vi³¹文	mai⁵³	mi¹¹	tɕy⁵³
81 建德徽	kʰue⁵⁵	ue⁵⁵	fi⁵³	fi³³	fi³³	mi⁵⁵～巴	fi²¹³	kue²¹³
82 寿昌徽	kʰuei³³	uei³³	fi¹¹²	fi³³	pʰi⁵²白 fi⁵²文	mi⁵³⁴	uei³³	kuei²⁴
83 淳安徽	kʰue⁵³	ve⁵³	fi²⁴	fi²⁴	pʰi⁴³⁵白 fi⁴³⁵文	mi⁵⁵	vi⁵³	kui⁵⁵
84 遂安徽	tɕʰy⁴³	vəɯ⁵²	fi⁵³⁴	fe⁴³	fi³³	mi⁴³	vi⁵²	kuəɯ²¹³
85 苍南闽	kui²¹	ui²¹	pə⁵⁵	hui²¹	pui²⁴	bə³²	bi²¹	kui⁴³
86 泰顺闽	kuei³¹	uei³¹	pɔi²¹³	fei⁵³	pei²²	mɔi³⁴⁴	mi³¹	kuei³⁴⁴
87 洞头闽	kui²¹	ui²¹	pə³³	hui²¹	pui¹¹³	bə⁵³	bi²¹	kui⁵³
88 景宁畲	kʰy⁵¹	uei⁵¹	puei⁴⁴	fi⁴⁴	pʰi²²	muei⁴⁴	mi⁵¹	kuei³²⁵

方言点	0273 贵	0274 围	0275 胃	0276 宝	0277 抱	0278 毛	0279 帽	0280 刀
	止合三去微见	止合三平微云	止合三去微云	效开一上豪帮	效开一上豪並	效开一平豪明	效开一去豪明	效开一平豪端
01 杭州	kuei^{45}	uei^{213}	uei^{13}	pɔ^{53}	bɔ^{13}	mɔ^{213}	mɔ^{13}	tɔ^{334}
02 嘉兴	tɕy^{224}	uei^{242}	uei^{113}	pɔ^{544}	bɔ^{113}	mɔ^{242}	mɔ^{113}	tɔ^{42}
03 嘉善	tɕy^{334}白 kuɛ^{334}文	y^{132}白 vɛ^{132}文	vɛ^{113}声殊	pɔ^{44}	bɔ^{113}	mɔ^{132}	mɔ^{113}	tɔ^{53}
04 平湖	tɕy^{334}	y^{31}白 ue^{31}文	ue^{213}	pɔ^{44}	bɔ^{213}	mɔ^{31}	mɔ^{213}	tɔ^{53}
05 海盐	tɕy^{334}白 kue^{334}文	y^{31}白 ue^{31}文	ue^{213}	pɔ^{423}	bɔ^{423}	mɔ^{31}	mɔ^{213}	tɔ^{53}
06 海宁	tɕi^{35}白 kue^{35}文	i^{13}白 ue^{13}文	ue^{13}	pɔ^{53}	bɔ^{231}	mɔ^{13}	mɔ^{13}	tɔ^{55}
07 桐乡	tɕi^{334}	i^{13}白 uei^{13}文	vi^{213}白 uei^{213}文	pɔ^{53}	bɔ^{242}	mɔ^{13}	mɔ^{213}	tɔ^{44}
08 崇德	tɕi^{334}白 kui^{334}文	i^{13}白 ui^{13}文	ui^{13}	pɔ^{53}	bɔ^{242}	mɔ^{13}	mɔ^{13}	tɔ^{44}
09 湖州	tɕi^{35}白 kuei^{35}文	i^{112}白 uei^{112}文	uei^{35}	pɔ^{523}	bɔ^{231}	mɔ^{112}	mɔ^{35}	tɔ^{44}
10 德清	tɕi^{334}白 kuɛ^{334}文	i^{113}白 uɛ^{113}文	uɛ^{334}	pɔ^{52}	bɔ^{143}	mɔ^{113}	mɔ^{334}	tɔ^{44}
11 武康	kuɛ^{224}	uɛ^{113}	uɛ^{224}	pɔ^{53}	bɔ^{242}	mɔ^{113}	mɔ^{224}	tɔ^{44}
12 安吉	kuɛ^{324}	ue^{22}	ue^{213}	pɔ^{52}	bɔ^{243}	mɔ^{22}	mɔ^{213}	tɔ^{55}
13 孝丰	kuɛ^{324}	ue^{22}	ue^{324}	pɔ^{52}	bɔ^{243}	mɔ^{22}	mɔ^{324}	tɔ^{44}
14 长兴	kuei^{324}	uei^{12}	uei^{324}	pɔ^{52}	bɔ^{243}	mɔ^{12}	mɔ^{324}	tɔ^{44}
15 余杭	kuɛ^{423}	uɛ^{22}	uɛ^{213}	pɔ^{53}	bɔ^{243}	mɔ^{22}	mɔ^{213}	tɔ^{44}
16 临安	kuE^{55}	y^{33}白 uE^{33}文	uE^{33}	pɔ^{55}	bɔ^{33}	mɔ^{33}	mɔ^{33}	tɔ^{55}
17 昌化	kuei^{544}	uei^{112}	uei^{243}	pɔ^{453}	bɔ^{243}	mɔ^{112}	mɔ^{243}	tɔ^{334}
18 於潜	kue^{35}	ue^{223}	ue^{24}	pɔ^{51}	bɔ^{24}	mɔ^{223}	mɔ^{24}	tɔ^{433}
19 萧山	tɕy^{42}	y^{355}白 ue^{355}文	ue^{242}	pɔ^{33}	bɔ^{13}	mɔ^{355}	mɔ^{242}	tɔ^{533}
20 富阳	kuɛ^{335}	uɛ^{13}	uɛ^{335}	pɔ^{423}	bɔ^{224}	mɔ^{13}	mɔ^{335}	tɔ^{53}
21 新登	kue^{45}	ɥ^{233}白 ue^{233}文	ue^{13}	pɔ^{334}	bɔ^{13}	mɔ^{233}	mɔ^{13}	tɔ^{53}

续表

方言点	0273 贵	0274 围	0275 胃	0276 宝	0277 抱	0278 毛	0279 帽	0280 刀
	止合三 去微见	止合三 平微云	止合三 去微云	效开一 上豪帮	效开一 上豪並	效开一 平豪明	效开一 去豪明	效开一 平豪端
22 桐庐	kuᴇ³⁵	uᴇ¹³	uᴇ²⁴	pɔ³³	bɔ²⁴	mɔ¹³	mɔ²⁴	tɔ⁵³³
23 分水	kue²⁴	ue²²	ue¹³	pɔ⁵³	bɔ¹³	mɔ²²	mɔ¹³	tɔ⁴⁴
24 绍兴	tɕy³³白 kuᴇ³³文	y²³¹白 uᴇ²³¹文	uᴇ²²	pɔ³³⁴	bɔ²²³	mɔ²³¹	mɔ²²	tɔ⁵³
25 上虞	tɕy⁵³白 kue⁵³文	y²¹³白 ue²¹³文	ue⁵³	pɔ³⁵	bɔ²¹³	mɔ²¹³	mɔ³¹	tɔ³⁵
26 嵊州	tɕy³³⁴白 kuᴇ³³⁴文	y²¹³白 uᴇ²¹³文	uᴇ²⁴	pɔ⁵³	bɔ²²	mɔ²¹³	mɔ²⁴	tɔ⁵³⁴
27 新昌	tɕy³³⁵	y²²白 ue²²文	ue¹³	pɔ⁴⁵³	bɔ²³²	mɔ²²	mɔ¹³	tɔ⁵³⁴
28 诸暨	tɕy⁵⁴⁴白 kue⁵⁴⁴文	ve¹³	ve³³	pɔ⁴²	bɔ²⁴²	mɔ¹³	mɔ³³	tɔ⁵⁴⁴
29 慈溪	tɕy⁴⁴白 kue⁴⁴文	y¹³白 ue¹³文	ue¹³	pɔ³⁵	bɔ¹³	mɔ¹³	mɔ¹³	tɔ³⁵
30 余姚	tɕy⁵³白 kue⁵³文	y¹³白 ue¹³文	ue¹³	pɔ³⁴	bɔ¹³	mɔ¹³	mɔ¹³	tɔ⁴⁴
31 宁波	tɕy⁴⁴白 kuɐi⁴⁴文	y¹³白 uɐi¹³文	uɐi¹³	pɔ³⁵	bɔ¹³	mɔ¹³	mɔ¹³	tɔ⁵³
32 镇海	tɕy⁵³白 kuei⁵³文	y²⁴白 uei²⁴文	uei²⁴	pɔ³⁵	bɔ²⁴	mɔ²⁴	mɔ²⁴	tɔ⁵³名
33 奉化	tɕy⁵³白 kuei⁵³文	y³³白 uei³³文	uei⁵³	pʌ⁵⁴⁵	bʌ³²⁴	mʌ³³	mʌ³¹	tʌ⁴⁴
34 宁海	ky³⁵白 kuei³⁵文	y²¹³白 uei²¹³文	ui²⁴	pau⁵³	bau³¹	mau²¹³	mau²⁴	tau⁴²³
35 象山	tɕy⁵³白 kuei⁵³文	y³¹白 uei³¹文	uei⁵³	pɔ⁴⁴	bɔ³¹	mɔ³¹	mɔ³¹	tɔ⁴⁴
36 普陀	tɕy⁵⁵白 kuæi⁵⁵文	uæi²⁴	uæi¹³	pɔ⁴⁵	bɔ²³	mɔ²⁴	mɔ¹³	tɔ⁵³
37 定海	tɕy⁴⁴白 kuɐi⁴⁴文	uɐi²³	uɐi¹³	pɔ⁴⁵	bɔ²³	mɔ²³	mɔ¹³	tɔ⁵²
38 岱山	tɕy⁴⁴白 kuɐi⁴⁴文	uɐi²³	uɐi²¹³	pɔ³²⁵	bɔ²⁴⁴	mɔ²³	mɔ²¹³	tɔ⁵²

续表

方言点	0273 贵 止合三 去微见	0274 围 止合三 平微云	0275 胃 止合三 去微云	0276 宝 效开一 上豪帮	0277 抱 效开一 上豪并	0278 毛 效开一 平豪明	0279 帽 效开一 去豪明	0280 刀 效开一 平豪端
39 嵊泗	tɕy⁵³白 kuɐi⁵³文	uɐi²⁴³	uɐi²¹³	pɔ⁴⁴⁵	bɔ³³⁴	mɔ²⁴³	mɔ²¹³	tɔ⁵³
40 临海	ky⁵⁵	y²¹	y³²⁴	pɔ⁵²	bɔ²¹	mɔ²¹	mɔ³²⁴	tɔ³¹
41 椒江	ky⁵⁵	y³¹	y²⁴	pɔ⁴²	bɔ³¹	mɔ³¹	mɔ²⁴	tɔ⁴²
42 黄岩	ky⁵⁵	y¹²¹	y²⁴	pɔ⁴²	bɔ¹²¹	mɔ¹²¹	mɔ²⁴	tɔ³²
43 温岭	ky⁵⁵	y³¹	y¹³	pɔ⁴²	bɔ³¹	mɔ³¹	mɔ¹³	tɔ³³
44 仙居	cy⁵⁵	y²¹³白 uæ²¹³文	y²⁴白 uæ²⁴文	ɓɐɯ³²⁴	(无)	mɐɯ²¹³	mɐɯ²⁴	ɗɐɯ³³⁴
45 天台	ky⁵⁵	y²²⁴包~	y³⁵	pɑu³²⁵	bɑu²¹⁴	mɑu²²⁴	mɑu³⁵	tɑu³³
46 三门	ky⁵⁵	y¹¹³白 ue¹¹³文	ue²⁴³	pɑu³²⁵	bɑu²¹³	mɑu¹¹³	mɑu²⁴³	tɑu³³⁴
47 玉环	ky⁵⁵	y³¹	y²²	pɔ⁵³	bɔ³¹	mɔ³¹	mɔ²²	tɔ⁴²
48 金华	kui⁵⁵	y³¹³旧 ui³¹³今	ui¹⁴	pao⁵³⁵	pao⁵³⁵	mao³¹³	mao¹⁴	tao³³⁴
49 汤溪	tɕy⁵²白 kuei⁵²文	y¹¹白 uei¹¹文	uei³⁴¹	pɔ⁵³⁵	(无)	mɔ¹¹	mɔ³⁴¹	tɔ²⁴
50 兰溪	kui⁴⁵	y²¹白 ui²¹文	ui²⁴	pɔ⁵⁵	bɔ²⁴	mɔ²¹	mɔ²⁴	tɔ³³⁴
51 浦江	tɕy⁵⁵	y¹¹³白 ue¹¹³文	uɛ²⁴³	po⁵³	bu²⁴³	mo¹¹³	mo²⁴	to⁵³⁴
52 义乌	tɕy⁴⁵白 kuai⁴⁵文	y²¹³白 uai²¹³文	uai²⁴	pɯɤ⁴²³	bu³¹²	mɯɤ²¹³	mɯɤ²⁴	to³³⁵
53 东阳	tɕyu⁴⁵³白 kuei⁴⁵³文	y²¹³白 uei²¹³文	uei²⁴	pɐɯ⁴⁴	(无)	mɐɯ²¹³	mɐɯ²⁴	tɐɯ³³⁴
54 永康	tɕy⁵²	uəi²²	uəi²⁴¹	ɓɑu³³⁴	bɑu¹¹³	mɑu²²	mɑu²⁴¹	ɗɑu⁵⁵
55 武义	tɕy⁵³	ui³²⁴	ui²³¹	pɑu⁴⁴⁵	(无)	muo³²⁴	muo²³¹	lɤ²⁴
56 磐安	tɕy⁵²白 kue⁵²文	y²¹³~裙 ue²¹³包~	ue¹⁴	po³³⁴	(无)	mo²¹³	mo¹⁴	to⁴⁴⁵
57 缙云	tɕy⁴⁵³	y²⁴³~巾 uei²⁴³包~	uei²¹³	pəɤ⁵¹	(无)	məɤ²⁴³	məɤ²¹³	təɤ⁴⁴

续表

方言点	0273 贵	0274 围	0275 胃	0276 宝	0277 抱	0278 毛	0279 帽	0280 刀
	止合三 去微见	止合三 平微云	止合三 去微云	效开一 上豪帮	效开一 上豪並	效开一 平豪明	效开一 去豪明	效开一 平豪端
58 衢州	tʃy⁵³白 kue⁵³文	y²¹白 ue²¹文	ue²³¹	pɔ³⁵	bɔ²³¹	mɔ²¹	mɔ²³¹	tɤ³²
59 衢江	tɕy⁵³弍~ kuei⁵³富~	uei²¹²	uei²³¹	pɔ²⁵	bɤ²¹²	mɔ²¹²	mɔ²³¹	tɤ³³
60 龙游	tɕy⁵¹白 kuei⁵¹文	y²¹白 uei²¹文	uei²³¹	pɔ³⁵	bu²²⁴	mɔ²¹	mɔ²³¹	tɤ³³⁴
61 江山	kuE⁵¹	y²¹³白 uE²¹³文	uE³¹	pɐɯ²⁴¹	bə²²	mɐɯ²¹³	mɐɯ³¹	tɐɯ⁴⁴
62 常山	tɕy³²⁴白 kue⁵²文	y³⁴¹~裙 ue³⁴¹~巾	ue³⁴¹	pɤ⁵²	buə²⁴	mɤ³⁴¹眉~ mɔ³⁴¹~姓	mɤ¹³¹	tɤ⁴⁴
63 开化	tɕy⁴¹²白 kuei⁴¹²白	uei²³¹	uei²¹³	pɐɯ⁵³	buo²¹³	mɐɯ²³¹	məɯ²¹³	tɐɯ⁴⁴
64 丽水	tsʅ⁵²白 kuei⁵²文	uei²²	uei¹³¹	pə⁵⁴⁴	bu²²	mə²²	mə¹³¹	tə²²⁴
65 青田	tsʅ³³白 kuæi³³文	vu²¹	vu²²	ɓœ⁴⁵⁴	bœ³⁴³	mœ²¹	mœ²²	ɗœ⁴⁴⁵
66 云和	tsʅ⁴⁵白 kuei⁴⁵文	uei³¹²	uei²²³	pɑɔ⁴¹	(无)	mɑɔ³¹²	mɑɔ²²³	tɐɯ²⁴
67 松阳	tɕy²⁴	uei³¹	uei¹³	pʌ²¹²	buə²²	mʌ³¹	mʌ¹³	tʌ⁵³
68 宣平	tɕy⁵²白 kuei⁵²文	uei⁴³³	uei²³¹	pɔ⁴⁴⁵	(无)	mɔ⁴³³	mɔ²³¹	tɐɯ³²⁴
69 遂昌	tɕy³³⁴白 kuei³³⁴文	uei²²¹	uei²¹³	pɐɯ⁵³³	buə¹³	mɐɯ²²¹	mɐɯ²¹³	tɐɯ⁴⁵
70 龙泉	tɕy⁴⁵	uəi²¹	uəi²²⁴	pu⁵¹旧 pɑʌ⁵¹今	pɤɯ⁵¹	ŋ²¹头~ mɑʌ²¹姓~	ŋ²²⁴白 mɑʌ²²⁴文	tɑʌ⁴³⁴
71 景宁	tɕy³⁵白 kuai³⁵文	y⁴¹白 uai⁴¹文	uai¹¹³	pau³³	(无)	mau⁴¹	mau¹¹³	tɐɯ³²⁴
72 庆元	tɕy¹¹	y⁵²	y¹¹	ɓɯ³³	pɤ²²¹	mɯ⁵²	mɯ³¹	ɗɐɯ³³⁵
73 泰顺	tɕy³⁵	y⁵³	y²²	pɑɔ⁵⁵	pɑɔ²¹~歉	mɑɔ⁵³	mɑɔ²²	tɑɔ²¹³
74 温州	tɕy⁵¹	vu³¹	vu²²	pɜ²⁵	bɜ¹⁴	mɜ³¹	mɜ²²	tɜ³³
75 永嘉	tsʅ⁵³	u³¹	u²²	pə⁴⁵	bə¹³	mə³¹	mə²²	tə⁴⁴

续表

方言点	0273 贵	0274 围	0275 胃	0276 宝	0277 抱	0278 毛	0279 帽	0280 刀
	止合三 去微见	止合三 平微云	止合三 去微云	效开一 上豪帮	效开一 上豪並	效开一 平豪明	效开一 去豪明	效开一 平豪端
76 乐清	$tɕy^{41}$	y^{31}	y^{22}	$pɤ^{35}$	$bɤ^{24}$	$mɤ^{31}$	$mɤ^{22}$	$tɤ^{44}$
77 瑞安	$tɕy^{53}$	$ɣ^{31}$	$ɣ^{22}$	$pɛ^{35}$	$bɛ^{13}$	$mɛ^{31}$	$mɛ^{22}$	$tɛ^{44}$
78 平阳	$tɕy^{53}$	$vʉ^{242}$	$vʉ^{33}$	$pɛ^{45}$	$bɛ^{23}$	$mɛ^{242}$	$mɛ^{33}$	$tɛ^{55}$
79 文成	$tɕy^{33}$	$vʉ^{113}$	$vʉ^{424}$	$pɛ^{45}$	(无)	$mɛ^{113}$	$mɛ^{424}$	$tɛ^{55}$
80 苍南	$tɕy^{42}$	y^{31}	y^{11}	$pɛ^{53}$	$bɛ^{24}$	$mɛ^{31}$	$mɛ^{11}$	$tɛ^{44}$
81 建德_徽	kue^{33}	y^{33}白 ue^{33}文	ue^{55}	$pɔ^{213}$	$pɔ^{213}$	$mɔ^{33}$	$mɔ^{55}$	$tɔ^{53}$
82 寿昌_徽	$kuei^{33}$	uei^{52}	uei^{24}文	$pəɯ^{24}$	(无)	$məɯ^{52}$	$məɯ^{33}$	$tɤ^{112}$
83 淳安_徽	kue^{24}	ya^{435}白 ve^{435}文	ve^{53}	$pɤ^{55}$	(无)	$mɤ^{435}$	$mɤ^{53}$	$tɤ^{24}$
84 遂安_徽	$tɕy^{43}$	$vəɯ^{33}$	$vəɯ^{52}$	po^{213}	(无)	mo^{33}	mo^{52}	$tɔ^{534}$
85 苍南_闽	kui^{21}	ui^{24}	ui^{21}	po^{43}	$pʰo^{32}$	$muŋ^{24}$韵殊	bo^{21}	to^{55}
86 泰顺_闽	$kuei^{53}$	uei^{22}	uei^{31}	pou^{344}	$pʰou^{31}$	mou^{22}	mou^{31}	tou^{213}
87 洞头_闽	kui^{21}	ui^{113}	ui^{21}	po^{53}	$pʰo^{21}$	$mõ^{113}$	bo^{21}	to^{33}
88 景宁_畲	$kuei^{44}$	uei^{22}	uei^{51}	pau^{325}	(无)	mau^{22}	mau^{51}	tau^{44}

方言点	0281 讨 效开一 上豪透	0282 桃 效开一 平豪定	0283 道 效开一 上豪定	0284 脑 效开一 上豪泥	0285 老 效开一 上豪来	0286 早 效开一 上豪精	0287 灶 效开一 去豪精	0288 草 效开一 上豪清
01 杭州	$t^h\mathfrak{o}^{53}$	$d\mathfrak{o}^{213}$	$d\mathfrak{o}^{13}$	$n\mathfrak{o}^{53}$	$l\mathfrak{o}^{53}$	$ts\mathfrak{o}^{53}$	$ts\mathfrak{o}^{45}$	$ts^h\mathfrak{o}^{53}$
02 嘉兴	$t^h\mathfrak{o}^{113}$	$d\mathfrak{o}^{242}$	$d\mathfrak{o}^{113}$	$n\mathfrak{o}^{113}$	$l\mathfrak{o}^{113}$	$ts\mathfrak{o}^{544}$	$ts\mathfrak{o}^{224}$	$ts^h\mathfrak{o}^{113}$
03 嘉善	$t^h\mathfrak{o}^{334}$	$d\mathfrak{o}^{132}$	$d\mathfrak{o}^{113}$	$n\mathfrak{o}^{113}$	$l\mathfrak{o}^{113}$	$ts\mathfrak{o}^{44}$	$ts\mathfrak{o}^{334}$	$ts^h\mathfrak{o}^{334}$
04 平湖	$t^h\mathfrak{o}^{213}$	$d\mathfrak{o}^{31}$	$d\mathfrak{o}^{213}$	$n\mathfrak{o}^{213}$	$l\mathfrak{o}^{213}$	$ts\mathfrak{o}^{44}$	$ts\mathfrak{o}^{334}$	$ts^h\mathfrak{o}^{213}$
05 海盐	$t^h\mathfrak{o}^{423}$	$d\mathfrak{o}^{31}$	$d\mathfrak{o}^{423}$	$n\mathfrak{o}^{423}$	$l\mathfrak{o}^{423}$	$ts\mathfrak{o}^{423}$	$ts\mathfrak{o}^{334}$	$ts^h\mathfrak{o}^{423}$
06 海宁	$t^h\mathfrak{o}^{53}$	$d\mathfrak{o}^{13}$	$d\mathfrak{o}^{231}$	$n\mathfrak{o}^{231}$	$l\mathfrak{o}^{231}$	$ts\mathfrak{o}^{53}$	$ts\mathfrak{o}^{35}$	$ts^h\mathfrak{o}^{53}$
07 桐乡	$t^h\mathfrak{o}^{53}$	$d\mathfrak{o}^{13}$	$d\mathfrak{o}^{242}$	$n\mathfrak{o}^{242}$	$l\mathfrak{o}^{242}$	$ts\mathfrak{o}^{53}$	$ts\mathfrak{o}^{334}$	$ts^h\mathfrak{o}^{53}$
08 崇德	$t^h\mathfrak{o}^{53}$	$d\mathfrak{o}^{13}$	$d\mathfrak{o}^{242}$	$n\mathfrak{o}^{53}$	$l\mathfrak{o}^{53}$	$ts\mathfrak{o}^{53}$	$ts\mathfrak{o}^{334}$	$ts^h\mathfrak{o}^{53}$
09 湖州	$t^h\mathfrak{o}^{523}$	$d\mathfrak{o}^{112}$	$d\mathfrak{o}^{231}$	$n\mathfrak{o}^{523}$	$l\mathfrak{o}^{523}$	$ts\mathfrak{o}^{523}$	$ts\mathfrak{o}^{35}$	$ts^h\mathfrak{o}^{523}$
10 德清	$t^h\mathfrak{o}^{52}$	$d\mathfrak{o}^{113}$	$d\mathfrak{o}^{143}$	$n\mathfrak{o}^{52}$	$l\mathfrak{o}^{52}$	$ts\mathfrak{o}^{52}$	$ts\mathfrak{o}^{334}$	$ts^h\mathfrak{o}^{52}$
11 武康	$t^h\mathfrak{o}^{53}$	$d\mathfrak{o}^{113}$	$d\mathfrak{o}^{242}$	$n\mathfrak{o}^{242}$	$l\mathfrak{o}^{242}$	$ts\mathfrak{o}^{53}$	$ts\mathfrak{o}^{224}$	$ts^h\mathfrak{o}^{53}$
12 安吉	$t^h\mathfrak{o}^{52}$	$d\mathfrak{o}^{22}$	$d\mathfrak{o}^{243}$	$n\mathfrak{o}^{52}$	$l\mathfrak{o}^{52}$	$ts\mathfrak{o}^{52}$	$ts\mathfrak{o}^{324}$	$ts^h\mathfrak{o}^{52}$
13 孝丰	$t^h\mathfrak{o}^{52}$	$d\mathfrak{o}^{22}$	$d\mathfrak{o}^{243}$	$n\mathfrak{o}^{52}$	$l\mathfrak{o}^{52}$	$ts\mathfrak{o}^{52}$	$ts\mathfrak{o}^{324}$	$ts^h\mathfrak{o}^{52}$
14 长兴	$t^h\mathfrak{o}^{52}$	$d\mathfrak{o}^{12}$	$d\mathfrak{o}^{243}$	$n\mathfrak{o}^{52}$	$l\mathfrak{o}^{52}$	$ts\mathfrak{o}^{52}$	$ts\mathfrak{o}^{324}$	$ts^h\mathfrak{o}^{52}$
15 余杭	$t^h\mathfrak{o}^{53}$	$d\mathfrak{o}^{22}$	$d\mathfrak{o}^{243}$	$n\mathfrak{o}^{53}$	$l\mathfrak{o}^{53}$	$ts\mathfrak{o}^{53}$	$ts\mathfrak{o}^{423}$	$ts^h\mathfrak{o}^{53}$
16 临安	$t^h\mathfrak{o}^{55}$	$d\mathfrak{o}^{33}$	$d\mathfrak{o}^{33}$	$n\mathfrak{o}^{33}$	$l\mathfrak{o}^{33}$	$ts\mathfrak{o}^{55}$	$ts\mathfrak{o}^{55}$	$ts^h\mathfrak{o}^{55}$
17 昌化	$t^h\mathfrak{o}^{453}$	$d\mathfrak{o}^{112}$	$d\mathfrak{o}^{243}$	$n\mathfrak{o}^{243}$	$l\mathfrak{o}^{243}$	$ts\mathfrak{o}^{453}$	$ts\mathfrak{o}^{544}$	$ts^h\mathfrak{o}^{453}$
18 於潜	$t^h\mathfrak{o}^{51}$	$d\mathfrak{o}^{223}$	$d\mathfrak{o}^{24}$	$n\mathfrak{o}^{51}$	$l\mathfrak{o}^{51}$	$ts\mathfrak{o}^{51}$	$ts\mathfrak{o}^{35}$	$ts^h\mathfrak{o}^{51}$
19 萧山	$t^h\mathfrak{o}^{33}$	$d\mathfrak{o}^{355}$	$d\mathfrak{o}^{13}$	$n\mathfrak{o}^{13}$	$l\mathfrak{o}^{13}$	$ts\mathfrak{o}^{33}$	$ts\mathfrak{o}^{42}$	$ts^h\mathfrak{o}^{33}$
20 富阳	$t^h\mathfrak{o}^{423}$	$d\mathfrak{o}^{13}$	$d\mathfrak{o}^{224}$	$n\mathfrak{o}^{224}$	$l\mathfrak{o}^{224}$	$ts\mathfrak{o}^{423}$	$ts\mathfrak{o}^{335}$	$ts^h\mathfrak{o}^{423}$
21 新登	$t^h\mathfrak{o}^{334}$	$d\mathfrak{o}^{233}$	$d\mathfrak{o}^{13}$	$n\mathfrak{o}^{334}$	$l\mathfrak{o}^{334}$	$ts\mathfrak{o}^{334}$	$ts\mathfrak{o}^{45}$	$ts^h\mathfrak{o}^{334}$
22 桐庐	$t^h\mathfrak{o}^{33}$	$d\mathfrak{o}^{13}$	$d\mathfrak{o}^{24}$	$n\mathfrak{o}^{33}$	$l\mathfrak{o}^{33}$	$ts\mathfrak{o}^{33}$	$ts\mathfrak{o}^{35}$	$ts^h\mathfrak{o}^{33}$
23 分水	$t^h\mathfrak{o}^{53}$	$d\mathfrak{o}^{22}$	$d\mathfrak{o}^{13}$	$n\mathfrak{o}^{53}$	$l\mathfrak{o}^{53}$	$ts\mathfrak{o}^{53}$	$ts\mathfrak{o}^{24}$	$ts^h\mathfrak{o}^{53}$
24 绍兴	$t^h\mathfrak{o}^{334}$	$d\mathfrak{o}^{231}$	$d\mathfrak{o}^{223}$	$n\mathfrak{o}^{223}$	$l\mathfrak{o}^{223}$	$ts\mathfrak{o}^{334}$	$ts\mathfrak{o}^{33}$	$ts^h\mathfrak{o}^{334}$
25 上虞	$t^h\mathfrak{o}^{35}$	$d\mathfrak{o}^{213}$	$d\mathfrak{o}^{213}$	$n\mathfrak{o}^{213}$	$l\mathfrak{o}^{213}$	$ts\mathfrak{o}^{35}$	$ts\mathfrak{o}^{53}$	$ts^h\mathfrak{o}^{35}$
26 嵊州	$t^h\mathfrak{o}^{53}$	$d\mathfrak{o}^{213}$	$d\mathfrak{o}^{24}$	$n\mathfrak{o}^{22}$	$l\mathfrak{o}^{22}$	$ts\mathfrak{o}^{53}$	$ts\mathfrak{o}^{334}$	$ts^h\mathfrak{o}^{53}$

续表

方言点	0281 讨 效开一 上豪透	0282 桃 效开一 平豪定	0283 道 效开一 上豪定	0284 脑 效开一 上豪泥	0285 老 效开一 上豪来	0286 早 效开一 上豪精	0287 灶 效开一 去豪精	0288 草 效开一 上豪清
27 新昌	$t^h\mathfrak{o}^{453}$	$d\mathfrak{o}^{22}$	$d\mathfrak{o}^{232}$	$n\mathfrak{o}^{232}$	$l\mathfrak{o}^{232}$	$ts\mathfrak{o}^{453}$	$ts\mathfrak{o}^{335}$	$ts^h\mathfrak{o}^{453}$
28 诸暨	$t^h\mathfrak{o}^{42}$	$d\mathfrak{o}^{13}$	$d\mathfrak{o}^{242}$	$n\mathfrak{o}^{242}$	$l\mathfrak{o}^{242}$	$ts\mathfrak{o}^{42}$	$ts\mathfrak{o}^{544}$	$ts^h\mathfrak{o}^{42}$
29 慈溪	$t^h\mathfrak{o}^{35}$	$d\mathfrak{o}^{13}$	$d\mathfrak{o}^{13}$	$n\mathfrak{o}^{13}$	$l\mathfrak{o}^{13}$	$ts\mathfrak{o}^{35}$	$ts\mathfrak{o}^{44}$	$ts^h\mathfrak{o}^{35}$
30 余姚	$t^h\mathfrak{o}^{34}$	$d\mathfrak{o}^{13}$	$d\mathfrak{o}^{13}$	$n\mathfrak{o}^{13}$	$l\mathfrak{o}^{13}$	$ts\mathfrak{o}^{34}$	$ts\mathfrak{o}^{53}$	$ts^h\mathfrak{o}^{34}$
31 宁波	$t^h\mathfrak{o}^{35}$	$d\mathfrak{o}^{13}$	$d\mathfrak{o}^{13}$	$n\mathfrak{o}^{13}$	$l\mathfrak{o}^{13}$	$ts\mathfrak{o}^{35}$	$ts\mathfrak{o}^{44}$	$ts^h\mathfrak{o}^{35}$
32 镇海	$t^h\mathfrak{o}^{35}$	$d\mathfrak{o}^{24}$	$d\mathfrak{o}^{24}$	$n\mathfrak{o}^{24}$	$l\mathfrak{o}^{24}$	$ts\mathfrak{o}^{35}$	$ts\mathfrak{o}^{53}$	$ts^h\mathfrak{o}^{35}$
33 奉化	$t^h\Lambda^{545}$	$d\Lambda^{33}$	$d\Lambda^{31}$	$n\Lambda^{324}$	$l\Lambda^{324}$	$ts\Lambda^{545}$	$ts\Lambda^{53}$	$ts^h\Lambda^{545}$
34 宁海	t^hau^{53}	dau^{213}	dau^{31}	nau^{31}	lau^{31}	$tsau^{53}$	$tsau^{35}$	ts^hau^{53}
35 象山	$t^h\mathfrak{o}^{44}$	$d\mathfrak{o}^{31}$	$d\mathfrak{o}^{31}$	$n\mathfrak{o}^{31}$	$l\mathfrak{o}^{31}$	$ts\mathfrak{o}^{44}$	$ts\mathfrak{o}^{53}$	$ts^h\mathfrak{o}^{44}$
36 普陀	$t^h\mathfrak{o}^{45}$	$d\mathfrak{o}^{24}$	$d\mathfrak{o}^{13}$	$n\mathfrak{o}^{23}$	$l\mathfrak{o}^{23}$	$ts\mathfrak{o}^{45}$	$ts\mathfrak{o}^{55}$	$ts^h\mathfrak{o}^{45}$
37 定海	$t^h\mathfrak{o}^{45}$	$d\mathfrak{o}^{23}$	$d\mathfrak{o}^{23}$ 调殊	$n\mathfrak{o}^{23}$	$l\mathfrak{o}^{23}$	$ts\mathfrak{o}^{45}$	$ts\mathfrak{o}^{44}$	$ts^h\mathfrak{o}^{45}$
38 岱山	$t^h\mathfrak{o}^{325}$	$d\mathfrak{o}^{23}$	$d\mathfrak{o}^{23}$ 调殊	$n\mathfrak{o}^{244}$	$l\mathfrak{o}^{244}$	$ts\mathfrak{o}^{325}$	$ts\mathfrak{o}^{44}$	$ts^h\mathfrak{o}^{325}$
39 嵊泗	$t^h\mathfrak{o}^{445}$	$d\mathfrak{o}^{243}$	$d\mathfrak{o}^{334}$	$n\mathfrak{o}^{445}$	$l\mathfrak{o}^{445}$	$ts\mathfrak{o}^{445}$	$ts\mathfrak{o}^{53}$	$ts^h\mathfrak{o}^{445}$
40 临海	$t^h\mathfrak{o}^{52}$	$d\mathfrak{o}^{21}$	$d\mathfrak{o}^{21}$	$n\mathfrak{o}^{52}$	$l\mathfrak{o}^{52}$	$ts\mathfrak{o}^{52}$	$ts\mathfrak{o}^{55}$	$ts^h\mathfrak{o}^{52}$
41 椒江	$t^h\mathfrak{o}^{42}$	$d\mathfrak{o}^{24}$ 小	$d\mathfrak{o}^{31}$	$n\mathfrak{o}^{42}$	$l\mathfrak{o}^{42}$	$ts\mathfrak{o}^{42}$	$ts\mathfrak{o}^{55}$	$ts^h\mathfrak{o}^{42}$
42 黄岩	$t^h\mathfrak{o}^{42}$	$d\mathfrak{o}^{24}$ 小	$d\mathfrak{o}^{121}$	$l\mathfrak{o}^{42}$	$l\mathfrak{o}^{42}$	$ts\mathfrak{o}^{42}$	$ts\mathfrak{o}^{55}$	$ts^h\mathfrak{o}^{42}$
43 温岭	$t^h\mathfrak{o}^{42}$	$d\mathfrak{o}^{24}$ 小	$d\mathfrak{o}^{31}$	$n\mathfrak{o}^{42}$	$l\mathfrak{o}^{42}$	$ts\mathfrak{o}^{42}$	$ts\mathfrak{o}^{55}$	$ts^h\mathfrak{o}^{42}$
44 仙居	$t^h\mathrm{eɯ}^{324}$	$d\mathrm{eɯ}^{213}$	$d\mathrm{eɯ}^{213}$	$n\mathrm{eɯ}^{324}$	$l\mathrm{eɯ}^{324}$	$ts\mathrm{eɯ}^{324}$	$ts\mathrm{eɯ}^{55}$	$ts^h\mathrm{eɯ}^{324}$
45 天台	t^hau^{325}	dau^{51} 小	dau^{214}	nau^{214}	lau^{214}	$tsau^{325}$	$tsau^{55}$	ts^hau^{325}
46 三门	$t^h\mathrm{au}^{325}$	$d\mathrm{au}^{252}$ 小	$d\mathrm{au}^{213}$	$n\mathrm{au}^{325}$	$l\mathrm{au}^{325}$	$ts\mathrm{au}^{325}$	$ts\mathrm{au}^{55}$	$ts^h\mathrm{au}^{325}$
47 玉环	$t^h\mathfrak{o}^{53}$	$d\mathfrak{o}^{24}$ 小	$d\mathfrak{o}^{31}$	$n\mathfrak{o}^{53}$	$l\mathfrak{o}^{53}$	$ts\mathfrak{o}^{53}$	$ts\mathfrak{o}^{55}$	$ts^h\mathfrak{o}^{53}$
48 金华	$t^h\mathrm{ao}^{535}$	$d\mathrm{ao}^{313}$	$d\mathrm{ao}^{14}$	$n\mathrm{ao}^{535}$	$l\mathrm{ao}^{535}$	$ts\mathrm{ao}^{535}$	$ts\mathrm{ao}^{55}$	$ts^h\mathrm{ao}^{535}$
49 汤溪	$t^h\mathfrak{o}^{535}$	$d\mathfrak{o}^{11}$ 地名	$d\mathfrak{o}^{113}$	$n\mathfrak{o}^{113}$	$l\mathfrak{o}^{113}$	$ts\mathfrak{o}^{535}$	$ts\mathfrak{o}^{52}$	$ts^h\mathfrak{o}^{535}$
50 兰溪	$t^h\mathfrak{o}^{55}$	$d\mathfrak{o}^{21}$	$t\mathfrak{o}^{55}$	$n\mathfrak{o}^{55}$	$l\mathfrak{o}^{55}$	$ts\mathfrak{o}^{55}$	$ts\mathfrak{o}^{45}$	$ts^h\mathfrak{o}^{55}$
51 浦江	t^ho^{53}	do^{113}	do^{243}	lo^{243}	lo^{243}	tso^{53}	tso^{55}	ts^ho^{53}

续表

方言点	0281 讨	0282 桃	0283 道	0284 脑	0285 老	0286 早	0287 灶	0288 草
	效开一上豪透	效开一平豪定	效开一上豪定	效开一上豪泥	效开一上豪来	效开一上豪精	效开一去豪精	效开一上豪清
52 义乌	tʰo⁴²³	don²¹³	do²⁴白 dau²⁴文	ŋŋ^w³¹²白 nau³¹²文	lo³¹²	tso⁴²³	tso⁴⁵	tsʰo⁴²³
53 东阳	tʰɐɯ⁴⁴	dɔn²¹³小	dɐɯ²³¹	nɐɯ²³¹	lɐɯ²³¹	tsɐɯ⁴⁴	tsɐɯ⁴⁵³	tsʰɐɯ⁴⁴
54 永康	tʰɑu³³⁴	dɑu²⁴¹小	dɑu¹¹³	nɑu¹¹³	lɑu¹¹³	tsɑu³³⁴	tsɑu⁵²	tsʰɑu³³⁴
55 武义	tʰɤ⁴⁴⁵	den¹³小	dɤ¹³	nɤ¹³	lɤ¹³	tsɤ⁴⁴⁵	tsɑu⁵³	tsʰɤ⁴⁴⁵
56 磐安	tʰo³³⁴	do²¹³	to³³⁴	no³³⁴	lo³³⁴	tso³³⁴	tso⁵²	tsʰo³³⁴
57 缙云	tʰɘɤ⁵¹	dɘɤ³²²小	dɘɤ³¹	nɘɤ³¹	lɘɤ³¹	tɕiɘɤ⁵¹	tɕiɘɤ⁴⁵³	tɕʰiɘɤ⁵¹
58 衢州	tʰɔ³⁵	dɔ²¹	dɔ²³¹	nɔ²³¹	lɔ²³¹	tsɔ³⁵	tsɔ⁵³	tsʰɔ³⁵
59 衢江	tʰɤ²⁵	dɔ²¹²	dɔ²¹²	nɔ²¹²① nɔ⁵³单用	lɔ²¹²	tsɔ²⁵	tsɔ⁵³	tsʰɤ²⁵
60 龙游	tʰu³⁵	dɔ²¹	dɔ²²⁴	nɔ²²⁴	lɔ²²⁴	tsɔ³⁵	tsɔ⁵¹	tsʰu³⁵
61 江山	tʰuə²⁴¹	dɐɯ²¹³	dɐɯ³¹ 调殊	nɐɯ²²	lɐɯ²²	tɕiɐɯ²⁴¹	tsuə⁵¹~头 tɕiɔʔ⁵②	tsʰuə²⁴¹
62 常山	tʰuə⁵²~饭 tʰɔ⁵²检~	dɤ³⁴¹	dɤ³⁴¹味~ dɔ¹³¹~路	nɔ²⁴动~ nɔ⁵²猪~	lɤ²⁴~成 lɔ¹³¹~师	tɕiɤ⁵²	tsuə³²⁴~公 tsɤ³²⁴倒~ tsɤʔ⁵~底	tsʰɤ³²⁴~帽
63 开化	tʰuo⁵³~饭 tʰɔ⁵³~论	dəɯ²³¹	dəɯ²¹³白 dɔ²¹³白	nəɯ²¹³	ləɯ²¹³白 lɔ⁵³白	tɕiəɯ⁵³	tɕiəɯ⁴¹²③ tsəɯ⁴¹²倒~	tsʰuo⁵³白 tsʰəɯ⁵³文
64 丽水	tʰə⁵⁴⁴	də²²	də²²	nə⁵⁴⁴	lə⁵⁴⁴	tsə⁵⁴⁴	tsə⁵²	tsʰə⁵⁴⁴
65 青田	tʰæi⁴⁵⁴	dœ²¹	dœ³⁴³	nœ⁴⁵⁴	lœ⁴⁵⁴	tsœ⁴⁵⁴	tsœ³³	tsʰo⁴⁵⁴
66 云和	tʰɑɔ⁴¹	dɑɔ³¹²	dɑɔ²³¹	nɑɔ⁴¹	lɑɔ⁴¹	tsɑɔ⁴¹	tsɑɔ⁴⁵	tsʰɑɔ⁴¹
67 松阳	tʰuə²¹²	dʌ³¹	dʌ²²调殊	nʌ²²	lʌ²²	tsʌ²¹²	tsʌ²⁴	tsʰʌ²¹²
68 宣平	tʰɔ⁴⁴⁵	dɔ⁴³³	dɔ²²³	nɔ²²³	lɔ²²³	tsɔ⁴⁴⁵	tsɔ⁵²	tsʰɔ⁴⁴⁵
69 遂昌	tʰuə⁵³³~饭 tʰɐɯ⁵³³~论	dɐɯ²²¹	dɐɯ²¹³	nɐɯ¹³	lɐɯ¹³	tsɐɯ⁵³³	tsɐɯ³³⁴	tsʰɐɯ⁵³³

① ～爿壳：脑袋

② ～木=底：厨房

③ ～穿老佛：灶君

续表

方言点	0281 讨 效开一 上豪透	0282 桃 效开一 平豪定	0283 道 效开一 上豪定	0284 脑 效开一 上豪泥	0285 老 效开一 上豪来	0286 早 效开一 上豪精	0287 灶 效开一 去豪精	0288 草 效开一 上豪清
70 龙泉	$t^h\gamma\mathrm{u}^{51}$白 $t^h\alpha\Lambda^{51}$文	$d\alpha\Lambda^{21}$	$t\alpha\Lambda^{51}$~家 $d\alpha\Lambda^{224}$知~	$n\alpha\Lambda^{51}$	$l\alpha\Lambda^{51}$	$tsa\Lambda^{51}$	$tsa\Lambda^{45}$	$ts^h\alpha\Lambda^{51}$
71 景宁	$t^h\alpha u^{33}$	$d\alpha u^{41}$	$d\alpha u^{33}$	$n\alpha u^{33}$	$l\alpha u^{33}$	$tsau^{33}$	$tsau^{35}$	$ts^h\alpha u^{33}$
72 庆元	$t^h\gamma^{33}$	$t\mathrm{p}^{52}$	$t\mathrm{p}^{221}$	$n\mathrm{p}^{221}$	$l\mathrm{p}^{221}$	$ts\mathrm{p}^{33}$	$ts\mathrm{p}^{11}$	$ts^h\mathrm{p}^{33}$
73 泰顺	$t^h\varnothing^{55}$~饭 $t^h\alpha\mathrm{o}^{55}$~论	$t\alpha\mathrm{o}^{53}$	$t\alpha\mathrm{o}^{21}$	$n\alpha\mathrm{o}^{55}$	$l\alpha\mathrm{o}^{55}$	$tsa\mathrm{o}^{55}$	$tsa\mathrm{o}^{35}$	$ts^h\alpha\mathrm{o}^{55}$
74 温州	t^h3^{25}	$d3^{31}$	$d3^{14}$	$n3^{14}$	$l3^{14}$	$ts3^{25}$	$ts3^{51}$	ts^h3^{25}
75 永嘉	$t^h\partial^{53}$调殊	$d\partial^{31}$	$d\partial^{13}$	$n\partial^{13}$	$l\partial^{13}$	$ts\partial^{45}$	$ts\partial^{53}$	$ts^h\partial^{45}$
76 乐清	$t^h\gamma^{35}$	$d\gamma^{31}$	$d\gamma^{24}$	$n\gamma^{24}$	$l\gamma^{24}$	$t\varepsilon i\gamma^{35}$	$t\varepsilon i\gamma^{41}$	$t\varphi^h i\gamma^{35}$
77 瑞安	$t^h\varepsilon^{53}$调殊	$d\varepsilon^{31}$	$d\varepsilon^{13}$	$n\varepsilon^{13}$	$l\varepsilon^{13}$	$ts\varepsilon^{35}$	$ts\varepsilon^{53}$	$ts^h\varepsilon^{35}$
78 平阳	$t^h\varepsilon^{45}$	$d\varepsilon^{242}$	$d\varepsilon^{23}$	$n\varepsilon^{45}$	$l\varepsilon^{45}$	$t\int\varepsilon^{45}$	$t\int\varepsilon^{53}$	$t\int^h\varepsilon^{45}$
79 文成	$t^h\alpha u^{45}$	$d\varepsilon^{113}$	$d\varepsilon^{224}$	$n\varepsilon^{224}$	$l\varepsilon^{224}$	$t\int\varepsilon^{45}$	$t\int\varepsilon^{33}$	$t\int^h\varepsilon^{45}$
80 苍南	$t^h\varepsilon^{53}$	$d\varepsilon^{31}$	$d\varepsilon^{24}$	$n\varepsilon^{53}$	$l\varepsilon^{53}$	$ts\varepsilon^{53}$	$ts\varepsilon^{42}$	$ts^h\varepsilon^{53}$
81 建德徽	$t^h\mathrm{o}^{213}$	$t\mathrm{o}^{33}$	$t\mathrm{o}^{213}$	$n\mathrm{o}^{213}$	$l\mathrm{o}^{213}$	$ts\mathrm{o}^{213}$	$ts\mathrm{o}^{33}$	$ts^h\mathrm{o}^{213}$
82 寿昌徽	$t^h\gamma^{24}$	$t^h\gamma^{52}$	$t^h\gamma^{33}$	$n\gamma^{534}$	$l\gamma^{534}$	$ts\gamma^{24}$	$ts\gamma^{33}$	$ts^h\gamma^{24}$
83 淳安徽	$t^h\gamma^{55}$	$t^h\gamma^{435}$	$t^h\gamma^{55}$	$l\gamma^{55}$	$l\gamma^{55}$	$ts\gamma^{55}$	$ts\gamma^{24}$	$ts^h\gamma^{55}$
84 遂安徽	$t^h\mathrm{o}^{213}$	$t^h\mathrm{o}^{33}$	$t^h\mathrm{o}^{43}$	$l\mathrm{o}^{213}$	$l\mathrm{o}^{213}$	$ts\mathrm{o}^{213}$	$ts\mathrm{o}^{43}$	$ts^h\mathrm{o}^{213}$
85 苍南闽	$t^h\mathrm{o}^{43}$	$t^h\mathrm{o}^{24}$	$t\mathrm{o}^{32}$	nau^{43}	lau^{32}	tsa^{43}	$tsau^{21}$	ts^hau^{43}
86 泰顺闽	$t^h\mathrm{ou}^{344}$	$t^h\mathrm{ou}^{22}$	$t\mathrm{ou}^{31}$	nau^{344}	lau^{31}	tsa^{344}	$tsau^{53}$	ts^hau^{344}
87 洞头闽	$t^h\mathrm{o}^{53}$	$t^h\mathrm{o}^{113}$	$t\mathrm{o}^{21}$	$\widetilde{nau}^{53}$	lau^{21}	tsa^{53}	$tsau^{21}$	ts^hau^{53}
88 景宁畲	t^hau^{325}	$t^h\mathrm{o}^{325}$小	tau^{51}	nau^{325}	lau^{325}	$tsau^{325}$	$tsau^{44}$	ts^hau^{325}

方言点	0289 糙 效开一 去豪清	0290 造 效开一 上豪从	0291 嫂 效开一 上豪心	0292 高 效开一 平豪见	0293 靠 效开一 去豪溪	0294 熬 效开一 平豪疑	0295 好～坏 效开一 上豪晓	0296 号 名 效开一 去豪匣
01 杭州	tshɔ³³⁴	dzɔ¹³	sɔ⁵³	kɔ³³⁴	khɔ⁴⁵	ŋɔ²¹³	xɔ⁵³	ɔ¹³
02 嘉兴	tshɔ⁴²	zɔ¹¹³	sɔ⁵⁴⁴	kɔ⁴²	khɔ²²⁴	ɔ¹¹³	hɔ⁵⁴⁴	ɔ¹¹³
03 嘉善	tshɔ⁵³	zɔ¹¹³	sɔ⁴⁴	kɔ⁵³	khɔ³³⁴	ŋɔ¹³²	xɔ⁴⁴	ɔ¹¹³
04 平湖	tshɔ⁵³	zɔ²¹³	sɔ⁴⁴	kɔ⁵³	khɔ²¹³	ŋɔ³¹	hɔ⁴⁴	ɔ²¹³
05 海盐	tshɔ⁵³	zɔ⁴²³	sɔ⁴²³	kɔ⁵³	khɔ³³⁴	ɔ³¹	xɔ⁴²³	ɔ²¹³
06 海宁	tshɔ⁵⁵	zɔ²³¹	sɔ⁵³	kɔ⁵⁵	khɔ³⁵	ɔ¹³	hɔ⁵³	ɔ¹³
07 桐乡	tshɔ⁴⁴	zɔ²⁴²	sɔ⁵³	kɔ⁴⁴	khɔ³³⁴	ɔ¹³	hɔ⁵³	ɔ²¹³
08 崇德	tshɔ⁴⁴	zɔ²⁴²	sɔ⁵³	kɔ⁴⁴	khɔ³³⁴	ɔ¹³	hɔ⁵³	ɔ¹³
09 湖州	tshɔ⁴⁴	zɔ²³¹	sɔ⁵²³	kɔ⁴⁴	khɔ³⁵	ŋɔ¹¹²	xɔ⁵²³	ɔ³⁵
10 德清	tshɔ⁴⁴	zɔ¹⁴³	sɔ⁵²	kɔ⁴⁴	khɔ³³⁴	ŋɔ¹¹³	xɔ⁵²	ɔ³³⁴
11 武康	tshɔ⁴⁴	zɔ¹¹³调殊	sɔ⁵³	kɔ⁴⁴	khɔ²²⁴	ŋɔ¹¹³	xɔ⁵³	ɔ¹¹³
12 安吉	tshɔ³²⁴	zɔ²⁴³	sɔ⁵²	kɔ⁵⁵	khɔ³²⁴	ŋɔ²²	hɔ⁵²	ɔ²¹³
13 孝丰	tshɔ³²⁴	zɔ²⁴³	sɔ⁵²	kɔ⁴⁴	khɔ³²⁴	ŋɔ²²	hɔ⁵²	ɔ²¹³
14 长兴	tshɔ³²⁴	zɔ²⁴³	sɔ⁵²	kɔ⁴⁴	khɔ³²⁴	ŋɔ¹²	hɔ⁵²	ɔ³²⁴
15 余杭	tshɔ⁴²³	zɔ²⁴³	sɔ⁵³	kɔ⁴⁴	khɔ⁴²³	ŋɔ²²	xɔ⁵³	ɔ²¹³
16 临安	tshɔ⁵⁵	dzɔ³³	sɔ⁵⁵	kɔ⁵⁵	khɔ⁵⁵	ŋɔ³³	hɔ⁵⁵	ɔ³³
17 昌化	tshɔ⁵⁴⁴	zɔ²⁴³	sɔ⁴⁵³	kɔ³³⁴	khɔ⁵⁴⁴	ŋɔ¹¹²	xɔ⁴⁵³	ɔ²⁴³
18 於潜	tshɔ³⁵	zɔ²⁴	sɔ⁵¹	kɔ⁴³³	khɔ³⁵	ŋɔ²²³	xɔ⁵¹	ɔ²⁴
19 萧山	tshɔ⁴²	zɔ¹³	sɔ³³	kɔ⁵³³	khɔ⁴²	ŋɔ³⁵⁵	xɔ³³	ɔ²⁴²
20 富阳	tshɔ⁵³	zɔ²²⁴	sɔ⁴²³	kɔ⁵³	khɔ³³⁵	ŋɔ¹³	hɔ⁴²³	ɔ²²⁴
21 新登	tshɔ⁴⁵	zɔ¹³	sɔ³³⁴	kɔ⁵³	khɔ⁴⁵	ɔ²³³	hɔ³³⁴	ɔ¹³
22 桐庐	tshɔ³⁵	zɔ²⁴	sɔ³³	kɔ⁵³³	khɔ³⁵	ŋɔ¹³	xɔ³³	ɔ²⁴
23 分水	tshɔ²⁴	zɔ¹³	sɔ⁵³	kɔ⁴⁴	khɔ²⁴	ŋɔ²²	ɔ⁵³	ɔ¹³
24 绍兴	tshɔ³³	zɔ²²³	sɔ³³⁴	kɔ³³	khɔ³³	ŋɔ²³¹	hɔ³³⁴	ɔ²²
25 上虞	tshɔ⁵³	zɔ²¹³	sɔ³⁵	kɔ³⁵	khɔ⁵³	ŋɔ²¹³	hɔ³⁵	ɔ³¹

续表

方言点	0289 糙 效开一 去豪清	0290 造 效开一 上豪从	0291 嫂 效开一 上豪心	0292 高 效开一 平豪见	0293 靠 效开一 去豪溪	0294 熬 效开一 平豪疑	0295 好 ~坏 效开一 上豪晓	0296 号 名 效开一 去豪匣
26 嵊州	tsʰɔ³³⁴	zɔ²²	sɔ⁵³	kɔ⁵³⁴	kʰɔ³³⁴	ŋɔ²¹³	hɔ⁵³	ɔ²⁴
27 新昌	tsʰɔ³³⁵	zɔ²³²	sɔ⁴⁵³	kɔ⁵³⁴	kʰɔ³³⁵	ŋɔ²²	hɔ⁴⁵³	ɔ¹³
28 诸暨	tsʰɔ⁵⁴⁴	zɔ²⁴²	sɔ⁴²	kɔ⁵⁴⁴	kʰɔ⁵⁴⁴	ŋɔ¹³	hɔ⁴²	ɔ³³
29 慈溪	tsʰɔ⁴⁴	zɔ¹³	sɔ³⁵	kɔ³⁵	kʰɔ⁴⁴	ŋɔ¹³	hɔ³⁵	ɔ¹³
30 余姚	tsʰɔ⁵³	zɔ¹³	sɔ³⁴	kɔ⁴⁴	kʰɔ⁵³	ŋɔ¹³	hɔ³⁴	ɔ¹³
31 宁波	tsʰɔ⁴⁴	zɔ¹³制~ dzɔ¹³~反	sɔ³⁵	kɔ⁵³	kʰɔ⁴⁴	ŋɔ¹³	hɔ³⁵	ɔ¹³
32 镇海	tsʰɔ⁵³	zɔ²⁴制~	sɔ³⁵	kɔ⁵³	kʰɔ⁵³	ŋɔ²⁴	hɔ³⁵	ɔ²⁴
33 奉化	tsʰʌ⁵³	zʌ³²⁴	sʌ⁵⁴⁵	kʌ⁴⁴	kʰʌ⁵³	ŋʌ³³	hʌ⁵⁴⁵	ʌ³¹
34 宁海	tsʰau³⁵	zau³¹	sau⁵³	kau⁴²³	kʰau³⁵	ŋau²¹³	hau⁵³	au²⁴
35 象山	tsʰɔ⁵³	zɔ³¹	sɔ⁴⁴	kɔ⁴⁴	kʰɔ⁵³	ŋɔ³¹	hɔ⁴⁴	ɔ¹³
36 普陀	tsʰɔ⁵⁵	zɔ²³	sɔ⁴⁵	kɔ⁵³	kʰɔ⁵⁵	ŋɔ²⁴	xɔ⁴⁵	ɔ¹³
37 定海	tsʰɔ⁴⁴	zɔ²³	sɔ⁴⁵	kɔ⁵²	kʰɔ⁴⁴	ŋɔ²³	xɔ⁴⁵	ɔ¹³
38 岱山	tsˡɔ⁴⁴	zɔ⁷⁴⁴	sɔ³²⁵	kɔ⁵²	kʰɔ⁴⁴	ŋɔ²³	xɔ³²⁵	ɔ²¹³
39 嵊泗	tsʰɔ⁵³	zɔ³³⁴	sɔ⁴⁴⁵	kɔ⁵³	kʰɔ⁵³	ŋɔ²⁴³	xɔ⁴⁴⁵	ɔ²¹³
40 临海	tsʰɔ⁵⁵	zɔ²¹	sɔ⁵²	kɔ³¹	kʰɔ⁵⁵	ŋɔ²¹	hɔ⁵²	ɔ³²⁴
41 椒江	tsʰɔ⁵⁵	zɔ³¹	sɔ⁴²	kɔ¹³	kʰɔ⁵⁵	ŋɔ³¹	hɔ⁴²	ɔ²⁴
42 黄岩	tsʰɔ⁵⁵	zɔ¹²¹	sɔ⁴²	kɔ³²	kʰɔ⁵⁵	ŋɔ¹²¹	hɔ⁴²	ɔ²⁴
43 温岭	tsʰɔ⁵⁵	zɔ³¹	sɔ⁴²	kɔ³³	kʰɔ⁵⁵	ŋɔ³¹	hɔ⁴²	ɔ¹³
44 仙居	tsʰɐɯ⁵⁵	zɐɯ²¹³	sɐɯ³²⁴	kɐɯ³³⁴	kʰɐɯ⁵⁵	ŋɐɯ²¹³	hɐɯ³²⁴	ɐɯ²⁴
45 天台	tsʰau⁵⁵	zau²¹⁴	sau³¹小	kau³³	kʰau⁵⁵	ŋau²²⁴	hau³²⁵	au³⁵
46 三门	tsʰɑu⁵⁵	zɑu²¹³	sɑu⁵²	kɑu³³⁴	kʰɑu⁵⁵	ŋɑu¹¹³	hɑu³²⁵	ɑu²⁴³
47 玉环	tsʰɔ⁵⁵	zɔ⁴¹	sɔ⁵³	kɔ⁴²	kʰɔ⁵⁵	ŋɔ³¹	hɔ⁵³	ɔ²²
48 金华	tsʰɑo⁵⁵	sɑo⁵³⁵白 dzɑo¹⁴文	sɑo⁵³⁵	kɑo³³⁴	kʰɑo⁵⁵	ŋɑo³¹³	xɑo⁵³⁵	ɑo¹⁴

续表

方言点	0289 糙 效开一 去豪清	0290 造 效开一 上豪从	0291 嫂 效开一 上豪心	0292 高 效开一 平豪见	0293 靠 效开一 去豪溪	0294 熬 效开一 平豪疑	0295 好 ～坏 效开一 上豪晓	0296 号 名 效开一 去豪匣
49 汤溪	$tsʰɔ^{52}$	$zɔ^{113}$	$sɔ^{535}$	$kɔ^{24}$	$kʰɔ^{52}$	$ɔ^{11}$	$xɔ^{535}$	$ɔ^{341}$
50 兰溪	$tsʰɔ^{45}$	$sɔ^{55}$	$sɔ^{55}$	$kɔ^{334}$	$kʰɔ^{45}$	$ɔ^{21}$	$xɔ^{55}$	$ɔ^{24}$
51 浦江	$tsʰo^{55}$	zo^{243}	so^{55}	ko^{534}	$kʰo^{55}$	$ŋo^{113}$	xo^{53}	o^{24}
52 义乌	$tsʰo^{45}$	zo^{312}	so^{423}	ko^{335}	$kʰo^{45}$	o^{213}	ho^{423}	o^{24}
53 东阳	$zɐɯ^{231}$	$mɐɯ^{24}$	$sɐɯm^{453}$小	$mɐɯ^{334}$	$kʰɐɯ^{453}$	$ŋɐɯ^{213}$	$hɐɯ^{44}$	$ɐɯ^{24}$
54 永康	$tsʰɑu^{52}$	$zɑu^{113}$	$sɑu^{334}$	$kɑu^{55}$	$kʰɑu^{52}$	$ŋɑu^{22}$	$xɑu^{334}$	$ɑu^{241}$
55 武义	$tsʰɑu^{53}$	$zɤ^{13}$	$sɤ^{445}$	$kɤ^{24}$	$kʰɤ^{53}$	$ŋɤ^{324}$	$xɤ^{445}$	$ɤ^{231}$
56 磐安	$tsʰo^{52}$	so^{334}	so^{334}	ko^{445}	$kʰo^{52}$	$ŋo^{213}$	xo^{334}	o^{14}
57 缙云	$tsʰɔ^{453}$	$ziɤ^{31}$	$ɕiɤ^{51}$	$kɤ^{44}$	$kʰɤ^{453}$	$ɔ^{243}$	$xɔɤ^{51}$	$ɤ^{213}$
58 衢州	$tsʰɔ^{53}$	$zɔ^{231}$	$sɔ^{35}$	$kɔ^{32}$	$kʰɔ^{53}$	$ŋɔ^{21}$	$xɔ^{35}$	$ɔ^{231}$
59 衢江	$tsʰɔ^{33}$	$zɔ^{212}$	$sɔ^{25}$	$kɔ^{33}$	$kʰɔ^{53}$	$ŋɔ^{212}$	$xɔ^{25}$	$ɔ^{231}$
60 龙游	$tsʰɔ^{51}$	$dzɔ^{224}$	$sɔ^{35}$	$kɔ^{334}$	$kʰɔ^{51}$	$ŋɔ^{21}$	$xɔ^{35}$	$ɔ^{231}$
61 江山	$tsʰɐɯ^{51}$	$dzɐɯ^{31}$	sue^{241}	$kɐɯ^{44}$	$kʰɐɯ^{51}$	$ŋɐɯ^{213}$	$xɐɯ^{241}$	$ɐɯ^{31}$
62 常山	$tsʰɤ^{44}$	$dzɤ^{24}$	sue^{52}	$kɤ^{44}$	$kʰɤ^{324}$	$ŋɤ^{341}$	$xɤ^{52}$白 $xɔ^{52}$文	$ɤ^{131}$
63 开化	$tsʰəɯ^{412}$	$dzəɯ^{213}$	suo^{53}	$kəɯ^{44}$	$kʰəɯ^{412}$	$ŋəɯ^{231}$	$xəɯ^{53}$	$əɯ^{213}$
64 丽水	$tsʰə^{52}$	$zə^{22}$	$sə^{544}$	$kə^{224}$	$kʰə^{52}$	$ŋə^{22}$	$xə^{544}$	$ə^{131}$
65 青田	$tsʰœ^{33}$	$zœ^{343}$	$sœ^{454}$	$kœ^{445}$	$kʰœ^{33}$	$ŋœ^{21}$	$xœ^{454}$	$œ^{22}$
66 云和	$tsʰɑɔ^{45}$	$zɑɔ^{231}$	$sɑɔ^{41}$	$kəɯ^{24}$	$kʰəɯ^{45}$	$ŋəɯ^{312}$难～ $ŋɑɔ^{312}$～油	$xəɯ^{41}$	$əɯ^{223}$
67 松阳	$tsʰʌ^{24}$	$zʌ^{22}$	$sʌ^{212}$	$kʌ^{53}$	$kʰʌ^{24}$	$ŋɔ^{31}$	xei^{212}	$ʌ^{13}$
68 宣平	$tsʰɔ^{52}$	$zɔ^{223}$	$sɔ^{445}$	$kɯ^{324}$	$kʰɯ^{52}$	$ŋɔ^{433}$	$xəɯ^{445}$	$ɔ^{231}$
69 遂昌	$tsʰɐɯ^{334}$	$zɐɯ^{13}$	$sɐɯ^{533}$	$kɐɯ^{45}$	$kʰɐɯ^{334}$	$ŋɐɯ^{221}$	$xɐɯ^{533}$	$ɐɯ^{213}$
70 龙泉	$tsʰɑʌ^{45}$	$zɑʌ^{224}$	$sɑʌ^{51}$	ku^{434}白 $kɑʌ^{434}$文	$kʰɑʌ^{45}$	$ŋɑʌ^{21}$	$xɑʌ^{51}$	$ɑʌ^{224}$
71 景宁	$tsʰau^{35}$	zau^{33}	sau^{45}小	$kəɯ^{324}$	$kʰəɯ^{35}$	$ŋau^{41}$	$xəɯ^{33}$	$əɯ^{113}$

方言点	0289 糙	0290 造	0291 嫂	0292 高	0293 靠	0294 熬	0295 好 ～坏	0296 号 名
	效开一 去豪清	效开一 上豪从	效开一 上豪心	效开一 平豪见	效开一 去豪溪	效开一 平豪疑	效开一 上豪晓	效开一 去豪匣
72 庆元	tsʰɒ¹¹	sɒ²²¹	sɒ³³	kɐɯ³³⁵	kʰɒ¹¹	ŋɒ⁵²	xɐɯ³³	xɒ³¹
73 泰顺	tsʰɑɔ³⁵	sɑɔ²¹	sɑɔ⁵⁵	kəu²¹³	kʰəu³⁵	ŋɑɔ⁵³	xəu⁵⁵	əu²²
74 温州	tsʰɜ⁵¹	zɜ¹⁴	sɜ²⁵	kɜ³³	kʰɜ⁵¹	ŋɜ³¹	hɜ²⁵	ɜ²²
75 永嘉	tsʰə⁴⁴	zə¹³	sə⁴⁵	kə⁴⁴	kʰə⁵³	ŋə³¹	hə⁴⁵	ə²²
76 乐清	tɕʰiɤ⁴¹	zɤ²⁴	sɤ³⁵	kɤ⁴⁴	kʰɤ⁴¹	ŋɤ³¹	hɤ³⁵	ɤ²²
77 瑞安	tsʰɛ⁴⁴	zɛ¹³	sɛ³⁵	kɛ⁴⁴	kʰɛ⁵³	ŋɛ³¹	hɛ³⁵	ɛ²²
78 平阳	tʃʰɛ⁵³	zɛ²³	sɛ⁴⁵	kɛ⁵⁵	kʰɛ⁵³	ŋɛ²⁴²	xɛ⁴⁵	ɛ³³
79 文成	tʃʰɛ³³	zɛ²²⁴	sɛ⁴⁵	kɛ⁵⁵	kʰɛ³³	ŋɛ¹¹³	xɛ⁴⁵	ɛ⁴²⁴
80 苍南	tsʰɛ⁴⁴	zɛ²⁴	sɛ⁵³	kɛ⁴⁴	kʰɛ⁴²	ŋɛ³¹	hɛ⁵³	ɛ¹¹
81 建德_徽	tsʰɔ³³	sɔ²¹³白 tsɔ²¹³文	sɔ²¹³	kɔ⁵³	kʰɔ³³	ŋɔ³³	hɔ²¹³	hɔ⁵⁵
82 寿昌_徽	tsʰɤ³³	sɤ⁵³⁴	sɤ²⁴	kɤ¹¹²	kʰɤ³³	ŋɤ⁵²	xɤ²⁴	xɤ³³
83 淳安_徽	tsʰɤ⁵³	tsʰɤ⁵³	sɤ⁵⁵	kɤ²⁴	kʰɤ²⁴凭借 kʰɤ⁵³靠拢	ɤ⁴³⁵	hɤ⁵⁵	hɤ⁵³
84 遂安_徽	tsʰɔ⁴³	tsʰɔ⁴³	sɔ²¹³	kɔ⁵³⁴	kʰɔ⁴³	ɔ³³	xɔ²¹³	xɔ⁵²
85 苍南_闽	tsʰau⁵⁵	tso³²	so¹³	ko⁵⁵	kʰʊ²¹	ŋʊ̃²⁴	ho⁴³	ho²¹
86 泰顺_闽	tsʰau⁵³	tsau³¹	sou³⁴⁴	kɛ²¹³	kʰou⁵³	ŋeu²²	xou³⁴⁴	xou³¹
87 洞头_闽	tso³³	tso²¹	so⁵³	ko³³	kʰo²¹	au¹¹³文	ho⁵³	ho²¹
88 景宁_畲	tsʰau⁴⁴	sau⁵¹	sau⁵⁵小	kau⁴⁴	kʰiəu⁵¹韵殊	au²²	xau³²⁵	xo⁵¹韵殊

方言点	0297 包	0298 饱	0299 炮	0300 猫	0301 闹	0302 罩	0303 抓 用手~牌	0304 找 ~零钱
	效开二平肴帮	效开二上肴帮	效开二去肴澄	效开二平肴明	效开二去肴泥	效开二去肴知	效开二平肴庄	效开二上肴庄
01 杭州	pɔ³³⁴	pɔ⁵³	pʰɔ⁴⁵	mɔ³³⁴ 调殊	nɔ¹³	tsɔ⁴⁵	tsua³³⁴	tsɔ⁵³
02 嘉兴	pɔ⁴²	pɔ⁵⁴⁴	pʰɔ²²⁴	mɔ²⁴²	nɔ¹¹³	tsɔ²²⁴	tsʌ⁴²	tsɔ⁵⁴⁴
03 嘉善	pɔ⁵³	pɔ⁴⁴	pʰɔ³³⁴	mɔ⁵³	nɔ¹¹³	tsɔ³³⁴	tso⁵³	tsɔ⁴⁴
04 平湖	pɔ⁵³	pɔ⁴⁴	pʰɔ²¹³	mɔ³¹	nɔ²¹³	tsɔ³³⁴	tso⁵³	tsɔ⁴⁴
05 海盐	pɔ⁵³	pɔ⁴²³	pʰɔ³³⁴	mɔ³¹	nɔ²¹³	tsɔ³³⁴	tsɑ⁵³	tsɔ⁴²³
06 海宁	pɔ⁵⁵	pɔ⁵³	pʰɔ³⁵	mɔ¹³	nɔ¹³	tsɔ³⁵	tsa⁵⁵	tsɔ⁵³
07 桐乡	pɔ⁴⁴	pɔ⁵³	pʰɔ³³⁴	mɔ¹³	nɔ²¹³	tsɔ³³⁴	tso⁴⁴	tsɔ⁵³
08 崇德	pɔ⁴⁴	pɔ⁵³	pʰɔ³³⁴	mɔ¹³	nɔ¹³	tsɔ³³⁴	tso⁴⁴	tsɔ⁵³
09 湖州	pɔ⁴⁴	pɔ⁵²³	pʰɔ³⁵	mɔ⁴⁴ 调殊	nɔ³⁵	tsɔ³⁵	tsuo⁴⁴	tsɔ⁵²³
10 德清	pɔ⁴⁴	pɔ⁵²	pʰɔ³³⁴	mɔ⁴⁴	nɔ³³⁴	tsɔ³³⁴	tsuo⁴⁴	tsɔ⁵²
11 武康	pɔ⁴⁴	pɔ⁵³	pʰɔ²²⁴	mɔ⁴⁴	nɔ²²⁴	tsɔ²²⁴	tsa⁴⁴	tsɔ⁵³
12 安吉	pɔ⁵⁵	pɔ⁵²	pʰɔ³²⁴	mɔ⁵⁵	nɔ²¹³	tsɔ³²⁴	tsʊ⁵⁵	tsɔ⁵²
13 孝丰	pɔ⁴⁴	pɔ⁵²	pʰɔ³²⁴	mɔ⁴⁴	nɔ³²⁴	tsɔ³²⁴	tsʊ⁴⁴	tsɔ⁵²
14 长兴	pɔ⁴⁴	pɔ⁵²	pʰɔ³²⁴	mɔ⁴⁴	nɔ³²⁴	tsɔ³²⁴	tsu⁴⁴	tsɔ⁵²
15 余杭	pɔ⁴⁴	pɔ⁵³	pʰɔ⁴²³	mɔ⁴⁴	nɔ²¹³	tsɔ⁴²³	tsa⁴⁴	tsɔ⁵³
16 临安	pɔ⁵⁵	pɔ⁵⁵	pʰɔ⁵⁵	mɔ⁵⁵	nɔ³³	tsɔ⁵⁵	tsua⁵⁵	tsɔ⁵⁵
17 昌化	pɔ³³⁴	pɔ⁴⁵³	pʰɔ⁵⁴⁴	mɔ³³⁴	nɔ²⁴³	tsɔ⁵⁴⁴	kʰu⁵⁴⁴	tsɔ⁴⁵³
18 於潜	pɔ⁴³³	pɔ⁵¹	pʰɔ³⁵	mɔ⁴³³	nɔ²⁴	tsɔ³⁵	tsua⁴³³	tsɔ⁵¹
19 萧山	pɔ⁵³³	pɔ³³	pʰɔ⁴²	mɔ⁵³³	nɔ²⁴²	tsɔ⁴²	（无）	tsɔ³³
20 富阳	pɔ⁵³	pɔ⁴²³	pʰɔ³³⁵	mɔ⁵³	nɔ³³⁵	tsɔ³³⁵	tɕyo⁵³	tsɔ⁴²³
21 新登	pɔ⁵³	pɔ³³⁴	pʰɔ⁴⁵	mɔ⁵³	nɔ¹³	tsɔ⁴⁵	tɕya⁵³	tsɔ³³⁴
22 桐庐	pɔ⁵³³	pɔ³³	pʰɔ³⁵	mɔ⁵³³	nɔ²⁴	tsɔ³⁵	（无）	tsɔ³³
23 分水	pɔ⁴⁴	pɔ⁵³	pʰɔ²⁴	mɔ²²	nɔ¹³	tsɔ²⁴	tsua⁴⁴	tsɔ⁵³
24 绍兴	pɔ⁵³	pɔ³³⁴	pʰɔ³³	mɔ²³¹	nɔ²²	tsɔ³³	（无）	tsɔ³³⁴
25 上虞	pɔ³⁵	pɔ³⁵	pʰɔ⁵³	mɔ²¹³	nɔ³¹	tsɔ⁵³	tsɔ³⁵	tsɔ³⁵

续表

方言点	0297 包	0298 饱	0299 炮	0300 猫	0301 闹	0302 罩	0303 抓 用手~牌	0304 找 ~零钱
	效开二平肴帮	效开二上肴帮	效开二去肴滂	效开二平肴明	效开二去肴泥	效开二去肴知	效开二平肴庄	效开二上肴庄
26 嵊州	pɔ^{534}	pɔ^{53}	pʰɔ^{334}	mɔ^{213}	nɔ^{24}	tsɔ^{334}	tsa^{534}	dzɔ^{22}声殊 tsɔ^{53}又
27 新昌	pɔ^{534}	pɔ^{453}	pʰɔ^{335}	mɔ^{22}	nɔ^{13}	tsɔ^{335}	tsa^{534}	tsɔ^{453}
28 诸暨	pɔ^{544}	pɔ^{42}	pʰɔ^{544}	mɔ^{13}	nɔ^{33}	tsɔ^{544}	tsɔ^{544}	tsɔ^{42}
29 慈溪	pɔ^{35}	pɔ^{35}	pʰɔ^{44}	mɔ^{13}	nɔ^{13}	tsɔ^{44}	（无）	tsɔ^{35}
30 余姚	pɔ^{44}	pɔ^{34}	pʰɔ^{53}	mɔ^{13}	nɔ^{13}	tsɔ^{53}	（无）	tsɔ^{34}
31 宁波	pɔ^{53}	pɔ^{35}	pʰɔ^{44}	mɔ^{13}	nɔ^{13}	tsɔ^{44}	tsɔ^{53}	tsɔ^{35}
32 镇海	pɔ^{53}	pɔ^{35}	pʰɔ^{53}	mɔ^{24}	nɔ^{24}	tsɔ^{53}	tsɔ^{35}	tsɔ^{35}
33 奉化	pʌ^{44}	pʌ^{545}	pʰʌ^{53}	mɛ^{324}小	nʌ^{31}	tsʌ^{53}	tsɔ^{44}	tsʌ^{545}
34 宁海	pau^{423}	pau^{53}	pʰau^{35}	mau^{213}	nau^{24}	tsau^{35}	tsau^{423}	tsau^{53}
35 象山	pɔ^{44}	pɔ^{44}	pʰɔ^{53}	mɔ^{44}	nɔ^{13}	tsɔ^{53}	tsɔ^{44}读字	tsɔ^{44}
36 普陀	pɔ^{53}	pɔ^{45}	pʰɔ^{55}	mɔ^{55}地名	nɔ^{13}	tsɔ^{55}	tsa^{53}	tsɔ^{45}
37 定海	pɔ^{52}	pɔ^{45}	pʰɔ^{44}	mɛ^{13}小 mɔ^{23}地名	nɔ^{13}	tsɔ^{44}	tsɔ^{52}	tsɔ^{45}
38 岱山	pɔ^{52}	pɔ^{325}	pʰɔ^{44}	mɛ^{13}小 mɔ^{23}地名	nɔ^{213}	tsɔ^{44}	tsa^{52}	tsɔ^{325}
39 嵊泗	pɔ^{53}	pɔ^{445}	pʰɔ^{53}	mɛ^{213}小 mɔ^{243}地名	nɔ^{213}	tsɔ^{53}	tsɔ^{53}	tsɔ^{445}
40 临海	pɔ^{31}	pɔ^{52}	pʰɔ^{55}	mɔ^{21}	nɔ^{324}	tsɔ^{55}	（无）	tsɔ^{52}
41 椒江	pɔ^{42}	pɔ^{42}	pʰɔ^{55}	mɔ^{35}小	nɔ^{24}	tsɔ^{55}	tsa^{42}	tsɔ^{42}
42 黄岩	pɔ^{32}	pɔ^{42}	pʰɔ^{55}	mɔ^{35}小	lɔ^{24}	tsɔ^{55}	tsa^{32}	tsɔ^{42}
43 温岭	pɔ^{33}	pɔ^{42}	pʰɔ^{55}	mɔ^{15}小	nɔ^{13}	tsɔ^{55}	（无）	tsɔ^{42}
44 仙居	ɓɐɯ^{334}	ɓɐɯ^{324}	pʰɐɯ^{55}	mɐɯ^{53}小	nɐɯ^{24}	tsɐɯ^{55}	tɕya^{334}	tsɐɯ^{324}
45 天台	pau^{33}	pau^{325}	pʰau^{55}	mau^{51}小	nau^{35}~热	tsau^{55}	（无）	tsau^{325}
46 三门	pau^{334}	pɑu^{325}	pʰɑu^{55}	mɑu^{52}	nɑu^{243}	tsɑu^{55}	kʰo^{334}	tsɑu^{325}
47 玉环	pɔ^{42}	pɔ^{53}	pʰɔ^{55}	mɔ^{35}小	nɔ^{22}	tsɔ^{55}	（无）	tsɕ^{53}

方言点	0297 包	0298 饱	0299 炮	0300 猫	0301 闹	0302 罩	0303 抓 用手~牌	0304 找 ~零钱
	效开二 平肴帮	效开二 上肴帮	效开二 去肴滂	效开二 平肴明	效开二 去肴泥	效开二 去肴知	效开二 平肴庄	效开二 上肴庄
48 金华	pɑo³³⁴	pɑo⁵³⁵	pʰɑo⁵⁵	mao³¹³	nao¹⁴	tsao⁵⁵	tɕya³³⁴	tsao⁵³⁵
49 汤溪	pɔ²⁴	pɔ⁵³⁵	pʰɔ⁵²	mɔ¹¹	nɔ³⁴¹	tsɔ⁵²	tɕya²⁴	tsɔ⁵³⁵
50 兰溪	pɔ³³⁴	pɔ⁵⁵	pʰɔ⁴⁵	mɔ³³⁴	nɔ²⁴	tsɔ⁴⁵	tsuɑ³³⁴	tsɔ⁵⁵
51 浦江	po⁵³⁴	po⁵³⁴	pʰo⁵⁵	mo¹¹³	lo²⁴	tso⁵⁵	tɕya⁵³⁴	tɕyo⁵³
52 义乌	puɣ³³⁵	puɣ⁴²³	pʰuɣ⁴⁵	muɣn²¹³ 小	nŋʷ²⁴ 白 nau²⁴ 文	tso⁴⁵	tɕyɛ³³⁵	tso⁴²³
53 东阳	pɐɯ³³⁴	pɐɯ⁴⁴	pʰɐɯ⁴⁵³	mɐɯn²¹³ 小	nɐɯ²⁴	tsɐɯ⁴⁵³	tsa³³⁴	tsɐɯ⁴⁴
54 永康	ɓɑu⁵⁵	ɓɑu³³⁴	pʰɑu⁵²	mau²⁴¹ 小	nau²⁴¹	tsau⁵²	tsuɑ⁵⁵	tsau³³⁴
55 武义	pau²⁴	pau⁴⁴⁵	pʰau⁵³	maŋ²⁴ 小	nau²³¹	tsau⁵³	tsuɑ²⁴	tsau⁴⁴⁵
56 磐安	po⁴⁴⁵	po³³⁴	pʰo⁵²	mo⁴⁴⁵	no¹⁴	tso⁵²	tsua⁴⁴⁵ 又 tɕya⁴⁴⁵ 又	tso³³⁴
57 缙云	pɔ⁴⁴	pɔ⁵¹	pʰɔ⁴⁵³	mɔ⁴⁴	nɔ²¹³	tsɔ⁴⁵³	tɕya⁴⁴	tsɔ⁵¹
58 衢州	pɔ³²	pɔ³⁵	pʰɔ⁵³	mɔ²¹	nɔ²³¹	tsɔ⁵³	tsa³²	tsɔ³⁵
59 衢江	pɔ³³	pɔ²⁵	pʰɔ⁵³	mɔ²⁵ 调殊	nɔ²³¹	tsɔ⁵³	tsuo³³	tsɔ²⁵
60 龙游	pɔ³³⁴	pɔ³⁵	pʰɔ⁵¹	mɔ³⁵ 调殊	nɔ²³¹	tsɔ⁵¹	tsuɑ³³⁴	tsɔ³⁵
61 江山	pɐɯ⁴⁴	piə²⁴¹ 韵殊	pʰɐɯ⁵¹	mɐɯ²¹³	nɐɯ³¹	tsɐɯ⁵¹	tsɒ⁴⁴ 韵殊	tsɐɯ²⁴¹
62 常山	pɔ⁴⁴	pɔ⁵²	pʰɔ³²⁴	mɔ³⁴¹	nɣ¹³¹ ~事 nɔ¹³¹ 热~	tsɔ³²⁴	tsɑ⁴⁴	tsɔ⁵²
63 开化	pɘɯ⁴⁴	pɘɯ⁵³	pʰɘɯ⁴¹²	mɘɯ²³¹	nɘɯ²¹³	tsɘɯ⁴¹²	tsa⁴⁴	tsɘɯ⁵³
64 丽水	pə²²⁴	pə⁵⁴⁴	pʰə⁵²	muoʔ⁵ 音殊	nə¹³¹	tsə⁵²	tsuo²²⁴	tsə⁵⁴⁴
65 青田	ɓo⁴⁴⁵	ɓo⁴⁵⁴	pʰo³³	mo⁵⁵ 小	no²²	tso³³	tsa⁴⁴⁵	tso⁴⁵⁴
66 云和	pɑo²⁴	pɑo⁴¹	pʰɑo⁴⁵	mɑo⁴⁵ 调殊	nɑo²²³	tsɑo⁴⁵	tso²⁴ 韵殊	tsɑo⁴¹
67 松阳	pɔ⁵³	pɔ²¹²	pʰɔ²⁴	mɔ⁵³ 调殊	nɔ¹³	tsɔ²⁴	tsɔ⁵³	tsɔ²¹²
68 宣平	pɔ³²⁴	pɔ⁴⁴⁵	pʰɔ⁵²	mɔ³²⁴	nɔ²³¹	tsɔ⁵²	tsa³²⁴ 韵殊	tsɔ⁴⁴⁵

续表

方言点	0297 包	0298 饱	0299 炮	0300 猫	0301 闹	0302 罩	0303 抓 用手~牌	0304 找 ~零钱
	效开二平肴帮	效开二上肴帮	效开二去肴滂	效开二平肴明	效开二去肴泥	效开二去肴知	效开二平肴庄	效开二上肴庄
69 遂昌	pɐɯ⁴⁵	pu⁵³³又 pɐɯ⁵³³又	pʰɐɯ³³⁴	miɐɯ²²¹~儿 mɐɯ²²¹大~	nɐɯ²¹³	tsɐɯ³³⁴	tsɒ⁴⁵	tsɐɯ⁵³³
70 龙泉	pɑʌ⁴³⁴	pɑʌ⁵¹	pʰɑʌ⁴⁵	mɑʌ⁴⁵调殊	nɑʌ²²⁴	tsɑʌ⁴⁵	tso⁴³⁴	tsɑʌ⁵¹
71 景宁	pɑu³²⁴	pɑu³³	pʰɑu³⁵	mɑu⁴⁵小	nɑu¹¹³	tsɑu³⁵	(无)	tsɑu³³
72 庆元	ɓɒ³³⁵	ɓɒ³³	pʰɒ¹¹	mɒ⁵²大~	nɒ³¹	tsɒ¹¹	tso³³⁵	tsɒ³³
73 泰顺	pɑɔ²¹³	pɑɔ⁵⁵	pʰɑɔ³⁵	mɑɔ³³小	nɑɔ²²	tsɑɔ³⁵	tsɔ²¹³	tsɑɔ⁵⁵
74 温州	puɔ³³	puɔ²⁵	pʰuɔ⁵¹	muɔ³³小	nuɔ²²	tsuɔ⁵¹	tsuɔ³³	tsuɔ²⁵
75 永嘉	puɔ⁴⁴	puɔ⁴⁵	pʰuɔ⁵³	muɔ⁴⁴	nɔ²²	tsɔ⁵³	tsɔ⁴⁴	tsɔ⁴⁵
76 乐清	pa⁴⁴	pa³⁵	pʰa⁴¹	mɔ⁴⁴小	na²²	tɕia⁴¹	tɕia⁴⁴	tɕia³⁵
77 瑞安	pɔ⁴⁴	pɔ³⁵	pʰɔ⁵³	mɔ⁴⁴	nɔ²²	tsɔ⁵³	tsɔ⁴⁴	tsɔ³⁵
78 平阳	pɔ⁵⁵	pɔ⁴⁵	pʰɔ⁵³	mɔ⁵⁵	nɔ³³	tʃɔ⁵³	tʃɔ⁵⁵	tʃɔ⁴⁵
79 文成	po⁵⁵	po⁴⁵	pʰo³³	mo⁵⁵	no⁴²⁴	tʃo³³	tʃo⁵⁵	tʃo⁴⁵
80 苍南	pa⁴⁴	pa⁵³	pʰa⁴²	ma⁴⁴	na¹¹	tsa⁴²	tsa⁴⁴	tsa⁵³
81 建德徽	pɔ⁵³	pɔ²¹³	pʰɔ³³	mɔ⁵³	nɔ⁵⁵	tsɔ³³	tɕyɑ⁵³	tsɔ²¹³
82 寿昌徽	pəɯ¹¹²	pəɯ²⁴	pʰəɯ³³	mɔŋ⁵⁵小	nɤ³³	tsɤ³³	tɕyɑ¹¹²	tsɤ²⁴
83 淳安徽	pɤ²⁴	pɤ⁵⁵	pʰɤ²⁴	mɤ²⁴	lɤ⁵³	tsɤ²⁴	tso²⁴	tsɤ⁵⁵
84 遂安徽	po⁵³⁴	po²¹³	pʰo⁴³	mo³³	lɔ⁵²	tsɔ⁴³	tsɑ⁵³⁴	tsɔ²¹³
85 苍南闽	pau⁵⁵	pa⁴³	pʰa²¹	ŋiãũ⁵⁵	nau²¹	tau²¹	(无)	(无)
86 泰顺闽	pau²¹³	pa³⁴⁴	pʰau⁵³	ma²²	nau³¹	tsau⁵³	nia²¹³	tsau³⁴⁴
87 洞头闽	pau³³	pa⁵³	pʰau²¹	ñĩãũ³³	nãũ²¹	ta²¹白 tsau²¹文	(无)	tsau⁵³
88 景宁畲	pau⁴⁴	pau³²⁵	pʰau⁴⁴	ñiau⁴⁴调殊	nau⁵¹	tsau⁴⁴	tsɔ⁴⁴	tsau³²⁵

方言点	0305 抄	0306 交	0307 敲	0308 孝	0309 校 学~	0310 表 手~	0311 票	0312 庙
	效开二平肴初	效开二平肴见	效开二平肴溪	效开二去肴晓	效开二去肴匣	效开三上宵帮	效开三去宵滂	效开三去宵明
01 杭州	tsʰɔ³³⁴	kɔ³³⁴白 tɕiɔ³³⁴文	kʰɔ³³⁴白 tɕʰiɔ³³⁴文	ɕiɔ⁴⁵	iɔ¹³	piɔ⁵³	pʰiɔ⁴⁵	miɔ¹³
02 嘉兴	tsʰɔ⁴²	kɔ⁴²	kʰɔ⁴²	ɕiɔ²²⁴	iɔ¹¹³	piɔ⁵⁴⁴	pʰiɔ²²⁴	miɔ¹¹³
03 嘉善	tsʰɔ⁵³	kɔ⁵³白 tɕiɔ⁵³文	kʰɔ⁵³白 tɕʰiɔ⁵³文	xɔ⁴⁴白 ɕiɔ³³⁴文	iɔ¹¹³	piɔ⁵³调殊	pʰiɔ³³⁴	miɔ¹¹³
04 平湖	tsʰɔ⁵³	kɔ⁵³白 tɕiɔ⁵³文	kʰɔ⁵³	hɔ³³⁴白 ɕiɔ³³⁴文	iɔ²¹³	piɔ⁴⁴	pʰiɔ²¹³	miɔ²¹³
05 海盐	tsʰɔ⁵³	kɔ⁵³白 tɕiɔ⁵³文	kʰɔ⁵³	xɔ³³⁴白 ɕiɔ³³⁴文	iɔ²¹³	piɔ⁵³	pʰiɔ³³⁴	miɔ²¹³
06 海宁	tsʰɔ⁵⁵	kɔ⁵⁵白 tɕiɔ³⁵文	kʰɔ⁵⁵	hɔ³⁵白 ɕiɔ³⁵文	iɔ¹³	piɔ⁵³	pʰiɔ³⁵	miɔ¹³
07 桐乡	tsʰɔ⁴⁴	kɔ⁴⁴	kʰɔ⁴⁴	hɔ³³⁴白 ɕiɔ³³⁴文	iɔ²¹³	piɔ⁵³	pʰiɔ³³⁴	miɔ²¹³
08 崇德	tsʰɔ⁴⁴	kɔ⁴⁴	kʰɔ⁴⁴	hɔ³³⁴白 ɕiɔ³³⁴文	iɔ¹³	piɔ⁵³	pʰiɔ³³⁴	miɔ¹³
09 湖州	tsʰɔ⁴⁴	kɔ⁴⁴白 tɕiɔ⁴⁴文	kʰɔ⁴⁴	ɕiɔ³⁵	iɔ³⁵	piɔ⁵²³	pʰiɔ³⁵	miɔ³⁵
10 德清	tsʰɔ⁴⁴	kɔ⁴⁴白 tɕiɔ⁴⁴文	kʰɔ⁴⁴	ɕiɔ³³⁴	iɔ³³⁴	piɔ⁵²	pʰiɔ³³⁴	miɔ³³⁴
11 武康	tsʰɔ⁴⁴	kɔ⁴⁴白 tɕiɔ⁴⁴文	kʰɔ⁴⁴	ɕiɔ²²⁴	iɔ²²⁴	piɔ⁵³	pʰiɔ²²⁴	miɔ²²⁴
12 安吉	tsʰɔ⁵⁵	kɔ⁵⁵	kʰɔ⁵⁵	ɕiɔ³²⁴	iɔ²¹³	piɔ⁵²	pʰiɔ³²⁴	miɔ²¹³
13 孝丰	tsʰɔ⁴⁴	tɔ⁴⁴白 tɕiɔ⁴⁴文	kʰɔ⁴⁴	ɕiɔ³²⁴	iɔ²¹³	piɔ⁵²	pʰiɔ³²⁴	miɔ³²⁴
14 长兴	tsʰɔ⁴⁴	kɔ⁴⁴	kʰɔ⁴⁴	ʃiɔ³²⁴	iɔ³²⁴	piɔ⁵²	pʰiɔ³²⁴	miɔ³²⁴
15 余杭	tsʰɔ⁴⁴	kɔ⁴⁴白 tɕiɔ⁴⁴文	kʰɔ⁴⁴	ɕiɔ⁴²³	iɔ²¹³	piɔ⁵³	pʰiɔ⁴²³	miɔ²¹³
16 临安	tsʰɔ⁵⁵	tɕiɔ⁵⁵	kʰɔ⁵⁵	ɕiɔ⁵⁵	iɔ³³	piɔ⁵⁵	pʰiɔ⁵⁵	miɔ³³
17 昌化	tsʰɔ³³⁴	tɕiɔ³³⁴	kʰɔ³³⁴	ɕiɔ⁵⁴⁴	iɔ²⁴³	piɔ⁴⁵³	pʰiɔ⁵⁴⁴	miɔ²⁴³
18 於潜	tsʰɔ⁴³³	tɕiɔ⁴³³	kʰɔ⁴³³	ɕiɔ³⁵	iɔ²⁴	piɔ⁵¹	pʰiɔ³⁵	miɔ²⁴
19 萧山	tsʰɔ⁵³³	tɕiɔ⁵³³	kʰɔ⁵³³	ɕiɔ⁴²	iɔ²⁴²	piɔ³³	pʰiɔ⁴²	miɔ²⁴²

续表

方言点	0305 抄	0306 交	0307 敲	0308 孝	0309 校 学~	0310 表 手~	0311 票	0312 庙
	效开二平肴初	效开二平肴见	效开二平肴溪	效开二去肴晓	效开二去肴匣	效开三上宵帮	效开三去宵滂	效开三去宵明
20 富阳	tsʰɔ⁵³	tɕiɔ⁵³	kʰɔ⁵³	ɕiɔ³³⁵	iɔ²²⁴	piɔ⁴²³	pʰiɔ³³⁵	miɔ³³⁵
21 新登	tsʰɔ⁵³	tɕiɔ⁵³	kʰɔ⁵³	ɕiɔ⁴⁵	iɔ¹³	piɔ³³⁴	pʰiɔ⁴⁵	miɔ¹³
22 桐庐	tsʰɔ⁵³³	tɕiɔ⁵³³	kʰɔ⁵³³	ɕiɔ³⁵	iɔ²⁴	piɔ³³	pʰiɔ³⁵	miɔ²⁴
23 分水	tsʰɔ⁴⁴	tɕiɔ⁴⁴	tɕʰiɔ⁴⁴	ɕiɔ²⁴	ziɔ¹³	piɔ⁵³	pʰiɔ²⁴	miɔ¹³
24 绍兴	tsʰɔ⁵³	kɔ⁵³白 tɕiɔ⁵³文	kʰɔ⁵³白 tɕʰiɔ⁵³文	ɕiɔ³³	iɔ²²	piɔ³³⁴	pʰiɔ³³	miɔ²²
25 上虞	tsʰɔ³⁵	kɔ³⁵白 tɕiɔ³⁵文	kʰɔ³⁵	hɔ⁵³白 ɕiɔ⁵³文	iɔ³¹	piɔ³⁵	pʰiɔ⁵³	miɔ³¹
26 嵊州	tsʰɔ⁵³⁴	kɔ⁵³⁴白 tɕiɔ⁵³⁴文	kʰɔ⁵³⁴	ɕiɔ³³⁴	iɔ²⁴	piɔ⁵³	pʰiɔ³³⁴	miɔ²⁴
27 新昌	tsʰɔ⁵³⁴	kɔ⁵³⁴白 tɕiɔ⁵³⁴文	kʰɔ⁵³⁴	hɔ³³⁵白 ɕiɔ³³⁵文	iɔ¹³	piɔ⁴⁵³	pʰiɔ³³⁵	miɔ¹³
28 诸暨	tsʰɔ⁵⁴⁴	tɕiɔ⁵⁴⁴	kʰɔ⁵⁴⁴	ɕiɔ⁵⁴⁴	iɔ³³	piɔ⁴²	pʰiɔ⁵⁴⁴	miɔ³³
29 慈溪	tsʰɔ³⁵	kɔ³⁵白 tɕiɔ³⁵文	kʰɔ³⁵白 tɕiɔ³⁵文	hɔ⁴⁴白 ɕiɔ⁴⁴文	iɔ¹³	piɔ³⁵	pʰiɔ⁴⁴	miɔ¹³
30 余姚	tsʰɔ⁴⁴	kɔ⁴⁴白 tɕiɔ⁴⁴文	kʰɔ⁴⁴	hɔ⁵³白 ɕiɔ⁵³文	iɔ¹³	piɔ³⁴	pʰiɔ⁵³	miɔ¹³
31 宁波	tsʰɔ⁵³	gɔ¹³老 kɔ⁵³~代 tɕiɔ⁵³公~	kʰɔ⁵³	hɔ⁴⁴白 ɕiɔ⁴⁴文	iɔ¹³	piɔ³⁵	pʰiɔ⁴⁴	miɔ¹³
32 镇海	tsʰɔ⁵³	kɔ⁵³白 tɕiɔ⁵³文	kʰɔ⁵³	ɕiɔ⁵³~顺	iɔ²⁴	piɔ³⁵	pʰiɔ⁵³	miɔ²⁴
33 奉化	tsʰʌ⁴⁴	kʌ⁴⁴白 tɕiɔ⁴⁴文	kʰʌ⁴⁴	hʌ⁵³白 ɕiɔ⁵³文	iɔ³¹	piɔ⁵⁴⁵	pʰiɔ⁵³	miɔ³¹
34 宁海	tsʰau⁴²³	kau⁴²³白 tɕieu⁴²³文	kʰau⁴²³	hau³⁵	ieu²⁴	pieu⁵³	pʰieu³⁵	mieu²⁴
35 象山	tsʰɔ⁵³调殊	kɔ⁴⁴白 tɕiɔ⁴⁴文	kʰɔ⁴⁴	hɔ⁵³白 ɕiɔ⁵³文	iɔ¹³	piɔ⁴⁴	pʰiɔ⁵³	miɔ¹³
36 普陀	tsʰɔ⁵³	kɔ⁵³白 tɕiɔ⁵³文	kʰɔ⁵³	ɕiɔ⁵⁵	iɔ¹³	piɔ⁴⁵	pʰiɔ⁵⁵	miɔ¹³
37 定海	tsʰɔ⁵²	kɔ⁵²白 tɕiɔ⁵²文	kʰɔ⁵²	xɔ⁴⁴白 ɕiɔ⁴⁴文	iɔ¹³	piɔ⁴⁵	pʰiɔ⁴⁴	miɔ¹³

方言点	0305 抄	0306 交	0307 敲	0308 孝	0309 校 学~	0310 表 手~	0311 票	0312 庙
	效开二 平肴初	效开二 平肴见	效开二 平肴溪	效开二 去肴晓	效开二 去肴匣	效开三 上宵帮	效开三 去宵滂	效开三 去宵明
38 岱山	tsʰɔ⁴⁴调殊	kɔ⁵²白 tɕio⁵²文	kʰɔ⁵²	xɔ⁴⁴白 ɕio⁴⁴文	io²¹³	pio³²⁵	pʰio⁴⁴	mio²¹³
39 嵊泗	tsʰɔ⁵³	kɔ⁵³白 tɕio⁵³文	kʰɔ⁵³	ɕio⁵³	io²¹³	pio⁴⁴⁵	pʰio⁵³	mio²¹³
40 临海	tɕʰiə³¹	kɔ³¹	kʰɔ³¹	hɔ⁵⁵	ɔ³²⁴	piə⁵²	pʰiə⁵⁵	miə³²⁴
41 椒江	tsʰɔ⁴²	kɔ⁴²	kʰɔ⁴²	hɔ⁵⁵	ɔ²⁴	piɔ⁴²	pʰiɔ⁵⁵	miɔ²⁴
42 黄岩	tsʰɔ³²	kɔ³²	kʰɔ³²	hɔ⁵⁵	ɔ²⁴	piɔ⁴²	pʰiɔ⁵⁵	miɔ²⁴
43 温岭	tsʰɔ³³	kɔ³³	kʰɔ³³	hɔ⁵⁵	ɔ¹³	piɔ⁴²	pʰiɔ⁵⁵	miɔ¹³
44 仙居	tsʰɐɯ³³⁴	kɐɯ³³⁴	kʰɐɯ³³⁴	hɐɯ⁵⁵	ɐɯ²⁴	ɓiaɨ³²⁴	pʰiɐɯ⁵⁵	miɐɯ²⁴
45 天台	tɕʰieu³³	kau³³	kʰau³³	hau⁵⁵	au³⁵	pieu³²⁵	pʰieu⁵⁵	mieu³⁵
46 三门	tsʰau³³⁴	kau³³⁴	kʰau³³⁴	hau⁵⁵	au²⁴³	piau³²⁵	pʰiau⁵⁵	miau²⁴³
47 玉环	tsʰɔ⁴²	kɔ⁴²	kʰɔ⁴²	hɔ⁵⁵	ɔ²²	piɔ⁵³	pʰiɔ⁵⁵	miɔ²²
48 金华	tsʰɑo³³⁴	kɑo³³⁴	kʰɑo³³⁴	xɑo⁵⁵白 ɕiɑo⁵⁵文	iɑo¹⁴	piɑo⁵³⁵	pʰiɑo⁵⁵	miɑo¹⁴
49 汤溪	tsʰɔ²⁴	kɔ²⁴白 tɕiɔ²⁴文	kʰɔ²⁴	xɔ⁵²白 ɕiɔ⁵²文	ia¹¹³	pie⁵³⁵	pʰie⁵²	（无）
50 兰溪	tsʰɔ³³⁴	kɔ³³⁴	kʰɔ³³⁴	xɔ⁴⁵	ʑiɔ²⁴	piɔ⁵⁵	pʰiɔ⁴⁵	miɔ²⁴
51 浦江	tɕʰyo⁵³⁴	ko⁵³⁴	kʰo⁵³⁴	xo⁵⁵白 ɕyo⁵⁵文	ia²⁴	pia⁵³	pʰi⁵⁵	mia²⁴
52 义乌	tsʰo³³⁵	ko³³⁵白 tɕiau³³⁵文	kʰo³³⁵	ho⁴⁵	iau²⁴	pie⁴²³	pʰie⁴⁵	miau²⁴
53 东阳	tsʰɯɐ³³⁴	kɯɐ³³⁴	kʰɯɐ³³⁴	hɯɐ⁴⁵³	iɐɯ²⁴	pio⁴⁴	pʰio⁴⁵³	mio²⁴
54 永康	tsʰau⁵⁵	kau⁵⁵	kʰau⁵⁵	xau⁵²	au²⁴¹	ɓiaɯ³³⁴	pʰiau⁵²	miau²⁴¹
55 武义	tsʰau²⁴	kau²⁴	kʰau²⁴	xau⁵³	au²³¹	pie⁴⁴⁵	pʰie⁵³	miau²³¹
56 磐安	tsʰo⁴⁴⁵	ko⁴⁴⁵白 tɕio⁴⁴⁵文	kʰo⁴⁴⁵	xo⁵²	io¹⁴	pio³³⁴	pʰio⁵²	mio¹⁴
57 缙云	tsʰɔ⁴⁴	kɔ⁴⁴	kʰɔ⁴⁴	xɔ⁴⁵³	ɔ²¹³	pəɤ⁵¹	pʰəɤ⁴⁵³	məɤ²¹³

续表

方言点	0305 抄	0306 交	0307 敲	0308 孝	0309 校 学~	0310 表 手~	0311 票	0312 庙
	效开二平肴初	效开二平肴见	效开二平肴溪	效开二去肴晓	效开二去肴匣	效开三上宵帮	效开三去宵滂	效开三去宵明
58 衢州	$ts^hɔ^{32}$	$kɔ^{32}$白 $tɕiɔ^{32}$文	$k^hɔ^{32}$	$xɔ^{53}$白 $ɕiɔ^{53}$文	$ziɔ^{231}$	$piɔ^{35}$	$p^hiɔ^{35}$ 调殊	$miɔ^{231}$
59 衢江	$ts^hɔ^{33}$	$kɔ^{33}$白 $tɕiɔ^{33}$文	$k^hɔ^{33}$	$ɕiɔ^{53}$	$ziɔ^{231}$	$piɔ^{25}$	$p^hiɔ^{25}$ 调殊	$miɔ^{231}$
60 龙游	$ts^hɔ^{334}$	$kɔ^{334}$	$k^hɔ^{334}$	$xɔ^{51}$白 $ɕiɔ^{51}$文	$ziɔ^{231}$	$piɔ^{35}$	$p^hiɔ^{35}$ 调殊	$miɔ^{231}$
61 江山	$ts^hɐɯ^{44}$	$kɐɯ^{44}$白 $kiɐɯ^{44}$文	$k^hɐɯ^{44}$白 $k^hiɐɯ^{44}$文	$xɐɯ^{51}$白 $xiɐɯ^{51}$文	$iɐɯ^{31}$	$piɐɯ^{241}$	$p^hiɐɯ^{241}$ 调殊	$miɐɯ^{31}$
62 常山	$ts^hɔ^{44}$	$kɔ^{44}$白 $tɕiɔ^{44}$文	$tɕ^hiɔ^{44}$	$xɔ^{324}$	$iɔ^{131}$	$piɣ^{52}$	$p^hiɣ^{52}$ 调殊	$miɣ^{131}$
63 开化	$ts^həɯ^{44}$	$kəɯ^{44}$白 $tɕiɔ^{44}$文	$tɕ^hiəɯ^{44}$	$xəɯ^{412}$白 $ɕiəɯ^{412}$文	$ziəɯ^{213}$	$piəɯ^{53}$	$p^hiəɯ^{53}$ 调殊	$miəɯ^{213}$
64 丽水	$ts^hə^{224}$	$kə^{224}$	$k^hə^{224}$	$xə^{52}$	$ə^{131}$	$piə^{544}$	$p^hiə^{52}$	$miə^{131}$
65 青田	ts^ho^{445}	ko^{445}	k^ho^{445}	xo^{33}	o^{22}	$ɕioœ^{454}$	$p^hioœ^{33}$	$mioœ^{22}$
66 云和	$ts^hɑɔ^{24}$	$kɑɔ^{24}$	$k^hɑɔ^{24}$	$xɑɔ^{45}$	$ɑɔ^{223}$	$piɑɔ^{41}$	$p^hiɑɔ^{45}$	$miɑɔ^{223}$
67 松阳	$ts^hɔ^{53}$	$kɔ^{53}$	$k^hɔ^{53}$	$xɔ^{24}$	$ɔ^{13}$	$piɔ^{212}$	$p^hiɔ^{24}$	$miɔ^{13}$
68 宣平	$ts^hɔ^{324}$	$kɔ^{324}$	$k^hɔ^{324}$	$xɔ^{52}$	$ɔ^{231}$	$piɔ^{445}$	$p^hiɔ^{52}$	$miɔ^{231}$
69 遂昌	$ts^hɐɯ^{45}$	$kɐɯ^{45}$	$k^hɐɯ^{45}$	$xɐɯ^{334}$	$ɐɯ^{213}$~长	$piɐɯ^{533}$	$p^hiɐɯ^{334}$	$miɐɯ^{213}$
70 龙泉	$ts^hɑʌ^{434}$	$kɑʌ^{434}$	$k^hɑʌ^{434}$白 $tɕ^hiɑʌ^{434}$文	$xɑʌ^{45}$	$ɑʌ^{224}$	$piɑʌ^{51}$	$p^hiɑʌ^{45}$	$miɑʌ^{224}$
71 景宁	$ts^hɑu^{324}$	$kɑu^{324}$	$k^hɑu^{324}$	$xɑu^{35}$	$ɑu^{113}$	$piɑu^{33}$	$p^hiɑu^{35}$	$miɑu^{113}$
72 庆元	$ts^hɒ^{335}$	$kɒ^{335}$	$k^hɒ^{11}$	$xɒ^{11}$	$xɒ^{31}$~长	$ɕiɒ^{33}$	$p^hiɒ^{11}$	$miɒ^{31}$
73 泰顺	$ts^hɑɔ^{213}$	$kɑɔ^{213}$	$k^hɑɔ^{213}$	$xɑɔ^{35}$	$ɑɔ^{22}$	$piɑɔ^{55}$	$p^hiɑɔ^{35}$	$miɑɔ^{22}$
74 温州	$ts^huɔ^{33}$	$kuɔ^{33}$	$k^huɔ^{33}$	$huɔ^{51}$	$uɔ^{22}$	$piɛ^{25}$	$p^hiɛ^{51}$	$miɛ^{22}$
75 永嘉	$ts^hɔ^{44}$	$kɔ^{44}$	$k^hɔ^{44}$	$hɔ^{53}$	$ɔ^{22}$	$pyə^{45}$	$p^hyə^{53}$	$myə^{22}$
76 乐清	$tɕ^hia^{44}$	ka^{44}	k^ha^{44}	ha^{41}	a^{22}	$pɣ^{35}$	$p^hɣ^{41}$	$mɣ^{22}$
77 瑞安	$ts^hɔ^{44}$	$kɔ^{44}$	$k^hɔ^{44}$	$hɔ^{53}$	$ɔ^{22}$	pi^{35}	p^hi^{53}	mi^{22}
78 平阳	$tʃ^hɔ^{55}$	$kɔ^{55}$	$k^hɔ^{55}$	$xɔ^{53}$	$ɔ^{33}$	pie^{45}	p^hie^{53}	mie^{33}

续表

方言点	0305 抄	0306 交	0307 敲	0308 孝	0309 校 学~	0310 表 手~	0311 票	0312 庙
	效开二 平肴初	效开二 平肴见	效开二 平肴溪	效开二 去肴晓	效开二 去肴匣	效开三 上宵帮	效开三 去宵滂	效开三 去宵明
79 文成	tʃʰo⁵⁵	ko⁵⁵	kʰo⁵⁵	xo³³	o⁴²⁴	pie⁴⁵	pʰie³³	mie⁴²⁴
80 苍南	tsʰa⁴⁴	ka⁴⁴	kʰa⁴⁴	ha⁴²	a¹¹	pyɛ⁵³	pʰyɛ⁴²	myɛ¹¹
81 建德徽	tsʰɔ⁵³	kɔ⁵³	kʰɔ⁵³	ɕiɔ³³	ɕiɔ²¹³	piɔ²¹³	pʰiɔ³³	miɔ⁵⁵
82 寿昌徽	tsʰɤ¹¹²	kɤ¹¹²白 tɕiɑ¹¹²文	kʰɤ¹¹²	xɤ³³	ɕiɑ²⁴文	piɤ²⁴	pʰiɤ³³	miɤ³³
83 淳安徽	tsʰɤ²⁴~写 tsʰɤ⁵⁵~家	tɕiɤ²⁴	kʰɤ²⁴	hɤ²⁴白 ɕiɤ²⁴文	ɕiɤ⁵³	piɤ⁵⁵	pʰiɤ²⁴	miɤ⁵³
84 遂安徽	tsʰɔ⁵³⁴	kɔ⁵³⁴白 tɕiɔ⁵³⁴文	kʰɔ⁵³⁴	ɕiɔ⁴³	ɕiɔ⁵²	piɔ²¹³	pʰiɔ⁴³	miɔ⁵²
85 苍南闽	tɕʰiau⁵⁵	kau⁵⁵	kʰa²¹调殊	hau²¹	hau²¹	pio⁴³	pʰio²¹	bio²¹
86 泰顺闽	tsʰau²¹³	kau²¹³	kʰau²¹³	xau⁵³	xau³¹	piɐu²²	pʰiɐu⁵³	miɐu³¹
87 洞头闽	tsʰau³³	kau³³	kʰa²¹	hau²¹	hau²¹	pieu⁵³	pʰieu²¹	bieu²¹
88 景宁畲	tsʰau⁴⁴	kau⁴⁴	kʰɔ⁴⁴	xau⁴⁴	(无)	piəu³²⁵	pʰiəu⁴⁴	miəu⁵¹

方言点	0313 焦	0314 小	0315 笑	0316 朝~代	0317 照	0318 烧	0319 绕~线	0320 桥
	效开三平宵精	效开三上宵心	效开三去宵心	效开三平宵澄	效开三去宵章	效开三平宵书	效开三去宵日	效开三平宵群
01 杭州	tɕiɔ³³⁴	ɕiɔ⁵³	ɕiɔ⁴⁵	dzɔ²¹³	tsɔ⁴⁵	sɔ³³⁴	ȵiɔ¹³	dʑiɔ²¹³
02 嘉兴	tɕiɔ⁴²	ɕiɔ⁵⁴⁴	ɕiɔ²²⁴	zɔ²⁴²	tsɔ²²⁴	sɔ⁴²	ȵiɔ¹¹³	dʑiɔ²⁴²
03 嘉善	tɕiɔ⁵³	ɕiɔ⁴⁴	ɕiɔ³³⁴	zɔ¹³²	tsɔ³³⁴	sɔ⁵³	ȵiɔ¹¹³	dʑiɔ¹³²
04 平湖	tsiɔ⁵³	siɔ⁴⁴	siɔ³³⁴	zɔ³¹	tsɔ³³⁴	sɔ⁵³	ȵiɔ²¹³	dʑiɔ³¹
05 海盐	tɕiɔ⁵³	ɕiɔ⁴²³	ɕiɔ³³⁴	zɔ³¹	tsɔ³³⁴	sɔ⁵³	ȵiɔ⁴²³	dʑiɔ³¹
06 海宁	tɕiɔ⁵⁵	ɕiɔ⁵³	ɕiɔ³⁵	zɔ¹³	tsɔ³⁵	sɔ⁵⁵	ȵiɔ¹³	dʑiɔ¹³
07 桐乡	tsiɔ⁴⁴	siɔ⁵³	siɔ³³⁴	zɔ¹³	tsɔ³³⁴	sɔ⁴⁴	ȵiɔ²¹³	dʑiɔ¹³
08 崇德	tɕiɔ⁴⁴	ɕiɔ⁵³	ɕiɔ³³⁴	zɔ¹³	tsɔ³³⁴	sɔ⁴⁴	ȵiɔ¹³	dʑiɔ¹³
09 湖州	tɕiɔ⁴⁴	ɕiɔ⁵²³	ɕiɔ³⁵	dzɔ¹¹²	tsɔ³⁵	sɔ⁴⁴	ȵiɔ³⁵	dʑiɔ¹¹²
10 德清	tɕiɔ⁴⁴	ɕiɔ⁵²	ɕiɔ³³⁴	zɔ¹¹³	tsɔ³³⁴	sɔ⁴⁴	ȵiɔ³³⁴	dʑiɔ¹¹³
11 武康	tɕiɔ⁴⁴	ɕiɔ⁵³	ɕiɔ²²⁴	dzɔ¹¹³	tsɔ²²⁴	sɔ⁴⁴	ȵiɔ²²⁴	dʑiɔ¹¹³
12 安吉	tɕiɔ⁵⁵	ɕiɔ⁵²	ɕiɔ³²⁴	dzɔ²²	tsɔ³²⁴	sɔ⁵⁵	ȵiɔ²¹³	dʑiɔ²²
13 孝丰	tɕiɔ⁴⁴	ɕiɔ⁵²	ɕiɔ³²⁴	dzɔ²²	tsɔ³²⁴	sɔ⁴⁴	ȵiɔ³²⁴	dʑiɔ²²
14 长兴	tʃiɔ⁴⁴	ʃiɔ⁵²	ʃiɔ³²⁴	dzɔ¹²	tsɔ³²⁴	sɔ⁴⁴	ȵiɔ³²⁴	dʒiɔ¹²
15 余杭	tsiɔ⁴⁴	siɔ⁵³	siɔ⁴²³	zɔ²²	tsɔ⁴²³	sɔ⁴⁴	ȵiɔ²¹³	dʑiɔ²²
16 临安	tɕiɔ⁵⁵	ɕiɔ⁵⁵	ɕiɔ⁵⁵	dzɔ³³	tsɔ⁵⁵	sɔ⁵⁵	ȵiɔ³³	dʑiɔ³³
17 昌化	tɕiɔ³³⁴	ɕiɔ⁴⁵³	ɕiɔ⁵⁴⁴	zɔ¹¹²	tsɔ⁵⁴⁴	sɔ³³⁴	ȵiɔ²⁴³	ʑiɔ¹¹²
18 於潜	tɕiɔ⁴³³	ɕiɔ⁵¹	ɕiɔ³⁵	dzɔ²²³	tsɔ³⁵	sɔ⁴³³	ȵiɔ²⁴	dʑiɔ²²³
19 萧山	tɕiɔ⁴²	ɕiɔ³³	ɕiɔ⁴²	dzɔ³⁵⁵	tsɔ⁴²	sɔ⁵³³	ȵiɔ²⁴²	dʑiɔ³⁵⁵
20 富阳	tɕiɔ⁵³	ɕiɔ⁴²³	ɕiɔ³³⁵	dzɔ¹³	tsɔ³³⁵	sɔ⁵³	ȵiɔ³³⁵	dʑiɔ¹³
21 新登	tɕiɔ⁵³	ɕiɔ³³⁴	ɕiɔ⁴⁵	dzɔ²³³	tsɔ⁴⁵	sɔ⁵³	ȵiɔ¹³	dʑiɔ²³³
22 桐庐	tɕiɔ⁵³³	ɕiɔ³³	ɕiɔ³⁵	dzɔ¹³	tsɔ³⁵	sɔ⁵³³	niɔ²⁴	dʑiɔ¹³
23 分水	tɕiɔ⁴⁴	ɕiɔ⁵³	ɕiɔ²⁴	dzɔ²²	tsɔ²⁴	sɔ⁴⁴	ȵiɔ¹³	dʑiɔ²²
24 绍兴	tɕiɔ⁵³	ɕiɔ³³⁴	ɕiɔ³³	dzɔ²³¹	tsɔ³³	sɔ⁵³	ȵiɔ²²	dʑiɔ²³¹
25 上虞	tɕiɔ³⁵	ɕiɔ³⁵	ɕiɔ⁵³	dzɔ²¹³	tsɔ⁵³	sɔ³⁵	ȵiɔ²¹³	dʑiɔ²¹³

续表

方言点	0313 焦	0314 小	0315 笑	0316 朝 ~代	0317 照	0318 烧	0319 绕 ~线	0320 桥
	效开三 平宵精	效开三 上宵心	效开三 去宵心	效开三 平宵澄	效开三 去宵章	效开三 平宵书	效开三 去宵日	效开三 平宵群
26 嵊州	tɕiɔ^{534}	ɕiɔ^{53}	ɕiɔ^{334}	dzɔ^{213}	tsɔ^{334}	sɔ^{534}	ȵiɔ^{24}	dziɔ^{213}
27 新昌	tɕiɔ^{534}	ɕiɔ^{453}	ɕiɔ^{335}	dzɔ^{22}	tsɔ^{335}	sɔ^{534}	ȵiɔ^{13}	dziɔ^{22}
28 诸暨	tɕiɔ^{544}	ɕiɔ^{42}	ɕiɔ^{544}	dzɔ^{13}	tsɔ^{544}	sɔ^{544}	niɔ^{242}	dziɔ^{13}
29 慈溪	tɕiɔ^{35}	ɕiɔ^{35}	ɕiɔ^{44}	dzɔ^{13}	tsɔ^{44}	sɔ^{35}	ȵiɔ^{13}	dziɔ^{13}
30 余姚	tɕiɔ^{44}	ɕiɔ^{34}	ɕiɔ^{53}	dzɔ^{13}	tsɔ^{53}	sɔ^{44}	ȵiɔ^{13}	dziɔ^{13}
31 宁波	tɕio^{53}	ɕio^{35}	ɕio^{44}	dzio^{13}	tɕio^{44}	ɕio^{53}	ȵio^{13}	dzio^{13}
32 镇海	tɕio^{53}	ɕio^{35}	ɕio^{53}	dzio^{24}	tɕio^{53}	ɕio^{53}	ȵio^{24}	dzio^{24}
33 奉化	tɕiɔ^{44}	ɕiɔ^{545}	ɕiɔ^{53}	dziɔ^{33}	tɕiɔ^{53}	ɕiɔ^{44}	ȵiɔ^{324}	dziɔ^{33}
34 宁海	tɕieu^{423}	ɕieu^{53}	ɕieu^{35}	dzieu^{213}	tɕieu^{35}	ɕieu^{423}	ȵieu^{24}	dzieu^{213}
35 象山	tɕio^{44}	ɕio^{44}	ɕio^{53}	dzio^{31}	tɕio^{53}	ɕio^{44}	ȵio^{31}	dzio^{31}
36 普陀	tɕiɔ^{53}	ɕiɔ^{45}	ɕiɔ^{55}	dziɔ^{24}	tɕiɔ^{55}	ɕiɔ^{53}	ȵiɔ^{13}	dziɔ^{24}
37 定海	tɕio^{52}	ɕio^{45}	ɕio^{44}	dzio^{23}	tɕio^{44}	ɕio^{52}	ȵio^{13}	dzio^{23}
38 岱山	tɕio^{52}	ɕio^{325}	ɕio^{44}	dzio^{23}	tɕio^{44}	ɕio^{52}	ȵio^{213}	dzio^{23}
39 嵊泗	tɕio^{53}	ɕio^{445}	ɕio^{53}	dzio^{243}	tsio^{53}	ɕio^{53}	ȵio^{213}	dzio^{243}
40 临海	tɕiə^{31}	ɕiə^{52}	ɕiə^{55}	dziə^{21}	tɕiə^{55}	ɕiə^{31}	ȵiə^{324}白 dziə^{324}文	dziə^{21}又 giə^{21}又
41 椒江	tɕiɔ^{42}	ɕiɔ^{42}	ɕiɔ^{55}	dziɔ^{31}	tɕiɔ^{55}	ɕiɔ^{42}	ȵiɔ^{24}白 dziɔ^{24}文	dziɔ^{31}
42 黄岩	tɕiɔ^{32}	ɕiɔ^{42}	ɕiɔ^{55}	dziɔ^{121}	tɕiɔ^{55}	ɕiɔ^{32}	niɔ^{24}	dziɔ^{121}
43 温岭	tɕiɔ^{33}	ɕiɔ^{42}	ɕiɔ^{55}	dziɔ^{31}	tɕiɔ^{55}	ɕiɔ^{33}	ȵiɔ^{13}	dziɔ^{31}
44 仙居	tɕiɐɯ^{334}	ɕiɐɯ^{324}	ɕiɐɯ^{55}	dziɐɯ^{213}	tɕiɐɯ^{55}	ɕiɐɯ^{334}	ȵiɐɯ^{24}	dziɐɯ^{213}
45 天台	tɕieu^{33}	ɕieu^{325}	ɕieu^{55}	dzieu^{224}	tɕieu^{55}	ɕieu^{33}	ȵieu^{35}~圈	gieu^{224}
46 三门	tɕiau^{334}	ɕiau^{325}	ɕiau^{55}	dziɑu^{113}	tɕiɑu^{55}	ɕiau^{334}	ȵiau^{243}	dziau^{113}
47 玉环	tɕiɔ^{42}	ɕiɔ^{53}	ɕiɔ^{55}	dziɔ^{31}	tɕiɔ^{55}	ɕiɔ^{42}	ȵiɔ^{22}	dziɔ^{31}
48 金华	tsiao^{334}	siao^{535}	siao^{55}	dziao^{313}	tɕiao^{55}	ɕiao^{334}	ȵiao^{14}	dziao^{313}

方言点	0313 焦 效开三 平宵精	0314 小 效开三 上宵心	0315 笑 效开三 去宵心	0316 朝 ～代 效开三 平宵澄	0317 照 效开三 去宵章	0318 烧 效开三 平宵书	0319 绕 ～线 效开三 去宵日	0320 桥 效开三 平宵群
49 汤溪	$tsɤ^{24}$	$sɤ^{52}$～姊	$sɤ^{52}$	$dʑiɔ^{11}$	$tɕiɔ^{52}$	$ɕiɔ^{24}$	$ȵiɔ^{341}$	$dʑiɔ^{11}$
50 兰溪	$tɕiɔ^{334}$	$siɔ^{55}$	$siɔ^{45}$	$dʑiɔ^{21}$	$tɕiɔ^{45}$	$ɕiɔ^{334}$	$ȵiɔ^{24}$	$dʑiɔ^{21}$
51 浦江	$tsɯ^{534}$	$sɯ^{55}$白。调殊 $ɕia^{55}$文。调殊	$sɯ^{55}$	$dzɯ^{113}$	$tsɯ^{55}$	$sɯ^{534}$	$ȵi^{24}$	$dʑi^{113}$
52 义乌	$tsɯɤ^{335}$白 $tɕiau^{335}$文	$sɯɤ^{423}$	$sɯɤ^{45}$	$dzɯɤ^{213}$	$tsɯɤ^{45}$	$sɯɤ^{335}$	$ȵie^{24}$	$dʑie^{213}$
53 东阳	$tɕiɔ^{334}$	$ɕiɔ^{44}$	$tɕʰiɔ^{453}$	$dʑiɔ^{213}$	$tɕiɔ^{453}$	$ɕiɔ^{334}$	$ȵiɔ^{213}$	$dʑiɔ^{213}$
54 永康	$tɕiau^{55}$	$ɕiau^{334}$	$ɕiau^{52}$	$dʑiau^{22}$	$tɕiau^{52}$	$ɕiau^{55}$	$ȵiau^{241}$	$dʑiau^{22}$
55 武义	$tɕie^{24}$	$ɕie^{445}$	$ɕie^{53}$	$dʑie^{324}$	$tɕie^{53}$	$ɕie^{24}$	$ȵiau^{231}$	$dʑie^{324}$
56 磐安	$tɕiɔ^{445}$	$ɕiɔ^{334}$	$tɕʰiɔ^{52}$	$dʑiɔ^{213}$	$tɕiɔ^{52}$	$ɕiɔ^{445}$	$ȵiɔ^{14}$	$dʑiɔ^{213}$
57 缙云	$tɕiəɤ^{44}$	$ɕiəɤ^{51}$	$tɕʰiəɤ^{453}$	$dʑiəɤ^{243}$	$tɕiəɤ^{453}$	$ɕiəɤ^{44}$	$ȵiəɤ^{213}$	$dʑiəɤ^{243}$
58 衢州	$tɕiɔ^{32}$	$ɕiɔ^{35}$	$ɕiɔ^{53}$	$dzɔ^{21}$	$tsɔ^{53}$	$ɕiɔ^{32}$	$ȵiɔ^{231}$	$dʑiɔ^{21}$
59 衢江	$tɕiɔ^{33}$	$ɕiɔ^{25}$～学	$tɕʰiɔ^{53}$	$dʑiɔ^{212}$	$tɕiɔ^{53}$	$ɕiɔ^{33}$	$ȵiɔ^{231}$	$dʑiɔ^{212}$
60 龙游	$tɕiɔ^{334}$	$ɕiɔ^{35}$	$ɕiɔ^{51}$	$dzɔ^{21}$	$tsɔ^{51}$	$sɔ^{334}$	$ȵiɔ^{231}$	$dʑiɔ^{21}$
61 江山	$tɕiɐɯ^{44}$	$ɕiɐɯ^{44}$ 调殊	$tɕʰiɐɯ^{51}$	$dʑiɐɯ^{213}$	$tɕiɐɯ^{51}$	$ɕiɐɯ^{44}$	$ȵiɐɯ^{22}$ 调殊	$ʑiɐɯ^{213}$
62 常山	$tɕiɤ^{44}$烧～ $tɕiɔ^{44}$姓～	$ɕiɤ^{324}$～心 $ɕiɔ^{52}$～学	$tɕʰiɤ^{324}$	$dʑiɤ^{341}$	$tɕiɤ^{324}$	$ɕiɤ^{44}$	$ȵiɤ^{131}$	$dʑiɤ^{341}$
63 开化	$tsɯ^{44}$单用 $tɕiɔ^{44}$姓～	$ɕiɐɯ^{412}$单用 $ɕiɔ^{53}$～学	$tɕʰiɐɯ^{412}$	$dʑiɐɯ^{231}$	$tɕiɐɯ^{412}$	$ɕiɐɯ^{44}$	$ȵiɐɯ^{213}$	$dʑiɐɯ^{231}$
64 丽水	$tɕiə^{224}$	$ɕiə^{544}$	$tɕʰiə^{52}$	$dʑiə^{22}$	$tɕiə^{52}$	$ɕiə^{224}$	$ȵiə^{131}$	$dʑiə^{22}$
65 青田	$tɕiœ^{445}$	$ɕiœ^{454}$	$tɕʰiœ^{33}$	$dʑiœ^{21}$	$tɕiœ^{33}$	$ɕiœ^{445}$	$ȵiœ^{22}$	$dʑiœ^{21}$
66 云和	$tɕiɑɔ^{24}$	$ɕiɑɔ^{41}$	$tɕʰiɑɔ^{45}$	$dʑiɑɔ^{312}$	$tɕiɑɔ^{45}$	$ɕiɑɔ^{24}$	$ȵiɑɔ^{223}$	$dʑiɑɔ^{312}$
67 松阳	$tɕiɔ^{53}$	$ɕiɔ^{212}$	$tɕʰiɔ^{24}$	$dʑiɔ^{31}$	$tɕiɔ^{24}$	$ɕiɔ^{53}$	$ȵiɔ^{13}$	$dʑiɔ^{31}$
68 宣平	$tɕiɔ^{324}$	$ɕiɔ^{445}$	$tɕʰiɔ^{52}$	$dʑiɔ^{433}$	$tɕiɔ^{52}$	$ɕiɔ^{324}$	$ȵiɔ^{231}$	$dʑiɔ^{433}$
69 遂昌	$tɕiɐɯ^{45}$	$ɕiɐɯ^{533}$	$tɕʰiɐɯ^{334}$	$dʑiɐɯ^{221}$	$tɕiɐɯ^{334}$	$ɕiɐɯ^{45}$	$ȵiɐɯ^{213}$	$dʑiɐɯ^{221}$

续表

方言点	0313 焦	0314 小	0315 笑	0316 朝 ~代	0317 照	0318 烧	0319 绕 ~线	0320 桥
	效开三 平宵精	效开三 上宵心	效开三 去宵心	效开三 平宵澄	效开三 去宵章	效开三 平宵书	效开三 去宵日	效开三 平宵群
70 龙泉	tɕiɑʌ⁴³⁴	ɕiɑʌ⁵¹	tɕʰiɑʌ⁴⁵白 ɕiɑʌ⁴⁵文	dʑiɑʌ²¹	tɕiɑʌ⁴⁵	ɕiɑʌ⁴³⁴	n̺iɑʌ²²⁴	dʑiɑʌ²¹
71 景宁	tɕiau³²⁴	ɕiau³³	tɕʰiau³⁵	dʑiau⁴¹	tɕiau³⁵	ɕiau³²⁴	n̺iau¹¹³	dʑiau⁴¹
72 庆元	tɕiɒ³³⁵	ɕiɒ³³	tɕʰiɒ¹¹	tɕiɒ⁵²	tɕiɒ¹¹	ɕiɒ³³⁵	n̺iɒ³¹	tɕiɒ⁵²
73 泰顺	tɕiaɔ²¹³	ɕiaɔ⁵⁵	tɕʰiaɔ³⁵	tɕiaɔ⁵³	tɕiaɔ³⁵	ɕiaɔ²¹³	n̺iaɔ²²	tɕiaɔ⁵³
74 温州	tɕiɛ³³	ɕiɛ²⁵	ɕiɛ⁵¹	dʑiɛ³¹	tɕiɛ⁵¹	ɕiɛ³³	n̺iɛ²²	dʑiɛ³¹
75 永嘉	tɕyə⁴⁴	ɕyə⁴⁵	ɕyə⁵³	dʑyə²²	tɕyə⁵³	ɕyə⁴⁴	n̺yə²²	dʑyə³¹
76 乐清	tɕiɤ⁴⁴	sɤ³⁵	sɤ⁴¹	dʑiɤ³¹	tɕiɤ⁴¹	sɤ⁴⁴	n̺iɤ²²	dʑiɤ³¹
77 瑞安	tɕy⁴⁴	ɕy³⁵	ɕy⁵³	dʑy³¹	tɕy⁵³	ɕy⁴⁴	y²²	dʑy³¹
78 平阳	tɕye⁵⁵	ɕye⁴⁵	ɕye⁵³	dʑye²⁴²	tɕye⁵³	ɕye⁵⁵	dʑye³³	dʑye²⁴²
79 文成	tɕyø⁵⁵	sai⁴⁵	ɕyø³³	dʑyø¹¹³	tɕyø³³	ɕyø⁵⁵	n̺yø⁴²⁴	dʑyø¹¹³
80 苍南	tɕyɔ⁴⁴	ɕyɔ⁵³	ɕyɔ⁴²	dʑyɔ³¹	tɕyɔ⁴²	ɕyɔ⁴⁴	n̺yɔ⁵³	dʑyɔ³¹
81 建德徽	tɕiɔ⁵³	ɕiɔ²¹³	ɕiɔ³³	tsɔ³³	tsɔ³³	sɔ⁵³	n̺iɔ⁵⁵	tɕiɔ³³
82 寿昌徽	tɕiɤ¹¹²	ɕiɤ³³	ɕiɤ³³	tsʰɤ¹¹²文	tsɤ³³	sɤ¹¹²	n̺iɤ³³	tɕʰiɤ⁵²
83 淳安徽	tɕiɤ²⁴	ɕiɤ⁵⁵	ɕiɤ²⁴	tsʰɤ⁴³⁵	tsɤ²⁴	sɤ²⁴	iɤ⁵³	tɕʰiɤ⁴³⁵
84 遂安徽	tɕiɔ⁵³⁴	（无）	ɕiɔ⁴³	tɕʰiɔ³³	tɕiɔ⁴³	ɕiɔ⁵³⁴	iɔ⁵²	tɕʰiɔ³³
85 苍南闽	tɕiau⁵⁵	（无）	tɕʰio²¹	tiau²⁴	tɕio²¹	ɕio⁵⁵	hiau⁴³	kio²⁴
86 泰顺闽	tɕiɐu²¹³	ɕiɐu³⁴⁴	tɕʰiɐu⁵³	tiɐu²²	tɕiɐu⁵³	ɕiɐu²¹³	niøu³¹韵殊	kiɐu²²
87 洞头闽	tɕiau³³	ɕieu⁵³	tɕʰieu²¹	tiau¹¹³	tɕieu²¹	ɕieu³³	dʑiau²¹	kieu¹¹³
88 景宁畲	tsau⁴⁴白 tɕiau⁴⁴文	ɕiau³²⁵	sau⁴⁴	tɕʰiəu²²	tɕiəu⁴⁴	ɕiəu⁴⁴	n̺iau⁵¹	kʰiəu²²

方言点	0321 轿	0322 腰	0323 要 重~	0324 摇	0325 鸟	0326 钓	0327 条	0328 料
	效开三去宵群	效开三平宵影	效开三去宵影	效开三平宵以	效开四上萧端	效开四去萧端	效开四平萧定	效开四去萧来
01 杭州	dziɔ¹³	iɔ³³⁴	iɔ⁴⁵	iɔ²¹³	ȵiɔ⁵³	tiɔ⁴⁵	diɔ²¹³	liɔ¹³
02 嘉兴	dziɔ¹¹³	iɔ⁴²	iɔ²²⁴	iɔ²⁴²	ȵiɔ¹¹³	tiɔ²²⁴	diɔ²⁴²	liɔ¹¹³
03 嘉善	dziɔ¹³²	iɔ⁵³	iɔ³³⁴	iɔ¹³²	tiɔ⁴⁴	tiɔ³³⁴	diɔ¹³²	liɔ¹¹³
04 平湖	dziɔ²¹³	iɔ⁵³	iɔ³³⁴	iɔ³¹	tiɔ⁴⁴白 ȵiɔ²¹³文	tiɔ³³⁴	diɔ³¹	liɔ²¹³
05 海盐	dziɔ²¹³	iɔ⁵³	iɔ³³⁴	iɔ³¹	tiɔ⁴²³	tiɔ³³⁴	diɔ³¹	liɔ²¹³
06 海宁	dziɔ¹³	iɔ⁵⁵	iɔ³⁵	iɔ¹³	tiɔ⁵³	tiɔ³⁵	diɔ¹³	liɔ¹³
07 桐乡	dziɔ²¹³	iɔ⁴⁴	iɔ³³⁴	iɔ¹³	tiɔ⁵³	tiɔ³³⁴	diɔ¹³	liɔ²¹³
08 崇德	dziɔ¹³	iɔ⁴⁴	iɔ³³⁴	iɔ¹³	tiɔ⁵³	tiɔ³³⁴	diɔ¹³	liɔ¹³
09 湖州	dziɔ¹¹²	iɔ⁴⁴	iɔ³⁵	iɔ¹¹²	tiɔ⁵²³	tiɔ³⁵	diɔ¹¹²	liɔ³⁵
10 德清	dziɔ¹¹³	iɔ⁴⁴	iɔ³³⁴	iɔ¹¹³	tiɔ⁵²	tiɔ³³⁴	diɔ¹¹³	liɔ³³⁴
11 武康	dziɔ¹¹³	iɔ⁴⁴	iɔ²²⁴	iɔ¹¹³	tiɔ⁵³	tiɔ²²⁴	diɔ¹¹³	liɔ²²⁴
12 安吉	dziɔ²¹³	iɔ⁵⁵	iɔ³²⁴	iɔ²²	tiɔ⁵²白 ȵiɔ⁵²文	tiɔ³²⁴	diɔ²²	liɔ²¹³
13 孝丰	dziɔ²¹³	iɔ⁴⁴	iɔ³²⁴	iɔ²²	tiɔ⁵²白 ȵiɔ⁵²文	tiɔ³²⁴	diɔ²²	liɔ³²⁴
14 长兴	dʒiɔ²⁴	iɔ⁴⁴	iɔ³²⁴	iɔ¹²	tiɔ⁵²白 ȵiɔ⁵²文	tiɔ³²⁴	diɔ¹²	liɔ³²⁴
15 余杭	dziɔ²¹³	iɔ⁴⁴	iɔ²¹³	iɔ²²	tiɔ⁵³	tiɔ⁴²³	diɔ²²	liɔ²¹³
16 临安	dziɔ³³	iɔ⁵⁵	iɔ⁵⁵	iɔ³³	tiɔ⁵⁵白 ȵiɔ³³文	tiɔ⁵⁵	diɔ³³	liɔ³³
17 昌化	ziɔ²⁴³	iɔ³³⁴	iɔ⁵⁴⁴	iɔ¹¹²	tiɔ⁴⁵³白 ȵiɔ⁴⁵³文	tiɔ⁵⁴⁴	diɔ¹¹²	liɔ²⁴³
18 於潜	dziɔ²⁴	iɔ⁴³³	iɔ³⁵	iɔ²²³	tiɔ⁵¹	tiɔ³⁵	diɔ²²³	liɔ²⁴
19 萧山	dziɔ²⁴²	iɔ⁵³³	iɔ⁴²	iɔ³⁵⁵	tiɔ³³白 ȵiɔ¹³文	tiɔ⁴²	diɔ³⁵⁵	liɔ²⁴²
20 富阳	dziɔ²²⁴	iɔ⁵³	iɔ³³⁵	iɔ¹³	tiɔ⁴²³	tiɔ³³⁵	diɔ¹³	liɔ³³⁵
21 新登	dziɔ¹³	iɔ⁵³	iɔ⁴⁵	iɔ²³³	tiɔ³³⁴	tiɔ⁴⁵	diɔ²³³	liɔ¹³
22 桐庐	dziɔ²⁴	iɔ⁵³³	iɔ³⁵	iɔ¹³	tiɔ³³	tiɔ³⁵	diɔ¹³	liɔ²⁴

方言点	0321 轿	0322 腰	0323 要 重~	0324 摇	0325 鸟	0326 钓	0327 条	0328 料
	效开三去宵群	效开三平宵影	效开三去宵影	效开三平宵以	效开四上萧端	效开四去萧端	效开四平萧定	效开四去萧来
23 分水	dʑiɔ¹³	iɔ⁴⁴	iɔ²⁴	iɔ²²	ȵiɔ⁵³	tiɔ²⁴	diɔ²²	liɔ¹³
24 绍兴	dʑiɔ²²	iɔ⁵³	iɔ³³	iɔ²³¹	tiɔ³³⁴白 ȵiɔ²³¹文	tiɔ³³	diɔ²³¹	liɔ²²
25 上虞	dʑiɔ³¹	iɔ³⁵	iɔ⁵³	iɔ²¹³	tiɔ³⁵白 ȵiɔ²¹³文	tiɔ⁵³	diɔ²¹³	iɔ³¹音殊
26 嵊州	dʑiɔ²⁴	iɔ⁵³⁴	iɔ³³⁴	iɔ²¹³	tiɔ⁵³白 ȵiɔ²¹³文	tiɔ³³⁴	diɔ²¹³	liɔ²⁴
27 新昌	dʑiɔ¹³	iɔ⁵³⁴	iɔ³³⁵	iɔ²²	tiɔ⁴⁵³	tiɔ³³⁵	diɔ²²	liɔ¹³
28 诸暨	dʑiɔ²⁴²	iɔ⁵⁴⁴	iɔ⁵⁴⁴	iɔ¹³	tiɔ⁴²	tiɔ⁵⁴⁴	diɔ¹³	liɔ³³
29 慈溪	dʑiɔ¹³	iɔ³⁵	iɔ⁴⁴	iɔ¹³	tiɔ³⁵白 ȵiɔ¹³文	tiɔ⁴⁴	diɔ¹³	liɔ¹³
30 余姚	dʑiɔ¹³	iɔ⁴⁴	iɔ⁵³	iɔ¹³	tiɔ³⁴	tiɔ⁵³	diɔ¹³	liɔ¹³
31 宁波	dʑio¹³	io⁵³	io⁴⁴	io¹³	tio³⁵	tio⁴⁴	dio¹³	lio¹³
32 镇海	dʑio²⁴	io⁵³	io⁵³	io²⁴	tio³⁵	tio⁵³	dio²⁴	lio²⁴
33 奉化	dʑiɔ³¹	iɔ⁴⁴	iɔ⁵³	iɔ³³	tiɔ⁵⁴⁵	tiɔ⁵³	diɔ³³	liɔ³¹
34 宁海	dʑieu²⁴	ieu⁴²³	ieu³⁵	ieu²¹³	tieu⁵³	tieu³⁵	dieu²¹³读字	lieu²⁴
35 象山	dʑio³¹	io⁴⁴	io⁵³	io³¹	tio⁴⁴	tio⁵³	dio³¹	lio³¹
36 普陀	dʑiɔ¹³	iɔ⁵³	iɔ¹³	iɔ²⁴	tiɔ⁴⁵	tiɔ⁵⁵	diɔ²⁴	liɔ¹³
37 定海	dʑio¹³	io⁵²	io⁴⁴	io²³	tio⁴⁵	tio⁴⁴	dio²³	lio¹³
38 岱山	dʑio²¹³	io⁵²	io⁴⁴	io²³	tio³²⁵	tio⁴⁴	dio²³	lio²¹³
39 嵊泗	dʑio²¹³	io⁵³	io⁵³	io²⁴³	tio⁴⁴⁵	tio⁵³	dio²⁴³	lio²¹³
40 临海	dʑiɔ³²⁴又 giɔ³²⁴又	iɔ³¹	iɔ⁵⁵	iɔ²¹	tiɔ³⁵³小	tiɔ⁵⁵	diɔ²¹	liɔ³²⁴
41 椒江	dʑiɔ²⁴	iɔ⁴²	iɔ⁵⁵	iɔ³¹	ȵiɔ⁵¹小	tiɔ⁵⁵	diɔ³¹	liɔ²⁴
42 黄岩	dʑiɔ²⁴	iɔ³²	iɔ⁵⁵	iɔ¹²¹	tiɔ⁵¹小	tiɔ⁵⁵	diɔ¹²¹	liɔ²⁴
43 温岭	dʑiɔ¹³	iɔ³³	iɔ⁵⁵	iɔ³¹	tiɔ⁵¹小	tiɔ⁵⁵	diɔ³¹	liɔ¹³
44 仙居	dʑiɐɯ²⁴	iɐɯ³³⁴	iɐɯ⁵⁵	iɐɯ²¹³	dʲiɐɯ⁵³小	dʲiɐɯ⁵⁵	diɐɯ²¹³	liɐɯ²⁴

续表

方言点	0321 轿 效开三 去宵群	0322 腰 效开三 平宵影	0323 要 重~ 效开三 去宵影	0324 摇 效开三 平宵以	0325 鸟 效开四 上萧端	0326 钓 效开四 去萧端	0327 条 效开四 平萧定	0328 料 效开四 去萧来
45 天台	gieu³⁵	ieu³³	ieu⁵⁵	ieu²²⁴	tieu³¹小	tieu⁵⁵	dieu²²⁴	lieu³⁵
46 三门	dziau²⁴³	iau³³⁴	iau⁵⁵	iau¹¹³	tiau⁵²白 ȵiau³²⁵文	tiau⁵⁵	diau¹¹³	liau²⁴³
47 玉环	dziɔ²²	iɔ⁴²	iɔ⁵⁵	iɔ³¹	tiɔ⁵³白 ȵiɔ⁵³文	tiɔ⁵⁵	diɔ³¹	liɔ²²
48 金华	dziao¹⁴	iao³³⁴	iao⁵⁵	iao³¹³	tiao⁵⁵小	tiao⁵⁵	diao³¹³	liao¹⁴
49 汤溪	dziɔ³⁴¹	iɔ²⁴	iɔ⁵²	iɔ¹¹	tɤŋ⁵²小	tɤ⁵²	dɤ¹¹	lɤ³⁴¹
50 兰溪	dziɔ²⁴	iɔ³³⁴	iɔ⁴⁵	iɔ²¹	tiɔ⁴⁵	tiɔ⁴⁵	diɔ²¹	liɔ²⁴
51 浦江	dzi²⁴	i⁵³⁴	ia⁵⁵	i¹¹³白 读字 ia¹¹³文	ȵia²⁴³	tɯ⁵⁵	dɯ¹¹³白 dia¹¹³文	lɯ²⁴白 lia²⁴文
52 义乌	dzie²⁴	ie³³⁵	ie⁴⁵	ie²¹³	tɯɤn⁴⁵小	tɯɤ⁴⁵	dɯɤ²¹³	lɯɤ²⁴
53 东阳	dziɔ²⁴	io³³⁴	ŋɐɯ²⁴	io²¹³	tiɔn⁴⁵³小	tio⁴⁵³	dio²¹³	lio²⁴
54 永康	dziau²⁴¹	iau⁵⁵	iau⁵²	iau²²	ɗiau⁵²小	ɗiau⁵²	diau²²	liau²⁴¹
55 武义	dzie²³¹	ie²⁴	ie⁵³	iau³²⁴	lin⁵³小	lie⁵³	die³²⁴	lie²³¹
56 磐安	dziɔ¹⁴	io⁴⁴⁵	io⁵²	io²¹³	tiɔn⁵²小	tio⁵²	dio²¹³	lio¹⁴
57 缙云	dziəɤ²¹³	iəɤ⁴⁴	iəɤ⁴⁵³	iəɤ²⁴³	tiɔ⁵¹	tiɔ⁴⁵³	diɔ²⁴³	liɔ²¹³
58 衢州	dziɔ²³¹	iɔ³²	iɔ⁵³	iɔ²¹	tiɔ³⁵	tiɔ⁵³	diɔ²¹	liɔ²³¹
59 衢江	dziɔ²³¹	iɔ³³	iɔ²⁵调殊	iɔ²¹²	tiɔ²⁵	tiɔ⁵³	diɔ²¹²	liɔ²³¹
60 龙游	dziɔ²³¹	iɔ³³⁴	iɔ⁵¹	iɔ⁷¹	tiɔ⁰⁵	tiɔ³¹	diɔ²¹	liɔ²³¹
61 江山	gieɯ³¹	ieɯ⁴⁴	ieɯ⁵¹	ieɯ²¹³	tieɯ²⁴¹	tieɯ⁵¹	dieɯ²¹³	lieɯ³¹
62 常山	dziɤ¹³¹	iɤ⁴⁴	iɔ²⁴	iɤ³⁴¹	tiɤ⁵²白 ȵiɔ⁵²文	tiɤ³²⁴	diɔ³⁴¹	liɤ¹³¹
63 开化	dziəɯ²¹³	iəɯ⁴⁴	iɔ⁴⁴调殊	iəɯ²³¹	tiəɯ⁵³	tiəɯ⁴¹²	diəɯ²³¹	liəɯ²¹³
64 丽水	dziə¹³¹	iə²²⁴	iə⁵²	iə²²	tiə⁵⁴⁴白 ȵiə⁵⁴⁴文	tiə⁵²	diə²²	liə¹³¹
65 青田	dziœ²²	iœ⁴⁴⁵	iœ³³	iœ²¹	ɗiœ⁴⁵⁴	ɗiœ³³	diœ²¹	liœ²²
66 云和	dziɑɔ²²³	iɑɔ²⁴	iɑɔ⁴⁵	iɑɔ³¹²	tiɑɔ⁴⁵音殊	tiɑɔ⁴⁵	diɑɔ³¹²	liɑɔ²²³
67 松阳	dziɔ¹³	iɔ⁵³	iɔ²⁴	iɔ³¹	tiɔ²⁴调殊	tiɔ²⁴	diɔ³¹	liɔ¹³

续表

方言点	0321 轿 效开三去宵群	0322 腰 效开三平宵影	0323 要 重～ 效开三去宵影	0324 摇 效开三平宵以	0325 鸟 效开四上萧端	0326 钓 效开四去萧端	0327 条 效开四平萧定	0328 料 效开四去萧来
68 宣平	dʑiɔ²³¹	iɔ³²⁴	iɔ⁵²	iɔ⁴³³	tiɔ⁴⁴⁵	tiɔ⁵²	diɔ⁴³³	liɔ²³¹
69 遂昌	dʑimɐɯ²¹³	mɐɯ⁴⁵	iɐɯ³³⁴	iɐɯ²²¹	tiɐɯ⁵³³	tiɐɯ³³⁴	diɐɯ²²¹	liɐɯ²¹³
70 龙泉	dʑiɑʌ²²⁴	iɑʌ⁴³⁴	iɑʌ⁴⁵	iɑʌ²¹	tiɑʌ⁵¹白 ȵiɑʌ⁵¹文	tiɑʌ⁴⁵	diɑʌ²¹	liɑʌ²²⁴
71 景宁	dʑiɑu¹¹³	iɑu³²⁴	uɑi³⁵	iɑu⁴¹	tiɑu⁴⁵小	tiɑu³⁵	diɑu⁴¹	liɑu¹¹³
72 庆元	tɕiɑ³¹	iɑ³³⁵	iɑ³¹	iɑ⁵²	ɗiɑ³³	ɗiɑ¹¹	tiɑ⁵²	liɑ³¹
73 泰顺	tɕiɑɔ²²	iɑɔ²¹³	iɑɔ³⁵	iɑɔ⁵³	tiɑɔ⁵⁵小	tiɑɔ³⁵	tiɑɔ⁵³	liɑɔ²²
74 温州	dʑie²²	ie³³	ie⁵¹	ie³¹	tie²⁵白 ȵia¹⁴文	tie⁵¹	die³¹	lie²²
75 永嘉	dʑyə²²	yə⁴⁴	yə⁵³	yə³¹	tyə⁵³白 ȵia¹³文	tyə⁵³	dyə³¹	lyə²²
76 乐清	dʑiɤ²²	iɤ⁴⁴	iɤ⁴¹	iɤ³¹	tiɯʌ³⁵白 ȵia²⁴文	tiɯʌ⁴¹	diɯʌ³¹	liɯʌ²²
77 瑞安	dʑy²²	y⁴⁴	y⁵³	y³¹	tuɔ³⁵白 ȵiɔ¹³文	tuɔ⁵³	duɔ³¹	luɔ²²
78 平阳	dʑye³³	ye⁵⁵	ye⁵³	ye²⁴²	ȵiɔ⁴⁵	tye⁵³	dye²⁴²	lye³³
79 文成	dʑyø⁴²⁴	yø⁵⁵	yø³³	yø¹¹³	tuo⁴⁵白 ȵio²²⁴文	tuo³³	duo¹¹³	luo⁴²⁴
80 苍南	dʑyɔ¹¹	yɔ⁴⁴	yɔ⁴²	yɔ³¹	tyɔ⁵³白 ȵia⁵³文	tyɔ⁴²	dyɔ³¹	lyɔ¹¹
81 建德徽	tɕʰiɔ⁵⁵	iɔ⁵³	iɔ³³	iɔ³³	tiɔ²¹³	tiɔ³³	tiɔ³³	liɔ⁵⁵
82 寿昌徽	tɕʰiɤ³³	iɤ¹¹²	iɑ⁵²文	iɤ⁵²	tiã⁵²小	tiɤ³³	tʰiɤ⁵²	liɤ³³
83 淳安徽	tɕʰiɤ⁵³	iɤ²⁴	iɤ²⁴	iɤ⁴³⁵	tiɤ⁵⁵白 iɤ⁵⁵文	tiɤ²⁴	tʰiɤ⁴³⁵	liɤ⁵³
84 遂安徽	tɕʰiɔ⁵²	iɔ⁵³⁴	iɔ⁴³	iɔ³³	iɔ²¹³	tiɔ⁴³	tʰiɔ³³	liɔ⁵²
85 苍南闽	kio²¹	io⁵⁵	iau²¹	io²⁴	tɕiau⁴³	tio²¹	tiau²⁴	liau²¹
86 泰顺闽	kiɐu³¹	iɐu²¹³	iɐu⁵³ au⁵³	iɐu²²	teu³⁴⁴	tiɐu⁵³	teu²²	leu³¹
87 洞头闽	kieu²¹	ieu³³	iau²¹	ieu¹¹³	tɕiau⁵³	tieu²¹	tiau¹¹³	liau²¹
88 景宁畲	kʰiəu⁴⁴	iəu⁴⁴	（无）	iəu²²	tau⁵⁵小	tau⁴⁴	tiau²²白 tʰau²²文	liəu⁵¹

方言点	0329 箫	0330 叫	0331 母 丈~,舅~	0332 抖	0333 偷	0334 头	0335 豆	0336 楼
	效开四 平萧心	效开四 去萧见	流开一 上侯明	流开一 上侯端	流开一 平侯透	流开一 平侯定	流开一 去侯定	流开一 平侯来
01 杭州	ɕiɔ³³⁴	tɕiɔ⁴⁵	m⁵³丈~	tei⁵³	tʰei³³⁴	dei²¹³	dei¹³	lei²¹³
02 嘉兴	ɕiɔ⁴²	tɕiɔ²²⁴	m¹¹³白 mou¹¹³文	tei⁵⁴⁴	tʰei⁴²	dei²⁴²	dei¹¹³	lei²⁴²
03 嘉善	ɕiɔ⁵³	tɕiɔ³³⁴	m¹¹³	tə⁴⁴	tʰə⁵³	də¹³²	də¹¹³	lə¹³²
04 平湖	siɔ⁵³	tɕiɔ³³⁴	m²¹³	təɯ⁴⁴	tʰəɯ⁵³	dəɯ³¹	dəɯ²¹³	ləɯ³¹
05 海盐	ɕiɔ⁵³	tɕiɔ³³⁴	m²¹³	te⁴²³	tʰe⁵³	de³¹	de²¹³	le³¹
06 海宁	ɕiɔ⁵⁵	tɕiɔ³⁵	m²³¹	təɯ⁴⁴	tʰəɯ⁵⁵	dəɯ¹³	dəɯ¹³	ləɯ¹³
07 桐乡	siɔ⁴⁴	tɕiɔ³³⁴	m²⁴²丈~	tɤɯ⁵³	tʰɤɯ⁴⁴	dɤɯ¹³	dɤɯ²¹³	lɤɯ¹³
08 崇德	ɕiɔ⁴⁴	tɕiɔ³³⁴	m⁵³ mu⁵³	tɤɯ⁵³	tʰɤɯ⁴⁴	dɤɯ¹³	dɤɯ¹³	lɤɯ¹³
09 湖州	ɕiɔ⁴⁴	tɕiɔ³⁵	m²⁴	tøʉ⁵²³	tʰøʉ⁴⁴	døʉ¹¹²	døʉ²⁴	løʉ³⁵
10 德清	ɕiɔ⁴⁴	tɕiɔ³³⁴	m⁵²	tøʉ⁵³	tʰøʉ⁴⁴	døʉ¹¹³	døʉ¹¹³	løʉ¹¹³
11 武康	ɕiɔ⁴⁴	tɕiɔ²²⁴	m²⁴²	tø⁵³	tʰø⁴⁴	dø¹¹³	dø¹¹³	lø¹¹³
12 安吉	ɕiɔ⁵⁵	tɕiɔ³²⁴	m⁵²	təɿ⁵²	tʰəɿ⁵⁵	dəɿ²²	dəɿ²¹³	ləɿ²²
13 孝丰	ɕiɔ⁴⁴	tɕiɔ³²⁴	m⁵²	təɿ⁵²	tʰəɿ⁴⁴	dəɿ²²	dəɿ²¹³	ləɿ²²
14 长兴	ʃiɔ⁴⁴	tʃiɔ³²⁴	m̩⁵²	tei⁵²	tʰei⁴¹	dei¹²	dei²⁴	lei¹²
15 余杭	siɔ⁴⁴	tsiɔ⁴²³	m⁵³	tøʏ⁵³	tʰøʏ⁴⁴	døʏ²²	døʏ²¹³	løʏ²²
16 临安	ɕiɔ⁵⁵	tɕiɔ⁵⁵	m³³	tə⁵⁵	tʰə⁵⁵	də³³	də³³	lə³³
17 昌化	ɕiɔ³³⁴	tɕiɔ⁵⁴⁴	m⁴⁵³	ti⁴⁵³	tʰi³³⁴	di¹¹²	di²⁴³	li¹¹²
18 於潜	ɕiɔ⁴³³	tɕiɔ³⁵	mu⁵¹	tiəu⁵¹	tʰiəu⁴³³	diəu²²³	diəu²⁴	liəu²²³
19 萧山	ɕiɔ⁵³³	tɕiɔ⁴²	mo¹³	tio³³	tʰio⁵³³	dio³⁵⁵	dio²⁴²	lio³⁵⁵
20 富阳	ɕiɔ⁵³	tɕiɔ³³⁵	m²²⁴	tei⁴²³	tʰei⁵³	dei¹³	dei²²⁴	lei¹³
21 新登	ɕiɔ⁵³	tɕiɔ⁴⁵	ŋ³³⁴	təu³³⁴	tʰəu⁵³	dəu²³³	dəu¹³	ləu²³³
22 桐庐	ɕiɔ⁵³³	tɕiɔ³⁵	m³³	tei³³	tʰei⁵³³	dei¹³	dei²⁴	lei¹³
23 分水	ɕiɔ⁴⁴	tɕiɔ²⁴	m⁵³	tø⁵³	tʰø⁴⁴	dø²²	dø¹³	lø²²
24 绍兴	ɕiɔ⁵³	tɕiɔ³³	ŋ³³	tɤ³³⁴	tʰɤ⁵³	dɤ²³¹	dɤ²²	lu²³¹~梯 lɤ²³¹

续表

方言点	0329 箫	0330 叫	0331 母 丈~,舅~	0332 抖	0333 偷	0334 头	0335 豆	0336 楼
	效开四平萧心	效开四去萧见	流开一上侯明	流开一上侯端	流开一平侯透	流开一平侯定	流开一去侯定	流开一平侯来
25 上虞	ɕiɔ³⁵	tɕiɔ⁵³	ŋ²¹³	tɤ³⁵	thɤ³⁵	dɤ²¹³	dɤ³¹	lɤ²¹³
26 嵊州	ɕiɔ⁵³⁴	tɕiɔ³³⁴	m²¹³	tɤ⁵³	thɤ⁵³⁴	dɤ²¹³	dɤ²⁴	lɤ²¹³
27 新昌	ɕiɔ⁵³⁴	tɕiɔ³³⁵	m²³²	tiɯ⁴⁵³	thiɯ⁵³⁴	diɯ²²	diɯ¹³	liɯ²²
28 诸暨	ɕiɔ⁵⁴⁴	tɕiɔ⁵⁴⁴	m²⁴²白 mɤu²⁴²文	tei⁴²	thei⁵⁴⁴	dei¹³	dei³³	lei¹³
29 慈溪	ɕiɔ³⁵	tɕiɔ⁴⁴读字	m¹³	tø³⁵	thø³⁵	dø¹³	dø¹³	lø¹³
30 余姚	ɕiɔ⁴⁴	kɔ⁵³白 tɕiɔ⁵³文	m¹³	tø³⁴	thø⁴⁴	dø¹³	dø¹³	lø¹³
31 宁波	ɕio⁵³	tɕio⁴⁴	m¹³	tœɤ³⁵	thœɤ⁵³	dœɤ¹³	dœɤ¹³	lœɤ¹³
32 镇海	ɕio⁵³	tɕio⁵³	m²⁴	tei³⁵	thei⁵³	dei²⁴	dei²⁴	lei²⁴
33 奉化	ɕiɔ⁴⁴	tɕiɔ⁵³读字	m³³调殊	tæi⁵⁴⁵又 thæi⁵⁴⁵又	thæi⁴⁴	dæi³³	dæi³¹	læi³³
34 宁海	ɕieu⁵³	tɕieu³⁵读字	m³¹	tiu⁵³	thiu⁴²³	diu²¹³	diu²⁴	liu²¹³
35 象山	ɕio⁴⁴	tɕio⁵³	m⁴⁴	tɤɯ⁴⁴	thɤɯ⁴⁴	dɤɯ³¹	dɤɯ³¹	lɤɯ³¹
36 普陀	ɕio⁵³	tɕio⁵⁵	m²³	teu⁴⁵	theu⁵³	deu²⁴	deu¹³	leu²⁴
37 定海	ɕio⁵²	tɕio⁴⁴	m²³	tɐi⁴⁵	thɐi⁵²	dɐi²³	dɐi¹³	lɐi²³
38 岱山	ɕio⁵²	tɕio⁴⁴	m²⁴⁴	tœɤ³²⁵	thœɤ⁵²	dœɤ²³	dœɤ²¹³	lœɤ²³
39 嵊泗	ɕio⁵³	tɕio⁵³	m²⁴³	tœɤ⁴⁴⁵	thœɤ⁵³	dœɤ²⁴³	dœɤ²¹³	lœɤ²⁴³
40 临海	ɕiə³¹	kiə⁵⁵	mə⁵²	tə⁵²	thə³¹	də²¹	də³²⁴	lə²¹
41 椒江	ɕiɔ³⁵小	tɕiɔ⁵⁵	m⁴²	tio⁴²	thio⁴²	dio³¹	dio²⁴	lio³¹
42 黄岩	ɕiɔ³⁵小	tɕiɔ⁵⁵	m⁴²	tio⁴²	thio³²	dio¹²¹	dio²⁴	lio¹²¹
43 温岭	ɕiɔ¹⁵小	tɕiɔ⁵⁵	m⁴²	tɤ⁴²	thɤ³³	dɤ³¹	dɤ¹³	lɤ³¹
44 仙居	ɕiɐɯ⁵³小	tɕiɐɯ⁵⁵	m³²⁴白 mɐɯ³²⁴文	dɐɯ³²⁴	thəɯ³³⁴	dəɯ²¹³	dəɯ²⁴	ləɯ²¹³
45 天台	ɕieu⁵¹小	kieu⁵⁵	m³¹小	teu³²⁵	theu³³	deu²²⁴	deu³⁵	leu²²⁴
46 三门	ɕiau⁵²	tɕiau⁵⁵	m³²⁵	tɤɯ³²⁵	thɤɯ³³⁴	dɤɯ¹¹³	dɤɯ²⁴³	lɤɯ¹¹³

续表

方言点	0329 箫 效开四 平萧心	0330 叫 效开四 去萧见	0331 母 丈~,舅~ 流开一 上侯明	0332 抖 流开一 上侯端	0333 偷 流开一 平侯透	0334 头 流开一 平侯定	0335 豆 流开一 去侯定	0336 楼 流开一 平侯来
47 玉环	ɕiɔ⁴²	tɕiɔ⁵⁵	m⁵³白 mo⁵³文	tiɤ⁵³	tʰiɤ⁴²	diɤ³¹	diɤ²²	liɤ³¹
48 金华	siɑo³³⁴	tɕiɑo⁵⁵	m⁵³⁵丈~	tiu⁵³⁵	tʰiu³³⁴	diu³¹³	diu¹⁴	liu³¹³
49 汤溪	sɤ²⁴	tɕiɔ⁵²	m¹¹³	təɯ⁵³⁵	tʰəɯ²⁴	dəɯ¹¹	dəɯ³⁴¹	ləɯ¹¹
50 兰溪	siɔ³³⁴	tɕiɔ⁴⁵	n⁵⁵	təɯ⁵⁵	tʰəɯ³³⁴	dəɯ²¹	dəɯ²⁴	ləɯ²¹
51 浦江	sɯ⁵³⁴	tɕi⁵⁵	m²⁴³	tɤ⁵³	tʰɤ⁵³⁴	dɤ¹¹³	dɤ²⁴	lɤ¹¹³
52 义乌	sɯɤn³³⁵小	tɕie⁴⁵	n³¹²	tɐɯ⁴²³	tʰɐɯ³³⁵	dɐɯ²¹³	dɐɯ²⁴	lɐɯ²¹³
53 东阳	ɕyn³³⁴小	（无）	n²³¹	təɯ⁴⁴	tʰəɯ³³⁴	dəɯ²¹³	dəɯ²¹³	ləɯ²¹³
54 永康	ɕiɑu⁵⁵	iɑu⁵²声殊	ŋ¹¹³	ɗəu³³⁴	tʰəu⁵⁵	dəu²²	dəu²⁴¹	ləu²²
55 武义	ɕin²⁴小	ie⁵³声殊	n¹³	lɑu⁴⁴⁵	tʰɑu²⁴	dɑu³²⁴	dɑu²³¹	lɑu³²⁴
56 磐安	ɕioŋ⁴⁴⁵小	tɕiɔ⁵²又 io⁵²声殊	n³³⁴	tɐɯ³³⁴	tʰɐɯ⁴⁴⁵	dɐɯ²¹³	dɐɯ¹⁴	lɐɯ²¹³
57 缙云	ɕiɔ⁴⁴	iəɤ⁴⁵³声殊	mu³¹	tiuŋ⁵¹	tʰiuŋ⁴⁴	diuŋ²⁴³	diuŋ²¹³	liuŋ²⁴³
58 衢州	ɕiɔ³²	tɕiɔ⁵³	m²³¹	te³⁵	tʰe³²	de²¹	de²³¹	le²¹
59 衢江	ɕiɔ³³	iɔ⁵³声殊	mˑəŋ²¹²小	ty²⁵	tʰy³³	dy²¹²	dy²³¹	ly²¹²
60 龙游	ɕiɔ³³⁴	tɕiɔ⁵¹	m²²⁴小	təɯ³⁵	tʰəɯ³³⁴	dəɯ²¹	dəɯ²³¹	ləɯ²¹
61 江山	ɕiɐɯ⁴⁴	iɐɯ⁵¹声殊	moŋ²²小	tɯ²⁴¹	tʰu⁴⁴	du²¹³舌~ dɯ²¹³鼻~	dɯ³¹佛~ ɖɯ³¹~腐	lɯ²¹³
62 常山	ɕiɤ⁴⁴	iɔ³²⁴狗~ci tɕiɔ⁵²相~	m²⁴	tiu⁵²	tʰu⁴⁴	du³⁴¹	du¹³¹	liu³⁴¹
63 开化	ɕiəɯ⁴⁴	iəɯ⁴¹²声殊	mˑɤɯ²¹³小	təɯ⁵³韵殊	tʰu⁴⁴	du²³¹	du²¹³	liʊ²³¹
64 丽水	ɕiə²²⁴	iə⁵²声殊	m⁵⁴⁴	təɯ⁵⁴⁴	tʰəɯ²²⁴	dəɯ²²	dəɯ¹³¹	ləɯ²²
65 青田	ɕiœ⁴⁴⁵	tɕiœ³³	m⁴⁵⁴	ɗæi⁴⁵⁴	tʰæi⁴⁴⁵	deu²¹	deu²²	læi²¹
66 云和	ɕiɑi²⁴	iɑo⁴⁵声殊	m⁴¹	təɯ⁴¹	tʰəɯ²⁴	dəɯ³¹²	dəɯ²²³	ləɯ³¹²
67 松阳	ɕiɔ⁵³	iɔ²⁴声殊	m²²	tei²¹²	tʰei⁵³	dei³¹	dei¹³	lei³¹
68 宣平	ɕiɔ³²⁴	iɔ⁵²声殊	n²²³	təɯ⁴⁴⁵	tʰəɯ³²⁴	dəɯ⁴³³	dəɯ²³¹	ləɯ⁴³³

续表

方言点	0329 箫 效开四 平萧心	0330 叫 效开四 去萧见	0331 母 丈~,舅~ 流开一 上侯明	0332 抖 流开一 上侯端	0333 偷 流开一 平侯透	0334 头 流开一 平侯定	0335 豆 流开一 去侯定	0336 楼 流开一 平侯来
69 遂昌	ɕiɐɯ⁴⁵	iɐɯ³³⁴声殊ɯɐi	məŋ¹³韵殊ŋɐŋ	tu⁵³³	tʰu⁴⁵	du²²¹	du²¹³	lu²²¹
70 龙泉	ɕiaʌ⁴³⁴	tɕiaʌ⁴⁵	ŋ⁵¹	tiɐu⁵¹	tʰiɐu⁴³⁴	diɐu²¹	diɐu²²⁴	liɐu²¹
71 景宁	ɕiɑɯ³²⁴	iɑɯ³⁵声殊iɑɯ	m³³	tɐɯ³³	tʰɐɯ³²⁴	dɐɯ⁴¹	dɐɯ¹¹³	lɐɯ⁴¹
72 庆元	ɕiɒɯ³³⁵	iɒ¹¹声殊	mɒŋ²²¹韵殊ŋɒŋ	dʲiɯ³³	tʰiɯ³³⁵	tiɯ⁵²	tiɯ³¹~腐	liɯ⁵²
73 泰顺	ɕiaɔ³³小	tɕiaɔ³⁵	m⁵⁵	tɐu⁵⁵	tʰɐu²¹³	tɐu⁵³	tɐu²²	lɐu⁵³
74 温州	ɕiɛ³³	tɕiɛ⁵¹	mo¹⁴	tau²⁵	tʰau³³	dɣu³¹	dɣu²²	lau³¹
75 永嘉	ɕyə⁴⁴	tɕyə⁵³	m¹³	tau⁴⁵	tʰau⁴⁴	dəu³¹	dəu²²	lau³¹
76 乐清	siɯʌ⁴⁴	tɕiɣ⁴¹	m²⁴	tau³⁵	tʰau⁴⁴	diu³¹	diu²²	lau³¹
77 瑞安	ɕiɔ⁴⁴	tɕy⁵³	mu¹³	tau³⁵	tʰau⁴⁴	dou³¹	dou²²	lau³¹
78 平阳	ɕye⁵⁵	tɕye⁵³	mu⁴⁵	tau⁴⁵	tʰau⁵⁵	dɛu²⁴²	dɛu³³	lau²⁴²
79 文成	ʃuo⁵⁵	tɕyø³³	mo²²⁴	tau⁴⁵	tʰau⁵⁵	diou¹¹³	diou⁴²⁴	lau¹¹³
80 苍南	ɕyɔ⁴⁴	tɕyɔ⁴²	mu⁵³	tau⁵³	tʰau⁴⁴	dɛu³¹	dɛu¹¹	lau³¹
81 建德徽	ɕiɔ⁵³	tɕiɔ³³	m³³丈~	tɣɯ²¹³	tʰɣɯ⁵³	tɣɯ³³	tʰɣɯ⁵⁵	lɣɯ³³
82 寿昌徽	ɕiɣ¹¹²	tɕiɣ³³	m⁵⁵小	tɐɯ²⁴	tʰɐɯ¹¹²	tʰɐɯ⁵²	tʰɐɯ³³	lɐɯ⁵²
83 淳安徽	ɕiɣ²⁴	tɕiɣ²⁴	mon⁵⁵韵殊	tɯ⁵⁵	tʰɯ²⁴	tʰɯ⁴³⁵	tʰɯ⁵³	lɯ⁴³⁵
84 遂安徽	ɕiɔ⁵³⁴	tɕiɔ⁴³	m²¹³	tiu²¹³	tʰiu⁵³⁴	tʰiu³³	tʰiu⁵²	liu³³
85 苍南闽	ɕiau⁵⁵	kio²¹	bu³²	tau⁴³	tʰau⁵⁵	tʰau²⁴	tau²¹	lau²⁴
86 泰顺闽	ɕiɐu²¹³	eu³⁴⁴	mu³⁴⁴	tau³⁴⁴	tʰau²¹³	tʰau²²	tau³¹	lau²²
87 洞头闽	ɕiau³³	kieu²¹	bu⁵³	tau⁵³	tʰau³³	tʰau¹¹³	tau²¹	lau¹¹³
88 景宁畲	ɕiɐu³²⁵小	（无）	mu³²⁵	tiɐu³²⁵	tʰiɐu⁴⁴	tʰiɐu²²	tʰiɐu³²⁵小	liɐu²²

方言点	0337 走	0338 凑	0339 钩	0340 狗	0341 够	0342 口	0343 藕	0344 后 前～
	流开一 上侯精	流开一 去侯清	流开一 平侯见	流开一 上侯见	流开一 去侯见	流开一 上侯溪	流开一 上侯疑	流开一 上侯匣
01 杭州	tsei^{53}	tsʰei^{45}	kei^{334}	kei^{53}	kei^{45}	kʰei^{53}	ei^{53}	ei^{13}
02 嘉兴	tsei^{544}	tsʰei^{224}	kei^{42}	kei^{544}	kei^{224}	kʰei^{113}	ŋei^{113}	ei^{113}
03 嘉善	tsə^{44}	tsʰə^{334}	kə^{53}	kə^{44}	kə^{334}	kʰə^{334}	ŋə^{113}	ə^{113}
04 平湖	tsəɯ^{44}	tsʰəɯ^{213}	kəɯ^{53}	kəɯ^{44}	kəɯ^{334}	kʰəɯ^{213}	ŋəɯ^{213}	əɯ^{213}
05 海盐	tse^{423}	tsʰe^{334}	ke^{53}	ke^{423}	ke^{334}	kʰe^{423}	e^{423}	e^{423}
06 海宁	tsəɯ^{53}	tsʰəɯ^{35}	kəɯ^{55}	kəɯ^{53}	kəɯ^{35}	kʰəɯ^{53}	əɯ^{231}	əɯ^{231}
07 桐乡	tsɤɯ^{53}	tsʰɤɯ^{334}	kɤɯ^{44}	kɤɯ^{53}	kɤɯ^{334}	kʰɤɯ^{53}	ɤɯ^{242}	ɤɯ^{242}
08 崇德	tsɤɯ^{53}	tsʰɤɯ^{334}	kɤɯ^{44}	kɤɯ^{53}	kɤɯ^{334}	kʰɤɯ^{53}	ɤɯ^{53}	ɤɯ^{53}
09 湖州	tɕiʉ^{523}	tɕʰiʉ^{35}	køʉ^{44}	køʉ^{523}	køʉ^{35}	kʰøʉ^{523}	ŋøʉ^{523}	øʉ^{523}
10 德清	tɕiʉ^{52} 又 tsø^{52} 又	tsʰøʉ^{334}	køʉ^{44}	køʉ^{52}	køʉ^{334}	kʰøʉ^{52}	ŋøʉ^{52}	øʉ^{52}
11 武康	tsø^{53}	tsʰø^{224}	kø^{44}	kø^{53}	kø^{224}	kʰø^{53}	ŋø^{242}	ø^{242}
12 安吉	tsəɿ^{52}	tsʰəɿ^{324}	kəɿ^{55}	kəɿ^{52}	kəɿ^{324}	kʰəɿ^{52}	ŋəɿ^{52}	əɿ^{52}
13 孝丰	tsəɿ^{52}	tsʰəɿ^{324}	kəɿ^{44}	kəɿ^{52}	kəɿ^{324}	kʰəɿ^{52}	ŋəɿ^{52}	əɿ^{52}
14 长兴	tsei^{52}	tsʰei^{324}	kei^{44}	kei^{52}	kei^{324}	kʰei^{52}	ŋei^{52}	i^{52}
15 余杭	tsøɤ^{53}	tsʰøɤ^{423}	køɤ^{44}	køɤ^{53}	køɤ^{423}	kʰøɤ^{53}	ŋøɤ^{53}	øɤ^{53}
16 临安	tsə^{55}	tsʰə^{55}	kə^{55}	kə^{55}	kə^{55}	kʰə^{55}	ŋə^{33}	ə^{33}
17 昌化	tsei^{453}	tsʰei^{544}	ki^{334}	ki^{453}	ki^{544}	kʰi^{453}	ȵi^{453}	ei^{243}
18 於潜	tɕiəu^{51}	tɕʰiəu^{35}	kiəu^{433}	kiəu^{51}	kiəu^{35}	kʰiəu^{51}	ȵiəu^{51}	iəu^{24}
19 萧山	tɕio^{33}	tɕʰio^{42}	kio^{533}	kio^{33}	kio^{42}	kʰio^{33}	ŋio^{13}	io^{13}
20 富阳	tsei^{423}	tsʰei^{335}	kiʊ^{53}	kiʊ^{423}	kiʊ^{335}	kʰiʊ^{423}	ȵiʊ^{224}	ei^{224}
21 新登	tɕy^{334}	tɕʰy^{45}	kəu^{53}	kəu^{334}	kəu^{45}	kʰəu^{334}	əu^{334}	əu^{13}
22 桐庐	tsei^{33}	tsʰei^{35}	kei^{533}	kei^{33}	kei^{35}	kʰei^{33}	ŋei^{33}	ei^{24}
23 分水	tsɵ^{53}	tsʰɵ^{24}	kɵ^{44}	kɵ^{53}	kɵ^{24}	kʰɵ^{53}	ŋɵ^{53}	xɵ^{13}
24 绍兴	tsɤ^{334}	tsʰɤ^{33}	kɤ^{53}	kɤ^{334}	kɤ^{33}	kʰɤ^{334}	ŋɤ^{223}	ɤ^{22}
25 上虞	tsɤ^{35}	tsʰɤ^{53}	kɤ^{35}	kɤ^{35}	kɤ^{53}	kʰɤ^{35}	ȵiɤ^{213}	ɤ^{213}

续表

方言点	0337 走	0338 凑	0339 钩	0340 狗	0341 够	0342 口	0343 藕	0344 后 前~
	流开一上侯精	流开一去侯清	流开一平侯见	流开一上侯见	流开一去侯见	流开一上侯溪	流开一上侯疑	流开一上侯匣
26 嵊州	tɕiɣ⁵³	tɕʰiɣ³³⁴	kɣ⁵³⁴	kɣ⁵³	kɣ³³⁴	kʰɣ⁵³	ȵiɣ²²	ɣ²⁴
27 新昌	tɕiɯ⁴⁵³	tɕʰiɯ³³⁵	tɕiɯ⁵³⁴白 kiɯ⁵³⁴文	tɕiɯ⁴⁵³白 kiɯ⁴⁵³文	tɕiɯ³³⁵白 kiɯ³³⁵文	tɕʰiɯ⁴⁵³白 kʰiɯ⁴⁵³文	ȵiɯ²³²	iɯ²³²
28 诸暨	tsei⁴²	tsʰei⁵⁴⁴	kiʉ⁵⁴⁴	kiʉ⁴²	kiʉ⁵⁴⁴	kʰiʉ⁴²	niʉ⁴²	iʉ²⁴²
29 慈溪	tsø³⁵	tsʰø⁴⁴	kø³⁵	kø³⁵	kø⁴⁴	kʰø³⁵	ȵiø¹³韵殊	ø¹³
30 余姚	tsø³⁴	tsʰø⁵³	kø⁴⁴	kø³⁴	kø⁵³	kʰø³⁴	ȵiø¹³	ø¹³
31 宁波	tsœɣ³⁵	tsʰœɣ⁴⁴	kœɣ⁵³	ki³⁵黄~ kœɣ³⁵ ~腿子	kœɣ⁴⁴	kʰœɣ³⁵	ŋœɣ¹³	œɣ¹³
32 镇海	tsei³⁵	tsʰei⁵³~数	kei⁵³	kei³⁵	kei⁵³	kʰei³⁵	ŋei²⁴	ei²⁴
33 奉化	tsæi⁵⁴⁵	tsʰæi⁵³读字	kæi⁴⁴	kæi⁵⁴⁵	kæi⁵³	kʰæi⁵⁴⁵	æi³²⁴	æi³²⁴
34 宁海	tseu⁵³	tsʰeu³⁵	kiu⁴²³	kiu⁵³	kiu³⁵	kʰiu⁵³	ȵiu³¹	eu³¹
35 象山	tsɣɯ⁴⁴	tsʰɣɯ⁵³	kɣɯ⁴⁴	kɣɯ⁴⁴	kɣɯ⁵³	kʰɣɯ⁴⁴	ŋɣɯ⁵³	ɣɯ³¹
36 普陀	tseu⁴⁵	tsʰeu⁵⁵	keu⁵³	keu⁴⁵	keu⁵⁵	kʰeu⁴⁵	ŋeu²³	eu²³
37 定海	tseɐi⁴⁵	tsʰeɐi⁴⁴	keɐi⁵²	keɐi⁴⁵	keɐi⁴⁴	kʰeɐi⁴⁵	ŋeɐi²³	eɐi²³
38 岱山	tsœɣ³²⁵	tsʰœɣ⁴⁴	kœɣ⁵²	kœɣ³²⁵	kœɣ⁴⁴	kʰœɣ³²⁵	ŋœɣ²⁴⁴	œɣ²³
39 嵊泗	tsœɣ⁴⁴⁵	tsʰœɣ⁵³	kœɣ⁵³	kœɣ⁴⁴⁵	kœɣ⁵³	kʰœɣ⁴⁴⁵	ŋœɣ⁴⁴⁵	œɣ³³⁴
40 临海	tsə⁵²	tsʰə⁵⁵	kə³¹	kə⁵²	kə⁵⁵	kʰə⁵²	ŋə⁵²	ə⁵²
41 椒江	tɕio⁴²	tɕʰio⁵⁵	tɕio⁴²	tɕio⁴²	tɕio⁵⁵	tɕʰio⁴²	ȵio⁴²	io⁴²
42 黄岩	tɕio⁴²	tɕʰio⁵⁵	tɕio³²	tɕio⁴²	tɕio⁵⁵	tɕʰio⁴²	ȵio⁴²	io⁴²
43 温岭	tsɣ⁴²	tsʰɣ⁵⁵	tɕiɣ³³	tɕiɣ⁴²	tɕiɣ⁵⁵	tɕʰiɣ⁴²	ȵiɣ⁴²	iɣ⁴²
44 仙居	tsəɯ³²⁴	tsʰəɯ⁵⁵	kəɯ³³⁴	kəɯ³²⁴	kəɯ⁵⁵	kʰəɯ³²⁴	ŋəɯ³²⁴	əɯ³²⁴
45 天台	tseu³²⁵	tsʰeu⁵⁵	keu⁵⁵动 keu³³名	keu³²⁵	keu⁵⁵	kʰeu³²⁵	ŋeu²¹⁴	eu²¹⁴
46 三门	tsɣɯ³²⁵	tsʰɣɯ⁵⁵	kɣɯ⁵²	kɣɯ³²⁵	kɣɯ⁵⁵	kʰɣɯ³²⁵	ŋɣɯ³²⁵	ɣɯ²¹³
47 玉环	tɕiɣ⁵³	tɕʰiɣ⁵⁵	kiɣ⁴²	kiɣ⁵³	kiɣ⁵⁵	kʰiɣ⁵³	ȵiɣ⁵³	iɣ⁵³

续表

方言点	0337 走	0338 凑	0339 钩	0340 狗	0341 够	0342 口	0343 藕	0344 后前~
	流开一上侯精	流开一去侯清	流开一平侯见	流开一上侯见	流开一去侯见	流开一上侯溪	流开一上侯疑	流开一上侯匣
48 金华	tɕiu^{535}	tɕʰiu^{55}	kiu^{334}	kiu^{535}	kiu^{55}	kʰiu^{535}	eu^{535}	eu^{535}
49 汤溪	tsəɯ^{535}	tsʰəɯ^{52}	kɯŋ^{24}小	kɯ^{535}	kɯ^{52}	kʰɯ^{535}又 kʰəɯ^{535}又	əɯ^{113}	əɯ^{113}
50 兰溪	tsəɯ^{55}	tsʰəɯ^{45}	kəɯ^{334}	kəɯ^{55}	kəɯ^{45}	kʰəɯ^{55}	əɯ^{55}	əɯ^{55}
51 浦江	tsɤ^{53}	tsʰɤ^{55}	kɤ^{534}	kɤ^{53}	kɤ^{55}	kʰɤ^{53}	ŋɤ^{243}	ɤ^{243}
52 义乌	tsɐɯ^{423}	tsʰɐɯ^{45}	kɐɯ^{335}	kɐɯ^{423}	kɐɯ^{45}	kʰɐɯ^{423}	ɐɯ^{312}	ɐɯ^{312}
53 东阳	（无）	tsʰəɯ^{453}	kəɯ^{334}	kəɯ^{44}	kəɯ^{453}	kʰəɯ^{44}	ŋəɯ^{231}	əɯ^{231}
54 永康	tsəɯ^{334}	tsʰəɯ^{52}	kəɯ^{55}	kəɯ^{334}	kəɯ^{52}	kʰəɯ^{334}	ŋəɯ^{113}	əɯ^{113}
55 武义	（无）	tsʰɑu^{53}	kɑu^{24}	kɑu^{445}	kɑu^{53}	kʰɑu^{445}	ŋɑu^{445}	ɑu^{13}
56 磐安	tsɐɯ^{334}	tsʰɐɯ^{52}	kɐɯ^{445}	kɐɯ^{334}	kɐɯ^{52}	kʰɐɯ^{334}	ŋɐɯ^{334}	ɐɯ^{334}
57 缙云	tɕiuŋ^{51}	tɕʰiuŋ^{453}	kɤ^{44}	kɤ^{51}	kɤ^{453}	kʰɤ^{51}	n̠iəɤ^{31}	əɤ^{31}
58 衢州	tse^{35}	tsʰe^{53}	kɯ^{32}	kɯ^{35}	kɯ^{53}	kʰɯ^{35}	ŋɯ^{231}	ɯ^{231}
59 衢江	（无）	tɕʰy^{53}	ky^{33}	ku^{25}	ky^{53}	kʰy^{25}	n̠y^{212}又 ŋy^{212}又	u^{212}
60 龙游	tsəɯ^{35}	tsʰəɯ^{51}	kəɯ^{334}	kəɯ^{35}	kɔɯ^{51}	kʰəɯ^{35}	ŋəɯ^{224}	əɯ^{224}
61 江山	tsɐɯ^{241}	tsʰɯ^{51}	ku^{44}鱼~ kɯ^{44}挂~	ku^{241}黄~ kɯ^{241}走~	kɯ^{51}	kʰu^{241}水~ kʰɯ^{241}人~	ŋɯ^{22}	u^{22}
62 常山	tɕiu^{52}	tɕʰiu^{324}	ku^{44}钓~ tɕiu^{44}瓢~	ku^{52}	tɕiu^{324}	tɕʰy^{52}~音 kʰɤ^{52}~才	n̠iu^{24}	u^{24}
63 开化	tsɯ^{53}	tsʰɯ^{412}	kɯ^{44}	ku^{53}白 kɯ^{53}文	kɯ^{412}	kʰu^{53}白 kʰɯ^{53}文	ŋɯ^{213}	u^{213}
64 丽水	tsəɯ^{544}	tsʰəɯ^{52}	kɯ^{224}	kɯ^{544}	kɯ^{52}	kʰɯ^{544}	ŋəɯ^{544}	əɯ^{544}
65 青田	tsæi^{454}	tsʰæi^{33}	kæi^{445}	kæi^{454}	kæi^{33}	kʰæi^{454}	ŋæi^{454}	æi^{454}
66 云和	tsəɯ^{41}	tsʰəɯ^{45}	kəɯ^{24}	kəɯ^{41}	kəɯ^{45}	kʰəɯ^{41}人~ kʰu^{41}~嘴	ŋəɯ^{41}	u^{41}韵殊
67 松阳	tsei^{212}	tsʰei^{24}	kei^{53}	kei^{212}	kei^{24}	kʰei^{212}	ŋei^{13}调殊	u^{22}
68 宣平	tsəɯ^{445}	tsʰəɯ^{52}	kɯ^{324}	kɯ^{445}	kɯ^{52}	kʰɯ^{445}	ŋɔ^{223}韵殊	əɯ^{223}

续表

方言点	0337 走	0338 凑	0339 钩	0340 狗	0341 够	0342 口	0343 藕	0344 后 前~
	流开一 上侯精	流开一 去侯清	流开一 平侯见	流开一 上侯见	流开一 去侯见	流开一 上侯溪	流开一 上侯疑	流开一 上侯匣
69 遂昌	tsu^{533}	tsʰu^{334}	kɤɯ^{45}	kɤɯ^{533}	ku^{334}	kʰu^{533}	ŋɤɯ^{13}	u^{13}
70 龙泉	tɕiəu^{51}	tɕʰiəu^{45}	kiəu^{434}	kiəu^{51}	kiəu^{45}	kʰiəu^{51}	ȵiəu^{51}	u^{51}白 ɛu^{51}文
71 景宁	tsəɯ^{33}	tsʰəɯ^{35}	kəɯ^{324}	kəɯ^{33}	kəɯ^{35}	kʰəɯ^{33}人~ kʰu^{33}~嘴	ŋəɯ^{33}	u^{33}韵殊
72 庆元	tsɐɯ^{33}	tsʰɐɯ^{11}	kɐɯ^{335}	kɐɯ^{33}	kɐɯ^{11}	kʰɐɯ^{33}	ŋɐɯ^{221}	u^{221}
73 泰顺	tsəu^{55}	tsʰəu^{35}	kəu^{213}	kəu^{55}	kəu^{35}	kʰəu^{55}	ŋəu^{55}	əu^{55}
74 温州	tsau^{25}	tsʰau^{51}	kau^{33}	kau^{25}	kau^{51}	kʰau^{25}	ŋau^{14}	au^{14}
75 永嘉	tsau^{45}	tsʰau^{53}	kau^{44}	kau^{45}	kau^{53}	kʰau^{45}	ŋau^{13}	au^{13}
76 乐清	tɕiau^{35}	tɕʰiau^{41}	kau^{44}	kau^{35}	kau^{41}	kʰau^{35}	ŋau^{24}	au^{24}
77 瑞安	tsau^{35}	tsʰau^{53}	kau^{44}	kau^{35}	kau^{53}	kʰau^{35}	ŋau^{13}	au^{13}
78 平阳	tʃau^{45}	tʃʰau^{53}	kau^{55}	kau^{45}	kau^{53}	kʰau^{45}	ŋau^{45}	au^{45}
79 文成	tʃau^{45}	tʃʰau^{33}	kau^{55}	kau^{45}	kau^{33}	kʰau^{45}	ŋau^{224}	au^{224}
80 苍南	tsau^{53}	tsʰau^{42}	kau^{44}	kau^{53}	kau^{42}	kʰau^{53}	ŋau^{53}	au^{53}
81 建德徽	tsɤɯ^{213}	tsʰɤɯ^{33}	kɤɯ^{53}	kɤɯ^{213}	kɤɯ^{33}	kʰɤɯ^{213}	ŋɤɯ^{213}	hɤɯ^{213}
82 寿昌徽	tsəɯ^{24}~狗	tsʰəɯ^{33}	kəɯ^{112}	kəɯ^{24}	kəɯ^{33}	kʰəɯ^{24}	ŋəɯ^{534}	xəɯ^{534}
83 淳安徽	tsɯ^{55}	tsʰɯ^{24}	kɯ^{24}	kɯ^{55}	kɯ^{24}	kʰɯ^{55}	ɯ^{55}	hɯ^{55}
84 遂安徽	tsəɯ^{213}	tɕʰiu^{43}	kəɯ^{534}	kəɯ^{213}	kəɯ^{43}	kʰəɯ^{213}	əɯ^{43}	xəɯ^{43}
85 苍南闽	tsau^{43}	tsʰau^{21}	kau^{55}	kau^{43}	kau^{21}	kʰau^{43}	ŋãũ^{43}	au^{32}
86 泰顺闽	tsau^{344}	tsʰeu^{53}	kau^{213}	keu^{344}	keu^{53}	kʰeu^{344}	ŋeu^{344}	au^{31}
87 洞头闽	tsau^{53}	tsʰau^{21}	kau^{33}	kau^{53}	kau^{21}	kʰau^{53}	ŋãũ^{113}调殊	au^{21}
88 景宁畲	tsau^{325}	tɕʰiəu^{44}	kau^{44}	kau^{325}	kəu^{44}	kʰiəu^{325}	ŋəu^{22}	xiəu^{51}

方言点	0345 厚 流开一上侯匣	0346 富 流开三去尤非	0347 副 流开三去尤敷	0348 浮 流开三平尤奉	0349 妇 流开三上尤奉	0350 流 流开三平尤来	0351 酒 流开三上尤精	0352 修 流开三平尤心
01 杭州	ei¹³	fu⁴⁵	fu⁴⁵	vei²¹³	vu¹³	ly²¹³	tɕy⁵³	ɕy³³⁴
02 嘉兴	ei¹¹³	fu²²⁴	fu²²⁴	vu²⁴²	vu¹¹³	liu²⁴²	tɕiu⁵⁴⁴	ɕiu⁴²
03 嘉善	ə¹¹³	fu⁴⁴	fu³³⁴	və¹³²	vu¹¹³	liə¹³²	tɕiə⁴⁴	ɕiə⁵³
04 平湖	əɯ²¹³	fu³³⁴	fu³³⁴	vəɯ³¹	vu²¹³	liəɯ³¹	tsiəɯ⁴⁴	siəɯ⁵³
05 海盐	e⁴²³	fu³³⁴	fu³³⁴	u³¹	u²¹³	le³¹	tse⁴²³	se⁵³
06 海宁	əɯ²³¹	fu³⁵	fu³⁵	vu¹³	vu¹³	ləɯ¹³	tsəɯ⁵³	səɯ⁵⁵
07 桐乡	ɤɯ²⁴²	fu³³⁴	fu³³⁴	u¹³	u²¹³	lɤɯ¹³	tsɤɯ⁵³	sɤɯ⁴⁴
08 崇德	ɤɯ⁵³	fu³³⁴	fu³³⁴	vu¹³	vu¹³	lɤɯ¹³	tsɤɯ⁵³	sɤɯ⁴⁴
09 湖州	øʉ⁵²³	fu³⁵	fu³⁵	vu¹¹²	vu²⁴	løʉ¹¹²	tɕiʉ⁵²³	ɕiʉ⁴⁴
10 德清	øʉ⁵²	fu³³⁴	fu³³⁴	vu¹¹³	vu¹⁴³	løʉ¹¹³	tɕiʉ⁵²	ɕiʉ⁴⁴
11 武康	ø²⁴²	fu²²⁴	fu²²⁴	u¹¹³	u¹¹³	lø¹¹³	tɕiø⁵³	ɕiø⁴⁴
12 安吉	əɿ⁵²	fu³²⁴	fu³²⁴	vu²²	vu²⁴³	ləɿ²²	tɕiu⁵²	ɕiu⁵⁵
13 孝丰	gəɿ²⁴³ 白 əɿ⁵² 文	fu³²⁴	fu³²⁴	vu²²	vu²⁴³	liu²²	tɕiu⁵²	ɕiu⁴⁴
14 长兴	gei²⁴³	fu³²⁴	fu³²⁴	vu¹²	vu²⁴	lei¹²	tʃiɤ⁵²	ʃiɤ⁴⁴
15 余杭	øɤ⁵³	fu⁴²³	fu⁴²³	vu²²	vu²⁴³	løɤ²²	tsøɤ⁵³	søɤ⁴⁴
16 临安	gə³³	fu⁵⁵	fu⁵⁵	vu³³	vu³³	lyœ³³	tɕyœ⁵⁵	ɕyœ⁵⁵
17 昌化	gi²⁴³ 白 ei²⁴³ 文	fu⁵⁴⁴	fu⁵⁴⁴	vu¹¹²	vu²⁴³	li¹¹²	tɕi⁴⁵³	ɕi³³⁴
18 於潜	giəu²⁴	fu³⁵	fu³⁵	vu²²³	vu²⁴	liəu²²³	tɕiəu⁵¹	ɕiəu⁴³³
19 萧山	io¹³	fu⁴²	fu⁴²	vio³⁵⁵	vu²⁴²	lio³⁵⁵	tɕio³³	ɕio⁵³³
20 富阳	ei²²⁴	fu³³⁵	fu³³⁵	vu¹³	vu²²⁴	lei¹³	tɕiʊ⁴²³	ɕiʊ⁵³
21 新登	gəu¹³	fu⁴⁵	fu⁴⁵	vu²³³	vu¹³	ləu²³³	tɕy³³⁴	ɕy⁵³
22 桐庐	gei²⁴	fu³⁵	fu³⁵	vu¹³	vu²⁴	liəu¹³	tɕiəu³³	ɕiəu⁵³³
23 分水	gə¹³	fu²⁴	fu²⁴	xu²²	bu¹³	liɤ²²	tɕiɤ⁵³	ziɤ⁴⁴
24 绍兴	ɤ²²³	fu³³	fu³³	vɤ²³¹	u²²³	liɤ²³¹	tɕiɤ³³⁴	ɕiɤ⁵³
25 上虞	ɤ²¹³	fu⁵³	fu⁵³	vɤ²¹³	vu²¹³	iɤ²¹³	tɕiɤ³⁵	ɕiɤ³⁵

方言点	0345 厚 流开一 上侯匣	0346 富 流开三 去尤非	0347 副 流开三 去尤敷	0348 浮 流开三 平尤奉	0349 妇 流开三 上尤奉	0350 流 流开三 平尤来	0351 酒 流开三 上尤精	0352 修 流开三 平尤心
26 嵊州	gɤ²²	fu³³⁴	fu³³⁴	u²¹³	u²⁴	liɤ²¹³	tɕiɤ⁵³	ɕiɤ⁵³⁴
27 新昌	dzɿu²³²白 giɯ²³²文	fu³³⁵	fu³³⁵	u²²	u²³²	liɯ²²	tɕiɯ⁴⁵³	ɕiɯ⁵³⁴
28 诸暨	giɐ²⁴²	fu⁵⁴⁴	fu⁵⁴⁴	vu¹³	vu²⁴²	liɐ¹³	tɕiɐ⁴²	ɕiɐ⁵⁴⁴
29 慈溪	ø¹³	fu⁴⁴	fu⁴⁴	vu¹³	vu¹³	liø¹³	tɕiø³⁵	ɕiø³⁵
30 余姚	ø¹³	fu⁵³	fu⁵³	vø¹³又 vu¹³又	vu¹³	liø¹³	tɕiø³⁴	ɕiø⁴⁴
31 宁波	œɤ¹³	fu⁴⁴	fu⁴⁴	vœɤ¹³~桥 vu¹³~上来	vu¹³	liɤ¹³	tɕiɤ³⁵	ɕiɤ⁵³
32 镇海	ei²⁴	fu⁵³	fu⁵³	vu²⁴	vu²⁴	liu²⁴	tɕiu³⁵	ɕiu⁵³
33 奉化	æi³²⁴	fu⁵³	fu⁵³	vu³³	vu³²⁴调殊	liɤ³³	tɕiɤ⁵⁴⁵	ɕiɤ⁴⁴
34 宁海	eu³¹	fu³⁵	fu³⁵	vu²¹³~桥	vu³¹	liu²¹³	tɕiu⁵³	ɕiu⁴²³
35 象山	ɤɯ³¹	fu⁵³	fu⁵³	vu³¹	vu³¹	liu¹³	tɕiu⁴⁴	ɕiu⁴⁴
36 普陀	eu²³	fu⁵⁵	fu⁵⁵	vu²⁴	vu²³	lieu²⁴	tɕieu⁴⁵	ɕieu⁵³
37 定海	ɐi²³	fu⁴⁴	fu⁴⁴	u²³~瓢 vɐi²³~尸	vu²³	liɤ²³	tɕiɤ⁴⁵	ɕiɤ⁵²
38 岱山	œɤ²³调殊	fu⁴⁴	fu⁴⁴	vœɤ²³~尸 vu²³~瓢	vu²³	liɤ²³	tɕiɤ³²⁵	ɕiɤ⁵²
39 嵊泗	œɤ²⁴³	fu⁵³	fu⁵³	vœɤ²⁴³~尸 vu²⁴³~来	vu²⁴³	liɤ²⁴³	tɕiɤ⁴⁴⁵	ɕiɤ⁵³
40 临海	ə⁵²	fu⁵⁵	fu⁵⁵	və²¹又 vu²¹又	vu²¹	liu²¹	kiu⁵²	hiu³¹
41 椒江	dzio³¹白 io⁴²文	fu⁵⁵	fu⁵⁵	vu³¹	vu³¹	liu³¹	tɕiu⁴²	ɕiu⁴²
42 黄岩	dzio¹²¹白 io⁴²文	fu⁵⁵	fu⁵⁵	vu¹²¹	vu¹²¹	liu¹²¹	tɕiu⁴²	ɕiu³²
43 温岭	dziɤ³¹白 iɤ⁴²文	fu⁵⁵	fu⁵⁵	vu³¹	vu³¹	liu³¹	tɕiu⁴²	ɕiu³³
44 仙居	gəɯ²¹³	fu⁵⁵	fu⁵⁵	vu²¹³	u²¹³新~ vu²¹³~女	ləɯ²¹³	tɕiəɯ³²⁴	ɕiəɯ³³⁴
45 天台	eu²¹⁴	fu⁵⁵	fu⁵⁵	vu²²⁴	vu²¹⁴	liu²²⁴	tɕiu³²⁵	ɕiu³³

续表

方言点	0345 厚 流开一 上侯匣	0346 富 流开三 去尤非	0347 副 流开三 去尤敷	0348 浮 流开三 平尤奉	0349 妇 流开三 上尤奉	0350 流 流开三 平尤来	0351 酒 流开三 上尤精	0352 修 流开三 平尤心
46 三门	$\gamma\mathrm{w}^{213}$	fu^{55}	fu^{55}	$\mathrm{v}\gamma\mathrm{w}^{113}$	vu^{243}	$\mathrm{l}\gamma\mathrm{w}^{113}$	$\mathrm{tɕiu}^{325}$	$\mathrm{ɕiu}^{334}$
47 玉环	$\mathrm{giɤ}^{41}$	fu^{55}	fu^{55}	vu^{31}	vu^{31}	liu^{31}	$\mathrm{tɕiu}^{53}$	$\mathrm{ɕiu}^{42}$
48 金华	kiu^{535}	fu^{55}	fu^{55}	vu^{313}	fu^{535}新～ vu^{14}～女	liu^{313}	$\mathrm{tɕiu}^{535}$	$\mathrm{ɕiu}^{334}$
49 汤溪	gw^{113}	fu^{52}	fu^{52}	vu^{11}	vu^{113}	$\mathrm{ləw}^{11}$	$\mathrm{tsəw}^{535}$	$\mathrm{səw}^{24}$
50 兰溪	$\mathrm{kəw}^{55}$	fu^{45}	fu^{45}	vu^{21}	vu^{24}	$\mathrm{ləw}^{21}$	$\mathrm{tsəw}^{55}$	$\mathrm{ɕiəw}^{334}$
51 浦江	$\mathrm{gɤ}^{243}$	fu^{55}	fu^{55}	vu^{113}	vu^{243}	$\mathrm{lɤ}^{113}$	$\mathrm{tsiɤ}^{53}$	$\mathrm{ɕiɤ}^{534}$
52 义乌	$\mathrm{gɛw}^{312}$	fu^{45}	fu^{45}	bu^{213}白 vu^{213}文	bu^{312}白 vu^{312}文	$\mathrm{lɛw}^{213}$	$\mathrm{tsɛw}^{423}$	$\mathrm{sɛw}^{335}$
53 东阳	$\mathrm{gəw}^{231}$	fu^{453}	fu^{453}	u^{213}	u^{231}	$\mathrm{liəw}^{213}$	$\mathrm{tɕiəw}^{44}$	$\mathrm{ɕiəw}^{334}$
54 永康	$\mathrm{gəu}^{113}$	fu^{52}	fu^{52}	vu^{22}	vu^{113}	$\mathrm{liəu}^{22}$	$\mathrm{tɕiəu}^{334}$	$\mathrm{ɕiəu}^{55}$
55 武义	$\mathrm{gɑu}^{13}$	fu^{53}	fu^{53}	$\mathrm{vɑu}^{324}$	vu^{231}	$\mathrm{liəu}^{324}$	$\mathrm{tɕiəu}^{445}$	$\mathrm{ɕiəu}^{24}$
56 磐安	$\mathrm{kɐw}^{334}$	fu^{52}	fu^{52}	vu^{213}	fu^{334}	$\mathrm{liɐw}^{213}$	$\mathrm{tɕiɐw}^{334}$	$\mathrm{ɕiɐw}^{445}$
57 缙云	$\mathrm{gɤ}^{31}$	fu^{453}	fu^{453}	vu^{243}	vu^{31}	$\mathrm{liuŋ}^{243}$	$\mathrm{tɕiuŋ}^{51}$	$\mathrm{ɕiuŋ}^{44}$
58 衢州	w^{231}	fu^{53}	fu^{53}	vu^{21}	vu^{231}	le^{21}	$\mathrm{tɕiu}^{35}$	$\mathrm{ɕiu}^{32}$
59 衢江	gu^{212}	fu^{53}	$\mathrm{fɤ}^{53}$白 fu^{53}文	$\mathrm{vɤ}^{212}$	vu^{212}	ly^{212}	$\mathrm{tɕy}^{25}$	$\mathrm{ɕy}^{33}$
60 龙游	$\mathrm{gəw}^{224}$	fu^{51}	fu^{51}	vu^{21}	vu^{224}	$\mathrm{ləw}^{21}$	$\mathrm{tɕiəw}^{35}$	$\mathrm{ɕiəw}^{334}$
61 江山	gu^{22}白 w^{22}文	$\mathrm{fə}^{51}$	$\mathrm{fə}^{51}$	$\mathrm{və}^{213}$	$\mathrm{və}^{22}$	lu^{213}	$\mathrm{tɕyə}^{241}$	su^{44}
62 常山	gu^{24}	$\mathrm{fuə}^{324}$～人 fu^{324}人名	$\mathrm{fuə}^{324}$	$\mathrm{vuə}^{341}$	$\mathrm{uə}^{52}$新～ vu^{24}寡～	liu^{131}～下 liu^{52}～泯	$\mathrm{tsuə}^{52}$	$\mathrm{ɕiu}^{44}$
63 开化	gu^{213}白 xw^{213}文	fuo^{412}白 fu^{412}文	fuo^{412}白 fu^{412}文	vuo^{231}	vuo^{213}白 vu^{213}文	lu^{213}白 liu^{231}文	$\mathrm{tɕiʊ}^{53}$	$\mathrm{ɕiʊ}^{44}$
64 丽水	guw^{22}	fu^{52}	fu^{52}	vu^{22}	vu^{22}	$\mathrm{liəw}^{22}$	$\mathrm{tɕiəw}^{544}$	$\mathrm{ɕiəw}^{224}$
65 青田	$\mathrm{gæi}^{343}$	fu^{33}	fu^{33}	$\mathrm{væi}^{21}$	vu^{454}	leu^{21}	$\mathrm{tɕieu}^{454}$	$\mathrm{ɕieu}^{445}$
66 云和	$\mathrm{gəw}^{231}$	fu^{45}	fu^{45}	vu^{312}	vu^{231}	$\mathrm{liəw}^{312}$	$\mathrm{tɕiəw}^{41}$	$\mathrm{ɕiəw}^{24}$
67 松阳	gu^{22}	$\mathrm{fuə}^{24}$	$\mathrm{fuə}^{24}$	$\mathrm{vuə}^{31}$	$\mathrm{vuə}^{22}$	lei^{31}	$\mathrm{tɕiw}^{212}$	$\mathrm{ɕiw}^{53}$

续表

方言点	0345 厚 流开一 上侯匣	0346 富 流开三 去尤非	0347 副 流开三 去尤敷	0348 浮 流开三 平尤奉	0349 妇 流开三 上尤奉	0350 流 流开三 平尤来	0351 酒 流开三 上尤精	0352 修 流开三 平尤心
68 宣平	$gu\mɯ^{223}$	fu^{52}	fu^{52}	vu^{433}	vu^{223}	$li\mɯ^{433}$	$tɕi\mɯ^{445}$	$ɕi\mɯ^{324}$
69 遂昌	gu^{13}	$fuə^{334}$	$fuə^{334}$	$vuə^{221}$	$vuə^{13}$	$li\mɯ^{221}$	$tɕi\mɯ^{533}$	$ɕi\mɯ^{45}$
70 龙泉	ku^{51}白 $ɛu^{51}$文	$fɤ\mɯ^{45}$	$fɤ\mɯ^{45}$	$vɤ\mɯ^{21}$	$fɤ\mɯ^{51}$	$liəu^{21}$	$tɕiəu^{51}$	$ɕiəu^{434}$
71 景宁	$kə\mɯ^{33}$	fu^{35}	fu^{35}	vu^{41}	vu^{33}	$liə\mɯ^{41}$	$tɕiə\mɯ^{33}$	$ɕiə\mɯ^{324}$
72 庆元	ku^{221}	$fɤ^{11}$	$fɤ^{11}$	$fɤ^{52}$	$fɤ^{221}$	$li\mɯ^{52}$	$tɕi\mɯ^{33}$	$ɕi\mɯ^{335}$
73 泰顺	$kəu^{21}$	$fø^{35}$	$fø^{35}$	$uø^{53}$	$uø^{21}$	$liəu^{53}$	$tɕiəu^{55}$	$ɕiəu^{213}$
74 温州	gau^{14}	$fø^{51}$	$fø^{51}$	$vɜ^{31}$	$vø^{14}$	$lɤu^{31}$	$tɕiɤu^{25}$	$ɕiɤu^{33}$
75 永嘉	gau^{13}	fu^{53}	fu^{53}	u^{31}	u^{13}	$ləu^{31}$	$tɕiəu^{45}$	$ɕiəu^{44}$
76 乐清	gau^{24}白 $ɦiau^{24}$文	fu^{41}	fu^{41}	vu^{31}	vu^{24}	liu^{31}	$tɕiu^{35}$	siu^{44}
77 瑞安	gau^{13}	$fʏ^{53}$	$fʏ^{53}$	$vɛ^{31}$	$ʏ^{13}$	lou^{31}	$tsou^{35}$	sou^{44}
78 平阳	gau^{23}	fu^{53}	fu^{53}	$vɛ^{242}$白 vu^{242}文	vu^{23}	$lɛu^{242}$	$tʃɛu^{45}$	$sɛu^{55}$
79 文成	gau^{224}	fu^{33}	fu^{33}	vu^{113}	vu^{224}	$liou^{113}$	$tɕiou^{45}$	$ɕiou^{55}$
80 苍南	gau^{24}	hu^{42}	hu^{42}	u^{31}	u^{24}	$lɛu^{31}$	$tsɛu^{53}$	$sɛu^{44}$
81 建德徽	$hɤ\mɯ^{213}$	fu^{33}	fu^{33}	fu^{33}	fu^{213}	$liɤ\mɯ^{33}$	$tɕiɤ\mɯ^{213}$	$ɕiɤ\mɯ^{53}$
82 寿昌徽	$kʰə\mɯ^{534}$	fu^{33}	fu^{33}	fu^{52}	fu^{24}文	$liə\mɯ^{52}$	$tɕiə\mɯ^{24}$	$ɕiə\mɯ^{112}$
83 淳安徽	$kʰ\mɯ^{55}$白 $h\mɯ^{55}$文	fa^{24}白 fu^{24}文	fa^{24}白 fu^{53}文	fa^{435}	fa^{24}	$l\mɯ^{435}$	$tɕi\mɯ^{55}$	$ɕi\mɯ^{24}$
84 遂安徽	$xə\mɯ^{52}$	fu^{43}	fu^{43}	fu^{33}	fu^{52}	liu^{33}	$tɕiu^{213}$	$ɕiu^{534}$
85 苍南闽	au^{32}	hu^{21}	hu^{21}	$pʰu^{24}$	$pɔ^{32}$白 hu^{32}文	lau^{24}	$tɕiu^{43}$	$ɕiu^{55}$
86 泰顺闽	kau^{31}	fv^{53}	fv^{53}	$pʰu^{22}$	pu^{31}白 fv^{31}文	lau^{22}	$tɕiøu^{344}$	$ɕiøu^{213}$
87 洞头闽	kau^{21}	hu^{21}	hu^{21}	$pʰu^{113}$	$pɔ^{53}$白 hu^{21}文	lau^{113}	$tɕiu^{53}$	$ɕiu^{33}$
88 景宁畲	kau^{51}	fu^{44}	fu^{44}	fu^{22}	fu^{51}	$liəu^{22}$	$tɕiəu^{325}$	$ɕiəu^{44}$

方言点	0353 袖	0354 抽	0355 绸	0356 愁	0357 瘦	0358 州	0359 臭 香~	0360 手
	流开三 去尤邪	流开三 平尤彻	流开三 平尤澄	流开三 平尤崇	流开三 去尤生	流开三 平尤章	流开三 去尤昌	流开三 上尤书
01 杭州	dʑy¹³	tsʰei³³⁴	dzei²¹³	zei²¹³	sei⁴⁵	tsei³³⁴	tsʰei⁴⁵	sei⁵³
02 嘉兴	dʑiu¹¹³	tsʰei⁴²	zei²⁴²	zei²⁴²	sei²²⁴	tsei⁴²	tsʰei²²⁴	sei⁵⁴⁴
03 嘉善	dʑiə¹¹³	tsʰə⁵³	zə¹³²	zə¹³²	sə³³⁴	tsə⁵³	tsʰə³³⁴	sə⁴⁴
04 平湖	ziɯ²¹³	tsʰəɯ⁵³	zəɯ³¹	zəɯ³¹	səɯ³³⁴	tsəɯ⁵³	tsʰəɯ²¹³	səɯ⁴⁴
05 海盐	ze²¹³	tsʰe⁵³	ze³¹	ze³¹	se³³⁴	tse⁵³	tsʰe³³⁴	se⁴²³
06 海宁	zəɯ¹³	tsʰəɯ⁵⁵	zəɯ¹³	zəɯ¹³	səɯ³⁵	tsəɯ⁵⁵	tsʰəɯ³⁵	səɯ⁵³
07 桐乡	zɤɯ²¹³	tsʰɤɯ⁴⁴	zɤɯ¹³	zɤɯ¹³	sɤɯ³³⁴	tsɤɯ⁴⁴	tsʰɤɯ³³⁴	sɤɯ⁵³
08 崇德	zɤɯ¹³	tsʰɤɯ⁴⁴	zɤɯ¹³	zɤɯ¹³	sɤɯ³³⁴	tsɤɯ⁴⁴	tsʰɤɯ³³⁴	sɤɯ⁵³
09 湖州	ziʉ²⁴	tɕʰiʉ⁴⁴	dʑiʉ¹¹²	dʑiʉ¹¹²	ɕiʉ³⁵	tɕiʉ⁴⁴	tɕʰiʉ³⁵	ɕiʉ⁵²³
10 德清	dʑiʉ¹¹³	tɕʰiʉ⁴⁴	dʑiʉ¹¹³	dʑiʉ¹¹³	ɕiʉ³³⁴	tɕiʉ⁴⁴	tɕʰiʉ³³⁴	ɕiʉ⁵²
11 武康	ziø¹¹³	tsʰø⁴⁴	dzø¹¹³	zø¹¹³	sø²²⁴	tsø²²⁴ 调殊	tɕʰiø²²⁴	sø⁵³
12 安吉	ziu²¹³	tsʰəɿ⁵⁵	dzəɿ²²	zəɿ²²	səɿ³²⁴	tsəɿ⁵⁵	tsʰəɿ³²⁴	səɿ⁵²
13 孝丰	ziu²¹³	tsʰəɿ⁴⁴	dzəɿ²²	zəɿ²²	səɿ³²⁴	tsəɿ⁴⁴	tsʰəɿ³²⁴	səɿ⁵²
14 长兴	ʒiɤ²⁴	tsʰei⁴⁴	dzei¹²	dzei¹²	sei³²⁴	tsei⁴⁴	tsʰei³²⁴	sei⁵²
15 余杭	zøɤ²¹³	tsʰøɤ⁴⁴	zøɤ²²	zøɤ⁴²³	søɤ⁴²³	tsøɤ⁴⁴	tsʰøɤ⁴²³	søɤ⁵³
16 临安	zyœ³³	tsʰə⁵⁵	dzə³³	dzə³³	sə⁵⁵	tsə⁵⁵	tsʰə⁵⁵	sə⁵⁵
17 昌化	zi²⁴³	tɕʰi³³⁴	ʑi¹¹²	ʑi¹¹²	ɕi⁵⁴⁴	tɕi³³⁴	tɕʰi⁵⁴⁴	ɕi⁴⁵³
18 於潜	ziəu²⁴	tɕʰiəu⁴³³	dʑiəu²²³	dʑiəu²²³	ɕiəu³⁵	tɕiəu⁴³³	tɕʰiəu³⁵	ɕiəu⁵¹
19 萧山	zio²⁴²	tɕʰio⁵³³	dʑio³⁵⁵	ɕio³⁵⁵	ʑio⁴²	tɕio⁵³³	tɕʰio⁴²	ɕio³³
20 富阳	ziʊ²²⁴	tsʰei⁵³	dzei¹³	zei¹³	sei³³⁵	tsei⁵³	tsʰei³³⁵	ɕiʊ⁴²³
21 新登	zy¹³	tɕʰy⁵³	dʑy²³³	zy²³³	ɕy⁴⁵	tɕy⁵³	tɕʰy⁴⁵	ɕy³³⁴
22 桐庐	ziəu²⁴	tsʰei⁵³³	dzei¹³	dzei¹³	sei³⁵	tsei⁵³³	tsʰei³⁵	sei³³
23 分水	ziɤ¹³	tsʰɤ⁴⁴	dzɤ²²	dzɤ²²	sɤ²⁴	tsɤ⁴⁴	tsʰɤ²⁴	sɤ⁵³
24 绍兴	ziɤ²²	tsʰɤ⁵³	dzɤ²³¹	zɤ²³¹	sɤ³³	tsɤ⁵³	tsʰɤ³³	sɤ³³⁴
25 上虞	ziɤ³¹	tsʰɤ³⁵	dzɤ²¹³	zɤ²¹³	sɤ⁵³	tsɤ³⁵	tsʰɤ⁵³	sɤ³⁵

中国语言资源集·浙江 语音卷

续表

方言点	0353 袖 流开三 去尤邪	0354 抽 流开三 平尤彻	0355 绸 流开三 平尤澄	0356 愁 流开三 平尤崇	0357 瘦 流开三 去尤生	0358 州 流开三 平尤章	0359 臭 香~ 流开三 去尤昌	0360 手 流开三 上尤书
26 嵊州	ʑiɤ²⁴	tɕʰiɤ⁵³⁴	dʑiɤ²¹³	dʑiɤ²¹³	ɕiɤ³³⁴	tɕiɤ⁵³⁴	tɕʰiɤ³³⁴	ɕiɤ⁵³
27 新昌	ʑiɯ¹³	tɕʰiɯ⁵³⁴	dʑiɯ²²	dʑiɯ²²	ɕiɯ³³⁵	tɕiɯ⁵³⁴	tɕʰiɯ³³⁵	ɕiɯ⁴⁵³
28 诸暨	ʑiʉ³³ 白 dʑiʉ³³ 文	tsʰei⁵⁴⁴	dzei¹³	dzei¹³	sei⁵⁴⁴	tsei⁵⁴⁴	tsʰei⁵⁴⁴	sei⁴²
29 慈溪	iø¹³	tsʰø³⁵	dzø¹³	zø¹³	sø⁴⁴ 读字	tsø³⁵	tsʰø⁴⁴	sø³⁵
30 余姚	iø¹³	tsʰø⁴⁴	dzø¹³	dzø¹³	sø⁵³	tsø⁴⁴	tsʰø⁵³	sø³⁴
31 宁波	ʑiɤ¹³	tɕʰiɤ⁴⁴	dʑiɤ¹³	zœɤ¹³	sœɤ⁴⁴	tɕiɤ⁵³	tɕʰiɤ⁴⁴	ɕiɤ³⁵
32 镇海	dʑiu²⁴	tɕʰiu⁵³	dʑiu²⁴	zei²⁴	sei⁵³	tɕiu⁵³	tɕʰiu⁵³	ɕiu³⁵
33 奉化	ʑiɤ³¹	tɕʰiɤ⁴⁴	dʑiɤ³³	zæi³³	sæi⁵³	tɕiɤ⁴⁴	tɕʰiɤ⁵³	ɕiɤ⁵⁴⁵
34 宁海	ʑiu²⁴	tɕʰiu⁴²³	dʑiu²¹³	zeu²¹³ 又 dʑiu²¹³ 又	（无）	tɕiu⁴²³	tɕʰiu³⁵	ɕiu⁵³
35 象山	iu³¹	tɕʰiu⁴⁴	dʑiu³¹	zɤɯ³¹	sɤɯ⁵³	tɕiu⁴⁴	tɕʰiu⁵³	ɕiu⁴⁴
36 普陀	ieu²³	tɕʰieu⁵³	dʑieu²⁴	zeu²⁴	seu⁵⁵	tɕieu⁵³	tɕʰieu⁵⁵	ɕieu⁴⁵
37 定海	iɤ¹³	tɕʰiɤ⁵²	dʑiɤ²³	zɐi²³	sɐi⁴⁴	tɕiɤ⁵²	tɕʰiɤ⁴⁴	ɕiɤ⁴⁵
38 岱山	iɤ²¹³	tɕʰiɤ⁵²	dʑiɤ²³	zœɤ²³	sœɤ⁴⁴	tɕiɤ⁵²	tɕʰiɤ⁴⁴	ɕiɤ³²⁵
39 嵊泗	iɤ²¹³	tɕʰiɤ⁵³	dʑiɤ²⁴³	zœɤ²⁴³	sœɤ⁵³	tɕiɤ⁵³	tɕʰiɤ⁵³	ɕiɤ⁴⁴⁵
40 临海	ʑiu³²⁴	tɕʰiu³¹	dʑiu²¹	zə²¹	（无）	tɕiu³¹	tɕʰiu⁵⁵	hiu⁵²
41 椒江	ʑiu²⁴	tɕʰiu⁴²	dʑiu³¹	zio³¹	ɕio⁴²	tɕiu⁴²	tɕʰiu⁵⁵	ɕiu⁴²
42 黄岩	ʑiu²⁴	tɕʰiu³²	dʑiu¹²¹	zio¹²¹	ɕio⁴²	tɕiu³²	tɕʰiu⁵⁵	ɕiu⁴²
43 温岭	ʑiu¹³	tɕʰiu³³	dʑiu³¹	zɤ³¹	（无）	tɕiu³³	tɕʰiu⁵⁵	ɕiu⁴²
44 仙居	ʑiəɯ²⁴	tɕʰiəɯ³³⁴	dʑiəɯ²¹³	zəɯ²¹³	ɕiəɯ⁵⁵	tɕiəɯ³³⁴	tɕʰiəɯ⁵⁵	ɕiəɯ³²⁴
45 天台	ʑiu²¹⁴	tɕʰiu³³	dʑiu²²⁴	zeu²²⁴	（无）	tɕiu³³	tɕʰiu⁵⁵	ɕiu³²⁵
46 三门	ʑiu²⁴³	tɕʰiu³³⁴	dʑiu¹¹³	zɤɯ¹¹³	sɤɯ³²⁵	tɕiu³³⁴	tɕʰiu⁵⁵	ɕiu³²⁵
47 玉环	ʑiu²²	tɕʰiu⁴²	dʑiu³¹	ziɤ³¹	ɕiɤ⁴²	tɕiu⁴²	tɕʰiu⁵⁵	ɕiu⁵³
48 金华	ɕiu⁵⁵ 衫~ ʑiu¹⁴ 单用	tɕʰiu³³⁴	dʑiu³¹³	ʑiu³¹³	ɕiu⁵⁵	tɕiu³³⁴	tɕʰiu⁵⁵	ɕiu⁵³⁵

续表

方言点	0353 袖 流开三去尤邪	0354 抽 流开三平尤彻	0355 绸 流开三平尤澄	0356 愁 流开三平尤崇	0357 瘦 流开三去尤生	0358 州 流开三平尤章	0359 臭 香~ 流开三去尤昌	0360 手 流开三上尤书
49 汤溪	zəɯ³⁴¹	tɕʰiəɯ²⁴	dʑiəɯ¹¹	ʑiəɯ¹¹	ɕiəɯ⁵²	tɕiəɯ²⁴	tɕʰiəɯ⁵²	ɕiəɯ⁵³⁵
50 兰溪	ziəɯ²⁴	tɕʰiəɯ³³⁴	dʑiəɯ²¹	zəɯ²¹	ɕiəɯ⁴⁵	tɕiəɯ³³⁴	tɕʰiəɯ⁴⁵	ɕiəɯ⁵⁵
51 浦江	iɤ⁵⁵	tsʰiɤ⁵³⁴	dziɤ¹¹³	ziɤ¹¹³	ɕiɤ⁵⁵	tsiɤ⁵³⁴	tsʰiɤ⁵⁵	ɕiɤ⁵³
52 义乌	zaɯ²⁴	tsʰɐaɯ³³⁵	dzaɯ²¹³	zaɯ²¹³	saɯ⁴⁵	tsaɯ³³⁵	tsʰɐaɯ⁴⁵	sɐaɯ⁴²³
53 东阳	dʑiəɯ²⁴	tɕʰiəɯ³³⁴	dʑiəɯ²¹³	zəɯ²¹³	saɯ⁴⁵³	tɕiəɯ³³⁴	tɕʰiəɯ⁴⁵³	ɕiəɯ⁴⁴
54 永康	ziəɯ²⁴¹	tɕʰieɯ⁵⁵	dʑiəɯ²²	zəɯ²²	ɕieɯ⁵²	tɕiəɯ⁵⁵	tɕʰiəɯ⁵²	ɕiəɯ³³⁴
55 武义	ziəɯ²³¹	tɕʰieɯ²⁴	dʑiəɯ³²⁴	zɑɯ³²⁴	ɕieɯ⁵³	tɕiəɯ²⁴	tɕʰiəɯ⁵³	ɕiəɯ⁴⁴⁵
56 磐安	ziɐɯ¹⁴	tɕʰiɐɯ⁴⁴⁵	dʑiɐɯ²¹³	zaɯ²¹³	so⁵²韵殊	tɕiɐɯ⁴⁴⁵	tɕʰiɐɯ⁵²	ɕiɐɯ³³⁴
57 缙云	ziuŋ²¹³	tɕʰiuŋ⁴⁴	dʑiuŋ²⁴³	ʑiuŋ²⁴³	ɕiuŋ⁴⁵³	tɕiuŋ⁴⁴	tɕʰiuŋ⁴⁵³	ɕiuŋ⁵¹
58 衢州	ziu²³¹	tɕʰiu³²	dʑiu²¹	ze²¹	se⁵³	tɕiu³²	tɕʰiu⁵³	ɕiu³⁵
59 衢江	zy²³¹	tɕʰy³³	dʑy²¹²	dzy²¹²	ɕy⁵³读字	tɕy³³	tɕʰy⁵³	ɕy²⁵
60 龙游	zəɯ²³¹	tsʰəɯ³³⁴	dzəɯ²¹	zəɯ²¹	səɯ⁵¹	tsəɯ³³⁴	tsʰəɯ⁵¹	səɯ³⁵
61 江山	dʑiɯ³¹	tsʰɯ⁴⁴	dzɯ²¹³	zɯ²¹³	ɕiɐɯ⁵¹ 韵殊	tsɯ⁴⁴	tsʰɐɯ⁵¹	tɕʰyə²⁴¹顺~ sɯ²⁴¹~机
62 常山	iu¹³¹	tɕʰiu⁴⁴	dʑiu³⁴¹	iɔ³⁴¹	ɕiɔ³²⁴	tɕiu⁴⁴	tsʰɤ³²⁴	tsʰuə⁵²白 ɕiu⁵²文
63 开化	ziʊ²¹³	tɕʰiʊ⁴⁴	dʑiʊ²³¹	dʑiʊ²³¹	ɕiɔ⁴¹²	tɕiʊ⁴⁴	tɕʰiʊ⁴¹²	tɕʰyo⁵³单用 ɕiʊ⁵³~艺
64 丽水	ziəɯ¹³¹	tɕʰiəɯ²²⁴	dʑiəɯ²²	zəɯ²²	səɯ⁵²	tɕiəɯ²²⁴	tɕʰiəɯ⁵²	ɕiəɯ⁵⁴⁴
65 青田	ieu²²	tɕʰieu⁴⁴⁵	dʑieu²¹	zæi²¹	ɕieu³³	tɕieu⁴⁴⁵	tɕʰieu³³	ɕieu⁴⁵⁴
66 云和	ziəɯ²³¹	tɕʰiəɯ²⁴	dʑiəɯ³¹²	zəɯ³¹²	səɯ⁴⁵	tɕiəɯ²⁴	tɕʰiəɯ⁴⁵	ɕiəɯ⁴¹
67 松阳	ziɯ¹³	tɕʰiɯ⁵³	dʑiɯ³¹	zei³¹	sʌ²⁴	tɕiɯ⁵³	tɕʰiɯ²⁴	ɕiɯ²¹²
68 宣平	ziɯ²³¹	tɕʰiɯ³²⁴	dʑiɯ⁴³³	zəɯ⁴³³	ɕiɯ⁵²	tɕiɯ³²⁴	tɕʰiɯ⁵²	ɕiɯ⁴⁴⁵
69 遂昌	ziɯ²¹³	tɕʰiɯ⁴⁵	dʑiɯ²²¹	zyaɯ²²¹	ɕyaɯ³³⁴	tɕiɯ⁴⁵	tɕʰiɯ³³⁴	tɕʰyɛ⁵³³ ɕiɯ⁵³³~段

续表

方言点	0353 袖 流开三 去尤邪	0354 抽 流开三 平尤彻	0355 绸 流开三 平尤澄	0356 愁 流开三 平尤崇	0357 瘦 流开三 去尤生	0358 州 流开三 平尤章	0359 臭 香～ 流开三 去尤昌	0360 手 流开三 上尤书
70 龙泉	ʑiəɯ²²⁴	tɕʰiəɯ⁴³⁴	dʑiəɯ²¹	ʑiəɯ²¹	siəɯ⁴⁵	tɕiəɯ⁴³⁴	tɕʰiəɯ⁴⁵	tɕʰy⁵¹白 ɕiəɯ⁵¹文
71 景宁	ʑiəɯ¹¹³	tɕʰiəɯ³²⁴	dʑiəɯ⁴¹	zəɯ⁴¹	səɯ³⁵	tɕiəɯ³²⁴	tɕʰiəɯ³⁵	ɕiəɯ³³
72 庆元	ɕiɯ³¹	tɕʰiɯ³³⁵	tɕiɯ⁵²	ɕiɯ⁵²	sɐɯ¹¹	tɕiɯ³³⁵	tsʰɐɯ¹¹	tɕʰyᴇ³³
73 泰顺	ɕiəɯ²²	tɕʰiəɯ²¹³	tɕiəɯ⁵³	səɯ⁵³	sæi³⁵	tɕiəɯ²¹³	tɕʰiəɯ³⁵	ɕiəɯ⁵⁵
74 温州	iɤu²²	tɕʰiɤu³³	dʑiɤu³¹	zau³¹	sau²⁵调殊	tɕiɤu³³	tɕʰiɤu⁵¹	ɕiɤu²⁵
75 永嘉	ɕiəɯ⁵³衫～ dʑiəɯ²¹³领～	tɕʰiəɯ⁴⁴	dʑiəɯ³¹	zau³¹	(无)	tɕiəɯ⁴⁴	tɕʰiəɯ⁵³	ɕiəɯ⁴⁵
76 乐清	ziu²²	tɕʰiu⁴⁴	dziu³¹	zau³¹	sau³⁵调殊	tɕiu⁴⁴	tɕʰiu⁴¹	siu³⁵
77 瑞安	zou²²	tsʰou⁴⁴	dzou³¹	zau³¹	(无)	tsou⁴⁴	tsʰou⁵³	sou³⁵
78 平阳	zɛu³³	tʃʰɛu⁵⁵	dʒɛu²⁴²	zau²⁴²	(无)	tʃɛu⁵⁵	tʃʰɛu⁵³	sɛu⁴⁵
79 文成	ziou⁴²⁴	tɕʰiou⁵⁵	dziou¹¹³	ziou¹¹³	(无)	tɕiou⁵⁵	tɕʰiou³³	ɕiou⁴⁵
80 苍南	dzɛu¹¹	tsʰɛu⁴⁴	dzɛu³¹	zau³¹	(无)	tsɛu⁴⁴	tsʰɛu⁴²	sɛu⁵³
81 建德徽	ɕiɤɯ²¹³	tsʰɤɯ⁵³	tsɤɯ³³	sɤɯ³³	sɤɯ³³	tsɤɯ⁵³	tsʰɤɯ³³	sɤɯ²¹³
82 寿昌徽	səɯ⁵⁵衫～ ɕiəɯ²⁴领～	tsʰəɯ¹¹²	tsʰəɯ⁵²	səɯ⁵²	səɯ³³	tsəɯ¹¹²	tsʰəɯ³³	səɯ²⁴
83 淳安徽	ɕiɯ⁵³	tsʰɯ²⁴	tsʰɯ⁴³⁵	tsʰɯ⁴³⁵	sɯ²⁴	tsɯ²⁴	tsʰɯ²⁴	sɯ⁵⁵
84 遂安徽	sɿ⁵²白 ɕiu⁵²文	tɕʰiu⁵³⁴	tɕʰiu³³	tɕʰiu³³	ɕiu⁴³	tɕiu⁵³⁴	tɕʰiu⁴³	ɕiu²¹³
85 苍南闽	tɕʰiu²¹	tɕʰiu⁵⁵	tiu²¹调殊	tsʰau²⁴	(无)	tɕiu⁵⁵	tsʰau²¹	tɕʰiu⁴³
86 泰顺闽	ɕiøu³¹	tʰiøu²¹³	tʰiøu²²	teu²²	sɔi²¹³调殊	tɕiøu²¹³	tsʰau⁵³	tɕʰiøu³⁴⁴
87 洞头闽	tɕʰiu²¹白 ɕiu²¹文	tʰiu³³	tiu¹¹³	tɕʰiu¹¹³	(无)	tɕiu³³	tsʰau²¹	tɕʰiu⁵³
88 景宁畲	ɕiəɯ⁵¹	tɕʰiəɯ⁴⁴	kiəɯ²²	ɕiəɯ²²	sau⁴⁴	tɕiəɯ⁴⁴	tɕʰiəɯ⁴⁴	ɕiəɯ³²⁵

方言点	0361 寿 流开三 去尤禅	0362 九 流开三 上尤见	0363 球 流开三 平尤群	0364 舅 流开三 上尤群	0365 旧 流开三 去尤群	0366 牛 流开三 平尤疑	0367 休 流开三 平尤晓	0368 优 流开三 平尤影
01 杭州	zei^{13}	tɕy^{53}	dʑy^{213}	dʑy^{13}	dʑy^{13}	n̠y^{213}	ɕy^{334}	y^{334}
02 嘉兴	zei^{113}	tɕiu^{544}	dʑiu^{242}	dʑiu^{113}	dʑiu^{113}	n̠iu^{242}	ɕiu^{42}	iu^{42}
03 嘉善	zə^{113}	tɕiə^{44}	dʑiə^{132}	dʑiə^{113}	dʑiə^{113}	n̠iə^{132}	ɕiə^{53}	iə^{53}
04 平湖	zəɯ^{213}	tɕiəɯ^{44}	dʑiəɯ^{31}	dʑiəɯ^{213}	dʑiəɯ^{213}	n̠iəɯ^{31}	ɕiəɯ^{53}	iəɯ^{53}
05 海盐	ze^{213}	tɕio^{423}	dʑio^{31}	dʑio^{423}	dʑio^{213}	n̠io^{31}	ɕio^{53}	io^{53}
06 海宁	zəɯ^{13}	tɕiəu^{53}	dʑiəu^{13}	dʑiəu^{231}	dʑiəu^{13}	n̠iəu^{13}	ɕiəu^{55}	iəu^{55}
07 桐乡	zɣɯ^{213}	tɕiɣɯ^{53}	dʑiɣɯ^{13}	dʑiɣɯ^{242}	dʑiɣɯ^{213}	n̠iɣɯ^{13}	ɕiɣɯ^{44}	iɣɯ^{44}
08 崇德	zɣɯ^{13}	tɕiɣɯ^{53}	dʑiɣɯ^{13}	dʑiɣɯ^{242}	dʑiɣɯ^{13}	n̠iɣɯ^{13}	ɕiɣɯ^{44}	iɣɯ^{44}
09 湖州	ziʉ^{24}	tɕiʉ^{523}	dʑiʉ^{112}	dʑiʉ^{231}	dʑiʉ^{24}	n̠iʉ^{112}	ɕiʉ^{44}	iʉ^{44}
10 德清	dʑiʉ^{113}	tɕiʉ^{52}	dʑiʉ^{113}	dʑiʉ^{113}	dʑiʉ^{113}	n̠iʉ^{113}	ɕiʉ^{44}	iʉ^{44}
11 武康	zø^{113}	tɕiø^{53}	dʑiø^{113}	dʑiø^{242}	dʑiø^{113}	n̠iø^{113}	ɕiø^{44}	iø^{44}
12 安吉	zəɪ^{213}	tɕiu^{52}	dʑiu^{22}	dʑiu^{243}	dʑiu^{213}	n̠iu^{22}	ɕiu^{55}	iu^{55}
13 孝丰	zəɪ^{213}	tɕiu^{52}	dʑiu^{22}	dʑiu^{243}	dʑiu^{213}	n̠iu^{22}	ɕiu^{44}	iu^{44}
14 长兴	zei^{24}	tʃiy^{52}	dʒiy^{12}	dʒiy^{243}	dʒiy^{24}	n̠i^{12}	ʃiy^{44}	iy^{44}
15 余杭	zøɣ^{213}	tɕiɣ^{53}	dʑiɣ^{22}	dʑiɣ^{243}	dʑiɣ^{213}	n̠iɣ^{22}	søɣ^{44}	iɣ^{44}
16 临安	zə^{33}	tɕyœ^{55}	dʑyœ^{33}	dʑyœ^{33}	dʑyœ^{33}	n̠yœ^{33}	ɕyœ^{55}	yœ^{55}
17 昌化	zi^{243}	tɕi^{453}	zi^{112}	zi^{243}	zi^{243}	n̠i^{112}	ɕi^{334}	i^{334}
18 於潜	ziəu^{24}	tɕiəu^{51}	dʑiəu^{223}	dʑiəu^{24}	dʑiəu^{24}	n̠iəu^{223}	ɕiəu^{433}	iəu^{433}
19 萧山	zio^{242}	tɕio^{33}	dʑio^{355}	dʑio^{13}	dʑio^{242}	n̠io^{355}	ɕio^{533}	io^{533}
20 富阳	ziʊ^{224}	tɕiʊ^{423}	dʑiʊ^{13}	dʑiʊ^{224}	dʑiʊ^{224}	n̠iʊ^{13}	ɕiʊ^{53}	iʊ^{53}
21 新登	zy^{13}	tɕy^{334}	dʑy^{233}	dʑy^{13}	dʑy^{13}	n̠y^{233}	ɕy^{53}	y^{53}
22 桐庐	zei^{24}	tɕiəu^{33}	dʑiəu^{13}	dʑiəu^{24}	dʑiəu^{24}	niəu^{13}	ɕiəu^{533}	iəu^{533}
23 分水	zɣ^{13}	tɕiɣ^{53}	dʑiɣ^{22}	dʑiɣ^{13}	dʑiɣ^{13}	n̠iɣ^{22}	ɕiɣ^{44}	iɣ^{44}
24 绍兴	zɣ^{22}	tɕiɣ^{334}	dʑiɣ^{231}	dʑiɣ^{223}	dʑiɣ^{22}	n̠iɣ^{231}	ɕiɣ^{53}	iɣ^{53}
25 上虞	zɣ^{31}	tɕiɣ^{35}	dʑiɣ^{213}	dʑiɣ^{213}	dʑiɣ^{31}	n̠iɣ^{213}	ɕiɣ^{35}	iɣ^{35}
26 嵊州	ziɣ^{24}	tɕiɣ^{53}	dʑiɣ^{213}	dʑiɣ^{24}	dʑiɣ^{24}	n̠iɣ^{213}	ɕiɣ^{534}	iɣ^{534}

续表

方言点	0361 寿	0362 九	0363 球	0364 舅	0365 旧	0366 牛	0367 休	0368 优
	流开三去尤禅	流开三上尤见	流开三平尤群	流开三上尤群	流开三去尤群	流开三平尤疑	流开三平尤晓	流开三平尤影
27 新昌	ʑiɯ¹³	tɕiɯ⁴⁵³	dʑiɯ²²	dʑiɯ²³²	dʑiɯ¹³	ȵiɯ²²	ɕiɯ⁵³⁴	iɯ⁵³⁴
28 诸暨	zei³³	tɕiʉ⁴²	dʑiʉ¹³	dʑiʉ²⁴²	dʑiʉ³³	niʉ¹³	ɕiʉ⁵⁴⁴	iʉ⁵⁴⁴
29 慈溪	zø¹³	tɕiø³⁵	dʑiø¹³	dʑiø¹³	dʑiø¹³	ȵiø¹³	ɕiø³⁵	iø³⁵
30 余姚	zø¹³	tɕiø³⁴	dʑiø¹³	dʑiø¹³	dʑiø¹³	ȵiø¹³	ɕiø⁴⁴	iø⁴⁴
31 宁波	ʑiɤ¹³	tɕiɤ³⁵	dʑiɤ¹³	dʑiɤ¹³	dʑiɤ¹³	ŋœɤ¹³	ɕiɤ⁵³	iɤ⁵³
32 镇海	ʑiu²⁴	tɕiu³⁵	dʑiu²⁴	dʑiu²⁴	dʑiu²⁴	ŋei²⁴	ɕiu⁵³	iu⁵³
33 奉化	ʑiɤ³¹	tɕiɤ⁵⁴⁵	dʑiɤ³³	dʑiɤ³³ 调殊	dʑiɤ³¹	ŋæi³³	ɕiɤ⁴⁴	iɤ⁴⁴
34 宁海	ʑiu²⁴	tɕiu⁵³	dʑiu²¹³	dʑiu³¹	dʑiu²⁴	ȵiu²¹³	ɕiu⁴²³	iu⁴²³
35 象山	iu¹³	tɕiu⁴⁴	dʑiu³¹	dʑiu³¹	dʑiu¹³	ŋɤɯ³¹	ɕiu⁴⁴	iu⁴⁴
36 普陀	ieu²³	tɕieu⁴⁵	dʑieu²⁴	dʑieu²³	dʑieu¹³	ŋeu²⁴	ɕieu⁵³	ieu⁵³
37 定海	iɤ¹³	tɕiɤ⁴⁵	dʑiɤ²³	dʑiɤ²³	dʑiɤ¹³	ŋɐi²³	ɕiɤ⁵²	iɤ⁵²
38 岱山	iɤ²¹³	tɕiɤ³²⁵	dʑiɤ²³	dʑiɤ²⁴⁴	dʑiɤ²¹³	ŋœɤ²³	ɕiɤ⁵²	iɤ⁵²
39 嵊泗	iɤ²¹³	tɕiɤ⁴⁴⁵	dʑiɤ²⁴³	dʑiɤ³³⁴	dʑiɤ²¹³	ŋœɤ²⁴³	ɕiɤ⁵³	iɤ⁵³
40 临海	ʑiu³²⁴	kiu⁵²	dʑiu²¹	dʑiu⁵¹ 小	dʑiu³²⁴	ŋə²¹	ɕiu³¹	iu³¹
41 椒江	ʑiu²⁴	tɕiu⁴²	dʑiu³¹	dʑiu⁴¹ 小	dʑiu²⁴	ȵio³¹	ɕiu⁴²	iu⁵⁵
42 黄岩	ʑiu²⁴	tɕiu⁴²	dʑiu¹²¹	dʑiu⁴¹ 小	dʑiu²⁴	ȵio¹²¹	ɕiu³²	iu³²
43 温岭	ʑiu¹³	tɕiu⁴²	dʑiu³¹	dʑiu⁴¹ 小	dʑiu¹³	ȵiɤ³¹	ɕiu³³	iu³³
44 仙居	ʑiəɯ²⁴	tɕiəɯ³²⁴	dʑiəɯ²¹³	dʑiəɯ²¹³	dʑiəɯ²⁴	ŋəɯ²¹³	ɕiəɯ³³⁴	iəɯ⁵⁵ 调殊
45 天台	ʑiu³⁵	kiu³²⁵	giu²²⁴	giu²¹⁴ 娘~	giu³⁵	ŋeu²²⁴	hiu³³	iu³³
46 三门	ʑiu²⁴³	tɕiu³²⁵	dʑiu¹¹³	dʑiu²⁵² 小	dʑiu²⁴³	ŋɤɯ¹¹³	ɕiu³³⁴	iu³³⁴
47 玉环	ʑiu²²	tɕiu⁵³	dʑiu³¹	dʑiu⁴¹	dʑiu²²	ȵiɤ³¹	ɕiu⁴²	iu⁴²
48 金华	ʑiu¹⁴	tɕiu⁵³⁵	dʑiu³¹³	tɕiu⁵³⁵	dʑiu¹⁴	ȵiu³¹³	ɕiu³³⁴	iu³³⁴
49 汤溪	ʑiəɯ³⁴¹	tɕiəɯ⁵³⁵	dʑiəɯ¹¹	dʑiəɯ¹¹³	dʑiəɯ³⁴¹	ȵiəɯ¹¹	ɕiəɯ²⁴	iəɯ²⁴
50 兰溪	ʑiəɯ²⁴	tɕiəɯ⁵⁵	dʑiəɯ²¹	tɕiəɯ⁵⁵	dʑiəɯ²⁴	ȵiəɯ²¹	ɕiəɯ³³⁴	iəɯ³³⁴
51 浦江	ʑiɤ²⁴	tɕiɤ⁵³	dʑiɤ¹¹³	dʑiɤ²⁴³	dʑiɤ²⁴	ȵiɤ¹¹³	ɕiɤ⁵³⁴	iɤ⁵³⁴

续表

方言点	0361 寿 流开三 去尤禅	0362 九 流开三 上尤见	0363 球 流开三 平尤群	0364 舅 流开三 上尤群	0365 旧 流开三 去尤群	0366 牛 流开三 平尤疑	0367 休 流开三 平尤晓	0368 优 流开三 平尤影
52 义乌	zɐɯ^{24}	tɕiɐɯ^{423}	dʑiɐʑ^{213}	dʑiɐʑ^{312}	dʑiɐʑ^{24}	ɲiɐɯ^{213}	ɕiɐʑ^{335}	iɐɯ^{335}
53 东阳	ziəɯ^{24}	tɕiəɯ^{44}	dʑiəʑ^{213}	dʑiəʑ^{24}	dʑiəʑ^{24}	ɲiein^{213}	（无）	iəi^{334}
54 永康	ziəu^{241}	tɕiəu^{334}	dʑiəu^{22}	dʑiəu^{241}	dʑiəu^{241}	ɲiəu^{22}	ɕiəu^{55}	iəu^{55}
55 武义	ziəu^{231}	tɕiəu^{445}	dʑiəu^{324}	dʑiəu^{13}	dʑiəu^{231}	ɲiəu^{324}	ɕiəu^{24}	iəu^{24}
56 磐安	ziɐɯ^{14}	tɕiɐɯ^{334}	dʑiɐʑ^{213}	tɕiɐʑ^{334}	dʑiɐʑ^{14}	ɲiɐɯ^{213}	ɕiɐʑ^{445}	iɐɯ^{445}
57 缙云	ziuŋ^{213}	tɕiuŋ^{51}	dʑiuʑ^{243}	dʑiuʑ^{31}	dʑiuʑ^{213}	ɲiuŋ^{243}	ɕiuŋ^{44}	iuŋ^{44}
58 衢州	ziu^{231}	tɕiu^{35}	dʑiu^{21}	dʑiu^{231}	dʑiu^{231}	ɲiu^{21}	ɕiu^{32}	iu^{32}
59 衢江	zʑy^{231}	ky^{25}	dzʑy^{212}	gy^{212}	gy^{231}白 dzʑy^{231}文	ŋy^{212}	ɕy^{33}	y^{33}
60 龙游	zəɯ^{231}	tɕiəɯ^{35}	dʑiəʑ^{21}	dʑiəɯ^{224}	dʑiəʑ^{231}	ɲiəɯ^{21}	ɕiəɯ^{334}	iəɯ^{334}
61 江山	zɯ^{31}	kɯ^{241}	gɯ^{213}	gɯ^{22}～佬 gəʔ^{2}～母	gɯ^{31}	ŋɯ^{213}	xiɐɯ^{44}	iu^{44}
62 常山	iu^{24}	tɕiu^{52}	dʑiu^{341}	dʑiu^{24}	dʑiu^{131}	ɲiu^{341}	ɕiu^{44}	iu^{44}
63 开化	ziʊ^{213}	tɕiʊ^{53}	dʑiʊ^{231}	dʑiʊ^{213}	dʑiʊ^{213}	ɲiʊ^{231}	ɕiʊ^{44}	iʊ^{44}
64 丽水	ziəɯ^{131}	tɕiəɯ^{544}	dʑiəʑ^{22}	dʑiəʑ^{22}	dʑiəʑ^{131}	ɲiəɯ^{22}	ɕiəɯ^{224}	iəɯ^{224}
65 青田	ieu^{22}	tɕieu^{454}	dʑieu^{21}	dʑieu^{343}	dʑieu^{22}	ŋæɯ^{21}	ɕieu^{445}	ieu^{445}
66 云和	ziəɯ^{223}	tɕiəɯ^{41}	dʑiəʑ^{312}	dʑiəɯ^{231}	dʑiəʑ^{223}	ɲiəɯ^{312}	ɕiəɯ^{24}	iəɯ^{24}
67 松阳	ziɯ^{13}	kei^{212}	gei^{31}	gei^{22}	gei^{13}	ŋei^{31}	ɕiɯ^{53}	iɯ^{53}
68 宣平	ziɯ^{231}	tɕiɯ^{445}	dʑiɯ^{433}	dʑiɯ^{223}	dʑiɯ^{231}	ɲiɯ^{433}	ɕiɯ^{324}	iɯ^{324}
69 遂昌	ziɯ^{213}	tɕiɯ^{533}	dʑiɯ^{221}	dʑiɯ^{13}	dʑiɯ^{213}	ɲiɯ^{221}	ɕiɯ^{45}	iɯ^{45}
70 龙泉	ziəu^{224}	tɕiəu^{51}	dʑiəu^{21}	tɕiəu^{51}	dʑiəu^{224}	ɲiəu^{21}	ɕiəu^{434}	iəu^{434}
71 景宁	ziəɯ^{113}	tɕiəɯ^{33}	dʑiəʑ^{41}	tɕiəɯ^{33}	dʑiəʑ^{113}	ɲiəɯ^{41}	ɕiəɯ^{324}	iəɯ^{324}
72 庆元	ɕiɯ^{31}	tɕiɯ^{33}	tɕiɯ^{52}	tɕiɯ^{221}	tɕiɯ^{31}	ŋɐɯ^{52}	ɕiɯ^{335}	iɯ^{335}
73 泰顺	ɕiəɯ^{22}	tɕiəɯ^{55}	tɕiəɯ^{53}	tɕiəɯ^{21}	tɕiəɯ^{22}	ɲiəɯ^{53}	ɕiəɯ^{213}	iəɯ^{213}
74 温州	iʏu^{22}	tɕiau^{25}	dʑiau^{31}	dʑiau^{14}	dʑiau^{22}	ŋau^{31}	ɕiau^{33}	iau^{33}
75 永嘉	iəu^{22}	tɕiau^{45}	dʑiau^{31}	dʑiau^{13}	dʑiau^{22}	ŋau^{31}	ɕiau^{44}	iau^{44}

续表

方言点	0361 寿	0362 九	0363 球	0364 舅	0365 旧	0366 牛	0367 休	0368 优
	流开三 去尤禅	流开三 上尤见	流开三 平尤群	流开三 上尤群	流开三 去尤群	流开三 平尤疑	流开三 平尤晓	流开三 平尤影
76 乐清	ziu²²	tɕiau³⁵	dʑiau³¹	dʑiau²⁴	dʑiau²²	ŋau³¹	ɕiau⁴⁴	iau⁴⁴
77 瑞安	zou²²	tɕiau³⁵	dʑiau³¹	dʑiau¹³	dʑiau²²	ŋau³¹	ɕiau⁴⁴	iau⁴⁴
78 平阳	zɛu³³	tʃau⁴⁵	dʒau²⁴²	dʒau²³	dʒau³³	ŋau²⁴²	sau⁵⁵	iau⁵⁵
79 文成	ʑiou⁴²⁴	tʃau⁴⁵	dʒau¹¹³	dʒau²²⁴	dʒau⁴²⁴	ŋau¹¹³	ɕiau⁵⁵	iau⁵⁵
80 苍南	dzɛu¹¹	tɕiau⁵³	dʑiau³¹	dʑiau²⁴	dʑiau¹¹	ŋau³¹	ɕiau⁴⁴	iau⁴⁴
81 建德_徽	sɤɯ⁵⁵	tɕiɤɯ²¹³	tɕiɤɯ³³	tɕiɤɯ²¹³	tɕʰiɤɯ⁵⁵	ȵiɤɯ³³	ɕiɤɯ⁵³	iɤɯ³³
82 寿昌_徽	səɯ³³	tɕiəɯ²⁴	tɕʰiəɯ⁵²	tɕʰiəɯ⁵⁵ 娘～	tɕʰiəɯ³³	ȵiəɯ⁵²	ɕiəɯ¹¹²	iəɯ¹¹²
83 淳安_徽	sɯ⁵³	tɕiɯ⁵⁵	tɕʰiɯ⁴³⁵	tɕʰiɯ⁵⁵	tɕʰiɯ⁵³	iɯ⁴³⁵	ɕiɯ²⁴	iɯ²⁴
84 遂安_徽	ɕiu⁵²	tɕiu²¹³	tɕʰiu³³	tɕʰiu⁴³	tɕʰiu⁵²	iu³³	ɕiu⁵³⁴	iu⁵³⁴
85 苍南_闽	ɕiu⁴³	kau⁴³	kiu²⁴	ku³²	ku²¹	gu²⁴	hiu⁵⁵	iu⁵⁵
86 泰顺_闽	ɕiøu³¹	kau³⁴⁴	kiøu²²	ku³¹	ku³¹	n²²	ɕiøu²¹³	iøu²¹³
87 洞头_闽	ɕiu²¹	kau⁵³白 kiu⁵³文	kiu¹¹³	ku²¹	ku²¹	gu¹¹³	hiu³³	iu³³
88 景宁_畲	ɕiəu⁵¹	kiəu³²⁵	kiəu²²	kʰiəu³²⁵	kʰiəu⁵¹	ŋau²²	ɕiəu⁴⁴	iəu⁴⁴

方言点	0369 有 流开三 上尤云	0370 右 流开三 去尤云	0371 油 流开三 平尤以	0372 丢 流开三 平幽端	0373 幼 流开三 去幽影	0374 贪 咸开一 平覃透	0375 潭 咸开一 平覃定	0376 南 咸开一 平覃泥
01 杭州	y^{53}	y^{13}	y^{213}	ty^{334}	y^{45}	$t^h uo^{334}$白 $t^h\varepsilon^{334}$文	duo^{213}白 $d\varepsilon^{213}$文	$n\varepsilon^{213}$
02 嘉兴	iu^{113}	iu^{224}	iu^{242}	（无）	iu^{224}	$t^h\rm{ə}^{42}$	$d\rm{ə}^{242}$	$n\rm{ə}^{242}$
03 嘉善	$i\rm{ə}^{113}$	$i\rm{ə}^{334}$	$i\rm{ə}^{132}$	$ti\rm{ə}^{53}$	$i\rm{ə}^{334}$	$t^h\varnothing^{53}$	$d\varnothing^{132}$	$n\varnothing^{132}$
04 平湖	$i\rm{ə}\rm{w}^{213}$	$i\rm{ə}\rm{w}^{334}$	$i\rm{ə}\rm{w}^{31}$	$t\rm{ə}\rm{w}^{53}$	$i\rm{ə}\rm{w}^{334}$	$t^h\varnothing^{53}$	$d\varnothing^{31}$	$n\varnothing^{31}$
05 海盐	io^{423}	io^{334}	io^{31}	（无）	io^{334}	$t^h\gamma^{53}$	$d\gamma^{31}$	$n\gamma^{31}$
06 海宁	$i\rm{ə}u^{231}$	$i\rm{ə}u^{35}$	$i\rm{ə}u^{13}$	$ti\rm{ə}u^{55}$	$i\rm{ə}u^{35}$	$t^h ei^{55}$	$d\varepsilon^{35}$	nei^{13}
07 桐乡	$i\gamma\rm{w}^{242}$	$i\gamma\rm{w}^{334}$	$i\gamma\rm{w}^{13}$	（无）	$i\gamma\rm{w}^{334}$	$t^h E^{44}$	dE^{13}	nE^{13}
08 崇德	$i\gamma\rm{w}^{53}$	$i\gamma\rm{w}^{334}$	$i\gamma\rm{w}^{13}$	（无）	$i\gamma\rm{w}^{334}$	$t^h E^{44}$	dE^{13}	nE^{13}
09 湖州	$i\rm{ʉ}^{523}$	$i\rm{ʉ}^{35}$	$i\rm{ʉ}^{112}$	$ti\rm{ʉ}^{44}$	$i\rm{ʉ}^{44}$	$t^h\varepsilon^{44}$	$d\varepsilon^{112}$	$n\varepsilon^{112}$
10 德清	$i\rm{ʉ}^{52}$	$i\rm{ʉ}^{334}$	$i\rm{ʉ}^{113}$	$ti\rm{ʉ}^{44}$	$i\rm{ʉ}^{334}$	$t^h\varnothing\rm{ʉ}^{334}$	$d\varnothing\rm{ʉ}^{113}$	$n\varnothing\rm{ʉ}^{113}$
11 武康	$i\varnothing^{53}$	$i\varnothing^{224}$	$i\varnothing^{113}$	$t\varnothing^{44}$	$i\varnothing^{224}$	$t^h\varnothing^{44}$	$d\varepsilon^{113}$	$n\varnothing^{113}$
12 安吉	iu^{52}	iu^{213}	iu^{22}	$t\rm{ə}\rm{ɪ}^{55}$	iu^{324}	$t^h E^{55}$	dE^{22}	nE^{22}
13 孝丰	iu^{52}	iu^{324}	iu^{22}	tiu^{44}	iu^{324}	$t^h e^{44}$	$d\varepsilon^{22}$	ne^{22}
14 长兴	i^{52}	$i\gamma^{324}$	$i\gamma^{12}$	tei^{44}	$i\gamma^{324}$	$t^h\rm{w}^{44}$	$d\rm{w}^{12}$	$n\rm{w}^{12}$
15 余杭	$i\gamma^{53}$	$i\gamma^{213}$	$i\gamma^{22}$	$ti\gamma^{22}$	$i\gamma^{44}$	$t^h\varnothing\gamma^{44}$	$d\varnothing\gamma^{22}$	$n\varnothing\gamma^{22}$
16 临安	$y\rm{œ}^{33}$	$y\rm{œ}^{33}$	$y\rm{œ}^{33}$	$ty\rm{œ}^{55}$	$y\rm{œ}^{55}$	$t^h\rm{ə}^{55}$	$d\rm{ə}^{33}$	$n\rm{ə}^{33}$
17 昌化	i^{243}	i^{453}	i^{112}	（无）	i^{544}	$t^h\tilde{\varepsilon}^{334}$	$d\tilde{\varepsilon}^{112}$	$n\tilde{\varepsilon}^{112}$
18 於潜	$i\rm{ə}u^{51}$	$i\rm{ə}u^{24}$	$i\rm{ə}u^{223}$	$ti\rm{ə}u^{433}$	$i\rm{ə}u^{433}$	$t^h\varepsilon^{433}$	$d\varepsilon^{223}$	$n\varepsilon^{223}$
19 萧山	io^{13}	io^{242}	io^{355}	tio^{533}	io^{42}	$t^h\rm{ə}^{533}$	$d\varepsilon^{355}$	$n\rm{ə}^{355}$
20 富阳	$i\rm{ʊ}^{224}$	$i\rm{ʊ}^{224}$	$i\rm{ʊ}^{13}$	（无）	$i\rm{ʊ}^{335}$	$t^h\tilde{\varepsilon}^{13}$	$d\tilde{\varepsilon}^{13}$	$n\tilde{\varepsilon}^{13}$
21 新登	y^{334}	y^{13}	y^{233}	$t\rm{ə}u^{53}$	y^{45}	$t^h\tilde{\varepsilon}^{53}$	$d\tilde{\varepsilon}^{233}$	$n\tilde{\varepsilon}^{233}$
22 桐庐	$i\rm{ə}u^{33}$	$i\rm{ə}u^{24}$	$i\rm{ə}u^{13}$	$ti\rm{ə}u^{533}$	$i\rm{ə}u^{33}$调殊	$t^h\tilde{a}^{533}$	$d\tilde{a}^{13}$	$n\tilde{a}^{13}$
23 分水	$i\gamma^{53}$	$i\gamma^{13}$	$i\gamma^{22}$	$t\gamma^{44}$	$i\gamma^{24}$	$t^h\tilde{a}^{44}$	$d\tilde{a}^{22}$	$n\tilde{a}^{22}$
24 绍兴	$i\gamma^{223}$	$i\gamma^{223}$调殊	$i\gamma^{231}$	$ti\gamma^{53}$	$i\gamma^{33}$	$t^h\tilde{\varnothing}^{53}$	$d\tilde{\varnothing}^{231}$	$n\tilde{\varnothing}^{231}$
25 上虞	$i\gamma^{213}$	$i\gamma^{213}$读字	$i\gamma^{213}$	$ti\gamma^{35}$读字	$i\gamma^{53}$	$t^h\tilde{\varnothing}^{35}$	$d\tilde{\varnothing}^{213}$	$n\tilde{\varnothing}^{213}$

续表

方言点	0369 有 流开三 上尤云	0370 右 流开三 去尤云	0371 油 流开三 平尤以	0372 丢 流开三 平幽端	0373 幼 流开三 去幽影	0374 贪 咸开一 平覃透	0375 潭 咸开一 平覃定	0376 南 咸开一 平覃泥
26 嵊州	iɣ²²	iɣ²⁴	iɣ²¹³	tɣ⁵³⁴	iɣ³³⁴	tʰæ̃⁵³⁴	dœ̃²¹³白 dɛ̃²¹³文	nœ̃²¹³
27 新昌	iɯ²³²	iɯ²³²	iɯ²²	tiɯ⁵³⁴	iɯ³³⁵	tʰœ̃⁵³⁴	dœ̃²²	nœ̃²²
28 诸暨	iʉ²⁴²	iʉ²⁴²调殊	iʉ¹³	(无)	iʉ⁵⁴⁴	tʰə⁵⁴⁴	də¹³	nə¹³
29 慈溪	iø¹³	iø¹³	iø¹³	tiø³⁵读字	iø⁴⁴	tʰẽ³⁵	dɛ̃¹³	nẽ¹³
30 余姚	iø¹³	iø¹³	iø¹³	(无)	iø⁵³	tʰẽ⁴⁴	dã̃¹³	nẽ¹³
31 宁波	iɣ¹³	iɣ¹³	iɣ¹³	tiɣ⁵³	iɣ¹³	tʰɐi⁵³	dɛ¹³	nɐi¹³又 nɛ¹³又
32 镇海	iu²⁴	iu²⁴	iu²⁴	tiu⁵³读字	iu⁵³	tʰei⁵³	dɛ²⁴	nei²⁴
33 奉化	iɣ³²⁴	iɣ³²⁴读字	iɣ³³	tiɣ⁴⁴读字	iɣ⁵³	tʰæi⁴⁴	de³³	ne³³
34 宁海	iu³¹	iu³¹	iu²¹³	tiu³⁵读字	iu⁴²³调殊	tʰø⁴²³	dø²¹³	nø²¹³
35 象山	iu³¹	iu¹³读字	iu³¹	tiu⁴⁴读字	iu⁴⁴	tʰei⁴⁴	dɛ³¹	nei³¹
36 普陀	ieu²³	ieu²³	ieu²⁴	tieu⁵³	ieu⁵³	tʰæi⁵³	dɛ²⁴	næi²⁴
37 定海	iɣ²³	iɣ²³	iɣ²³	(无)	iɣ⁴⁴	tʰɐi⁵²	dɐi²³	nɐi²³
38 岱山	iɣ²⁴⁴	iɣ²³	iɣ²³	(无)	iɣ⁴⁴	tʰɐi⁵²	dɐi²³	nɐi²³
39 嵊泗	iɣ⁴⁴⁵	iɣ²⁴³	iɣ²⁴³	(无)	iɣ⁵³	tʰɐi⁵³	dɐi²⁴³	nɐi²⁴³
40 临海	iu⁵²	iu⁵²	iu²¹	(无)	iu³¹	tʰø³¹	dø²¹白 dɛ²¹文	nø²¹
41 椒江	iu⁴²	iu⁴²	iu³¹	tiu⁵⁵	iu⁵⁵	tʰɛ⁴²	dɛ³¹	lɛ³¹
42 黄岩	iu⁴²	iu⁴²	iu¹²¹	tiu³²	iu⁵⁵	tʰɛ³²	dɛ¹²¹	lɛ¹²¹
43 温岭	iu⁴²	iu⁴²	iu³¹	tiu³³	iu⁵⁵	tʰøn³³白 tʰɛ³³文	døn³¹白 dɛ³¹文	nøn³¹白 nɛ³¹文
44 仙居	iəɯ³²⁴	iəɯ³²⁴调殊	iəɯ²¹³	(无)	iəɯ⁵⁵	tʰø³³⁴	dø²¹³	nø²¹³
45 天台	iu²¹⁴	iu²¹⁴声殊	iu²²⁴	tiu³³	iu⁵⁵	tʰø³³	dø²²⁴	ne²²⁴
46 三门	iɯ³²⁵	iɯ³²⁵	iɯ¹¹³	tiɯ³³⁴	iɯ⁵⁵	tʰø³³⁴	dø¹¹³	nø¹¹³
47 玉环	iu⁵³	iu²²	iu³¹	tiu⁴²	iu⁵⁵	tʰɛ⁴²	dəŋ³¹白 dɛ³¹文	nɛ³¹

续表

方言点	0369 有	0370 右	0371 油	0372 丢	0373 幼	0374 贪	0375 潭	0376 南
	流开三 上尤云	流开三 去尤云	流开三 平尤以	流开三 平幽端	流开三 去幽影	咸开一 平覃透	咸开一 平覃定	咸开一 平覃泥
48 金华	iu^{535}	iu^{14}	iu^{313}	tiu^{334}	iu^{334}	tʰɤ^{334}白 tʰɛ̃^{334}文	dɤ^{313}	nɤ^{313}
49 汤溪	iəɯ^{113}	iəɯ^{341}	iəɯ^{11}	（无）	iəɯ^{52}	tʰɤ^{24}	dɤ^{11}	nɤ^{11}
50 兰溪	iəɯ^{55}	iəɯ^{24}	iəɯ^{21}	（无）	iəɯ^{45}	tʰɤ^{334}白 tʰæ̃^{334}文	dæ̃^{21}	nɤ^{21}
51 浦江	iɤ^{243}	iɤ^{24}	iɤ^{113}	（无）	iɤ^{55}	tʰə̃^{534}白 tʰan^{534}文	də̃^{113}	nə̃^{113}
52 义乌	iɐɯ^{312}	iɐɯ^{24}	iɐɯ^{213}	tɐɯ^{335}	iɐɯ^{335}	tʰɯ^{335}白 tʰan^{335}文	dɯ^{213}白 dan^{223}文	nɯ^{213}
53 东阳	iəɯ^{231}	iəɯ^{24}	iəɯ^{213}	tiəɯ^{334}	iəɯ^{453}	tʰɯ^{334}	dɯ^{213}	nɯ^{213}
54 永康	iəu^{113}	iəu^{241}	iəu^{22}	dɦiəu^{55}	iəu^{22}	tʰɤ^{55}	dɤ^{22}	nɤ^{22}
55 武义	iəu^{13}	iəu^{231}	iəu^{324}	liəu^{24}	iəu^{24}	tʰɤ^{24}	dɤ^{324}	nɤ^{324}
56 磐安	iɐɯ^{334}	iɐɯ^{14}	iɐɯ^{213}	（无）	iɐɯ^{445}	tʰɯ^{445}	dɯ^{213}	nɯ^{213}
57 缙云	iuŋ^{51}	iuŋ^{51}	iuŋ^{243}	（无）	iuŋ^{44}	tʰɛ^{44}	dɛ^{243}	nɛ^{243}
58 衢州	iu^{231}	iu^{231}	iu^{21}	te^{32}	iu^{32}调殊	tʰə̃^{32}	də̃^{21}	nə̃^{21}
59 衢江	y^{212}	y^{231}	y^{212}	ty^{33}	y^{53}	tʰɛ^{33}	dɛ^{212}	nɛ^{212}
60 龙游	iəɯ^{224}	iəɯ^{51}	iəɯ^{21}	tiəɯ^{334}	iəɯ^{51}	tʰã^{334}	dã^{21}	nei^{21}
61 江山	iɯ^{22}	iɯ^{31}	iɯ^{213}	tɯ^{44}	iɯ^{51}	tʰaŋ^{44}	dɒŋ^{213}	naŋ^{213}单用 nɒŋ^{213}地名
62 常山	iu^{24}	iu^{24}	iu^{341}	tiu^{44}	iu^{44}	tʰã^{44}	dã^{341}	nã^{341}
63 开化	iʊ^{213}	iʊ^{213}	iʊ^{231}	tiʊ^{44}	iʊ^{44}调殊	tʰã^{44}	duõ^{231}	nã^{231}
64 丽水	iəɯ^{544}	iəɯ^{131}	iəɯ^{22}	（无）	iəɯ^{52}	tʰuɛ^{224}	duɛ^{22}	nuɛ^{22}
65 青田	ieu^{454}	ieu^{22}	ieu^{21}	dɦæi^{445}	ieu^{445}	tʰɐʋ^{445}	dɐʋ^{21}	nuɐʋ^{21}
66 云和	iəɯ^{41}	iəɯ^{223}	iəɯ^{312}	（无）	iəɯ^{45}	tʰuɛ^{24}	duɛ^{312}	nuɛ^{312}
67 松阳	uɤʔ^{2}音殊	iɯ^{13}	iɯ^{31}	tiɯ^{53}	iɯ^{53}	tʰæ̃^{53}	dæ̃^{31}	næ̃^{31}
68 宣平	iɯ^{223}	iɯ^{231}	iɯ^{433}	（无）	iɯ^{223}调殊	tʰə^{324}	də^{433}	nə^{433}
69 遂昌	uɔʔ^{23}韵殊	iɯ^{13}	iɯ^{221}	tiɯ^{45}	iɯ^{45}	tʰɛ̃^{45}	daŋ^{221}地名 dɛ̃^{221}单用	nɛ̃^{221}

续表

方言点	0369 有	0370 右	0371 油	0372 丢	0373 幼	0374 贪	0375 潭	0376 南
	流开三 上尤云	流开三 去尤云	流开三 平尤以	流开三 平幽端	流开三 去幽影	咸开一 平覃透	咸开一 平覃定	咸开一 平覃泥
70 龙泉	iəɯ⁵¹	iəɯ²²⁴	iəɯ²¹	tiəɯ⁴³⁴	iəɯ⁴⁵	tʰɯə⁴³⁴	dɯə²¹	nɯə²¹
71 景宁	iəɯ³³	iəɯ¹¹³	iəɯ⁴¹	（无）	iəɯ⁴⁵调殊	tʰœ³²⁴	dœ⁴¹	nœ⁴¹
72 庆元	uɤ²²¹	iɯ²²¹	iɯ⁵²	ɖiɯ³³⁵	iɯ¹¹	tʰæ̃³³⁵	tæ̃⁵²	næ̃⁵²
73 泰顺	iəɯ⁵⁵	iəɯ²²	iəɯ⁵³	tiəɯ²¹³	iəɯ³⁵	tʰɛ²¹³	tɛ⁵³	nɛ⁵³
74 温州	iau¹⁴	iau²²	iau³¹	tɣu³³	iau³³	tʰø³³	dø³¹	nø³¹
75 永嘉	iau¹³	iau²²	iau³¹	təu⁴⁴	iau⁴⁴	tʰø⁴⁴	dø³¹	nø³¹
76 乐清	iau²⁴	iau²²	iau³¹	tiu⁴⁴	iau⁴⁴	tʰe⁴⁴	de³¹	ne³¹
77 瑞安	iau¹³	iau²²	iau³¹	（无）	iau⁴⁴	tʰe⁴⁴白 tʰø⁴⁴文	de³¹	ne³¹
78 平阳	iau⁴⁵	iau³³	iau²⁴²	tɛu⁵⁵	iau⁵⁵调殊	tʰθ⁵⁵	dɔ²⁴²	nθ²⁴²
79 文成	iau²²⁴	iau⁴²⁴	iau¹¹³	tiou⁵⁵	iau³³	tʰø⁵⁵	de¹¹³	ne¹¹³
80 苍南	iau⁵³	iau¹¹	iau³¹	tɛu⁴⁴	iau⁴⁴	tʰø⁴⁴	da³¹	ne³¹
81 建德徽	iɤɯ²¹³	iɤɯ²¹³	iɤɯ³³	（无）	iɤɯ⁵⁵	tʰɛ⁵³	tɛ³³	nɛ³³
82 寿昌徽	iəɯ⁵³⁴	iəɯ²⁴文	iəɯ⁵²	təɯ¹¹²韵殊	iəɯ¹¹²调殊	tʰiæ¹¹²白 tʰæ̃¹¹²文	tʰiæ⁵²	niæ⁵²
83 淳安徽	iɯ⁵⁵	iɯ⁵³	iɯ⁴³⁵	（无）	iɯ²⁴	tʰã²⁴	tʰã⁴³⁵	lã⁴³⁵
84 遂安徽	iu⁴³	iu⁵²	iu³³	tiɛ⁵³⁴	iu⁴³	tʰɑ̃⁵³⁴	tʰɑ̃³³	lɑ̃³³
85 苍南闽	u³²	iu²¹	iu²⁴	tiu⁵⁵	iu⁴³文	tʰan⁵⁵	tʰan²⁴	lan²⁴
86 泰顺闽	u³¹	iøu³¹	iøu²²	tiøu²¹³	iøu⁵³	tʰæŋ²¹³	tʰæŋ²²	næŋ²²
87 洞头闽	u²¹	iu²¹	iu¹¹³	tiu³³	iu³³调殊	tʰan³³	tʰan¹¹³	lan¹¹³
88 景宁畲	xo⁴⁴	iəu⁵¹	iəu²²	（无）	iəu⁴⁴	tʰɔn⁴⁴	（无）	nɔn²²

方言点	0377 蚕 咸开一 平覃从	0378 感 咸开一 上覃见	0379 含 ～一口水 咸开一 平覃匣	0380 暗 咸开一 去覃影	0381 搭 咸开一 入合端	0382 踏 咸开一 入合透	0383 拉 咸开一 入合来	0384 杂 咸开一 入合从
01 杭州	dzuo²¹³	kɛ⁵³	ɛ²¹³	ɛ⁴⁵	taʔ⁵	daʔ²	la³³⁴	dzaʔ²
02 嘉兴	zə²⁴²	kə⁵⁴⁴	ə²⁴²	ə²²⁴	tʌʔ⁵	dʌʔ¹³	lʌʔ⁴²	zʌʔ¹³
03 嘉善	zø¹³²	kø⁴⁴	ø¹³²	ø³³⁴	tɜʔ⁵	dɜʔ²	laʔ⁵³	zɜʔ²
04 平湖	zø³¹	kø⁴⁴	ø³¹	ø³³⁴	taʔ⁵	daʔ²³	laʔ⁵³	zəʔ²³
05 海盐	zɤ³¹	kɤ⁴²³	ɤ³¹	ɤ³³⁴	taʔ⁵	daʔ²³	laʔ⁵³	zaʔ²³
06 海宁	zei¹³	kei⁵³	ɛ¹³	ei³⁵	taʔ⁵	daʔ²	laʔ⁵⁵	zaʔ²
07 桐乡	zE¹³	kE⁵³	E¹³	E³³⁴	taʔ⁵	daʔ²³	laʔ⁴⁴	zaʔ²
08 崇德	zE¹³	kE⁵³	E¹³	E³³⁴	taʔ⁵	daʔ²³	lɑʔ⁴⁴	zaʔ²³
09 湖州	zɛ¹¹²	kɛ⁵²³	ɛ¹¹²	ɛ³⁵	taʔ⁵	daʔ²	laʔ⁴⁴	dzaʔ²
10 德清	zøʉ¹¹³	køʉ⁵²	øʉ¹¹³	øʉ³³⁴	taʔ⁵	daʔ²	laʔ⁴⁴	dzəʔ²
11 武康	zø¹¹³	kø⁵³	ø¹¹³	ø²²⁴	tɜʔ⁵	dɜʔ²	laʔ⁴⁴	dzɜʔ²
12 安吉	zE²²	kE⁵²	E²²	E³²⁴	tɐʔ⁵	dɐʔ²³	laʔ⁵⁵	dzəʔ²³
13 孝丰	ze²²	ke⁵²	ɛ²²	ɛ³²⁴	taʔ⁵	daʔ²³	laʔ⁴⁴	dzaʔ²³
14 长兴	zɯ¹²	kɯ⁵²	ɯ¹²	ɯ³²⁴	taʔ⁵	daʔ²	laʔ⁴⁴	dzaʔ²
15 余杭	zøɣ²²	kɛ⁴²³	uõ²² 白 ɛ̃²² 文	uõ²¹³	tɜʔ⁵	dəʔ²	laʔ⁴⁴	zəʔ²
16 临安	zə³³	kə⁵⁵	ə³³	ə⁵⁵	tɐʔ⁵⁴	dɐʔ¹²	la³³	dzɐʔ¹²
17 昌化	zɛ̃¹¹²	kɛ̃⁴⁵³	ɛ̃¹¹²	ɛ̃⁵⁴⁴	taʔ⁵	daʔ²³	laʔ³³⁴	zaʔ²³
18 於潜	zɛ²²³	kɛ⁵¹	ɛ²²³	ŋɛ³⁵ 白 ɛ³⁵ 文	tɐʔ⁵³	dɑʔ²³	laʔ⁴³³	dzɑʔ²³
19 萧山	zə³⁵⁵	kie³³	ə³⁵⁵	ə⁴²	taʔ⁵	daʔ¹³	laʔ⁵³³	dzaʔ¹³
20 富阳	zɛ̃¹³	kɛ̃⁴²³	ɛ̃¹³	ɛ̃³³⁵	taʔ⁵	daʔ²	laʔ⁵³	zaʔ²
21 新登	zɛ̃²³³	kɛ̃³³⁴	ɛ̃²³³	ɛ̃⁴⁵	taʔ⁵	daʔ²	laʔ⁵³	dzaʔ²
22 桐庐	ze¹³	ke³³	ã¹³	ã³⁵	taʔ⁵	daʔ¹³	lʌ⁵³³	dzaʔ¹³
23 分水	zuə̃²²	kã⁵³	ã²²	ã²⁴	taʔ⁵	daʔ¹²	laʔ¹²	dzaʔ¹²
24 绍兴	zẽ²³¹ 白 zø̃²³¹ 文	kẽ³³⁴	ẽ²³¹	ẽ³³	tɛʔ⁵	dɛʔ²	laʔ⁵³	dzəʔ²

续表

方言点	0377 蚕	0378 感	0379 含 ~一口水	0380 暗	0381 搭	0382 踏	0383 拉	0384 杂
	咸开一平覃从	咸开一上覃见	咸开一平覃匣	咸开一去覃影	咸开一入合端	咸开一入合透	咸开一入合来	咸开一入合从
25 上虞	zø̃²¹³	kɛ̃³⁵	ɛ̃²¹³	ɛ̃⁵³	tɐʔ⁵	dɐʔ²	la³⁵	zəʔ²
26 嵊州	zœ̃²¹³	kœ̃⁵³	œ̃²¹³	œ̃³³⁴	tɛʔ⁵	dɛʔ²	la⁵³⁴	dzəʔ²
27 新昌	zœ̃²²	kœ̃⁴⁵³	œ̃²²	œ̃³³⁵	tɛʔ⁵	dɛʔ²	la⁵³⁴	zaʔ² 白 dzaʔ² 文
28 诸暨	zə¹³	kə⁴²	ə¹³	ə⁵⁴⁴	taʔ⁵	daʔ¹³	lʌ⁵⁴⁴	dzaʔ¹³
29 慈溪	zḛ¹³	kḛ³⁵	ḛ¹³	ḛ⁴⁴	taʔ⁵	daʔ²	la³⁵	zəʔ²
30 余姚	zḛ¹³	kḛ³⁴	ḛ¹³	iḛ⁵³	taʔ⁵	daʔ²	la⁴⁴	zəʔ²
31 宁波	zɐi¹³	ki³⁵	ɐi¹³	ɐi⁴⁴	taʔ⁵	daʔ²	la⁵³	dzaʔ²
32 镇海	zei²⁴	ki³⁵ ~觉	ei²⁴	ei⁵³	taʔ⁵	daʔ¹²	la⁵³	dzaʔ¹²
33 奉化	ze³³	ke⁵⁴⁵	e³³	e⁵³	taʔ⁵	daʔ²	la⁴⁴	dzaʔ² 牛~
34 宁海	zø³¹ 又 zø²¹³ 又	ke⁵³	ei²¹³	ei³⁵	taʔ⁵	daʔ³	la⁴²³	zɔʔ³
35 象山	zei³¹	kɛ⁴⁴	ɛ³¹	ei⁵³	taʔ⁵	daʔ²	la⁴⁴	zaʔ²
36 普陀	zæi²⁴	ki⁴⁵	æi²⁴	æi⁵⁵	tɐʔ⁵	dɐʔ²³	la⁵⁵	zɐʔ²³
37 定海	zɐi¹³ 小	ki⁴⁵	ɐi²³	ɐi⁴⁴	tɐʔ⁵	dɐʔ²	la⁴⁴	dzɐʔ² 复~ zɐʔ² ~烩
38 岱山	zɐi²¹³ 小	ki⁵²	ɐi²³	ɐi⁴⁴	tɐʔ⁵	dɐʔ²	la⁵²	zɐʔ²
39 嵊泗	zɐi²¹³ 小	ki⁴⁴⁵	ɐi²⁴³	ɐi⁵³	tɐʔ⁵	dɐʔ²	la⁵³	zɐʔ²
40 临海	zʮø²¹	kø⁵²	ø²¹	ø⁵⁵	tɛʔ⁵	dɛʔ²³	la³¹	zəʔ²³
41 椒江	zɛ²⁴ 小	kiɛ⁴²	ie³¹	ie⁵⁵	tɛʔ⁵	dɛʔ²	la⁴² ~手 la²⁴ ~尿	zaʔ²
42 黄岩	zɛ²⁴ 小	kiɛ⁴²	ɛ¹²¹	ie⁵⁵	təʔ⁵	dəʔ²	la³² ~手 la²⁴ ~尿	zəʔ²
43 温岭	zøn²⁴ 小	kiɛ⁴²	ie³¹	ie⁵⁵	təʔ⁵ 单用 tʰəʔ⁵ ~配	dəʔ²	la³³ ~手 la¹³ ~尿	zoʔ²
44 仙居	zø²¹³	cie³²⁴	ø²¹³	ø⁵⁵	ɗɑʔ⁵	dɑʔ²³	la³³⁴	zaʔ²³
45 天台	ze²²⁴ ~丝	ke³²⁵	e²²⁴	e⁵⁵	teʔ⁵	deʔ² 音殊	la³³	zəʔ²

方言点	0377 蚕	0378 感	0379 含 ～一口水	0380 暗	0381 搭	0382 踏	0383 拉	0384 杂
	咸开一平覃从	咸开一上覃见	咸开一平覃匣	咸开一去覃影	咸开一入合端	咸开一入合透	咸开一入合来	咸开一入合从
46 三门	zø²⁵²小	kɛ³²⁵	ɛ¹¹³	ɛ⁵⁵	tɐʔ⁵	dɐʔ²³	la³³⁴	zɐʔ²³
47 玉环	（无）	kiɛ⁴²	ie³¹白 ɛ³¹文	ie⁵⁵白 ɛ⁵⁵文	tɐʔ⁵	dɐʔ²	la⁴²～手	zɐʔ²
48 金华	zɤ³¹³	kɛ̃⁵³⁵	ɤ³¹³	ɛ̃⁵⁵	tuɑ⁵⁵	duɑ¹⁴	la³³⁴	dzə̃ʔ²¹²
49 汤溪	zɤŋ¹¹³小	kã⁵³⁵读字	ɤ¹¹	ɤ⁵²	tuɑ⁵⁵	duɑ¹¹³	la²⁴	dzɤ¹¹³
50 兰溪	zɤ²¹	kæ⁵⁵	（无）	æ̃⁴⁵	tə̃ʔ³⁴	duɑʔ¹²	la³³⁴	dzə̃ʔ¹²
51 浦江	zə̃¹¹³	kə̃⁵³	ə̃¹¹³	ə̃⁵⁵	tuɑ⁴²³	dzyɑ²³²	la⁵³⁴	dzə̃²³²
52 义乌	zuɯn²¹³小	kuɯ⁴²³白 kan⁴²³文	ɯ²¹³	ɯ⁴⁵	tɔ³²⁴	dɔ³¹²	la³³⁵	zʅ³¹²白 dza³¹²文
53 东阳	zuɯn²¹³小	kan⁴⁴	ɯ²¹³	ɯ⁴⁵³	tɔ³³⁴	dɔ²¹³	（无）	za²¹³白 dza²¹³文
54 永康	zɤ²⁴¹小	kɤ³³⁴	ɤ²²	ɤ⁵⁵	ɗuɑ³³⁴	duɑ¹¹³	la⁵⁵	zɤ¹¹³
55 武义	zɤ³²⁴	kɤ⁴⁴⁵	（无）	ŋɤ⁵³	luɑ⁵³	duɑ²³¹	la²⁴	zɤ¹³
56 磐安	zu²¹³	kan³³⁴	u²¹³	u⁵²	tuə³³⁴	na²¹³老 duə¹⁴新	la⁴⁴⁵	zɛ²¹³
57 缙云	zɛ²⁴³	kɛ⁵¹	aŋ²⁴³	ɛ⁴⁵³	tɑ³²²	dɑ¹³	la⁴⁴	zɛ¹³
58 衢州	zə̃²¹	kə̃⁵³调殊	gã²¹	ə̃⁵³	taʔ⁵	daʔ¹²	la³²	zaʔ¹²
59 衢江	zɛ²¹²	kã⁵³调殊	gã²¹²	ã⁵³	taʔ⁵	daʔ²	la³³调殊	dzə̃ʔ²
60 龙游	zuei²¹	kã̃⁵¹调殊	gã²²⁴调殊	ã⁵¹	tɔʔ⁴	dɔʔ²³	la³³⁴	dzɔʔ²³
61 江山	zɒŋ²¹³	kɒŋ⁵¹调殊	gəŋ²²调殊	ɒŋ⁵¹	taʔ⁵	daʔ²	la⁴⁴	zɒʔ²
62 常山	zuɔ̃³⁴¹	kã⁵²调殊	goŋ²⁴	uɔ̃³²⁴	taʔ⁵	daʔ³⁴	la⁴⁴	dzaʔ³⁴
63 开化	zuõ²³¹	kã⁵³	gɔŋ²³¹	ɔŋ⁴¹²	taʔ⁵	daʔ¹³	la²³¹～尿 la⁴⁴～车	dzaʔ¹³
64 丽水	zuɛ²²	kɛ⁵⁴⁴	gã²²	uɛ⁵²	tɔʔ⁵	dɔʔ²³	luɔ²²⁴	zɛʔ²³白 dzaʔ²³文
65 青田	zuɐ²¹	kiɛ⁴⁵⁴	gaŋ²¹	ie³³	ɗaʔ⁴²	daʔ³¹	la⁴⁴⁵	zaʔ³¹
66 云和	zuɛ³¹²	kɛ⁴¹	gã³¹²	ɛ⁴⁵	tɔʔ⁵	dɔʔ²³	lɔ²⁴	zɛʔ²³

续表

方言点	0377 蚕	0378 感	0379 含 ~一口水	0380 暗	0381 搭	0382 踏	0383 拉	0384 杂
	咸开一 平豵从	咸开一 上豵见	咸开一 平豵匣	咸开一 去豵影	咸开一 入合端	咸开一 入合透	咸开一 入合来	咸开一 入合从
67 松阳	zæ̃^{31}	kæ̃^{212}	gɔ̃^{31}	æ̃^{24}	tɔʔ^{5}	dɔʔ^{2}	la^{53}	zaʔ^{2}
68 宣平	zə^{433}	kə^{445}	gɑ̃^{433}	ə^{52}	tɑʔ^{5}	dɑʔ^{23}	la^{324}	zəʔ^{23}
69 遂昌	zɛ̃^{221}	kɛ̃^{533}	gəŋ^{13}调殊	ɛ̃^{334}	taʔ^{5}	daʔ^{23}	la^{45}拖~机	zɛʔ^{23}
70 龙泉	zɯə^{21}	kɯə^{51}	gɛn^{21}	ɯə^{45}	toʔ^{5}	doʔ^{24}	lo^{434}调殊	zɯəʔ^{24}
71 景宁	zœ^{41}	kœ^{33}	gɔ^{41}	aŋ^{35}	tɔʔ^{5}	dɔʔ^{23}	la^{324}	zœʔ^{23}
72 庆元	sæ̃^{52}	kæ̃^{33}	kəŋ^{52}	æ̃^{11}	ɗɑʔ^{5}	tɑʔ^{34}	lɑ^{335}	sɯəʔ^{34}
73 泰顺	sɛ^{53}	kɛ^{55}	kã^{53}	əŋ^{35}	tɔʔ^{5}	tɔʔ^{2}	lɔ^{213}	sɛʔ^{2}
74 温州	zø^{31}	kø^{25}	gaŋ^{31}	ø^{51}	ta^{323}	da^{212}	la^{33}~动 la^{22}~尿	zø^{212}
75 永嘉	zø^{31}	ky^{45}	gaŋ^{31}白 aŋ^{31}文	ø^{53}	ta^{423}	da^{213}	la^{44}	zø^{213}
76 乐清	zø^{31}	ke^{35}	aŋ^{31}	e^{41}	ta^{323}	da^{212}	la^{44}~动 le^{22}~尿	ze^{212}
77 瑞安	zø^{31}	ke^{35}	aŋ^{31}白 ø^{31}文	e^{53}	tɔ^{323}	dɔ^{212}	lɔ^{44}	ze^{212}
78 平阳	zθ^{242}	kθ^{45}	e^{242}	θ^{53}白 e^{53}文	tɔ^{34}	dɔ^{12}	lɔ^{55}	zθ^{12}
79 文成	ze^{113}	kuø^{45}	ø^{113}	e^{33}	tɔ^{34}	dɔ^{212}	lɔ^{55}	ze^{212}
80 苍南	zø^{31}	kyɛ^{53}	aŋ^{31}	e^{42}	ta^{223}	da^{112}	la^{44}	zø^{112}
81 建德徽	sɛ^{33}	kɛ̃^{55}~冒	hɛ^{33}	ɛ^{55}读字	to^{55}	to^{213}	lɑ^{53}	tsɐʔ^{12}
82 寿昌徽	ɕiæ^{52}	kæ̃^{55}文	xiɛ^{52}	iɛ^{33}	tuə^{55}	təʔ^{31}	lɑ^{112}	tsəʔ^{31}
83 淳安徽	sã^{435}	kã^{55}	hã^{435}	ã^{24}	tɑʔ^{5}	tɑʔ^{5}白 tʰɑ^{24}文	lɑ^{24}~面	tsʰɑʔ^{13}
84 遂安徽	səŋ^{33}	kɑ̃^{213}	xɑ̃^{33}	ɑ̃^{52}	tɑ^{24}	tʰɑ^{213}	lɑ^{534}	sɑ^{213}
85 苍南闽	tsan^{24}	kan^{43}	han^{24}文	an^{21}	ta^{43}	ta^{24}	la^{55}	tsɐ^{24}
86 泰顺闽	tɕʰie^{22}	kæŋ^{344}	xæŋ^{22}	æŋ^{31}	tɛʔ^{5}	tɛʔ^{3}	la^{213}	tsɛʔ^{3}
87 洞头闽	tsʰan^{113}	kan^{53}	kan^{113}白 han^{113}文	an^{21}	ta^{53}	ta^{241}	la^{33}	tsɐt^{24}
88 景宁畲	tsʰɔn^{325}小	kɔn^{325}	xɔn^{22}	ɔn^{44}	tɔt^{5}	tʰɔt^{2}	lɔ^{44}	sot^{2}

方言点	0385 鸽 咸开一 入合见	0386 盒 咸开一 入合匣	0387 胆 咸开一 上谈端	0388 毯 咸开一 上谈透	0389 淡 咸开一 上谈定	0390 蓝 咸开一 平谈来	0391 三 咸开一 平谈心	0392 甘 咸开一 平谈见
01 杭州	kaʔ⁵	aʔ²	tɛ⁵³	tʰɛ⁵³	dɛ¹³	lɛ²¹³	sɛ³³⁴	kɛ³³⁴
02 嘉兴	kəʔ⁵	ʌʔ⁵	tE⁵⁴⁴	tʰE¹¹³	dE¹¹³	lE²⁴²	sE⁴²	kə⁴²
03 嘉善	kəʔ⁵	ɜʔ²	te⁴⁴	tʰɛ³³⁴	dɛ¹³²	lɛ¹³²	se⁵³	kø⁵³
04 平湖	kəʔ⁵	aʔ²³	te⁴⁴	tʰɛ²¹³	dɛ²¹³	lɛ³¹	se⁵³	kø⁵³
05 海盐	kəʔ⁵	aʔ²³	te⁴²³	tʰɛ⁴²³	dɛ⁴²³	lɛ³¹	se⁵³	kɤ⁵³
06 海宁	kəʔ⁵	aʔ²	te⁵³	tʰɛ⁵³	dɛ²³¹	lɛ¹³	se⁵⁵	kei⁵⁵
07 桐乡	kəʔ⁵	aʔ²³	te⁵³	tʰɛ⁵³	dɛ²⁴²	lɛ¹³	se⁴⁴	kE⁴⁴
08 崇德	kəʔ⁵	aʔ²³	te⁵³	tʰɛ⁵³	dɛ¹³	lɛ¹³	se⁴⁴	kE⁴⁴
09 湖州	kəʔ⁵	aʔ²	te⁵²³	tʰɛ⁵²³	dɛ²³¹	lɛ¹¹²	se⁴⁴	kɛ⁴⁴
10 德清	kəʔ⁵	aʔ²	te⁵²	tʰɛ⁵²	dɛ¹⁴³	lɛ¹¹³	se⁴⁴	køʉ⁴⁴
11 武康	kɜʔ⁵	ɜʔ²	te⁵³	tʰɛ⁵³	dɛ²⁴²	lɛ¹¹³	se⁴⁴	kø⁴⁴
12 安吉	kəʔ⁵	ɐʔ²³	te⁵²	tʰE⁵²	dE²⁴³	lE²²	sE⁵⁵	kE⁵⁵
13 孝丰	kəʔ⁵	aʔ²³	te⁵²	tʰɛ⁵²	dɛ²⁴³	lɛ²²	se⁴⁴	ke⁴⁴
14 长兴	kəʔ⁵	aʔ²	te⁵²	tʰE⁵²	dɛ²⁴³	lE¹²	sE⁴⁴	kɯ⁴⁴
15 余杭	kəʔ⁵	əʔ²	tɛ̃⁵³	tʰɛ̃⁵³	dɛ̃²⁴³	lɛ̃²²	sɛ̃⁴⁴	kuõ⁴⁴
16 临安	kɐʔ⁵⁴	ɐʔ¹²	te⁵⁵	tʰɛ⁵⁵	dɛ³³	lɛ³³	se⁵⁵	kə⁵⁵
17 昌化	kəʔ⁵	aʔ²³	tɔ̃⁴⁵³	tʰɔ̃⁴⁵³	dɔ̃²⁴³	lɔ̃¹¹²	sɔ̃³³⁴	kɛ̃³³⁴
18 於潜	kəʔ⁵³	ɑʔ²³	te⁵¹	tʰɛ⁵¹	dɛ²⁴	lɛ²²³	se⁴³³	kɛ⁴³³
19 萧山	kieʔ⁵	əʔ¹³	te³³	tʰɛ³³	dɛ¹³	lɛ³⁵⁵	se⁵³³	kie⁵³³
20 富阳	kiɛʔ⁵	aʔ²	tã⁴²³	tʰã⁴²³	dã²²⁴	lã¹³	sã⁵³	kiɛ̃⁵³
21 新登	kəʔ⁵	aʔ²	te³³⁴	tʰɛ³³⁴	dɛ¹³	lɛ²³³	se⁵³	kɛ̃⁵³
22 桐庐	kəʔ⁵	əʔ¹³	tã³³	tʰã³³	dã²⁴	lã¹³	sã⁵³³	ke⁵³³
23 分水	kaʔ⁵	xaʔ¹²	tã⁵³	tʰã⁵³	dã¹³	lã²²	sã⁴⁴	kã⁴⁴
24 绍兴	keʔ⁵	eʔ²	tɛ̃³³⁴	tʰɛ̃⁵³	dɛ̃²²³	lɛ̃²³¹	sɛ̃⁵³	kɛ̃⁵³
25 上虞	kəʔ⁵	ɐʔ²	tɛ̃³⁵	tʰɛ̃³⁵	dɛ̃²¹³	lɛ̃²¹³	sɛ̃³⁵	kɛ̃³⁵
26 嵊州	kəʔ⁵	ɛʔ²	tɛ̃⁵³	tʰɛ̃⁵³	dɛ̃²⁴	lɛ̃²¹³	sɛ̃⁵³⁴	kœ̃⁵³⁴

续表

方言点	0385 鸽	0386 盒	0387 胆	0388 毯	0389 淡	0390 蓝	0391 三	0392 甘
	咸开一入合见	咸开一入合匣	咸开一上谈端	咸开一上谈透	咸开一上谈定	咸开一平谈来	咸开一平谈心	咸开一平谈见
27 新昌	kɤʔ⁵	ɤʔ²	tɛ̃⁴⁵³	tʰɛ̃⁴⁵³	dɛ̃²³²	lɛ̃²²	sɛ̃⁵³⁴	kœ̃⁵³⁴
28 诸暨	kieʔ⁵	əʔ¹³	tɛ⁴²	tʰɛ⁴²	dɛ²⁴²	lɛ¹³	sɛ⁵⁴⁴	kə⁵⁴⁴
29 慈溪	kəʔ⁵	aʔ²	tɛ̃³⁵	tʰɛ̃³⁵	dɛ̃¹³	lɛ̃¹³	sɛ̃³⁵	kɛ̃³⁵
30 余姚	kəʔ⁵	aʔ²	tã̃³⁴	tʰã̃³⁴	dã̃¹³	lã̃¹³	sã⁴⁴	kɛ̃⁴⁴
31 宁波	kaʔ⁵	kaʔ⁵ 饭~ aʔ² ~子	tɛ³⁵	tʰɛ⁵³	dɛ¹³	lɛ¹³	sɛ⁵³	ki⁵³
32 镇海	kaʔ⁵	aʔ¹²	tɛ³⁵	tʰɛ³⁵	dɛ²⁴	lɛ²⁴	sɛ⁵³	ki⁵³
33 奉化	kaʔ⁵	aʔ²	tɛ⁵⁴⁵	tʰɛ⁵⁴⁵	dɛ³²⁴	lɛ³³	sɛ⁴⁴	ke⁴⁴
34 宁海	keʔ⁵	aʔ³	te⁵³	tʰe⁵³	de³¹	le²¹³	se⁴²³	ke⁴²³
35 象山	kaʔ⁵	aʔ²	tɛ⁴⁴	tʰɛ⁴⁴	dɛ³¹	lɛ³¹	sɛ⁴⁴	ki⁴⁴
36 普陀	kɐʔ⁵	ɐʔ²³	tɛ⁴⁵	tʰɛ⁴⁵	dɛ²³	lɛ²⁴	sɛ⁵³	ki⁵³
37 定海	kɐʔ⁵	ɐʔ²	te⁴⁵	tʰɛ⁴⁵	dɛ²³	lɛ²³	sɛ⁵²	ki⁵²
38 岱山	kɐʔ⁵	ɐʔ²	te³²⁵	tʰɛ⁵²	dɛ²⁴⁴	lɛ²³	sɛ⁵²	ki⁵²
39 嵊泗	kɐʔ⁵	ɐʔ²	te⁴⁴⁵	tʰɛ⁵³	dɛ²⁴³	lɛ²⁴³	sɛ⁵³	ki⁵³
40 临海	kø³⁵³ 小	əʔ²³	tɛ⁵²	tʰɛ⁵²	dɛ²¹	lɛ²¹	sɛ³¹	kø³¹
41 椒江	tɕie⁵¹ 小	aʔ²	tɛ⁴²	tʰɛ⁴²	dɛ³¹	lɛ³¹	sɛ⁴²	kiɛ⁴²
42 黄岩	tɕie⁵³ 小	əʔ²	tɛ⁴²	tʰɛ⁴²	dɛ¹²¹	lɛ¹²¹	sɛ³²	kiɛ³²
43 温岭	tɕie⁵¹ 小	əʔ²	tɛ⁴²	tʰɛ⁴²	dɛ³¹	lɛ³¹	sɛ³³	tɕie³³
44 仙居	ciaʔ⁵³ 小	aʔ²³	ɗa³²⁴	tʰa³²⁴	da²¹³	la²¹³	sa³³⁴	cie³³⁴
45 天台	keʔ⁵	e³¹ 小	te³²⁵	tʰe³²⁵	de²¹⁴	le²²⁴	se³³	ke³³
46 三门	kɐʔ⁵	ɛ²⁵² 小	te³²⁵	tʰɛ³²⁵	dɛ²¹³	lɛ¹¹³	sɛ³³⁴	kɛ³³⁴
47 玉环	tɕie⁵³ 小	ɐʔ²	tɛ⁵³	tʰɛ⁵³	dɛ⁴¹	lɛ³¹	sɛ⁴²	tɕie⁴²
48 金华	kɤ⁵⁵ 白 kə⁴ 文	ɤ¹⁴ 白 əʔ²¹² 文	tɑ⁵³⁵	tʰɑ⁵³⁵	tɑ⁵³⁵	lɑ³¹³	sɑ³³⁴	kɤ³³⁴
49 汤溪	kɤ⁵⁵	ɤ¹¹³	nuɑ⁵³⁵	tʰuɑ⁵³⁵	duɑ¹¹³	luɑ¹¹	suɑ²⁴	kɤ²⁴
50 兰溪	kɤʔ³⁴	uɑʔ¹²	tuɑ⁵⁵	tʰuɑ⁵⁵	tuɑ⁵⁵	luɑ²¹	suɑ³³⁴	kɤ³³⁴

续表

方言点	0385 鸽 咸开一 入合见	0386 盒 咸开一 入合匣	0387 胆 咸开一 上谈端	0388 毯 咸开一 上谈透	0389 淡 咸开一 上谈定	0390 蓝 咸开一 平谈来	0391 三 咸开一 平谈心	0392 甘 咸开一 平谈见
51 浦江	kə⁴²³	(无)	tã⁵³	tʰã⁵³	dã²⁴³	lã¹¹³	sã⁵³⁴	kã⁵³⁴
52 义乌	kɯn³²⁴小	ɯ²⁴一~	nɔ⁴²³	tʰɔ⁴²³	dɔ³¹²	lɔ²¹³	sɔ³³⁵	kɯ³³⁵
53 东阳	kaʔ³⁴	an²¹³小	tɔ⁴⁴	tʰɔ⁴⁴	tʰɔ⁴⁴	lɔ²¹³	sɔ³³⁴	kɯ³³⁴
54 永康	kɣ⁵²	ɣ²⁴¹小	na³³⁴	tʰa³³⁴	da¹¹³	la²²	sa⁵⁵	kɣ⁵⁵
55 武义	kɣ⁵³	ɣ²³¹	nuo⁴⁴⁵	tʰuo⁴⁴⁵	duo¹³	nuo³²⁴	suo²⁴	kɣ²⁴
56 磐安	kɛ³³⁴	ɛn¹⁴小	nɒ³³⁴	tʰɒ³³⁴	tɒ³³⁴	lɒ²¹³	sɒ⁴⁴⁵	kɯ⁴⁴⁵
57 缙云	kɛ⁴⁵小	ɛ¹³	tɑ⁵¹	tʰɑ⁵¹	dɑ³¹	lɑ²⁴³	sɑ⁴⁴	kɛ⁴⁴
58 衢州	kəʔ⁵	aʔ¹²	tã³⁵	tʰã³⁵	dã²³¹	lã²¹	sã³²	kə̃³²
59 衢江	kəʔ⁵	aʔ²	tã²⁵	tʰã²⁵	dã²¹²	lã²¹²	sã³³	kɛ³³
60 龙游	kəʔ⁴	əʔ²³	tã³⁵	tʰã³⁵	dã²²⁴	lã²¹	sã³³⁴	kie³³⁴
61 江山	kɒʔ⁵	ɒʔ²	taŋ²⁴¹	tʰɒŋ²⁴¹	daŋ²²	laŋ²¹³	saŋ⁴⁴	kɒŋ⁴⁴
62 常山	kuʌʔ⁵	uʌʔ³⁴	tã⁵²	tʰɔ̃⁵²	dã²⁴	lã³⁴¹	sã⁴⁴	kuɔ̃⁴⁴~草 kã⁴⁴姓~
63 开化	kaʔ⁵	uaʔ¹³韵殊	tã⁵³	tʰɔŋ⁵³	dã²¹³	lã²³¹	sã⁴⁴	kã⁴⁴
64 丽水	kɛʔ⁵	ɛʔ²³	tã⁵⁴⁴	tʰã⁵⁴⁴	dã²²	lã²²	sã²²⁴	kɛ²²⁴
65 青田	kaʔ⁴²	aʔ³¹	ɗɑ⁴⁵⁴	tʰɑ⁴⁵⁴	dɑ³⁴³	lɑ²¹	sɑ⁴⁴⁵	kiɛ⁴⁴⁵
66 云和	kɛʔ⁵	ɛʔ²³	tã⁴¹	tʰã⁴¹	dã²³¹	lã³¹²	sã²⁴	kɛ²⁴
67 松阳	kɛʔ⁵	ɛʔ²	tɔ̃²¹²	tʰɔ̃²¹²	dɔ̃²²	lɔ̃³¹	sɔ̃⁵³	kæ⁵³
68 宣平	kəʔ⁵	əʔ²³	tã⁴⁴⁵	tʰã⁴⁴⁵	dã²²³	lã⁴³³	sã³²⁴	kə³²⁴
69 遂昌	kɛʔ⁵	ɛʔ²³	taŋ⁵³³	tʰaŋ⁵³³	daŋ¹³	laŋ²²¹	saŋ⁴⁵	kɛ̃⁴⁵
70 龙泉	kɯəʔ⁵	kaʔ⁵旧 ɯəʔ²⁴今	taŋ⁵¹	tʰaŋ⁵¹	taŋ⁵¹	laŋ²¹	saŋ⁴³⁴	kɯə⁴³⁴
71 景宁	kœʔ⁵	œʔ²³	tɔ³³	tʰɔ³³	dɔ³³	lɔ⁴¹	sɔ³²⁴	kœ³²⁴
72 庆元	kɣʔ⁵	kɑʔ⁵	ɗã³³	tʰã³³	tã²²¹	lã⁵²	sã³³⁵	kæ³³⁵
73 泰顺	kɛʔ⁵	ɛʔ²	tã⁵⁵	tʰã⁵⁵	tã²¹	lã⁵³	sã²¹³	kɛ²¹³
74 温州	kø³²³	ø²¹²	ta²⁵	tʰa²⁵	da¹⁴	la³¹	sa³³	kø³³

方言点	0385 鸽	0386 盒	0387 胆	0388 毯	0389 淡	0390 蓝	0391 三	0392 甘
	咸开一 人合见	咸开一 人合匣	咸开一 上谈端	咸开一 上谈透	咸开一 上谈定	咸开一 平谈来	咸开一 平谈心	咸开一 平谈见
75 永嘉	ky⁴²³	ø²¹³	ta⁴⁵	tʰa⁴⁵	da¹³	la³¹	sa⁴⁴	kø⁴⁴
76 乐清	ke³²³	a²¹²	tɛ³⁵	tʰɛ³⁵	dɛ²⁴	lɛ³¹	sɛ⁴⁴	ke⁴⁴
77 瑞安	ke³²³	e²¹²	tɔ³⁵	tʰɔ³⁵	dɔ¹³	lɔ³¹	sɔ⁴⁴	kø⁴⁴
78 平阳	kø³⁴	ɵŋ²³小	tɔ⁴⁵	tʰɔ⁴⁵	dɔ²³	lɔ²⁴²	sɔ⁵⁵	kø⁵⁵
79 文成	ke³⁴	e²¹²	tɔ⁴⁵	tʰɔ⁴⁵	dɔ²²⁴	lɔ¹¹³	sɔ⁵⁵	kuø⁵⁵
80 苍南	ke²²³	ø¹¹²	ta⁵³	tʰa⁵³	da²⁴	la³¹	sa⁴⁴	kyɛ⁴⁴
81 建德徽	ki⁵⁵	ho²¹³	tɛ²¹³	tʰɛ²¹³	tɛ²¹³	nɛ³³	sɛ⁵³	kɛ⁵³
82 寿昌徽	kəʔ³	xuə²⁴	tuə²⁴	tʰuə²⁴	tʰuə⁵³⁴	luə⁵²	suə¹¹²	kiɛ¹¹²
83 淳安徽	kəʔ⁵	hɑʔ¹³	tã⁵⁵	tʰã⁵⁵	tʰã⁵⁵	lã⁴³⁵	sã²⁴	kã²⁴
84 遂安徽	kə²⁴	xɑ²¹³	tã²¹³	tʰã²¹³	tʰã⁴³	lã³³	sã⁵³⁴	kã⁵³⁴
85 苍南闽	kɐ⁴³	a²⁴	tã⁴³	tʰan⁴³	tan³²	lan²⁴	sã⁵⁵	kan⁵⁵
86 泰顺闽	kɛʔ⁵	xɛʔ³	tæŋ³⁴⁴	tʰæŋ³⁴⁴	tæŋ³¹	læŋ²²	sæŋ²¹³	kæŋ²¹³
87 洞头闽	kɐt⁵	a²⁴¹	tã⁵³	tʰan⁵³	tan²¹	lan¹¹³	sã³³	kan³³
88 景宁畲	kəʔ⁵	xɔt²	tɔn³²⁵	tʰɔn³²⁵	tʰɔn⁴⁴	lɔn²²	sɔn⁴⁴	kon⁴⁴

方言点	0393 敢	0394 喊	0395 塔	0396 蜡	0397 赚	0398 杉 ~木	0399 减	0400 咸 ~淡
	咸开一 上谈见	咸开一 上谈晓	咸开一 入盍透	咸开一 入盍来	咸开二 去咸澄	咸开二 平咸生	咸开二 上咸见	咸开二 平咸匣
01 杭州	kɛ⁵³	xɛ⁵³	tʰaʔ⁵	laʔ²	dzɛ¹³	sɛ³³⁴	tɕiɛ⁵³	ɛ²¹³
02 嘉兴	kə⁵⁴⁴	hE²²⁴	tʰA ʔ⁵	lA ʔ⁵	zE¹¹³	sE⁴²	kE⁵⁴⁴	E²⁴²
03 嘉善	kø⁴⁴	xɛ³³⁴ 调殊	tʰɜʔ⁵	lɜʔ²	zɛ¹¹³	sɛ⁵³	kɛ⁴⁴	ɛ¹³²
04 平湖	kø⁴⁴	hɛ³³⁴	tʰaʔ²³	laʔ²³	zɛ²¹³	sɛ⁵³	kɛ⁴⁴	ɛ³¹
05 海盐	kɣ⁴²³	xɛ³³⁴	tʰaʔ²³	laʔ²³	zɛ⁴²³	sɛ⁵³	kɛ⁴²³	ɛ³¹
06 海宁	kei⁵³	hɛ³⁵ 调殊	tʰaʔ⁵	laʔ²	zɛ²³¹	sɛ⁵⁵	kɛ⁵³	ɛ¹³
07 桐乡	kE⁵³	hɛ³³⁴	tʰaʔ⁵	laʔ²³	zɛ²⁴²	sɛ⁴⁴	kɛ⁵³	ɛ¹³
08 崇德	kE⁵³	hɛ³³⁴	tʰaʔ⁵	laʔ²³	zɛ²⁴²	sɛ⁴⁴	kɛ⁵³	ɛ¹³
09 湖州	kɛ⁵²³	xɛ⁵²³	tʰaʔ⁵	laʔ²	zɛ²³¹	sɛ⁴⁴	kɛ⁵²³	ɛ¹¹²
10 德清	køʉ⁵²	xɛ³³⁴ 调殊	tʰaʔ⁵	laʔ²	zɛ¹⁴³	sɛ⁴⁴	kɛ⁵³	ɛ¹¹³
11 武康	kø⁵³	xɛ²²⁴ 调殊	tʰɜʔ⁵	lɜʔ²	dzɛ²⁴²	sɛ²²⁴ 调殊	kɛ⁵³	ɛ¹¹³
12 安吉	kE⁵²	hE³²⁴	tʰɐʔ⁵	lɐʔ²³	dzE²⁴³	sE⁵⁵	kE⁵²	E²²
13 孝丰	kɛ⁵²	hE³²⁴	tʰaʔ⁵	laʔ²³	dzɛ²⁴³	sɛ⁴⁴	kɛ⁵²	ɛ²²
14 长兴	kɯ⁵²	hE³²⁴	tʰaʔ⁵	laʔ²	dzE²⁴³	sE⁴⁴	kE⁵²	E¹²
15 余杭	kɛ̃⁵³	xɛ̃⁴²³ 调殊	tʰɜʔ⁵	lɜʔ²	zɛ̃²⁴³	sɛ̃⁴⁴	tɕiɛ̃⁵³	ɛ̃²²
16 临安	kə⁵⁵	he⁵⁵	tʰɐʔ⁵⁴	lɐʔ⁵⁴	dzɛ³³	sɛ⁵⁵	kɛ⁵⁵	ɛ³³
17 昌化	kɛ̃⁴⁵³	xɛ̃⁴⁵³	tʰaʔ⁵	laʔ²³	zɔ²⁴³	sɔ̃³³⁴	tɕiɪ̃⁴⁵³	ɔ̃¹¹²
18 於潜	kɛ⁵¹	xɛ³⁵	tʰɐʔ⁵	lɑʔ²³	dzɛ²⁴	sɛ⁴³³	tɕiɛ⁵¹	ɛ²²³
19 萧山	kie³³	xɛ⁴²	tʰaʔ⁵	laʔ¹³	(无)	sɛ⁵³³	kɛ³³	ɛ³⁵⁵
20 富阳	kiɛ̃⁴²³	hã³³⁵	tʰaʔ⁵	laʔ²	(无)	sã⁵³	tɕiɛ̃⁴²³	ã¹³
21 新登	kɛ̃³³⁴	he⁴⁵	tʰaʔ⁵	laʔ²	dzɛ¹³	sɛ⁵³	tɕiɛ̃³³⁴	ɛ²³³
22 桐庐	ke³³	xã³³	tʰaʔ⁵	laʔ¹³	(无)	sã⁵³³	tɕiɛ³³	ã¹³
23 分水	kã̃⁵³	xã⁵³	tʰaʔ⁵	laʔ¹²	dzã¹³	sã⁴⁴	tɕiɛ̃⁵³	xã²²
24 绍兴	kɛ̃³³⁴	hɛ̃³³	tʰɛʔ⁵	lɛʔ²	(无)	sɛ̃⁵³	kɛ̃³³⁴	ɛ̃²³¹
25 上虞	kɛ̃³⁵	hɛ̃⁵³	tʰɐʔ⁵	lɐʔ²	zɛ²¹³	sɛ̃³⁵	kɛ̃³⁵	ɛ̃²¹³

续表

方言点	0393 敢	0394 喊	0395 塔	0396 蜡	0397 赚	0398 杉~木	0399 减	0400 咸~淡
	咸开一上谈见	咸开一上谈晓	咸开一入盍透	咸开一入盍来	咸开二去咸澄	咸开二平咸生	咸开二上咸见	咸开二平咸匣
26 嵊州	kæ̃⁵³	hɛ̃³³⁴	tʰɛʔ⁵	lɛʔ²	dzɛ̃²⁴	sɛ̃⁵³⁴	kɛ̃⁵³	ɛ̃²¹³
27 新昌	kæ̃⁴⁵³	hɛ̃³³⁵	tʰɛʔ⁵	lɛʔ²	dzɛ̃²² 调殊	sɛ̃⁵³⁴	kɛ̃⁴⁵³	ɛ̃²²
28 诸暨	kə⁴²	hɛ⁵⁴⁴	tʰaʔ⁵	laʔ¹³	（无）	sɛ⁵⁴⁴	kɛ⁴²	ɛ¹³
29 慈溪	kẽ³⁵	hẽ⁴⁴读字	tʰaʔ⁵	laʔ²	dzẽ¹³	sẽ³⁵	kẽ³⁵	ẽ¹³
30 余姚	kẽ³⁴	hã⁵³	tʰaʔ⁵	laʔ²	dzã¹³	sã⁴⁴	kã³⁴	ã¹³
31 宁波	ki³⁵	hɛ³⁵	tʰaʔ⁵	laʔ²	dzɛ¹³	sɛ⁵³	kɛ³⁵	ɛ¹³
32 镇海	ki³⁵	hɛ³⁵读字	tʰaʔ⁵	laʔ¹²	dzɛ²⁴	sɛ⁵³	kɛ³⁵	ɛ²⁴
33 奉化	ke⁵⁴⁵	hɛ⁵³读字	tʰaʔ⁵	laʔ²	dzɛ³²⁴	sɛ⁴⁴	kɛ⁵⁴⁵	ɛ³³
34 宁海	ke⁵³	he⁵³读字	tʰaʔ⁵	laʔ³	dze³¹	se⁴²³	ke⁵³	e²¹³
35 象山	kɛ⁴⁴	hɛ⁴⁴读字	tʰaʔ⁵	laʔ²	dzɛ³¹	sɛ⁴⁴	kɛ⁴⁴	ɛ³¹
36 普陀	ki⁴⁵	xɛ⁵³	tʰɐʔ⁵	lɐʔ²³	dzɛ²³	sɛ⁵³	kɛ⁴⁵	ɛ²⁴
37 定海	ki⁴⁵	（无）	tʰɐʔ⁵	lɐʔ²	dzɛ²³	sɛ⁵²	kɛ⁴⁵	ɛ²³
38 岱山	ki³²⁵	（无）	tʰɐʔ⁵	lɐʔ²	dzɛ²³	sɛ⁵²	kɛ³²⁵	ɛ²³
39 嵊泗	ki⁴⁴⁵	（无）	tʰɐʔ⁵	lɐʔ²	dzɛ³³⁴	sɛ⁵³	kɛ⁴⁴⁵	ɛ²⁴³
40 临海	kø⁵²	hɛ⁵²	tʰɛʔ⁵	lɛʔ²³	dzɛ²¹	sɛ³¹	kɛ⁵²	ɛ²¹
41 椒江	kie⁴²	hɛ⁴²	tʰɛʔ⁵	lɛʔ²	dzɛ³¹	sɛ⁴²	kie⁴²	ɛ³¹
42 黄岩	kie⁴²	hɛ⁴²	tʰəʔ⁵	ləʔ²	dzɛ¹²¹	sɛ³²	kie⁴²	ɛ¹²¹
43 温岭	kie⁴²	hɛ⁴²	tʰəʔ⁵	ləʔ²	dzɛ³¹	sɛ³³	kie⁴²	ɛ³¹
44 仙居	cie³²⁴	ha⁵⁵	tʰɑʔ⁵	lɑʔ²³	dza²¹³	sa³³⁴	ka³²⁴	a²¹³
45 天台	ke³²⁵	he³²⁵	tʰeʔ⁵	leʔ²	dze³⁵	se³³	ke³²⁵	e²²⁴
46 三门	kɛ³²⁵	hɛ³²⁵	tʰɐʔ⁵	lɐʔ²³	dzɛ²¹³	sɛ³³⁴	kɛ³²⁵	ɛ¹¹³
47 玉环	kie⁵³	hɛ⁵³	tʰɐʔ⁵	lɐʔ²	dzɛ⁴¹	sɛ⁴²	kie⁵³	ɛ³¹
48 金华	kɤ⁵³⁵	（无）	tʰuɑ⁵⁵	luɑ¹⁴	sɑ⁵³⁵	sɑ³³⁴	kɑ⁵³⁵白 tɕiɛ̃⁵³⁵文	ɑ³¹³

续表

方言点	0393 敢	0394 喊	0395 塔	0396 蜡	0397 赚	0398 杉~木	0399 减	0400 咸~淡
	咸开一上谈见	咸开一上谈晓	咸开一入盍透	咸开一入盍来	咸开二去咸澄	咸开二平咸生	咸开二上咸见	咸开二平咸匣
49 汤溪	kɤ535	(无)	tʰuɑ55	luɑ113	zuɑ113	suɑ24	kuɑ535白 tɕie535文	uɑ11
50 兰溪	kɤ55	(无)	tʰuɑʔ12	ləʔ12 luɑ55	suɑ55	suɑ334	tɕiɛ̃45	uɑ21
51 浦江	kɑ̃53	(无)	tʰuɑ423	luɑ232	dzɑ̃243	sɑ̃534	kɑ̃53	ɑ̃113
52 义乌	kuɯ423白 kan423文	huɯ423白 han423文	tʰɔ324	lɔ312	zɔ312	sɔ335	tɕie423白 tɕian423文	ɔ213
53 东阳	kuɯ44	(无)	tʰɔ334	lɔ213	zɔ24	sɔ334	tɕi44	i213
54 永康	kɤ334	(无)	tʰuɑ334	luɑ113	dza113	sa55	ka334	a22
55 武义	kɤ445	(无)	tʰuɑ53	luɑ13	dzuo13	suo24	kuo445	ŋuo324
56 磐安	kuɯ334	xɒ52调殊	tʰuə334	luə213	tsɒ334	sɒ445	kɒ334老 tɕie334新	ie213
57 缙云	kɛ51	xɑ453	tʰɑ322	lɑ13	dzɑ31	sɑ44	kɑ51	ɑ243
58 衢州	kə̃35	xã35	tʰaʔ5	laʔ12	dzã231	sã32	kã35	ã21
59 衢江	kɛ25	xã53调殊	tʰaʔ5	laʔ2	dzã212调殊	sã33	kã25白 tɕie25文	ã212
60 龙游	kie35	xã35	tʰɔʔ4	lɔʔ23	zã224调殊	sã334	kã35白 tɕie35文	ã21
61 江山	kɒŋ241	xaŋ51	tʰaʔ5	laʔ2	dzaŋ22 调殊	saŋ44	kiaŋ241	aŋ213
62 常山	kuɔ̃52~胆 kã52勇~	xã52	tʰaʔ5	laʔ34	dzã24调殊	sã44	kã52白 tɕiɛ̃52文	ã341
63 开化	kã53	xã53	tʰaʔ5	laʔ13	dzã213	sã53~树 kã53~饭	tɕi ɛ̃53加~	ã231
64 丽水	kɛ544	xã52调殊	tʰɔʔ5	lɔʔ23	dzã22白 dʑye22文	sã224	kã544	ã22
65 青田	kiɛ454	xɑ33	tʰaʔ42	laʔ31	dziaŋ343	sɑ445	kɑ454	ɑ21
66 云和	kɛ41	xã45调殊	tʰɔʔ5	lɔʔ23	dzã231调殊	sã24	kã41	ã312
67 松阳	kæ̃212	xɔ̃24调殊	tʰɔʔ5	lɔʔ2	dzɔ̃22	sɔ̃53	kɔ̃212	ɔ̃31

续表

方言点	0393 敢 咸开一上谈见	0394 喊 咸开一上谈晓	0395 塔 咸开一入盍透	0396 蜡 咸开一入盍来	0397 赚 咸开二去咸澄	0398 杉 ~木 咸开二平咸生	0399 减 咸开二上咸见	0400 咸 ~淡 咸开二平咸匣
68 宣平	kə⁴⁴⁵	xɑ̃⁵²调殊	tʰɑʔ⁵	lɑʔ²³	dzɑ̃²²³调殊	sɑ̃³²⁴	kɑ̃⁴⁴⁵	ɑ̃⁴³³
69 遂昌	kɛ̃⁵³³	(无)	tʰaʔ⁵	laʔ²³	dzaŋ¹³	saŋ⁴⁵	kaŋ⁵³³	aŋ²²¹
70 龙泉	kɯə⁵¹	xaŋ⁴⁵调殊	tʰoʔ⁵	loʔ²⁴	tɕyo⁵¹	saŋ⁴³⁴	kaŋ⁵¹	aŋ²¹
71 景宁	kœ³³	xɔ³⁵调殊	tʰɔʔ⁵	lɔʔ²³	dzɔ³³调殊	sɔ³²⁴	kɔ³³	ɔ⁴¹
72 庆元	kæ̃³³	xɑ̃¹¹调殊	tʰɑʔ⁵	lɑʔ³⁴	tɕyɛ̃²²¹	sɑ̃³³⁵	kɑ̃³³	xɑ̃⁵²
73 泰顺	kɛ⁵⁵	xã³⁵	tʰɔʔ⁵	lɔʔ²	tɕyɛ²¹	sã²¹³	kã⁵⁵	ã⁵³
74 温州	kø²⁵	ha²⁵	tʰa³²³	la²¹²	dza²²	sa³³	ka²⁵	a³¹
75 永嘉	ky⁴⁵	ha⁴²³调殊	tʰa⁴²³	la²¹³	dza²²	sa⁴⁴	ka⁴⁵	a³¹
76 乐清	ke³⁵	hɛ³⁵	tʰa³²³	la²¹²	dziɛ²²	sɛ⁴⁴	kɛ³⁵	ɛ³¹
77 瑞安	ke³⁵	hɔ³⁵	tʰɔ³²³	lɔ²¹²	dzɔ²²	sɔ⁴⁴	kɔ³⁵	ɔ³¹
78 平阳	kɵ⁴⁵	xɔ⁴⁵	tʰɔ³⁴	lɔ¹²	(无)	sɔ⁵⁵	kɔ⁴⁵	ɔ²⁴²
79 文成	ke⁴⁵白 kuɵ⁴⁵文	xɔ⁴⁵	tʰɔ³⁴	lɔ²¹²	tʃaŋ³³文	sɔ⁵⁵	kɔ⁴⁵	ɔ¹¹³
80 苍南	kyɛ⁵³	ha⁵³	tʰa²²³	la¹¹²	dza²⁴	sa⁴⁴	ka⁵³	a³¹
81 建德徽	kɛ²¹³	(无)	tʰo⁵⁵	lo²¹³	(无)	sɛ⁵³	kɛ²¹³白 tɕie²¹³文	hɛ³³
82 寿昌徽	kiɛ²⁴	(无)	tʰuə⁵⁵	luə²⁴	tɕʰyə⁵³⁴	ɕyə¹¹²	tɕiɛ²⁴文	xuə⁵²
83 淳安徽	kã⁵⁵	(无)	tʰɑʔ⁵	lɑʔ¹³	(无)	sã²⁴	kã⁵⁵白 tɕia⁵⁵文	hã⁴³⁵
84 遂安徽	kɑ̃²¹³	xɑ̃²¹³	tʰɑ²⁴	lɑ²¹³	tsʰã⁵²	sɑ̃⁵³⁴	kɑ̃²¹³白 tɕiɛ̃²¹³文	xɑ̃³³
85 苍南闽	kan⁴³	(无)	tʰa⁴³	la²⁴	tʰan²¹	san⁵⁵	kian⁴³	hian²⁴
86 泰顺闽	kæŋ³⁴⁴	xæŋ⁵³调殊	tʰɛʔ⁵	lɛʔ³	tsuæŋ⁵³	sæŋ²¹³	kɛ³⁴⁴	kɛ²²
87 洞头闽	kã⁵³	(无)	tʰa⁵³	la²⁴¹	tʰan²¹	san³³	kian⁵³	kian¹¹³
88 景宁畲	kɔn³²⁵	(无)	tʰɔʔ⁵	lɔt²	tɕyon⁵¹	sɔn⁴⁴	kan³²⁵	xan²²

方言点	0401 插	0402 闸	0403 夹 ~子	0404 衫	0405 监	0406 岩	0407 甲	0408 鸭
	咸开二 入洽初	咸开二 入洽崇	咸开二 入洽见	咸开二 平衔生	咸开二 平衔见	咸开二 平衔疑	咸开二 入狎见	咸开二 入狎影
01 杭州	$tsʰaʔ^5$	$dzaʔ^2$	$gaʔ^2$	$sɛ^{334}$	$tɕiɛ^{334}$	$iɛ^{213}$	$tɕiɛʔ^5$	$iɛʔ^5$
02 嘉兴	$tsʰʌʔ^5$	$zʌʔ^{13}$	$kʌʔ^5$	sE^{42}	kE^{42}	$ŋE^{242}$	$tɕiʌʔ^5$	$ʌʔ^5$
03 嘉善	$tsʰaʔ^5$	$zaʔ^2$	$kɜʔ^5$	$sɛ^{334}$	$kɛ^{53}$	$ŋø^{132}$白 $ŋe^{132}$文	$tɕiaʔ^5$	$ɜʔ^5$
04 平湖	$tsʰaʔ^{23}$	$zaʔ^{23}$	$kaʔ^5$	$sɛ^{53}$	$kɛ^{53}$	$ŋø^{31}$	$tɕiʔ^5$	$aʔ^5$
05 海盐	$tsʰaʔ^{23}$	$zaʔ^{23}$	$kaʔ^5$	$sɛ^{53}$	$kɛ^{53}$	$n̠ie^{31}$	$tɕiʔ^5$	$aʔ^5$
06 海宁	$tsaʔ^5$	$zaʔ^2$	$kaʔ^5$	$sɛ^{55}$	$kɛ^{55}$	$ɛ^{13}$	$tɕiʔ^5$	$aʔ^5$
07 桐乡	$tsʰaʔ^5$	$zaʔ^{23}$	$gaʔ^{23}$	$sɛ^{44}$	$kɛ^{44}$	$ɛ^{13}$	$tɕiʔ^5$	$aʔ^5$
08 崇德	$tsʰaʔ^5$	$zaʔ^{23}$	$gaʔ^{23}$	$sɛ^{44}$	$kɛ^{44}$	$ɛ^{13}$	$tɕiʔ^5$	$aʔ^5$
09 湖州	$tsʰaʔ^5$	$zaʔ^2$	$gaʔ^2$	$sɛ^{44}$	$kɛ^{44}$	$ŋe^{24}$	$tɕiʔ^5$	$aʔ^2$ 音殊
10 德清	$tsʰaʔ^5$	$zaʔ^2$	$gəʔ^2$	$sɛ^{44}$	$kɛ^{44}$	$ŋe^{113}$	$tɕiʔ^5$	$aʔ^5$
11 武康	$tsʰɜʔ^5$	$zɜʔ^2$	$gɜʔ^2$	$sɛ^{224}$调殊	$kɛ^{44}$白 $tɕii^{44}$文	$ŋe^{113}$	$tɕiɜʔ^5$	$ɜʔ^5$
12 安吉	$tsʰɐʔ^5$	$zɐʔ^{23}$	$kɐʔ^5$	sE^{324}	kE^{55}	$ŋE^{213}$	$tɕiE^5$	$ɐʔ^5$
13 孝丰	$tsʰaʔ^5$	$zaʔ^{23}$	$kaʔ^5$	$sɛ^{44}$	$kɛ^{44}$	$ŋe^{22}$	$kaʔ^5$~午 $tɕiaʔ^5$~方	$aʔ^5$
14 长兴	$tsʰaʔ^5$	$zəʔ^2$	$kaʔ^5$	sE^{44}	kE^{44}	$ŋE^{12}$	$tʃia^5$	$aʔ^2$
15 余杭	$tsʰaʔ^5$	$zəʔ^2$	$gəʔ^2$	$s\tilde{ɛ}^{44}$	$k\tilde{ɛ}^{44}$	$ŋ\tilde{ɛ}^{213}$	$tɕiʔ^5$	$aʔ^5$
16 临安	$tsʰɐʔ^{54}$	$zɐʔ^{12}$	$kɐʔ^{54}$	$sɛ^{55}$	$tɕie^{55}$	$ŋe^{33}$	$tɕiɐʔ^{54}$	$ɐʔ^{54}$
17 昌化	$tsʰaʔ^5$	$zaʔ^{23}$	$gaʔ^{23}$	$sɔ^{334}$	$tɕiɿ̃^{334}$	$ŋ\tilde{ɔ}^{112}$	$kaʔ^5$ 指~ $tɕiaʔ^5$ ~乙	$aʔ^5$
18 於潜	$tsʰɐʔ^{53}$	$zɑʔ^{23}$	$gɑʔ^{23}$	$sɛ^{433}$	$tɕie^{433}$	$ŋe^{223}$	$kaʔ^{53}$白 $tɕie^{53}$文	$ŋaʔ^{53}$
19 萧山	$tɕʰyoʔ^5$ 白 $tsʰaʔ^5$ 文	$zaʔ^{13}$	$gaʔ^{13}$	$sɛ^{533}$	$kɛ^{533}$白 $tɕie^{533}$文	$ŋe^{355}$	$tɕiaʔ^5$	$aʔ^5$
20 富阳	$tsʰaʔ^5$	$zaʔ^2$	$gaʔ^2$	$s\tilde{a}^{53}$	$k\tilde{a}^{53}$白 $tɕi\tilde{ɛ}^{53}$文	$\tilde{a}^{13}$	$kaʔ^5$ 盔~ $tɕiaʔ^5$ ~乙	$aʔ^5$
21 新登	$tsʰaʔ^5$	$dzaʔ^2$	$gaʔ^2$	$sɛ^{53}$	$kɛ^{53}$白 $tɕi\tilde{ɛ}^{53}$文	$ɛ^{233}$	$tɕiaʔ^5$	$aʔ^5$

续表

方言点	0401 插	0402 闸	0403 夹 ~子	0404 衫	0405 监	0406 岩	0407 甲	0408 鸭
	咸开二 入洽初	咸开二 入洽崇	咸开二 入洽见	咸开二 平衔生	咸开二 平衔见	咸开二 平衔疑	咸开二 入狎见	咸开二 入狎影
22 桐庐	tsʰaʔ⁵	zaʔ¹³	gaʔ¹³	sã⁵³³	tɕie⁵³³	ŋã¹³	tɕiaʔ⁵	aʔ⁵
23 分水	tsʰaʔ⁵	dzaʔ¹²	tɕiaʔ⁵	sã⁴⁴	tɕiɛ̃⁴⁴	iɛ̃²²	tɕiəʔ⁵	aʔ⁵
24 绍兴	tsʰɛʔ⁵	zɛʔ²	gɛʔ²	sɛ̃³³	kɛ̃³³⁴	ŋɛ̃²³¹	tɕiaʔ⁵	ɛʔ⁵
25 上虞	tsʰɐʔ⁵	zɐʔ²	gɐʔ²	sɛ̃³⁵	kɛ̃³⁵	ȵie²¹³	kɐʔ⁵ 地名 / kaʔ⁵ ~鱼	ɐʔ⁵
26 嵊州	tsʰɛʔ⁵	zɛʔ²	gɛʔ²	sɛ̃⁵³⁴	kɛ̃³³⁴	ŋɛ̃²¹³	kɛʔ⁵	ɛʔ⁵
27 新昌	tsʰɛʔ⁵	zɛʔ²	kɛʔ⁵	sɛ̃⁵³⁴	kɛ̃⁵³⁴	ŋɛ̃²²	kɛʔ⁵	ɛʔ⁵
28 诸暨	tsʰaʔ⁵	zaʔ¹³	gaʔ¹³	sɛ⁵⁴⁴	kɛ⁵⁴⁴	nie¹³	kaʔ⁵	aʔ⁵
29 慈溪	tsʰaʔ⁵	zaʔ²	kaʔ⁵	sɛ̃³⁵	kɛ̃³⁵	ȵie¹³	kaʔ⁵ 白 / tɕiaʔ⁵ 文	aʔ⁵
30 余姚	tsʰaʔ⁵	zaʔ²	kaʔ⁵	sã⁴⁴	kã⁴⁴	ȵie¹³	kaʔ⁵ 白 / tɕiaʔ⁵ 文	aʔ⁵
31 宁波	tsʰaʔ⁵	zaʔ²	kaʔ⁵ 又 / gaʔ² 又	sɛ⁵³	kɛ⁵³	ŋe¹³	kaʔ⁵ 白 / tɕiəʔ⁵ 文	aʔ⁵
32 镇海	tsʰaʔ⁵	zaʔ¹²	gaʔ¹² ~钳 / kaʔ⁵ 皮~	sɛ⁵³	kɛ⁵³	ŋe²⁴	tɕieʔ⁵	aʔ⁵
33 奉化	tsʰaʔ⁵	zaʔ²	gaʔ²	sɛ⁴⁴	kɛ⁴⁴	ŋe³³	kaʔ⁵ 白 / tɕiaʔ⁵ 文	aʔ⁵
34 宁海	tsʰaʔ⁵	zaʔ³	keʔ⁵	se⁴²³	ke⁴²³	ȵie²¹³	keʔ⁵	aʔ⁵
35 象山	tsʰaʔ⁵	zaʔ²	kaʔ⁵	sɛ⁴⁴	kɛ⁴⁴	ŋe³¹	tɕieʔ⁵	aʔ⁵
36 普陀	tsʰɐʔ⁵	zɐʔ²³	kɐʔ⁵	sɛ⁵³	kɛ⁵³	ŋe²⁴	kɐʔ⁵ 白 / tɕiɛʔ⁵ 文	ɛ⁴⁵ 小
37 定海	tsʰɐʔ⁵ ~秧 / tsʰa⁵² ~好	zɐʔ²	kɐʔ⁵	sɛ⁵²	kɛ⁵²	ŋe²³	kɐʔ⁵ 白 / tɕieʔ⁵ 文	ɛ⁴⁵ 小
38 岱山	tsʰa⁵² ~花 / tsʰɐʔ⁵ ~香	zɐʔ²	kɐʔ⁵	sɛ⁵²	kɛ⁵²	ŋã²³	kɐʔ⁵ 白 / tɕieʔ⁵ 文	ɛ³²⁵ 小
39 嵊泗	tsʰɐʔ⁵	zɐʔ²	kɐʔ⁵	sɛ̃⁵³	kɛ⁵³	ŋe²⁴³	kɐʔ⁵ 白 / tɕiɛʔ⁵ 文	ɛ⁴⁴⁵ 小
40 临海	tsʰɛʔ⁵	zɛʔ²³	kɛʔ⁵	sɛ³¹	kɛ³¹ ~狱 / kɛ⁵⁵ 太~	ŋe²¹	kɛʔ⁵	ɛ³⁵³ 小

续表

方言点	0401 插	0402 闸	0403 夹 ~子	0404 衫	0405 监	0406 岩	0407 甲	0408 鸭
	咸开二入洽初	咸开二入洽崇	咸开二入洽见	咸开二平衔生	咸开二平衔见	咸开二平衔疑	咸开二入狎见	咸开二入狎影
41 椒江	tsʰɛʔ⁵	zaʔ²	kiɛ⁵¹小	sɛ⁴²	kiɛ⁴²~狱 kiɛ⁵⁵太~	n̠iɛ³¹	kiəʔ⁵	ɛ⁵¹小
42 黄岩	tsʰəʔ⁵	zəʔ²	kiɛ⁵³小	sɛ³²	kiɛ³²	n̠iɛ¹²¹	kieʔ⁵	ɛ⁵³小
43 温岭	tsʰəʔ⁵	zəʔ²	kiɛ⁵¹小	sɛ³³	kiɛ³³~狱 kiɛ⁵⁵太~	n̠iɛ³¹	kiəʔ⁵	ɛ⁵¹小
44 仙居	tsʰɑʔ⁵	zɑʔ²³	kɑʔ⁵	sa³³⁴	ka³³⁴	ŋa²¹³	kɑʔ⁵	ɑʔ⁵
45 天台	tsʰeʔ⁵	zeʔ²	keʔ⁵	se⁵¹小	ke³³	ŋe²²⁴~头	keʔ⁵	eʔ⁵
46 三门	tsʰɐʔ⁵	zɐʔ²³	kɐʔ⁵	sɛ³³⁴	kɛ³³⁴	ŋɛ¹¹³	kɐʔ⁵	ɛ⁵²
47 玉环	tsʰɐʔ⁵	zɐʔ²	kiɛ⁵³小	sɛ⁴²	kiɛ⁴²	n̠iɛ³¹	kɐʔ⁵	ɛ⁵³小
48 金华	tsʰuɑ⁵⁵	zuɑ¹⁴白 zəʔ²¹²文	dziɑ¹⁴声殊	sɑ³³⁴	kɑ³³⁴白 tɕiɛ̃³³⁴文	ɑ³¹³白 ie³¹³文 iɛ̃³¹³文	kuɑ⁵⁵白 tɕiəʔ²⁴文	uɑ⁵⁵
49 汤溪	tsʰuɑ⁵⁵	zuɑ¹¹³	guɑ¹¹³	suɑ²⁴	tɕie²⁴	uɑ¹¹	kuɑ⁵⁵	uɑ⁵⁵
50 兰溪	tsʰuɑʔ³⁴	zuɑʔ¹²	guɑʔ¹²	suɑ³³⁴	kuɑ³³⁴	uɑ²¹	kuɑʔ³⁴白 tɕiaʔ³⁴文	uɑʔ³⁴
51 浦江	tɕʰya⁴²³	ʑya²³²	tɕia⁴²³	sã⁵³⁴	kã⁵³⁴	ŋã¹¹³	tɕia⁴²³	iɑ⁴²³
52 义乌	tsʰua³²⁴	zua³¹²	dzian³¹²小	sɔ³³⁵	kɔ³³⁵白 tɕian⁴²³文	ɔ²¹³	kɔ³²⁴	ɔ³²⁴~子
53 东阳	tsʰo³³⁴	zo²¹³	dziɛn²⁴小	sɔ³³⁴	tɕiɐn⁴⁵³	ŋɔ²¹³	kɔ³³⁴	ɔn⁴⁵³小
54 永康	tsʰuɑ³³⁴	zuɑ¹¹³	tɕia⁵²小	za²⁴¹调殊	ka⁵⁵	ŋa²²	kuɑ³³⁴	uɑ⁵²小
55 武义	tsʰuɑ⁵³	zuɑ¹³	tɕia⁵³	suo²⁴	kuo⁴⁴⁵	ŋuɑ³²⁴	kuɑ⁵³	uɑ⁵³
56 磐安	tsʰuə³³⁴	zuə²¹³	dzian¹⁴小	sɒ⁴⁴⁵	tɕien⁴⁴⁵	ŋuə²¹³	kuə³³⁴	uən⁵²小
57 缙云	tsʰɑ³²²	zɑ¹³	tɕia⁴⁵³~子 kɑ⁴⁵³皮~	sa⁴⁴	ka⁴⁴	ŋa²⁴³	kɑ³²²	ɑ⁴⁵小
58 衢州	tsʰaʔ⁵	zaʔ¹²	gaʔ¹²	sã³²	kã³²白 tɕiɛ³²文	ŋã²¹	kaʔ⁵白 tɕiaʔ⁵文	aʔ⁵
59 衢江	tsʰaʔ⁵	zaʔ²	gaʔ²	sã³³	kã³³白 tɕie³³文	ŋã²¹²	kaʔ⁵	aʔ⁵
60 龙游	tsʰɔʔ⁴	zɔʔ²³	gɔʔ²³	sã³³⁴	kã³³⁴白 tɕie³³⁴文	ŋã²¹	kɔʔ⁴	uɔʔ⁴

续表

方言点	0401 插	0402 闸	0403 夹 ~子	0404 衫	0405 监	0406 岩	0407 甲	0408 鸭
	咸开二入洽初	咸开二入洽崇	咸开二入洽见	咸开二平衔生	咸开二平衔见	咸开二平衔疑	咸开二入狎见	咸开二入狎影
61 江山	tshaʔ⁵	zaʔ²	gaʔ² 声殊	saŋ⁴⁴	kaŋ⁵¹太~ kiaŋ⁴⁴~督	ŋaŋ²¹³	kaʔ⁵	aʔ⁵
62 常山	tshaʔ⁵	zaʔ³⁴	gaʔ³⁴	sã⁴⁴	kã⁵²太~ tɕiɛ̃⁴⁴~狱	ŋã³⁴¹	kaʔ⁵马~ tɕiaʔ⁵~鱼	aʔ⁵
63 开化	tshaʔ⁵	zaʔ¹³	kaʔ⁵	sã⁴⁴	kã⁵³~牢 tɕiɛ̃⁴⁴~督	ŋã²³¹	kaʔ⁵指~ tɕiaʔ⁵~乙	aʔ⁵
64 丽水	tshuɔʔ⁵	zɔʔ²³	kuɔʔ⁵	sã²²⁴	kã²²⁴白 tɕiɛ²²⁴文	ŋã²²	kuɔʔ⁵	uɔʔ⁵
65 青田	tshaʔ⁴²	zaʔ³¹	kaʔ⁴²	sɑ⁴⁴⁵	kɑ⁴⁴⁵	ŋɑ²¹	kaʔ⁴²	aʔ⁴²
66 云和	tshɔʔ⁵	zɔʔ²³	kɔʔ⁵	sã²⁴	kã²⁴	ŋã³¹²	kɔʔ⁵	ɔʔ⁵
67 松阳	tshɔʔ⁵	zɔʔ²	kɔʔ⁵	sɔ̃⁵³	kɔ̃⁵³	ŋɔ̃³¹	kɔʔ⁵	ɔʔ⁵
68 宣平	tshɑʔ⁵	zɑʔ²³	kɑʔ⁵	sɑ̃³²⁴	kɑ̃³²⁴	ŋɑ̃⁴³³白 ɑ̃⁴³³文	kɑʔ⁵	ɑʔ⁵
69 遂昌	tshaʔ⁵	zaʔ²³	kaʔ⁵	saŋ⁴⁵	kaŋ⁴⁵	ŋaŋ²²¹	kaʔ⁵	aʔ⁵
70 龙泉	tshoʔ⁵	zoʔ²⁴	koʔ⁵	saŋ⁴³⁴	kaŋ⁴⁵调殊	ŋaŋ²¹	koʔ⁵	oʔ⁵
71 景宁	tshɔʔ⁵	zɔʔ²³	kɔʔ⁵	sɔ³²⁴	kɔ³³	ŋɔ⁴¹	kɔʔ⁵	ɔʔ⁵
72 庆元	tshɑʔ⁵	sɑʔ³⁴	kɑʔ³⁴	sɑ̃³³⁵	kɑ̃¹¹	ŋɑ̃⁵²	kɑʔ⁵	ɑʔ⁵
73 泰顺	tshɔʔ⁵	sɔʔ²	kɔʔ⁵	sã²¹³	kã²¹³	ŋã⁵³	kɔʔ⁵	ɔʔ⁵
74 温州	tsha³²³	za²¹²	ka³²³	sa³³	ka³³	ŋa³¹	ka³²³	a³²³
75 永嘉	tsha⁴²³	za²¹³	ka⁴²³	sa⁴⁴	ka⁵³调殊	ŋa³¹	ka⁴²³	a⁴²³
76 乐清	tɕhia³²³	za²¹²	ka³²³	sE⁴⁴	kE⁴⁴	ŋE³¹	ka³²³	a³²³
77 瑞安	tshɔ³²³	zɔ²¹²	kɔ³²³	sɔ⁴⁴	kɔ⁴⁴牢~ kɔ⁵³太~	ŋɔ³¹	kɔ³²³	ɔ³²³
78 平阳	tʃhɔ³⁴	zɔ¹²	gɔ¹²	sɔ⁵⁵	kɔ⁵⁵	ŋɔ²⁴²	kɔ³⁴	ɔ³⁴
79 文成	tʃhɔ³⁴	zɔ²¹²	gɔ²¹²	sɔ⁵⁵	kɔ⁵⁵	ŋɔ¹¹³	kɔ³⁴	ɔ³⁴
80 苍南	tsha²²³	za¹¹²	ka²²³	sa⁴⁴	ka⁴⁴牢~ ka⁴²太~	ŋa³¹	ka²²³	a²²³
81 建德徽	tshɔ⁵⁵	sɔ²¹³	kɐʔ¹²	sɿ⁵³	ke⁵³白 tɕiɛ̃³³文	ŋe³³	tɕiɐʔ⁵	o⁵⁵

续表

方言点	0401 插	0402 闸	0403 夹 ~子	0404 衫	0405 监	0406 岩	0407 甲	0408 鸭
	咸开二 入洽初	咸开二 入洽崇	咸开二 入洽见	咸开二 平衔生	咸开二 平衔见	咸开二 平衔疑	咸开二 入狎见	咸开二 入狎影
82 寿昌_徽	tɕʰyə⁵⁵	tsəʔ³¹	kʰuə²⁴	ɕyə¹¹²~袖 sæ̃³³衬~	tɕiɛ̃¹¹²文	ŋuə⁵²	kuə⁵⁵指~ tɕiəʔ³ ~乙	uə⁵⁵
83 淳安_徽	tsʰɑʔ⁵	sɑʔ¹³	kɑʔ⁵动 kʰɑʔ¹³名	sɑ̃⁵⁵衬~	tɕiɑ²⁴	ɑ̃⁴³⁵	ko⁵⁵白 kɑʔ⁵文	ɑʔ⁵
84 遂安_徽	tsʰɑ²⁴	sɑ²¹³	kɑ²⁴	sɑ̃⁵³⁴	tɕiɛ̃⁵³⁴	iɛ̃³³	kɑ²⁴	ɑ²⁴
85 苍南_闽	tsʰa⁴³	tsa²⁴	（无）	sã⁵⁵	kã⁵⁵	gan²⁴	ka⁴³	a⁴³
86 泰顺_闽	tsʰɛʔ⁵	tsɛʔ³	kiɛʔ⁵	sæŋ²¹³	kæŋ²¹³	ŋæŋ²²	kɛʔ⁵	ɛʔ⁵
87 洞头_闽	tsʰa⁵³	tsa²⁴¹	ka⁵³又 kʰue²⁴¹又	sã³³	kã³³~狱 kan²¹~管	gan¹¹³	ka⁵³	a⁵³
88 景宁_畲	tsʰat⁵	tsɔt²	kat⁵	san⁴⁴	kan⁴⁴	（无）	kat⁵	ɔt⁵

方言点	0409 黏 ~液	0410 尖	0411 签 ~名	0412 占 ~领	0413 染	0414 钳	0415 验	0416 险
	咸开三平盐泥	咸开三平盐精	咸开三平盐清	咸开三去盐章	咸开三上盐日	咸开三平盐群	咸开三去盐疑	咸开三上盐晓
01 杭州	ȵie²¹³	tɕie³³⁴	tɕʰie³³⁴	tsuo⁴⁵	ȵyo⁵³	dʑie²¹³	ȵie¹³	ɕie⁵³
02 嘉兴	ȵie⁴²	tɕie⁴²	tɕʰie⁴²	tsə²²⁴文	ȵie¹¹³	dʑie²⁴²	ȵie¹¹³	ɕie⁵⁴⁴
03 嘉善	ȵiɪ⁵³	tɕiɪ⁵³	tɕʰiɪ⁵³	tsø⁵³	ȵiɪ¹¹³白 zø¹¹³文	dʑiɪ¹³²	ȵiɪ¹¹³	ɕiɪ³³⁴
04 平湖	ȵie⁵³	tsie⁵³	tsʰie⁵³	tsø⁵³	ȵie²¹³白 zø²¹³文	dʑie³¹	ȵie²¹³	ɕie³³⁴
05 海盐	ȵie⁵³	tɕie⁵³	tɕʰie⁵³	tsɤ⁵³	ȵie⁴²³	dʑie³¹	ȵie²¹³	ɕie⁴²³
06 海宁	ȵie⁵⁵	tɕie⁵⁵	tɕʰie⁵⁵	tsei³⁵	ȵie²³¹	dʑie¹³	ȵie¹³	ɕie⁵³
07 桐乡	ȵiE⁴⁴	tsiE⁴⁴	tsʰiE⁴⁴	tsE³³⁴	ȵiE²⁴²	dʑiE¹³	ȵiE²¹³	ɕiE⁵³
08 崇德	ȵiɪ⁴⁴	tɕiɪ⁴⁴	tɕʰiɪ⁴⁴	tsE³³⁴	ȵiɪ⁵³	dʑiɪ¹³	ȵiɪ¹³	ɕiɪ⁵³
09 湖州	ȵie⁴⁴调殊	tɕie⁴⁴	tɕʰie⁴⁴	tsE³⁵	ȵie⁵²³	dʑie¹¹²	ȵie³⁵	ɕie⁵²³
10 德清	ȵie⁴⁴	tɕie⁴⁴	tɕʰie⁴⁴	tsøʉ³³⁴	ȵie⁵²	dʑie¹¹³	ȵie³³⁴	ɕie⁵²
11 武康	ȵiɪ⁴⁴	tɕiɪ⁴⁴	tɕʰiɪ⁴⁴	tsø²²⁴	ȵiɪ²⁴²	dʑiɪ¹¹³	ȵiɪ²²⁴	ɕiɪ⁵³
12 安吉	ȵi⁵⁵	tɕi⁵⁵	tɕʰi⁵⁵	tsE³²⁴	ȵi⁵²	dʑi²²	ȵi²¹³	ɕi⁵²
13 孝丰	ȵiɪ⁴⁴	tɕiɪ⁴⁴	tɕʰiɪ⁴⁴	tsE³²⁴	ȵiɪ⁵²	dʑiɪ²²	ȵiɪ³²⁴	ɕiɪ⁵²
14 长兴	ȵi⁴⁴	tʃi⁴⁴	tʃʰi⁴⁴	tsɯ³²⁴	ȵi⁵²	dʒi¹²	ȵi³²⁴	ʃi⁵²
15 余杭	ȵiẽ⁴⁴	tsiẽ⁴⁴	tɕʰiẽ⁴⁴	tsuõ⁴²³	ȵiẽ⁵³	dʑiẽ²²	ȵiẽ²¹³	ɕiẽ⁵³
16 临安	ȵie³³	tɕie⁵⁵	tɕʰie⁵⁵	tsə⁵⁵	ȵie³³	dʑie³³	ȵie³³	ɕie⁵⁵
17 昌化	ȵiɪ̃³³⁴	tɕiɪ̃³³⁴	tɕʰiɪ̃³³⁴	tɕyɪ̃⁵⁴⁴	ȵiɪ̃²⁴³	ziɪ̃¹¹²	iɪ̃⁵⁴⁴	ɕiɪ̃⁴⁵³
18 於潜	ȵie⁴³³	tɕie⁴³³	tɕʰie⁴³³	tsuɛ³⁵	ȵie⁵¹	dʑie²²³	ȵie²⁴	ɕie⁵¹
19 萧山	ȵie⁵³³	tɕie⁵³³	tɕʰie⁵³³	tsə⁴²	zə¹³	dʑie³⁵⁵	ȵie²⁴²	ɕie³³
20 富阳	ȵiɛ̃⁵³	tɕiɛ̃⁵³	tɕʰiɛ̃⁵³	tɕyɛ̃⁵³	ȵiɛ̃²²⁴	dʑiɛ̃¹³	ȵiɛ̃³³⁵	ɕiɛ̃⁴²³
21 新登	ȵiɛ̃⁵³	tɕiɛ̃⁵³	tɕʰiɛ̃⁵³	tsɛ̃⁴⁵	ȵiɛ̃³³⁴	dʑiɛ̃²³³	ȵiɛ̃¹³	ɕiɛ̃³³⁴
22 桐庐	nie⁵³³	tɕie⁵³³	tɕʰie⁵³³	tsã³⁵	nie³³	dʑie¹³	nie²⁴	ɕie³³
23 分水	ȵiɛ̃²²	tɕiɛ̃⁴⁴	tɕʰiɛ̃⁴⁴	tsuə̃⁴⁴	ȵiɛ̃⁵³	dʑiɛ̃²²	ȵiɛ̃¹³	ɕiɛ̃⁵³
24 绍兴	ȵiɛ̃⁵³	tɕiɛ̃⁵³	tɕʰiɛ̃⁵³	tsɛ̃³³	zɛ̃²²³	dʑiɛ̃²³¹	ȵiɛ̃²²	ɕiɛ̃³³⁴

方言点	0409 黏 ~液	0410 尖	0411 签 ~名	0412 占 ~领	0413 染	0414 钳	0415 验	0416 险
	咸开三平盐泥	咸开三平盐精	咸开三平盐清	咸开三去盐章	咸开三上盐日	咸开三平盐群	咸开三去盐疑	咸开三上盐晓
25 上虞	ȵiŋ³¹白 ȵiẽ²¹³文	tɕiẽ³⁵	tɕʰiẽ³⁵	tsø̃⁵³	zø²¹³	dʑiẽ²¹³	ȵiẽ³¹	ɕiẽ³⁵
26 嵊州	ȵiẽ⁵³⁴	tɕiẽ⁵³⁴	tɕʰiẽ⁵³⁴	tsœ̃⁵³⁴	zœ̃²²	dʑiẽ²¹³	ȵiẽ²⁴	ɕiẽ⁵³
27 新昌	ȵiɛ̃⁵³⁴	tɕiɛ̃⁵³⁴	tɕʰiɛ̃⁵³⁴	tsœ̃³³⁵	ȵia²³²白 zœ̃²³²文	dʑiɛ̃²²	ȵiɛ̃¹³	ɕiɛ̃⁴⁵³
28 诸暨	nie⁵⁴⁴	tɕie⁵⁴⁴	tɕʰie⁵⁴⁴	tsə⁵⁴⁴	nie²⁴²	dʑie¹³	nie³³	ɕie⁴²
29 慈溪	ȵiẽ⁴⁴调殊	tɕiẽ³⁵	tɕʰiẽ³⁵	tsẽ⁴⁴	ȵiẽ¹³	dʑiẽ¹³	ȵiẽ¹³	ɕiẽ³⁵
30 余姚	ȵiẽ¹³	tɕiẽ⁴⁴	tɕʰiẽ⁴⁴	tsã⁵³	ȵiẽ¹³	dʑiẽ¹³	ȵiẽ¹³	ɕiẽ³⁴
31 宁波	ȵi¹³	tɕi⁵³	tɕʰi⁵³	tɕi⁵³老 tsø⁵³新	ȵi¹³	dʑi¹³	ne¹³	ɕi⁵³
32 镇海	ȵi²⁴	tɕi⁵³	tɕʰi⁵³	tɕi⁵³	ȵi²⁴	dʑi²⁴	nɛ²⁴韵殊	ɕi³⁵
33 奉化	ȵi³¹调殊	tɕi⁴⁴	tɕʰi⁴⁴	tɕi⁵³	ȵi³²⁴	dʑi³³	ȵie³¹	ɕi⁵⁴⁵
34 宁海	ȵie²¹³	tɕie⁴²³	tɕʰie⁴²³	tɕie³⁵	ȵie³¹	dʑie²¹³	ȵie²⁴	ɕie⁵³
35 象山	ȵi⁴⁴调殊	tɕi⁴⁴	tɕʰi⁴⁴	tɕi⁵³	ȵi³¹白 zɣɯ³¹文	dʑi³¹	ȵi³¹	ɕi⁴⁴
36 普陀	ȵi²⁴	tɕi⁵³	tɕʰi⁵³	tɕi⁵⁵	ȵi²³	dʑi²⁴	ȵi¹³~收 ŋ̍¹³检~	ɕi⁴⁵
37 定海	ȵi⁴⁴调殊	tɕi⁵²	tɕʰi⁵²	tɕi⁴⁴白 tsø⁴⁴文	ȵl̩²³	dʑi²³	nɛ¹³检~ ŋ̍¹³经~ ȵi¹³~血	ɕi⁴⁵
38 岱山	ȵi⁴⁴调殊	tɕi⁵²	tɕʰi⁵²	tsø⁴⁴	ŋi²⁴⁴	dʑi²³	ȵie²¹³化~ ȵi²¹³~血	ɕi³²⁵
39 嵊泗	ȵi²¹³调殊	tɕi⁵³	tɕʰi⁵³	tsɣ⁵³	ȵi⁴⁴⁵	dʑi²⁴³	nɛ²¹³经~ ȵi²¹³~血	ɕi⁴⁴⁵
40 临海	ni³¹	tɕi³¹	tɕʰi³¹	tɕi⁵⁵	ȵi⁵²~布	dʑi²¹又 gi²¹又	ȵi³²⁴	ɕi⁵²
41 椒江	ȵie⁵⁵	tɕie⁴²	tɕʰie⁴²	tɕie⁵⁵	ȵie⁴²	dʑie³¹	ȵie²⁴	ɕie⁴²
42 黄岩	ȵie³²	tɕie³²	tɕʰie³²	tɕie⁵⁵	ȵie⁴²	dʑie¹²¹	ȵie²⁴	ɕie⁴²
43 温岭	ȵie³³	tɕie³³	tɕʰie³³	tɕie⁵⁵	ȵie⁴²	dʑie³¹	ȵie¹³	ɕie⁴²

续表

方言点	0409 黏 ~液	0410 尖	0411 签 ~名	0412 占 ~领	0413 染	0414 钳	0415 验	0416 险
	咸开三平盐泥	咸开三平盐精	咸开三平盐清	咸开三去盐章	咸开三上盐日	咸开三平盐群	咸开三去盐疑	咸开三上盐晓
44 仙居	ȵie⁵⁵	tɕie³³⁴	tɕʰie³³⁴	tɕie⁵⁵	ȵie³²⁴	dʑie²¹³	ȵie²⁴	ɕie³²⁴
45 天台	ȵie³³调殊	tɕie³³	tɕʰie³³	tɕie⁵⁵	ȵie²¹⁴~布	gie²²⁴火~	ȵie³⁵	hie³²⁵
46 三门	ȵie⁵⁵	tɕie³³⁴	tɕʰie³³⁴	tɕie⁵⁵	ȵie³²⁵	dʑie²⁵²小	ȵie²⁴³	ɕie³²⁵
47 玉环	ȵie⁴²	tɕie⁴²	tɕʰie⁴²	tɕie⁵⁵	ȵie⁵³	dʑie³¹	ȵie²²	ɕie⁴²
48 金华	ȵie³³⁴	tɕie³³⁴	tɕʰie³³⁴	tsɛ⁵⁵	ȵie⁵³⁵	dʑia³¹³音殊	ȵie¹⁴	ɕie⁵³⁵
49 汤溪	ȵie²⁴	tsie²⁴	tsʰie²⁴	tɕie⁵²	ȵie¹¹³	dʑie¹¹	ȵie³⁴¹	ɕie⁵³⁵
50 兰溪	nie³³⁴	tɕie³³⁴	tɕʰie³³⁴	tɕie⁴⁵	nie⁵⁵	dʑie²¹	nie²⁴	ɕie⁵⁵
51 浦江	ȵiẽ⁵³⁴	tsiẽ⁵³⁴	tsʰiẽ⁵³⁴	tsɛ⁵⁵	ȵiẽ²⁴³	dʑiẽ¹¹³	ȵiẽ²⁴	ɕiẽ⁵³
52 义乌	nia³³⁵	tsie³³⁵	tsʰie³³⁵	tɕyan⁴⁵	ȵie³¹²	dʑie²¹³	ȵie²⁴白 ian²⁴文	ɕie⁴²³
53 东阳	ȵi²¹³	tsi³³⁴	tsʰi³³⁴	tsɯ³³⁴	ȵi²³¹	dʑin²¹³小	ȵi²⁴	ɕi⁴⁴
54 永康	ȵie⁵⁵	tɕie⁵⁵	tɕʰie⁵⁵	tɕie⁵²	ȵie¹¹³	dʑie²²	ȵie²⁴¹	ɕie³³⁴
55 武义	ȵie²⁴	tɕie²⁴	tɕʰie²⁴	tɕie⁵³	ȵie¹³	dʑie³²⁴	ȵie²³¹	ɕie⁴⁴⁵
56 磐安	ȵie³³⁴调殊	tɕie⁴⁴⁵	tɕʰie⁴⁴⁵	tɕie⁵²	ȵie³³⁴	dʑie²¹³	ȵie¹⁴	ɕie³³⁴
57 缙云	ȵiɛ⁴⁴	tɕiɛ⁴⁴	tɕʰiɛ⁴⁴	tɕiɛ⁴⁵³	ȵiɛ³¹	dʑiɛ²⁴³	ȵiɛ²¹³	ɕiɛ⁵¹
58 衢州	ȵiẽ³²调殊	tɕiẽ³²	tɕʰiẽ³²	tʃyə⁵³	ȵiẽ²³¹	dʑiẽ²¹	ȵiẽ²³¹	ɕiẽ³⁵
59 衢江	ȵie³³	tɕie³³	tɕʰie³³	tɕiɛ⁵³	ȵie²¹²	dʑie²¹²	ȵie²³¹	ɕie²⁵
60 龙游	ȵie³³⁴	tɕie³³⁴	tɕʰie³³⁴	tsei⁵¹	ȵie²²⁴	dʑie²¹	ȵie²³¹	ɕie³⁵
61 江山	ȵiɛ̃²¹³	tɕiɛ̃⁴⁴	tɕʰiɛ̃⁴⁴	tɕiɛ̃⁵¹	ȵiɛ̃²²	giɛ̃²¹³	ȵiɛ̃³¹	xiɛ̃²⁴¹
62 常山	ȵiɛ̃⁴⁴	tɕiɛ̃⁴⁴	tɕʰiɛ̃⁴⁴	tɕiɛ̃³²⁴	ȵiɛ̃²⁴	dʑiɛ̃³⁴¹	ȵiɛ̃¹³¹	ɕiɛ̃⁵²
63 开化	ȵiɛ̃⁴⁴	tɕiɛ̃⁴⁴	tɕʰiɛ̃⁴⁴	tɕiɛ̃⁴¹²	ȵiɛ̃²¹³	dʑiɛ̃²³¹	ȵiɛ̃²¹³	ɕiɛ̃⁵³
64 丽水	ȵie²²⁴调殊	tɕie²²⁴	tɕʰie²²⁴	tɕie⁵²	ȵie⁵⁴⁴	dʑie²²	ȵie¹³¹	ɕie⁵⁴⁴
65 青田	ȵiɛ⁴⁴⁵	tɕiɛ⁴⁴⁵	tɕʰiɛ⁴⁴⁵	tɕie³³	ȵiɛ⁴⁵⁴	dʑiɛ²¹	ȵiɛ⁴⁵⁴	ɕiɛ⁴⁵⁴
66 云和	ȵiɛ⁴⁵调殊	tɕiɛ²⁴	tɕʰiɛ²⁴	tɕiɛ⁴⁵	ȵiɛ⁴¹	dʑiɛ³¹²	ȵiɛ²²³	ɕiɛ⁴¹
67 松阳	ȵiɛ̃⁵³	tɕiɛ̃⁵³	tɕʰiɛ̃⁵³	tɕiɛ̃²⁴	ȵiɛ̃²²	dʑiɛ̃³¹	ȵiɛ̃¹³	ɕiɛ̃²¹²

续表

方言点	0409 黏 ~液 咸开三 平盐泥	0410 尖 咸开三 平盐精	0411 签 ~名 咸开三 平盐清	0412 占 ~领 咸开三 去盐章	0413 染 咸开三 上盐日	0414 钳 咸开三 平盐群	0415 验 咸开三 去盐疑	0416 险 咸开三 上盐晓
68 宣平	ȵieɛ³²⁴调殊	tɕiɛ³²⁴	tɕʰiɛ³²⁴	tɕiɛ⁵²	ȵieɛ²²³	dʑieɛ⁴³³	ŋieɛ²³¹	ɕieɛ⁴⁴⁵
69 遂昌	ȵiɛ̃⁴⁵	tɕiɛ̃⁴⁵	tɕʰiɛ̃⁴⁵	tɕiɛ̃³³⁴	ȵiɛ̃¹³	dʑiɛ̃²²¹	ŋiɛ̃²¹³	ɕiɛ̃⁵³³
70 龙泉	ȵiE⁴³⁴	tɕiE⁴³⁴	tɕʰiE⁴³⁴	tɕiE⁴⁵	ȵiE⁵¹	dʑiE²¹	ŋiE²²⁴	ɕiE⁵¹
71 景宁	ȵieɛ³⁵调殊	tɕiɛ³²⁴	tɕʰiɛ³²⁴	tɕiɛ³⁵	ȵiɛ³³	dʑiɛ⁴¹	ŋieɛ¹¹³	ɕieɛ³³
72 庆元	ȵiɛ̃³³⁵	tɕiɛ̃³³⁵	tɕʰiɛ̃³³⁵	tɕiɛ̃¹¹	ȵiɛ̃²²¹	tɕiɛ̃⁵²	ŋiɛ̃³¹	ɕiɛ̃³³
73 泰顺	ȵieɛ²¹³	tɕieɛ²¹³	tɕʰieɛ²¹³	tɕieɛ³⁵	ȵieɛ⁵⁵	tɕieɛ⁵³	ŋieɛ²²	ɕieɛ⁵⁵
74 温州	ȵi³³	tɕi³³	tɕʰi³³	tɕi⁵¹	ȵi¹⁴	dʑi³¹	ŋi²²	ɕi²⁵
75 永嘉	ȵi⁴⁴	tɕi⁴⁴	tɕʰi⁴⁴	tɕi⁵³	ȵi¹³	dʑi³¹	ŋi²²	ɕi⁴⁵
76 乐清	ȵiE⁴⁴	tɕiE⁴⁴	tɕʰiE⁴⁴	tɕiE⁴¹	ȵiE²⁴	dʑiE³¹	ŋiE²²	ɕiE³⁵
77 瑞安	ȵi⁴⁴	tɕi⁴⁴	tɕʰi⁴⁴	tɕi⁵³	ȵi¹³	dʑi³¹	ŋi²²	ɕi³⁵
78 平阳	ȵie⁵⁵	tɕie⁵⁵	tɕʰie⁵⁵	tɕie⁵³	ȵie⁴⁵	dʑie²⁴²	ŋie³³	ɕie⁴⁵
79 文成	ȵie⁵⁵	tɕie⁵⁵	tɕʰie⁵⁵	tɕie³³	ȵie²²⁴	dʑie¹¹³	ŋie⁴²⁴	ɕie⁴⁵
80 苍南	ȵieɛ⁴⁴	tɕieɛ⁴⁴	tɕʰieɛ⁴⁴	tɕieɛ⁴²	ȵieɛ⁵³	dʑieɛ³¹	ŋieɛ¹¹	ɕieɛ⁵³
81 建德徽	ȵie⁵³	tɕie⁵³	tɕʰie⁵³	tse³³	ȵie²¹³	tɕie³³	ŋie⁵⁵	ɕie²¹³
82 寿昌徽	ȵi¹¹²文	tɕi¹¹²	tɕʰiɛ̃¹¹²文	tsæ³³文	ȵi⁵³⁴	tɕʰi⁵²	ŋiɛ̃³³文	ɕiɛ̃²⁴文
83 淳安徽	ia̯²⁴	tɕia̯²⁴	tɕʰia̯²⁴	tsa²⁴	ia̯⁵⁵	tɕʰia̯⁴³⁵	ia̯⁵³	ɕia̯⁵⁵
84 遂安徽	iɛ̃⁵³⁴	tɕiɛ̃⁵³⁴	tɕʰiɛ̃⁵³⁴	tɕiɛ̃⁴³	iɛ̃⁴³	tɕʰiɛ̃³³	iɛ̃⁵²	ɕiɛ̃²¹³
85 苍南闽	lian²⁴	tɕian⁵⁵	tɕʰian⁵⁵	tɕian²¹	nĩ⁴³	kĩ²⁴	gian²¹	hian⁴³
86 泰顺闽	nie²²	tɕie²¹³	tɕʰie²¹³	tɕie⁵³	nie³⁴⁴	kʰie²²	nie³¹	ɕie³⁴⁴
87 洞头闽	nian¹¹³	tɕian³³	tɕʰian³³	tɕian²¹	nĩ⁵³	kĩ¹¹³	gian²¹	hian⁵³
88 景宁畲	ni⁵¹调殊	tɕian⁴⁴	tɕʰian⁴⁴	tɕien⁴⁴	ȵien⁵¹	kʰien²²	ȵien⁵¹	xien³²⁵

方言点	0417 厌	0418 炎	0419 盐	0420 接	0421 折 ~叠	0422 叶 树~	0423 剑	0424 欠
	咸开三 去盐影	咸开三 平盐云	咸开三 平盐以	咸开三 入叶精	山开三 入薛章	咸开三 入叶以	咸开三 去严见	咸开三 去严溪
01 杭州	iɛ⁴⁵	iɛ²¹³	iɛ²¹³	tɕiɛʔ⁵	tsaʔ⁵	iɛʔ²	tɕiɛ⁴⁵	tɕʰiɛ⁴⁵
02 嘉兴	yə²²⁴	ie²⁴²	ie²⁴²	tɕieʔ⁵	tsəʔ⁵	ieʔ⁵	tɕie²²⁴	tɕʰie²²⁴
03 嘉善	iɪ³³⁴	iɪ¹³²	iɪ¹³²	tɕieʔ⁵	tsɜʔ⁵	ieʔ²	tɕiɪ³³⁴	tɕʰiɪ³³⁴
04 平湖	ie³³⁴	iɛ³¹	iɛ³¹	tsiəʔ⁵	tsəʔ⁵	iəʔ²³	tɕie³³⁴	tɕʰie²¹³
05 海盐	iɛ³³⁴	iɛ³¹	iɛ³¹	tɕiəʔ⁵	tsəʔ⁵	iəʔ²³	tɕie³³⁴	tɕʰie³³⁴
06 海宁	ie³⁵	ie¹³	ie¹³	tɕieʔ⁵	tsəʔ⁵	ieʔ²	tɕie³⁵	tɕʰie³⁵
07 桐乡	iE³³⁴	iE¹³	iE¹³	tsiəʔ⁵	tsəʔ⁵	iəʔ²³	tsiE³³⁴	tɕʰiE³³⁴
08 崇德	iɪ³³⁴	iɪ¹³	iɪ¹³	tɕiəʔ⁵	tsəʔ⁵	iəʔ²³	tɕiɪ³³⁴	tɕʰiɪ³³⁴
09 湖州	ie³⁵	ie¹¹²	ie³⁵	tɕieʔ⁵	tsəʔ⁵	ieʔ²	tɕie³⁵	tɕʰie³⁵
10 德清	ie³³⁴	ie¹¹³	ie¹¹³	tɕieʔ⁵	tsəʔ⁵	ieʔ²	tɕie³³⁴	tɕʰie³³⁴
11 武康	iɪ²²⁴	iɪ¹¹³	iɪ⁵³	tɕieʔ²	tsɜʔ⁵	ieʔ²	tɕiɪ²²⁴	tɕʰiɪ²²⁴
12 安吉	i³²⁴	i²²	i²²	tɕiEʔ⁵	tsəʔ⁵	iEʔ²³	tɕi³²⁴	tɕʰi³²⁴
13 孝丰	iɪ³²⁴	iɪ²²	iɪ²²	tɕieʔ⁵	tsəʔ⁵	ieʔ²³	tɕiɪ³²⁴	tɕʰiɪ³²⁴
14 长兴	i³²⁴	i¹²	i¹²	tʃiEʔ⁵	tsəʔ⁵	iEʔ²	tʃi³²⁴	tʃʰi³²⁴
15 余杭	iẽ²¹³	iẽ²²	iẽ²²	tsieʔ⁵	tsəʔ⁵	ieʔ²	tɕiẽ⁵³	tɕʰiẽ⁴²³
16 临安	ie⁵⁵	ie³³	ie³³	tɕiəʔ⁵⁴	tsɤʔ⁵⁴	iəʔ¹²	tɕie⁵⁵	tɕʰie⁵⁵
17 昌化	iɪ̃⁵⁴⁴	iɪ̃¹¹²	iɪ̃¹¹²	tɕiɛʔ⁵	tɕyəʔ⁵	iɛʔ²³	tɕiɪ̃⁵⁴⁴	tɕʰiɪ̃⁵⁴⁴
18 於潜	ie³⁵	ie²²³	ie²²³	tɕieʔ⁵³	tsəʔ⁵³	iæʔ²³	tɕie³⁵	tɕʰie³⁵
19 萧山	ie⁴²	ie³⁵⁵	ie³⁵⁵	tɕiɛʔ⁵	tsəʔ⁵	ieʔ¹³	tɕie⁴²	tɕʰie⁴²
20 富阳	iɛ̃³³⁵	iɛ̃¹³	iɛ̃¹³	tɕiɛʔ⁵	tsɛʔ⁵	iɛʔ²	tɕiɛ̃³³⁵	tɕʰiɛ̃³³⁵
21 新登	iɛ̃⁴⁵	iɛ̃²³³	iɛ̃²³³	tɕiəʔ⁵	tɕyəʔ⁵	iəʔ²	tɕiɛ̃⁴⁵	tɕʰiɛ̃⁴⁵
22 桐庐	ie³⁵	ie¹³	ie¹³	tɕiəʔ⁵	tsəʔ⁵	iəʔ¹³	tɕie³⁵	tɕʰie³⁵
23 分水	iɛ̃²⁴	iɛ̃¹³	iɛ̃²²	tɕiəʔ⁵	tsəʔ⁵	iəʔ¹²	tɕiɛ̃²⁴	tɕʰiɛ̃²⁴
24 绍兴	iẽ³³	iẽ²³¹	iẽ²³¹	tɕieʔ⁵	tseʔ⁵	ieʔ²	tɕiẽ³³	tɕʰiẽ³³
25 上虞	iẽ⁵³	iẽ²¹³	iẽ²¹³	tɕiəʔ⁵	tsəʔ⁵	iəʔ²	tɕiẽ⁵³	tɕʰiẽ⁵³

续表

方言点	0417 厌	0418 炎	0419 盐	0420 接	0421 折 ~叠	0422 叶 树~	0423 剑	0424 欠
	咸开三 去盐影	咸开三 平盐云	咸开三 平盐以	咸开三 入叶精	山开三 入薛章	咸开三 入叶以	咸开三 去严见	咸开三 去严溪
26 嵊州	iẽ³³⁴	iẽ²¹³	iẽ²¹³	tɕieʔ⁵	tsəʔ⁵	ieʔ²	tɕiẽ³³⁴	tɕʰiẽ³³⁴
27 新昌	iɛ̃³³⁵	iɛ̃²²	iɛ̃²²	tɕiɛʔ⁵	tɕiɛʔ⁵ 白 tsɣʔ⁵ 文	ɛʔ²	tɕiɛ̃³³⁵	tɕʰiɛ̃³³⁵
28 诸暨	ie⁵⁴⁴	ie¹³	ie¹³	tɕieʔ⁵	tsoʔ⁵	ieʔ¹³	tɕie⁵⁴⁴	tɕʰie⁵⁴⁴
29 慈溪	iẽ⁴⁴	iẽ¹³	iẽ¹³	tɕiəʔ⁵	tsəʔ⁵	iəʔ²	tɕiẽ⁴⁴	tɕʰiẽ⁴⁴
30 余姚	iẽ⁵³	iẽ¹³	iẽ¹³	tɕiəʔ⁵	tsəʔ⁵	iəʔ²	tɕiẽ⁵³	tɕʰiẽ⁵³
31 宁波	i⁴⁴	i¹³	i¹³	tɕiəʔ⁵	tɕiəʔ⁵	iəʔ²	tɕi⁵³	tɕʰi⁴⁴
32 镇海	i⁵³	i²⁴	i²⁴	tɕieʔ⁵	tseʔ⁵	ieʔ¹²	tɕi⁵³	tɕʰi⁵³
33 奉化	i⁵³	i³³	i³³	tɕiɿʔ⁵	tɕiɿʔ⁵	iɿʔ²	tɕi⁵³	tɕʰi⁵³
34 宁海	ie³⁵	ie²⁴	ie²¹³	tɕieʔ⁵	tɕiəʔ⁵	iəʔ³	tɕie³⁵	tɕʰie³⁵
35 象山	i⁵³	iɛ³¹	i³¹	tɕieʔ⁵	tseʔ⁵	ieʔ²	tɕi⁵³	tɕʰi⁵³
36 普陀	i⁵⁵	i²⁴	i²⁴	tɕiɛʔ⁵	tsɐʔ⁵	iɛʔ²³	tɕi⁵⁵	tɕʰi⁵⁵
37 定海	i⁴⁴	i²³	i²³	tɕieʔ⁵	tɕieʔ⁵	ieʔ²	tɕi⁴⁴	tɕʰi⁴⁴
38 岱山	i⁴⁴	i²³	i²³	tɕieʔ⁵	tsoʔ⁵	ieʔ²	tɕi⁵² 调殊	tɕʰi⁴⁴
39 嵊泗	i⁵³	i²⁴³	i²⁴³	tɕiɛʔ⁵	tsɐʔ⁵	iɛʔ²	tɕi⁵³	tɕʰi⁵³
40 临海	i⁵⁵	i²¹	i²¹	tɕieʔ⁵	tɕieʔ⁵	ieʔ²³	tɕi⁵⁵ 又 ki⁵⁵ 又	tɕʰi⁵⁵ 又 kʰi⁵⁵ 又
41 椒江	ie⁵⁵	ie³¹	ie³¹	tɕieʔ⁵	tɕieʔ⁵	ieʔ²	tɕie⁵⁵	tɕʰie⁵⁵
42 黄岩	ie⁵⁵	ie¹²¹	ie¹²¹	tɕieʔ⁵	tɕieʔ⁵	ieʔ²	tɕie⁵⁵	tɕʰie⁵⁵
43 温岭	ie⁵⁵	ie³¹	ie³¹	tɕiʔ⁵	tɕiʔ⁵	iʔ²	tɕic⁵⁵	tɕʰie⁵⁵
44 仙居	ie⁵⁵	ie²¹³	ie²¹³	tɕiaʔ⁵	tɕiaʔ⁵	iaʔ²³	tɕie⁵⁵	tɕʰie⁵⁵
45 天台	ie³³	ie²²⁴	ie²²⁴	tɕieʔ⁵	tɕieʔ⁵	ieʔ²	kie⁵⁵	kʰie⁵⁵
46 三门	ie⁵⁵	ie¹¹³	ie¹¹³	tɕieʔ⁵	tɕieʔ⁵	ieʔ²³	tɕie⁵⁵	tɕʰie⁵⁵
47 玉环	ie⁵⁵	ie³¹	ie³¹	tɕiɐʔ⁵	tɕiɐʔ⁵	ie⁴¹ 小	tɕie⁵⁵	tɕʰie⁵⁵
48 金华	ie⁵⁵	iɛ̃³¹³	ie³¹³	tɕie⁵⁵ 白 tɕiəʔ⁴ 文	tsəʔ⁴	ie¹⁴	tɕie⁵⁵	tɕʰie⁵⁵

续表

方言点	0417 厌	0418 炎	0419 盐	0420 接	0421 折 ~叠	0422 叶 树~	0423 剑	0424 欠
	咸开三 去盐影	咸开三 平盐云	咸开三 平盐以	咸开三 入叶精	山开三 入薛章	咸开三 入叶以	咸开三 去严见	咸开三 去严溪
49 汤溪	ie⁵²	ie¹¹	ie¹¹	tsie⁵⁵	tɕie⁵⁵	ie¹¹³	tsie⁵²	tɕʰie⁵²
50 兰溪	ie⁴⁵	iɛ̃²¹	ie²¹	tɕie?³⁴	tɕie?³⁴	ie?¹²	tɕie⁴⁵	tɕʰie⁴⁵
51 浦江	iɛ̃⁵⁵	ian¹¹³	iɛ̃¹¹³	tsi¹²³	tɕyi¹²³	i²³²	tɕiɛ̃⁵⁵	tɕʰiɛ̃⁵⁵
52 义乌	ie⁴⁵	ian²¹³	ie²¹³	tsie³²⁴	tɕye³²⁴	ie³¹²	tɕie⁴⁵	tɕʰie⁴⁵
53 东阳	i⁴⁵³	iɐn²¹³	i²¹³	tɕiɛ³³⁴	tsa?³⁴	iɛ²¹³	tsi⁴⁵³	tɕʰi⁴⁵³
54 永康	ie⁵²	ie²²	ie²²	tɕiɛ³³⁴	tɕiɛ³³⁴	ie¹¹³	tɕie⁵²	tɕʰie⁵²
55 武义	ȵie⁵³	ȵie³²⁴	ȵie³²⁴	tɕiɛ⁵³	tɕiɛ⁵³	ie¹³	tɕie⁵³	tɕʰie⁵³
56 磐安	ie⁵²	ien²¹³	ie²¹³	tɕiɛ³³⁴	tɕiɛ³³⁴	iɛ²¹³	tɕie⁵²	tɕʰie⁵²
57 缙云	iɛ⁴⁵³	iɛ²⁴³	iɛ²⁴³	tɕiɛ³²²	tɕiɛ³²²	iɛ¹³	tɕie⁴⁵³	tɕʰiɛ⁴⁵³
58 衢州	iɛ̃⁵³	iɛ̃²¹	iɛ̃²¹	tɕiə?⁵	tʃyə?⁵	iə?¹²	tɕiɛ̃⁵³	tɕʰiɛ̃⁵³
59 衢江	ie⁵³	ie²¹²	ie²¹²	tɕiə?⁵	tɕyə?⁵ 读字	iə?²	tɕie⁵³	tɕʰie⁵³
60 龙游	ie⁵¹	ie²¹	ie²¹	tɕiə?⁴	tsə?⁴	iə?²³	tɕie⁵¹	tɕʰie⁵¹
61 江山	iɛ̃⁵¹	iɛ̃³¹ 调殊	iɛ̃²¹³	tɕiE?⁵	tɕiE?⁵	dʑiE?²	kiɛ̃⁵¹	kʰiɛ̃⁵¹
62 常山	iɛ̃³²⁴	iɛ̃³⁴¹	iɛ̃³⁴¹	tɕiʌ?⁵	tɕiʌ?⁵	dʑiʌ?³⁴	tɕiɛ̃³²⁴	tɕʰiɛ̃³²⁴
63 开化	iɛ̃⁴¹²	iɛ̃²³¹	iɛ̃²³¹	tɕia?⁵	tsa?⁵	dʑia?¹³	tɕiɛ̃⁴¹²	tɕʰiɛ̃⁴¹²
64 丽水	iɛ⁵²	iɛ²²	iɛ²²	tɕiɛ?⁵	tɕiɛ?⁵	iɛ?²³	tɕiɛ⁵²	tɕʰiɛ⁵²
65 青田	iɛ³³	iɛ²¹	iɛ²¹	tɕiæ?⁴²	tɕiæ?⁴²	iæ?³¹	tɕiɛ³³	tɕʰiɛ³³
66 云和	iɛ⁴⁵	iɛ³¹²	iɛ³¹²	tɕiɛ?⁵	tɕiɛ?⁵	iɛ?²³	tɕiɛ⁴⁵	tɕʰiɛ⁴⁵
67 松阳	iɛ̃²⁴	iɛ̃³¹	iɛ̃³¹	tɕiɛ?⁵	tɕiɛ?⁵	iɛ?²	tɕiɛ̃²⁴	tɕʰiɛ̃²⁴
68 宣平	iɛ⁵²	iɛ⁴³³	iɛ⁴³³	tɕiə?⁵	tɕiə?⁵	iə?²³	tɕiɛ⁵²	tɕʰiɛ⁵²
69 遂昌	iɛ̃³³⁴	iɛ̃²²¹	iɛ̃²²¹	tɕiɛ?⁵	tɕiɛ?⁵	iɛ?²³	tɕiɛ̃³³⁴	tɕʰiɛ̃³³⁴
70 龙泉	iE⁴⁵	iE²¹	iE²¹	tɕiE?⁵	tɕiE?⁵	iE?²⁴	tɕiE⁴⁵	tɕʰiE⁴⁵
71 景宁	iɛ³⁵	iɛ¹¹³	iɛ⁴¹	tɕiɛ?⁵	tɕiɛ?⁵	iɛ?²³	tɕiɛ³⁵	tɕʰiɛ³⁵
72 庆元	iɛ̃¹¹	iɛ̃³¹ 调殊	iɛ̃⁵²	tɕiE?⁵	tɕiE?⁵	iE?³⁴	tɕiɛ̃¹¹	tɕʰiɛ̃¹¹

续表

方言点	0417 厌	0418 炎	0419 盐	0420 接	0421 折~叠	0422 叶 树~	0423 剑	0424 欠
	咸开三 去盐影	咸开三 平盐云	咸开三 平盐以	咸开三 入叶精	山开三 入薛章	咸开三 入叶以	咸开三 去严见	咸开三 去严溪
73 泰顺	iɛ³⁵	iɛ²² 调殊	iɛ⁵³	tɕiɛʔ⁵	tɕiɛʔ⁵	iɛʔ²	tɕiɛ³⁵	tɕʰiɛ³⁵
74 温州	i⁵¹	i³¹	i³¹	tɕi³²³	tɕi³²³	i²¹²	tɕi⁵¹	tɕʰi⁵¹
75 永嘉	i⁵³	i³¹	i³¹	tɕi⁴²³	tɕi⁴²³	i²¹³	tɕi⁵³	tɕʰi⁵³
76 乐清	iᴇ⁴¹	iᴇ³¹	iᴇ³¹	tɕiᴇ³²³	tɕiᴇ³²³	iᴇ²¹²	tɕiᴇ⁴¹	tɕʰiᴇ⁴¹
77 瑞安	i⁵³	i³¹	i³¹	tɕi³²³	tɕi³²³	i²¹²	tɕi⁵³	tɕʰi⁵³
78 平阳	ie⁵³	ie²⁴²	ie²⁴²	tɕie³⁴	tɕie³⁴	ie¹²	tɕie⁵³	tɕʰie⁵³
79 文成	ie³³	ie¹¹³	ie¹¹³	tɕie³⁴	tɕie³⁴	ie²¹²	tɕie³³	tɕʰie³³
80 苍南	iɛ⁴²	iɛ³¹	iɛ³¹	tɕiɛ²²³	tɕiɛ²²³	iɛ¹¹²	tɕiɛ⁴²	tɕʰiɛ⁴²
81 建德徽	ȵie³³	ȵie³³	ȵie³³	tɕi⁵⁵	tsɿ⁵⁵	i²¹³	tɕie³³	tɕʰie³³
82 寿昌徽	i³³	iɛ̃¹¹²文	i⁵²	tɕi⁵⁵	tsə⁵ʔ³	i²⁴	tɕi³³	tɕʰi³³
83 淳安徽	iã²⁴	iã⁴³⁵	iã⁴³⁵	tɕiəʔ⁵	tsəʔ⁵	iəʔ¹³	tɕiã²⁴	tɕʰiã²⁴
84 遂安徽	iɛ̃⁴³	iɛ̃³³	iɛ̃³³	tɕiɛ²⁴	tɕiɛ²⁴	iɛ²¹³	tɕiɛ̃⁴³	tɕʰiɛ̃⁴³
85 苍南闽	ian²¹	ian²⁴	ian²⁴	tɕie⁴³	tɕie⁴³	hio²⁴	kian²¹	kʰian²¹
86 泰顺闽	ie⁵³	ie³¹	ie²²	tɕiɪʔ⁵	tsɛʔ⁵	ny³¹	kie⁵³	kʰie⁵³
87 洞头闽	ian²¹	ian²¹发~	ian¹¹³	tɕie⁵³	tɕie⁵³	hieu²⁴¹	kian²¹	kian²¹
88 景宁畲	ien⁴⁴	ien²²	ien⁵¹小	tsat⁵	tɕiet⁵	iet²	tsan⁴⁴	kʰien⁴⁴

方言点	0425 严 咸开三 平严疑	0426 业 咸开三 入业疑	0427 点 咸开四 上添端	0428 店 咸开四 去添端	0429 添 咸开四 平添透	0430 甜 咸开四 平添定	0431 念 咸开四 去添泥	0432 嫌 咸开四 平添匣
01 杭州	$ȵiɛ^{213}$	$ȵiɛʔ^{2}$	$tiɛ^{53}$	$tiɛ^{45}$	$tʰiɛ^{334}$	$diɛ^{213}$	$ȵiɛ^{13}$	$iɛ^{213}$
02 嘉兴	$ȵiɛ^{242}$	$ieʔ^{5}$	tie^{544}	tie^{224}	$tʰie^{42}$	die^{242}	$ȵie^{113}$	ie^{242}
03 嘉善	$ȵiɿ^{132}$	$ȵieʔ^{2}$	$tiɿ^{44}$	$tiɿ^{334}$	$tʰiɿ^{53}$	$diɿ^{132}$	$ȵiɿ^{113}$	$iɿ^{53}$
04 平湖	$ȵiɛ^{31}$	$ȵiəʔ^{23}$	tie^{44}	tie^{334}	$tʰie^{53}$	die^{31}	$ȵie^{213}$	ie^{334}
05 海盐	$ȵiɛ^{31}$	$ȵiəʔ^{23}$	tie^{423}	tie^{334}	$tʰie^{53}$	die^{31}	$ȵie^{213}$	ie^{31}
06 海宁	$ȵie^{13}$	$ȵieʔ^{2}$	tie^{53}	tie^{35}	$tʰie^{55}$	die^{13}	$ȵie^{13}$	ie^{13}
07 桐乡	$ȵiE^{13}$	$ȵiəʔ^{23}$	tiE^{53}	tiE^{334}	$tʰiE^{44}$	diE^{13}	$ȵiE^{213}$	iE^{13}
08 崇德	$ȵiɿ^{13}$	$ȵiəʔ^{23}$	$tiɿ^{53}$	$tiɿ^{334}$	$tʰiɿ^{44}$	$diɿ^{13}$	$ȵiɿ^{13}$	$iɿ^{13}$
09 湖州	$ȵie^{112}$	$ȵieʔ^{2}$	tie^{523}	tie^{35}	$tʰie^{44}$	die^{112}	$ȵie^{35}$	ie^{44}
10 德清	$ȵie^{113}$	$ȵieʔ^{2}$	tie^{52}	tie^{334}	$tʰie^{44}$	die^{113}	$ȵie^{334}$	ie^{334}
11 武康	$ȵiɿ^{113}$	$ȵieʔ^{2}$	$tiɿ^{53}$	$tiɿ^{224}$	$tʰiɿ^{53}$调殊	$diɿ^{113}$	$ȵiɿ^{224}$	$iɿ^{224}$
12 安吉	$ȵi^{22}$	$ȵiEʔ^{23}$	ti^{52}	ti^{324}	$tʰi^{55}$	di^{22}	$ȵi^{213}$	i^{22}
13 孝丰	$ȵiɿ^{22}$	$ȵieʔ^{23}$	$tiɿ^{52}$	$tiɿ^{324}$	$tʰiɿ^{44}$	$diɿ^{22}$	$ȵiɿ^{324}$	$iɿ^{22}$
14 长兴	$ȵi^{12}$	$ȵiEʔ^{2}$	ti^{52}	ti^{324}	$tʰi^{44}$	di^{12}	$ȵi^{324}$	i^{52}
15 余杭	$ȵiẽ^{22}$	$ȵieʔ^{2}$	$tiẽ^{53}$	$tiẽ^{423}$	$tʰiẽ^{44}$	$diẽ^{22}$	$ȵiẽ^{213}$	$iẽ^{22}$
16 临安	$ȵie^{33}$	$ȵiɐʔ^{12}$	tie^{55}	tie^{55}	$tʰie^{55}$	die^{33}	$ȵie^{33}$	ie^{55}
17 昌化	$ȵiĩ^{112}$	$ȵieʔ^{23}$	$tiĩ^{453}$	$tiĩ^{544}$	$tʰiĩ^{334}$	$diĩ^{112}$	$ȵiĩ^{243}$	$iĩ^{112}$
18 於潜	$ȵie^{223}$	$ȵiæʔ^{23}$	tie^{51}	tie^{35}	$tʰie^{433}$	die^{223}	$ȵie^{24}$	ie^{223}
19 萧山	$ȵie^{355}$	$ȵieʔ^{13}$	tie^{33}	tie^{42}	$tʰie^{533}$	die^{355}	$ȵie^{242}$	zie^{355}
20 富阳	$ȵiɛ̃^{13}$	$ȵieʔ^{2}$	$tiɛ̃^{423}$	$tiɛ̃^{335}$	$tʰiɛ̃^{53}$	$diɛ̃^{13}$	$ȵiɛ̃^{335}$	$iɛ̃^{13}$
21 新登	$ȵiɛ̃^{233}$	$ȵiəʔ^{2}$	$tiɛ̃^{334}$	$tiɛ̃^{45}$	$tʰiɛ̃^{53}$	$diɛ̃^{233}$	$ȵiɛ̃^{13}$	$iɛ̃^{233}$
22 桐庐	nie^{13}	$iəʔ^{13}$	tie^{33}	tie^{35}	$tʰie^{533}$	die^{13}	nie^{24}	zie^{13}
23 分水	$ȵiɛ̃^{22}$	$ȵiəʔ^{12}$	$tiɛ̃^{53}$	$tiɛ̃^{24}$	$tʰiɛ̃^{44}$	$diɛ̃^{22}$	$ȵiɛ̃^{13}$	$ziɛ̃^{22}$
24 绍兴	$ȵiẽ^{231}$	$ȵieʔ^{2}$	$tiẽ^{334}$	$tiẽ^{33}$	$tʰiẽ^{53}$	$diẽ^{231}$	$ȵiẽ^{22}$	$iẽ^{33}$调殊
25 上虞	$ȵiẽ^{213}$	$ȵiəʔ^{2}$	$tiẽ^{35}$	$tiẽ^{53}$	$tʰiẽ^{35}$	$diẽ^{213}$	$ȵiẽ^{31}$	$iẽ^{35}$音殊
26 嵊州	$ȵiẽ^{213}$	$ȵieʔ^{2}$	$tiẽ^{334}$	$tiẽ^{334}$	$tʰiẽ^{534}$	$diẽ^{213}$	$ȵiẽ^{24}$	$iẽ^{334}$调殊

续表

方言点	0425 严	0426 业	0427 点	0428 店	0429 添	0430 甜	0431 念	0432 嫌
	咸开三平严疑	咸开三入业疑	咸开四上添端	咸开四去添端	咸开四平添透	咸开四平添定	咸开四去添泥	咸开四平添匣
27 新昌	$ȵiɛ̃^{22}$	$ȵiɛʔ^{2}$	$tiɛ̃^{453}$	$tiɛ̃^{335}$	$tʰiɛ̃^{534}$	$diɛ̃^{22}$	$ȵiɛ̃^{13}$	$iɛ̃^{22}$
28 诸暨	nie^{13}	$nieʔ^{13}$	tie^{42}	tie^{544}	$tʰie^{544}$	die^{13}	nie^{33}	（无）
29 慈溪	$ȵiẽ^{13}$	$ȵiəʔ^{2}$	$tiẽ^{35}$	$tiẽ^{44}$	$tʰiẽ^{35}$	$diẽ^{13}$	$ȵiẽ^{13}$	$iẽ^{44}$
30 余姚	$ȵiẽ^{13}$	$ȵiəʔ^{2}$	$tiẽ^{34}$	$tiẽ^{53}$	$tʰiẽ^{44}$	$diẽ^{13}$	$ȵiẽ^{13}$	$iẽ^{13}$
31 宁波	$ȵi^{13}$	$ȵiəʔ^{2}$	ti^{35}	ti^{44}	$tʰi^{44}$	di^{13}	ne^{13}	i^{44}音殊
32 镇海	$ȵi^{24}$	$ȵieʔ^{12}$	ti^{35}	ti^{53}	$tʰi^{53}$	di^{24}	$ȵɛ^{24}$韵殊	i^{53}调殊
33 奉化	$ȵi^{33}$	$ȵiɪʔ^{2}$	te^{545}	te^{53}	$tʰi^{44}$	de^{33}	$ȵie^{31}$	i^{33}
34 宁海	$ȵie^{213}$	$ȵieʔ^{3}$	tie^{53}	tie^{35}	$tʰie^{423}$	die^{213}	$ȵie^{24}$	ie^{213}
35 象山	$ȵi^{31}$	$ȵieʔ^{2}$	ti^{44}	ti^{53}	$tʰi^{44}$	di^{31}	$ȵiɛ^{13}$	i^{31}
36 普陀	$ȵi^{24}$	$ȵiɛʔ^{23}$	ti^{45}	ti^{55}	$tʰi^{53}$	di^{24}	$ȵiɛ^{13}$	i^{24}
37 定海	$ȵi^{23}$	$ȵieʔ^{2}$	ti^{45}	ti^{44}	$tʰi^{52}$	di^{23}	$ȵiɛ^{13}$	i^{52}
38 岱山	$ȵi^{23}$	$ȵieʔ^{2}$	ti^{325}	ti^{44}	$tʰi^{325}$调殊	di^{23}	$ȵiɛ^{213}$	i^{52}
39 嵊泗	$ȵi^{243}$	$ȵiɛʔ^{2}$	ti^{445}	ti^{53}	$tʰi^{53}$	di^{243}	$nɛ^{213}$	i^{53}
40 临海	ni^{21}	$ȵieʔ^{23}$	ti^{52}	ti^{55}	$tʰi^{31}$	di^{21}	ni^{324}	i^{21}
41 椒江	$ȵie^{31}$	$ȵieʔ^{2}$	tie^{42}	tie^{55}	$tʰie^{42}$	die^{31}	$ȵie^{24}$	ie^{31}
42 黄岩	$ȵie^{121}$	$ȵieʔ^{2}$	tie^{42}	tie^{55}	$tʰie^{32}$	die^{121}	$ȵie^{24}$	ie^{121}
43 温岭	$ȵie^{31}$	$ȵiʔ^{2}$	tie^{42}	tie^{55}	$tʰie^{33}$	die^{31}	$ȵie^{13}$	$iɐ^{31}$
44 仙居	$ȵie^{213}$	$ȵiaʔ^{23}$	$ɖie^{324}$	$ɖie^{55}$	$tʰie^{334}$	die^{213}	$ȵie^{24}$	ie^{213}
45 天台	$ȵie^{224}$	$ȵieʔ^{2}$	tie^{325}	tie^{55}	$tʰie^{33}$	die^{224}	$ȵie^{35}$	ie^{224}
46 三门	$ȵie^{113}$	$ȵieʔ^{23}$	tie^{325}	tie^{55}	$tʰie^{334}$	die^{113}	$ȵie^{243}$	zie^{113}
47 玉环	$ȵiẽ^{31}$	$ȵiɐʔ^{2}$	$tiẽ^{53}$	$tiẽ^{55}$	$tʰiẽ^{42}$	$diẽ^{31}$	$ȵie^{22}$	ie^{31}
48 金华	$ȵie^{313}$	$ȵie^{14}$白 $ȵiəʔ^{212}$文	tia^{535}	tia^{55}	$tʰia^{334}$	dia^{313}	$ȵia^{14}$	$ȵia^{313}$
49 汤溪	$ȵie^{11}$	$ȵie^{113}$	$ȵie^{535}$	$ȵie^{52}$	$tʰie^{24}$	die^{11}	$ȵie^{341}$	ie^{11}
50 兰溪	nie^{21}	$ȵieʔ^{12}$	tia^{55}	tia^{45}	$tʰia^{334}$	dia^{21}	nia^{24}	$iɑ^{21}$

续表

方言点	0425 严	0426 业	0427 点	0428 店	0429 添	0430 甜	0431 念	0432 嫌
	咸开三 平严疑	咸开三 入业疑	咸开四 上添端	咸开四 去添端	咸开四 平添透	咸开四 平添定	咸开四 去添泥	咸开四 平添匣
51 浦江	ȵiə̃^{113}	ȵiə^{232}	tiɑ̃^{53}	tiɑ̃^{55}	tʰiɑ̃^{534}	diɑ̃^{113}	ȵiɑ̃^{24}	ȵiɑ̃^{113}
52 义乌	ȵie^{213}白 ian^{213}文	ȵie^{312}	ȵia^{45}	ȵia^{45}	tʰia^{335}	dia^{213}	ȵia^{24}白 ȵian^{24}文	ȵia^{213}
53 东阳	ȵiɐn^{213}	ȵiɛʔ^{23}	tin^{453}小	ti^{453}	tʰi^{334}	di^{213}	ȵɿ^{24}	i^{213}
54 永康	ȵie^{22}	ȵie^{113}	ɖia^{334}	ɖia^{52}	tʰia^{55}	dia^{22}	ȵia^{241}	ie^{22}
55 武义	ȵie^{324}	ȵie^{13}	nie^{445}	nie^{53}	tʰie^{24}	die^{324}	ȵie^{231}	ȵie^{324}
56 磐安	ȵie^{213}	ȵie^{213}	nie^{334}	nie^{52}老 tie^{52}新	tʰie^{445}	die^{213}	ȵie^{14}	ie^{213}
57 缙云	ȵie^{243}	ȵie^{13}	tia^{51}	tia^{453}	tʰia^{44}	dia^{243}	ȵia^{213}	ie^{243}
58 衢州	ȵiẽ^{21}	ȵiəʔ^{12}	tiẽ^{35}	tiẽ^{53}	tʰiẽ^{32}	diẽ^{21}	ȵiẽ^{231}	iẽ^{21}
59 衢江	ȵie^{212}	ȵiəʔ^{2}	tie^{25}	tie^{53}	tʰie^{33}	die^{212}	ȵie^{231}	ie^{212}
60 龙游	ȵie^{21}	ȵiəʔ^{23}	tie^{35}	tie^{51}	tʰie^{334}	die^{21}	ȵie^{231}	ie^{21}
61 江山	ȵiẽ^{213}	ȵiɛʔ^{2}	tiẽ^{241}	tiẽ^{51}	tʰiẽ^{44}	diẽ^{213}	ȵiẽ^{31}	iẽ^{213}
62 常山	ȵiẽ^{341}	ȵiʌʔ^{34}	tiẽ^{52}	tiẽ^{324}	tʰiẽ^{44}	diẽ^{341}	ȵiẽ^{131}	iẽ^{341}
63 开化	ȵiẽ^{231}	ȵiaʔ^{13}	tiẽ^{53}	tiẽ^{412}	tʰiẽ^{44}	diẽ^{231}	ȵiẽ^{213}	iẽ^{231}
64 丽水	ȵie^{22}	ȵiɛʔ^{23}	tie^{544}	tie^{52}	tʰie^{224}	die^{22}	ȵiɛ^{131}	ã^{22}
65 青田	ȵie^{21}	ȵiæʔ^{31}	ɖiɑ^{454}	ɖiɑ^{33}	tʰiɑ^{445}	diɑ^{21}	ȵiɑ^{22}	ɑ^{21}
66 云和	ȵie^{312}	ȵiɛʔ^{23}	tie^{41}	tie^{45}	tʰie^{24}	die^{312}	ȵie^{223}	ã^{312}
67 松阳	ȵiẽ^{31}	ȵiɛʔ^{2}	tiẽ^{212}	tiẽ^{24}	tʰiẽ^{53}	diẽ^{31}	ȵiẽ^{13}	ɔ̃^{31}
68 宣平	ȵiɛ^{433}	ȵiəʔ^{23}	tie^{445}	tie^{52}	tʰie^{324}	die^{433}	ȵie^{231}	iɛ^{433}
69 遂昌	ȵiẽ^{221}	ȵiɛʔ^{23}	tiẽ^{533}	tiẽ^{334}	tʰiẽ^{45}	diẽ^{221}	ȵiẽ^{213}	aŋ^{221}旧 iẽ^{221}今
70 龙泉	ȵiE^{21}	ȵiEʔ^{24}	tiE^{51}	tiE^{45}	tʰiE^{434}	diE^{21}	ȵiE^{224}	aŋ^{21} ~弃
71 景宁	ȵiɛ^{41}	ȵiɛʔ^{23}	tie^{33}	tie^{35}	tʰie^{324}	die^{41}	ȵie^{113}	ɔ^{41}
72 庆元	ȵiẽ^{52}	ȵiEʔ^{34}	ɖiɑ̃^{33}	ɖiɑ̃^{11}	tʰiɑ̃^{335}	tiɑ̃^{52}	ȵiɑ̃^{31}	xɑ̃^{52}
73 泰顺	ȵiɛ^{53}	ȵiɛʔ^{2}	tiã^{55}	tiã^{35}	tʰiã^{213}	tiã^{53}	ȵiã^{22}	ã^{53}

续表

方言点	0425 严 咸开三 平严疑	0426 业 咸开三 入业疑	0427 点 咸开四 上添端	0428 店 咸开四 去添端	0429 添 咸开四 平添透	0430 甜 咸开四 平添定	0431 念 咸开四 去添泥	0432 嫌 咸开四 平添匣
74 温州	ȵi³¹	ȵi²¹²	ti²⁵	ti⁵¹	tʰi³³	di³¹	ȵi²²	a³¹～憎 i³¹～疑
75 永嘉	ȵi³¹	ȵi²¹³	tie⁴⁵	tie⁵³	tʰiɛ⁴⁴	diɛ³¹	ȵiɛ²²	a³¹
76 乐清	ȵiE³¹	ȵia²¹²	tiE³⁵	tiE⁴¹	tʰiE⁴⁴	diE³¹	ȵiE²²	E³¹～憎 iE³¹～疑
77 瑞安	ȵi³¹	ȵi²¹²	tie³⁵	tie⁵³	tʰiɛ⁴⁴	diɛ³¹	ȵiɛ²²	ɔ³¹
78 平阳	nie²⁴²	nie¹²	tye⁴⁵	tye⁵³	tʰye⁵⁵	dye²⁴²	ȵie³³	ɔ²⁴²
79 文成	nie¹¹³	nie²¹²	tie⁴⁵	tie³³	tʰie⁵⁵	die¹¹³	ȵia⁴²⁴	zie¹¹³
80 苍南	ȵiɛ³¹	ȵiɛ¹¹²	tyɛ⁵³	tia⁴²	tʰia⁴⁴又 tʰyɛ⁴⁴又	dia³¹	ȵia¹¹	a³¹
81 建德徽	nie³³	ȵieʔ¹²	tie²¹³	tie³³	tʰie⁵³	tie³³	nie⁵⁵	ȵiɛ³³
82 寿昌徽	ȵiɛ̃¹¹²文	ȵiəʔ³¹	ti²⁴	ti³³	tʰi¹¹²	tʰi⁵²	ni³³	i⁵²
83 淳安徽	iã⁴³⁵	iəʔ¹³	tiã⁵⁵	tiã²⁴	tʰiã²⁴	tʰiã⁴³⁵	iã⁵³	iã⁴³⁵
84 遂安徽	iɛ̃³³	iɛ²¹³	tiɛ̃²¹³	tiɛ̃⁴³	tʰiɛ̃⁵³⁴	tʰiɛ̃³³	iɛ̃⁵²	ɕiɛ̃⁴³
85 苍南闽	gian²⁴	gie²⁴	tian⁴³	tãĩ²¹	tʰĩ⁵⁵白 tʰian⁵⁵文	tĩ⁵⁵	lian²¹	hian²⁴
86 泰顺闽	nie²²	niɪʔ³	tɛ³⁴⁴	tɛ⁵³	tʰɛ²¹³	tɛ²²	nɛ³¹	ɕie²²
87 洞头闽	gian¹¹³	giet²⁴	tian⁵³	tãĩ²¹	tʰĩ³³	tĩ³³	nian²¹	hian¹¹³
88 景宁畲	ȵien²²	ȵiet²	tan³²⁵	tian⁴⁴	tʰan⁴⁴	tʰan²²	ȵian⁵¹	xɐn²²

方言点	0433 跌 咸开四 入帖端	0434 贴 咸开四 入帖透	0435 碟 咸开四 入帖定	0436 协 咸开四 入帖匣	0437 犯 咸合三 上凡奉	0438 法 咸合三 入乏非	0439 品 深开三 上侵滂	0440 林 深开三 平侵来
01 杭州	tiɛʔ⁵	tʰiɛʔ⁵	diɛʔ²	iɛʔ²	vɛ¹³	faʔ⁵	pʰiŋ⁵³	liŋ²¹³
02 嘉兴	tieʔ⁵	tʰiʌʔ⁵	dieʔ¹³	iʌʔ⁵	vE¹¹³	fʌʔ⁵	pʰiŋ¹¹³	liŋ²⁴²
03 嘉善	tieʔ⁵	tʰieʔ⁵	dieʔ²	iaʔ²	vɛ¹¹³	faʔ⁵	pʰin³³⁴	lin¹³²
04 平湖	tiaʔ⁵	tʰiəʔ²³	diəʔ²³	iaʔ²³	vɛ²¹³	faʔ⁵	pʰin²¹³	lin³¹
05 海盐	tiaʔ⁵	tʰiaʔ²³	diaʔ²³	iaʔ²³	vɛ⁴²³	faʔ⁵	pʰin⁴²³	lin³¹
06 海宁	tieʔ⁵	tʰiaʔ⁵	diaʔ²	iaʔ²	vɛ²³¹	faʔ⁵	piŋ⁵³	liŋ¹³
07 桐乡	tiaʔ⁵	tʰiaʔ⁵	diaʔ²³	iaʔ²³	vɛ²⁴²	faʔ⁵	pʰiŋ⁵³	liŋ¹³
08 崇德	tiaʔ⁵	tʰiaʔ⁵	diəʔ²³	iaʔ²³	vɛ²⁴²	faʔ⁵	pʰiŋ⁵³	liŋ¹³
09 湖州	tieʔ⁵	tʰieʔ⁵	dieʔ²	iaʔ²	vɛ²³¹	faʔ⁵	pʰin⁵²³	lin³⁵
10 德清	tieʔ⁵	tʰieʔ⁵	dieʔ²	iaʔ²	vɛ¹⁴³	faʔ⁵	pʰin⁵²	lin¹¹³
11 武康	tieʔ⁵	tʰieʔ⁵	dieʔ²	ʑieʔ²	vɛ²⁴²	fəʔ⁵	pʰin⁵³	lin¹¹³
12 安吉	tiEʔ⁵	tʰiEʔ⁵	diEʔ²³	iEʔ²³	vE²¹³	fɐʔ⁵	pʰiŋ⁵²	liŋ²²
13 孝丰	tieʔ⁵	tʰieʔ⁵	dieʔ²³	iaʔ²³	vɛ²⁴³	faʔ⁵	pʰiŋ⁵²	liŋ²²
14 长兴	tiEʔ⁵	tʰiEʔ⁵	diEʔ²³	iaʔ²	vE²⁴³	faʔ⁵	pʰiŋ⁵²	liŋ¹²
15 余杭	tieʔ⁵	tʰieʔ⁵	dieʔ²	iaʔ²	vɛ̃²⁴³	faʔ⁵	pʰiŋ⁵³	liŋ²²
16 临安	tiaʔ⁵⁴	tʰiəʔ⁵⁴	diəʔ¹²	iəʔ¹²	vɛ³³	fɐʔ⁵⁴	pʰieŋ⁵⁵	lieŋ³³
17 昌化	tiɛʔ⁵	tʰiɛʔ⁵	diɛʔ²³	iaʔ²³	vɔ̃²⁴³	faʔ⁵	pʰiəŋ⁴⁵³	liəŋ¹¹²
18 於潜	tieʔ⁵³	tʰieʔ⁵³	diæʔ²³	iæʔ²³	vɛ²⁴	fɐʔ⁵³	pʰiŋ⁵¹	liŋ²²³
19 萧山	tieʔ⁵	tʰieʔ⁵	dieʔ¹³	iaʔ¹³	vɛ²⁴²	faʔ⁵	pʰiŋ³³	liŋ³⁵⁵
20 富阳	tiɛʔ⁵	tʰiɛʔ⁵	diɛʔ²	iaʔ²	vã²²⁴	faʔ⁵	pʰin⁴²³	lin¹³
21 新登	tiəʔ⁵	tʰiəʔ⁵	diəʔ²	iaʔ²	vɛ¹³	faʔ⁵	pʰeiŋ³³⁴	leiŋ²³³
22 桐庐	tiəʔ⁵	tʰiəʔ⁵	diəʔ¹³	iəʔ¹³ 白 ʑiəʔ¹³ 文	vã²⁴	faʔ⁵	piŋ³³	liŋ¹³
23 分水	tiəʔ⁵	tʰiəʔ⁵	diəʔ¹²	iəʔ¹²	vã¹³	faʔ⁵	pʰin⁵³	lin²²
24 绍兴	tieʔ⁵	tʰieʔ⁵	dieʔ²	iaʔ²	vɛ̃²²³	fɛʔ⁵	pʰiŋ³³⁴	liŋ²³¹
25 上虞	tiəʔ⁵	tʰɐʔ⁵	diəʔ²	iaʔ²	vɛ̃²¹³	fɐʔ⁵	pʰiŋ³⁵	liŋ²¹³

续表

方言点	0433 跌 咸开四 入帖端	0434 贴 咸开四 入帖透	0435 碟 咸开四 入帖定	0436 协 咸开四 入帖匣	0437 犯 咸合三 上凡奉	0438 法 咸合三 入乏非	0439 品 深开三 上侵滂	0440 林 深开三 平侵来
26 嵊州	tieʔ^5	tʰieʔ^5	dieʔ^2	iaʔ^2	uɛ̃^{22}	fɛʔ^5	pʰiŋ^{53}	liŋ^{213}
27 新昌	tieʔ^5	tʰiɛʔ^5	dieʔ^2	iɛʔ^2	uɛ̃^{232}	fɛʔ^5	pʰiŋ^{453}	liŋ^{22}
28 诸暨	tieʔ^5	tʰieʔ^5	dieʔ^{13}	iaʔ^{13}	vɛ^{242}	faʔ^5	pʰin^{42}	lin^{13}
29 慈溪	tiəʔ^5	tʰiaʔ^5	diaʔ^2	iaʔ^2	vɛ̃^{13}	faʔ^5	pʰiŋ^{35}	liŋ^{13}
30 余姚	tiəʔ^5	tʰiaʔ^5	diəʔ^2	iaʔ^2	vã^{13}	faʔ^5	pʰẽ^{34}	liə̃^{13}
31 宁波	tiəʔ^5	tʰiəʔ^5	diəʔ^2	iəʔ^2	vɛ^{13}	faʔ^5	pʰiŋ^{35}	liŋ^{13}
32 镇海	tieʔ^5	tʰieʔ^5	dieʔ^{12}	ieʔ^{12}	vɛ^{24}	faʔ^5	pʰiŋ^{35}	liŋ^{24}
33 奉化	tiɪʔ^5	tʰiɪʔ^5	diɪʔ^2	iaʔ^2	vɛ^{324}	faʔ^5	pʰiŋ^{545}	liŋ^{33}
34 宁海	tieʔ^5	tʰieʔ^5	dieʔ^3	ieʔ^3	vɛ^{31}	faʔ^5	pʰiŋ^{53}	liŋ^{213}
35 象山	tieʔ^5	tʰieʔ^5	dieʔ^2	ieʔ^2	vɛ^{31}	faʔ^5	pʰiŋ^{44}	liŋ^{31}
36 普陀	tiɛʔ^5	tʰiɛʔ^5	diɛʔ^{23}	iɛʔ^{23}	vɛ^{23}	fɐʔ^5	pʰiŋ^{45}	liŋ^{24}
37 定海	tieʔ^5	tʰieʔ^5	dieʔ^2	ieʔ^2	vɛ^{23}	fɐʔ^5	pʰiŋ^{45}	liŋ^{23}
38 岱山	tieʔ^5	tʰieʔ^5	dieʔ^2	ieʔ^2	vɛ^{23}调殊	fɐʔ^5	pʰiŋ^{325}	liŋ^{23}
39 嵊泗	tiɛʔ^5	tʰiɛʔ^5	diɛʔ^2	iɛʔ^2	vɛ^{243}	fɐʔ^5	pʰiŋ^{445}	liŋ^{243}
40 临海	tieʔ^5	tʰieʔ^5	dieʔ^{23}	ieʔ^{23}	vɛ^{21}	fɛʔ^5	pʰiŋ^{52}	liŋ^{21}
41 椒江	tieʔ^5	tʰieʔ^5	dieʔ^2	ieʔ^2	vɛ^{31}	fɛʔ^5	pʰiŋ^{42}	liŋ^{31}
42 黄岩	tieʔ^5	tʰieʔ^5	dieʔ^2	ieʔ^2	vɛ^{121}	fɐʔ^5	pʰin^{42}	lin^{121}
43 温岭	tiʔ^5	tʰiʔ^5	diʔ^2	iaʔ^2	vɛ^{31}	fəʔ^5	pʰin^{42}	lin^{31}
44 仙居	（无）	tʰiaʔ^5	diaʔ^{23}	iaʔ^{23}	va^{213}	fɑʔ^5	pʰin^{324}	lin^{213}
45 天台	lieʔ^5	tʰleʔ^5	dieʔ^2	ɪeʔ^2	ve^{214}	feʔ^5	pʰiŋ^{325}	liŋ^{224}
46 三门	tieʔ^5	tʰieʔ^5	dieʔ^{23}	ieʔ^{23}	ve^{213}	fɐʔ^5	pʰiŋ^{325}	liŋ^{113}
47 玉环	tiɐʔ^5	tʰiɐʔ^5	diɐʔ^2	iɐʔ^2	vɛ^{41}	fɐʔ^5	pʰiŋ^{53}	liŋ^{31}
48 金华	tia^{55}	tʰia^{55}	dia^{14}碗~	ziəʔ^{212}	fɑ^{535}白 vɛ̃^{14}文	fɣa^{55}	pʰiŋ^{535}	liŋ^{313}
49 汤溪	tia^{55}	tʰia^{55}	diã^{113}小	（无）	vɣa^{113}	fɣa^{55}	pʰɛ̃i^{535}	lɛ̃i^{11}

续表

方言点	0433 跌	0434 贴	0435 碟	0436 协	0437 犯	0438 法	0439 品	0440 林
	咸开四 入帖端	咸开四 入帖透	咸开四 入帖定	咸开四 入帖匣	咸合三 上凡奉	咸合三 入乏非	深开三 上侵滂	深开三 平侵来
50 兰溪	tiəʔ³⁴	tʰiəʔ³⁴	diəʔ¹²	ieʔ¹²	fia⁵⁵	fiaʔ³⁴	pʰin⁵⁵	lin²¹
51 浦江	tia⁴²³	tʰia⁴²³	dia²³²白 diə²³²文	ia²⁴	vã²⁴³	fa⁴²³	pʰiən⁵³	liən¹¹³
52 义乌	tia³²⁴	tʰia³²⁴	dia³¹²	ʑiəʔ³¹²	vɔ³¹²	fɯa³²⁴	pʰən⁴²³白 pʰien⁴²³文	lən²¹³
53 东阳	tia³³⁴	tʰia³³⁴	dien²¹³小	iɛʔ²³	vɔ²⁴	fɔ³³⁴	pʰiɐn⁴⁴	liɐn²¹³
54 永康	ɖia³³⁴	tʰia³³⁴	dia¹¹³	ie²²	va¹¹³	fuɑ³³⁴	pʰiŋ³³⁴	liŋ²²
55 武义	lia⁵³	tʰia⁵³	dia¹³	ia¹³	vuo¹³	fuɑ⁵³	pʰin⁴⁴⁵	lin³²⁴
56 磐安	tia³³⁴	tʰia³³⁴	dia²¹³	ie²¹³	fɒ³³⁴	fɔ³³⁴	pʰiɐn³³⁴	liɐn²¹³
57 缙云	tia³²²	tʰia³²²	dia¹³	iɛ¹³	vɑ³¹	fɑ³²²	pʰiɛŋ⁵¹	laŋ²⁴³
58 衢州	tiəʔ⁵	tʰiəʔ⁵	diəʔ¹²	ʑiəʔ¹²	vã²³¹	faʔ⁵	pʰin³⁵	lin²¹
59 衢江	tiəʔ⁵	tʰiəʔ⁵	diəʔ²	ʑiəʔ²	vã²³¹	faʔ⁵	pʰiŋ²⁵	liŋ²¹²
60 龙游	tiəʔ⁴	tʰiəʔ⁴	diəʔ²³	ʑiəʔ²³	vã²²⁴	fɔʔ⁴	pʰin³⁵	lin²¹
61 江山	tiɛʔ⁵	tʰiɛʔ⁵	diɛʔ²	iɛʔ²	vaŋ²²	faʔ⁵	pʰĩ⁵¹~行 pʰi⁵¹~貌	lĩ²¹³
62 常山	tieʔ⁵	tʰiʌʔ⁵	diʌʔ³⁴	ʑiʌʔ³⁴	vã²⁴	faʔ⁵	pʰi⁵²~貌 pʰĩ⁵²~格	lĩ³⁴¹
63 开化	tiaʔ⁵	tʰiaʔ⁵	diaʔ¹³	ʑiɛʔ¹³	vã²¹³	faʔ⁵	pʰin⁵³	lin²³¹
64 丽水	tiɛʔ⁵	tʰiɛʔ⁵	diɛʔ²³	iɛʔ²³	vã²²	fuɔʔ⁵	pʰin⁵⁴⁴	lin²²
65 青田	ɖiæʔ⁴²	tʰiæʔ⁴²	diæʔ³¹	iæʔ³¹	vɑ²²	faʔ⁴²	pʰiaŋ⁴⁵⁴	liaŋ²¹
66 云和	tiɛʔ⁵	tʰiɛʔ⁵	diɛʔ²³	iɔʔ²³	vã²³¹	fɔʔ⁵	pʰiŋ⁴¹	liŋ³¹²
67 松阳	tiɛʔ⁵	tʰiɛʔ⁵	diɛʔ²	iɛʔ²	vɔ̃²²	fɔʔ⁵	pʰin²¹²	lin³¹
68 宣平	tiəʔ⁵	tʰiəʔ⁵	diəʔ²³	iəʔ²³	vã²²³	fɑʔ⁵	pʰin⁴⁴⁵	lin⁴³³
69 遂昌	tiɛʔ⁵	tʰiɛʔ⁵	diɛʔ²³	iaʔ²³	vaŋ¹³	faʔ⁵	pʰiŋ⁵³³	liŋ²²¹
70 龙泉	tiɛʔ⁵	tʰiɛʔ⁵	diɛʔ²⁴	ʑiɛʔ²⁴	faŋ⁵¹	foʔ⁵	pʰin⁵¹	lin²¹
71 景宁	tiaʔ⁵	tʰiaʔ⁵	diaʔ²³	ɕiɛʔ⁵	vɔ³³	fɔʔ⁵	pʰiŋ³³	liaŋ⁴¹
72 庆元	ɖiɛʔ⁵	tʰiaʔ⁵	tiaʔ³⁴	ɕiəɯʔ³⁴	fã²²¹	faʔ⁵	pʰiən³³	liəŋ⁵²

续表

方言点	0433 跌	0434 贴	0435 碟	0436 协	0437 犯	0438 法	0439 品	0440 林
	咸开四 入帖端	咸开四 入帖透	咸开四 入帖定	咸开四 入帖匣	咸合三 上凡奉	咸合三 入乏非	深开三 上侵滂	深开三 平侵来
73 泰顺	（无）	$t^hiɔʔ^5$	$tiɔʔ^2$	$iɛʔ^2$	$uã^{21}$	$fɔʔ^5$	$p^hiŋ^{55}$	$liŋ^{53}$
74 温州	ti^{323}	t^hi^{323}	di^{212}	i^{212}	va^{14}	ho^{323}	$p^həŋ^{25}$	$ləŋ^{31}$
75 永嘉	ti^{423}	$t^hyə^{423}$	di^{213}	i^{31}调殊	va^{13}	ho^{423}	$p^heŋ^{45}$	$leŋ^{31}$
76 乐清	$tiɛ^{323}$	$t^hiɯʌ^{323}$	$diɯʌ^{212}$	ia^{212}	$vɛ^{24}$	fa^{323}	$p^heŋ^{35}$	$leŋ^{31}$
77 瑞安	（无）	$t^huɔ^{323}$	$duɔ^{212}$	i^{212}	$vɔ^{13}$	$fɔ^{323}$	$p^həŋ^{35}$	$ləŋ^{31}$
78 平阳	tie^{34}	t^hye^{34}	dye^{12}	ie^{12}	$vɔ^{23}$	$fɔ^{34}$	$p^heŋ^{45}$	$leŋ^{242}$
79 文成	tie^{34}	t^hie^{34}	die^{212}	ie^{212}	$vɔ^{224}$	$fɔ^{34}$	$p^heŋ^{45}$	$leŋ^{113}$
80 苍南	（无）	t^hia^{223}	dia^{112}	i^{112}	$uã^{42}$	hua^{223}	$p^heŋ^{53}$	$leŋ^{31}$
81 建德徽	tie^{55}	t^hie^{55}	$tiɐʔ^{12}$	$ɕiɐʔ^{12}$	$fɛ^{213}$	fo^{55}	p^hin^{213}	lin^{33}
82 寿昌徽	$tiɛ^{55}$	$t^hiɛ^{55}$	$tiəʔ^{31}$	$ɕiəʔ^{31}$	$fɤ^{33}$	$fɤ^{55}$	p^hien^{24}	$lien^{52}$
83 淳安徽	（无）	$t^hiaʔ^5$	$t^hiaʔ^{13}$	$ɕiəʔ^{13}$	$fã^{53}$	$faʔ^5$	p^hin^{55}	lin^{435}
84 遂安徽	$tɑ^{24}$	$t^hiɛ^{24}$	$t^hiɛ^{213}$	$ɕiɛ^{213}$	$fã^{43}$	$fã^{24}$	p^hin^{213}	lin^{33}
85 苍南闽	tie^{55}调殊	t^hie^{43}	ti^{24} / tie^{24}	hie^{24}	$huan^{32}$	$huə^{43}$	p^hin^{43}	lin^{24}
86 泰顺闽	$t^hiɛʔ^3$	$t^hɛʔ^5$	$tiɛʔ^3$	$ɕiɛʔ^5$	$fæŋ^{31}$	$fɛʔ^5$	p^hien^{344}	$lieŋ^{22}$姓~ / $læŋ^{22}$森~
87 洞头闽	（无）	t^hie^{53}	$tiet^{24}$	$hiet^{24}$	$huan^{21}$	$huət^5$	p^hin^{53}	lin^{113}
88 景宁畲	$tiet^5$	t^hat^5	t^hat^2	$ɕieʔ^5$	$fɔn^{51}$	$fɔt^5$	p^hin^{325}	lin^{22}

方言点	0441 浸	0442 心	0443 寻	0444 沉	0445 参 人~	0446 针	0447 深	0448 任 责~
	深开三 去侵精	深开三 平侵心	深开三 平侵邪	深开三 平侵澄	深开三 平侵生	深开三 平侵章	深开三 平侵书	深开三 去侵日
01 杭州	tɕiŋ⁴⁵	ɕiŋ³³⁴	dziŋ²¹³	dzəŋ²¹³	səŋ³³⁴	tsəŋ³³⁴	səŋ³³⁴	zəŋ¹³
02 嘉兴	tɕiŋ²²⁴	ɕiŋ⁴²	dziŋ²⁴²	zəŋ²⁴²	səŋ⁴²	tsəŋ⁴²	səŋ⁴²	zəŋ¹¹³文
03 嘉善	tɕin³³⁴	ɕin⁵³	dzin¹³²	zən¹³²	sən⁴⁴读字	tsən⁵³	sən⁵³	zən¹¹³
04 平湖	tsin³³⁴	sin⁵³	zin³¹	zən³¹	sən⁵³	tsən⁵³	sən⁵³	zən²¹³
05 海盐	tɕin³³⁴	ɕin⁵³	dzin³¹	zən²¹³	sən⁵³	tsən⁵³	sən⁵³	zən²¹³
06 海宁	tɕiŋ³⁵	ɕiŋ⁵⁵	dziŋ¹³	zəŋ¹³	səŋ⁵⁵	tsəŋ⁵⁵	səŋ⁵⁵	zəŋ¹³
07 桐乡	tsin³³⁴	sin⁴⁴	zin¹³	zəŋ¹³	səŋ⁴⁴	tsəŋ⁴⁴	səŋ⁴⁴	zəŋ²¹³
08 崇德	tɕin³³⁴	ɕiŋ⁴⁴	ziŋ¹³	zəŋ¹³	səŋ⁴⁴	tsəŋ⁴⁴	səŋ⁴⁴	zəŋ¹³
09 湖州	tɕiŋ³⁵	ɕin⁴⁴	zin¹¹²	zən¹¹²	sən⁴⁴	tsən⁴⁴	sən⁴⁴	zən¹¹²
10 德清	tɕʰin³³⁴	ɕin⁴⁴	zin¹¹³	zen¹¹³	sen⁴⁴	tsen⁴⁴	sen⁴⁴	zen¹¹³
11 武康	tɕin²²⁴	ɕin⁴⁴	zin¹¹³	dzen¹¹³	sen⁴⁴	tsen⁴⁴	sen⁴⁴	n̩in¹¹³
12 安吉	tɕiŋ³²⁴	ɕiŋ⁵⁵	ziŋ²²	dzəŋ²²	səŋ⁵⁵	tsəŋ⁵⁵	səŋ⁵⁵	zəŋ²¹³
13 孝丰	tɕiŋ³²⁴	ɕiŋ⁴⁴	ziŋ²²	dzəŋ²²	səŋ⁴⁴	tsəŋ⁴⁴	səŋ⁴⁴	zəŋ²¹³
14 长兴	tʃiŋ³²⁴	ʃiŋ⁴⁴	ʒiŋ¹²	dzəŋ¹²	səŋ⁴⁴	tsəŋ⁴⁴	səŋ⁴⁴	zəŋ²⁴
15 余杭	tsiŋ⁴²³	siŋ⁴⁴	ziŋ²²	ziŋ²²	siŋ⁴⁴	tsiŋ⁴⁴	siŋ⁴⁴	ziŋ²¹³
16 临安	tɕieŋ⁵⁵	ɕieŋ⁵⁵	ʑieŋ³³	dzeŋ³³	seŋ⁵⁵	tseŋ⁵⁵	seŋ⁵⁵	zeŋ³³
17 昌化	tɕiəŋ⁵⁴⁴	ɕiəŋ³³⁴	ʑiəŋ¹¹²	ʑiəŋ¹¹²	səŋ³³⁴	tɕiəŋ³³⁴	ɕiəŋ³³⁴	zəŋ²⁴³
18 於潜	tɕiŋ³⁵	ɕiŋ⁴³³	ziŋ²²³	dzeŋ²²³	seŋ⁴³³	tseŋ⁴³³	seŋ⁴³³	zeŋ²⁴
19 萧山	tɕiŋ⁴²	ɕiŋ⁵³³	ziŋ³⁵⁵	dzəŋ³⁵⁵	səŋ⁵³³	tsəŋ⁵³³	səŋ⁵³³	n̩iŋ²⁴²白 zəŋ²⁴²文
20 富阳	tɕin³³⁵	ɕin⁵³	zin¹³	dzən¹³	sən⁵³	tsən⁵³	ɕin⁵³	zin²²⁴
21 新登	tɕiŋ⁴⁵	seiŋ⁵³	zeiŋ²³³	dzeiŋ²³³	seiŋ⁵³	tɕiŋ⁵³	seiŋ⁵³	zeiŋ¹³
22 桐庐	tɕiŋ³⁵	ɕiŋ⁵³³	ziŋ¹³	dzəŋ¹³	səŋ⁵³³	tsəŋ⁵³³	səŋ⁵³³	zəŋ²⁴
23 分水	tɕin²⁴	ɕin⁴⁴	zin²²	dzən²²	sən⁴⁴	tsən⁴⁴	sən⁴⁴	zən¹³
24 绍兴	tɕiŋ³³	ɕiŋ⁵³	ziŋ²³¹	dzẽ²³¹	sø⁵³	tsẽ⁵³	sẽ⁵³	zẽ²³¹
25 上虞	tɕiŋ⁵³	ɕiŋ³⁵	ziŋ²¹³	dzəŋ²¹³	səŋ³⁵	tsəŋ³⁵	səŋ³⁵	zəŋ³¹

续表

方言点	0441 浸 深开三 去侵精	0442 心 深开三 平侵心	0443 寻 深开三 平侵邪	0444 沉 深开三 平侵澄	0445 参 人~ 深开三 平侵生	0446 针 深开三 平侵章	0447 深 深开三 平侵书	0448 任 责~ 深开三 去侵日
26 嵊州	tɕiŋ³³⁴	ɕiŋ⁵³⁴	ziŋ²¹³	dzeŋ²¹³	seŋ⁵³	tseŋ⁵³⁴	seŋ⁵³⁴	zeŋ²⁴
27 新昌	tɕiŋ³³⁵	ɕiŋ⁵³⁴	ziŋ²²	dziŋ²² 白 dzeŋ²² 文	seŋ⁵³⁴	tɕiŋ⁵³⁴ 白 tseŋ⁵³⁴ 文	seŋ⁵³⁴	zeŋ¹³
28 诸暨	tɕiŋ⁵⁴⁴	ɕiŋ⁵⁴⁴	ziŋ¹³	dzɛŋ¹³	sɛŋ⁵⁴⁴	tsɛŋ⁵⁴⁴	sɛŋ⁵⁴⁴	zɛŋ¹³ 调殊
29 慈溪	tɕiŋ⁴⁴	ɕiŋ³⁵	iŋ¹³	dzəŋ¹³	səŋ³⁵	tsəŋ³⁵	səŋ³⁵	zəŋ¹³
30 余姚	tɕiə̃⁵³	ɕiə̃⁴⁴	iə̃¹³	dzə̃¹³	sə̃⁴⁴	tsə̃⁴⁴	sə̃⁴⁴	zə̃¹³
31 宁波	tɕiŋ⁴⁴	ɕiŋ⁵³	ziŋ¹³	dʑiŋ¹³	səŋ⁵³	tɕiŋ⁵³	ɕiŋ⁵³	n̠ʑiŋ¹³
32 镇海	tɕiŋ⁵³	ɕiŋ⁵³	iŋ²⁴	dʑiŋ²⁴	səŋ⁵³	tɕiŋ⁵³	ɕiŋ⁵³	n̠ʑiŋ²⁴
33 奉化	tɕiŋ⁵³	ɕiŋ⁴⁴	ziŋ³³	dʑiŋ³³	səŋ⁴⁴	tɕiŋ⁴⁴	ɕiŋ⁴⁴	ziŋ³¹
34 宁海	tɕiŋ³⁵	ɕiŋ⁴²³	ziŋ²¹³	dʑiŋ²¹³	ɕiŋ⁴²³	tɕiŋ⁴²³	ɕiŋ⁴²³	ziŋ²⁴
35 象山	tsoŋ⁵³	soŋ⁴⁴ 白 ɕiŋ⁴⁴ 文	zoŋ³¹	dzoŋ¹³	soŋ⁴⁴	tsoŋ⁴⁴	soŋ⁴⁴	zoŋ³¹
36 普陀	tɕiŋ⁵⁵	ɕiŋ⁵³	iŋ²⁴	dʑiŋ²⁴	sɐŋ⁵³	tɕiŋ⁵³	ɕiŋ⁵³	zoŋ¹³
37 定海	tɕiŋ⁴⁴	ɕiŋ⁵²	iŋ²³	dʑiŋ²³	sɐŋ⁵²	tɕiŋ⁵²	ɕiŋ⁵²	zoŋ¹³
38 岱山	tɕiŋ⁴⁴	ɕiŋ⁵²	iŋ²³	dʑiŋ²³	sɐŋ⁵²	tɕiŋ⁵²	ɕiŋ⁵²	zoŋ²¹³
39 嵊泗	tɕiŋ⁵³	ɕiŋ⁵³	iŋ²⁴³	dʑiŋ²⁴³	sɐŋ⁵³	tɕiŋ⁵³	ɕiŋ⁵³	zʋoŋ²¹³
40 临海	tɕiŋ⁵⁵	ɕiŋ³¹	ziŋ²¹	dʑiŋ²¹	səŋ³¹	tɕiŋ³¹	ɕiŋ³¹	ziŋ³²⁴
41 椒江	tɕiŋ⁵⁵	ɕiŋ⁴²	ziŋ³¹	dʑiŋ³¹	søŋ⁴²	tɕiŋ⁴²	ɕiŋ⁴²	ziŋ²⁴
42 黄岩	tɕin⁵⁵	ɕin³²	zin¹²¹	dʑin¹²¹	søn³²	tɕin³²	ɕin³²	zin²⁴
43 温岭	tɕin⁵⁵	ɕin³³	zin³¹	dʑin³¹	søn³³	tɕin³³	ɕin³³	zin¹³
44 仙居	tsen⁵⁵	sen³³⁴	zen²¹³	dzen²¹³	sen³³⁴	tsen³³⁴	sen³³⁴	zen²⁴
45 天台	tɕiŋ⁵⁵	ɕiŋ³³	ziŋ²²⁴	dʑiŋ²²⁴	səŋ³³	tɕiŋ³³	ɕiŋ³³	ziŋ³⁵
46 三门	tɕiŋ⁵⁵	ɕiŋ³³⁴	ziŋ¹¹³	dʑiŋ¹¹³	səŋ³³⁴	tɕiŋ³³⁴	ɕiŋ³³⁴	ziŋ²⁴³
47 玉环	tɕiŋ⁵⁵	ɕiŋ⁴²	ziŋ³¹	dʑiŋ³¹	səŋ⁴²	tɕiŋ⁴²	ɕiŋ⁴²	ziŋ²²
48 金华	tsəŋ⁵⁵ 老 tɕiŋ⁵⁵ 新	ɕiŋ³³⁴	zəŋ³¹³	dzəŋ³¹³	səŋ³³⁴	tɕiŋ³³⁴	ɕiŋ³³⁴ 白 səŋ³³⁴ 文	zʮyəŋ¹⁴

续表

方言点	0441 浸	0442 心	0443 寻	0444 沉	0445 参 人~	0446 针	0447 深	0448 任 责~
	深开三 去侵精	深开三 平侵心	深开三 平侵邪	深开三 平侵澄	深开三 平侵生	深开三 平侵章	深开三 平侵书	深开三 去侵日
49 汤溪	tsã⁵²	sɛ̃i²⁴	zã¹¹	dziã¹¹	sã²⁴	tɕiã²⁴	ɕiã²⁴	ziã³⁴¹
50 兰溪	tɕin⁴⁵	sin³³⁴	zin²¹	dziæ̃²¹	sæ̃³³⁴	tɕiæ̃³³⁴	ɕiæ̃³³⁴	ziæ̃²⁴
51 浦江	tsən⁵⁵	sən⁵³⁴白 siən⁵³⁴文	zən¹¹³	dzən¹¹³	sən⁵³⁴	tsən⁵³⁴	sən⁵³⁴	zyən²⁴
52 义乌	tsən⁴⁵	sən³³⁵	zən²¹³	dzən²¹³	sən³³⁵	tsən³³⁵	sən³³⁵	yən²⁴
53 东阳	tɕiɐn⁴⁵³	ɕiɐn³³⁴	zɐn²¹³	dzɐn²¹³	ɕiɐn³³⁴白 sɐn⁴⁴文	tsɐn³³⁴	sɐn³³⁴	zɐn²⁴
54 永康	tsəŋ⁵²	səŋ⁵⁵	zəŋ²²	dzəŋ²²	səŋ⁵⁵	tsəŋ⁵⁵	səŋ⁵⁵	zəŋ²⁴¹
55 武义	tsen⁵³	ɕin²⁴	zen³²⁴	dzen³²⁴	sen²⁴	tsen²⁴	sen²⁴	zin²³¹
56 磐安	tɕiɐn⁵²	ɕiɐn⁴⁴⁵	zɐn²¹³	dzɐn²¹³	ɕiɐn⁴⁴⁵	tsɐn⁴⁴⁵	sɐn⁴⁴⁵	zyɐn¹⁴
57 缙云	tsaŋ⁴⁵³	saŋ⁴⁴	zaŋ²⁴³	dzaŋ²⁴³	saŋ⁴⁴	tsaŋ⁴⁴	saŋ⁴⁴	zaŋ²¹³
58 衢州	tɕin⁵³	ɕin³²	ʑin²¹	tin⁵³白 dʒyən²¹文	sən³²	tʃyən³²	ʃyən³²	ʒyən²³¹
59 衢江	tɕin⁵³	ɕiŋ³³	ʑiŋ²¹²	dziŋ²¹²	səŋ³³	tɕyoŋ³³	ɕyoŋ³³	ziŋ²³¹
60 龙游	tɕin⁵¹	ɕin³³⁴	zin²¹	dzən²¹	sən³³⁴	tsən³³⁴	sən³³⁴	zən²³¹
61 江山	tɕĩ⁵¹	ɕĩ⁴⁴	z̃ĩ²¹³	dziə̃²¹³	ɕiə̃⁴⁴	tɕiə̃⁴⁴	tɕʰiə̃⁴⁴ 声殊	z̃ĩ³¹
62 常山	tsĩ³²⁴	sĩ⁴⁴	zĩ³⁴¹	dĩ¹³¹	sĩ⁴⁴	tsĩ⁴⁴	tɕʰyõ̃⁴⁴白 sĩ⁴⁴文	zĩ¹³¹
63 开化	tɕin⁴¹²	ɕin⁴⁴	zin²³¹	din²³¹	sɤŋ⁴⁴	tɕyɛ̃⁴⁴	tɕʰyɛ̃⁴⁴	zin²¹³
64 丽水	tsen⁵²	sen²²⁴	zen²²	dzen²²	sen²²⁴	tsen²²⁴	sen²²⁴	ȵin¹³¹
65 青田	tsaŋ³³	saŋ⁴⁴⁵	zaŋ²¹	dzaŋ²¹	saŋ⁴⁴⁵	tsaŋ⁴⁴⁵	saŋ⁴⁴⁵	zaŋ²²
66 云和	tsəŋ⁴⁵	səŋ²⁴	zəŋ³¹²	dzəŋ³¹²	səŋ²⁴	tsəŋ²⁴	tsʰəŋ²⁴	ȵiŋ²²³
67 松阳	tɕin²⁴	ɕin⁵³	zin³¹	dzin³¹	sen⁵³	tɕin⁵³	tɕʰiɛ̃⁵³	n¹³
68 宣平	tsən⁵²	sən³²⁴	zən⁴³³	dzən⁴³³	sən³²⁴	tsən³²⁴	sən³²⁴	ȵin²³¹
69 遂昌	tsəŋ³³⁴	ɕiŋ⁴⁵	zəŋ²²¹	dziŋ²²¹.	səŋ⁴⁵	tɕyŋ⁴⁵	tɕʰyɛ̃⁴⁵	ȵiŋ²¹³

方言点	0441 浸	0442 心	0443 寻	0444 沉	0445 参 人~	0446 针	0447 深	0448 任 责~
	深开三去侵精	深开三平侵心	深开三平侵邪	深开三平侵澄	深开三平侵生	深开三平侵章	深开三平侵书	深开三去侵日
70 龙泉	tɕin⁴⁵	ɕin⁴³⁴	zyn²¹	dɛn²¹白 dzɛn²¹文	sɛn⁴³⁴	tsɛn⁴³⁴	tɕʰiɛ⁴³⁴白 ɕin⁴³⁴文	ȵin²²⁴
71 景宁	tsaŋ³⁵	saŋ³²⁴	zaŋ⁴¹	dzaŋ⁴¹	saŋ³²⁴	tsaŋ³²⁴	tsʰaŋ³²⁴	ȵiaŋ¹¹³
72 庆元	tɕiəŋ¹¹	ɕiəŋ³³⁵	ɕiəŋ⁵²	tsæ̃⁵²	səŋ³³⁵	tɕiəŋ³³⁵	tsʰæ̃³³⁵	ȵiəŋ³¹
73 泰顺	tsəŋ³⁵	səŋ²¹³	səŋ⁵³	tsəŋ⁵³	səŋ²¹³	tsəŋ²¹³	tsʰəŋ²¹³	ȵiŋ²²
74 温州	tsaŋ⁵¹	saŋ³³	zaŋ³¹	dzaŋ³¹	saŋ³³	tsaŋ³³	saŋ³³	zaŋ²²
75 永嘉	tsaŋ⁵³	saŋ⁴⁴	zaŋ³¹	dzaŋ³¹	saŋ⁴⁴	tsaŋ⁴⁴	saŋ⁴⁴	zaŋ²²
76 乐清	tɕiaŋ⁴¹	saŋ⁴⁴	zaŋ³¹	dziaŋ³¹	saŋ⁴⁴	tɕiaŋ⁴⁴	saŋ⁴⁴	zaŋ²²
77 瑞安	tsaŋ⁵³	saŋ⁴⁴	zaŋ³¹	dzaŋ³¹	saŋ⁴⁴	tsaŋ⁴⁴	saŋ⁴⁴	zaŋ²²
78 平阳	tʃaŋ⁵³	saŋ⁵⁵	zaŋ²⁴²	dʒaŋ²⁴²	saŋ⁵⁵	tʃaŋ⁵⁵	saŋ⁵⁵	zaŋ³³
79 文成	tʃʰaŋ³³声殊	seŋ⁵⁵	zeŋ¹¹³	deŋ¹¹³	saŋ⁵⁵	tʃeŋ⁵⁵	seŋ⁵⁵	zaŋ⁴²⁴
80 苍南	tsaŋ⁴²	saŋ⁴⁴	zaŋ³¹	zaŋ³¹	saŋ⁴⁴	tsaŋ⁴⁴	saŋ⁴⁴	zaŋ¹¹
81 建德徽	tɕin³³	ɕin⁵³	ɕin³³	(无)	sən⁵³	tsən⁵³	sən⁵³	sən²¹³
82 寿昌徽	tɕien³³	ɕien¹¹²	ɕien⁵²	tien³³白 tsʰen⁵²文	sen¹¹²	tsen¹¹²	sen¹¹²	len²⁴
83 淳安徽	tɕin²⁴	ɕin²⁴	ɕin⁴³⁵	(无)	sen²⁴	tsen²⁴	sen²⁴	in⁵³
84 遂安徽	tɕin⁴³	ɕin⁵³⁴	ɕin³³	tin³³白 tɕʰin³³文	sɑ̃⁵³⁴	tɕin⁵³⁴	ɕin⁵³⁴	in⁵²
85 苍南闽	tøin²¹	ɕin⁵⁵	(无)	tin²⁴	ɕin⁵⁵	tsan⁵⁵	tɕʰin⁵⁵	in²¹
86 泰顺闽	tsien⁵³	sien²¹³	syen²²	tien²²	sɛ²¹³	tsɛ²¹³	tsien²¹³	nien³¹
87 洞头闽	tøin²¹	ɕin³³	sun¹¹³	tin¹¹³	ɕin³³	tsan³³	tɕʰin³³	dzin²¹
88 景宁畲	tɕin⁴⁴	ɕin⁴⁴	ɕin²²	tʰin²²	ɕin⁴⁴	tɕin⁴⁴	ɕin⁴⁴	ȵin⁵¹

方言点	0449 金 深开三 平侵见	0450 琴 深开三 平侵群	0451 音 深开三 平侵影	0452 立 深开三 入缉来	0453 集 深开三 入缉从	0454 习 深开三 入缉邪	0455 汁 深开三 入缉章	0456 十 深开三 入缉禅
01 杭州	tɕiŋ³³⁴	dʑiŋ²¹³	iŋ³³⁴	lieʔ²	dʑieʔ²	dʑieʔ²	tsaʔ⁵	zaʔ²
02 嘉兴	tɕiŋ⁴²	dʑiŋ²⁴²	iŋ⁴²	lieʔ⁵	dʑieʔ¹³	dʑieʔ¹³	tsoʔ⁵	zəʔ¹³
03 嘉善	tɕin⁵³	dʑin¹³²	in⁵³	lieʔ²	dʑieʔ²	dʑieʔ²	tsoʔ⁵	zɜʔ²
04 平湖	tɕin⁵³	dʑin³¹	in⁵³	liəʔ²³	ziəʔ²³	ziəʔ²³	tsoʔ⁵	zəʔ²³
05 海盐	tɕin⁵³	dʑin³¹	in⁵³	liəʔ²³	dʑiəʔ²³	dʑiəʔ²³	tsoʔ⁵	zəʔ²³
06 海宁	tɕiŋ⁵⁵	dʑiŋ¹³	iŋ⁵⁵	lieʔ²	dʑieʔ²	dʑieʔ²	tsoʔ⁵	zəʔ²
07 桐乡	tɕiŋ⁴⁴	dʑiŋ¹³	iŋ⁴⁴	liəʔ²³	ziəʔ²³	ziəʔ²³	tsoʔ⁵	zəʔ²³
08 崇德	tɕiŋ⁴⁴	dʑiŋ¹³	iŋ⁴⁴	liəʔ²³	ziəʔ²³	ziəʔ²	tsoʔ⁵	zəʔ²³
09 湖州	tɕin⁴⁴	dʑin¹¹²	in⁴⁴	lieʔ²	zieʔ²	zieʔ²	tsoʔ⁵	zəʔ²
10 德清	tɕin⁴⁴	dʑin¹¹³	in⁴⁴	lieʔ²	dʑieʔ²	zieʔ²	tsoʔ⁵	zəʔ²
11 武康	tɕin⁴⁴	dʑin¹¹³	in⁴⁴	lieʔ²	dʑieʔ²	dʑieʔ²	tsɜʔ⁵	zɜʔ²
12 安吉	tɕin⁵⁵	dʑin²²	iŋ⁵⁵	liɛʔ²³	dʑiɛʔ²³	ziɛʔ²³	tsoʔ⁵	zəʔ²³
13 孝丰	tɕin⁴⁴	dʑin²²	in⁴⁴	lieʔ²³	zieʔ²³	zieʔ²	tsoʔ⁵	zəʔ²³
14 长兴	tʃiŋ⁴⁴	dʒiŋ¹²	iŋ⁴⁴	liɛʔ²	ʒiɛʔ²	ʒiɛʔ²	tsoʔ⁵	zəʔ²
15 余杭	tɕin⁴⁴	dʑin²²	iŋ⁴⁴	lieʔ²	zieʔ²	zieʔ²	tsoʔ⁵	zəʔ²
16 临安	tɕieŋ⁵⁵	dʑieŋ³³	ieŋ⁵⁵	liɐʔ¹²	dʑiɐʔ¹²	ziɐʔ¹²	tsɐʔ⁵⁴	zɐʔ¹²
17 昌化	tɕiəŋ³³⁴	ʑiəŋ¹¹²	iəŋ³³⁴	liɛʔ²³	dʑiɛʔ²³	ʑieʔ²	tsʅ³³⁴	ʑieʔ²³
18 於潜	tɕiøʔ⁴³³	dʑiŋ²²³	iŋ⁴³³	liæʔ²³	dʑiæʔ²³	ʑiæʔ²³	tsoʔ⁵³	zæʔ²³ 白 ʑiæʔ²³ 文
19 萧山	tɕin⁵³³	dʑin³⁵⁵	iŋ⁵³³	lieʔ¹³	dʑieʔ¹³	zieʔ¹³	tsoʔ⁵	zəʔ¹³
20 富阳	tɕin⁵³	dʑin¹³	in⁵³	lieʔ²	dʑiɛʔ²	dʑiɛʔ²	tsɛʔ⁵	ʑiɛʔ²
21 新登	tɕiŋ⁵³	dʑiŋ²³³	eiŋ⁵³	liəʔ²	dʑiəʔ²	ziəʔ²	tsoʔ⁵	zəʔ²
22 桐庐	tɕiŋ⁵³³	dʑiŋ¹³	iŋ⁵³³	liəʔ¹³	dʑiəʔ¹³	ziəʔ¹³	tsoʔ⁵	zəʔ¹³
23 分水	tɕin⁴⁴	dʑin²²	in⁴⁴	liəʔ¹²	dʑiəʔ¹²	ziəʔ¹²	tsoʔ⁵	zəʔ¹²
24 绍兴	tɕiŋ⁵³	dʑiŋ²³¹	iŋ⁵³	lieʔ²	dʑieʔ²	dʑieʔ²	tseʔ⁵	zeʔ²
25 上虞	tɕiŋ³⁵	dʑiŋ²¹³	iŋ³⁵	liəʔ²	dʑiəʔ²	ziəʔ²	tsoʔ⁵	zəʔ²

方言点	0449 金	0450 琴	0451 音	0452 立	0453 集	0454 习	0455 汁	0456 十
	深开三平侵见	深开三平侵群	深开三平侵影	深开三入缉来	深开三入缉从	深开三入缉邪	深开三入缉章	深开三入缉禅
26 嵊州	tɕiŋ^{534}	dziŋ^{213}	iŋ^{534}	lieʔ^{2}	dzieʔ^{2}	dzieʔ^{2}	tsəʔ^{5}	zəʔ^{2}
27 新昌	tɕiŋ^{534}	dziŋ^{22}	iŋ^{534}	liʔ^{2}	dziʔ^{2}	dziʔ^{2} 白 ziʔ^{2} 文	tɕiʔ^{5}	zeʔ^{2}
28 诸暨	tɕin^{544}	dzin^{13}	in^{544}	lieʔ^{13}	dzieʔ^{13}	zieʔ^{13}	tsəʔ^{5}	zəʔ^{13}
29 慈溪	tɕiŋ^{35}	dziŋ^{13}	iŋ^{35}	liəʔ^{2}	dziəʔ^{2}	dziəʔ^{2}	tsəʔ^{5}	zəʔ^{2}
30 余姚	tɕiə̃^{44}	dziə̃^{13}	iə̃^{44}	liəʔ^{2}	dziəʔ^{2}	dziəʔ^{2}	tsəʔ^{5}	zəʔ^{2}
31 宁波	tɕiŋ^{53}	dziŋ^{13}	iŋ^{53}	liəʔ^{2}	ziəʔ^{2}	ziəʔ^{2}	tɕiəʔ^{5}	zoʔ^{2}
32 镇海	tɕiŋ^{53}	dziŋ^{24}	iŋ^{53}	lieʔ^{12}	dzieʔ^{12}	dzieʔ^{12}	tɕieʔ^{5}	zoʔ^{12}
33 奉化	tɕiŋ^{44}	dziŋ^{33}	iŋ^{44}	liɿʔ^{2}	dziɿʔ^{2}	zoʔ^{2} 学~	tɕiɿʔ^{5}	zoʔ^{2}
34 宁海	tɕiŋ^{423}	dziŋ^{213}	iŋ^{423}	liəʔ^{3}	ziəʔ^{3}	ziəʔ^{3}	tɕiəʔ^{5}	ʑyəʔ^{3}
35 象山	tɕiŋ^{44}	dziŋ^{31}	iŋ^{44}	lieʔ^{2}	dzieʔ^{2}	ieʔ^{2}	tsoʔ^{5}	zoʔ^{2}
36 普陀	tɕiŋ^{53}	dziŋ^{24}	iŋ^{53}	liɛʔ^{23}	dziɛʔ^{23}	dziɛʔ^{23}	tɕiɛʔ^{5}	zoʔ^{23}
37 定海	tɕiŋ^{52}	dziŋ^{23}	iŋ^{52}	lieʔ^{2}	dzieʔ^{2}	dzieʔ^{2} 学~	tɕieʔ^{5}	zoʔ^{2}
38 岱山	tɕiŋ^{52}	dziŋ^{23}	iŋ^{52}	lieʔ^{2}	dzieʔ^{2}	dzieʔ^{2}	tɕieʔ^{5}	zoʔ^{2}
39 嵊泗	tɕiŋ^{53}	dziŋ^{243}	iŋ^{53}	liɐʔ^{2}	dziɐʔ^{2}	dziɐʔ^{2} 学~	tɕiɐʔ^{5}	zoʔ^{2}
40 临海	tɕiŋ^{31}	dziŋ^{21}	iŋ^{31}	lieʔ^{23}	zieʔ^{23}	zieʔ^{23}	tɕieʔ^{5}	zieʔ^{23}
41 椒江	tɕiŋ^{42}	dziŋ^{31}	iŋ^{42}	lieʔ^{2}	zieʔ^{2}	zieʔ^{2}	tɕieʔ^{5}	zieʔ^{2}
42 黄岩	tɕin^{32}	dzin^{121}	in^{32}	lieʔ^{2}	zieʔ^{2}	zieʔ^{2}	tɕieʔ^{5}	zieʔ^{2}
43 温岭	tɕin^{33}	dzin^{31}	in^{33}	liʔ^{2}	ziʔ^{2}	ziʔ^{2}	tɕiʔ^{5}	ziʔ^{2}
44 仙居	tɕin^{334}	dzin^{213}	in^{334}	liəʔ^{23}	zəʔ^{23}	zəʔ^{23}	tsəʔ^{5}	zəʔ^{23}
45 天台	kiŋ^{33}	giŋ^{224}	iŋ^{33}	liəʔ^{2}	zieʔ^{2}	ziəʔ^{2}	tɕieʔ^{5}	zieʔ^{2}
46 三门	tɕiŋ^{334}	dziŋ^{113}	iŋ^{334}	lieʔ^{2}	zieʔ^{23}	zieʔ^{23}	tɕieʔ^{5}	zieʔ^{23}
47 玉环	tɕin^{42}	dzin^{31}	in^{42}	liɐʔ^{2}	ziɐʔ^{2}	ziɐʔ^{2}	tsɐʔ^{5}	ziɐʔ^{2}
48 金华	tɕiŋ^{334}	dziŋ^{313}	iŋ^{334}	liəʔ^{212}	zieʔ^{212}白 dziəʔ^{212}文	zieʔ^{212}	tsɐʔ^{4}	ziəʔ^{212}
49 汤溪	tɕiɛ̃i^{24}	dziɛ̃i^{11}	iɛ̃i^{24}	lei^{113}	zei^{113}	dzei^{113}	tɕiɛ^{55}	ziɛ^{113}

续表

方言点	0449 金 深开三平侵见	0450 琴 深开三平侵群	0451 音 深开三平侵影	0452 立 深开三入缉来	0453 集 深开三入缉从	0454 习 深开三入缉邪	0455 汁 深开三入缉章	0456 十 深开三入缉禅
50 兰溪	tɕin^{334}	dʑin^{21}	in^{334}	lieʔ^{12}	dzieʔ^{12}	dʑieʔ^{12}	tɕieʔ^{34}	ʑieʔ^{12}
51 浦江	tɕiən^{534}	dʑiən^{113}	iən^{534}	liə^{232}	dʑi^{232}	ʑiə^{232}白 dʑia^{232}文	tsə^{423}	zə^{232}
52 义乌	tɕiən^{335}	dʑiən^{213}	iən^{335}	lai^{312}	dzə^{312}	yə^{312}白 zyə^{312}文	tsə^{324}	zə^{312}
53 东阳	tɕiɐn^{334}	dʑiɐn^{213}	iɐn^{334}	liɛ^{213}	dʑiɛ^{213}	dʑiɛ^{213}	tsɐ̍ʔ^{34}	zɐʔ^{23}
54 永康	tɕiŋ^{55}	dʑiŋ^{22}	iŋ^{55}	lə^{113}	zə^{113}	zə^{113}	tsə^{334}	zə^{113}
55 武义	tɕin^{24}	dʑin^{324}	in^{24}	lə^{213}	zə^{213}	zyə^{213}~惯 ziə^{213}姓~	tsəʔ^{5}	zə^{213}
56 磐安	tɕiɐn^{445}	dʑiɐn^{213}	iɐn^{445}	liɛ^{213}	dʑiɛ^{213}	dʑiɛ^{213}学~ ziɛ^{213}姓~	tsɛ^{334}	zɛ^{213}
57 缙云	tɕiɛŋ^{44}	dʑiɛŋ^{243}	iɛŋ^{44}	ləɤ^{13}	zəɤ^{13}	zyai^{13}	tsəɤ^{322}	zəɤ^{13}
58 衢州	tɕin^{32}	dʑin^{21}	in^{32}	lieʔ^{12}	ziəʔ^{12}老 dʑiəʔ^{12}新	ziəʔ^{12}	tʃyəʔ^{5}	ʒyəʔ^{12}
59 衢江	tɕiŋ^{33}	dʑiŋ^{212}	iŋ^{33}	liəʔ^{2}	dʑiəʔ^{2}	ziəʔ^{2}	tɕyəʔ^{5}	ʑiaʔ^{2}
60 龙游	tɕin^{334}	dʑin^{21}	in^{334}	liəʔ^{23}	dʑiəʔ^{23}	dʑiəʔ^{23}学~ ziəʔ^{23}姓~	tsəʔ^{4}	zəʔ^{23}
61 江山	kõ^{44}	gĩ^{213}	ĩ^{44}	liɛʔ^{2}	dʑiɛʔ^{2}	ziɛʔ^{2}	tɕiɐʔ^{5}	ʑiɐʔ^{2}
62 常山	kĩ^{44}	gĩ^{341}胡~ dʑĩ^{341}钢~	ĩ^{44}	lieʔ^{34}	dʑieʔ^{34}	zeʔ^{34}	tsɛʔ^{5}	zɛʔ^{34}
63 开化	kɛn^{44}地名 tɕin^{44}姓~	dʑin^{231}	ɛn^{44}地名 in^{44}声~	liɛʔ^{13}	dʑiɛʔ^{13}	ziɛʔ^{13}	tɕya^{5}	ʑyaʔ^{13}
64 丽水	tɕin^{224}	dʑin^{22}	in^{224}	liʔ^{23}	dʑiʔ^{23}	zyɛʔ^{23}白 ziʔ^{23}文	tseʔ^{5}	zyɛʔ^{23}
65 青田	tɕiaŋ^{445}	dʑiaŋ^{21}	iaŋ^{445}	liæʔ^{31}	zaʔ^{31}	zaʔ^{31}	tsaʔ^{42}	zaʔ^{31}
66 云和	tɕiŋ^{24}	dʑiŋ^{312}	iŋ^{24}	liʔ^{23}	dʑiʔ^{23}	zyeiʔ^{23}	tseiʔ^{5}	zyeiʔ^{23}
67 松阳	tɕin^{53}	dʑin^{31}	in^{53}	liʔ^{2}	dʑiʔ^{2}	ziʔ^{2}	tɕiʔ^{5}	zyɛʔ^{2}
68 宣平	tɕin^{324}	dʑin^{433}	in^{324}	liəiʔ^{23}	zəʔ^{23}白 dʑiəʔ^{23}文	zyəʔ^{23}白 ziəʔ^{23}文	tsəʔ^{5}	zəʔ^{23}
69 遂昌	tɕiŋ^{45}	dʑiŋ^{221}	iŋ^{45}	liʔ^{23}	dʑiʔ^{23}	ziʔ^{23}	tɕyɛʔ^{5}	zyɛʔ^{23}

方言点	0449 金	0450 琴	0451 音	0452 立	0453 集	0454 习	0455 汁	0456 十
	深开三平侵见	深开三平侵群	深开三平侵影	深开三入缉来	深开三入缉从	深开三入缉邪	深开三入缉章	深开三入缉禅
70 龙泉	tɕin⁴³⁴	dʑin²¹	in⁴³⁴	liei?²⁴	ʑiei?²⁴	ʑiei?²⁴	tsai?⁵	zai?²⁴
71 景宁	tɕiaŋ³²⁴	dʑiaŋ⁴¹	iaŋ³²⁴	liəɯ?²³	zəɯ?²³	zəɯ?²³	tsəɯ?⁵	zəɯ?²³
72 庆元	tɕiəŋ³³⁵	tɕiəŋ⁵²	iəŋ³³⁵	liəɯ?³⁴	ɕiəɯ?³⁴	ɕiəɯ?³⁴	tsəɯ?⁵	səɯ?³⁴
73 泰顺	tsəŋ²¹³	tsəŋ⁵³	iŋ²¹³	li?²	səi?²	səi?²	tsəi?⁵	səi?²
74 温州	tɕiaŋ³³	dʑiaŋ³¹	iaŋ³³	li²¹²	zai²¹²	zai²¹²	tsai³²³	zai²¹²
75 永嘉	tɕiaŋ⁴⁴	dʑiaŋ³¹	iaŋ⁴⁴	lei²¹³	zai²¹³	zai²¹³	tsai⁴²³	zai²¹³
76 乐清	tɕiaŋ⁴⁴	dʑiaŋ³¹	iaŋ⁴⁴	li²¹²	zɤ²¹²	zɤ²¹²	tɕiɤ³²³	zɤ²¹²
77 瑞安	tɕiaŋ⁴⁴	dʑiaŋ³¹	iaŋ⁴⁴	li²¹²	za²¹²	za²¹²	tsa³²³	za²¹²
78 平阳	tʃaŋ⁵⁵	dʒaŋ²⁴²	iaŋ⁵⁵	lie¹²	zA¹²	zA¹²	tʃA³⁴	zA¹²
79 文成	tʃaŋ⁵⁵	dʒaŋ¹¹³	iaŋ⁵⁵	lie²¹²	za²¹²	za²¹²	tʃa³⁴	za²¹²
80 苍南	tɕiaŋ⁴⁴	dʑiaŋ³¹	iaŋ⁴⁴	liɛ¹¹²	zɛ¹¹²	zɛ¹¹²	tsɛ²²³	zɛ¹¹²
81 建德徽	tɕin⁵³	tɕin³³	in⁵³	lieɐ?¹²	ɕieɐ?¹²白 tɕieɐ?¹²文	tɕieɐ?¹²	tsɐ?⁵	sɐ?¹²
82 寿昌徽	tɕien¹¹²	tɕʰien⁵²	ien¹¹²	liə?³¹	tɕiə?³¹	ɕiə?³¹	tsə?³	sə?³¹
83 淳安徽	tɕin²⁴	tɕʰin⁴³⁵	in²⁴	lioʔ¹³	ɕiə?¹³	ɕieʔ¹³姓～ ɕiʔ⁵学～	tsə?⁵	sə?¹³
84 遂安徽	tɕin⁵³⁴	tɕʰin³³	in⁵³⁴	lie²¹³	tɕiɛ²¹³	ɕiɛ²¹³	tɕiɛ²⁴	ɕiɛ²¹³
85 苍南闽	kin⁵⁵	kʰin²⁴	in⁵⁵	lie²⁴	tɕie²⁴	ɕie²⁴	tsɐ⁴³	tsɐ²⁴
86 泰顺闽	kieŋ²¹³	kieŋ²²	ieŋ²¹³	liɛ?³	tɕiiʔ³	ɕiiʔ³	tsɛ?⁵	sɛ?³
87 洞头闽	kin³³	kʰin¹¹³	in³³	liek²⁴	tɕiek²⁴	ɕiek²⁴	tsɐt⁵	tsɐt²⁴
88 景宁畲	kin⁴⁴	kʰin²²	in⁴⁴	lit²	tɕit²	ɕit²	tɕit⁵	ɕit²

方言点	0457 入	0458 急	0459 及	0460 吸	0461 单 简~	0462 炭	0463 弹 ~琴	0464 难 ~易
	深开三 入缉日	深开三 入缉见	深开三 入缉群	深开三 入缉晓	山开一 平寒端	山开一 去寒透	山开一 平寒定	山开一 平寒泥
01 杭州	zoʔ^{2}	tɕiɛʔ^{5}	dʑiɛʔ^{2}	ɕiɛʔ^{5}	tɛ^{334}	tʰɛ^{45}	dɛ^{213}	nɛ^{213}
02 嘉兴	zəʔ^{13}	tɕiɛʔ^{5}	dʑiɛʔ^{13}	ɕiɛʔ^{5}	tE^{42}	tʰE^{224}	dE^{242}	nE^{242}
03 嘉善	zɛʔ^{2}	tɕiɛʔ^{5}	dʑiɛʔ^{2}	ɕiɛʔ^{5}	tɛ^{53}	tʰɛ^{334}	dɛ^{132}	nɛ^{132}
04 平湖	zəʔ^{23}	tɕiəʔ^{5}	dʑiəʔ^{23}	ɕiəʔ^{5}	tɛ^{53}	tʰɛ^{213}	dɛ^{31}	nɛ^{31}
05 海盐	zəʔ^{23}	tɕiəʔ^{5}	dʑiəʔ^{23}	ɕiəʔ^{5}	tɛ^{53}	tʰɛ^{334}	dɛ^{31}	nɛ^{31}
06 海宁	zəʔ^{2}	tɕiɛʔ^{5}	dʑiɛʔ^{2}	ɕiɛʔ^{5}	tɛ^{55}	tʰɛ^{35}	dɛ^{13}	nɛ^{13}
07 桐乡	zəʔ^{23}	tɕiəʔ^{5}	dʑiəʔ^{23}	ɕiəʔ^{5}	tɛ^{44}	tʰɛ^{334}	dɛ^{13}	nɛ^{13}
08 崇德	zəʔ^{23}	tɕiəʔ^{5}	dʑiəʔ^{23}	ɕiəʔ^{5}	tɛ^{44}	tʰɛ^{334}	dɛ^{13}	nɛ^{13}
09 湖州	zəʔ^{2}	tɕiɛʔ^{5}	dʑiɛʔ^{2}	ɕiɛʔ^{5}	tɛ^{44}	tʰɛ^{35}	dɛ^{112}	nɛ^{112}
10 德清	zəʔ^{2}	tɕiɛʔ^{5}	dʑiɛʔ^{2}	ɕiɛʔ^{5}	tɛ^{44}	tʰɛ^{334}	dɛ^{113}	nɛ^{334}
11 武康	zɛʔ^{2}	tɕiɛʔ^{5}	dʑiɛʔ^{2}	ɕiɛʔ^{5}	tɛ^{44}	tʰɛ^{224}	dɛ^{113}	nɛ^{113}
12 安吉	zəʔ^{23}	tɕiEʔ^{5}	dʑiEʔ^{23}	ɕiEʔ^{5}	tE^{55}	tʰE^{324}	dE^{22}	nE^{22}
13 孝丰	zaʔ^{23}	tɕiɛʔ^{5}	dʑiɛʔ^{23}	ɕiɛʔ^{5}	tɛ^{44}	tʰɛ^{324}	dɛ^{22}	nɛ^{22}
14 长兴	zəʔ^{2}	tʃiEʔ^{5}	dʒiEʔ^{2}	ʃiEʔ^{5}	tE^{44}	tʰE^{324}	dE^{12}	nE^{12}
15 余杭	ȵieʔ^{2} 白 zəʔ^{2} 文	tɕieʔ^{5}	dʑieʔ^{2}	ɕieʔ^{5}	tɛ̃^{44}	tʰɛ̃^{423}	dɛ̃^{22}	nɛ̃^{22}
16 临安	zɐʔ^{12}	tɕiəʔ^{54}	dʑiɐʔ^{12}	ɕiɐʔ^{12}	tɛ^{55}	tʰɛ^{55}	dɛ^{33}	nɛ^{33}
17 昌化	ʑiɛʔ^{23}	tɕiɛʔ^{5}	dʑiɛʔ^{23}	ɕiɛʔ^{5}	tɔ̃^{334}	tʰɔ̃^{544}	dɔ̃^{112}	nɔ̃^{112}
18 於潜	zæʔ^{23}	tɕiɛʔ^{53}	dziæʔ^{23}	ɕiɛʔ^{53}	tɛ^{433}	tʰɛ^{35}	dɛ^{223}	nɛ^{223}
19 萧山	zəʔ^{13}	tɕiɛʔ^{13}	dʑiɛʔ^{13}	ɕiɛʔ^{5}	tɛ^{533}	tʰɛ^{42}	dɛ^{355}	nɛ^{355}
20 富阳	ʑiɛʔ^{2}	tɕiɛʔ^{5}	dʑiɛʔ^{2}	ɕiɛʔ^{5}	tã^{53}	tʰã^{335}	dã^{13}	nã^{13}
21 新登	zaʔ^{2}	tɕiəʔ^{5}	dʑiəʔ^{2}	ɕiəʔ^{5}	tɛ^{53}	tʰɛ^{45}	dɛ^{233}	nɛ^{233}
22 桐庐	zɣyəʔ^{13}	tɕiəʔ^{5}	dʑiəʔ^{13}	ɕiəʔ^{5}	tã^{533}	tʰã^{35}	dã^{13}	nã^{13}
23 分水	zəʔ^{12}	tɕiəʔ^{5}	dʑiəʔ^{12}	ɕiəʔ^{5}	tã^{44}	tʰã^{24}	dã^{22}	nã^{22}
24 绍兴	zeʔ^{2}	tɕiəʔ^{5}	dʑiəʔ^{2}	ɕiəʔ^{5}	tɛ̃^{53}	tʰɛ̃^{33}	dɛ̃^{231}	nɛ̃^{231}
25 上虞	zəʔ^{2}	tɕiəʔ^{5}	dʑiəʔ^{2}	ɕiəʔ^{5}	tɛ̃^{35}	tʰɛ̃^{53}	dɛ̃^{213}	nɛ̃^{213}

方言点	0457 人	0458 急	0459 及	0460 吸	0461 单 简~	0462 炭	0463 弹 ~琴	0464 难 ~易
	深开三 入缉日	深开三 入缉见	深开三 入缉群	深开三 入缉晓	山开一 平寒端	山开一 去寒透	山开一 平寒定	山开一 平寒泥
26 嵊州	$zə\textʔ^2$	$tɕie\textʔ^5$	$dʑie\textʔ^2$	$ɕie\textʔ^5$	$t\tildeɛ^{534}$	$t^h\tildeɛ^{334}$	$d\tildeɛ^{213}$	$n\tildeɛ^{213}$
27 新昌	$zɤ\textʔ^2$	$tɕi\textʔ^5$	$dʑi\textʔ^2$	$ɕi\textʔ^5$	$t\tildeɛ^{534}$	$t^h\tildeɛ^{335}$	$d\tildeɛ^{22}$	$n\tildeɛ^{22}$
28 诸暨	$zə\textʔ^{13}$	$tɕie\textʔ^5$	$dʑie\textʔ^{13}$	$ɕie\textʔ^5$	$dɛ^{544}$	$t^hɛ^{544}$	$dɛ^{13}$	$nɛ^{13}$
29 慈溪	$zə\textʔ^2$	$tɕiə\textʔ^5$	$dʑiə\textʔ^2$	$ɕiə\textʔ^5$	$t\tildeɛ^{35}$	$t^h\tildeɛ^{44}$	$d\tildeɛ^{13}$	$n\tildeɛ^{13}$
30 余姚	$zə\textʔ^2$	$tɕiə\textʔ^5$	$dʑiə\textʔ^2$	$ɕiə\textʔ^5$	$t\tildea^{44}$	$t^h\tildea^{53}$	$d\tildea^{13}$	$n\tildea^{13}$
31 宁波	$zo\textʔ^2$	$tɕiə\textʔ^5$	$dʑiə\textʔ^2$	$ɕiə\textʔ^5$	$tɛ^{53}$	$t^hɛ^{53}$	$dɛ^{13}$	$nɛ^{13}$
32 镇海	$zo\textʔ^{12}$	$tɕie\textʔ^5$	$dʑie\textʔ^{12}$	$ɕie\textʔ^5$	$tɛ^{53}$	$t^hɛ^{53}$	$dɛ^{24}$	$nɛ^{24}$
33 奉化	$zo\textʔ^2$	$tɕiɪ\textʔ^5$	$dʑiɪ\textʔ^2$	$ɕiɪ\textʔ^5$	$tɛ^{44}$	$t^hɛ^{53}$	$dɛ^{33}$	$nɛ^{33}$
34 宁海	$zɤə\textʔ^3$	$tɕiə\textʔ^5$	$dʑiə\textʔ^3$	$ɕiə\textʔ^5$	te^{423}	t^he^{35}	de^{213}	ne^{213}
35 象山	$zo\textʔ^2$	$tɕie\textʔ^5$	$dʑie\textʔ^2$	$ɕie\textʔ^5$	te^{44}	t^he^{53}	de^{31}	ne^{31}
36 普陀	$zo\textʔ^{23}$	$tɕiɛ\textʔ^5$	$dʑiɛ\textʔ^{23}$	$ɕiɛ\textʔ^5$	$tɛ^{53}$	$t^hɛ^{55}$	$dɛ^{24}$	$nɛ^{24}$
37 定海	$zo\textʔ^2$	$tɕie\textʔ^5$	$dʑie\textʔ^2$	$ɕie\textʔ^5$	$tɛ^{52}$	$t^hɛ^{44}$	$dɛ^{23}$	$nɛ^{23}$
38 岱山	$zo\textʔ^2$	$tɕie\textʔ^5$	$dʑie\textʔ^2$	$ɕie\textʔ^5$	$tɛ^{52}$	$t^hɛ^{44}$	$dɛ^{23}$	$nɛ^{23}$
39 嵊泗	$zo\textʔ^2$	$tɕiɐ\textʔ^5$	$dʑiɐ\textʔ^2$	$ɕiɐ\textʔ^5$	$tɛ^{53}$	$t^hɛ^{53}$	$dɛ^{243}$	$nɛ^{243}$
40 临海	$zie\textʔ^{23}$	$tɕie\textʔ^5$	$dʑie\textʔ^{23}$	$ɕie\textʔ^5$	$lɛ^{31}$	t^he^{55}	$dɛ^{21}$	$nɛ^{21}$
41 椒江	$zie\textʔ^2$	$tɕie\textʔ^5$	$dʑie\textʔ^2$	$ɕie\textʔ^5$	$tɛ^{42}$	$t^hɛ^{55}$	$dɛ^{31}$	$lɛ^{31}$
42 黄岩	$zie\textʔ^2$	$tɕie\textʔ^5$	$dʑie\textʔ^2$	$ɕie\textʔ^5$	$tɛ^{32}$	$t^hɛ^{55}$	$dɛ^{121}$	$lɛ^{121}$
43 温岭	$zi\textʔ^2$	$tɕi\textʔ^5$	$dʑi\textʔ^2$	$ɕi\textʔ^5$	$tɛ^{33}$	$t^hɛ^{55}$	$dɛ^{31}$	$nɛ^{31}$
44 仙居	$zə\textʔ^{23}$	$tɕiə\textʔ^5$	$dʑiə\textʔ^{23}$	$ɕiə\textʔ^5$	$ɗa^{334}$	t^ha^{55}	da^{213}	na^{213}
45 天台	$ziə\textʔ^2$	$kiə\textʔ^5$	$giə\textʔ^2$	$hiə\textʔ^5$	te^{33}	t^he^{55}	de^{224}	ne^{224}
46 三门	$ziə\textʔ^{23}$	$tɕie\textʔ^5$	$dʑie\textʔ^{23}$	$ɕie\textʔ^5$	te^{334}	$t^hɛ^{55}$	$dɛ^{113}$	$nɛ^{113}$
47 玉环	$ziɐ\textʔ^2$	$tɕiɐ\textʔ^5$	$dʑiɐ\textʔ^2$	$ɕiɐ\textʔ^5$	$tɛ^{42}$	$t^hɛ^{55}$	$dɛ^{31}$	$nɛ^{31}$
48 金华	$ziə\textʔ^{212}$白 $lo\textʔ^{212}$文	$tɕiə\textʔ^4$	$dʑiə\textʔ^{212}$	$ɕiə\textʔ^4$	$t\tildeɛ^{334}$	t^ha^{55}	da^{313}	na^{313}
49 汤溪	$ziɛ^{113}$	$tɕiei^{55}$	$dʑiɛ^{113}$	$ɕiei^{55}$	$nuɑ^{24}$	$t^huɑ^{52}$	$duɑ^{11}$	$nuɑ^{11}$

续表

方言点	0457 入	0458 急	0459 及	0460 吸	0461 单 简~	0462 炭	0463 弹 ~琴	0464 难 ~易
	深开三 入缉日	深开三 入缉见	深开三 入缉群	深开三 入缉晓	山开一 平寒端	山开一 去寒透	山开一 平寒定	山开一 平寒泥
50 兰溪	ziəʔ¹²	tɕieʔ³⁴	dʑieʔ¹²	ɕieʔ³⁴	tuɑ³³⁴白 tæ³³⁴文	tʰuɑ⁴⁵	duɑ²¹	nuɑ²¹
51 浦江	zə²³²	tɕiə⁴²³	dʑiə²³²	ɕiə⁴²³	tã⁵³⁴	tʰã⁵⁵	dã¹¹³	lã¹¹³
52 义乌	ȵiə³¹²白 zə³¹²文	tɕiə³²⁴	dʑiə³¹²~格 dʑie²⁴来勿~	ɕiə³²⁴	nɔ³³⁵	tʰɔ⁴⁵	dɔ²¹³	nɔ²¹³
53 东阳	（无）	tɕiɛ³³⁴	dʑiɛ²¹³	ɕiɛ³³⁴	tɔn³³⁴小	tʰɔ⁴⁵³	dɔ²¹³	nɔ²¹³
54 永康	zə¹¹³	tɕiə³³⁴	dʑiə¹¹³	ɕiə³³⁴	na⁵⁵	tʰa⁵²	da²²	na²²
55 武义	zə²¹³	tɕiəʔ⁵	dʑiə²¹³	ɕiəʔ⁵	nuo²⁴	tʰuo⁵³	duo³²⁴	nuo³²⁴
56 磐安	ziɛ²¹³	tɕiɛ³³⁴	dʑiɛ²¹³	ɕiɛ³³⁴	nɒ⁴⁴⁵	tʰɒ⁵²	dɒ²¹³	nɒ²¹³
57 缙云	zəɤ¹³	tɕiei³²²	dʑiei¹³	ɕiei³²²	tɑ⁴⁴	tʰɑ⁴⁵³	dɑ²⁴³	nɑ²⁴³
58 衢州	ʒyəʔ¹²	tɕiəʔ⁵	dʑiəʔ¹²	ɕiəʔ⁵	tã³²	tʰã⁵³	dã²¹	nã²¹
59 衢江	ʑyəʔ²	tɕiəʔ⁵	dʑiəʔ²	ɕiəʔ⁵	tã³³	tʰã⁵³	dã²¹²	nã²¹²
60 龙游	zəʔ²³	tɕiəʔ⁴	dʑiəʔ²³	ɕiəʔ⁴	tã³³⁴	tʰã⁵¹	dã²¹	nã²¹
61 江山	ziɛʔ²	kiɛʔ⁵	giɛʔ²	xiɛʔ⁵	tɒŋ⁴⁴	tʰɒŋ⁵¹	dɒŋ²¹³	nɒŋ²¹³
62 常山	iaʔ³⁴~肥 zɛʔ³⁴~党	tɕieʔ⁵	dʑieʔ³⁴	ɕieʔ⁵	tã⁴⁴	tʰɔ̃³²⁴	dɔ̃¹³¹	nɔ̃³⁴¹
63 开化	zʑyaʔ¹³~肥 ʑiɛʔ¹³加~	tɕiɛʔ⁵	dʑiɛʔ¹³	ɕiɛʔ⁵	tɔŋ⁴⁴	tʰɔŋ⁴¹²	dɔŋ²³¹	nɔŋ²³¹
64 丽水	ȵiɛʔ²³	tɕiʔ⁵	dʑiʔ²³	ɕiʔ⁵	tã²²⁴	tʰã⁵²	dã²²	nã²²
65 青田	zaʔ³¹	tɕiæʔ⁴²	dʑiæʔ³¹	ɕiæʔ⁴²	ɗɑ⁴⁴⁵	tʰɑ³³	dɑ²¹	nɑ²¹
66 云和	ȵiʔ²³	tɕiʔ⁵	dʑiʔ²³	ɕiʔ⁵	tã²⁴	tʰã⁴⁵	dã³¹²	nã³¹²
67 松阳	ʑyeʔ²白 ȵiʔ²文	tɕiʔ⁵	dʑiʔ²	ɕiʔ⁵	tɔ̃⁵³	tʰɔ̃²⁴	dɔ̃³¹	nɔ̃³¹
68 宣平	ȵiəʔ²³	tɕiəʔ⁵	dʑiəʔ²³	ɕiəʔ⁵	tã³²⁴	tʰã⁵²	dã⁴³³	nã⁴³³
69 遂昌	ȵiʔ²³	tɕiʔ⁵	dʑiʔ²³	ɕiʔ⁵	taŋ⁴⁵	tʰaŋ³³⁴	daŋ²²¹	naŋ²²¹
70 龙泉	ȵieiʔ²⁴	tɕieiʔ⁵	dʑieiʔ²⁴	ɕieiʔ⁵	taŋ⁴³⁴	tʰaŋ⁴⁵	daŋ²¹	naŋ²¹

续表

方言点	0457 人	0458 急	0459 及	0460 吸	0461 单 简~	0462 炭	0463 弹 ~琴	0464 难 ~易
	深开三 入缉日	深开三 入缉见	深开三 入缉群	深开三 入缉晓	山开一 平寒端	山开一 去寒透	山开一 平寒定	山开一 平寒泥
71 景宁	ȵiəɯʔ²³	tɕiəɯʔ⁵	dʑiʔ²³	ɕiəɯʔ⁵	tɔ³²⁴	thɔ³⁵	dɔ⁴¹	nɔ⁴¹
72 庆元	ȵiəɯʔ³⁴	tɕiəɯʔ⁵	tɕiəɯʔ³⁴	ɕiəɯʔ⁵	dɑ̃³³⁵	thɑ̃¹¹	tɑ̃⁵²	nɑ̃⁵²
73 泰顺	ȵiɛʔ²	tsəiʔ⁵	tsəiʔ²	səiʔ⁵	tã²¹³	thã³⁵	tã⁵³	nã⁵³
74 温州	zai²¹²	tɕiai³²³	dʑiai²¹²	ɕiai³²³	ta³³	tha⁵¹	da²²	na³¹
75 永嘉	zai²¹³	tɕiai⁴²³	dʑiai²¹³	ɕiai⁴²³	ta⁴⁴	tha⁵³	da²²	na³¹
76 乐清	zʏ²¹²	tɕiʏ³²³	dʑiʏ²¹²	ɕiʏ³²³	tE⁴⁴	thE⁴¹	dE³¹	nE³¹
77 瑞安	za²¹²	tɕia³²³	dʑia²¹²	ɕia³²³	tɔ⁴⁴	thɔ⁵³	dɔ²²	nɔ³¹
78 平阳	zA¹²	tʃA³⁴	dʒA¹²	sA³⁴	tɔ⁵⁵	thɔ⁵³	dɔ²⁴²	nɔ²⁴²
79 文成	za²¹²	tʃa³⁴	dʒa²¹²	sa³⁴	tɔ⁵⁵	thɔ³³	dɔ¹¹³	nɔ¹¹³
80 苍南	zɛ¹¹²	tsɛ²²³	zɛ¹¹²又 dʑia¹¹²又	sɛ²²³	ta⁴⁴	tha⁴²	da³¹	na³¹
81 建德徽	sɐʔ¹²	tɕiɐʔ⁵	khɛ⁵⁵白 tɕiɐʔ¹²文	ɕiɐʔ⁵	tɛ⁵³	thɛ³³	tɛ³³	nɛ³³
82 寿昌徽	səʔ³¹白 ləʔ³¹文	tɕiəʔ³	tɕhiəʔ³白 tɕiəʔ³¹文	ɕiəʔ³	tæ̃¹¹²文	thuə³³	thuə⁵²	nuə⁵²
83 淳安徽	iəʔ¹³	tɕiʔ⁵	tɕhiəʔ¹³	ɕiʔ⁵	tɑ̃²⁴	thɑ̃²⁴	thɑ̃⁴³⁵	lɑ̃⁴³⁵
84 遂安徽	lu⁵²	tɕiɛ²⁴	tɕhiɛ²⁴~格 tshɿ⁵²来不~	ɕiɛ²⁴	tɑ̃⁵³⁴	thɑ̃⁴³	thɑ̃³³	lɑ̃³³
85 苍南闽	dzie²⁴	kie⁴³	kie²⁴	kie⁴³	tũa⁵⁵	thũa⁴³	tũa²¹调殊	lan²⁴
86 泰顺闽	niɿʔ³	kiɿʔ⁵	kiɿʔ⁵	ɕiɿʔ⁵	tæŋ²¹³	thæŋ⁵³	tæŋ²²	næŋ²²
87 洞头闽	dziek²⁴	kiek²⁴	kiek²⁴	kiek⁵	tũa³³	thũa²¹	tũa¹¹³	lan¹¹³
88 景宁畲	it²	kit⁵	kit²	(无)	tɔn⁴⁴	thɔn⁴⁴	thɔn⁵¹调殊	nɔn²²

方言点	0465 兰	0466 懒	0467 烂	0468 伞	0469 肝	0470 看 ~见	0471 岸	0472 汉
	山开一平寒来	山开一上寒来	山开一去寒来	山开一上寒心	山开一平寒见	山开一去寒溪	山开一去寒疑	山开一去寒晓
01 杭州	lɛ²¹³	lɛ⁵³	lɛ¹³	sɛ⁵³	kɛ³³⁴	kʰɛ⁴⁵	ɛ⁴⁵	ɛ¹³
02 嘉兴	lE²⁴²	lE¹¹³	lE²²⁴调殊	sE²²⁴调殊	kə⁴²	kʰə²²⁴	ə¹¹³	hə²²⁴
03 嘉善	lɛ¹³²	lɛ¹¹³	lɛ¹¹³	sɛ³³⁴调殊	kø⁵³	kʰø³³⁴	ŋø¹¹³	xø³³⁴
04 平湖	lɛ³¹	lɛ²¹³	lɛ³³⁴	sɛ³³⁴	kø⁵³	kʰø²¹³	ŋø²¹³	hø³³⁴
05 海盐	lɛ³¹	lɛ⁴²³	lɛ²¹³	sɛ³³⁴	kɤ⁵³	kʰɤ³³⁴	ɤ²¹³	xɤ³³⁴
06 海宁	lɛ¹³	lɛ²³¹	lɛ¹³	sɛ³⁵调殊	kei⁵⁵	kʰei³⁵	ei¹³	hei³⁵
07 桐乡	lɛ¹³	lɛ²⁴²	lɛ²¹³	sɛ³³⁴	kE⁴⁴	kʰE³³⁴	E²¹³	hE³³⁴
08 崇德	lɛ¹³	lɛ⁵³	lɛ¹³	sɛ³³⁴	kE⁴⁴	kʰE³³⁴	E¹³	hE³³⁴
09 湖州	lɛ¹¹²	lɛ⁵²³	lɛ³⁵	sɛ³⁵调殊	kɛ⁴⁴	kʰɛ⁴⁴调殊	ɛ³⁵	xɛ³⁵
10 德清	lɛ³³⁴	lɛ⁵²	lɛ³³⁴	sɛ⁵²	køʉ⁴⁴	kʰøʉ³³⁴	øʉ³³⁴	xøʉ³³⁴
11 武康	lɛ¹¹³	lɛ²⁴²	lɛ²²⁴	sɛ²²⁴调殊	kø⁴⁴	kʰø²²⁴	ø²²⁴	xø²²⁴
12 安吉	lE²²	lE⁵²	lE²¹³	sE³²⁴	kE⁵⁵	kʰE³²⁴	ŋE²¹³	hE³²⁴
13 孝丰	lɛ²²	lɛ⁵²	lɛ³²⁴	sɛ³²⁴	ke⁴⁴	kʰe³²⁴	ŋɛ³²⁴	he³²⁴
14 长兴	lE¹²	lE⁵²	lE³²⁴	sE³²⁴	kɯ⁴⁴	kʰɯ³²⁴	ɯ³²⁴	hɯ³²⁴
15 余杭	lɛ̃²²	lɛ̃⁵³	lɛ̃²¹³	sɛ̃⁵³	kuõ⁴⁴	kʰuõ⁴²³	ŋuõ²¹³	xuõ⁴²³
16 临安	lɛ³³	lɛ³³	lɛ³³	sɛ⁵⁵	kə⁵⁵	kʰə⁵⁵	ŋə³³	hə⁵⁵
17 昌化	lɔ̃¹¹²	lɔ̃²⁴³	lɔ̃²⁴³	sɔ̃⁴⁵³	kɛ̃³³⁴	kʰɛ̃⁵⁴⁴	ɛ̃⁵⁴⁴	xɛ̃⁵⁴⁴
18 於潜	lɛ²²³	lɛ⁵¹	lɛ²⁴	sɛ⁵¹	kɛ⁴³³	kʰɛ³⁵	ŋɛ²⁴	xɛ³⁵
19 萧山	lɛ³⁵⁵	lɛ¹³	lɛ²⁴²	sɛ⁴²	kie⁵³³	kʰie⁴²	ə²⁴²	xə⁴²
20 富阳	lã¹³	lã²²⁴	lã³³⁵	sã³³⁵	kiɛ̃⁵³	kʰɛ̃³³⁵	ŋiɛ̃³³⁵	hɛ̃³³⁵
21 新登	lɛ²³³	lɛ³³⁴	lɛ¹³	sɛ⁴⁵	kɛ̃⁵³	kʰɛ̃⁴⁵	ɛ̃¹³	hɛ̃⁴⁵
22 桐庐	lã¹³	lã³³	lã²⁴	sã³³	ke⁵³³	kʰã³⁵	e²⁴	xã³⁵
23 分水	lã²²	lã⁵³	lã¹³	sã⁵³	kã⁴⁴	kʰã²⁴	ŋã¹³	xã²⁴
24 绍兴	lɛ̃²³¹	lɛ̃²²³	lɛ̃²²	sɛ̃⁵³	kɛ̃⁵³	kʰɛ̃³³	ŋɛ̃²²	hɛ̃³³
25 上虞	lɛ̃²¹³	lɛ̃²¹³	lɛ̃³¹	sɛ̃⁵³调殊	kɛ̃³⁵	kʰɛ̃⁵³	ȵie³¹	hɛ̃⁵³

续表

方言点	0465 兰	0466 懒	0467 烂	0468 伞	0469 肝	0470 看~见	0471 岸	0472 汉
	山开一平寒来	山开一上寒来	山开一去寒来	山开一上寒心	山开一平寒见	山开一去寒溪	山开一去寒疑	山开一去寒晓
26 嵊州	lɛ̃²¹³	lɛ̃²²	lɛ̃²⁴	sɛ̃⁵³	kœ̃⁵³⁴	kʰœ̃³³⁴	ŋœ̃²⁴	hœ̃³³⁴
27 新昌	lɛ̃²²	lɛ̃²³²	nɛ̃¹³白 lɛ̃¹³文	sɛ̃³³⁵	kœ̃⁵³⁴	kʰœ̃³³⁵	ŋœ̃¹³	hœ̃³³⁵
28 诸暨	lɛ¹³	lɛ²⁴²	lɛ³³	sɛ⁴²	kə⁵⁴⁴	kʰə⁵⁴⁴	ŋə³³	hə⁵⁴⁴
29 慈溪	lɛ̃¹³	lɛ̃¹³	lɛ̃¹³	sɛ̃⁴⁴调殊	kɛ̃³⁵	kʰɛ̃⁴⁴	n̠ie¹³	hɛ̃⁴⁴
30 余姚	lã¹³	lã¹³	lã¹³	sã⁵³	ke⁴⁴	kʰe⁵³	ie¹³	he⁵³
31 宁波	lɛ¹³	lɛ¹³	lɛ¹³	sɛ⁴⁴	ki⁵³	kʰi⁴⁴	ŋe¹³	he⁵³
32 镇海	lɛ²⁴	lɛ²⁴	lɛ²⁴	sɛ⁵³调殊	ki⁵³	kʰi⁵³	ŋe²⁴	hei⁵³
33 奉化	lɛ³³	lɛ³²⁴	lɛ³¹	sɛ⁵³调殊	kɛ⁴⁴	kʰæi⁵³	ŋe⁵³	he⁵³
34 宁海	le²¹³	le³¹	le²⁴	se⁵³	ke⁴²³	kʰe³⁵	n̠ie²⁴	hei³⁵
35 象山	lɛ³¹	lɛ³¹	lɛ¹³	sɛ⁴⁴	ki⁴⁴	kʰi⁵³	n̠i¹³	hei⁵³
36 普陀	lɛ²⁴	lɛ²³	lɛ¹³	sɛ⁴⁵	ki⁵³	kʰi⁵⁵	ŋe¹³	xæi⁵⁵
37 定海	lɛ²³	lɛ²³	lɛ¹³	sɛ⁴⁴调殊	ki⁵²	kʰi⁴⁴	n̠i¹³白 ŋɛ¹³文	xɐi⁴⁴
38 岱山	lɛ²³	lɛ²⁴⁴	lɛ²¹³	sɛ⁴⁴调殊	ki⁵²	kʰi⁴⁴	n̠i²¹³白 ŋɛ²¹³文	xɐi⁴⁴
39 嵊泗	lɛ²⁴³	lɛ⁴⁴⁵	lɛ²¹³	sɛ⁵³调殊	ki⁵³	kʰi⁵³	n̠i²¹³	xɐi⁵³
40 临海	lɛ²¹	lɛ⁵²	lɛ³²⁴	sɛ⁵²	kø³¹	kʰø⁵⁵又 kʰɛ⁵⁵又	ø³²⁴	hø⁵⁵
41 椒江	lɛ³¹	lɛ⁴²	lɛ²⁴	sɛ⁵¹小	tɕie⁴²白 kie⁴²文	kʰie⁵⁵	ie²⁴	he⁵⁵
42 黄岩	lɛ¹²¹	lɛ⁴²	lɛ²⁴	sɛ⁵³小	tɕie³²白 kie³²文	kʰie⁵⁵	ie²⁴	he⁵⁵
43 温岭	lɛ³¹	lɛ⁴²	lɛ¹³	sɛ⁵¹小	tɕie³³白 kie⁴²文	kʰie⁵⁵	ie¹³	he⁵⁵
44 仙居	la²¹³	la³²⁴	la²⁴	sa⁵⁵调殊	cie³³⁴	kʰø⁵⁵	ø²⁴	hø⁵⁵
45 天台	le²²⁴	le²¹⁴	le³⁵	se³²⁵	ke³³	kʰe⁵⁵	e³⁵	he⁵⁵
46 三门	lɛ¹¹³	lɛ³²⁵	lɛ²⁴³	sɛ³²⁵	kɛ³³⁴	kʰɛ⁵⁵	ɛ²⁴³	hɛ⁵⁵

续表

方言点	0465 兰 山开一 平寒来	0466 懒 山开一 上寒来	0467 烂 山开一 去寒来	0468 伞 山开一 上寒心	0469 肝 山开一 平寒见	0470 看 ~见 山开一 去寒溪	0471 岸 山开一 去寒疑	0472 汉 山开一 去寒晓
47 玉环	lɛ³¹	lɛ⁵³	lɛ²²	sɛ⁵³	tɕie⁴²	kʰiɛ⁵⁵	ie²²	hɛ⁵⁵
48 金华	lɑ³¹³	lɑ⁵³⁵	lɑ¹⁴	sɑ⁵³⁵	kɤ³³⁴	(无)	ɤ¹⁴	xɛ̃⁵⁵
49 汤溪	luɑ¹¹	luɑ³⁴¹	luɑ³⁴¹	suɑ⁵³⁵	kɤ²⁴	(无)	ɤ³⁴¹	(无)
50 兰溪	luɑ²¹	luɑ²⁴	luɑ²⁴	suɑ⁵⁵	kɤ³³⁴	(无)	ɤ²⁴	xɤ⁴⁵白 xæ̃²⁴文
51 浦江	lɑ̃¹¹³	lɑ̃²⁴³	lɑ̃²⁴	sɑ̃⁵⁵	kɔ̃⁵³⁴	(无)	ɔ̃²⁴	xɔ̃⁵⁵
52 义乌	lɔ²¹³	lɔ²⁴	lɔ²⁴	sɔ⁴⁵	kɯ³³⁵	kʰɯ⁴⁵白 kʰan⁴⁵文	ɯ²⁴	huɯ⁴⁵白 an²⁴文
53 东阳	lɔ²¹³白 lan²¹³文	lɔ²³¹	lɔ²⁴	sɔ⁴⁴	kɯ³³⁴	(无)	ŋɯ²⁴	huɯ⁴⁵³
54 永康	lɑ²²	lɑ²⁴¹	lɑ²⁴¹	sɑ⁵²小	kɤ⁵⁵	(无)	ŋɤ²⁴¹	xɤ⁵²
55 武义	nuo³²⁴	nuo¹³	nuo²³¹	suo⁴⁴⁵	kɤ²⁴	(无)	ŋɤ²³¹	xɤ⁵³
56 磐安	lɒ²¹³	lɒ³³⁴偷~ lɒ¹⁴单用	lɒ¹⁴	sɒ⁵²调殊	kɯ⁴⁴⁵	(无)	ŋɯ¹⁴	xan⁵²
57 缙云	lɑ²⁴³	lɑ³¹	lɑ²¹³	sɑ⁵¹	kuɛ⁴⁴	(无)	uɛ²¹³	xuɛ⁴⁵³
58 衢州	lɑ̃²¹	lɑ̃²³¹	lɑ̃²³¹	sɑ̃³⁵	kɔ̃³²	kʰɔ̃⁵³	ŋɔ̃²³¹	xɔ̃⁵³
59 衢江	lɑ̃²¹²	lɑ̃²¹²	lɑ̃²³¹	sɑ̃²⁵	kuɛ³³白 kɑ̃³³文	(无)	ŋɑ̃²³¹	xɛ⁵³懒~ xɑ̃⁵³~族
60 龙游	lɑ̃²¹	lɑ̃²²⁴	lɑ̃²³¹	sɑ̃³⁵	kie³³⁴白 kɑ̃³³⁴文	kʰɑ̃⁵¹	ŋei²³¹	xei⁵¹白 xɑ̃⁵¹文
61 江山	lɒŋ²¹³	lɒŋ²²	lɒŋ³¹	sɒŋ²⁴¹	kɒŋ⁴⁴	(无)	ɒŋ³¹	xɒŋ⁵¹
62 常山	lɑ̃³⁴¹	lɑ̃²⁴	lɔ̃¹³¹	sɔ̃⁵²	kɔ̃⁴⁴白 kɑ̃⁴⁴文	kʰɑ̃³²⁴	ɔ̃¹³¹	xɔ̃⁵²白 xɑ̃⁵²文
63 开化	lɑ̃²³¹	lɑ̃⁵³	lɑ̃²¹³	sɔŋ⁵³雨~ sɑ̃⁵³降落~	kɔŋ⁴⁴	(无)	ŋɔŋ²¹³	xɔŋ⁴¹²
64 丽水	lɑ̃²²	lɑ̃⁵⁴⁴	lɑ̃¹³¹	sɑ̃⁵⁴⁴	kuɛ²²⁴	(无)	uɛ¹³¹	xuɛ⁵²
65 青田	lɑ²¹	lɑ⁴⁵⁴	lɑ²²	sɑ⁴⁵⁴	kuɐ⁴⁴⁵	(无)	uɐ²²	xuɐ³³
66 云和	lɑ̃³¹²	lɑ̃⁴¹	lɑ̃²²³	sɑ̃⁴¹	kuɛ²⁴	(无)	uɛ²²³	xuɛ⁴⁵

续表

方言点	0465 兰	0466 懒	0467 烂	0468 伞	0469 肝	0470 看 ～见	0471 岸	0472 汉
	山开一平寒来	山开一上寒来	山开一去寒来	山开一上寒心	山开一平寒见	山开一去寒溪	山开一去寒疑	山开一去寒晓
67 松阳	lɔ̃³¹	lɔ̃²²	lɔ̃¹³	sɔ̃²¹²	kuɛ̃⁵³	（无）	uɛ̃¹³	fæ̃²⁴
68 宣平	lɑ̃⁴³³	lɑ̃²²³	lɑ̃²³¹	sɑ̃⁴⁴⁵	kuə³²⁴	（无）	uə²³¹	xuə⁵²
69 遂昌	laŋ²²¹	laŋ¹³	laŋ²¹³	saŋ⁵³³	kuɛ̃⁴⁵	（无）	uɛ̃²¹³	xuɛ̃³³⁴
70 龙泉	laŋ²¹	laŋ⁵¹	laŋ²¹调殊	saŋ⁵¹	kuo⁴³⁴	kʰaŋ⁴⁵	uo²²⁴	xuo⁴⁵
71 景宁	lɔ⁴¹	lɔ³³	lɔ¹¹³	sɔ³³	kuœ³²⁴	（无）	uœ¹¹³	xuœ³⁵
72 庆元	lɑ̃⁵²	lɑ̃²²¹	lɑ̃³¹	sɑ̃³³	kuæ̃³³⁵	（无）	ŋæ̃³¹	xuæ̃¹¹
73 泰顺	lɑ̃⁵³	lɑ̃⁵⁵	lɑ̃²²	sɑ̃⁵⁵	kuɛ²¹³	（无）	uɛ²²	fɛ³⁵
74 温州	la³¹	la¹⁴	la²²	sa²⁵	kø³³	kʰø⁵¹	y²²	ɕy⁵¹又 hø⁵¹又
75 永嘉	la³¹	la¹³	la²²	sa⁴⁵	ky⁴⁴	kʰø⁵³	y²²	ɕy⁵³～族 hø⁵³懒～
76 乐清	lE³¹	lE²⁴	lE²²	sE³⁵	kø⁴⁴	kʰø⁴¹	ø²²	hø⁴¹
77 瑞安	lɔ³¹	lɔ¹³	lɔ²²	sɔ³⁵	kø⁴⁴	kʰø⁵³	ø²²	hø⁵³
78 平阳	lɔ²⁴²	lɔ⁴⁵	lɔ³³	sɔ⁴⁵	kɵ⁵⁵	（无）	ɵ³³	xɵ⁵³
79 文成	lɔ¹¹³	lɔ²²⁴	lɔ⁴²⁴	sɔ⁴⁵	kuɵ⁵⁵	kʰuɵ³³	yɵ¹²⁴	fuɵ³³
80 苍南	la³¹	la⁵³	la¹¹	sa⁵³	kyɛ⁴⁴	kʰø⁵³	ø¹¹	hø⁴²
81 建德徽	nɛ³³	nɛ²¹³	nɛ⁵⁵	sɛ³³	kɛ⁵³	kʰɛ³³	ŋɛ⁵⁵	hɛ⁵⁵
82 寿昌徽	læ̃¹¹²文	luə⁵³⁴	luə³³	suə²⁴	kiɛ¹¹²	（无）	ŋie³³	xæ̃⁵⁵文
83 淳安徽	lɑ̃⁴³⁵	lɑ̃⁵⁵	lɑ̃⁵³	sɑ̃⁵⁵	kɑ̃²⁴	（无）	ɑ̃⁵³	hɑ̃⁵³
84 遂安徽	lɑ̃³³	lɑ̃⁴³	lɑ̃⁵²	sɑ̃⁴³	kɑ̃⁵³⁴	（无）	ɑ̃⁵²	xɑ̃⁴³
85 苍南闽	lan²⁴	（无）	nũã²¹	sũã²¹	kũã⁵⁵	kʰũã²¹	ũã²¹	han²¹
86 泰顺闽	læŋ²²	læŋ³⁴⁴	læŋ³¹	sæŋ³⁴⁴	kæŋ²¹³	ŋo²²	ŋæŋ³¹	xæŋ⁵³
87 洞头闽	lan¹¹³	nũã²¹	nũã²¹	sũã²¹	kʰũã³³	kʰũã²¹	hũã²¹白 an²¹文	han²¹
88 景宁畲	lɔn²²	lɔn⁴⁴	lɔn⁵¹	sɔn⁴⁴调殊	kɔn⁴⁴	（无）	uon⁴⁴	xɔn⁴⁴

方言点	0473 汗	0474 安	0475 达	0476 辣	0477 擦	0478 割	0479 渴	0480 扮
	山开一去寒匣	山开一平寒影	山开一入曷定	山开一入曷来	山开一入曷清	山开一入曷见	山开一入曷溪	山开二去山帮
01 杭州	ɛ¹³	ɛ³³⁴	daʔ²	laʔ²	tsʰaʔ⁵	kaʔ⁵	kʰaʔ⁵	pɛ⁴⁵
02 嘉兴	ə¹¹³	ə⁴²	dɑʔ¹³	lɑʔ⁵	tsʰɑʔ⁵	kəʔ⁵	kʰəʔ⁵	pE²²⁴
03 嘉善	ø¹¹³	ø⁵³	dɝʔ²	lɝʔ²	tsʰɝʔ⁵	kɝʔ⁵	kʰɝʔ⁵	pɛ³³⁴
04 平湖	ø²¹³	ø⁵³	daʔ²³	laʔ²³	tsʰaʔ²³	kəʔ⁵	kʰəʔ²³	pɛ³³⁴
05 海盐	ɤ²¹³	ɤ⁵³	daʔ²	laʔ²³	tsʰaʔ²³	kəʔ⁵	kʰəʔ²³	pɛ³³⁴
06 海宁	ei¹³	ei⁵⁵	daʔ²	laʔ²	tsʰaʔ⁵	kəʔ⁵	kʰəʔ⁵	pɛ³⁵
07 桐乡	E²¹³	E⁴⁴	daʔ²³	laʔ²³	tsʰaʔ⁵	kəʔ⁵	kʰəʔ⁵	pɛ³³⁴
08 崇德	E¹³	E⁴⁴	daʔ²³	laʔ²³	tsʰaʔ⁵	kəʔ⁵	kʰəʔ⁵	pɛ³³⁴
09 湖州	ɛ³⁵	ɛ⁴⁴	daʔ²	laʔ²	tsʰaʔ⁵	kəʔ⁵	kʰəʔ⁵	pɛ³⁵
10 德清	øʉ³³⁴	øʉ⁴⁴	dəʔ²	ləʔ²	tsʰəʔ⁵	kəʔ⁵	kʰəʔ⁵	pɛ³³⁴
11 武康	ø²²⁴	ø⁵³	dɝʔ²	lɝʔ²	tsʰɝʔ⁵	kɝʔ⁵	kʰɝʔ⁵	pɛ⁴⁴调殊
12 安吉	E²¹³	E⁵⁵	dɐʔ²	lɐʔ²³	tsʰɐʔ⁵	kəʔ⁵	kʰəʔ⁵	pE³²⁴
13 孝丰	e²¹³	ɛ⁴⁴	daʔ²³	laʔ²³	tsʰaʔ⁵	kəʔ⁵	kʰəʔ⁵	pɛ³²⁴
14 长兴	ɯ³²⁴	ɯ⁴⁴	daʔ²	laʔ²	tsʰaʔ⁵	kəʔ⁵	kʰəʔ⁵	pE³²⁴
15 余杭	uõ²¹³	ɛ̃⁴⁴	daʔ²	laʔ²	tsʰaʔ⁵	kəʔ⁵	kʰəʔ⁵	pɛ̃⁴²³
16 临安	ə³³	ə⁵⁵	dɐʔ¹²	lɐʔ¹²	tsʰɐʔ⁵⁴	kɐʔ⁵⁴	kʰɐʔ⁵⁴	pɛ⁵⁵
17 昌化	ɛ̃²⁴³	ɛ̃³³⁴	daʔ²³	laʔ²³	tsʰaʔ⁵	kəʔ⁵	kʰəʔ⁵	põ⁵⁴⁴
18 於潜	ɛ²⁴	ɛ⁴³³	dɑʔ²³	lɑʔ²³	kʰa⁴³³	kəʔ⁵³	kʰəʔ⁵³	pɛ³⁵
19 萧山	ə²⁴²	ə⁵³³	daʔ¹³	laʔ¹³	tsʰaʔ⁵	kieʔ⁵	kʰieʔ⁵	pɛ⁴²
20 富阳	ɛ̃³³⁵	ɛ̃⁵³	daʔ²	laʔ²	tsʰaʔ⁵	kiɛʔ⁵	(无)	pã³³⁵
21 新登	ɛ̃¹³	ɛ̃⁵³	daʔ²	laʔ²	tsʰaʔ⁵	kəʔ⁵	kʰəʔ⁵	pɛ⁴⁵
22 桐庐	e²⁴	ã⁵³³	daʔ¹³	laʔ¹³	tsʰaʔ⁵	kəʔ⁵	kʰəʔ⁵	pɛ³⁵
23 分水	xã¹³	ã⁴⁴	daʔ¹²	laʔ¹²	tsʰaʔ⁵	kəʔ⁵	kʰəʔ⁵	pã⁵³
24 绍兴	ẽ²²	ẽ⁵³	dɛʔ²	lɛʔ²	tsʰɛʔ⁵	keʔ⁵	kʰeʔ⁵	pɛ̃³³
25 上虞	ɛ̃³¹	ɛ̃³⁵	dɐʔ²	lɐʔ²	tsʰɐʔ⁵	kiəʔ⁵	kʰiəʔ⁵	pɛ̃⁵³
26 嵊州	œ̃²⁴	œ̃⁵³⁴	dɛʔ²	lɛʔ²	tsʰɛʔ⁵	kɛʔ⁵	kʰɛʔ⁵	pɛ̃³³⁴

续表

方言点	0473 汗 山开一 去寒匣	0474 安 山开一 平寒影	0475 达 山开一 入曷定	0476 辣 山开一 入曷来	0477 擦 山开一 入曷清	0478 割 山开一 入曷见	0479 渴 山开一 入曷溪	0480 扮 山开二 去山帮
27 新昌	$\tilde{æ}^{13}$	$\tilde{æ}^{534}$	$dɛʔ^2$	$lɛʔ^2$	$tsʰaʔ^5$ 白 $tsʰɛʔ^5$ 文	$kɤʔ^5$	$kʰɤʔ^5$	$p\tilde{ɛ}^{335}$
28 诸暨	$ə^{33}$	$ə^{544}$	$daʔ^{13}$	$laʔ^{13}$	$tsʰaʔ^5$	$kieʔ^5$ 白 $koʔ^5$ 文	$kʰieʔ^5$	$pɛ^{544}$
29 慈溪	$\tilde{e}^{13}$	$\tilde{e}^{35}$	$daʔ^2$	$laʔ^2$	$tsʰaʔ^5$	$kəʔ^5$	$kʰəʔ^5$	$p\tilde{ɛ}^{44}$
30 余姚	$\tilde{e}^{13}$	$\tilde{e}^{44}$	$daʔ^2$	$laʔ^2$	$tsʰaʔ^5$	$kəʔ^5$	$kʰəʔ^5$	$pa\tilde{ }^{53}$
31 宁波	$ʋi^{13}$	e^{53}	$daʔ^2$	$laʔ^2$	$tsʰaʔ^5$	ka^5	$kʰa^5$	$pɛ^{44}$
32 镇海	ei^{24}	ei^{53}	$daʔ^{12}$	$laʔ^{12}$	$tsʰaʔ^5$	$kaʔ^5$	$kʰaʔ^5$ 读字	$pɛ^{53}$
33 奉化	e^{31}	e^{44}	$daʔ^2$	$laʔ^2$	$tsʰaʔ^5$	$kaʔ^5$	$kʰaʔ^5$ 读字	$pɛ^{53}$
34 宁海	ei^{24}	ei^{423}	$daʔ^3$	$laʔ^2$	$tsʰaʔ^5$	$keʔ^5$	$kʰeʔ^5$	pe^{35}
35 象山	ei^{13}	ei^{44}	$daʔ^2$	$laʔ^2$	$tsʰaʔ^5$	$kaʔ^5$	$kʰaʔ^5$	$pɛ^{53}$
36 普陀	$æi^{13}$	$æi^{53}$	$dɐʔ^{23}$	$lɐʔ^{23}$	$tsʰɐʔ^5$	$kɐʔ^5$	$kʰɐʔ^5$	$pɛ^{55}$
37 定海	$ʋi^{13}$	$ʋi^{52}$	$dɐʔ^2$	$lɐʔ^2$	$tsʰɐʔ^5$	$kɐʔ^5$	$kʰɐʔ^5$ 读字	$pɛ^{44}$
38 岱山	$ʋi^{213}$	$ʋi^{52}$	$dɐʔ^2$	$lɐʔ^2$	$tsʰɐʔ^5$	$kɐʔ^5$	$kʰɐʔ^5$ 读字	$pɛ^{44}$
39 嵊泗	$ʋi^{213}$	$ʋi^{53}$	$dɐʔ^2$	$lɐʔ^2$	$tsʰɐʔ^5$	$kɐʔ^5$	$kʰɐʔ^5$ 读字	$pɛ^{53}$
40 临海	$ø^{324}$	$ø^{31}$	$dɛʔ^{23}$	$lɛʔ^{23}$	$tsʰɛʔ^5$	$kəʔ^5$	$kʰəʔ^5$	$pɛ^{55}$
41 椒江	ie^{24}	ie^{42}白 $ɛ^{42}$文	$dɛʔ^2$	$lɛʔ^2$	$tsʰaʔ^5$	$tɕieʔ^5$ 白 $kaʔ^5$ 文	$kʰaʔ^5$	$pɛ^{55}$
42 黄岩	ie^{24}	$ie^{1?}$白 $ɛ^{32}$文	$dəʔ^2$	$ləʔ^2$	$tsʰəʔ^5$	$tɕieʔ^5$	$kʰəʔ^5$	$pɛ^{55}$
43 温岭	ie^{13}	ie^{33}	$dəʔ^2$	$ləʔ^2$	$tsʰəʔ^5$	$tɕiʔ^5$	$tɕʰiʔ^5$	$pɛ^{55}$
44 仙居	$ø^{24}$	$ø^{334}$	$daʔ^{23}$	$laʔ^{23}$	$tsʰaʔ^5$	$ciaʔ^5$	（无）	$ɓa^{55}$
45 天台	e^{35}	e^{33}	$deʔ^2$	$leʔ^2$	$tsʰeʔ^5$	$keʔ^5$	$kʰeʔ^5$	pe^{55}
46 三门	$ɛ^{243}$	$ɛ^{334}$	$dɐʔ^{23}$	$lɐʔ^{23}$	$tsʰɐʔ^5$	$kɐʔ^5$	$kʰɐʔ^5$	$pɛ^{55}$
47 玉环	ie^{22}	$ɛ^{42}$	$dɐʔ^2$	$lɐʔ^2$	$tsʰɐʔ^5$	$kɐʔ^5$	$kʰɐʔ^5$	$pɛ^{55}$
48 金华	$ɤ^{14}$	$ɤ^{334}$白 $\tilde{ɛ}^{334}$文	$dɒʔ^{212}$	$luɑ^{14}$	$tsʰuɑ^{55}$	$kɤ^{55}$	（无）	$pɑ^{55}$

续表

方言点	0473 汗 山开一去寒匣	0474 安 山开一平寒影	0475 达 山开一入曷定	0476 辣 山开一入曷来	0477 擦 山开一入曷清	0478 割 山开一入曷见	0479 渴 山开一入曷溪	0480 扮 山开二去山帮
49 汤溪	ɣ³⁴¹	ɣ²⁴	duɑ¹¹³	luɑ¹¹³	tsʰuɑ⁵²	kɣ⁵⁵	(无)	mɣɑ⁵²
50 兰溪	ɣ²⁴	ɣ³³⁴白 æ̃³³⁴文	duɑ²⁴地名 dəʔ¹²发~	luɑʔ¹²	tsʰəʔ³⁴	kɣʔ³⁴	kʰɣ⁵⁵	pia⁴⁵
51 浦江	ɔ̃²⁴	ɔ̃⁵³⁴	dzʑyɑ²³²	luɑ²³²	tsʰɑ⁴²³	kɯ⁴²³	(无)	pɑ̃⁵⁵
52 义乌	ɯ²⁴	ɯ³³⁵	dɔ³¹²	lɔ³¹²	tɕʰyɛ³²⁴	kɯ³²⁴	kʰə³²⁴	ma⁴⁵白 pan⁴⁵文
53 东阳	ɯ²⁴	(无)	do²¹³	lɐʔ²³	(无)	kɐʔ³⁴	(无)	pɔ⁴⁵³
54 永康	ɣ²⁴¹	ɣ⁵⁵	duɑ¹¹³	luɑ¹¹³	tsʰuɑ⁵²	kɣ³³⁴	kʰɣ³³⁴	ma⁵²
55 武义	ŋɣ²³¹	ŋɣ²⁴	duɑ¹³	luɑ¹³	tsʰuɑ⁵³	kɣ⁵³	(无)	muo⁵³
56 磐安	ɯ¹⁴	ɯ⁴⁴⁵	duə²¹³	lɛ²¹³	tsʰuə³³⁴	kɛ³³⁴	(无)	mɒ⁵²
57 缙云	uɛ²¹³	uɛ⁴⁴	dɑ¹³	lɑ¹³	tsʰɑ³²²	kuɛ³²²	(无)	pɑ⁴⁵³
58 衢州	ɔ̃²³¹	ɔ̃³²	daʔ¹²	laʔ¹²	tsʰaʔ⁵	kəʔ⁵	kʰəʔ⁵	pɑ̃⁵³
59 衢江	guɛ²³¹	ɛ³³	daʔ²	laʔ²	tsʰaʔ⁵	kuəʔ⁵	kʰəʔ⁵	pɑ̃⁵³
60 龙游	gie²³¹	ei³³⁴白 ɑ̃³³⁴文	dɔʔ²³	lɔʔ²³	tsʰɔʔ⁴	kəʔ⁴	kʰəʔ⁴	pɑ̃⁵¹
61 江山	gɒŋ³¹	ɒŋ⁴⁴	daʔ²	lɒʔ²	tsʰaʔ⁵	kɒʔ⁵	kʰɒʔ⁵	paŋ⁵¹
62 常山	gɔ̃¹³¹出~ ɔ̃¹³¹~衫	ɔ̃⁴⁴心~ ɑ̃⁴⁴平~	daʔ³⁴	laʔ³⁴	tsʰaʔ⁵	kʌʔ⁵	kʰʌʔ⁵	pɑ̃³²⁴
63 开化	gɒŋ²¹³	ɔŋ⁴⁴老 ɑ̃⁴⁴新	daʔ¹³	laʔ¹³	tsʰaʔ⁵	kɔʔ⁵	kʰɔʔ⁵	pɑ̃⁴¹²
64 丽水	uɛ¹³¹	uɛ²²⁴	dɔʔ²³	lɔʔ²³	tsʰuɔʔ⁵	kuɛʔ⁵	(无)	pɑ̃⁵²
65 青田	uɐ²²	uɐ⁴⁴⁵	daʔ³¹	laʔ³¹	tsʰaʔ⁴²	kuæʔ⁴²	kʰuæʔ⁴²	ɓɑ³³
66 云和	uɛ²²³	uɛ²⁴	dɔʔ²³	lɔʔ²³	tsʰɔʔ⁵	kuɛ⁵	kʰuɛʔ⁵	pɑ̃⁴⁵
67 松阳	uɛ̃¹³	uɛ̃⁵³	dɔʔ²	lɔʔ²	tsʰɔʔ⁵	kuɛ⁵	kʰuɛʔ⁵	pɔ̃²⁴
68 宣平	uə²³¹	uə³²⁴	dɑʔ²³	lɑʔ²³	tsʰɑʔ⁵	kuəʔ⁵	(无)	pɑ̃⁵²
69 遂昌	guɛ̃²¹³	ɛ̃⁴⁵	daʔ²³	laʔ²³	tsʰaʔ⁵	kuɛʔ⁵	kʰuɛʔ⁵	paŋ³³⁴
70 龙泉	uo²²⁴	uo⁴³⁴	doʔ²⁴	loʔ²⁴	tsʰoʔ⁵	kuoʔ⁵	kʰuoʔ⁵	paŋ⁴⁵

续表

方言点	0473 汗	0474 安	0475 达	0476 辣	0477 擦	0478 割	0479 渴	0480 扮
	山开一去寒匣	山开一平寒影	山开一入曷定	山开一入曷来	山开一入曷清	山开一入曷见	山开一入曷溪	山开二去山帮
71 景宁	uœ¹¹³	uœ³²⁴	dɔʔ²³	lɔʔ²³	tsʰɔʔ⁵	kuœʔ⁵	kʰuœʔ⁵	pɔ³⁵
72 庆元	xuæ̃³¹	uæ̃³³⁵	tɑʔ³⁴	lɑʔ³⁴	tsʰɑʔ⁵	kuɤʔ⁵	kʰuɤʔ⁵	ɓɑ̃¹¹
73 泰顺	uɛ²²	uɛ²¹³	tɔʔ²	lɔʔ²	tsʰɔʔ⁵	kuɛʔ⁵	kʰuɛʔ⁵	pã³⁵
74 温州	y²²	y³³	da²¹²	la²¹²	tsʰa³²³	kø³²³	kʰø³²³	pa⁵¹
75 永嘉	y²²	y⁴⁴ 又 ø⁴⁴ 又	da²¹³	la²¹³	tsʰa⁴²³	ky⁴²³	kʰø⁴²³	pa⁵³
76 乐清	ø²²	ø⁴⁴	da²¹²	la²¹²	tɕʰia³²³	kuɤ³²³	kʰuɤ³²³	pɛ⁴¹
77 瑞安	ø²²	ø⁴⁴	dɔ²¹²	lɔ²¹²	tsʰɔ³²³	kø³²³	kʰø³²³	pɔ⁵³
78 平阳	ɵ³³	ɵ⁵⁵	dɔ¹²	lɔ¹²	tʃʰɔ³⁴	kɵ³⁴	kʰɵ³⁴	pɔ⁵³
79 文成	yø⁴²⁴	ø⁵⁵	dɔ²¹²	lɔ²¹²	tʃʰɔ³⁴	kuø³⁴	kʰuø³⁴	pɔ⁵⁵
80 苍南	ø¹¹	ø⁴⁴	da¹¹²	la¹¹²	tsʰa²²³	kyɛ²²³	kʰø²²³	pa⁴²
81 建德徽	hɛ⁵⁵	ŋɛ⁵³	tɐʔ¹²	lo²¹³	tsʰo⁵⁵	ki⁵⁵	（无）	pɛ⁵³
82 寿昌徽	xiɛ³³	iɛ¹¹²～心 æ̃³³平～	tɔʔ³¹	luə²⁴	tsʰɔʔ³	kiɛ⁵⁵	（无）	pɤ³³
83 淳安徽	hã⁵³	ã²⁴	tʰɑʔ¹³	lɑʔ¹³	tsʰɑʔ⁵ 摩～	kɔʔ⁵	（无）	pɑ̃²⁴
84 遂安徽	xã̃⁵²	ã⁵³⁴	tʰɑʔ²¹³	lɑ²¹³	tsʰɑ²⁴	kə²⁴	kʰə²⁴	pʰã̃⁴³
85 苍南闽	kũã²¹	an⁵⁵	tɐ²⁴	lua²⁴	tsʰɐ⁴³	kua⁴³	kʰə²⁴文	pan²¹
86 泰顺闽	kæŋ³¹	æŋ²¹³	tɛʔ³·	lɛʔ³	tsʰɛʔ⁵	kɛʔ⁵	kʰɛʔ⁵	piæŋ⁵³
87 洞头闽	kũã²¹	an³³	tɐt²⁴	lua²⁴¹	tsʰɐt⁵	kua⁵³	（无）	pan²¹
88 景宁畲	xɔn⁵¹	ɔn⁴⁴	tʰɔʔ²	lɔʔ²	tsʰɔʔ⁵	kɔʔ⁵	（无）	pɔn⁴⁴

方言点	0481 办	0482 铲	0483 山	0484 产 ~妇	0485 间 房~，一～房	0486 眼	0487 限	0488 八
	山开二 去山並	山开二 上山初	山开二 平山生	山开二 上山生	山开二 平山见	山开二 上山疑	山开二 上山匣	山开二 入黠帮
01 杭州	$bɛ^{13}$	$tsʰɛ^{53}$	$sɛ^{334}$	$tsʰɛ^{53}$	$kɛ^{334}$白 $tɕiɛ^{334}$文	$ŋe^{53}$一～	ie^{13}	$paʔ^{5}$
02 嘉兴	bE^{113}	$tsʰE^{113}$	sE^{42}	$tsʰE^{113}$	kE^{42}	$ŋE^{113}$	E^{113}	$pʌʔ^{5}$
03 嘉善	$bɛ^{113}$	$tsʰɛ^{334}$	$sɛ^{53}$	$tsʰɛ^{334}$	$kɛ^{53}$	$ŋɛ^{113}$	$ɛ^{113}$	$puoʔ^{5}$
04 平湖	$bɛ^{213}$	$tsʰɛ^{213}$	$sɛ^{53}$	so^{44}	$kɛ^{53}$	$ŋɛ^{213}$	$ɛ^{213}$	$paʔ^{5}$
05 海盐	$bɛ^{213}$	$tsʰɛ^{423}$	$sɛ^{53}$	so^{423}	$kɛ^{53}$	$ɛ^{423}$	$ɛ^{423}$	$paʔ^{5}$
06 海宁	$bɛ^{13}$	$tsʰɛ^{53}$	$sɛ^{55}$	$tsʰɛ^{53}$	$kɛ^{55}$	$ɛ^{231}$	$ɛ^{53}$	$poʔ^{5}$
07 桐乡	$bɛ^{213}$	$tsʰɛ^{53}$	$sɛ^{44}$	so^{53}	$kɛ^{44}$	$ɛ^{242}$	$ɛ^{242}$	$pɔʔ^{5}$
08 崇德	$bɛ^{13}$	$tsʰɛ^{53}$	$sɛ^{44}$	so^{53}	$kɛ^{44}$	$ɛ^{53}$	$ɛ^{53}$	$pɔʔ^{5}$
09 湖州	$bɛ^{24}$	$tsʰɛ^{523}$	$sɛ^{44}$	$tsʰɛ^{523}$	$kɛ^{44}$	$ŋɛ^{523}$	$ɛ^{523}$	$puoʔ^{5}$
10 德清	$bɛ^{113}$	$tsʰɛ^{52}$	$sɛ^{44}$	$tsʰɛ^{52}$	$kɛ^{44}$	$ŋɛ^{52}$	$ɛ^{334}$	$puoʔ^{5}$
11 武康	$bɛ^{113}$	$tsʰɛ^{53}$	$sɛ^{44}$	$tsʰɛ^{53}$	$kɛ^{44}$	$ŋɛ^{53}$	$ɛ^{53}$	$puoʔ^{5}$
12 安吉	bE^{213}	$tsʰE^{52}$	sE^{55}	$tsʰE^{52}$	kE^{55}	$ŋE^{52}$	E^{52}	$poʔ^{5}$又 $pɐʔ^{5}$又
13 孝丰	$bɛ^{213}$	$tsʰɛ^{52}$	$sɛ^{44}$	$tsʰɛ^{52}$	$kɛ^{44}$	$ŋɛ^{52}$	$ɛ^{52}$	$puoʔ^{5}$又 $paʔ^{5}$又
14 长兴	bE^{24}	$tsʰE^{52}$	sE^{44}	$tsʰE^{52}$	kE^{44}	$ŋE^{52}$	E^{52}	$poʔ^{5}$
15 余杭	$bɛ̃^{213}$	$tsʰɛ̃^{53}$	$sɛ̃^{44}$	$tsʰɛ̃^{53}$	$kɛ̃^{44}$	$ŋɛ̃^{243}$	$niɛ̃^{213}$声殊	$poʔ^{5}$
16 临安	$bɛ^{33}$	$tsʰɛ^{55}$	$sɛ^{55}$	$tsʰɛ^{55}$	$kɛ^{55}$	$ŋɛ^{33}$	ie^{33}	$pɐʔ^{54}$
17 昌化	$bɛ̃^{243}$	$tsʰɔ̃^{544}$	$sɔ̃^{334}$	$tsʰɔ̃^{453}$	$kɔ̃^{334}$	$ŋɔ̃^{243}$	$iĩ^{243}$	$paʔ^{5}$
18 於潜	$bɛ^{24}$	$tsʰɛ^{51}$	$sɛ^{433}$	$tsʰɛ^{51}$	$kɛ^{433}$	$ŋɛ^{51}$	ie^{24}	$pɐʔ^{53}$
19 萧山	$bɛ^{242}$	$tsʰɛ^{33}$	$sɛ^{533}$	$tsʰɛ^{33}$	$kɛ^{533}$	$ŋɛ^{13}$	$ɛ^{13}$	$paʔ^{5}$
20 富阳	$bã^{224}$	$tsʰã^{423}$	$sã^{53}$	suo^{423}	$kã^{53}$	$ŋã^{224}$	$iɛ^{224}$	$poʔ^{5}$
21 新登	$bɛ^{13}$	$tsʰɛ^{334}$	$sɛ^{53}$	sa^{334}	$kɛ^{53}$	$ɛ^{334}$	$ʑiɛ̃^{13}$	$paʔ^{5}$
22 桐庐	$bã^{24}$	$tsʰã^{33}$	$sã^{533}$	$tsʰã^{33}$	$kã^{533}$	$ŋã^{33}$	$ʑie^{24}$	$paʔ^{5}$
23 分水	$bã^{13}$	$tsʰã^{53}$	$sã^{44}$	$tsʰã^{53}$	$tɕiɛ^{44}$	$ŋã^{53}$	$iɛ̃^{13}$	$paʔ^{5}$
24 绍兴	$bɛ̃^{22}$	$tsʰɛ̃^{334}$	$sɛ̃^{53}$	$tsʰɛ̃^{334}$	$kɛ̃^{53}$	$ŋɛ̃^{223}$	$ɛ̃^{223}$	$pɛʔ^{5}$

续表

方言点	0481 办	0482 铲	0483 山	0484 产 ~妇	0485 间 房~,一~房	0486 眼	0487 限	0488 八
	山开二 去山並	山开二 上山初	山开二 平山生	山开二 上山生	山开二 平山见	山开二 上山疑	山开二 上山匣	山开二 入黠帮
25 上虞	$bɛ̃^{31}$	$tsʰɛ̃^{35}$	$sɛ̃^{35}$	$tsʰɛ̃^{35}$	$kɛ̃^{35}$	$ŋɛ̃^{213}$	$ɛ̃^{213}$	$pɛʔ^{5}$
26 嵊州	$bɛ̃^{24}$	$tsʰɛ̃^{53}$	$sɛ̃^{534}$	$tsʰɛ̃^{53}$	$kɛ̃^{534}$	$ŋɛ̃^{22}$	$ɛ̃^{24}$	$pɛʔ^{5}$
27 新昌	$bɛ̃^{13}$	$tsʰɛ̃^{453}$	$sɛ̃^{534}$	$tsʰɛ̃^{453}$	$kɛ̃^{534}$	$ŋɛ̃^{232}$	$ɛ̃^{232}$	$pɛʔ^{5}$
28 诸暨	$bɛ^{33}$	$tsʰɛ^{42}$	$sɛ^{544}$	so^{42}	$kɛ^{544}$	$ŋɛ^{242}$	$ɛ^{242}$	$paʔ^{5}$
29 慈溪	$bɛ̃^{13}$	$tsʰɛ̃^{35}$	$sɛ̃^{35}$	$tsʰɛ̃^{35}$	$kɛ̃^{35}$	$ȵie^{13}$	$ɛ̃^{13}$	$poʔ^{5}$
30 余姚	ba^{13}	$tsʰã^{34}$	$sã^{44}$	$tsʰã^{34}$	$kã^{44}$	$ȵie^{13}$	$ã^{13}$	$poʔ^{5}$
31 宁波	$bɛ^{13}$	$tsʰɛ^{35}$	$sɛ^{53}$	$tsʰɛ^{35}$	$kɛ^{53}$	$ŋɛ^{13}$	$ɛ^{13}$	$paʔ^{5}$
32 镇海	$bɛ^{24}$	$tsʰɛ^{35}$	$sɛ^{53}$	$tsʰɛ^{35}$	$kɛ^{53}$	$ŋɛ^{24}$	$ɛ^{24}$	$paʔ^{5}$
33 奉化	$bɛ^{31}$	$tsʰɛ^{545}$	$sɛ^{44}$	$tsʰɛ^{545}$	$kɛ^{44}$	$ŋɛ^{324}$	$ɛ^{31}$	$paʔ^{5}$
34 宁海	be^{24}	$tsʰe^{53}$	se^{423}	$tsʰe^{53}$	ke^{423}	$ȵie^{31}$	e^{31}	$paʔ^{5}$
35 象山	$bɛ^{13}$	$tsʰɛ^{44}$	$sɛ^{44}$	$tsʰɛ^{44}$	$kɛ^{44}$	$ŋɛ^{31}$	$ɛ^{13}$	$paʔ^{5}$
36 普陀	$bɛ^{13}$	$tsʰɛ^{45}$	$sɛ^{53}$	$tsʰɛ^{45}$	$kɛ^{53}$	$ŋɛ^{23}$	$ɛ^{23}$	$pɐʔ^{5}$
37 定海	$bɛ^{13}$	$tsʰɛ^{45}$	$sɛ^{52}$	$sã^{52}$	$kɛ^{52}$	$ŋɛ^{23}$	$ɛ^{23}$	$pɐʔ^{5}$
38 岱山	$bɛ^{213}$	$tsʰɛ^{325}$	$sɛ^{52}$	$sã^{52}$	$kɛ^{52}$	$ŋɛ^{244}$	$ɛ^{244}$	$pɐʔ^{5}$
39 嵊泗	$bɛ^{213}$	$tsʰɛ^{445}$	$sɛ^{53}$	$sã^{53}$	$kɛ^{53}$	$ŋɛ^{445}$	$ɛ^{243}$调殊	$pɐʔ^{5}$
40 临海	$bɛ^{324}$	$tsʰɛ^{52}$	$sɛ^{31}$	$tsʰɛ^{52}$	$kɛ^{31}$	$ŋɛ^{52}$	$ɛ^{52}$	$pɛʔ^{5}$
41 椒江	$bɛ^{24}$	$tsʰɛ^{42}$	$sɛ^{42}$	$sɛ^{42}$	kie^{42}	$ȵie^{42}$	$ɛ^{42}$	$pɛʔ^{5}$
42 黄岩	$bɛ^{24}$	$tsʰɛ^{42}$	$sɛ^{32}$	$sɛ^{42}$	kie^{32}	$ȵie^{42}$	$ɛ^{42}$	$pəʔ^{5}$
43 温岭	$bɛ^{13}$	$tsʰɛ^{42}$	$sɛ^{33}$	$sɛ^{42}$	kie^{33}	$ȵie^{42}$	$ɛ^{42}$	$pəʔ^{5}$
44 仙居	ba^{24}	$tsʰa^{324}$	sa^{334}	sa^{324}	ka^{334}	$ŋa^{324}$	a^{324}	$ɓaʔ^{5}$
45 天台	be^{35}	$tsʰe^{325}$	se^{33}	se^{325}	ke^{33}	$ŋe^{214}$	e^{214}	$peʔ^{5}$
46 三门	$bɛ^{243}$	$tsʰɛ^{325}$	$sɛ^{334}$	$tsʰɛ^{325}$	$kɛ^{334}$	$ŋɛ^{325}$	$ɛ^{213}$	$pɐʔ^{5}$
47 玉环	$bɛ^{22}$	$tsʰɛ^{53}$	$sɛ^{42}$	$tsʰɛ^{53}$	kie^{42}	$ȵie^{53}$	$ɛ^{53}$	$pɐʔ^{5}$
48 金华	$bɑ^{14}$	$tsʰɑ^{535}$	$sɑ^{334}$	$suɑ^{535}$	$kɑ^{55}$调殊	$ɑ^{535}$	ie^{14}白 $ziɛ̃^{14}$文	$pɣɑ^{55}$

续表

方言点	0481 办	0482 铲	0483 山	0484 产 ～妇	0485 间 房～、一～房	0486 眼	0487 限	0488 八
	山开二 去山並	山开二 上山初	山开二 平山生	山开二 上山生	山开二 平山见	山开二 上山疑	山开二 上山匣	山开二 入黠帮
49 汤溪	bɤa³⁴¹	tsʰuɑ⁵³⁵	suɑ²⁴	suɑ⁵³⁵	kuɑ²⁴	uɑ¹¹³	ie³⁴¹	pɤa⁵⁵
50 兰溪	bia²⁴	tsʰuɑ⁵⁵白 tsʰæ̃⁵⁵文	suɑ³³⁴	suɑ⁵⁵	kuɑ⁵⁵	uɑ⁵⁵	ʑiɛ̃²⁴	piaʔ³⁴
51 浦江	bã²⁴	tsʰã⁵³	sã⁵³⁴	ɕyɑ⁵⁵	kã⁵³⁴	ŋã²⁴³	ã²⁴³	pia⁴²³
52 义乌	ba²⁴白 ban²⁴文	tsʰɔ⁴²³白 tsʰan⁴²³文	sɔ³³⁵	sɔ³³⁵白 tsʰan⁴²³文	kɔ³³⁵	ɔ³¹²	ie²⁴白 ʑian²⁴文	pɯa³²⁴
53 东阳	bɔ²⁴	tsʰɔ⁴⁴	sɔ³³⁴	tsʰɔ⁴⁴	kɔ³³⁴	ŋa²³¹	ɐn²³¹	pɔ³³⁴
54 永康	ba²⁴¹	tsʰa³³⁴	sa⁵⁵	za¹¹³	ka⁵⁵	ŋa¹¹³	a¹¹³	ɓuɑ³³⁴
55 武义	buo²³¹	tsʰuo⁴⁴⁵	suo²⁴	suo⁴⁴⁵	kuo⁵³	ŋuo¹³	ŋuo¹³	puɑ⁵³
56 磐安	bɒ¹⁴	tsʰɒ³³⁴	sɒ⁴⁴⁵	sɒ³³⁴	kɒ⁴⁴⁵	ŋa³³⁴	ie¹⁴	pə³³⁴
57 缙云	bɑ²¹³	tsʰɑ⁵¹	sɑ⁴⁴	sɑ⁵¹生～	kɑ⁴⁴	ŋa³¹	ɑ³¹	pa³²²
58 衢州	bã²³¹	tsʰã³⁵	sã³²	sã³⁵声殊	kã³²	ŋã²³¹	ã²³¹白 ʑiɛ̃²³¹文	paʔ⁵
59 衢江	bã²³¹	tsʰã²⁵	sã³³	sã²⁵	kã³³	ŋã²¹²	ʑiɛ²³¹	paʔ⁵
60 龙游	bã²³¹	tsʰã³⁵	sã³³⁴	sã³⁵	kã³³⁴	ŋã²²⁴	ʑiɛ²³¹调殊	pɔʔ⁴
61 江山	baŋ³¹	tsʰaŋ²⁴¹	saŋ⁴⁴	saŋ²⁴¹	kaŋ⁴⁴	ŋaŋ²²	aŋ²²	paʔ⁵
62 常山	bã¹³¹	tsʰã⁵²	sã⁴⁴	tsʰã⁵²	kã⁴⁴	ŋã²⁴白 iɛ̃⁵²文	ã¹³¹白 iɛ̃¹³¹文	paʔ⁵
63 开化	bã²¹³	tsʰã⁵³	sã⁴⁴	sã⁵³	kã⁴⁴	ŋã²¹³	ʑiɛ̃²¹³	pɔʔ⁵
64 丽水	bã¹³¹	tɕʰia⁵⁴⁴名 tsʰã⁵⁴⁴动	sã²²⁴	sã⁵⁴⁴	kã²²⁴	ŋã⁵⁴⁴	ã⁵⁴⁴调殊	puɔʔ⁵
65 青田	bɑ²²	tsʰɑ⁴⁵⁴	sɑ⁴⁴⁵	tsʰɑ⁴⁵⁴	kɑ⁴⁴⁵	ŋɑ⁴⁵⁴	ɑ⁴⁵⁴	ɓaʔ⁴²
66 云和	bã²²³	tsʰã⁴¹	sã²⁴	tsʰã⁴¹	kã²⁴	ŋɛ⁴¹～睛 ŋã⁴¹一～	ã⁴¹调殊	pɔʔ⁵
67 松阳	bɔ¹³	tsʰɔ²¹²	sɔ⁵³	tsʰɔ²¹²	kɔ⁵³	ŋã²²～睛 ŋɔ̃²²～泪	ɔ²²	pɔʔ⁵
68 宣平	bã²³¹	tsʰã⁴⁴⁵	sã³²⁴	tsʰã⁴⁴⁵	kã³²⁴房～ kã⁵²一～	ŋɛ²²³～睛 ŋã²²³～泪 ŋã²²³一～	ã²²³	pɑʔ⁵

续表

方言点	0481 办	0482 铲	0483 山	0484 产~妇	0485 间 房~,一~房	0486 眼	0487 限	0488 八
	山开二 去山並	山开二 上山初	山开二 平山生	山开二 上山生	山开二 平山见	山开二 上山疑	山开二 上山匣	山开二 入黠帮
69 遂昌	baŋ²¹³	tsʰaŋ⁵³³	saŋ⁴⁵	tsʰaŋ⁵³³	kaŋ⁴⁵	ŋaŋ¹³	aŋ¹³	paʔ⁵
70 龙泉	baŋ²²⁴	tsʰaŋ⁵¹	saŋ⁴³⁴	tsʰaŋ⁵¹	kaŋ⁴³⁴	ŋaŋ⁵¹	aŋ⁵¹	poʔ⁵
71 景宁	bɔ¹¹³	tsʰɔ³³	sɔ³²⁴	tsʰɔ³³	kɔ³²⁴	ŋɛ³³~晴 ŋɔ³³一~	ɔ³³	pɔʔ⁵
72 庆元	pã³¹	tsʰã̃³³	sã̃³³⁵	tsʰã̃³³	kã̃³³⁵	ŋã̃²²¹	xã̃²²¹	ɓoʔ⁵
73 泰顺	pã²²	tsʰã̃⁵⁵	sã̃²¹³	sã̃⁵⁵	kã̃²¹³	ŋã̃⁵⁵	ã̃⁵⁵	pɔʔ⁵
74 温州	ba²²	tsʰa²⁵	sa³³	tsʰa²⁵	ka³³	ŋa¹⁴	a¹⁴	po³²³
75 永嘉	ba²²	tsʰa⁴⁵	sa⁴⁴	tsʰa⁴⁵	ka⁴⁴	ŋa¹³	a¹³	po⁴²³
76 乐清	bE²²	tɕʰiɛ³⁵	sE⁴⁴	tɕʰiɛ³⁵	kE⁴⁴	ŋE²⁴	E²⁴	pɯʌ³²³
77 瑞安	bɔ²²	(无)	sɔ⁴⁴	sɔ³⁵	kɔ⁴⁴	ŋɔ¹³	ɔ¹³	pu³²³
78 平阳	bɔ²³	tʃʰɔ⁴⁵	sɔ⁵⁵	tʃʰɔ⁴⁵	kɔ⁵⁵	ŋɔ⁴⁵	ɔ²³	po³⁴
79 文成	bɔ⁴²⁴	tʃʰɔ⁴⁵	sɔ⁵⁵	sɔ⁴⁵	kɔ⁵⁵	ŋɔ²²⁴	ɔ²²⁴	po³⁴
80 苍南	ba¹¹	tɕʰia⁵³	sa⁴⁴	tsʰa⁵³	ka⁴⁴	ŋa⁵³	a³¹	puɔ²²³
81 建德徽	pʰɛ⁵⁵	tsʰɛ²¹³	sɛ⁵³	tsɛ²¹³白 tsʰɛ²¹³文	kɛ⁵³	ŋɛ²¹³	hɛ²¹³	po⁵⁵
82 寿昌徽	pʰɤ³³	tɕʰyə²⁴~草 tsʰæ̃⁵⁵~车	ɕyə¹¹²	tsʰã̃⁵⁵~妇	kuə¹¹²	ŋuə⁵³⁴白 iɛ⁵⁵文	ɕiɛ²⁴文	pɤ⁵⁵
83 淳安徽	pʰã̃⁵³	tsʰã̃⁵⁵	sã̃²⁴	sã̃⁵⁵	kã̃²⁴	ã̃⁵⁵	hã̃⁵³	pã̃ʔ⁵
84 遂安徽	pʰã̃⁵²	tsʰã̃²¹³	sã̃⁵³⁴	tsʰã̃²¹³	kã̃⁵³⁴	ã̃⁴³	ɕiɛ̃⁴³	pã²⁴
85 苍南闽	pan²¹	tsʰan⁴³	sũa⁵⁵	tsʰan⁴³	kũĩ⁵⁵	gan⁴³	han²¹	pue⁴³
86 泰顺闽	pɛ³¹	tsʰæŋ³⁴⁴	sæŋ²¹³	sæŋ³⁴⁴	kɛ²¹³	ŋɛ³⁴⁴	xɛ³¹	pɛʔ⁵
87 洞头闽	pan²¹	(无)	sũa³³	tsʰan⁵³	kan³³	gan⁵³	han²¹	pue⁵³
88 景宁畲	pɔn⁵¹	tsʰan³²⁵	san⁴⁴	tsʰɔn³²⁵	kian⁵¹	n̠ian³²⁵	ɔn⁵¹	pat⁵

方言点	0489 扎 山开二 入黠庄	0490 杀 山开二 入黠生	0491 班 山开二 平删帮	0492 板 山开二 上删帮	0493 慢 山开二 去删明	0494 奸 山开二 平删见	0495 颜 山开二 平删疑	0496 瞎 山开二 入鎋晓
01 杭州	tsaʔ⁵	saʔ⁵	pɛ³³⁴	pɛ⁵³	mɛ¹³	tɕiɛ³³⁴	ŋɛ²¹³ 白 / iɛ²¹³ 文	xaʔ⁵ 白 / ɕiɛʔ⁵ 文
02 嘉兴	tsʌʔ⁵	sʌʔ⁵	pɛ⁴²	pɛ⁵⁴⁴	mɛ¹¹³	tɕiɛ⁴²	ŋɛ²⁴²	hʌʔ⁵
03 嘉善	tsɜʔ⁵	sɜʔ⁵	pɛ⁵³	pɛ⁴⁴	mɛ¹¹³	kɛ⁵³ 白 / tɕiɛ⁵³ 文	ŋɛ¹³²	xɜʔ⁵
04 平湖	tsaʔ⁵	saʔ⁵	pɛ⁵³	pɛ⁴⁴	mɛ²¹³	kɛ⁵³ 白 / tɕiɛ⁵³ 文	ŋɛ³¹	haʔ⁵
05 海盐	tsaʔ⁵	saʔ⁵	pɛ⁵³	pɛ⁴²³	mɛ⁴²³	kɛ⁵³ 白 / tɕiɛ⁵³ 文	ɛ³¹	xaʔ⁵
06 海宁	tsaʔ⁵	saʔ⁵	pɛ⁵⁵	pɛ⁵³	mɛ³⁵	kɛ⁵⁵	ɛ¹³	həʔ⁵
07 桐乡	tsaʔ⁵	saʔ⁵	pɛ⁴⁴	pɛ⁵³	mɛ²¹³	kɛ⁴⁴	ɛ¹³	haʔ⁵
08 崇德	tsaʔ⁵	saʔ⁵	pɛ⁴⁴	pɛ⁵³	mɛ¹³	kɛ⁴⁴	ɛ¹³	haʔ⁵
09 湖州	tsaʔ⁵	saʔ⁵	pɛ⁴⁴	pɛ⁵²³	mɛ³⁵	tɕiɛ⁴⁴	ŋɛ¹¹²	xaʔ⁵
10 德清	tsaʔ⁵	saʔ⁵	pɛ⁴⁴	pɛ⁵²	mɛ³³⁴	kɛ⁴⁴	ŋɛ¹¹³	xaʔ⁵
11 武康	tsɜʔ⁵	sɜʔ⁵	pɛ⁴⁴	pɛ⁵³	mɛ²²⁴	kɛ⁴⁴ 白 / tɕii⁴⁴ 文	ŋɛ¹¹³	xɜʔ⁵
12 安吉	tsɐʔ⁵	sɐʔ⁵	pɐ⁵⁵	pɐ⁵²	mɛ²¹³	kɐ⁵⁵	ŋɐ²²	hɐʔ⁵
13 孝丰	tsaʔ⁵	saʔ⁵	pɛ⁴⁴	pɛ⁵²	mɛ³²⁴	kɛ⁴⁴	ŋɛ²²	haʔ⁵
14 长兴	gaʔ² 又 / tsaʔ⁵ 又	saʔ⁵	pɛ⁴⁴	pɛ⁵²	mɛ³²⁴	tʃi⁴⁴	ŋɛ¹²	haʔ⁵
15 余杭	tsaʔ⁵	saʔ⁵	pɛ̃⁴⁴	pɛ̃⁵³	mɛ̃²¹³	tɕiɛ⁴⁴	ŋɛ̃²²	xaʔ⁵
16 临安	tsɐʔ⁵⁴	sɐʔ⁵⁴	pɛ⁵⁵	pɛ⁵⁵	mɛ³³	kɛ⁵⁵	ŋɛ⁵⁵	hɐʔ⁵⁴
17 昌化	gaʔ²³	saʔ⁵	pɔ̃³³⁴	pɔ̃⁴⁵³	mɔ̃²⁴³	tɕĩ³³⁴	ŋɔ̃¹¹²	xaʔ⁵
18 於潜	tsəʔ⁵³	sɐʔ⁵³	pɛ⁴³³	pɛ⁵¹	mɛ²⁴	kɛ⁴³³	ŋɛ²²³	xɐʔ⁵³
19 萧山	tsaʔ⁵	saʔ⁵	pɛ⁵³³	pɛ³³	mɛ²⁴²	kɛ⁵³³	ŋɛ³⁵⁵	xaʔ⁵
20 富阳	tsaʔ⁵	saʔ⁵	pã⁵³	pã⁴²³	mã³³⁵	tɕiɛ̃⁵³	ŋã¹³	haʔ⁵
21 新登	tsaʔ⁵	saʔ⁵	pɛ⁵³	pɛ³³⁴	mɛ¹³	tɕiɛ̃⁵³	ɛ²³³	haʔ⁵
22 桐庐	tsaʔ⁵	saʔ⁵	pã⁵³³	pã³³	mã²⁴	tɕiɛ⁵³³	ŋã¹³	xaʔ⁵
23 分水	tsaʔ⁵	saʔ⁵	pã⁴⁴	pã⁵³	mã¹³	tɕiɛ̃⁴⁴	iɛ²²	xaʔ⁵

方言点	0489 扎	0490 杀	0491 班	0492 板	0493 慢	0494 奸	0495 颜	0496 瞎
	山开二入黠庄	山开二入黠生	山开二平删帮	山开二上删帮	山开二去删明	山开二平删见	山开二平删疑	山开二入鎋晓
24 绍兴	$tsɛʔ^5$	$sɛʔ^5$	$p\tilde{ɛ}^{53}$	$p\tilde{ɛ}^{334}$	$m\tilde{ɛ}^{22}$	$k\tilde{ɛ}^{53}$	$ŋ\tilde{ɛ}^{231}$	$hɛʔ^5$
25 上虞	$tsɐʔ^5$	$sɐʔ^5$	$p\tilde{ɛ}^{35}$	$p\tilde{ɛ}^{35}$	$m\tilde{ɛ}^{31}$	$k\tilde{ɛ}^{35}$	$ŋ\tilde{ɛ}^{213}$	$hɐʔ^5$
26 嵊州	$tsɛʔ^5$	$sɛʔ^5$	$p\tilde{ɛ}^{534}$	$p\tilde{ɛ}^{53}$	$m\tilde{ɛ}^{24}$	$k\tilde{ɛ}^{534}$	$ŋ\tilde{ɛ}^{213}$	$hɛʔ^5$
27 新昌	$tsɛʔ^5$	$sɛʔ^5$	$p\tilde{ɛ}^{534}$	$p\tilde{ɛ}^{453}$	$m\tilde{ɛ}^{13}$	$k\tilde{ɛ}^{534}$	$ŋ\tilde{ɛ}^{22}$	$hɛʔ^5$
28 诸暨	$tsaʔ^5$	$saʔ^5$	$pɛ^{544}$	$pɛ^{42}$	$mɛ^{33}$	$kɛ^{544}$	$ŋɛ^{13}$	$haʔ^5$
29 慈溪	$tsaʔ^5$	$saʔ^5$	$p\tilde{ɛ}^{35}$	$p\tilde{ɛ}^{35}$	$m\tilde{ɛ}^{13}$	$k\tilde{ɛ}^{35}$	$ȵie^{13}$	$haʔ^5$
30 余姚	$tsaʔ^5$	$saʔ^5$	$p\tilde{a}^{44}$	$p\tilde{a}^{34}$	$m\tilde{a}^{13}$	$k\tilde{a}^{44}$	$ȵie^{13}$	$haʔ^5$
31 宁波	$tsaʔ^5$	$saʔ^5$	$pɛ^{53}$	$pɛ^{35}$	$mɛ^{13}$	$kɛ^{53}$	$ŋɛ^{13}$	$haʔ^5$
32 镇海	$tsaʔ^5$	$saʔ^5$	$pɛ^{53}$	$pɛ^{35}$	$mɛ^{24}$	$kɛ^{53}$	$ŋɛ^{24}$	$haʔ^5$
33 奉化	$tsaʔ^5$	$saʔ^5$	$pɛ^{44}$	$pɛ^{545}$	$mɛ^{31}$	$kɛ^{44}$	$ŋɛ^{33}$	$haʔ^5$
34 宁海	$tsaʔ^5$	$saʔ^5$	pe^{423}	pe^{53}	me^{24}	ke^{423}	$ȵie^{213}$	$haʔ^5$
35 象山	$tsaʔ^5$	$saʔ^5$	$pɛ^{44}$	$pɛ^{44}$	$mɛ^{13}$	$kɛ^{44}$	$ŋɛ^{31}$	$haʔ^5$
36 普陀	$tsɐʔ^5$	$sɐʔ^5$	$pɛ^{53}$	$pɛ^{45}$	$mɛ^{13}$	$kɛ^{53}$	$ŋɛ^{24}$	$xɐʔ^5$
37 定海	$tsɐʔ^5$	$sɐʔ^5$	$pɛ^{52}$	$pɛ^{45}$	$mɛ^{13}$	$kɛ^{52}$	$ŋɛ^{23}$	$xɐʔ^5$
38 岱山	$tsɐʔ^5$	$sɐʔ^5$	$pɛ^{44}$ 调殊	$pɛ^{325}$	$mɛ^{213}$	$kɛ^{52}$	$ŋɛ^{23}$	$xɐʔ^5$
39 嵊泗	$tsɐʔ^5$	$sɐʔ^5$	$pɛ^{53}$	$pɛ^{445}$	$mɛ^{213}$	$kɛ^{53}$	$ŋɛ^{243}$	$xɐʔ^5$
40 临海	$tsɐʔ^5$	$sɐʔ^5$	$pɛ^{31}$	$pɛ^{52}$	$mɛ^{324}$	$kɛ^{31}$	$ŋɛ^{21}$	$hɐʔ^5$
41 椒江	$tsɛʔ^5$	$sɛʔ^5$	$pɛ^{42}$	$pɛ^{42}$	$mɛ^{24}$	$kiɛ^{42}$	$ȵiɛ^{31}$	$hɛʔ^5$
42 黄岩	$tsəʔ^5$	$səʔ^5$	$pɛ^{32}$	$pɛ^{42}$	$mɛ^{24}$	$kiɛ^{32}$	$ȵiɛ^{121}$	$həʔ^5$
43 温岭	$tsəʔ^5$	$səʔ^5$	$pɛ^{33}$	$pɛ^{42}$	$mɛ^{13}$	$kiɛ^{33}$	$ȵiɛ^{31}$	ho^{33}
44 仙居	$tsɑʔ^5$	$sɑʔ^5$	$ɓa^{334}$	$ɓa^{324}$	ma^{24}	ka^{334}	$ŋa^{213}$	$hɑʔ^5$
45 天台	$tsɛʔ^5$	$sɛʔ^5$	pe^{33}	pe^{325}	me^{35}	ke^{33}	$ŋe^{224}$	$he^{...}$
46 三门	$tsɐʔ^5$	$sɐʔ^5$	$pɛ^{334}$	$pɛ^{325}$	$mɛ^{243}$	$kɛ^{334}$	$ŋɛ^{113}$	$hɐʔ^5$
47 玉环	$tsɛʔ^5$	$sɐʔ^5$	$pɛ^{42}$	$pɛ^{53}$	$mɛ^{22}$	$kiɛ^{42}$	$ȵiɛ^{31}$	$hɐʔ^5$

方言点	0489 扎 山开二 入黠庄	0490 杀 山开二 入黠生	0491 班 山开二 平删帮	0492 板 山开二 上删帮	0493 慢 山开二 去删明	0494 奸 山开二 平删见	0495 颜 山开二 平删疑	0496 瞎 山开二 入鎋晓
48 金华	tsuɑ⁵⁵	suɑ⁵⁵	pɑ³³⁴	pɑ⁵³⁵	mɑ¹⁴	kɑ³³⁴白 tɕiɛ̃³³⁴文	ɑ³¹³	xuɑ⁵⁵
49 汤溪	tsuɑ⁵⁵	suɑ⁵⁵	mɤɑ²⁴	mɤɑ⁵³⁵	mɤɑ³⁴¹	tɕie²⁴	uɑ¹¹	（无）
50 兰溪	tsuɑʔ³⁴	suɑʔ³⁴	piɑ³³⁴	piɑ⁵⁵	miɑ²⁴	tɕiɛ³³⁴	uɑ²¹	xuɑʔ³⁴
51 浦江	tsɑ⁴²³	ɕyɑ⁴²³	pɑ̃⁵³⁴	pɑ̃⁵³	mɑ̃²⁴³	kɑ̃⁵³⁴	ŋɑ̃¹¹³	ɕiɑ⁴²³
52 义乌	tsua³²⁴白 tsa³²⁴文	sua³²⁴	ma³³⁵	ma⁴²³	man²⁴	kɔ³³⁵白 tɕian³³⁵文	ɔ²¹³	ɕia³²⁴
53 东阳	tsa³³⁴	so³³⁴	pɔ³³⁴	pɔ⁴⁴	mɔ²⁴	tɕi³³⁴	ŋa²¹³	（无）
54 永康	tsua³³⁴	sua³³⁴	ma⁵⁵	ma³³⁴	ma²⁴¹	ka⁵⁵	ŋa²²	（无）
55 武义	tsua⁵³	sua⁵³	muo²⁴	muo⁴⁴⁵	muo²³¹	kuo²⁴	ŋuɑ³²⁴	（无）
56 磐安	tsa³³⁴	suə³³⁴	mɒ⁴⁴⁵老 pɒ⁴⁴⁵新	mɒ³³⁴石~ pɒ³³⁴老~	mɒ¹⁴	kɒ⁴⁴⁵老 tɕie⁴⁴⁵新	ŋa²¹³	（无）
57 缙云	tsɑ³²²	sɑ³²²	pɑ⁴⁴	pɑ⁵¹	mɑ²¹³	kɑ⁴⁴	ŋɑ²⁴³	（无）
58 衢州	tsaʔ⁵	saʔ⁵	pɑ̃³²	pɑ̃³⁵	mɑ̃²³¹	kɑ̃³²白 tɕiɛ̃³²文	ŋɑ̃²¹	xaʔ⁵
59 衢江	tsaʔ⁵	saʔ⁵	pɑ̃³³	pɑ̃²⁵	mɑ̃²³¹	tɕie³³	ŋɑ̃²¹²	xaʔ⁵
60 龙游	tsɔʔ⁴	sɔʔ⁴	pɑ̃³³⁴	pɑ̃³⁵	mɑ̃²³¹	tɕie³³⁴	ŋa²¹白 ie²¹文	xɔʔ⁴
61 江山	tsaʔ⁵	saʔ⁵	paŋ⁴⁴	paŋ²⁴¹	maŋ³¹	kiaŋ⁴⁴	ŋaŋ²²调殊	xaʔ⁵
62 常山	tsaʔ⁵	saʔ⁵	pɑ̃⁴⁴	pɑ̃⁵²	mɑ̃¹³¹	tɕiɛ̃⁴⁴	ŋɑ̃¹³¹	xʌʔ⁵
63 开化	tsaʔ⁵	saʔ⁵	pɑ̃⁴⁴	pɑ̃⁵³	mɑ̃²¹³	tɕiɛ̃⁴⁴	ŋɑ̃²¹³调殊	xɔʔ⁵
64 丽水	tsɔʔ⁵	sɔʔ⁵	pɑ̃²²⁴	pɑ̃⁵⁴⁴	mɑ̃¹³¹	kɑ̃²²⁴	ŋɑ̃²²	xuɔʔ⁵
65 青田	tsaʔ⁴²	saʔ⁴²	ɓa⁴⁴⁵	ɓa⁴⁵⁴	ma²²	ka⁴⁴⁵	ŋɑ²¹	xaʔ⁴²
66 云和	tsɔʔ⁵	sɔʔ⁵	pɑ̃²⁴	pɑ̃⁴¹	mɑ̃²²³	kɑ̃²⁴	ŋɑ̃³¹²	xɔʔ⁵
67 松阳	tsɔʔ⁵	sɔʔ⁵	pɔ̃⁵³	pɔ̃²¹²	mɔ̃¹³	kɔ̃⁵³	ŋɔ̃³¹	xɔʔ⁵
68 宣平	tsaʔ⁵	saʔ⁵	pɑ̃³²⁴	pɑ̃⁴⁴⁵	mɑ̃²³¹	kɑ̃³²⁴	ŋɑ̃⁴³³	xaʔ⁵
69 遂昌	tsaʔ⁵	saʔ⁵	paŋ⁴⁵	paŋ⁵³³	maŋ²¹³	kaŋ⁴⁵	ŋaŋ²²¹	xaʔ⁵

续表

方言点	0489 扎 山开二 入黠庄	0490 杀 山开二 入黠生	0491 班 山开二 平删帮	0492 板 山开二 上删帮	0493 慢 山开二 去删明	0494 奸 山开二 平删见	0495 颜 山开二 平删疑	0496 瞎 山开二 入鎋晓
70 龙泉	tsoʔ⁵	soʔ⁵	paŋ⁴³⁴	paŋ⁵¹	maŋ²²⁴	kaŋ⁴³⁴	ŋaŋ²¹	xuoʔ⁵
71 景宁	tsɔʔ⁵	sɔʔ⁵	pɔ³²⁴	pɔ³³	mɔ¹¹³	kɔ³²⁴	ŋɔ⁴¹	xɔʔ⁵
72 庆元	tsɑʔ⁵	sɑʔ⁵	ɓã³³⁵	ɓã³³	mã³¹	kã³³⁵	ŋã⁵²	ɕiɑʔ⁵
73 泰顺	tsɔʔ⁵	sɔʔ⁵	pã²¹³	pã⁵⁵	mã²²	kã²¹³	ŋã⁵³	xɔʔ⁵
74 温州	tsa³²³	sa³²³	pa³³	pa²⁵	ma²²	ka³³	ŋa³¹	ha³²³
75 永嘉	tsa⁴²³	sa⁴²³	pa⁴⁴	pa⁴⁵	ma²²	ka⁴⁴	ŋa³¹	(无)
76 乐清	tɕia³²³	sa³²³	pE⁴⁴	pE³⁵	mE²²	kE⁴⁴	ŋE³¹	ha³²³
77 瑞安	tsɔ³²³	sɔ³²³	pɔ⁴⁴	pɔ³⁵	mɔ²²	kɔ⁴⁴	ŋɔ³¹	(无)
78 平阳	tʃɔ³⁴	sɔ³⁴	pɔ⁵⁵	pɔ⁴⁵	mɔ³³	kɔ⁵⁵	ŋɔ⁴⁵	(无)
79 文成	tʃɔ³⁴	sɔ³⁴	pɔ⁵⁵	pɔ⁴⁵	mɔ⁴²⁴	kɔ⁵⁵	ŋɔ¹¹³	(无)
80 苍南	tsa²²³	sa²²³	pa⁴⁴	pa⁵³	ma¹¹	ka⁴⁴	ŋa³¹	(无)
81 建德徽	tso⁵⁵	so⁵⁵	pɛ⁵³	pɛ²¹³	mɛ⁵⁵	kɛ⁵³强~ tɕie⁵³~臣	ŋɛ³³	ho⁵⁵
82 寿昌徽	tsuə⁵⁵	ɕyə⁵⁵	pɤ¹¹²	pɤ²⁴	mɤ³³	tɕi¹¹²~臣 tɕiɛ³³强~	ŋuə¹¹²文	xuə⁵⁵
83 淳安徽	tsɑʔ⁵	sɑʔ⁵	pã²⁴	pã⁵⁵	mã⁵³	kã²⁴	ã⁴³⁵	hɑʔ⁵
84 遂安徽	tsa²⁴	sa²⁴	pã⁵³⁴	pã²¹³	mã⁵²	kã⁵³⁴白 tɕiɛ⁵³⁴文	ã³³	xa²⁴
85 苍南闽	tsɐ⁴³	sɐ⁴³	pan⁵⁵	pan⁴³	ban²¹	kan⁵⁵	gan²⁴	hia⁵⁵文
86 泰顺闽	tsɛʔ⁵	sɛʔ⁵	piæŋ²¹³	pɛ²²	mɛ³¹	kæŋ²¹³	ŋæŋ²²	(无)
87 洞头闽	tsɐt⁵	sɐt⁵	pan³³	pan⁵³	ban²¹	kan³³	ŋã¹¹³	ɕia³³文
88 景宁畲	tsɔt⁵	(无)	pɔn⁴⁴	pan³²⁵	mɔn⁵¹	kan⁴⁴	ŋɔn²²	(无)

方言点	0497 变	0498 骗 欺~	0499 便 方~	0500 棉	0501 面 ~孔	0502 连	0503 剪	0504 浅
	山开三 去仙帮	山开三 去仙滂	山开三 去仙並	山开三 平仙明	山开三 去仙明	山开三 平仙来	山开三 上仙精	山开三 上仙清
01 杭州	pie⁴⁵	pʰiɛ⁴⁵	biɛ¹³	miɛ²¹³	miɛ¹³	liɛ²¹³	tɕie⁵³	tɕʰie⁵³
02 嘉兴	pie²²⁴	pʰie²²⁴	bie¹¹³	mie²⁴²	mie¹¹³	lie²⁴²	tɕie⁵⁴⁴	tɕʰie¹¹³
03 嘉善	piɿ³³⁴	pʰiɿ³³⁴	biɿ¹¹³	miɿ¹³²	miɿ¹¹³	liɿ¹³²	tɕiɿ⁴⁴	tɕʰiɿ³³⁴
04 平湖	pie³³⁴	pʰiɛ²¹³	biɛ²¹³	miɛ³¹	miɛ²¹³	liɛ³¹	tsie⁴⁴	tsʰie²¹³
05 海盐	pie³³⁴	pʰiɛ³³⁴	biɛ²¹³	miɛ³¹	miɛ²¹³	liɛ³¹	tɕie⁴²³	tɕʰie⁴²³
06 海宁	pie³⁵	pʰie³⁵	bie¹³	mie¹³	mie¹³	lie¹³	tɕie⁵³	tɕʰie⁵³
07 桐乡	piE³³⁴	pʰiE³³⁴	biE²¹³	miE¹³	miE²¹³	liE¹³	tsiE⁵³	tsʰiE⁵³
08 崇德	piɿ³³⁴	pʰiɿ³³⁴	biɿ¹³	miɿ¹³	miɿ¹³	liɿ¹³	tɕiɿ⁵³	tɕʰiɿ⁵³
09 湖州	pie³⁵	pʰie³⁵	bie²⁴	mie¹¹²	mie³⁵	lie¹¹²	tɕie⁵²³	tɕʰie⁵²³
10 德清	pie³³⁴	pʰie³³⁴	bie¹¹³	mie¹¹³	mie³³⁴	lie¹¹³	tɕie⁵²	tɕʰie⁵²
11 武康	piɿ²²⁴	pʰiɿ²²⁴	biɿ¹¹³	miɿ¹¹³	miɿ²²⁴	liɿ¹¹³	tɕiɿ⁵³	tɕʰiɿ⁵³
12 安吉	pi³²⁴	pʰi³²⁴	bi²¹³	mi²²	mi²¹³	li²²	tɕi⁵²	tɕʰi⁵²
13 孝丰	piɿ³²⁴	pʰiɿ³²⁴	biɿ²¹³	miɿ²²	miɿ³²⁴	liɿ²²	tɕiɿ⁵²	tɕʰiɿ⁵²
14 长兴	pi³²⁴	pʰi³²⁴	bi²⁴	mi¹²	mi³²⁴	li¹²	tʃi⁵²	tʃʰi⁵²
15 余杭	pieẽ⁴²³	pʰieẽ⁴²³	bieẽ²¹³	mieẽ²²	mieẽ²¹³	lieẽ²²	tsieẽ⁵³	tsʰieẽ⁵³
16 临安	pie⁵⁵	pʰie⁵⁵	bie³³	mie³³	mie³³	lie³³	tɕie⁵⁵	tɕʰie⁵⁵
17 昌化	piɿɿ̃⁵⁴⁴	pʰiɿɿ̃⁵⁴⁴	biɿɿ̃²⁴³	miɿɿ̃¹¹²	miɿɿ̃²⁴³	liɿɿ̃¹¹²	tɕiɿɿ̃⁴⁵³	tɕʰiɿɿ̃⁴⁵³
18 於潜	pie³⁵	pʰie³⁵	bie²⁴	mie²²³	mie²⁴	lie²²³	tɕie⁵¹	tɕʰie⁵¹
19 萧山	pie⁴²	pʰie⁴²	bie²⁴²	mie³⁵⁵	mie²⁴²	lie³⁵⁵	tɕie³³	tɕʰie³³
20 富阳	pieẽ³³⁵	pʰieẽ³³⁵	bieẽ²²⁴	mieẽ¹³	mieẽ²²⁴	ȵieẽ¹³	tɕieẽ⁴²³	tɕʰieẽ⁴²³
21 新登	pieẽ⁴⁵	pʰieẽ⁴⁵	bieẽ¹³	mieẽ²³³	mieẽ¹³	lieẽ²³³	tɕieẽ³³⁴	tɕʰieẽ³³⁴
22 桐庐	pie³⁵	pʰie³⁵	bie²⁴	mie¹³	mie²⁴	lie¹³	tɕie³³	tɕʰie³³
23 分水	pieẽ²⁴	pʰieẽ²⁴	bieẽ¹³	mieẽ²²	mieẽ¹³	lieẽ²²	tɕieẽ⁵³	tɕʰieẽ⁵³
24 绍兴	pieẽ³³	pʰieẽ³³	bieẽ²²	mieẽ²³¹	mieẽ²²	lieẽ²³¹	tɕieẽ³³⁴	tɕʰieẽ³³⁴
25 上虞	pieẽ⁵³	pʰieẽ⁵³	bieẽ³¹	mieẽ²¹³	mieẽ³¹	lieẽ²¹³	tɕieẽ³⁵	tɕʰieẽ³⁵

续表

方言点	0497 变	0498 骗 欺~	0499 便 方~	0500 棉	0501 面 ~孔	0502 连	0503 剪	0504 浅
	山开三 去仙帮	山开三 去仙滂	山开三 去仙並	山开三 平仙明	山开三 去仙明	山开三 平仙来	山开三 上仙精	山开三 上仙清
26 嵊州	pie͂³³⁴	pʰie͂³³⁴	bie͂²⁴	mie͂²¹³	mie͂²⁴	lie͂²¹³	tɕie͂⁵³	tɕʰie͂⁵³
27 新昌	piɛ͂³³⁵	pʰiɛ͂³³⁵	biɛ͂¹³	miɛ͂²²	miɛ͂¹³	liɛ͂²²	tɕiɛ͂⁴⁵³	tɕʰiɛ͂⁴⁵³
28 诸暨	pie⁵⁴⁴	pʰie⁵⁴⁴	bie³³	mie¹³	mie³³	lie¹³	tɕie⁴²	tɕʰie⁴²
29 慈溪	pie͂⁴⁴	pʰie͂⁴⁴	bie͂¹³	mi¹³白 mie͂¹³文	mie͂¹³	lie͂¹³	tɕie͂³⁵	tɕʰie͂³⁵
30 余姚	pie͂⁵³	pʰie͂⁵³	bie͂¹³	mie͂¹³	mie͂¹³	lie͂¹³	tɕie͂³⁴	tɕʰie͂³⁴
31 宁波	pi⁴⁴	pʰi⁴⁴	bi¹³	mi¹³	mi¹³	li¹³	tɕi³⁵	tɕʰi³⁵
32 镇海	pi⁵³	pʰi⁵³	bi²⁴	mi²⁴	mi²⁴	li²⁴	tɕi³⁵	tɕʰi³⁵
33 奉化	pi⁵³	pʰi⁵³	bi³³	mi³³	mi³¹	li³³	tɕi⁵⁴⁵	tɕʰi⁵⁴⁵
34 宁海	pie³⁵	pʰie³⁵	bie²⁴	mie²¹³	mie²⁴	lie²¹³	tɕie⁵³	tɕʰie⁵³
35 象山	pi⁵³	pʰi⁵³	bi³¹	mi³¹	mi³¹	li³¹	tɕi⁴⁴	tɕʰi⁴⁴
36 普陀	pi⁵⁵	pʰi⁵⁵	bi¹³	mi²⁴	mi¹³	li²⁴	tɕi⁴⁵	tɕʰi⁴⁵
37 定海	pi⁴⁴	pʰi⁴⁴	bi¹³	mi²³	mi¹³	li²³	tɕi⁴⁵	tɕʰi⁴⁵
38 岱山	pi⁴⁴	pʰi⁴⁴	bi²¹³	mi²³	mi²¹³	li²³	tɕi³²⁵	tɕʰi³²⁵
39 嵊泗	pi⁵³	pʰi⁵³	bi²¹³	mi²⁴³	mi²¹³	li²⁴³	tɕi⁴⁴⁵	tɕʰi⁴⁴⁵
40 临海	pi⁵⁵	pʰi⁵⁵	bi³²⁴	mi²¹	mi³²⁴	li²¹	tɕi⁵²又 ki⁵²又	tɕʰi⁵²
41 椒江	pie⁵⁵	pʰie⁵⁵	bie²⁴	mie³¹	mie²⁴	lie³¹	tɕie⁴²	tɕʰie⁴²
42 黄岩	pie⁵⁵	pʰie⁵⁵	bie²⁴	mie¹²¹	mie²⁴	lie¹²¹	tɕie⁴²	tɕʰie⁴²
43 温岭	pie⁵⁵	pʰie⁵⁵	bie¹³	mie³¹	mie¹³	lie³¹	tɕie⁴²	tɕʰie⁴²
44 仙居	ɓie⁵⁵	pʰie⁵⁵	bie²⁴	mie²¹³	mie²⁴	lie²¹³	tɕie³²⁴	tɕʰie³²⁴
45 天台	pie⁵⁵	pʰie⁵⁵	bie³⁵	mie͂²²⁴	mie³⁵	lie²²⁴	tɕie³²⁵	tɕʰie͂³²⁵
46 三门	pie⁵⁵	pʰie⁵⁵	bie²⁴³	mie¹¹³	mie²⁴³	lie¹¹³	tɕie³²⁵	tɕʰie³²⁵
47 玉环	pie⁵⁵	pʰie⁵⁵	bie²²	mie³¹	mie²²	lie³¹	tɕie⁵³	tɕʰie⁵³
48 金华	pie⁵⁵	pʰie⁵⁵	bie¹⁴	mie³¹³	mie¹⁴	lie³¹³	tsia⁵³⁵	tɕʰie⁵³⁵

续表

方言点	0497 变	0498 骗 欺~	0499 便 方~	0500 棉	0501 面 ~孔	0502 连	0503 剪	0504 浅
	山开三 去仙帮	山开三 去仙滂	山开三 去仙並	山开三 平仙明	山开三 去仙明	山开三 平仙来	山开三 上仙精	山开三 上仙清
49 汤溪	mie⁵²	pʰie⁵²	bie¹¹	mie¹¹	mie³⁴¹	lie¹¹	tsia⁵³⁵	tsʰie⁵³⁵
50 兰溪	pie⁴⁵	pʰie⁴⁵	bie²⁴	mie²¹	mie²⁴	lie²¹	tsia⁵⁵	tɕʰie⁵⁵
51 浦江	piẽ⁵⁵	pʰiẽ⁵⁵	biẽ²⁴	miẽ¹¹³	miẽ²⁴	liẽ¹¹³	tsiɑ̃⁵³	tsʰiẽ⁵³
52 义乌	pie⁴⁵	pʰie⁴⁵	bie²⁴	mie²¹³	mie²⁴	lie²¹³	tsia⁴²³	tsʰie⁴²³
53 东阳	pi⁴⁵³	pʰi⁴⁵³	bi²⁴	mi²¹³	mi²⁴	li²¹³	tsi⁴⁴	tsʰi⁴⁴
54 永康	ɓie⁵²	pʰie⁵²	bie²⁴¹	mie²²	mie²⁴¹	lie²²	tɕia³³⁴	tɕʰie³³⁴
55 武义	mie⁵³	pʰie⁵³	bie²³¹	mie³²⁴	mie²³¹	nie³²⁴	tɕie⁴⁴⁵	tɕʰie⁴⁴⁵
56 磐安	pie⁵²	pʰie⁵²	bie¹⁴	mie²¹³	mie¹⁴	lie²¹³	tɕia³³⁴	tɕʰie³³⁴
57 缙云	piɛ⁴⁵³	pʰiɛ⁴⁵³	biɛ²¹³	miɛ²⁴³	miɛ²¹³	liɛ²⁴³	tɕia⁵¹	tɕʰiɛ⁵¹
58 衢州	piẽ⁵³	pʰiẽ⁵³	biẽ²³¹	miẽ²¹	miẽ²³¹	liẽ²¹	tɕiẽ³⁵	tɕʰiẽ³⁵
59 衢江	pie⁵³	pʰie⁵³	bie²³¹	mie²¹²	mie²³¹	lie²¹²	tɕie²⁵	tɕʰie²⁵
60 龙游	pie⁵¹	pʰie⁵¹	bie²³¹	mie²¹	mie²³¹	lie²¹	tɕie³⁵	tɕʰie³⁵
61 江山	piɛ̃⁵¹	pʰiɛ̃⁵¹	biɛ̃³¹	miɛ̃²¹³	miɛ̃³¹	liɛ̃²¹³	tɕiɛ̃²⁴¹	tɕʰiɛ̃²⁴¹
62 常山	piɛ̃³²⁴	pʰiɛ̃³²⁴	biɛ̃¹³¹	miɛ̃³⁴¹	miɛ̃¹³¹	liɛ̃³⁴¹	tɕiɛ̃⁵²	tɕʰiɛ̃⁵²
63 开化	piɛ̃⁴¹²	pʰiɛ̃⁴¹²	biɛ̃²¹³	miɛ̃²³¹	miɛ̃²¹³	liɛ̃²³¹	tɕiɛ̃⁵³	tɕʰiɛ̃⁵³
64 丽水	piɛ⁵²	pʰiɛ⁵²	biɛ¹³¹	miɛ²²	miɛ¹³¹	liɛ²²	tɕiɛ⁵⁴⁴	tɕʰiɛ⁵⁴⁴
65 青田	ɓie³³	pʰie³³	bie²²	mie²¹	mie²²	lie²¹	tɕiɑ⁴⁵⁴	tɕʰie⁴⁵⁴
66 云和	piɛ⁴⁵	pʰiɛ⁴⁵	biɛ²²³	miɛ³¹²	miɛ²²³	liɛ³¹²	tɕiɛ⁴¹	tɕʰiɛ⁴¹
67 松阳	piɛ̃²⁴	pʰiɛ̃²⁴	biɛ̃¹³	miɛ̃³¹	miɛ̃¹³	liɛ̃³¹	tɕiɛ̃²¹²	tɕʰiɛ̃²¹²
68 宣平	piɛ⁵²	pʰiɛ⁵²	biɛ²³¹	miɛ⁴³³	miɛ²³¹	liɛ⁴³³	tɕiɛ⁴⁴⁵	tɕʰiɛ⁴⁴⁵
69 遂昌	piɛ̃³³⁴	pʰiɛ̃³³⁴	biɛ̃²¹³	miɛ̃²²¹	miɛ̃²¹³	liɛ̃²²¹	tɕiɛ̃⁵³³	tɕʰiɛ̃⁵³³
70 龙泉	piɛ⁴⁵	pʰiɛ⁴⁵	biɛ²²⁴	miɛ²¹	miɛ²²⁴	liɛ²¹	tɕiɛ⁵¹	tɕʰiɛ⁵¹
71 景宁	piɛ³⁵	pʰiɛ³⁵	biɛ¹¹³	miɛ⁴¹	miɛ¹¹³	liɛ⁴¹	tɕiɛ³³	tɕʰiɛ³³
72 庆元	ɓiɛ̃¹¹	pʰiɛ̃¹¹	piɛ̃³¹	miɛ̃⁵²	miɛ̃³¹	liɛ̃⁵²	tɕiɑ̃³³	tɕʰiɛ̃³³

续表

方言点	0497 变	0498 骗 欺~	0499 便 方~	0500 棉	0501 面 ~孔	0502 连	0503 剪	0504 浅
	山开三 去仙帮	山开三 去仙滂	山开三 去仙並	山开三 平仙明	山开三 去仙明	山开三 平仙来	山开三 上仙精	山开三 上仙清
73 泰顺	pie³⁵	pʰiɛ³⁵	pie²²	mie⁵³	mie²²	lie⁵³	tɕiã⁵⁵	tɕʰiɛ⁵⁵
74 温州	pi⁵¹	pʰi⁵¹	bi²²	mi³¹	mi²²	li³¹	tɕi²⁵	tɕʰi²⁵
75 永嘉	pi⁵³	pʰi⁵³	bi²²	mi³¹	mi²²	li³¹	tɕi⁴⁵	tɕʰi⁴⁵
76 乐清	piᴇ⁴¹	pʰiᴇ⁴¹	biᴇ²²	miᴇ³¹	miᴇ²²	liᴇ³¹	tɕiᴇ³⁵	tɕʰiᴇ³⁵
77 瑞安	pi⁵³	pʰi⁵³	bi²²	mi³¹	mi²²	li³¹	tɕi³⁵	tɕʰi³⁵
78 平阳	pie⁵³	pʰie⁵³	bie³³	mie²⁴²	mie³³	lie²⁴²	tɕie⁴⁵	tɕʰie⁴⁵
79 文成	pie³³	pʰie³³	bie⁴²⁴	mie¹¹³	mie⁴²⁴	lie¹¹³	tɕie⁴⁵	tɕʰie⁴⁵
80 苍南	piɛ⁴²	pʰiɛ⁴²	biɛ¹¹	miɛ³¹	miɛ¹¹	liɛ³¹	tɕiɛ⁵³	tɕʰiɛ⁵³
81 建德徽	pie³³	pʰie³³	pʰie⁵⁵	mie³³	mie⁵⁵	nie³³	tɕie²¹³	tɕʰie²¹³
82 寿昌徽	pi³³	pʰi³³	pʰi³³白 piɛ̃²⁴文	mi¹¹²文	mi³³	li⁵²	tɕi²⁴	tɕʰi²⁴
83 淳安徽	piã²⁴	pʰiã²⁴	pʰiã⁵³	miã⁴³⁵	miã⁵³	liã⁴³⁵	tɕiã⁵⁵	tɕʰiã⁵⁵
84 遂安徽	pɿɛ̃⁴³	pʰiɛ̃⁴³	pʰiɛ̃⁴³	miɛ̃³³	miɛ̃⁵²	liɛ̃³³	tɕiɛ̃²¹³	tɕʰiɛ̃²¹³
85 苍南闽	pian²¹	pʰian²¹	pian²⁴	mĩ²⁴	bin²¹	lian²⁴	tɕian⁴³	tɕʰian⁴³
86 泰顺闽	pie⁵³	pʰie⁵³	pie³¹	mie²²	mɛ⁵³	lie²²	tsɛ³⁴⁴	tɕʰie³⁴⁴
87 洞头闽	pian²¹	pʰian²¹	pian²¹	mĩ¹¹³	bin²¹	lian¹¹³	（无）	tɕʰian⁵³
88 景宁畲	pien⁴⁴	pʰien⁴⁴	pien⁵¹	mien²²	mien⁴⁴	lien²²	tsan³²⁵	tsʰan³²⁵

方言点	0505 钱	0506 鲜	0507 线	0508 缠	0509 战	0510 扇名	0511 善	0512 件
	山开三平仙从	山开三平仙心	山开三去仙心	山开三平仙澄	山开三去仙章	山开三去仙书	山开三上仙禅	山开三上仙群
01 杭州	dziɛ^{213}	ɕiɛ^{334}	ɕiɛ^{45}	dzuo^{213}白 dzɛ^{213}文	tsuo^{45}	suo^{45}	zuo^{13}	dʑiɛ^{13}
02 嘉兴	dʑie^{242}	ɕie^{42}	ɕie^{224}	zə^{242}	tsə^{224}	suə^{224}	zə^{113}	dʑie^{113}
03 嘉善	dʑiɪ^{132}	ɕiɪ^{53}	ɕiɪ^{334}	zø^{113}	tsø^{334}	sø^{334}	zø^{113}	dʑiɪ^{113}
04 平湖	die^{31}白 zie^{31}文	siɛ^{53}	siɛ^{334}	zø^{213}	tsø^{334}	sø^{334}	zø^{213}	dʑiɛ^{213}
05 海盐	dʑiɛ^{31}	ɕiɛ^{53}	ɕiɛ^{334}	zɤ^{31}	tsɤ^{334}	sɤ^{334}	zɤ^{423}	dʑiɛ^{213}
06 海宁	dʑie^{13}	ɕie^{55}	ɕie^{35}	zei^{231}	tsei^{35}	sei^{35}	zei^{231}	dʑie^{231}
07 桐乡	ziᴇ^{13}	siᴇ^{44}	siᴇ^{334}	zᴇ^{13}	tsᴇ^{334}	sᴇ^{334}	zᴇ^{242}	dʑiᴇ^{242}
08 崇德	diɪ^{13}白 ʑiɪ^{13}文	ɕiɪ^{44}	ɕiɪ^{334}	zᴇ^{242}	tsᴇ^{334}	sᴇ^{334}	zᴇ^{242}	dʑiɪ^{242}
09 湖州	dʑie^{112}	ɕie^{44}	ɕie^{35}	zɛ^{231}	tsɛ^{35}	sɛ^{35}	zɛ^{231}	dʑiɛ^{231}
10 德清	dʑie^{113}	ɕie^{44}	ɕie^{334}	zøɐ^{113}	tsøɐ^{334}	søɐ^{334}	zøɐ^{143}	dʑie^{143}
11 武康	dʑiɪ^{113}	ɕiɪ^{44}	ɕiɪ^{224}	zɛ^{242}	tsø^{224}	sø^{224}	zø^{242}	dʑiɪ^{242}
12 安吉	dʑi^{22}	ɕi^{55}	ɕi^{324}	dzᴇ^{22}	tsᴇ^{324}	sᴇ^{324}	zᴇ^{243}	dʑi^{243}
13 孝丰	zii^{22}	ɕiɪ^{44}	ɕiɪ^{324}	dzɛ^{22}	tsɛ^{324}	se^{324}	ze^{243}	dʑiɪ^{243}
14 长兴	ʒi^{12}	ʃi^{44}	ʃi^{324}	zɯ^{12}盘~	tsɯ^{324}	sɯ^{324}	zɯ^{243}	dʒi^{243}
15 余杭	ziẽ^{22}	siẽ^{44}	siẽ^{423}	zøʏ^{22}	tsøʏ^{423}	søʏ^{423}	zøʏ^{243}	dʑiẽ^{243}
16 临安	dʑie^{33}	ɕie^{55}	ɕie^{55}	dzɛ^{33}	tsa^{55}	sə^{55}	zə^{33}	dʑie^{33}
17 昌化	ʑiĩ^{112}	ɕiĩ^{334}	ɕiĩ^{544}	zɔ^{112}	tɕyĩ^{544}	ɕyĩ^{544}	ʑyĩ^{243}	ʑiĩ^{243}
18 於潜	dʑie^{223}	ɕie^{433}	ɕie^{35}	dzɛ^{223}	tsɛ^{35}	ɕyɛ^{35}	ʑyɛ^{24}	dʑie^{24}
19 萧山	dʑie^{355}	ɕie^{533}	ɕie^{42}	dzə^{242}	tsa^{42}	sə^{42}	zə^{13}	dʑie^{242}
20 富阳	dʑiẽ^{13}	ɕiẽ^{53}	ɕiẽ^{335}	dʑyẽ^{13}	tɕyẽ^{335}	ɕyẽ^{335}	ʑyẽ^{224}	dʑiẽ^{224}
21 新登	ʑiẽ^{233}	ɕiẽ^{53}	ɕiẽ^{45}	dzẽ^{233}	tsẽ^{45}	ɕyẽ^{45}	ʑyẽ^{13}	dʑiẽ^{13}
22 桐庐	dʑie^{13}	ɕie^{533}	ɕie^{35}	dzã^{13}	tsã^{35}	ɕyᴇ^{35}	zã^{24}	dʑie^{24}
23 分水	dʑiẽ^{22}	ɕiẽ^{44}	ɕiẽ^{24}	dzã^{22}	tsuə̃^{53}	suə̃^{24}	zuə̃^{13}	dʑiẽ^{13}
24 绍兴	dʑiẽ^{231}	ɕiẽ^{53}	ɕiẽ^{33}	dzø̃^{231}	tsẽ^{33}	sẽ^{33}	zẽ^{223}	dʑiẽ^{223}

续表

方言点	0505 钱	0506 鲜	0507 线	0508 缠	0509 战	0510 扇名	0511 善	0512 件
	山开三平仙从	山开三平仙心	山开三去仙心	山开三平仙澄	山开三去仙章	山开三去仙书	山开三上仙禅	山开三上仙群
25 上虞	dʑiẽ̜²¹³	ɕiẽ̜³⁵	ɕiẽ̜⁵³	dzø̃²¹³	tsø̃⁵³	sø̃⁵³	zø̃²¹³	dʑiẽ̜³¹
26 嵊州	dʑiẽ̜²¹³	ɕiẽ̜⁵³⁴	ɕiẽ̜³³⁴	dzœ̃²⁴	tsœ̃³³⁴	sœ̃³³⁴	zœ̃²²	dʑiẽ̜²⁴
27 新昌	dʑiɛ̃²²	ɕiɛ̃⁵³⁴	ɕiɛ̃³³⁵	dziɛ̃¹³	tsœ̃³³⁵	sœ̃³³⁵	zœ̃²³²	dʑiɛ̃¹³
28 诸暨	dʑie²⁴²调殊	ɕie⁵⁴⁴	ɕie⁵⁴⁴	dzə¹³	tsə⁵⁴⁴	sə⁵⁴⁴	zə²⁴²	dʑie³³
29 慈溪	dʑiẽ̜¹³	ɕiẽ̜³⁵	ɕiẽ̜⁴⁴	zẽ̜¹³	tsẽ̜⁴⁴	sẽ̜⁴⁴	zẽ̜¹³	dʑiẽ̜¹³
30 余姚	dʑiẽ̜¹³	ɕiẽ̜⁴⁴	ɕiẽ̜⁵³	dziẽ̜¹³	tsã⁵³	sã⁵³	zã¹³	dʑiẽ̜¹³
31 宁波	dʑi¹³	ɕi⁵³	ɕi⁴⁴	dʑi¹³	tɕi⁴⁴老 tsø⁴⁴新	ɕi⁴⁴	zø¹³白 ziɣ¹³文	dʑi¹³
32 镇海	dʑi²⁴	ɕi⁵³	ɕi⁵³	dʑi²⁴	tsø⁵³	ɕi⁵³	zø²⁴	dʑi²⁴
33 奉化	dʑi³³	ɕi⁴⁴	ɕi⁵³	dʑi³¹	tsø⁵³	ɕi⁵³	zø³²⁴	dʑi³²⁴
34 宁海	dʑie²¹³	ɕie⁴²³	ɕie³⁵	dʑie²¹³	tɕie³⁵	ɕie³⁵	zie³¹	dʑie²⁴
35 象山	dʑi³¹	ɕi⁴⁴	ɕi⁵³	dzɛ³¹	tsɣɯ⁵³	ɕi⁵³	zɣɯ³¹	dʑi³¹
36 普陀	dʑi²⁴	ɕi⁵³	ɕi⁵⁵	dzɛ²⁴	tsø⁵⁵	ɕi⁵⁵	zø²³	dʑi¹³
37 定海	dʑi²³	ɕi⁵²	ɕi⁴⁴	dʑi¹³调殊	tsø⁴⁴	ɕi⁴⁴	zø²³	dʑi²³
38 岱山	dʑi²³	ɕi⁵²	ɕi⁴⁴	dʑi²³	tsø⁴⁴	ɕi⁴⁴	zø²⁴⁴	dʑi²⁴⁴
39 嵊泗	dʑi²⁴³	ɕi⁵³	ɕi⁵³	dʑi²¹³	tsɣ⁵³	ɕi⁵³	zɣ³³⁴	dʑi³³⁴
40 临海	dʑi²¹	ɕi³¹	ɕi⁵⁵	dʑi³²⁴	tɕi⁵⁵	ɕi⁵⁵	zi²¹	gi²¹
41 椒江	dʑie³¹	ɕie⁴²	ɕie⁵⁵	dʑie²⁴	tɕie⁵⁵	ɕie⁵⁵	zie³¹	dʑie³¹
42 黄岩	dʑie¹²¹	ɕie³²	ɕie⁵⁵	dʑie²⁴	tɕie⁵⁵	ɕie⁵⁵	zie¹²¹	dʑie¹²¹
43 温岭	dʑie³¹	ɕie³³	ɕie⁵⁵	dʑie¹³	tɕie⁵⁵	ɕie⁵⁵	zie³¹	dʑie³¹
44 仙居	dʑie²¹³	ɕie³³⁴新~ ɕie³²⁴朝~	ɕie⁵⁵	dzø²¹³	tɕie⁵⁵	ɕie⁵⁵	zie²¹³	dʑie²¹³
45 天台	dʑie²²⁴	ɕie³³	ɕie⁵⁵	dʑie²²⁴	tɕie⁵⁵	ɕie⁵⁵	zie²¹⁴	gie²¹⁴
46 三门	dʑie¹¹³	ɕie³³⁴	ɕie⁵⁵	dʑie²⁴³	tɕie⁵⁵	ɕie⁵⁵	zie²¹³	dʑie²¹³
47 玉环	dʑie³¹	ɕie⁴²	ɕie⁵⁵	dʑie²²	tɕie⁵⁵	ɕie⁵⁵	zie³¹	dʑie³¹

续表

方言点	0505 钱 山开三 平仙从	0506 鲜 山开三 平仙心	0507 线 山开三 去仙心	0508 缠 山开三 平仙澄	0509 战 山开三 去仙章	0510 扇 名 山开三 去仙书	0511 善 山开三 上仙禅	0512 件 山开三 上仙群
48 金华	dʑiɛ̃^{313} 姓~	ɕie^{334}新~ ɕiɛ̃^{55}朝~	ɕie^{55}	dʑyɤ^{313}	tsɛ̃^{55}	ɕyɤ^{55}	ʑyɛ̃^{14}读字 zɛ̃^{14}读字	dʑie^{14}
49 汤溪	zie^{11}	sie^{24}	sie^{52}	dʑyɤ^{11}	(无)	ɕie^{52}	zie^{113}	dʑie^{113}
50 兰溪	die^{21}	sie^{334}	sie^{45}	dzæ̃^{21}	tsæ^{45}	ɕie^{45}	zæ^{24}	tɕie^{45}
51 浦江	dʑiɛ̃^{113}	sie^{534}~味 ɕian^{534}朝~	sɛ̃^{55}	dʑyẽ^{113}	tsɛ̃^{55}白 tsian^{55}文	sɛ̃^{55}	zie^{243}	dʑiẽ^{243}
52 义乌	die^{213}	sie^{335}	sie^{45}	dzən^{213}白 dzan^{213}文	tɕyan^{45}	ɕye^{45}	ɕyan^{45}	dʑie^{24}
53 东阳	dʑiɐ̃^{213}	si^{334}	si^{453}	(无)	tsi^{453}	si^{453}	zan^{231}	dʑie^{24}
54 永康	die^{22}	ɕie^{55}	ɕie^{52}	dʑye^{241}盘~	tɕie^{52}	ɕie^{52}	zie^{113}	dʑie^{241}
55 武义	dʑie^{324}	ɕie^{24}	ɕie^{53}	dʑye^{231}	tɕie^{53}	ɕie^{53}	zie^{13}	dʑie^{231}
56 磐安	dʑiɐ̃^{213}	ɕie^{445}	ɕie^{52}	tɕye^{52}调殊	tɕie^{52}	ɕie^{52}	zie^{14}调殊	tɕie^{334}
57 缙云	dʑie^{243}	ɕiɛ^{44}	ɕie^{51}	dʑye^{243}盘~	tɕie^{453}	ɕiɛ^{453}	zie^{31}	tɕie^{453}
58 衢州	dʑiẽ^{21}	ɕiẽ^{32}	ɕiẽ^{53}	dʒyə̃^{21}又 dʒyə̃^{231}又	tʃyə̃^{53}	ʃyə̃^{53}	ʒyə̃^{231}	dʑiẽ^{231}
59 衢江	dʑie^{212}	ɕie^{33}	ɕie^{53}	(无)	tɕie^{53}	ɕie^{53}	zie^{212}	dʑie^{231}
60 龙游	dʑie^{21}	ɕie^{334}	ɕie^{51}	(无)	tsã^{51}	sei^{51}	zei^{224}	dʑie^{231}
61 江山	ʑiɛ̃^{213}值~ dʑiɛ̃^{213}姓~	ɕiɛ̃^{44}	ɕiɛ̃^{51}	dʑyɛ̃^{213}	tɕiɛ̃^{51}	ɕiɛ̃^{51}	ʑiɛ̃^{31}	giɛ̃^{22}
62 常山	diɛ̃^{341}铜~ dʑiɛ̃^{341}姓~	ɕiɛ̃^{44}	ɕiɛ̃^{324}	dʑyɔ̃^{341}	tɕiɛ̃^{324}	ɕiɛ̃^{324}	iɛ̃^{131}	dʑiɛ̃^{131}
63 开化	dʑiɛ̃^{231}	ɕiɛ̃^{44}	ɕiɛ̃^{412}	dʑyɛ̃^{213} 调殊	tɕiɛ̃^{412}	ɕiɛ̃^{412}	ʑiɛ̃^{213}	dʑiɛ̃^{213}
64 丽水	dʑiɛ^{22}	ɕiɛ^{224}	ɕiɛ^{52}	dʑiɛ^{22}	tɕiɛ^{52}	ɕiɛ^{52}	ziɛ^{22}	dʑiɛ^{22}
65 青田	dʑiɛ^{21}	ɕiɛ^{445}	ɕie^{33}	dʑyɐ^{21}	tɕiɛ^{33}	ɕiɛ^{33}	iɛ^{454}	dʑiɛ^{343}
66 云和	dʑiɛ^{312}	ɕiɛ^{24}	ɕie^{45}	dʑie^{312}	tɕiɛ^{45}	ɕiɛ^{45}	ziɛ^{231}	dʑiɛ^{231}
67 松阳	dʑiɛ̃^{31}	ɕiɛ̃^{53}	ɕiɛ̃^{24}	zæ̃^{31}	tɕiɛ̃^{24}	ɕiɛ̃^{24}	ziɛ̃^{22}	dʑiɛ̃^{13}
68 宣平	dʑiɛ^{433}	ɕiɛ^{324}	ɕie^{52}	dʑyə^{433}	tɕiɛ^{52}	ɕiɛ^{52}	ziɛ^{223}	dʑiɛ^{223}

续表

方言点	0505 钱	0506 鲜	0507 线	0508 缠	0509 战	0510 扇名	0511 善	0512 件
	山开三平仙从	山开三平仙心	山开三去仙心	山开三平仙澄	山开三去仙章	山开三去仙书	山开三上仙禅	山开三上仙群
69 遂昌	dʑiɛ̃^{221}	ɕiɛ̃^{45}	ɕiɛ̃^{334}	zɛ̃^{213}盘~	tɕiɛ̃^{334}	ɕiɛ̃^{334}	ziɛ̃^{13}	dʑiɛ̃^{213}
70 龙泉	diE^{21}	ɕiE^{434}	ɕiE^{45}	dʑiE^{21}	tɕiE^{45}	ɕiE^{45}	ɕiE^{51}	tɕiE^{51}
71 景宁	dʑiɛ^{41}	ɕiɛ^{324}	ɕiɛ^{35}	dʑiɛ^{41}	tɕiɛ^{35}	ɕiɛ^{35}	ziɛ^{33}	tɕiɛ^{33}
72 庆元	（无）	ɕiɛ̃^{335}	ɕiɛ̃^{11}	tɕyɛ̃^{52}	tɕiɛ̃^{11}	ɕiɛ̃^{11}	ɕiɛ̃^{221}	tɕiɛ̃^{221}
73 泰顺	（无）	ɕiɛ^{213}	ɕiɛ^{35}	tɕyɛ^{53}	tɕiɛ^{35}	ɕiɛ^{35}	ɕiɛ^{21}	tɕiɛ^{21}
74 温州	dʑi^{31}	ɕi^{33}	ɕi^{51}	dʑi^{22}	tɕi^{51}	ɕi^{51}	i^{14}	dʑi^{14}
75 永嘉	di^{31}	ɕi^{44}	ɕi^{53}	dʑi^{22}白 dʑyə^{22}~绕 dʑy^{22}盘~	tɕi^{53}	ɕi^{53}	i^{13}	dʑi^{13}
76 乐清	dʑiE^{31}	siE^{44}	siE^{41}	dʑiE^{22}	tɕiE^{41}	siE^{41}	ziE^{24}	dʑiE^{24}
77 瑞安	dʑi^{31}	ɕi^{44}	ɕi^{53}	dʑy^{22}	tɕi^{53}	ɕi^{53}	i^{13}	dʑi^{13}
78 平阳	dʑie^{242}	ɕie^{55}	ɕie^{53}	dʑie^{23}	tɕie^{53}	ɕie^{53}	ie^{23}	dʑie^{23}
79 文成	dʑie^{113}	ɕie^{55}	ɕie^{33}	dʑie^{113}	tɕie^{33}	ɕie^{33}	zie^{224}	dʑie^{224}
80 苍南	dʑiɛ^{31}	ɕiɛ^{44}	ɕiɛ^{42}	（无）	tɕiɛ^{42}	ɕiɛ^{42}	dʑiɛ^{24}	dʑiɛ^{24}
81 建德徽	tɕʰiɛ̃^{211}	ɕie^{53}白 ɕiɛ̃^{55}文	ɕie^{33}	ɕye^{33}盘~	lsɛ^{55}	sɛ^{33}	sɛ^{213}	tɕie^{213}
82 寿昌徽	tɕʰiɛ̃^{112}文	ɕi^{112}	ɕi^{33}	tsʰæ̃^{112}文	tsæ̃^{33}文	ɕi^{33}	suæ^{24}~良	tɕʰi^{33}量 tɕie^{24}条~
83 淳安徽	ɕiã^{435}白 tɕʰiã^{435}文	ɕiã^{24}	ɕiã^{24}	tsʰã^{435}	tsã^{24}	sã^{24}	sã^{53}	tɕʰiã^{55}
84 遂安徽	tɕʰiɛ̃^{33}	ɕiɛ̃^{534}	ɕiɛ̃^{43}	（无）	tɕiɛ̃^{43}	ɕiɛ̃^{43}	ɕiɛ̃^{43}	tɕʰiɛ̃^{43}
85 苍南闽	tɕĩ^{24}	ɕian^{55}	sũã^{21}	tsʰan^{24}	tɕian^{21}	ɕĩ^{21}	ɕian^{32}	kĩã^{32}
86 泰顺闽	tɕie^{22}	ɕie^{213}	ɕie^{53}	（无）	tɕie^{53}	ɕie^{53}	ɕie^{31}	ky^{31}
87 洞头闽	tɕĩ^{113}	ɕian^{33}	sũã^{53}	tĩ^{113}白 tsʰan^{113}文	tɕian^{21}	ɕĩ^{21}	ɕian^{21}	kĩã^{21}
88 景宁畲	tsʰan^{51}小	ɕien^{44}	san^{44}	tɕʰien^{22}	tɕien^{44}	ɕien^{44}	ɕien^{51}	kien^{51}

方言点	0513 延	0514 别 ~人	0515 灭	0516 列	0517 撤	0518 舌	0519 设	0520 热
	山开三 平仙以	山开三 入薛帮	山开三 入薛明	山开三 入薛来	山开三 入薛彻	山开三 入薛船	山开三 入薛书	山开三 入薛日
01 杭州	ie²¹³	baʔ² 白 bieʔ² 文	mieʔ²	lieʔ²	tsʰaʔ⁵	zaʔ²	saʔ⁵	n̠ieʔ² 白 zuaʔ² 文
02 嘉兴	ie²⁴²	bieʔ¹³	mieʔ⁵	lieʔ⁵	tsʰəʔ⁵	zəʔ¹³	səʔ⁵	n̠ieʔ⁵
03 嘉善	iɿ¹³²	bieʔ²	mieʔ²	lieʔ²	tsʰɜʔ⁵	zɜʔ²	søʔ⁵	n̠ieʔ²
04 平湖	iɛ³¹	biəʔ²³	miəʔ²³	liəʔ²³	tsʰəʔ²³	zəʔ²³	səʔ⁵	n̠iəʔ²³
05 海盐	iɛ³¹	biəʔ²³	miəʔ²³	liəʔ²³	tsʰəʔ²³	zəʔ²³	səʔ⁵	n̠iəʔ²³
06 海宁	ie¹³	bieʔ²	mieʔ²	lieʔ²	tsʰəʔ⁵	zəʔ²	səʔ⁵	n̠ieʔ²
07 桐乡	iE¹³	biəʔ²³	miəʔ²³	liəʔ²³	tsʰəʔ⁵	zəʔ²³	səʔ⁵	n̠iəʔ²³
08 崇德	iɿ¹³	bəʔ²³	miəʔ²³	liəʔ²³	tsʰəʔ⁵	zəʔ²³	səʔ⁵	n̠iəʔ²³
09 湖州	ie¹¹²	bieʔ²	mieʔ²	lieʔ²	tsʰəʔ⁵	zəʔ²	səʔ⁵	n̠ieʔ²
10 德清	ie¹¹³	bieʔ²	mieʔ²	lieʔ²	tsʰəʔ⁵	zəʔ²	səʔ⁵	n̠ieʔ²
11 武康	iɿ¹¹³	bieʔ²	mieʔ²	lieʔ²	tsʰɜʔ⁵	zɜʔ²	sɜʔ⁵	n̠ieʔ²
12 安吉	i²²	biEʔ²³	miEʔ²³	liEʔ²³	tsʰəʔ⁵	zəʔ²³	səʔ⁵	n̠iEʔ²³
13 孝丰	iɿ²²	bieʔ²³	mieʔ²³	lieʔ²³	tsʰəʔ⁵	zəʔ²³	səʔ⁵	n̠ieʔ²³
14 长兴	i¹²	biEʔ²	miEʔ²	liEʔ²	tsʰəʔ⁵	zəʔ²	səʔ⁵	n̠iEʔ²
15 余杭	iẽ²²	bəʔ² 白 bieʔ² 文	mieʔ²	lieʔ²	tsʰaʔ⁵	zəʔ²	səʔ⁵	n̠ieʔ²
16 临安	ie³³	biɐʔ¹²	miɐʔ¹²	liɐʔ¹²	tsʰɐʔ⁵⁴	ʑiɐʔ¹²	sɐʔ⁵⁴	n̠iɐʔ¹²
17 昌化	iĩ¹¹²	bieʔ²³	mieʔ²³	lieʔ²³	tsʰəʔ⁵	ʑyɛʔ²³	səʔ⁵	n̠ieʔ²
18 於潜	ie²²³	biæʔ²³	miæʔ²³	liæʔ²³	tsʰəʔ⁵³	zæʔ²	səʔ⁵³	n̠iæʔ²³
19 萧山	ie³⁵⁵	bieʔ¹³	mieʔ¹³	lieʔ¹³	tsʰəʔ⁵	zəʔ¹³	səʔ⁵	n̠ieʔ¹³
20 富阳	iɛ̃¹³	biɛʔ² 分~	miɛʔ²	liɛʔ²	tsʰɛʔ⁵	ʑiɛʔ²	sɛʔ⁵	n̠iɛʔ²
21 新登	iɛ̃²³³	biəʔ²	miəʔ²	liəʔ²	tsʰəʔ⁵	ʑyəʔ²	səʔ⁵	n̠iəʔ²
22 桐庐	ie¹³	biəʔ¹³	miəʔ¹³	liəʔ¹³	tsʰəʔ⁵	zəʔ¹³	səʔ⁵	niəʔ¹³
23 分水	iɛ̃²²	biəʔ¹²	miəʔ¹²	liəʔ¹²	tsʰəʔ⁵	ʑiəʔ¹²	səʔ⁵	n̠iəʔ¹²
24 绍兴	iẽ²³¹	bieʔ²	mieʔ²	lieʔ²	tsʰəʔ⁵	zeʔ²	seʔ⁵	n̠ieʔ²

续表

方言点	0513 延	0514 别 ~人	0515 灭	0516 列	0517 撤	0518 舌	0519 设	0520 热
	山开三平仙以	山开三入薛帮	山开三入薛明	山开三入薛来	山开三入薛彻	山开三入薛船	山开三入薛书	山开三入薛日
25 上虞	iẽ^{213}	biəʔ^{2}	miəʔ^{2}	liəʔ^{2}	tsʰaʔ^{5}	zəʔ^{2}	səʔ^{5}	ȵiəʔ^{2}
26 嵊州	iẽ^{213}	boʔ^{2}	mieʔ^{2}	lieʔ^{2}	tsʰəʔ^{5}	zəʔ^{2}	səʔ^{5}	ȵieʔ^{2}
27 新昌	iɛ̃^{22}	biɛʔ^{2}	miɛʔ^{2}	lieʔ^{2}	tsʰɤʔ^{5}	ziɛʔ^{2}	sɤʔ^{5}	ȵiɛʔ^{2}
28 诸暨	ie^{13}	bieʔ^{13}	mieʔ^{13}	lieʔ^{13}	tsʰəʔ^{5}	zoʔ^{13}	səʔ^{5}	nieʔ^{13}
29 慈溪	iẽ^{13}	biəʔ^{2}	miəʔ^{2}	liəʔ^{2}	tsʰaʔ^{5}	zəʔ^{2}	səʔ^{5}	ȵiəʔ^{2}
30 余姚	iẽ^{13}	biəʔ^{2}	miəʔ^{2}	liəʔ^{2}	tsʰaʔ^{5}	zəʔ^{2}	səʔ^{5}	ȵiəʔ^{2}
31 宁波	i^{13}	biəʔ^{2}	miəʔ^{2}	liəʔ^{2}	tɕʰiəʔ^{5}	ziəʔ^{2}	ɕiəʔ^{5}	ȵiəʔ^{2}
32 镇海	i^{24}	bieʔ^{12} 读字	mieʔ^{12}	lieʔ^{12}	tsʰaʔ^{5}	ieʔ^{12}	soʔ^{5}	ȵieʔ^{12}
33 奉化	i^{33}	biɪʔ^{2}	miɪʔ^{2}	liɪʔ^{2}	tsʰaʔ^{5}	ziɪʔ^{2}	ɕiɪʔ^{5}	ȵiɪʔ^{2}
34 宁海	ie^{213}	bieʔ^{3}	mieʔ^{3}	lieʔ^{3}	tɕʰiəʔ^{5}	zieʔ^{3}	ɕieʔ^{5}	ȵieʔ^{3}
35 象山	iɛ^{31}	bieʔ^{2}	mieʔ^{2}	lieʔ^{2}	tsʰaʔ^{5}	ieʔ^{2}	soʔ^{5}	ȵieʔ^{2}
36 普陀	i^{24}	biɛʔ^{23}	miɛʔ^{23}	liɛʔ^{23}	tsʰɐʔ^{5}	iɛʔ^{23}	soʔ^{5}	ȵiɛʔ^{23}
37 定海	i^{23}	bieʔ^{2}	mieʔ^{2}	lieʔ^{2}	tsʰɐʔ^{5}	ieʔ^{2}	soʔ^{5}	ȵieʔ^{2}
38 岱山	i^{23}	bieʔ^{2}	mieʔ^{2}	lieʔ^{2}	tsʰɐʔ^{5}	ieʔ^{2}	soʔ^{5}	ȵieʔ^{2}
39 嵊泗	i^{243}	biɛʔ^{2}	miɛʔ^{2}	liɛʔ^{2}	tsʰɐʔ^{5}	iɛʔ^{2}	soʔ^{5}	ȵiɛʔ^{2}
40 临海	i^{21}	bieʔ^{23}	mieʔ^{23}	lieʔ^{23}	dzieʔ^{5}	zieʔ^{23}	ɕieʔ^{5}	ȵieʔ^{23}
41 椒江	ie^{31}	bieʔ^{2}	mieʔ^{2}	lieʔ^{2}	dzieʔ^{2}	zieʔ^{2}	ɕieʔ^{5}	ȵieʔ^{2}
42 黄岩	ie^{121}	bieʔ^{2}	mieʔ^{2}	lieʔ^{2}	dzieʔ^{2}	zieʔ^{2}	ɕieʔ^{5}	ȵieʔ^{2}
43 温岭	ie^{31}	biʔ^{2}	miʔ^{2}	liʔ^{2}	dziʔ^{2}	ziʔ^{2}	ɕiʔ^{5}	ȵiʔ^{2}
44 仙居	ie^{213}	biaʔ^{23}	miaʔ^{23}	liaʔ^{23}	dziaʔ^{23}	ziaʔ^{23}	ɕiaʔ^{5}	ȵiaʔ^{23}
45 天台	ie^{224}	biəʔ^{2}	mieʔ^{2}	lieʔ^{2}	tɕʰieʔ^{5}	zieʔ^{2}	ɕieʔ^{5}	ȵieʔ^{2}
46 三门	ie^{113}	bieʔ^{23}	mieʔ^{23}	lieʔ^{23}	tɕʰieʔ^{5}	zieʔ^{23}	ɕieʔ^{5}	ȵieʔ^{23}
47 玉环	ie^{31}	biɐʔ^{2}	miɐʔ^{2}	liɐʔ^{2}	tsʰɐʔ^{2}	ziɐʔ^{2}	ɕiɐʔ^{5}	ȵiɐʔ^{2}
48 金华	ie^{313}白 iɛ̃^{313}文	bie^{14}	miəʔ^{212}	liəʔ^{212}	tsʰəʔ^{4}	dzyɤ^{14}白 zəʔ^{212}文	ɕyəʔ^{4}	ȵie^{14}

续表

方言点	0513 延	0514 别 ～人	0515 灭	0516 列	0517 撤	0518 舌	0519 设	0520 热
	山开三 平仙以	山开三 入薛帮	山开三 入薛明	山开三 入薛来	山开三 入薛彻	山开三 入薛船	山开三 入薛书	山开三 入薛日
49 汤溪	ie¹¹	bie¹¹³	mie¹¹³	lia¹¹³	tɕʰie⁵⁵	dʑie¹¹³	ɕie⁵⁵	ȵie¹¹³
50 兰溪	iɛ̃²¹	bieʔ¹²	mieʔ¹²	liəʔ¹²	tɕʰieʔ³⁴	dʑiəʔ¹²	ɕiəʔ³⁴	ȵieʔ¹²
51 浦江	ian¹¹³ ～安	biə²³²	miə²³²	liə²³²	tsʰiə⁴²³	dʑi²⁴³	ɕyə⁴²³	ȵi²³²
52 义乌	ie²¹³白 ian²¹³文	bie³¹²	mie³¹²	liə³¹²	tsʰə³²⁴	dʑie³¹²	ɕyə³²⁴白 sə³²⁴文	ȵie³¹²
53 东阳	iɐn²¹³	biɛ²¹³	miɛ²¹³	liɛ²¹³	tɕʰiɛʔ²³	ʑiɛ²¹³	ɕiɛ³⁴	ȵiɛ²¹³
54 永康	ie²²	bə¹¹³	mie¹¹³	lie¹¹³	tɕie³³⁴	dʑie¹¹³	ɕie³³⁴	ȵie¹¹³
55 武义	ȵie²¹³	bie¹³	mie¹³	lə²¹³	tɕʰie⁵³	dʑie¹³	ɕie⁵³	ȵie¹³
56 磐安	ie²¹³	biɛ²¹³	miɛ²¹³	liɛ²¹³	tɕʰiɛ³³⁴	dʑiɛ²¹³	ɕiɛ³³⁴	ȵiɛ²¹³
57 缙云	ie²⁴³	biɛ¹³	miɛ¹³	lia¹³	tɕʰiɛ³²²	dʑiɛ¹³	ɕiɛ³²²	ȵiɛ¹³
58 衢州	iɛ̃²¹	biəʔ¹²	miəʔ¹²	liəʔ¹²	tʃʰyəʔ⁵	ʒyəʔ¹²	ʃyəʔ⁵	ȵiəʔ¹²
59 衢江	ie²¹²	biəʔ²	miəʔ²	liəʔ²	tɕʰiaʔ⁵	dʑyəʔ²	ɕyəʔ⁵	ȵiəʔ²
60 龙游	ie²¹	biəʔ²³	miəʔ²³	liəʔ²³	tsʰəʔ⁴	dzəʔ²³	səʔ⁴	ȵiəʔ²³
61 江山	iɛ̃²¹³	biɛʔ²	miɛʔ²	liɛʔ²	tɕʰiɛʔ⁵	dʑiɛʔ²	ɕiɛʔ⁵	ȵiɛʔ²
62 常山	iɛ̃²⁴	bʌʔ³⁴	miʌʔ³⁴	liʌʔ³⁴	tsʰaʔ⁵	dʑiʌʔ³⁴	ɕiʌʔ⁵	ȵiʌʔ³⁴
63 开化	iɛ̃²³¹	baʔ¹³	miɛʔ¹³	liɛʔ¹³	tsʰaʔ⁵	dʑiaʔ¹³	ɕiɛʔ⁵	ȵiaʔ¹³
64 丽水	ie²²	bɛʔ²³	miɛʔ²³	liɛʔ²³	tɕʰiɛʔ⁵	dziɛʔ²³	ɕiʔ⁵	ȵiɛʔ²³
65 青田	ie²¹	biæʔ³¹	miæʔ³¹	liæʔ³¹	tɕʰiæʔ⁴²	dziæʔ³¹	ɕiæʔ⁴²	ȵiæʔ³¹
66 云和	ie³¹²	biɛʔ²³	miɛʔ²³	liɛʔ²³	tɕʰiɛʔ⁵	dziɛʔ²³	ɕiɛʔ⁵	ȵiɛʔ²³
67 松阳	iɛ̃³¹	biɛʔ²	miɛʔ²	liɛʔ²	tɕʰiɛʔ⁵	dʑiɛʔ²	ɕiɛʔ⁵	ȵiɛ
68 宣平	ie⁴³³	biəʔ²³	miəʔ²³	liəʔ²³	tɕʰiaʔ⁵	dʑiəʔ²³	ɕiəʔ⁵	ȵiəʔ²³
69 遂昌	iɛ̃²²¹	biɛʔ²³	miɛʔ²³	liɛʔ²³	tɕʰiɛʔ⁵	dʑiɛʔ²³	ɕiʔ⁵ ～计 ɕiɛʔ⁵ 建～	ȵiɛʔ²³
70 龙泉	iɛ²¹	biɛʔ²⁴	miɛʔ²⁴	liɛʔ²⁴	tɕʰiɛʔ⁵	dʑiɛʔ²⁴	ɕiɛʔ⁵	ȵiɛʔ²⁴
71 景宁	ie⁴¹	baʔ²³	miɛʔ²³	liɛʔ²³	tɕʰiɛʔ⁵	dziɛʔ²³	ɕiɛʔ⁵	ȵiɛʔ²³

续表

方言点	0513 延	0514 别 ~人	0515 灭	0516 列	0517 撤	0518 舌	0519 设	0520 热
	山开三 平仙以	山开三 入薛帮	山开三 入薛明	山开三 入薛来	山开三 入薛彻	山开三 入薛船	山开三 入薛书	山开三 入薛日
72 庆元	iɛ̃⁵²	piɛʔ³⁴	miɐʔ³⁴	liɐʔ³⁴	tɕʰiɛʔ⁵	tɕiɛʔ³⁴	ɕiɐʔ⁵	n̠iɛʔ³⁴
73 泰顺	iɛ⁵³	piɛʔ²	miɔʔ²	liɔʔ²	tɕiɛɹʔ² 音殊	tɕiɛʔ²	ɕiɛʔ⁵	n̠iɛʔ²
74 温州	i³¹	bi²¹²	mi²¹²	li²¹²	dzi²¹²	i²¹²	sei³²³	n̠i²¹²
75 永嘉	i³¹	bi²¹³	mi²¹³	li²¹³	dzi²¹³	i²¹³	ɕi⁴²³	n̠i²¹³
76 乐清	iɛ³¹	biɛ²¹²	miɛ²¹²	liɛ²¹²	dziɛ²¹²	ziɛ²¹²	siɛ³²³	n̠iɛ²¹²
77 瑞安	i³¹	bi²¹²	mi²¹²	li²¹²	dzi²¹²	i²¹²	sei³²³	n̠i²¹²
78 平阳	ie²⁴²	bie¹²	mie¹²	lie¹²	tɕʰie³⁴	zi¹²	si³⁴	n̠ie¹²
79 文成	ie¹¹³	bie²¹²	mie²¹²	lie²¹²	tɕʰie³⁴	dzie²¹²	ɕie³⁴	n̠ie²¹²
80 苍南	iɛ³¹	biɛ¹¹²	miɛ¹¹²	liɛ¹¹²	dziɛ¹¹²	dziɛ¹¹²	ɕi²²³	n̠iɛ¹¹²
81 建德徽	n̠ie³³	pi²¹³ ~个	miɐʔ¹²	liɐʔ¹²	tsʰɐʔ⁵	sɿ²¹³	sɐʔ⁵	n̠i²¹³ ~水 / i³³ 眼~
82 寿昌徽	iɛ̃¹¹²文	pʰiəʔ³¹	miəʔ³¹	liəʔ³¹	tsʰəʔ³	ɕiəʔ³¹	səʔ³	n̠i²⁴
83 淳安徽	iã⁴³⁵	pʰiəʔ¹³	miəʔ¹³	liəʔ¹³	tsʰɑʔ⁵	səʔ¹³	səʔ⁵	iəʔ¹³
84 遂安徽	iɛ̃³³	pʰie²¹³	miɛ²¹³	liɛ²⁴	tɕʰiɛ²⁴	ɕiɛ²¹³	ɕiɛ⁴³	ie²¹³
85 苍南闽	ian²⁴	pie²⁴	bie²⁴	lie²⁴	tʰia⁴³	tɕi²⁴	ɕie⁴³	dzua²⁴又 / dzie²⁴又
86 泰顺闽	ie²²	pøʔ³	miɪʔ³	liɪʔ³	tsʰɛʔ⁵	ɕiɪʔ³	ɕiɛʔ⁵	niɛʔ³
87 洞头闽	ian¹¹³	pɐt²⁴	biet²⁴	liek²⁴	tʰə⁵³白 / tɕʰie⁵³文	tɕi²⁴¹	ɕie⁵³	dzua²⁴¹又 / dzie²⁴¹又
88 景宁畲	ien²²	piɛʔ²	miɛʔ²	liɛʔ²	tɕʰiʔ⁵	ɕiet²	ɕiʔ⁵	n̠iet²

方言点	0521 杰 山开三 入薛群	0522 孽 山开三 入薛疑	0523 建 山开三 去元见	0524 健 山开三 去元群	0525 言 山开三 平元疑	0526 歇 山开三 入月晓	0527 扁 山开四 上先帮	0528 片 山开四 去先滂
01 杭州	dʑiɛʔ²	ȵiɛʔ²	tɕiɛ⁴⁵	dʑiɛ¹³	iɛ²¹³	ɕiɛʔ⁵	piɛ⁵³	pʰiɛ⁴⁵
02 嘉兴	dʑiɛʔ¹³	ȵieʔ⁵	tɕie²²⁴	dʑie¹¹³	ie²⁴²	ɕieʔ⁵	pie⁵⁴⁴	pʰie²²⁴
03 嘉善	dʑieʔ²	ȵieʔ²	tɕiɪ³³⁴	dʑiɪ¹¹³	iɪ¹³²	ɕieʔ⁵	piɪ⁴⁴	pʰiɪ³³⁴
04 平湖	dʑiəʔ²³	ȵiəʔ²³	tɕiɛ³³⁴	dʑiɛ²¹³	iɛ³¹	ɕiəʔ⁵	piɛ⁴⁴	pʰiɛ²¹³
05 海盐	dʑiəʔ²³	ȵiəʔ²³	tɕiɛ³³⁴	dʑiɛ²¹³	iɛ³¹	ɕiəʔ⁵	piɛ⁴²³	pʰiɛ³³⁴
06 海宁	dʑieʔ²	ȵieʔ²	tɕie³⁵	dʑie¹³	ie¹³	ɕieʔ⁵	pie⁵³	pʰie³⁵
07 桐乡	dʑiəʔ²³	ȵiəʔ²³	tɕiᴇ³³⁴	dʑiᴇ²¹³	iᴇ¹³	ɕiəʔ⁵	piᴇ⁵³	pʰiᴇ³³⁴
08 崇德	dʑiəʔ²³	ȵiəʔ²³	tɕiɪ³³⁴	dʑiɪ¹³	iɪ¹³	ɕiəʔ⁵	piɪ⁵³	pʰiɪ³³⁴
09 湖州	dʑieʔ²	ȵieʔ²	tɕie³⁵	dʑie³⁵	ie¹¹²	ɕieʔ⁵	pie⁵²³	pʰie³⁵
10 德清	dʑieʔ²	ȵieʔ²	tɕie³³⁴	dʑie¹¹³	ie¹¹³	ɕieʔ⁵	pie⁵²	pʰie³³⁴
11 武康	dʑieʔ²	ȵieʔ²	tɕiɪ²²⁴	dʑiɪ¹¹³	iɪ¹¹³	ɕieʔ⁵	piɪ⁵³	pʰiɪ²²⁴
12 安吉	dʑiᴇʔ²³	ȵiᴇʔ²³	tɕi³²⁴	dʑi²⁴³	i²²	ɕiᴇʔ⁵	pi⁵²	pʰi³²⁴
13 孝丰	dʑieʔ²³	ȵieʔ²³	tɕiɪ³²⁴	dʑiɪ²¹³	iɪ²²	ɕieʔ⁵	piɪ⁵²	pʰiɪ³²⁴
14 长兴	dʒiᴇʔ²	ȵiᴇʔ²	tʃi³²⁴	dʒi²⁴³	i¹²	ʃiᴇʔ⁵	pi⁵²	pʰi³²⁴
15 余杭	dʑieʔ²	ȵieʔ²	tɕiẽ⁴²³	dʑiẽ²¹³	iẽ²²	ɕieʔ⁵	piẽ⁵³	pʰiẽ⁴²³
16 临安	dʑiɐʔ¹²	ȵiɐʔ¹²	tɕie⁵⁵	dʑie³³	ie³³	ɕiɐʔ⁵⁴	pie⁵⁵	pʰie⁵⁵
17 昌化	dʑiɛʔ²³	ȵiɛʔ²³	tɕiĩ⁵⁴⁴	ziĩ²⁴³	iĩ¹¹²	ɕiɛʔ⁵	piĩ⁴⁵³	pʰiĩ⁵⁴⁴
18 於潜	dʑiæʔ²³	ȵiæʔ²³	tɕie³⁵	dʑie²⁴	ie²²³	ɕieʔ⁵³	pie⁵¹	pʰie³⁵
19 萧山	dʑieʔ¹³	ȵieʔ¹³	tɕie⁴²	dʑie²⁴²	ie³⁵⁵	ɕieʔ⁵	pie³³	pʰie⁴²
20 富阳	dʑiɛʔ²	ȵiɛʔ²	tɕiɛ̃³³⁵	dʑiɛ̃²²⁴	iɛ̃¹³	ɕiɛʔ⁵	piɛ̃⁴²³	pʰiɛ̃³³⁵
21 新登	dʑiəʔ²	ȵiəʔ²	tɕiɛ̃⁴⁵	dʑiɛ̃¹³	iɛ̃²³³	ɕiəʔ⁵	piɛ̃³³⁴	pʰiɛ̃⁴⁵
22 桐庐	dʑiəʔ¹³	niəʔ¹³	tɕie³⁵	dʑie²⁴	ie¹³	ɕiəʔ⁵	pie³³	pʰie³⁵
23 分水	dʑiəʔ¹²	ȵiəʔ¹²	tɕiɛ̃⁵³	dʑiɛ̃¹³	iɛ̃²²	ɕiəʔ⁵	piɛ̃⁵³	pʰiɛ̃²⁴
24 绍兴	dʑieʔ²	ȵieʔ²	tɕiẽ³³	dʑiẽ²²	ȵiẽ²³¹	ɕieʔ⁵	piẽ³³⁴	pʰiẽ³³
25 上虞	dʑiəʔ²	ȵiəʔ²	tɕie⁵³	dʑiẽ³¹	ȵiẽ²¹³	ɕiəʔ⁵	piẽ³⁵	pʰiẽ⁵³
26 嵊州	dʑieʔ²	ȵieʔ²	tɕiẽ³³⁴	dʑiẽ²⁴	iẽ²¹³	ɕieʔ⁵	piẽ⁵³	pʰiẽ³³⁴

续表

方言点	0521 杰 山开三 入薛群	0522 孽 山开三 入薛疑	0523 建 山开三 去元见	0524 健 山开三 去元群	0525 言 山开三 平元疑	0526 歇 山开三 入月晓	0527 扁 山开四 上先帮	0528 片 山开四 去先滂
27 新昌	dʑiɛʔ²	n̠iɛʔ²	tɕiɛ̃³³⁵	dʑiɛ̃¹³	iɛ²²	ɕiɛʔ⁵	piɛ̃⁴⁵³	pʰiɛ̃³³⁵
28 诸暨	dʑieʔ¹³	nieʔ¹³	tɕie⁵⁴⁴	dʑie³³	ie¹³	ɕieʔ⁵	pie⁵⁴⁴	pʰie⁵⁴⁴
29 慈溪	dʑiəʔ²	n̠iəʔ²	tɕiẽ⁴⁴	dʑiẽ¹³	iẽ¹³	ɕiəʔ⁵	piẽ³⁵	pʰiẽ⁴⁴
30 余姚	dʑiəʔ²	n̠iəʔ²	tɕiẽ⁵³	dʑiẽ¹³	n̠iẽ¹³	ɕiəʔ⁵	piẽ³⁴	pʰiẽ⁵³
31 宁波	dʑiəʔ²	n̠iəʔ²	tɕi⁵³	dʑi¹³	i¹³	ɕiəʔ⁵	pi⁵³	pʰi⁴⁴
32 镇海	dʑieʔ¹²	n̠ieʔ¹²	tɕi⁵³	dʑi²⁴	i²⁴	ɕieʔ⁵	pi³⁵	pʰi⁵³
33 奉化	dʑiɿʔ²	n̠iɿʔ²	tɕi⁵³	dʑi³¹	iɛ³³	ɕiɿʔ⁵	pi⁵⁴⁵	pʰi⁵³
34 宁海	dʑieʔ³	n̠ieʔ³	tɕie⁴²³	dʑie²⁴	ie²¹³	ɕieʔ⁵	pie⁵³	pʰie³⁵
35 象山	dʑieʔ²	n̠ieʔ²	tɕi⁵³	dʑi¹³	iɛ³¹	ɕieʔ⁵	pi⁴⁴	pʰi⁵⁵
36 普陀	dʑiɛʔ²³	n̠iɛʔ²³	tɕi⁵⁵	dʑi¹³	i²⁴	ɕiɛʔ⁵	pi⁴⁵	pʰi⁵⁵
37 定海	dʑieʔ²	n̠ieʔ²	tɕi⁴⁴	dʑi¹³	i²³	ɕieʔ⁵	pi⁴⁵	pʰi⁴⁴
38 岱山	dʑieʔ²	n̠ieʔ²	tɕi⁴⁴	dʑi²¹³	i²³	ɕieʔ⁵	pi⁵²	pʰi³²⁵调殊
39 嵊泗	dʑiEʔ²	n̠iEʔ²	tɕi⁵³	dʑi²¹³	i²⁴³	ɕiEʔ⁵	pi⁵³	pʰi⁵³
40 临海	dʑieʔ²³	n̠ieʔ²³	tɕi⁵⁵又 ki⁵⁵又	dʑi³²⁴又 gi³²⁴又	n̠i²¹	ɕieʔ⁵	pi⁵²	pʰi⁵⁵
41 椒江	dʑieʔ²	n̠ieʔ²	tɕie⁵⁵	dʑie²⁴	n̠ie³¹	ɕieʔ⁵	pie⁴²	pʰie⁵⁵
42 黄岩	dʑieʔ²	n̠ieʔ²	tɕie⁵⁵	dʑie²⁴	n̠ie¹²¹	ɕieʔ⁵	pie⁴²	pʰie⁵⁵
43 温岭	dʑiʔ²	n̠iʔ²	tɕie⁵⁵	dʑie¹³	n̠ie³¹	ɕiʔ⁵	pie⁴²	pʰie⁵⁵
44 仙居	dʑiaʔ²³	n̠iaʔ²³	tɕie⁵⁵	dʑie²⁴	n̠ie²¹³	ɕiaʔ⁵	ɓie³²⁴	pʰie⁵⁵
45 天台	gieʔ²	n̠ieʔ²	kie⁵⁵	gie³⁵	n̠ie²²⁴	hieʔ⁵	pie³²⁵	pʰie⁵⁵
46 三门	dʑieʔ²³	n̠ieʔ²³	tɕie⁵⁵	dʑie²⁴³	n̠ie¹¹³	ɕieʔ⁵	pie³²⁵	pʰie⁵⁵
47 玉环	dʑiɐʔ²	n̠iɐʔ²	tɕie⁵⁵	dʑie²²	n̠iɛ³¹	ɕiɐʔ⁵	pie⁵³	pʰie⁵⁵
48 金华	dʑiəʔ²¹²	n̠ie¹⁴	tɕiɛ̃⁵⁵	dʑie¹⁴白 dʑiɛ̃¹⁴文	n̠iẽ³¹³	ɕie⁵⁵	pie⁵³⁵	pʰie⁵⁵
49 汤溪	dʑie¹¹³	n̠ie¹¹³	tɕie⁵²	dʑie³⁴¹	n̠ie¹¹	ɕie⁵⁵	mie⁵³⁵	pʰie⁵²
50 兰溪	dʑiəʔ¹²	n̠ieʔ¹²	tɕiɛ̃⁴⁵	dʑiɛ̃²⁴	niɛ̃²¹	ɕieʔ³⁴	pie⁵⁵	pʰie⁴⁵

续表

方言点	0521 杰	0522 孽	0523 建	0524 健	0525 言	0526 歇	0527 扁	0528 片
	山开三 入薛群	山开三 入薛疑	山开三 去元见	山开三 去元群	山开三 平元疑	山开三 入月晓	山开四 上先帮	山开四 去先滂
51 浦江	dʑiə^{232}	ȵi^{232}	tɕiẽ^{55}	dʑian^{243}	ȵian^{113}	ɕi^{423}	piẽ^{53}	pʰiẽ^{55}
52 义乌	dʑiə^{312}	ȵie^{312}	tɕiẽ^{45}白 tɕian^{45}文	dʑie^{24}	ȵian^{213}	ɕie^{324}	pie^{423}	pʰie^{45}
53 东阳	dʑiɛ^{213}	ȵiɛ^{213}	tɕiɐn^{453}	tɕiɐn^{453}	ȵiɐn^{213}	ɕie^{334}	pi^{44}	pʰi^{453}
54 永康	dʑie^{113}	ȵie^{113}	tɕie^{334}调殊	dʑie^{241}	ȵie^{22}	ɕie^{334}	ɓie^{334}	pʰie^{52}
55 武义	dʑie^{13}	ȵiə^{213}	tɕie^{53}	dʑie^{13}	ȵie^{324}	ɕie^{53}	mie^{445}	pʰie^{53}
56 磐安	dʑia^{213}	ȵiɛ^{212}	tɕie^{52}	dʑie^{14}	ȵie^{213}	ɕie^{334}	pie^{334}	pʰie^{52}
57 缙云	dʑie^{13}	ȵiɛ^{13}	tɕiɛ^{453}	dʑiɛ^{213}	ȵiɛ^{243}	ɕie^{322}	pie^{51}	pʰiɛ^{453}
58 衢州	dʑiəʔ^{12}	ȵiəʔ^{12}	tɕiẽ^{53}	dʑiẽ^{231}	iẽ^{21}	ɕiəʔ^{5}	piẽ^{35}	pʰiẽ^{53}
59 衢江	dʑiəʔ^{2}	ȵiəʔ^{2}	tɕie^{53}	dʑie^{212}	ie^{212}	ɕiəʔ^{5}	pie^{25}	pʰie^{53}
60 龙游	dʑiəʔ^{23}	ȵiəʔ^{23}	tɕie^{51}	dʑie^{224}调殊	ie^{21}	ɕiəʔ^{4}	pie^{35}	pʰie^{51}
61 江山	giɛʔ^{2}	ȵiɛʔ^{2}	kiẽ^{51}	giẽ^{31}	ȵiẽ^{213}	xiɛʔ^{5}	piẽ^{241}	pʰiẽ^{51}
62 常山	dʑieʔ^{34}	ȵiʌʔ^{34}	tɕiẽ^{324}	dʑiẽ^{131}	ȵiẽ^{341}	ɕiʌʔ^{5}	piẽ^{52}	pʰiẽ^{324}
63 开化	dʑieʔ^{13}	ȵiaʔ^{13}	tɕiẽ^{412}	dʑiẽ^{213}	ȵiẽ^{231}	ɕiaʔ^{5}	piẽ^{53}	pʰiẽ^{412}
64 丽水	dʑieʔ^{23}	ȵieʔ^{23}	tɕiɛ^{52}	gɛ^{131}白 dʑiɛ^{131}文	iɛ^{22}	ɕieʔ^{5}	piɛ^{544}	pʰiɛ^{52}
65 青田	dʑiæʔ^{31}	ȵiæʔ^{31}	tɕiɛ^{33}	dʑiɛ^{22}	ȵiɛ^{21}	ɕiæʔ^{42}	ɓiɑ^{454}	pʰiɑ^{33}
66 云和	dʑieʔ^{23}	ȵiɛʔ^{23}	tɕiɛ^{45}	gɛ^{223}白 dʑiɛ^{223}文	ȵiɛ^{312}	ɕieʔ^{5}	piɛ^{41}	pʰiɛ^{45}
67 松阳	dʑieʔ^{2}	ȵiɛʔ^{2}	tɕiẽ^{24}	dʑiẽ^{22}	ȵiẽ^{31}	ɕieʔ^{5}	piẽ^{212}	pʰiẽ^{24}
68 宣平	dʑiəʔ^{23}	ȵiəʔ^{23}	tɕiɛ^{52}	dʑiɛ^{231}	ȵiɛ^{433}	ɕiəʔ^{5}	pie^{445}	pʰiɛ^{52}
69 遂昌	dʑiɛʔ^{23}	ȵiɛʔ^{23}	tɕiẽ^{334}	dʑiɛ^{213}	iẽ^{221}	ɕieʔ^{5}	piẽ^{533}	pʰiẽ^{334}
70 龙泉	dʑiɐʔ^{24}	ȵiɐʔ^{24}	tɕiɐ^{45}	dʑiɐ^{224}	ȵiɐ^{21}	ɕiɐʔ^{5}	piɐ^{51}	pʰiɐ^{45}
71 景宁	dʑieʔ^{23}	ȵieʔ^{23}	tɕiɛ^{35}	gœ^{113}白 dʑiɛ^{113}文	ȵie^{41}	ɕiəʔ^{5}	pie^{33}	pʰie^{35}
72 庆元	tɕiɐʔ^{34}	ȵiɐʔ^{34}	tɕiẽ^{11}	tɕiẽ^{31}	ȵiẽ^{52}	ɕiɐʔ^{5}	ɓiɑ̃^{33}	pʰiɑ̃^{11}
73 泰顺	tɕiɛʔ^{2}	ȵiɛʔ^{5}调殊	tɕiɛ^{35}	tɕiɛ^{21}	ȵie^{53}	ɕiɛʔ^{5}	piã^{55}	pʰiã^{35}

续表

方言点	0521 杰	0522 辥	0523 建	0524 健	0525 言	0526 歇	0527 扁	0528 片
	山开三 入薛群	山开三 入薛疑	山开三 去元见	山开三 去元群	山开三 平元疑	山开三 入月晓	山开四 上先帮	山开四 去先滂
74 温州	dʑi²¹²	n̠i²¹²	tɕi⁵¹	dʑi²²	n̠i³¹	ɕi³²³	pi²⁵	pʰi⁵¹
75 永嘉	dʑi²¹³	n̠iai²¹³	tɕi⁵³	dʑi²²	n̠i³¹	ɕi⁴²³	pi⁴⁵	pʰi⁵³
76 乐清	dʑiɛ²¹²	n̠ia²¹²	tɕiɛ⁴¹	dʑiɛ²²	n̠iɛ³¹	ɕiɛ³²³	piɛ³⁵	pʰiɛ⁴¹
77 瑞安	dʑi²¹²	n̠i²¹²	tɕi⁵³	dʑi²¹²~康 tɕi⁵³~美	n̠i³¹	ɕi³²³	pi³⁵	pʰi⁵³
78 平阳	dʑie¹²	n̠ie¹²	tɕie⁵³	dʑie²³	n̠ie²⁴²	ɕie³⁴	pie⁴⁵	pʰie⁵³
79 文成	dʑie²¹²	n̠ie²¹²	tɕie³³	dʑie⁴²⁴	n̠ie¹¹³	ɕie³⁴	pie⁴⁵	pʰie³³
80 苍南	dʑiɐ¹¹²	n̠iɐ¹¹²	tɕiɐ⁴²	dʑiɐ¹¹	n̠iɐ³¹	ɕiɐ²²³	piɐ⁵³	pʰiɐ⁴²
81 建德徽	tɕiɐʔ¹²	n̠iɐʔ¹²	tɕie³³	tɕie²¹³白 tɕie²¹³文	n̠iɛ̃²¹¹文	ɕi⁵⁵	pie²¹³	pʰie³³
82 寿昌徽	tɕiɐʔ³¹	n̠i²⁴	tɕiɛ̃³³文	tɕiɛ̃²⁴文	n̠iɛ̃¹¹²文	ɕi⁵⁵	pi²⁴	pʰi³³
83 淳安徽	ɕiəʔ¹³声殊	iəʔ¹³	tɕiã²⁴	tɕiã²⁴	iã⁴³⁵	ɕiəʔ⁵	piã⁵⁵	pʰiã²⁴
84 遂安徽	tɕʰiɛ²¹³	iɛ²¹³	tɕiɛ̃⁴³	tɕiɛ̃⁴³	iɛ̃³³	ɕiɛ²⁴	piɛ̃²¹³	pʰiɛ̃⁴³
85 苍南闽	kie²⁴	(无)	kian²¹	kian²¹	gian²⁴	hio⁴³	pĩ⁴³	pʰian²¹
86 泰顺闽	kiɪʔ³	niɪʔ⁵	ky⁵³	kɛ³¹	nie²²	ɕyɪʔ⁵	pie²²	pʰie⁵³
87 洞头闽	kiet²⁴	iek²⁴	kian²¹	kian²¹	gian¹¹³	hieu⁵³	pin⁵³~担 pĩ⁵³~了	pʰiaɪ²¹
88 景宁畲	(无)	(无)	tɕien⁴⁴	tɕien⁴⁴	n̠ien²²	ɕieʔ⁵	pan³²⁵	pʰiaŋ³²⁵小

方言点	0529 面 ～条	0530 典	0531 天	0532 田	0533 垫	0534 年	0535 莲	0536 前
	山开四 去先明	山开四 上先端	山开四 平先透	山开四 平先定	山开四 去先定	山开四 平先泥	山开四 平先来	山开四 平先从
01 杭州	mie¹³	tie⁵³	tʰie³³⁴	die²¹³	die¹³	ȵie²¹³	lie²¹³	dʑie²¹³
02 嘉兴	mie¹¹³	tie⁵⁴⁴	tʰie⁴²	die²⁴²	die¹¹³	ȵie²⁴²	lie²⁴²	dʑie²⁴²
03 嘉善	miɪ¹¹³	tiɪ⁴⁴	tʰiɪ⁵³	diɪ¹³²	diɪ¹¹³	ȵiɪ¹³²	liɪ¹³²	dʑiɪ¹³²
04 平湖	mie²¹³	tie⁴⁴	tʰie⁵³	die³¹	die²¹³	ȵie³¹	lie³¹	zie³¹
05 海盐	mie²¹³	tie⁴²³	tʰie⁵³	die³¹	die²¹³	ȵie³¹	lie³¹	dʑie³¹
06 海宁	mie¹³	tie⁵³	tʰie⁵⁵	die¹³	die¹³	ȵie¹³	lie¹³	dʑie¹³
07 桐乡	miɛ²¹³	tiɛ⁵³	tʰiɛ⁴⁴	diɛ¹³	diɛ²¹³	ȵiɛ¹³	liɛ¹³	ziɛ¹³
08 崇德	miɪ¹³	tiɪ⁵³	tʰiɪ⁴⁴	diɪ¹³	diɪ¹³	ȵiɪ¹³	liɪ¹³	ziɪ¹³
09 湖州	mie³⁵	tie⁵²³	tʰie⁴⁴	die¹¹²	die²³¹	ȵie³⁵	lie¹¹²	dʑie¹¹²
10 德清	mie³³⁴	tie⁵²	tʰie⁴⁴	die¹¹³	die¹¹³	ȵie¹¹³	lie¹¹³	dʑie¹¹³
11 武康	miɪ²²⁴	tiɪ⁵³	tʰiɪ⁴⁴	diɪ¹¹³	diɪ¹¹³	ȵiɪ¹¹³	liɪ¹¹³	ziɪ¹¹³
12 安吉	mi²¹³	ti⁵²	tʰi⁵⁵	di²²	di²¹³	ȵi²²	li²²	zi²²
13 孝丰	miɪ³²⁴	tiɪ⁵²	tʰiɪ⁴⁴	diɪ²²	diɪ²¹³	ȵiɪ²²	liɪ²²	ziɪ²²
14 长兴	mi³²⁴	ti⁵²	tʰi⁴⁴	di¹²	di²⁴	ȵi¹²	li¹²	ʒi¹²
15 余杭	miẽ²¹³	tiẽ⁵³	tʰiẽ⁴⁴	diẽ²²	diẽ²¹³	ȵiẽ²²	liẽ²²	ziẽ²²
16 临安	mie³³	tie⁵⁵	tʰie⁵⁵	die³³	die³³	ȵie³³	lie³³	dʑie³³
17 昌化	miɪ̃²⁴³	tiɪ̃⁴⁵³	tʰiɪ̃³³⁴	diɪ̃¹¹²	diɪ̃²⁴³	ȵiɪ̃¹¹²	liɪ̃¹¹²	ziɪ̃¹¹²
18 於潜	mie²⁴	tie⁵¹	tʰie⁴³³	die²²³	die²⁴	ȵie²²³	lie²²³	dʑie²²³
19 萧山	mie²⁴²	tie³³	tʰie⁵³³	die³⁵⁵	die²⁴²	ȵie³⁵⁵	lie³⁵⁵	zie³⁵⁵
20 富阳	miẽ³³⁵	tiɛ̃⁴²³	tʰiɛ̃⁵³	diɛ̃¹³	diɛ̃²²⁴	ȵiɛ̃¹³	ȵiɛ̃¹³	ziɛ̃¹³
21 新登	miɛ̃¹³	tiɛ̃³³⁴	tʰiɛ̃⁵³	diɛ̃²³³	diɛ̃¹³	ȵiɛ̃²³³	liɛ̃²³³	dʑiɛ̃²³³
22 桐庐	mie²⁴	tie³³	tʰie⁵³³	die¹³	die²⁴	nie¹³	lie¹³	zie¹³
23 分水	miɛ̃¹³	tiɛ̃⁵³	tʰiɛ̃⁴⁴	diɛ̃²²	diɛ̃¹³	ȵiɛ̃²²	liɛ̃²²	dʑiɛ̃²²
24 绍兴	miẽ²²	tiẽ³³⁴	tʰiẽ⁵³	diẽ²³¹	diẽ²²	ȵiẽ²³¹	liẽ²³¹	ziẽ²³¹
25 上虞	miẽ³¹	tiẽ³⁵	tʰiẽ³⁵	diẽ²¹³	diẽ³¹	ȵiẽ²¹³	liẽ²¹³	ziẽ²¹³

续表

方言点	0529 面 ～条	0530 典	0531 天	0532 田	0533 垫	0534 年	0535 莲	0536 前
	山开四 去先明	山开四 上先端	山开四 平先透	山开四 平先定	山开四 去先定	山开四 平先泥	山开四 平先来	山开四 平先从
26 嵊州	miẽ^{24}	tiẽ^{53}	tʰiẽ^{534}	diẽ^{213}	diẽ^{24}	ȵiẽ^{213}	liẽ^{213}	ʑiẽ^{213} dʑiẽ^{213}
27 新昌	miɛ̃^{13}	tiɛ̃^{453}	tʰiɛ̃^{534}	diɛ̃^{22}	diɛ̃^{13}	ȵiɛ̃^{22}	liɛ̃^{22}	dʑiɛ̃^{22}
28 诸暨	mie^{33}	tie^{42}	tʰie^{544}	die^{13}	die^{33}	nie^{13}	lie^{13}	ʑie^{13}
29 慈溪	miẽ^{13}	tiẽ^{44}调殊	tʰiẽ^{35}	diẽ^{13}	diẽ^{13}	ȵiẽ^{13}	liẽ^{13}	iẽ^{13}
30 余姚	miẽ^{13}	tiẽ^{44}调殊	tʰiẽ^{44}	diẽ^{13}	diẽ^{13}	ȵiẽ^{13}	liẽ^{13}	iẽ^{13}又 dʑiẽ^{13}又
31 宁波	mi^{13}	ti^{53}	tʰi^{53}	di^{13}	di^{13}	ȵi^{13}	li^{13}	ʑi^{13}
32 镇海	mi^{24}	ti^{35}	tʰi^{53}	di^{24}	di^{24}	ȵi^{24}	li^{24}	ʑi^{24}
33 奉化	mi^{31}	te^{545}	tʰi^{44}	di^{33}	de^{31}	ȵi^{33}	li^{33}	ʑi^{33}
34 宁海	mie^{24}	tie^{53}	tʰie^{423}	die^{213}	die^{24}	ȵie^{213}	lie^{213}	ʑie^{213}
35 象山	mi^{13}	ti^{44}	tʰi^{44}	di^{31}	di^{31}	ȵi^{31}	li^{31}	i^{31}
36 普陀	mi^{13}	ti^{45}	tʰi^{53}	di^{24}	di^{13}	ȵi^{24}	li^{24}	i^{24}
37 定海	mi^{13}	ti^{45}	tʰi^{52}	di^{23}	di^{13}	ȵi^{23}	li^{23}	i^{23}
38 岱山	ni^{213}	ti^{52}	tʰi^{52}	di^{23}	di^{213}	di^{23}	li^{23}	i^{23}
39 嵊泗	mi^{213}	ti^{445}	tʰi^{53}	di^{243}	di^{213}	ȵi^{243}	li^{243}	i^{243}
40 临海	mi^{324}	ti^{52}	tʰi^{31}	di^{21}	di^{324}	ni^{21}	li^{21}	ʑi^{21}
41 椒江	mie^{24}	tie^{42}	tʰie^{42}	die^{31}	die^{24}	ȵie^{31}	lie^{31}	ʑie^{31}
42 黄岩	mie^{24}	tie^{42}	tʰie^{32}	die^{121}	die^{24}	ȵie^{121}	lie^{121}	ʑie^{121}
43 温岭	mie^{13}	tie^{42}	tʰie^{33}	die^{31}	die^{13}	ȵie^{31}	lie^{31}	ʑie^{31}
44 仙居	mie^{24}	ɗie^{324}	tʰie^{334}	die^{213}	die^{24}	ȵie^{213}	lie^{213}	ʑie^{213}
45 天台	mie^{35}	tie^{325}	tʰie^{33}	die^{224}	die^{35}	ȵie^{224}	lie^{224}	ʑie^{224}
46 三门	mie^{243}	tie^{325}	tʰie^{334}	die^{113}	die^{243}	ȵie^{113}	lie^{113}	ʑie^{113}
47 玉环	mie^{22}	tie^{53}	tʰie^{42}	die^{31}	die^{22}	ȵie^{31}	lie^{31}	ʑie^{31}
48 金华	mie^{14}	tia^{535}白 tiɛ̃^{535}文	tʰia^{334}	dia^{313}	dia^{14}	ȵia^{313}	lia^{313}白 lie^{313}文	ʑia^{313}

续表

方言点	0529 面~条	0530 典	0531 天	0532 田	0533 垫	0534 年	0535 莲	0536 前
	山开四 去先明	山开四 上先端	山开四 平先透	山开四 平先定	山开四 去先定	山开四 平先泥	山开四 平先来	山开四 平先从
49 汤溪	mie^{341}	ȵie^{535}	tʰie^{24}	die^{11}	die^{341}动 die^{113}名	ȵie^{11}	lie^{11}	zie^{11}
50 兰溪	mie^{24}	tia^{55}	tʰia^{334}	dia^{21}	dia^{24}	nia^{21}	lia^{21}	zia^{21}
51 浦江	miẽ^{24}	tiɑ̃^{53}	tʰiɑ̃^{534}	diɑ̃^{113}	diɑ̃^{24}	ȵiɑ̃^{113}	liɑ̃^{113}	ʑiɑ̃^{113}
52 义乌	mie^{24}	ȵia^{423}	tʰia^{335}白 tʰian^{335}文	dia^{213}	dia^{24}	ȵia^{213}	lia^{213}	zia^{213}
53 东阳	mi^{24}	ti^{44}	tʰi^{334}	di^{213}	di^{24}	ȵi^{213}	li^{213}	zi^{213}
54 永康	mie^{241}	ɗia^{334}	tʰia^{55}	dia^{22}	dia^{241}	ȵia^{22}	lia^{22}	zia^{22}
55 武义	mie^{231}	nie^{445}	tʰie^{24}	die^{324}	die^{231}	ȵie^{324}	nie^{324}	zie^{324}
56 磐安	mie^{14}	tie^{334}	tʰie^{445}	die^{213}	die^{14}	ȵie^{213}	lie^{213}	zie^{213}
57 缙云	miɛ^{213}	tia^{51}	tʰia^{44}	dia^{243}	dia^{213}	ȵia^{243}	lia^{243}~子 liɛ^{243}~花	zia^{243}
58 衢州	miẽ^{231}	tiẽ^{35}	tʰiẽ^{32}	diẽ^{21}	diẽ^{231}	ȵiẽ^{21}	liẽ^{21}	ʑiẽ^{21}
59 衢江	mie^{231}	tie^{25}	tʰie^{33}	die^{212}	die^{231}	ȵie^{212}	lie^{212}	ʑyø^{212}过~ ʑie^{212}~面
60 龙游	mie^{231}	tie^{35}	tʰie^{334}	die^{21}	die^{231}	ȵie^{21}	lie^{21}	zie^{21}
61 江山	miɛ̃^{31}	tiɛ̃^{44}调殊	tʰiɛ̃^{44}	diɛ̃^{213}	diɛ̃^{31}	ȵiɛ̃^{213}	liɛ̃^{213}	zuɛ^{213}白 dʑiɛ^{213}文
62 常山	miɛ̃^{131}	tiɛ̃^{52}	tʰiɛ̃^{44}	diɛ̃^{341}	diɛ̃^{131}	ȵiɛ̃^{341}	liɛ̃^{341}	zue^{341}
63 开化	miɛ̃^{213}	tiɛ̃^{53}	tʰiɛ̃^{44}	diɛ̃^{231}	diɛ̃^{213}	ȵiɛ̃^{231}	liɛ̃^{231}	zuɛ^{231}韵殊
64 丽水	miɛ^{131}	tie^{544}	tʰie^{224}	die^{22}	die^{131}	ȵie^{22}	lie^{22}	ʑiɛ^{22}
65 青田	miɑ^{22}	ɗia^{454}	tʰiɑ^{445}	diɑ^{21}	diɑ^{22}	ȵiɑ^{21}	liɑ^{21}	iɑ^{21}
66 云和	mie^{223}	tie^{41}	tʰie^{24}	die^{312}	die^{223}	ȵie^{312}	lie^{312}	zie^{312}
67 松阳	miɛ̃^{13}	tiɛ̃^{212}	tʰiɛ̃^{53}	diɛ̃^{31}	diɛ̃^{13}	ȵiɛ̃^{31}	liɛ̃^{31}	ʑiɛ̃^{31}
68 宣平	miɛ̃^{231}	tiɛ̃^{445}	tʰiɛ̃^{324}	diɛ̃^{433}	diɛ̃^{231}	ȵiɛ̃^{433}	liɛ̃^{433}	ʑiɛ̃^{433}
69 遂昌	miɛ̃^{213}	tiɛ̃^{533}	tʰiɛ̃^{45}	diɛ̃^{221}	diɛ̃^{213}	ȵiɛ̃^{221}	liɛ̃^{221}	ʑyɛ̃^{221}旧 ʑiɛ̃^{221}今

续表

方言点	0529 面 ~条	0530 典	0531 天	0532 田	0533 垫	0534 年	0535 莲	0536 前
	山开四去先明	山开四上先端	山开四平先透	山开四平先定	山开四去先定	山开四平先泥	山开四平先来	山开四平先从
70 龙泉	miɛ²²⁴	tiɛ⁵¹	tʰiɛ⁴³⁴	diɛ²¹	diɛ²²⁴	n̠iɛ²¹	liɛ²¹	ʑiɛ²¹
71 景宁	miɛ¹¹³	tiɛ³³	tʰiɛ³²⁴	diɛ⁴¹	diɛ¹¹³	n̠iɛ⁴¹	liɛ⁴¹	ʑiɛ⁴¹
72 庆元	miã̃³¹	ɖiã³³	tʰiã̃³³⁵	tiã̃⁵²	tiã̃³¹	n̠iã̃⁵²	liã̃⁵²白 liɛ̃⁵²文	ɕiã̃⁵²
73 泰顺	miã̃²²	tiã̃⁵⁵	tʰiã̃²¹³	tiã̃⁵³	tiã̃²²	n̠iã̃⁵³	liɛ̃⁵³	ɕiã̃⁵³
74 温州	mi²²	ti²⁵	tʰi³³	di³¹	di²²	n̠i³¹	li³¹	i³¹
75 永嘉	mi²²	tiɛ⁴⁵	tʰi⁴⁴	di³¹	diɛ²²	n̠i³¹	li³¹	i³¹
76 乐清	miɛ²²	tiɛ³⁵	tʰiɛ⁴⁴	diɛ³¹	diɛ²²	n̠iɛ³¹	liɛ³¹	ʑiɛ³¹
77 瑞安	mi²²	tiɛ³⁵	tʰi⁴⁴	di³¹	diɛ²²	n̠i³¹	li³¹	i³¹
78 平阳	mie³³	tye⁴⁵	tʰie⁵⁵	die²⁴²	dye³³	n̠ie²⁴²	lie²⁴²	ie²⁴²
79 文成	mie⁴²⁴	tie⁴⁵	tʰie⁵⁵	die¹¹³	die⁴²⁴	n̠ie¹¹³	lie¹¹³	ʑie¹¹³
80 苍南	miɛ¹¹	tia⁵³	tʰiɛ⁴⁴	diɛ³¹	dia¹¹	n̠iɛ³¹	liɛ³¹	dʑiɛ³¹
81 建德徽	mie⁵⁵	tie²¹³	tʰie⁵³	tie³³	tʰie⁵⁵	n̠ie³³	nie³³	ɕie³³
82 寿昌徽	mi³³	tiɛ̃²⁴文	tʰi¹¹²	tʰi⁵²	tʰi³³	n̠i⁵²	li¹¹²文	ɕi⁵²
83 淳安徽	miã̃⁵³	tiã̃⁵⁵	tʰiã̃²⁴	tʰia⁴³⁵	tʰiã̃⁵³	iã̃⁴³⁵	liã̃⁴³⁵	ɕiã̃⁴³⁵
84 遂安徽	miɛ̃⁵²	tiɛ̃²¹³	tʰiɛ̃⁵³⁴	tʰiɛ̃³³	tʰiɛ̃⁵²	iɛ̃³³	liɛ̃³³	ɕiɛ̃³³
85 苍南闽	mĩ²¹	tuŋ²¹白 tian⁴³文	tʰĩ⁵⁵	(无)	tian²¹	nĩ²⁴	lian²⁴	tsuĩ²⁴
86 泰顺闽	mie³¹	tie³⁴⁴	tʰie²¹³	tsʰɛ²²	tɛ³¹	nie²²	lɛ²²	sɛ²²
87 洞头闽	mĩ²¹	tian⁵³	tʰĩ³³	tian¹¹³	tian²¹	nĩ¹¹³	lian¹¹³	tsaĩ¹¹³
88 景宁畲	mien⁵¹	tan³²⁵	tʰan⁴⁴	tʰan²²	tien⁵¹	nan²²	lien²²	tsʰan²²

方言点	0537 先	0538 肩	0539 见	0540 牵	0541 显	0542 现	0543 烟	0544 憋
	山开四平先心	山开四平先见	山开四去先见	山开四平先溪	山开四上先晓	山开四去先匣	山开四平先影	山开四入屑滂
01 杭州	ɕie^{334}	tɕie^{334}	tɕie^{45}	tɕʰie^{334}	ɕie^{53}	ie^{13}	ie^{334}	pie?^{5}
02 嘉兴	ɕie^{42}	tɕie^{42}	tɕie^{224}	tɕʰie^{42}	ɕie^{544}	ie^{113}	ie^{42}	pie?^{5}
03 嘉善	ɕiɪ^{53}	tɕiɪ^{53}	tɕiɪ^{334}	tɕʰiɪ^{53}	ɕiɪ^{334}	iɪ^{113}	iɪ^{53}	pie?^{5}
04 平湖	sie^{53}	tɕie^{53}	tɕie^{334}	tɕʰie^{53}	ɕie^{334}	iɛ^{213}	ie^{53}	piə?^{5}
05 海盐	ɕie^{53}	tɕie^{53}	tɕie^{334}	tɕʰie^{53}	ɕie^{423}	iɛ^{213}	ie^{53}	piə?^{53}
06 海宁	ɕie^{55}	tɕie^{55}	tɕie^{35}	tɕʰie^{55}	ɕie^{35}	ie^{35}	ie^{55}	pie?^{5}
07 桐乡	siɛ^{44}	tɕiɛ^{44}	tɕiɛ^{334}	tɕʰiɛ^{44}	ɕiɛ^{53}	iɛ^{213}	iɛ^{44}	piə?^{5}
08 崇德	ɕiɪ^{44}	tɕiɪ^{44}	tɕiɪ^{334}	tɕʰiɪ^{44}	ɕiɪ^{53}	iɪ^{13}	iɪ^{44}	（无）
09 湖州	ɕie^{44}	tɕie^{44}	tɕie^{334}	tɕʰie^{44}	ɕie^{523}	ie^{35}	ie^{44}	pie?^{5}
10 德清	ɕie^{44}	tɕie^{44}	tɕie^{334}	tɕʰie^{44}	ɕie^{52}	ie^{334}	ie^{44}	pie?^{5}
11 武康	ɕiɪ^{44}	tɕiɪ^{44}	tɕiɪ^{224}	tɕʰiɪ^{44}	ɕiɪ^{224}	iɪ^{224}	iɪ^{44}	pie?^{5}
12 安吉	ɕi^{55}	tɕi^{55}	tɕi^{324}	tɕʰi^{55}	ɕi^{324}	i^{213}	i^{55}	piɛ?^{5}
13 孝丰	ɕiɪ^{44}	tɕiɪ^{44}	tɕiɪ^{324}	tɕʰiɪ^{44}	ɕiɪ^{52}	iɪ^{324}	iɪ^{44}	pie?^{5}
14 长兴	ʃi^{44}	tʃi^{44}	tʃi^{324}	tʃʰi^{44}	ʃi^{52}	i^{324}	i^{44}	piɛ?^{5}
15 余杭	siẽ^{44}	tɕiẽ^{44}	tɕiẽ^{423}	tɕʰiẽ^{44}	ɕiẽ^{423}	iẽ^{243}	iẽ^{44}	pie?^{5}
16 临安	ɕie^{55}	tɕie^{55}	tɕie^{55}	tɕʰie^{55}	ɕie^{55}	ie^{33}	ie^{55}	piɐ?^{54}
17 昌化	ɕiĩ^{334}	tɕiĩ^{334}	tɕiĩ^{544}	tɕʰiĩ^{334}	ɕiĩ^{453}	iĩ^{243}	iĩ^{334}	pie?^{5}
18 於潜	ɕie^{433}	tɕie^{433}	tɕie^{35}	tɕʰie^{433}	ɕie^{51}	ie^{24}	ie^{433}	pie?^{53}
19 萧山	ɕie^{533}	tɕie^{533}	tɕʰie^{42}	tɕʰie^{533}	ɕie^{33}	ie^{242}	ie^{533}	pie?^{5}
20 富阳	ɕiɛ̃^{53}	tɕiɛ̃^{53}	tɕiɛ̃^{335}	tɕʰiɛ̃^{53}	ɕiɛ̃^{423}	iɛ̃^{335}	iɛ̃^{53}	pie?^{5}
21 新登	ɕiɛ̃^{53}	tɕiɛ̃^{53}	tɕiɛ̃^{45}	tɕʰiɛ̃^{53}	ɕiɛ̃^{334}	ziɛ̃^{13}	iɛ̃^{53}	piə?^{5}
22 桐庐	ɕie^{533}	tɕie^{533}	tɕie^{35}	tɕʰie^{533}	ɕie^{33}	zie^{24}	ie^{533}	piə?^{5}
23 分水	ɕiɛ̃^{44}	tɕiɛ̃^{44}	tɕiɛ̃^{24}	tɕʰiɛ̃^{44}	ɕiɛ̃^{53}	ziɛ̃^{13}	iɛ̃^{44}	piə?^{5}
24 绍兴	ɕiẽ^{53}	tɕiẽ^{53}	tɕiẽ^{33}	tɕʰiẽ^{53}	ɕiẽ^{334}	iẽ^{22}	iẽ^{53}	pie?^{5}
25 上虞	ɕiẽ^{35}	tɕiẽ^{35}	tɕiẽ^{53}	tɕʰiẽ^{35}	ɕiẽ^{35}	iẽ^{31}	iẽ^{35}	piə?^{5}
26 嵊州	ɕiẽ^{534}	tɕiẽ^{534}	tɕiẽ^{334}	tɕʰiẽ^{534}	ɕiẽ^{53}	iẽ^{24}	iẽ^{534}	pie?^{5}

续表

方言点	0537 先	0538 肩	0539 见	0540 牵	0541 显	0542 现	0543 烟	0544 憋
	山开四平先心	山开四平先见	山开四去先见	山开四平先溪	山开四上先晓	山开四去先匣	山开四平先影	山开四入屑滂
27 新昌	$ɕiɛ̃^{534}$	$tɕiɛ̃^{534}$	$tɕiɛ̃^{335}$	$tɕʰiɛ̃^{534}$	$ɕiɛ̃^{453}$	$iɛ̃^{13}$	$iɛ̃^{534}$	$piʔ^{5}$
28 诸暨	$ɕie^{544}$	$tɕie^{544}$	$tɕie^{544}$	$tɕʰie^{544}$	$ɕie^{42}$	ie^{33}	ie^{544}	$pieʔ^{5}$
29 慈溪	$ɕiẽ^{35}$	$tɕiẽ^{35}$	$tɕiẽ^{44}$	$tɕʰiẽ^{35}$	$ɕiẽ^{35}$	$iẽ^{13}$	$iẽ^{35}$	$piəʔ^{5}$
30 余姚	$ɕiẽ^{44}$	$tɕiẽ^{44}$	$tɕiẽ^{53}$	$tɕʰiẽ^{44}$	$ɕiẽ^{34}$	$iẽ^{13}$	$iẽ^{44}$	$piəʔ^{5}$
31 宁波	$ɕi^{53}$	$tɕi^{53}$	$tɕi^{53}$	$tɕʰi^{44}$	$ɕi^{44}$	i^{13}	i^{53}	$piəʔ^{5}$
32 镇海	$ɕi^{53}$	$tɕi^{53}$	$tɕi^{53}$	$tɕʰi^{53}$	$ɕi^{35}$	i^{24}	i^{53}	$pieʔ^{5}$
33 奉化	$ɕi^{44}$	$tɕi^{44}$	$tɕi^{53}$	$tɕʰi^{44}$读字	$ɕi^{44}$调殊	zi^{31}	i^{44}	$piɿʔ^{5}$
34 宁海	$ɕie^{423}$	$tɕie^{423}$	$tɕie^{35}$	$tɕʰie^{423}$	$ɕie^{53}$	ie^{24}	ie^{423}	$pieʔ^{5}$
35 象山	$ɕi^{44}$	$tɕi^{44}$	$tɕi^{53}$~面	$tɕʰi^{44}$	$ɕi^{44}$	i^{31}	i^{44}	$pieʔ^{5}$
36 普陀	$ɕi^{53}$	$tɕi^{53}$	$tɕi^{55}$	$tɕʰi^{53}$	$ɕi^{45}$	i^{13}	i^{53}	$piɛʔ^{5}$
37 定海	$ɕi^{52}$	$tɕi^{52}$	$tɕi^{44}$	$tɕʰi^{52}$	$ɕi^{45}$	i^{13}	i^{52}	$pieʔ^{5}$
38 岱山	$ɕi^{52}$	$tɕi^{52}$	$tɕi^{44}$	$tɕʰi^{52}$	$ɕi^{52}$	i^{213}	i^{52}	$pieʔ^{5}$
39 嵊泗	$ɕi^{53}$	$tɕi^{53}$	$tɕi^{53}$	$tɕʰi^{53}$	$ɕi^{445}$	i^{213}	i^{53}	$piɛʔ^{5}$
40 临海	$ɕi^{31}$	$tɕi^{31}$又 / ki^{31}又	$tɕi^{55}$又 / ki^{55}又	$tɕʰi^{31}$又 / $kʰi^{31}$又	$ɕi^{52}$又 / hi^{52}又	i^{324}	i^{31}	$pieʔ^{5}$
41 椒江	$ɕie^{42}$	$tɕie^{42}$	$tɕie^{55}$	$tɕʰie^{42}$	$ɕie^{42}$	ie^{24}	ie^{42}	$pieʔ^{5}$
42 黄岩	$ɕie^{32}$	$tɕie^{32}$	$tɕie^{55}$	$tɕʰie^{32}$	$ɕiɐ^{42}$	$iɒ^{24}$	ie^{32}	$pieʔ^{5}$
43 温岭	$ɕie^{33}$	$tɕie^{33}$	$tɕie^{55}$	$tɕʰie^{33}$	$ɕie^{42}$	ie^{13}	ie^{33}	$piʔ^{5}$
44 仙居	$ɕie^{334}$	$tɕie^{334}$	$tɕie^{55}$	$tɕʰie^{334}$	$ɕie^{324}$	ie^{24}	ie^{334}	（无）
45 天台	$ɕie^{33}$	kie^{33}	kie^{55}	$kʰie^{33}$	hie^{325}	ie^{35}	ie^{33}	$pieʔ^{5}$
46 三门	$ɕie^{334}$	$tɕie^{334}$	$tɕie^{55}$	$tɕʰie^{334}$	$ɕie^{325}$	ie^{243}	ie^{334}	$pieʔ^{5}$
47 玉环	$ɕie^{42}$	$tɕie^{42}$	$tɕie^{55}$	$tɕʰie^{42}$	$ɕie^{42}$	ie^{22}	ie^{42}	$piɐʔ^{5}$
48 金华	sia^{334}白 / $ɕie^{334}$文	$tɕie^{334}$	$tɕie^{55}$	$tɕʰie^{334}$	$ɕie^{535}$白 / $ɕiɛ̃^{535}$文	$iɛ̃^{14}$老 / $ziɛ̃^{14}$新	ia^{334}	$piəʔ^{4}$读字
49 汤溪	sie^{24}	$tɕie^{24}$	$tɕie^{52}$	$tɕʰie^{24}$	$ɕie^{52}$	ie^{341}	ie^{24}	pie^{55}
50 兰溪	sia^{334}	$tɕie^{334}$	$tɕie^{45}$	$tɕʰie^{334}$	$ɕie^{55}$	$ziɛ̃^{24}$	ia^{334}	$pieʔ^{34}$

续表

方言点	0537 先	0538 肩	0539 见	0540 牵	0541 显	0542 现	0543 烟	0544 憋
	山开四平先心	山开四平先见	山开四去先见	山开四平先溪	山开四上先晓	山开四去先匣	山开四平先影	山开四入屑滂
51 浦江	ɕiɑ̃^{534}~后 sɛ̃^{534}~生	tɕiẽ^{534}	tɕiẽ^{55}	tɕʰiẽ^{534}	ɕiẽ^{53}	iɑ̃^{243}	iɑ̃^{534}	(无)
52 义乌	sia^{335}~后 suɤ^{335}~生	tɕie^{335}	tɕie^{45}白 tɕian^{45}文	tɕʰie^{335}	ɕie^{45}白 ɕian^{335}文	ie^{24}	n̠ia^{335}	pie^{324}
53 东阳	si^{334}	tɕi^{334}	tɕi^{453}	tɕʰi^{334}	ɕi^{44}	i^{231}	i^{334}	pi^{453}
54 永康	ɕia^{55}	ie^{55}声殊	tɕie^{52}	tɕʰie^{55}	ɕie^{334}	ie^{241}	ie^{55}	ɓi^{334}
55 武义	ɕie^{24}	tɕie^{24}	tɕie^{53}	tɕʰie^{24}	ɕie^{445}	n̠ie^{231}	n̠ie^{24}	pi^{53}
56 磐安	ɕie^{445}	tɕie^{445}	tɕie^{52}	tɕʰie^{445}	ɕie^{52}调殊	ie^{14}	ie^{445}	(无)
57 缙云	ɕie^{44}	tɕie^{44}	tɕie^{453}	tɕʰie^{44}	ɕie^{51}	ie^{213}	ie^{44}	(无)
58 衢州	ɕiẽ^{32}	tɕiẽ^{32}	tɕiẽ^{53}	tɕʰiẽ^{32}	ɕiẽ^{53}调殊	ʑiẽ^{231}	iẽ^{32}	piəʔ^{5}
59 衢江	ɕie^{33}	tɕie^{33}	ie^{53}声殊	tɕʰie^{33}	ɕie^{25}	ʑie^{231}	ie^{33}	piəʔ^{5}
60 龙游	ɕie^{334}	tɕie^{334}	tɕie^{51}	tɕʰie^{334}	ɕie^{51}调殊	ʑie^{231}	ie^{334}	piəʔ^{4}
61 江山	ɕiẽ^{44}	kiẽ^{44}	iẽ^{51}声殊	kʰiẽ^{44}	xiẽ^{51}	iẽ^{31}	iẽ^{44}	biɛʔ^{2}
62 常山	ɕiẽ^{44}	tɕiẽ^{44}	iẽ^{324}声殊	tɕʰiẽ^{44}	ɕiẽ^{52}	iẽ^{131}	iẽ^{44}	piʌʔ^{5}
63 开化	ɕiẽ^{44}	tɕiẽ^{44}	iẽ^{412}声殊	tɕʰiẽ^{44}	ɕiẽ^{53}	iẽ^{213}老 ʑiẽ^{213}新	iẽ^{44}	pieʔ^{5}
64 丽水	ɕie^{224}	tɕie^{224}	tɕie^{52}	tɕʰie^{224}	ɕie^{544}	ie^{131}	ie^{224}	pieʔ^{5}
65 青田	ɕiɑ^{445}	tɕie^{445}	tɕie^{33}	tɕʰie^{445}	ɕiɑ^{454}	iɑ^{22}	iɑ^{445}	ɓiæʔ^{42}
66 云和	ɕie^{24}	tɕie^{24}	tɕie^{45}	tɕʰie^{24}	ɕie^{41}	ie^{223}	ie^{24}	pieʔ^{5}
67 松阳	ɕiẽ^{53}	iẽ^{24}音殊	tɕiẽ^{24}	tɕʰiẽ^{53}	ɕiẽ^{212}	iẽ^{13}	iẽ^{53}	pieʔ^{5}
68 宣平	ɕiẽ^{324}	tɕiẽ^{324}	tɕie^{52}	tɕʰiẽ^{324}	ɕie^{445}	ie^{231}	ie^{324}	(无)
69 遂昌	ɕyẽ^{45}~生 ɕiẽ^{45}~去	iẽ^{45}声殊	iẽ^{334}声殊	tɕʰiẽ^{45}	ɕiẽ^{533}	iẽ^{213}	iẽ^{45}	pieʔ^{5}
70 龙泉	ɕiɛ^{434}	iɛ^{434}声殊	tɕiɛ^{45}	tɕʰiɛ^{434}	ɕiɛ^{51}	iɛ^{224}	iɛ^{434}	piɛʔ^{5}
71 景宁	ɕiɛ^{324}	tɕiɛ^{324}	tɕie^{35}	tɕʰiɛ^{324}	ɕie^{33}	iɛ^{113}	iɛ^{324}	pieʔ^{5}
72 庆元	ɕiɑ̃^{335}	yɛ̃^{33}音殊	tɕiẽ^{11}	tɕʰiẽ^{335}	ɕiɛ̃^{33}	iɑ̃^{31}	iɑ̃^{335}	piɛʔ^{5}
73 泰顺	ɕiã^{213}	tɕiɛ^{213}	tɕie^{35}	tɕʰie^{213}	ɕia^{55}	ia^{22}	iã^{213}	piɛʔ^{5}

续表

方言点	0537 先 山开四 平先心	0538 肩 山开四 平先见	0539 见 山开四 去先见	0540 牵 山开四 平先溪	0541 显 山开四 上先晓	0542 现 山开四 去先匣	0543 烟 山开四 平先影	0544 瞥 山开四 入屑滂
74 温州	ɕi³³	tɕi³³	tɕi⁵¹	tɕʰi³³	ɕi²⁵	i²²	i³³	pi³²³
75 永嘉	ɕi⁴⁴	tɕi⁴⁴	tɕi⁵³	tɕʰi⁴⁴	ɕi⁴⁵	i²²	i⁴⁴	pi⁴²³
76 乐清	siɛ⁴⁴	tɕiɛ⁴⁴	tɕiɛ⁴¹	tɕʰiɛ⁴⁴	ɕiɛ³⁵	iɛ²²	iɛ⁴⁴	piɛ³²³
77 瑞安	ɕi⁴⁴	tɕi⁴⁴	tɕi⁵³	tɕʰi⁴⁴	ɕi⁵³调殊	i²²	i⁴⁴	pei³²³
78 平阳	ɕie⁵⁵	tɕie⁵⁵	tɕie⁵³	tɕʰie⁵⁵	ɕie⁴⁵	ie²³	ie⁵⁵	pie³⁴
79 文成	ɕie⁵⁵	tɕie⁵⁵	tɕie³³	tɕʰie⁵⁵	ɕie⁴⁵	ie⁴²⁴	ie⁵⁵	pie³⁴
80 苍南	ɕiɛ⁴⁴	tɕiɛ⁴⁴	tɕiɛ⁴²	tɕʰiɛ⁴⁴	ɕiɛ⁵³	iɛ¹¹	iɛ⁴⁴	piɛ²²³
81 建德徽	ɕie⁵³	tɕie⁵³	tɕie³³	tɕʰie⁵³	ɕiɛ̃⁵⁵	n̠ie⁵⁵～在	n̠ie⁵³	（无）
82 寿昌徽	ɕi¹¹²	tɕi¹¹²	tɕi³³	tɕʰi¹¹²	ɕi²⁴	ɕi³³	i¹¹²	pi⁵⁵
83 淳安徽	ɕiã²⁴	tɕiã²⁴	tɕiã²⁴	tɕʰiã²⁴	ɕiã⁵⁵	ɕiã⁵³	iã²⁴	piəʔ⁵
84 遂安徽	ɕiɛ̃⁵³⁴	tɕiɛ̃⁵³⁴	tɕiɛ̃⁴³	tɕʰiɛ̃⁵³⁴	ɕiɛ̃²¹³	iɛ̃⁵²白 ɕiɛ̃⁵²文	iɛ̃⁵³⁴	pi²⁴
85 苍南闽	suĩ⁵⁵	kuĩ⁵⁵	kĩ⁵⁵	kʰan⁵⁵	hian⁴³	hian²¹	ian⁵⁵	pie⁴³
86 泰顺闽	sɛ²¹³	kie²¹³	kie⁵³	kʰɛ²¹³	ɕie²²	ɕie³¹	ie²¹³	piɿʔ⁵
87 洞头闽	saĩ³³	kaĩ³³	kĩ²¹白 kian²¹文	kʰan³³	hian⁵³	hian²¹	ian³³	pie⁵³
88 景宁畲	ɕian⁵¹	kin⁴⁴韵殊	kian⁴⁴	xien⁴⁴	ɕien³²⁵	ian⁵¹	ian⁴⁴	（无）

方言点	0545 箴	0546 铁	0547 捏	0548 节	0549 切动	0550 截	0551 结	0552 搬
	山开四入屑明	山开四入屑透	山开四入屑泥	山开四入屑精	山开四入屑清	山开四入屑从	山开四入屑见	山合一平桓帮
01 杭州	miɛʔ²	tʰiɛʔ⁵	ȵiɛʔ²	tɕiɛʔ⁵	tɕʰiɛʔ⁵	dʑyɛʔ² 韵殊	tɕiɛʔ⁵	puo³³⁴又 pəŋ³³⁴又
02 嘉兴	mieʔ⁵	tʰieʔ⁵	ȵieʔ⁵	tɕieʔ⁵	tɕʰieʔ⁵	dʑieʔ¹³	dʑieʔ⁵	pə⁴²
03 嘉善	mieʔ²	tʰieʔ⁵	ȵiɚʔ²	tɕieʔ⁵	tɕʰieʔ⁵	dʑieʔ²	tɕieʔ⁵	pø⁵³
04 平湖	miəʔ²³	tʰiəʔ²³	ȵiaʔ²³	tsiəʔ⁵	tsʰiəʔ²³	ziəʔ²³	tɕiəʔ⁵	pø⁵³
05 海盐	miəʔ²³	tʰiəʔ²³	ȵiaʔ²³	tɕiəʔ⁵	tɕʰiəʔ²³	dʑiəʔ²³	tɕiəʔ⁵	pɤ⁵³
06 海宁	mieʔ²	tʰieʔ⁵	ȵiaʔ²	tɕieʔ⁵	tɕʰieʔ⁵	dʑieʔ²	tɕieʔ⁵	pei⁵⁵
07 桐乡	miəʔ²³	tʰiəʔ⁵	ȵiaʔ²³	tsiəʔ⁵	tsʰiəʔ⁵	ziəʔ²³	tɕiəʔ⁵	pE⁴⁴
08 崇德	miəʔ²³	tʰiəʔ⁵	ȵiaʔ²³	tɕiəʔ⁵	tɕʰiəʔ⁵	ziəʔ²³	tɕiəʔ⁵	pE⁴⁴
09 湖州	mieʔ²	tʰieʔ⁵	ȵiaʔ²	tɕieʔ⁵	tɕʰieʔ⁵	tɕieʔ⁵	tɕieʔ⁵	pɛ⁴⁴
10 德清	mieʔ²	tʰieʔ⁵	ȵieʔ²	tɕieʔ⁵	tɕʰieʔ⁵	dʑieʔ²	tɕieʔ⁵	pøʉ⁴⁴
11 武康	mieʔ²	tʰieʔ⁵	ȵieʔ²	tɕieʔ⁵	tɕʰieʔ⁵	zieʔ²	tɕieʔ⁵	pø⁴⁴
12 安吉	miɛʔ²³	tʰiɛʔ⁵	ȵiɛʔ²³	tɕiɛʔ⁵	tɕʰiɛʔ⁵	dʑyɤʔ²³	tɕiɛʔ⁵	pE⁵⁵
13 孝丰	mieʔ²³	tʰieʔ⁵	ȵiaʔ²³	tɕieʔ⁵	tɕʰieʔ⁵	zieʔ²³	tɕieʔ⁵	pe⁴⁴
14 长兴	miɛʔ²	tʰiɛʔ⁵	ȵiaʔ²	tʃiɛʔ⁵	tʃʰiaʔ⁵	ʒiɛʔ²	tʃiɛʔ⁵	pɯ⁴⁴
15 余杭	mieʔ²	tʰieʔ⁵	ȵiaʔ²	tsieʔ²	tsʰieʔ⁵	dʑieʔ²	tɕieʔ⁵	puõ⁴⁴又 piŋ⁴⁴又
16 临安	miɐʔ¹²	tʰiɐʔ⁵⁴	ȵiɐʔ¹²	tɕiəʔ⁵⁴	tɕʰiɐʔ⁵⁴	dʑiɐʔ¹²	tɕiɐʔ⁵⁴	pə⁵⁵
17 昌化	miɛʔ²³	tʰiɛʔ⁵	ȵiɛʔ⁵	tɕiɛʔ⁵	tɕʰiɛʔ⁵	dʑiɛʔ²³	tɕiɛʔ⁵	pɛ̃³³⁴
18 於潜	miæʔ²³	tʰiɛʔ⁵³	ȵieʔ⁵³	tɕieʔ⁵³	tɕʰieʔ⁵³	dʑiæʔ²³	tɕieʔ⁵³	pɛ⁴³³
19 萧山	mieʔ¹³	tʰieʔ⁵	ȵiaʔ¹³	tɕieʔ⁵	tɕʰieʔ⁵	zieʔ¹³	tɕieʔ⁵	pəŋ⁵³³
20 富阳	mieʔ²	tʰiɛʔ⁵	ȵiaʔ⁵	tɕiɛʔ⁵	tɕʰieʔ⁵	（无）	tɕiɛʔ⁵	pã⁵³
21 新登	miəʔ²	tʰiəʔ⁵	ȵieʔ⁵	tɕiəʔ⁵	tɕʰiəʔ⁵	dʑiəʔ²	tɕiəʔ⁵	pɛ̃⁵³
22 桐庐	miəʔ¹³	tʰiəʔ⁵	niaʔ¹³	tɕiəʔ⁵	tɕʰiəʔ⁵	zəʔ¹³	tɕiəʔ⁵	pe⁵³³
23 分水	miəʔ¹²	tʰiəʔ⁵	ȵiəʔ¹²	tɕiəʔ⁵	tɕʰiəʔ⁵	dʑiəʔ¹²	tɕiəʔ⁵	po⁴⁴
24 绍兴	mieʔ²	tʰeʔ⁵	ȵiaʔ²	tɕieʔ⁵	tɕʰieʔ⁵	dʑieʔ²	tɕieʔ⁵	pẽ⁵³

续表

方言点	0545 箧	0546 铁	0547 捏	0548 节	0549 切 动	0550 截	0551 结	0552 搬
	山开四 入屑明	山开四 入屑透	山开四 入屑泥	山开四 入屑精	山开四 入屑清	山开四 入屑从	山开四 入屑见	山合一 平桓帮
25 上虞	miəʔ²	tʰiəʔ⁵	ȵiɐʔ²	tɕiəʔ⁵	tɕʰiəʔ⁵	dʑiəʔ²	tɕiəʔ⁵	pəŋ³⁵
26 嵊州	mieʔ²	tʰieʔ⁵	ȵiaʔ²	tɕieʔ⁵	tɕʰieʔ⁵	dʑieʔ²	tɕieʔ⁵	pœ̃⁵³⁴
27 新昌	mieʔ²	tʰiɛʔ⁵	ȵiɛʔ²	tɕieʔ⁵	tɕʰiɛʔ⁵	ʑiɛʔ²	tɕiɛʔ⁵	pœ̃⁵³⁴
28 诸暨	mieʔ¹³	tʰieʔ⁵	niaʔ¹³	tɕieʔ⁵	tɕʰieʔ⁵	dʑieʔ¹³	tɕieʔ⁵	pə⁵⁴⁴
29 慈溪	miəʔ²	tʰiəʔ⁵	ȵiaʔ²	tɕiəʔ⁵	tɕʰiəʔ⁵	dʑiəʔ²	tɕiəʔ⁵	pø̃³⁵
30 余姚	miəʔ²	tʰiəʔ⁵	ȵiaʔ²	tɕiəʔ⁵	tɕʰiəʔ⁵	dʑiəʔ²	tɕiəʔ⁵	pø̃⁴⁴
31 宁波	miəʔ²	tʰiəʔ⁵	ȵiəʔ²	tɕiəʔ⁵	tɕʰiəʔ⁵	ʑiəʔ² ~止	tɕiəʔ⁵	pu⁵³
32 镇海	mieʔ¹²	tʰieʔ⁵	ȵieʔ¹²	tɕieʔ⁵	tɕʰieʔ⁵	dʑieʔ¹² 读字	tɕieʔ⁵	pø⁵³
33 奉化	miɿʔ²	tʰiɿʔ⁵	ȵiaʔ²	tɕiɿʔ⁵	tɕʰiɿʔ⁵	dʑiɿʔ² 读字	tɕiɿʔ⁵	pø⁴⁴
34 宁海	mieʔ³	tʰieʔ⁵	ȵieʔ³	tɕieʔ⁵	tɕʰieʔ⁵	ʑieʔ³	tɕieʔ⁵	pø⁴²³
35 象山	mieʔ²	tʰieʔ⁵	ȵieʔ²	tɕieʔ⁵	tɕʰieʔ⁵	dʑieʔ²	tɕieʔ⁵	pɤɯ⁴⁴
36 普陀	miɛʔ²³	tʰiɛʔ⁵	ȵiɛʔ²³	tɕiɛʔ⁵	tɕʰiɛʔ⁵	dʑiɛʔ²³	tɕiɛʔ⁵	pø⁵³
37 定海	mieʔ²	tʰieʔ⁵	ȵieʔ²	tɕieʔ⁵	tɕʰieʔ⁵	dʑieʔ²	tɕieʔ⁵	pø⁵²
38 岱山	mieʔ²	tʰieʔ⁵	ȵieʔ²	tɕieʔ⁶	tɕʰicʔ⁵	dʑieʔ²	tɕieʔ⁵	pø⁵²
39 嵊泗	miɛʔ²	tʰiɛʔ⁵	ȵiɛʔ²	tɕiɛʔ⁵	tɕʰiɛʔ⁵	dʑiɛʔ²	tɕiɛʔ⁵	pɤ⁵³
40 临海	mieʔ²³	tʰieʔ⁵	ȵieʔ²³	tɕieʔ⁵	tɕʰieʔ⁵	ʑieʔ²³	tɕieʔ⁵	pø³¹
41 椒江	mieʔ²	tʰieʔ⁵	ȵieʔ²	tɕieʔ⁵	tɕʰieʔ⁵	ʑieʔ²	tɕieʔ⁵	pø⁴²
42 黄岩	mieʔ²	tʰieʔ⁵	ȵieʔ²	tɕieʔ⁵	tɕʰieʔ⁵	ʑieʔ²	tɕieʔ⁵	pø³²
43 温岭	miʔ²	tʰiʔ⁵	ȵiʔ²	tɕiʔ⁵	tɕʰiʔ⁵	ʑiʔ²	tɕiʔ⁵	pø³³
44 仙居	miaʔ²³	tʰiaʔ⁵	ȵiaʔ²³	tɕiaʔ⁵	tɕʰiaʔ⁵	ʑiaʔ²³	tɕiaʔ⁵	ɓø³³⁴
45 天台	mieʔ²	tʰieʔ⁵	ȵieʔ²	tɕieʔ⁵	tɕʰieʔ⁵	ʑieʔ²	kieʔ⁵	pø³³
46 三门	mieʔ²³	tʰieʔ⁵	ȵieʔ²³	tɕieʔ⁵	tɕʰieʔ⁵	tɕieʔ⁵	tɕieʔ⁵	pø³³⁴
47 玉环	miɐʔ²	tʰiɐʔ⁵	ȵiɐʔ²	tɕiɐʔ⁵	tɕʰiɐʔ⁵	ʑiɐʔ²	tɕiɐʔ⁵	pø⁴²
48 金华	mieʔ¹⁴	tʰia⁵⁵	ȵia⁵⁵	tsia⁵⁵白 tɕiəʔ⁴文	tsʰia⁵⁵	dʑiəʔ²¹²	tɕie⁵⁵白 tɕiəʔ⁴文	pɤ³³⁴

方言点	0545 簾	0546 铁	0547 捏	0548 节	0549 切动	0550 截	0551 结	0552 搬
	山开四入屑明	山开四入屑透	山开四入屑泥	山开四入屑精	山开四入屑清	山开四入屑从	山开四入屑见	山合一平桓帮
49 汤溪	mie¹¹³	tʰia⁵⁵	n̠ɣɑ⁵⁵	tsia⁵⁵	tsʰia⁵⁵	zia¹¹³	tɕyɤ⁵⁵ 名 tɕie⁵⁵ 动	bɤ¹¹
50 兰溪	mieʔ¹²	tʰiəʔ³⁴	n̠iəʔ³⁴	tsiəʔ³⁴	tsʰiəʔ³⁴	dʑieʔ¹²	tɕieʔ³⁴	pɤ³³⁴
51 浦江	mi²³²	tʰia⁴²³	n̠iɑ²³²	tsia⁴²³	tsʰia⁴²³	dʑia²³²	tɕi⁴²³ 白 tɕiə⁴²³ 文	pə̃⁵³⁴
52 义乌	mie³¹²	tʰia³²⁴	n̠ia³¹²	tsia⁴⁵ 一～	tsʰia³²⁴	zia³¹²	tɕiə³²⁴	pan³³⁵
53 东阳	miɛ²¹³	tʰia⁴⁴	n̠ia²¹³	tɕiɛ³³⁴	tɕʰiaʔ³⁴	tɕia⁴⁵³	tɕieʔ³⁴	pɔ³³⁴
54 永康	mie¹¹³	tʰia³³⁴	n̠ia³³⁴	tɕia³³⁴	tɕʰia³³⁴	zia¹¹³ ～纸	tɕie³³⁴	ɓuo⁵⁵
55 武义	mie¹³	tʰia⁵³	n̠ia¹³	tɕia⁵³	tɕʰia⁵³	zia¹³	tɕie⁵³	muo²⁴
56 磐安	miɛ²¹³	tʰia³³⁴	n̠ia²¹³	tɕia³³⁴	tɕʰia³³⁴	zia²¹³	tɕiɛ³³⁴	puɯ⁴⁴⁵
57 缙云	mie¹³	tʰia³²²	n̠ia¹³	tɕia³²²	tɕʰia³²²	zia¹³ ～柴	tɕiɛ³²²	pɛ⁴⁴
58 衢州	miəʔ¹²	tʰiəʔ⁵	n̠iaʔ¹²	tɕiəʔ⁵	tɕʰiəʔ⁵	ziəʔ¹²	tɕiəʔ⁵	bə̃²¹ 音殊
59 衢江	miəʔ²	tʰiəʔ⁵	n̠iaʔ²	tɕiəʔ⁵	tɕʰiəʔ⁵	(无)	tɕiəʔ⁵	bɛ²¹² ～屋
60 龙游	miəʔ²³	tʰiəʔ⁴	nəʔ²³ 韵殊	tɕiəʔ⁴	tɕʰiəʔ⁴	dʑiəʔ²³	tɕiəʔ⁴	bei²¹ ～家
61 江山	miɛʔ²	tʰiɛʔ⁵	n̠iaʔ²	tɕiɛʔ⁵	tɕʰiɛʔ⁵	ziɛʔ²	kiɛʔ⁵	bɛ̃²¹³
62 常山	miʌʔ³⁴	tʰiʌʔ⁵	n̠iʌʔ³⁴	tɕiʌʔ⁵	tɕʰiʌʔ⁵	dʑiʌʔ³⁴	tɕiʌʔ⁵	bɔ̃³⁴¹
63 开化	miaʔ¹³	tʰiaʔ⁵	n̠iaʔ⁵	tɕiaʔ⁵	tɕʰiaʔ⁵	dʑiaʔ¹³	tɕiaʔ⁵	bɛn²³¹
64 丽水	miɛʔ²³	tʰiɛʔ⁵	n̠iɛʔ²³	tɕiɛʔ⁵	tɕʰiɛʔ⁵	dʑiɛʔ²³	tɕiɛʔ⁵	pɛ²²⁴
65 青田	miæʔ³¹	tʰiæʔ⁴²	n̠iæʔ³¹	tɕiæʔ⁴²	tɕʰiæʔ⁴²	dʑiæʔ³¹	tɕiæʔ⁴²	ɓuɐ⁴⁴⁵
66 云和	miɛʔ²³	tʰiɛʔ⁵	n̠iɔʔ²³	tɕiɛʔ⁵	tɕʰiɔʔ⁵	dʑiɛʔ²³	tɕiɛʔ⁵	pɛ²⁴
67 松阳	miɛʔ²	tʰiɛʔ⁵	n̠iaʔ²	tɕiɛʔ⁵	tɕʰiɛʔ⁵	ziɛʔ²	tɕiɛʔ⁵	bæ̃³¹
68 宣平	miəʔ²³	tʰiəʔ⁵	n̠iəʔ²³	tɕiəʔ⁵	tɕʰiaʔ⁵	ziəʔ²³	tɕiəʔ⁵	bə⁴³³ 调殊
69 遂昌	miɛʔ²³	tʰiɛʔ⁵	n̠iaʔ²³	tɕiɛʔ⁵	tɕʰiɛʔ⁵	dʑiɛʔ²³	tɕiɛʔ⁵	bɛ̃²²¹
70 龙泉	miɛʔ²⁴	tʰiɛʔ⁵	n̠iaʔ²⁴	tɕiaʔ⁵	tɕʰiaʔ⁵	ziaʔ²⁴	tɕiɛʔ⁵	puɯə⁴³⁴
71 景宁	miaʔ²³	tʰiaʔ⁵	n̠iɑʔ²³	tɕiaʔ⁵	tɕʰiaʔ⁵	ziaʔ²³	tɕiɛʔ⁵	pœ³²⁴

续表

方言点	0545 篾 山开四 入屑明	0546 铁 山开四 入屑透	0547 捏 山开四 入屑泥	0548 节 山开四 入屑精	0549 切 动 山开四 入屑清	0550 截 山开四 入屑从	0551 结 山开四 入屑见	0552 搬 山合一 平桓帮
72 庆元	miaʔ³⁴	tʰiaʔ⁵	ȵiaʔ³⁴	tɕiaʔ⁵	tɕʰiaʔ⁵	tɕiaʔ³⁴	tɕiaʔ⁵ 白 tɕiɛʔ⁵ 文	ɦæ̃³³⁵
73 泰顺	miɔʔ²	tʰiɔʔ⁵	ȵiɔʔ²	tɕiɔʔ⁵	tɕʰiɔʔ⁵	tɕiɛʔ⁵ 拦~	tɕiɛʔ⁵	pɛ⁵³
74 温州	mi²¹²	tʰi³²³	ȵia²¹²	tɕi³²³	tɕʰi³²³	tɕi³²³	tɕi³²³	bø³¹
75 永嘉	mi²¹³	tʰi⁴²³	ȵia²¹³	tɕi⁴²³	tɕʰi⁴²³	tɕi⁴²³	tɕi⁴²³	bø³¹
76 乐清	miɛ²¹²	tʰiɛ³²³	ȵia²¹²	tɕiɛ³²³	tɕʰiɛ³²³	tɕiɛ³²³	tɕiɛ³²³	bɯ³¹
77 瑞安	mi²¹²	tʰi³²³	ȵiɔ²¹²	tɕi³²³	tɕʰi³²³	ze³¹ 音殊	tɕi³²³	bø³¹
78 平阳	mie¹²	tʰie³⁴	ȵiɔ³⁴	tɕie³⁴	tɕʰie³⁴	dʑie¹²	tɕie³⁴	bɵ²⁴²
79 文成	mie²¹²	tʰie³⁴	ȵie²¹²	tɕie³⁴	tɕʰie³⁴	tɕie³⁴ 文	tɕie³⁴	bø¹¹³
80 苍南	miɛ¹¹²	tʰiɛ²²³	ȵia²²³	tɕiɛ²²³	tɕʰiɛ²²³	tɕiɛ²²³	tɕiɛ²²³	bø³¹
81 建德徽	mi²¹³	tʰie⁵⁵	ȵie⁵⁵	tɕie⁵⁵ 白 tɕiɐʔ⁵ 文	tɕʰie⁵⁵	（无）	tɕi⁵⁵ 白 tɕiɐʔ⁵ 文	pən⁵³ ~家
82 寿昌徽	mi²⁴	tʰiɛ⁵⁵	ȵya⁵⁵	tɕiɐʔ³	tɕʰiɛ⁵⁵	tɕiɛ⁵⁵ 音殊	tɕiɐʔ³	pʰiæ⁵²
83 淳安徽	miɐʔ¹³	tʰiaʔ⁵	iaʔ⁵	tɕiɐʔ⁵	tɕʰiaʔ⁵	tɕiɐʔ¹³	tɕiɐʔ⁵	pã²⁴
84 遂安徽	miɛ²¹³	tiɛ²⁴	iɛ²¹³	tɕiɛ²⁴	tɕʰiɛ²⁴	tɕʰiɛ²¹³	tɕiɛ²⁴	pəŋ⁵³⁴
85 苍南闽	bi²⁴	tʰi⁴³	nĩ²⁴	tɕie⁴³	tɕʰie⁴³	tɕie²⁴	kie⁴³	pũã⁵⁵
86 泰顺闽	miiʔ³	tʰiiʔ⁵	nie²²	tsɛʔ⁵	tsʰɛʔ³	（无）	kiiʔ⁵	piæŋ²²
87 洞头闽	biek²⁴	tʰi⁵³	nĩ²⁴¹	tɕiet⁵	（无）	tɕiet⁵ 文	kiet⁵	pũã³³
88 景宁畲	mat²	tʰat⁵	（无）	tsat⁵	tsʰat²	ɕiaʔ²	kiet⁵	pɔn²²

方言点	0553 半	0554 判	0555 盘	0556 满	0557 端 ～午	0558 短	0559 断 绳～了	0560 暖
	山合一 去桓帮	山合一 去桓滂	山合一 平桓並	山合一 上桓明	山合一 平桓端	山合一 上桓端	山合一 上桓定	山合一 上桓泥
01 杭州	puo⁴⁵	pʰuo⁴⁵	buo²¹³	muo⁵³	tuo³³⁴	tuo⁵³	duo¹³	nuo⁵³
02 嘉兴	pə²²⁴	pʰə²²⁴	bə²⁴²	mə¹¹³	tə⁴²	tə⁵⁴⁴	də¹¹³	nə¹¹³
03 嘉善	pø³³⁴	pʰø³³⁴	bø¹³²	mø³³⁴	tø⁵³	tø⁴⁴	dø¹¹³	nø¹¹³
04 平湖	pø³³⁴	pʰø²¹³	bø³¹	mø²¹³	tø⁵³	tø⁴⁴	dø²¹³	nø²¹³
05 海盐	pɤ³³⁴	pʰɤ³³⁴	bɤ³¹	mɤ⁴²³	tɤ⁵³	tɤ⁴²³	dɤ⁴²³	nɤ⁴²³
06 海宁	pei³⁵	pʰei³⁵	bei¹³	mei²³¹	tei⁵⁵	tei⁵³	dei²³¹	nei²³¹
07 桐乡	pɛ³³⁴	pʰɛ³³⁴	bɛ¹³	mɛ²⁴²	tɛ⁴⁴	tɛ⁵³	dɛ²⁴²	nɛ²⁴²
08 崇德	pɛ³³⁴	pʰɛ³³⁴	bɛ¹³	mɛ⁵³	tɛ⁴⁴	tɛ⁵³	dɛ²⁴²	nɛ⁵³
09 湖州	pɛ³⁵	pʰɛ³⁵	bɛ¹¹²	mɛ⁵²³	tɛ⁴⁴	tɛ⁵²³	dɛ²³¹	nɛ⁵²³
10 德清	pøʉ³³⁴	pʰøʉ³³⁴	bøʉ¹¹³	møʉ⁵²	tøʉ⁴⁴	tøʉ⁵²	døʉ³³⁴	nøʉ⁵²
11 武康	pø²²⁴	pʰø²²⁴	bø¹¹³	mø²⁴²	tø⁴⁴	tø⁵³	dø²⁴²	nø²⁴²
12 安吉	pɛ³²⁴	pʰɛ³²⁴	bɛ²²	mɛ⁵²	tɛ⁵⁵	tɛ⁵²	dɛ²⁴³	nɛ⁵²
13 孝丰	pe³²⁴	pʰe³²⁴	be²²	me⁵²	te⁴⁴	te⁵²	de²⁴³	ne⁵²
14 长兴	pɯ³²⁴	pʰɯ³²⁴	bɯ¹²	mɯ⁵²	tɯ⁴⁴	tɯ⁵²	dɯ²⁴³	nɯ⁵²
15 余杭	puõ⁴²³	pʰuõ⁴²³	buõ²²	muõ⁵³	tɛ̃⁴⁴ 又 tuõ⁴⁴ 又	tøʏ⁵³	duɤ³¹	nuõ⁵³
16 临安	pə⁵⁵	pʰə⁵⁵	bə³³	mə³³	tə⁵⁵	tə⁵⁵	də³³	nə³³
17 昌化	pɛ̃⁵⁴⁴	pʰɛ̃⁵⁴⁴	bɛ̃¹¹²	mɛ̃²⁴³	tɛ̃³³⁴	tɛ̃⁴⁵³	dɛ̃²⁴³	nɛ̃²⁴³
18 於潜	pɛ³⁵	pʰɛ³⁵	bɛ²²³	mɛ⁵¹	tuɛ⁴³³	tɛ⁵¹	dɛ²⁴	nuɛ⁵¹
19 萧山	pə⁴²	pʰə⁴²	bə³⁵⁵	mə¹³	tə⁵³³	tə³³	də¹³	nə¹³
20 富阳	pã³³⁵	pʰã³³⁵	bɛ̃¹³	mɛ̃²²⁴	tɛ̃⁵³	tɛ̃⁴²³	dɛ̃²²⁴	nɛ̃²²⁴
21 新登	pɛ̃⁴⁵	pʰɛ̃⁴⁵	bɛ̃²³³	mɛ̃³³⁴	tɛ̃⁵³	tɛ̃⁵³	dɛ̃¹³	nɛ̃³³⁴
22 桐庐	pe³⁵	pʰã³⁵	be¹³	me³³	te⁵³³	te³³	de²⁴	ne³³
23 分水	po²⁴	pʰə̃²⁴	bə̃²²	mə̃⁵³	tuə̃⁴⁴	tuə̃⁵³	duə̃¹³	nuə̃⁵³
24 绍兴	puø̃³³	pʰuø̃³³	buø̃²³¹	muø̃²²³	toŋ³³⁴	tø̃³³⁴	dø̃²²³	nø̃²²³
25 上虞	pø̃⁵³	pʰø̃⁵³	bø̃²¹³	mø̃²¹³	toŋ³⁵	tø̃³⁵	dø̃²¹³	nø̃²¹³

续表

方言点	0553 半	0554 判	0555 盘	0556 满	0557 端 ~午	0558 短	0559 断 绳~了	0560 暖
	山合一去桓帮	山合一去桓滂	山合一平桓並	山合一上桓明	山合一平桓端	山合一上桓端	山合一上桓定	山合一上桓泥
26 嵊州	pø̃ɛ³³⁴	pʰø̃ɛ³³⁴	bø̃ɛ²¹³	mø̃ɛ²²	toŋ⁵³⁴	tø̃ɛ⁵³	dø̃ɛ²²	neŋ²⁴白 nø̃ɛ²⁴文
27 新昌	pø̃ɛ³³⁵	pʰø̃ɛ³³⁵	bø̃ɛ²²	mø̃ɛ²³²	toŋ⁵³⁴	tø̃ɛ⁴⁵³	dø̃ɛ²³²	neŋ²³²白 nø̃ɛ²³²文
28 诸暨	pə⁵⁴⁴	pʰə⁵⁴⁴	bə¹³	mə²⁴²	tə⁵⁴⁴	tə⁴²	də²⁴²	nə²⁴²
29 慈溪	pø̃⁴⁴	pʰø̃⁴⁴	bø̃¹³	mø̃¹³	tø̃³⁵	tø̃³⁵	dø̃¹³	nø̃¹³
30 余姚	pø̃⁵³	pʰø̃⁵³	bø̃¹³	mø̃¹³	tuŋ⁴⁴又 tø̃⁴⁴又	tø̃³⁴	dø̃¹³	nø̃¹³
31 宁波	pu⁴⁴	pʰu⁵³	bu¹³	m¹³	toŋ⁴⁴	tø³⁵	dø¹³	nø¹³
32 镇海	pø⁵³	pʰø⁵³	bø²⁴	mø²⁴	tø⁵³	tø³⁵	dø²⁴	nø²⁴
33 奉化	pø⁵³	pʰø⁵³	bø³³	mø³²⁴	toŋ⁴⁴	tø⁵⁴⁵	dø³²⁴	nø³²⁴
34 宁海	pø³⁵	pʰø³⁵	bø²¹³	mø³¹	tø⁴²³	tø⁵³	dø³¹	nəŋ³¹
35 象山	pɣɯ⁴⁴	pʰɣɯ⁵³	bɣɯ³¹	mɣɯ³¹	tɣɯ⁴⁴	tɣɯ⁴⁴	dɣɯ³¹	nɣɯ³¹白 nəŋ³¹文
36 普陀	pø⁵⁵	pʰø⁵⁵	bø²⁴	mø²³	toŋ⁵³白 tø⁵³文	tø⁴⁵	dø²³	nø²³
37 定海	pø⁴⁴	pʰø⁴⁴	bø²³	mø²³	toŋ⁵²白 tø⁵²文	tø⁴⁵	dø²³	nø²³
38 岱山	pø⁴⁴	pʰø⁴⁴	bø²³	mø²⁴⁴	toŋ⁵²	tø³²⁵	dø²⁴⁴	nø²⁴⁴
39 嵊泗	pʏ⁵³	pʰʏ⁵³	bʏ²⁴³	mʏ⁴⁴⁵	toŋ⁵³	tʏ⁴⁴⁵	dʏ³³⁴	nʏ⁴⁴⁵
40 临海	pø⁵⁵	pʰø⁵⁵	bø²¹	mø⁵²	tø³¹	tø⁵²	dø²¹	nəŋ⁵²
41 椒江	pø⁵⁵	pʰø⁵⁵	bø³¹	mø⁴²	tø⁴²	tø⁴²	dø³¹	løŋ⁴²
42 黄岩	pø⁵⁵	pʰø⁵⁵	bø¹²¹	mø⁴²	tø³²	tø⁴²	dø¹²¹	løn⁴²
43 温岭	pø⁵⁵	pʰø⁵⁵	bø³¹	mø⁴²	tø⁴²调殊	tø⁴²	dø³¹	nøn⁴²
44 仙居	ɓø⁵⁵	pʰø⁵⁵	bø²¹³	mø³²⁴	ɗø³³⁴	ɗø³²⁴	dø²¹³	nen³²⁴
45 天台	pø⁵⁵	pʰø⁵⁵	bø⁵¹小	mø²¹⁴	tø³³	tø³²⁵	dø²¹⁴	nəŋ²¹⁴韵殊
46 三门	pø⁵⁵	pʰø⁵⁵	bø²⁵²小	mø³²⁵	tø³³⁴	tø³²⁵	dø²¹³	nəŋ³²⁵

续表

方言点	0553 半	0554 判	0555 盘	0556 满	0557 端 ~午	0558 短	0559 断 绳~了	0560 暖
	山合一去桓帮	山合一去桓滂	山合一平桓並	山合一上桓明	山合一平桓端	山合一上桓端	山合一上桓定	山合一上桓泥
47 玉环	pø⁵⁵	pʰø⁵⁵	bø³¹	mø⁵³	tø⁴²	tø⁵³	dø⁴¹	nəŋ⁵³
48 金华	pɤ⁵⁵	pʰɤ⁵⁵	bɤ³¹³	mɤ⁵³⁵	tɤ³³⁴	tɤ⁵³⁵	tɤ⁵³⁵	nɤ⁵³⁵
49 汤溪	mɤ⁵²	pʰɤ⁵²	bɤ¹¹	mɤ¹¹³	nɤ²⁴	nɤ⁵³⁵	dã¹¹³	nã¹¹³
50 兰溪	pɤ⁴⁵	pʰɤ⁴⁵	bɤ²¹	mɤ⁵⁵	tɤ³³⁴	tɤ⁵⁵	tɤ⁵⁵白 tæ⁵⁵文	nɤ⁵⁵
51 浦江	pə̃⁵⁵	pʰə̃⁵⁵	bə̃¹¹³	mə̃²⁴³	tə̃⁵³⁴	tə̃⁵³	dən²⁴³	lən²⁴³
52 义乌	pɯ⁴⁵	pʰɯ⁴⁵	bɯ²¹³	mɯ³¹²	tɯ⁴⁵	tɯ⁴²³	dən³¹²	nən³¹²
53 东阳	pɯ⁴⁵³	pʰɯ⁴⁵³	bɯ²¹³	mɯ²³¹	tɯn³³⁴	tɯ⁴⁴	dɐn²³¹	nɐn²³¹
54 永康	ɓuoŋ⁵²	pʰuo⁵²	buo²²	muo¹¹³	ɗɤ³³⁴	ɗɤ³³⁴	dəŋ¹¹³	nəŋ¹¹³
55 武义	muo⁵³	pʰuo⁵³	buo³²⁴	muo¹³	nɤ²⁴	nɤ⁴⁴⁵	den¹³	nen¹³
56 磐安	pɯ⁵²	pʰɯ⁵²	bɯ²¹³	mɯ³³⁴	tɯ⁴⁴⁵	tɯ³³⁴	tɐn³³⁴	nɐn³³⁴
57 缙云	pɛ⁴⁵³	pʰɛ⁴⁵³	bɛ²⁴³	mɛ³¹	təɤ⁴⁴	tɛ⁵¹	daŋ³¹	naŋ³¹
58 衢州	pə̃⁵³	pʰə̃⁵³	bə̃²¹	mə̃²³¹	tə̃³²	tə̃³⁵	də̃²³¹	nə̃²³¹
59 衢江	pɛ⁵³	pʰɛ⁵³	bɛ²¹²	mɛ²¹²	tɛ³³	tɛ²⁵	dəŋ²¹²	nɛ²¹²
60 龙游	pei⁵¹	pʰei⁵¹	bei²¹	mei²²⁴	tei³³⁴	tei³⁵	dən²²⁴	nei²²⁴
61 江山	piɛ̃⁵¹	pʰɛ̃⁵¹	bɛ̃²¹³	miɛ̃²²	tɒŋ⁴⁴	ti⁴⁴音殊	dəŋ²²	nɒŋ²²
62 常山	pɔ̃³²⁴	pʰɔ̃³²⁴	bɔ̃³⁴¹	mɔ̃²⁴	tɔ̃⁴⁴	ti⁴⁴单用 ti⁵²长~ dɔ̃³⁴¹~命	doŋ²⁴	nuɔ̃⁵²
63 开化	pɛn⁴¹²	pʰɛn⁴¹²	bɛn²³¹	mɛn²¹³	tɔŋ⁴⁴	tuei⁵³	dɤŋ²¹³	nuõ⁵³
64 丽水	pɛ⁵²	pʰɛ⁵²	bɛ²²	mɛ⁵⁴⁴	tuɛ²²⁴	tuɛ⁵⁴⁴	den²²	nen⁵⁴⁴
65 青田	ɓuɐ³³	pʰuɐ³³	buɐ²¹	muɐ⁴⁵⁴	ɗuɐ⁴⁴⁵读字	ɗuɐ⁴⁵⁴	daŋ³⁴³	naŋ⁴⁵⁴
66 云和	pɛ⁴⁵	pʰɛ⁴⁵	bɛ³¹²	mɛ⁴¹	tuɛ²⁴	tuɛ⁴¹	dəŋ²³¹	nəŋ⁴¹
67 松阳	pæ̃²⁴	pʰæ̃²⁴	bæ̃³¹	mæ̃²²	tæ̃⁵³	tei²¹²	den²²	nen²²
68 宣平	pə⁵²	pʰə⁵²	bə⁴³³	mə²²³	tə³²⁴	tə⁴⁴⁵	dən²²³	nən²²³形 nə²²³动

续表

方言点	0553 半	0554 判	0555 盘	0556 满	0557 端 ～午	0558 短	0559 断 绳～了	0560 暖
	山合一去桓帮	山合一去桓滂	山合一平桓並	山合一上桓明	山合一平桓端	山合一上桓端	山合一上桓定	山合一上桓泥
69 遂昌	pɛ̃³³⁴	pʰɛ̃³³⁴	bɛ̃²²¹	mɛ̃¹³	tɛ̃⁴⁵	tɛ̃⁵³³	dəŋ¹³	nəŋ¹³
70 龙泉	pɯə⁴⁵	pʰɯə⁴⁵	bɯə²¹	mɯə⁵¹	taŋ⁴³⁴	ti⁵¹白 tɯə⁵¹文	tɛn⁵¹	nɛn⁵¹
71 景宁	pœ³⁵	pʰœ³⁵	bœ⁴¹	mœ³³	tœ³²⁴	tœ³³	daŋ³³	naŋ³³
72 庆元	ɓæ̃¹¹	pʰæ̃¹¹	pæ̃⁵²	mæ̃²²¹	ɗæ̃¹¹调殊	ɗæi³³	təŋ²²¹	nəŋ²²¹
73 泰顺	pɛ̃³⁵	pʰɛ̃³⁵	pɛ⁵³	mɛ⁵⁵	（无）	tœ⁵⁵	təŋ²¹	nəŋ⁵⁵
74 温州	pø⁵¹	pʰø⁵¹	bø³¹	mø¹⁴	tø³³	tø²⁵	daŋ¹⁴	naŋ¹⁴白 nø¹⁴文
75 永嘉	pø⁵³	pʰø⁵³	bø³¹	mø¹³	tø⁴⁴	tø⁴⁵	daŋ¹³白 dø¹³文	naŋ¹³白 nø¹³文
76 乐清	pɯ⁴¹	pʰɯ⁴¹	bɯ³¹	mɯ²⁴	tø⁴⁴	tø³⁵	daŋ²⁴	naŋ²⁴白 nø²⁴文
77 瑞安	pø⁵³	pʰø⁵³	bø³¹	mø¹³	tø⁴⁴	tø³⁵	daŋ¹³白 dø¹³文	naŋ¹³白 nø¹³文
78 平阳	pɵ⁵³	pʰɵ⁵³	bɵ⁷⁴²	mɵ⁴⁵	tɵ⁵⁵	tɵ⁴⁵	dɵ²³	nɵ⁴⁵
79 文成	pø³³	pʰø³³	bø¹¹³	mø²²⁴	tø⁵⁵	tø⁴⁵	dø²²⁴	nø²²⁴
80 苍南	pø⁴²	pʰø⁴²	bø³¹	mø⁵³	tø⁴⁴	tø⁵³	daŋ²⁴白 dø²⁴文	naŋ⁵³白 nø⁵³文
81 建德徽	pɛ³³	pʰɛ³³	pɛ³³	mɛ²¹³	tɛ⁵³	tɛ²¹³	tɛ²¹³	nɛ²¹³
82 寿昌徽	piæ³³	pʰæ̃³³文	pʰiæ⁵²	miæ⁵³⁴	tiæ¹¹²	tiæ²⁴	tʰen⁵³⁴	niæ⁵³⁴
83 淳安徽	pã²⁴	pʰã²⁴	pʰã⁴³⁵	mã⁵⁵	tã²⁴	tã⁵⁵	tʰã⁵³	len⁵⁵白 lã⁵⁵文
84 遂安徽	pəŋ⁴³	pʰəŋ⁴³	pʰəŋ³³	məŋ⁴³	təŋ⁵³⁴	təŋ²¹³	tʰəŋ⁴³	lã²¹³
85 苍南闽	pũa²¹	pʰũa²¹	pũa²⁴	mũa³²	tuan⁵⁵	tə⁴³	tɯŋ³²	（无）
86 泰顺闽	piæ̃⁵³ pie⁵³	pʰiæ̃⁵³	piæŋ²²	miæŋ³⁴⁴	to²¹³	tɔi³⁴⁴	to³¹	no³⁴⁴
87 洞头闽	pũa²¹	pʰũa²¹	pũa¹¹³	mũa⁵³	tuan³³	tə⁵³	tɯŋ²¹	luan⁵³文
88 景宁畲	pɔn⁴⁴	pʰɔn⁴⁴	pʰɔn²²	mɔn³²⁵	（无）	tɔn³²⁵	tʰɔn⁴⁴	nɔn⁴⁴

方言点	0561 乱 山合一去桓来	0562 酸 山合一平桓心	0563 算 山合一去桓心	0564 官 山合一平桓见	0565 宽 山合一平桓溪	0566 欢 山合一平桓晓	0567 完 山合一平桓匣	0568 换 山合一去桓匣
01 杭州	luo¹³	suo³³⁴	suo⁴⁵	kuo³³⁴	kʰuo³³⁴	xuo³³⁴	uo²¹³	uo¹³
02 嘉兴	lə¹¹³	suə⁴²	suə²²⁴	kuə⁴²	kʰuə⁴²	huə⁴²	uə²⁴²	uə²²⁴
03 嘉善	lø¹¹³	sø⁵³	sø³³⁴	kø⁵³	kʰø⁵³	xø⁵³	ø¹³²	ø³³⁴
04 平湖	lø³³⁴	sø⁵³	sø³³⁴	kø⁵³	kʰø⁵³	hø⁵³	ø³¹	ø³³⁴
05 海盐	lɤ²¹³	sɤ⁵³	sɤ³³⁴	kuɤ⁵³	kʰuɤ⁵³	xuɤ⁵³	uɤ³¹	uɤ³³⁴
06 海宁	lei¹³	sei⁵⁵	sei³⁵	kue⁵⁵	kʰue⁵⁵	hue⁵⁵	ue¹³	ue³⁵
07 桐乡	lE²¹³	sE⁴⁴	sE³³⁴	kuE⁴⁴	kʰuE⁴⁴	huE⁴⁴	uE¹³	uE²¹³
08 崇德	lE¹³	sE⁴⁴	sE³³⁴	kuE⁴⁴	kʰuE⁴⁴	huE⁴⁴	uE¹³	uE¹³
09 湖州	lɛ³⁵	sɛ⁴⁴	sɛ³⁵	kuɛ⁴⁴	kʰuɛ⁴⁴	xuɛ⁴⁴	uɛ¹¹²	uɛ³⁵
10 德清	løʉ³³⁴	søʉ⁴⁴	søʉ³³⁴	køʉ⁴⁴	kʰøʉ⁴⁴	xøʉ⁴⁴	øʉ¹¹³	øʉ³³⁴
11 武康	lø²²⁴	sø⁴⁴	sø²²⁴	kø⁴⁴	kʰø⁴⁴	xø⁴⁴ 又	ø¹¹³	ø²²⁴
12 安吉	lE²¹³	sE⁵⁵	sE³²⁴	kuE⁵⁵	kʰuE⁵⁵	huE⁵⁵	uE²²	uE²¹³
13 孝丰	le³²⁴	se⁴⁴	se³²⁴	kue⁴⁴	kʰue⁴⁴	hue⁴⁴	ue²²	ue²¹³
14 长兴	lɯ³²⁴	sɯ⁴⁴	sɯ³²⁴	kuɯ⁴⁴	kʰuɯ⁴⁴	huɯ⁴⁴	uɯ¹²	uɯ³²⁴
15 余杭	luɤ̃²¹³	søɤ⁴⁴	søɤ⁴²³	kuõ⁴⁴	kʰuõ⁴⁴	xuõ⁴⁴	uõ²²	uõ²¹³
16 临安	lə³³	sə⁵⁵	sə⁵⁵	kuə⁵⁵	kʰuə⁵⁵	huə⁵⁵	uə³³	uə³³
17 昌化	lɛ̃²⁴³	sɛ̃³³⁴	sɛ̃⁵⁴⁴	kuɔ̃³³⁴	kʰuɔ̃³³⁴	xuɔ̃³³⁴	uɔ̃¹¹²	uɔ̃²⁴³
18 於潜	luɛ²⁴	suɛ⁴³³	suɛ³⁵	kuɛ⁴³³	kʰuɛ⁴³³	xuɛ⁴³³	uɛ²²³	uɛ²⁴
19 萧山	lə²⁴²	sə⁵³³	sə⁴²	kuə⁵³³	kʰuə⁵³³	xuə⁵³³	uə³⁵⁵	uə²⁴²
20 富阳	lɛ̃³³⁵	sɛ̃⁵³	sɛ̃³³⁵	kuɛ̃⁵³	kʰuɛ̃⁵³	huɛ̃⁵³	uɛ̃¹³	uɛ̃³³⁵
21 新登	lɛ̃¹³	sɛ̃⁵³	sɛ̃⁴⁵	kuɛ⁵³	kʰue⁵³	hue⁵³	uɛ²³³	uɛ¹³
22 桐庐	le²⁴	se⁵³³	se³⁵	kuã̃⁵³³	kʰuã̃⁵³³	xuã̃⁵³³	uã̃¹³	uã̃²⁴
23 分水	luə̃¹³	suə̃⁴⁴	suə̃²⁴	kuã̃⁴⁴	kʰuã̃⁴⁴	xuã̃⁴⁴	uã̃²²	uã̃¹³
24 绍兴	lø̃²²	sø̃⁵³	sø̃³³	kuø̃⁵³	kʰuø̃⁵³	huø̃⁵³	uø̃²³¹	uø̃²²
25 上虞	lø̃³¹	sø̃³⁵	sø̃⁵³	kuø̃³⁵	kʰuø̃³⁵	fø̃³⁵	uø̃²¹³	uø̃³¹

续表

方言点	0561 乱 山合一去桓来	0562 酸 山合一平桓心	0563 算 山合一去桓心	0564 官 山合一平桓见	0565 宽 山合一平桓溪	0566 欢 山合一平桓晓	0567 完 山合一平桓匣	0568 换 山合一去桓匣
26 嵊州	lœ̃²⁴	sœ̃⁵³⁴	sœ̃³³⁴	kuœ̃⁵³⁴	kʰuœ̃⁵³⁴	huœ̃⁵³⁴	uœ̃²¹³	uœ̃²⁴
27 新昌	lœ̃¹³	sœ̃⁵³⁴	sœ̃³³⁵	kuœ̃⁵³⁴	kʰuœ̃⁵³⁴	fœ̃⁵³⁴	uœ̃²²	uœ̃¹³
28 诸暨	lə³³	sə⁵⁴⁴	sə⁵⁴⁴	kuə⁵⁴⁴	kʰuə⁵⁴⁴	fə⁵⁴⁴	və¹³	və³³
29 慈溪	lø̃¹³	sø̃³⁵	sø̃⁴⁴	suø³⁵	kuø³⁵	kʰuø̃³⁵	uø̃¹³	uø̃¹³
30 余姚	lø̃¹³	sø̃⁴⁴	sø̃⁵³	kuø̃⁴⁴	kʰuø̃⁴⁴	huø̃⁴⁴	uø̃¹³	uø̃¹³
31 宁波	lœy¹³	ɕiɤ⁵³老 sø⁵³新	ɕiɤ⁴⁴老 sø⁵³新	ku⁵³	kʰu⁴⁴	hu⁵³	u¹³	u¹³
32 镇海	lø²⁴	sø⁵³	sø⁵³	kuø⁵³	kʰuø⁵³读字	huø⁵³	uø²⁴	uø²⁴
33 奉化	lø³¹	sø⁴⁴	sø⁵³	kuø⁴⁴	kʰuø⁴⁴	huø⁴⁴	uø³³	huø⁵³
34 宁海	lø²⁴	sø⁴²³	sø³⁵	kuø⁴²³	kʰuø⁴²³	huø⁴²³	uø²¹³	uø²⁴
35 象山	lɤɯ¹³	sɤɯ⁴⁴	sɤɯ⁵³	kuɤɯ⁴⁴	kʰuɤɯ⁴⁴	huɤɯ⁴⁴	uɤɯ³¹	uɤɯ¹³
36 普陀	lø¹³	sø⁵³	sø⁵⁵	kuø⁵³	kʰuø⁵³	xuø⁵³	uø²⁴	uø¹³
37 定海	lø¹³	sø⁵²	sø⁴⁴	kuø⁵²	kʰuø⁵²	xuø⁵²	uø²³	uø¹³
38 岱山	lø²¹³	sø⁵²	sø⁴⁴	kuø⁵²	kuø⁵²	xuø⁵²	uø²³	uø²¹³
39 嵊泗	lɤ²¹³	ɕiɤ⁵³又 sɤ⁵³又	ɕiɤ⁵³又 sɤ⁵³又	kuɤ⁵³	kʰuɤ⁵³	xuɤ⁵³	uɤ²⁴³	uɤ²¹³
40 临海	lø³²⁴	sø³¹	sø⁵⁵	kue³¹	kʰue³¹	hue³¹	ue²¹	ue³²⁴
41 椒江	lø²⁴	sø⁴²	sø⁵⁵	kuə⁴²	kʰuə⁴²	huə⁴²	uə³¹	uə²⁴
42 黄岩	lø²⁴	sø³²	sø⁵⁵	kuø³²	kʰuø³²	huø³²	uø¹²¹	uø²⁴
43 温岭	lø¹³	sø³³	sø⁵⁵	kue³³	kʰuɛ³³	hue³³	ue³¹	ue¹³
44 仙居	lø²⁴	sø³³⁴	sø⁵⁵	kua³³⁴	kʰua³³⁴	hua³³⁴	ua²¹³	ua²⁴
45 天台	lø³⁵	sø³³	sø⁵⁵	kuø³³	kʰuø³³	huø³³	uø²²⁴	uø³⁵
46 三门	lø²⁴³	sø³³⁴	sø⁵⁵	kuø³³⁴	kʰuø³³⁴	huø³³⁴	uø¹¹³	uø²⁴³
47 玉环	lø²²	sø⁴²	sø⁵⁵	kue⁴²	kⁿuɛ⁴²	hue⁴²	ue³¹	ue²²
48 金华	lɤ¹⁴	sɤ³³⁴	sɤ⁵⁵	kuɑ³³⁴	kʰuɑ³³⁴	xuɛ̃³³⁴	uɛ̃³¹³	uɑ¹⁴
49 汤溪	lã³⁴¹	sɤ²⁴	sɤ⁵²	kuɑ²⁴	kʰuɑ²⁴	xuã²⁴	uã¹¹	uɑ³⁴¹

续表

方言点	0561 乱 山合一 去桓来	0562 酸 山合一 平桓心	0563 算 山合一 去桓心	0564 官 山合一 平桓见	0565 宽 山合一 平桓溪	0566 欢 山合一 平桓晓	0567 完 山合一 平桓匣	0568 换 山合一 去桓匣
50 兰溪	læ̃²⁴	sɤ³³⁴	sɤ⁴⁵	kuɑ³³⁴	kʰuɑ³³⁴	xuæ̃³³⁴	uæ̃²¹	uɑ²⁴
51 浦江	lən²⁴	sə̃⁵³⁴	sə̃⁵⁵	kuɑ̃⁵³⁴	kʰuɑ̃⁵³⁴	xuɑ̃⁵³⁴	uan¹¹³读字	uɑ̃²⁴
52 义乌	lən²⁴	sɿ³³⁵	sɿ⁴⁵	kua³³⁵	kʰua³³⁵	hua³³⁵白 huan³³⁵文	ye²¹³白 uan²¹³文	ua²⁴白 uan²⁴文
53 东阳	lɯ²⁴	sɯ³³⁴	sɯ⁴⁵³	kɔn³³⁴小	kʰua³³⁴	hɔn³³⁴小	(无)	ɔ²⁴
54 永康	lɤ²⁴¹	sɤ⁵⁵	sɤ⁵²	kua⁵⁵	kʰuɑ⁵⁵	xua⁵⁵	uɑ²²	uɑ²⁴¹
55 武义	nɤ²³¹	sɤ²⁴	sɤ⁵³	kuo²⁴	kʰuo²⁴	xuo²⁴	ŋuo³²⁴	ŋuo²³¹
56 磐安	lɯ¹⁴	sɯ⁴⁴⁵	sɯ⁵²	kɒ⁴⁴⁵	kʰɒ⁴⁴⁵	xɒ⁴⁴⁵	ye²¹³白 uan²¹³文	ɒ¹⁴
57 缙云	lɛ²¹³	sɛ⁴⁴	sɛ⁴⁵³	kuɑ⁴⁴	kʰuɑ⁴⁴	xuɑ⁴⁴	yɛ²⁴³	uɑ²¹³
58 衢州	lə̃²³¹	sə̃³²	sə̃⁵³	kuə̃³²	kʰuə̃³²	xuə̃³²	uə̃²¹	uə̃²³¹
59 衢江	lɛ²³¹	sɛ³³	sɛ⁵³	kuã³³	kʰuã³³	xuɛ³³	uã²¹²	uã²³¹
60 龙游	lən²³¹	suei³³⁴	suei⁵¹	kuã³³⁴	kʰuã³³⁴	xuɛ³³⁴	uã²¹	uã²³¹
61 江山	lɒŋ³¹	suɛ̃⁴⁴	sɒŋ⁵¹	kyɛ̃⁴⁴	kʰyɛ̃⁴⁴	xyɛ̃⁴⁴	yɛ̃²¹³	uɛ̃³¹
62 常山	lɔŋ²⁴白 luɔ̃²⁴文	ɕi⁴⁴白 suɔ̃⁴⁴文	sɔ̃³²⁴	kuɔ̃⁴⁴	kʰuɔ̃⁴⁴	xuɔ̃⁴⁴	uɔ̃²⁴	uã¹³¹
63 开化	luõ²¹³	suei⁴⁴	sɒŋ⁴¹²	kuõ⁴⁴	kʰuõ⁴⁴	xuõ⁴⁴	uõ²³¹	uõ²¹³
64 丽水	luɛ¹³¹	suɛ²²⁴	suɛ⁵²	kuã²²⁴	kʰuã²²⁴	xuã²²⁴	yɛ²²白 uã²²文	uã¹³¹
65 青田	luɐ²²	suɐ⁴⁴⁵	suɐ³³	kuɑ⁴⁴⁵	kʰuɑ⁴⁴⁵	xuɑ⁴⁴⁵	yɐ²¹	uɑ²²
66 云和	luɛ²²³	suɛ²⁴	suɛ⁴⁵	kuã²⁴	kʰuã²⁴	xuã²⁴	yɛ³¹²	uã²²³
67 松阳	len¹³	sei⁵³	sæ²⁴	kuɔ̃⁵³	kʰuɔ̃⁵³	fɔ̃⁵³	yɛ̃³¹	uɔ̃¹³
68 宣平	lə²³¹	sə̃³²⁴	sə̃⁵²	kuã³²⁴	kʰuã³²⁴	fã³²⁴	uə̃⁴³³白 uã⁴³³文	uã²³¹
69 遂昌	lyɛ̃²¹³	sɿ⁴⁵	sɛ̃³³⁴	kuɛ̃⁴⁵	kʰuɛ̃⁴⁵	xuɛ̃⁴⁵	uɛ̃²²¹	uaŋ²¹³
70 龙泉	lɯə²²⁴	si⁴³⁴白 sɯə⁴³⁴文	sɯə⁴⁵	kuaŋ⁴³⁴	kʰuaŋ⁴³⁴	xuaŋ⁴³⁴	yo²¹	uaŋ²²⁴
71 景宁	lœ¹¹³	sœ³²⁴	sœ³⁵	kuɔ³²⁴	kʰuɔ³²⁴	xuɔ³²⁴	yœ⁴¹	uɔ¹¹³

续表

方言点	0561 乱	0562 酸	0563 算	0564 官	0565 宽	0566 欢	0567 完	0568 换
	山合一 去桓来	山合一 平桓心	山合一 去桓心	山合一 平桓见	山合一 平桓溪	山合一 平桓晓	山合一 平桓匣	山合一 去桓匣
72 庆元	$læ^{31}$	$sæi^{335}$	$sæ^{11}$	$kuɑ̃^{335}$	$k^huɑ̃^{335}$	$xuɑ̃^{335}$	$yɛ̃^{52}$	$uɑ̃^{31}$
73 泰顺	$lœ^{22}$	$sœ^{213}$	$sœ^{35}$	$kuɑ̃^{213}$	$k^huɑ̃^{213}$	$fɑ̃^{213}$	$ŋuɛ^{53}$声殊	$uɑ̃^{22}$
74 温州	$lø^{22}$	$sø^{33}$	$sø^{51}$	$kø^{33}$	k^ha^{33}	$ɕy^{33}$	y^{31}	va^{22}
75 永嘉	$lø^{22}$	$sø^{44}$	$sø^{53}$	ky^{44}	k^ha^{44}	$ɕy^{44}$	y^{31}	va^{22}
76 乐清	$lø^{22}$	$sø^{44}$	$sø^{41}$	$kuɣ^{44}$	k^huE^{44}	$fɣ^{44}$	yE^{31}	vE^{22}
77 瑞安	$lø^{22}$	$sø^{44}$	$sø^{53}$	ky^{44}	$k^huɔ^{44}$	$ɕy^{44}$	$ȵy^{31}$	$uɔ^{22}$
78 平阳	$lø^{33}$	$sø^{55}$	$sø^{53}$	kye^{55}	$k^hɔ^{55}$	$ɕye^{55}$	ye^{242}	$vɔ^{33}$
79 文成	$lø^{424}$	$sø^{55}$	$sø^{33}$	$kuø^{55}$	（无）	$fuø^{55}$	$ȵyø^{113}$	$vɔ^{424}$
80 苍南	$lø^{11}$	$sø^{44}$	$sø^{42}$	$kyɛ^{44}$	k^hua^{44}	$hyɛ^{44}$	$yɛ^{31}$	ua^{11}
81 建德徽	$nɛ^{55}$	$suɛ^{53}$	$sɛ^{33}$	$kuɛ^{53}$	$k^huɛ^{53}$	$huɛ^{53}$	$huɛ̃^{211}$	$uɛ^{55}$
82 寿昌徽	len^{33}	$ɕiæ^{112}$	$ɕiæ^{33}$	$kuə^{112}$	$k^huə^{112}$~心	$xuə^{112}$	$uæ^{112}$文	$ŋuə^{33}$
83 淳安徽	$lã^{53}$	$sã^{24}$	$sã^{24}$白 $suã^{24}$文	$kuɑ̃^{24}$	$k^huɑ̃^{24}$	$huɑ̃^{24}$	$uɑ̃^{435}$	$uɑ̃^{53}$
84 遂安徽	$lɑ̃^{52}$	$ɕəŋ^{534}$	$səŋ^{43}$	$kuɑ̃^{534}$	$k^huɑ̃^{534}$	$fɑ̃^{534}$	$vɑ̃^{33}$	$uɑ̃^{52}$
85 苍南闽	$luan^{21}$	$suɯ^{55}$	$suɯ^{21}$	$kuɑ̃^{55}$	k^huan^{55}	$huan^{55}$	uan^{24}	$ɯ̃a^{21}$
86 泰顺闽	lo^{31}	so^{213}	so^{53}	$kuæŋ^{213}$	$k^huæŋ^{213}$	$fæŋ^{213}$	$ŋuo^{22}$	$uæŋ^{31}$
87 洞头闽	$luan^{21}$	$suɯ^{33}$	$suɯ^{21}$	kua^{33}	k^huan^{33}文	$hũa^{33}$白 $huan^{33}$文	uan^{113}	$ĩa^{21}$
88 景宁畲	lon^{51}	son^{44}	son^{44}	kon^{44}	（无）	$xuon^{44}$	（无）	uon^{51}

方言点	0569 碗 山合一 上桓影	0570 拨 山合一 入末帮	0571 泼 山合一 入末滂	0572 末 山合一 入末明	0573 脱 山合一 入末透	0574 夺 山合一 入末定	0575 阔 山合一 入末溪	0576 活 山合一 入末匣
01 杭州	uo⁵³	poʔ⁵	pʰoʔ⁵	moʔ²	tʰoʔ⁵	doʔ²	kʰuaʔ⁵	uaʔ²
02 嘉兴	uə⁵⁴⁴	pəʔ⁵	pʰəʔ⁵	məʔ⁵	tʰəʔ⁵	dəʔ¹³	kʰuəʔ⁵	uəʔ⁵
03 嘉善	ø⁴⁴	pɜʔ⁵	pʰɜʔ⁵	mɜʔ²	tʰuoʔ⁵	duoʔ²	kʰuoʔ⁵	uoʔ²
04 平湖	ø⁴⁴	pəʔ⁵	pʰəʔ²³	məʔ²³	tʰəʔ²³	dəʔ²³	kʰuəʔ²³	vəʔ²³
05 海盐	uɤ⁴²³	poʔ⁵	pʰəʔ²³	məʔ²³	tʰəʔ²³	dəʔ²³	kʰuəʔ²³	ɔʔ²³
06 海宁	ue⁵³	pəʔ⁵	pʰəʔ⁵	məʔ²	tʰəʔ⁵	dəʔ²	kʰuəʔ⁵	uəʔ²
07 桐乡	uE⁵³	pəʔ⁵	pʰəʔ⁵	məʔ²³	tʰəʔ⁵	dəʔ²³	kʰuəʔ⁵	uəʔ²³
08 崇德	uE⁵³	pəʔ⁵	pʰəʔ⁵	məʔ²³	tʰəʔ⁵	dəʔ²³	kʰuɔʔ⁵	uɔʔ²³白 uE¹³文
09 湖州	uɛ⁵²³	pəʔ⁵	pʰəʔ⁵	məʔ⁵	tʰəʔ⁵	dəʔ²	kʰuɔʔ⁵	uɔʔ²
10 德清	øʉ⁵²	pəʔ⁵	pʰəʔ⁵	məʔ²	tʰuoʔ⁵	dəʔ²	kʰuoʔ⁵	uoʔ²
11 武康	ø⁵³	puoʔ⁵	pʰɜʔ⁵	muoʔ²	tʰuoʔ⁵	duoʔ²	kʰuoʔ⁵	uoʔ²
12 安吉	uE⁵²	pəʔ⁵	pʰəʔ⁵	məʔ²³	tʰɐʔ⁵	dəʔ²³	kʰuəʔ⁵	uəʔ²³
13 孝丰	ue⁵²	puoʔ⁵	pʰuoʔ⁵	muoʔ²³	tʰəʔ⁵	dəʔ²³	kʰuoʔ⁵	uəʔ²³
14 长兴	uɯ⁵²	pəʔ⁵	pʰəʔ⁵	məʔ²	tʰəʔ⁵	dəʔ²	kʰuaʔ⁵	uəʔ²
15 余杭	uõ⁵³	poʔ⁵	pʰoʔ⁵	moʔ²	tʰoʔ⁵	dəʔ²	kʰoʔ⁵	oʔ²又 u²²又
16 临安	uə⁵⁵	pɐʔ⁵⁴	pʰɐʔ⁵⁴	mɐʔ¹²	tʰɐʔ⁵⁴	dɐʔ¹²	kʰuɐʔ⁵⁴	uɐʔ¹²
17 昌化	uõ⁴⁵³	puəʔ⁵	pʰaʔ⁵	maʔ²³	tʰəʔ²³	dəʔ²³	kʰuaʔ⁵	uaʔ²³
18 於潜	ue⁵¹	po⁴³³	pʰɐʔ⁵³	mɑʔ²³	tʰəʔ⁵³	dæʔ²³	kʰuəʔ⁵³	uɐʔ²³
19 萧山	uə³³	pəʔ⁵	pʰəʔ⁵	məʔ¹³	tʰəʔ⁵	dəʔ¹³	kʰuoʔ⁵	uoʔ¹³
20 富阳	uɛ̃⁴²³	poʔ⁵	pʰoʔ⁵	moʔ²	tʰɛʔ⁵	dɛʔ²	kʰuaʔ⁵	uaʔ²
21 新登	uɛ³³⁴	poʔ⁵	pʰəʔ⁵	moʔ²	tʰaʔ⁵	daʔ²	kʰuəʔ⁵	uəʔ²
22 桐庐	uã³³	paʔ⁵	pʰaʔ⁵	məʔ¹³	tʰaʔ⁵	dəʔ¹³	kʰuaʔ⁵	uaʔ¹³
23 分水	uã⁵³	pəʔ⁵	pʰəʔ⁵	məʔ¹²	tʰəʔ⁵	dəʔ¹²	kʰuəʔ⁵	uaʔ¹²
24 绍兴	uõ³³⁴	peʔ⁵	pʰeʔ⁵	meʔ²	tʰoʔ⁵	doʔ²	kʰuoʔ⁵	uoʔ²
25 上虞	uø̃³⁵	piəʔ⁵	pʰiəʔ⁵	miəʔ²	tʰəʔ⁵	diəʔ²	kʰuəʔ⁵	uaʔ²

续表

方言点	0569 碗	0570 拨	0571 泼	0572 末	0573 脱	0574 夺	0575 阔	0576 活
	山合一 上桓影	山合一 入末帮	山合一 入末滂	山合一 入末明	山合一 入末透	山合一 入末定	山合一 入末溪	山合一 入末匣
26 嵊州	uœ̃^{53}	pəʔ^{5}	pʰəʔ^{5}	məʔ^{2}	tʰəʔ^{5}	dəʔ^{2}	kʰuəʔ^{5}	uɛʔ^{2}
27 新昌	uœ̃^{453}	pɤʔ^{5}	pʰɤʔ^{5}	mɤʔ^{2}	tʰɤʔ^{5}	dɤʔ^{2}	kʰuɤʔ^{5}	uɤʔ^{2}
28 诸暨	və^{42}	poʔ^{5}	pʰoʔ^{5}	moʔ^{13}	tʰoʔ^{5}	dəʔ^{13}	kʰoʔ^{5}	oʔ^{13}
29 慈溪	uø̃^{35}	piəʔ^{5}	pʰiəʔ^{5}	məʔ^{2}	tʰəʔ^{5}	dəʔ^{2}	kʰuəʔ^{5}	uəʔ^{2}
30 余姚	uø̃^{34}	piəʔ^{5}	pʰiəʔ^{2}	miəʔ^{2}	tʰoʔ^{5}	doʔ^{2}	kʰuoʔ^{5}	uoʔ^{2}
31 宁波	u^{35}	paʔ^{5}	pʰaʔ^{5}	maʔ^{2}	tʰaʔ^{5}	daʔ^{2}	kʰuaʔ^{5}	uaʔ^{2}
32 镇海	uø^{35}	paʔ^{5}	pʰaʔ^{5}	maʔ^{12}	tʰaʔ^{5}	daʔ^{12}	kʰuaʔ^{5}	uaʔ^{12}
33 奉化	uø^{545}	paʔ^{5}	pʰaʔ^{5}	maʔ^{2}	tʰaʔ^{5}	daʔ^{2}	kʰuaʔ^{5}	uaʔ^{2}
34 宁海	uø^{53}	pɔʔ^{5}	pʰɔʔ^{5}	mɔʔ^{3}	tʰɔʔ^{5}	dɔʔ^{3}	kʰuɔʔ^{5}	uɔʔ^{3}
35 象山	uɤɯ^{44}	poʔ^{5}	pʰoʔ^{5}	moʔ^{2}	tʰoʔ^{5}	doʔ^{2}	kʰuaʔ^{5}	uoʔ^{2}
36 普陀	uø^{45}	pɐʔ^{5}	pʰɐʔ^{5}	mɐʔ^{23}	tʰɐʔ^{5}	dɐʔ^{23}	kʰuɐʔ^{5}	uɐʔ^{23}
37 定海	uø^{45}	pɐʔ^{5}	pʰɐʔ^{5}	mɐʔ^{2}	tʰɐʔ^{5}	dɐʔ^{2}	kʰuɐʔ^{5}	uɐʔ^{2}
38 岱山	uø^{325}	pɐʔ^{5}	pʰɐʔ^{5}	mɐʔ^{2}	tʰɐʔ^{5}	dɐʔ^{2}	kʰuɐʔ^{5}	uɐʔ^{2}
39 嵊泗	uɣ^{445}	pɐʔ^{5}	pʰɐʔ^{5}	mɐʔ^{2}	tʰɐʔ^{5}	dɐʔ^{2}	kʰuɐʔ^{5}	uɐʔ^{2}
40 临海	ue^{52}	pʰəʔ^{5}	pʰəʔ^{5}	məʔ^{23}	tʰoʔ^{5}	dəʔ^{23}	kʰuəʔ^{5}	uəʔ^{23}
41 椒江	ua^{42}	pʰaʔ^{5}~款	pʰaʔ^{5}	maʔ^{2}	tʰøʔ^{5}	døʔ^{2}	kʰuəʔ^{5}	uəʔ^{2}
42 黄岩	uø^{42}	poʔ^{5}~款	pʰəʔ^{5}	moʔ^{0}	tʰøʔ^{5}	doʔ^{2}	kʰɯoʔ^{5}	uɐʔ^{2}
43 温岭	ue^{42}	pʰəʔ^{5}~款	pʰəʔ^{5}	məʔ^{2}	tʰoʔ^{5}	doʔ^{2}	kʰuəʔ^{5}	uəʔ^{2}
44 仙居	ua^{324}	ɓaʔ^{5}	pʰaʔ^{5}	maʔ^{23}	tʰuəʔ^{5}	duəʔ^{23}	kʰuɑʔ^{5}	uɑʔ^{23}
45 天台	uø^{325}	pʰəʔ^{5}~款 pəʔ^{5}~进	pʰəʔ^{5}	məʔ^{2}	tʰəʔ^{5}	dəʔ^{2}	kʰəʔ^{5}	əʔ^{2}
46 三门	uø^{325}	pɐʔ^{5}	pʰɐʔ^{5}	mɐʔ^{23}	tʰuɐʔ^{5}	duɐʔ^{23}	kʰuɐʔ^{5}	uɐʔ^{23}
47 玉环	ue^{53}	poʔ^{5}~款	pʰɐʔ^{5}	mɐʔ^{2}	tʰoʔ^{5}	doʔ^{2}	kʰuɐʔ^{5}	uɐʔ^{2}
48 金华	ua^{535}	pɤ^{55}白 poʔ^{4}文	pʰɤ^{55}白 pʰəʔ^{4}文	mɤ^{14}	tʰəʔ^{4}	dəʔ^{212}	kʰua^{55}	uɑ^{14}白 uəʔ^{212}文
49 汤溪	uɑ^{535}	pɤ^{55}	pʰɤ^{55}	mɤ^{113}期~	tʰə^{55}	də^{113}	kʰua^{55}	uɑ^{113}

续表

方言点	0569 碗 山合一 上桓影	0570 拨 山合一 入末帮	0571 泼 山合一 入末滂	0572 末 山合一 入末明	0573 脱 山合一 入末透	0574 夺 山合一 入末定	0575 阔 山合一 入末溪	0576 活 山合一 入末匣
50 兰溪	uɑ⁵⁵	pɤʔ³⁴	phɔʔ³⁴	məʔ¹²	thəʔ³⁴	dəʔ¹²	khuɑʔ³⁴	uɑʔ¹²
51 浦江	uã⁵³	pɯ⁴²³	phɯ⁴²³	mɯ²³²	thə⁴²³	də²³²	khuɑ⁴²³	uɑ²³²
52 义乌	ua⁴²³	pɯ³²⁴	phɯ³²⁴	mɯ³¹²	thə³²⁴	də³¹²	khua³²⁴	ua³¹²
53 东阳	ɔ⁴⁴	paʔ³⁴	phaʔ³³⁴	ma²¹³	thaʔ³⁴	da²¹³	（无）	ua²¹³
54 永康	uɑ³³⁴	ɓuo³³⁴	phuo³³⁴	muo¹¹³	thə³³⁴	də¹¹³	khuɑ³³⁴	uɑ¹¹³
55 武义	ŋuo⁴⁴⁵	puo⁵³	phuo⁵³	mɔ²¹³	thəʔ⁵	də²¹³	khuɑ⁵³	uɑ¹³
56 磐安	ɒ³³⁴	pɛ³³⁴	phɛ³³⁴	mɛ²¹³	thɛ³³⁴	dɛ²¹³	khua³³⁴	ua²¹³
57 缙云	uɑ⁵¹	pɛ³²²	phɛ³²²	mɛ¹³	thəɣ³²²	dəɣ¹³	khuɑ³²²	uɑ¹³
58 衢州	uə̃³⁵	pəʔ⁵	phəʔ⁵	məʔ¹²	thəʔ⁵	dəʔ¹²	khuaʔ⁵	uaʔ¹²
59 衢江	uã²⁵	pəʔ⁵	phəʔ⁵	məʔ²	thəʔ⁵	dəʔ²	khuaʔ⁵	uaʔ²
60 龙游	uã³⁵	pɔʔ⁴	phɔʔ⁴	məʔ²³	thɔʔ⁴	dɔʔ²³	khuɔʔ⁴	uɔʔ²³
61 江山	uɛ̃²⁴¹	piɛʔ⁵	phiɛʔ⁵	moʔ²	thoʔ⁵	doʔ²	khyɛʔ⁵	uaʔ²
62 常山	uã⁵²	pʌʔ⁵	phʌʔ⁵	mʌʔ³⁴	thʌʔ⁵	dʌʔ³⁴	khuʌʔ⁵	uaʔ³⁴
63 开化	uã⁵³	paʔ⁵	phiaʔ⁵ 白 phɔʔ⁵ 文	məʔ¹³	thɔʔ⁵	dəʔ¹³	khuaʔ⁵	uaʔ¹³
64 丽水	uã⁵⁴⁴	pɛʔ⁵	phɛʔ⁵	mɛʔ²³	theʔ⁵	deʔ²³	khuɔʔ⁵	uɔʔ²³
65 青田	uɑ⁴⁵⁴	ɓoʔ⁴²	phaʔ⁴²	moʔ³¹	thaʔ⁴²	daʔ³¹	khuæʔ⁴²	uæʔ³¹
66 云和	uã⁴¹	pɛʔ⁵	phɛʔ⁵	mɛʔ²³	thei⁵	dei²³	khuaʔ⁵	uaʔ²³
67 松阳	uɔ̃²¹²	pɛʔ⁵	phɣʔ⁵	mɣʔ²	theʔ⁵	dɣʔ²	khuɔʔ⁵	uɔʔ²
68 宣平	uã⁴⁴⁵	pəʔ⁵	phəʔ⁵	məʔ²³	thəʔ⁵	dəʔ²³	khuɑʔ⁵	uɑʔ²³
69 遂昌	uɛ̃⁵³³	pɛʔ⁵	phɛʔ⁵	mɛʔ²³	thəɯʔ⁵	dəɯʔ²³	khuɛʔ⁵	uaʔ²³
70 龙泉	uaŋ⁵¹	pɯəʔ⁵	phɯəʔ⁵	mɯəʔ²⁴	thai⁵	dai²⁴	khuoʔ⁵	uoʔ²⁴
71 景宁	uɔ³³	pœʔ⁵	phœʔ⁵	mœʔ²³	thəɯʔ⁵	dəɯʔ²³	khuɔʔ⁵	uɔʔ²³
72 庆元	uã³³	ɓɤʔ⁵	phɤʔ⁵	mɤʔ³⁴	thəɯʔ⁵	təɯʔ³⁴	khuɑʔ⁵	uɑʔ³⁴
73 泰顺	uã⁵⁵	pɔʔ⁵	phɛʔ⁵	mɛʔ²	thəiʔ⁵	təiʔ²	khuɔʔ⁵	uɔʔ²

方言点	0569 碗 山合一 上桓影	0570 拨 山合一 入末帮	0571 泼 山合一 入末滂	0572 末 山合一 入末明	0573 脱 山合一 入末透	0574 夺 山合一 入末定	0575 阔 山合一 入末溪	0576 活 山合一 入末匣
74 温州	y^{25}	pø^{323}	pʰø^{323}~水 pø^{323}活~	mø^{212}	tʰai^{323}白 tʰø^{323}文	dai^{212}白 dø^{212}文	kʰo^{323}	o^{212}
75 永嘉	y^{45}	pø^{423}	pø^{423}	mø^{213}	tʰai^{423}白 tʰø^{423}文	dai^{213}白 dø^{213}文	kʰo^{423}	o^{213}
76 乐清	uɤ^{35}	puɯ^{323}	pʰɯ^{323}~水 puɯ^{323}活~	mɤ^{212}	tʰɤ^{323}白 tʰø^{323}文	dɤ^{212}白 dø^{212}文	kʰua^{323}	va^{212}
77 瑞安	y^{35}	pø^{323}	pʰø^{323}白 pø^{323}文	mø^{212}	tʰa^{323}白 tʰø^{323}文	da^{212}白 dø^{212}文	kʰuɔ^{323}	uɔ^{212}
78 平阳	ye^{45}	pø^{34}	pʰɵ^{34}	mɵ^{12}	tʰʌ^{34}白 tʰɵ^{34}文	dʌ^{34}白 dɵ^{12}文	kʰɔ^{34}	vɔ^{12}
79 文成	yø^{45}	pø^{34}	pʰø^{34}	mø^{212}	tʰa^{34}白 tʰø^{34}文	da^{212}白 dø^{212}文	kʰɔ^{34}	va^{212}
80 苍南	yɛ^{53}	pø^{223}	pʰø^{223}	mø^{112}	tʰɛ^{223}白 tʰø^{223}文	dø^{112}	kʰua^{223}	ua^{112}
81 建德徽	uɛ^{213}	pu^{55}	pʰɐʔ^{5}	mo^{213}	tʰi^{55}白 tʰɐʔ^{5}文	ti^{213}	kʰo^{55}	o^{213}白 uɐʔ^{12}文
82 寿昌徽	ŋuə^{24}	piæ^{55}	pʰiæ^{55}	mɔʔ^{31}	tʰə^{3}	tʰə^{31}	kʰuə^{55}	uə^{24}
83 淳安徽	uɑ̃^{55}	pəʔ^{5}	pʰəʔ^{5}	məʔ^{13}	tʰiʔ^{5}	tʰɔʔ^{13}	kʰuɑʔ^{5}	ɑʔ^{13}白 uɑʔ^{13}文
84 遂安徽	uɑ̃^{213}	pəɯ^{24}	pʰəɯ^{24}	məɯ^{213}	tʰəɯ^{24}	tʰəɯ^{213}	kʰuɯ^{24}	uɑ^{213}
85 苍南闽	ũã^{43}	pua^{43}	pʰua^{43}	bə^{43}	tʰua^{43}	tua^{24}	kʰua^{43}	ua^{24}
86 泰顺闽	uæŋ^{344}	pɜʔ^{5}	pʰiɛʔ^{5}	miɛʔ^{3}	tʰɒʔ^{5}	tɒʔ^{3}	kʰuɛʔ^{5}	uɛʔ^{3}
87 洞头闽	ũã^{53}	pua^{53}	pʰua^{53}	bət^{5}	tʰɔk^{5}	tɔk^{24}	kʰua^{53}	ua^{241}
88 景宁畲	uon^{325}	pot^{5}	pʰɔt^{5}	（无）	tʰɔt^{5}	tʰɔt^{2}	fot^{5}	uɔt^{2}

方言点	0577 顽 ~皮,~固	0578 滑	0579 挖	0580 闩	0581 关 ~门	0582 惯	0583 还 动	0584 还 副
	山合二平山疑	山合二入黠匣	山合二入黠影	山合二平删生	山合二平删见	山合二去删见	山合二平删匣	山合二平删匣
01 杭州	uo²¹³	uaʔ²	uaʔ⁵	suo³³⁴	kuo³³⁴又 kuɛ³³⁴又	kuo⁴⁵	uɛ²¹³	uaʔ²又 aʔ²又
02 嘉兴	uə²⁴²	uʌʔ⁵	uʌʔ⁵	suə⁴²	kuE⁴²	kuE²²⁴	uE²⁴²	uE²⁴²
03 嘉善	ø¹³²	uaʔ²	uaʔ⁵	sø⁵³	kuɛ⁵³	kuɛ³³⁴	vɛ¹³²	ɛ⁴⁴声殊
04 平湖	vɛ³¹	uaʔ²³	uaʔ⁵	sø⁵³	kuɛ⁵³	kuɛ³³⁴	vɛ³¹	ɛ⁵³
05 海盐	uɤ²¹³	uaʔ²³	uaʔ⁵	sɤ⁵³	kuɛ⁵³	kʰuɛ³³⁴	uɛ³¹	ɛ⁵³
06 海宁	ue¹³	uaʔ²	uaʔ⁵	sei⁵⁵	kuɛ⁵⁵	kuɛ³⁵	uɛ¹³	ɛ¹³
07 桐乡	uɛ¹³	uaʔ²³	uaʔ⁵	sE⁴⁴	kuɛ⁴⁴	kuɛ³³⁴	uɛ¹³	a¹³
08 崇德	uE¹³	uaʔ²³	uaʔ⁵	sE⁴⁴	kuE⁴⁴	kuE³³⁴	uE¹³	uɑ¹³
09 湖州	uɛ³⁵	uaʔ²	ua⁴⁴音殊	sɛ⁴⁴	kuɛ⁴⁴	kuɛ³⁵	uɛ¹¹²	ɛ¹¹²
10 德清	øʉ¹¹³	uaʔ²	uaʔ²调殊	søʉ⁴⁴	kuɛ⁴⁴	kuɛ³³⁴	uɛ¹¹³	ɛ¹¹³
11 武康	uɛ¹¹³	uɜʔ²	uɜʔ⁵	sø⁴⁴	kuɛ⁴⁴	kuɛ²²⁴	uɛ¹¹³	ɛ¹¹³
12 安吉	uE²²	uɐʔ²³	ɐuʔ⁵	sE⁵⁵	kuE⁵⁵	kuE³²⁴	uE²²	a²¹³
13 孝丰	ŋɛ²²	uaʔ²³	uaʔ⁵	sɛ⁴⁴	kuɛ⁴⁴	kuɛ³²⁴	uɛ²²	ɛ²²
14 长兴	uE³²⁴	uaʔ²	uaʔ⁵	suɯ⁴⁴	kuE⁴⁴	kuE³²⁴	uE¹²	a¹²
15 余杭	uõ²⁴³	uaʔ²	uaʔ⁵	søY⁴⁴	kuɛ⁴⁴	kuõ⁴²³	uɛ²²	ɛ̃²¹³调殊
16 临安	uə³³	uɐʔ¹²	uɐʔ⁵⁴	sə⁵⁵	kuE⁵⁵	kuə⁵⁵	uE³³	uE³³
17 昌化	uɔ̃¹¹²	uaʔ²³	uaʔ⁵	ɕyĩ³³⁴	kuɔ̃³³⁴	kuɔ̃⁵⁴⁴	uɔ̃¹¹²	a¹¹²
18 於潜	uɛ²²³	uɐʔ²³	uəʔ⁵³	ɕyɛ⁴³³	kuɛ⁴³³	kuɛ³⁵	uɛ²²³	ua²²³
19 萧山	uə³⁵⁵	uaʔ¹³	uaʔ⁵	sə⁵³³	kuɛ⁵³³	kuɛ⁴²	uɛ³⁵⁵	uaʔ¹³
20 富阳	uɛ̃¹³	uaʔ²	uaʔ⁵	ɕyɛ̃⁵³	kuã⁵³	kuɛ̃³³⁵	uã¹³	uaʔ²
21 新登	（无）	uəʔ²	uaʔ⁵	ɕyɛ̃⁵³	kuɛ⁵³	kuɛ⁴⁵	uɛ²³³	aʔ²
22 桐庐	uã¹³	uaʔ¹³	uaʔ⁵	ɕyE⁵³³	kuã⁵³³	kuã³⁵	uã¹³	ʌ¹³
23 分水	uã²²	uaʔ¹²	uaʔ⁵	ɕyã⁴⁴	kuã⁴⁴	kuã⁵³	uã²²	xɛ²²
24 绍兴	uɛ̃²³¹	uɛʔ²	uɛʔ⁵	sɛ̃⁵³	kuɛ̃⁵³	kuɛ̃³³	vɛ̃²³¹	vɛ̃²³¹
25 上虞	uɛ̃²¹³	uɛʔ²	uɛʔ⁵	sø̃³⁵	kuɛ̃³⁵	kuɛ̃⁵³	uɛ̃²¹³	uɛ̃²¹³

续表

方言点	0577 顽 ~皮,~固	0578 滑	0579 挖	0580 闩	0581 关 ~门	0582 惯	0583 还 动	0584 还 副
	山合二 平山疑	山合二 入黠匣	山合二 入黠影	山合二 平删生	山合二 平删见	山合二 去删见	山合二 平删匣	山合二 平删匣
26 嵊州	$uɛ̃^{24}$	$uɛʔ^2$	$uɛʔ^5$	$sœ̃^{534}$	$kuɛ̃^{534}$	$kuɛ^{334}$	$uɛ̃^{213}$	$uɛ̃^{213}$
27 新昌	$uɛ̃^{22}$	$uɛʔ^2$	$uɛʔ^5$	$sœ̃^{534}$	$kuɛ̃^{534}$	$kuɛ^{335}$	$uɛ̃^{22}$	$uɛ̃^{22}$
28 诸暨	$vɛ^{13}$	$vaʔ^{13}$	$vaʔ^5$	$sə^{544}$	kue^{544}	kue^{544}	$vɛ^{13}$	$vɛ^{13}$
29 慈溪	$uɛ̃^{13}$	$uaʔ^2$	$uaʔ^5$	$sẽ^{35}$	$kuɛ̃^{35}$	$kuɛ^{44}$	$uɛ̃^{13}$	$uaʔ^2$
30 余姚	$uã^{13}$	$uaʔ^2$	$uaʔ^5$	$sẽ^{44}$	kua^{44}	$kuø̃^{53}$	$uã^{13}$	$uaʔ^2$
31 宁波	$uɛ^{13}$	$uaʔ^2$	$uaʔ^5$	$ɕiɤ^{53}$	$kuɛ^{53}$	$kuɛ^{53}$	$uɛ^{13}$	ua^{13}
32 镇海	$uɛ^{24}$读字	$uaʔ^{12}$	$uaʔ^5$	$sø^{53}$	$kuɛ^{53}$	$kuɛ^{53}$	$uɛ^{24}$	$uaʔ^{12}$
33 奉化	$uɛ^{33}$	$uaʔ^2$	$uaʔ^5$	$sø^{44}$	$kuɛ^{44}$	$kuɛ^{53}$	$uɛ^{33}$	$uaʔ^2$
34 宁海	$uɛ^{213}$	$uaʔ^3$	$uaʔ^5$	$ɕyø^{423}$	$kuɛ^{423}$	$kuɛ^{35}$	$uɛ^{213}$	$uɛ^{213}$
35 象山	$uɛ^{31}$	$uaʔ^2$	$uaʔ^5$	$sɤɯ^{44}$门~	$kuɛ^{44}$	$kuɛ^{53}$	$uɛ^{31}$	$uaʔ^2$
36 普陀	$uɛ^{24}$	$uɐʔ^{23}$	$uɐʔ^5$	$sø^{53}$	$kuɛ^{53}$	$kuɛ^{55}$	$uɛ^{24}$	$uɐʔ^{23}$
37 定海	$uɛ^{13}$调殊	$uɐʔ^2$	$uɐʔ^5$	$sø^{52}$	$kuɛ^{52}$	$kuɛ^{44}$	$uɛ^{23}$	$uɐʔ^2$
38 岱山	$uɛ^{213}$调殊	$uɐʔ^2$	$uɐʔ^5$	$sø^{52}$	$kuɛ^{52}$	$kuɛ^{44}$	$uɛ^{23}$	$uɐʔ^2$
39 嵊泗	$uɛ^{213}$调殊	$uɐʔ^2$	$uɐʔ^5$	$sɤ^{53}$	$kuɛ^{53}$	$kuɛ^{53}$	$uɛ^{243}$	$uɐʔ^2$
40 临海	$uɛ^{21}$	$uəʔ^{23}$	$uəʔ^5$	$ɕyø^{31}$	$kuɛ^{31}$	$kuɛ^{55}$	$uɛ^{21}$	$uɛ^{21}$
41 椒江	$uɛ^{31}$	$uəʔ^2$	$uəʔ^5$	$sø^{42}$	$kuɛ^{42}$	$kuɛ^{55}$	$uɛ^{31}$	ua^{24}
42 黄岩	$uɛ^{121}$	$uɐʔ^2$	$uɐʔ^5$	$sø^{32}$	$kuɛ^{32}$	$kuɛ^{55}$	$uɛ^{121}$	ua^{24}
43 温岭	$uɛ^{31}$	$uəʔ^2$	$uəʔ^5$	$ɕyø^{33}$	$kuɛ^{33}$	$kuɛ^{55}$	$uɛ^{31}$	a^{13}
44 仙居	ua^{213}	$uɑʔ^{23}$	$uɑʔ^5$	$sø^{334}$	kua^{334}	kua^{55}	ua^{213}	$uɑʔ^{23}$
45 天台	ue^{224}	$uəʔ^2$	$uəʔ^5$	$ɕyø^{33}$	kue^{33}	kue^{55}	ue^{224}~债	ua^{224}~有
46 三门	$uɛ^{113}$	$uɐʔ^{23}$	$uɐʔ^5$	$ɕyø^{334}$	$kuɛ^{334}$	$kuɛ^{55}$	$uɛ^{113}$	$uɛ^{113}$
47 玉环	$vɛ^{31}$	$uɐʔ^2$	ua^{42}	$ɕyø^{42}$	$kuɛ^{42}$	$kuɛ^{55}$	$uɛ^{31}$	ua^{22}
48 金华	$uɛ̃^{313}$	$uəʔ^{212}$	$uɑ^{55}$	(无)	$kuɑ^{334}$	$kuɛ̃^{55}$	$uɑ^{313}$	$uɑ^{313}$
49 汤溪	(无)	$uɑ^{113}$	$uɑ^{24}$	$ɕyɤ^{24}$	$kuã^{24}$	$kuɑ^{52}$	$uɑ^{11}$	$uɑ^{24}$

中国语言资源集·浙江　语音卷

续表

方言点	0577 顽 ~皮,~固	0578 滑	0579 挖	0580 闩	0581 关 ~门	0582 惯	0583 还 动	0584 还 副
	山合二平山疑	山合二入黠匣	山合二入黠影	山合二平删生	山合二平删见	山合二去删见	山合二平删匣	山合二平删匣
50 兰溪	uæ̃²¹	uaʔ¹²	uaʔ³⁴	ɕyɤ³³⁴	kua³³⁴	kua⁴⁵	ua²¹	ua²¹
51 浦江	uan²⁴	guə²³²	ua⁴²³	ɕyẽ⁵³⁴	kuã⁵³⁴	kuã⁵⁵	uã¹¹³	uã¹¹³
52 义乌	uan³¹²	ua³¹²	ua³²⁴	suɤn³³⁵ 小	kuən³³⁵	kuan⁴⁵	ua²¹³	ua²¹³
53 东阳	(无)	ua²¹³	ua³³⁴	ɕiʋ³³⁴	kuɐn³³⁴	kuan⁴⁵³	ɔ²¹³	ɔ²¹³
54 永康	ŋua¹¹³	uə¹¹³	ua³³⁴	ɕya⁵⁵	kua⁵⁵	kua⁵²	ua²²	ua²²
55 武义	ŋuo³²⁴	ua¹³	ua⁵³	ɕie⁵³ 门~	kuen²⁴	kuo⁵³	ŋuo³²⁴	ŋuo¹³
56 磐安	uan²¹³ 文	gua²¹³	ua³³⁴	ɕya⁴⁴⁵	kuɐn⁴⁴⁵	kuan⁵² 文	ɒ²¹³	ɒ²¹³
57 缙云	uɑ²¹³ ~固	uɑ¹³ ~梯	uɑ³²²	ɕyɑ⁴⁴	kuɑ⁴⁴	kuɑ⁴⁵³	uɑ²⁴³	uɑ²⁴³
58 衢州	uã²¹	uaʔ¹²	uã³² 调殊	ʃyʔ̃³²	kuã³²	kuã⁵³	uã²¹	aʔ¹² 音殊
59 衢江	uã²¹²	uaʔ²	uo³³ 调殊	ɕiɛ³³	kuã³³	kuã⁵³	uã²¹²	uaʔ² 音殊
60 龙游	uã²¹ 声殊	uɔʔ²³	uã³³⁴ 调殊	suei³³⁴	kuã³³⁴	kuã⁵¹	uã²¹	uã³⁵ 调殊
61 江山	uaŋ²¹³	uaʔ²	uaʔ⁵ ~秽 uɒ⁴⁴ ~地	(无)	koŋ⁴⁴	kuɛ̃⁵¹	uaŋ²¹³	(无)
62 常山	uɔ̃²⁴	uaʔ³⁴	uɑ⁴⁴ 调殊	ɕiɤ⁴⁴	koŋ⁴⁴	kuɔ̃⁵²	uã³⁴¹	(无)
63 开化	uã²³¹	uaʔ¹³	uɑ⁴⁴ 调殊	(无)	kɤŋ⁴⁴	kuõ⁵³ 调殊	uã²³¹	(无)
64 丽水	uã²²	uɔʔ²³	uɔʔ⁵	ɕyɛ²²⁴	ken²²⁴	kuã⁵²	uã²²	ã²²
65 青田	uɑ²¹	uæʔ³¹	uɑ⁴⁴⁵	(无)	kaŋ⁴⁴⁵	kuɑ³³	uɑ²¹	uɑ²¹
66 云和	uã³¹²	uaʔ²³	uaʔ⁵	(无)	kəŋ²⁴	kuã⁴⁵	uã³¹²	ã³¹²
67 松阳	uɔ̃³¹	uɔʔ²	uaʔ⁵	ɕyɛ̃⁵³	ken⁵³	kuɔ̃²⁴	uɔ̃³¹	uɔ̃³¹
68 宣平	uɑ̃⁴³³	uaʔ²³	uɑʔ⁵	(无)	kən³²⁴	kuã⁵³	uã⁴³³	uaʔ²³ 音殊
69 遂昌	uaŋ¹³	guaʔ²³	uɒ⁴⁵	ɕyɛ̃⁵³³ 门~	kəŋ⁴⁵	kuaŋ³³⁴	uaŋ²²¹	aŋ²²¹
70 龙泉	uaŋ²²⁴ 调殊	uoʔ²⁴	uo⁴³⁴ 调殊	ɕyo⁴³⁴	kuən⁴³⁴	kuaŋ⁴⁵	uaŋ²¹	uaŋ²¹
71 景宁	uɔ⁴¹	uɔʔ²³	uaʔ⁵	(无)	kaŋ³²⁴	kuɔ³⁵	uɔ⁴¹	uɔ⁴¹
72 庆元	uɑ̃⁵²	uaʔ³⁴	o³³⁵	(无)	kuəŋ³³⁵	kuã¹¹	uɑ̃⁵²	(无)
73 泰顺	uã²¹	uɔʔ²	uɔʔ⁵	(无)	kəŋ²¹³	kuã³⁵	uã⁵³	(无)

续表

方言点	0577 顽 ~皮,~固 山合二 平山疑	0578 滑 山合二 入黠匣	0579 挖 山合二 入黠影	0580 闩 山合二 平山生	0581 关 ~门 山合二 平删见	0582 惯 山合二 去删见	0583 还 动 山合二 平删匣	0584 还 副 山合二 平删匣
74 温州	va³¹	o²¹²	o³²³	sø³³	ka³³	ka⁵¹	va³¹	va³¹
75 永嘉	va³¹	o²¹³	va⁴⁵	sø⁴⁴	ka⁴⁴	ka⁵³	va³¹	va³¹
76 乐清	vᴇ³¹	va²¹²	ua³²³	sø⁴⁴	kuᴇ⁴⁴	kuᴇ⁴¹	vᴇ³¹	ve³¹
77 瑞安	ŋɔ³¹	uɔ²¹²	uɔ³²³	sø⁴⁴	kuɔ⁴⁴	kuɔ⁵³	uɔ³¹	uɔ³¹
78 平阳	vɔ²⁴²	vɔ¹²	vɔ³⁴	sθ⁵⁵	kɔ⁵⁵	kɔ⁵³	vɔ²⁴²	vɔ²⁴²
79 文成	（无）	va²¹²	va³⁴	ʃuo⁵⁵	kuɔ⁵⁵	kuø³³	vɔ¹¹³	vɔ¹¹³
80 苍南	ua¹¹²调殊	ua¹¹²	ua²²³	sø⁴⁴	kua⁴⁴	kua⁴²	ua³¹	ua³¹
81 建德徽	uɛ³³	uɐʔ¹²	uɑ³³读字	ɕye⁵³门~	kuɛ⁵³	kuɛ³³	uɛ³³	uɑ⁵⁵~有 ɐʔ⁵~未
82 寿昌徽	uæ̃¹¹²文	uəʔ³¹~稽	uɑ³³文	ɕyei¹¹²	kuə¹¹²	kuæ̃³³文	ŋuə⁵²	uə⁵⁵~要
83 淳安徽	uɑ̃⁴³⁵	uɑʔ¹³	o²⁴	suɑ̃²⁴	kuɑ̃²⁴	kuɑ̃²⁴	uɑ̃⁴³⁵	ɑʔ¹³
84 遂安徽	uɑ̃²¹³	vɑ²¹³	vɑ⁵³⁴	fɛ̃⁵³⁴	kuɑ̃⁵³⁴	kuɑ̃⁴³	vɑ̃³³	uɑ̃³³
85 苍南闽	uan²⁴	kua²⁴	ui⁴³	tsʰuã̃²¹ 门~	kũĩ⁵⁵	kuan²¹	han²⁴	（无）
86 泰顺闽	uɒŋ³¹	leu²¹³	uɛʔ⁵	sɛ²¹³	kuo²¹³	kuæŋ⁵³	xɛ²²	xai²²
87 洞头闽	uan⁵³ 调殊	kuət²⁴	（无）	suɯŋ³³	kũĩ³³白 kuan³³文	kuan²¹	hãĩ̃¹¹³	hãĩ̃¹¹³
88 景宁畲	（无）	uət²	（无）	（无）	uən⁴⁴	kuɔn⁴⁴	ian⁴⁴	（无）

方言点	0585 弯	0586 刷	0587 刮	0588 全	0589 选	0590 转 ~眼,~送	0591 传 ~下来	0592 传 ~记
	山合二 平删影	山合二 入鎋生	山合二 入鎋见	山合三 平仙从	山合三 上仙心	山合三 上仙知	山合三 平仙澄	山合三 去仙澄
01 杭州	uɛ³³⁴	suaʔ⁵	kuaʔ⁵	dʑyo²¹³	ɕyo⁵³	tsuo⁵³	dzuo²¹³	tsuo⁴⁵音殊
02 嘉兴	uE⁴²	səʔ⁵	kuʌʔ⁵	dʑyə²⁴²	ɕie⁵⁴⁴	tsə⁵⁴⁴	zə²⁴²	zə¹¹³
03 嘉善	uɛ⁵³	søʔ⁵	kuaʔ⁵	dʑiɿ¹³²	ɕiɿ⁴⁴	tsø⁴⁴	zø¹³²	zø¹³²
04 平湖	vɛ⁵³	səʔ⁵	kuaʔ⁵	zie³¹	sie⁴⁴	tsø⁴⁴	zø³¹	zø³¹
05 海盐	uɛ⁵³	səʔ⁵	kuaʔ⁵	dʑie³¹	ɕie⁴²³	tsɤ⁴²³	zɤ³¹	zɤ³¹
06 海宁	uɛ⁵⁵	səʔ⁵	kuaʔ⁵	dʑie¹³	ɕie⁵³	tsɛ⁵³	zei¹³	zei¹³
07 桐乡	uɛ⁴⁴	saʔ⁵	kuaʔ⁵	ziE¹³	siE⁵³	tsE⁵³	zE¹³	zE¹³
08 崇德	uE⁴⁴	səʔ⁵	kuaʔ⁵	ziɿ¹³	ɕiɿ⁵³	tsE⁵³	zE¹³	zE¹³
09 湖州	uɛ⁴⁴	səʔ⁵	kuaʔ⁵	zie¹¹²	ɕie⁵²³	tsɛ⁵²³	dzɛ¹¹²	tsɛ³⁵
10 德清	uɛ⁴⁴	səʔ⁵	kuaʔ⁵	dʑie³³⁴	ɕie⁵²	tsøʉ⁵²	dzøʉ¹¹³	dzøʉ¹¹³
11 武康	uɛ⁴⁴	sɜʔ⁵	kuɜʔ⁵	dʑiɿ¹¹³	ɕiɿ⁵³	tsø⁵³	dzø¹¹³	dzø¹¹³
12 安吉	uE⁵⁵	səʔ⁵	kuɐʔ⁵	ʑi²²	ɕi⁵²	tsE⁵²	dzE²²	dzE²²
13 孝丰	uɛ⁴⁴	saʔ⁵	kuaʔ⁵	ziɿ²²	ɕiɿ⁵²	tse⁵²	dze²²	dze²²
14 长兴	uE⁴⁴	səʔ⁵	kuaʔ⁵	ʒi¹²	ʃi⁵²	tsɯ⁵²	dzɯ¹²	dzɯ¹²
15 余杭	uɛ⁴⁴	səʔ⁵	kuəʔ⁵	ziẽ²²	siẽ⁴²³	tsøɣ⁵³	zøɣ²²	zøɣ²²
16 临安	uE⁵⁵	suɐʔ⁵⁴	kuɐʔ⁵⁴	dʑyœ³³	ɕie⁵⁵	tsə⁵⁵	dzə³³	dzə³³
17 昌化	uɔ̃³³⁴	ɕyɛʔ⁵	kuaʔ⁵	ʑiɿ̃¹¹²	ɕiɿ̃⁴⁵³	tɕyɿ̃⁴⁵³	ʑyɿ̃¹¹²	tɕyɿ̃⁴⁵³
18 於潜	uɛ⁴³³	suaʔ⁵³	kuaʔ⁵³	dʑyɛ²²³	ɕie⁵¹	tsuɛ⁵¹	dʑyɛ²²³	dʑyɛ²²³
19 萧山	uɛ⁵³³	səʔ⁵	kuaʔ⁵	dʑie³⁵⁵	ɕie³³	tsə³³	dzə³⁵⁵	dzə²⁴²
20 富阳	uã⁵³	ɕyoʔ⁵	kuaʔ⁵	dʑyɛ̃¹³	ɕiɛ̃⁴²³	tɕyɛ̃⁴²³	dʑyɛ̃¹³	dʑyɛ̃²²⁴
21 新登	uɛ⁵³	ɕyəʔ⁵	kuaʔ⁵	ziɛ̃²³³	ɕiɛ̃³³⁴	tɕyɛ̃³³⁴	dʑyɛ̃²³³	dʑyɛ̃¹³
22 桐庐	uã⁵³³	suaʔ⁵	kuaʔ⁵	dʑyE¹³	ɕyE⁵³³	tɕyE³³	dʑyE¹³	dʑyE²⁴
23 分水	uã⁴⁴	ɕyəʔ⁵	kuaʔ⁵	dʑyã²²	ɕyã⁵³	tɕyã⁵³	dʑyã²²	dʑyã¹³
24 绍兴	uɛ̃⁵³	seʔ⁵	kuaʔ⁵	dʑiẽ²³¹	ɕiẽ³³⁴	tsø̃³³⁴	dzø̃²³¹	tsø̃³³⁴音殊
25 上虞	uɛ̃³⁵	səʔ⁵	kuɛʔ⁵ ~风 kuaʔ⁵ ~子	dʑie²¹³	ɕie³⁵	tsø̃³⁵	dzø̃²¹³	dzø̃²¹³

续表

方言点	0585 弯	0586 刷	0587 刮	0588 全	0589 选	0590 转 ~眼,~送	0591 传 ~下来	0592 传 ~记
	山合二平删影	山合二入鎋生	山合二入鎋见	山合三平仙从	山合三上仙心	山合三上仙知	山合三平仙澄	山合三去仙澄
26 嵊州	uɛ̃534	səʔ5	kuaʔ5	dʑiẽ213	ɕiẽ53	tsœ̃53	dzœ̃213	dzœ̃24
27 新昌	uɛ̃534	sɤʔ5	kuɛʔ5	dzœ̃22	sœ̃453	tsœ̃453	dzœ̃22	dzœ̃13
28 诸暨	vɛ544	soʔ5	kuaʔ5	dʑie13	ɕie42	tsə42	dzə13	dzə33
29 慈溪	uɛ̃35	səʔ5	kuaʔ5	dʑiẽ13	ɕiẽ35	tsẽ35	dzẽ13	dzẽ13
30 余姚	uã44	səʔ5	kuaʔ5	dʑiẽ13	ɕiẽ34	tsẽ34	dzẽ13	dzẽ13
31 宁波	uɛ53	soʔ5	kuaʔ5	dʑiɤ13	sø44老 ɕi44新	tɕiɤ35老 tsø35新	dʑiɤ13又 dzø13又	dʑiɤ13又 dzø13又
32 镇海	uɛ53	soʔ5	kuaʔ5	dzø24	sø35	tsø35	dzø24	dzø24
33 奉化	uɛ44	soʔ5	kuaʔ5	dzø33	sø545	tsø545	dzø33	dzø33调殊
34 宁海	uɛ123	ɕyeʔ5	kuaʔ5	dʑyø213	ɕyø53	tɕyø53	dʑyø213	dʑyø24
35 象山	uɛ44	soʔ5	kuaʔ5	dzɣɯ31	sɣɯ44	tsɣɯ44	dzɣɯ31	dzɣɯ31
36 普陀	uɛ53	soʔ5	kuɐʔ5	dzø24	sø45	tsø45	dzø24	dzø24
37 定海	uɛ52	soʔ5	kuɐʔ5	dzø23	sø45	tsø45	dzø23	dzø23
38 岱山	uɛ52	soʔ5	kuɐʔ5	dzø23	sø325	tsø325	dzø23	dzø23
39 嵊泗	uɛ53	soʔ5	kuɐʔ5	dzɣ243	sɣ445	tsɣ445	dzɣ243	dzɣ243
40 临海	uɛ31	ɕyeʔ5	kuəʔ5	dʑyø21	ɕyø52	tɕyø52	dʑyø21	dʑyø324
41 椒江	uɛ42	soʔ5	kuəʔ5	zø31	sø42	tsø42	dzø31	dzø24
42 黄岩	uɛ32	søʔ5	kuɐʔ5	zø121	sø42	tsø42	dzø121	dzø24
43 温岭	uɛ33	ɕyʔ5	kuəʔ5	zʑyø31	ɕyø42	tɕyø42	dzʑyø31	dzʑyø13
44 仙居	ua334	ɕyaʔ5	kuaʔ5	zø213	sø324	tsø324	dzø213	dzø24
45 天台	ue33	ɕyəʔ5 板~	kue5	zʑyø224	ɕyø325	tɕyø325	dzʑyø224	dzʑyø35
46 三门	uɛ334	ɕyəʔ5	kuɐʔ5	zʑyø113	ɕyø325	tɕyø325	dzʑyø113	dzʑyø113
47 玉环	uɛ42	ɕyoʔ5	kuɐʔ5	zʑyø31	ɕyø53	tɕyø53	dzʑyø31	dzʑyø22
48 金华	ua334	ɕyɣ55	kua55	ʑie313白 dzʑyɛ̃313文	zyɣ̃535	tɕyɣ535	dzʑyɣ313	dzʑyɣ14白 dzʑyɛ̃14文

中国语言资源集·浙江　语音卷

方言点	0585 弯	0586 刷	0587 刮	0588 全	0589 选	0590 转 ～眼,～送	0591 传 ～下来	0592 传 ～记
	山合二 平删影	山合二 入鎋生	山合二 入鎋见	山合三 平仙从	山合三 上仙心	山合三 上仙知	山合三 平仙澄	山合三 去仙澄
49 汤溪	uɑ²⁴	ɕyɤ⁵⁵	kuɑ⁵⁵	zie¹¹	sie⁵³⁵	tɕyɤ⁵³⁵	dʑyɤ¹¹	dʑyɤ³⁴¹
50 兰溪	uɑ³³⁴	ɕyɤʔ³⁴	kuɑʔ³⁴	zie²¹	sie⁵⁵	tɕyɤ⁵⁵	dʑyɤ²¹	dʑyɤ²⁴
51 浦江	uã⁵³⁴	ɕyə⁴²³	kuɑ⁴²³	ziɛ̃¹¹³	sɛ̃⁵³	tɕyɛ̃⁵³	dʑyɛ̃¹¹³	dʑyɛ̃²⁴
52 义乌	uɑ³³⁵	ɕyə³²⁴	kuɑ³²⁴	zie²¹³	ɕye⁴²³	tɕye⁴²³	dʑye²¹³	dʑyan²⁴
53 东阳	ɔ³³⁴	sa³³⁴	kuɑ³³⁴	ʑiʊ²¹³	ɕiʊ⁴⁴	tɕiʊ⁴⁴	dʑiʊ²¹³	dʑiʊ²⁴
54 永康	uɑ⁵⁵	ɕya³³⁴	kuɑ³³⁴	ʑye²²	ɕye³³⁴	tɕye³³⁴	dʑye²²	dʑye²⁴¹
55 武义	ŋuo²⁴	ɕye⁵³	kuɑ⁵³	ʑye³²⁴	ɕye⁴⁴⁵	tɕye⁴⁴⁵	dʑye³²⁴	dʑye²³¹
56 磐安	ɒ⁴⁴⁵	ɕya³³⁴	kuɑ³³⁴	dʑye²¹³ ～心 ʑye²¹³ ～部	ɕye³³⁴	tɕye³³⁴	dʑye²¹³	dʑye¹⁴
57 缙云	uɑ⁴⁴	ɕyɑ³²²	kuɑ³²²	zyɛ²⁴³	ɕyɑ⁵¹	tɕyɛ⁵¹	dʑyɛ²⁴³	dʑyɛ²¹³
58 衢州	uã³²	ʃyəʔ⁵	kuaʔ⁵	dʒyə̃²¹	ʃyə̃³⁵	tʃyə̃³⁵	dʒyə̃²¹	dʒyə̃²³¹
59 衢江	uã³³	ɕyəʔ⁵	kuaʔ⁵	ʑie²¹² 地名 dʑie²¹² ～部	ɕiɛ²⁵	tɕiɛ²⁵	dʑiɛ²¹²	dʑiɛ²³¹
60 龙游	uã³³⁴	ɕyəʔ⁴	kuəʔ⁴	dzuei²¹	suei³⁵	tsuei³⁵	dzuei²¹	dzuei²³¹
61 江山	uaŋ⁴⁴	ɕiɐʔ⁵	kuaʔ⁵	ʑyɛ̃²¹³	ɕyɛ̃⁵¹	tɕɐ²⁴¹声殊	dʑyɛ̃²¹³	dʑyɛ̃³¹
62 常山	uã⁴⁴	sɛʔ⁵	kuaʔ⁵	dʑyɔ̃³⁴¹	ɕyɔ̃⁵²	tɕyɔ̃⁵²	dʑyɔ̃³⁴¹	dʑyɔ̃¹³¹
63 开化	uã⁴⁴	ɕyaʔ⁵	kuaʔ⁵	dʑyɛ̃²³¹	ɕyɛ̃⁵³	tɕyɛ̃⁵³	dʑyɛ̃²³¹	dʑyɛ̃²¹³
64 丽水	uã²²⁴	ɕyɛʔ⁵	kuɔʔ⁵	ʑyɛ²²	ɕyɛ⁵⁴⁴	tɕyɛ⁵⁴⁴	dʑyɛ²²	dʑyɛ¹³¹
65 青田	uɑ⁴⁴⁵	saʔ⁴²	kuæʔ⁴²	yɐ²¹	ɕyɐ⁴⁵⁴	ɖuɐ⁴⁵⁴ 白 tɕyɐ⁴⁵⁴ 文	dʑyɐ²¹	dʑyɐ²²
66 云和	uã²⁴	ɕyɛʔ⁵	kuaʔ⁵	ʑyɛ³¹²	ɕyɛ⁴¹	tɕyɛ⁴¹	dʑyɛ³¹²	dʑyɛ²²³
67 松阳	uɔ̃⁵³	ɕyɛʔ⁵	kuaʔ⁵	ʑyɛ̃³¹	ɕyɛ̃²¹²	tyɛ̃²¹²	dʑyɛ̃³¹	dʑyɛ̃¹³
68 宣平	uã³²⁴	ɕyəʔ⁵	kuɑʔ⁵	ʑyə⁴³³	ɕyə⁴⁴⁵	tɕyə⁴⁴⁵	dʑyə⁴³³	dʑyə²³¹
69 遂昌	uaŋ⁴⁵	ɕyɛʔ⁵	kuaʔ⁵	ʑyɛ̃²²¹	ɕyɛ̃⁵³³	tyɛ̃⁵³³ 白 tɕyɛ̃⁵³³ 文	dʑyɛ̃²²¹	dʑyɛ̃²¹³
70 龙泉	uaŋ⁴⁵ 形 uaŋ⁴³⁴ 动	ɕyoʔ⁵	kuoʔ⁵	ʑyo²¹	ɕyo⁵¹	tɕyo⁵¹	dʑyo²¹	dʑyo²²⁴

续表

方言点	0585 弯	0586 刷	0587 刮	0588 全	0589 选	0590 转 ~眼,~送	0591 传 ~下来	0592 传 ~记
	山合二 平删影	山合二 入鎋生	山合二 入鎋见	山合三 平仙从	山合三 上仙心	山合三 上仙知	山合三 平仙澄	山合三 去仙澄
71 景宁	uɔ³²⁴	sœʔ⁵	kuaʔ⁵	ʑyœ⁴¹	ɕyœ³³	tɕyœ³³	dʑyœ⁴¹	dʑyœ¹¹³
72 庆元	uã³³⁵	ɕyɛʔ⁵	kuɑʔ⁵	ɕyɛ̃⁵²	ɕyɛ̃³³	tɕyɛ̃³³	tɕyɛ̃⁵²	tɕyɛ̃³¹
73 泰顺	uã²¹³	suɛʔ⁵	kuaʔ⁵	ɕyɛ⁵³	ɕyɛ⁵⁵	tɕyɛ⁵⁵	tɕyɛ⁵³	tɕye²²
74 温州	va³³	sø³²³	ko³²³	y³¹	ɕy²⁵	tɕy²⁵	dʑy³¹	dʑy²²
75 永嘉	va⁴⁴	sø⁴²³	ky⁴²³	y³¹	ɕy⁴⁵	tɕy⁴⁵	dʑy³¹	dʑy²²
76 乐清	uE⁴⁴	sø³²³	kua³²³	ʑyE³¹	syE³⁵	tɕyE³⁵	dʑyE³¹	dʑyE²²
77 瑞安	uɔ⁴⁴	sø³²³	kuɔ³²³	y³¹	ɕy³⁵	tɕy³⁵	dʑy³¹	dʑy²²
78 平阳	vɔ⁵⁵	sø³⁴	kɔ³⁴	ye²⁴²	ɕye⁴⁵	tɕye⁴⁵	dʑye²⁴²	dʑye³³
79 文成	vɔ⁵⁵	sø³⁴	kua³⁴	ʑyø¹¹³	ɕyø⁴⁵	tɕyø⁴⁵	dʑyø¹¹³	dʑyø⁴²⁴
80 苍南	ua⁴⁴	sø²²³	kua²²³	dʑyɛ³¹	ɕyɛ⁵³	tɕyɛ⁵³	dʑyɛ³¹	dʑyɛ¹¹
81 建德徽	uɛ⁵³	ɕy⁵⁵	ko⁵⁵	ɕie³³白 tɕʰiɛ̃²¹¹文	ɕie²¹³	tɕye²¹³	tɕye³³	tɕʰye⁵⁵
82 寿昌徽	ŋuə¹¹²	ɕyei⁵⁵	kuə⁵⁵	tɕʰyɛ̃¹¹²文	ɕyɛ̃⁵⁵~举	tɕyei²⁴	tɕʰyei⁵²	tsuæ²⁴文
83 淳安徽	uã²⁴	suəʔ⁵	kuɑʔ⁵	ɕia⁴³⁵	ɕia⁵⁵	tsuã⁵⁵	tsʰuã⁴³⁵	tsʰuã⁵³
84 遂安徽	uã⁵³⁴	fɛ⁵³⁴	kua²⁴	ɕiɛ̃³³	ɕiɛ̃²¹³	tɕyɛ̃²¹³	tɕʰyɛ̃³³	tɕʰyɛ̃⁵²
85 苍南闽	uan⁵⁵	sua⁴³	kua⁴³	tsuan²⁴	suan⁴³	tsuan⁴³	tuan²⁴	tuan²¹
86 泰顺闽	uæŋ²¹³	sɒʔ⁵	kuɛʔ⁵	tɕye²²	ɕye³⁴⁴	tɕye³⁴⁴	tye²²	tɕye²²
87 洞头闽	uan³³	sot⁵	kua⁵³	tsuan¹¹³	suan⁵³	tsuan⁵³	tuan¹¹³	tuan²¹
88 景宁畲	uɔn⁴⁴	sot⁵	kuaʔ⁵	ɕyon²²	ɕyon³²⁵	tɕyon³²⁵	tɕʰyon²²	（无）

方言点	0593 砖	0594 船	0595 软	0596 卷～起	0597 圈圆~	0598 权	0599 圆	0600 院
	山合三平仙章	山合三平仙船	山合三上仙日	山合三上仙见	山合三平仙溪	山合三平仙群	山合三平仙云	山合三去仙云
01 杭州	tsuo³³⁴	dzuo²¹³	ȵyo⁵³	tɕyo⁵³	tɕʰyo³³⁴	dʑyo²¹³	yo²¹³	yo¹³
02 嘉兴	tsə⁴²	zə²⁴²	ȵyə¹¹³	tɕyə⁵⁴⁴	tɕʰyə⁴²	dʑyə²⁴²	yə²⁴²	yə²²⁴
03 嘉善	tsø⁵³	zø¹³²	ȵyø¹¹³	tɕyø⁴⁴	tɕʰyø⁵³	dʑyø¹³²	yø¹³²	yø¹³²
04 平湖	tsø⁵³	zø³¹	ȵyø²¹³	tɕyø⁴⁴	tɕʰyø⁵³	dʑyø³¹	yø³¹	yø³¹
05 海盐	tsɤ⁵³	zɤ³¹	ȵyɤ⁴²³	tɕyɤ⁴²³	tɕʰyɤ⁵³	dʑyɤ³¹	yɤ³¹	yɤ³³⁴
06 海宁	tsei⁵⁵	zei¹³	ȵie²³¹	tɕie⁵³	tɕʰie⁵⁵	dʑie¹³	ie¹³	ie³⁵
07 桐乡	tsE⁴⁴	zE¹³	ȵiE²⁴²	tɕiE⁵³	tɕʰiE⁴⁴	dʑiE¹³	iE¹³	iE²¹³
08 崇德	tsE⁴⁴	zE¹³	ȵiɪ⁵³	tɕiɪ⁵³	tɕʰiɪ⁴⁴	dʑiɪ¹³	iɪ¹³	iɪ¹³
09 湖州	tsɛ⁴⁴	zɛ¹¹²	ȵie⁵²³	tɕie⁵²³	tɕʰie⁴⁴	dʑie¹¹²	ie¹¹²	ie³⁵
10 德清	tsøʉ⁴⁴	zøʉ¹¹³	ȵie⁵²	tɕie⁵²	tɕʰie⁴⁴	dʑie¹¹³	ie¹¹³	ie³³⁴
11 武康	tsø⁴⁴	zø¹¹³	ȵiɪ²⁴²	tɕiɪ⁵³	tɕʰiɪ⁴⁴	dʑiɪ¹¹³	iɪ¹¹³	iɪ⁵³调殊
12 安吉	tsE⁵⁵	zE²²	i⁵²	tɕy⁵²	tɕʰi⁵⁵	dʑi²²	i²²	i²¹³
13 孝丰	tse⁴⁴	ze²²	ȵiɪ⁵²	tɕy⁵²	tɕʰy⁴⁴	dʑiɪ²²	iɪ²²	iɪ²²
14 长兴	tsɯ⁴⁴	zɯ¹²	ȵi⁵²	tʃi⁵²	tʃʰi⁴⁴	dʒi¹²	i¹²	i¹²～子
15 余杭	tsøɤ⁴⁴	zøɤ²²	ȵiẽ⁵³	tɕiẽ⁵³	tɕʰiẽ⁴⁴	dʑiẽ²²	iẽ²²	iẽ²¹³
16 临安	tsə⁵⁵	zə³³	ȵyœ³³	tɕyœ⁵⁵	tɕʰyœ⁵⁵	dʑyœ³³	yœ³³	yœ³³
17 昌化	tɕyɪ̃³³⁴	ʑyɪ̃¹¹²	ȵyɪ̃²⁴³	tɕyɪ̃⁴⁵³	tɕʰyɪ̃³³⁴	ʑyɪ̃¹¹²	yɪ̃¹¹²	yɪ̃²⁴³
18 於潜	tɕyɛ⁴³³	ʑyɛ²²³	ȵyɛ⁵¹	tɕyɛ⁵¹	tɕʰyɛ⁴³³	dʑyɛ²²³	yɛ²²³	yɛ²⁴
19 萧山	tsə⁵³³	zə³⁵⁵	ȵyə¹³	tɕyə³³	tɕyə⁵³³	dʑyə³⁵⁵	yə³⁵⁵	yə²⁴²
20 富阳	tɕyɛ̃⁵³	ʑyɛ̃¹³	ȵyɛ̃²²⁴	tɕyɛ̃⁴²³	tɕʰyɛ̃⁵³	dʑyɛ̃¹³	yɛ̃¹³	yɛ̃³³⁵
21 新登	tɕyɛ̃⁵³	ʑyɛ̃²³³	ȵyɛ̃³³⁴	tɕyɛ̃³³⁴	tɕʰyɛ̃⁵³	dʑyɛ̃²³³	yɛ̃²³³	yɛ̃¹³
22 桐庐	tɕyE⁵³³	ʑyE¹³	nyE³³	tɕyE³³	tɕʰyE⁵³³	dʑyE¹³	yE¹³	yE²⁴
23 分水	tɕyã⁴⁴	ʑyã²²	ȵyã⁵³	tɕyã⁵³	tɕʰyã⁴⁴	dʑyã²²	yã²²	yã²²
24 绍兴	tsø̃⁵³	zẽ²³¹	ȵyø̃²²³	tɕyø̃³³⁴	tɕʰyø̃³³	dʑyø̃²³¹	yø̃²³¹	yø̃²²
25 上虞	tsø̃³⁵	zø̃²¹³	ȵyø̃²¹³	tɕyø̃³⁵	tɕʰyø̃³⁵	dʑyø̃²¹³	yø̃²¹³	yø̃³¹

方言点	0593 砖	0594 船	0595 软	0596 卷 ~起	0597 圈 圆~	0598 权	0599 圆	0600 院
	山合三平仙章	山合三平仙船	山合三上仙日	山合三上仙见	山合三平仙溪	山合三平仙群	山合三平仙云	山合三去仙云
26 嵊州	tsɐ̃ᵉ^{534}	zɐ̃ᵉ^{213}	nɐ̃ᵉ^{24}白 n̠ɿyɐ̃ᵉ^{22}文	tɕyɐ̃ᵉ^{53}	tɕʰyɐ̃ᵉ^{534}	dʑyɐ̃ᵉ^{213}	yɐ̃ᵉ^{213}	yɐ̃ᵉ^{24}
27 新昌	tsɐ̃ᵉ^{534}	zɐ̃ᵉ^{22}	nɐ̃ᵉ^{13}白 n̠ɿyɐ̃ᵉ^{232}文	tɕyɐ̃ᵉ^{453}	tɕʰyɐ̃ᵉ^{534}	dʑyɐ̃ᵉ^{22}	yɐ̃ᵉ^{22}	yɐ̃ᵉ^{13}
28 诸暨	tsə^{544}	zə^{13}	niə^{242}	tɕiə^{242}	tɕʰiə^{544}	dʑiə^{13}	iə^{13}	iə^{33}
29 慈溪	tsẽ^{35}	zẽ^{13}	n̠ɿyø̃^{13}	tɕyø̃^{35}	tɕʰyø̃^{35}	dʑyø̃^{13}	yø̃^{13}	yø̃^{13}
30 余姚	tsẽ^{44}	zẽ^{13}	n̠ɿyø̃^{13}	tɕyø̃^{34}	tɕyø̃^{44}	dʑyø̃^{13}	yø̃^{13}	yø̃^{13}
31 宁波	tsø^{53}老 tɕiɤ^{53}新	zø^{13}老 ʑiɤ^{13}新	n̠ɿy^{13}	tɕy^{35}	tɕʰy^{35}	dʑy^{13}	y^{13}	y^{13}
32 镇海	tsø^{53}	zø^{24}	n̠ɿy^{24}	tɕy^{35}	tɕʰy^{53}	dʑy^{24}	y^{24}	y^{24}
33 奉化	tɕy^{44}白 tsø^{44}文	zø^{33}	n̠ɿy^{324}	tɕy^{545}	tɕʰy^{44}	dʑy^{33}	y^{33}	y^{324}
34 宁海	tɕyø^{423}	zyø^{213}	n̠ɿyø^{31}	kyø^{53}	kʰyø^{423}	gyø^{213}	yø^{213}	yø^{24}
35 象山	tsɤɯ^{44}	zɤɯ^{31}	n̠ɿy^{31}	tɕy^{44}	tɕʰy^{44}	dʑy^{31}	y^{31}	y^{31}
36 普陀	tsø^{53}	zø^{24}	n̠ɿy^{23}	tɕy^{45}	tɕʰy^{53}	dʑy^{24}	y^{24}	y^{13}
37 定海	tsø^{52}	zø^{23}	n̠ɿy^{23}	tɕy^{45}	tɕʰy^{52}	dʑy^{23}	y^{23}	y^{13}
38 岱山	tsø^{52}	zø^{23}	n̠ɿy^{244}	tɕy^{325}	tɕʰy^{44}	dʑy^{23}	y^{23}	y^{213}
39 嵊泗	tɕiɤ^{53}又 tsɤ^{53}又	zɤ^{243}	n̠ɿy^{445}	tɕy^{445}	tɕʰy^{53}	dʑy^{243}	y^{243}	y^{213}
40 临海	tɕyø^{31}	zyø^{21}	n̠ɿyø^{52}	tɕyø^{52}又 kyø^{52}又	tɕʰyø^{31}又 kʰyø^{31}又	dʑyø^{21}又 gyø^{21}又	yø^{21}	yø^{324}
41 椒江	tsø^{35}小	zø^{31}	n̠ɿyø^{42}	kyø^{42}	kʰyø^{42}	gyø^{31}	yø^{31}	yø^{24}
42 黄岩	tsø^{35}小	zø^{121}	n̠ɿyø^{42}	kyø^{42}	kʰyø^{35}小	gyø^{121}	yø^{121}	yø^{24}
43 温岭	tɕyø^{33}	zyø^{31}	n̠ɿyø^{42}	kyø^{42}	kʰyø^{33}	gyø^{31}	yø^{31}	yø^{13}
44 仙居	tsø^{334}	zø^{213}	n̠ɿyø^{324}读字	cyø^{324}	cʰyø^{334}	ɟyø^{213}	yø^{213}	yø^{24}
45 天台	tɕyø^{33}	zyø^{224}	n̠ɿyø^{214}	kyø^{325}	kʰyø^{33}	gyø^{224}	yø^{224}	yø^{35}
46 三门	tɕyø^{334}	zyø^{113}	n̠ɿyø^{325}	kyø^{325}	kʰyø^{334}	gyø^{113}	yø^{113}	yø^{243}

续表

方言点	0593 砖	0594 船	0595 软	0596 卷 ~起	0597 圈 圆~	0598 权	0599 圆	0600 院
	山合三平仙章	山合三平仙船	山合三上仙日	山合三上仙见	山合三平仙溪	山合三平仙群	山合三平仙云	山合三去仙云
47 玉环	tsø³⁵小	ʑyø³¹	ȵyø⁵³	kyø⁵³	kʰyø³⁵小	gyø³¹	yø³¹	yø²²
48 金华	tɕyɣ³³⁴	ʑyɣ³¹³	ȵyɣ⁵³⁵	tɕyɣ⁵³⁵	tɕʰyɣ³³⁴	dʑyɣ³¹³	yɣ³¹³	yɣ¹⁴
49 汤溪	tɕyɣ²⁴	ʑyɣ¹¹	ȵyɣ¹¹³	tɕyɣ⁵³⁵	tɕʰyɣ²⁴	dʑyɣ¹¹	yɣ¹¹	yɣ³⁴¹
50 兰溪	tɕyɣ³³⁴	ʑyɣ²¹	ȵyɣ⁵⁵	tɕyɣ⁵⁵	tɕʰyɣ³³⁴	dʑyɣ²¹	yɣ²¹	yɣ²¹
51 浦江	tɕyẽ⁵³⁴	ʑyẽ¹¹³	ȵyẽ²⁴³	tɕyẽ⁵³	tɕʰyẽ⁵³⁴	dʑyẽ¹¹³	yẽ¹¹³	yẽ²⁴
52 义乌	tɕye³³⁵	ʑye²¹³	ȵye³¹²	tɕye⁴²³	tɕʰye³³⁵	dʑye²¹³	ye²¹³	ye²⁴
53 东阳	tɕiʊ³³⁴	ʑiʊ²¹³	ȵiʊ²³¹	tɕiʊ⁴⁴	tɕʰyn³³⁴小	dʑiʊ²¹³	iʊ²¹³	iʊ²⁴
54 永康	tɕye⁵⁵	ʑye²²	ȵye¹¹³	tɕye³³⁴	tɕʰye⁵⁵	dʑye²²	ye²²	ye²⁴¹
55 武义	tɕye²⁴	ʑye³²⁴	ȵye¹³	tɕye⁴⁴⁵	tɕʰye²⁴	dʑye³²⁴	ȵye³²⁴	ȵye²³¹
56 磐安	tɕye⁴⁴⁵	ʑye²¹³	ȵye³³⁴	tɕye³³⁴	tɕʰye⁴⁴⁵	dʑye²¹³	ye²¹³	ye¹⁴
57 缙云	tɕyɛ⁴⁴	ʑyɛ²⁴³	ȵyɛ³¹	tɕyɛ⁵¹	tɕʰyɛ⁴⁴	dʑyɛ²⁴³	yɛ²⁴³	yɛ²¹³
58 衢州	tʃyə̃³²	ʒyə̃²¹	ȵyə̃²³¹	tʃyə̃³⁵	tʃʰyə̃³²	dʒyə̃²¹	yə̃²¹	yə̃²³¹
59 衢江	tɕiɛ³³	ʑiɛ²¹²	ȵiɛ²¹²	tɕiɛ²⁵	tɕʰiɛ³³	dʑiɛ²¹²	iɛ²¹²	iɛ²³¹
60 龙游	tsuei³³⁴	zuei²¹	ȵye²²⁴	tsuei³⁵	tsʰuei³³⁴	dzuei²¹	ye²¹	ye²³¹
61 江山	tɕyɛ̃⁴⁴	ʑyĩ²¹³	ȵyɛ̃²²声殊	kyɛ̃²⁴¹	kʰyɛ̃⁴⁴	gyɛ̃²¹³	oŋ⁵¹汤~ yɛ̃²¹³~圈	yɛ̃³¹
62 常山	tɕyɔ̃⁴⁴	zuĩ³⁴¹	ȵyɔ̃²⁴	tɕyɔ̃⁵²	tɕʰyɔ̃⁴⁴	dʑyɔ̃³⁴¹	yɔ̃³⁴¹	yɔ̃¹³¹
63 开化	tɕyɛ̃⁴⁴	ʑyn²³¹	ȵyɛ̃²¹³	tɕyɛ̃⁵³	tɕʰyɛ̃⁴⁴	dʑyɛ̃²³¹	yɛ̃²³¹	yɛ̃²¹³
64 丽水	tɕyɛ²²⁴	ʑyɛ²²	ȵyɛ⁵⁴⁴	tɕyn⁵⁴⁴白 tɕyɛ⁵⁴⁴文	tɕʰyɛ²²⁴	dʑyɛ²²	yɛ²²	yɛ¹³¹
65 青田	tɕyɐ⁴⁴⁵	ʑyɐ²¹	ȵyɐ⁴⁵⁴	tɕyaŋ⁴⁵⁴	tɕʰyɐ⁴⁴⁵	dʑyɐ²¹	yɐ²¹	yɐ²²
66 云和	tɕyɛ²⁴	ʑyɛ³¹²	ȵyɛ⁴¹	tɕyɛ⁴¹	tɕʰyɛ²⁴	dʑyɛ³¹²	yɛ³¹²	yɛ²²³
67 松阳	tɕyɛ̃⁵³	ʑyɛ̃³¹	ȵyɛ̃²²	tɕyɛ̃²¹²	tɕʰyɛ̃⁵³	dʑyɛ̃³¹	yɛ̃³¹	yɛ̃¹³
68 宣平	tɕyə³²⁴	ʑyə⁴³³	ȵyə²²³	tɕyən⁴⁴⁵	tɕʰyə³²⁴	dʑyə⁴³³	yə⁴³³	yə²³¹
69 遂昌	tɕyɛ̃⁴⁵	ʑyɛ̃²²¹	ȵyɛ̃¹³	tɕyɛ̃⁵³³	tɕʰyɛ̃⁴⁵	dʑyɛ̃²²¹	yɛ̃²²¹	yɛ̃²¹³

续表

方言点	0593 砖 山合三 平仙章	0594 船 山合三 平仙船	0595 软 山合三 上仙日	0596 卷 ～起 山合三 上仙见	0597 圈 圆～ 山合三 平仙溪	0598 权 山合三 平仙群	0599 圆 山合三 平仙云	0600 院 山合三 去仙云
70 龙泉	tɕyo⁴³⁴	ʑyn²¹白 ʑyo²¹文	ȵyo⁵¹	tɕyn⁵¹	tɕʰyo⁴³⁴	dʑyo²¹	yo²¹	yo²²⁴
71 景宁	tɕyœ³²⁴	ʑyœ⁴¹	ȵyœ³³	tɕyœ³³	tɕʰyœ³²⁴	dʑyœ⁴¹	yœ⁴¹	yœ¹¹³
72 庆元	tɕyɛ̃³³⁵	ɕyɛ̃⁵²	ȵyɛ̃²²¹	tɕyɛ̃³³	tɕʰyɛ̃³³⁵	tɕyɛ̃⁵²	yɛ̃⁵²	yɛ̃³¹
73 泰顺	tɕyɛ²¹³	ɕyɛ⁵³	ȵyɛ⁵⁵	tɕyɛ⁵⁵	tɕʰyɛ²¹³	tɕyɛ⁵³	yɛ⁵³	yɛ²²
74 温州	tɕy³³	y³¹	ȵy¹⁴	tɕioŋ²⁵白 tɕy²⁵文	tɕʰy³³	dʑy³¹	y³¹	y²²
75 永嘉	tɕy⁴⁴	y³¹	ȵy¹³	tɕioŋ⁴⁵白 tɕy⁴⁵文	tɕʰy⁴⁴	dʑy³¹	y³¹	y²²
76 乐清	tɕiø⁴⁴	ʑyE³¹	ȵyE²⁴	tɕiaŋ³⁵白 tɕyE³⁵文	tɕʰyE⁴⁴	dʑyE³¹	yE³¹	yE²²
77 瑞安	tɕy⁴⁴	y³¹	ȵy¹³	tɕiaŋ³⁵白 tɕy³⁵文	tɕʰy⁴⁴	dʑy³¹	y³¹	y²²
78 平阳	tʃɵ⁵⁵	ye²⁴²	ȵye⁴⁵	tɕye⁴⁵	tɕʰye⁵⁵	dʑye²⁴²	ye²⁴²	ye³³
79 文成	tɕyø⁵⁵	ʑyø¹¹³	ȵyø²²⁴	tɕyø⁴⁵	tɕʰyø⁵⁵	dʑyø¹¹³	yø¹¹³	yø⁴²⁴
80 苍南	tsø⁴⁴	dʑye³¹	ȵye⁵³	tsueŋ⁵³	tɕʰye⁴⁴	dʑye³¹	ye³¹	ye¹¹
81 建德徽	tɕye⁵³	ɕye³³	ȵye²¹³	tɕye²¹³	tɕʰye⁵³	tɕye³³	ȵye³³	ȵye⁵⁵
82 寿昌徽	tɕyei¹¹²	ɕyei⁵²	ȵyei⁵³⁴	tɕyei²⁴	tɕʰyei¹¹²	tɕʰyɛ̃¹¹²文	yei⁵²	yei³³白 yɛ̃²⁴文
83 淳安徽	tsuã²⁴	suã⁴³⁵	vã⁵⁵	tsuã⁵⁵	tsʰuã²⁴	tsʰuã⁴³⁵	vã⁴³⁵	vã⁵³
84 遂安徽	tɕyɛ̃⁵³⁴	fiɛ̃³³	vɛ̃⁴³	kuɑ̃²¹³	kʰuɑ̃⁵³⁴	tɕʰyɛ̃³³	vɛ̃³³	yɛ̃⁵²
85 苍南闽	tsɯŋ⁵⁵	tsun²⁴	nɯŋ³²	kuŋ⁴³	kʰuan⁵⁵	kuan²⁴	ĩ²⁴	ĩ²¹
86 泰顺闽	tɕye²¹³	syeŋ²²	nye³⁴⁴	kuo³⁴⁴	kʰye²¹³	kye²²	ye²²	ye³¹
87 洞头闽	tsɯŋ³³	tsun¹¹³	nɯŋ⁵³	kuŋ⁵³	kʰuan³³	kuan¹¹³	ĩ¹¹³	ĩ²¹
88 景宁畲	kyon⁴⁴	ɕyon²²	ȵyon⁴⁴ 调殊	kien⁴⁴	tɕʰyon⁴⁴	tɕyon²²	（无）	ien⁵¹

方言点	0601 铅 ~笔	0602 绝	0603 雪	0604 反	0605 翻	0606 饭	0607 晚	0608 万 麻将牌
	山合三 平仙以	山合三 入薛从	山合三 入薛心	山合三 上元非	山合三 平元敷	山合三 去元奉	山合三 上元微	山合三 去元微
01 杭州	kʰɛ^{334}白 tɕʰie^{334}文	dʑyɛʔ^{2}	ɕiɛʔ^{5}	fɛ^{53}	fɛ^{334}	vɛ^{13}	uɛ^{53}	vɛ^{13}
02 嘉兴	kʰE^{42}	dʑieʔ^{13}	ɕieʔ^{5}	fE^{544}	fE^{42}	vE^{113}	uE^{544}	vE^{113}
03 嘉善	kʰɛ^{53}音殊	dʑieʔ^{2}	ɕieʔ^{5}	fɛ^{44}	fɛ^{53}	vɛ^{113}	mɛ^{113}白 vɛ^{44}文	mɛ^{113}
04 平湖	kʰɛ^{53}	zieʔ^{23}	sieʔ^{5}	fɛ^{44}	fɛ^{53}	vɛ^{213}	mɛ^{213}白 vɛ^{213}文	vɛ^{213}
05 海盐	kʰɛ^{53}	dzieʔ^{23}	ɕieʔ^{5}	fɛ^{423}	fɛ^{53}	vɛ^{213}	mɛ^{423}白 vɛ^{423}文	vɛ^{213}
06 海宁	kʰɛ^{55}音殊	dʑieʔ^{2}	ɕieʔ^{5}	fɛ^{53}	fɛ^{55}	vɛ^{13}	mɛ^{231}白 vɛ^{231}文	vɛ^{13}
07 桐乡	kʰɛ^{44}	zieʔ^{23}	sieʔ^{5}	fɛ^{53}	fɛ^{44}	vɛ^{213}	mɛ^{242}白 vɛ^{242}文	vɛ^{213}
08 崇德	kʰɛ^{44}	zieʔ^{23}	ɕieʔ^{5}	fɛ^{53}	fɛ^{44}	vɛ^{13}	mɛ^{53}白 vɛ^{242}文	vɛ^{13}
09 湖州	kʰɛ^{44}音殊	dʑieʔ^{2}	ɕieʔ^{5}	fɛ^{523}	fɛ^{44}	vɛ^{24}	uɛ^{523}	vɛ^{24}
10 德清	kʰɛ^{44}音殊	dʑieʔ^{2}	ɕieʔ^{5}	fɛ^{52}	fɛ^{44}	vɛ^{113}	uɛ^{52}	vɛ^{113}
11 武康	kʰɛ^{44}音殊	dʑieʔ^{2}	ɕieʔ^{5}	fɛ^{53}	fɛ^{44}	vɛ^{113}	uɛ^{53}	vɛ^{113}
12 安吉	kʰE^{55}	zieʔ^{23}	ɕiEʔ^{5}	fE^{52}	fE^{55}	vE^{213}	mE^{52}白 uE^{52}文	mE^{213}
13 孝丰	kʰɛ^{44}	zieʔ^{23}	ɕieʔ^{5}	fɛ^{52}	fɛ^{44}	vɛ^{213}	mɛ^{52}	mɛ^{324}
14 长兴	kʰE^{44}	ʒieʔ^{2}	ʃieʔ^{5}	fE^{52}	fE^{44}	vE^{24}	mE^{52}	vE^{24}
15 余杭	tɕʰiẽ^{44}音殊	zieʔ^{2}	sieʔ^{5}	fɛ̃^{53}	fɛ̃^{44}	vɛ̃^{213}	mɛ̃^{53}白 uɛ̃^{53}文	vɛ̃^{213}
16 临安	kʰɛ^{55}音殊	dziɐʔ^{12}	ɕiɐʔ^{54}	fɛ^{55}	fɛ^{55}	vɛ^{33}	uE^{33}	vɛ^{33}
17 昌化	tɕʰiĩ^{334}	dʑyɛ^{23}	ɕiɛʔ^{5}	fɔ̃^{453}	fɔ̃^{334}	vã^{243}	mɛ̃^{243}白 vɔ̃^{243}文	vã^{243}
18 於潜	kʰɛ^{433}	dʑyæʔ^{23}	ɕieʔ^{53}	fɛ^{51}	fɛ^{433}	vɛ^{24}白 fɛ^{24}文	uɛ^{51}	uɛ^{24}
19 萧山	kʰɛ^{533}	dʑieʔ^{13}	ɕieʔ^{5}	fɛ^{33}	fɛ^{533}	vɛ^{242}	mɛ^{242}白, 调殊 uɛ^{242}文, 调殊	vɛ^{242}

续表

方言点	0601 铅 ~笔 山合三 平仙以	0602 绝 山合三 入薛从	0603 雪 山合三 入薛心	0604 反 山合三 上元非	0605 翻 山合三 平元敷	0606 饭 山合三 去元奉	0607 晚 山合三 上元微	0608 万 麻将牌 山合三 去元微
20 富阳	kʰã⁵³	dziɛʔ²	ɕiɛʔ⁵	fã⁴²³	fã⁵³	vã²²⁴	mã²²⁴ ~娘	vã²²⁴
21 新登	kʰɛ̃⁵³	dziəʔ²	ɕiəʔ⁵	fe³³⁴	fe⁵³	vɛ̃¹³	mɛ̃³³⁴ ~娘	vɛ̃¹³
22 桐庐	kʰã⁵³³	dzyəʔ¹³	ɕiəʔ⁵	fã³³	fã⁵³³	vã²⁴	uã³³	vã²⁴
23 分水	tɕʰiɛ⁴⁴	dziəʔ¹²	ɕiəʔ⁵	fã⁵³	fã⁴⁴	vã¹³	uã⁵³	vã¹³
24 绍兴	kʰɛ̃⁵³	dziɛʔ²	ɕiɛʔ⁵	fɛ̃³³⁴	fɛ̃⁵³	vɛ̃²²	mɛ̃²²³ 白 uɛ̃²²³ 文	vɛ̃²²
25 上虞	kʰɛ̃³⁵	dziəʔ²	ɕiəʔ⁵	fɛ̃³⁵	fɛ̃³⁵	vɛ̃³¹	mɛ̃²¹³ ~娘	vɛ̃³¹
26 嵊州	kʰɛ̃⁵³⁴	dziɛʔ²	ɕiɛʔ⁵	fɛ̃⁵³	fɛ̃⁵³⁴	uɛ̃²⁴	mɛ̃²⁴ 白 uɛ̃²⁴ 文	uɛ̃²⁴
27 新昌	kʰɛ̃⁵³⁴	dzɤʔ²	sɤʔ⁵	fɛ̃⁴⁵³	fɛ̃⁵³⁴	uɛ̃¹³	mɛ̃²³² 白 uɛ̃²³² 文	uɛ̃¹³
28 诸暨	kʰɛ⁵⁴⁴	dziɛʔ¹³	ɕiɛʔ⁵	fe⁴²	fe⁵⁴⁴	ve³³	ve²⁴²	ve³³
29 慈溪	kʰɛ̃³⁵	dziəʔ²	ɕiəʔ⁵	fɛ̃³⁵	fɛ̃³⁵	vɛ̃¹³	mɛ̃¹³ 白 vɛ̃¹³ 文	mɛ̃¹³
30 余姚	kʰã⁴⁴	dziəʔ²	ɕiəʔ⁵	fã³⁴	fã⁴⁴	vã¹³	mã¹³	mã¹³
31 宁波	kʰɛ⁵³	dzoʔ²	soʔ⁵	fɛ³⁵	fɛ⁵³	vɛ¹³	me¹³ ~娘	me¹³
32 镇海	kʰɛ⁵³	dziɛʔ¹²	soʔ⁵	fɛ³⁵	fɛ⁵³	vɛ²⁴	me²⁴ ~爹	vɛ²⁴
33 奉化	kʰɛ⁴⁴	dzoʔ²	soʔ⁵	fɛ⁵⁴⁵	fɛ⁴⁴	vɛ³¹	me³¹ 白 vɛ³¹ 文	me³²⁴
34 宁海	kʰe⁴²³	dziɔʔ³	ɕyeʔ⁵	fe⁵³	fe⁴²³	ve²⁴	me³¹	me²⁴
35 象山	kʰɛ⁴⁴	dzyoʔ²	soʔ⁵	fɛ⁴⁴	fɛ⁴⁴	ve¹³	me³¹ 白 ve¹³ 文	me¹³
36 普陀	kʰɛ⁵³	dziɛʔ²³	soʔ⁵	fɛ⁴⁵	fɛ⁵³	ve¹³	ue²³	me¹³
37 定海	kʰɛ⁵²	dziɛʔ²	soʔ⁵	fɛ⁴⁵	fɛ⁵²	ve¹³	me²³ 白 ve²³ 文	me¹³
38 岱山	kʰɛ⁵²	dziɛʔ²	ɕiɛʔ⁵	fɛ⁵²	fɛ⁵²	ve²¹³	me²⁴⁴ 白 ve²⁴⁴ 文	me²¹³
39 嵊泗	kʰɛ⁵³	dziɛʔ²	ɕiɛʔ⁵	fɛ⁴⁴⁵	fɛ⁵³	ve²¹³	me³³⁴ 白 ve³³⁴ 文	me²¹³

续表

方言点	0601 铅 ~笔	0602 绝	0603 雪	0604 反	0605 翻	0606 饭	0607 晚	0608 万 麻将牌
	山合三平仙以	山合三入薛从	山合三入薛心	山合三上元非	山合三平元敷	山合三去元奉	山合三上元微	山合三去元微
40 临海	$k^h\varepsilon^{31}$	$zye?^{23}$	$\varphi ye?^5$	fe^{52}	fe^{31}	ve^{324}	(无)	ve^{324}
41 椒江	$k^h i\varepsilon^{42}$	$z\varnothing?^2$	$s\varnothing?^5$	$f\varepsilon^{42}$	$f\varepsilon^{42}$	$v\varepsilon^{24}$	$m\varepsilon^{42}$	$v\varepsilon^{24}$
42 黄岩	$k^h i\varepsilon^{32}$	$z\varnothing?^2$	$s\varnothing?^5$	$f\varepsilon^{42}$	$f\varepsilon^{32}$	$v\varepsilon^{24}$	$m\varepsilon^{42}$	$v\varepsilon^{24}$
43 温岭	$k^h i\varepsilon^{42}$	$zyo?^2$	$\varphi y?^5$	$f\varepsilon^{42}$	$f\varepsilon^{33}$	ve^{13}	$m\varepsilon^{42}$	ve^{13}
44 仙居	$k^h a^{334}$	$zy\alpha?^{23}$	$\varphi y\alpha?^5$	fa^{324}	fa^{334}	va^{24}	ma^{324}白 va^{324}文	va^{24}
45 天台	$k^h e^{33}$音殊	$zy\vartheta?^2$	$\varphi y\vartheta?^5$	fe^{325}	fe^{33}	ve^{35}	ve^{214}	ve^{35}
46 三门	$k^h\varepsilon^{334}$	$zy\vartheta?^{23}$	$\varphi y\vartheta?^5$	fe^{325}	fe^{334}	$v\varepsilon^{243}$	$u\varepsilon^{325}$	$v\varepsilon^{243}$
47 玉环	$k^h i\varepsilon^{42}$	$zyo?^2$	$\varphi yo?^5$	fe^{53}	fe^{42}	$v\varepsilon^{22}$	$m\varepsilon^{53}$	$v\varepsilon^{22}$
48 金华	$k^h a^{334}$	$d\mathoperatorname{z}y\vartheta?^{212}$	φie^{55}	fa^{535}	fa^{334}	va^{14}	$m\alpha^{535}$白 $u\tilde\varepsilon^{535}$文	$m\gamma a^{14}$
49 汤溪	ie^{11}	zie^{113}	sie^{55}	$f\gamma a^{535}$正~ $m\gamma a^{535}$翻动	$f\gamma a^{24}$	$v\gamma a^{341}$	$m\gamma a^{113}$	$m\gamma a^{341}$
50 兰溪	$k^h\tilde æ^{334}$	$d\mathoperatorname{z}i\vartheta?^{12}$	$\varphi ie?^{34}$	fia^{55}	fia^{334}	via^{24}	mia^{55}	mia^{24}
51 浦江	$k^h\tilde\alpha^{534}$	$d\mathoperatorname{z}i\vartheta^{232}$	si^{423}	$f\tilde\alpha^{53}$	$f\tilde\alpha^{534}$	$v\tilde\alpha^{24}$	$m\tilde\alpha^{24}$白 uan^{53}文	$m\alpha^{24}$
52 义乌	$k^h\mathopen{}\mathclose\bgroup o^{335}$	$d\mathoperatorname{z}\vartheta^{312}$	sie^{324}	$f\mathopen{}o^{423}$	$f\mathopen{}o^{335}$	$b\mathopen{}o^{24}$	ma^{24}~娘 uan^{24}文	ma^{24}
53 东阳	$t\varphi^h i\operatorname{v}n^{334}$	$d\mathoperatorname{z}i\varepsilon?^{23}$	$\varphi i\varepsilon?^{34}$	$f\mathopen{}o^{44}$	$f\mathopen{}o^{334}$	$v\mathopen{}o^{24}$	(无)	$v\mathopen{}o^{24}$
54 永康	$k^h a^{55}$	zie^{113}	φie^{334}	fa^{334}	fa^{55}	va^{241}	ma^{241}忒~ ma^{113}~娘	ma^{241}
55 武义	$k^h a^{24}$	$d\mathoperatorname{z}y\vartheta^{213}$	φie^{53}	fuo^{445}	fuo^{24}	vuo^{231}	muo^{13}	muo^{231}
56 磐安	io^{213}	$d\mathoperatorname{z}y\varepsilon^{213}$	$\varphi y\varepsilon^{334}$	$f\mathopen{}o^{334}$	$f\mathopen{}o^{445}$	$v\mathopen{}o^{14}$	$m\mathopen{}o^{334}$~稻 $m\operatorname{v}n^{14}$~爷	$m\vartheta^{14}$
57 缙云	$k^h\alpha^{44}$	$zy\varepsilon^{13}$	$\varphi y\varepsilon^{322}$	$f\alpha^{51}$	$f\alpha^{44}$	$v\alpha^{213}$	$m\alpha^{213}$	$m\alpha^{213}$
58 衢州	$k^h\tilde a^{32}$	$d\mathoperatorname{z}i\vartheta?^{12}$	$\varphi i\vartheta?^5$	$f\tilde a^{35}$	$f\tilde a^{32}$	$v\tilde a^{231}$	$u\tilde a^{231}$	$m\tilde a^{231}$
59 衢江	$k^h\tilde a^{33}$	$d\mathoperatorname{z}y\vartheta?^2$	$\varphi i\vartheta?^5$	$p\tilde a^{25}$顺~ $f\tilde a^{25}$~正	$f\tilde a^{33}$	$v\tilde a^{231}$	$u\varepsilon^{53}$白 $u\tilde a^{53}$文	$m\tilde a^{231}$

方言点	0601 铅 ~笔 山合三 平仙以	0602 绝 山合三 入薛从	0603 雪 山合三 入薛心	0604 反 山合三 上元非	0605 翻 山合三 平元敷	0606 饭 山合三 去元奉	0607 晚 山合三 上元微	0608 万 麻将牌 山合三 去元微
60 龙游	kʰã³³⁴旧 tɕʰie³³⁴今	zieʔ²³	ɕieʔ⁴	fã³⁵	fã³³⁴	vã²³¹	uã³⁵	mã²³¹
61 江山	kʰaŋ⁴⁴	zyEʔ²	ɕyEʔ⁵	paŋ⁵¹音殊	paŋ⁴⁴	vaŋ³¹	maŋ³¹	maŋ³¹
62 常山	kʰã⁴⁴	zyʌʔ³⁴~代 dzyʌʔ³⁴~对	ɕyʌʔ⁵	pã⁵²~手 fã⁵²~对	pã⁵²船~ fã⁴⁴~身	vã¹³¹	uã⁵²	mã¹³¹
63 开化	kʰã⁴⁴老 tɕʰiɛ̃⁴⁴新	ziɛʔ¹³	ɕiaʔ⁵	pã⁵³~面 fã⁵³相~	pã⁴⁴~书 fã⁴⁴推~	vã²¹³	mã²¹³	mã²¹³
64 丽水	kʰã²²⁴	zyɛʔ²³白 dzyɛʔ²³文	ɕyɛʔ⁵	pã⁵⁴⁴白 fã⁵⁴⁴文	fã²²⁴	vã¹³¹	mã⁵⁴⁴白 uã⁵⁴⁴文	mã¹³¹
65 青田	kʰa⁴⁴⁵	yæʔ³¹	ɕyæʔ⁴²	ɓa⁴⁵⁴白 fa⁴⁵⁴文	fa⁴⁴⁵	va²²	ma⁴⁵⁴	ma²²
66 云和	kʰã²⁴	zyɛʔ²³	ɕyɛʔ⁵	pã⁴¹白 fã⁴¹文	fã²⁴	vã²²³	mã⁴¹白 uã⁴¹文	mã²²³
67 松阳	iɛ̃³¹	zyɛʔ²	ɕyɛʔ⁵	pɔ̃²¹²白 fɔ̃²¹²文	fɔ̃⁵³	vɔ̃¹³	mɔ̃²²	mɔ̃¹³
68 宣平	kʰã⁴⁴⁵	zyəʔ²³白 dzyəʔ²³文	ɕiəʔ⁵	pã⁴⁴⁵白 fã⁴⁴⁵文	fã³²⁴	vã²³¹	mã²²³	mã²³¹
69 遂昌	iɛ̃²¹³	zyɛʔ²³~灭 dzyɛʔ²³~对	ɕyɛʔ⁵	paŋ⁵³³白 faŋ⁵³³文	faŋ⁴⁵	vaŋ²¹³	maŋ¹³~娘 uaŋ¹³~会	maŋ²¹³
70 龙泉	kʰaŋ⁴³⁴	zyoʔ²⁴	ɕyoʔ⁵	faŋ⁵¹	faŋ⁴³⁴	vaŋ²²⁴	maŋ⁵¹	maŋ²²⁴
71 景宁	tɕʰiɛ³³调殊	zyœʔ²³白 dzyœʔ²³文	ɕyœʔ⁵	pɔ³³白 fɔ³³文	fɔ³²⁴	vɔ¹¹³	mɔ³³	mɔ¹¹³
72 庆元	tɕʰiɛ̃³³⁵	ɕyEʔ³⁴	ɕyEʔ⁵	ɓã³³白 fã³³文	fã³³⁵	fã³¹	mã²²¹	mã³¹
73 泰顺	iɛ²¹	ɕyɛʔ²	ɕyɛʔ⁵	fã⁵⁵	fã²¹³	uã²²	mã⁵⁵	mã²²
74 温州	kʰa³³	y²¹²	ɕy³²³	fa²⁵	fa³³	va²²	va¹⁴	ma²²
75 永嘉	kʰa⁴⁴	y²¹³	ɕy⁴²³	pa⁴⁵白 fa⁴⁵文	fa⁴⁴	va²²	ma¹³白 va¹³文	ma²²白 va²²文
76 乐清	kʰE⁴⁴	zyE²¹²	syE³²³	fE³⁵	fE⁴⁴	vE²²	vE²⁴	mE²²
77 瑞安	kʰa⁴⁴	y²¹²	ɕy³²³	pɔ³⁵白 fɔ³⁵文	fɔ⁴⁴	vɔ²²	mɔ¹³白 vɔ¹³文	mɔ²²白 vɔ²²文

续表

方言点	0601 铅 ~笔	0602 绝	0603 雪	0604 反	0605 翻	0606 饭	0607 晚	0608 万 麻将牌
	山合三 平仙以	山合三 入薛从	山合三 入薛心	山合三 上元非	山合三 平元敷	山合三 去元奉	山合三 上元微	山合三 去元微
78 平阳	kʰʌ⁵⁵	dʐye¹²	ɕye³⁴	fɔ⁴⁵	fɔ⁵⁵	vɔ³³	vɔ⁴⁵	mɔ³³白 vɔ³³文
79 文成	kʰɔ⁵⁵白 kʰa⁵⁵文	zø²¹²	ɕyø³⁴	fɔ⁴⁵	fɔ⁵⁵	vɔ⁴²⁴	mɔ²²⁴	mɔ⁴²⁴
80 苍南	kʰɛ⁴⁴白 tɕʰiɛ⁴⁴文	dʐyɛ¹¹²	ɕyɛ²²³	pa⁵³白 hua⁵³文	hua⁴⁴	ua¹¹	ua⁵³	ma¹¹白 ua¹¹文
81 建德徽	kʰɛ⁵³	tɕiɐʔ¹²	ɕi⁵⁵	fɛ²¹³	fɛ⁵³	fɛ⁵⁵	mɛ⁵⁵白 uɛ̃⁵⁵文	mɛ⁵⁵
82 寿昌徽	tɕʰiɛ̃⁵⁵文	tɕyəʔ³¹	ɕi⁵⁵	fɤ²⁴	fɤ¹¹²	fɤ³³	mɤ³³~娘 uæ̃⁵⁵~会	uæ̃²⁴文
83 淳安徽	kʰã²⁴白 tɕʰia²⁴文	ɕiəʔ¹³	ɕiəʔ⁵	fã⁵⁵	fã²⁴	fã⁵³	uã⁵⁵	uã⁵³
84 遂安徽	tɕʰiɛ̃⁵³⁴	tɕye²¹³	ɕiɛ²⁴	fã²¹³	fã⁵³⁴	fã⁵²	vã²¹³	vã⁵²
85 苍南闽	ian²⁴	tsuə²⁴	sə⁴³	huan⁴³	huan⁵⁵	(无)	buan³²	ban²¹
86 泰顺闽	kʰie²²	tɕyɪʔ³	ɕyɪʔ⁵	fæŋ²²	fæŋ²¹³	pɔi³¹	uæŋ³⁴⁴ mæŋ³¹	uæŋ³¹
87 洞头闽	ian¹¹³白 kʰian³³文	tsuət²⁴	sə⁵³	huan⁵³	huan³³	(无)	buã⁵³白 uã²¹文	ban²¹
88 景宁畲	(无)	tɕyot²	sɔt⁵	fɔn³²⁵	fɔn⁴⁴	pʰɔn⁵¹	(无)	mɔn⁵¹

方言点	0609 劝	0610 原	0611 冤	0612 园	0613 远	0614 发 头~	0615 罚	0616 袜
	山合三 去元溪	山合三 平元疑	山合三 平元影	山合三 平元云	山合三 上元云	山合三 入月非	山合三 入月奉	山合三 入月微
01 杭州	$tɕʰyo^{45}$	yo^{213}	yo^{334}	yo^{213}	yo^{53}	$faʔ^5$	$vaʔ^2$	$maʔ^2$
02 嘉兴	$tɕʰyə^{224}$	$n̠yə^{242}$	$yə^{42}$	$yə^{242}$	$yə^{113}$	$fʌʔ^5$	$vʌʔ^{13}$	$mʌʔ^5$
03 嘉善	$tɕʰyø^{334}$	$n̠yø^{132}$	$yø^{53}$	$yø^{132}$	$yø^{113}$	$faʔ^5$	$uaʔ^5$	$mɜʔ^2$
04 平湖	$tɕʰyø^{213}$	$n̠yø^{31}$	$yø^{53}$	$yø^{31}$	$yø^{213}$	$faʔ^5$	$vaʔ^{23}$	$maʔ^{23}$
05 海盐	$tɕʰyɤ^{334}$	$n̠yɤ^{31}$	$yɤ^{53}$	$yɤ^{31}$	$yɤ^{423}$	$faʔ^5$	$vaʔ^{23}$	$maʔ^{23}$
06 海宁	$tɕʰie^{35}$	$n̠ie^{13}$	ie^{55}	ie^{13}	ie^{231}	$faʔ^5$	$vaʔ^2$	$maʔ^2$
07 桐乡	$tɕʰiɛ^{334}$	$n̠iɛ^{13}$	$iɛ^{44}$	$iɛ^{13}$	$iɛ^{242}$	$faʔ^5$	$vaʔ^{23}$	$mɔʔ^2$
08 崇德	$tɕʰiɪ^{334}$	$n̠iɪ^{13}$	$iɪ^{44}$	$iɪ^{13}$	$iɪ^{53}$	$faʔ^5$	$vaʔ^{23}$	$mɔʔ^2$
09 湖州	$tɕʰie^{35}$	$n̠ie^{112}$	ie^{44}	ie^{112}	ie^{523}	$faʔ^5$	$vaʔ^2$	$maʔ^2$
10 德清	$tɕʰie^{334}$	$n̠ie^{113}$	ie^{334}	ie^{334}	ie^{52}	$faʔ^5$	$vaʔ^2$	$maʔ^2$
11 武康	$tɕʰiɪ^{224}$	$n̠iɪ^{113}$	$iɪ^{44}$	$iɪ^{113}$	$iɪ^{53}$	$fɜʔ^5$	$vɜʔ^2$	$mɜʔ^2$
12 安吉	$tɕʰi^{324}$	$n̠i^{22}$	i^{55}	i^{22}	i^{52}	$fɐʔ^5$	$vɐʔ^{23}$	$mɐʔ^2$
13 孝丰	$tɕʰiɪ^{324}$	$n̠iɪ^{22}$	$iɪ^{44}$	$iɪ^{22}$	$iɪ^{52}$	$faʔ^5$	$vaʔ^{23}$	$maʔ^2$
14 长兴	$tʃʰi^{324}$	$n̠i^{12}$	i^{44}	i^{12}	i^{52}	$faʔ^5$	$vaʔ^2$	$maʔ^2$
15 余杭	$tɕʰiẽ^{423}$	$n̠iẽ^{22}$	$iẽ^{44}$	$iẽ^{22}$	$iẽ^{53}$	$faʔ^5$	$vaʔ^2$	$mɘʔ^2$
16 临安	$tɕʰyœ^{55}$	$n̠yœ^{33}$	$yœ^{55}$	$yœ^{33}$	$yœ^{33}$	$fɐʔ^{54}$	$vɐʔ^{12}$	$mɐʔ^{12}$
17 昌化	$tɕʰyɿ̃^{544}$	$n̠yɿ̃^{112}$	$yɿ̃^{334}$	$yɿ̃^{112}$	$yɿ̃^{243}$	$faʔ^5$	$vaʔ^{23}$	$maʔ^2$
18 於潜	$tɕʰyɛ^{35}$	$yɛ^{223}$	$yɛ^{100}$	$yɛ^{223}$	$yɛ^{51}$	$fɐʔ^{53}$	$vɑʔ^2$	$mɑʔ^2$
19 萧山	$tɕʰyə^{42}$	$n̠yə^{355}$	$yə^{533}$	$yə^{355}$	$yə^{13}$	$faʔ^5$	$vaʔ^{13}$	$maʔ^{13}$
20 富阳	$tɕʰyɛ̃^{335}$	$yɛ̃^{13}$	$yɛ̃^{53}$	$yɛ̃^{13}$	$yɛ̃^{224}$	$fɛʔ^5$	$vɛʔ^2$	$mɛʔ^2$
21 新登	$tɕʰyɛ̃^{45}$	$yɛ̃^{233}$	$yɛ̃^{53}$	$yɛ̃^{233}$	$yɛ̃^{334}$	$faʔ^5$	$vaʔ^2$	$maʔ^2$
22 桐庐	$tɕʰyɛ^{35}$	$yɛ^{13}$	$yɛ^{533}$	$yɛ^{13}$	$yɛ^{33}$	$faʔ^5$	$vaʔ^{13}$	$maʔ^{13}$
23 分水	$tsʰyã^{24}$	$n̠yã^{22}$	$yã^{44}$	$yã^{22}$	$yã^{53}$	$faʔ^5$	$vaʔ^{12}$	$maʔ^{12}$
24 绍兴	$tɕʰyø̃^{33}$	$n̠yø̃^{231}$	$yø̃^{53}$	$yø̃^{231}$	$yø̃^{223}$	$fɛʔ^5$	$vɛʔ^2$	$mɛʔ^2$
25 上虞	$tɕʰyø̃^{53}$	$n̠yø̃^{213}$	$yø̃^{35}$	$yø̃^{213}$	$yø̃^{213}$	$fɐʔ^5$	$vɐʔ^2$	$mɐʔ^2$

方言点	0609 劝	0610 原	0611 冤	0612 园	0613 远	0614 发 头~	0615 罚	0616 袜
	山合三去元溪	山合三平元疑	山合三平元影	山合三平元云	山合三上元云	山合三入月非	山合三入月奉	山合三入月微
26 嵊州	tɕʰyœ̃³³⁴	n̠yœ̃²¹³	yœ̃⁵³⁴	yœ̃²¹³	yœ̃²²	fɛʔ⁵	uɛʔ²	mɛʔ²
27 新昌	tɕʰyœ̃³³⁵	n̠yœ̃²²	yœ̃⁵³⁴	yœ̃²²	yœ̃²³²	fɛʔ⁵	uɛʔ²	mɛʔ²
28 诸暨	tɕʰiə⁵⁴⁴	niə¹³	iə⁵⁴⁴	iə¹³	iə²⁴²	faʔ⁵	vaʔ¹³	maʔ¹³
29 慈溪	tɕʰyø̃⁴⁴	n̠yø̃¹³	yø̃⁴⁴调殊	yø̃¹³	yø̃¹³	faʔ⁵	vaʔ²	maʔ²
30 余姚	tɕʰyø̃⁵³	n̠yø̃¹³	yø̃⁴⁴	yø̃¹³	yø̃¹³	faʔ⁵	vaʔ²	maʔ²
31 宁波	tɕʰy⁴⁴	n̠y¹³	y⁴⁴	y¹³	y¹³	faʔ⁵	vaʔ²	maʔ²
32 镇海	tɕʰy⁵³	n̠y²⁴	y⁵³	y²⁴	y²⁴	faʔ⁵	vaʔ¹²	maʔ¹²
33 奉化	tɕʰy⁵³	n̠y³³	y⁴⁴	y³³	y³²⁴	faʔ⁵	vaʔ²	maʔ²
34 宁海	kʰyø³⁵	n̠yø²¹³	yø³⁵	yø²¹³	yø⁵³	faʔ⁵	vaʔ³	maʔ³
35 象山	tɕʰy⁵³	n̠y³¹	y⁴⁴	y³¹	y³¹	faʔ⁵	vaʔ²	maʔ²
36 普陀	tɕʰy⁵⁵	n̠y²⁴	y⁵³	y²⁴	y²³	fɐʔ⁵	vɐʔ²³	mɐʔ²³
37 定海	tɕʰy⁴⁴	n̠y²³	y⁵²	y²³	y²³	fɐʔ⁵	vɐʔ²	mɐʔ²
38 岱山	tɕʰy⁴⁴	n̠y²³	y⁵²	y²³	y²⁴⁴	fɐʔ⁵	vɐʔ²	mɐʔ²
39 嵊泗	tɕʰy⁵³	n̠y²⁴³	y⁵³	y²⁴³	y⁴⁴⁵	fɐʔ⁵	vɐʔ²	mɐʔ²
40 临海	tɕʰyø⁵⁵又 kʰyø⁵⁵又	n̠yø²¹	yø³¹	yø²¹	yø⁵²	fɛʔ⁵	vɛʔ²³	mɛʔ²³
41 椒江	kʰyø⁵⁵	n̠yø³¹	yø⁴²	yø³¹	yø⁴²	fɛʔ⁵	vɛʔ²	mɛʔ²
42 黄岩	kʰyø⁵⁵	n̠yø¹²¹	yø³²	yø¹²¹	yø⁴²	fɐʔ⁵	vɐʔ²	mɐʔ²
43 温岭	kʰyø⁵⁵	n̠yø³¹	yø³³	yø³¹	yø⁴²	fəʔ⁵	vəʔ²	məʔ²
44 仙居	cʰyø⁵⁵	n̠yø²¹³	yø³³⁴	yø²¹³	yø³²⁴	fɑʔ⁵	vɑʔ²³	mɑʔ²³
45 天台	kʰyø⁵⁵	n̠yø²²⁴	yø³³	yø²²⁴	yø²¹⁴	fɛʔ⁵	vɛʔ²	mɛʔ²
46 三门	kʰyø⁵⁵	n̠yø¹¹³	yø³³⁴	yø¹¹³	yø³²⁵	fɐʔ⁵	vɐʔ²³	mɐʔ²³
47 玉环	kʰyø⁵⁵	n̠yø³¹	yø⁴²	yø³¹	yø⁵³	fɐʔ⁵	vɐʔ²	mɐʔ²
48 金华	tɕʰyɤ⁵⁵	n̠yɤ³¹³	yɤ³³⁴	yɤ³¹³	yɤ⁵³⁵	fɣa⁵⁵	vɣa¹⁴	mɣa¹⁴
49 汤溪	tɕʰyɤ⁵²	n̠yɤ¹¹	yɤ²⁴	yɤ¹¹	yɤ¹¹³	fɣa⁵⁵	vɣa¹¹³	mɣa¹¹³

续表

方言点	0609 劝	0610 原	0611 冤	0612 园	0613 远	0614 发 头~	0615 罚	0616 袜
	山合三去元溪	山合三平元疑	山合三平元影	山合三平元云	山合三上元云	山合三入月非	山合三入月奉	山合三入月微
50 兰溪	tɕʰyɤ⁴⁵	n̩yɤ²¹	yɤ³³⁴	yɤ²⁴	yɤ⁵⁵	fiaʔ³⁴	viaʔ¹²	miaʔ¹²
51 浦江	tɕʰyẽ⁵⁵	yẽ¹¹³	yẽ⁵³⁴	yẽ¹¹³	yẽ²⁴³	fɑ⁴²³	vɑ²³²	mia²³²
52 义乌	tɕʰye⁴⁵	n̩ye²¹³	ye³³⁵	ye²¹³	ye³¹²	fɯa³²⁴	bɯa³¹²	mɯa³¹²
53 东阳	tɕʰiʊ⁴⁵³	niʊ²¹³	iʊ³³⁴	iʊ²¹³	iʊ²³¹	fo³³⁴	vo²¹³	mo²¹³
54 永康	tɕʰye⁵²	n̩ye²²	ye⁵⁵	ye²²	ye¹¹³	fuɑ³³⁴	vuɑ¹¹³	muɑ¹¹³
55 武义	tɕʰye⁵³	n̩ye³²⁴	n̩ye²⁴	n̩ye³²⁴	n̩ye¹³	fuɑ⁵³	vuɑ¹³	muɑ¹³
56 磐安	tɕʰye⁵²	n̩ye²¹³	ye⁴⁴⁵	ye²¹³	ye³³⁴	fə³³⁴	və²¹³	mə²¹³
57 缙云	tɕʰyɛ⁴⁵³	n̩yɛ²⁴³	yɛ⁴⁴	yɛ²⁴³	yɛ³¹	fɑ³²²	vɑ¹³	mɑ¹³
58 衢州	tʃʰyə̃⁵³	n̩yə̃²¹	yə̃³²	yə̃²¹	yə̃²³¹	faʔ⁵	vaʔ¹²	maʔ¹²
59 衢江	tɕʰiɛ⁵³	n̩iɛ²¹²	iɛ³³	iɛ²¹²	iɛ²¹²	faʔ⁵	vaʔ²	maʔ²
60 龙游	tsʰuei⁵¹	n̩ye²¹	ye³³⁴	ye²¹	ye²²⁴	foʔ⁴	voʔ²	moʔ²³
61 江山	kʰyɛ̃⁵¹	ŋyɛ̃²¹³	yɛ̃⁴⁴	koŋ⁵¹菜~ / yɛ̃²¹³公~	xoŋ²⁴¹白 / yɛ̃⁴⁴文	faʔ⁵	vaʔ²	maʔ²
62 常山	tɕʰyɔ̃³²⁴	n̩yɔ̃³⁴¹	yɔ̃⁴⁴	xoŋ⁴⁴白 / yɔ̃³⁴¹文	xoŋ⁵²白 / yɔ̃¹³¹文	faʔ⁵	vaʔ³⁴	maʔ³⁴
63 开化	tɕʰyɛ̃⁴¹²	n̩yɛ̃²³¹	yɛ̃⁴⁴	xɤŋ⁴⁴菜~ / yɛ̃²³¹公~	xɤŋ⁵³单用 / yɛ̃⁵³永~	faʔ⁵	vaʔ¹³	maʔ¹³
64 丽水	tɕʰyɛ⁵²	n̩yɛ²²	yɛ²²⁴	yɛ²²	yɛ⁵⁴⁴	fuɔʔ⁵	vuɔʔ²³	muɔʔ²³
65 青田	tɕʰyɐ³³	n̩yɐ²¹	yɐ⁴⁴⁵	yɐ²¹	yɐ⁴⁵⁴	faʔ⁴²	vaʔ³¹	muæʔ³¹
66 云和	tɕʰyɛ⁴⁵	n̩yɛ³¹²	yɛ²⁴	yɛ³¹²	yɛ⁴¹	fɔʔ⁵	vɔʔ²³	mɔʔ²³
67 松阳	tɕʰyɛ̃²⁴	n̩yɛ̃³¹	yɛ̃⁵³	fen²⁴菜~ / yɛ̃³¹公~	fen²¹²路~ / n̩yɛ̃²²长~	fɔʔ⁵	vɔʔ²	mɔʔ²
68 宣平	tɕʰyə⁵²	n̩yə⁴³³	yə³²⁴	yə⁴³³	yə²²³	faʔ⁵	vaʔ²	maʔ²³
69 遂昌	tɕʰyɛ̃³³⁴	n̩yɛ̃²²¹	yɛ̃⁴⁵	xɛŋ³³⁴菜~ / yɛ̃²²¹公~	yɛ̃¹³	fəɯʔ⁵	vaʔ²³	maʔ²³
70 龙泉	tɕʰyo⁴⁵	n̩yo²¹	yo⁴³⁴	yo²¹	xuən⁵¹白 / yo⁵¹文	foʔ⁵	voʔ²⁴	moʔ²⁴

续表

方言点	0609 劝	0610 原	0611 冤	0612 园	0613 远	0614 发 头~	0615 罚	0616 袜
	山合三 去元溪	山合三 平元疑	山合三 平元影	山合三 平元云	山合三 上元云	山合三 入月非	山合三 入月奉	山合三 入月微
71 景宁	tɕʰyœ³⁵	n̠yœ⁴¹	yœ³²⁴	yœ⁴¹	yœ³³	fɔʔ⁵	vɔʔ²³	mɔʔ²³
72 庆元	tɕʰyɛ̃¹¹	n̠yɛ̃⁵²	yɛ̃³³⁵	xuəŋ¹¹菜~ yɛ̃⁵²公~	xuəŋ³³白 yɛ̃²²¹文	fəɯʔ⁵	fɑʔ³⁴	mɑʔ³⁴
73 泰顺	tɕʰyɛ³⁵	n̠yɛ⁵³	yɛ²¹³	yɛ⁵³	yɛ⁵⁵	fɔʔ⁵	uɔʔ²	mɔʔ²
74 温州	tɕʰy⁵¹	y³¹	y³³	y³¹	y¹⁴	ho³²³	o²¹²	mo²¹²
75 永嘉	tɕʰy⁵³	n̠y³¹	y⁴⁴	y³¹	y¹³	ho⁴²³	o²¹³	mo²¹³
76 乐清	tɕʰyE⁴¹	n̠yE³¹	yE⁴⁴	yE³¹	yE²⁴	fa³²³	va²¹²	mɯʌ²¹²
77 瑞安	tɕʰy⁵³	n̠y³¹	y⁴⁴	y³¹	y¹³	fɔ³²³	uɔ²¹²	mɔ²¹²
78 平阳	tɕʰye⁵³	n̠ye²⁴²	ye⁵⁵	ye²⁴²	ye⁴⁵	fɔ³⁴	vɔ¹²	mo¹²
79 文成	tɕʰyø³³	n̠yø¹¹³	yø⁵⁵	yø¹¹³	yø²²⁴	fɔ³⁴	vɔ²¹²	mɔ²¹²
80 苍南	tɕʰyɛ⁴²	n̠yɛ³¹	yɛ⁴⁴	yɛ³¹	yɛ⁵³	hua²²³	ua¹¹²	mo¹¹²
81 建德徽	tɕʰye³³	n̠ye³³	n̠ye⁵³	n̠ye³³	n̠ye²¹³	fo⁵⁵	fo²¹³	mo²¹³
82 寿昌徽	tɕʰyei³³	n̠yɛ̃¹¹²文	yei¹¹²	yei⁵²菜~ yɛ̃¹¹²公~	yei⁵³⁴	fɤ⁵⁵	fɤ²⁴	mɤ²⁴
83 淳安徽	tsʰuã²⁴	vã⁴³⁵	vã²⁴	vã⁴³⁵	vã⁵⁵	fɑʔ⁵	fɑʔ¹³	mɑʔ¹³
84 遂安徽	kʰuã⁴³	yɛ̃³³	vã⁵³⁴	vã³³	vã²¹³	fa²⁴	fa²¹³	ma²¹³
85 苍南闽	kʰɯŋ²¹	guan²⁴	uan⁵⁵	hɯŋ²⁴菜~ ĩ²¹动物~	hɯŋ⁴³	huə⁴³	huə²⁴	bə²⁴
86 泰顺闽	kʰuo⁵³	ŋuo²²	uo²¹³	ye²²	ye³⁴⁴	pø⁵	fɛʔ³	miɛʔ³
87 洞头闽	kʰɯŋ²¹白 kʰian²¹文	guan¹¹³	uan³³	hɯŋ¹¹³ ĩ²¹	hɯŋ²¹	huət⁵	huət²⁴	bə²⁴¹
88 景宁畲	tɕʰyon⁴⁴ ~架 xyon⁴⁴~酒	n̠yon²²	yon⁴⁴	yon²²	yon³²⁵	fɔt⁵	fɔt²	mɔt²

方言点	0617 月 山合三 入月疑	0618 越 山合三 入月云	0619 县 山合四 去先匣	0620 决 山合四 入屑见	0621 缺 山合四 入屑溪	0622 血 山合四 入屑晓	0623 吞 臻开一 平痕透	0624 根 臻开一 平痕见
01 杭州	yɛʔ²	yɛʔ²	iɛ¹³	tɕyɛʔ⁵	tɕʰyɛʔ⁵	ɕyɛʔ⁵	tʰəŋ³³⁴	kəŋ³³⁴
02 嘉兴	yeʔ⁵	yeʔ⁵	yə²²⁴	tɕyeʔ⁵	tɕʰyeʔ⁵	ɕyeʔ⁵	tʰəŋ⁴²	kəŋ⁴²
03 嘉善	n̠ioʔ²	yøʔ²	yøʔ³³⁴	tɕyøʔ⁵	tɕʰyøʔ⁵	ɕyøʔ⁵	tʰən⁵³	kən⁵³
04 平湖	n̠yoʔ²³	yoʔ²³	yø³³⁴	tɕyoʔ⁵	tɕʰyoʔ²³	ɕyoʔ⁵	tʰən⁵³	kən⁵³
05 海盐	yɔʔ²³	yɔʔ²³	yɤ³³⁴	tɕyɔʔ⁵	tɕʰyɔʔ⁵	ɕyɔʔ⁵	tʰən⁵³	kən⁵³
06 海宁	ioʔ²	ioʔ²	ie³⁵	tɕioʔ⁵	tɕʰioʔ⁵	ɕioʔ⁵	tʰən⁵³	kəŋ⁵⁵
07 桐乡	iəʔ²³	iəʔ²³	iE²¹³	tɕiəʔ⁵	tɕʰiəʔ⁵	ɕiəʔ⁵	tʰəŋ⁴⁴	kəŋ⁴⁴
08 崇德	iəʔ²³	iəʔ²³	iɪ¹³	tɕiəʔ⁵	tɕʰiəʔ⁵	ɕiəʔ⁵	tʰəŋ⁴⁴	kəŋ⁴⁴
09 湖州	ieʔ²	ieʔ²	ie³⁵	tɕieʔ⁵	tɕʰieʔ⁵	ɕieʔ⁵	tʰən⁴⁴	kən⁴⁴
10 德清	ieʔ²	ieʔ²	ie³³⁴	tɕioʔ⁵	tɕʰioʔ⁵	ɕieʔ⁵	tʰen⁴⁴	ken⁴⁴
11 武康	ieʔ²	ieʔ²	iɪ²²⁴	tɕiøʔ⁵	tɕʰiøʔ⁵	ɕieʔ⁵	tʰen⁴⁴	ken⁴⁴
12 安吉	yəʔ²³	iɛʔ²³	i²¹³	tɕʏəʔ⁵	tɕʰʏəʔ⁵	ɕʏəʔ⁵	tʰəŋ⁵⁵	kəŋ⁵⁵
13 孝丰	yəʔ²³	iɛʔ²³	iɪ²¹³	tɕioʔ⁵	tɕʰioʔ⁵	ɕieʔ⁵	tʰəŋ⁴⁴	kəŋ⁴⁴
14 长兴	iɛʔ²	iɛʔ²	i³²⁴	tʃiɛʔ⁵	tʃʰiɛʔ⁵	ʃiɛʔ⁵	tʰəŋ⁴⁴	kəŋ⁴⁴
15 余杭	ieʔ²	ieʔ²	iẽ²¹³	tɕieʔ⁵	tɕʰieʔ⁵	ɕieʔ⁵	tʰiŋ⁴⁴	kiŋ⁴⁴
16 临安	yɐʔ¹²	yɐʔ¹²	yœ³³	tɕyɐʔ⁵⁴	tɕʰyɐʔ⁵⁴	ɕyɐʔ⁵⁴	tʰeŋ⁵⁵	keŋ⁵⁵
17 昌化	yɛʔ²³	yɛʔ²³	yĩ²⁴³	tɕyɛʔ⁵	tɕʰyɛʔ⁵	ɕyɛʔ⁵	tʰɛ̃³³⁴	kəŋ³³⁴
18 於潜	yæʔ²³	yæʔ²³	yɛ²⁴	tɕyɛʔ⁵³	tɕʰyɛʔ⁵³	ɕyeʔ⁵³	tʰeŋ⁴³³	keŋ⁴³³
19 萧山	yoʔ¹³	yoʔ¹³	yə²⁴²	tɕyoʔ⁵	tɕʰyoʔ⁵	ɕyoʔ⁵	tʰəŋ⁵³³	kiŋ⁵³³
20 富阳	yoʔ²	yoʔ²	yɛ̃²²⁴	tɕyoʔ⁵	tɕʰyoʔ⁵	ɕyoʔ⁵	tʰən⁵³	kin⁵³
21 新登	yəʔ²	yəʔ²	yɛ̃¹³	tɕyəʔ⁵	tɕʰyəʔ⁵	ɕyəʔ⁵	tʰeiŋ⁵³	keiŋ⁵³
22 桐庐	yəʔ¹³	yəʔ¹³	ɕie²⁴	tɕyəʔ⁵	tɕʰyəʔ⁵	ɕiəʔ⁵	tʰəŋ⁵³³	kəŋ⁵³³
23 分水	yəʔ¹²	yəʔ¹²	yã¹³	tɕyəʔ⁵	tɕʰyəʔ⁵	ɕyəʔ⁵	tʰən⁴⁴	kən⁴⁴
24 绍兴	ioʔ²	ioʔ²	yø̃²²	tɕioʔ⁵	tɕʰioʔ⁵	ɕioʔ⁵	tʰø̃⁵³	kəŋ⁵³
25 上虞	n̠ioʔ²～亮 ／ ioʔ² 一～	ioʔ²	yø̃³¹	tɕyoʔ⁵	tɕʰyoʔ⁵	ɕyoʔ⁵	tʰiŋ³⁵	kiŋ³⁵

续表

方言点	0617 月	0618 越	0619 县	0620 决	0621 缺	0622 血	0623 吞	0624 根
	山合三入月疑	山合三入月云	山合四去先匣	山合四入屑见	山合四入屑溪	山合四入屑晓	臻开一平痕透	臻开一平痕见
26 嵊州	ȵyoʔ² 白 / yoʔ² 文	yoʔ²	yæ̃²⁴	tɕyoʔ⁵	tɕʰyoʔ⁵	ɕyoʔ⁵	tʰeŋ⁵³⁴	keŋ⁵³⁴
27 新昌	ȵyɤʔ²	yɤʔ²	yæ̃¹³	tɕyɤʔ⁵	tɕʰyɤʔ⁵	ɕyɤʔ⁵	tʰeŋ⁵³⁴	keŋ⁵³⁴
28 诸暨	ioʔ¹³	ioʔ¹³	iə³³	tɕioʔ⁵	tɕʰioʔ⁵	ɕioʔ⁵	tʰɛn⁵⁴⁴	kin⁵⁴⁴
29 慈溪	ȵyoʔ² 白 / yoʔ² 文	yoʔ²	yø̃¹³	tɕyəʔ⁵	tɕʰyəʔ⁵	ɕyəʔ⁵	tʰəŋ³⁵ 读字	kəŋ³⁵
30 余姚	ioʔ²	ioʔ²	yø̃¹³	tɕyoʔ⁵	tɕʰyoʔ⁵	ɕyoʔ⁵	tʰə̃⁴⁴	kə̃⁴⁴
31 宁波	yəʔ²	yəʔ²	y¹³	tɕyəʔ⁵	tɕʰyəʔ⁵	ɕyəʔ⁵	tʰəŋ⁵³	kəŋ⁵³
32 镇海	yoʔ¹²	yoʔ¹²	y²⁴	tɕyoʔ⁵	tɕʰyoʔ⁵	ɕyoʔ⁵	tʰəŋ⁵³	kəŋ⁵³
33 奉化	yoʔ²	yoʔ²	y³¹	tɕyoʔ⁵	tɕʰyoʔ⁵	ɕyoʔ⁵	tʰəŋ⁴⁴	kəŋ⁴⁴
34 宁海	ȵioʔ³	yeʔ³	yø²⁴	kəʔ⁵	kʰəʔ⁵	ɕyəʔ⁵	tʰəŋ⁴²³	kiŋ⁴²³
35 象山	ȵyoʔ² 白 / yoʔ² 文	yoʔ²	y¹³	tɕyoʔ⁵	tɕʰyoʔ⁵	ɕyoʔ⁵	tʰəŋ⁴⁴	kəŋ⁴⁴
36 普陀	yoʔ²³	yoʔ²³	y¹³	tɕyoʔ⁵	tɕʰyoʔ⁵	ɕyoʔ⁵	tʰɐŋ⁵³	kɐŋ⁵³
37 定海	yoʔ²	yoʔ²	y¹³	tɕyoʔ⁵	tɕʰyoʔ⁵	ɕyoʔ⁵	tʰɐŋ⁵²	kɐŋ⁵²
38 岱山	yoʔ²	yoʔ²	y²¹³	tɕyoʔ⁵	tɕʰyoʔ⁵	ɕyoʔ⁵	tʰɐŋ⁵²	kɐŋ⁵²
39 嵊泗	yoʔ²	yoʔ²	y²¹³	tɕyoʔ⁵	tɕʰyoʔ⁵	ɕyoʔ⁵	tʰɐŋ⁵³	kɐŋ⁵³
40 临海	ȵyeʔ²³	iaʔ²³	yø³²⁴	tɕyeʔ⁵	tɕʰyeʔ⁵ 又 / kʰyʔ⁵ 又	ɕyeʔ⁵ 又 / hyʔ⁵ 又	tʰəŋ³¹	kəŋ³¹
41 椒江	ȵyeʔ²	yeʔ²	yø²⁴	kyeʔ⁵	kʰyeʔ⁵	hyeʔ⁵	tʰøŋ⁴²	kəŋ⁴²
42 黄岩	ȵyeʔ²	yeʔ²	yø²⁴	kyeʔ⁵	kʰyeʔ⁵	hyeʔ⁵	tʰøn³²	kən³²
43 温岭	ȵyʔ²	iaʔ²	yø¹³	kyʔ⁵	kʰyʔ⁵	hyʔ⁵	tʰøn³³	kəŋ³³
44 仙居	ȵyɑʔ²³	yɑʔ²³	yø²⁴	cyɑʔ⁵	cʰyɑʔ⁵	çyɑʔ⁵	tʰen³³⁴	cin³³⁴
45 天台	ȵyəʔ²	yəʔ²	yø³⁵	kyəʔ⁵	kʰyəʔ⁵	hyəʔ⁵	tʰəŋ³³	kəŋ³³
46 三门	ȵyəʔ²³	yəʔ²³	yø²⁴³	kyəʔ⁵	kʰyəʔ⁵	ɕyəʔ⁵	tʰəŋ³³⁴	kəŋ³³⁴
47 玉环	ȵyoʔ²	yoʔ²	yø²²	tɕyoʔ⁵	tɕʰyoʔ⁵	ɕyoʔ⁵	tʰəŋ⁴²	kəŋ⁴²

续表

方言点	0617 月 山合三 入月疑	0618 越 山合三 入月云	0619 县 山合四 去先匣	0620 决 山合四 入屑见	0621 缺 山合四 入屑溪	0622 血 山合四 入屑晓	0623 吞 臻开一 平痕透	0624 根 臻开一 平痕见
48 金华	n̠yɤ¹⁴白 yəʔ²¹²文	yɤ¹⁴白 yəʔ²¹²文	yɤ¹⁴白 ziɛ̃¹⁴文	tɕyəʔ⁴	tɕʰyɤ⁵⁵白 tɕʰyəʔ⁴文	ɕyɤ⁵⁵白 ɕyəʔ⁴文	tʰəŋ³³⁴	kəŋ³³⁴
49 汤溪	n̠yɤ¹¹³	iɑ¹¹³	yɤ³⁴¹	tɕyɤ⁵⁵	tɕʰyɤ⁵⁵	ɕyɤ⁵⁵	tʰɤ²⁴	kã²⁴
50 兰溪	n̠yɤʔ¹²	yɤʔ¹²	yɤ²⁴	tɕyɤʔ³⁴	tɕʰyɤʔ³⁴	ɕyɤʔ³⁴	tʰɤ³³⁴	kæ̃³³⁴
51 浦江	n̠yi²³²	yə²³²	yɛ̃²⁴	tɕyə⁴²³	tɕʰyə⁴²³	ɕyi⁴²³	tʰə̃⁵³⁴	kən⁵³⁴
52 义乌	n̠ye²⁴ ~亮	yə³¹²	ye²⁴	tɕyə³²⁴	tɕʰyə³²⁴	ɕye³²⁴	tʰɯ³³⁵	kən³³⁵
53 东阳	n̠iɛ²¹³	io²¹³	iʊ²⁴	tɕiɛʔ³⁴	tɕʰiɛʔ³⁴	ɕiɛʔ³⁴	tʰɯ³³⁴	kɐn³³⁴
54 永康	n̠ye¹¹³	ya¹¹³	ye²⁴¹	tɕye³³⁴	tɕʰye³³⁴	ɕye³³⁴	tʰɤ⁵⁵	kəŋ⁵⁵
55 武义	n̠ye¹³	yə²¹³	n̠ye²³¹	tɕye⁵³	tɕʰye⁵³	ɕye⁵³	tʰɤ²⁴	ken²⁴
56 磐安	n̠yɛ²¹³	yɛ²¹³	ye¹⁴	tɕyɛ³³⁴	tɕʰyɛ³³⁴	ɕyɛ³³⁴	tʰɯ⁴⁴⁵	kɐn⁴⁴⁵
57 缙云	n̠yɛ¹³	yɛ¹³~来~ yɑ¹³~剧	yɛ²¹³	tɕyɛ³²²	tɕʰyɛ³²²	ɕyɛ³²²	tʰɛ⁴⁴	kɛ⁴⁴
58 衢州	n̠yəʔ¹²白 yəʔ¹²文	yəʔ¹²	yə̃²³¹白 ziɛ̃²³¹文	tʃyəʔ⁵	tʃʰyəʔ⁵	ʃyəʔ⁵	tʰən³²	kən³²
59 衢江	n̠yəʔ²	yəʔ²	ziɛ²³¹	tɕyəʔ⁵	tɕʰyəʔ⁵	ɕyəʔ⁵	tʰɛ³³	kɛ³³
60 龙游	n̠yəʔ²³	yəʔ²³	ziɛ²³¹	tɕyəʔ⁴	tɕʰyəʔ⁴	ɕyəʔ⁴	tʰei³³⁴	kie³³⁴白 kən³³⁴文
61 江山	ŋoʔ²七~ ŋoʔ⁵正~ ŋyɛʔ²~饼	yɛʔ²	yɛ̃³¹	kyɛ⁵	kʰiɛʔ⁵田~ kʰyɛʔ⁵~水	xyɛʔ⁵	tʰəŋ⁴⁴	kɛ̃⁴⁴
62 常山	ŋɤʔ⁴⁴正~ niʌʔ³⁴~光 n²⁴~光	yʌʔ³⁴	yɔ̃¹³¹	tɕyʌʔ⁵	tɕʰyʌʔ⁵	ɕyʌʔ⁵	tʰoŋ⁴⁴	kɔ̃⁴⁴
63 开化	yaʔ¹³	yaʔ¹³	yɛ̃²¹³老 ziɛ̃²¹³新	tɕyaʔ⁵	tɕʰyaʔ⁵	ɕyaʔ⁵	tʰuõ⁴⁴	kɤŋ⁴⁴
64 丽水	n̠yɛʔ²³	yɛʔ²³	yɛ¹³¹	tɕyɛʔ⁵	tɕʰyɛʔ⁵	ɕyɛʔ⁵	tʰue²²⁴	kɛ²²⁴白 ken²²⁴文
65 青田	n̠yæʔ³¹	yæʔ³¹	yɐ²²	tɕyæʔ⁴²	tɕʰyæʔ⁴²	ɕyæʔ⁴²	tʰuɐ⁴⁴⁵	kiɛ⁴⁴⁵
66 云和	n̠yɛʔ²³	iɔʔ²³	yɛ²²³	tɕyɛʔ⁵	tɕʰyɛʔ⁵	ɕyɛʔ⁵	tʰue²⁴	kɛ²⁴
67 松阳	n̠yɛʔ²	yɛʔ²	yɛ̃¹³	tɕyɛʔ⁵	tɕʰyɛʔ⁵	ɕyɛʔ⁵	tʰæ̃⁵³	kæ̃⁵³

续表

方言点	0617 月 山合三 入月疑	0618 越 山合三 入月云	0619 县 山合四 去先匣	0620 决 山合四 入屑见	0621 缺 山合四 入屑溪	0622 血 山合四 入屑晓	0623 吞 臻开一 平痕透	0624 根 臻开一 平痕见
68 宣平	n̠yəʔ²³	yəʔ²³	yə²³¹	tɕyəʔ⁵	tɕʰyəʔ⁵	ɕyəʔ⁵	tʰə³²⁴	kə³²⁴
69 遂昌	n̠yɛʔ²³	yɛʔ²³	yɛ̃²¹³	tɕyɛʔ⁵	tɕʰyɛʔ⁵	ɕyɛʔ⁵	tʰɛ̃⁴⁵	kɛ̃⁴⁵
70 龙泉	n̠yoʔ²⁴	iaʔ²⁴	yo²²⁴	tɕyoʔ⁵	tɕʰyoʔ⁵	ɕyoʔ⁵	tʰɯə⁴³⁴	kɯə⁴³⁴
71 景宁	n̠yœʔ²³	iaʔ²³	yœ¹¹³	tɕyœʔ⁵	tɕʰyœʔ⁵	ɕyœʔ⁵	tʰœ³²⁴	kœ³²⁴
72 庆元	n̠yᴇʔ³⁴	yɑʔ³⁴	yɛ̃³¹	tɕyᴇʔ⁵	tɕʰyᴇʔ⁵	ɕyᴇʔ⁵	tʰæ̃³³⁵	kæ̃³³⁵
73 泰顺	n̠yɛʔ²	ioʔ²	yɛ²²	tɕyɛʔ⁵	tɕʰyɛʔ⁵	ɕyɛʔ⁵	tʰœ²¹³	kɛ²¹³
74 温州	n̠y²¹²	y²¹²	y²²	tɕy³²³	tɕʰy³²³	ɕy³²³	tʰø³³	kø³³
75 永嘉	n̠y²¹³	y²²	y²²	tɕy⁴²³	tɕʰy⁴²³	ɕy⁴²³	tʰø⁴⁴	kø⁴⁴
76 乐清	n̠yᴇ²¹²	yᴇ²¹²~好 ia²¹²~南	yᴇ²²	tɕyᴇ³²³	tɕʰyᴇ³²³	ɕyᴇ³²³	tʰø⁴⁴	ke⁴⁴
77 瑞安	n̠y²¹²	y²¹²	y²²	tɕy³²³	tɕʰy³²³	ɕy³²³	tʰø⁴⁴	kø⁴⁴
78 平阳	n̠ye¹²	ye¹²	ye³³	tɕye³⁴	tɕʰye³⁴	ɕye³⁴	tʰθ⁵⁵	kθ⁵⁵
79 文成	n̠yø²¹²	yø²¹²	yø⁴²⁴	tɕyø³⁴	tɕʰyø³⁴	fuø³⁴	tʰø⁵⁵	kuø⁵⁵
80 苍南	n̠yɛ¹¹²	yɛ¹¹²	yɛ¹¹	tɕyɛ²²³	tɕʰyɛ²²³	ɕyɛ²²³	tʰø⁴⁴	kyɛ⁴⁴
81 建德徽	y²¹³	yɐʔ¹²	n̠ye⁵⁵	tɕyɐʔ⁵	tɕʰy⁵⁵白 tɕʰyɐʔ⁵文	ɕy⁵⁵白 ɕyɐʔ⁵文	tʰən⁵³	kən⁵³
82 寿昌徽	n̠yəʔ³¹~亮 n̠yei²⁴正~	yəʔ³¹白 yei²⁴文	ɕiɛ̃²⁴文	tɕyəʔ³	tɕʰyəʔ³	ɕyei⁵⁵	tʰiæ¹¹²	ken¹¹²
83 淳安徽	vəʔ¹³	vəʔ¹³	va⁵³	tɕyəʔ⁵口~ tɕʰyəʔ⁵ ~定	tɕʰyəʔ⁵	ɕyəʔ⁵	tʰã²⁴	ken²⁴
84 遂安徽	viɛ²¹³	viɛ²¹³	vɛ̃⁵²	tɕye²⁴	tɕʰye²⁴	fɛ²⁴	tʰəŋ⁵³⁴	kəŋ⁵³⁴
85 苍南闽	gə²⁴	uə²⁴	kũĩ²¹	kuə⁴³	kʰə⁴³	hui⁴³	tʰun⁵⁵	kən⁵⁵
86 泰顺闽	ŋuøʔ⁵	iiʔ⁵	ye³¹	kyɪʔ⁵	kʰyɪʔ⁵	xɛʔ⁵	tʰo²¹³	kyeŋ²¹³树~ kɛ²¹³~据
87 洞头闽	gə²⁴¹	uət²⁴	kũãĩ²¹	kuət⁵	kʰə⁵³白 kʰət⁵文	hui⁵³	tʰun³³	kun³³
88 景宁畲	n̠yot²	yot²白 iaʔ²文	ien⁵¹	tɕyot⁵	tɕʰyot⁵	xiet⁵	tʰuən⁴⁴	kyn⁴⁴

方言点	0625 恨	0626 恩	0627 贫	0628 民	0629 邻	0630 进	0631 亲 ~人	0632 新
	臻开一去痕匣	臻开一平痕影	臻开三平真並	臻开三平真明	臻开三平真来	臻开三去真精	臻开三平真清	臻开三平真心
01 杭州	əŋ¹³	əŋ³³⁴	biŋ²¹³	miŋ²¹³	liŋ²¹³	tɕiŋ⁴⁵	tɕʰiŋ³³⁴	ɕiŋ³³⁴
02 嘉兴	əŋ¹¹³	əŋ⁴²	biŋ²⁴²	miŋ²⁴²	liŋ²⁴²	tɕiŋ²²⁴	tɕʰiŋ⁴²	ɕiŋ⁴²
03 嘉善	ən¹¹³	ən⁵³	bin¹³²	min¹³²	lin¹³²	tɕin³³⁴	tɕʰin⁵³	ɕin⁵³
04 平湖	ən²¹³	ən⁵³	bin³¹	min³¹	lin³¹	tsin³³⁴	tsʰin⁵³	sin⁵³
05 海盐	ən²¹³	ən⁵³	bin³¹	min³¹	lin³¹	tɕin³³⁴	tɕʰin⁵³	ɕin⁵³
06 海宁	əŋ¹³	əŋ⁵⁵	biŋ¹³	miŋ¹³	liŋ¹³	tɕiŋ³⁵	tɕʰiŋ⁵⁵	ɕiŋ⁵⁵
07 桐乡	əŋ²¹³	əŋ⁴⁴	biŋ¹³	miŋ¹³	liŋ¹³	tsiŋ³³⁴	tsʰiŋ⁴⁴	siŋ⁴⁴
08 崇德	əŋ¹³	əŋ⁴⁴	biŋ¹³	miŋ¹³	liŋ¹³	tɕiŋ³³⁴	tɕʰiŋ⁴⁴	ɕiŋ⁴⁴
09 湖州	ən³⁵	ən⁴⁴	bin¹¹²	min¹¹²	lin¹¹²	tɕin³⁵	tɕʰin⁴⁴	ɕin⁴⁴
10 德清	en¹¹³	en⁴⁴	bin¹¹³	min¹¹³	lin¹¹³	tɕin³³⁴	tɕʰin⁴⁴	ɕin⁴⁴
11 武康	en¹¹³	en⁴⁴	ben¹¹³	min¹¹³	lin¹¹³	tɕin²²⁴	tɕʰin⁴⁴	ɕin⁴⁴
12 安吉	əŋ²¹³	əŋ⁵⁵	biŋ²²	miŋ²²	liŋ²²	tɕiŋ³²⁴	tɕʰiŋ⁵⁵	ɕiŋ⁵⁵
13 孝丰	əŋ²¹³	əŋ⁴⁴	biŋ²²	miŋ²²	liŋ²²	tɕiŋ³²⁴	tɕʰiŋ⁴⁴	ɕiŋ⁴⁴
14 长兴	əŋ³²⁴	əŋ⁴⁴	biŋ¹²	miŋ¹²	liŋ¹²	tʃiŋ³²⁴	tʃʰiŋ⁴⁴	ʃiŋ⁴⁴
15 余杭	iŋ²¹³	iŋ⁴⁴	biŋ²²	miŋ²²	liŋ²²	tsiŋ⁴²³	tsʰiŋ⁴⁴	siŋ⁴⁴
16 临安	eŋ³³	eŋ⁵⁵	bieŋ³³	mieŋ³³	lieŋ³³	tɕieŋ⁵⁵	tɕʰieŋ⁵⁵	ɕieŋ⁵⁵
17 昌化	əŋ²⁴³	əŋ³³⁴	biəŋ¹¹²	miəŋ¹¹²	liəŋ¹¹²	tɕiəŋ⁵⁴⁴	tɕʰiəŋ³³⁴	ɕiəŋ³³⁴
18 於潜	eŋ²⁴	eŋ⁴³³	biŋ²²³	miŋ²²³	liŋ²²³	tɕiŋ³⁵	tɕʰiŋ⁴³³	ɕiŋ⁴³³
19 萧山	əŋ²⁴²	əŋ⁵³³	biŋ³⁵⁵	miŋ³⁵⁵	liŋ³⁵⁵	tɕiŋ⁴²	tɕʰiŋ⁵³³	ɕiŋ⁵³³
20 富阳	ən²²⁴	ən⁵³	bin¹³	min¹³	lən¹³	tɕin³³⁵	tɕʰin⁵³	ɕin⁵³
21 新登	eŋ¹³	eŋ⁵³	beiŋ²³³	meiŋ²³³	leiŋ²³³	tɕiŋ⁴⁵	tɕʰiŋ⁵³	seiŋ⁵³
22 桐庐	əŋ²⁴	əŋ⁵³³	biŋ¹³	miŋ¹³	liŋ¹³	tɕiŋ³⁵	tɕʰiŋ⁵³³	ɕiŋ⁵³³
23 分水	xən¹³	ən⁴⁴	bin²²	min²²	lin²²	tɕin²⁴	tɕʰin⁴⁴	ɕin⁴⁴
24 绍兴	ẽ²²	əŋ⁵³	biŋ²³¹	miŋ²³¹	liŋ²³¹	tɕiŋ³³	tɕʰiŋ⁵³	ɕiŋ⁵³
25 上虞	ɛ̃³¹	ɛ̃³⁵	biŋ²¹³	miŋ²¹³	liŋ²¹³	tɕiŋ⁵³	tɕʰiŋ³⁵	ɕiŋ³⁵

续表

方言点	0625 恨	0626 恩	0627 贫	0628 民	0629 邻	0630 进	0631 亲~人	0632 新
	臻开一去痕匣	臻开一平痕影	臻开三平真並	臻开三平真明	臻开三平真来	臻开三去真精	臻开三平真清	臻开三平真心
26 嵊州	eŋ²⁴	iŋ⁵³⁴白 eŋ⁵³⁴文	biŋ²¹³	miŋ²¹³	liŋ²¹³	tɕiŋ³³⁴	tɕʰiŋ⁵³⁴	ɕiŋ⁵³⁴
27 新昌	eŋ¹³	eŋ⁵³⁴	biŋ²²	miŋ²²	liŋ²²	tɕiŋ³³⁵	tɕʰiŋ⁵³⁴	ɕiŋ⁵³⁴
28 诸暨	ɛn³³	ɛn⁵⁴⁴	bin¹³	min¹³	lin¹³	tɕin⁵⁴⁴	tɕʰin⁵⁴⁴	ɕin⁵⁴⁴
29 慈溪	əŋ¹³	əŋ³⁵	biŋ¹³	miŋ¹³	liŋ¹³	tɕiŋ⁴⁴	tɕʰiŋ³⁵	ɕiŋ³⁵
30 余姚	ə̃¹³	ə̃⁴⁴	bə̃¹³	mə̃¹³	liə̃¹³	tɕiə̃⁵³	tɕʰiə̃⁴⁴	ɕiə̃⁴⁴
31 宁波	əŋ¹³	əŋ⁵³	biŋ¹³	miŋ¹³	liŋ¹³	tɕiŋ⁵³	tɕʰiŋ⁵³	ɕiŋ⁵³
32 镇海	əŋ²⁴	əŋ⁵³	biŋ²⁴	miŋ²⁴	liŋ²⁴	tɕiŋ⁵³	tɕʰiŋ⁵³	ɕiŋ⁵³
33 奉化	əŋ³¹	əŋ⁴⁴	biŋ³³	miŋ³³	liŋ³³	tɕiŋ⁵³	tɕʰiŋ⁴⁴	ɕiŋ⁴⁴
34 宁海	əŋ²⁴	əŋ⁴²³	biŋ²¹³	miŋ²¹³	liŋ²¹³	tsəŋ³⁵	tsʰəŋ⁴²³	səŋ⁴²³
35 象山	əŋ¹³	əŋ⁴⁴	biŋ³¹	miŋ³¹	liŋ³¹	tsəŋ⁵³白 tɕiŋ⁵³文	tsʰəŋ⁵³白 tɕʰiŋ⁴⁴文	səŋ⁴⁴
36 普陀	ɐŋ¹³	ɐŋ⁵³	biŋ²⁴	miŋ²⁴	liŋ²⁴	tɕiŋ⁵⁵	tɕʰiŋ⁵³	ɕiŋ⁵³
37 定海	ɐŋ¹³	ɐŋ⁵²	biŋ²³	miŋ²³	liŋ²³	tɕiŋ⁴⁴	tɕʰiŋ⁵²	ɕiŋ⁵²
38 岱山	ɐŋ²¹³	ɐŋ⁵²	biŋ²³	miŋ²³	liŋ²³	tɕiŋ⁴⁴	tɕʰiŋ⁵²	ɕiŋ⁵²
39 嵊泗	ɐŋ²¹³	ɐŋ⁵³	biŋ²⁴³	miŋ²⁴³	liŋ²⁴³	tɕiŋ⁵³	tɕʰiŋ⁵³	ɕiŋ⁵³
40 临海	əŋ³²⁴	əŋ³¹	biŋ²¹	miŋ²¹	liŋ²¹	tɕiŋ⁵⁵	tɕʰiŋ³¹	ɕiŋ³¹
41 椒江	əŋ²⁴	əŋ⁴²	biŋ³¹	miŋ³¹	liŋ³¹	tɕiŋ⁵⁵	tɕʰiŋ⁴²	ɕiŋ⁴²
42 黄岩	ən²⁴	ən³²	bin¹²¹	min¹²¹	lin¹²¹	tɕin⁵⁵	tɕʰin³²	ɕin³²
43 温岭	əŋ¹³	əŋ³³	bin³¹	min³¹	lin³¹	tɕin⁵⁵	tɕʰin³³	ɕin³³
44 仙居	en²⁴	en³³⁴	bin²¹³	min²¹³	lin²¹³	tsen⁵⁵	tsʰen³³⁴	sen³³⁴
45 天台	əŋ³⁵	əŋ³³	biŋ²²⁴	miŋ²²⁴	liŋ²²⁴	tɕiŋ⁵⁵	tɕʰiŋ³³	ɕiŋ³³
46 三门	əŋ²⁴³	əŋ³³⁴	biŋ¹¹³	miŋ¹¹³	liŋ¹¹³	tsəŋ⁵⁵	tsʰəŋ³³⁴	səŋ³³⁴
47 玉环	əŋ²²	əŋ⁴²	biŋ³¹	miŋ³¹	liŋ³¹	tɕiŋ⁵⁵	tɕʰiŋ⁴²	ɕiŋ⁴²
48 金华	əŋ¹⁴	əŋ³³⁴	biŋ³¹³	miŋ³¹³	liŋ³¹³	tɕiŋ⁵⁵	tɕʰiŋ³³⁴	ɕiŋ³³⁴

续表

方言点	0625 恨 臻开一去痕匣	0626 恩 臻开一平痕影	0627 贫 臻开三平真並	0628 民 臻开三平真明	0629 邻 臻开三平真来	0630 进 臻开三去真精	0631 亲 ~人 臻开三平真清	0632 新 臻开三平真心
49 汤溪	ã³⁴¹	ã²⁴	bɛ̃i¹¹	mɛ̃i¹¹	lɛ̃i¹¹	tsɛ̃i⁵²	tsʰɛ̃i²⁴	sɛ̃i²⁴
50 兰溪	xæ̃²⁴	æ̃³³⁴	bin²¹	min²¹	lin²¹	tɕin⁴⁵	tɕʰin³³⁴	sin³³⁴
51 浦江	ən²⁴	ən⁵³⁴	biən¹¹³	miən¹¹³	liən¹¹³	tsiən⁵⁵	tsʰiən⁵³⁴	sən⁵³⁴
52 义乌	ən²⁴	ən³³⁵	bən²¹³白 bien²¹³文	mien²¹³	lən²¹³	tsən⁴⁵	tsʰən³³⁵	sən³³⁵
53 东阳	ɐŋ²⁴	ɐŋ³³⁴	biɐŋ²¹³	miɐŋ²¹³	liɐŋ²¹³	tɕiɐŋ⁴⁵³	tɕʰiɐŋ³³⁴	ɕiɐŋ³³⁴
54 永康	əŋ²⁴¹	əŋ⁵⁵	biŋ²²	miŋ²²	liŋ²²	tsəŋ⁵²	tsʰəŋ⁵⁵	səŋ⁵⁵
55 武义	en²³¹	en²⁴	bin³²⁴	min³²⁴	lin³²⁴	tɕin⁵³	tɕʰin²⁴	ɕin²⁴
56 磐安	ɐŋ¹⁴	ɐŋ⁴⁴⁵	biɐŋ²¹³	miɐŋ²¹³	liɐŋ²¹³	tɕiɐŋ⁵²	tɕʰiɐŋ⁴⁴⁵	ɕiɐŋ⁴⁴⁵
57 缙云	aŋ²¹³	ɛ⁴⁴	bəŋ²⁴³	miɛŋ²⁴³	laŋ²⁴³	tsaŋ⁴⁵³	tsʰaŋ⁴⁴	saŋ⁴⁴
58 衢州	ən²³¹	ən³²	bin²¹	min²¹	lin²¹	tɕin⁵³	tɕʰin³²	ɕin³²
59 衢江	əŋ²³¹	ɛ³³	biŋ²¹²	miŋ²¹²	liŋ²¹²	tɕiŋ⁵³	tɕʰiŋ³³	ɕiŋ³³
60 龙游	xən²³¹	ən³³⁴	bin²¹	min²¹	lin²¹	tɕin⁵¹	tɕʰin³³⁴	ɕin³³⁴
61 江山	ɛ̃³¹	ɛ̃⁴⁴	bĩ²¹³	mĩ²¹³	lĩ²¹³	tɕĩ⁵¹	tɕʰĩ⁴⁴	sɛ̃⁴⁴~旧 soŋ⁴⁴~妇
62 常山	ɔ̃¹³¹	ɔ̃⁴⁴	bĩ³⁴¹	mĩ³⁴¹	lĩ³⁴¹	tsĩ⁵²	tsʰĩ⁴⁴	sɔ̃⁴⁴
63 开化	ɛn²¹³	ɛn⁴⁴	bin²³¹	min²³¹	lin²³¹	tɕin⁵³调殊	tɕʰin⁴⁴	ɕin⁴⁴
64 丽水	en¹³¹	en²²⁴	bin²²	min²²	lin²²	tsen⁵²	tsʰen²²⁴	sen²²⁴
65 青田	aŋ²²	iɛ⁴⁴⁵	biaŋ²¹	miaŋ²¹	liaŋ²¹	tsaŋ³³	tsʰaŋ⁴⁴⁵	saŋ⁴⁴⁵
66 云和	ɛ²²³	ɛ²⁴	biŋ³¹²	miŋ³¹²	liŋ³¹²	tsəŋ⁴⁵	tsʰəŋ²⁴	səŋ²⁴
67 松阳	æ̃¹³	æ̃⁵³	bin³¹	min³¹	lin³¹	tɕin²⁴	tɕʰin⁵³	ɕin⁵³
68 宣平	ən²³¹	ə³²⁴	bin⁴³³	min⁴³³	lin⁴³³	tsən⁵²	tsʰən³²⁴	sən³²⁴白 ɕin³²⁴文
69 遂昌	əŋ²¹³	ɛ̃⁴⁵	biŋ²²¹	miŋ²²¹	liŋ²²¹	tɕiŋ³³⁴	tɕʰiŋ⁴⁵	ɕiŋ⁴⁵
70 龙泉	ɯə²²⁴	ɯə⁴³⁴	bin²¹	min²¹	lin²¹	tɕiən⁴⁵	tɕʰiən⁴³⁴	ɕin⁴³⁴
71 景宁	œ¹¹³	œ³²⁴	biaŋ⁴¹	miŋ⁴¹	liaŋ⁴¹	tsaŋ³⁵	tsʰaŋ³²⁴	saŋ³²⁴

续表

方言点	0625 恨	0626 恩	0627 贫	0628 民	0629 邻	0630 进	0631 亲 ~人	0632 新
	臻开一 去痕匣	臻开一 平痕影	臻开三 平真並	臻开三 平真明	臻开三 平真来	臻开三 去真精	臻开三 平真清	臻开三 平真心
72 庆元	$xæ̃^{31}$	$æ̃^{335}$	$piəŋ^{52}$	$miəŋ^{52}$	$liəŋ^{52}$	$tɕiəŋ^{11}$	$tɕʰiəŋ^{335}$	$ɕiəŋ^{335}$
73 泰顺	$əŋ^{22}$	$ɛ^{213}$	$piŋ^{53}$	$miŋ^{53}$	$liŋ^{53}$	$tsəŋ^{35}$	$tsʰəŋ^{213}$	$səŋ^{213}$
74 温州	$aŋ^{22}$	$ø^{33}$	$bəŋ^{31}$	$məŋ^{31}$	$ləŋ^{31}$	$tsaŋ^{51}$	$tsʰaŋ^{33}$	$saŋ^{33}$
75 永嘉	$aŋ^{22}$	$ø^{44}$	$beŋ^{31}$	$meŋ^{31}$	$leŋ^{31}$	$tsaŋ^{53}$	$tsʰaŋ^{44}$	$saŋ^{44}$
76 乐清	$aŋ^{22}$	e^{44}	$beŋ^{31}$	$meŋ^{31}$	$leŋ^{31}$	$tɕiaŋ^{41}$	$tɕʰiaŋ^{44}$	$saŋ^{44}$
77 瑞安	$aŋ^{22}$	$ø^{44}$	$bəŋ^{31}$	$məŋ^{31}$	$ləŋ^{31}$	$tsaŋ^{53}$	$tsʰaŋ^{44}$	$saŋ^{44}$
78 平阳	$aŋ^{33}$	$ɵ^{55}$	$beŋ^{242}$	$meŋ^{242}$	$leŋ^{242}$	$tʃaŋ^{53}$	$tʃʰaŋ^{55}$	$saŋ^{55}$
79 文成	$aŋ^{424}$	$ø^{55}$	$beŋ^{113}$	$meŋ^{113}$	$leŋ^{113}$	$tʃaŋ^{33}$	$tʃʰaŋ^{55}$	$saŋ^{55}$
80 苍南	$aŋ^{11}$	$ø^{44}$	$beŋ^{31}$	$meŋ^{31}$	$leŋ^{31}$	$tsaŋ^{42}$	$tsʰaŋ^{44}$	$saŋ^{44}$
81 建德徽	$hən^{213}$	$ən^{53}$	pin^{33}	min^{33}	lin^{33}	$tɕin^{33}$	$tɕʰin^{53}$	$ɕin^{53}$
82 寿昌徽	xen^{33}	en^{112}	$pʰien^{112}$文	$mien^{112}$文	$lien^{112}$文	$tɕien^{33}$	$tɕʰien^{112}$	$ɕien^{112}$
83 淳安徽	hen^{53}	en^{24}	$pʰin^{435}$	min^{435}	lin^{435}	$tɕin^{24}$	$tɕʰin^{24}$	$ɕin^{24}$
84 遂安徽	$xəŋ^{52}$	n^{534}	$pʰin^{33}$	min^{33}	lin^{33}	$tɕin^{43}$	$tɕʰin^{534}$	$ɕin^{534}$
85 苍南闽	$hən^{21}$	$ən^{55}$	pin^{24}	bin^{24}	lin^{24}	$tɕin^{21}$	$tɕʰin^{55}$	$ɕin^{55}$
86 泰顺闽	$xɛ^{31}$	$ɛ^{213}$	$pieŋ^{22}$	$mieŋ^{22}$	$lieŋ^{22}$	tai^{344}	$tsʰieŋ^{213}$	$sieŋ^{213}$
87 洞头闽	hun^{21}	un^{33}	pin^{113}	bin^{113}	lin^{113}	$tɕin^{21}$	$tɕʰin^{33}$	$ɕin^{33}$
88 景宁畲	$xɔn^{51}$	$ɔn^{44}$	$pʰiaŋ^{22}$	min^{22}	lin^{22}	$tɕin^{44}$	$tɕʰin^{44}$	$ɕin^{44}$

方言点	0633 镇	0634 陈	0635 震	0636 神	0637 身	0638 辰	0639 人	0640 认
	臻开三 去真知	臻开三 平真澄	臻开三 去真章	臻开三 平真船	臻开三 平真书	臻开三 平真禅	臻开三 平真日	臻开三 去真日
01 杭州	tsəŋ⁴⁵	dzəŋ²¹³	tsəŋ⁴⁵	zəŋ²¹³	səŋ³³⁴	dzəŋ²¹³	zəŋ²¹³	zəŋ¹³
02 嘉兴	tsəŋ²²⁴	zəŋ²⁴²	tsəŋ²²⁴	zəŋ²⁴²	səŋ⁴²	zəŋ²⁴²	ȵiŋ²⁴²	ȵiŋ¹¹³
03 嘉善	tsən³³⁴	zən¹³²	tsən³³⁴	zən¹³²	sən⁵³	zən¹³²	ȵin¹³² 文 zən¹³² 白	ȵin¹³²
04 平湖	tsən³³⁴	zən³¹	tsən³³⁴	zən³¹	sən⁵³	zən³¹	ȵin³¹	ȵin²¹³
05 海盐	tsən³³⁴	zən³¹	tsən³³⁴	zən³¹	sən⁵³	zən³¹	ȵin³¹ 白 zən³¹ 文	ȵin²¹³
06 海宁	tsəŋ³⁵	zəŋ¹³	tsəŋ³⁵	zəŋ¹³	səŋ⁵⁵	zəŋ¹³	ȵiŋ¹³ 白 zəŋ¹³ 文	ȵiŋ¹³ 白 zəŋ¹³ 文
07 桐乡	tsəŋ³³⁴	zəŋ¹³	tsəŋ³³⁴	zəŋ¹³	səŋ⁴⁴	zəŋ¹³	ȵiŋ¹³	ȵiŋ²¹³
08 崇德	tsəŋ³³⁴	zəŋ¹³	tsəŋ³³⁴	zəŋ¹³	səŋ⁴⁴	zəŋ¹³	ȵiŋ¹³	ȵiŋ¹³
09 湖州	tsən³⁵	dzən¹¹²	tsən³⁵	zən¹¹²	sən⁴⁴	zən¹¹²	ȵin¹¹² 文 zən¹¹² 白	ȵin³⁵
10 德清	tsen³³⁴	dzen¹¹³	tsen³³⁴	zen¹¹³	sen⁴⁴	zen¹¹³	ȵin¹¹³	ȵin³³⁴
11 武康	tsen²²⁴	dzen¹¹³	tsen²²⁴	zen¹¹³	sen⁴⁴	dzen¹¹³	ȵin¹¹³ 白 zen¹¹³ 文	ȵin²²⁴
12 安吉	tsəŋ³²⁴	dzəŋ²²	tsəŋ³²⁴	zəŋ²²	səŋ⁵⁵	zəŋ²²	ȵiŋ²² 白 zəŋ²² 文	ȵiŋ²¹³
13 孝丰	tsəŋ³²⁴	dzəŋ²²	tsəŋ³²⁴	zəŋ²²	səŋ⁴⁴	zəŋ²²	ȵiŋ²² 白 zəŋ²² 文	ȵiŋ³²⁴
14 长兴	tsəŋ³²⁴	dzəŋ¹²	tsəŋ³²⁴	zəŋ¹²	səŋ⁴⁴	dzəŋ¹²	ȵiŋ¹² 白 zəŋ¹² 文	ȵiŋ³²⁴
15 余杭	tsiŋ⁴²³	ziŋ²²	tsiŋ⁴²³	ziŋ²²	siŋ⁴⁴	ziŋ²²	ȵiŋ²² 白 ziŋ²² 文	ȵiŋ²¹³
16 临安	tseŋ⁵⁵	dzeŋ³³	tseŋ⁵⁵	zeŋ³³	seŋ⁵⁵	zeŋ³³	ȵien³³	ȵien³³
17 昌化	tɕiəŋ⁴⁵³	ʑiəŋ¹¹²	tɕiəŋ⁴⁵³	ʑiəŋ¹¹²	ɕiəŋ³³⁴	ʑiəŋ¹¹²	nəŋ¹¹² 白 ʑiəŋ¹¹² 文	ȵiəŋ²⁴³ 白 ʑiəŋ²⁴³ 文
18 於潜	tseŋ³⁵	dzeŋ²²³	tseŋ³⁵	zeŋ²²³	seŋ⁴³³	dzeŋ²²³	ȵiŋ²²³ 白 zeŋ²²³ 文	ȵin²⁴ 白 zeŋ²⁴ 文
19 萧山	tsəŋ⁴²	dzəŋ³⁵⁵	tsəŋ⁴²	zəŋ³⁵⁵	səŋ⁵³³	zəŋ³⁵⁵	ȵiŋ³⁵⁵	ȵiŋ²⁴² 白 zəŋ²⁴² 文
20 富阳	tsən³³⁵	dzən¹³	tsən³³⁵	ʑin¹³	ɕin⁵³	dzən¹³	nin¹³	nin³³⁵

方言点	0633 镇 臻开三 去真知	0634 陈 臻开三 平真澄	0635 震 臻开三 去真章	0636 神 臻开三 平真船	0637 身 臻开三 平真书	0638 辰 臻开三 平真禅	0639 人 臻开三 平真日	0640 认 臻开三 去真日
21 新登	tsein⁴⁵	dʑin²³³	tsein⁴⁵	zein²³³	sein⁵³	zein²³³	nein²³³白 zein²³³文	nein¹³
22 桐庐	tsəŋ³⁵	dzəŋ¹³	tsəŋ³⁵	zəŋ¹³	səŋ⁵³³	dzəŋ¹³	nin¹³	nin²⁴
23 分水	tsən²⁴	dzən²²	tsən²⁴	zən²²	sən⁴⁴	zən²²	ȵin²²	ȵin¹³
24 绍兴	tsẽ⁵³	dzẽ²³¹	tsẽ³³	zẽ²³¹	sẽ⁵³	zẽ²³¹	ȵin²³¹白 zẽ²³¹文	ȵin²²白 zẽ²²文
25 上虞	tsəŋ⁵³	dzəŋ²¹³	tsəŋ⁵³	zəŋ²¹³	səŋ³⁵	zəŋ²¹³	ȵin²¹³白 zəŋ²¹³文	ȵin³¹
26 嵊州	tseŋ³³⁴	dzeŋ²¹³	tseŋ³³⁴	zeŋ²¹³	seŋ⁵³⁴	zeŋ²¹³	ȵin²¹³白 zeŋ²¹³文	ȵin²⁴白 zeŋ²⁴文
27 新昌	tseŋ³³⁵	dzeŋ²²	tseŋ³³⁵	zeŋ²²	seŋ⁵³⁴	ʑin²²白 dzeŋ²²文	ȵin²²白 zeŋ²²文	ȵin¹³白 zeŋ¹³文
28 诸暨	tsɛn⁵⁴⁴	dzɛn¹³	tsɛn⁵⁴⁴	zɛn¹³	sɛn⁵⁴⁴	zɛn¹³	nin¹³	zɛn³³
29 慈溪	tsəŋ⁴⁴	dzəŋ¹³	tsəŋ⁴⁴	zəŋ¹³	səŋ³⁵	zəŋ¹³	ȵin¹³白 zəŋ¹³文	ȵin¹³
30 余姚	tsə̃⁵³	dzə̃¹³	tsə̃⁵³	zə̃¹³	sə̃⁴⁴	dzə̃¹³	ȵiə̃¹³白 zə̃¹³文	ȵiə̃¹³
31 宁波	tsoŋ⁴⁴	dʑiŋ¹³	tsoŋ⁴⁴	zoŋ¹³	ɕiŋ⁵³	zoŋ¹³	ȵiŋ¹³白 zoŋ¹³文	ȵiŋ¹³
32 镇海	tsoŋ⁵³	dʑiŋ²⁴	tsoŋ⁵³	zoŋ²⁴	soŋ⁵³	zoŋ²⁴	ȵiŋ²⁴白 zoŋ²⁴文	ȵiŋ²⁴白 zoŋ²⁴文
33 奉化	tsoŋ⁵³	dʑiŋ³³	tsoŋ⁵³	zoŋ³³	soŋ⁴⁴	zoŋ³³	ȵiŋ³³白 zoŋ³³文	ȵiŋ³¹白 zoŋ³¹文
34 宁海	tɕyəŋ³⁵	dzəŋ²¹³	tɕyəŋ³⁵	zəŋ²¹³	ɕyəŋ⁴²³	zəŋ²¹³	ȵiŋ²¹³白 zɹyəŋ²¹³文	ȵiŋ²⁴
35 象山	tsoŋ⁵³	dzoŋ³¹	tsoŋ⁵³	zoŋ³¹	soŋ⁴⁴	əŋ³¹白 zoŋ³¹文	ȵiŋ³¹白 zoŋ³¹文	ȵiŋ³¹白 zoŋ³¹文
36 普陀	tsoŋ⁵³调殊	dʑiŋ²⁴	tsoŋ⁵⁵	zoŋ²⁴	soŋ⁵³	zoŋ²⁴	ȵiŋ²⁴	ȵiŋ¹³
37 定海	tsoŋ⁴⁴	dʑiŋ²³~皮 dʑiŋ¹³ 姓~	tsoŋ⁴⁴	zoŋ²³	ɕiŋ⁵²白 soŋ⁵²文	zoŋ²³~光 iŋ²³时~	ȵiŋ²³白 zoŋ²³文	ȵiŋ¹³白 zoŋ¹³文
38 岱山	tsoŋ⁴⁴	dʑiŋ²¹³ 调殊	tsoŋ⁴⁴	zoŋ²³	soŋ⁵²	zoŋ²³	ȵiŋ²³白 zoŋ²³文	ȵiŋ²¹³白 zoŋ²¹³文

续表

方言点	0633 镇 臻开三 去真知	0634 陈 臻开三 平真澄	0635 震 臻开三 去真章	0636 神 臻开三 平真船	0637 身 臻开三 平真书	0638 辰 臻开三 平真禅	0639 人 臻开三 平真日	0640 认 臻开三 去真日
39 嵊泗	tsoŋ⁵³	dʑiŋ²⁴³	tsoŋ⁵³	zoŋ²⁴³	soŋ⁵³	zoŋ²⁴³又 dʑiŋ²⁴³又	ȵiŋ²⁴³白 zoŋ²⁴³文	ȵiŋ²¹³白 zoŋ²¹³文
40 临海	tɕiŋ⁵⁵	dʑiŋ²¹	tɕiŋ⁵⁵	ʑiŋ²¹	ɕiŋ³¹	ʑiŋ²¹	ȵiŋ²¹	ȵiŋ³²⁴
41 椒江	tɕiŋ⁵⁵	dʑiŋ³¹	tɕiŋ⁴²	ʑiŋ³¹	ɕiŋ⁴²	ʑiŋ³¹	ȵiŋ³¹	ȵiŋ²⁴
42 黄岩	tɕin⁵⁵	dʑin¹²¹	tɕin⁵⁵	ʑin¹²¹	ɕin³²	ʑin¹²¹	ȵin¹²¹	ȵin²⁴
43 温岭	tɕin⁵⁵	dʑin³¹	tɕin⁵⁵	ʑin³¹	ɕin³³	ʑin³¹	ȵin³¹	ȵin¹³
44 仙居	tsen⁵⁵	dzen²¹³	tsen⁵⁵	zen²¹³	sen³³⁴	zen²¹³	ȵin²¹³	ȵin²⁴
45 天台	tɕiŋ⁵⁵	dʑiŋ²²⁴	tɕiŋ⁵⁵	ʑiŋ²²⁴	ɕiŋ³³	ʑiŋ²²⁴	ȵiŋ²²⁴	ȵiŋ³⁵
46 三门	tsəŋ⁵⁵	dzəŋ¹¹³	tsəŋ⁵⁵	zəŋ¹¹³	səŋ³³⁴	zəŋ¹¹³	nin¹¹³	nin²⁴³
47 玉环	tɕiŋ⁵⁵	dʑiŋ³¹	tɕiŋ⁵⁵	ʑiŋ³¹	ɕiŋ⁴²	dʑiŋ³¹	ȵiŋ³¹	ȵiŋ²²
48 金华	tsəŋ⁵⁵	dzəŋ³¹³	tsəŋ⁵⁵	ʑiŋ³¹³	ɕiŋ³³⁴白 səŋ³³⁴文	ʑiŋ³¹³白 dzəŋ³¹³文	ȵiŋ³¹³	ȵiŋ¹⁴
49 汤溪	tɕiã⁵²	dʑiã¹¹	tɕiã⁵²	ʑiã¹¹	ɕiã²⁴	ʑiã¹¹	ʑiã¹¹	ȵiɛ̃³⁴¹
50 兰溪	tɕiæ̃⁴⁵	dʑiæ̃²¹	tɕiæ̃⁴⁵	ʑiæ̃²¹	ɕiæ̃³³⁴	ʑiæ̃²¹	nin²¹白 ʑiæ̃²¹文	nin²⁴
51 浦江	tsən⁵⁵	dzən¹¹³	tsən⁵⁵	zən¹¹³	sən⁵³⁴	zən¹¹³	ȵiən¹¹³白 ziən¹¹³文	ȵiən²⁴
52 义乌	tsən⁴⁵	dzən²¹³	tsən⁴⁵	zən²¹³	sən³³⁵	dzən²¹³	ȵiən²⁴丈~ zən²¹³文	ȵiən²⁴
53 东阳	tsɐn⁴⁵³	dzɐn²¹³	tsɐn⁴⁵³	zɐn²¹³	sɐn³³⁴	zɐn²¹³	ʑiɐn²¹³	nɐn²⁴
54 永康	tsəŋ⁵²	dzəŋ²²	tsəŋ⁵²	zəŋ²²	səŋ⁵⁵	zəŋ²²	ȵiŋ²²白 zəŋ²²文	ȵiŋ²⁴¹白 zəŋ²⁴¹文
55 武义	tsen⁵³	dzen³²⁴	tsen⁵³	zen³²⁴	sen²⁴	zen²³¹	ȵin³²⁴白 ʑin³²⁴文	ȵin²³¹
56 磐安	tsɐn⁵²	dzɐn²¹³	tsɐn⁵²	zɐn²¹³	ɕyɐn⁴⁴⁵又 sɐn⁴⁴⁵又	zɐn²¹³	ȵiɐn²¹³白 ziɐn²¹³文	ȵiɐn¹⁴
57 缙云	tsaŋ⁴⁵³	dzaŋ²⁴³	tsaŋ⁴⁵³	zaŋ²⁴³	saŋ⁴⁴	zaŋ²⁴³	nɛŋ²⁴³单用 niɛŋ²⁴³白 zaŋ²⁴³文	niɛŋ²¹³

续表

方言点	0633 镇 臻开三 去真知	0634 陈 臻开三 平真澄	0635 震 臻开三 去真章	0636 神 臻开三 平真船	0637 身 臻开三 平真书	0638 辰 臻开三 平真禅	0639 人 臻开三 平真日	0640 认 臻开三 去真日
58 衢州	tʃyən⁵³	dʒyən²¹	tʃyən⁵³	ʒyən²¹	ʃyən³²	ʒyən²¹	n̩in²¹白 ʒyən²¹文	n̩in²³¹白 ʒyən²³¹文
59 衢江	tɕiŋ⁵³	dʑiŋ²¹²	tɕiŋ⁵³	zyoŋ²¹²~仙 ziŋ²¹²~经	ɕyoŋ³³	ɕyoŋ⁵³调殊	ziŋ²¹²	ŋ²³¹
60 龙游	tsən⁵¹	dzən²¹	tsən⁵¹	zən²¹	sən³³⁴	zən²¹	zən²¹	n̩in²³¹白 zən²³¹文
61 江山	tɕĩ⁵¹	dʑiɤ̃²¹³	tɕiɤ̃⁵¹白 tɕĩ⁵¹文	ziɤ̃²¹³白 zĩ²¹³文	ɕiɤ̃⁴⁴	ziɤ̃²¹³	n̩ĩ²¹³白 zĩ²¹³文	n̩ĩ³¹
62 常山	tsĩ⁵²	dzĩ³⁴¹	tsĩ³²⁴	zĩ³⁴¹	sĩ⁴⁴	zĩ³⁴¹	lĩ³⁴¹白 zĩ³⁴¹文	lĩ¹³¹白 zĩ¹³¹文
63 开化	tɕin⁵³调殊	dʑin²³¹	tɕin⁵³调殊	zyɛ̃²³¹	ɕyɛ̃⁴⁴	zyɛ̃²³¹	zin²³¹	n̩i²¹³白 zin²¹³文
64 丽水	tsen⁵²	dzen²²	tsen⁵²	zen²²	sen²²⁴	zen²²	nen²²有~ n̩in²²丈~	n̩in¹³¹
65 青田	tsaŋ³³	dzaŋ²¹	tsaŋ³³	zaŋ²¹	saŋ⁴⁴⁵	zaŋ²¹	neŋ²¹白 zaŋ²¹文	n̩iŋ²²
66 云和	tsəŋ⁴⁵	dzəŋ³¹²	tsəŋ⁴⁵	zəŋ³¹²	səŋ²⁴	zəŋ³¹²	ne³¹²白 n̩iŋ³¹²文	n̩iŋ²²³
67 松阳	tɕin²⁴	dʑin¹³调殊	tɕin²⁴	zin³¹	ɕin⁵³	zin³¹	n̩³¹~民	n̩¹³
68 宣平	tsən⁵²	dzən⁴³³	tsən⁵²	zin⁴³³~仙 zən⁴³³精~	sən³²⁴	zən⁴³³	nin⁴³³有~ n̩in⁴³³丈~	n̩in²³¹
69 遂昌	tɕiŋ³³⁴	dʑiŋ²¹³调殊	tɕiŋ⁵³³调殊	ziŋ²²¹	ɕiŋ⁴⁵	ziŋ²¹³调殊	zyŋ²²¹~民	n̩iŋ²¹³
70 龙泉	tin⁴⁵	dzɛn²¹	tɕin⁴⁵	zin²¹	sɛn⁴³⁴	zɛn²¹	n̩in²¹	n̩in²²⁴
71 景宁	tsaŋ³⁵	dzaŋ⁴¹	tsaŋ³⁵	zaŋ⁴¹	saŋ³²⁴	zaŋ⁴¹	naŋ⁴¹有~ n̩iaŋ⁴¹丈~	n̩iaŋ¹¹³
72 庆元	diəŋ¹¹	tɕiəŋ⁵²	tɕiəŋ¹¹	ɕiəŋ⁵²	ɕiəŋ³³⁵	ɕiəŋ⁵²	n̩iəŋ⁵²	n̩iəŋ³¹
73 泰顺	tsəŋ³⁵	tsəŋ⁵³	tsəŋ³⁵	səŋ⁵³	səŋ²¹³	səŋ⁵³	ne⁵³	n̩iŋ²²
74 温州	tsaŋ⁵¹	dzaŋ³¹	tsaŋ⁵¹	zaŋ³¹	saŋ³³	zaŋ³¹	n̩iaŋ³¹白 zaŋ³¹文	n̩iaŋ²²
75 永嘉	tsaŋ⁵³	dzaŋ³¹	tsaŋ⁵³	zaŋ³¹	saŋ⁴⁴	zaŋ³¹	n̩iaŋ³¹白 zaŋ³¹文	n̩iaŋ²²

续表

方言点	0633 镇 臻开三 去真知	0634 陈 臻开三 平真澄	0635 震 臻开三 去真章	0636 神 臻开三 平真船	0637 身 臻开三 平真书	0638 辰 臻开三 平真禅	0639 人 臻开三 平真日	0640 认 臻开三 去真日
76 乐清	tɕiaŋ⁴¹	dʑiaŋ³¹	tɕiaŋ⁴¹	zaŋ³¹	saŋ⁴⁴	zaŋ³¹	ȵiaŋ³¹白 zaŋ³¹文	ȵiaŋ²²
77 瑞安	tsaŋ⁵³	dzaŋ³¹	tsaŋ⁵³	zaŋ³¹	saŋ⁴⁴	zaŋ³¹	ȵiaŋ³¹白 zaŋ³¹文	ȵiaŋ²²
78 平阳	tʃaŋ⁵³	dʒaŋ²⁴²	tʃaŋ⁵³	zaŋ²⁴²	saŋ⁵⁵	zaŋ²⁴²	naŋ²⁴²	ȵiaŋ³³
79 文成	tʃaŋ³³	dʒaŋ¹¹³	tʃaŋ³³	zaŋ¹¹³	saŋ⁵⁵	zaŋ¹¹³	zaŋ¹¹³	ȵiaŋ⁴²⁴
80 苍南	tsaŋ⁴²	zaŋ³¹	tsaŋ⁴²	zaŋ³¹	saŋ⁴⁴	zaŋ³¹	ȵiaŋ³¹白 zaŋ³¹文	ȵiaŋ¹¹
81 建德徽	tsən⁵⁵村~ tsən²¹³~妖	tsən³³	tsən³³	sən³³	sən⁵³	sən³³	in³³	in⁵⁵
82 寿昌徽	tsen³³	tsʰen¹¹²文	tsen³³	sen¹¹²文	sen¹¹²	sen³³时~	ȵi⁵²白 len¹¹²文	ȵien³³
83 淳安徽	tsen²⁴	tsʰen⁴³⁵	tsen⁵⁵	sen⁴³⁵	sen²⁴	sen²⁴	in⁴³⁵	in⁵³白 zen⁵³文
84 遂安徽	tɕin⁴³	tɕʰin³³	tɕin⁴³	ɕin³³	ɕin⁵³⁴	tɕʰin³³	ləŋ³³	in⁵²
85 苍南闽	tin²¹	tan²⁴	tɕin⁴³调殊	ɕin²⁴	ɕin⁵⁵	ɕin²⁴	lan²⁴	dʑin²¹
86 泰顺闽	tieŋ⁵³	tieŋ²²	tsieŋ³⁴⁴调殊	sieŋ²²	sieŋ²¹³	sieŋ²²	noŋ²²	nieŋ³¹
87 洞头闽	tin²¹	tan¹¹³又 tin¹¹³又	tɕin⁵³文	ɕin¹¹³	ɕin³³	ɕin¹¹³	dʑin¹¹³	dʑin²¹
88 景宁畲	tɕin³²⁵小	tin²²	tɕin⁴⁴	ɕin²²	ɕin⁴⁴	ɕin²²	ȵin²²	ȵin⁵¹

方言点	0641 紧	0642 银	0643 印	0644 引	0645 笔	0646 匹	0647 密	0648 栗
	臻开三上真见	臻开三平真疑	臻开三去真影	臻开三上真以	臻开三入质帮	臻开三入质滂	臻开三入质明	臻开三入质来
01 杭州	$tɕiŋ^{53}$	$n̠iŋ^{213}$	$iŋ^{45}$	$iŋ^{53}$	$pieʔ^{5}$	$pʰiɛʔ^{5}$	$mieʔ^{2}$	$lieʔ^{2}$
02 嘉兴	$tɕiŋ^{544}$	$n̠iŋ^{242}$	$iŋ^{224}$	$iŋ^{113}$	$pieʔ^{5}$	$pʰieʔ^{5}$	$mieʔ^{5}$	$lieʔ^{5}$
03 嘉善	$tɕin^{44}$	$n̠in^{132}$	in^{334}	in^{113}	$pieʔ^{5}$	$pʰieʔ^{5}$	$mieʔ^{2}$	$lieʔ^{2}$
04 平湖	$tɕin^{44}$	$n̠in^{31}$	in^{334}	in^{213}	$piəʔ^{5}$	$pʰiəʔ^{23}$	$miəʔ^{23}$	$liəʔ^{23}$
05 海盐	$tɕin^{423}$	$n̠in^{31}$	in^{334}	in^{423}	$piəʔ^{5}$	$pʰiəʔ^{23}$	$miəʔ^{23}$	$liəʔ^{23}$
06 海宁	$tɕiŋ^{53}$	$n̠iŋ^{13}$	$iŋ^{35}$	$iŋ^{231}$	$pieʔ^{5}$	$pʰieʔ^{5}$	$mieʔ^{2}$	$lieʔ^{2}$
07 桐乡	$tɕiŋ^{53}$	$n̠iŋ^{13}$	$iŋ^{334}$	$iŋ^{242}$	$piəʔ^{5}$	$pʰiəʔ^{5}$	$miəʔ^{23}$	$liəʔ^{23}$
08 崇德	$tɕiŋ^{53}$	$n̠iŋ^{13}$	$iŋ^{334}$	$iŋ^{53}$	$piəʔ^{5}$	$pʰiəʔ^{5}$	$miəʔ^{23}$	$liəʔ^{23}$
09 湖州	$tɕiŋ^{523}$	$n̠in^{112}$	in^{35}	in^{523}	$pieʔ^{5}$	$pʰieʔ^{5}$	$mieʔ^{2}$	$lieʔ^{2}$
10 德清	$tɕin^{52}$	$n̠in^{113}$	in^{334}	in^{52}	$pieʔ^{5}$	$pʰieʔ^{5}$	$mieʔ^{2}$	$lieʔ^{2}$
11 武康	$tɕin^{53}$	$n̠in^{113}$	in^{224}	in^{242}	$pieʔ^{5}$	$pʰieʔ^{5}$	$mieʔ^{2}$	$lieʔ^{2}$
12 安吉	$tɕiŋ^{52}$	$n̠iŋ^{22}$	$iŋ^{324}$	$iŋ^{52}$	$piɛʔ^{5}$	$pʰiɛʔ^{5}$	$miɛʔ^{23}$	$liɛʔ^{23}$
13 孝丰	$tɕiŋ^{52}$	$n̠iŋ^{22}$	$iŋ^{324}$	$iŋ^{52}$	$pieʔ^{5}$	$pʰieʔ^{5}$	$mieʔ^{23}$	$lieʔ^{23}$
14 长兴	$tʃiŋ^{52}$	$n̠iŋ^{12}$	$iŋ^{324}$	$iŋ^{52}$	$piɛʔ^{5}$	$pʰiɛʔ^{5}$	$miɛʔ^{2}$	$liɛʔ^{2}$
15 余杭	$tɕiŋ^{53}$	$n̠iŋ^{22}$	$iŋ^{213}$	$iŋ^{53}$	$pieʔ^{5}$	$pʰieʔ^{5}$	$mieʔ^{2}$	$lieʔ^{2}$
16 临安	$tɕien^{55}$	$n̠ien^{33}$	ien^{55}	ien^{33}	$piɐʔ^{54}$	$pʰiɐʔ^{54}$	$miɐʔ^{12}$	$liɐʔ^{12}$
17 昌化	$tɕiəŋ^{453}$	$n̠iəŋ^{112}$	$iəŋ^{544}$	$iəŋ^{453}$	$piɛʔ^{5}$	$pʰiɛʔ^{5}$	$miɛʔ^{23}$	$liɛʔ^{23}$
18 於潜	$tɕiŋ^{51}$	$n̠iŋ^{223}$	$iŋ^{35}$	$iŋ^{51}$	$pieʔ^{53}$	$pʰieʔ^{53}$	$miæʔ^{23}$	$liæʔ^{23}$
19 萧山	$tɕiŋ^{33}$	$n̠iŋ^{355}$	$iŋ^{42}$	$iŋ^{13}$	$pieʔ^{5}$	$pʰieʔ^{5}$	$mieʔ^{13}$	$lieʔ^{13}$
20 富阳	$tɕin^{423}$	in^{13}	in^{335}	in^{423}	$piɛʔ^{5}$	$pʰiɛʔ^{5}$	$miɛʔ^{2}$	$lɛʔ^{2}$
21 新登	$tɕin^{334}$	ein^{233}	ein^{45}	ein^{334}	$piəʔ^{5}$	$pʰiəʔ^{5}$	$miəʔ^{2}$	$liəʔ^{2}$
22 桐庐	$tɕiŋ^{33}$	$niŋ^{13}$	$iŋ^{35}$	$iŋ^{33}$	$piəʔ^{5}$	$pʰiəʔ^{5}$	$miəʔ^{13}$	$liəʔ^{13}$
23 分水	$tɕin^{53}$	in^{22}	in^{24}	in^{53}	$piəʔ^{5}$	$pʰiəʔ^{5}$	$miəʔ^{12}$	$liəʔ^{12}$
24 绍兴	$tɕiŋ^{334}$	$n̠iŋ^{231}$	$iŋ^{33}$	$iŋ^{223}$	$pieʔ^{5}$	$pʰieʔ^{5}$	$mieʔ^{2}$	$lieʔ^{2}$
25 上虞	$tɕiŋ^{35}$	$n̠iŋ^{213}$	$iŋ^{53}$	$iŋ^{213}$	$piəʔ^{5}$	$pʰiəʔ^{5}$	$miəʔ^{2}$	$liəʔ^{2}$
26 嵊州	$tɕiŋ^{53}$	$n̠iŋ^{213}$	$iŋ^{334}$	$iŋ^{24}$	$pieʔ^{5}$	$pʰieʔ^{5}$	$mieʔ^{2}$	$lieʔ^{2}$

续表

方言点	0641 紧	0642 银	0643 印	0644 引	0645 笔	0646 匹	0647 密	0648 栗
	臻开三 上真见	臻开三 平真疑	臻开三 去真影	臻开三 上真以	臻开三 入质帮	臻开三 入质滂	臻开三 入质明	臻开三 入质来
27 新昌	tɕiŋ⁴⁵³	n̠iŋ²²	iŋ³³⁵	iŋ²³²	piʔ⁵	pʰi⁵³⁴	miʔ²	liʔ²
28 诸暨	tɕin⁴²	nin¹³	in⁵⁴⁴	in²⁴²	pieʔ⁵	pʰieʔ⁵	mieʔ¹³	lieʔ¹³
29 慈溪	tɕiŋ³⁵	n̠iŋ¹³	iŋ⁴⁴	iŋ¹³	piəʔ⁵	pʰiəʔ⁵	miəʔ²	liəʔ²
30 余姚	tɕiə̃³⁴	n̠iə̃¹³	iə̃⁵³	iə̃¹³	piəʔ⁵	pʰiəʔ⁵	miəʔ²	liəʔ²
31 宁波	tɕiŋ³⁵	n̠iŋ¹³	iŋ⁴⁴	iŋ¹³	piəʔ⁵	pʰiəʔ⁵	miəʔ²	liəʔ²
32 镇海	tɕiŋ³⁵	n̠iŋ²⁴	iŋ⁵³	iŋ²⁴	pieʔ⁵	pʰieʔ⁵	mieʔ¹²	lieʔ¹²
33 奉化	tɕiŋ⁵⁴⁵	n̠iŋ³³	iŋ⁵³	iŋ³²⁴ 读字	piɿʔ⁵	pʰiɿʔ⁵	miɿʔ²	liɿʔ²
34 宁海	tɕiŋ⁵³	n̠iŋ²¹³	iŋ³⁵	iŋ⁵³	piəʔ⁵	pʰieʔ⁵	miəʔ³	liəʔ³
35 象山	tɕiŋ⁴⁴	n̠iŋ³¹	iŋ⁵³	iŋ³¹	pieʔ⁵	pʰieʔ⁵	mieʔ²	lieʔ²
36 普陀	tɕiŋ⁴⁵	n̠iŋ²⁴	iŋ⁵⁵	iŋ²³	pieʔ⁵	pʰiɛʔ⁵	miɛʔ²³	liɛʔ²³
37 定海	tɕiŋ⁴⁵	n̠iŋ²³	iŋ⁴⁴	iŋ²³	pieʔ⁵	pʰieʔ⁵	mieʔ²	lieʔ²
38 岱山	tɕiŋ³²⁵	n̠iŋ²³	iŋ⁴⁴	iŋ²⁴⁴	pieʔ⁵	pʰieʔ⁵	mieʔ²	lieʔ²
39 嵊泗	tɕiŋ⁴⁴⁵	n̠iŋ²⁴³	iŋ⁵³	iŋ⁴⁴⁵	piɛʔ⁵	pʰiɛʔ⁵	miɛʔ²	liɛʔ²
40 临海	tɕiŋ⁵²	n̠iŋ²¹	iŋ⁵⁵	iŋ⁵²	pieʔ⁵	pʰieʔ⁵	mieʔ²³	lieʔ²³
41 椒江	tɕiŋ⁴²	n̠iŋ³¹	iŋ⁵⁵	iŋ⁴²	pieʔ⁵	pʰieʔ⁵	mieʔ²	lieʔ²
42 黄岩	tɕin⁴²	n̠in¹²¹	in⁵⁵	in⁴²	pieʔ⁵	pʰieʔ⁵	mieʔ²	lieʔ²
43 温岭	tɕin⁴²	n̠in³¹	in⁵⁵	in⁴²	piʔ⁵	pʰiʔ⁵	miɿʔ²	liʔ²
44 仙居	tɕin³²⁴	n̠in²¹³	in⁵⁵	in³²⁴	ɕiəʔ⁵	pʰiəʔ⁵	miəʔ²³	liəʔ²³
45 天台	kiŋ³²⁵	n̠iŋ²²⁴	iŋ⁵⁵	iŋ²¹⁴	piəʔ⁵	pʰiəʔ⁵	miəʔ²³	liəʔ²
46 三门	tɕiŋ³²⁵	niŋ¹¹³	iŋ⁵⁵	iŋ³⁷⁵	piɛʔ⁵	pʰieʔ⁵	mieʔ²³	lieʔ²³
47 玉环	tɕiŋ⁵³	n̠iŋ³¹	iŋ⁵⁵	iŋ⁵³	piɐʔ⁵	pʰiɐʔ⁵	miɐʔ²	liɐʔ²
48 金华	tɕiŋ⁵³⁵	n̠iŋ³¹³	iŋ⁵⁵	iŋ⁵³⁵	piəʔ⁴	pʰie⁵⁵ 白 pʰiəʔ⁴ 文	miəʔ²¹²	liəʔ²¹²
49 汤溪	tɕiɛi⁵³⁵	n̠iɛi¹¹	iɛi⁵²	iɛi¹¹³	pei⁵⁵	pʰie⁵² 调殊	mei¹¹³	lei¹¹³
50 兰溪	tɕin⁵⁵	nin²¹	in⁴⁵	in⁵⁵	pieʔ³⁴	pʰieʔ³⁴	mieʔ¹²	lieʔ¹²

续表

方言点	0641 紧 臻开三 上真见	0642 银 臻开三 平真疑	0643 印 臻开三 去真影	0644 引 臻开三 上真以	0645 笔 臻开三 入质帮	0646 匹 臻开三 入质滂	0647 密 臻开三 入质明	0648 栗 臻开三 入质来
51 浦江	tɕiən⁵³	n̩iən¹¹³	iən⁵⁵	iən²⁴³	piə⁴²³	pʰi⁵⁵	miə²³²	liə²³²
52 义乌	tɕiən⁴²³	n̩iən²¹³	iən⁴⁵	iən³¹²	pə³²⁴	pʰai⁴⁵ 一~	mə³¹²	lə³¹²
53 东阳	tɕiɐn⁴⁴	n̩iɐn²¹³	iɐn⁴⁵³	iɐn⁴⁴	piɛ³³⁴	pʰei⁴⁵³	miɛ²¹³	liɛ²¹³
54 永康	tɕiŋ³³⁴	n̩iŋ²²	iŋ⁵²	iŋ¹¹³	ɓə³³⁴	pʰie⁵²	mə¹¹³	lə¹¹³
55 武义	tɕin⁴⁴⁵	n̩in³²⁴	in⁵³	in¹³	pəʔ⁵	pʰie⁵³	mə²¹³	lə²¹³
56 磐安	tɕiɐn³³⁴	n̩iɐn²¹³	iɐn⁵²	iɐn³³⁴	piɛ³³⁴	pʰɛi⁵²音殊	miɛ²¹³	liɛn¹⁴小
57 缙云	tɕiɛŋ⁵¹	n̩iɛŋ²⁴³	iɛŋ⁴⁵³	iɛŋ⁵¹	piei³²²	pʰiɛŋ⁵¹	miei¹³	ləɤ¹³
58 衢州	tɕin³⁵	n̩in²¹	in⁵³	in⁵³	piəʔ⁵	pʰiəʔ⁵	miəʔ¹²	liəʔ¹²
59 衢江	tɕin²⁵	ŋ²¹²	iŋ⁵³	iŋ²⁵	piəʔ⁵	pʰiəʔ⁵	miəʔ²	liəʔ²
60 龙游	tɕin³⁵	n̩in²¹	in⁵¹	in⁵¹调殊	piəʔ⁴	pʰiəʔ⁴	miəʔ²³	liəʔ²³
61 江山	kĩ²⁴¹	ŋɐ̃²¹³	ĩ⁵¹	ĩ²²	pɐʔ⁵白 piɛʔ⁵文	pʰiɛʔ⁵	maʔ²白 miɛʔ²文	liɛʔ⁵
62 常山	kĩ⁵²	nĩ³⁴¹	ĩ³²⁴	ĩ⁵²	pɛʔ⁵	pʰiʌʔ⁵	mɛʔ³⁴白 miɛʔ³⁴文	lɤʔ³⁴
63 开化	tɕin⁵³	ŋɛn²³¹	in⁴¹²	in²¹³	piɛʔ⁵	pʰiɛʔ⁵	maʔ¹³单用 miɛʔ¹³地名	ləʔ¹³
64 丽水	tɕin⁵⁴⁴	n̩in²²	in⁵²	in⁵⁴⁴	piʔ⁵	pʰiʔ⁵	miʔ²³	liʔ²³
65 青田	tɕiaŋ⁴⁵⁴	n̩iaŋ²¹	iaŋ³³	iaŋ⁴⁵⁴	ɓiæʔ⁴²	pʰiʔ⁴²	miæʔ³¹	liæʔ³¹
66 云和	tɕiŋ⁴¹	n̩iŋ³¹²	iŋ⁴⁵	iŋ⁴¹	piʔ⁵	pʰiʔ⁵	miʔ²³	liʔ²³
67 松阳	tɕin²¹²	n̩³¹	in²⁴	in²²	piʔ⁵	pʰiɛʔ⁵	miʔ²	liʔ²
68 宣平	tɕin⁴⁴⁵	n̩in⁴³³	in⁵²	in²²³	piəʔ⁵	pʰiəʔ⁵	miəʔ²³	liəʔ²³
69 遂昌	tɕiŋ⁵³³	n̩iŋ²²¹	iŋ³³⁴	iŋ¹³	piʔ⁵	pʰiʔ⁵	miʔ²³	ləɯʔ²³
70 龙泉	tɕin⁵¹	n̩in²¹	in⁴⁵	in⁵¹	pieiʔ⁵	pʰieiʔ⁵	mieiʔ²⁴	lieiʔ²⁴
71 景宁	tɕiaŋ³³	n̩iaŋ⁴¹	iaŋ³⁵	iŋ³³	piəɯʔ⁵	pʰiʔ⁵	miʔ²³	liəɯʔ²³
72 庆元	tɕiəɯŋ³³	n̩iəɯŋ⁵²	iəɯŋ¹¹	iəɯŋ²²¹	ɓiəɯʔ⁵	pʰiʔ⁵	miʔ³⁴	liəɯʔ³⁴水~
73 泰顺	tsəŋ⁵⁵	n̩iŋ⁵³	iŋ³⁵	iŋ⁵⁵	piʔ⁵	pʰiʔ⁵	miʔ²	liʔ²

续表

方言点	0641 紧 臻开三 上真见	0642 银 臻开三 平真疑	0643 印 臻开三 去真影	0644 引 臻开三 上真以	0645 笔 臻开三 入质帮	0646 匹 臻开三 入质滂	0647 密 臻开三 入质明	0648 栗 臻开三 入质来
74 温州	tɕiaŋ²⁵	n̠iaŋ³¹	iaŋ⁵¹	iaŋ¹⁴	pi³²³	pʰi³²³	mi²¹²	li²¹²
75 永嘉	tɕiaŋ⁴⁵	n̠iaŋ³¹	iaŋ⁵³	iaŋ¹³	pi⁴²³	pʰi⁴²³	mei²¹³	lei²¹³
76 乐清	tɕiaŋ³⁵	n̠iaŋ³¹	iaŋ⁴¹	iaŋ²⁴	pi³²³	pʰi³²³	mi²¹²	li²¹²
77 瑞安	tɕiaŋ³⁵	n̠iaŋ³¹	iaŋ⁵³	iaŋ¹³	pi³²³	pʰi³²³	mi²¹²	li²¹²
78 平阳	tʃaŋ⁴⁵	n̠iaŋ²⁴²	iaŋ⁵³	iaŋ⁴⁵	pie³⁴	pʰie³⁴	mie³⁴	lie¹²
79 文成	tʃaŋ⁴⁵	n̠iaŋ¹¹³	iaŋ³³	iaŋ²²⁴	pe³⁴	pʰie³⁴	me²¹²	la²¹²
80 苍南	tɕiaŋ⁵³	n̠iaŋ³¹	iaŋ⁴²	iaŋ⁵³	piɛ²²³	pʰiɛ²²³	miɛ¹¹²	liɛ¹¹²
81 建德徽	tɕin²¹³	in³³	in³³	in²¹³	piɐʔ⁵	pʰiɐʔ⁵	miɐʔ¹²	liɐʔ¹²
82 寿昌徽	tɕien²⁴	n̠ien⁵²	ien³³	ien²⁴文	piəʔ³	pʰiəʔ³	miəʔ³¹	liəʔ³¹
83 淳安徽	tɕin⁵⁵	in⁴³⁵	in²⁴	in⁵⁵	piʔ⁵	pʰiʔ⁵	miəʔ¹³	liəʔ¹³
84 遂安徽	tɕin²¹³	in³³	in⁴³	in⁴³	piɛ²⁴	pʰi²⁴	miɛ²¹³	liɛ²¹³
85 苍南闽	kin⁴³	gən²⁴	in²¹	in⁴³	pie⁴³	pʰie⁴³	bie²⁴	lɐ²⁴
86 泰顺闽	kieŋ³⁴⁴	nyeŋ²²	ieŋ⁵³	ieŋ³⁴⁴	piɪʔ⁵	pʰiɪʔ⁵	miɪʔ³	liɪʔ³
87 洞头闽	kin⁵³	gun¹¹³	in²¹	in⁵³	piek⁵	pʰiek⁵	biek²⁴	lɐt²⁴
88 景宁畲	kin³²⁵	n̠in²²	in⁴⁴	in³²⁵	pit⁵	pʰiʔ⁵	mit²	lit²

方言点	0649 七	0650 侄	0651 虱	0652 实	0653 失	0654 日	0655 吉	0656 一
	臻开三 入质清	臻开三 入质澄	臻开三 入质生	臻开三 入质船	臻开三 入质书	臻开三 入质日	臻开三 入质见	臻开三 入质影
01 杭州	tɕʰiɛʔ⁵	dzaʔ²	saʔ⁵	zaʔ²	saʔ⁵	zaʔ²	tɕiɛʔ⁵	iɛʔ⁵
02 嘉兴	tɕʰieʔ⁵	zəʔ¹³	səʔ⁵	zəʔ¹³	səʔ⁵	ȵieʔ⁵	tɕieʔ⁵	ieʔ⁵
03 嘉善	tɕʰieʔ⁵	zɜʔ²	sɜʔ⁵	zɜʔ⁵	sɜʔ⁵	ȵieʔ² 白 zɜʔ² 文	tɕieʔ⁵	ieʔ⁵
04 平湖	tsʰiəʔ²³	zəʔ²³	səʔ⁵	zəʔ²³	səʔ⁵	ȵiəʔ²³ 白 zəʔ²³ 文	tɕiəʔ⁵	iəʔ⁵
05 海盐	tɕʰiəʔ²³	zəʔ²³	səʔ⁵	zəʔ²³	səʔ⁵	ȵiəʔ²³ 白 zəʔ²³ 文	tɕiəʔ⁵	iəʔ⁵
06 海宁	tɕʰieʔ⁵	zəʔ²	səʔ⁵	zəʔ²	səʔ⁵	ȵieʔ² 白 zəʔ² 文	tɕieʔ⁵	ieʔ⁵
07 桐乡	tsʰiəʔ⁵	zəʔ²³	səʔ⁵	zəʔ²³	səʔ⁵	ȵiəʔ²³	tɕiəʔ⁵	iəʔ⁵
08 崇德	tɕʰiəʔ⁵	zəʔ²³	səʔ⁵	zəʔ²³	səʔ⁵	ȵiəʔ²³	tɕiəʔ⁵	iəʔ⁵
09 湖州	tɕʰieʔ⁵	dzəʔ²	səʔ⁵	zəʔ²	səʔ⁵	ȵieʔ² 白 zəʔ² 文	tɕieʔ⁵	ieʔ⁵
10 德清	tɕʰieʔ⁵	zəʔ²	səʔ⁵	zəʔ²	səʔ⁵	ȵieʔ²	tɕieʔ⁵	ieʔ⁵
11 武康	tɕʰieʔ⁵	dzɜʔ²	sɜʔ⁵	zɜʔ²	sɜʔ⁵	ȵieʔ² 白 zɜʔ² 文	tɕieʔ⁵	ieʔ⁵
12 安吉	tɕʰiɛʔ⁵	dzəʔ²³	səʔ⁵	zəʔ²³	səʔ⁵	ȵiɛʔ²³ 白 zəʔ²³ 文	tɕiɛʔ⁵	iɛʔ⁵
13 孝丰	tɕʰieʔ⁵	dzəʔ²³	səʔ⁵	zəʔ²³	səʔ⁵	ȵieʔ²³ 白 zəʔ²³ 文	tɕieʔ⁵	ieʔ⁵
14 长兴	tʃʰiɛʔ⁵	dzəʔ²	səʔ⁵	zəʔ²	səʔ⁵	ȵiɛʔ² 白 zəʔ² 文	tʃiɛʔ⁵	iɛʔ⁵
15 余杭	tsʰieʔ⁵	zəʔ²	saʔ⁵	zəʔ²	səʔ⁵	ȵieʔ² 白 zəʔ² 文	tɕieʔ⁵	ieʔ⁵
16 临安	tɕʰiəʔ⁵⁴	dzəʔ¹²	sɐʔ⁵⁴	zɐʔ¹²	sɐʔ⁵⁴	ȵiɐʔ¹²	tɕiɐʔ⁵⁴	iɐʔ⁵⁴
17 昌化	tɕʰieʔ⁵	dzəʔ²³	ɕiɛʔ⁵	ʑiɛʔ²³	ɕiɛʔ⁵	ȵiɛʔ²³	tɕiɛʔ⁵	iɛʔ⁵
18 於潜	tɕʰieʔ⁵³	dzæʔ²³	səʔ⁵³	zæʔ²³	səʔ⁵³	ȵiæʔ²³ 白	tɕieʔ⁵³	ieʔ⁵³
19 萧山	tɕʰieʔ⁵	dzəʔ¹³	səʔ⁵	zəʔ¹³	səʔ⁵	ȵieʔ¹³ 白 zəʔ¹³ 文	tɕieʔ⁵	ieʔ⁵
20 富阳	tɕʰiɛʔ⁵	dzɛʔ²	sɛʔ⁵	ʑiɛʔ²	sɛʔ⁵	ȵiɛʔ²	tɕiɛʔ⁵	iɛʔ⁵

续表

方言点	0649 七	0650 侄	0651 虱	0652 实	0653 失	0654 日	0655 吉	0656 一
	臻开三 入质清	臻开三 入质澄	臻开三 入质生	臻开三 入质船	臻开三 入质书	臻开三 入质日	臻开三 入质见	臻开三 入质影
21 新登	tɕʰiəʔ⁵	dzəʔ²	səʔ⁵	zəʔ²	səʔ⁵	n̠iəʔ² 白 zəʔ 文	tɕiəʔ⁵	iəʔ⁵
22 桐庐	tɕʰiəʔ⁵	dzəʔ¹³	səʔ⁵	zəʔ¹³	səʔ⁵	niəʔ¹³	tɕiəʔ⁵	iəʔ⁵
23 分水	tɕʰiəʔ⁵	dzəʔ¹²	səʔ⁵	zəʔ¹²	səʔ⁵	zəʔ¹²	tɕiəʔ⁵	iəʔ⁵
24 绍兴	tɕʰieʔ⁵	dzeʔ²	soʔ⁵	zeʔ²	seʔ⁵	n̠ieʔ² 白 zeʔ² 文	tɕieʔ⁵	ieʔ⁵
25 上虞	tɕʰiəʔ⁵	dzəʔ²	səʔ⁵	zəʔ²	səʔ⁵	n̠iəʔ² 白 zəʔ² 文	tɕiəʔ⁵	iəʔ⁵
26 嵊州	tɕʰieʔ⁵	dzəʔ²	səʔ⁵	zəʔ²	səʔ⁵	nəʔ² 白 zəʔ² 文	tɕieʔ⁵	ieʔ⁵
27 新昌	tɕʰiʔ⁵	dzeʔ²	ɕiʔ⁵	zeʔ²	seʔ⁵	neʔ² 白 zeʔ² 文	tɕiʔ⁵	iʔ⁵
28 诸暨	tɕʰieʔ⁵	dzəʔ¹³	səʔ⁵	zəʔ¹³	səʔ⁵	nieʔ¹³ 白 zəʔ¹³ 文	tɕieʔ⁵	ieʔ⁵
29 慈溪	tɕʰiəʔ⁵	dzəʔ²	səʔ⁵	zəʔ²	səʔ⁵	n̠iəʔ² 白 zəʔ² 文	tɕiəʔ⁵	iəʔ⁵
30 余姚	tɕʰiəʔ⁵	dzəʔ²	soʔ⁵	zəʔ²	zəʔ⁵	n̠iəʔ² 白 zəʔ² 文	tɕiəʔ⁵	iəʔ⁵
31 宁波	tɕʰiəʔ⁵	dʑiəʔ²	saʔ⁵	zoʔ²	soʔ⁵	n̠iəʔ² 白 zoʔ² 文	tɕiəʔ⁵	iəʔ⁵
32 镇海	tɕʰieʔ⁵	dʑieʔ¹²	saʔ⁵	zoʔ¹²	soʔ⁵	n̠ieʔ¹² 白 zoʔ¹² 文	tɕieʔ⁵	ieʔ⁵
33 奉化	tɕʰiɿʔ⁵	dʑiɿʔ²	saʔ⁵	zoʔ²	soʔ⁵	n̠iɿʔ² 白 zoʔ² 文	tɕiɿʔ⁵	iɿʔ⁵
34 宁海	tsʰaʔ⁵	dzaʔ³	saʔ⁵	zaʔ³	ɕyəʔ⁵	n̠iəʔ³ 白 ʑyəʔ³ 文	tɕieʔ⁵	iəʔ⁵
35 象山	tɕʰieʔ⁵	dzoʔ²	saʔ⁵	zoʔ²	soʔ⁵	n̠ieʔ² 白 zoʔ² 文	tɕieʔ⁵	ieʔ⁵
36 普陀	tɕʰiɛʔ⁵	dʑiɛʔ²³	sɐʔ⁵	zoʔ²³	soʔ⁵	n̠iɛʔ²³	tɕiɛʔ⁵	iɛʔ⁵
37 定海	tɕʰieʔ⁵	dʑieʔ²	sɐʔ⁵	zoʔ²	soʔ⁵	n̠ieʔ² 白 zoʔ² 文	tɕieʔ⁵	ieʔ⁵

续表

方言点	0649 七 臻开三 入质清	0650 侄 臻开三 入质澄	0651 虱 臻开三 入质生	0652 实 臻开三 入质船	0653 失 臻开三 入质书	0654 日 臻开三 入质日	0655 吉 臻开三 入质见	0656 一 臻开三 入质影
38 岱山	tɕʰieʔ⁵	dʑieʔ²	sʌʔ⁵	zoʔ²	soʔ⁵	ȵieʔ² 白 zoʔ² 文	tɕieʔ⁵	ieʔ⁵
39 嵊泗	tɕʰiɛʔ⁵	dʑiɛʔ²	sʌʔ⁵	zoʔ²	soʔ⁵	ȵiɛʔ² 白 zoʔ² 文	tɕiɛʔ⁵	iɛʔ⁵
40 临海	tɕʰieʔ⁵	dʑieʔ²³	ɕieʔ⁵	zieʔ²³	ɕieʔ⁵	ȵieʔ²³	tɕieʔ⁵	ieʔ⁵
41 椒江	tɕʰieʔ⁵	dʑieʔ²	ɕieʔ⁵	zieʔ²	ɕieʔ⁵	ȵieʔ²	tɕieʔ⁵	ieʔ⁵
42 黄岩	tɕʰieʔ⁵	dʑieʔ²	ɕieʔ⁵	zieʔ²	ɕieʔ⁵	ȵieʔ²	tɕieʔ⁵	ieʔ⁵
43 温岭	tɕʰiʔ⁵	dʑiʔ²	ɕiʔ⁵	ʑiʔ²	ɕiʔ⁵	ȵiʔ²	tɕiʔ⁵	iʔ⁵
44 仙居	tsʰəʔ⁵	dzəʔ²³	səʔ⁵	zəʔ²³	səʔ⁵	ȵiəʔ²³	tɕiaʔ⁵ 韵殊	iəʔ⁵
45 天台	tɕʰiəʔ⁵	dʑiəʔ²	ɕiəʔ⁵	ʑiəʔ²	ɕiəʔ⁵	ȵiəʔ² ~头	kiəʔ⁵	iəʔ⁵
46 三门	tsʰʌʔ⁵	dzʌʔ²³	sʌʔ⁵	zʌʔ²³	sʌʔ⁵	ȵieʔ²³	tɕieʔ⁵	ieʔ⁵
47 玉环	tɕʰiɐʔ⁵	dʑiɐʔ²	ɕiɐʔ⁵	ʑiɐʔ²	ɕiɐʔ⁵	ȵiɐʔ²	tɕiɐʔ⁵	iɐʔ⁵
48 金华	tɕʰiəʔ⁴	dzəʔ²¹²	səʔ⁴	ʑiəʔ²¹²	ɕiəʔ⁴	ȵiəʔ²¹²	tɕiəʔ⁴	iəʔ⁴
49 汤溪	tsʰei⁵⁵	dʑiɛ¹¹³	ɕiɛ⁵⁵	ʑiɛ¹¹³	ɕiɛ⁵⁵	ȵiei¹¹³	tɕiɛ⁵⁵	iei⁵⁵
50 兰溪	tɕʰieʔ³⁴	dʑiəʔ¹²	səʔ³⁴	ʑiəʔ¹²	ɕiəʔ³⁴	ȵieʔ¹²	tɕieʔ³⁴	ieʔ³⁴
51 浦江	tsʰə⁴²³	（无）	sə⁴²³	zə²³²	sə⁴²³	ȵiə²³²	tɕiə⁴²³	iə⁴²³
52 义乌	tsʰə³²⁴	tsə³²⁴	sə³²⁴	zə³¹²	sə³²⁴	nai³¹²	tɕiə³²⁴	iə³²⁴
53 东阳	tɕʰiɛʔ³⁴	（无）	sʌʔ³⁴	zʌʔ²¹³	sʌʔ³⁴	nei²¹³ 白 ʑiɛ²¹³ 文	tɕiɛʔ³⁴	iɛʔ³⁴
54 永康	tsʰə³³⁴	dzə¹¹³	sə³³⁴	zə¹¹³	sə³³⁴	ȵiə¹¹³ 白 zə¹¹³ 文	tɕie³³⁴	iə³³⁴
55 武义	tsʰəʔ⁵	dzə²¹³	səʔ⁵	zə²¹³	səʔ⁵	nə²¹³ 白 zə²¹³ 文	tɕiəʔ⁵	iəʔ⁵
56 磐安	tɕʰiɛ³³⁴	（无）	sɛ³³⁴	zɛ²¹³	sɛ³³⁴	nɛi²¹³ 一~ / ȵiɛ²¹³ ~头 / ʑiɛ²¹³ ~本	tɕiɛ³³⁴	iɛ³³⁴
57 缙云	tsʰəɣ³²²	（无）	səɣ³²²	zəɣ¹³	səɣ³²²	ȵiei¹³ ~子 / ȵye¹³ ~头	tɕiei³²²	iei³²²

续表

方言点	0649 七	0650 侄	0651 虱	0652 实	0653 失	0654 日	0655 吉	0656 一
	臻开三入质清	臻开三入质澄	臻开三入质生	臻开三入质船	臻开三入质书	臻开三入质日	臻开三入质见	臻开三入质影
58 衢州	tɕʰiəʔ⁵	dʒyəʔ¹²	səʔ⁵	ʒyəʔ¹²	ʃyəʔ⁵	n̠iəʔ¹²白 ʒyəʔ¹²文	tɕiəʔ⁵	iəʔ⁵
59 衢江	tɕʰiəʔ⁵	dʑyəʔ²	ɕiaʔ⁵	zyəʔ²	ɕyəʔ⁵	nəʔ²~头 zyəʔ²~历	tɕiəʔ⁵	iəʔ⁵
60 龙游	tɕʰiəʔ⁴	dzəʔ²³	səʔ⁴	zəʔ²³	səʔ⁴	nəʔ²³白 zəʔ²³文	tɕiəʔ⁴	iəʔ⁴
61 江山	tsʰəʔ⁵	dʑiɵʔ²	saʔ⁵	ziɵʔ²	ɕiɛʔ⁵	nəʔ²白 ziɛʔ²文	kiɛʔ⁵	iɛʔ⁵
62 常山	tsʰʌʔ⁵	dzɛʔ³⁴~囡 dzĩ²⁴~儿	sɛʔ⁵	zɛʔ³⁴	seʔ⁵	nʌʔ³⁴~子 zɛʔ³⁴~历	tɕiʌʔ⁵	ieʔ⁵
63 开化	tɕʰiɛʔ⁵	dʑyaʔ¹³	saʔ⁵	zyaʔ⁵扎~ ziɛʔ¹³~际	ɕyaʔ⁵丢~ ɕiɛʔ⁵~火	naʔ¹³今~ ziɛʔ¹³~历	tɕiɛʔ⁵	iɛʔ⁵
64 丽水	tsʰeʔ⁵	dzɛʔ²³	seʔ⁵	zeʔ²³	seʔ⁵	nɛʔ²³	tɕiɛʔ⁵	iʔ⁵
65 青田	tsʰaʔ⁴²	dzaʔ³¹	saʔ⁴²	zaʔ³¹	saʔ⁴²	n̠iæʔ³¹白 zaʔ³¹文	tɕiæʔ⁴²	iæʔ⁴²
66 云和	tsʰeiʔ⁵	dzeiʔ²³	seiʔ⁵	zeiʔ²³	seiʔ⁵	n̠iʔ²³~本 naʔ²³~头	tɕiʔ⁵	iʔ⁵
67 松阳	tɕʰiʔ⁵	dʑiʔ²	ɕiʔ⁵	ziʔ²	ɕiʔ⁵	n̠iʔ²~头 nɛʔ²~子	tɕiʔ⁵	iʔ⁵
68 宣平	tsʰəʔ⁵	(无)	səʔ⁵	zəʔ²³	səʔ⁵	naʔ²³~子 n̠ia²³~头	tɕiəʔ⁵	iəʔ⁵
69 遂昌	tɕʰiʔ⁵	dʑiʔ²³	ɕiuʔ⁵	ziʔ²³	ɕiʔ⁵	nəʔ²³	tɕiʔ⁵	iʔ⁵
70 龙泉	tɕʰieiʔ⁵	dʑieiʔ²⁴	sieiʔ⁵	zaiʔ²⁴白 zieiʔ²⁴文	ɕieiʔ⁵	nɛʔ²⁴白 n̠ieiʔ²⁴文	tɕieiʔ⁵	ieiʔ⁵
71 景宁	tsʰəɯʔ⁵	dzɿʔ²³	səɯʔ⁵	zəɯʔ²³	səɯʔ⁵	nɛʔ²³~头 n̠iəɯʔ²³~本	tɕiəɯʔ⁵	iəɯʔ⁵
72 庆元	tɕʰiəɯʔ⁵	tsɿʔ³⁴	sɤʔ⁵	ɕiəɯʔ³⁴	ɕiəɯʔ⁵	n̠iəɯʔ³⁴	tɕiəɯʔ⁵	iəɯʔ⁵
73 泰顺	tsʰəiʔ⁵	tsəiʔ²	səiʔ⁵	səiʔ²	səiʔ⁵	nɛʔ²	tsəiʔ⁵	iɛʔ⁵
74 温州	tsʰai³²³	dzai²¹²	sai³²³	zai²¹²	sai³²³	ne²¹²白 n̠iai²¹²白 zai²¹²文	tɕiai³²³	iai³²³

续表

方言点	0649 七	0650 侄	0651 虱	0652 实	0653 失	0654 日	0655 吉	0656 一
	臻开三 入质清	臻开三 入质澄	臻开三 入质生	臻开三 入质船	臻开三 入质书	臻开三 入质日	臻开三 入质见	臻开三 入质影
75 永嘉	tsʰai^{423}	dzai^{213}	sai^{423}	zai^{213}	sai^{423}	ne^{213}~子 ȵiai^{213}生~ za^{213}~本	tɕiai^{423}	i^{423}~个 iai^{423}第~
76 乐清	tɕʰiɤ^{323}	dʑiɤ^{212}	sɤ^{323}	zɤ^{212}	sɤ^{323}	ne^{212}白1 ȵiɤ^{212}白2 zɤ^{212}文	tɕiɤ^{323}	iɤ^{323}
77 瑞安	tsʰa^{323}	dza^{212}	sa^{323}	za^{212}	sa^{323}	ne^{212}~子 ȵia^{212}生~ za^{212}~本	tɕia^{323}	e^{323}~个 ia^{323}第~
78 平阳	tʃʰᴀ^{34}	dʒᴀ^{12}	sᴀ^{34}	zᴀ^{12}	sᴀ^{34}	ne^{12}白 zᴀ^{12}文	tʃᴀ^{34}	iᴀ^{34}
79 文成	tʃʰa^{34}	dʒa^{212}	sa^{34}	za^{212}	sa^{34}	za^{212}	tʃa^{34}	ia^{34}
80 苍南	tsʰɛ^{223}	zɛ^{112}	sɛ^{223}	zɛ^{112}	sɛ^{223}	ne^{112}~子 ȵiɛ^{112}生~ zɛ^{112}~本	tsɛ^{223}	e^{223}白 iɛ^{223}文
81 建德徽	tɕʰiɐʔ^{5}	tsɐʔ^{12}	sɐʔ^{5}	sɐʔ^{12}	sɐʔ^{5}	ȵiɐʔ^{12}	tɕiɐʔ^{5}	iɐʔ^{5}
82 寿昌徽	tɕʰiəʔ^{3}	（无）	səʔ^{3}	səʔ^{31}	səʔ^{3}	ȵiəʔ^{31}~子 ləʔ^{31}~本	tɕiəʔ^{3}	iəʔ^{3}
83 淳安徽	tɕʰiʔ^{5}	tsʰəʔ^{13}	sʅʔ^{5}	səʔ^{13}	səʔ^{5}	iəʔ^{13}	tɕiəʔ^{5}	iʔ^{5}
84 遂安徽	tɕʰie^{24}	tɕʰiɛ^{213}	ɕie^{24}	ɕiɛ^{213}	ɕie^{24}	i^{213}	tɕie^{24}	i^{24}
85 苍南闽	tɕʰie^{43}	tie^{24}	sə^{43}	ɕie^{24}	ɕie^{43}	dʑie^{24}	kie^{43}	ie^{43}
86 泰顺闽	tɕʰiɪʔ^{5}	tɕiɪʔ^{3}	sɛʔ^{5}	ɕiɪʔ^{3}	ɕiɪʔ^{5}	niɪʔ^{5}	kiɛʔ^{5}	ɕiɪʔ^{5}~支 iɪʔ^{5}~二
87 洞头闽	tɕʰie^{53}	ti^{21}调殊	sɐt^{5}	ɕiek^{24}	ɕiek^{5}	dʑiek^{24}	kiek^{5}	ie^{53}
88 景宁畲	tɕʰit^{5}	（无）	ɕiet^{5}	ɕiet^{2}	ɕit^{5}	ȵit^{5}	kit^{5}	it^{5}

方言点	0657 筋	0658 劲 有~	0659 勤	0660 近	0661 隐	0662 本	0663 盆	0664 门
	臻开三平殷见	臻开三去殷见	臻开三平殷群	臻开三上殷群	臻开三上殷影	臻合一上魂帮	臻合一平魂並	臻合一平魂明
01 杭州	tɕiŋ³³⁴	dʑiŋ¹³	dʑiŋ²¹³	dʑiŋ¹³	iŋ⁵³	pəŋ⁵³	bəŋ²¹³	məŋ²¹³
02 嘉兴	tɕiŋ⁴²	dʑiŋ¹¹³	dʑiŋ²⁴²	dʑiŋ¹¹³	iŋ⁵⁴⁴	pəŋ⁵⁴⁴	bəŋ²⁴²	məŋ²⁴²
03 嘉善	tɕin⁵³	dʑin¹¹³	dʑin¹³²	dʑin¹¹³	in⁴⁴	pən⁴⁴	bən¹³²	mən¹³²
04 平湖	tɕin⁵³	dʑin²¹³	dʑin³¹	dʑin²¹³	in⁴⁴	pən⁴⁴	bən³¹	mən³¹
05 海盐	tɕin⁵³	dʑin²¹³	dʑin³¹	dʑin⁴²³	in⁴²³	pən⁴²³	bən³¹	mən³¹
06 海宁	tɕiŋ⁵⁵	dʑiŋ¹³	dʑiŋ¹³	dʑiŋ²³¹	iŋ⁵³	pəŋ⁵³	bəŋ¹³	məŋ¹³
07 桐乡	tɕiŋ⁴⁴	dʑiŋ²¹³	dʑiŋ¹³	dʑiŋ²⁴²	iŋ⁵³	pəŋ⁵³	bəŋ¹³	məŋ¹³
08 崇德	tɕiŋ⁴⁴	dʑiŋ²¹³	dʑiŋ¹³	dʑiŋ²⁴²	iŋ⁵³	pəŋ⁵³	bəŋ¹³	məŋ¹³
09 湖州	tɕin⁴⁴	dʑin¹¹²	dʑin¹¹²	dʑin²³¹	in⁵²³	pən⁵²³	bən¹¹²	mən¹¹²
10 德清	tɕin⁴⁴	dʑin¹¹³	dʑin¹¹³	dʑin¹⁴³	in⁵²	pen⁵²	ben¹¹³	men¹¹³
11 武康	tɕin⁴⁴	dʑin¹¹³	dʑin¹¹³	dʑin²⁴²	in⁵³	pen⁵³	ben¹¹³	men¹¹³
12 安吉	tɕiŋ⁵⁵	dɕiŋ²¹³	dʑiŋ²²	dʑiŋ²⁴³	iŋ⁵²	pəŋ⁵²	bəŋ²²	məŋ²²
13 孝丰	tɕiŋ⁴⁴	dɕiŋ²¹³	dʑiŋ²²	dʑiŋ²⁴³	iŋ⁵²	pəŋ⁵²	bəŋ²²	məŋ²²
14 长兴	tʃiŋ⁴⁴	dʒiŋ²⁴	dʒiŋ¹²	dʒiŋ²⁴³	iŋ⁵²	pəŋ⁵²	bəŋ¹²	məŋ¹²
15 余杭	tɕiŋ⁴⁴	dʑiŋ²¹³	dʑiŋ²²	dʑiŋ²⁴³	iŋ⁵³	piŋ⁵³	biŋ²²	miŋ²²
16 临安	tɕieŋ⁵⁵	dʑieŋ³³	dʑieŋ³³	dʑieŋ³³	ieŋ⁵⁵	peŋ⁵⁵	beŋ³³	meŋ³³
17 昌化	tɕiəŋ³³⁴	ʑiəŋ²⁴³	ʑiəŋ¹¹²	ʑiəŋ²⁴³	iəŋ⁴⁵³	pəŋ⁴⁵³	bəŋ¹¹²新 bɛ̃¹¹²老	məŋ¹¹²
18 於潜	tɕiŋ⁴³³	dʑiŋ²⁴	dʑiŋ²²³	dʑiŋ²⁴	iŋ⁵¹	peŋ⁵¹	beŋ²²³	meŋ²²³
19 萧山	tɕin⁵³³	dʑiŋ²⁴²	dʑiŋ²⁴²	dʑin¹³	iŋ³³	pəŋ³³	bəŋ³⁵⁵	məŋ³⁵⁵
20 富阳	tɕin⁵³	dʑin²²⁴	dʑin¹³	dʑin²²⁴	in⁴²³	pən⁴²³	bən¹³	mən¹³
21 新登	tɕin⁵³	dʑiŋ¹³	dʑiŋ²³³	dʑiŋ¹³	eiŋ³³⁴	peiŋ³³⁴	beiŋ²³³	meiŋ²³³
22 桐庐	tɕin⁵³³	dʑiŋ²⁴	dʑiŋ¹³	dʑiŋ²⁴	iŋ³³	pəŋ³³	bəŋ¹³	məŋ¹³
23 分水	tɕin⁴⁴	tɕin²⁴	dʑin²²	dʑin¹³	in⁵³	pən⁵³	bən²²	mən²²
24 绍兴	tɕin⁵³	dʑiŋ²²	dʑiŋ²³¹	dʑiŋ²²³	iŋ³³⁴	pẽ³³⁴	bẽ²³¹	mẽ²³¹
25 上虞	tɕin³⁵	tɕin⁵³	dʑin²¹³	dʑin²¹³	iŋ³⁵	pəŋ³⁵	bəŋ²¹³	məŋ²¹³

续表

方言点	0657 筋	0658 劲 有~	0659 勤	0660 近	0661 隐	0662 本	0663 盆	0664 门
	臻开三 平殷见	臻开三 去殷见	臻开三 平殷群	臻开三 上殷群	臻开三 上殷影	臻合一 上魂帮	臻合一 平魂并	臻合一 平魂明
26 嵊州	tɕiŋ^{534}	dʑiŋ^{24}	dʑiŋ^{213}	dʑiŋ^{22}	iŋ^{53}	peŋ^{53}	beŋ^{213}	meŋ^{213}
27 新昌	tɕiŋ^{534}	dʑiŋ^{13}	dʑiŋ^{22}	dʑiŋ^{232}	iŋ^{453}	peŋ^{453}	beŋ^{22}	meŋ^{22}
28 诸暨	tɕin^{544}	dʑin^{33}	dʑin^{13}	dʑin^{242}	in^{42}	pɛn^{42}	bɛn^{13}	mɛn^{13}
29 慈溪	tɕiŋ^{35}	dʑiŋ^{13}	dʑiŋ^{13}	dʑiŋ^{13}	iŋ^{35}	piŋ^{35}	biŋ^{13}	miŋ^{13}
30 余姚	tɕiə̃^{44}	dʑiə̃^{13}	dʑiə̃^{13}	dʑiə̃^{13}	iə̃^{34}	pə̃^{34}	bə̃^{13}	mə̃^{13}
31 宁波	tɕiŋ^{53}	dʑiŋ^{13} ~道 tɕiŋ^{53} 干~	dʑiŋ^{13}	dʑiŋ^{13}	iŋ^{35}	pəŋ^{35}	bəŋ^{13}	məŋ^{13}
32 镇海	tɕiŋ^{53}	dʑiŋ^{24}	dʑiŋ^{24}	dʑiŋ^{24}	iŋ^{35}	pəŋ^{35}	bəŋ^{24}	məŋ^{24}
33 奉化	tɕiŋ^{44}	dʑiŋ^{31}	dʑiŋ^{33}	dʑiŋ^{324}	iŋ^{545}	pəŋ^{44} 调殊	bəŋ^{33}	məŋ^{33}
34 宁海	tɕiŋ^{423}	dʑiŋ^{24}	dʑiŋ^{213}	dʑiŋ^{31}	iŋ^{53}	pəŋ^{53}	bəŋ^{213}	məŋ^{213}
35 象山	tɕiŋ^{44}	dʑiŋ^{31} ~道	dʑiŋ^{31}	dʑiŋ^{31}	iŋ^{44}	pəŋ^{44}	bəŋ^{31}	məŋ^{31}
36 普陀	tɕiŋ^{53}	dʑiŋ^{23}	dʑiŋ^{24}	dʑiŋ^{23}	iŋ^{45}	pɐŋ^{45}	bɐŋ^{24}	mɐŋ^{24}
37 定海	tɕiŋ^{52}	dʑiŋ^{13}	dʑiŋ^{23}	dʑiŋ^{23}	iŋ^{45}	pɐŋ^{45}	bɐŋ^{23}	mɐŋ^{23}
38 岱山	tɕiŋ^{52}	dʑiŋ^{213}	dʑiŋ^{23}	dʑiŋ^{244}	iŋ^{325}	pɐŋ^{325}	bɐŋ^{23}	mɐŋ^{23}
39 嵊泗	tɕiŋ^{53}	dʑiŋ^{213}	dʑiŋ^{243}	dʑiŋ^{334}	iŋ^{445}	pɐŋ^{445}	bɐŋ^{243}	mɐŋ^{243}
40 临海	tɕiŋ^{31} 又 kiŋ^{31} 又	tɕiŋ^{55} 又 giŋ^{324} 又	dʑiŋ^{21} 又 giŋ^{21} 又	dʑiŋ^{21} 又 giŋ^{21} 又	iŋ^{52}	pəŋ^{52}	bəŋ^{21}	məŋ^{21}
41 椒江	tɕiŋ^{42}	tɕiŋ^{55}	dʑiŋ^{31}	dʑiŋ^{31}	iŋ^{42}	pəŋ^{42}	bəŋ^{31}	məŋ^{31}
42 黄岩	tɕin^{32}	tɕin^{55}	dʑin^{121}	dʑin^{121}	in^{42}	pən^{42}	bən^{121}	mən^{121}
43 温岭	tɕin^{33}	dʑin^{13}	dʑin^{31}	dʑin^{31}	in^{42}	pən^{42}	bən^{31}	mən^{31}
44 仙居	tɕin^{334}	tɕin^{55} 手~	dʑin^{213}	dʑin^{213}	in^{324}	ɓen^{324}	ben^{213}	men^{213}
45 天台	kiŋ^{33}	kiŋ^{55}	giŋ^{224}	giŋ^{214}	iŋ^{325}	pəŋ^{325}	bəŋ^{224}	məŋ^{224}
46 三门	tɕiŋ^{334}	tɕiŋ^{55}	dʑiŋ^{113}	dʑiŋ^{243}	iŋ^{325}	pəŋ^{325}	bəŋ^{252} 小	məŋ^{113}
47 玉环	tɕiŋ^{42}	dʑiŋ^{22}	dʑiŋ^{31}	dʑiŋ^{41}	iŋ^{53}	pəŋ^{53}	bəŋ^{31}	məŋ^{31}
48 金华	tɕiŋ^{334}	dʑiŋ^{14}	dʑiŋ^{313}	tɕiŋ^{535}	iŋ^{535}	pəŋ^{535}	bəŋ^{313}	məŋ^{313}

续表

方言点	0657 筋	0658 劲 有~	0659 勤	0660 近	0661 隐	0662 本	0663 盆	0664 门
	臻开三平殷见	臻开三去殷见	臻开三平殷群	臻开三上殷群	臻开三上殷影	臻合一上魂帮	臻合一平魂並	臻合一平魂明
49 汤溪	tɕiɛ̃i24	dʑiɛ̃i341	dʑiɛ̃i11	dʑiɛ̃i113	iɛ̃i535	mã535	bã11	mã11
50 兰溪	tɕin334	dʑin24	dʑin21	tɕin55	in55	pæ̃55	bæ̃21	mæ̃21
51 浦江	tɕiən534	dʑiən243	dʑiən113	dʑiən243	iən53	pən53	bən113	mən113
52 义乌	tɕiən335	dʑiən24	dʑiən213	dʑiən312	iən423	mən423	bən213	mən213
53 东阳	tɕiɐn334	tɕiɐn334	dʑiɐn213	dʑiɐn24	iɐn44	pɐn44	bɯn213 小	mɐn213
54 永康	tɕiŋ55	dʑiŋ241	dʑiŋ22	dʑiŋ113	iŋ334	mɐŋ334	buo22	mɐŋ22
55 武义	tɕin24	dʑin231	dʑin324	dʑin13	in445	men445	ben324	men324
56 磐安	tɕiɐn445	dʑiɐn14	dʑiɐn213	tɕiɐn334	iɐn334	mɐn334 老 / pɐn334 新	bɐn213	mɐn213
57 缙云	tɕiɛŋ44	dʑiɛŋ213	dʑiɛŋ243	gɛ31	iɛŋ51	pɛ51	bɛ243	maŋ243
58 衢州	tɕin32	tɕin53	dʑin21	dʑin231	in35	pən35	bən21	mən21
59 衢江	tɕin33	tɕin53	dʑin212	gɛ212 远~ / dʑin212 ~视	iŋ25	pɛ25	bɛ212	mən212
60 龙游	tɕin334	tɕin51	dʑin21	dʑin224	in35	pən35	bən21	mən21
61 江山	kɐ̃44	kĩ51	gɐ̃213	gɛ̃22	ĩ241	pɛ̃241	bɛ̃213	moŋ213
62 常山	kĩ44	kĩ324	gĩ341	gɔ̃24	ĩ324	pɔ̃52	bɔ̃341	mɔ341
63 开化	kɛn44 白 / tɕin44 文	tɕin412	gen231	gɤŋ213 远~ / dʑin213 ~视	in53	pɛn53 ~钱 / pɤŋ53 ~领	ben231	mɤŋ231
64 丽水	tɕin224	tɕin52	dʑin22	gɛ22 白 / dʑin22 文	in544	pɛ544	bɛ22	men22
65 青田	tɕiaŋ445	tɕiaŋ33	dʑiaŋ21	dʑiaŋ343	iaŋ454	ɓaŋ454	buɐ21	maŋ21
66 云和	tɕiŋ24	tɕiŋ45	dʑiŋ312	dʑiŋ231	iŋ41	pɛ41	bɛ312	mɯŋ312
67 松阳	tɕin53	tɕin24	dʑin31	gæ̃22	in22	pæ̃212	bæ̃31	men31
68 宣平	tɕin324	dʑin231	dʑin433	gə223 白 / dʑin223 文	in445	pə445	bə433	mən433
69 遂昌	tɕiŋ45	tɕiŋ334	dʑiŋ221	gɛ̃13 远~ / dʑiŋ13 ~视	iŋ533	pɛ̃533	bɛ̃221	mən221

续表

方言点	0657 筋	0658 劲 有~	0659 勤	0660 近	0661 隐	0662 本	0663 盆	0664 门
	臻开三平殷见	臻开三去殷见	臻开三平殷群	臻开三上殷群	臻开三上殷影	臻合一上魂帮	臻合一平魂並	臻合一平魂明
70 龙泉	$kɛn^{434}$	$tɕin^{45}$	$gɛn^{21}$	$kɯə^{51}$白 $tɕin^{51}$文	in^{51}	$pɯə^{51}$	$bɯə^{21}$	$mɛn^{21}$
71 景宁	$tɕiaŋ^{324}$	$tɕiaŋ^{35}$	$dʑiaŋ^{41}$	$tɕiaŋ^{33}$	$iŋ^{33}$	$pœ^{33}$	$bœ^{41}$	$maŋ^{41}$
72 庆元	$tɕiəŋ^{335}$	$tɕiəŋ^{31}$	$tɕiəŋ^{52}$	$kæ̃^{221}$	$iəŋ^{33}$	$ɓæ̃^{33}$	$pæ̃^{52}$	$məŋ^{52}$
73 泰顺	$tsəŋ^{213}$	$tsəŋ^{35}$	$tsəŋ^{53}$	$tsəŋ^{21}$	$iŋ^{55}$	$pəŋ^{55}$	$pɛ^{53}$	$məŋ^{53}$
74 温州	$tɕiaŋ^{33}$	$tɕiaŋ^{51}$	$dʑiaŋ^{31}$	$dʑiaŋ^{14}$	$iaŋ^{25}$	$paŋ^{25}$	$bø^{31}$	$maŋ^{31}$
75 永嘉	$tɕiaŋ^{44}$	$tɕiaŋ^{53}$	$dʑiaŋ^{31}$	$dʑiaŋ^{13}$	$iaŋ^{45}$	$paŋ^{45}$	$bø^{31}$	$maŋ^{31}$
76 乐清	$tɕiaŋ^{44}$	$tɕiaŋ^{41}$	$dʑiaŋ^{31}$	$dʑiaŋ^{24}$	$iaŋ^{35}$	$paŋ^{35}$	$bɯ^{31}$	$maŋ^{31}$
77 瑞安	$tɕiaŋ^{44}$	$tɕiaŋ^{53}$	$dʑiaŋ^{31}$	$dʑiaŋ^{13}$	$iaŋ^{35}$	$paŋ^{35}$	$bø^{31}$	$maŋ^{31}$
78 平阳	$tʃaŋ^{55}$	$tʃaŋ^{53}$	$dʒaŋ^{242}$	$dʒaŋ^{23}$	$iaŋ^{45}$	$paŋ^{45}$	$bø^{242}$	$maŋ^{242}$
79 文成	$tʃaŋ^{55}$	$dʒaŋ^{224}$	$dʒaŋ^{113}$	$dʒaŋ^{224}$	$iaŋ^{224}$	$paŋ^{45}$	（无）	$maŋ^{113}$
80 苍南	$tɕiaŋ^{44}$	$tɕiaŋ^{42}$	$dʑiaŋ^{31}$	$dʑiaŋ^{24}$	$iaŋ^{53}$	$paŋ^{53}$	$bø^{31}$	$maŋ^{31}$
81 建德徽	$tɕin^{53}$	$tɕin^{213}$	$tɕin^{33}$	$tɕin^{213}$	in^{213}	$pən^{213}$	$pən^{33}$	$mən^{33}$
82 寿昌徽	$tɕien^{112}$	$tɕien^{33}$	$tɕʰien^{112}$文	$tɕʰien^{534}$	ien^{24}	pen^{24}	$pʰen^{52}$	men^{52}
83 淳安徽	$tɕin^{24}$	$tɕin^{24}$	$tɕʰin^{435}$	$tɕʰin^{55}$	in^{55}	pen^{55}	$pʰã^{435}$	men^{435}
84 遂安徽	$tɕin^{534}$	$tɕin^{43}$	$tɕʰin^{33}$	$tɕʰin^{43}$	in^{213}	$pəŋ^{213}$	$pʰəŋ^{33}$	$məŋ^{33}$
85 苍南闽	$kən^{55}$	kin^{21}	$kʰən^{24}$	$kən^{32}$	$ən^{43}$	$pɯŋ^{43}$	（无）	$mɯŋ^{24}$
86 泰顺闽	$kyeŋ^{213}$	$kieŋ^{53}$	$kyeŋ^{22}$	$kyeŋ^{31}$	$ieŋ^{344}$	puo^{344}	$piæŋ^{22}$	muo^{22}
87 洞头闽	kun^{33}	kin^{21}	$kʰun^{113}$	kun^{21}	in^{53}	$pɯŋ^{53}$白 pun^{53}文	（无）	$mɯŋ^{113}$
88 景宁畲	kyn^{44}	kyn^{44}	$kʰin^{22}$	$kʰyon^{44}$	in^{325}	pon^{325}	$pʰuən^{22}$	$muən^{22}$

方言点	0665 墩	0666 嫩	0667 村	0668 寸	0669 蹲	0670 孙 ～子	0671 滚	0672 困
	臻合一 平魂端	臻合一 去魂泥	臻合一 平魂清	臻合一 去魂清	臻合一 平魂从	臻合一 平魂心	臻合一 上魂见	臻合一 去魂溪
01 杭州	təŋ³³⁴	nəŋ¹³	tsʰuəŋ³³⁴	tsʰuəŋ⁴⁵	tuəŋ³³⁴	suəŋ³³⁴	kuəŋ⁵³	kʰuəŋ⁴⁵
02 嘉兴	təŋ⁴²	nəŋ¹¹³	tsʰəŋ⁴²	tsʰəŋ²²⁴	təŋ⁴²	səŋ⁴²	kuəŋ⁵⁴⁴	kʰuəŋ²²⁴
03 嘉善	təŋ⁵³	nəŋ¹¹³	tsʰəŋ⁵³	tsʰəŋ³³⁴	təŋ⁵³	səŋ⁴⁴	kuəŋ⁴⁴	kʰuəŋ³³⁴
04 平湖	təŋ⁵³	ləŋ²¹³	tsʰəŋ⁵³	tsʰəŋ²¹³	təŋ⁵³	səŋ⁵³	kuəŋ⁴⁴	kʰuəŋ⁵³
05 海盐	təŋ⁵³	ləŋ²¹³	tsʰəŋ⁵³	tsʰəŋ³³⁴	təŋ⁵³	səŋ⁵³	kuəŋ⁴²³	kʰuəŋ⁴²³
06 海宁	təŋ⁵⁵	ləŋ¹³	tsʰəŋ⁵⁵	tsʰəŋ³⁵	təŋ⁵⁵	səŋ⁵⁵	kuəŋ⁵³	kʰuəŋ³⁵
07 桐乡	təŋ⁴⁴	ləŋ²¹³	tsʰəŋ⁴⁴	tsʰəŋ³³⁴	təŋ⁴⁴	səŋ⁴⁴	kuəŋ⁵³	kʰuəŋ³³⁴
08 崇德	təŋ⁴⁴	ləŋ¹³	tsʰəŋ⁴⁴	tsʰəŋ³³⁴	təŋ⁴⁴	səŋ⁴⁴	kuəŋ⁵³	kʰuəŋ³³⁴
09 湖州	təŋ⁴⁴	ləŋ³⁵声殊	tsʰəŋ⁴⁴	tsʰəŋ³⁵	təŋ⁴⁴	səŋ⁴⁴	kuəŋ⁵²³	kʰuəŋ³⁵
10 德清	ten⁴⁴	len³³⁴	tsʰen⁴⁴	tsʰen³³⁴	ten⁴⁴	sen⁴⁴	kuen⁵²	kʰuen³³⁴
11 武康	ten⁴⁴	len²²⁴	tsʰen⁴⁴	tsʰen²²⁴	ten⁴⁴	sen⁴⁴	kuen⁵³	kʰuen²²⁴
12 安吉	təŋ⁵⁵	nəŋ²¹³	tsʰəŋ⁵⁵	tsʰəŋ³²⁴	təŋ⁵⁵	səŋ⁵⁵	kuəŋ⁵²	kʰuəŋ³²⁴
13 孝丰	təŋ⁴⁴	nəŋ³²⁴	tsʰəŋ⁴⁴	tsʰəŋ³²⁴	təŋ⁴⁴	səŋ⁴⁴	kuəŋ⁵²	kʰuəŋ³²⁴
14 长兴	təŋ⁴⁴	nəŋ³²⁴	tsʰəŋ⁴⁴	tsʰəŋ³²⁴	təŋ⁴⁴	səŋ⁴⁴	kuəŋ⁵²	kʰuəŋ³²⁴
15 余杭	tiŋ⁴⁴	niŋ²¹³	tsʰiŋ⁴⁴	tsʰiŋ⁴²³	tiŋ⁴⁴	siŋ⁴⁴	kuen⁵³	kʰuen⁵³
16 临安	teŋ⁵⁵	neŋ³³	tsʰeŋ⁵⁵	tsʰeŋ⁵⁵	teŋ⁵⁵	seŋ⁵⁵	kueŋ⁵⁵	kʰueŋ⁵⁵
17 昌化	tɛ̃³³⁴	nɛ̃⁵⁴⁴	tsʰɛ̃³³⁴	tsʰɛ̃⁵⁴⁴	təŋ³³⁴	sɛ̃³³⁴	kuəŋ⁴⁵³	kʰuəŋ⁵⁴⁴
18 於潜	ten⁴³³	nen²⁴	tsʰɛ⁴³³白 tsʰueŋ⁴³³文	tsʰɛ³⁵白 tsʰueŋ³⁵文	teŋ⁴³³	seŋ⁴³³	kuen⁵¹	kʰuen³⁵
19 萧山	təŋ⁵³³	nəŋ²⁴²	tsʰəŋ⁵³³	tsʰəŋ⁴²	təŋ⁵³³	sə̇ŋ⁵³³	kuəŋ³³	kʰuəŋ⁴²
20 富阳	təŋ⁵³	ləŋ³³⁵	tsʰəŋ⁵³	tsʰəŋ³³⁵	təŋ⁵³	səŋ⁵³	kuəŋ⁴²³	kʰuəŋ³³⁵
21 新登	teiŋ⁵³	leiŋ¹³	tɕʰiŋ⁵³	tsʰeiŋ⁴⁵	teiŋ⁵³	seiŋ⁵³	kueŋ³³⁴	kʰueŋ⁴⁵
22 桐庐	təŋ⁵³³	nəŋ²⁴	tsʰəŋ⁵³³	tsʰəŋ³⁵	təŋ⁵³³	səŋ⁵³³	kuəŋ³³	kʰuəŋ³⁵
23 分水	tən⁴⁴	nən¹³	tsʰən⁴⁴	tsʰən²⁴	tən⁴⁴	sən⁴⁴	kuən⁵³	kʰuən²⁴
24 绍兴	tø̃⁵³	nø̃²²	tsʰø̃⁵³	tsʰø̃³³	tø̃⁵³	sø̃⁵³	kuø̃³³⁴	kʰuø̃³³
25 上虞	təŋ³⁵	nø̃³¹	tsʰəŋ³⁵	tsʰəŋ⁵³	təŋ³⁵	səŋ³⁵	kuəŋ³⁵	kʰuəŋ⁵³

方言点	0665 墩	0666 嫩	0667 村	0668 寸	0669 蹲	0670 孙~子	0671 滚	0672 困
	臻合一平魂端	臻合一去魂泥	臻合一平魂清	臻合一去魂清	臻合一平魂从	臻合一平魂心	臻合一上魂见	臻合一去魂溪
26 嵊州	teŋ⁵³⁴	neŋ²⁴	tsʰeŋ⁵³⁴	tsʰeŋ³³⁴	teŋ⁵³⁴	seŋ⁵³⁴	kueŋ⁵³	kʰuəŋ³³⁴
27 新昌	teŋ⁵³⁴	neŋ¹³	tsʰeŋ⁵³⁴	tsʰeŋ³³⁵	teŋ⁵³⁴	seŋ⁵³⁴	kueŋ⁴⁵³	kʰueŋ³³⁵
28 诸暨	tɛŋ⁵⁴⁴	lɛŋ³³声殊	tsʰɛŋ⁵⁴⁴	tsʰɛŋ⁵⁴⁴	tɛŋ⁵⁴⁴	sɛŋ⁵⁴⁴	kuɛŋ⁴²	kʰuɛŋ⁵⁴⁴
29 慈溪	tiŋ³⁵	nəŋ¹³	tsʰuəŋ³⁵	tsʰuəŋ⁴⁴	(无)	suəŋ³⁵	kuəŋ³⁵	kʰuəŋ⁴⁴
30 余姚	tə̃⁴⁴	nə̃¹³	tsʰə̃⁴⁴	tsʰə̃⁵³	(无)	sə̃⁴⁴	kuə̃³⁴	kʰuə̃⁵³
31 宁波	təŋ⁴⁴	nəŋ¹³	tsʰəŋ⁴⁴	tsʰəŋ³⁵	təŋ⁴⁴读字	səŋ⁵³	kuəŋ³⁵	kʰuəŋ⁴⁴
32 镇海	təŋ⁵³	nəŋ²⁴	tsʰəŋ⁵³	tsʰəŋ⁵³	(无)	səŋ⁵³	kuəŋ³⁵	kʰuəŋ⁵³
33 奉化	təŋ⁴⁴	nəŋ³¹	tsʰəŋ⁴⁴	tsʰəŋ⁵³	təŋ⁴⁴读字	səŋ⁴⁴	kuəŋ⁵⁴⁵	kʰuəŋ⁵³
34 宁海	təŋ⁴²³	nəŋ²⁴	tsʰəŋ⁴²³	tsʰəŋ³⁵	təŋ⁴²³读字	səŋ⁴²³	kuəŋ⁵³	kʰuəŋ³⁵
35 象山	təŋ⁴⁴	nəŋ¹³	tsʰəŋ⁴⁴	tsʰəŋ⁵³	tʰəŋ⁴⁴读字	səŋ⁴⁴	kuəŋ⁴⁴	kʰuəŋ⁵³
36 普陀	tɐŋ⁵³	nɐŋ¹³	tsʰɐŋ⁵⁵小	tsʰɐŋ⁵⁵	tɐŋ⁵³	sɐŋ⁵³	kuɐŋ⁴⁵	kʰuɐŋ⁵⁵
37 定海	tɐŋ⁵²	nɐŋ¹³	tsʰɐŋ⁴⁴调殊	tsʰɐŋ⁴⁴	(无)	sɐŋ⁵²	kuɐŋ⁴⁵	kʰuɐŋ⁴⁴
38 岱山	tɐŋ³²⁵调殊	nɐŋ²¹³	tsʰɐŋ⁴⁴调殊	tsʰɐŋ³²⁵	(无)	sɐŋ⁵²	kuɐŋ³²⁵	kʰuɐŋ⁵²调殊
39 嵊泗	tɐŋ⁵³	nɐŋ²¹³	tsʰɐŋ⁴⁴⁵调殊	tsʰɐŋ⁵³	(无)	sɐŋ⁵³	kuɐŋ⁴⁴⁵	kʰuɐŋ⁵³
40 临海	təŋ³¹	nəŋ³²⁴	tsʰəŋ³¹	tsʰəŋ⁵⁵	təŋ³¹	səŋ³¹	kuəŋ⁵²	kʰuəŋ⁵²
41 椒江	tøŋ⁴²	løŋ²⁴	tsʰøŋ⁴²	tsʰøŋ⁵⁵	tøŋ⁴²	søŋ³⁵小	kuəŋ⁴²	kʰuəŋ⁴²
42 黄岩	tøn³²	løn²⁴	tsʰøn³²	tsʰøn⁵⁵	tøn³²	søn³²	kuən⁴²	kʰuən⁵⁵
43 温岭	tøn³³	nøn¹³	tsʰøn³³	tsʰøn⁵⁵	tøn³³	søn¹⁵小	kuən⁴²	kʰuən⁵⁵
44 仙居	ɗen³³⁴	nen²⁴	tsʰen³³⁴	tsʰen⁵⁵	(无)	sen³³⁴	kuen³²⁴	kʰuen⁵⁵
45 天台	təŋ³³	nəŋ³⁵	tsʰəŋ³³	tsʰəŋ⁵⁵	(无)	səŋ³³	kuəŋ³²⁵	kʰuəŋ⁵⁵
46 三门	təŋ³³⁴	nəŋ²⁴³	tsʰəŋ³³⁴	tsʰəŋ⁵⁵	təŋ³³⁴	səŋ³³⁴	kuəŋ³²⁵	kʰuəŋ³²⁵
47 玉环	təŋ⁴²	nəŋ²²	tsʰəŋ⁴²	tsʰəŋ⁵⁵	təŋ⁴²	səŋ³⁵小	kuəŋ⁵³	kʰuəŋ⁵⁵
48 金华	təŋ³³⁴	ləŋ¹⁴声殊	tsʰəŋ³³⁴	tsʰəŋ⁵⁵	(无)	səŋ³³⁴	kuəŋ⁵³⁵	kʰuəŋ⁵⁵
49 汤溪	nã²⁴	nã³⁴¹	tsʰɤ²⁴	tsʰɤ⁵²	nã²⁴	sã²⁴	kuã⁵³⁵	kʰuã⁵²

续表

方言点	0665 墩	0666 嫩	0667 村	0668 寸	0669 蹲	0670 孙 ~子	0671 滚	0672 困
	臻合一平魂端	臻合一去魂泥	臻合一平魂清	臻合一去魂清	臻合一平魂从	臻合一平魂心	臻合一上魂见	臻合一去魂溪
50 兰溪	tæ̃^{334}	næ̃^{24}	tsʰæ̃^{334}	tsʰɤ^{45}	tæ̃^{334}	sæ̃^{334}	kuæ̃^{55}	kʰuæ̃^{45}
51 浦江	tən^{55}	nə̃^{24}	tsʰə̃^{534}	tsʰə̃^{55}	(无)	sə̃^{534}	kuən^{53}	kʰuən^{55}
52 义乌	nən^{335}	nɯ^{24}	tsʰɯ^{335}	tsʰɯ^{45}	tən^{335}	sʅ^{335}白 ɕyən^{335}文	kuən^{123}	kʰuən^{45}
53 东阳	(无)	nɯ^{24}	tsʰɯ^{334}	tsʰɯ^{453}	(无)	sɐn^{334}	kuɐn^{44}	kʰuɐn^{453}
54 永康	nəŋ^{55}	nɤ^{241}	tsʰɤ^{55}	tsʰɤ^{52}	(无)	sɤ^{55}	kuəŋ^{334}	kʰuəŋ^{52}
55 武义	nen^{24}	nɤ^{231}	tsʰɤ^{24}	tsʰɤ^{53}	nen^{24}	sɤ^{24}	kuen^{445}	kʰuen^{53}
56 磐安	nɐn^{445}	nɯ^{14}	tsʰɯ^{445}	tsʰɯ^{52}	tɐn^{445}	sɯ^{445}	kuɐn^{334}	kʰuɐn^{52}
57 缙云	naŋ^{44}	nɛ^{213}	tsʰɛ^{44}	tsʰɛ^{453}	(无)	sɛ^{44}	kuaŋ^{51}	kʰuaŋ^{453}
58 衢州	tən^{32}	nən^{231}	tsʰən^{32}	tsʰən^{53}	tən^{32}	sən^{32}	kuən^{35}	kʰuən^{53}
59 衢江	tɛ^{33}	nɛ^{231}	tsʰɛ^{33}	tsʰɛ^{53}	təŋ^{33}	sɛ^{33}	kuɛ^{25}	kʰuɛ^{53}
60 龙游	tən^{334}	nei^{231}	tsʰuei^{334}	tsʰuei^{51}	tən^{334} ~点	suei^{334}	kuən^{35}	kʰuən^{51} ~难 kʰuɛ^{51}~觉
61 江山	tuɛ̃^{11}	nuɛ̃^{31}	tsʰuɛ̃^{44}	tsʰuɛ̃^{51}	tuɛ̃^{44}	suɛ̃^{44}	kuɛ̃^{241}	kʰuɛ̃^{51}
62 常山	tuɔ̃^{44}	nuɔ̃^{131}	tsʰuɔ̃^{44}	tsʰuɔ̃^{324}	tuɔ̃^{44}	suɔ̃^{44}	kuɔ̃^{52}	kʰuɔ̃^{324}
63 开化	luʊ̃^{44}	nuʊ̃^{213}	tʂʰuʊ̃^{44}	tʂʰuʊ̃^{412}	tuʊ̃^{44}	sʊ̃^{44}	kuõ^{53}~水 kuɛn^{55}~蛋	kʰuõ^{412} 单用 kʰuɛn^{412} ~难
64 丽水	ten^{224}	nuɛ^{131}	tsʰuɛ^{224}	tsʰuɛ^{52}	ten^{224}音殊	suɛ^{224}	kuen^{544}	kʰuen^{52}
65 青田	ɗaŋ^{445}	nuɐ^{22}	tsʰuɐ^{445}	tsʰuɐ^{33}	ɗaŋ^{445}	suɐ^{445}	kuaŋ^{454}	kʰuaŋ^{33}
66 云和	tue^{24}白 təŋ^{24}文	nuɛ^{223}	tsʰuɛ^{24}	tsʰuɛ^{45}	təŋ^{24}	suɛ^{24}	kuən^{41}	kʰuəŋ^{45}
67 松阳	tæ̃^{53}	næ̃^{13}	tsʰæ̃^{53}	tsʰæ̃^{24}	ten^{53}	sæ̃^{53}	kuen^{212}	kʰuen^{24}
68 宣平	tən^{324}	nə^{231}	tsʰə^{324}	tsʰə^{52}	tən^{324}	sə^{324}	kuən^{445}	kʰuən^{52}
69 遂昌	tɛ̃^{45}	nɛ̃^{213}	tsʰɛ̃^{45}	tsʰɛ̃^{334}	tɛ̃^{45}~点	sɛ̃^{45}	kuəŋ^{533}	kʰuəŋ^{334}白 kʰuɛ̃^{334}文

续表

方言点	0665 墩	0666 嫩	0667 村	0668 寸	0669 蹲	0670 孙 ~子	0671 滚	0672 困
	臻合一平魂端	臻合一去魂泥	臻合一平魂清	臻合一去魂清	臻合一平魂从	臻合一平魂心	臻合一上魂见	臻合一去魂溪
70 龙泉	tuɯə⁴³⁴~头 tuɯə⁵¹桥~	nɯə²²⁴	tsʰɯə⁴³⁴	tsʰɯə⁴⁵	tɛn⁴³⁴	sɯə⁴³⁴	kuən⁵¹	kʰuən⁴⁵
71 景宁	tœ³²⁴桥~ taŋ³²⁴树~	nœ¹¹³	tsʰœ³²⁴	tsʰœ³⁵	taŋ³²⁴ 音殊	sœ³²⁴	kuaŋ³³	kʰuaŋ³⁵
72 庆元	ɗæ̃³³⁵	næ̃³¹	tsʰæ̃³³⁵	tsʰæ̃¹¹	ɗæ̃³³⁵	sæ̃³³⁵姓~	kuəŋ³³	kʰuəŋ¹¹
73 泰顺	tœ⁵⁵桥~	nœ²²	tsʰœ²¹³	tsʰœ³⁵	təŋ²¹³	sœ²¹³	kuəŋ⁵⁵	kʰuəŋ³⁵
74 温州	tø³³	nø²²	tsʰø³³	tsʰø⁵¹	taŋ³³	sø³³	kaŋ²⁵	kʰaŋ⁵¹
75 永嘉	tø⁴⁴	nø²²	tsʰø⁴⁴	tsʰø⁵³	（无）	sø⁴⁴	kaŋ⁴⁵	kʰaŋ⁵³
76 乐清	tø⁴⁴	nø²²	tɕʰiø⁴⁴	tɕʰiø⁴¹	taŋ⁴⁴	sø⁴⁴	kuaŋ³⁵	kʰuaŋ⁴¹
77 瑞安	tø⁴⁴	nø²²	tsʰø⁴⁴	tsʰø⁵³	taŋ⁴⁴	sø⁴⁴	kaŋ³⁵	kʰaŋ⁵³
78 平阳	tø⁵⁵	nø³³	tʃʰθ⁵⁵	tʃʰθ⁵³	taŋ⁵⁵	sθ⁵⁵	kaŋ⁴⁵	kʰaŋ⁵³
79 文成	tø⁵⁵	nø⁴²⁴	tsʰø⁵⁵	tsʰø³³	tø⁵⁵	sø⁵⁵	kuøn⁴⁵	kʰuøn³³
80 苍南	tø⁴⁴	nø¹¹	tsʰø⁴⁴	tsʰø⁴²	tø⁴⁴	sø⁴⁴	kuaŋ⁵³	kʰuaŋ⁴²
81 建德徽	tən⁵³	lən⁵⁵	tsʰən⁵³	tsʰən³³	tən⁵³	sən⁵³	kuen²¹³	kʰuen⁵⁵ ~难
82 寿昌徽	ten¹¹²	len³³	tsʰen¹¹²	tsʰen³³	ten¹¹²	sen¹¹²姓~	kuen²⁴	kʰuen³³
83 淳安徽	ten²⁴	la̰⁵³	tsʰa̰²⁴	tsʰa̰²⁴	（无）	sa̰²⁴白 sen²⁴文	kuen⁵⁵	kʰuen²⁴
84 遂安徽	təŋ⁵³⁴	ləŋ⁵²	tsʰəŋ⁵³⁴	tsʰəŋ⁴³	kʰɑ⁵³⁴	səŋ⁵³⁴	kuəŋ²¹³	kʰuəŋ⁵²
85 苍南闽	tun⁵⁵	lun²¹	tsʰun⁵⁵	tsʰun²¹	tun⁵⁵	sun⁵⁵	kun⁴³	kʰun²¹
86 泰顺闽	to²¹³	no³¹	tsʰo²¹³	tsʰo⁵³	kiøu²¹³	so²¹³	kuəŋ³⁴⁴	kʰuəŋ⁵³
87 洞头闽	tun³³	nɯŋ²¹	tsʰun³³	tsʰun²¹	tun³³	sun³³	kun⁵³	kʰun²¹
88 景宁畲	ton⁴⁴	nuən⁵¹	tsʰuən⁴⁴	tsʰuən⁴⁴	（无）	suən⁴⁴⁵小	kuən³²⁵	kʰuən³²⁵ 调殊

方言点	0673 婚	0674 魂	0675 温	0676 卒棋子	0677 骨	0678 轮	0679 俊	0680 笋
	臻合一平魂晓	臻合一平魂匣	臻合一平魂影	臻合一入没精	臻合一入没见	臻合三平谆来	臻合三去谆精	臻合三上谆心
01 杭州	xuəŋ³³⁴	uəŋ²¹³	uəŋ³³⁴	tso?⁵	kua?⁵	ləŋ²¹³	tɕyŋ⁴⁵	suəŋ⁵³
02 嘉兴	huəŋ⁴²	uəŋ²⁴²	uəŋ⁴²	tsə?⁵	kuə?⁵	ləŋ²⁴²	tɕɣəŋ²²⁴	səŋ⁵⁴⁴
03 嘉善	fən⁵³	uən¹³²	uən⁵³	tsuo?⁵	kuo?⁵	lən¹³²	tɕin⁵³	sən⁴⁴
04 平湖	huən⁵³	vən³¹	vən⁵³	tsə?⁵	kuə?⁵	lən³¹	tsin³³⁴	sən⁴⁴
05 海盐	xuən⁵³	uən³¹	uən⁵³	tsə?⁵	kɔ?⁵	lən³¹	tɕyn⁵³	sən⁴²³
06 海宁	huəŋ⁵⁵	uəŋ¹³	uəŋ⁵⁵	tsə?⁵	ko?⁵	ləŋ¹³	tɕiŋ³⁵	səŋ⁵³
07 桐乡	huəŋ⁴⁴	uəŋ¹³	uəŋ⁴⁴	tsə?⁵	kuə?⁵	ləŋ¹³	tɕiŋ⁵³	səŋ⁵³
08 崇德	huəŋ⁴⁴	uəŋ¹³	uəŋ⁴⁴	tsə?⁵	kɔ?⁵	ləŋ¹³	tɕiŋ⁴⁴	səŋ⁵³
09 湖州	xuən⁴⁴	uən¹¹²	uən⁴⁴	tsuo?⁵	kuə?⁵	lən¹¹²	tɕin³⁵	sən⁵²³
10 德清	xuen⁴⁴	uen¹¹³	uen⁴⁴	tsa?⁵	kuo?⁵	len¹¹³	tɕin⁴⁴	sen⁵²
11 武康	xuen⁴⁴	uen¹¹³	uen⁴⁴	tsə?⁵	kuo?⁵	len¹¹³	tɕin⁵³ 读字	sen⁵³
12 安吉	fəŋ⁵⁵	uəŋ²²	uəŋ⁵⁵	tsə?⁵	kuə?⁵	ləŋ²²	tɕiŋ³²⁴	səŋ⁵²
13 孝丰	huəŋ⁴⁴	uəŋ²²	uəŋ⁴⁴	tsə?⁵	kuə?⁵	ləŋ²²	tɕiŋ³²⁴	səŋ⁵²
14 长兴	huəŋ⁴⁴	uəŋ¹²	uəŋ⁴⁴	tso?⁵	kuə?⁵	ləŋ¹²	tʃiŋ³²⁴	səŋ⁵²
15 余杭	xuəŋ⁴⁴	ueŋ²²	ueŋ⁴⁴	tsə?⁵	ko?⁵	liŋ²²	tɕiŋ⁵³	siŋ⁵³
16 临安	hueŋ⁵⁵	ueŋ³³	ueŋ⁵⁵	tsɐ?⁵⁴	kuə?⁵⁴	leŋ³³	tɕieŋ⁵⁵	seŋ⁵⁵
17 昌化	xuəŋ³³⁴	uəŋ¹¹²	uəŋ³³⁴	tsuə?⁵	kuə?⁵	ləŋ¹¹²	tɕɣəŋ³³⁴	səŋ⁴⁵³
18 於潜	xueŋ⁴³³	ueŋ²²³	ueŋ⁴³³	tsuə?⁵³	kuə?⁵³	leŋ²²³	tɕyŋ³⁵ 文	seŋ⁵¹
19 萧山	xuəŋ⁵³³	uəŋ³⁵⁵	uəŋ⁵³³	tsə?⁵	kuo?⁵	ləŋ³⁵⁵	tɕyoŋ⁴²	ɕiŋ³³
20 富阳	huən⁵³	uən¹³	uən⁵³	tsɛ?⁵	kuo?⁵	lən¹³	tɕɣən⁵³	sən⁴²³
21 新登	hueŋ⁵³	ueŋ²³³	ueŋ⁵³	tsə?⁵	kuə?⁵	leiŋ²³³	tɕyiŋ⁵³	seiŋ³³⁴
22 桐庐	xuəŋ⁵³³	uəŋ¹³	uəŋ⁵³³	tsə?⁵	kuə?⁵	ləŋ¹³	tɕyŋ⁵³³ 文	səŋ³³
23 分水	xuən⁴⁴	uən²²	uən⁴⁴	tsə?⁵	kuə?⁵	lən²²	tɕyn⁵³	sən⁵³
24 绍兴	huø̃⁵³	uø̃²³¹	uø̃⁵³	tso?⁵	kuo?⁵	lø̃²³¹	tɕiŋ³³	ɕiŋ³³⁴
25 上虞	fəŋ³⁵	uəŋ²¹³	uəŋ³⁵	tsə?⁵	kuə?⁵	liŋ²¹³	tɕiŋ⁵³	ɕiŋ³⁵

方言点	0673 婚	0674 魂	0675 温	0676 卒 棋子	0677 骨	0678 轮	0679 俊	0680 笋
	臻合一平魂晓	臻合一平魂匣	臻合一平魂影	臻合一入没精	臻合一入没见	臻合三平谆来	臻合三去谆精	臻合三上谆心
26 嵊州	feŋ^{534}	uəŋ^{213}	uəŋ^{534}	tsəʔ^5	kuaʔ^5	leŋ^{213}	tɕiŋ^{53}	ɕiŋ^{53}
27 新昌	feŋ^{534}	ueŋ^{22}	ueŋ^{534}	tseʔ^5	kueʔ^5	leŋ^{22}	tseŋ^{335}白 tɕyoŋ^{335}文	seŋ^{453}
28 诸暨	fɛn^{544}	vɛn^{13}	vɛn^{544}	tsəʔ^5	koʔ^5	lɛn^{13}	（无）	ɕin^{42}
29 慈溪	huəŋ^{35}	uəŋ^{13}	uəŋ^{35}	tsuəʔ^5	kuəʔ^5	liŋ^{13}	tɕiuŋ^{35}	ɕiŋ^{35}
30 余姚	huə̃^{44}	uə̃^{13}	uə̃^{44}	tsoʔ^5	kuoʔ^5	liə̃^{13}	tɕiə̃^{53}	ɕiə̃^{34}
31 宁波	huəŋ^{53}	uaʔ^2 ～灵 uəŋ^{13} 失～	uəŋ^{53}	tsaʔ^5	kuaʔ^5	ləŋ^{13}	tsoŋ^{53}	soŋ^{35}
32 镇海	huəŋ^{53}	uəŋ^{24}	uəŋ^{53}	tsaʔ^5	kuaʔ^5	ləŋ^{24}	tsoŋ^{53}	soŋ^{35}
33 奉化	huəŋ^{44}	uəŋ^{33}	uəŋ^{44}	tsaʔ^5	kuaʔ^5	ləŋ^{33}	tsoŋ^{53}	soŋ^{545}
34 宁海	huəŋ^{423}	uəŋ^{213}	uəŋ^{423}	tsaʔ^5	kuaʔ^5	ləŋ^{213}	tɕyəŋ^{35}	ɕyəŋ^{53}
35 象山	huəŋ^{44}	uəŋ^{31}	uəŋ^{44}	tsaʔ^5	kuoʔ^5	ləŋ^{31}	tɕyoŋ^{44}读字	soŋ^{44}
36 普陀	xuɐŋ^{53}	uɐŋ^{24}	uɐŋ^{53}	tsɐʔ^5	kuɐʔ^5	lɐŋ^{24}	tɕioŋ^{53}英～	soŋ^{45}
37 定海	xuɐŋ^{52}	uɐŋ^{23}	uɐŋ^{52}	tsɐʔ^5	kuɐʔ^5	lɐŋ^{23}	tɕyoŋ^{52}调殊	soŋ^{45}
38 岱山	xuɐŋ^{52}	uɐŋ^{23}	uɐŋ^{52}	tsɐʔ^5	kuɐʔ^5	lɐŋ^{23}	tɕyoŋ^{44}	soŋ^{325}
39 嵊泗	xuɐŋ^{53}	uɐŋ^{243}	uɐŋ^{53}	tsɐʔ^5	kuɐʔ^5	lɐŋ^{243}	tɕyoŋ^{53}	soŋ^{445}
40 临海	huəŋ^{31}	uəŋ^{21}	uəŋ^{31}	tsəʔ^5	kuaʔ^5	ləŋ^{21}	tɕyŋ^{55}	ɕyŋ^{52}
41 椒江	huəŋ^{42}	uəŋ^{31}	uəŋ^{42}	tsø^{51}小	kuəʔ^5	ləŋ^{31}	tsøŋ^{55}	søŋ^{42}
42 黄岩	huən^{32}	uən^{121}	uən^{32}	tsø^5	kuoʔ^5	løn^{121}	tsøn^{55}	søn^{42}
43 温岭	huən^{33}	uən^{31}	uən^{33}	tsø^{51}小	kuoʔ^5	nøn^{31}	tsøn^{55}	ɕyn^{42}
44 仙居	huen^{334}	uen^{213}	uen^{334}	tsəʔ^5	kuəʔ^5	lin^{213}白 len^{213}文	tɕyen^{55}	ɕyen^{324}
45 天台	huəŋ^{33}	uəŋ^{224}	uəŋ^{33}	tsəʔ^5	kuaʔ^5 ～头 kuəʔ^2 脚～	ləŋ^{224}	tɕyŋ^{55}	ɕyŋ^{325}
46 三门	huəŋ^{334}	uəŋ^{113}	uəŋ^{334}	tsɐʔ^5	kuɐʔ^5	ləŋ^{113}	tɕyŋ^{55}	ɕyŋ^{325}
47 玉环	huəŋ^{42}	uəŋ^{31}	uəŋ^{42}	tsəŋ^{53}小	kuoʔ^5	nəŋ^{31}	tɕioŋ^{55}	ɕioŋ^{53}

续表

方言点	0673 婚 臻合一 平魂晓	0674 魂 臻合一 平魂匣	0675 温 臻合一 平魂影	0676 卒 棋子 臻合一 入没精	0677 骨 臻合一 入没见	0678 轮 臻合三 平谆来	0679 俊 臻合三 去谆精	0680 笋 臻合三 上谆心
48 金华	xuəŋ³³⁴	uəŋ³¹³	uəŋ³³⁴	tɕiəʔ⁴	kuəʔ⁴	liŋ³¹³白 ləŋ³¹³文	tɕyəŋ⁵⁵	ɕiŋ⁵³⁵
49 汤溪	xuã²⁴	uã¹¹	uã²⁴	tsei⁵⁵	kuə⁵⁵	lɛ̃i¹¹动 lã¹¹名	(无)	sɛ̃i⁵³⁵
50 兰溪	xuæ̃³³⁴	uæ̃²¹	uæ̃³³⁴	tɕieʔ³⁴	kuəʔ³⁴	læ̃²¹	tɕin⁴⁵	sin⁵⁵
51 浦江	xuən⁵³⁴	uən¹¹³	uən⁵³⁴	tsə⁴²³	kuə⁴²³	liən¹¹³白 lən¹¹³文	tsiən⁵⁵	sən⁵³
52 义乌	huən³³⁵	uən²¹³	uən³³⁵	tsə³²⁴	kuə³²⁴	lən²¹³	tɕyən⁴⁵	sən⁴²³
53 东阳	huɐn³³⁴	uɐn²¹³	uɐn³³⁴	tsan⁴⁵³小	kɐn³³⁴	lɐn²¹³	tsɐn³³⁴	sɐn⁴⁴
54 永康	xuəŋ⁵⁵	uəŋ²²	uəŋ⁵⁵	dzə²⁴¹小	kuə³³⁴	ləŋ²²	tɕyeŋ⁵²	sɐ̃ŋ³³⁴
55 武义	xuen²⁴	uen³²⁴	uen²⁴	tsəʔ⁵	kuo⁵³	len³²⁴	tɕyen⁵³	sen⁴⁴⁵
56 磐安	xuɐn⁴⁴⁵	uɐn²¹³	uɐn⁴⁴⁵	tsɛn⁵²小	kuɐn³³⁴	lɐn²¹³	tɕyɐn⁵²	ɕyɐn³³⁴
57 缙云	xuɛ⁴⁴	uɛ²⁴³	uɛŋ⁴⁴～州 uaŋ⁴⁴～度	dzəɤ¹³	kuɛ³²²	laŋ²⁴³	tɕyɛŋ⁵¹	ɕyɛŋ⁵¹
58 衢州	xuən³²	uən²¹	uən³²	tsəʔ⁵	kuəʔ⁵	lən²¹	tɕin⁵³	ʃyən³⁵
59 衢江	xuɛ³³	uɛ²¹²	uɛ³³	tsəʔ⁵	kuəʔ⁵	ləŋ²¹²	tɕiŋ⁵³	səŋ²⁵
60 龙游	xuən³³⁴	uei²¹	uən³³⁴	tsəʔ⁴	kuəʔ⁴	lən²¹	tɕyn⁵¹	ɕin³⁵
61 江山	xuɛ̃⁴⁴	uɛ̃²¹³	uɛ̃⁴⁴	tsoʔ⁵	kɐʔ⁵	lĩ²¹³	tɕyĩ⁵¹	sɛ̃²⁴¹
62 常山	xuɔ̃⁴⁴	uɔ̃³⁴¹	uɔ̃⁴⁴	tsɤʔ⁵	kɛʔ⁵	lĩ³⁴¹	tsuĩ⁵²	ʃoŋ⁵²
63 开化	xuõ⁴⁴老 xuɛn⁴⁴新	uõ²³¹	uõ⁴⁴	tɕyaʔ⁵	kuaʔ⁵	lin²³¹～鼓 lɤŋ²³¹～船	tɕyn⁵³调殊	sɤŋ⁵³
64 丽水	xuɛ²²⁴	uɛ²²	uɛ²²⁴	tseʔ⁵	kuɛʔ⁵	lin²²动 len²²名	tɕyn⁵²	ɕyn⁵⁴⁴
65 青田	xuɐ⁴⁴⁵	uɐ²¹	uɐ⁴⁴⁵	tsaʔ⁴²	kuæʔ⁴²	liaŋ²¹	tɕyaŋ³³	ɕyaŋ⁴⁵⁴
66 云和	xuɛ²⁴	uɛ³¹²	uɛ²⁴	tsei ʔ⁵	kuɛʔ⁵	liŋ³¹²白 ləŋ³¹²文	tɕyŋ⁴⁵	ɕyŋ⁴¹
67 松阳	fæ̃⁵³	uɛ̃³¹	uɛ̃⁵³	tseʔ⁵	kuɛʔ⁵	lin³¹	tɕyn⁵³	sen²¹²
68 宣平	xuə³²⁴	uə⁴³³	uə³²⁴	tsəʔ⁵	kuəʔ⁵	lən⁴³³形 lin⁴³³动	tɕyən⁵²	sən⁴⁴⁵

续表

方言点	0673 婚	0674 魂	0675 温	0676 卒棋子	0677 骨	0678 轮	0679 俊	0680 笋
	臻合一平魂晓	臻合一平魂匣	臻合一平魂影	臻合一人没精	臻合一人没见	臻合三平谆来	臻合三去谆精	臻合三上谆心
69 遂昌	xuɛ̃^{45}	uɛ̃^{221}	uɛ̃^{45}	tɕyʔ^{5}	kuɛʔ^{5}	liŋ^{221} / ləŋ^{221}	tɕyŋ^{334}	səŋ^{533}
70 龙泉	xuo^{434}	uo^{21}	uo^{434}	tsaiʔ^{5}	kuoʔ^{5}	luɯə^{21}车~ / lin^{21}~到	tɕyn^{45}	sen^{51}
71 景宁	xuœ^{324}	uœ^{41}	uœ^{324}	tsəɯʔ^{5}	kuœʔ^{5}	liaŋ^{41}	tɕiaŋ^{35}	ɕiaŋ^{33}
72 庆元	xuæ̃^{335}	uæ̃^{52}	uæ̃^{335}	tsəɯʔ^{5}	kuɤʔ^{5}	ləŋ^{52}	tɕyəŋ^{11}	ɕyəŋ^{33}
73 泰顺	fɛ^{213}	uɛ^{53}	uɛ^{213}	tsəiʔ^{5}	kuɛʔ^{5}	ləŋ^{53}	tɕioŋ^{35}	ɕioŋ^{55}
74 温州	ɕy^{33}	y^{31}	vaŋ^{33}白 / y^{33}文	tsai^{323}	kø^{323}	laŋ^{31}	tɕioŋ^{51}	ɕioŋ^{25}
75 永嘉	ɕy^{44}	y^{31}	y^{44}	tsai^{423}	ky^{423}	laŋ^{31}	tɕioŋ^{53}	ɕioŋ^{45}
76 乐清	fɤ^{44}	yE^{31}	uaŋ^{44}白 / uɤ^{44}文	tɕiɤ^{323}	kuɤ^{323}	laŋ^{31}	tɕioŋ^{41}	soŋ^{35}
77 瑞安	ɕy^{44}	y^{31}	vaŋ^{44}白 / y^{44}文	tsa^{323}	ky^{323}	laŋ^{31}	tsoŋ^{53}	soŋ^{35}
78 平阳	ɕye^{55}	ye^{242}	ye^{55}	tʃA^{34}	kye^{34}	laŋ^{242}	tʃøŋ^{53}	søŋ^{45}
79 文成	fyø^{55}	uø^{113}	yø^{55}	tʃa^{34}	kuø^{34}	laŋ^{113}	tʃøn^{33}	søn^{45}
80 苍南	hyɛ^{44}	yɛ^{31}	yɛ^{44}	tsɛ^{223}	kyɛ^{223}	laŋ^{31}	tsuɛŋ^{42}	suɛŋ^{53}
81 建德徽	huen^{53}	uen^{33}	uen^{53}	tsɐʔ^{5}	kuɐʔ^{5}	ləŋ^{33}	tɕyn^{55}	ɕin^{213}
82 寿昌徽	xuen^{112}	uen^{52}	uen^{112}	tsəʔ^{3}	kuəʔ^{3}	len^{112}文	tɕyen^{55}文	ɕien^{24}
83 淳安徽	fen^{24}	ven^{435}	ven^{24}	tsəʔ^{5}	kueʔ^{5}	len^{435}	tɕyen^{24}	sen^{55}
84 遂安徽	fəŋ^{534}	vəŋ^{33}	vəŋ^{534}	tsə^{24}	kuəɯ^{24}	ləŋ^{33}	tɕyn^{43}	ɕin^{213}
85 苍南闽	hun^{55}	un^{24}	un^{55}	tsuə^{43}	kuə^{43}	lun^{24}	tsun^{21}	sun^{43}
86 泰顺闽	fɔi^{213}	fo^{22}	uo^{213}	tɕyɿʔ^{5}	kuøʔ^{5}	ləŋ^{22}	tsyeŋ^{53}	syeŋ^{344}
87 洞头闽	hun^{33}	hun^{113}	un^{33}	tsuət^{5}	kuət^{5}	lun^{113}	tsun^{21}	sun^{53}
88 景宁畲	xuən^{44}	uən^{22}	uən^{44}	tɕit^{5}	kut^{5}	luən^{22}	（无）	suən^{325}

方言点	0681 准 臻合三 上谆章	0682 春 臻合三 平谆昌	0683 唇 臻合三 平谆船	0684 顺 臻合三 去谆船	0685 纯 臻合三 平谆禅	0686 闰 臻合三 去谆日	0687 均 臻合三 平谆见	0688 匀 臻合三 平谆以
01 杭州	$tsuəŋ^{53}$	$tsʰuəŋ^{334}$	$dzuəŋ^{213}$	$zuəŋ^{13}$	$dzuəŋ^{213}$	$zuəŋ^{13}$	$tɕyŋ^{334}$	$yŋ^{213}$
02 嘉兴	$tsəŋ^{544}$	$tsʰəŋ^{42}$	$zəŋ^{242}$	$zəŋ^{113}$	$zəŋ^{242}$	$zəŋ^{113}$	$tɕyəŋ^{42}$	$yəŋ^{242}$
03 嘉善	$tsən^{44}$	$tsʰən^{53}$	$zən^{132}$	$zən^{113}$	$zən^{132}$	$zən^{113}$	$tɕin^{53}$	in^{132}
04 平湖	$tsən^{44}$	$tsʰən^{53}$	$zən^{31}$	$zən^{213}$	$zən^{31}$	yn^{213}	$tɕyn^{53}$	yn^{31}
05 海盐	$tsən^{423}$	$tsʰən^{53}$	$zən^{31}$	$zən^{213}$	$zən^{213}$	$zən^{213}$	$tɕyn^{53}$	yn^{31}
06 海宁	$tsəŋ^{53}$	$tsʰəŋ^{55}$	$zəŋ^{13}$	$zəŋ^{13}$	$zəŋ^{13}$	$zəŋ^{13}$	$tɕiŋ^{55}$	$iŋ^{13}$
07 桐乡	$tsəŋ^{53}$	$tsʰəŋ^{44}$	$zəŋ^{13}$	$zəŋ^{213}$	$zəŋ^{13}$	$iŋ^{213}$	$tɕiŋ^{44}$	$iŋ^{13}$
08 崇德	$tsəŋ^{53}$	$tsʰəŋ^{44}$	$zəŋ^{13}$	$zəŋ^{13}$	$zəŋ^{13}$	$iŋ^{13}$	$tɕiŋ^{44}$	$iŋ^{13}$
09 湖州	$tsən^{523}$	$tsʰən^{44}$	$zən^{112}$	$zən^{112}$	$dzən^{112}$	$zən^{24}$	$tɕin^{44}$	in^{112}
10 德清	$tsen^{52}$	$tsʰen^{44}$	zen^{113}	zen^{113}	zen^{113}	in^{334}	$tɕin^{44}$	in^{44}
11 武康	$tsen^{53}$	$tsʰen^{44}$	$dzen^{113}$	zen^{113}	zen^{113}	zen^{113}	$tɕin^{44}$	in^{113}
12 安吉	$tsəŋ^{52}$	$tsʰəŋ^{55}$	$zəŋ^{22}$	$zəŋ^{213}$	$zəŋ^{22}$	$iŋ^{213}$	$tɕyəŋ^{55}$	$yəŋ^{22}$
13 孝丰	$tsəŋ^{52}$	$tsʰəŋ^{44}$	$zəŋ^{12}$	$zəŋ^{213}$	$zəŋ^{213}$	$iŋ^{324}$	$tɕin^{44}$	$iŋ^{22}$
14 长兴	$tsəŋ^{52}$	$tsʰəŋ^{44}$	$zəŋ^{12}$	$zəŋ^{12}$	$zəŋ^{12}$	$zəŋ^{24}$	$tʃiŋ^{44}$	$iŋ^{12}$
15 余杭	$tsiŋ^{53}$	$tsʰiŋ^{44}$	$ziŋ^{22}$	$ziŋ^{213}$	$ziŋ^{213}$	$iŋ^{213}$	$tɕiŋ^{44}$	$iŋ^{22}$
16 临安	$tsen^{55}$	$tsʰuen^{55}$	$dzen^{33}$	zen^{33}	$dzen^{33}$	$dzen^{33}$	$tɕien^{55}$	$ioŋ^{33}$
17 昌化	$tɕyəŋ^{453}$	$tɕʰyəŋ^{334}$	$zəŋ^{112}$	$ʑyəŋ^{243}$	$ʑyəŋ^{112}$	$yəŋ^{243}$	$tɕyəŋ^{334}$	$yəŋ^{112}$
18 於潜	$tɕyŋ^{51}$	$tɕʰuoŋ^{433}$	$ɮɛŋ^{223}$	$ʑyŋ^{24}$	$dʑyŋ^{223}$	$yŋ^{24}$	$tɕyŋ^{100}$	$yŋ^{223}$
19 萧山	$tsəŋ^{33}$	$tsʰəŋ^{533}$	$dzəŋ^{355}$	$zəŋ^{242}$	$dzəŋ^{355}$	$zəŋ^{242}$白 $ləŋ^{242}$文	$tɕyoŋ^{533}$	$yoŋ^{355}$
20 富阳	$tɕyən^{423}$	$tɕʰyən^{53}$	（无）	$ʑyən^{224}$	$dzən^{13}$	$yən^{335}$	$tɕyən^{53}$	$yən^{13}$
21 新登	$tɕyiŋ^{334}$	$tɕʰyiŋ^{53}$	$zeiŋ^{233}$	$ʑyiŋ^{13}$	$zeiŋ^{233}$	$yiŋ^{13}$	$tɕyiŋ^{53}$	$yiŋ^{233}$
22 桐庐	$tɕyŋ^{33}$	$tɕʰyŋ^{533}$	$dzəŋ^{13}$	$ʑyŋ^{24}$	$ʑyŋ^{13}$	$ʑyŋ^{24}$	$tɕyŋ^{533}$	$yŋ^{13}$
23 分水	$tɕyn^{53}$	$tɕʰyn^{44}$	$zən^{22}$	$ʑyn^{13}$	$ʑyn^{22}$	yn^{13}	$tɕyn^{44}$	yn^{22}
24 绍兴	$tsẽ^{334}$	$tsʰẽ^{53}$	$zẽ^{231}$	$zẽ^{22}$	$zẽ^{231}$	$zẽ^{22}$～土 $yø̃^{22}$～月	$tɕyø̃^{53}$	$yø̃^{231}$
25 上虞	$tsəŋ^{35}$	$tsʰəŋ^{35}$	$zəŋ^{213}$	$zəŋ^{31}$	$zəŋ^{213}$	$iŋ^{213}$	$tɕyoŋ^{35}$	$yoŋ^{213}$

续表

方言点	0681 准	0682 春	0683 唇	0684 顺	0685 纯	0686 闰	0687 均	0688 匀
	臻合三 上谆章	臻合三 平谆昌	臻合三 平谆船	臻合三 去谆船	臻合三 平谆禅	臻合三 去谆日	臻合三 平谆见	臻合三 平谆以
26 嵊州	tseŋ⁵³	tsʰeŋ⁵³⁴	zeŋ²¹³	zeŋ²⁴	dzeŋ²¹³	yoŋ²⁴白 zeŋ²⁴文	tɕyoŋ⁵³⁴	yoŋ²¹³
27 新昌	tseŋ⁴⁵³	tsʰeŋ⁵³⁴	zeŋ²²	zeŋ¹³	ʑiŋ²²白 dzeŋ²²文	yoŋ¹³白 zeŋ¹³文	tɕyoŋ⁵³⁴	yoŋ²²
28 诸暨	tsɛn⁴²	tsʰɛn⁵⁴⁴	dzɛn¹³	zɛn³³	zɛn¹³白 dzʐɛn¹³文	iom³³	tɕiom⁵⁴⁴	iom¹³
29 慈溪	tsəŋ³⁵	tsʰəŋ³⁵	zəŋ¹³	zəŋ¹³	zəŋ¹³	əŋ¹³	tɕyəŋ³⁵	yəŋ¹³
30 余姚	tsə̃³⁴	tsʰə̃⁴⁴	dzə̃¹³	zə̃¹³	zə̃¹³	iuŋ¹³~年 zə̃¹³~土	tɕiuŋ⁴⁴	iuŋ¹³
31 宁波	tsoŋ³⁵	tsʰoŋ⁵³	zoŋ¹³	zoŋ¹³	zoŋ¹³	yoŋ¹³~月	tɕyoŋ⁵³	yoŋ¹³
32 镇海	tsoŋ³⁵	tsʰoŋ⁵³	zoŋ²⁴	zoŋ²⁴	zoŋ²⁴	yoŋ²⁴	tɕyoŋ⁵³	yoŋ²⁴
33 奉化	tsoŋ⁵⁴⁵	tsʰoŋ⁴⁴	zoŋ³³	zoŋ³¹	zoŋ³³	yoŋ³¹	tɕyoŋ⁴⁴	yoŋ³³
34 宁海	tɕyəŋ⁵³	tɕʰyəŋ⁴²³	ʑyəŋ²¹³	ʑyəŋ²⁴	ʑyəŋ²¹³	yəŋ²⁴	kyəŋ⁴²³	yəŋ²¹³
35 象山	tsoŋ⁴⁴	tsʰoŋ⁴⁴	zoŋ³¹	zoŋ¹³	dzoŋ³¹	yoŋ³¹	tɕyoŋ⁴⁴	yoŋ³¹
36 普陀	tsoŋ⁴⁵	tsʰoŋ⁵³	zoŋ²⁴	zoŋ¹³	zoŋ²⁴	ioŋ¹³	tɕioŋ⁵³	ioŋ²⁴
37 定海	tsoŋ⁴⁵	tsʰoŋ⁵²	zoŋ²³	zoŋ¹³	zoŋ²³	yoŋ¹³	tɕyoŋ⁵²	yoŋ²³
38 岱山	tsoŋ³²⁵	tsʰoŋ⁵²	zoŋ²³	zoŋ²¹³	zoŋ²¹³调殊	yoŋ²¹³	tɕyoŋ⁵²	yoŋ²³
39 嵊泗	tsoŋ⁴⁴⁵	tsʰoŋ⁵³	zoŋ²⁴³	zoŋ²¹³	zoŋ²⁴³	yoŋ²¹³	tɕyoŋ⁵³	yoŋ²⁴³
40 临海	tɕyŋ⁵²	tɕʰyŋ³¹	ʑyŋ²¹	ʑyŋ³²⁴	ʑyŋ²¹	yŋ³²⁴	tɕyŋ³¹又 kyŋ³¹又	yŋ²¹
41 椒江	tsøŋ⁴²	tsʰøŋ⁴²	zøŋ³¹	zøŋ²⁴	zøŋ³¹	yŋ²⁴	kyŋ⁴²	yŋ³¹
42 黄岩	tsøn⁴²	tsʰøn³²	zøn¹²¹	zøn²⁴	zøn¹²¹	yn²⁴	kyn³²	yn¹²¹
43 温岭	tɕyn⁴²	tɕʰyn³³	ʑyn³¹	ʑyn¹³	ʑyn³¹	yn¹³	kyn³³	yn³¹
44 仙居	tɕyen³²⁴	tɕʰyen³³⁴	ʑyen²¹³	ʑyen²⁴	ʑyen²¹³	lin²⁴白 yen²⁴文	ɕyen³³⁴	yen²¹³
45 天台	tɕyŋ³²⁵	tɕʰyŋ³³	ʑyŋ²²⁴	ʑyŋ³⁵	ʑyŋ²²⁴	yŋ³⁵	kyŋ³³	yŋ²²⁴
46 三门	tɕyŋ³²⁵	tɕʰyŋ³³⁴	ʑyŋ¹¹³	ʑyŋ²⁴³	ʑyŋ¹¹³	yŋ²⁴³	kyŋ³³⁴	yŋ¹¹³
47 玉环	tɕioŋ⁵³	tɕʰioŋ⁴²	ʑioŋ³¹	ʑioŋ²²	ʑioŋ³¹	ioŋ²²	kioŋ⁴²	ioŋ³¹

续表

方言点	0681 准 臻合三 上谆章	0682 春 臻合三 平谆昌	0683 唇 臻合三 平谆船	0684 顺 臻合三 去谆船	0685 纯 臻合三 平谆禅	0686 闰 臻合三 去谆日	0687 均 臻合三 平谆见	0688 匀 臻合三 平谆以
48 金华	tɕyəŋ^{535}	tɕʰyəŋ^{334}	ʑiŋ^{313}又 zyəŋ^{313}又	zyəŋ^{14}	zyəŋ^{313}	ʑyəŋ^{14}	tɕyəŋ^{334}	yəŋ^{313}
49 汤溪	tɕyã^{535}	tɕʰyã^{24}	ʑiã^{11}	zyã^{341}	zyã^{11}	zyã^{341}	tɕyɛi^{24}	yɛi^{11}
50 兰溪	tɕyæ̃^{55}	tɕʰyæ̃^{334}	zyæ̃^{21}	zyæ̃^{24}	zyæ̃^{21}	zyæ̃^{24}	tɕyæ̃^{334}	yæ̃^{21}
51 浦江	tɕyən^{53}	tɕʰyən^{534}	（无）	zyən^{24}	zyən^{113}	ʑyən^{24}	tɕyən^{534}	yən^{113}
52 义乌	tɕyən^{423}	tɕʰyən^{335}	zən^{213}	yən^{24}	ʑyən^{213}白 dʑyən^{213}文	yən^{24}	tɕyən^{335}	yən^{213}
53 东阳	tsɿən^{44}	tsʰɿɐ^{334}	zɿɐ^{213}	zɿɐ^{24}	dzɿɐ^{213}	zɿɐ^{24}	tɕiɐn^{334}	iɐn^{213}
54 永康	tɕyeŋ^{334}	tɕyeŋ^{55}	zyeŋ^{22}	zyeŋ^{241}	zyeŋ^{22}	ʑyeŋ^{241}	tɕyeŋ^{55}	yeŋ^{22}
55 武义	tɕyen^{445}	tɕʰyen^{24}	zyen^{324}	zyen^{231}	zyen^{324}	ʑyen^{231}	tɕyen^{24}	yen^{324}
56 磐安	tɕyɐŋ^{334}	tɕʰyɐŋ^{445}	zyɐ^{213}	zyɐ^{14}	zyɐ^{213}	zuɐ^{14}	tɕyɐŋ^{445}	yɐ^{213}
57 缙云	tɕyɛŋ^{51}	tɕʰyɛŋ^{44}	zyɛŋ^{243}	zyɛŋ^{213}	zyɛŋ^{243}	yɛŋ^{213}又 zyɛŋ^{213}又	tɕyɛŋ^{44}	yɛŋ^{243}
58 衢州	tʃyən^{35}	tʃʰyən^{32}	ʒyən^{21}	ʒyən^{231}	ʒyən^{21}	ʒyən^{231}	tʃyən^{32}	yən^{21}
59 衢江	tɕyoŋ^{25}	tɕʰyoŋ^{33}	zyoŋ^{212}	zyoŋ^{231}	ʑiŋ^{231}调殊	ŋ^{231}	tɕiŋ^{33}	yoŋ^{212}
60 龙游	tɕyn^{35}	tsʰoŋ^{334}	zɐɯ^{21}	zoŋ^{231}	zyn^{21}	yn^{231}	tɕyn^{334}	yn^{21}
61 江山	tɕyĩ^{241}	tɕʰyĩ^{44}	zyĩ^{213}	zyĩ^{31}	zyĩ^{213}	zyĩ^{31}	kyĩ^{44}	yĩ^{213}
62 常山	tsuĩ^{52}	tsʰuĩ^{44}	zĩ^{341}	zuĩ^{131}	dzuĩ^{341}	zuĩ^{131}	tsuĩ^{52}	uĩ^{341}
63 开化	tɕyn^{53}	tɕʰyn^{44}	zɛn^{221}	zyn^{113}	zyn^{213}调殊	ʑyn^{213}	tɕyn^{44}	yn^{231}
64 丽水	tɕyn^{544}	tɕʰyn^{224}	zyn^{22}	zyn^{131}	zyn^{22}	yn^{131}	tɕyn^{224}	yn^{22}
65 青田	tɕyaŋ^{454}	tɕʰyaŋ^{445}	yaŋ^{21}	yaŋ^{22}	yaŋ^{21}	yaŋ^{22}	tɕyaŋ^{445}	yaŋ^{21}
66 云和	tɕyŋ^{41}	tɕʰyŋ^{24}	zyŋ^{312}	zyŋ^{223}	zyŋ^{312}	yŋ^{223}	tɕyŋ^{24}	yŋ^{312}
67 松阳	tɕyn^{212}	tɕʰyn^{53}	zyn^{31}	zyn^{13}	zyn^{31}	yn^{13}	tɕyn^{53}	yn^{31}
68 宣平	tɕyən^{445}	tɕʰyən^{324}	zyən^{433}	zən^{231}	zyən^{433}	yən^{231}	tɕyən^{324}	yən^{433}
69 遂昌	tɕyŋ^{533}	tɕʰyŋ^{45}	zyŋ^{221}	zyŋ^{213}	zyŋ^{221}	yŋ^{213}	tɕyŋ^{45}	yŋ^{221}
70 龙泉	tɕyn^{51}	tɕʰyn^{434}	zyn^{21}	zyn^{224}	zyn^{21}	yn^{224}	tɕyn^{434}	yn^{21}

续表

方言点	0681 准	0682 春	0683 唇	0684 顺	0685 纯	0686 闰	0687 均	0688 匀
	臻合三 上谆章	臻合三 平谆昌	臻合三 平谆船	臻合三 去谆船	臻合三 平谆禅	臻合三 去谆日	臻合三 平谆见	臻合三 平谆以
71 景宁	tɕiaŋ³³	tɕʰiaŋ³²⁴	ʑiaŋ⁴¹	ʑiaŋ¹¹³	ʑiaŋ⁴¹	ʑiaŋ¹¹³	tɕiaŋ³²⁴	iaŋ⁴¹
72 庆元	tɕyəŋ³³	tɕʰyəŋ³³⁵	ɕyəŋ⁵²	ɕyəŋ³¹	ɕyəŋ⁵²	yəŋ³¹	tɕyəŋ³³⁵	yəŋ⁵²
73 泰顺	tɕioŋ⁵⁵	tɕʰioŋ²¹³	ɕioŋ⁵³	ɕioŋ²²	ɕioŋ⁵³	ioŋ²²	tɕioŋ²¹³	ioŋ⁵³
74 温州	tɕioŋ²⁵	tɕʰioŋ³³	ioŋ³¹	ioŋ²²	zoŋ³¹	ioŋ²²	tɕioŋ³³	ioŋ³¹
75 永嘉	tɕioŋ⁴⁵	tɕʰioŋ⁴⁴	ioŋ²¹³ 小	ioŋ²²	zoŋ³¹	ioŋ²²	tɕioŋ⁴⁴	ioŋ³¹
76 乐清	tɕioŋ³⁵	tɕʰioŋ⁴⁴	zoŋ³¹	zoŋ²²	zoŋ³¹	iaŋ²²	tɕiaŋ⁴⁴	iaŋ³¹
77 瑞安	tsoŋ³⁵	tsʰoŋ⁴⁴	zoŋ³¹	zoŋ²²	zoŋ³¹	iaŋ²²	tɕiaŋ⁴⁴	ȵiaŋ³¹ 声殊
78 平阳	tʃøŋ⁴⁵	tʃʰøŋ⁵⁵	zøŋ²⁴²	zøŋ³³	zøŋ²⁴²	vøŋ³³	tʃøŋ⁵⁵	vøŋ²⁴²
79 文成	tʃøn⁴⁵	tʃʰøn⁵⁵	zøn¹¹³	zøn⁴²⁴	zøn¹¹³	yøn⁴²⁴	tʃøn⁵⁵	yøn¹¹³
80 苍南	tsueŋ⁵³	tsʰueŋ⁴⁴	zueŋ³¹	zueŋ¹¹	zueŋ³¹	ueŋ¹¹	tsueŋ⁴⁴	ueŋ³¹
81 建德徽	tɕyn²¹³	tɕʰyn⁵³	sən³³	ɕyn⁵⁵	ɕyn³³	yn⁵⁵	tɕyn⁵³	yn³³
82 寿昌徽	tɕyɛ̃²⁴	tɕʰyɛ̃¹¹²	ɕyɛ̃¹¹² 文	ɕyɛ̃³³	ɕyɛ̃¹¹² 文	len³³	tɕyɛ̃³³ 平~	yɛ̃¹¹² 文
83 淳安徽	tsuen⁵⁵	tsʰuen²⁴	sen⁵⁵	suen⁵³	suen⁴³⁵	ven⁵³	tsuen⁵⁵ 调殊	ven⁴³⁵
84 遂安徽	tɕyn²¹³	tɕʰyn⁵³⁴	tɕʰyn³³	fin⁵²	fin³³	vin⁵²	tɕyn⁵³⁴	yn³³
85 苍南闽	tsun⁴³	tsʰun⁵⁵	tʰun²⁴	sun²¹	tsʰun²⁴	lun²¹	kən⁵⁵	un²⁴
86 泰顺闽	tsyeŋ³⁴⁴	tsʰyeŋ²¹³	təŋ²²	syeŋ³¹	syeŋ²²	yeŋ³¹	kyeŋ²¹³	yeŋ²²
87 洞头闽	tsun⁵³	tsʰun³³	tsʰun¹¹³	sun²¹	sun¹¹³	dzun²¹	kun³³	un¹¹³
88 景宁畲	tɕyn³²⁵	tɕʰyn⁴⁴	ɕyn²²	suən⁴⁴	ɕyn²²	yn⁵¹	kyn⁴⁴	yn²²

方言点	0689 律 臻合三入术来	0690 出 臻合三入术昌	0691 橘 臻合三入术见	0692 分 动 臻合三平文非	0693 粉 臻合三上文非	0694 粪 臻合三去文非	0695 坟 臻合三平文奉	0696 蚊 臻合三平文微
01 杭州	$liɛʔ^2$	$ts^huaʔ^5$ 又 $ts^haʔ^5$ 又	$tɕyɛʔ^5$	$fəŋ^{334}$	$fəŋ^{53}$	$fəŋ^{45}$	$vəŋ^{213}$	$vəŋ^{213}$
02 嘉兴	$lieʔ^5$	$ts^həʔ^5$	$tɕyeʔ^5$	$fəŋ^{42}$	$fəŋ^{544}$	$fəŋ^{224}$	$vəŋ^{242}$	$vəŋ^{242}$
03 嘉善	$lieʔ^2$	$ts^hɜʔ^5$	$tɕyøʔ^5$	$fən^{53}$	$fən^{44}$	$fən^{334}$	$vən^{132}$	$mən^{132}$
04 平湖	$liəʔ^{23}$	$ts^həʔ^{23}$	$tɕyoʔ^5$	$fən^{53}$	$fən^{44}$	$fən^{334}$	$vən^{31}$	$mən^{31}$
05 海盐	$liəʔ^{23}$	$ts^həʔ^{23}$	$tɕyɔʔ^5$	$fən^{53}$	$fən^{423}$	$fən^{334}$	$vən^{31}$	$mən^{31}$
06 海宁	$lieʔ^2$	$ts^həʔ^5$	$tɕioʔ^5$	$fəŋ^{55}$	$fəŋ^{53}$	$fəŋ^{35}$	$vəŋ^{13}$	$məŋ^{13}$
07 桐乡	$liəʔ^{23}$	$ts^həʔ^5$	$tɕiəʔ^5$	$fəŋ^{44}$	$fəŋ^{53}$	$fəŋ^{334}$	$vəŋ^{13}$	$məŋ^{13}$
08 崇德	$liəʔ^{23}$	$ts^həʔ^5$	$tɕiəʔ^5$	$fəŋ^{44}$	$fəŋ^{53}$	$fəŋ^{334}$	$vəŋ^{13}$	$məŋ^{13}$
09 湖州	$lieʔ^2$	$ts^həʔ^5$	$tɕieʔ^5$	$fən^{44}$	$fən^{523}$	$fən^{35}$	$vən^{112}$	$mən^{112}$
10 德清	$lieʔ^2$	$ts^həʔ^5$	$tɕieʔ^5$	fen^{44}	fen^{52}	fen^{334}	ven^{113}	men^{113}
11 武康	$lieʔ^2$	$ts^hɜʔ^5$	$tɕieʔ^5$	fen^{44}	fen^{53}	fen^{224}	ven^{113}	men^{113}
12 安吉	$liɐʔ^{23}$	$ts^həʔ^5$	$tɕyəʔ^5$	$fəŋ^{55}$	$fəŋ^{52}$	$fəŋ^{324}$	$vəŋ^{22}$	$məŋ^{22}$
13 孝丰	$lieʔ^{23}$	$ts^həʔ^5$	$tɕioʔ^5$	$fəŋ^{44}$	$fəŋ^{52}$	$fəŋ^{324}$	$vəŋ^{22}$	$məŋ^{22}$
14 长兴	$liɐʔ^2$	$ts^həʔ^5$	$tʃiɐʔ^5$	$fəŋ^{44}$	$fəŋ^{52}$	$fəŋ^{324}$	$vəŋ^{12}$	$məŋ^{12}$
15 余杭	$lieʔ^2$	$ts^həʔ^5$	$tɕieʔ^5$	$fiŋ^{44}$	$fiŋ^{53}$	$fiŋ^{423}$	$viŋ^{22}$	$miŋ^{22}$
16 临安	$liəʔ^{12}$	$ts^hɐʔ^{54}$	$tɕyɐʔ^{54}$	$feŋ^{55}$	$feŋ^{55}$	$feŋ^{55}$	$veŋ^{33}$	$meŋ^{33}$
17 昌化	$lieʔ^{23}$	$ts^həʔ^5$	$tɕyɛʔ^5$	$fəŋ^{334}$	$fəŋ^{453}$	$fəŋ^{544}$	$vəŋ^{112}$	$məŋ^{112}$
18 於潜	$liæʔ^{23}$	$ts^huəʔ^{53}$	$tɕyeʔ^{53}$	$feŋ^{433}$	$feŋ^{51}$	$feŋ^{35}$	$veŋ^{223}$	$meŋ^{223}$
19 萧山	$lieʔ^{13}$	$ts^həʔ^5$	$tɕyoʔ^5$	$fəŋ^{533}$	$fəŋ^{33}$	$fəŋ^{42}$	$vəŋ^{355}$	$miŋ^{355}$白 $vəŋ^{355}$文
20 富阳	$liɛʔ^2$	$ts^hɛʔ^5$	$tɕyoʔ^5$	$fən^{53}$	$fən^{423}$	$fən^{335}$	$vən^{13}$	min^{13}
21 新登	$liəʔ^2$	$tɕ^hyəʔ^5$	$tɕyəʔ^5$	$feiŋ^{53}$	$feiŋ^{334}$	$feiŋ^{45}$	$veiŋ^{233}$	$meiŋ^{233}$
22 桐庐	$lieʔ^{13}$	$tɕ^hyəʔ^5$	$tɕyəʔ^5$	$fəŋ^{533}$	$fəŋ^{33}$	$fəŋ^{35}$	$vəŋ^{13}$	$məŋ^{13}$
23 分水	$lieʔ^{12}$	$tɕ^hyəʔ^5$	$tɕyəʔ^5$	$fən^{44}$	$fən^{53}$	$fən^{24}$	$vən^{22}$	$vən^{22}$
24 绍兴	$lieʔ^2$	$ts^heʔ^5$	$tɕioʔ^5$	$f\tilde{e}^{53}$	$f\tilde{e}^{334}$	$f\tilde{e}^{33}$	$v\tilde{e}^{231}$	$m\tilde{e}^{231}$

续表

方言点	0689 律	0690 出	0691 橘	0692 分动	0693 粉	0694 粪	0695 坽	0696 蚊
	臻合三入术来	臻合三入术昌	臻合三入术见	臻合三平文非	臻合三上文非	臻合三去文非	臻合三平文奉	臻合三平文微
25 上虞	liə?²	tsʰə?⁵	tɕyo?⁵	fəŋ³⁵	fəŋ³⁵	(无)	uəŋ²¹³	məŋ²¹³
26 嵊州	lie?²	tsʰə?⁵	tɕyo?⁵	feŋ⁵³⁴	feŋ⁵³	(无)	uəŋ²¹³	meŋ²¹³白 uəŋ²¹³文
27 新昌	li?²	tsʰe?⁵	tɕy?⁵	feŋ⁵³⁴	feŋ⁴⁵³	feŋ³³⁵	veŋ²²	meŋ²²白 ueŋ²²文
28 诸暨	lie?¹³	tsʰo?⁵	tɕio?⁵	fɛn⁵⁴⁴	fɛn⁴²	(无)	vɛn¹³	mɛn¹³白 vɛn¹³文
29 慈溪	liə?²	tsʰə?⁵	tɕyə?⁵	fəŋ³⁵	fəŋ³⁵	fəŋ⁴⁴读字	vəŋ¹³	məŋ¹³白 vəŋ¹³文
30 余姚	liə?²	tsʰə?⁵	tɕyo?⁵	fə̃⁴⁴	fə̃³⁴	fə̃⁵³	və̃¹³	mə̃¹³
31 宁波	liə?²	tsʰo?⁵	tɕyə?⁵	fəŋ⁵³	fəŋ³⁵	fəŋ³⁵读字	vəŋ¹³	məŋ¹³
32 镇海	lie?¹²	tsʰo?⁵	tɕyo?⁵	fəŋ⁵³	fəŋ³⁵	fəŋ⁵³读字	vəŋ²⁴	məŋ²⁴
33 奉化	liɿ?²	tsʰo?⁵	tɕyo?⁵	fəŋ⁴⁴	fəŋ⁵⁴⁵	fəŋ⁵³读字	vəŋ³³	məŋ³³
34 宁海	liə?³	tɕʰyə?⁵	kyə?⁵	fəŋ⁴²³	fəŋ⁵³	fəŋ³⁵	vəŋ²¹³	məŋ²¹³
35 象山	lie?²	tsʰo?⁵	tɕyo?⁵	fəŋ⁴⁴	fəŋ⁴⁴	fəŋ⁵³读字	vəŋ³¹	məŋ³¹
36 普陀	liɛ?²³	tsʰo?⁵	tɕyo?⁵	fɐŋ⁵³	fɐŋ⁴⁵	fɐŋ⁵⁵	vɐŋ²⁴	mɐŋ²⁴
37 定海	lie?²	tsʰo?⁵	tɕyo?⁵	fɐŋ⁵²	fɐŋ⁴⁵	fɐŋ⁴⁴~站	vɐŋ²³	mɐŋ²³白 vɐŋ²³文
38 岱山	lie?²	tsʰo?⁵	tɕyo?⁵	fɐŋ⁵²	fɐŋ³²⁵	(无)	vɐŋ²³	mɐŋ²³
39 嵊泗	liɛ?²	tsʰo?⁵	tɕyo?⁵	fɐŋ⁵³	fɐŋ⁴⁴⁵	(无)	vɐŋ²⁴³	mɐŋ²⁴³
40 临海	lə?²³	tɕʰye?⁵	tɕyŋ³⁵³小 kyŋ³⁵³小	fəŋ³¹	fəŋ⁵²	fəŋ⁵⁵	vəŋ²¹	məŋ²¹~虫
41 椒江	lie?²	tsʰø?⁵	kye?⁵	fəŋ⁴²	fəŋ⁴²	fəŋ⁵⁵	vəŋ³¹	məŋ³¹
42 黄岩	lie?²	tsʰø?⁵	kyn⁵¹小	fən³²	fən⁴²	fən⁵⁵	vən¹²¹	mən¹²¹
43 温岭	li?²	tɕʰy?⁵	ky?⁵	fən³³	fən⁴²	fən⁵⁵	vən³¹	mən³¹
44 仙居	luə?²³	tɕʰyɔ?⁵	cyɔ?⁵	fen³³⁴	fen³²⁴	fen⁵⁵	ven²¹³	men²¹³
45 天台	liə?²	tɕʰy?⁵	kyu?⁵	fəŋ³³	fəŋ³²⁵	fəŋ⁵⁵	vəŋ²²⁴	məŋ²²⁴~虫

续表

方言点	0689 律	0690 出	0691 橘	0692 分 动	0693 粉	0694 粪	0695 坟	0696 蚊
	臻合三 入术来	臻合三 入术昌	臻合三 入术见	臻合三 平文非	臻合三 上文非	臻合三 去文非	臻合三 平文奉	臻合三 平文微
46 三门	ləʔ²³	tɕʰyəʔ⁵	kyŋ⁵²	fəŋ³³⁴	fəŋ³²⁵	fəŋ⁵⁵	vəŋ¹¹³	məŋ¹¹³
47 玉环	lieʔ²	tɕʰyoʔ⁵	tɕioŋ⁵³ 小	fəŋ⁴²	fəŋ⁵³	fəŋ⁵⁵	vəŋ³¹	məŋ³¹
48 金华	liəʔ²¹²	tɕʰyəʔ⁴	tɕyẽ⁵⁵ 小	fəŋ³³⁴	fəŋ⁵³⁵	fəŋ⁵⁵	vəŋ³¹³	miŋ³¹³
49 汤溪	lei¹¹³	tɕʰyɤ⁵⁵	tɕyei⁵⁵	fã²⁴	fã⁵³⁵	fã⁵²	vã¹¹	mã¹¹
50 兰溪	lieʔ¹²	tɕʰyəʔ³⁴	tɕyɤʔ³⁴	fæ̃³³⁴	fæ̃⁵⁵	fæ̃⁴⁵	væ̃²¹	mæ̃²¹
51 浦江	liə²³²	tɕʰyə⁴²³	tɕyə⁴²³	fən⁵³⁴	fən⁵³	pɔ̃⁵⁵	vən¹¹³	mən¹¹³
52 义乌	lai³¹²	tɕʰyə³²⁴	tɕyɛn³³⁵ 小	fən³³⁵	fən⁴²³	pɯ⁴⁵ 白 fən⁴⁵ 文	bən²¹³ 白 vən²¹³ 文	mən²¹³
53 东阳	lie²¹³	tsʰɐʔ³⁴	tɕiɐn⁴⁵³ 小	fɐn³³⁴	fɐn⁴⁴	fɐn⁴⁵³	vɐn²¹³	mɐn²¹³
54 永康	lə¹¹³	tɕʰyə³³⁴	tɕyə⁵² 小	fəŋ⁵⁵	fəŋ³³⁴	(无)	vəŋ²²	miŋ²²
55 武义	lə²¹³	tɕʰye⁵³	tɕyəʔ⁵	fen²⁴	fen⁴⁴⁵	(无)	ven³²⁴	men³²⁴
56 磐安	lie²¹³	tɕʰyɛ³³⁴	tɕyɛn⁵² 小	fɐn⁴⁴⁵	fɐn³³⁴	pɯ⁵²	vɐn²¹³	mɐn²¹³
57 缙云	ləɤ¹³	tɕʰyɛ³²²	tɕyɛ⁴⁵ 小	faŋ⁴⁴	faŋ⁵¹	pɛ⁴⁵³	vaŋ²⁴³	mɛŋ²⁴³
58 衢州	liəʔ¹²	tʃʰyəʔ⁵	tʃyəʔ⁵	fən³²	fən³⁵	fən⁵³	vən²¹	mən²¹
59 衢江	liəʔ²	tɕʰiaʔ⁵	tɕyəʔ⁵	fɛ³³	fɛ²⁵	pɛ⁵³	vɛ²¹²	məŋ²¹²
60 龙游	liəʔ²³	tsʰuəʔ⁴	tɕyəʔ⁴	fən³³⁴	fən³⁵	pei⁵¹	vən²¹	mən²¹
61 江山	liɛʔ²	tɕʰyɛʔ⁵	kiɛʔ⁵	fɛ̃⁴⁴	fɛ̃²⁴¹	pɛ̃⁵¹	vɛ̃²¹³	moŋ²¹³
62 常山	lieʔ³⁴	tsʰɛʔ⁵	tɕyeʔ⁵	fɔ̃⁴⁴	fɔ̃⁵²	pɔ̃³²⁴	vɔ̃³⁴¹	mɔ̃³⁴¹
63 开化	liɛʔ¹³	tɕʰyaʔ⁵	tɕyɛʔ⁵	fɛn⁴⁴	fɛn⁵³	pɛn⁴¹²	vɛn²³¹	min²¹³ 调殊
64 丽水	lieʔ²³	tɕʰyɛʔ⁵	tɕyʔ⁵	fen²²⁴	fen⁵⁴⁴	pɛ⁵²	ven²²	men²²
65 青田	liæʔ³¹	tɕʰyæʔ⁴²	tɕiaŋ⁴⁴⁵ 小	faŋ⁴⁴⁵	faŋ⁴⁵⁴	faŋ³³	vaŋ²¹	maŋ²¹
66 云和	liʔ²³	tɕʰyɛʔ⁵	tɕyei ʔ⁵	fəŋ²⁴	fəŋ⁴¹	pɛ⁴⁵	vəŋ³¹²	məŋ³¹²
67 松阳	liʔ²	tɕʰyɛʔ⁵	tɕiʔ⁵	fen⁵³	fen²¹²	pæ̃²⁴	ven³¹	men³¹
68 宣平	liəʔ²³	tɕʰyəʔ⁵	tɕyəʔ⁵	fən³²⁴	fən⁴⁴⁵	pə⁵² 白 fən⁵² 文	vən⁴³³	(无)

续表

方言点	0689 律	0690 出	0691 橘	0692 分动	0693 粉	0694 粪	0695 坟	0696 蚊
	臻合三 入术来	臻合三 入术昌	臻合三 入术见	臻合三 平文非	臻合三 上文非	臻合三 去文非	臻合三 平文奉	臻合三 平文微
69 遂昌	liʔ²³	tɕʰyɛʔ⁵	tɕyʔ⁵	fəŋ⁴⁵	fəŋ⁵³³	pɛ̃³³⁴	vəŋ²²¹	məŋ²²¹~帐
70 龙泉	liei?²⁴	tɕʰyei?⁵旧 tɕʰyo?⁵今	tɕyei?⁵	fɛn⁴³⁴	fɛn⁵¹	fɛn⁴⁵	vɛn²¹	mɛn²¹
71 景宁	liəɯʔ²³	tɕʰyœʔ⁵	tɕiəɯʔ⁵	faŋ³²⁴	faŋ³³	pœ³⁵	vaŋ⁴¹	maŋ⁴¹
72 庆元	liʔ³⁴	tɕʰyɛʔ⁵	tɕyəɯʔ⁵	fəŋ³³⁵	fəŋ³³	ɓæ̃¹¹	fəŋ⁵²	miɛ̃⁵²~虫 məŋ⁵²~香
73 泰顺	liʔ²	tɕʰyɛʔ⁵	tsəiʔ⁵	foŋ²¹³	foŋ⁵⁵	foŋ³⁵	uoŋ⁵³	moŋ⁵³
74 温州	li²¹²	tɕʰy³²³	tɕiai³²³	faŋ³³	faŋ²⁵	faŋ⁵¹	vaŋ³¹	maŋ³¹白 vaŋ³¹文
75 永嘉	lei²¹³	tɕʰy⁴²³	tɕiai⁴²³	faŋ⁴⁴	faŋ⁴⁵	faŋ⁵³	vaŋ³¹	maŋ³¹
76 乐清	li²¹²	tɕʰyɛ³²³	tɕiɤ³²³	faŋ⁴⁴	faŋ³⁵	faŋ⁴¹	vaŋ³¹	maŋ³¹白 vaŋ³¹文
77 瑞安	li²¹²	tɕʰy³²³	tɕia³²³	faŋ⁴⁴	faŋ³⁵	paŋ⁵³白 faŋ⁵³文	vaŋ³¹	maŋ³¹
78 平阳	lie¹²	tɕʰye³⁴	tʃA³⁴	faŋ⁵⁵	faŋ⁴⁵	(无)	vaŋ²⁴²	maŋ⁵⁵
79 文成	lie²¹²	tʃʰø³⁴	tʃa³⁴	faŋ⁵⁵	faŋ⁴⁵	faŋ³³	vaŋ¹¹³	vaŋ¹¹³
80 苍南	liɛ¹¹²	tɕʰyɛ²²³	tsɛ²²³	faŋ⁴⁴	faŋ⁵³	faŋ⁴²	uaŋ³¹	maŋ³¹白 uaŋ³¹文
81 建德徽	liɐʔ¹²	tɕʰyɐʔ⁵	tɕyɐʔ⁵	fən⁵³	fən²¹³	fən³³	fən³³	mən³³
82 寿昌徽	liəʔ³¹	tɕʰyəʔ³	tɕyəʔ³	fen¹¹²	fen²⁴	fen³³	fen⁵²	mien¹¹²文
83 淳安徽	liəʔ¹³	tsʰuəʔ⁵	tɕyʔ⁵	fen²⁴	fen⁵⁵	fen²⁴	fen⁴³⁵	men⁴³⁵
84 遂安徽	li⁵²	tɕʰye²⁴	tɕye²⁴	fəŋ⁵³⁴	fəŋ²¹³	vəɯ⁴³	fəŋ³³	məŋ³³
85 苍南闽	luə²⁴	tsʰuə⁴³	kie⁴³	pun⁵⁵	hun⁴³	hun⁴³文	hun²⁴	ban⁴³调殊
86 泰顺闽	liɪʔ³	tɕʰyɪʔ⁵	kiɪʔ⁵	puo²¹³	fəŋ³⁴⁴	fəŋ³⁵	fəŋ²²	muo²²
87 洞头闽	luət²⁴	tsʰuət⁵	kie⁵³	pun³³白 hun³³文	hun⁵³	pun²¹	(无)	baŋ¹¹³
88 景宁畲	liet²	tɕʰyt⁵	kit⁵	puən⁴⁴	puən³²⁵	(无)	pʰuən²²	muən²²

方言点	0697 问	0698 军	0699 裙	0700 熏	0701 云 ~彩	0702 运	0703 佛 ~像	0704 物
	臻合三 去文微	臻合三 平文见	臻合三 平文群	臻合三 平文晓	臻合三 平文云	臻合三 去文云	臻合三 入物奉	臻合三 入物微
01 杭州	məŋ¹³白 vəŋ¹³文	tɕyŋ³³⁴	dʑyŋ²¹³	ɕyŋ³³⁴	yŋ²¹³	yŋ¹³	voʔ²	voʔ²
02 嘉兴	məŋ¹¹³白 vəŋ¹¹³	tɕyəŋ⁴²	dʑyəŋ²⁴²	ɕyəŋ⁴²	yəŋ²⁴²	yəŋ¹¹³	vəʔ¹³	vəʔ¹³
03 嘉善	mən¹¹³白 vən¹¹³文	tɕin⁵³	dʑin¹³²	ɕin⁵³	in¹³²	in¹¹³	vɜʔ²	mɜʔ² 白 vɜʔ² 文
04 平湖	mən²¹³白 vən²¹³文	tɕyn⁵³	dʑyn³¹	ɕyn⁵³	yn³¹	yn²¹³	vəʔ²³	məʔ²³白 vəʔ²³文
05 海盐	mən²¹³白 vən²¹³文	tɕyn⁵³	dʑyn³¹	ɕyn⁵³	yn³¹	yn³³⁴	vəʔ²³	vəʔ²³
06 海宁	məŋ¹³白 vəŋ¹³文	tɕiŋ⁵⁵	dʑiŋ¹³	ɕiŋ⁵⁵	iŋ¹³	iŋ³⁵	vəʔ²	vəʔ²
07 桐乡	məŋ²¹³	tɕiŋ⁴⁴	dʑiŋ¹³	ɕiŋ⁴⁴	iŋ¹³	iŋ²¹³	vəʔ²³	vəʔ²³
08 崇德	məŋ¹³白 vəŋ¹³文	tɕiŋ⁴⁴	dʑiŋ¹³	ɕiŋ⁴⁴	iŋ¹³	iŋ¹³	vəʔ²³	vəʔ²³
09 湖州	məŋ³⁵白 vəŋ³⁵文	tɕiŋ⁴⁴	dʑiŋ¹¹²	ɕiŋ⁴⁴	iŋ¹¹²	iŋ³⁵	vəʔ²	məʔ² 白 vəʔ² 文
10 德清	men³³⁴白 ven¹¹³文	tɕiŋ⁴⁴	dʑiŋ¹¹³	ɕiŋ⁴⁴	iŋ¹¹³	iŋ³³⁴	vəʔ²	vəʔ²
11 武康	men²²⁴白 ven²²⁴文	tɕiŋ⁴⁴	dʑiŋ¹¹³	ɕiŋ⁴⁴	iŋ¹¹³	iŋ²²⁴	vɜʔ²	vɜʔ²
12 安吉	məŋ²¹³	tɕioŋ⁵⁵	dʑyəŋ²²	ɕioŋ⁵⁵	iŋ²²	iŋ²¹³	vəʔ²³	vəʔ²³
13 孝丰	məŋ³²⁴白 uəŋ³²⁴文	tɕioŋ⁴⁴	dʑiŋ²²	ɕiŋ⁴⁴	iŋ²²	iŋ³²⁴	vəʔ²³	vəʔ²³
14 长兴	məŋ³²⁴	tʃiŋ⁴⁴	dʒiŋ¹²	ʃiŋ⁴⁴	iŋ¹²	iŋ³²⁴	vəʔ²	vəʔ²
15 余杭	miŋ²¹³	tɕiŋ⁴⁴	dʑiŋ²²	ɕiŋ⁴⁴	iŋ²²	iŋ²¹³	vəʔ²	vəʔ²
16 临安	men³³白 ven³³文	tɕioŋ⁵⁵	dʑioŋ³³	ɕioŋ⁵⁵	ioŋ³³	ioŋ³³	vɐʔ¹²	vɐʔ¹²
17 昌化	mɛ̃²⁴³	tɕyəŋ³³⁴	zyəŋ¹¹²	ɕyəŋ³³⁴	yəŋ¹¹²	yəŋ²⁴³	vəʔ²³	vəʔ²³
18 於潜	ven²²³	tɕyŋ⁴³³	dʑyŋ²²³	ɕyŋ⁴³³	yŋ²²³	yŋ²⁴	væʔ²³	væʔ²³
19 萧山	məŋ²⁴²	tɕyoŋ⁵³³	dʑyoŋ³⁵⁵	ɕyoŋ⁵³³	yoŋ³⁵⁵	yoŋ²⁴²	vəʔ¹³	vəʔ¹³

方言点	0697 问 臻合三去文微	0698 军 臻合三平文见	0699 裙 臻合三平文群	0700 熏 臻合三平文晓	0701 云 ~彩 臻合三平文云	0702 运 臻合三去文云	0703 佛 ~像 臻合三入物奉	0704 物 臻合三入物微
20 富阳	mən³³⁵	tɕyən⁵³	dʑyən¹³	ɕyən⁵³	yən¹³	yən³³⁵	vɛʔ²	vɛʔ²
21 新登	mein¹³白 vein¹³文	tɕyiŋ⁵³	dʑyiŋ²³³	ɕyiŋ⁵³	yiŋ²³³	yiŋ¹³	vəʔ²	vəʔ²
22 桐庐	mən²⁴	tɕyŋ⁵³³	dʑyŋ¹³	ɕyŋ⁵³³	yŋ¹³	yŋ²⁴	vəʔ¹³	uəʔ¹³文
23 分水	uən¹³	tɕyn⁴⁴	dʑyn²²	ɕyn⁴⁴	yn²²	yn¹³	vəʔ¹²	vəʔ¹²
24 绍兴	mẽ²²白 vẽ²²文	tɕyø̃⁵³	dʑyø̃²³¹	ɕyø̃⁵³	yø̃²³¹	yø̃²²	veʔ²	veʔ²
25 上虞	məŋ³¹白 vəŋ³¹文	tɕyoŋ³⁵	dʑyoŋ²¹³	ɕyoŋ³⁵	iŋ²¹³	iŋ³¹	vəʔ²	vəʔ²
26 嵊州	meŋ²⁴白 uəŋ²⁴文	tɕyoŋ⁵³⁴	dʑyoŋ²¹³	ɕyoŋ⁵³⁴	yoŋ²¹³	yoŋ²⁴	uəʔ²	uəʔ²
27 新昌	meŋ¹³白 ueŋ¹³文	tɕyoŋ⁵³⁴	dʑyoŋ²²	ɕyoŋ⁵³⁴	yoŋ²²	yoŋ¹³	ueʔ²	ueʔ²
28 诸暨	mɛŋ³³白 vɛŋ³³文	tɕiom⁵⁴⁴	dʑiom¹³	ɕiom⁵⁴⁴	iom¹³	iom³³	voʔ¹³	voʔ¹³
29 慈溪	məŋ¹³白 vəŋ¹³文	tɕyəŋ³⁵	dʑyəŋ¹³	ɕyəŋ³⁵	yəŋ¹³	yəŋ¹³	vəʔ²	vəʔ²
30 余姚	mə̃¹³白 və̃¹³文	tɕiuŋ⁴⁴	dʑiuŋ¹³	ɕiuŋ⁴⁴	iuŋ¹³	iuŋ¹³	vəʔ²	vəʔ²
31 宁波	məŋ¹³白 vəŋ¹³文	tɕyoŋ⁵³	dʑyoŋ¹³	ɕyoŋ⁴⁴	yoŋ¹³	yoŋ¹³	vaʔ²	vaʔ²
32 镇海	məŋ²⁴白 vəŋ²⁴文	tɕyoŋ⁵³	dʑyoŋ²⁴	ɕyoŋ⁵³	yoŋ²⁴	yoŋ²⁴	vaʔ¹²	vaʔ¹²
33 奉化	məŋ³¹白 vəŋ³¹文	tɕyoŋ⁴⁴	dʑyoŋ³³	ɕyoŋ⁴⁴	yoŋ³³	yoŋ³²⁴	vaʔ²	vaʔ²
34 宁海	məŋ²⁴白 vəŋ²⁴文	kyəŋ⁴²³	gyəŋ²¹³	ɕyəŋ⁴²³	yəŋ²¹³	yəŋ²⁴	voʔ³	voʔ³
35 象山	məŋ¹³白 vəŋ¹³文	tɕyoŋ⁴⁴	dʑyoŋ³¹	ɕyoŋ⁴⁴	yoŋ³¹	yoŋ¹³	vaʔ²	vaʔ²
36 普陀	mɐŋ¹³	tɕioŋ⁵³	dʑioŋ²⁴	ɕioŋ⁵³	ioŋ²⁴	ioŋ¹³	vɐʔ²³	vɐʔ²³
37 定海	mɐŋ¹³白 vɐŋ¹³文	tɕyoŋ⁵²	dʑyoŋ²³	ɕyoŋ⁵²	yoŋ²³	yoŋ¹³	vɐʔ²	vɐʔ²

方言点	0697 问	0698 军	0699 裙	0700 熏	0701 云 ~彩	0702 运	0703 佛 ~像	0704 物
	臻合三 去文微	臻合三 平文见	臻合三 平文群	臻合三 平文晓	臻合三 平文云	臻合三 去文云	臻合三 入物奉	臻合三 入物微
38 岱山	mɐŋ²¹³白 vɐŋ²¹³文	tɕyoŋ⁵²	dʑyoŋ²³	ɕyoŋ⁵²	yoŋ²³	yoŋ²³	vɐʔ²	vɐʔ²
39 嵊泗	mɐŋ²¹³白 vɐŋ²¹³文	tɕyoŋ⁵³	dʑyoŋ²⁴³	ɕyoŋ⁵³	yoŋ²⁴³	yoŋ²¹³	vɐʔ²	vɐʔ²
40 临海	mɐŋ³²⁴~路 vɐŋ³²⁴~题	tɕyŋ³¹又 kyŋ³¹又	dʑyŋ²¹又 gyŋ²¹又	ɕyŋ⁵⁵又 hyŋ⁵⁵又	yŋ²¹	yŋ³²⁴	vəʔ²	vəʔ²³
41 椒江	mɐŋ²⁴白 vɐŋ²⁴文	kyŋ⁴²	gyŋ³¹	hyŋ⁵⁵	yŋ³¹	yŋ²⁴	vəʔ²	vəʔ²
42 黄岩	mɐn²⁴白 vɐn²⁴文	kyn³²	gyn¹²¹	hyn⁵⁵	yn¹²¹	yn²⁴	vəʔ²	vəʔ²
43 温岭	mɐn¹³白 vɐn¹³文	kyn³³	gyn³¹	hyn⁵⁵	yn³¹	yn¹³	vəʔ²	vəʔ²
44 仙居	men²⁴	ɕyen³³⁴	ɟyen²¹³	（无）	yen²¹³	yen²⁴	vəʔ²³	vəʔ²³
45 天台	mɐŋ³⁵白 vɐŋ³⁵文	kyŋ³³	gyŋ²²⁴	hyŋ³³	yŋ²²⁴	yŋ³⁵	vəʔ²	vəʔ²
46 三门	mɐŋ²⁴³白 vɐŋ²⁴³文	kyŋ³³⁴	gyŋ¹¹³	ɕyŋ³³⁴	yŋ¹¹³	yŋ²⁴³	vɐʔ²³	vɐʔ²³
47 玉环	mɐŋ²²	kioŋ⁴²	gioŋ³¹	hioŋ⁴²	ioŋ³¹	ioŋ²²	vɐʔ²	vɐʔ²
48 金华	mɐŋ¹⁴白 vɐŋ¹⁴文	tɕyəŋ³³⁴	dʑyəŋ³¹³	ɕyəŋ³³⁴	yəŋ³¹³	yəŋ¹⁴	vəʔ²¹²	vəʔ²¹²
49 汤溪	mã³⁴¹	tɕyɛ̃i²⁴	dʑyɛ̃i¹¹	ɕyɛ̃i²⁴	yɛ̃i¹¹	yɛ̃i³⁴¹	və¹¹³	və¹¹³
50 兰溪	mæ̃²⁴	tɕyæ̃³³⁴	dʑyæ̃²¹	ɕyæ̃³³⁴	yæ̃²¹	yæ̃²⁴	vɔʔ¹²	vɔʔ¹²
51 浦江	vən²⁴读字	tɕyən⁵³⁴	dʑyən¹¹³	ɕyən⁵³⁴	yən¹¹³	yən²⁴	və²³²	və²³²
52 义乌	vən²⁴白 uən²⁴文	tɕyən³³⁵	dʑyən²¹³	ɕyən³³⁵	yən²¹³	yən²⁴	və³¹²	və³¹²
53 东阳	mɐn²⁴	tɕiɐn³³⁴	dʑiɐn²¹³	ɕiɐn³³⁴	iɐn²¹³	iɐn²⁴	va²¹³	va²¹³
54 永康	muo²⁴¹白 vɐŋ²⁴¹文	tɕyeŋ⁵⁵	dʑyeŋ²²	ɕyeŋ⁵⁵	yeŋ²²	yeŋ²⁴¹	və¹¹³	və¹¹³
55 武义	muo²³¹	tɕyen²⁴	dʑyen³²⁴	ɕyen²⁴	yen³²⁴	yen²³¹	və²¹³	və²¹³
56 磐安	mɐn¹⁴	tɕyɐn⁴⁴⁵	dʑyɐn²¹³	ɕyɐn⁴⁴⁵	yɐn²¹³	yɐn¹⁴	vɛ²¹³	vɛ²¹³

续表

方言点	0697 问	0698 军	0699 裙	0700 熏	0701 云 ~彩	0702 运	0703 佛 ~像	0704 物
	臻合三 去文微	臻合三 平文见	臻合三 平文群	臻合三 平文晓	臻合三 平文云	臻合三 去文云	臻合三 入物奉	臻合三 入物微
57 缙云	maŋ²¹³	tɕyɛŋ⁴⁴	dʑyɛŋ²⁴³	ɕyɛŋ⁴⁴	yɛŋ²⁴³	yɛŋ²¹³	vəɤ¹³	vəɤ¹³
58 衢州	mən²³¹白 vən²³¹文	tʃyən³²	dʒyən²¹	ʃyən³²	yən²¹	yən²³¹	və?¹²	və?¹²
59 衢江	me²³¹~路 vən²³¹~题	tɕyoŋ³³老 tɕiŋ³³新	dʑyoŋ²¹²	kəŋ⁵³调殊	iŋ²¹²	yoŋ²³¹~气 iŋ²³¹~输	və?²	və?²
60 龙游	mei²³¹白 vən²³¹文	tɕyn³³⁴	dʑyn²¹	ɕion⁵¹调殊	ioŋ²¹	ioŋ²³¹白 yn²³¹文	vo?²³	vo?²³
61 江山	mɛ̃²²调殊	kyĩ⁴⁴	gəŋ²¹³白 gyĩ²¹³文	kʰəŋ⁵¹ ~蚊虫 xyĩ⁴⁴ ~豆腐	yĩ²¹³	yĩ³¹	vo?²	vo?²
62 常山	mɔ̃¹³¹白 vɔ̃¹³¹文	tsuĩ⁴⁴	goŋ³⁴¹	kʰoŋ³²⁴	uĩ³⁴¹	uĩ¹³¹	vʌ?³⁴	vʌ?³⁴
63 开化	mɛn²¹³白 vɛn²¹³文	tɕyn⁴⁴	dʑyn²³¹	ɕyn⁴⁴	yn²³¹	yn²¹³	va?¹³	va?¹³老 ua?¹³新
64 丽水	men¹³¹	tɕyn²²⁴	dʑyn²²	ɕyn²²⁴	yn²²	yn¹³¹	vɛ?²³	mɛ?²³
65 青田	maŋ²²	tɕyaŋ⁴⁴⁵	dʑyaŋ²¹	ɕyaŋ⁴⁴⁵	yaŋ²¹	yaŋ²²	va?³¹	va?³¹
66 云和	məŋ²²³	tɕyŋ²⁴	dʑyŋ³¹²	ɕyŋ²⁴	ioŋ³¹²白 yŋ³¹²文	yŋ²²³	vei?²³	mɛ?²³
67 松阳	men¹³	tɕyn⁵³	dʑyn³¹	ɕyn⁵³	yn³¹	yn¹³	ve?²	me?²
68 宣平	mən²³¹	tɕyən³²⁴	dʑyən⁴³³	ɕyən³²⁴	yən⁴³³	yən²³¹	və?²³	mə?²³
69 遂昌	məŋ²¹³	tɕyŋ⁴⁵	dʑyŋ²²¹	ɕyŋ⁴⁵	yŋ²²¹	yŋ²¹³	vəɯ?²³	vəɯ?²³
70 龙泉	mɛn²²⁴	tɕyn⁴³⁴	dʑyn²¹	ɕyn⁴³⁴	yn²¹	yn²²⁴	vai?²⁴	vai?²⁴
71 景宁	maŋ¹¹³	tɕiaŋ³²⁴	dʑiaŋ⁴¹	ɕyŋ³²⁴	iaŋ⁴¹	iaŋ¹¹³	vəɯ?²³	məɯ?²³
72 庆元	məŋ³¹	tɕyəŋ³³⁵	tɕyəŋ⁵²	ɕyəŋ³³⁵	yəŋ⁵²	yəŋ³¹	fəɯ?³⁴	fəɯ?³⁴
73 泰顺	məŋ²²	tɕioŋ²¹³	tɕioŋ⁵³	ɕioŋ²¹³	ioŋ⁵³	ioŋ²²	uɕi?²	uɕi?²
74 温州	maŋ²²白 vaŋ²²文	tɕioŋ³³	dʑioŋ³¹	ɕioŋ³³	ioŋ³¹	ioŋ²²	vai²¹²	mø⁵¹~事 vai²¹²~理
75 永嘉	maŋ²²白 vaŋ²²文	tɕioŋ⁴⁴	dʑioŋ³¹	ɕioŋ⁴⁴	ioŋ³¹	ioŋ²²	vai²¹³	mø⁵³白 vai²¹³文

续表

方言点	0697 问	0698 军	0699 裙	0700 熏	0701 云 ～彩	0702 运	0703 佛 ～像	0704 物
	臻合三 去文微	臻合三 平文见	臻合三 平文群	臻合三 平文晓	臻合三 平文云	臻合三 去文云	臻合三 入物奉	臻合三 入物微
76 乐清	maŋ²²白 vaŋ²²文	tɕiaŋ⁴⁴	dʑiaŋ³¹	ɕiaŋ⁴⁴	iaŋ³¹	iaŋ²²	vɤ²¹²	mi⁴¹～事 vɤ²¹²～理
77 瑞安	maŋ²²白 vaŋ²²文	tɕiaŋ⁴⁴	dʑiaŋ³¹	ɕiaŋ⁴⁴	iaŋ³¹	iaŋ²²	va²¹²	mø⁴⁴白 va²¹²文
78 平阳	maŋ³³	tʃɵŋ⁵⁵	dʒɵŋ²⁴²	fɵŋ⁵⁵	vɵŋ²⁴²	vɵŋ³³	vA¹²	vA¹²
79 文成	maŋ⁴²⁴	tʃøn⁵⁵	dʒøn¹¹³	ʃøn⁵⁵	yøn¹¹³	yøn⁴²⁴	va²¹²	va²¹²
80 苍南	maŋ¹¹白 uaŋ¹¹文	tsuen⁴⁴	zuen³¹	feŋ⁴⁴	ueŋ³¹	ueŋ¹¹	uɛ¹¹²	uɛ¹¹²
81 建德徽	mən⁵⁵	tɕyn⁵³	tɕyn³³	ɕyn⁵³	yn³³	yn⁵⁵	fɐʔ¹²	uɐʔ¹²
82 寿昌徽	miæ³³	tɕyɛ̃¹¹²	tɕʰyɛ̃⁵²	ɕyɛ̃¹¹²	yɛ̃⁵²	yɛ̃³³	foʔ³¹	uoʔ³¹
83 淳安徽	men⁵³白 ven⁵³文	tsuen²⁴白 tɕyen²⁴文	tsʰuen⁴³⁵	suen²⁴	ven⁴³⁵	ven⁵³	fəʔ¹³	vəʔ¹³
84 遂安徽	məŋ⁵²	tɕyn⁵³⁴	tɕʰyn³³	fin⁵³⁴	vin³³	vin⁵²	fəɯ²¹³	vəɯ²¹³
85 苍南闽	buŋ²¹	kun⁵⁵	kun²⁴	hun⁵⁵	hun²⁴	un²¹	po²⁴	bo²⁴
86 泰顺闽	məŋ⁵³	kuaŋ²¹³	kuaŋ²²	tsʰəŋ³¹	fəŋ²²	yeŋ³¹	fø⁷³	uø⁷³
87 洞头闽	muɯ²¹	kun³³	kun¹¹³	hun³³	hun¹¹³	un²¹	pət²⁴	bət²⁴
88 景宁畲	muən⁵¹	kyn⁴⁴	kʰuon²²	（无）	uən²²	uən⁵¹～气 yn⁴⁴～输	fut²	mət²

方言点	0705 帮	0706 忙	0707 党	0708 汤	0709 糖	0710 浪	0711 仓	0712 钢 名
	宕开一平唐帮	宕开一平唐明	宕开一上唐端	宕开一平唐透	宕开一平唐定	宕开一去唐来	宕开一平唐清	宕开一平唐见
01 杭州	paŋ³³⁴	maŋ²¹³	taŋ⁵³	tʰaŋ³³⁴	daŋ²¹³	laŋ¹³	tsʰaŋ³³⁴	kaŋ³³⁴
02 嘉兴	pɐ̃⁴²	mɐ̃²⁴²	tɐ̃⁵⁴⁴	tʰɐ̃⁴²	dɐ̃²⁴²	lɐ̃¹¹³	tsʰɐ̃⁴²	kɐ̃⁴²
03 嘉善	pã⁵³	moŋ¹³²白 mã¹³²文	tã⁴⁴	tʰã⁵³	dã¹³²	lã¹³²	tsʰã⁵³	kã⁵³
04 平湖	pɑ̃⁵³	mɑ̃³¹	tɑ̃⁴⁴	tʰɑ̃⁵³	dɑ̃³¹	lɑ̃²¹³	tsʰɑ̃⁵³	kɑ̃⁵³
05 海盐	pɑ̃⁵³	mɑ̃³¹	tɑ̃⁴²³	tʰɑ̃⁵³	dɑ̃³¹	lɑ̃²¹³	tsʰɑ̃⁵³	kuɑ̃⁵³
06 海宁	pɑ̃⁵⁵	mɑ̃¹³	tɑ̃⁵³	tʰɑ̃⁵⁵	dɑ̃¹³	lɑ̃¹³	tsʰɑ̃⁵⁵	kuɑ̃⁵⁵
07 桐乡	pɒ̃⁴⁴	moŋ¹³白 mɒ̃¹³文	tɒ̃⁵³	tʰɒ̃⁴⁴	dɒ̃¹³	lɒ̃²¹³	tsʰɒ̃⁴⁴	kɒ̃⁴⁴
08 崇德	pã⁴⁴	moŋ¹³	tã⁵³	tʰã⁴⁴	dã¹³	lã¹³	tsʰã⁴⁴	kuã⁴⁴
09 湖州	pã⁴⁴	mã¹¹²	tã⁵²³	tʰã⁴⁴	dã¹¹²	lã³⁵	tsʰã⁴⁴	kã⁴⁴
10 德清	pã⁴⁴	mã¹¹³	tã⁵²	tʰã⁴⁴	dã¹¹³	lã³³⁴	tsʰã⁴⁴	kã⁴⁴
11 武康	pã⁴⁴	mã¹¹³	tã⁵³	tʰã⁴⁴	dã¹¹³	lã⁴⁴	tsʰã⁴⁴	kã⁴⁴
12 安吉	pɔ̃⁵⁵	mɔ̃²²	tɔ̃⁵²	tʰɔ̃⁵⁵	dɔ̃²²	lɔ̃²¹³	tsʰɔ̃⁵⁵	kɔ̃⁵⁵
13 孝丰	pɔ̃⁴⁴	mɔ̃²²	tɔ̃⁵²	tʰɔ̃⁴⁴	dɔ̃²²	lɔ̃³²⁴	tsʰɔ̃⁴⁴	kɔ̃⁴⁴
14 长兴	pɔ̃⁴⁴	mɔ̃¹²	tɔ̃⁵²	tʰɔ̃⁴⁴	dɔ̃¹²	lɔ̃³²⁴	tsʰɔ̃⁴⁴	kɔ̃⁴⁴
15 余杭	pɑ̃⁴⁴	mɑ̃²²	tɑ̃⁵³	tʰɑ̃⁴⁴	dɑ̃²²	lɑ̃²¹³	tsʰɑ̃⁴⁴	kɑ̃⁴⁴
16 临安	pɑ̃⁵⁵	mɑ̃³³	tɑ̃⁵⁵	tʰɑ̃⁵⁵	dɑ̃³³	lɑ̃³³	tsʰɑ̃⁵⁵	kɑ̃⁵⁵
17 昌化	pɔ̃³³⁴	mɔ̃¹¹²	tɔ̃⁴⁵³	tʰɔ̃³³⁴	dɔ̃¹¹²	lɔ̃²⁴³	tsʰɔ̃³³⁴	kɔ̃³³⁴
18 於潜	paŋ⁴³³	maŋ²²³	taŋ⁵¹	tʰaŋ⁴³³	daŋ²²³	laŋ²⁴	tsʰuaŋ⁴³³	kaŋ⁴³³
19 萧山	pɔ̃⁵³³	mɔ̃⁵³³	tɔ̃³³	tʰɔ̃⁵³³	dɔ̃³⁵⁵	lɔ̃²⁴²	tsʰɔ̃⁵³³	kɔ̃⁵³³
20 富阳	pɑ̃⁵³	mɑ̃¹³	tɑ̃⁴²³	tʰɑ̃⁵³	dɑ̃¹³	lɑ̃³³⁵	tsʰɑ̃⁵³	kɑ̃⁵³
21 新登	pɑ̃⁵³	mɑ̃²³³	tɑ̃³³⁴	tʰɑ̃⁵³	dɑ̃²³³	lɑ̃¹³	tsʰɑ̃⁵³	kɑ̃⁵³
22 桐庐	pã⁵³³	mã¹³	tã³³	tʰã⁵³³	dã¹³	lã²⁴	tsʰã⁵³³	kã⁵³³
23 分水	pã⁴⁴	mã²²	tã⁵³	tʰã⁴⁴	dã²²	lã¹³	tsʰã⁴⁴	kã⁴⁴
24 绍兴	paŋ⁵³	maŋ²³¹	taŋ³³⁴	tʰaŋ⁵³	daŋ²³¹	laŋ²²	tsʰaŋ⁵³	kaŋ⁵³

续表

方言点	0705 帮	0706 忙	0707 党	0708 汤	0709 糖	0710 浪	0711 仓	0712 钢名
	宕开一平唐帮	宕开一平唐明	宕开一上唐端	宕开一平唐透	宕开一平唐定	宕开一去唐来	宕开一平唐清	宕开一平唐见
25 上虞	pɔ̃^{35}	mɔ̃^{213}	tɔ̃^{35}	tʰɔ̃^{35}	dɔ̃^{213}	lɔ̃^{31}	tsʰɔ̃^{35}	kɔ̃^{35}
26 嵊州	pɔŋ^{534}	mɔŋ^{213}	tɔŋ^{53}	tʰɔŋ^{534}	dɔŋ^{213}	lɔŋ^{24}	tsʰɔŋ^{534}	kɔŋ^{534}
27 新昌	pɔ̃^{534}	mɔ̃^{22}	tɔ̃^{453}	tʰɔ̃^{534}	dɔ̃^{22}	lɔ̃^{13}	tsʰɔ̃^{534}	kɔ̃^{534}
28 诸暨	pã^{544}	mã^{13}	tã^{42}	tʰã^{544}	dã^{13}	lã^{33}	tsʰã^{544}	kã^{544}
29 慈溪	pɔ̃^{35}	mɔ̃^{13}	tɔ̃^{35}	tʰɔ̃^{35}	dɔ̃^{13}	lɔ̃^{13}	tsʰɔ̃^{35}	kɔ̃^{35}
30 余姚	pɔŋ^{44}	mɔŋ^{13}	tɔŋ^{34}	tʰɔŋ^{44}	dɔŋ^{13}	lɔŋ^{13}	tsʰɔŋ^{44}	kɔŋ^{44}
31 宁波	pɔ^{53}	mɔ^{13}	tɔ^{35}	tʰɔ^{53}	dɔ^{13}	lɔ^{13}	tsʰɔ^{53}	kɔ^{53}
32 镇海	pɔ̃^{53}	mɔ̃^{24}	tɔ̃^{35}	tʰɔ̃^{53}	dɔ̃^{24}	lɔ̃^{24}	tsʰɔ̃^{53}	kɔ̃^{53}
33 奉化	pɔ̃^{44}	mɔ̃^{33}	tɔ̃^{545}	tʰɔ̃^{44}	dɔ̃^{33}	lɔ̃^{31}	tsʰɔ̃^{44}	kɔ̃^{44}
34 宁海	pɔ̃^{423}	mɔ̃^{213}	tɔ̃^{53}	tʰɔ̃^{423}	dɔ̃^{213}	lɔ̃^{24}	tsʰɔ̃^{423}	kɔ̃^{423}
35 象山	pɔ̃^{44}	mɔ̃^{31}	tɔ̃^{44}	tʰɔ̃^{44}	dɔ̃^{31}	lɔ̃^{13}	tsʰɔ̃^{44}	kɔ̃^{44}
36 普陀	pɔ̃^{53}	mɔ̃^{24}	tɔ̃^{45}	tʰɔ̃^{53}	dɔ̃^{24}	lɔ̃^{13}	tsʰɔ̃^{53}	kɔ̃^{53}
37 定海	põ^{52}	mõ^{23}	tõ^{45}	tʰõ^{52}	dõ^{23}	lõ^{13}	tsʰõ^{52}	kõ^{52}
38 岱山	põ^{52}	mõ^{23}	tõ^{325}	tʰõ^{52}	dõ^{23}	lõ^{213}	tsʰõ^{52}	kõ^{52}
39 嵊泗	põ^{53}	mõ^{243}	tõ^{445}	tʰõ^{53}	dõ^{243}	lõ^{213}	tsʰõ^{53}	kõ^{53}
40 临海	pɔ̃^{31}	mɔ̃^{21}	tɔ̃^{52}	tʰɔ̃^{31}	dɔ̃^{21}	lɔ̃^{324}	tsʰɔ̃^{31}	kɔ̃^{31}
41 椒江	pɔ̃^{47}	mɔ̃^{101}	tɔ̃^{42}	tʰɔ̃^{42}	dɔ̃^{31}	lɔ̃^{24}	tsʰɔ̃^{42}	kɔ̃^{42}
42 黄岩	pɔ̃^{32}	mɔ̃^{121}	tɔ̃^{42}	tʰɔ̃^{32}	dɔ̃^{121}	lɔ̃^{24}	tsʰɔ̃^{32}	kɔ̃^{32}
43 温岭	pɔ̃^{33}	mɔ̃^{31}	tɔ̃^{42}	tʰɔ̃^{33}	dɔ̃^{31}	lɔ̃^{13}	tsʰɔ̃^{33}	kɔ̃^{33}
44 仙居	ɓã^{334}	mã^{213}	ɗã^{324}	tʰã^{334}	dã^{213}	lã^{24}	tsʰã^{334}	kã^{334}
45 天台	pɔ^{33}	mɔ^{224}	tɔ^{325}	tʰɔ^{33}	dɔ^{224}	lɔ^{35}	tsʰɔ^{33}	kɔ^{33}
46 三门	pɔ^{334}	mɔ^{113}	tɔ^{325}	tʰɔ^{334}	dɔ^{252}小	lɔ^{243}	tsʰɔ^{334}	kɔ^{334}
47 玉环	pɔ̃^{42}	mɔ̃^{31}	tɔ̃^{53}	tʰɔ̃^{42}	dɔ̃^{31}	lɔ̃^{22}	tsʰɔ̃^{42}	kɔ̃^{42}
48 金华	pɑŋ^{334}	mɑŋ^{313}	tɑŋ^{535}	tʰɑŋ^{334}	dɑŋ^{313}	lɑŋ^{14}	tsʰɑŋ^{334}	kɑŋ^{334}

续表

方言点	0705 帮	0706 忙	0707 党	0708 汤	0709 糖	0710 浪	0711 仓	0712 钢名
	宕开一平唐帮	宕开一平唐明	宕开一上唐端	宕开一平唐透	宕开一平唐定	宕开一去唐来	宕开一平唐清	宕开一平唐见
49 汤溪	mao²⁴	mao¹¹	nua⁵³⁵	tʰɔ²⁴	dɔ¹¹	lɔ³⁴¹	tsʰɔ²⁴	kɔ²⁴
50 兰溪	pɑŋ³³⁴	mɑŋ²¹	tɑŋ⁵⁵	tʰɑŋ³³⁴	dɑŋ²¹	lɑŋ²⁴	tsʰɑŋ³³⁴	kɑŋ³³⁴
51 浦江	põ⁵³⁴旧 põ⁵³⁴今	mõ¹¹³	tõ⁵³	tʰõ⁵³⁴	dõ¹¹³	lõ²⁴	tsʰõ⁵³⁴	kõ⁵³⁴
52 义乌	puɰ³³⁵白 pan³³⁵文	muɰ²¹³	nŋʷ⁴²³白 tan⁴²³文	tʰŋʷ³³⁵	dŋʷ²¹³	lŋʷ²⁴	tsʰŋʷ³³⁵	kŋʷ³³⁵
53 东阳	pɔ³³⁴	mu²¹³	tɔ⁴⁴	tʰɔn³³⁴小	dɔ²¹³	lɔ²⁴	tsʰɔ³³⁴	kɔ³³⁴
54 永康	mɑŋ⁵⁵	mɑŋ²²	nɑŋ³³⁴	tʰɑŋ⁵⁵	dɑŋ²²	lɑŋ²⁴¹	tsʰɑŋ⁵⁵	kɑŋ⁵⁵
55 武义	mɑŋ²⁴	mɑŋ³²⁴	nɑŋ⁴⁴⁵	tʰɑŋ²⁴	dɑŋ³²⁴	lɑŋ²³¹	tsʰɑŋ²⁴	kɑŋ²⁴
56 磐安	mɒ⁴⁴⁵	mɒ²¹³韵殊	nɒ³³⁴	tʰɒ⁴⁴⁵	dɒ²¹³	lɒ¹⁴	tsʰɒ⁴⁴⁵	kɒ⁴⁴⁵
57 缙云	pɔ⁴⁴	mɔ²⁴³	tɔ⁵¹	tʰɔ⁴⁴	dɔ²⁴³	lɔ²¹³	tsʰɔ⁴⁴	kɔ⁴⁴
58 衢州	pã³²	mã²¹	tã³⁵	tʰã³²	dã²¹	lã²³¹	tsʰã³²	kã³²
59 衢江	pã³³	mã²¹²	tã²⁵	tʰã³³	dã²¹²	lã²³¹	tsʰã³³	kã³³
60 龙游	pã³³⁴	mã²¹	tã³⁵	tʰã³³⁴	dã²¹	nã²³¹声殊	tsʰã³³⁴	kã³³⁴
61 江山	piaŋ⁴⁴白 pɒŋ⁴⁴文	miaŋ²¹³白 mɒŋ²¹³文	taŋ⁴⁴调殊	tʰaŋ⁴⁴	daŋ²¹³	laŋ³¹	tsʰɒŋ⁴⁴	kɒŋ⁴⁴
62 常山	piã⁴⁴	miã³⁴¹	tã⁵²	tʰã⁴⁴	dã³⁴¹	lã¹³¹	tsʰɔ⁴⁴	kɔ⁴⁴
63 开化	piã⁴⁴白 pã⁴⁴文	miã²³¹	tã⁵³	tʰɔŋ⁴⁴	dɔŋ²³¹	lɔŋ²¹³波~ lã²¹³~费	tɕʰiɔŋ⁴⁴粮~ tsʰã⁴⁴~库	kɔŋ⁴⁴
64 丽水	pɔŋ²²⁴	mɔŋ²²	tɔŋ⁵⁴⁴	tʰɔŋ²²⁴	dɔŋ²²	lɔŋ¹³¹	tsʰɔŋ²²⁴	kɔŋ²²⁴
65 青田	ɓɔ⁴⁴⁵	mo²¹	ɗo⁴⁵⁴	tʰo⁴⁴⁵	do²¹	lo²²	tsʰo⁴⁴⁵	ko⁴⁴⁵
66 云和	põ²⁴	mõ³¹²	tõ⁴¹	tʰõ²⁴	dõ³¹²	lõ²²³	tsʰõ²⁴	kõ⁴⁵调殊
67 松阳	poŋ⁵³	moŋ³¹	toŋ²¹²	tʰoŋ⁵³	doŋ³¹	loŋ¹³	tsʰoŋ⁵³	koŋ⁵³
68 宣平	põ³²⁴	mõ⁴³³	tõ⁴⁴⁵	tʰõ³²⁴	dõ⁴³³	lõ²³¹	tsʰõ³²⁴	kõ³²⁴
69 遂昌	poŋ⁴⁵	moŋ²²¹	toŋ⁵³³	tʰoŋ⁴⁵	doŋ²²¹	loŋ²¹³	tsʰoŋ⁴⁵	koŋ⁴⁵
70 龙泉	poŋ⁴³⁴	moŋ²¹	toŋ⁵¹	tʰoŋ⁴³⁴	doŋ²¹	loŋ²²⁴	tsʰoŋ⁴³⁴	koŋ⁴³⁴

方言点	0705 帮	0706 忙	0707 党	0708 汤	0709 糖	0710 浪	0711 仓	0712 钢 名
	宕开一平唐帮	宕开一平唐明	宕开一上唐端	宕开一平唐透	宕开一平唐定	宕开一去唐来	宕开一平唐清	宕开一平唐见
71 景宁	pɔŋ³²⁴	mɔŋ⁴¹	tɔŋ³³	tʰɔŋ³²⁴	dɔŋ⁴¹	lɔŋ¹¹³	tsʰɔŋ³²⁴	kɔŋ³⁵ 调殊
72 庆元	ɓɔ̃³³⁵	mɔ̃⁵²	ɗɔ̃³³	tʰɔ̃³³⁵	tɔ̃⁵²	lɔ̃³¹	tsʰɔ̃³³⁵	kɔ̃¹¹ 调殊
73 泰顺	pɔ̃²¹³	mɔ̃⁵³	tɔ̃⁵⁵	tʰɔ̃²¹³	tɔ̃⁵³	lɔ̃²²	tsʰɔ̃²¹³	kɔ̃³⁵ 调殊
74 温州	puɔ³³	muɔ³¹	tuɔ²⁵	tʰuɔ³³	duɔ³¹	luɔ²²	tsʰuɔ³³	kuɔ³³
75 永嘉	puɔ⁴⁴	muɔ³¹	tɔ⁴⁵	tʰɔ⁴⁴	dɔ³¹	lɔ²²	tsʰɔ⁴⁴	kɔ⁴⁴
76 乐清	pa⁴⁴	mɔ³¹	tɔ³⁵	tʰɔ⁴⁴	dɔ³¹	lɔ²²	tɕʰiɔ⁴⁴	kɔ⁴⁴
77 瑞安	pu⁴⁴	mo³¹	to³⁵	tʰo⁴⁴	do⁴⁴	lo²²	tsʰo⁴⁴	ko⁴⁴
78 平阳	po⁵⁵	mo²⁴²	to⁴⁵	tʰo⁵⁵	do²⁴²	lo³³	tʃʰo⁵⁵	ko⁵⁵
79 文成	po⁵⁵	mo¹¹³	to⁴⁵	tʰo⁵⁵	do¹¹³	lo⁴²⁴	tʃʰo⁵⁵	kuo⁵⁵
80 苍南	puɔ⁴⁴	mo³¹	to⁵³	tʰo⁴⁴	do³¹	lo¹¹	tsʰo⁴⁴	ko⁴² 调殊
81 建德徽	pɛ⁵³	mo³³	taŋ⁵⁵	tʰo⁵³	to³³	no⁵⁵	tsʰo⁵³	ko⁵³
82 寿昌徽	pɑ̃¹¹²	mɑ̃⁵²	tɑ̃²⁴	tʰɑ̃¹¹²	tʰɑ̃⁵²	lɑ̃³³	tsʰɑ̃¹¹²	kɑ̃¹¹²
83 淳安徽	pon²⁴	mon⁴³⁵	tɑ̃⁵⁵	tʰɑ̃²⁴	tʰɑ̃⁴³⁵	lɑ̃⁵³	tsʰɑ̃²⁴	kɑ̃²⁴
84 遂安徽	pəŋ⁵³⁴	məŋ³³	tɑ̃²¹³	tʰoŋ⁵³⁴	tʰoŋ³³	lɑ̃⁵²	tsʰoŋ⁵³⁴	kɑ̃⁵³⁴
85 苍南闽	pan⁵⁵ 白 paŋ⁵⁵ 文	baŋ²⁴	taŋ⁴³	tʰɯŋ⁵⁵	tʰɯŋ²⁴	laŋ²¹	tsʰɯŋ⁵⁵	kɯŋ²¹ 调殊
86 泰顺闽	po²¹³	mo²²	to³⁴⁴	tʰo²¹³	tʰo²²	lo³¹	tsʰo²¹³	ko⁵³ 调殊
87 洞头闽	paŋ³³	boŋ¹¹³	toŋ⁵³	tʰɯŋ³³	tʰɯŋ¹¹³	loŋ²¹	tsʰɯŋ³³	kɯŋ²¹
88 景宁畲	pɔŋ⁴⁴	mɔŋ²²	tɔŋ³²⁵	tʰɔŋ⁴⁴	tʰɔŋ²²	lɔŋ⁵¹	tsʰɔŋ⁴⁴	kɔŋ⁴⁴

方言点	0713 糠	0714 薄形	0715 摸	0716 托	0717 落	0718 作	0719 索	0720 各
	宕开一平唐溪	宕开一入铎並	宕开一入铎明	宕开一入铎透	宕开一入铎来	宕开一入铎精	宕开一入铎心	宕开一入铎见
01 杭州	$k^h aŋ^{334}$	$boʔ^2$	$moʔ^5$ 调殊	$t^h oʔ^5$	$loʔ^2$	$tsoʔ^5$	$soʔ^5$	$koʔ^5$
02 嘉兴	$k^h \tilde{ʌ}^{42}$	$boʔ^{13}$	$moʔ^5$	$t^h oʔ^5$	$loʔ^5$	$tsoʔ^5$	$soʔ^5$	$koʔ^5$
03 嘉善	$k^h \tilde{a}^{53}$	$buoʔ^2$	$muoʔ^2$	$t^h uoʔ^5$	$luoʔ^2$	$tsuoʔ^5$	$suoʔ^5$	$kuoʔ^5$
04 平湖	$k^h \tilde{a}^{53}$	$boʔ^{23}$	$moʔ^{23}$	$t^h oʔ^{23}$	$loʔ^{23}$	$tsoʔ^5$	$soʔ^5$	$koʔ^5$
05 海盐	$k^h u\tilde{a}^{53}$	$bɔʔ^{23}$	$mɔʔ^{23}$	$t^h ɔʔ^{23}$	$lɔʔ^{23}$	$tsɔʔ^5$	$sɔʔ^5$	$kɔʔ^5$
06 海宁	$k^h \tilde{a}^{55}$	$boʔ^2$	$moʔ^2$	$t^h oʔ^5$	$loʔ^2$	$tsoʔ^5$	$soʔ^5$	$koʔ^5$
07 桐乡	$k^h \tilde{ɒ}^{44}$	$bɔʔ^{23}$	$mɔʔ^{23}$	$t^h ɔʔ^5$	$lɔʔ^{23}$	$tsɔʔ^5$	$sɔʔ^5$	$kɔʔ^5$
08 崇德	$k^h u\tilde{a}^{44}$	$bɔʔ^{23}$	$mɔʔ^{23}$	$t^h ɔʔ^5$	$lɔʔ^{23}$	$tsɔʔ^5$	$sɔʔ^5$	$kɔʔ^5$
09 湖州	$k^h \tilde{a}^{44}$	$buoʔ^2$	$muoʔ^2$	$t^h uoʔ^5$	$luoʔ^2$	$tsuoʔ^5$	$suoʔ^5$	$kuoʔ^5$
10 德清	$k^h \tilde{a}^{44}$	$buoʔ^2$	$muoʔ^2$	$t^h uoʔ^5$	$luoʔ^2$	$tsuoʔ^5$	$suoʔ^5$	$kuoʔ^5$
11 武康	$k^h \tilde{a}^{44}$	$buoʔ^2$	$muoʔ^2$	$t^h uoʔ^5$	$luoʔ^2$	$tsuoʔ^5$	$suoʔ^5$	$kuoʔ^5$
12 安吉	$k^h \tilde{ɔ}^{55}$	$boʔ^{23}$	$moʔ^{23}$	$t^h oʔ^5$	$loʔ^{23}$	$tsoʔ^5$	$soʔ^5$	$koʔ^5$
13 孝丰	$k^h \tilde{ɔ}^{44}$	$buoʔ^{23}$	$muoʔ^5$	$t^h uoʔ^5$	$luoʔ^{23}$	$tsuoʔ^5$	$suoʔ^5$	$kuoʔ^5$
14 长兴	$k^h \tilde{ɔ}^{44}$	$boʔ^2$	$moʔ^2$	$t^h oʔ^5$	$loʔ^2$	$tsoʔ^5$	$soʔ^5$	$koʔ^5$
15 余杭	$k^h \tilde{a}^{44}$	$boʔ^2$	$moʔ^2$	$t^h oʔ^5$	$loʔ^2$	$tsoʔ^5$	$soʔ^5$	$koʔ^5$
16 临安	$k^h \tilde{a}^{55}$	$buɔʔ^{12}$	$muɔʔ^{12}$	$t^h uɔʔ^{54}$	$luɔʔ^{12}$	$tsuɔʔ^{54}$	$suɔʔ^{54}$	$kuɔʔ^{54}$
17 昌化	$k^h \tilde{ɔ}^{334}$	$buəʔ^{23}$	$muəʔ^5$	$t^h uəʔ^5$	$luəʔ^{23}$	$tsuəʔ^5$	$suəʔ^5$	$kəʔ^5$
18 於潜	$k^h aŋ^{433}$	$bæʔ^{23}$	$məʔ^{53}$	$t^h uəʔ^{53}$	$læʔ^{23}$文	$tsuəʔ^{53}$	$suəʔ^{53}$	$kəʔ^{53}$
19 萧山	$k^h \tilde{ɔ}^{533}$	$bəʔ^{13}$	$məʔ^5$	$t^h əʔ^5$	$ləʔ^{13}$	$tsoʔ^5$	$soʔ^5$	$kəʔ^5$
20 富阳	$k^h \tilde{a}^{53}$	$boʔ^2$	$moʔ^5$	$t^h oʔ^5$	$loʔ^5$	$tsoʔ^5$	$soʔ^5$	$koʔ^5$
21 新登	$k^h \tilde{a}^{53}$	$bɔʔ^2$	$mɔʔ^5$	$t^h ɔʔ^5$	$laʔ^2$	$tsaʔ^5$	$sɔʔ^5$	$kaʔ^5$
22 桐庐	$k^h \tilde{a}^{533}$	$bəʔ^{13}$	$məʔ^5$	$t^h aʔ^5$	$laʔ^{13}$白 $luəʔ^{13}$文	$tsuəʔ^5$	$suəʔ^5$	$kəʔ^5$
23 分水	$k^h \tilde{a}^{44}$	$bəʔ^{12}$	$muəʔ^{12}$	$t^h əʔ^5$	$ləʔ^{12}$	$tsuəʔ^5$	$suəʔ^5$	$kəʔ^5$
24 绍兴	$k^h aŋ^{53}$	$boʔ^2$	$moʔ^2$	$t^h oʔ^5$	$loʔ^2$	$tsoʔ^5$	$soʔ^5$	$koʔ^5$
25 上虞	$k^h \tilde{ɔ}^{35}$	$boʔ^2$	$moʔ^5$	$t^h oʔ^5$	$loʔ^2$	$tsoʔ^5$	$soʔ^5$	$koʔ^5$

续表

方言点	0713 糠	0714 薄形	0715 摸	0716 托	0717 落	0718 作	0719 索	0720 各
	宕开一平唐溪	宕开一入铎并	宕开一入铎明	宕开一入铎透	宕开一入铎来	宕开一入铎精	宕开一入铎心	宕开一入铎见
26 嵊州	$k^hɔŋ^{534}$	$boʔ^2$	$moʔ^2$	$t^hoʔ^5$	$loʔ^2$	$tsoʔ^5$	$soʔ^5$	$koʔ^5$
27 新昌	$k^hɔ̃^{534}$	$bɤʔ^2$	$mɤʔ^2$	$t^hoʔ^5$	$loʔ^2$	$tsoʔ^5$	$soʔ^5$	$koʔ^5$
28 诸暨	$k^hã^{544}$	$boʔ^{13}$	$moʔ^5$	$t^hoʔ^5$	$loʔ^{13}$	$tsoʔ^5$	$soʔ^5$	$koʔ^5$
29 慈溪	$k^hɔ̃^{35}$	$boʔ^2$	$moʔ^5$	$t^hoʔ^5$	$loʔ^2$	$tsoʔ^5$	$soʔ^5$	$koʔ^5$
30 余姚	$k^hɔŋ^{44}$	$boʔ^2$	$moʔ^2$	$t^hoʔ^5$	$loʔ^2$	$tsoʔ^5$	$soʔ^5$	$koʔ^5$
31 宁波	$k^hɔ̃^{53}$	$boʔ^2$	$moʔ^2$	$t^hoʔ^5$	$loʔ^2$	$tsoʔ^5$	$soʔ^5$	$koʔ^5$
32 镇海	$k^hɔ̃^{53}$	$boʔ^{12}$	$moʔ^{12}$	$t^hoʔ^5$	$loʔ^{12}$	$tsoʔ^5$	$soʔ^5$	$koʔ^5$
33 奉化	$k^hɔ̃^{44}$	$boʔ^2$	$moʔ^2$	$t^hoʔ^5$	$loʔ^2$	$tsoʔ^5$	$soʔ^5$	$koʔ^5$
34 宁海	$k^hɔ̃^{423}$	$bɔʔ^3$	$mɔʔ^3$	$t^hɔʔ^5$	$lɔʔ^3$	$tsɔʔ^5$	$sɔʔ^5$	$kɔʔ^5$
35 象山	$k^hɔ̃^{44}$	$boʔ^2$	$moʔ^2$	$t^hoʔ^5$	$loʔ^2$	$tsoʔ^5$	$soʔ^5$	$koʔ^5$
36 普陀	$k^hɔ̃^{53}$	$boʔ^{23}$	$moʔ^{23}$	$t^hoʔ^5$	$loʔ^{23}$	$tsoʔ^5$	$soʔ^5$	$koʔ^5$
37 定海	$k^hõ^{52}$	$boʔ^2$	$moʔ^2$	$t^hoʔ^5$	$loʔ^2$	$tsoʔ^5$	$soʔ^5$	$koʔ^5$
38 岱山	$k^hõ^{52}$	$boʔ^2$	$moʔ^2$	$t^hoʔ^5$	$loʔ^2$	$tsoʔ^5$	$soʔ^5$	$koʔ^5$
39 嵊泗	$k^hõ^{53}$	$boʔ^2$	$moʔ^2$	$t^hoʔ^5$	$loʔ^2$	$tsoʔ^5$	$soʔ^5$	$koʔ^5$
40 临海	$k^hɔ̃^{31}$	$bɔʔ^{23}$	$mɔʔ^{23}$	$t^hoʔ^5$	$lɔʔ^{23}$	$tsɔʔ^5$	$sɔʔ^5$	$kɔʔ^5$
41 椒江	$k^hɔ̃^{42}$	$boʔ^2$	$moʔ^2$	$t^hoʔ^5$	$loʔ^2$	$tsoʔ^5$	$soʔ^5$	$koʔ^5$
42 黄岩	$k^hɔ̃^{32}$	$boʔ^2$	$moʔ^2$又 $moʔ^5$又	$t^hoʔ^5$	$loʔ^2$	$tsoʔ^5$	$soʔ^5$	$koʔ^5$
43 温岭	$k^hɔ̃^{33}$	$boʔ^2$	$moʔ^2$	$t^hoʔ^5$	$loʔ^2$	$tsoʔ^5$	$soʔ^5$	$koʔ^5$
44 仙居	$k^hɑ̃^{334}$	$bɑʔ^{23}$	$mɑʔ^{23}$	$t^hɑʔ^5$	$lɑʔ^{23}$	$tsɑʔ^5$	$sɑʔ^5$	$kɑʔ^5$
45 天台	$k^hɔ^{33}$	$bɔʔ^2$	$mɔʔ^2$	$t^hɔʔ^5$	$lɔʔ^2$	$tsɔʔ^5$	$sɔʔ^5$	$kɔʔ^5$
46 三门	$k^hɔ^{334}$	$bɔʔ^{23}$	$mɔʔ^{23}$	$t^hɔʔ^5$	$lɔʔ^{23}$	$tsɔʔ^5$	$sɔʔ^5$	$kɔʔ^5$
47 玉环	$k^hɔ̃^{42}$	$boʔ^2$	$moʔ^2$	$t^hoʔ^5$	$loʔ^2$	$tsoʔ^5$	$soʔ^5$	$koʔ^5$
48 金华	$k^hɑŋ^{334}$	$boʔ^{212}$	$moʔ^4$	$t^hoʔ^4$	$loʔ^{212}$	$tsoʔ^4$	$soʔ^4$	$koʔ^4$
49 汤溪	$k^hɔ^{24}$	$bɤa^{113}$	$mɤa^{55}$	$t^hɔ^{55}$	$lɔ^{113}$	$tsɔ^{55}$	$sɔ^{55}$	$kɔ^{55}$

方言点	0713 糠	0714 薄形	0715 摸	0716 托	0717 落	0718 作	0719 索	0720 各
	宕开一平唐溪	宕开一入铎并	宕开一入铎明	宕开一入铎透	宕开一入铎来	宕开一入铎精	宕开一入铎心	宕开一入铎见
50 兰溪	kʰɑŋ³³⁴	boʔ¹²	moʔ³⁴	tʰəʔ³⁴	ləʔ¹²	tsəʔ³⁴	suəʔ³⁴	kəʔ³⁴
51 浦江	kʰõ⁵³⁴	bo²³²	mo²³²	tʰo⁴²³	lo²³²	tso⁴²³	so⁴²³	ko⁴²³
52 义乌	kʰŋʷ³³⁵	bau³¹²	mau³¹²	tʰɔ³²⁴	lɔ³¹²	tsɔ³²⁴	sɔ³²⁴	kɔ³²⁴
53 东阳	kʰɔ³³⁴	bɯ²¹³	mɐɯ²¹³	tʰɔ³³⁴	lo²⁴	tsʊ⁴⁵³	so⁴⁴	kɔ⁴⁴
54 永康	kʰɑŋ⁵⁵	buo¹¹³	muo³³⁴	tʰɑu³³⁴	lɑu¹¹³	tsɑu³³⁴	sɑu³³⁴	kɑu³³⁴
55 武义	kʰɑŋ²⁴	bɔ²¹³	mɔ²¹³	tʰɑu⁵³	lɑu¹³	tsɑu⁵³	sɑu⁵³	tɕia⁵³
56 磐安	kʰɒ⁴⁴⁵	bʌo²¹³	mʌo²¹³	tʰuə³³⁴	luə²¹³	tsuə³³⁴	suə³³⁴	kuə³³⁴
57 缙云	kʰɔ⁴⁴	bɔ¹³	mɔ¹³	tʰɔ³²²	lɔ¹³	tsɔ³²²	sɔ³²²	kɔ³²²
58 衢州	kʰɑ̃³²	bəʔ¹²	mu³² 调殊	tʰəʔ⁵	ləʔ¹²	tsəʔ⁵	səʔ⁵	kəʔ⁵
59 衢江	kʰɑ̃³³	bəʔ²	mou³³ 调殊	tʰəʔ⁵	ləʔ¹²	tsəʔ⁵	səʔ⁵	kəʔ⁵
60 龙游	kʰã³³⁴	bɔʔ²³	mɔʔ⁴	tʰɔʔ⁴	lɔʔ²³	tsɔʔ⁴	sɔʔ⁴	kəʔ⁴
61 江山	kʰɒŋ⁴⁴	biaʔ²	mo⁴⁴ 调殊	tʰaʔ⁵	laʔ²	tsɒʔ⁵	sɒʔ⁵	kɒʔ⁵ ～顾～ kuaʔ⁵ ～人
62 常山	kʰɔ̃⁴⁴	biaʔ³⁴	mie⁴⁴	tʰaʔ⁵	laʔ³⁴	tsʌʔ⁵	sʌʔ⁵	kʌʔ⁵
63 开化	kʰɔŋ⁴⁴	biaʔ¹³	miɛ⁴⁴ 音殊	tʰɔʔ⁵	lɔʔ¹³	tsɔʔ⁵	sɔʔ⁵	kɔʔ⁵
64 丽水	kʰɔŋ²²⁴	buoʔ²³	məʔ²³	tʰəʔ⁵	ləʔ²³	tsəʔ⁵	səʔ⁵	kəʔ⁵
65 青田	kʰo⁴⁴⁵	boʔ³¹	moʔ³¹	tʰoʔ⁴²	loʔ³¹	tsoʔ⁴²	soʔ⁴²	koʔ⁴²
66 云和	kʰɔ̃²⁴	boʔ²³	moʔ⁵	tʰoʔ⁵	loʔ²³	tsoʔ⁵	soʔ⁵	koʔ⁵
67 松阳	kʰoŋ⁵³	boʔ²	moʔ⁵	tʰoʔ⁵	loʔ²	tsoʔ⁵	soʔ⁵	koʔ⁵
68 宣平	kʰɔ̃³²⁴	bəʔ²³	məʔ⁵	tʰəʔ⁵	ləʔ²³	tsəʔ⁵	səʔ⁵	kəʔ⁵
69 遂昌	kʰoŋ⁴⁵	boʔ²³	məɯʔ⁵	tʰɔʔ⁵	lɔʔ²³	tsɔʔ⁵	sɔʔ⁵	kɔʔ⁵
70 龙泉	kʰɔŋ⁴³⁴	bouʔ²⁴	mouʔ⁵	tʰouʔ⁵	louʔ²⁴	tsouʔ⁵	souʔ⁵	kouʔ⁵
71 景宁	kʰɔŋ³²⁴	boʔ²³	moʔ⁵	tʰoʔ⁵	loʔ²³	tsoʔ⁵	soʔ⁵	koʔ⁵
72 庆元	kʰɔ̃³³⁵	poʔ³⁴	moʔ⁵	tʰoʔ⁵	loʔ³⁴	tsoʔ⁵	soʔ⁵	koʔ⁵

续表

方言点	0713 糠 宕开一 平唐溪	0714 薄 形 宕开一 入铎并	0715 摸 宕开一 入铎明	0716 托 宕开一 入铎透	0717 落 宕开一 入铎来	0718 作 宕开一 入铎精	0719 索 宕开一 入铎心	0720 各 宕开一 入铎见
73 泰顺	kʰɔ̃^{213}	poʔ^{2}	mø^{213}音殊 moʔ^{5} 又	tʰoʔ^{5}	loʔ^{2}	tsoʔ^{5}	soʔ^{5}	koʔ^{5}
74 温州	kʰuɔ^{33}	bo^{212}	mo^{212}	to^{323}	lo^{212}	tso^{323}	so^{323}	ko^{323}
75 永嘉	kʰɔ^{44}	bo^{213}	mo^{213}	tʰo^{423}	lo^{213}	tso^{423}	so^{423}	ko^{423}
76 乐清	kʰɔ^{44}	bo^{212}	mo^{212}	tʰø^{323}	lo^{212}	tɕio^{323}	so^{323}	ko^{323}
77 瑞安	kʰo^{44}	bu^{212}	mo^{212}	tʰø^{323}	lo^{212}	tso^{323}	so^{323}	ko^{323}
78 平阳	kʰo^{55}	bo^{12}	mo^{34}	tʰo^{34}	lo^{12}	tʃo^{34}	so^{34}	ko^{34}
79 文成	kʰuo^{55}	bo^{212}	mo^{34}	tʰo^{34}	lo^{212}	tʃo^{34}	so^{34}	ko^{34}
80 苍南	kʰo^{44}	buɔ^{112}	mo^{223}	tʰø^{223}	lo^{112}	tso^{223}	so^{223}	ko^{223}
81 建德徽	kʰo^{53}	pu^{213}	m^{55}	tʰo^{55}	lo^{213}	tso^{55}	so^{55}	ku^{55}
82 寿昌徽	kʰã^{112}	pʰɔʔ^{31}	mɔʔ^{3}	tʰɔʔ^{3}	lɔʔ^{31}	tsɔʔ^{3}	sɔʔ^{3}	kəʔ^{3}
83 淳安徽	kʰon^{24}	pʰɑʔ^{213}	moʔ^{5}	tʰɑʔ^{5}	lɑʔ^{13}	tsɑʔ^{5}	sɑʔ^{5} 白 soʔ^{5} 文	koʔ^{5}
84 遂安徽	kʰoŋ^{534}	pʰo^{213}	mo^{213}	tʰo^{24}	lo^{213}	tso^{24}	so^{24}	ko^{24}
85 苍南闽	kʰɯŋ^{55}	po^{24}	mɔ̃^{55}	tʰɐ^{43}	lɐ^{43}	tsɐ^{43}	so^{43}	kɐ^{43}
86 泰顺闽	kʰʋ^{213}	pou^{31}调殊	mou^{213} møʔ^{5}	tʰɒʔ^{5}	lɒʔ^{3}	tsɒʔ^{5}	sou^{53}调殊	kɒʔ^{5}
87 洞头闽	kʰɯŋ^{33}	po^{241}	mɔ̃^{33}	tʰɔk^{5}	lɔk^{24}	tsɔk^{5}	so^{53}	kɔk^{5}
88 景宁畲	xɔŋ^{44}	pʰoʔ^{2}	moʔ^{5}	tʰoʔ^{5}	loʔ^{2}	tsoʔ^{5}	（无）	koʔ^{5}

方言点	0721 鹤	0722 恶 形,入声	0723 娘	0724 两 斤~	0725 亮	0726 浆	0727 抢	0728 匠
	宕开一 入铎匣	宕开一 入铎影	宕开三 平阳泥	宕开三 上阳来	宕开三 去阳来	宕开三 平阳精	宕开三 上阳清	宕开三 去阳从
01 杭州	ŋoʔ²	oʔ⁵	ȵiaŋ²¹³	liaŋ⁵³	liaŋ¹³	tɕiaŋ³³⁴	tɕʰiaŋ⁵³	dʑiaŋ¹³
02 嘉兴	ŋoʔ⁵	oʔ⁵	ȵiÃ²⁴²	liÃ¹¹³	liÃ¹¹³	tɕiÃ⁴²	tɕʰiÃ¹¹³	dʑiÃ¹¹³
03 嘉善	ŋuoʔ²	uoʔ⁵	ȵiæ̃¹³²	liæ̃¹¹³	liæ̃¹¹³	tɕiæ̃⁵³	tɕʰiæ̃³³⁴	dʑiæ̃¹¹³
04 平湖	ŋoʔ²³	oʔ⁵	ȵiã³¹	liã²¹³	liã²¹³	tsiã⁵³	tsʰiã²¹³	ziã²¹³
05 海盐	ɔʔ²³	ɔʔ⁵	ȵiɛ̃³¹	liɛ̃⁴²³	liɛ̃²¹³	tɕiɛ̃⁵³	tɕʰiɛ̃⁴²³	dʑiɛ̃²¹³
06 海宁	oʔ²	oʔ⁵	ȵiã¹³	liã²³¹	liã¹³	tɕiã⁵⁵	tɕʰiã⁵³	dʑiã²³¹
07 桐乡	ɔʔ²³	ɔʔ⁵	ȵiã¹³	liã²⁴²	liã²¹³	tsiã⁴⁴	tsʰiã⁵³	ziã²¹³
08 崇德	ɔʔ²³	ɔʔ⁵	ȵiã¹³	liã⁵³	liã¹³	tɕiã⁴⁴	tɕʰiã⁵³	ziã¹³
09 湖州	ŋuoʔ²	uoʔ²	ȵiã¹¹²	liã⁵²³	liã³⁵	tɕiã⁴⁴	tɕʰiã⁵²³	ziã²³¹
10 德清	ŋuoʔ²	uoʔ⁵	ȵiã¹¹³	liã⁵²	liã³³⁴	tɕiã³³⁴	tɕʰiã⁵²	ziã¹⁴³
11 武康	ŋuoʔ²	uoʔ⁵	ȵiã¹¹³	liã²⁴²	liã²²⁴	tɕiã²²⁴	tɕiã⁵³	iã²²⁴
12 安吉	ŋoʔ²³	oʔ⁵	ȵiã²²	liã⁵²	liã²¹³	tɕiã⁵⁵	tɕʰiã⁵²	iã²²
13 孝丰	ŋuoʔ²³	oʔ⁵	ȵiã²²	liã⁵²	liã³²⁴	tɕiã⁴⁴	tɕʰiã⁵²	ziã²¹³
14 长兴	ŋoʔ²	oʔ⁵	ȵiã¹²	liã⁵²	liã³²⁴	tʃiã⁴⁴	tʃʰiã⁵²	ʒiã²⁴
15 余杭	ŋoʔ²	oʔ⁵	ȵiɑ̃²²	liɑ̃⁵³	liɑ̃²¹³	tsiɑ̃⁴⁴	tsʰiɑ̃⁵³	ziɑ̃²²
16 临安	ŋuoʔ¹²	uɔʔ⁵⁴	ȵiɑ̃³³	liɑ̃³³	liɑ̃³³	tɕiɑ̃³³	tɕʰiɑ̃⁵⁵	iɑ̃³³
17 昌化	xoʔ⁵ 新 ŋoʔ²³ 老	uəʔ⁵	ȵiɑ̃¹¹²	liɑ̃²⁴³	liɑ̃²⁴³	tɕiɑ̃³³⁴	tɕʰiɑ̃⁴⁵³	ziɑ̃²⁴³
18 於潜	ŋæʔ²³	əʔ⁵³	ȵiaŋ²²³	liaŋ⁵¹	liaŋ²⁴	tɕiaŋ³⁵	tɕʰiaŋ⁵¹	dʑiaŋ²⁴
19 萧山	xəʔ⁵	əʔ⁵	ȵiɑ̃³⁵⁵	liɑ̃¹³	liɑ̃²⁴²	tɕiɑ̃⁵³³	tɕʰiɑ̃³³	ziɑ̃²⁴²
20 富阳	（无）	oʔ⁵	ȵiɑ̃¹³	liɑ̃²²⁴	liɑ̃³³⁵	tɕiɑ̃¹³	tɕʰiɑ̃⁴²³	ziɑ̃²²⁴
21 新登	（无）	aʔ⁵	ȵiɑ̃²³³	liɛ³³⁴	liɑ̃¹³	tɕiɑ̃⁵³	tɕʰiɑ̃³³⁴	ziɑ̃¹³
22 桐庐	xəʔ⁵	əʔ⁵	niɑ̃¹³	liɑ̃³³	liɑ̃²⁴	tɕiɑ̃⁵³³	tɕʰiɑ̃³³	dʑiɑ̃²⁴
23 分水	ŋɒʔ¹²	ŋuəʔ¹²	ȵiɑ̃²²	liɑ̃⁵³	liɑ̃¹³	tɕiɑ̃⁴⁴	tɕʰiɑ̃⁵³	iɑ̃¹³
24 绍兴	ŋoʔ²	oʔ⁵	ȵiaŋ²³¹	liaŋ²²³	liaŋ²²	tɕiaŋ⁵³	tɕʰiaŋ³³⁴	dʑiaŋ²²³
25 上虞	ŋoʔ²	oʔ⁵	ȵiɑ̃²¹³	liɑ̃²¹³	liɑ̃³¹	tɕiɑ̃³⁵	tɕʰiɑ̃³⁵	ziɑ̃²¹³

续表

方言点	0721 鹤	0722 恶 形,入声	0723 娘	0724 两 斤~	0725 亮	0726 浆	0727 抢	0728 匠
	宕开一 入铎匣	宕开一 入铎影	宕开三 平阳泥	宕开三 上阳来	宕开三 去阳来	宕开三 平阳精	宕开三 上阳清	宕开三 去阳从
26 嵊州	ŋoʔ²	oʔ⁵	n̠iaŋ²¹³	liaŋ²²	liaŋ²⁴	tɕiaŋ⁵³⁴	tɕʰiaŋ⁵³	ziaŋ²⁴
27 新昌	ŋoʔ²	oʔ⁵	n̠iaŋ²²	liaŋ²³²	liaŋ¹³	tɕiaŋ⁵³⁴	tɕʰiaŋ⁴⁵³	ziaŋ¹³
28 诸暨	ŋoʔ¹³	oʔ⁵	nia¹³	lia²⁴²	lia³³	tɕia⁵⁴⁴	tɕʰia⁴²	zia³³
29 慈溪	ŋoʔ²	oʔ⁵	n̠iã¹³	liã¹³	liã¹³	tɕiã³⁵	tɕʰiã³⁵	iã¹³
30 余姚	ŋoʔ²	oʔ⁵	n̠iaŋ¹³	liaŋ¹³	liaŋ¹³	tɕiaŋ⁴⁴	tɕʰiaŋ³⁴	iaŋ¹³
31 宁波	ŋoʔ²	oʔ⁵	n̠ia¹³	lia¹³	lia¹³	tɕia⁴⁴	tɕʰia³⁵	zia¹³
32 镇海	ŋoʔ¹²	oʔ⁵	n̠iã²⁴	liã²⁴	liã²⁴	tɕiã⁵³	tɕʰiã³⁵	iã²⁴
33 奉化	ŋoʔ²	oʔ⁵	n̠iã³³	liã³³ 调殊	liã³¹	tɕiã⁴⁴	tɕʰiã⁵⁴⁵	dziã³³ 调殊
34 宁海	ŋoʔ³	ɔʔ⁵	n̠iã²¹³	liã³¹	liã²⁴	tɕiã⁴²³	tɕʰiã⁵³	ziã²⁴
35 象山	ŋoʔ²	oʔ⁵	n̠iã³¹	liã³¹	liã¹³	tɕiã⁴⁴	tɕʰiã⁴⁴	iã¹³
36 普陀	ŋoʔ²³	oʔ⁵	n̠iã²⁴	liã²³	liã¹³	tɕiã⁵³	tɕʰiã⁴⁵	iã²³
37 定海	ŋoʔ²	oʔ⁵	n̠iã²³	liã²³	liã¹³	tɕiã⁵²	tɕʰiã⁴⁵	iã²³ 调殊
38 岱山	ŋoʔ²	oʔ⁵	n̠iã²³	liã²⁴⁴	liã²¹³	tɕiã⁵²	tɕʰiã³²⁵	iã²³ 调殊
39 嵊泗	ŋoʔ²	oʔ⁵	n̠iã²⁴³	liã⁴⁴⁵	liã²¹³	tɕiã⁵³	tɕʰiã⁴⁴⁵	iã²¹³
40 临海	ŋoʔ²³	ɔʔ⁵	n̠iã³¹	liã⁵²	liã³²⁴	tɕiã³¹	kʰiã⁵²	ziã³²⁴
41 椒江	ŋoʔ²	oʔ⁵	n̠iã³¹	liã⁴²	liã²⁴	tɕiã⁴²	tɕʰiã⁴²	ziã²⁴
42 黄岩	ŋoʔ²	oʔ⁵	n̠iã¹²¹	liã⁴²	liã²⁴	tɕiã³²	tɕʰiã⁴²	ziã²⁴
43 温岭	ŋoʔ²	oʔ⁵	n̠iã³¹	liã⁴²	liã¹³	tɕiã³³	tɕʰiã⁴²	ziã¹³
44 仙居	ŋɑʔ²³	ɑʔ⁵	n̠ia²¹³	lia³²⁴	lia²⁴	tɕia³³⁴	tɕʰia³²⁴	zia²⁴
45 天台	ŋoʔ²	ɔʔ⁵	n̠ia²²⁴	lia²¹⁴	lia³⁵	tɕia³³	tɕʰia³²⁵	dzia³⁵
46 三门	ŋoʔ²³	ɔʔ⁵	n̠iɑ̃¹¹³	liɑ̃³²⁵	liɑ̃²⁴³	tɕiɑ⁵²	tɕʰiɑ̃³²⁵	ziɑ̃²⁴³
47 玉环	ŋoʔ²	uoʔ⁵	n̠ia³¹	lia⁵³	lia²²	tɕia⁴²	tɕʰia⁵³	zia²²
48 金华	（无）	oʔ⁴	n̠iaŋ³¹³	liɑŋ⁵³⁵	liɑŋ¹⁴	tsiɑŋ³³⁴	tsʰiɑŋ⁵³⁵	ziɑŋ¹⁴
49 汤溪	uɑ¹¹ 地名	ɔ⁵⁵	n̠iɔ¹¹	lɣa¹¹³	lɣa³⁴¹	tsɣa⁵³⁵	tsʰɣa⁵³⁵	zɣa³⁴¹

续表

方言点	0721 鹤	0722 恶 形,入声	0723 娘	0724 两 斤~	0725 亮	0726 浆	0727 抢	0728 匠
	宕开一 入铎匣	宕开一 入铎影	宕开三 平阳泥	宕开三 上阳来	宕开三 去阳来	宕开三 平阳精	宕开三 上阳清	宕开三 去阳从
50 兰溪	əʔ^{12}	ɔʔ^{34}	ȵiaŋ^{21}	liaŋ^{55}	liaŋ^{24}	tsiaŋ^{334}	tsʰiaŋ^{55}	ziaŋ^{24}
51 浦江	ŋõ^{232}	õ^{423}	ȵyõ^{113}	lyõ^{243}	lyõ^{24}	tsyõ^{534}	tsʰyõ^{53}	zyõ^{24}
52 义乌	ɔ^{312}	ɔ^{324}	ȵiɔ^{213}	lɯa^{312}	lɯa^{24}	tsɯa^{335}	tsʰɯa^{423}	zɯa^{24}
53 东阳	ŋɔ^{24}	ɔ^{24}	ȵiɔ^{213}	liɔ^{231}	liɔ^{24}	tɕiɔ^{334}	tɕʰiɔ^{44}	ziɔ^{24}
54 永康	ŋɑu^{113}	ɑu^{334}	ȵiaŋ^{22}	liaŋ^{113}	liaŋ^{241}	tɕiaŋ^{55}	tɕʰiaŋ^{334}	ziaŋ^{241}
55 武义	ŋɑu^{13}	ɑu^{53}	ȵiaŋ^{324}	liaŋ^{13}	liaŋ^{231}	tɕiaŋ^{24}	tɕʰiaŋ^{445}	ziaŋ^{231}
56 磐安	（无）	uə^{334}	ȵiŋ^{213}	liŋ^{334}	liŋ^{14}	tɕiŋ^{445}	tɕʰiŋ^{334}	ziŋ^{14}
57 缙云	ŋɔ^{13}	ɔ^{322}	ȵiɑ^{243}	liɑ^{31}	liɑ^{213}	tɕiɑ^{44}	tɕʰiɑ^{51}	tɕiɑ^{453}
58 衢州	ŋəʔ^{12}	əʔ^{5}	ȵiã^{21}	liã^{231}	liã^{231}	tɕiã^{32}	tɕʰiã^{35}	ziã^{231}
59 衢江	ŋəʔ^{2}	əʔ^{5}	ȵiã^{212}	liã^{212}	liã^{231}	tɕiã^{33}	tɕʰiã^{25}	ziã^{231}
60 龙游	ŋɔʔ^{23}	uɔʔ^{4}	ȵiã^{21}	liã^{224}	liã^{231}	tɕiã^{334}	tɕʰiã^{35}	ziã^{231}
61 江山	ŋɒʔ^{2}	ɒʔ^{5}	ȵiaŋ^{213} ~家 / ȵiaŋ^{51} 二~ / ȵiaŋ^{22} 老大~	liaŋ^{22}	liaŋ^{51}	tɕiaŋ^{44}	tɕʰiaŋ^{241}	ziaŋ^{31}
62 常山	ŋʌ̃ʔ^{34}	ʌʔ^{5}	ȵiã^{341}	liã^{52}	liã^{131}	tɕiã^{44}	tɕʰiã^{52}	iã^{131}
63 开化	ŋɔ̃ʔ^{13}	ɔʔ^{5}	niã^{231}	liã^{213}	liã^{213}	tɕiã^{44}	tɕʰiã^{53}	ziã^{213}
64 丽水	ŋəʔ^{23}	əʔ^{5}	ȵiã^{22}	liã^{544}	liã^{131}	tɕiã^{224}	tɕʰiã^{544}	tɕiã^{52}
65 青田	ŋɔʔ^{31}	ɔʔ^{42}	ȵi^{21}	lɛ^{454}	lɛ^{22}	tɕi^{445}	tɕʰi^{454}	dʑi^{22}
66 云和	ŋɔʔ^{23}	ɔʔ^{5}	ȵiã^{312}	liã^{41}	liã^{223}	tɕiã^{24}	tɕʰiã^{41}	ziã^{223}
67 松阳	ŋuɛʔ^{2}	ɔʔ^{5}	ȵiã^{31}	liã^{13}	liã^{13}	tɕiã^{24}	tɕʰiã^{212}	ziã^{22}
68 宣平	ŋəʔ^{23}	əʔ^{5}	ȵiã^{433}	liɑ̃^{223}	liɑ̃^{231}	tɕiɑ̃^{324}	tɕʰiɑ̃^{445}	ziɑ̃^{231}
69 遂昌	ŋɔʔ^{23}	ɔʔ^{5}	ȵiaŋ^{221}	liaŋ^{213}	liaŋ^{213}	tɕiaŋ^{45}	tɕʰiaŋ^{533}	ziaŋ^{213}
70 龙泉	ouʔ^{24}	ouʔ^{5}	ȵiaŋ^{21}	liaŋ^{51}	liaŋ^{224}	tɕiaŋ^{434}	tɕʰiaŋ^{51}	ziaŋ^{224}
71 景宁	ŋɔʔ^{23}	ɔʔ^{5}	ȵiɛ^{41}	liɛ^{33}	liɛ^{113}	tɕiɛ^{35}	tɕʰiɛ^{33}	dʑiɛ^{113}
72 庆元	xoʔ^{34}	oʔ^{5}	ȵiã^{52}	liɑ̃^{221}	liɑ̃^{31}	tɕiɑ̃^{335}	tɕʰiɑ̃^{33}	ɕiɑ̃^{31}

续表

方言点	0721 鹤	0722 恶形,入声	0723 娘	0724 两斤~	0725 亮	0726 浆	0727 抢	0728 匠
	宕开一入铎匣	宕开一入铎影	宕开三平阳泥	宕开三上阳来	宕开三去阳来	宕开三平阳精	宕开三上阳清	宕开三去阳从
73 泰顺	ŋoʔ²	oʔ⁵	n̠iã⁵³	liã⁵⁵	liã²²	tɕiã²¹³	tɕʰiã⁵⁵	ɕiã²¹
74 温州	ŋo²¹²	o³²³	n̠i³¹	li¹⁴	li²²	tɕi³³	tɕʰi²⁵	tɕi⁵¹
75 永嘉	ŋo²¹³	o⁴²³	n̠ie³¹	lie¹³	lie²²	tɕie⁵³	tɕʰie⁴⁵	ie¹³
76 乐清	ŋo²¹²	o³²³	n̠iɯʌ³¹	liɯʌ²⁴	liɯʌ²²	tɕiɯʌ⁴⁴	tɕʰiɯʌ³⁵	ziɯʌ²¹² 调殊
77 瑞安	ŋo²¹²	o³²³	n̠ie³¹	lie¹³	lie²²	tɕie⁴⁴	tɕʰie³⁵	ie²²
78 平阳	ŋo¹²	o³⁴	n̠ie²⁴²	lie⁴⁵	lie³³	tɕie⁵³	tɕʰie⁴⁵	tɕie⁵³ 文
79 文成	ŋo⁴²⁴	o³⁴	n̠ie¹¹³	lie²²⁴	lie⁴²⁴	tɕie⁵⁵	tɕʰie⁴⁵	(无)
80 苍南	ŋo¹¹²	o²²³	n̠ie³¹	lie⁵³	lie¹¹	tɕiɛ⁴⁴	tɕʰie⁵³	tɕie⁴²
81 建德徽	ŋɐʔ¹²	ŋu⁵⁵	n̠ie³³	nie²¹³	nie⁵⁵	tɕie⁵³	tɕʰie²¹³	ɕie⁵⁵
82 寿昌徽	xəʔ³¹	ŋɔʔ³	n̠iã⁵²	liã⁵³⁴	liã³³	tɕiã¹¹²	tɕʰiã²⁴	ɕiã³³
83 淳安徽	hoʔ⁵	oʔ⁵	iã⁴³⁵	liã⁵⁵	liã⁵³	tɕiã²⁴	tɕʰiã⁵⁵	ɕiã⁵³
84 遂安徽	xo⁵²	o²⁴	iã³³	liã²¹³	liã⁵²	tɕiã⁵³⁴	tɕʰiã²¹³	ɕiã⁵²
85 苍南闽	gɐ⁴³	ɐ⁴³	nĩũ²⁴	nĩũ⁴³	liaŋ²¹	tɕĩũ⁵⁵	tɕʰĩũ⁴³	tɕiaŋ⁴³ 文
86 泰顺闽	ŋɒʔ³	ɒʔ⁵	nio²²	lio³⁴⁴	lio³¹	tɕio²¹³ 调殊	tɕʰio³⁴⁴	tɕʰio³¹
87 洞头闽	kɔk²⁴	ɔk⁵	nĩũ¹¹³	nĩũ⁵³	lioŋ²¹	tɕĩũ²¹	tɕʰĩũ⁵³	tɕĩũ²¹
88 景宁畲	ŋoʔ²	oʔ⁵	n̠ioŋ⁴⁴⁵ 小	lioŋ⁴⁴	(无)	tɕiaŋ⁴⁴	tɕʰioŋ³²⁵	(无)

方言点	0729 想	0730 像	0731 张 量	0732 长 ～短	0733 装	0734 壮	0735 疮	0736 床
	宕开三 上阳心	宕开三 上阳邪	宕开三 平阳知	宕开三 平阳澄	宕开三 平阳庄	宕开三 去阳庄	宕开三 平阳初	宕开三 平阳崇
01 杭州	ɕiaŋ⁵³	dʑiaŋ¹³	tsaŋ³³⁴	dzaŋ²¹³	tsuaŋ³³⁴	tsuaŋ⁴⁵	tsʰuaŋ³³⁴	dzuaŋ²¹³
02 嘉兴	ɕiã⁵⁴⁴	dʑiã¹¹³	tsã⁴²	zã²⁴²	tsã⁴²	tsã²²⁴	tsʰã⁴²	zã²⁴²
03 嘉善	ɕiæ̃⁴⁴	dʑiæ̃¹¹³	tsæ̃⁵³	zæ̃¹³²	tsã⁵³	tsã³³⁴	tsʰã⁵³	zã¹³²
04 平湖	siã⁴⁴	ziã²¹³	tsã⁵³	zã³¹	tsã⁵³	tsã³³⁴	tsʰã⁵³	zã³¹
05 海盐	ɕiɛ̃⁴²³	dʑiɛ̃⁴²³	tsɛ̃⁵³	zɛ̃³¹	tsã⁵³	tsã³³⁴	tsʰã⁵³	zã³¹
06 海宁	ɕiã⁵³	dʑiã²³¹	tsã⁵⁵	zã¹³	tsã⁵⁵	tsã³⁵	tsʰã⁵⁵	zã¹³
07 桐乡	siã⁵³	ziã²⁴²	tsã⁴⁴	zã¹³	tsɒ̃⁴⁴	tsɒ̃³³⁴	tsʰɒ̃⁴⁴	zɒ̃¹³
08 崇德	ɕiã⁵³	ziã²⁴²	tsã⁴⁴	zã¹³	tsã⁴⁴	tsã³³⁴	tsʰã⁴⁴	zã¹³
09 湖州	ɕiã⁵²³	ziã²³¹	tsã⁴⁴	dzã¹¹²	tsã⁴⁴	tsã³⁵	tsʰã⁴⁴	zã¹¹²
10 德清	ɕiã⁵²	ziã¹⁴³	tsã⁴⁴	dzã¹¹³	tsã⁴⁴	tsã³³⁴	tsʰã⁴⁴	zã¹¹³
11 武康	ɕiã⁵³	ziã²⁴²	tsã⁴⁴	dzã¹¹³	tsã⁴⁴	tsã²²⁴	tsʰã⁴⁴	zã¹¹³
12 安吉	ɕiã⁵²	ziã²⁴³	tsã⁵⁵	dzã²²	tsɔ̃⁵⁵	tsɔ̃³²⁴	tsʰɔ̃⁵⁵	zɔ̃²²
13 孝丰	ɕiã⁵²	ziã²⁴³	tsã⁴⁴	dzã²²	tsɔ̃⁴⁴	tsɔ̃³²⁴	tsʰɔ̃⁴⁴	zɔ̃²²
14 长兴	ʃiã⁵²	ʒiã²⁴	tsã⁴⁴	dzã¹²	tsɔ̃⁴⁴	tsɔ̃³²⁴	tsʰɔ̃⁴⁴	zɔ̃¹²
15 余杭	siɑ̃⁵³	ziɑ̃²⁴³	tsɑ̃⁴⁴	zɑ̃²²	tsɑ̃⁴⁴	tsɑ̃⁴²³	tsʰɑ̃⁴⁴	zɑ̃²²
16 临安	ɕiɑ̃⁵⁵	dʑiɑ̃³³	tsɑ̃⁵⁵	dzɑ̃³³	tsuɑ̃⁵⁵	tsɑ̃⁵⁵	tsʰɑ̃⁵⁵	dzuɑ̃³³
17 昌化	ɕiã⁴⁵³	ziã²⁴³	tsã³³⁴	zã¹¹²	tsuɔ̃³³⁴	tsuɔ̃⁵⁴⁴	tsʰɔ̃³³⁴	zɔ̃¹¹²
18 於潜	ɕiaŋ⁵¹	ziaŋ²⁴	tsaŋ⁴³³	dzaŋ²²³	tsuaŋ⁴³³	tsuaŋ³⁵	tsʰuaŋ⁴³³	zuaŋ²²³白 dzuaŋ²²³文
19 萧山	ɕiã³³	ziã¹³	tsã⁵³³	dzã³⁵⁵	tsã⁵³³	tɕyɔ̃⁴²	tsʰɔ̃⁵³³	zɔ̃³⁵⁵
20 富阳	ɕiɑ̃⁴²³	ziɑ̃²²⁴	tsã⁵³	dzã¹³	tsã⁵³	tsã³³⁵	tsʰã⁵³	zã¹³
21 新登	ɕiɑ̃³³⁴	ziɑ̃¹³	tsã⁵³	dzã²³³	tɕyã⁵³	tɕyã⁴⁵	tsʰã⁵³	zã²³³
22 桐庐	ɕiã³³	ziã²⁴	tsã⁵³³	dzã¹³	tɕyã⁵³³	tɕyã³⁵	tɕʰyã⁵³³	zyã¹³
23 分水	ɕiã⁵³	ziã¹³	tsã⁴⁴	dzã²²	tɕyã⁴⁴	tɕyã²⁴	tsʰuã⁴⁴	dzuã²²
24 绍兴	ɕiaŋ³³⁴	ziaŋ²²³白 dʑiaŋ²²³文	tsaŋ⁵³	dzaŋ²³¹	tsaŋ⁵³	tsaŋ³³	tsʰɑŋ⁵³	zaŋ²³¹

续表

方言点	0729 想	0730 像	0731 张量	0732 长 ~短	0733 装	0734 壮	0735 疮	0736 床
	宕开三 上阳心	宕开三 上阳邪	宕开三 平阳知	宕开三 平阳澄	宕开三 平阳庄	宕开三 去阳庄	宕开三 平阳初	宕开三 平阳崇
25 上虞	ɕiã^{35}	ʑiã^{213}	tsã^{35}	dzã^{213}	tsɔ̃^{35}	tsɔ̃^{53}	tsʰɔ̃^{35}	zɔ̃^{213}
26 嵊州	ɕiaŋ^{53}	ʑiaŋ^{22}白 dʑiaŋ^{22}文	tsaŋ^{534}	dzaŋ^{213}	tsɔŋ^{534}	tsɔŋ^{334}	tsʰɔŋ^{534}	zɔŋ^{213}
27 新昌	ɕiaŋ^{453}	ʑiaŋ^{232}	tɕiaŋ^{534}白 tsaŋ^{534}文	dzaŋ^{22}	tsɔ̃^{534}	tsɔ̃^{335}	tsʰɔ̃^{534}	zɔ̃^{22}
28 诸暨	ɕiã^{42}	ʑiã^{242}	tsã^{544}	dzã^{13}	tsã^{544}	tsɑ^{544}	tsʰɑ^{544}	zɑ^{13}
29 慈溪	ɕiã^{35}	dʑiã^{13}	tsã^{35}	dzã^{13}	tsɔ̃^{35}	tsɔ̃^{44}	tsʰɔ̃^{35}	zɔ̃^{13}
30 余姚	ɕiaŋ^{34}	iaŋ^{13}	tsaŋ^{44}	dzaŋ^{13}	tsɔŋ^{44}	tsɔŋ^{53}	tsʰɔŋ^{44}	dzɔŋ^{13}
31 宁波	ɕia^{35}	ʑia^{13}	dʑia^{13}又 tɕia^{35}又	dʑia^{13}	tsɔ^{53}	tsɔ^{44}	tsʰɔ^{53}	zɔ^{13}
32 镇海	ɕiã^{35}	iã^{24}	dʑia^{24}	dʑiã^{24}	tsɔ̃^{53}	tsɔ̃^{53}	tsʰɔ̃^{53}	dzɔ̃^{24}
33 奉化	ɕiã^{545}	ʑiã^{31}	tɕiã^{44}	dʑiã^{33}	tsɔ̃^{44}	tsɔ̃^{53}	tsʰɔ̃^{44}	zɔ̃^{33}
34 宁海	ɕiã^{53}	ʑiã^{31}	dʑiã^{213}又 tɕiã^{423}又	dʑiã^{213}	tsɔ̃^{423}	tɕyɔ^{35}白 tsɔ^{35}文	tsʰɔ̃^{423}	zɔ̃^{213}
35 象山	ɕiã^{44}	iã^{13}	tɕiã^{44}	dʑiã^{31}	tsɔ̃^{44}	tɕyɔ̃^{53}	tsʰɔ̃^{44}	zɔ̃^{31}
36 普陀	ɕiã^{45}	iã^{23}	tɕiã^{53}	dʑiã^{24}	tsɔ̃^{53}	tsɔ̃^{55}	tsʰɔ̃^{53}	zɔ̃^{24}
37 定海	ɕiã^{45}	iã^{13}名 iã^{23}形	dʑiã^{23}	dʑiã^{23}	tsõ^{52}	tsõ^{44}	tsʰõ^{52}	zõ^{23}
38 岱山	ɕiã^{325}	iã^{213}~章 iã^{23}蛮~	dʑiã^{23}	dʑiã^{23}	tsõ^{52}	tsõ^{44}	tsʰõ^{52}	zõ^{23}
39 嵊泗	ɕiã^{445}	iã^{213}	dʑiã^{243}	dʑiã^{243}	tsõ^{53}	tsõ^{53}	tsʰõ^{53}	zõ^{243}
40 临海	ɕiã^{52}	ʑiã^{21}	tɕiã^{31}	dʑiã^{21}	tsɔ̃^{31}	tsɔ̃^{55}	tsʰɔ̃^{31}	zɔ̃^{21}
41 椒江	ɕiã^{42}	ʑiã^{31}	tɕiã^{42}	dʑiã^{31}	tsɔ̃^{42}	tsɔ̃^{55}	tsʰɔ̃^{42}	zɔ̃^{31}
42 黄岩	ɕiã^{42}	ʑiã^{121}	tɕiã^{32}	dʑiã^{121}	tsɔ̃^{32}	tsɔ̃^{55}	tsʰɔ̃^{32}	zɔ̃^{121}
43 温岭	ɕiã^{42}	ʑiã^{31}	tɕiã^{33}	dʑiã^{31}	tsɔ̃^{33}	tɕiɔ^{55}	tsʰɔ̃^{33}	zɔ̃^{31}
44 仙居	ɕia^{324}	ʑia^{213}	tɕia^{334}	dʑia^{213}	tsã^{334}	tɕyã^{55}	tsʰã^{334}	zã^{213}
45 天台	ɕia^{325}	ʑia^{214}	tɕia^{33}	dʑia^{224}	tsɔ^{33}	tɕyɔ^{55}滚~	tsʰɔ^{33}	zɔ^{224}

续表

方言点	0729 想	0730 像	0731 张量	0732 长～短	0733 装	0734 壮	0735 疮	0736 床
	宕开三上阳心	宕开三上阳邪	宕开三平阳知	宕开三平阳澄	宕开三平阳庄	宕开三去阳庄	宕开三平阳初	宕开三平阳崇
46 三门	ɕiã^{325}	ziã^{213}	tɕiã^{334}	dʑiã^{113}	tsɔ^{334}	tɕiɔ^{55}	tsʰɔ^{334}	zɔ^{113}
47 玉环	ɕia^{53}	zia^{41}	tɕia^{42}	dʑia^{31}	tsɔ̃^{42}	tɕiɔ̃^{55}	tsʰɔ̃^{42}	zɔ̃^{31}
48 金华	siaŋ^{535}	siaŋ^{535}白 ziaŋ^{14}文	tɕiaŋ^{55}	dʑiaŋ^{313}	tɕyaŋ^{334}	tɕyaŋ^{55}	tɕʰyaŋ^{334}	zyaŋ^{313}
49 汤溪	sɣa^{535}	zɣa^{113}	tɕiɔ^{24}	dʑiɔ^{11}	tɕiɑo^{24}	tɕiɑo^{52}	tɕʰiɑo^{24}	ziɑo^{11}
50 兰溪	siaŋ^{55}	siaŋ^{55}动 ziaŋ^{24}名	tɕiaŋ^{334}	dʑiaŋ^{21}	tɕyaŋ^{334}	tɕyaŋ^{45}	tɕʰyaŋ^{334}	zyaŋ^{21}
51 浦江	ɕyõ^{53}	zyõ^{243}	tsyõ^{534}	dzyõ^{113}	tɕyõ^{534}白 tsõ^{534}文	tɕyõ^{55}	tɕʰyõ^{534}	zyõ^{113}
52 义乌	sɯa^{423}	zɯa^{312}	tsɯa^{335}	dzɯa^{213}	tsŋ̍^{w335}	tsŋ̍^{w45}	tsʰŋ̍^{w335}	zŋ̍^{w213}
53 东阳	ɕiɔ^{44}	ziɔ^{231}	tɕiɔ^{334}	dʑiɔ^{213}	tsɔ^{334}	tɕiɔ^{453}	tɕʰiɔ^{334}	ziɔ^{213}
54 永康	ɕiaŋ^{334}	ziaŋ^{113}	tɕiaŋ^{55}	dʑiaŋ^{22}	tɕyaŋ^{55}	tɕyaŋ^{52}	tɕʰyaŋ^{55}	zyaŋ^{22}
55 武义	ɕiaŋ^{445}	ziaŋ^{13}	tɕiaŋ^{24}	dʑiaŋ^{324}	tɕyaŋ^{24}	tɕyaŋ^{53}	tɕʰyaŋ^{24}	zyaŋ^{324}
56 磐安	ɕiɒ^{334}	ɕiɒ^{334}	tɕiɒ^{445}	dʑiɒ^{213}	tsɒ^{445}～车 tsuan^{445}～病	tɕiɒ^{52}	tsʰɒ^{445}	ziɒ^{213}
57 缙云	ɕia^{51}	dziɑ^{31}相～ ziɑ^{31}塑～	tɕiɑ^{44}	dʑiɑ^{243}	tsɔ^{44}	tsɔ^{453}	tsʰɔ^{44}	zɔ^{243}
58 衢州	ɕiã^{35}	ziã^{231}	tʃyã^{32}	dʒyã^{21}	tʃyã^{32}	tʃyã^{53}	tʃʰyã^{32}	ʒyã^{21}
59 衢江	ɕiã^{25}	ziã^{231}	tɕiã^{33}	dʑiã^{212}	tɕyã^{33}	tɕyã^{53}	tɕʰyã^{33}	zyã^{212}
60 龙游	ɕiã^{35}	ziã^{224}	tsã^{334}	dzã^{21}	tsuã^{334}	tsuã^{51}	tsʰuã^{334}	zuã^{21}
61 江山	ɕiaŋ^{51}调殊	ziaŋ^{22}	tiaŋ^{44}	dɛ̃^{213}白 dziaŋ^{213}文	tɕiɒŋ^{44}	tɕiɒŋ^{51}	tsʰɒŋ^{44}	zɛ̃^{213}～铺 ziɒŋ^{213}桌子
62 常山	ɕiã^{52}	dziã^{24}	tiã^{44}	dɔ̃^{341}	tɔ̃^{44}	tsɔ̃^{324}	tsʰɔ̃^{44}	zɔ̃^{341}
63 开化	ɕiã^{53}	dziã^{213}动 ziã^{213}名	tiã^{44}	dɛn^{231}	tɕiɔŋ^{44}白 tsuã^{44}文	tɕiɔŋ^{412}	tsʰɛn^{44}	zɛn^{231}
64 丽水	ɕiaŋ^{544}	ziaŋ^{22}	tiã^{224}	den^{22}	tsɔŋ^{224}	tɕiɔŋ^{52}	tɕʰiɔŋ^{224}	ziɔŋ^{22}
65 青田	ɕi^{454}	i^{454}	dʑɛ^{445}	dʑi^{21}	tso^{445}	tɕio^{33}	tsʰo^{445}	io^{21}

续表

方言点	0729 想	0730 像	0731 张量	0732 长~短	0733 装	0734 壮	0735 疮	0736 床
	宕开三 上阳心	宕开三 上阳邪	宕开三 平阳知	宕开三 平阳澄	宕开三 平阳庄	宕开三 去阳庄	宕开三 平阳初	宕开三 平阳崇
66 云和	ɕiã⁴¹	ʑiã²³¹	tiã²⁴	dɛ³¹²	tsɔ²⁴	tɕiɔ⁴⁵	tɕʰiɔ²⁴	ʑiɔ³¹²
67 松阳	ɕiã²¹²	dʑiã²²~你 ʑiã²²好~	tiã²⁴	dæ³¹	tɕioŋ⁵³	tɕioŋ²⁴	tɕʰioŋ⁵³	ʑioŋ³¹
68 宣平	ɕiɑ̃⁴⁴⁵	dʑiɑ̃²²³白 ʑiɑ̃²²³文	tiɑ̃⁵²调殊	dʑiɑ̃⁴³³	tsɔ³²⁴	tɕiɔ⁵²	tɕʰiɔ³²⁴	ʑiɔ⁴³³
69 遂昌	ɕiaŋ⁵³³	dʑiaŋ¹³	tiaŋ³³⁴	dɛ̃²²¹	tsoŋ⁴⁵	tɕioŋ³³⁴	tsʰɛ⁴⁵	zɛ̃²²¹ ʑioŋ²²¹
70 龙泉	ɕiaŋ⁵¹	ɕiaŋ⁵¹画~ tɕiaŋ⁵¹真~	tiaŋ⁴³⁴	dɛ²¹白 dʑiaŋ²¹文	tsoŋ⁴³⁴	tɕioŋ⁴⁵	tɕʰioŋ⁴³⁴	ʑioŋ²¹
71 景宁	ɕiɛ³³	ʑiɛ³³	tiɛ³²⁴	daŋ⁴¹	tsoŋ³²⁴	tɕioŋ³⁵	tɕʰoŋ³²⁴	ʑioŋ⁴¹
72 庆元	ɕiã³³	tɕiã²²¹	diɑ̃³³⁵	tæ⁵²	tsɔ̃³³⁵	tɕiɔ¹¹	tɕʰiɔ³³⁵	ɕiɔ⁵²
73 泰顺	ɕiã⁵⁵	tɕia²¹	tiã²¹³	tɕia⁵³	tsɔ̃²¹³	tɕiɔ³⁵	tsʰɔ²¹³	ɕiɔ⁵³
74 温州	ɕi²⁵	i¹⁴	tɕi³³	dʑi³¹	tsuɔ³³	tsuɔ⁵¹	tsʰuɔ³³	yɔ³¹
75 永嘉	ɕiɛ⁴⁵	iɛ¹³	tɕiɛ⁴⁴	dʑiɛ³¹	tɕyɔ⁴⁴白 tsɔ⁴⁴文	tɕyɔ⁵³白 tsɔ⁵³文	tsʰɔ⁴⁴	yɔ⁵³
76 乐清	siɯʌ³⁵	ziɯʌ²⁴	tɕiɯʌ⁴⁴	dʑiɯʌ³¹	tɕiɔ⁴⁴	tɕyɯʌ⁴¹白 ʨiɔ⁴¹文	tɕʰiɔ⁴⁴	zuɯʌ³¹
77 瑞安	ɕiɛ³⁵	iɛ¹³	ʨiɛ⁴⁴	dʑiɛ³¹	tɕyo⁴⁴白 tso⁴⁴文	tɕyo⁵³白 tso⁵³文	tsʰo⁴⁴	yo³¹
78 平阳	ɕie⁴⁵	ie²³	tɕie⁵⁵	dʑie²⁴²	tʃo⁵⁵	tʃo⁵³	tʃʰo⁵⁵	yo²⁴²
79 文成	ɕie⁴⁵	ʑie²²⁴	tɕie⁵⁵	dʑie¹¹³	tʃo⁵⁵	tʃo³³	tʃʰo⁵⁵	ʑyo¹¹³
80 苍南	ɕiɛ⁵³	dʑiɛ²⁴	tɕiɛ⁴⁴	dʑiɛ³¹	tso⁴⁴	tɕyɔ⁴²白 tso⁴²文	tsʰo⁴⁴	dʑyɔ³¹
81 建德徽	ɕie²¹³	ɕie²¹³白 ɕiaŋ²¹³文	tsɛ⁵³	tsɛ³³	tso⁵³	tso³³	tsʰo⁵³	so³³
82 寿昌徽	ɕiɑ̃²⁴	ɕiɑ̃⁵³⁴	tsã¹¹²	tsʰã⁵²	tɕyɑ̃¹¹²~饭 tsã¹¹²~袋 tɕyə³³假~	tɕyɑ̃³³	tɕʰyɑ̃¹¹²	ɕyɑ̃¹¹²白 tɕʰyɑ̃¹¹²文
83 淳安徽	ɕiɑ̃⁵⁵	ɕiɑ̃⁵⁵白 ɕiɑ̃⁵³文	tsɑ̃²⁴	tsʰɑ̃⁴³⁵	tson²⁴白 tsɑ̃²⁴文	tsɑ̃²⁴	tsʰon²⁴	sɑ̃⁴³⁵

续表

方言点	0729 想	0730 像	0731 张量	0732 长～短	0733 装	0734 壮	0735 疮	0736 床
	宕开三上阳心	宕开三上阳邪	宕开三平阳知	宕开三平阳澄	宕开三平阳庄	宕开三去阳庄	宕开三平阳初	宕开三平阳崇
84 遂安_徽	ɕiɑ̃²¹³	ɕiɑ̃⁴³	tɕiɑ̃⁵³⁴	tɕʰiɑ̃³³	tsoŋ⁵³⁴	tsuɑ̃⁴³	tsʰoŋ⁵³⁴	soŋ³³
85 苍南_闽	ɕĩũ⁴³	tɕʰĩũ²⁴	tĩũ⁵⁵	tɯŋ²⁴	tsɯŋ⁵⁵	tsaŋ²¹	tsʰɯŋ⁵⁵	tsʰɯŋ²⁴
86 泰顺_闽	tsʰo³⁴⁴	tɕʰio³¹	tʰio²¹³	to²²	tso²¹³	tso⁵³	tsʰo²¹³	tsʰo²²
87 洞头_闽	ɕĩũ²¹	tɕʰĩũ²¹白 ɕioŋ²¹文	tĩũ³³	tɯŋ¹¹³	tsɯŋ³³	tsoŋ²¹	tsʰɯŋ³³	tsʰɯŋ¹¹³
88 景宁_畲	ɕioŋ⁵¹	ɕiaŋ⁵¹	tioŋ⁴⁴	tɕʰioŋ²²	tsoŋ⁴⁴	tsoŋ⁴⁴	tsʰɔŋ⁴⁴	tsʰɔŋ²²

方言点	0737 霜	0738 章	0739 厂	0740 唱	0741 伤	0742 尝	0743 上 ~去	0744 让
	宕开三 平阳生	宕开三 平阳章	宕开三 上阳昌	宕开三 去阳昌	宕开三 平阳书	宕开三 平阳禅	宕开三 上阳禅	宕开三 去阳日
01 杭州	suaŋ³³⁴	tsaŋ³³⁴	tsʰaŋ⁵³	tsʰaŋ⁴⁵	suaŋ³³⁴	dzaŋ²¹³	zaŋ¹³	ȵiaŋ¹³白 zaŋ¹³文
02 嘉兴	sÃ⁴²	tsÃ⁴²	tsʰÃ¹¹³	tsʰÃ²²⁴	sÃ⁴²	zÃ²⁴²	zÃ¹¹³	ȵiÃ¹¹³
03 嘉善	sã⁵³	tsæ̃⁵³	tsʰæ̃³³⁴	tsʰã³³⁴	sã⁵³	zã¹³²	zã¹¹³	ȵiæ̃¹¹³
04 平湖	sɑ̃⁵³	tsɑ̃⁵³白 tsã⁵³文	tsʰã²¹³	tsʰɑ̃³³⁴	sã⁵³	zɑ̃²¹³	zɑ̃²¹³	ȵiã²¹³
05 海盐	sã⁵³	tsã⁵³	tsʰɛ̃⁴²³	tsʰã³³⁴	sã⁵³	zã³¹	zã⁴²³	ȵiɛ̃²¹³
06 海宁	sã⁵⁵	tsã⁵⁵	tsʰã⁵³	tsʰã³⁵	sã⁵⁵	zã¹³	zã²³¹	ȵiã¹³
07 桐乡	sɒ̃⁴⁴	tsɒ̃⁴⁴	tsʰã⁵³	tsʰɒ̃³³⁴	sɒ̃⁴⁴	zɒ̃¹³	zɒ̃²⁴²	ȵiã²¹³
08 崇德	sã⁴⁴	tsã⁴⁴	tsʰã⁵³	tsʰã³³⁴	sã⁴⁴	zã¹³	zã²⁴²	ȵiã¹³
09 湖州	sã⁴⁴	tsã⁴⁴	tsʰã⁵²³	tsʰã³⁵	sã⁴⁴	zã¹¹²	zã¹¹²	ȵiã³⁵
10 德清	sã⁴⁴	tsã⁴⁴	tsʰã⁵²	tsʰã³³⁴	sã⁴⁴	dzã¹¹³	zã¹⁴³	ȵiã³³⁴
11 武康	sã⁴⁴	tsã⁴⁴	tsʰã⁵³	tsʰã²²⁴	sã⁴⁴	dzã¹¹³	zã²⁴²	ȵiã²²⁴
12 安吉	sɔ̃⁵⁵	tsɔ̃⁵⁵	tsʰɔ̃⁵²	tsʰɔ̃³²⁴	sɔ̃⁵⁵	zɔ̃²²	zɔ̃²⁴³	ȵiã²¹³
13 孝丰	sɔ̃⁴⁴	tsɔ̃⁴⁴	tsʰɔ̃⁵²	tsʰɔ̃³²⁴	sɔ̃⁴⁴	zɔ̃²²	zɔ̃²⁴³	ȵiã³²⁴
14 长兴	sɔ̃⁴⁴	tsɔ̃⁴⁴	tsʰɔ̃⁵²	tsʰɔ̃³²⁴	sɔ̃⁴⁴	dzɔ̃¹²	zɔ̃²⁴	ȵiã³²⁴
15 余杭	sã⁴⁴	tsã⁴⁴	tsʰã⁵³	tsʰã⁴²³	sã⁴⁴	zã²²	zã²⁴³	ȵiã²¹³白 zã²¹³文
16 临安	suã⁵⁵	tsã⁵⁵	tsʰã⁵⁵	tsʰã⁵⁵	sã⁵⁵	dzã³³	zã³³	ȵiã³³
17 昌化	suɔ̃³³⁴	tsã³³⁴文~ tsuɔ̃³³⁴敲~	tsʰɔ̃⁴⁵³	tsʰɔ̃⁵⁴⁴	sɔ̃³³⁴	zɔ̃¹¹²	zɔ̃²⁴³	ȵiɔ̃²⁴³
18 於潜	suaŋ⁴³³	tsuaŋ⁴³³	tsʰaŋ⁵¹	tsʰaŋ³⁵	suaŋ⁴³³	dzaŋ²²³	zaŋ²⁴	ȵiaŋ²⁴
19 萧山	sɔ̃⁵³³	tsɔ̃⁵³³	tsʰã³³	tɕʰyɔ̃⁴²白 tsʰɔ̃⁴²文	ɕyɔ̃⁵³³	zɔ̃³⁵⁵	zɔ̃²⁴²	ȵiã²⁴²
20 富阳	sã⁵³	tsã⁵³	tsʰã⁴²³	tsʰã³³⁵	sã⁵³	zã¹³	zã²²⁴	ȵiã³³⁵
21 新登	sã⁵³	tsã⁵³	tsʰã³³⁴	tsʰã⁴⁵	sã⁵³	zã²³³	zã¹³	ȵiã¹³
22 桐庐	ɕyã⁵³³	tsã⁵³³	tsʰã³³	tsʰã³⁵	sã⁵³³	zã¹³	zã²⁴	nia²⁴
23 分水	suã⁴⁴	tsã⁴⁴	tsʰã⁵³	tsʰã²⁴	sã⁴⁴	zã²²	zã¹³	ȵiã¹³

续表

方言点	0737 霜 宕开三 平阳生	0738 章 宕开三 平阳章	0739 厂 宕开三 上阳昌	0740 唱 宕开三 去阳昌	0741 伤 宕开三 平阳书	0742 尝 宕开三 平阳禅	0743 上 ～去 宕开三 上阳禅	0744 让 宕开三 去阳日
24 绍兴	saŋ⁵³	tsaŋ⁵³	tsʰaŋ³³⁴	tsʰaŋ³³	saŋ⁵³	zaŋ²³¹	zaŋ²²	ȵiaŋ²²白 zaŋ²²文
25 上虞	sɔ̃³⁵	tsɔ̃³⁵	tsʰã³⁵	tsʰɔ̃⁵³	sɔ̃³⁵	zɔ̃²¹³	zɔ̃²¹³	ȵia³¹
26 嵊州	soŋ⁵³⁴	tsaŋ⁵³⁴	tsʰaŋ⁵³	tsʰaŋ³³⁴	saŋ⁵³⁴	zɔŋ²¹³	zaŋ²⁴	ȵiaŋ²⁴白 zaŋ²⁴文
27 新昌	sɔ̃⁵³⁴	tsɔ̃⁵³⁴白 tsaŋ⁵³⁴文	tɕʰian⁴⁵³	tsʰaŋ³³⁵	saŋ⁵³⁴	zɔ̃²²	ʑiaŋ¹³白 zaŋ²³²文	ȵiaŋ¹³白 zaŋ¹³文
28 诸暨	sã⁵⁴⁴	tsã⁵⁴⁴	tsʰã⁴²	tsʰã⁵⁴⁴	sã⁵⁴⁴	zã¹³韵殊	zã³³	niã³³
29 慈溪	sɔ̃³⁵	tsɔ̃³⁵	tsʰã³⁵	tsʰɔ̃⁴⁴	sɔ̃³⁵	zɔ̃¹³	zɔ̃¹³	ȵiã¹³
30 余姚	soŋ⁴⁴	tsɔŋ⁴⁴	tsʰaŋ³⁴	tsʰɔŋ⁵³	soŋ⁴⁴	dzɔŋ¹³	zɔŋ¹³	ȵiaŋ¹³
31 宁波	sɔ⁵³	tsɔ⁵³	tɕʰia³⁵	tsʰɔ⁴⁴	sɔ⁵³	zɔ¹³	zɔ¹³	ȵia¹³
32 镇海	sɔ̃⁵³	tsɔ̃⁵³	tɕʰiã³⁵	tsʰɔ̃⁵³	sɔ̃⁵³	zɔ̃²⁴	zɔ̃²⁴	ȵiã²⁴
33 奉化	sɔ̃⁴⁴	tsɔ̃⁴⁴	tɕʰiã⁵⁴⁵	tsʰɔ̃⁵³	sɔ̃⁴⁴	zɔ̃³²⁴调殊	zɔ̃³¹	ȵiã³¹
34 宁海	sɔ̃⁴²³	tsɔ̃⁴²³	tɕʰiã⁵³	tsʰɔ̃³⁵	sɔ̃⁴²³	zɔ̃²¹³	zɔ̃³¹	ȵiã²⁴
35 象山	sɔ̃⁴⁴	tsɔ̃⁴⁴	tɕʰiã⁴⁴	tsʰɔ̃⁵³	sɔ̃⁴⁴	zɔ̃³¹	zɔ̃³¹	ȵiã¹³
36 普陀	sɔ̃⁵³	tsɔ̃⁵³	tɕʰiã⁴⁵	tsʰɔ̃⁵⁵	sɔ̃⁵³	zɔ̃²⁴	zɔ̃²³	ȵiã¹³
37 定海	sõ⁵²	tsõ⁵²	tɕʰiã⁴⁵	tsʰõ⁴⁴	sõ⁵²	zõ²³	zõ¹³	ȵiã¹³
38 岱山	sõ⁵²	tsõ⁵²	tɕiã³²⁵	tsʰõ⁴⁴	sõ⁵²	zõ²³	zõ²¹³	ȵiã²¹³
39 嵊泗	sõ⁵³	tsõ⁵³	tɕʰiã⁴⁴⁵	tsʰõ⁵³	sõ⁵³	zõ²⁴³	zõ²¹³	ȵiã²¹³
40 临海	sɔ̃³¹	tsɔ̃³¹	tɕʰiã⁵²	tsʰɔ̃⁵⁵	sɔ̃³¹	zɔ̃²¹	zɔ̃²¹	ȵiã³²⁴
41 椒江	sɔ̃⁴²	tsɔ̃⁴²	tɕʰiã⁴²	tsʰɔ̃⁵⁵	ɕiã⁴²	zɔ̃³¹	zɔ̃³¹	ȵiã²⁴白 ziã²⁴文
42 黄岩	sɔ̃³²	tsɔ̃³²	tɕʰiã⁴²	tsʰɔ̃⁵⁵	ɕiã³²	zɔ̃¹²¹	zɔ̃¹²¹	ȵiã²⁴白 ziã²⁴文
43 温岭	sɔ̃³³	tsɔ̃³³	tɕʰiã⁴²	tsʰɔ̃⁵⁵	ɕiã³³	zɔ̃³¹	zɔ̃³¹	ȵiã¹³
44 仙居	sã³³⁴	tsã³³⁴	tɕʰia³²⁴	tɕʰia⁵⁵	ɕia³³⁴	zia²¹³	ziã²¹³白 zã²¹³文	zia²⁴
45 天台	sɔ³³	tsɔ³³	tɕʰia³²⁵	tsʰɔ⁵⁵	sɔ³³	zɔ²²⁴	zɔ²¹⁴	ȵia³⁵

续表

方言点	0737 霜 宕开三平阳生	0738 章 宕开三平阳章	0739 厂 宕开三上阳昌	0740 唱 宕开三去阳昌	0741 伤 宕开三平阳书	0742 尝 宕开三平阳禅	0743 上 ～去 宕开三上阳禅	0744 让 宕开三去阳日
46 三门	sɔ³³⁴	tsɔ³³⁴	tɕʰiɑ̃³²⁵	tsʰɔ⁵⁵	sɔ³³⁴	zɔ¹¹³	zɔ²⁴³	ziɑ̃²⁴³
47 玉环	sɔ̃⁴²	tsɔ̃⁴²	tɕʰia⁵³	tsʰɔ̃⁵⁵	ɕia⁴²	zɔ̃³¹	zɔ̃³¹	ȵia²²
48 金华	ɕyaŋ³³⁴	tɕiaŋ³³⁴	tɕʰiaŋ⁵³⁵	tɕʰiaŋ⁵⁵	ɕiaŋ³³⁴	ziaŋ³¹³	ɕiaŋ⁵³⁵	ȵiaŋ¹⁴
49 汤溪	ɕiɑo²⁴	tɕiɔ²⁴	tɕʰiɔ⁵³⁵	tɕʰiɔ⁵²	ɕiɔ²⁴	ziɔ¹¹	ziɔ¹¹³	ȵiɔ³⁴¹
50 兰溪	ɕyaŋ³³⁴	tɕiaŋ³³⁴	tɕʰiaŋ⁵⁵	tɕʰiaŋ⁴⁵	ɕiaŋ³³⁴	zɑŋ²¹	ɕiaŋ⁵⁵	ȵiaŋ²⁴
51 浦江	ɕyõ⁵³⁴	tsyõ⁵³⁴	tsʰyõ⁵³	tsʰyõ⁵⁵	ɕyõ⁵³⁴	zyõ¹¹³	zyõ²⁴³	yõ²⁴
52 义乌	sŋʷ³³⁵	tsɯa³³⁵白 tsɯan³³⁵文	tsʰɯa⁴²³	tsʰɯa⁴⁵	sɯa³³⁵白 sɯan³³⁵文	zɯa²¹³	zɯa³¹²	ȵiɔ²⁴
53 东阳	ɕiɔ³³⁴	tɕiɔ³³⁴	tɕʰiɔ⁴⁵³	tɕʰiɔ⁴⁵³	ɕiɔ³³⁴	ziɔ²¹³	dʑiɔ²³¹	ȵiɔ²⁴
54 永康	ɕyaŋ⁵⁵	tɕiaŋ⁵⁵	tɕʰiaŋ³³⁴	tɕʰiaŋ⁵²	ɕiaŋ⁵⁵	ziaŋ²²	ziaŋ¹¹³	iaŋ²⁴¹
55 武义	ɕyaŋ²⁴	tɕiaŋ²⁴	tɕʰiaŋ⁴⁴⁵	tɕʰiaŋ⁵³	ɕiaŋ²⁴	ziaŋ³²⁴	dʑiaŋ²³¹	ȵiaŋ²³¹
56 磐安	ɕiɒ⁴⁴⁵	tɕiɒ⁴⁴⁵	tɕʰiɒ³³⁴	tɕʰiɒ⁵²	ɕiɒ⁴⁴⁵	ziɒ²¹³	tɕiɒ³³⁴	ȵiɒ¹⁴
57 缙云	sɔ⁴⁴	tɕiɑ⁴⁴	tɕʰia⁵¹	tɕʰia⁴⁵³	ɕia⁴⁴	zia²⁴³	dʑia³¹	ȵia¹³
58 衢州	ʃyã³²	tʃyã³²	tʃʰyã³⁵	tʃʰyã⁵³	ʃyã³²	ʒyã²¹	ʒyã²³¹	ȵia²³¹
59 衢江	ɕyã³³	tɕia³³	tɕʰiã²⁵	tɕʰiã⁵³	ɕiã³³	dʑia²¹²	dʑia²¹²	ȵyã²³¹
60 龙游	suã³³⁴	tsã³³⁴	tsʰã³⁵	tsʰã⁵¹	sã³³⁴	zã²¹	dzã²²⁴	ȵiã²³¹
61 江山	ɕiɒŋ⁴⁴	tɕiɒŋ⁴⁴	tɕʰiɒŋ²⁴¹	tɕʰiɒŋ⁵¹	ɕiɒŋ⁴⁴	ziɒŋ²¹³	dʑiɒŋ²²	ȵiɒŋ³¹
62 常山	sɔ̃⁴⁴	tɕia⁴⁴	tɕʰiã⁵²	tɕʰiã³²⁴	ɕiã⁴⁴	ziã³⁴¹	dʑiã²⁴	ȵiã¹³¹
63 开化	ɕiɒŋ⁴⁴	tɕia⁴⁴	tɕʰiã⁵³	tɕʰiã⁴¹²	ɕiã⁴⁴	ziã²³¹	dʑiã²¹³	ȵiɒŋ²¹³
64 丽水	ɕiɒŋ²²⁴	tɕia²²⁴	tɕʰiã⁵⁴⁴	tɕʰiã⁵²	ɕiã²²⁴	ziã²²	dʑiã¹³¹	ȵiã¹³¹
65 青田	ɕio⁴⁴⁵	tɕi⁴⁴⁵	tɕʰi⁴⁵⁴	tɕʰi³³	ɕi⁴⁴⁵	i²¹	dʑi²²	ȵi²²
66 云和	ɕiɔ̃²⁴	tɕiã²⁴	tɕʰiã⁴¹	tɕʰiã⁴⁵	ɕiã²⁴	ziã³¹²	dʑiã²²³	ȵiã²²³
67 松阳	ɕioŋ⁵³	tɕiã⁵³	tɕʰiã²¹²	tɕʰiã²⁴	ɕiã⁵³	ziã³¹	dʑiã²²	ȵioŋ¹³
68 宣平	ɕiɔ̃³²⁴	tɕiã³²⁴	tɕʰiã⁴⁴⁵	tɕʰiã⁵²	ɕiã³²⁴	ziã⁴³³	dʑiã²²³	ȵiã²³¹
69 遂昌	ɕiɒŋ⁴⁵	tɕiaŋ⁴⁵	tɕʰiaŋ⁵³³	tɕʰiaŋ³³⁴	ɕiaŋ⁴⁵	ziaŋ²²¹	dʑiaŋ¹³	ȵiɒŋ²¹³

续表

方言点	0737 霜	0738 章	0739 厂	0740 唱	0741 伤	0742 尝	0743 上 ~去	0744 让
	宕开三平阳生	宕开三平阳章	宕开三上阳昌	宕开三去阳昌	宕开三平阳书	宕开三平阳禅	宕开三上阳禅	宕开三去阳日
70 龙泉	ɕioŋ⁴³⁴	tɕiaŋ⁴³⁴	tɕʰiaŋ⁵¹	tɕʰiaŋ⁴⁵	ɕiaŋ⁴³⁴	ʑiaŋ²¹	dʑiaŋ²²⁴白 ʑiaŋ²²⁴文	ȵiaŋ²²⁴
71 景宁	ɕioŋ³²⁴	tɕiɛ³²⁴	tɕʰiɛ³³	tɕʰiɛ³⁵	ɕiɛ³²⁴	ʑiɛ⁴¹	tɕiɛ³³	ȵiɛ¹¹³
72 庆元	ɕiɔ̃³³⁵	tɕiɑ̃³³⁵	tɕʰiɑ̃³³	tɕʰiɑ̃¹¹	ɕiɑ̃³³⁵	ɕiɑ̃⁵²	tɕiɑ̃²²¹	ȵiɑ̃³¹
73 泰顺	ɕiɔ̃²¹³	tɕiɑ̃²¹³	tɕʰiɑ̃⁵⁵	tɕʰiɑ̃³⁵	ɕiɑ̃²¹³	ɕiɑ̃⁵³	tɕiɑ̃²¹	ȵiɑ̃²²
74 温州	ɕyɔ³³	tɕi³³	tsʰe²⁵	tɕʰi⁵¹	ɕi³³	i³¹	i¹⁴	ȵi²²
75 永嘉	ɕyɔ⁴⁴	tɕiɛ⁴⁴	tɕʰiɛ⁴⁵	tɕʰiɛ⁵³	ɕiɛ⁴⁴	iɛ³¹	iɛ²²	ȵiɛ²²
76 乐清	suɯʌ⁴⁴	tɕiɯʌ⁴⁴	tɕʰiɯʌ³⁵	tɕʰiɯʌ⁴¹	siɯʌ⁴⁴	ʑiɯʌ³¹	ʑiɯʌ²⁴	ȵia²²
77 瑞安	ɕyo⁴⁴	tɕiɛ⁴⁴	tɕʰiɛ³⁵	tɕʰiɛ⁵³	ɕiɛ⁴⁴	iɛ³¹	iɛ¹³	ȵiɛ²²
78 平阳	ʃuo⁵⁵	tɕiɛ⁵⁵	tɕʰiɛ⁴⁵	tɕʰiɛ⁵³	ɕiɛ⁵⁵	iɛ²⁴²	iɛ²³	ȵiɛ³³
79 文成	ʃuo⁵⁵	tɕiɛ⁵⁵	tɕʰiɛ⁴⁵	tɕʰiɛ³³	ɕiɛ⁵⁵	ʑiɛ¹¹³	ʑiɛ¹¹³	ȵiɛ⁴²⁴
80 苍南	ɕyɔ⁴⁴	tɕiɛ⁴⁴	tɕʰiɛ⁵³	tɕʰiɛ⁴²	ɕiɛ⁴⁴	dʑiɛ³¹	dʑiɛ¹¹	ȵiɛ¹¹
81 建德徽	so⁵³	tsɛ⁵³白 tsaŋ³³文	tsʰɛ²¹³	tsʰo³³	so⁵³	so³³	so²¹³	ȵiɛ⁵⁵
82 寿昌徽	ɕyɑ̃¹¹²	tsɑ̃¹¹²	tsʰɑ̃²⁴	tsʰɑ̃³³	sɑ̃¹¹²	sɑ̃⁵²	sɑ̃¹¹²调殊	ȵiɑ̃³³
83 淳安徽	sɑ̃²⁴	tsɑ̃²⁴	tsʰɑ̃⁵⁵	tsʰɑ̃²⁴	sɑ̃²⁴	sɑ̃⁴³⁵	sɑ̃⁵³	iɑ̃⁵³
84 遂安徽	soŋ⁵³⁴	tsoŋ⁵³⁴	tɕʰiɑ̃²¹³	tɕʰiɑ̃⁴³	ɕiɑ̃⁵³⁴	ɕiɑ̃³³	ɕiɑ̃⁵²	iɑ̃⁵²
85 苍南闽	suŋ⁵⁵	tɕiaŋ⁵⁵	tɕʰĩũ⁴³	tɕʰĩũ²¹	ɕiaŋ⁵⁵	ɕiaŋ²⁴	ɕiaŋ³²	iaŋ²¹
86 泰顺闽	so²¹³	tɕio²¹³	tɕʰio³⁴⁴	tɕʰio⁵³	ɕio²¹³	ɕio²²	ɕio³¹	nio³¹
87 洞头闽	suŋ³³	tɕĩũ³³ tɕioŋ³³姓~	tɕʰĩũ⁵³	tɕʰĩũ²¹	ɕioŋ³³	ɕioŋ¹¹³	ɕioŋ²¹	nĩũ²¹
88 景宁畲	sɔŋ⁴⁴	tɕiɔŋ⁴⁴	tɕʰiɔŋ³²⁵	tɕʰiɔŋ⁴⁴	ɕiɔŋ⁴⁴	ɕiɔŋ²²	ɕiɔŋ⁴⁴	ȵiɔŋ⁵¹

方言点	0745 姜 生~	0746 响	0747 向	0748 秧	0749 痒	0750 样	0751 雀	0752 削
	宕开三平阳见	宕开三上阳晓	宕开三去阳晓	宕开三平阳影	宕开三上阳以	宕开三去阳以	宕开三入药精	宕开三入药心
01 杭州	tɕiaŋ³³⁴	ɕiaŋ⁵³	ɕiaŋ⁴⁵	iaŋ³³⁴	iaŋ⁵³	iaŋ¹³	tɕʰyeʔ⁵ ~斑 tɕʰio⁴⁵麻~	ɕieʔ⁵
02 嘉兴	tɕiÃ⁴²	ɕiÃ⁵⁴⁴	ɕiÃ²²⁴	iÃ⁴²	iÃ¹¹³	iÃ¹¹³	tɕʰiAʔ⁵	ɕiAʔ⁵
03 嘉善	tɕiæ̃⁵³	ɕiæ̃⁴⁴	ɕiæ̃⁴⁴	iæ̃⁵³	iæ̃¹¹³	iæ̃³³⁴	tɕʰiaʔ⁵	ɕiaʔ⁵
04 平湖	tɕiã⁵³	ɕiã⁴⁴	ɕiã³³⁴	iã⁵³	iã²¹³	iã³³⁴	tsʰiaʔ²³	siaʔ⁵
05 海盐	tɕiɛ̃⁵³	ɕiɛ̃⁴²³	ɕiɛ̃³³⁴	iɛ̃⁵³	iɛ̃⁴²³	iɛ̃³³⁴	tɕʰiaʔ²³	ɕiaʔ⁵
06 海宁	tɕiã⁵⁵	ɕiã⁵³	ɕiã³⁵	iã⁵⁵	iã²³¹	iã³⁵	tɕʰiaʔ⁵	ɕiaʔ⁵
07 桐乡	tɕiã⁴⁴	ɕiã⁵³	ɕiã³³⁴	iã⁴⁴	iã²⁴²	iã³³⁴	tsʰiaʔ⁵	siaʔ⁵
08 崇德	tɕiã⁴⁴	ɕiã⁵³	ɕiã³³⁴	iã⁴⁴	iã⁵³	iã¹³	tɕʰiaʔ⁵	ɕiaʔ⁵
09 湖州	tɕiã⁴⁴	ɕiã⁵²³	ɕiã³⁵	iã⁴⁴	iã⁵²³	iã³⁵	tɕʰiaʔ⁵	ɕiaʔ⁵
10 德清	tɕiã⁴⁴	ɕiã⁵²	ɕiã³³⁴	iã⁴⁴	iã⁵²	iã³³⁴	tɕʰiaʔ⁵	ɕiaʔ⁵
11 武康	tɕiã²²⁴调殊	ɕiã⁵³	ɕiã⁵³	iã⁴⁴	iã²⁴²	iã²²⁴	tɕʰiøʔ⁵	ɕiøʔ⁵
12 安吉	tɕiã⁵⁵	ɕiã⁵²	ɕiã³²⁴	iã⁵⁵	iã⁵²	iã³²⁴	tɕʰiɐʔ⁵	ɕiɐʔ⁵
13 孝丰	tɕiã⁴⁴	ɕiã⁵²	ɕiã³²⁴	iã⁴⁴	iã⁵²	iã³²⁴	tɕʰiaʔ⁵	ɕiaʔ⁵ 白 ɕioʔ⁵ 义
14 长兴	tʃiã⁴⁴	ʃiã⁵²	ʃiã³²⁴	iã⁴⁴	iã⁵²	iã³²⁴	tʃʰiaʔ⁵	ʃiaʔ⁵
15 余杭	tɕiɑ̃⁴⁴	ɕiɑ̃⁵³	ɕiɑ̃⁴²³	iɑ̃⁴⁴	iɑ̃⁵³	iɑ̃²¹³	tsʰiaʔ⁵	siaʔ⁵
16 临安	tɕiɑ̃⁵⁵	ɕiɑ̃⁵⁵	ɕiɑ̃⁵⁵	iɑ̃⁵⁵	iɑ̃³³	iɑ̃³³	tɕʰieʔ⁵⁴	ɕieʔ⁵⁴
17 昌化	tɕiã³³⁴	ɕiã⁴⁵³	ɕiã⁵⁴⁴	iã³³⁴	iã²⁴³	iã²⁴³	tɕʰiaʔ⁵	ɕio³³⁴ 又 ɕiaʔ⁵ 又
18 於潜	tɕiaŋ⁴³³	ɕiaŋ⁵¹	ɕiaŋ³⁵	iaŋ⁴³³	iaŋ⁵¹	iaŋ²⁴	tɕʰyeʔ⁵³	ɕieʔ⁵³ 白
19 萧山	tɕiã⁵³³	ɕiã³³	ɕiã⁴²	iã⁵³³	iã¹³	iã²⁴²	tɕʰiaʔ⁵	ɕiaʔ⁵
20 富阳	tɕiɑ̃⁵³	ɕiɑ̃⁴²³	ɕiɑ̃³³⁵	iɑ̃⁵³	iɑ̃⁴²³	iɑ̃³³⁵	tɕʰiaʔ⁵	ɕiɛʔ⁵
21 新登	tɕiɑ̃⁵³	ɕiɑ̃³³⁴	ɕiɑ̃⁴⁵	iɑ̃⁵³	iɑ̃³³⁴	iɑ̃¹³	tɕʰiaʔ⁵	ɕiaʔ⁵
22 桐庐	tɕiã⁵³³	ɕiã³³	ɕiã³⁵	iã⁵³³	iã³³	iã²⁴	tɕʰyeʔ⁵	ɕiaʔ⁵ 白 ɕyeʔ⁵ 文
23 分水	tɕiã⁴⁴	ɕiã⁵³	ɕiã²⁴	iã⁴⁴	iã⁵³	iã¹³	tɕʰyeʔ⁵	ɕiaʔ⁵

续表

方言点	0745 姜 生~	0746 响	0747 向	0748 秧	0749 痒	0750 样	0751 雀	0752 削
	宕开三平阳见	宕开三上阳晓	宕开三去阳晓	宕开三平阳影	宕开三上阳以	宕开三去阳以	宕开三入药精	宕开三入药心
24 绍兴	tɕiaŋ⁵³	ɕiaŋ³³⁴	ɕiaŋ³³	iaŋ⁵³	iaŋ²²³	iaŋ²²	tɕʰiaʔ⁵	ɕiaʔ⁵
25 上虞	tɕiã³⁵	ɕiã³⁵	ɕiã³⁵调殊	iã³⁵	iã²¹³	iã²¹³	tɕʰiaʔ⁵	ɕiaʔ⁵
26 嵊州	tɕiaŋ⁵³⁴	ɕiaŋ⁵³	ɕiaŋ³³⁴	iaŋ⁵³⁴	iaŋ²²	iaŋ²⁴	tɕʰiaʔ⁵	ɕiaʔ⁵
27 新昌	tɕiaŋ⁵³⁴	ɕiaŋ⁴⁵³	ɕiaŋ³³⁵	iaŋ⁵³⁴	iaŋ²³²	iaŋ¹³	tɕʰiaʔ⁵	ɕiaʔ⁵
28 诸暨	tɕiã⁵⁴⁴	ɕiã⁴²	ɕiã⁵⁴⁴	iã⁵⁴⁴	iã²⁴²	iã³³	tɕʰiaʔ⁵	ɕiaʔ⁵
29 慈溪	tɕiã³⁵	ɕiã³⁵	ɕiã⁴⁴	iã³⁵	iã¹³	iã¹³	tɕiaʔ⁵ 白 tɕʰiaʔ⁵ 文	ɕiaʔ⁵
30 余姚	tɕiaŋ⁴⁴	ɕiaŋ³⁴	ɕiaŋ⁵³	iaŋ⁴⁴	iaŋ¹³	iaŋ¹³	tɕʰiaʔ⁵	ɕiaʔ⁵
31 宁波	tɕia⁴⁴	ɕia³⁵	ɕia⁵³	ia⁵³	ia¹³	ia¹³	tɕʰiaʔ⁵ 又 tɕʰiəʔ⁵ 又	ɕiəʔ⁵
32 镇海	tɕiã⁵³	ɕiã³⁵	ɕiã⁵³	iã⁵³	iã²⁴	iã²⁴	tɕʰieʔ⁵	ɕieʔ⁵
33 奉化	tɕiã⁴⁴	ɕiã⁵⁴⁵	ɕiã⁵³	iã⁴⁴	iã³²⁴	iã³¹	tɕʰiaʔ⁵	ɕiaʔ⁵
34 宁海	tɕiã⁴²³	ɕiã⁵³	ɕiã³⁵	iã⁴²³	iã³¹	iã²⁴	tɕʰiaʔ⁵	ɕiaʔ⁵
35 象山	tɕiã⁴⁴	ɕiã⁴⁴	ɕiã⁵³	iã⁴⁴	iã³¹	iã³¹	tɕʰieʔ⁵	ɕieʔ⁵
36 普陀	tɕiã⁵³	ɕiã⁴⁵	ɕiã⁵⁵	iã⁵³	iã²³	iã¹³	tɕiã⁴⁵ 小	ɕiɛʔ⁵
37 定海	tɕiã⁵²	ɕiã⁴⁵	ɕiã⁴⁴	iã⁵²	iã²³	iã¹³	tɕiã⁴⁵ 小	ɕieʔ⁵
38 岱山	tɕiã⁵²	ɕiã³²⁵	ɕiã⁴⁴	iã⁵²	iã²⁴⁴	iã²¹³	tɕiã³²⁵ 小	ɕieʔ⁵
39 嵊泗	tɕiã⁵³	ɕiã⁴⁴⁵	ɕiã⁵³	iã⁵³	iã⁴⁴⁵	iã²¹³	tɕiã⁴⁴⁵ 小	ɕiɛʔ⁵
40 临海	tɕiã³¹	ɕiã⁵²	ɕiã⁵⁵	iã³¹	iã⁵²	iã³²⁴	tɕʰiaʔ⁵	ɕiaʔ⁵
41 椒江	tɕiã⁴²	ɕiã⁴²	ɕiã⁵⁵	iã⁴²	iã⁴²	iã²⁴	tɕʰiəʔ⁵	səʔ⁵ 音殊
42 黄岩	tɕiã³²	ɕiã⁴²	ɕiã⁵⁵	iã³²	iã⁴²	iã²⁴	tɕʰieʔ⁵	ɕieʔ⁵
43 温岭	tɕiã³³	ɕiã⁴²	ɕiã⁵⁵	iã³³	iã⁴²	iã¹³	tɕʰiaʔ⁵	ɕiaʔ⁵
44 仙居	tɕia³³⁴	ɕia³²⁴	ɕia⁵⁵	ia³³⁴	ia³²⁴	ia²⁴	tɕʰyɑʔ⁵	ɕyɑʔ⁵
45 天台	kia³³	hia³²⁵	hia⁵⁵	ia³³	ia²¹⁴	ia³⁵	tɕia³¹ 小	ɕieʔ⁵ ~皮
46 三门	tɕiɑ̃³³⁴	ɕiɑ̃³²⁵	ɕiɑ̃⁵⁵	iɑ̃³³⁴	iɑ̃³²⁵	iɑ̃²⁴³	tɕʰiaʔ⁵	ɕiaʔ⁵
47 玉环	tɕia⁴²	ɕia⁵³	ɕia⁵⁵	ia⁴²	ia⁵³	ia²²	tɕʰiɐʔ⁵	ɕiɐʔ⁵

续表

方言点	0745 姜 生~	0746 响	0747 向	0748 秧	0749 痒	0750 样	0751 雀	0752 削
	宕开三 平阳见	宕开三 上阳晓	宕开三 去阳晓	宕开三 平阳影	宕开三 上阳以	宕开三 去阳以	宕开三 入药精	宕开三 入药心
48 金华	tɕiaŋ^{334}	ɕiaŋ^{535}	ɕiaŋ^{55}	iaŋ^{334}	iaŋ^{535}	iaŋ^{14}	tɕiəʔ^{4} 阴茎	ɕiəʔ^{4}
49 汤溪	tɕio^{24}	ɕio^{535}	ɕio^{52}	io^{24}	io^{113}	io^{341}	tsã^{55} 小	sɤa^{55}
50 兰溪	tɕiaŋ^{334}	ɕiaŋ^{55}	ɕiaŋ^{45}	iaŋ^{334}	iaŋ^{55}	iaŋ^{24}	tɕieʔ^{34}	siəʔ^{34}
51 浦江	tɕyõ^{534}	ɕyõ^{53}	ɕyõ^{55}	yõ^{534}	yõ^{243}	yõ^{24}	tsʰyõ^{53} 孔~	ɕyo^{423}
52 义乌	tɕio^{335}	ɕio^{423}	ɕio^{45}	io^{335}	io^{312}	io^{24}	tsɯa^{324}	sɯa^{324}
53 东阳	tɕio^{334}	ɕio^{44}	ɕio^{453}	io^{334}	io^{231}	io^{24}	（无）	ɕiaʔ^{34}
54 永康	tɕiaŋ^{55}	ɕiaŋ^{334}	ɕiaŋ^{52}	iaŋ^{55}	iaŋ^{113}	iaŋ^{241}	tɕʰiau^{334}	ɕiau^{334}
55 武义	tɕiaŋ^{24}	ɕiaŋ^{445}	ɕiaŋ^{53}	iaŋ^{24}	iaŋ^{13}	iaŋ^{231}	tɕin^{53} 小	ɕiau^{53}
56 磐安	tɕiɒ^{445}	ɕiɒ^{334}	ɕiɒ^{52}	iɒ^{445}	iɒ^{334}	iɒ^{14}	tsen^{52} 小	ɕya^{334}
57 缙云	tɕia^{44}	ɕia^{51}	ɕia^{453}	ia^{44}	ia^{51}	ia^{213}	tsəɤ^{453} 白 tɕʰio^{453} 文	ɕio^{322}
58 衢州	tɕiã^{32}	ɕiã^{35}	ɕiã^{53}	iã^{32}	iã^{231}	iã^{231}	tɕiaʔ^{5} 白 tɕʰiaʔ^{5} 文	ɕiaʔ^{5}
59 衢江	tɕiã^{33}	ɕiã^{25}	ɕiã^{53}	iã^{33}	zyã^{212}	iã^{231}	tɕiəʔ^{5} 白 tɕʰiaʔ^{5} 文	ɕiaʔ^{5}
60 龙游	tɕiã^{334}	ɕiã^{35}	ɕiã^{51}	iã^{334}	iã^{224}	iã^{231}	tsəʔ^{4} 白 tɕʰyəʔ^{4} 文	ɕyəʔ^{4}
61 江山	kiaŋ^{44}	xiaŋ^{241}	xiaŋ^{51}	ɛ̃^{44}	ziɒŋ^{22}	iaŋ^{31}	tɕiaʔ^{5}	ɕiaʔ^{5}
62 常山	tɕiã^{44}	ɕiã^{52}	ɕiã^{52}	ɔ̃^{44} 白 iã^{44} 文	zɔ^{24}	iã^{24}	tɕʰiaʔ^{5}	ɕiaʔ^{5}
63 开化	tɕiã^{44}	ɕiã^{53}	ɕiã^{53} 调殊	ɛn^{44}	ziɒŋ^{213}	iã^{213}	tɕʰiaʔ^{5}	ɕiaʔ^{5}
64 丽水	tɕiã^{224}	ɕiã^{544}	ɕiã^{52}	iã^{224}	iã^{544}	iã^{131}	tɕʰyɛʔ^{5}	ɕiɔʔ^{5}
65 青田	tɕi^{445}	ɕi^{454}	ɕi^{33}	i^{445}	i^{454}	i^{22}	tɕi^{445} 白 tɕʰiæʔ^{42} 文	sɿʔ^{42}
66 云和	tɕiã^{24}	ɕiã^{41}	ɕiã^{45}	iã^{24}	iã^{41}	iã^{223}	tɕʰiɔʔ^{5}	ɕiɔʔ^{5}
67 松阳	tɕiã^{53}	ɕiã^{212}	ɕiã^{24}	æ^{53} 白 iã^{53} 文	ziɒŋ^{22}	iã^{13}	tɕiʔ^{5}	ɕiaʔ^{5}
68 宣平	tɕiɑ̃^{324}	ɕiɑ̃^{445}	ɕiɑ̃^{52}	iɑ̃^{324}	iɑ̃^{445}	iɑ̃^{231}	tɕiəʔ^{5} 白 tɕʰiəʔ^{5} 文	ɕiəʔ^{5}

续表

方言点	0745 姜 生~	0746 响	0747 向	0748 秧	0749 痒	0750 样	0751 雀	0752 削
	宕开三 平阳见	宕开三 上阳晓	宕开三 去阳晓	宕开三 平阳影	宕开三 上阳以	宕开三 去阳以	宕开三 入药精	宕开三 入药心
69 遂昌	tɕiaŋ⁴⁵	ɕiaŋ⁵³³	ɕiaŋ³³⁴	ɛ̃⁴⁵ / iaŋ⁴⁵	ziɔŋ¹³	iaŋ²¹³	tɕiʔ⁵ 白 / tɕʰyɛʔ⁵ 文	ɕiaʔ⁵
70 龙泉	tɕiaŋ⁴³⁴	ɕiaŋ⁵¹	ɕiaŋ⁴⁵	ᴇ⁴³⁴ 白 / iaŋ⁴³⁴ 文	ɕiɔŋ⁵¹ 白 / iaŋ⁵¹ 文	iaŋ²²⁴	tɕʰia ʔ⁵	ɕiaʔ⁵
71 景宁	tɕiɛ³²⁴	ɕiɛ³³	ɕiɛ³⁵	iɛ³²⁴	iɛ³³	iɛ¹¹³	tɕʰiaʔ⁵	ɕiaʔ⁵
72 庆元	tɕiã³³⁵	ɕiã³³	ɕiã¹¹	iã³³⁵	ɕiɔ̃²²¹	iã³¹	tɕiŋ⁵⁵ 小	ɕiɑʔ⁵
73 泰顺	tɕiã²¹³	ɕiã⁵⁵	ɕiã³⁵	iã²¹³	iã⁵⁵	iã²²	tɕʰiɔʔ⁵	ɕiɔʔ⁵
74 温州	tɕi³³	ɕi²⁵	ɕi⁵¹	i³³	i¹⁴	i²²	tɕʰia³²³	ɕia³²³
75 永嘉	tɕiɛ⁴⁴	ɕiɛ⁴⁵	ɕiɛ⁵³	iɛ⁴⁴	iɛ¹³	iɛ²²	tɕʰia⁴²³	ɕia⁴²³
76 乐清	tɕia⁴⁴	ɕia³⁵	ɕia⁴¹	ia⁴⁴	ia²⁴	ia²²	tɕʰiɯʌ³²³	siɯʌ³²³
77 瑞安	tɕiɛ⁴⁴	ɕiɛ³⁵	ɕiɛ⁵³	iɛ⁴⁴	iɛ¹³	iɛ⁵³~子 / iɛ²²~品	tɕʰiɔ³²³	ɕiɔ³²³
78 平阳	tɕiɛ⁵⁵	ɕiɛ⁴⁵	ɕiɛ⁵³	iɛ⁵⁵	iɛ⁴⁵	iɛ³³	tʃʰɔ³⁴	sɔ³⁴
79 文成	tɕiɛ⁵⁵	ɕiɛ⁴⁵	ɕiɛ³³	iɛ⁵⁵	iɛ²²⁴	iɛ⁴²⁴	tɕʰiɛ³⁴	ɕiɛ³⁴
80 苍南	tɕiɛ⁴⁴	ɕiɛ⁵³	ɕiɛ⁴²	iɛ⁴⁴	iɛ⁵³	iɛ¹¹	tɕʰia²²³	ɕia²²³
81 建德徽	tɕiɛ⁵³	ɕiɛ²¹³	ɕiɛ³³ 白 / ɕiaŋ⁵⁵ 文	n̠ʑiɛ⁵³	n̠ʑiɛ²¹³	n̠ʑiɛ⁵⁵	tɕiɐʔ⁵ 白 / tɕʰiɐʔ⁵ 文	ɕia⁵⁵ 白 / ɕiɐʔ⁵ 文
82 寿昌徽	tɕiã¹¹²	ɕiã²⁴	ɕiã³³	iã¹¹²	iã⁵³⁴	iã³³	tɕiəʔ³ 文	ɕiəʔ³
83 淳安徽	tɕiã²⁴	ɕiã⁵⁵	ɕiã⁵³	iã²⁴	iã⁵⁵ 读字	iã⁵³	tsɑ²⁴	ɕiɑʔ⁵
84 遂安徽	tɕiã⁵³⁴	ɕiã²¹³	ɕiã⁴³	iã⁵³⁴	iã²¹³	iã⁵²	tɕʰiɔ³³	ɕiɔ²⁴
85 苍南闽	kĩũ⁵⁵	hiaŋ⁴³	hiaŋ²¹	ɯŋ⁵⁵	tɕĩũ³²	ĩũ²¹	(无)	ɕia⁴³
86 泰顺闽	kio²¹³	ɕio³⁴⁴	ɕio⁵³	o²¹³	ɕio³¹	io³¹	tɕʰiɛʔ⁵	ɕiɛʔ⁵
87 洞头闽	kĩũ³³	hiɔŋ⁵³	hiɔŋ²¹	ɯŋ³³	tɕĩũ²¹	ĩũ²¹	kʰiɔk⁵	ɕia⁵³
88 景宁畲	kiɔŋ⁴⁴	ɕiaŋ⁴⁴ 调殊	ɕiaŋ⁴⁴	iɔŋ⁴⁴	iɔŋ⁴⁴ 调殊	iɔŋ⁵¹	(无)	ɕiaʔ⁵

方言点	0753 着 火~了	0754 勺	0755 弱	0756 脚	0757 约	0758 药	0759 光 ~线	0760 慌
	宕开三入药知	宕开三入药禅	宕开三入药日	宕开三入药见	宕开三入药影	宕开三入药以	宕合一平唐见	宕合一平唐晓
01 杭州	dzaʔ^2	zoʔ^2	zoʔ^2	tɕiɛʔ^5	yɛʔ^5	iɛʔ^2	kuaŋ^{334}	xuaŋ^{334}
02 嘉兴	zʌʔ^{13}	zoʔ^{13}	zʌʔ^{13}	tɕiʌʔ^5	iʌʔ^5	iʌʔ^5	kuʌ̃^{42}	huʌ̃^{42}
03 嘉善	zɜʔ^2	zuoʔ^2	zaʔ^2	tɕiaʔ^5	iaʔ^5	iaʔ^2	kuã^{53}	fã^{53}声殊
04 平湖	zaʔ^{23}	zoʔ^{23}	zaʔ^{23}	tɕiaʔ^5	iaʔ^5	iaʔ^{23}	kuɑ̃^{53}	huɑ̃^{53}
05 海盐	zaʔ^{23}	zɔʔ^{23}	zaʔ^{23}	tɕiaʔ^5	iaʔ^5	iaʔ^{23}	kuɑ̃^{53}	xuɑ̃^{53}
06 海宁	zaʔ^2	zoʔ^2	zaʔ^2	tɕiaʔ^5	iaʔ^5	iaʔ^2	kuɑ̃^{55}	huɑ̃^{55}
07 桐乡	zaʔ^{23}	zɔʔ^{23}	zaʔ^{23}	tɕiaʔ^5	iaʔ^5	iaʔ^{23}	kɒ̃^{44}	hɒ̃^{44}
08 崇德	zaʔ^{23}	zɔʔ^{23}	zɔʔ^{23}	tɕiaʔ^5	iaʔ^5	iaʔ^{23}	kuã^{44}	huã^{44}
09 湖州	dzaʔ^2	zuoʔ^2	luoʔ^2	tɕiaʔ^5	iaʔ^5	iaʔ^2	kuã^{44}	xuã^{44}
10 德清	zəʔ^2	zuoʔ^2	zuoʔ^2	tɕiaʔ^5	iaʔ^5	iaʔ^2	kuã^{44}	xuã^{44}
11 武康	dzɜʔ^2	zuoʔ^2	luoʔ^2	tɕiɜʔ^5	iɜʔ^5	iɜʔ^2	kuã^{44}	xuã^{44}
12 安吉	dzəʔ^{23}	zuəʔ^{23}	ȵiɛʔ^{23}	tɕiɛʔ^5	iɛʔ^5	iɛʔ^{23}	kuɔ̃^{55}	huɔ̃^{55}
13 孝丰	dzaʔ^{23}	suoʔ^{23}	zuoʔ^{23}	tɕiaʔ^5	iaʔ^5	iaʔ^{23}	kuɔ̃^{44}	huɔ̃^{44}
14 长兴	dzəʔ^2	zu^{243}	zoʔ^2	tʃiaʔ^5	iaʔ^5	iaʔ^2	kɔ̃^{44}	hɔ̃^{44}
15 余杭	zaʔ^2	zoʔ^2	zoʔ^2	tɕiaʔ^5	iaʔ^5	iaʔ^2	kuɑ̃^{44}	xuɑ̃^{44}
16 临安	dzɐʔ^{12}	zuɔʔ^{12}	zɐʔ^{12}	tɕiɐʔ^{54}	iɐʔ^{54}	iɐʔ^{12}	kuɑ̃^{55}	huɑ̃^{55}
17 昌化	zaʔ^{23}	zuəʔ^{23}	zaʔ^{23}	tɕiaʔ^5	iaʔ^5	iaʔ^{23}	kuɔ̃^{334}	xuɔ̃^{334}
18 於潜	dzæʔ^{23}	zɔ^{223}	zuɐʔ^{23}	tɕieʔ^{53}	yeʔ^{53}	iæʔ^{23}	kuaŋ^{433}	xuaŋ^{433}
19 萧山	dzaʔ^{13}	yoʔ^{13}	zoʔ^{13}	tɕiaʔ^5	iaʔ^5	iaʔ^{13}	kuɔ̃^{533}	xuɔ̃^{533}
20 富阳	dzɛʔ^2	（无）	（无）	tɕiaʔ^5	iaʔ^5	iaʔ^2	kuɑ̃^{53}	huɑ̃^{53}
21 新登	dzaʔ^2	zɔʔ^2	zaʔ^2	tɕiaʔ^5	iaʔ^5	iaʔ^2	kuɑ̃^{53}	huɑ̃^{53}
22 桐庐	dzaʔ^{13}	zɔ^{13}文	zuəʔ^{13}	tɕiaʔ^5	yəʔ^{5}文	iaʔ^{13}	kuã^{533}	xuã^{533}
23 分水	tsuəʔ^5	zaʔ^{12}	zəʔ^{12}	tɕiəʔ^5	iəʔ^5	iəʔ^{12}	kuã^{44}	xuã^{44}
24 绍兴	dzaʔ^2	zoʔ^2	zoʔ^2	tɕiaʔ^5	iaʔ^5	iaʔ^2	kuɑŋ^{53}	huɑŋ^{53}
25 上虞	dzaʔ^2	zoʔ^2	zoʔ^2	tɕiaʔ^5	iaʔ^5	iaʔ^2	kuɔ̃^{35}	fɔ̃^{35}

续表

方言点	0753 着 火~了	0754 勺	0755 弱	0756 脚	0757 约	0758 药	0759 光 ~线	0760 慌
	宕开三入药知	宕开三入药禅	宕开三入药日	宕开三入药见	宕开三入药影	宕开三入药以	宕合一平唐见	宕合一平唐晓
26 嵊州	dzaʔ²	zoʔ²	zaʔ²	tɕiaʔ⁵	iaʔ⁵	iaʔ²	kuɔŋ⁵³⁴	huɔŋ⁵³⁴
27 新昌	dʑiaʔ²	zoʔ²	zaʔ²	tɕiaʔ⁵	iaʔ⁵	iaʔ²	kuɔ̃⁵³⁴	fɔ̃⁵³⁴
28 诸暨	dzaʔ¹³	zoʔ¹³	zoʔ¹³	tɕiaʔ⁵	iaʔ⁵	iaʔ¹³	kuɑ̃⁵⁴⁴	fɑ̃⁵⁴⁴
29 慈溪	dzaʔ²	zoʔ²	zoʔ²	tɕiaʔ⁵	iaʔ⁵	iaʔ²	kuɔ̃³⁵	huɔ̃³⁵
30 余姚	dzaʔ²	zoʔ²	zoʔ²	tɕiaʔ⁵	iaʔ⁵	iaʔ²	kuɔŋ⁴⁴	huɔŋ⁴⁴
31 宁波	dʑiəʔ²	zoʔ²	ʑiəʔ²	tɕiaʔ⁵ 又 tɕiəʔ⁵ 又	iəʔ⁵	iəʔ²	kuɔ⁵³	huɔ⁵³
32 镇海	dʑieʔ¹²	zoʔ¹²	ieʔ¹²	tɕieʔ⁵	ieʔ⁵	ieʔ¹²	kuɔ̃⁵³	huɔ̃⁵³
33 奉化	dʑiaʔ²	dzoʔ²	ʑiaʔ²	tɕiaʔ⁵	iaʔ⁵	iaʔ²	kuɔ̃⁴⁴	huɔ̃⁴⁴
34 宁海	dʑiaʔ³	zɔʔ³	ʑiaʔ³	tɕiaʔ⁵	iaʔ⁵	iaʔ³	kuɔ̃⁴²³	huɔ̃⁴²³
35 象山	dʑieʔ²	zoʔ²	zoʔ²	tɕieʔ⁵	ieʔ⁵	ieʔ²	kuɔ̃⁴⁴	huɔ̃⁴⁴
36 普陀	dʑiɛʔ²³	zoʔ²³	iɛʔ²³	tɕiɛʔ⁵	iɛʔ⁵	iɛʔ²³	kuɔ̃⁵³	xuɔ̃⁵³
37 定海	dʑieʔ²	zoʔ² 料~	ieʔ²	tɕieʔ⁵	ieʔ⁵	ieʔ²	kuõ⁵²	xuõ⁵²
38 岱山	dʑieʔ²	zoʔ²	ieʔ²	tɕieʔ⁵	ieʔ⁵	ieʔ²	kuõ⁵²	xuõ⁵²
39 嵊泗	dʑiɛʔ²	(无)	iɛʔ²	tɕiɛʔ⁵	iɛʔ⁵	iɛʔ²	kuõ⁵³	xuõ⁵³
40 临海	dzəʔ²³	zɔʔ²³	ʑiaʔ²³	tɕiaʔ⁵	iaʔ⁵	iaʔ²³	kɔ̃³¹	hɔ̃³¹
41 椒江	dzəʔ²	zoʔ²	ʑiəʔ²	tɕiəʔ⁵	iəʔ⁵	iaʔ²	kuɔ̃⁴²	huɔ̃⁴²
42 黄岩	dʑieʔ²	zoʔ²	ʑieʔ²	tɕieʔ⁵	ieʔ⁵	iɐʔ²	kuɔ̃³²	huɔ̃³²
43 温岭	dʑiaʔ²	zoʔ²	ʑiaʔ²	tɕiaʔ⁵	iaʔ⁵	iaʔ²	kuɔ̃³³	huɔ̃³³
44 仙居	dzyɑʔ²³	zyɑʔ²³	ʑyɑʔ²³	tɕyɑʔ⁵	yɑʔ⁵	yɑʔ²³	kuɑ̃³³⁴	huɑ̃³³⁴
45 天台	dʑiaʔ²	zɔʔ²	ʑiaʔ²	kiaʔ⁵	iaʔ⁵	iaʔ²	kuɔ³³	huɔ³³
46 三门	dʑiaʔ²³	zoʔ²³	ʑiaʔ²³	tɕiaʔ⁵	iaʔ⁵	iaʔ²³	kɔ³³⁴	hɔ³³⁴
47 玉环	dʑiɐʔ²	zoʔ²	ʑiɐʔ²	tɕiɐʔ⁵	iɐʔ⁵	iɐʔ²	kɔ̃⁴²	hɔ̃⁴²
48 金华	dʑiəʔ²¹²	zoʔ²¹²	loʔ²¹² 读字	tɕiəʔ⁴	ioʔ⁴ 读字	iəʔ²¹²	kuaŋ³³⁴	xuaŋ³³⁴
49 汤溪	dʑiɔ¹¹³	ziɔ¹¹³	ziɔ¹¹³	tɕiɔ⁵⁵	iɔ⁵⁵	iɔ¹¹³	kɑo²⁴	xɑo²⁴

续表

方言点	0753 着 火~了 宕开三入药知	0754 勺 宕开三入药禅	0755 弱 宕开三入药日	0756 脚 宕开三入药见	0757 约 宕开三入药影	0758 药 宕开三入药以	0759 光 ~线 宕合一平唐见	0760 慌 宕合一平唐晓
50 兰溪	dʑiaʔ¹²	zʏɤʔ¹²	zʏɤʔ¹²	tɕiaʔ³⁴	iɔʔ³⁴	iɔʔ¹²	kuaŋ³³⁴	xuɑŋ³³⁴
51 浦江	dzyo²³²	zyo²³²	zyo²³²	tɕyo⁴²³	yo⁴²³	yo²³²	kõ⁵³⁴	xõ⁵³⁴
52 义乌	dzɯa³¹²	zɯa³¹²	yə³¹²	tɕiɔ³²⁴	iɔ³²⁴	iɔ³¹²白 iau³¹²文	kŋʷ³³⁵白 kuan³³⁵文	fŋʷ³³⁵
53 东阳	dzio²¹³	（无）	zia²⁴白 no⁴⁵³文	tɕio³³⁴	iɛʔ³⁴	io²¹³	kɔ³³⁴	hɔ³³⁴
54 永康	dʑiɑu¹¹³	ziɑu²⁴¹小	ziɑu¹¹³	tɕiɑu³³⁴	iɑu³³⁴	iɑu¹¹³	kuɑŋ⁵⁵	xuɑŋ⁵⁵
55 武义	dʑiɑu¹³	ziɑu¹³	ziɑu¹³	tɕiɑu⁵³	iɑu⁵³	iɑu¹³	kuɑŋ²⁴	xuɑŋ²⁴
56 磐安	dzuə²¹³	zuə²¹³	zuə²¹³	tɕyə³³⁴	yə³³⁴	yə²¹³	kɒ⁴⁴⁵	xɒ⁴⁴⁵
57 缙云	dɛ¹³	ziɔ¹³	n̠iɔ¹³	tɕiɔ³²²	iɔ³²²	iɔ¹³	kɔ⁴⁴	xɔ⁴⁴
58 衢州	dʒyaʔ¹²	ʒyaʔ¹²	n̠ia¹²	tɕiaʔ⁵	iaʔ⁵	iaʔ¹²	kuɑ̃³²	xuɑ̃³²
59 衢江	dʑyəʔ²	ziaʔ²	n̠iaʔ²	tɕiaʔ⁵	iaʔ⁵	iaʔ²	kɑ̃³³	xɑ̃³³
60 龙游	dei²²⁴音殊	zɔʔ²³	zɔʔ²³	tɕiɔʔ⁴	iɔʔ⁴	iɔʔ²³	kuã³³⁴	xuã³³⁴
61 江山	dɛ²²音殊	ziaʔ²	n̠iaʔ²	kɒʔ⁵落~生 kiaʔ⁵~色	iaʔ⁵	iaʔ²	kyaŋ⁴⁴	xyaŋ⁴⁴
62 常山	dɛ²⁴音殊	ziaʔ³⁴	n̠iʌʔ³⁴	tɕiaʔ⁵	iaʔ⁵	iaʔ³⁴	tɕiɔ̃⁴⁴	ɕiɔ̃⁴⁴
63 开化	dɛ²¹³音殊	ziaʔ¹³	n̠iaʔ¹³	tɕyaʔ⁵	iaʔ⁵	iaʔ¹³	tɕyɑ̃⁴⁴天~ kuɑ̃⁴⁴~荣	ɕyɑ̃⁴⁴
64 丽水	dɛ²²调殊	ziɔʔ²³	n̠iɔʔ²³	tɕiɔʔ⁵	iɔ̃ʔ⁵	iɔʔ²³	kɔ̃ŋ²²⁴	xɔ̃ŋ⁰⁰¹
65 青田	dɛ³⁴³	iʔ³¹	n̠iʔ³¹	tɕiʔ⁴²	iʔ⁴²	iʔ³¹	ko⁴⁴⁵	xo⁴⁴⁵
66 云和	da²²³	ziɔʔ²³	n̠iɔʔ²³	tɕiɔʔ⁵	iɔʔ⁵	iɔʔ²³	kɔ̃²⁴	xɔ̃²⁴
67 松阳	dɛ²²	ziaʔ²	n̠iaʔ²	tɕiaʔ⁵	iaʔ⁵	iaʔ²	koŋ⁵³	xoŋ⁵³
68 宣平	dei²²³	ziəʔ²³	n̠iəʔ²³	tɕiəʔ⁵	iəʔ⁵	iəʔ²³	kɔ̃³²⁴	xɔ̃³²⁴
69 遂昌	dei¹³	ziaʔ²³	n̠iaʔ²³	tɕiaʔ⁵整~	iaʔ⁵	iaʔ²³	koŋ⁴⁵	xoŋ⁴⁵
70 龙泉	tɛ⁵¹火~ tɕiaʔ⁵~火	ziaʔ²⁴	n̠iaʔ²⁴	tɕiaʔ⁵	iaʔ⁵	iaʔ²⁴	koŋ⁴³⁴	xoŋ⁴³⁴
71 景宁	dai³³	ziaʔ²³	n̠iaʔ²³	tɕiaʔ⁵	iaʔ⁵	iaʔ²³	koŋ³²⁴	xoŋ³²⁴

方言点	0753 着 火~了	0754 勺	0755 弱	0756 脚	0757 约	0758 药	0759 光 ~线	0760 慌
	宕开三 入药知	宕开三 入药禅	宕开三 入药日	宕开三 入药见	宕开三 入药影	宕开三 入药以	宕合一 平唐见	宕合一 平唐晓
72 庆元	tæi²²¹	ɕiaʔ³⁴	ȵiaʔ³⁴	tɕiaʔ⁵ 整~	iaʔ⁵	iaʔ³⁴	kɔ³³⁵	xɔ̃³³⁵
73 泰顺	tɛ²¹	ɕiɔʔ²	ȵiɔʔ²	tɕiɔʔ⁵	iɔʔ⁵	iɔʔ²	kɔ̃²¹³	xɔ̃²¹³
74 温州	dʑia²¹²	ia²¹²	ia³²³调殊	tɕia³²³	ia³²³	ia²¹²	kuɔ³³	huɔ³³
75 永嘉	dʑia²¹³	ia⁴²³调殊	ia⁴²³调殊	tɕia⁴²³	ia⁴²³	ia²¹³	kɔ⁴⁴	hɔ⁴⁴
76 乐清	dʑiɯʌ²¹²	ziɯʌ²¹²	ziɯʌ²¹²	tɕia³²³	ia³²³	ia²¹²	kɔ⁴⁴	hɔ⁴⁴
77 瑞安	dʑiɔ²¹²	iɔ²¹²	iɔ²¹²	tɕiɔ³²³	iɔ³²³	iɔ²¹²	ko⁴⁴	ho⁴⁴
78 平阳	dʒɔ¹²	zɔ¹²	zɔ¹²	tʃɔ³⁴	iɔ³⁴	iɔ¹²	ko⁵⁵	xo⁵⁵
79 文成	dʑie²¹²	（无）	ʑie²¹²	tʃa³⁴	ia³⁴	ia²¹²	kuo⁵⁵	xo⁵⁵
80 苍南	dʑia¹¹²	dʑia¹¹²	dʑia¹¹²	tɕia²²³	ia²²³	ia¹¹²	ko⁴⁴	ho⁴⁴
81 建德徽	tsɑ²¹³	so²¹³	ȵiɐʔ¹²	tɕia⁵⁵	iɐʔ⁵	ia²¹³	ko⁵³	ho⁵³
82 寿昌徽	tsʰɔʔ³¹	sɔʔ³¹	ȵiɔʔ³¹	tɕiɔʔ³	iɔʔ³	iɔʔ³¹	kuɑ̃¹¹²	xuɑ̃¹¹²
83 淳安徽	tsʰɑʔ¹³	sɑʔ¹³	iaʔ¹³	tɕiɑʔ⁵	iɑʔ⁵	iaʔ¹³	kuɑ̃²⁴	hon²⁴
84 遂安徽	tɕʰiɔ̃²⁴	sɔ²¹³	iɔ²¹³	tɕia²⁴	ia²⁴	ia²¹³	kuɑ̃⁵³⁴	xoŋ⁵³⁴
85 苍南闽	to²⁴	tɕʰia²⁴	dʑiɔ²⁴	（无）	iɔ⁴³	io²⁴	kɯŋ⁵⁵	haŋ⁵⁵
86 泰顺闽	tɕiɛʔ³	（无）	niɛʔ³	kʰa²¹³	iɛʔ³	iɛʔ³	kuo²¹³	fo²¹³
87 洞头闽	to²⁴¹	ɕia²⁴¹	dʑiɔk²⁴	（无）	iɔk⁵	ieu²⁴¹	kɯŋ³³	hoŋ³³
88 景宁畲	tɕʰioʔ²	ɕioʔ²	ȵiaʔ²	kioʔ⁵ tɕioʔ⁵	iaʔ⁵	ioʔ²	kɔŋ⁴⁴	xɔŋ⁴⁴

方言点	0761 黄	0762 郭	0763 霍	0764 方	0765 放	0766 纺	0767 房	0768 防
	宕合一平唐匣	宕合一入铎见	宕合一入铎晓	宕合三平阳非	宕合三去阳非	宕合三上阳敷	宕合三平阳奉	宕合三平阳奉
01 杭州	uaŋ²¹³	koʔ⁵	xoʔ⁵	faŋ³³⁴	faŋ⁴⁵	faŋ⁵³	vaŋ²¹³	baŋ²¹³ ~恐 vaŋ²¹³ 边~
02 嘉兴	uA̅²⁴²	koʔ⁵	hoʔ⁵	fA̅⁴²	fA̅²²⁴	fA̅⁵⁴⁴	vA̅²⁴²	vA̅²⁴²
03 嘉善	ua̅¹³²	kuoʔ⁵	xuoʔ⁵	fa̅⁵³	fa̅³³⁴	fa̅³³⁴	va̅¹³²	ba̅¹³²
04 平湖	uɑ̃³¹	koʔ⁵	hoʔ⁵	fɑ̃⁵³	fɑ̃³³⁴	fɑ̃³³⁴	vɑ̃³¹	bɑ̃³¹
05 海盐	uɑ̃³¹	kɔʔ⁵	xɔʔ⁵	fɑ̃⁵³	fɑ̃³³⁴	fɑ̃⁴²³	uɑ̃³¹	bɑ̃³¹
06 海宁	uɑ̃¹³	koʔ⁵	hoʔ⁵	fɑ̃⁵⁵	fɑ̃³⁵	fɑ̃⁵³	vɑ̃¹³	bɑ̃¹³
07 桐乡	ɒ̃¹³	kɔʔ⁵	hɔʔ⁵	fɒ̃⁴⁴	fɒ̃³³⁴	fɒ̃⁵³	vɒ̃¹³	bɒ̃¹³
08 崇德	uã¹³	kɔʔ⁵	hɔʔ⁵	fã⁴⁴	fã³³⁴	fã⁵³	vã¹³	bã¹³
09 湖州	uã¹¹²	kuoʔ⁵	xuoʔ⁵	fã⁴⁴	fã³⁵	fã⁵²³	vã¹¹²	vã¹¹²
10 德清	uã¹¹³	kuoʔ⁵	xuoʔ⁵	fã⁴⁴	fã³³⁴	fã⁵²	vã¹¹³	bã¹¹³
11 武康	uã¹¹³	kuoʔ⁵	xuoʔ⁵	fã⁴⁴	fã²²⁴	fã⁵³	vã¹¹³	bã¹¹³
12 安吉	uɔ̃²²	koʔ⁵	hoʔ⁵	fɔ̃⁵⁵	fɔ̃³²⁴	fɔ̃⁵²	vɔ̃²²	bɔ̃²²
13 孝丰	uɔ̃²²	kuoʔ⁵	huoʔ⁵	fɔ̃⁴⁴	fɔ̃³²⁴	fɔ̃⁵²	vɔ̃²²	vɔ̃²²
14 长兴	ɔ̃¹²	koʔ⁵	hoʔ⁵	fɔ̃⁴⁴	fɔ̃³²⁴	fɔ̃⁵²	vɔ̃¹²	bɔ̃¹²
15 余杭	uɑ̃²²	koʔ⁵	oʔ⁵	fɑ̃⁴⁴	fɑ̃⁴²³	fɑ̃⁵³	vɑ̃²²	bɑ̃²²
16 临安	uɑ̃³³	kuəʔ⁵⁴	huɔʔ⁵⁴	fɑ̃⁵⁵	fɑ̃⁵⁵	fɑ̃⁵⁵	vɑ̃³³	bɑ̃³³
17 昌化	uɔ̃¹¹²	kuəʔ⁵	xuəʔ⁵	fɔ̃³³⁴	fɔ̃⁵⁴⁴	fɔ̃⁴⁵³	vɔ̃¹¹²	vɔ̃¹¹²
18 於潜	uaŋ²²³	kuəʔ⁵³	xuəʔ⁵³	faŋ⁴³³	faŋ³⁵	faŋ⁵¹	vaŋ²²³	vaŋ²²³
19 萧山	uɔ̃³⁵⁵	kuoʔ⁵	xuoʔ⁵	fɔ̃⁵³³	fɔ̃⁴²	fɔ̃³³	vɔ̃³⁵⁵	vɔ̃³⁵⁵
20 富阳	uɑ̃¹³	kuoʔ⁵	huoʔ⁵	fɑ̃⁵³	fɑ̃³³⁵	fɑ̃⁴²³	vɑ̃¹³	vɑ̃¹³
21 新登	uɑ̃²³³	kɔʔ⁵	huəʔ⁵	fɑ̃⁵³	fɑ̃⁴⁵	fɑ̃³³⁴	vɑ̃²³³	bɑ̃²³³ ~牢
22 桐庐	uɑ̃¹³	kuəʔ⁵	xuəʔ⁵	fɑ̃⁵³³	fɑ̃³⁵	fɑ̃³³	vɑ̃¹³	vɑ̃¹³
23 分水	uɑ̃²²	kɔʔ⁵	xuəʔ⁵	fɑ̃⁴⁴	fɑ̃²⁴	fɑ̃⁵³	vɑ̃²²	vɑ̃²²
24 绍兴	uaŋ²³¹	kuoʔ⁵	həʔ⁵	faŋ⁵³	faŋ³³	faŋ³³⁴	uaŋ²³¹	baŋ²³¹
25 上虞	uɔ̃²¹³	koʔ⁵	hoʔ⁵	fɔ̃³⁵	fɔ̃⁵³	fɔ̃³⁵	vɔ̃²¹³	bɔ̃²¹³

续表

方言点	0761 黄	0762 郭	0763 霍	0764 方	0765 放	0766 纺	0767 房	0768 防
	宕合一平唐匣	宕合一入铎见	宕合一入铎晓	宕合三平阳非	宕合三去阳非	宕合三上阳敷	宕合三平阳奉	宕合三平阳奉
26 嵊州	uoŋ²¹³	kuoʔ⁵	hoʔ⁵	fɔŋ⁵³⁴	fɔŋ³³⁴	fɔŋ⁵³	uoŋ²¹³	boŋ²¹³
27 新昌	uɔ̃²²	kuʔ⁵	hoʔ⁵	fɔ̃⁵³⁴	fɔ̃³³⁵	fɔ̃⁴⁵³	uɔ̃²²	bɔ̃²²
28 诸暨	vɑ̃¹³	koʔ⁵	hoʔ⁵	fɑ̃⁵⁴⁴	fɑ̃⁵⁴⁴	fɑ̃⁴²	vɑ̃¹³	bɑ̃¹³
29 慈溪	uɔ̃¹³	kuoʔ⁵	huoʔ⁵	fɔ̃³⁵	fɔ̃⁴⁴	fɔ̃³⁵	vɔ̃¹³	bɔ̃¹³
30 余姚	uoŋ¹³	kuoʔ⁵	huoʔ⁵	fɔŋ⁴⁴	fɔŋ⁵³	fɔŋ³⁴	voŋ¹³	boŋ¹³
31 宁波	uɔ¹³	koʔ⁵	hoʔ⁵	fɔ⁵³	fɔ⁴⁴	fɔ⁴⁴~织	vɔ¹³	bɔ¹³~备
32 镇海	uɔ̃²⁴	koʔ⁵	hoʔ⁵	fɔ̃⁵³	fɔ̃⁵³	fɔ̃³⁵	vɔ̃²⁴	bɔ̃²⁴
33 奉化	uɔ̃³³	koʔ⁵	hoʔ⁵	fɔ̃⁴⁴	fɔ̃⁵³	fɔ̃⁵⁴⁵	vɔ̃³³	bɔ̃³³
34 宁海	uɔ̃²¹³	kɔʔ⁵	hɔʔ⁵	fɔ̃⁴²³	fɔ̃³⁵	fɔ̃⁵³	vɔ̃²¹³	bɔ̃²¹³
35 象山	uɔ̃³¹	koʔ⁵	hoʔ⁵	fɔ̃⁴⁴	fɔ̃⁵³	fɔ̃⁴⁴	vɔ̃³¹	bɔ̃³¹
36 普陀	uɔ̃²⁴	koʔ⁵	xoʔ⁵	fɔ̃⁵³	fɔ̃⁵⁵	fɔ̃⁴⁵	vɔ̃²⁴	bɔ̃²⁴
37 定海	uõ²³	koʔ⁵	xoʔ⁵	fõ⁵²	fõ⁴⁴	fõ⁴⁵	võ²³	bõ¹³白 võ¹³文
38 岱山	uõ²³	koʔ⁵	xoʔ⁵	fõ⁵²	fõ⁴⁴	fõ⁴⁴	võ²³	bõ²³
39 嵊泗	uõ²⁴³	koʔ⁵	xoʔ⁵	fõ⁵³	fõ⁵³	fõ⁵³	võ²⁴³	bõ²¹³
40 临海	ɔ̃²¹	kɔʔ⁵	hɔʔ⁵	fɔ̃³¹	fɔ̃⁵⁵	fɔ̃⁵²	vɔ̃²¹	vɔ̃²¹
41 椒江	uɔ̃³¹	koʔ⁵	huoʔ⁵	fɔ̃⁴²	fɔ̃⁵⁵	fɔ̃⁴²	vɔ̃³¹	vɔ̃³¹
42 黄岩	uɔ̃¹²¹	koʔ⁵	huoʔ⁵	fɔ̃³²	fɔ̃⁵⁵	fɔ̃⁴²	vɔ̃¹²¹	vɔ̃¹²¹
43 温岭	uɔ̃³¹	kuoʔ⁵	hɤʔ⁵	fɔ̃³³	fɔ̃⁵⁵	fɔ̃⁴²	vɔ̃³¹	vɔ̃³¹
44 仙居	uɑ̃²¹³	kuəʔ⁵	huəʔ⁵	fɑ̃³³⁴	fɑ̃⁵⁵	fɑ̃³²⁴	vɑ̃²¹³	vɑ̃²¹³
45 天台	uɔ²²⁴	kuɔʔ⁵	huɔʔ⁵	fɔ³³	fɔ⁵⁵	fɔ³²⁵	vɔ²²⁴	vɔ²²⁴
46 三门	uɔ¹¹³	kɔʔ⁵	hɔʔ⁵	fɔ³³⁴	fɔ⁵⁵	fɔ³²⁵	vɔ¹¹³	vɔ¹¹³
47 玉环	ɔ̃³¹	koʔ⁵	hoʔ⁵	fɔ̃⁴²	fɔ̃⁵⁵	fɔ̃⁵³	vɔ̃³¹	vɔ̃³¹
48 金华	uaŋ³¹³	koʔ⁴	xuəʔ⁴	faŋ³³⁴	faŋ⁵⁵	faŋ⁵³⁵	vaŋ³¹³	vaŋ³¹³
49 汤溪	ao¹¹白 uã¹¹文	kuɔ⁵⁵	(无)	fao²⁴	fao⁵²	fao⁵³⁵	vao¹¹	vao¹¹白 vã¹¹文

续表

方言点	0761 黄 宕合一 平唐匣	0762 郭 宕合一 入铎见	0763 霍 宕合一 入铎晓	0764 方 宕合三 平阳非	0765 放 宕合三 去阳非	0766 纺 宕合三 上阳敷	0767 房 宕合三 平阳奉	0768 防 宕合三 平阳奉
50 兰溪	$uaŋ^{21}$	$kuəʔ^{34}$	$xuaʔ^{34}$	$faŋ^{334}$	$faŋ^{45}$	$faŋ^{55}$	$vaŋ^{21}$	$vaŋ^{21}$
51 浦江	$õ^{113}$	ko^{423}	xo^{53}	$fõ^{534}$	$fõ^{55}$	$fõ^{53}$	$võ^{113}$	$võ^{113}$
52 义乌	n^{213}	$kɔ^{324}$白 $kuə^{324}$文	$huə^{324}$	$fŋ^{w335}$	$fŋ^{w45}$	$fŋ^{w423}$白 fan^{423}文	$vŋ^{w213}$	$vŋ^{w213}$白 van^{213}文
53 东阳	$ɔ^{213}$	ko^{334}	ho^{334}	$fɔ^{334}$	$fɔ^{453}$	$fɔ^{453}$	$vɔ^{213}$	$vɔ^{213}$
54 永康	$uaŋ^{22}$	kuo^{334}	xuo^{334}	$faŋ^{55}$	$faŋ^{52}$	$faŋ^{334}$	$vaŋ^{22}$	$vaŋ^{22}$
55 武义	$uaŋ^{324}$	kuo^{53}	xuo^{53}	$faŋ^{24}$	$faŋ^{53}$	$faŋ^{445}$	$vaŋ^{324}$	$vaŋ^{324}$
56 磐安	$ɒ^{213}$	$kuə^{334}$	$xuə^{334}$	$fɒ^{445}$	$fɒ^{52}$	$fɒ^{334}$	$vɒ^{213}$	$vɒ^{213}$
57 缙云	$ɔ^{243}$	$kɔ^{322}$	$xɔ^{322}$	$fɔ^{44}$	$fɔ^{453}$	$fɔ^{51}$	$vɔ^{243}$	$vɔ^{243}$
58 衢州	$uã^{21}$	$kəʔ^{5}$	$xəʔ^{5}$	$fã^{32}$	$fã^{53}$	$fã^{35}$	$vã^{21}$	$vã^{21}$
59 衢江	$ã^{212}$	$kəʔ^{5}$白 $kuəʔ^{5}$文	$xəʔ^{5}$	$fã^{33}$	$fã^{53}$	$fã^{25}$	$vã^{212}$	$vã^{212}$
60 龙游	$uã^{21}$	$kɔʔ^{4}$	$xɔʔ^{4}$	$fã^{334}$	$fã^{51}$	$vã^{21}$音殊	$fã^{35}$	$vã^{21}$
61 江山	$yaŋ^{213}$	$kuaʔ^{5}$	$xyaʔ^{5}$	$fɒŋ^{44}$	$poŋ^{51}$白 $fɒŋ^{51}$文	$fɒŋ^{241}$	$vɒŋ^{213}$	$vɒŋ^{213}$
62 常山	$ɔ̃^{341}$白 $iɔ̃^{341}$文	$kuʌʔ^{5}$又 $kɤʔ^{5}$又	$xuʌʔ^{5}$	$fiã^{44}$四~ $fã^{44}$姓~	$poŋ^{324}$~火 $fã^{52}$解~	$fã^{324}$	$vã^{341}$	$viã^{341}$·备 $vã^{341}$国~
63 开化	$yã^{231}$~色 $uã^{231}$~昏	$kɔʔ^{5}$	$xɔʔ^{5}$	$fiã^{44}$形 $fã^{44}$姓~	$pɤʔ^{412}$~假 $fã^{53}$解~	$fã^{53}$	$vã^{213}$调殊	$viã^{231}$白 $vã^{231}$文
64 丽水	$ɔŋ^{22}$	$kəʔ^{5}$	$xuɒʔ^{5}$	$foŋ^{224}$	$foŋ^{52}$	$foŋ^{544}$	$voŋ^{22}$	$voŋ^{22}$
65 青田	o^{21}	$koʔ^{42}$	$xoʔ^{42}$	fo^{445}	fo^{33}	fo^{454}	vo^{21}	vo^{21}
66 云和	$ɔ̃^{312}$	$koʔ^{5}$	$xoʔ^{5}$	$fɔ̃^{24}$	$fɔ̃^{45}$	$fɔ̃^{41}$	$vɔ̃^{312}$	$vɔ̃^{312}$
67 松阳	$oŋ^{31}$	$koʔ^{5}$	$xoʔ^{5}$	$foŋ^{53}$	$foŋ^{24}$	$foŋ^{212}$	$voŋ^{31}$	$voŋ^{31}$
68 宣平	$ɔ̃^{433}$	$kəʔ^{5}$	$xəʔ^{5}$	$fɔ̃^{324}$	$fɔ̃^{52}$	$fɔ̃^{445}$	$vɔ̃^{433}$	$vɔ̃^{433}$
69 遂昌	$ɔŋ^{221}$	$kɔʔ^{5}$	$xɔʔ^{5}$	$fɔŋ^{45}$	$fɔŋ^{334}$	$fɔŋ^{533}$	$vɔŋ^{221}$	$vɔŋ^{221}$
70 龙泉	$ɔŋ^{21}$	$kou ʔ^{5}$	$xouʔ^{5}$白 xou^{51}姓~	$fɔŋ^{434}$	$fɔŋ^{45}$	$fɔŋ^{51}$	$vɔŋ^{21}$	$vɔŋ^{21}$
71 景宁	$ɔŋ^{41}$	$koʔ^{5}$	xo^{35}	$fɔŋ^{324}$	$fɔŋ^{35}$	$fɔŋ^{33}$	$vɔŋ^{41}$	$vɔŋ^{41}$

续表

方言点	0761 黄	0762 郭	0763 霍	0764 方	0765 放	0766 纺	0767 房	0768 防
	宕合一平唐匣	宕合一入铎见	宕合一入铎晓	宕合三平阳非	宕合三去阳非	宕合三上阳敷	宕合三平阳奉	宕合三平阳奉
72 庆元	ɔ̃52	koʔ5	xoʔ5	fɔ̃335	ɓəŋ11~屁 fɔ̃11~心	fɔ̃33	fɔ̃52	fɔ̃52
73 泰顺	ɔ̃53	koʔ5	oʔo2 音殊	xɔ̃213	xɔ̃35	xɔ̃55	ɔ̃53	ɔ̃53
74 温州	uɔ31	koɔ323	ho323	huɔ33	huɔ51	huɔ25	uɔ31	uɔ31
75 永嘉	ɔ31	koɔ423	ho423	huɔ44	huɔ53	huɔ45	uɔ31	uɔ31
76 乐清	ɔ31	koɔ323	ho323	fɔ44	fɔ41	fɔ35	vɔ31	vɔ31
77 瑞安	o31	koɔ323	ho323	fɔ44	fɔ53	fɔ35	vɔ31	vɔ31
78 平阳	o242	ko34	xo53文	fɔ55	fɔ53	fɔ45	vɔ242	vɔ242
79 文成	o113	ko34	xo34	fo55	fo33	fo45	vo113	vo113
80 苍南	o31	koɔ223	ho223	huɔ44	huɔ42	huɔ53	uɔ31	uɔ31
81 建德徽	ŋo33	kuɐʔ5	huɐʔ5	fo53	fo33	fo213	fo33	fo33
82 寿昌徽	uɑ̃52	kɔʔ3	xuoʔ3	fɑ̃112	fɑ̃33	fɑ̃24	fɑ̃52	fɑ̃52
83 淳安徽	uɑ̃435	koʔ5	hoʔ5 又 foʔ5 又	fɑ̃24	hon24白 fɑ̃24文	fɑ̃24 调殊	fɑ̃435	fɑ̃435
84 遂安徽	n33白 vɑ̃33文	ko24	fəɯ52	fɑ̃534	fɑ̃43	fɑ̃213	fɑ̃33	fɑ̃33
85 苍南闽	ɯŋ24	kə43	hɐ43	hɑŋ55	pan21	hɑŋ43	hɑŋ24	hɑŋ24
86 泰顺闽	uo22	kɒʔ5	khɒʔ5	fo213	pəŋ53	fo344	fo22	fo22
87 洞头闽	ɯŋ113	kə53	hɔk5	hoŋ33	pan21	hoŋ53	paŋ113	hoŋ113
88 景宁畲	uɔŋ22	koʔ5	（无）	fɔŋ44	piɔŋ44	fɔŋ22 调殊	fɔŋ22	fɔŋ22

方言点	0769 网 宕合三 上阳微	0770 筐 宕合三 平阳溪	0771 狂 宕合三 平阳群	0772 王 宕合三 平阳云	0773 旺 宕合三 去阳云	0774 缚 宕合三 入药奉	0775 绑 江开二 上江帮	0776 胖 江开二 去江滂
01 杭州	$uaŋ^{53}$	$kʰuaŋ^{334}$	$guaŋ^{213}$	$uaŋ^{213}$	$uaŋ^{13}$	$boʔ^2$	$paŋ^{53}$	$pʰaŋ^{45}$
02 嘉兴	$mÃ^{113}$	$kʰuÃ^{42}$	$guÃ^{242}$	$uÃ^{242}$	$uÃ^{224}$	$boʔ^{13}$	$pÃ^{544}$	$pʰÃ^{224}$
03 嘉善	$moŋ^{113}$白 $mã̃^{113}$白 $vã̃^{113}$文	$kʰuã̃^{334}$	$guã̃^{132}$	$uã̃^{132}$	$iã̃^{334}$白 $uã̃^{334}$文	$buoʔ^2$	$pã̃^{44}$	$pʰã̃^{334}$
04 平湖	$mɑ̃^{213}$	（无）	$guɑ̃^{31}$	$uɑ̃^{31}$	$uɑ̃^{213}$	$boʔ^{23}$	$pɑ̃^{44}$	$pʰɑ̃^{213}$
05 海盐	$moŋ^{423}$白 $mɑ̃^{423}$文	$kʰuɑ̃^{53}$	$guɑ̃^{31}$	$uɑ̃^{31}$	$iɑ̃^{213}$白 $uɑ̃^{213}$文	（无）	$pɑ̃^{423}$	$pʰɑ̃^{334}$
06 海宁	$moŋ^{231}$白 $mɑ̃^{231}$文	$kʰuɑ̃^{55}$	$guɑ̃^{13}$	$uɑ̃^{13}$	ia^{13}白 $uɑ̃^{13}$文	$voʔ^2$	$pɑ̃^{53}$	$pʰɑ̃^{35}$
07 桐乡	$moŋ^{242}$	$kʰɒ̃^{44}$	$gɒ̃^{13}$	$ɒ̃^{13}$	$iɒ̃^{213}$	（无）	$pɒ̃^{53}$	$pʰɒ̃^{334}$
08 崇德	$moŋ^{53}$白 $uã̃^{53}$文	$kʰuã̃^{44}$	$guã̃^{13}$	$uã̃^{13}$	$iã̃^{13}$	$voʔ^{23}$读字	$pã̃^{53}$	$pʰã̃^{334}$
09 湖州	$mã̃^{523}$白 $uã̃^{523}$文	$kʰuã̃^{44}$	$guã̃^{112}$	$uã̃^{112}$	$uã̃^{35}$	$buoʔ^2$	$pã̃^{523}$	$pʰã̃^{35}$
10 德清	$moŋ^{52}$白 $mã̃^{52}$白 $uã̃^{52}$文	$kʰuã̃^{44}$	$guã̃^{113}$	$uã̃^{113}$	$uã̃^{334}$	$vuoʔ^2$	$pã̃^{52}$	$pʰã̃^{334}$
11 武康	$mã̃^{53}$白 $uã̃^{53}$文	$kʰuã̃^{224}$	$guã̃^{113}$	$uã̃^{113}$	$uã̃^{224}$	$buoʔ^2$	$pã̃^{53}$	$pʰã̃^{224}$
12 安吉	$mɔ̃^{52}$	$kʰuɔ̃^{55}$	$guɔ̃^{22}$	$uɔ̃^{22}$	$uɔ̃^{213}$	$voʔ^{23}$	$pɔ̃^{52}$	$pʰɔ̃^{324}$
13 孝丰	$mɔ̃^{52}$	$kʰuɔ̃^{44}$	$guɔ̃^{22}$	$uɔ̃^{22}$	$uɔ̃^{324}$	$vuoʔ^{23}$	$pɔ̃^{52}$	$pʰɔ̃^{324}$
14 长兴	$mɔ̃^{52}$	$kʰɔ̃^{44}$	$gɔ̃^{12}$	$ɔ̃^{12}$	$ɔ̃^{324}$	$voʔ^2$	$pɔ̃^{52}$	$pʰɔ̃^{324}$
15 余杭	$moŋ^{53}$	$kʰuɑ̃^{44}$	$guɑ̃^{22}$	$uɑ̃^{22}$	$uɑ̃^{213}$	$boʔ^2$	$pɑ̃^{423}$	$pʰɑ̃^{423}$
16 临安	$mɑ̃^{33}$白 $uɑ̃^{33}$文	$kʰuɑ̃^{55}$	$guɑ̃^{33}$	$uɑ̃^{55}$	$uɑ̃^{55}$	$buɔʔ^{12}$	$pɑ̃^{55}$	$pʰɑ̃^{55}$
17 昌化	$mɔ̃^{243}$又 $mã̃^{243}$又	$kʰuɔ̃^{334}$	$guɔ̃^{112}$	$uɔ̃^{112}$	$uɔ̃^{453}$	bu^{243}	$pɔ̃^{453}$	$pʰɔ̃^{544}$
18 於潜	$maŋ^{51}$白 $uaŋ^{51}$文	$kʰuaŋ^{433}$	$guaŋ^{223}$	$uaŋ^{223}$	$uaŋ^{24}$	$bæʔ^{23}$	$paŋ^{51}$	$pʰaŋ^{35}$
19 萧山	$mɔ̃^{13}$	$kʰuɔ̃^{533}$	$guɔ̃^{355}$	$uɔ̃^{355}$	$uɔ̃^{242}$	$bəʔ^{12}$	$pɔ̃^{33}$	$pʰɔ̃^{42}$

续表

方言点	0769 网	0770 筐	0771 狂	0772 王	0773 旺	0774 缚	0775 绑	0776 胖
	宕合三 上阳微	宕合三 平阳溪	宕合三 平阳群	宕合三 平阳云	宕合三 去阳云	宕合三 入药奉	江开二 上江帮	江开二 去江滂
20 富阳	mã²²⁴	kʰuã⁵³	guã¹³	uã¹³	uã³³⁵	voʔ²	pã⁴²³	pʰã³³⁵
21 新登	mã³³⁴	kʰuã⁵³	guã²³³	uã²³³	uã¹³	boʔ²	pã³³⁴	pʰã⁴⁵
22 桐庐	uã³³	kʰuã⁵³³	guã¹³	uã¹³	uã²⁴	vəʔ¹³	pã³³	pʰã³⁵
23 分水	mã⁵³	kʰã⁴⁴	kʰuã⁵³	uã²²	uã⁵³	fuʔ¹²	pã⁵³	pʰã²⁴
24 绍兴	maŋ²²³	kʰuaŋ³³	guaŋ²³¹	uaŋ²³¹	uaŋ²²	uoʔ²白 boʔ²文	paŋ³³⁴	pʰaŋ³³
25 上虞	mɔ̃²¹³	kʰuɔ̃³⁵	guɔ̃²¹³	uɔ̃²¹³	uɔ̃³¹	voʔ²读字	pɔ̃³⁵	pʰɔ̃⁵³
26 嵊州	mɔŋ²²	kʰuɔŋ⁵³	guɔŋ²¹³	uɔŋ²¹³	uɔŋ²⁴	boʔ²	pɔŋ⁵³	pʰɔŋ³³⁴
27 新昌	mɔ̃²³²	kʰuɔ̃⁵³⁴	uɔ̃²²白 guɔ̃²²文	uɔ̃²²	uɔ̃¹³	bɤʔ²	pɔ̃⁴⁵³	pʰɔ̃³³⁵
28 诸暨	mã²⁴²	kʰuã⁵⁴⁴	guã¹³	vã¹³	vã³³	boʔ¹³	pã⁴²	pʰã⁵⁴⁴
29 慈溪	mɔ̃¹³	kʰuɔ̃³⁵	guɔ̃¹³	uɔ̃¹³	uɔ̃¹³	bu¹³	pɔ̃³⁵	pʰɔ̃⁴⁴
30 余姚	mɔŋ¹³	kʰuɔŋ⁴⁴	guɔŋ¹³~风 vɔŋ¹³介~	uɔŋ¹³	uɔŋ¹³	bu¹³又 bou¹³又	pɔŋ³⁴	pʰɔŋ⁵³
31 宁波	mɔ¹³	kʰuɔ⁵³	uɔ¹³	uɔ¹³	uɔ¹³兴~ uɔ⁵³读字	bəu¹³	pɔ⁴⁴	pʰɔ⁴⁴
32 镇海	mɔ̃²⁴	kʰuɔ̃⁵³	uɔ̃²⁴	uɔ̃²⁴	uɔ̃⁵³	bəu²⁴	pɔ̃³⁵	pʰɔ̃⁵³
33 奉化	mɔ̃³²⁴	kʰuɔ̃⁴⁴	uɔ̃³¹调殊	uɔ̃³³	uɔ̃³¹	boʔ²	pɔ̃⁵⁴⁵读字	pʰɔ̃⁵³
34 宁海	mɔ̃³¹	kʰuɔ̃⁴²³	guɔ̃²¹³	uɔ̃²¹³	uɔ̃²⁴	voʔ³	pɔ̃⁵³	pʰɔ̃³⁵
35 象山	mɔ̃³¹	kʰuɔ̃⁴⁴	uɔ̃¹³调殊	uɔ̃³¹	uɔ̃¹³	bəu¹³	pɔ̃⁴⁴	pʰɔ̃⁵³
36 普陀	mɔ̃²³	kʰuɔ̃⁵³	uɔ̃²⁴	uɔ̃²⁴	uɔ̃¹³	bəu²⁴白 boʔ²³文	pɔ̃⁴⁵	pʰɔ̃⁵⁵
37 定海	mõ²³	kʰuõ⁵²	uõ²³调殊	uõ²⁴	uõ¹³	bʌu¹³	põ⁴⁵	pʰõ⁴⁴黄~ pʰõ⁴⁴~头鱼
38 岱山	mõ²⁴⁴	kʰuõ⁵²	uõ²¹³调殊	uõ²³	uõ²¹³	bʌu²¹³	põ³²⁵	pʰõ⁴⁴
39 嵊泗	mõ⁴⁴⁵	kʰuõ⁵³	guõ²⁴³	uõ²⁴³	uõ²¹³	bʌu²¹³	põ⁴⁴⁵	pʰõ⁵³
40 临海	mɔ̃⁵²	kʰɔ̃³¹	gɔ̃²¹	ɔ̃²¹	ɔ̃³²⁴	boʔ²³	pɔ̃⁵²	pʰɔ̃⁵⁵
41 椒江	mɔ̃⁴²	kʰuɔ̃⁴²	guɔ̃³¹	uɔ̃³¹	uɔ̃²⁴	boʔ²	pɔ̃⁴²	pʰɔ̃⁵⁵

续表

方言点	0769 网 宕合三 上阳微	0770 筐 宕合三 平阳溪	0771 狂 宕合三 平阳群	0772 王 宕合三 平阳云	0773 旺 宕合三 去阳云	0774 缚 宕合三 入药奉	0775 绑 江开二 上江帮	0776 胖 江开二 去江滂
42 黄岩	mɔ̃^{42}	kʰuɔ^{32}	guɔ̃^{121}	uɔ̃^{121}	uɔ̃^{24}	voʔ^{2}	pɔ̃^{42}	pʰɔ̃^{55}
43 温岭	mɔ̃^{42}	tɕʰiɔ̃^{33}	dziɔ̃^{31}	uɔ̃^{31}	uɔ̃^{13}	voʔ^{2}	pɔ̃^{42}	pʰɔ̃^{55}
44 仙居	mã^{324}	kʰuã^{334}	guã^{213}白 uã^{213}文	uã^{213}	uã^{24}	(无)	(无)	pʰã^{55}黄~
45 天台	mɔ^{214}	kʰɔ^{33}	guɔ^{224}	uɔ^{224}	uɔ^{35}	bɔʔ^{2}	pɔ^{325}	pʰɔ^{55}
46 三门	mɔ^{325}	kʰɔ^{334}	gɔ^{113}	uɔ^{113}	uɔ^{243}	bɔʔ^{23}	pɔ^{325}	pʰɔ^{55}
47 玉环	mɔ̃^{53}	tɕʰiɔ̃^{42}	gɔ̃^{31}	ɔ̃^{31}	ɔ̃^{22}	voʔ^{2}	pɔ̃^{53}	pʰɔ̃^{55}
48 金华	maŋ^{535}白 uaŋ^{535}文	kʰuaŋ^{334}	guaŋ^{313}	uaŋ^{313}	uaŋ^{14}	boʔ^{212}	paŋ^{535}	pʰaŋ^{55}
49 汤溪	mɑo^{113}	(无)	gɑo^{11}	ɑo^{11}白 uã^{11}文	ɑo^{341}	bɣɑ^{113}	mɑo^{535}	pʰɑo^{52}
50 兰溪	muaŋ^{55}	kʰuaŋ^{334}	guaŋ^{21}	uaŋ^{21}	uaŋ^{24}	bɔʔ^{12}	paŋ^{55}	pʰaŋ^{45}
51 浦江	mo^{243}	(无)	gõ^{113}	õ^{113}	õ^{24}	bo^{232}	põ^{53}	pʰõ^{55}白 pʰan^{55}文
52 义乌	moŋ^{312}	kʰuan^{335}	guan^{213}	n^{213}白 uan^{213}文	uan^{45}	bau^{312}	pan^{423}	pʰu^{45}白 pʰan^{45}文
53 东阳	mɔm^{231}	kʰuɐn^{334}	(无)	ɔ^{213}	ɔ^{24}	bɯ^{24}	(无)	(无)
54 永康	maŋ^{113}	kʰuaŋ^{55}	guaŋ^{22}	uaŋ^{22}	uaŋ^{241}	buo^{113}	maŋ^{334}	pʰaŋ^{52}
55 武义	maŋ^{13}	kʰuaŋ^{53}	guaŋ^{324}	uaŋ^{324}	uaŋ^{231}	bɔ^{213}	maŋ^{445}	pʰaŋ^{53}
56 磐安	mɔom^{334}	(无)	guan^{213}	ɒ^{213}白 uan^{213}文	iɒ^{14}	bʌo^{213}	pan^{334}	pʰɒ^{52}
57 缙云	mɔ^{31}	tɕʰiɔ^{44}	(无)	iɔ^{243}	ɔ^{213}	bɔ^{13}	pɔ^{51}	pʰɔ^{453}
58 衢州	mã^{231}	kʰuã^{32}又 kʰã^{32}又	guã^{21}	uã^{21}	uã^{231}	vəʔ^{12}	pã^{35}	pʰã^{53}
59 衢江	mã^{231}长 məŋ^{212}圆	kʰã^{33}	gã^{212}	ã^{212}	ã^{231}调殊	bəʔ^{2}	pã^{25}	pʰã^{53}
60 龙游	mã^{224}	kʰua^{334}	guã^{21}	uã^{21}	ua^{231}	bɔʔ^{23}	pã^{35}	pʰã^{51}

中国语言资源集·浙江　语音卷

方言点	0769 网	0770 筐	0771 狂	0772 王	0773 旺	0774 缚	0775 绑	0776 胖
	宕合三 上阳微	宕合三 平阳溪	宕合三 平阳群	宕合三 平阳云	宕合三 去阳云	宕合三 入药奉	江开二 上江帮	江开二 去江滂
61 江山	moŋ²²	kʰyaŋ⁴⁴	guaŋ²¹³	yaŋ²¹³ 老虎~ uaŋ²¹³ 姓~	yaŋ³¹① uaŋ³¹ 兴~	biaʔ²	piaŋ²⁴¹ 白 pɒŋ²⁴¹ 文	pʰɒŋ⁵¹
62 常山	moŋ²⁴ 撒~ mã²⁴ ~箱	kʰuã⁴⁴	guã³⁴¹	iɔ̃³⁴¹ 大~ uã³⁴¹ 姓~	uã⁵²	biaʔ³⁴	piã⁵²	pʰã⁵²
63 开化	mɤŋ²¹³ 鱼~	(无)	dzyã²³¹ 发~ guã²³¹ ~风	yã²³¹ 大~ uã²³¹ 姓~	yã²¹³ 白 uã²¹³ 文	biaʔ¹³	piã⁵³	pʰã⁵³
64 丽水	mɔŋ⁵⁴⁴	kʰuã²²⁴	kuã²²	iɔŋ²² 白 uã²² 文	ɔŋ¹³¹	buoʔ²³	pɔŋ⁵⁴⁴	pʰɔŋ⁵²
65 青田	mo⁴⁵⁴	kʰo⁴⁴⁵	dzio²¹	io²¹	o²²	voʔ³¹	ɓo⁴⁵⁴	pʰo³³
66 云和	mɔ̃⁴¹	kʰuã²⁴	gɔ̃³¹²	iɔ̃³¹²	ɔ̃²²³	boʔ²³	pɔ̃⁴¹	pʰɔ̃⁴⁵
67 松阳	moŋ²²	kʰəŋ⁵³ 箩~ kʰuɔ̃⁵³ 一~	goŋ³¹	ioŋ³¹	oŋ¹³	boʔ²	poŋ²¹²	pʰoŋ²⁴ 米~
68 宣平	mɔ̃²²³	kʰuɑ̃³²⁴	guɑ̃⁴³³	iɔ̃⁴³³ 白 uɑ̃⁴³³ 文	ɔ̃²³¹	bəʔ²³	pɔ̃⁴⁴⁵	pʰɔ̃⁵²
69 遂昌	mɔŋ¹³	kʰuaŋ⁴⁵	guaŋ²²¹	iɔŋ²²¹	ɔŋ²¹³	bɔʔ²³	pɔŋ⁵³³	pʰɔŋ³³⁴ 米~
70 龙泉	miaŋ⁵¹ 白 mɔŋ⁵¹ 文	kʰuaŋ⁴³⁴	dziɔŋ²¹	iɔŋ²¹	ɔŋ²²⁴	bouʔ²⁴	pəŋ⁵¹ 韵殊	pʰɔŋ⁴⁵
71 景宁	mɔŋ³³	(无)	iɔŋ⁴¹	iɔŋ⁴¹	ɔŋ¹¹³	boʔ²³	pɔŋ³³	pʰɔŋ³⁵
72 庆元	mɔ̃²²¹	kʰuɑ̃³³⁵	tɕiɔ̃⁵²	iɔ̃⁵²	ɔ̃³¹	poʔ³⁴	ɓɔ̃³³	pʰɔ̃¹¹ 米~
73 泰顺	mɔ̃⁵⁵	kʰuã²¹³	tɕiɔ̃⁵³	iɔ̃⁵³	ɔ̃²²	poʔ²	pɔ̃⁵⁵	pʰɔ̃³⁵
74 温州	muɔ¹⁴	kʰuɔ³³	dzʑyɔ³¹	yɔ³¹	uɔ²²	o²¹²	puɔ²⁵	pʰuɔ⁵¹
75 永嘉	mɔ¹³	tɕʰyɔ⁴⁴	dzʑyɔ³¹	yɔ³¹	ɔ²²	o²¹³	puɔ⁴⁵	bø¹³
76 乐清	ma²⁴	tɕʰiɔ⁴⁴	dziɔ³¹	iɔ³¹	ɔ²²	vɤ²¹²	pa³⁵	pʰa⁴¹
77 瑞安	mo¹³	kʰuɔ⁴⁴	dzʑyo³¹	yo³¹	o²²	u²¹²	pu³⁵	bø¹³
78 平阳	mɔ⁴⁵	tʃʰuo⁵⁵	dʒuo²⁴²	yo²⁴²	o³³	uo¹²	po⁴⁵	bø²⁴² 文
79 文成	mo²²⁴	kʰuo⁵⁵	kʰuo³³	yo¹¹³	vo⁴²⁴	vo²¹²	po⁴⁵	pʰø³³

① ～猪：过年杀猪的讳称

续表

方言点	0769 网 宕合三 上阳微	0770 筐 宕合三 平阳溪	0771 狂 宕合三 平阳群	0772 王 宕合三 平阳云	0773 旺 宕合三 去阳云	0774 缚 宕合三 入药奉	0775 绑 江开二 上江帮	0776 胖 江开二 去江滂
80 苍南	mo⁵³	（无）	o³¹	yɔ³¹	o¹¹	uɔ¹¹²	puɔ⁵³	（无）
81 建德徽	mo²¹³	（无）	ko³³	ŋo³³	ŋo⁵⁵	fu²¹³	po²¹³	pʰo³³
82 寿昌徽	mã̃⁵³⁴	kʰuã̃⁵⁵篮~	kʰuã̃¹¹²文	uã̃⁵²	uã̃³³	pʰɔʔ³¹	pã̃²⁴文	pʰã̃⁵⁵~子
83 淳安徽	mon⁵⁵白 uã̃⁵⁵文	kʰuã̃⁵⁵	kʰuã̃⁴³⁵	uã̃⁴³⁵	uã̃⁵³	pʰaʔ¹³	pã̃²⁴	pʰon²⁴
84 遂安徽	məŋ²¹³	kʰuã̃⁵³⁴	kʰuã̃³³	vã̃³³	vã̃⁵²	fu²⁴	pəŋ²¹³	pʰəŋ⁴³
85 苍南闽	ban⁴³	（无）	kɑŋ²⁴	ɑŋ²⁴	ɑŋ²¹	pɐ²⁴	pan⁴³	（无）
86 泰顺闽	mo³⁴⁴	kʰuæŋ²¹³	kʰuæŋ²¹³	uo²²	uo³¹	pou³¹调殊	（无）	pʰæŋ⁵³
87 洞头闽	baŋ²¹	（无）	kʰoŋ¹¹³文	oŋ¹¹³	oŋ²¹	pɐk²⁴	paŋ⁵³	（无）
88 景宁畲	məŋ³²⁵	（无）	（无）	uoŋ²²	uoŋ⁵¹	pʰuʔ²	pəŋ³²⁵	pʰɔŋ⁴⁴

方言点	0777 棒	0778 桩	0779 撞	0780 窗	0781 双	0782 江	0783 讲	0784 降 投~
	江开二 上江並	江开二 平江知	江开二 去江澄	江开二 平江初	江开二 平江生	江开二 平江见	江开二 上江见	江开二 平江匣
01 杭州	baŋ¹³	tsuaŋ³³⁴	dzuaŋ¹³	tsʰuaŋ³³⁴	suaŋ³³⁴	tɕiaŋ³³⁴	tɕiaŋ⁵³	iaŋ²¹³
02 嘉兴	bᴀ̃¹¹³	tsᴀ̃⁴²	zᴀ̃¹¹³	tsʰᴀ̃⁴²	sᴀ̃⁴²	kᴀ̃⁴²	kᴀ̃⁵⁴⁴	iᴀ̃²⁴²
03 嘉善	bã¹¹³	tsã⁵³	zoŋ¹¹³	tsʰã⁵³	sã⁵³	kã⁵³	kã⁴⁴	ã¹³²
04 平湖	bɑ̃²¹³	tsɑ̃⁵³	zɑ̃²¹³	tsʰɑ̃⁵³	sɑ̃⁵³	kɑ̃⁵³	kɑ̃⁴⁴	ɑ̃³¹
05 海盐	boŋ⁴²³白 bɑ̃³¹文	tsɑ̃⁵³	zɑ̃²¹³	tsʰɑ̃⁵³	sɑ̃⁵³	kuɑ̃⁵³白 tɕiɛ̃⁵³文	kuɑ̃⁴²³	tɕiɛ̃³³⁴
06 海宁	boŋ²³¹白 bɑ̃²³¹文	tsɑ̃⁵⁵	zɑ̃¹³	tsʰɑ̃⁵⁵	sɑ̃⁵⁵	kuɑ̃⁵⁵	kuɑ̃⁵³	ɑ̃¹³
07 桐乡	boŋ²⁴²白 bɒ̃²⁴²文	tsɒ̃⁴⁴	zoŋ²¹³	tɕiɒ̃⁴⁴白 tsʰɒ̃⁴⁴文	sɒ̃⁴⁴	kɒ̃⁴⁴	kɒ̃⁵³	tɕiɒ̃⁴⁴
08 崇德	boŋ²⁴²白 bã²⁴²文	tsã⁴⁴	zoŋ¹³	tɕiã⁴⁴白 tsʰã⁴⁴文	sã⁴⁴	kuã⁴⁴白 tɕiã⁴⁴文	kuã⁵³	ã¹³
09 湖州	bã²³¹	tsã⁴⁴	dzã²⁴	tsʰã⁴⁴	sã⁴⁴	kã⁴⁴白 tɕiã⁴⁴文	kã⁵²³白 tɕiã⁵²³文	ziã²⁴声殊
10 德清	boŋ¹⁴³	tsã⁴⁴	zoŋ¹¹³	tsʰã⁴⁴	sã⁴⁴	kã⁴⁴	kã⁵²	iã³³⁴
11 武康	boŋ²⁴²	tsã⁴⁴	dzoŋ¹¹³	tsʰã⁴⁴	sã⁴⁴	kã⁵³调殊	kã⁵³	iã¹¹³
12 安吉	bɔ̃²⁴³	tsɔ̃⁵⁵	dzɔ̃²¹³	tsʰɔ̃⁵⁵	sɔ̃⁵⁵	kɔ̃⁵⁵	kɔ̃⁵²	tɕiɔ̃³²⁴
13 孝丰	bɔ̃²⁴³	tsɔ̃⁴⁴	dzɔ̃²¹³	tsʰɔ̃⁴⁴	sɔ̃⁴⁴	tɕiã⁴⁴	kɔ̃⁵²白 tɕiã⁵²文	iã²²
14 长兴	bɔ̃²⁴³	tsɔ̃⁴⁴	dzɔ̃²⁴	tsʰɔ̃⁴⁴	sɔ̃⁴⁴	tʃiã⁴⁴	kɔ̃⁵²	tʃiã³²⁴
15 余杭	boŋ²⁴³	tsɑ̃⁴⁴	zɑ̃²¹³	tɕʰiɑ̃⁴⁴	sɑ̃²¹³	tɕiɑ̃⁴⁴	kɑ̃⁵³	iɑ̃²²
16 临安	bɑ̃³³	tsɑ̃⁵⁵	dzuɑ̃³³	tsʰuɑ̃⁵⁵	suɑ̃⁵⁵	kɑ̃⁵⁵	kɑ̃⁵⁵	iɑ̃³³
17 昌化	bã²⁴³	tsuɔ̃³³⁴	zuɔ̃²⁴³	tsʰuɔ̃³³⁴	suɔ̃³³⁴	tɕiã³³⁴	kũ⁴⁵³白 tɕiã⁴⁵³文	ziã¹¹²
18 於潜	baŋ²⁴	tsuaŋ⁴³³	dzuaŋ²⁴	tsʰuaŋ⁴³³	suaŋ⁴³³	kʰaŋ⁴³³白 tɕiaŋ⁴³³文	tɕiaŋ⁵¹	ziaŋ²⁴
19 萧山	bɔ̃¹³	tɕyɔ̃⁵³³	dzyɔ̃²⁴²	tɕʰyɔ̃⁵³³	ɕyɔ̃⁵³³	kɔ̃³³调殊	kɔ̃³³	ziã³⁵⁵
20 富阳	bɑ̃²²⁴	tɕyɑ̃⁵³	dzyɑ̃²²⁴	tɕʰyɑ̃⁵³	ɕyɑ̃⁵³	tɕiɑ̃⁵³	kɑ̃⁴²³	iɑ̃¹³
21 新登	bã¹³~冰 boŋ¹³金箍~	tɕyã⁵³	dzyã¹³	tsʰã⁵³	ɕyã⁵³	kɑ̃⁵³	kɑ̃³³⁴	ziã²³³

方言点	0777 棒	0778 桩	0779 撞	0780 窗	0781 双	0782 江	0783 讲	0784 降 投～
	江开二 上江並	江开二 平江知	江开二 去江澄	江开二 平江初	江开二 平江生	江开二 平江见	江开二 上江见	江开二 平江匣
22 桐庐	bã²⁴	tɕyã⁵³³	dʑyã²⁴	tɕʰyã⁵³³	ɕyã⁵³³	(无)	kã³³	ʑiã¹³
23 分水	bã¹³	tsuã⁴⁴	dzuã¹³	tsʰuã⁴⁴	ɕyã⁴⁴	tɕiã⁴⁴	tɕiã⁵³	ʑiã²²
24 绍兴	baŋ²²³	tsaŋ⁵³	dzaŋ²²	tsʰaŋ⁵³	saŋ⁵³	kaŋ⁵³	kaŋ³³⁴	tɕiaŋ³³⁴音殊
25 上虞	bɔ̃²¹³	tsɔ̃³⁵	dzɔ̃³¹	tsʰɔ̃³⁵	sɔ̃³⁵	kɔ̃³⁵	kɔ̃³⁵	ɔ̃²¹³白 dʑiã²¹³文
26 嵊州	bɔŋ²²	tsɔŋ⁵³	dzɔŋ²⁴	tsʰɔŋ⁵³⁴	sɔŋ⁵³⁴	kɔŋ⁵³⁴	kɔŋ⁵³	ɔŋ²⁴
27 新昌	bɔ̃²²	tsɔ̃⁵³⁴	dzɔ̃¹³	tsʰɔ̃⁵³⁴	sɔ̃⁵³⁴	kɔ̃⁵³⁴	kɔ̃⁴⁵³	uɔ̃²²
28 诸暨	bã²⁴²	tsã⁵⁴⁴	dzã³³	tsʰã⁵⁴⁴	sã⁵⁴⁴	kã⁵⁴⁴	kã⁴²	ã¹³
29 慈溪	bɔ̃¹³	tsɔ̃³⁵	dzɔ̃¹³	tsʰɔ̃³⁵	sɔ̃³⁵	kɔ̃³⁵	kɔ̃³⁵	ɔ̃¹³
30 余姚	bɔŋ¹³	tsɔŋ⁴⁴	dzɔŋ¹³	tsʰɔŋ⁴⁴	sɔŋ⁴⁴	kɔŋ⁴⁴	kɔŋ³⁴	ɔŋ¹³
31 宁波	bɔ¹³	tsɔ⁵³	dzɔ¹³	tsʰɔ⁵³	sɔ⁵³	kɔ⁵³	kɔ³⁵	ɔ¹³
32 镇海	bɔ̃²⁴	tsɔ̃⁵³	dzɔ̃²⁴	tsʰɔ̃⁵³	sɔ̃⁵³	kɔ̃³⁵调殊	kɔ̃³⁵	ɔ̃²⁴
33 奉化	bɔ̃³²⁴	tsɔ̃⁴⁴	dzɔ̃³¹	tsʰɔ̃⁴⁴	sɔ̃⁴⁴	kɔ̃⁴⁴	kɔ̃⁵⁴⁵	ɔ̃³³
34 宁海	bɔ̃³¹	tɕyɔ̃⁴²⁰	dʑyɔ̃²⁴	tɕʰyɔ̃⁴²³	ɕyɔ̃⁴²³	kɔ̃⁴²³	kɔ̃⁵³	uɔ̃²¹³
35 象山	bɔ̃³¹	tɕʰyɔ̃⁴⁴	dʑyɔ̃¹³	tɕʰyɔ̃⁴⁴	ɕyɔ̃⁴⁴	kɔ̃⁴⁴	kɔ̃⁴⁴	ɔ̃⁴⁴调殊
36 普陀	bɔ̃²³	tsɔ̃⁵³	dzɔ̃¹³	tsʰɔ̃⁵³	sɔ̃⁵³	kɔ̃⁵³	kɔ̃⁴⁵	ɔ̃²⁴
37 定海	bɔ̃²³	tsɔ̃⁵²	dzɔ̃¹³	tsʰõ³⁰	sũ⁵⁷	ltɔ̃⁵²	kɔ̃⁴⁵	õ²³
38 岱山	bõ²³	tsõ⁵²	dzõ²¹³	tsʰõ⁵²	sõ³²⁵调殊	kõ³²⁵调殊	kõ³²⁵	õ²³
39 嵊泗	bõ²⁴³	tsõ⁵³	dzõ²¹³	tsʰõ⁵³	sõ⁴⁴⁵调殊	kõ⁵³	kõ⁴⁴⁵	õ²⁴³
40 临海	bɔ̃⁵¹小	tɕyɔ̃³¹	dʑyɔ̃³²⁴	tɕʰyɔ̃³¹	ɕyɔ̃³¹	kɔ̃³¹	kɔ̃⁵²	ɔ̃²¹
41 椒江	bɔ̃⁴¹小	tsɔ̃⁴²	dzɔ̃²⁴	tsʰɔ̃⁴²	sɔ̃⁴²	kɔ̃⁴²	kɔ̃⁴²	ɔ̃³¹
42 黄岩	bɔ̃¹²¹	tsɔ̃³²	dzɔ̃²⁴	tsʰɔ̃³²	sɔ̃³²	kɔ̃³²	kɔ̃⁴²	uɔ̃¹²¹韵殊
43 温岭	bɔ̃⁴¹小	tɕiɔ̃³³	dʑiɔ̃¹³	tɕʰiɔ̃³³	ɕiɔ̃³³	kɔ̃³³	kɔ̃⁴²	ɔ̃³¹
44 仙居	bã²¹³	tɕyã³³⁴	dʑyã²⁴	tɕʰyã³³⁴	ɕyã³³⁴	kã³³⁴	kã³²⁴	uã²¹³
45 天台	bɔ²¹⁴	tɕyɔ³³	dʑyɔ³⁵	tɕʰyɔ³³	ɕyɔ³³	kɔ³³	kɔ³²⁵	uɔ²²⁴韵殊

续表

方言点	0777 棒 江开二 上江並	0778 桩 江开二 平江知	0779 撞 江开二 去江澄	0780 窗 江开二 平江初	0781 双 江开二 平江生	0782 江 江开二 平江见	0783 讲 江开二 上江见	0784 降 投~ 江开二 平江匣
46 三门	bɔ²¹³	tɕiɔ³³⁴	dziɔ²⁴³	tɕʰiɔ³³⁴	ɕiɔ³³⁴	kɔ³³⁴	kɔ³²⁵	ɔ¹¹³
47 玉环	bɔ̃⁴¹	tɕiɔ̃⁴²	dziɔ̃²²	tɕʰiɔ̃⁴²	ɕiɔ̃⁴²	kɔ̃⁴²	kɔ̃⁵³	ɔ̃³¹
48 金华	baŋ¹⁴	tɕyaŋ³³⁴	dzyaŋ¹⁴	tɕʰyaŋ³³⁴	ɕyaŋ³³⁴	kaŋ³³⁴	kaŋ⁵³⁵	uaŋ³¹³
49 汤溪	bao¹¹³	tɕiao²⁴	dziao³⁴¹	（无）	ɕiao²⁴	kɔ²⁴	kɔ⁵³⁵	ɔ⁵² 调殊
50 兰溪	baŋ²⁴	tɕyaŋ³³⁴	dzyaŋ²⁴	tɕʰyaŋ³³⁴	ɕyaŋ³³⁴	kaŋ³³⁴	kaŋ⁵⁵	aŋ²⁴
51 浦江	ban²⁴³~冰	tɕyɔ̃⁵³⁴	dzyɔ̃²⁴	（无）	ɕyɔ̃⁵³⁴	kɔ̃⁵³⁴	kɔ̃⁵³	yɔ̃¹¹³
52 义乌	bun²⁴小	tsŋʷ³³⁵	dzŋʷ²⁴	tsʰuan³³⁵	sŋʷ³³⁵	kŋʷ³³⁵白 tɕian³³⁵文	kŋʷ⁴²³	iɔ²¹³
53 东阳	bɔn²⁴小	tsɔn³³⁴小	dziɔ²⁴	（无）	ɕiɔ³³⁴	kɔ³³⁴	kɔ⁴⁴	iɔ²¹³
54 永康	baŋ¹¹³	tɕʰyaŋ⁵⁵	dzyaŋ²⁴¹	tɕyaŋ⁵⁵	ɕyaŋ⁵⁵	kaŋ⁵⁵	kaŋ³³⁴	aŋ²²
55 武义	baŋ¹³	yaŋ²⁴	dzyaŋ²³¹	tɕʰyaŋ²⁴	ɕyaŋ²⁴	kaŋ²⁴	kaŋ⁴⁴⁵	aŋ³²⁴
56 磐安	bɒ¹⁴一~ ban²¹³~冰	tsɒ⁴⁴⁵又 tɕiɒ⁴⁴⁵又	dziɒ¹⁴	tsʰuan⁴⁴⁵	ɕiɒ⁴⁴⁵	kɒ⁴⁴⁵	kɒ³³⁴	iɒ²¹³
57 缙云	bɔ³¹	tsɔ⁴⁴	dzɔ²¹³	tsʰɔ⁴⁴	sɔ⁴⁴	kɔ⁴⁴	kɔ⁵¹	ɔ²⁴³
58 衢州	bã²³¹	tʃyã³²	dʒyã²³¹	tʃʰyã³²	ʃyã³²	kã³²	kã³⁵	ziɑ²¹又 ʑiɑ²¹又
59 衢江	bã²¹²	tã³³	dzyã²³¹	tɕʰyã³³	ɕyã³³	kã³³白 tɕiã³³文	kã²⁵	ziã²¹²
60 龙游	bã²²⁴	tsuã³³⁴	dzuã²³¹	tsʰuã³³⁴	suã³³⁴	kã³³⁴白 tɕiã³³⁴文	kã³⁵	ziã²¹
61 江山	bɔŋ²²	tiɔŋ⁴⁴	dziɔŋ²² 调殊	tɕʰiɔŋ⁴⁴	ɕiɔŋ⁴⁴	kɔŋ⁴⁴白 kiaŋ⁴⁴文	kɔŋ²⁴¹白 kiaŋ²⁴¹文	ɔŋ²¹³
62 常山	biã²⁴	tiɔ̃⁴⁴	dzɔ̃²⁴	tsʰɔ̃⁴⁴	sɔ̃⁴⁴	kɔ̃⁴⁴姓~ tɕiã⁴⁴长~	kɔ̃⁵²白 tɕiã⁵²文	tɕiã⁵²
63 开化	biã²¹³单用 bã²¹³~冰	tiɔŋ⁴⁴	dziɔŋ²¹³	tɕʰiɔŋ⁴⁴	ɕiɔŋ⁴⁴	kɔŋ⁴⁴~西 tɕiã⁴⁴~苏	kɔŋ⁵³~话事 tɕiã⁵³~台	ziã²¹³调殊
64 丽水	bɔŋ²²	tiɔŋ²²⁴	dziɔŋ¹³¹	tɕʰiɔŋ²²⁴	ɕiɔŋ²²⁴	kɔŋ²²⁴	kɔŋ⁵⁴⁴	iã²²
65 青田	bo³⁴³	diœ⁴⁴⁵	dzio²²	tɕʰio⁴⁴⁵	ɕio⁴⁴⁵	ko⁴⁴⁵	ko⁴⁵⁴	ko²²
66 云和	bɔ̃²²³	tiɔ̃²⁴	dziɔ̃²²³	tɕʰiɔ̃²⁴	ɕiɔ̃²⁴	kɔ̃²⁴	kɔ̃⁴¹	ɔ̃³¹²

续表

方言点	0777 棒	0778 桩	0779 撞	0780 窗	0781 双	0782 江	0783 讲	0784 降 投~
	江开二 上江並	江开二 平江知	江开二 去江澄	江开二 平江初	江开二 平江生	江开二 平江见	江开二 上江见	江开二 平江匣
67 松阳	boŋ²²	tioŋ⁵³	dʑioŋ¹³	tɕʰioŋ⁵³	ɕioŋ⁵³	koŋ⁵³	koŋ²¹²	koŋ²⁴ 音殊
68 宣平	bɔ̃²³¹ 调殊	tiɔ̃³²⁴	dʑiɔ̃²³¹	tɕʰiɔ̃³²⁴	ɕiɔ̃³²⁴	kɔ̃³²⁴	kɔ̃⁴⁴⁵	ɔ̃⁴³³
69 遂昌	boŋ¹³	tioŋ⁴⁵	dʑioŋ²¹³	tɕʰioŋ⁴⁵	ɕioŋ⁴⁵	koŋ⁴⁵	koŋ⁵³³	ɔŋ²¹³
70 龙泉	pɔŋ⁵¹	tioŋ⁴³⁴	dʑioŋ²²⁴	tɕʰioŋ⁴³⁴	ɕioŋ⁴³⁴	koŋ⁴³⁴	koŋ⁵¹白 tɕiaŋ⁵¹文	ɔŋ²¹
71 景宁	boŋ³³	tioŋ³²⁴	dʑioŋ¹¹³	tɕʰioŋ³²⁴	ɕioŋ³²⁴	koŋ³²⁴	koŋ³³	ɔŋ⁴¹
72 庆元	pɔ̃²²¹	diɔ̃³³⁵	tɕiɔ̃³¹	tɕʰiɔ̃³³⁵	ɕiɔ̃³³⁵	kɔ̃³³⁵	kɔ̃³³	xɔ̃⁵²
73 泰顺	pɔ̃²¹	tsɔ̃²¹³	tɕiɔ̃²²	tsʰɔ̃²¹³	ɕiɔ̃²¹³	kɔ̃²¹³	kɔ̃⁵⁵	ɔ̃⁵³
74 温州	buɔ¹⁴	tɕyɔ³³又 tsuɔ³³又	dʑyɔ²²	tɕʰyɔ³³	ɕyɔ³³	kuɔ³³	kuɔ²⁵	kuɔ⁵¹
75 永嘉	buɔ¹³	tɕyɔ⁴⁴	dʑyɔ²²	tɕʰyɔ⁴⁴	ɕyɔ⁴⁴	kɔ⁴⁴	kɔ⁴⁵	kɔ⁵³
76 乐清	ba²⁴	tɕyɯʌ⁴⁴	dʑyɯʌ²²	tɕʰyɯʌ⁴⁴	suɯʌ⁴⁴	kɔ⁴⁴	kɔ³⁵	kɔ⁴¹
77 瑞安	bɔ¹³	tɕyo⁴⁴	dʑyo²²	tɕʰyo⁴⁴	ɕyo⁴⁴	ko⁴⁴	ko³⁵	iɛ³¹又 ko⁵³又
78 平阳	bo²³	tʃuo⁵⁵	dʒuo³³	tʃʰuo⁵⁵	ʃuo⁵⁵	ko⁵⁵	koŋ⁴⁵	ie²⁴²
79 文成	bo²²⁴	tʃuo⁵⁵	dʒuo⁴²⁴	tʃʰuo⁵⁵	ʃuo⁵⁵	kʉo⁵⁵	kuo⁴⁵	guo¹¹³
80 苍南	buɔ²⁴	tɕyɔ⁴⁴	dʑyɔ¹¹	tɕʰyɔ⁴⁴	ɕyɔ⁴⁴	ko⁴⁴	ko⁵³	iɛ³¹
81 建德徽	paŋ²¹³	tso⁵³	tsʰo⁵⁵	tsʰo⁵³	so⁵³	ko⁵⁵	kʊ²¹³	ho³³
82 寿昌徽	pã²⁴~冰	tɕyã¹¹²	tɕʰyã³³	tsʰuã¹¹²文	ɕyã¹¹²	kã¹¹²白 tɕiã⁵⁵文	kã²⁴	xã⁵²
83 淳安徽	pʰon⁵⁵白 pʰã⁴³⁵文	tson²⁴	tsʰon⁵³	tsʰã⁵⁵	son²⁴	kã²⁴	kon⁵⁵	hã⁴³⁵
84 遂安徽	pʰã⁴³	tsoŋ⁵³⁴	tsʰoŋ⁵²	kʰã⁵³⁴	soŋ⁵³⁴	koŋ⁵³⁴	koŋ²¹³	xã⁴³
85 苍南闽	（无）	tsuŋ⁵⁵	（无）	tʰan⁵⁵白 tsʰaŋ⁵⁵文	san⁵⁵	kan⁴³	kɑŋ⁴³	han²⁴
86 泰顺闽	po³¹	tso²¹³	tɕio³¹	tsʰo²¹³	səŋ²¹³	ko²¹³	ko³⁴⁴	ko⁵³
87 洞头闽	（无）	tsuŋ³³	toŋ²¹	tsʰɯŋ³³	saŋ³³	kaŋ³³	koŋ⁵³	haŋ¹¹³
88 景宁畲	（无）	tsɔŋ⁴⁴	tɕiɔŋ⁵¹	tsʰɔŋ⁴⁴	soŋ⁴⁴	kɔŋ⁴⁴	kɔŋ³²⁵	xɔŋ²²

方言点	0785 项	0786 剥	0787 桌	0788 镯	0789 角	0790 壳	0791 学	0792 握
	江开二 上江匣	江开二 入觉帮	江开二 入觉知	江开二 入觉崇	江开二 入觉见	江开二 入觉溪	江开二 入觉匣	江开二 入觉影
01 杭州	aŋ¹³白 iaŋ¹³文	poʔ⁵	tsoʔ⁵	dʑyɛʔ²	koʔ⁵ 牛~ tɕiɛʔ⁵ 五~	kʰoʔ⁵	iɛʔ²	oʔ⁵
02 嘉兴	Ã¹¹³	poʔ⁵	tsoʔ⁵	zoʔ¹³	koʔ⁵	kʰoʔ⁵	oʔ⁵	oʔ⁵
03 嘉善	ã¹¹³	puoʔ⁵	tsuoʔ⁵	zuoʔ²	kuoʔ⁵	kʰuoʔ⁵	uoʔ⁵白 yøʔ²文	uoʔ⁵
04 平湖	ã²¹³	poʔ⁵	tsoʔ⁵	zoʔ²³	koʔ⁵	kʰoʔ²³	oʔ²³	oʔ⁵
05 海盐	ɑ̃⁴²³	pɔʔ⁵	tsɔʔ⁵	zɔʔ²³	kɔʔ⁵	kʰɔʔ²³	ɔʔ²³白 yɔʔ⁵文	ɔʔ⁵
06 海宁	ã²³¹	poʔ⁵	tsoʔ⁵	zoʔ²	koʔ⁵	kʰoʔ⁵	oʔ²	oʔ⁵
07 桐乡	ɒ̃⁵³	pɔʔ⁵	tsɔʔ⁵	dʑiɔʔ²³	kɔʔ⁵	kʰɔʔ⁵	ɔʔ²³	ɔʔ⁵
08 崇德	ã⁵³	pɔʔ⁵	tsɔʔ⁵	dʑiɔʔ²³	kɔʔ⁵	kʰɔʔ⁵	ɔʔ²³白 iɔʔ²³文	ɔʔ⁵
09 湖州	ã⁵²³	puoʔ⁵	tsuoʔ⁵	zuoʔ²	kuoʔ⁵	kʰuoʔ⁵	uoʔ²	uoʔ⁵
10 德清	ã⁵²	puoʔ⁵	tsuoʔ⁵	dʑioʔ²	kuoʔ⁵	kuoʔ⁵	uoʔ²	uoʔ⁵
11 武康	ã⁵³	puoʔ⁵	tsuoʔ⁵	dʑioʔ²	kuoʔ⁵	kuoʔ⁵	uoʔ²白 ioʔ²文	uoʔ⁵
12 安吉	ɔ̃⁵²	poʔ⁵	tsoʔ⁵	dʑɤʔ²³	koʔ⁵	kʰoʔ⁵	oʔ²³	oʔ⁵
13 孝丰	ɔ̃⁵²	puoʔ⁵	tsuoʔ⁵	dʑioʔ²³	kuoʔ⁵	kʰuoʔ⁵	oʔ²³白 ioʔ²³文	oʔ⁵
14 长兴	ʃiã⁵²	poʔ⁵ ~皮 pʰoʔ⁵ ~削	tsoʔ⁵	zoʔ²	koʔ⁵	kʰoʔ⁵	oʔ²白 ioʔ²文	oʔ²
15 余杭	ã⁵³	poʔ⁵	tsoʔ⁵	dʑioʔ²	koʔ⁵	kʰoʔ⁵	iaʔ²	oʔ⁵
16 临安	ã³³	puɔʔ⁵⁴	tsuɔʔ⁵⁴	dʑyɔʔ¹²	kuɔʔ⁵⁴	kʰɔʔ⁵⁴	iɐʔ¹²	uɔʔ⁵⁴
17 昌化	ɔ̃²⁴³	puəʔ⁵	tsuəʔ⁵	dʑyɛʔ²³	kuəʔ⁵	kʰuəʔ⁵	iaʔ²³	uəʔ⁵
18 於潜	aŋ²⁴ iaŋ	pəʔ⁵³	tsuəʔ⁵³	dzuɐʔ²³	kuəʔ⁵³白 tɕiɛʔ⁵³文	kʰuəʔ⁵³	iæʔ²³	uəʔ⁵³
19 萧山	ziã²⁴²	pəʔ⁵	tɕyoʔ⁵	dʑyoʔ¹³	kəʔ⁵	kʰəʔ⁵	əʔ¹³	uoʔ⁵
20 富阳	ã²²⁴	poʔ⁵	tɕyoʔ⁵	dʑyoʔ²	koʔ⁵	kʰoʔ⁵	oʔ²白 iaʔ²文	uoʔ⁵
21 新登	ã¹³	pɔʔ⁵	tsɔʔ⁵	dzɔʔ²	kaʔ⁵	kʰaʔ⁵	iaʔ²	ɔʔ⁵

续表

方言点	0785 项 江开二上江匣	0786 剥 江开二入觉帮	0787 桌 江开二入觉知	0788 镯 江开二入觉崇	0789 角 江开二入觉见	0790 壳 江开二入觉溪	0791 学 江开二入觉匣	0792 握 江开二入觉影
22 桐庐	ziã²⁴	pəʔ⁵	tɕyəʔ⁵	dʑyəʔ¹³	kaʔ⁵	kʰaʔ⁵	aʔ¹³	uəʔ⁵
23 分水	ziã¹³	pəʔ⁵	tsuəʔ⁵	zuəʔ¹²	kuəʔ⁵	kʰəʔ⁵	iəʔ¹²	uaʔ⁵
24 绍兴	ɑŋ²²³	poʔ⁵	tsoʔ⁵	dzoʔ²	koʔ⁵	kʰoʔ⁵	oʔ²白 ioʔ²文	uoʔ⁵
25 上虞	ɔ̃²¹³	poʔ⁵	tsoʔ⁵	zoʔ²	koʔ⁵	kʰoʔ⁵	oʔ²	uoʔ⁵
26 嵊州	ɔŋ²¹³	poʔ⁵	tsoʔ⁵	dʑyoʔ²	koʔ⁵	kʰoʔ⁵	oʔ²白 ioʔ²文	oʔ⁵
27 新昌	ɔ̃¹³	pɤʔ⁵	tsɤʔ⁵	dʑyʔ²白 dzoʔ²文	koʔ⁵	kʰoʔ⁵	oʔ²白 iaʔ²文	uʔ⁵
28 诸暨	ã²⁴²	poʔ⁵	tsoʔ⁵	dʑioʔ¹³	koʔ⁵	kʰoʔ⁵	ioʔ¹³	oʔ⁵
29 慈溪	ɔ̃¹³	poʔ⁵	tsoʔ⁵	zoʔ²	koʔ⁵	kʰoʔ⁵	oʔ²白 ioʔ²文	uoʔ⁵
30 余姚	ɔŋ¹³	poʔ⁵	tsoʔ⁵	zoʔ²	koʔ⁵	kʰoʔ⁵	oʔ²	uoʔ⁵
31 宁波	ɔ¹³	poʔ⁵	tsoʔ⁵	dʑyəʔ²	koʔ⁵	kʰoʔ⁵	oʔ²	oʔ⁵
32 镇海	ɔ̃²⁴	poʔ⁵	tsoʔ⁵	dʑyoʔ¹²	koʔ⁵	kʰoʔ⁵	oʔ¹²	oʔ⁵
33 奉化	ɔ̃³³调殊	poʔ⁵	tsoʔ⁵	dʑyoʔ²	koʔ⁵	kʰoʔ⁵	oʔ²	oʔ⁵
34 宁海	ɔ̃³¹	poʔ⁵	tɕiɔʔ⁵	dʑiɔʔ³	kɔʔ⁵	kʰɔʔ⁵	ɔʔ³	uaʔ⁵
35 象山	ɔ̃³¹	poʔ⁵	tɕyoʔ⁵	dʑyoʔ²	koʔ⁵	kʰoʔ⁵	oʔ⁵	oʔ⁵
36 普陀	ɔ̃²³	poʔ⁵	tsoʔ⁵	dzoʔ²³	koʔ⁵	kʰoʔ⁵	oʔ²³	oʔ⁵
37 定海	õ²³	poʔ⁵	tsoʔ⁵	dʑyoʔ²	koʔ⁵	kʰoʔ⁵	oʔ²	oʔ⁵
38 岱山	õ²³	poʔ⁵	tsoʔ⁵	dʑyoʔ²	koʔ⁵	kʰoʔ⁵	oʔ²	oʔ⁵
39 嵊泗	õ²⁴³	poʔ⁵	tsoʔ⁵	dzoʔ²	koʔ⁵	kʰoʔ⁵	oʔ²	oʔ⁵
40 临海	ɔ̃⁵²	pəʔ⁵	tɕyoʔ⁵	dʑyoʔ²³	kɔʔ⁵	kʰɔʔ⁵	ɔʔ²³	ɔʔ⁵
41 椒江	ɔ̃⁴²	poʔ⁵	tsoʔ⁵	dzoʔ²	koʔ⁵	kʰoʔ⁵	oʔ²	oʔ⁵
42 黄岩	ɔ̃⁴²	poʔ⁵	tsoʔ⁵	dzoʔ²	koʔ⁵	kʰoʔ⁵	oʔ²	uoʔ⁵
43 温岭	ɔ̃⁴²	poʔ⁵	tɕyoʔ⁵	dʑyoʔ²	koʔ⁵	kʰoʔ⁵	oʔ²	uoʔ⁵
44 仙居	ã³²⁴	ɓaʔ⁵	tɕyaʔ⁵	ɟyaʔ²³声殊	kaʔ⁵	kʰaʔ⁵	aʔ²³	uaʔ⁵

方言点	0785 项	0786 剥	0787 桌	0788 镯	0789 角	0790 壳	0791 学	0792 握
	江开二 上江匣	江开二 入觉帮	江开二 入觉知	江开二 入觉崇	江开二 入觉见	江开二 入觉溪	江开二 入觉匣	江开二 入觉影
45 天台	$ɔ^{214}$	$pɔʔ^5$	$tɕyɔʔ^5$	$dʑyɔʔ^{22}$	$kɔʔ^5$	$k^hɔʔ^5$	$ɔʔ^2$	$uəʔ^5$~手 $uɔʔ^5$把~
46 三门	$ɔ^{213}$	$pɔʔ^5$	$tɕiɔʔ^5$	$dʑiɔʔ^{23}$	$kɔʔ^5$	$k^hɔʔ^5$	$ɔʔ^{23}$	$ɔʔ^5$
47 玉环	$ɔ̃^{53}$	$poʔ^5$	$tɕyoʔ^5$	$dʑyoʔ^{22}$	$koʔ^5$	$k^hoʔ^5$	$oʔ^2$	$uoʔ^5$
48 金华	$ɑŋ^{535}$白 $ɑŋ^{14}$文	$poʔ^4$	$tɕioʔ^4$	$dzoʔ^{212}$	$koʔ^4$	$k^hoʔ^4$	$oʔ^{212}$	$oʔ^4$
49 汤溪	（无）	$pɤɑ^{55}$	$tsuɑ^{55}$	$dzɤɑ^{113}$	$kɔ^{55}$	$k^hɔ^{55}$	$ɔ^{113}$	ou^{55}
50 兰溪	$ɑŋ^{24}$	$pɔʔ^{34}$	$tɕyɤʔ^{34}$	$dʑyɤʔ^{12}$	$kɔʔ^{34}$	$k^hɔʔ^{34}$	$ɑʔ^{12}$	$ɔʔ^{34}$
51 浦江	$õ^{243}$白 an^{243}文	po^{423}	$tɕyo^{423}$	$dʑyɯ^{232}$	ko^{423}	k^ho^{423}	o^{232}白 yo^{232}文	$ɯ^{55}$~手
52 义乌	$ʑiɑn^{24}$	pau^{324}	$tsau^{324}$	$dʑiau^{312}$	$kɔ^{324}$	$k^hɔ^{324}$	$ɔ^{312}$	$ɔ^{324}$
53 东阳	$ɕiɐn^{453}$	$pɐɯ^{334}$	$tɕiɐɯ^{334}$	$dʑioun^{213}$小	$kɔn^{453}$小	$k^hɔ^{334}$	$ɔ^{213}$	$ɔ^{213}$
54 永康	$ɑŋ^{113}$	$ɓuo^{334}$	$tsuo^{334}$	$dzuo^{113}$	kau^{334}	k^hau^{334}	au^{113}	u^{334}
55 武义	$ɑŋ^{13}$	$pɔʔ^5$	luo^{53}	$dzuo^{13}$	kau^{53}	k^hau^{53}	au^{13}	$ɔʔ^5$
56 磐安	$ɒ^{213}$	$pʌo^{334}$	$tɕiʌo^{334}$	$dʑion^{14}$小	$kuə^{334}$	$k^huə^{334}$	$uə^{213}$	$ʌo^{334}$
57 缙云	$ɔ^{31}$	$pɔ^{322}$	$tɔ^{322}$	$dzɔ^{13}$	$kɔ^{322}$	$k^hɔ^{45}$小	$ɔ^{13}$	ou^{322}
58 衢州	$ã^{231}$	$pəʔ^5$	$tʃyəʔ^5$	$dʒyəʔ^{12}$	$kəʔ^5$	$k^həʔ^5$	$uəʔ^{12}$白 $ʒyəʔ^{12}$文	$uəʔ^5$
59 衢江	$ʑiã^{231}$	$pəʔ^5$	$tɕyəʔ^5$	$dʑyəʔ^2$	$kəʔ^5$	$k^həʔ^5$	$uəʔ^2$白 $ʑiaʔ^2$文	$uəʔ^5$
60 龙游	$xã^{224}$	$pɔʔ^4$	$tsɔʔ^4$	$dzɔʔ^{23}$	$kɔʔ^4$	$k^hɔʔ^4$	$uɔʔ^{23}$	$uɔʔ^4$
61 江山	$ɒŋ^{31}$	$piaʔ^5$白 $paʔ^5$文	$tɕiɐʔ^5$	$dʑiɐʔ^2$	$kɒʔ^5$	$k^hɒʔ^5$	$ɒʔ^2$白 $iaʔ^2$文	$oʔ^5$
62 常山	$ã^{131}$姓~ $ʑia^{131}$~链	$piaʔ^5$	$tiʌʔ^5$	$dzʌʔ^{34}$	$kʌʔ^5$	$k^hʌʔ^5$	$ʌʔ^{34}$~堂 $iaʔ^{34}$~习	$ʌʔ^5$
63 开化	$xã^{213}$	$piaʔ^5$~皮 $pɔʔ^5$~削	$tiɔʔ^5$	$dʑiɔʔ^{13}$	$kɔʔ^5$	$k^hɔʔ^5$	$ɔʔ^{13}$~堂 $zyaʔ^{13}$大~	$əʔ^5$
64 丽水	$ɔŋ^{544}$白 $ɕia^{52}$文	$puoʔ^5$	$tioʔ^5$	$dʑioʔ^{23}$	$kəʔ^5$	$k^həʔ^5$	$əʔ^{23}$	$uoʔ^5$
65 青田	o^{22}	$ɓoʔ^{42}$	$dʲioʔ^{42}$	（无）	$koʔ^{42}$	$k^hoʔ^{42}$	$oʔ^{31}$	$uʔ^{42}$

续表

方言点	0785 项 江开二 上江匣	0786 剥 江开二 入觉帮	0787 桌 江开二 入觉知	0788 镯 江开二 入觉崇	0789 角 江开二 入觉见	0790 壳 江开二 入觉溪	0791 学 江开二 入觉匣	0792 握 江开二 入觉影
66 云和	ɔ̃⁴¹	poʔ⁵	tioʔ⁵	dzioʔ²³	koʔ⁵	kʰoʔ⁵	oʔ²³	oʔ⁵
67 松阳	oŋ³¹	poʔ⁵	tioʔ⁵	dzioʔ²	koʔ⁵	kʰoʔ⁵	oʔ²	oʔ⁵
68 宣平	ɔ̃⁴³³调殊	pəʔ⁵	tyəʔ⁵	dzyəʔ²³	kəʔ⁵	kʰəʔ⁵	əʔ²³	əʔ⁵
69 遂昌	ɔŋ¹³	pɔʔ⁵	tiɔʔ⁵	dziɔʔ²³	kɔʔ⁵	kʰɔʔ⁵	ɔʔ²³	əɯʔ⁵
70 龙泉	ɔŋ⁵¹	poʔ⁵	tiouʔ⁵	dziouʔ²⁴	kouʔ⁵	kʰouʔ⁵	ouʔ²⁴白 oʔ²⁴文	oʔ⁵
71 景宁	ɔŋ³³	poʔ⁵	tioʔ⁵	dzioʔ²³	koʔ⁵	kʰoʔ⁵	oʔ²³	uʔ⁵
72 庆元	xɔ̃²²¹	ɓoʔ⁵	ɗioʔ⁵	tɕioʔ³⁴	koʔ⁵	kʰuʔ⁵	xoʔ³⁴	uʔ⁵ 把~
73 泰顺	ɔ̃⁵⁵	poʔ⁵	tioʔ⁵	tɕioʔ²	koʔ⁵	kʰoʔ⁵	oʔ²	uʔ⁵
74 温州	uɔ¹⁴	po³²³	tɕio³²³	dzio²¹²	ko³²³	kʰo³²³	o²¹²	o³²³
75 永嘉	ɔ¹³	po⁴²³	tɕyo⁴²³	tɕyo⁴²³	ko⁴²³	kʰo⁴²³	o²¹³	o⁵³
76 乐清	ɔ²⁴	po³²³	tɕio³²³	dzio²¹²	ko³²³	kʰo³²³	o²¹²	u³²³
77 瑞安	o¹³	pu³²³	tɕyo³²³	tɕyo³²³	ko³²³	kʰo³²³	o²¹²	vɯ²¹²
78 平阳	o¹⁶	po³⁴	tʃuo³⁴	（无）	ko³⁴	kʰo³⁴	o¹²	vu⁵³
79 文成	ɵ²²⁴	po³⁴	tʃo³⁴	dʒo²¹²	ko³⁴	kʰo³⁴	o²¹²	vu³⁴
80 苍南	o⁵³	puɔ²²³	tɕyɔ²²³	tɕyɔ²²³	ko²²³	kʰo²²³	o¹¹²	o²²³
81 建德徽	ho⁵⁵白 ɕiaŋ²¹³文	pu⁵⁵	tsu⁵⁵	tɕyɐ¹⁷	ku⁵⁵	kʰɯ⁵⁵	hu²¹³	uɐʔ⁵
82 寿昌徽	ɕiɑ̃²⁴文	pɔʔ³	tɕiɔʔ³	tɕʰiɔʔ³¹	kɔʔ³	kʰɔʔ³	xɔʔ³¹	ɔʔ³
83 淳安徽	hɑ̃⁵³	poʔ⁵	tsoʔ⁵	tsʰɑʔ¹³	koʔ⁵	kʰoʔ⁵	hɑʔ¹³	uoʔ⁵
84 遂安徽	xɑ̃⁴³	po²⁴	tso²⁴	tsʰo²¹³	ko²⁴	kʰo²⁴	xo²¹³	vu²⁴
85 苍南闽	han³²	pɐ⁴³	to⁴³	so²⁴	kɐ⁴³	kʰɐ⁴³	o²⁴ hɐ²⁴	ɐ⁴³
86 泰顺闽	xo³¹	pa²²	tou⁵³	søu³¹	kɒʔ⁵白 kou³¹文	kʰɒ⁵	xɒʔ³	uø⁵ʔ⁵
87 洞头闽	haŋ²¹	pɐk⁵	to⁵³	so²⁴¹	kɐk⁵	kʰɐk⁵	o²⁴¹白 hɐk²⁴文	ɔk⁵
88 景宁畲	xɔŋ⁵¹	poʔ⁵	toʔ²调殊	tɕioʔ²	koʔ⁵	xoʔ⁵	xoʔ²	uʔ⁵

方言点	0793 朋	0794 灯	0795 等	0796 凳	0797 藤	0798 能	0799 层	0800 僧
	曾开一平登並	曾开一平登端	曾开一上登端	曾开一去登端	曾开一平登定	曾开一平登泥	曾开一平登从	曾开一平登心
01 杭州	baŋ²¹³	təŋ³³⁴	təŋ⁵³	təŋ⁴⁵	dəŋ²¹³	nəŋ²¹³	dzəŋ²¹³	səŋ³³⁴
02 嘉兴	bÃ²⁴²	təŋ⁴²	təŋ⁵⁴⁴	təŋ²²⁴	dəŋ²⁴²	nəŋ²⁴²	zəŋ²⁴²	səŋ⁴²
03 嘉善	bæ̃¹³²	tən⁵³	tən⁴⁴	tən³³⁴	dən¹³²	nən¹³²	zən¹³²	sən⁵³
04 平湖	bã³¹	tən⁵³	tən⁴⁴	tən³³⁴	dən³¹	nən³¹	zən³¹	sən⁵³
05 海盐	bɛ̃³¹	tən⁵³	tən⁴²³	tən³³⁴	dən³¹	lən³¹	zən³¹	sən⁵³
06 海宁	bɑ̃¹³	təŋ⁵⁵	təŋ⁵³	təŋ³⁵	dəŋ¹³	ləŋ¹³ 声殊	zəŋ¹³	səŋ⁵⁵
07 桐乡	bã¹³	təŋ⁴⁴	təŋ⁵³	təŋ³³⁴	dəŋ¹³	ləŋ¹³	zəŋ¹³	səŋ⁴⁴
08 崇德	bã¹³	təŋ⁴⁴	təŋ⁵³	təŋ³³⁴	dəŋ¹³	ləŋ¹³	zəŋ¹³	səŋ⁴⁴
09 湖州	bã¹¹²	tən⁴⁴	tən⁵²³	tən³⁵	dən¹¹²	nən¹¹²	dzən¹¹²	sən⁴⁴
10 德清	bã¹¹³	ten⁴⁴	ten⁵²	ten³³⁴	den¹¹³	len¹¹³ 声殊	zen¹¹³	sen⁴⁴
11 武康	bã¹¹³	ten⁴⁴	ten⁵³	ten²²⁴	den¹¹³	nen¹¹³	dzen¹¹³	sen⁴⁴
12 安吉	bã²²	təŋ⁵⁵	təŋ⁵²	təŋ³²⁴	dəŋ²²	nəŋ²²	dzəŋ²²	səŋ⁵⁵
13 孝丰	bã²²	təŋ⁴⁴	təŋ⁵³	təŋ³²⁴	dəŋ²²	nəŋ²²	dzəŋ²²	səŋ⁴⁴
14 长兴	bã¹²	təŋ⁴⁴	təŋ⁵²	təŋ³²⁴	dəŋ¹²	nəŋ¹²	dzəŋ¹²	səŋ⁴⁴
15 余杭	boŋ²²	tiŋ⁴⁴	tiŋ⁵³	tiŋ⁴²³	diŋ²²	liŋ²² 声殊	ziŋ²²	siŋ⁴⁴
16 临安	bɑ̃³³	teŋ⁵⁵	teŋ⁵⁵	teŋ⁵⁵	deŋ³³	neŋ³³	dzeŋ³³	seŋ⁵⁵
17 昌化	bã¹¹²	təŋ³³⁴	təŋ⁴⁵³	təŋ⁵⁴⁴	diəŋ¹¹² 又 / dəŋ¹¹² 又	nəŋ¹¹²	zəŋ¹¹²	tsəŋ³³⁴
18 於潜	baŋ²²³	teŋ⁴³³	teŋ⁵¹	teŋ³⁵	deŋ²²³	neŋ²²³	dzeŋ²²³	seŋ⁴³³
19 萧山	bã³⁵⁵	təŋ⁵³³	təŋ³³	təŋ⁴²	dəŋ³⁵⁵	nəŋ³⁵⁵	dzəŋ³⁵⁵	səŋ⁵³³
20 富阳	bən¹³	tən⁵³	tən⁴²³	tən³³⁵	dən¹³	lən¹³	dzən¹³	sən⁵³
21 新登	boŋ²³³	teiŋ⁵³	teiŋ³³⁴	teiŋ⁴⁵	deiŋ²³³	leiŋ²³³	zeiŋ²³³	seiŋ⁵³
22 桐庐	bã¹³	təŋ⁵³³	təŋ³³	təŋ³⁵	dəŋ¹³	nəŋ¹³	dzəŋ¹³	səŋ⁵³³
23 分水	bən²²	tən⁴⁴	tən⁵³	tən²⁴	dən²²	lən²²	dzən²²	sən⁴⁴
24 绍兴	baŋ²³¹	təŋ⁵³	təŋ³³⁴	təŋ³³	dəŋ²³¹	nəŋ²²	dzəŋ²³¹	səŋ⁵³
25 上虞	bã²¹³	təŋ³⁵	təŋ³⁵	təŋ⁵³	dəŋ²¹³	nəŋ²¹³	dzəŋ²¹³	səŋ³⁵

续表

方言点	0793 朋	0794 灯	0795 等	0796 凳	0797 藤	0798 能	0799 层	0800 僧
	曾开一平登並	曾开一平登端	曾开一上登端	曾开一去登端	曾开一平登定	曾开一平登泥	曾开一平登从	曾开一平登心
26 嵊州	baŋ²¹³	teŋ⁵³⁴	teŋ⁵³	teŋ³³⁴	deŋ²¹³	neŋ²¹³	dzeŋ²⁴	seŋ⁵³⁴
27 新昌	baŋ²²	teŋ⁵³⁴	teŋ⁴⁵³	teŋ³³⁵	deŋ²²	neŋ²²	dzeŋ²²	seŋ⁵³⁴
28 诸暨	bã¹³	tɛŋ⁵⁴⁴	tɛŋ⁴²	tɛŋ⁵⁴⁴	dɛŋ¹³	lɛŋ¹³	dzɛŋ¹³	sɛŋ⁵⁴⁴
29 慈溪	bã¹³	təŋ³⁵	təŋ³⁵	təŋ⁴⁴	dəŋ¹³	nəŋ¹³	dzəŋ¹³	səŋ³⁵
30 余姚	baŋ¹³	tə̃⁴⁴	tə̃³⁴	tə̃⁵³	də̃¹³	nə̃¹³	dzə̃¹³	sə̃⁴⁴
31 宁波	ba¹³	təŋ⁵³	təŋ³⁵	təŋ⁴⁴	dəŋ¹³	nəŋ¹³	zəŋ¹³	səŋ⁵³
32 镇海	bã²⁴	təŋ⁵³	təŋ³⁵	təŋ⁵³	dəŋ²⁴	nəŋ²⁴	dzəŋ²⁴	səŋ⁵³
33 奉化	bã³³	təŋ⁴⁴	təŋ⁵⁴⁵	təŋ⁵³	dəŋ³³	nəŋ³³	zəŋ³³	səŋ⁴⁴
34 宁海	bã²¹³白 bəŋ²¹³文	tiŋ⁴²³	tiŋ⁵³	tiŋ³⁵	diŋ²¹³	nəŋ²¹³	zəŋ²¹³	səŋ⁴²³
35 象山	bã³¹	təŋ⁴⁴	təŋ⁴⁴	təŋ⁵³	dəŋ³¹	nəŋ³¹	zəŋ³¹	səŋ⁴⁴
36 普陀	bəŋ²⁴	teŋ⁵³	teŋ⁴⁵	teŋ⁵⁵	deŋ²⁴	neŋ²⁴	dzʐeŋ²⁴	seŋ⁵³
37 定海	bã²³	teŋ⁵²	teŋ⁴⁵	teŋ⁴⁴	deŋ²³	neŋ²³	zʐeŋ²³	seŋ⁵²
38 岱山	bã²³	teŋ⁵²	teŋ³²⁵	teŋ⁴⁴	deŋ²³	neŋ²³	zʐeŋ²³	seŋ⁵²
39 嵊泗	bã²⁴³	teŋ⁵³	teŋ⁴⁴⁵	teŋ⁵³	deŋ²⁴³	neŋ²⁴³	dzʐeŋ²⁴³	seŋ⁵³
40 临海	bã²¹	təŋ³¹	təŋ⁵²	təŋ⁵⁵	dəŋ²¹	nəŋ²¹	zəŋ²¹	səŋ³¹
41 椒江	boŋ³¹	təŋ⁴²	təŋ⁴²	təŋ⁵⁵	dəŋ³¹	nəŋ³¹	zəŋ³¹	səŋ⁴²
42 黄岩	bã¹²¹白 bəŋ¹²¹文	tən³²	tən⁴²	tən⁵⁵	dən¹²¹	nən¹²¹	zən¹²¹	søn³²
43 温岭	buŋ³¹	təŋ³³	təŋ⁴²	təŋ⁵⁵	dəŋ³¹	nəŋ³¹	zəŋ³¹	səŋ³³
44 仙居	ben²¹³	ɗin³³⁴	ɗin³²⁴	ɗin⁵⁵	din²¹³	nen²¹³	ʑin²¹³音殊	sen³³⁴
45 天台	bəŋ²²⁴	təŋ³³	təŋ³²⁵	təŋ⁵⁵	dəŋ²²⁴	nəŋ²²⁴	zəŋ²²⁴	səŋ³³
46 三门	bəŋ¹¹³	təŋ³³⁴	təŋ³²⁵	təŋ⁵⁵	dəŋ¹¹³	nəŋ¹¹³	zəŋ¹¹³	səŋ³³⁴
47 玉环	boŋ³¹	təŋ⁴²	təŋ⁵³	təŋ⁵⁵	dəŋ³¹	nəŋ³¹	zəŋ³¹	səŋ⁴²
48 金华	boŋ³¹³ baŋ³¹³	təŋ³³⁴	təŋ⁵³⁵	təŋ⁵⁵	dəŋ³¹³	nəŋ³¹³	zəŋ³¹³	səŋ³³⁴

续表

方言点	0793 朋 曾开一平登並	0794 灯 曾开一平登端	0795 等 曾开一上登端	0796 凳 曾开一去登端	0797 藤 曾开一平登定	0798 能 曾开一平登泥	0799 层 曾开一平登从	0800 僧 曾开一平登心
49 汤溪	bã^{11}	nã^{24}	nã^{535}	nã^{52}	dã^{11}	nã^{11}	zã^{11}	sã^{24}
50 兰溪	bæ̃^{21}	tæ̃^{334}	tæ̃^{55}	tæ̃^{45}	dæ̃^{21}	næ̃^{21}	zæ̃^{21}	sæ̃^{334}
51 浦江	bən^{113}	tən^{534}	tən^{53}	tən^{55}	diən^{113}	lən^{113}	zən^{113}	sən^{534}
52 义乌	boŋ^{213}	nən^{335}	nən^{423}	nən^{45}	dən^{213}	nən^{213}	zən^{213}白 dzən^{213}文	sən^{335}
53 东阳	bɐn^{213}	tɐn^{334}	tɐn^{44}	tɐn^{453}	dɐn^{213}	nɐn^{213}	dzɐn^{213}	sɐn^{453}
54 永康	biŋ^{22}	niŋ^{55}	niŋ^{334}	niŋ^{52}	diŋ^{22}	niŋ^{22}	ʑiŋ^{22}	səŋ^{55}
55 武义	ben^{324}	nen^{24}	nen^{445}	nen^{53}	den^{324}	nen^{324}	zen^{324}	sen^{24}唐~ tsen^{24} ~尼会
56 磐安	bɐn^{213}	nɐn^{445}	nɐn^{334}	nɐn^{52}	dɐn^{213}	nɐn^{213}	zɐn^{213}	sɐn^{445}
57 缙云	bei^{243}	nɤŋ^{44}	nɤŋ^{51}	nɤŋ^{453}	dɤŋ^{243}	nɤŋ^{243}	zɤŋ^{243}	sɤŋ^{44}
58 衢州	boŋ^{21}	tən^{32}	tən^{35}	tən^{53}	dən^{21}	nən^{21}	zən^{21}	sən^{32}
59 衢江	bəŋ^{212}	tiŋ^{33}	təŋ^{25}	tiŋ^{53}	diŋ^{212}	nəŋ^{212}	zəŋ^{212}	səŋ^{33}
60 龙游	bən^{21}	tən^{334}	tən^{35}	tən^{51}	din^{21}	nən^{21}	zən^{21}	sən^{334}
61 江山	boŋ^{213}	tĩ^{44}	tɛ̃^{241}	tĩ^{51}	dĩ^{213}	nɛ̃^{213}	zɛ̃^{213}	səŋ^{44}
62 常山	boŋ^{341}	tĩ^{44}	tɔ̃^{52}	tĩ^{324}	dĩ^{341}	noŋ^{341}	zɔ̃^{24}	tsĩ^{341}
63 开化	bɤŋ^{213}调殊	tin^{44}	tɛn^{53}	tin^{412}	din^{231}	nɛn^{231}老 nɤŋ^{231}新	zɛn^{213}白 调殊	sɤŋ^{44}
64 丽水	boŋ^{22}	ten^{224}	ten^{544}	ten^{52}	den^{22}	nen^{22}	ʑin^{22}	sen^{224}
65 青田	boŋ^{21}	ɗeŋ^{445}	ɗeŋ^{454}	ɗeŋ^{33}	deŋ^{21}	neŋ^{21}	iŋ^{21}	tɕin^{445}
66 云和	be^{312}	tɛ^{24}	tɛ^{41}	tɛ^{45}	dəŋ^{312}	nɛ^{312}	zɛ^{312}	tsɛ^{24}声殊
67 松阳	bæ̃^{22}调殊	tæ̃^{53}	tæ̃^{212}	tæ̃^{24}	dæ̃^{31}	næ̃^{31}	zæ̃^{31}	sæ̃^{53}
68 宣平	bən^{433}	tin^{324}	tin^{445}	tin^{52}	dən^{433}	nin^{433}	ʑin^{433}	sən^{324}
69 遂昌	bəŋ^{221}	tiŋ^{45}	tɛ̃^{533}	tiŋ^{334}	dɛ̃^{221}	nɛ̃^{221}	zɛ̃^{221}	sɛ̃^{45}
70 龙泉	bᴇ^{21}	tin^{434}	tᴇ^{51}	tin^{45}	dᴇ^{21}	nᴇ^{21}	zᴇ^{21}	tsᴇ^{434}
71 景宁	baŋ^{41}	taŋ^{324}	taŋ^{33}	taŋ^{35}	daŋ^{41}	naŋ^{41}	zaŋ^{41}	saŋ^{324}

续表

方言点	0793 朋 曾开一 平登并	0794 灯 曾开一 平登端	0795 等 曾开一 上登端	0796 凳 曾开一 去登端	0797 藤 曾开一 平登定	0798 能 曾开一 平登泥	0799 层 曾开一 平登从	0800 僧 曾开一 平登心
72 庆元	pæ̃⁵²	dʑæ̃³³⁵	dʑæ̃³³	dʑæ̃¹¹	tæ̃⁵²	næ̃⁵²	sæ̃⁵²	sæ̃³³⁵
73 泰顺	pɛ⁵³	tɛ²¹³	tɛ⁵⁵	tɛ³⁵	（无）	nɛ⁵³	sɛ⁵³	sɛ²¹³
74 温州	boŋ³¹	taŋ³³	taŋ²⁵	taŋ⁵¹	daŋ³¹	naŋ³¹	zaŋ³¹	saŋ³³
75 永嘉	boŋ³¹	taŋ⁴⁴	taŋ⁴⁵	taŋ⁵³	daŋ³¹	naŋ³¹	zaŋ³¹	saŋ⁴⁴
76 乐清	boŋ³¹	taŋ⁴⁴	taŋ³⁵	taŋ⁴¹	daŋ³¹	naŋ³¹	zaŋ³¹	saŋ⁴⁴
77 瑞安	boŋ³¹	taŋ⁴⁴	taŋ³⁵	taŋ⁵³	daŋ³¹	naŋ³¹	zaŋ³¹	saŋ⁴⁴
78 平阳	boŋ²⁴²	taŋ⁵⁵	taŋ⁴⁵	taŋ⁵³	daŋ²⁴²	naŋ²⁴²	zaŋ²⁴²	saŋ⁵⁵
79 文成	boŋ¹¹³	taŋ⁵⁵	taŋ⁴⁵	taŋ³³	daŋ¹¹³	naŋ¹¹³	zaŋ¹¹³	saŋ⁵⁵
80 苍南	boŋ³¹	taŋ⁴⁴	taŋ⁵³	taŋ⁴²	daŋ³¹	naŋ³¹	zaŋ³¹	saŋ⁴⁴
81 建德徽	poŋ³³	tən⁵³	tən²¹³	tən³³	tən³³	lən³³	sən³³	tsən³³
82 寿昌徽	pʰen¹¹²文	ten¹¹²	ten²⁴	ten³³	tʰen⁵²	len¹¹²文	sen¹¹²文	sen¹¹²
83 淳安徽	pʰon⁴³⁵	ten²⁴	ten⁵⁵	ten²⁴	tʰen⁴³⁵	len⁴³⁵	tsʰen⁴³⁵	sen²⁴
84 遂安徽	pʰəŋ³³	təŋ⁵³⁴	təŋ²¹³	təŋ⁴³	tʰin³³	ləŋ³³	ɕin³³	ɕin⁵³⁴白 sən⁵³⁴文
85 苍南闽	pin²⁴	tin⁵⁵	tan⁴³	（无）	tin²⁴	lin²⁴	tin²⁴	tɕin⁵⁵
86 泰顺闽	pɛ²²	tɛ²¹³	tɛ³⁴⁴	tieŋ⁵³	tieŋ²²	nɛ²²	tsɛ²²	sɛ²¹³
87 洞头闽	pieŋ¹¹³	tieŋ³³	tan⁵³白 tieŋ⁵³文	（无）	tieŋ¹¹³	lieŋ¹¹³	tieŋ¹¹³	tɕieŋ³³
88 景宁畲	paŋ²²	teŋ⁴⁴	teŋ³²⁵	teŋ⁵¹	tʰeŋ²²	nən²²	tɕʰieŋ²²	ɕin⁴⁴

方言点	0801 肯 曾开一 上登溪	0802 北 曾开一 入德帮	0803 墨 曾开一 入德明	0804 得 曾开一 入德端	0805 特 曾开一 入德定	0806 贼 曾开一 入德从	0807 塞 曾开一 入德心	0808 刻 曾开一 入德溪
01 杭州	kʰəŋ⁵³	poʔ⁵	moʔ²	taʔ⁵	daʔ²	dzaʔ²	saʔ⁵	kʰaʔ⁵
02 嘉兴	kʰəŋ¹¹³	poʔ⁵	məʔ⁵	təʔ⁵	dəʔ¹³	zəʔ¹³	səʔ⁵	kʰəʔ⁵
03 嘉善	kʰən³³⁴	puoʔ⁵	mɜʔ²	tɜʔ⁵	dɜʔ²	zɜʔ²	sɜʔ⁵	kʰɜʔ⁵
04 平湖	kʰən²¹³	poʔ⁵	məʔ²³	təʔ⁵	dəʔ²³	zəʔ²³	səʔ⁵	kʰəʔ²³
05 海盐	kʰən⁴²³	pɔʔ⁵	mɔʔ²³	təʔ⁵	dəʔ²³	zəʔ²³	saʔ⁵	kʰəʔ²³
06 海宁	kʰəŋ⁵³	poʔ⁵	moʔ²	təʔ⁵	dəʔ²	zəʔ²	saʔ⁵	kʰəʔ⁵
07 桐乡	kʰəŋ⁵³	pɔʔ⁵	məʔ²³	təʔ⁵	dəʔ²³	zəʔ²³	saʔ⁵	kʰəʔ⁵
08 崇德	kʰəŋ⁵³	pɔʔ⁵	məʔ²³	təʔ⁵	dəʔ²³	zəʔ²³	saʔ⁵	kʰəʔ⁵
09 湖州	kʰən⁵²³	puoʔ⁵	məʔ²	təʔ⁵	dəʔ²	zəʔ²	səʔ⁵	kʰəʔ⁵
10 德清	kʰen⁵²	puoʔ⁵	muoʔ²	təʔ⁵	dəʔ²	zəʔ²	səʔ⁵	kʰəʔ⁵
11 武康	kʰen⁵³	puoʔ⁵	mɜʔ²	tɜʔ⁵	dɜʔ²	zɜʔ²	sɜʔ⁵	kʰəʔ⁵
12 安吉	kʰəŋ⁵²	poʔ⁵	moʔ²³	təʔ⁵	dəʔ²³	zəʔ²³	səʔ⁵	kʰəʔ⁵
13 孝丰	kʰəŋ⁵²	puoʔ⁵	məʔ²³	təʔ⁵	dəʔ²³	zəʔ²³	səʔ⁵	kʰəʔ⁵
14 长兴	kʰəŋ⁵²	poʔ⁵	maʔ²	təʔ⁵	dəʔ²	zəʔ²	səʔ⁵	kʰəʔ⁵
15 余杭	kʰiŋ⁵³	poʔ⁵	moʔ²	təʔ⁵	dəʔ²	zəʔ²	səʔ⁵	kʰəʔ⁵
16 临安	kʰeŋ⁵⁵	pɔʔ⁵⁴	muɔʔ⁵⁴	tɐʔ⁵⁴	dɐʔ¹²	zɐʔ¹²	sɐʔ⁵⁴	kʰɐʔ⁵⁴
17 昌化	kʰəŋ⁴⁵³	pɔʔ⁵	məʔ²³	təʔ⁵	dəʔ²³	zəʔ²³	səʔ⁵ 又 sɛ³³⁴ 又	kʰəʔ⁵
18 於潜	kʰeŋ⁵¹	pəʔ⁵³	mɑʔ²³	təʔ⁵³	dæʔ²³	zæʔ²³	səʔ⁵³	kʰəʔ⁵³
19 萧山	kʰiŋ³³	pəʔ⁵	məʔ¹³	təʔ⁵	dəʔ¹³	zəʔ¹³	səʔ⁵	kʰieʔ⁵
20 富阳	kʰin⁴²³	poʔ⁵	moʔ²	tɛʔ⁵	dɛʔ²	zɛʔ²	sɛʔ⁵	kʰiɛʔ⁵
21 新登	kʰeiŋ³³⁴	pɔʔ⁵	mɔʔ²	təʔ⁵	dɑʔ²	zɛʔ²	sɔʔ⁵	kʰəʔ⁵
22 桐庐	kʰəŋ³³	pəʔ⁵	məʔ¹³	təʔ⁵	dəʔ¹³	zəʔ¹³	səʔ⁵	kʰəʔ⁵
23 分水	kʰən⁵³	pəʔ⁵	maʔ¹²	təʔ⁵	dəʔ¹²	dzəʔ¹²	səʔ⁵	kʰəʔ⁵
24 绍兴	kʰəŋ³³⁴	poʔ⁵	moʔ²	təʔ⁵	doʔ²	zəʔ²	səʔ⁵	kʰəʔ⁵
25 上虞	kʰəŋ³⁵	poʔ⁵	moʔ²	tɐʔ⁵	diəʔ²	zɐʔ²	sɐʔ⁵	kʰəʔ⁵

方言点	0801 肯 曾开一 上登溪	0802 北 曾开一 入德帮	0803 墨 曾开一 入德明	0804 得 曾开一 入德端	0805 特 曾开一 入德定	0806 贼 曾开一 入德从	0807 塞 曾开一 入德心	0808 刻 曾开一 入德溪
26 嵊州	$k^h e\eta^{53}$	$p\partial ?^5$	$mo?^2$	$t\partial ?^5$	$d\partial ?^2$	$z\partial ?^2$	$s\partial ?^5$	$k^h i e ?^5$
27 新昌	$k^h e\eta^{453}$	$pe?^5$	$m\gamma ?^2$	$te?^5$	$d\gamma ?^2$	$ze?^2$ 白 $dze?^2$ 文	$se?^5$	$k^h e?^5$
28 诸暨	$k^h in^{42}$	$po?^5$	$mo?^{13}$	$t\partial ?^5$	$d\partial ?^{13}$	$zo?^{13}$	$s\partial ?^5$	$k^h ie?^5$
29 慈溪	$k^h \partial\eta^{35}$	$po?^5$	$mo?^2$	$ta?^5$	$da?^2$	$za?^2$	$sa?^5$	$k^h a?^5$
30 余姚	$k^h \tilde{\partial}^{34}$	$po?^5$	$mo?^2$	$ta?^5$	$di\partial ?^2$	$z\partial ?^2$	$s\partial ?^5$ ～头 $sa?^5$ ～牢	$k^h \partial ?^5$
31 宁波	$k^h \partial\eta^{35}$	$po?^5$	$mo?^2$	$ta?^5$	$da?^2$	$za?^2$	$sa?^5$	$k^h a?^5$
32 镇海	$k^h \partial\eta^{35}$	$po?^5$	$mo?^{12}$	$ta?^5$	$da?^{12}$	$za?^{12}$	$sa?^5$	$k^h a?^5$
33 奉化	$k^h \partial\eta^{545}$	$po?^5$	$mo?^2$	$ta?^5$	$da?^2$	$za?^2$	$sa?^5$	$k^h a?^5$
34 宁海	$k^h in^{53}$	$po?^5$	$mo?^3$	$ti\partial ?^5$	$di\partial ?^3$	$za?^3$	$sa?^5$	$k^h e?^5$
35 象山	$k^h \partial\eta^{44}$	$po?^5$	$mo?^2$	$ta?^5$	$da?^2$	$za?^2$	$sa?^5$	$k^h a?^5$
36 普陀	$k^h \mathit{e}\eta^{45}$	$po?^5$	$mo?^{23}$	$t\mathit{e}?^5$	$d\mathit{e}?^{23}$	$z\mathit{e}?^{23}$	$s\mathit{e}?^5$	$k^h \mathit{e}?^5$
37 定海	$k^h \mathit{e}\eta^{45}$	$po?^5$	$mo?^2$	$t\mathit{e}?^5$	$d\mathit{e}?^2$	$z\mathit{e}?^2$	$s\mathit{e}?^5$	$k^h \mathit{e}?^5$
38 岱山	$k^h \mathit{e}\eta^{325}$	$po?^5$	$mo?^2$	$t\mathit{e}?^5$	$d\mathit{e}?^2$	$z\mathit{e}?^2$	$s\mathit{e}?^5$	$k^h \mathit{e}?^5$
39 嵊泗	$k^h \mathit{e}\eta^{445}$	$pu?^5$	$mo?^2$	$t\mathit{e}?^5$	$d\mathit{e}?^2$	$z\mathit{e}?^2$	$s\mathit{e}?^5$	$k^h \mathit{e}?^5$
40 临海	$k^h \partial\eta^{52}$	$po?^5$	$mo?^{23}$	$l\partial ?^5$	$d\partial ?^{23}$	$z\partial ?^{23}$	$s\partial ?^5$	$k^h \partial ?^5$
41 椒江	$k^h \partial\eta^{42}$	$po?^5$	$mo?^2$	$t\varepsilon ?^5$	$d\varepsilon ?^2$	$z\partial ?^2$	$sa?^5$	$k^h a?^5$
42 黄岩	$k^{\mathit{ll}}\partial n^{42}$	$po?^5$	$mo?^2$	$t\partial ?^5$	$d\partial ?^2$	$z\partial ?^2$	$s\partial ?^5$	$k^h \partial ?^5$
43 温岭	$k^h \partial\eta^{42}$	$po?^5$	$mo?^2$	$t\partial ?^5$	$d\partial ?^2$	$z\partial ?^2$	$so?^5$ ～牢	$k^h \partial ?^5$
44 仙居	$c^h in^{324}$	$6\partial ?^5$	$mi\partial ?^{23}$	$d'i\partial ?^5$	$di\partial ?^{23}$	$zi\partial ?^{23}$ $z\partial ?^{23}$	$s\partial ?^5$	$c^h i\partial ?^5$
45 天台	$k^h \partial\eta^{325}$	$p\partial ?^5$	$m\partial ?^5$	$t\partial ?^5$	$d\partial ?^2$	$z\partial ?^2$	$s\partial ?^5$	$k^h e?^5$
46 三门	$k^h \partial\eta^{325}$	$p\mathit{e}?^5$	$mo?^{23}$	$t\mathit{e}?^5$	$d\mathit{e}?^{23}$	$z\mathit{e}?^{23}$	$s\mathit{e}?^5$	$k^h \mathit{e}?^5$
47 玉环	$k^h \partial\eta^{53}$	$po?^5$	$mo?^2$	$t\mathit{e}?^5$	$d\mathit{e}?^2$	$z\mathit{e}?^2$	$s\mathit{e}?^5$	$k^h \mathit{e}?^5$
48 金华	$k^h \partial\eta^{535}$	$p\partial ?^4$	$m\partial ?^{212}$	$t\partial ?^4$	$d\partial ?^{212}$	$z\partial ?^{212}$	$s\partial ?^4$	$k^h \partial ?^4$

续表

方言点	0801 肯 曾开一 上登溪	0802 北 曾开一 入德帮	0803 墨 曾开一 入德明	0804 得 曾开一 入德端	0805 特 曾开一 入德定	0806 贼 曾开一 入德从	0807 塞 曾开一 入德心	0808 刻 曾开一 入德溪
49 汤溪	$kʰã̃^{535}$	$pə^{55}$	$mə^{113}$	$tə^{55}$	$də^{113}$	$zə^{113}$	$sə^{55}$	$kʰə^{55}$
50 兰溪	$kʰæ̃^{55}$	$pəʔ^{34}$	$məʔ^{12}$	$təʔ^{34}$	$dəʔ^{12}$	$zəʔ^{12}$	$səʔ^{34}$	$kʰəʔ^{34}$
51 浦江	$kʰən^{53}$	$pə^{423}$	$mə^{232}$	$tə^{423}$	$də^{232}$	$zə^{232}$	$sɛ^{423}$	$kʰə^{423}$
52 义乌	$kʰən^{423}$	pai^{324}	mai^{312}	tai^{324}白 $tə^{324}$文	dai^{312}白 $də^{312}$文	zai^{312}	sai^{324}	$kʰə^{324}$
53 东阳	$kʰɐn^{44}$	pei^{334}	mei^{213}	tei^{334}	$dɐʔ^{23}$	zei^{213}	sei^{334}	$kʰɐʔ^{34}$
54 永康	$kʰəŋ^{334}$	$ɓə^{334}$	$mə^{113}$	$ɗəi^{334}$	$dəi^{113}$	$zəi^{113}$	$səi^{334}$	$kʰəi^{334}$
55 武义	$kʰen^{445}$	$pəʔ^{5}$	$mə^{213}$	$ləʔ^{5}$	$də^{213}$	$zə^{213}$	sa^{53}	$kʰəʔ^{5}$
56 磐安	$kʰɐn^{334}$	$pɛi^{334}$	$mɛi^{213}$	$tɛi^{334}$	$dɛ^{213}$	$zɛi^{213}$	$sɛi^{334}$	$kʰɛi^{334}$
57 缙云	$tɕʰiɛŋ^{51}$ ～弗～ $kʰaŋ^{51}$～定	pe^{322}	me^{13}	te^{322}	$dɛ^{13}$	ze^{13}	$tsʰei^{322}$	$kʰɛ^{322}$
58 衢州	$kʰən^{35}$	$pəʔ^{5}$	$məʔ^{12}$	$təʔ^{5}$	$dəʔ^{12}$	$zəʔ^{12}$	$səʔ^{5}$	$kʰəʔ^{5}$
59 衢江	$kʰəŋ^{25}$～干 $kʰɛ^{53}$～定	$pəʔ^{5}$	$məʔ^{2}$	$təʔ^{5}$	$dəʔ^{2}$	$zəʔ^{2}$	$səʔ^{5}$	$kʰəʔ^{5}$
60 龙游	$kʰən^{35}$	$pəʔ^{4}$	$məʔ^{23}$	$təʔ^{4}$	$dəʔ^{23}$	$zəʔ^{23}$	$səʔ^{4}$	$kʰəʔ^{4}$
61 江山	$kʰəŋ^{241}$	$poʔ^{5}$	$moʔ^{2}$	$təʔ^{5}$	$dəʔ^{2}$	$zəʔ^{2}$	$saʔ^{5}$	$kʰəʔ^{5}$
62 常山	$kʰoŋ^{52}$	$pɤʔ^{5}$	$mɤʔ^{34}$	$tieʔ^{5}$	$dʌʔ^{34}$	$zʌʔ^{34}$	$sɛʔ^{5}$	$kʰʌʔ^{5}$
63 开化	$kʰɤŋ^{53}$	$paʔ^{5}$	$məʔ^{13}$	$tiɛʔ^{5}$ 识~ $taʔ^{5}$ 被;给	$daʔ^{13}$	$zaʔ^{13}$	$saʔ^{5}$	$kʰaʔ^{5}$
64 丽水	$kʰen^{544}$	$peʔ^{5}$	$mɛʔ^{23}$	$teʔ^{5}$	$dəʔ^{23}$	$zaʔ^{23}$	$seʔ^{5}$	$kʰɛʔ^{5}$
65 青田	$kʰeŋ^{454}$	$ɓɛʔ^{42}$	$mɛʔ^{31}$	$ɗɛʔ^{42}$	$diʔ^{31}$	$zɛʔ^{31}$	$sɛʔ^{42}$	$kʰɛʔ^{42}$
66 云和	$kʰɛ^{41}$	$paʔ^{5}$	$maʔ^{23}$	$taʔ^{5}$	$daʔ^{23}$	$zaʔ^{23}$	$tsʰeiʔ^{5}$	$kʰaʔ^{5}$
67 松阳	$kʰæ̃^{212}$	$pɛʔ^{5}$	$mɤʔ^{2}$	$tɛʔ^{5}$	$dɤʔ^{2}$	$zɛʔ^{2}$	$sɛʔ^{5}$	$kʰɛʔ^{5}$
68 宣平	$kʰən^{445}$	$pəʔ^{5}$	$məʔ^{23}$	$tiəʔ^{5}$	$diəʔ^{23}$	$zaʔ^{23}$	$tsʰəʔ^{5}$ 白 $saʔ^{5}$ 文	$kʰəʔ^{5}$
69 遂昌	$kʰəŋ^{533}$	$pəʔ^{5}$	$məʔ^{23}$	$tɛʔ^{5}$	$dɛʔ^{23}$	$zɛʔ^{23}$	$sɛʔ^{5}$	$kʰɛʔ^{5}$
70 龙泉	$kʰɛ^{51}$	$pɛʔ^{5}$	$mieiʔ^{24}$	$tɛʔ^{5}$	$dɛʔ^{24}$	$zɛʔ^{24}$	$tʰaiʔ^{5}$	$kʰɛʔ^{5}$

续表

方言点	0801 肯 曾开一 上登溪	0802 北 曾开一 入德帮	0803 墨 曾开一 入德明	0804 得 曾开一 入德端	0805 特 曾开一 入德定	0806 贼 曾开一 入德从	0807 塞 曾开一 入德心	0808 刻 曾开一 入德溪
71 景宁	kʰaŋ³³	piɛʔ⁵	miɛʔ²³	tiɛʔ⁵	dəɯʔ²³	zɛʔ²³	tsʰəɯʔ⁵ ～起 səɯʔ⁵ 堵～	kʰɛʔ⁵
72 庆元	kʰæ̃³³	ɓɤʔ⁵	mɤʔ³⁴	ɗɤʔ⁵	tɤʔ³⁴	sɤʔ³⁴	sɤʔ⁵	kʰɤʔ⁵
73 泰顺	kʰɛ⁵⁵	pɛʔ⁵	mɛʔ²	tɛʔ⁵	tɛʔ²	sɛʔ	sɛʔ⁵	kʰɛʔ⁵
74 温州	kʰaŋ²⁵	pai³²³	mai²¹²	te³²³	de²¹²	ze²¹²	se³²³	kʰe³²³
75 永嘉	kʰaŋ⁴⁵	pai⁴²³	mai²¹³	te⁴²³	de²¹³	ze²¹³	se⁴²³	kʰe⁴²³
76 乐清	kʰaŋ³⁵	pɤ³²³	mɤ²¹²	tɤ³²³	dɤ²¹²	ze²¹²	sɤ³²³	kʰɤ³²³
77 瑞安	kʰaŋ³⁵	pe³²³	me²¹²	te³²³	de²¹²	ze²¹²	se³²³	kʰe³²³
78 平阳	kʰaŋ⁵⁵	pʌ³⁴	mai¹²	te³⁴	de¹²	ze¹²	se³⁴	kʰe³⁴
79 文成	kʰaŋ⁴⁵	pe³⁴	me²¹²	te³⁴	de²¹²	ze²¹²	se³⁴	kʰe³⁴
80 苍南	kʰaŋ⁵³	pe²²³	miɛ¹¹²	te²²³	de¹¹²	ze¹¹²	se²²³ ～牢 se⁴² 活～	kʰe²²³
81 建德徽	kʰən²¹³	pɐʔ⁵	mɐʔ¹²	tɐʔ⁵	tɐʔ¹²	sɐʔ¹²	sɐʔ⁵	kʰɐʔ⁵
82 寿昌徽	kʰen²⁴	pəʔ³	məʔ³¹	təʔ³	tʰəʔ³¹ ～别 təʔ³¹ ～务	səʔ³¹	səʔ³	kʰəʔ³
83 淳安徽	kʰen⁵⁵	pəʔ⁵	məʔ¹³	tiʔ⁵	tʰ əʔ¹³	səʔ¹³	sʅʔ⁵	kʰəʔ⁵
84 遂安徽	kʰəŋ²¹³	pəɯ²⁴	məɯ²¹³	təɯ²⁴	tʰ əɯ²¹³	səɯ²¹³	səɯ²⁴	kʰəɯ²⁴
85 苍南闽	kʰən⁴³	pɐ⁴³	bɐ²⁴	tie⁴³	tie²⁴	tsʰ ɐ²⁴	sai²¹ 文	kʰiɐ⁴³
86 泰顺闽	kʰɛ³⁴⁴	pɛʔ⁵	mɛʔ³	tɛʔ⁵	tɛʔ³	tsʰ ɛʔ³	sɛʔ⁵	kʰɛʔ⁵
87 洞头闽	kʰian⁵³	pɐk⁵	bɐk²⁴	tie⁵³	tiek²⁴	tsʰ ɐk²⁴	(无)	kʰiek⁵
88 景宁畲	xieŋ³²⁵	piʔ⁵	miʔ²	teʔ⁵	tʰ əʔ²	tɕʰiet²	(无)	kʰeʔ⁵

方言点	0809 黑	0810 冰	0811 证	0812 秤	0813 绳	0814 剩	0815 升	0816 兴 高~
	曾开一 入德晓	曾开三 平蒸帮	曾开三 去蒸章	曾开三 去蒸昌	曾开三 平蒸船	曾开三 去蒸船	曾开三 平蒸书	曾开三 去蒸晓
01 杭州	xaʔ^{5}	piŋ^{334}	tsəŋ^{45}	tsʰəŋ^{45}	zəŋ^{213}	dzəŋ^{13}	səŋ^{334}	ɕin^{45}
02 嘉兴	həʔ^{5}	piŋ^{42}	tsəŋ^{224}	tsʰəŋ^{224}	zəŋ^{242}	zÃ^{113}	səŋ^{42}	ɕin^{224}
03 嘉善	xɜʔ^{5}	pin^{53}	tsən^{334}	tsʰən^{334}	zən^{132}	zən^{113}	sən^{53}	ɕin^{53}
04 平湖	həʔ^{5}	pin^{53}	tsən^{334}	tsʰən^{213}	zən^{31}	（无）	sən^{53}	ɕin^{53}
05 海盐	xəʔ^{5}	pin^{53}	tsən^{423}	tsʰən^{334}	zən^{31}	zən^{213}	sən^{53}	ɕin^{53}
06 海宁	həʔ^{5}	piŋ^{55}	tsəŋ^{35}	tsʰəŋ^{35}	zəŋ^{13}	zã̃^{13}	səŋ^{55}	ɕin^{55}
07 桐乡	həʔ^{5}	piŋ^{44}	tsəŋ^{334}	tsʰəŋ^{334}	zəŋ^{13}	zã̃^{213}	səŋ^{44}	ɕin^{44}
08 崇德	həʔ^{5}	piŋ^{44}	tsəŋ^{334}	tsʰəŋ^{334}	zəŋ^{13}	zã̃^{13}	səŋ^{44}	ɕin^{44}
09 湖州	xəʔ^{5}	pin^{44}	tsən^{35}	tsʰən^{35}	zən^{112}	dzã̃^{112}老 dzən^{112}新	sən^{44}	ɕin^{44}
10 德清	xəʔ^{5}	pin^{44}	tsen^{334}	tsʰen^{334}	zen^{113}	zã̃^{113}	sen^{44}	ɕin^{44}
11 武康	xɜʔ^{5}	pin^{44}	tsen^{224}	tsʰen^{224}	zen^{113}	zen^{113}	sen^{44}	ɕin^{53}调殊
12 安吉	həʔ^{5}	piŋ^{55}	tsəŋ^{324}	tsʰəŋ^{324}	zəŋ^{22}	dzã̃^{213}	səŋ^{55}	ɕin^{55}
13 孝丰	həʔ^{5}	piŋ^{44}	tsəŋ^{324}	tsʰəŋ^{324}	zəŋ^{22}	dzã̃^{213}	səŋ^{44}	ɕin^{324}
14 长兴	həʔ^{5}	piŋ^{44}	tsəŋ^{324}	tsʰəŋ^{324}	zəŋ^{12}	dzã̃^{24}	səŋ^{44}	ʃiŋ^{44}
15 余杭	xəʔ^{5}	piŋ^{44}	tsiŋ^{53}	tsʰiŋ^{423}	ziŋ^{22}	zã̃^{213}	siŋ^{44}	ɕiŋ^{44}调殊
16 临安	hɐʔ^{54}	pieŋ^{55}	tseŋ^{55}	tsʰeŋ^{55}	zeŋ^{33}	dzeŋ^{33}	seŋ^{55}	ɕieŋ^{55}
17 昌化	xəʔ^{5}	piəŋ^{334}	tɕiəŋ^{544}又 tsəŋ^{544}又	tɕʰiəŋ^{544}	ziəŋ^{112}	ziəŋ^{243}	ɕiəŋ^{334}	ɕiəŋ^{544}
18 於潜	xəʔ^{53}	piŋ^{433}	tseŋ^{35}	tɕʰiŋ^{35}	zeŋ^{223}	zeŋ^{24}	seŋ^{433}	ɕiŋ^{35}
19 萧山	xəʔ^{5}	piŋ^{533}	tsʰəŋ^{42}	tsʰəŋ^{42}	zəŋ^{355}	dzəŋ^{242}	səŋ^{533}	ɕiŋ^{42}
20 富阳	hɛʔ^{5}	pin^{53}	tsən^{335}	tsʰən^{335}	zin^{13}	（无）	ɕin^{53}	ɕin^{335}
21 新登	həʔ^{5}	peiŋ^{53}	tseiŋ^{45}	tɕʰiŋ^{45}	zeiŋ^{233}	dziŋ^{13}	seiŋ^{53}	seiŋ^{45}
22 桐庐	xəʔ^{5}	piŋ^{533}	tsəŋ^{35}	tsʰəŋ^{35}	zəŋ^{13}	dzəŋ^{24}白 zəŋ^{24}文	səŋ^{533}	ɕin^{35}
23 分水	xaʔ^{5}	pin^{44}	tsən^{24}	tsʰən^{24}	zən^{22}	zən^{42}	sən^{44}	ɕin^{53}
24 绍兴	həʔ^{5}	piŋ^{53}	tsəŋ^{33}	tsʰəŋ^{33}	zəŋ^{231}	dzəŋ^{22}	səŋ^{53}	ɕiŋ^{33}

续表

方言点	0809 黑	0810 冰	0811 证	0812 秤	0813 绳	0814 剩	0815 升	0816 兴 高～
	曾开一 入德晓	曾开三 平蒸帮	曾开三 去蒸章	曾开三 去蒸昌	曾开三 平蒸船	曾开三 去蒸船	曾开三 平蒸书	曾开三 去蒸晓
25 上虞	$hɐʔ^5$	$piŋ^{35}$	$tsəŋ^{53}$	$tsʰəŋ^{53}$	$zəŋ^{213}$	$dzəŋ^{31}$	$səŋ^{35}$	$ɕiŋ^{35}$
26 嵊州	$həʔ^5$	$piŋ^{534}$	$tseŋ^{334}$	$tsʰeŋ^{334}$	$zeŋ^{213}$	$dzeŋ^{24}$	$seŋ^{534}$	$ɕiŋ^{334}$
27 新昌	$heʔ^5$	$piŋ^{534}$	$tseŋ^{335}$	$tsʰeŋ^{335}$	$ziŋ^{22}$	$dziŋ^{13}$白 $zeŋ^{13}$文	$seŋ^{534}$	$ɕiŋ^{335}$
28 诸暨	$həʔ^5$	pin^{544}	$tsɛn^{544}$	$tsʰɛn^{544}$	$zɛn^{13}$	$dzɛn^{33}$	$sɛn^{544}$	$ɕin^{544}$
29 慈溪	$haʔ^5$	$piŋ^{35}$	$tsəŋ^{44}$	$tsʰəŋ^{44}$	$zəŋ^{13}$	$dzəŋ^{13}$	$səŋ^{35}$	$ɕiŋ^{35}$
30 余姚	$həʔ^5$	$pə̃^{44}$	$tsə̃^{53}$	$tsʰə̃^{53}$	$zə̃^{13}$	$dzə̃^{13}$	$sə̃^{44}$	$ɕiə̃^{53}$
31 宁波	$haʔ^5$	$piŋ^{53}$	$tɕiŋ^{44}$	$tɕʰiŋ^{53}$	$ziŋ^{13}$	$dʑiŋ^{13}$	$ɕiŋ^{53}$	$ɕiŋ^{53}$
32 镇海	$haʔ^5$	$piŋ^{53}$	$tɕiŋ^{53}$	$tɕʰiŋ^{53}$	$iŋ^{24}$	$dʑiŋ^{24}$	$ɕiŋ^{53}$	$ɕiŋ^{53}$
33 奉化	$haʔ^5$	$piŋ^{44}$	$tɕiŋ^{53}$	$tɕʰiŋ^{53}$	$ziŋ^{33}$	$dʑiŋ^{31}$	$ɕiŋ^{44}$	$ɕiŋ^{53}$
34 宁海	$hiəʔ^5$	$piŋ^{423}$	$tɕiŋ^{35}$	$tɕʰiŋ^{35}$	$ziŋ^{213}$	$dʑiŋ^{24}$	$ɕiŋ^{423}$	$ɕiŋ^{35}$
35 象山	$haʔ^5$	$piŋ^{44}$	$tɕiŋ^{53}$	$tɕʰiŋ^{53}$	$iŋ^{31}$	$dʑiŋ^{13}$	$ɕiŋ^{44}$	$ɕiŋ^{44}$ 调殊
36 普陀	$xɐʔ^5$	$piŋ^{53}$	$tɕiŋ^{55}$	$tɕʰiŋ^{55}$	$iŋ^{24}$	$dʑiŋ^{13}$	$ɕiŋ^{53}$	$ɕiŋ^{55}$
37 定海	$xɐʔ^5$	$piŋ^{52}$	$tɕiŋ^{44}$	$tɕʰiŋ^{44}$	$iŋ^{23}$	$dʑia^{13}$白 $dʑiŋ^{13}$文	$ɕiŋ^{52}$	$ɕiŋ^{44}$
38 岱山	$xɐʔ^5$	$piŋ^{52}$	$tɕiŋ^{44}$	$tɕʰiŋ^{44}$	$iŋ^{23}$	$dʑiŋ^{213}$	$ɕiŋ^{52}$	$ɕiŋ^{44}$
39 嵊泗	$xɐʔ^5$	$piŋ^{53}$	$tɕiŋ^{53}$	$tɕʰiŋ^{53}$	$iŋ^{243}$	$tɕʰia^{53}$又 $dʑia^{213}$又	$ɕiŋ^{53}$	$ɕiŋ^{53}$
40 临海	$həʔ^5$	$piŋ^{31}$	$tɕiŋ^{55}$	$tɕʰiŋ^{55}$	$ziŋ^{21}$	$dʑiŋ^{324}$	$ɕiŋ^{31}$	$ɕiŋ^{55}$
41 椒江	$həʔ^5$	$piŋ^{42}$	$tɕiŋ^{55}$	$tɕʰiŋ^{55}$	$ziŋ^{31}$	$dʑiŋ^{24}$	$ɕiŋ^{42}$	$ɕiŋ^{55}$
42 黄岩	$həʔ^5$	pin^{32}	$tɕin^{55}$	$tɕʰin^{55}$	zin^{121}	$dʑin^{24}$	$ɕin^{32}$	$ɕin^{55}$
43 温岭	$hɤʔ^5$	pin^{33}	$tɕin^{55}$	$tɕʰin^{55}$	zin^{31}	$dʑin^{13}$	$ɕin^{33}$	$ɕin^{55}$
44 仙居	$çiəʔ^5$	$ɓin^{334}$	$tɕin^{55}$	$tɕʰin^{55}$	zin^{213}	$dʑin^{24}$	$ɕin^{334}$	$ɕin^{55}$
45 天台	$heʔ^5$	$piŋ^{33}$	$tɕiŋ^{55}$	$tɕʰiŋ^{33}$	$ziŋ^{224}$	$dʑiŋ^{35}$	$ɕiŋ^{33}$	$hiŋ^{55}$
46 三门	$hɐʔ^5$	$piŋ^{334}$	$tɕiŋ^{55}$	$tɕʰiŋ^{55}$	$ziŋ^{113}$	$ʑiŋ^{243}$	$ɕiŋ^{334}$	$ɕiŋ^{55}$
47 玉环	$hɐʔ^5$	$piŋ^{42}$	$tɕiŋ^{55}$	$tɕʰiŋ^{55}$	$ziŋ^{31}$	$dʑiŋ^{22}$	$ɕiŋ^{42}$	$ɕiŋ^{55}$

续表

方言点	0809 黑	0810 冰	0811 证	0812 秤	0813 绳	0814 剩	0815 升	0816 兴 高~
	曾开一 入德晓	曾开三 平蒸帮	曾开三 去蒸章	曾开三 去蒸昌	曾开三 平蒸船	曾开三 去蒸船	曾开三 平蒸书	曾开三 去蒸晓
48 金华	xəʔ⁴	piŋ³³⁴	tsəŋ⁵⁵	tɕʰiŋ⁵⁵	ziŋ³¹³	ziŋ¹⁴	ɕiŋ³³⁴白 səŋ³³⁴文	ɕiŋ⁵⁵
49 汤溪	xə⁵⁵	mɛ̃i²⁴	tɕiã⁵²	tɕʰiã⁵²	ziã¹¹	ziã³⁴¹	ɕiã²⁴	ɕiɛ̃i⁵²
50 兰溪	xəʔ³⁴	pin³³⁴	tɕiæ̃⁴⁵	tɕʰiæ̃⁴⁵	ziæ̃²¹	ziæ̃²⁴	ɕiæ̃³³⁴	ɕin⁴⁵
51 浦江	xə⁴²³	piən⁵³⁴	tsiən⁵⁵	tsʰiən⁵⁵	ziən¹¹³	ziən²⁴	siən⁵³⁴	ɕiən⁵⁵
52 义乌	hai³²⁴	mən³³⁵	tsən⁴⁵	tsʰən⁴⁵	zən²¹³	zən²⁴	sən³³⁵	ɕiən⁴⁵
53 东阳	hei³³⁴	pɐn³³⁴	tsɐn⁴⁵³	tsʰɐn⁴⁵³	zɐn²¹³	zɐn²⁴	sɐn³³⁴	hɐn⁴⁵³
54 永康	xəi³³⁴	miŋ⁵⁵	tɕiŋ⁵²	tɕʰiŋ⁵²	ziŋ²²	ziŋ²⁴¹	ɕiŋ⁵⁵	ɕiŋ⁵²
55 武义	xəʔ⁵	min²⁴	tɕin⁵³	tɕʰin⁵³	zin³²⁴	zin²³¹	ɕin²⁴	ɕin⁵³
56 磐安	xɐi³³⁴	mɐn⁴⁴⁵老 pɐn⁴⁴⁵新	tsɐn⁵²	tsʰɐn⁵²	zɐn²¹³	zɐn²⁴	sɐn⁴⁴⁵	xɐn⁵²
57 缙云	xɤ³²²	mɛŋ⁴⁴	tsɛŋ⁴⁵³	tsʰɛŋ⁴⁵³	zɛŋ²⁴³	zɛŋ²¹³	sɛŋ⁴⁴	ɕiɛŋ⁴⁵³
58 衢州	xəʔ⁵	pin³²	tʃyən⁵³	tʃʰyən⁵³	ʒyən²¹	ʒyən²³¹	ʃyən³²	ɕin⁵³
59 衢江	xəʔ⁵	piŋ³³	tɕiŋ⁵³	tɕʰyoŋ⁵³	ziŋ²¹²	ziã²³¹	ɕyoŋ³³	ɕiŋ⁵³
60 龙游	xəʔ⁴	pin³³⁴	tsən⁵¹	tsʰən⁵¹	zən²¹	zən²³¹	sən³³⁴	ɕin⁵¹
61 江山	xəʔ⁵	paŋ⁴⁴	tɕĩ⁵¹	tɕʰĩ⁵¹	zĩ²¹³	zĩ³¹	ɕĩ⁴⁴	xĩ⁵¹
62 常山	xʌʔ⁵	pĩ⁴⁴	tsĩ⁵²	tsʰĩ³²⁴	zĩ³⁴¹	dzĩ³⁴¹	sĩ⁴⁴	xĩ³²⁴
63 开化	xaʔ⁵	pã⁴⁴结~ pin⁴⁴棒~	tɕin⁵³ 调殊	tɕʰin⁴¹²	zin²³¹	dzin²³¹ ~饭	ɕin⁴⁴	ɕin⁵³ 调殊
64 丽水	xeʔ⁵	pin²²⁴	tɕin⁵²	tɕʰin⁵²	dzin²²	zin¹³¹	ɕin²²⁴	ɕin⁵²
65 青田	xɛʔɜ⁴²	ɓəŋ⁴⁴⁵	tɕiŋ³³	tɕʰiŋ³³	iŋ²¹	iŋ²²	ɕiŋ⁴⁴⁵	ɕiŋ³³
66 云和	xɛʔ⁵	piŋ²⁴	tɕiŋ⁴⁵	tɕʰiŋ⁴⁵	dziŋ³¹²	ziŋ²²³	ɕiŋ²⁴	ɕiŋ⁴⁵
67 松阳	xɛʔ⁵	pin⁵³	tɕin²⁴	tɕʰin²⁴	dzin³¹	zin¹³	ɕin⁵³	ɕin²⁴
68 宣平	xəʔ⁵	pin³²⁴	tɕin⁵²	tɕʰin⁵²	dzin⁴³³	ziã²³¹	ɕin³²⁴	ɕin⁵²
69 遂昌	xɛʔɜ⁵ ~板	piŋ⁴⁵	tɕiŋ³³⁴	tɕʰiŋ³³⁴	dziŋ²²¹	ziŋ²¹³	ɕiŋ⁴⁵	ɕiŋ³³⁴
70 龙泉	xɛʔ⁵	pin⁴³⁴	tɕin⁴⁵	tɕʰin⁴⁵	dzin²¹	zin²²⁴	ɕin⁴³⁴	ɕin⁴⁵

续表

方言点	0809 黑	0810 冰	0811 证	0812 秤	0813 绳	0814 剩	0815 升	0816 兴 高~
	曾开一 入德晓	曾开三 平蒸帮	曾开三 去蒸章	曾开三 去蒸昌	曾开三 平蒸船	曾开三 去蒸船	曾开三 平蒸书	曾开三 去蒸晓
71 景宁	xɛʔ⁵	piŋ³²⁴	tɕiŋ³⁵	tɕʰiŋ³⁵	dʑiŋ⁴¹	ʑiŋ¹¹³	ɕiŋ³²⁴	ɕiŋ³⁵
72 庆元	xɤʔ⁵	ɓiŋ³³⁵	tɕiŋ¹¹	tɕʰiŋ¹¹	tɕiŋ⁵²	ɕiŋ³¹	ɕiŋ³³⁵	ɕiŋ¹¹
73 泰顺	xɛʔ⁵	piŋ²¹³	tɕiŋ³⁵	tɕʰiŋ³⁵	tɕiŋ⁵³	tɕiŋ²²	ɕiŋ²¹³	ɕiŋ³⁵
74 温州	he³²³	pəŋ³³	tsəŋ⁵¹	tsʰəŋ⁵¹	zəŋ³¹	dzəŋ²²	səŋ³³	ɕiaŋ⁵¹
75 永嘉	he⁴²³	peŋ⁴⁴	tɕieŋ⁵³	tɕʰieŋ⁵³	ieŋ³¹	dzieŋ²²	ɕieŋ⁴⁴	ɕiaŋ⁵³
76 乐清	hɤ³²³	peŋ⁴⁴	tɕieŋ⁴¹	tɕʰieŋ⁴¹	zeŋ³¹	dzieŋ²²	seŋ⁴⁴	ɕiaŋ⁴¹
77 瑞安	he³²³	pəŋ⁴⁴	tsəŋ⁵³	tsʰəŋ⁵³	zəŋ³¹	dzəŋ²²	səŋ⁴⁴	ɕiaŋ⁵³
78 平阳	xe³⁴	peŋ⁵⁵	tʃeŋ⁵³	tʃʰeŋ⁵³	zeŋ²⁴²	dʒeŋ³³	seŋ⁵⁵	saŋ⁵³
79 文成	xe³⁴	peŋ⁵⁵	tʃeŋ³³	tʃʰeŋ³³	zeŋ¹¹³	dʒeŋ⁴²⁴	seŋ⁵⁵	ʃaŋ³³
80 苍南	he²²³	peŋ⁴⁴	tseŋ⁴²	tsʰeŋ⁴²	zeŋ³¹	zeŋ¹¹	seŋ⁴⁴	ɕiaŋ⁴²
81 建德徽	hɤʔ⁵	pin⁵³	tsən³³	tsʰən³³	sən³³	tsʰən⁵⁵	sən⁵³	ɕin³³
82 寿昌徽	xəʔ³	pien¹¹²	tsen³³	tsʰen³³	sen⁵²	sen³³	sen¹¹²	ɕien³³
83 淳安徽	hiʔ⁵	pin²⁴	tsen²⁴	tsʰen²⁴	sen⁴³⁵	sen⁵³	sen²⁴	ɕin²⁴
84 遂安徽	xəɯ²⁴	pin⁵³⁴	tɕin⁴³	tɕʰin⁴³	ɕin³³	ɕin⁵²	ɕin⁵³⁴	ɕin⁴³
85 苍南闽	（无）	pin⁵⁵	tɕin²¹	tɕʰin²¹	（无）	ɕin²¹	ɕin⁵⁵	hin²¹
86 泰顺闽	xɛʔ⁵	pieŋ²¹³	tsieŋ⁵³	tsʰieŋ⁵³	（无）	tio³¹	sieŋ²¹³	sieŋ⁵³
87 洞头闽	（无）	pieŋ³³	tøicŋ²¹	tɕʰieцŋ²¹	（无）	ɕleŋ²¹	ɕieŋ³³	hieŋ²¹
88 景宁畲	xeʔ⁵	pin⁴⁴	tɕin⁴⁴	tɕʰin⁴⁴	ɕin⁵¹ 小	（无）	ɕin⁴⁴	xin⁴⁴

方言点	0817 蝇	0818 逼	0819 力	0820 息	0821 直	0822 侧	0823 测	0824 色
	曾开三平蒸以	曾开三入职帮	曾开三入职来	曾开三入职心	曾开三入职澄	曾开三入职庄	曾开三入职初	曾开三入职生
01 杭州	iŋ²¹³	piɛʔ⁵	liɛʔ²	ɕiɛʔ⁵	dza ʔ²	tsʰa ʔ⁵	tsʰa ʔ⁵	sa ʔ⁵
02 嘉兴	iŋ²⁴²	pieʔ⁵	lieʔ⁵	ɕieʔ⁵	zəʔ¹³	tsəʔ⁵	tsʰ əʔ⁵	səʔ⁵
03 嘉善	in⁵³	pieʔ⁵	lieʔ²	ɕieʔ⁵	zɝʔ⁵	tsʰ ɝʔ⁵	tsʰ ɝʔ⁵	sɝʔ⁵
04 平湖	in³¹	piəʔ⁵	liəʔ²³	siəʔ⁵	zəʔ²³	tsəʔ⁵ 白 tsʰ əʔ²³ 文	tsʰ əʔ²³	səʔ⁵
05 海盐	in⁵³	piəʔ⁵	liəʔ²³	ɕiəʔ⁵	zəʔ²³	tsəʔ⁵ 白 tsʰ əʔ²³ 文	tsʰ əʔ²³	səʔ⁵
06 海宁	iŋ⁵⁵	pieʔ⁵	lieʔ²	ɕieʔ⁵	zəʔ⁵	tsʰ əʔ⁵	tsʰ əʔ⁵	səʔ⁵
07 桐乡	iŋ⁴⁴	piəʔ⁵	liəʔ²³	siəʔ⁵	zəʔ²³	tsəʔ⁵ 白 tsʰ əʔ⁵ 文	tsʰ əʔ⁵	səʔ⁵
08 崇德	iŋ⁴⁴	piəʔ⁵	liəʔ²³	ɕiəʔ⁵	zəʔ²³	tsəʔ⁵ 白 tsʰ əʔ⁵ 文	tsʰ əʔ⁵	səʔ⁵
09 湖州	in¹¹²	pieʔ⁵	lieʔ²	ɕieʔ⁵	dzəʔ²	tsʰ əʔ⁵	tsʰ əʔ⁵	səʔ⁵
10 德清	in⁴⁴	pieʔ⁵	lieʔ²	ɕieʔ⁵	zəʔ²	tsəʔ⁵	tsʰ əʔ⁵	səʔ⁵
11 武康	in⁴⁴	pieʔ⁵	lieʔ²	ɕieʔ⁵	dzɝʔ²	tsʰ ɝʔ⁵	tsʰ ɝʔ⁵	sɝʔ⁵
12 安吉	iŋ⁵⁵	piɛʔ⁵	liɛʔ²³	ɕiɛʔ⁵	dzəʔ²³	tsəʔ⁵	tsʰ əʔ⁵	səʔ⁵
13 孝丰	iŋ⁴⁴	pieʔ⁵	lieʔ²³	ɕieʔ⁵	dzəʔ²³	tsəʔ⁵ ～身 tsʰ əʔ⁵ ～面	tsʰ əʔ⁵	səʔ⁵
14 长兴	iŋ⁴⁴	piɛʔ⁵	liɛʔ²³	ʃiɛʔ⁵	dzəʔ²	tsəʔ⁵	tsʰ əʔ⁵	səʔ⁵
15 余杭	iŋ⁴⁴	pieʔ⁵	lieʔ²	sieʔ⁵	zəʔ²	tsʰ əʔ⁵	tsʰ əʔ⁵	səʔ⁵
16 临安	ien⁵⁵	piɐʔ⁵⁴	liɐʔ¹²	ɕiɐʔ⁵⁴	dzɐʔ¹²	tsʰ ɐʔ⁵⁴	tsʰ ɐʔ⁵⁴	sɐʔ⁵⁴
17 昌化	ʑiəŋ¹¹²	pieʔ⁵	liɛʔ²³	ɕiɛʔ⁵	dʑiɛʔ²³	tsʰ əʔ⁵	tsʰ əʔ⁵	səʔ⁵
18 於潜	iŋ²²³	pieʔ⁵³	liæʔ²³	ɕieʔ⁵³	dzæʔ²³	tsʰ əʔ⁵³	tsʰ əʔ⁵³	səʔ⁵³
19 萧山	iŋ⁵³³	pieʔ⁵	lieʔ¹³	ɕieʔ⁵	dzəʔ¹³	tsʰ əʔ⁵	tsʰ əʔ⁵	səʔ⁵
20 富阳	in³³⁵	pieʔ⁵	liɛʔ¹³	ɕiɛʔ⁵	dzɛʔ²	tsɛʔ⁵	tsʰ ɛʔ⁵	sɛʔ⁵
21 新登	ʑein²³³	piəʔ⁵	liəʔ²	ɕiəʔ⁵	dzəʔ⁵	tsəʔ⁵	tsʰ əʔ⁵	səʔ⁵
22 桐庐	iŋ¹³	piəʔ⁵	liəʔ¹³	ɕiəʔ⁵	dzəʔ¹³	tsʰ əʔ⁵	tsʰ əʔ⁵	səʔ⁵
23 分水	in²²	piəʔ⁵	liəʔ¹²	ɕiəʔ⁵	dzəʔ¹²	tsʰ əʔ⁵	tsʰ əʔ⁵	səʔ⁵
24 绍兴	iŋ⁵³调殊	pieʔ⁵	lieʔ⁵	ɕieʔ⁵	dzəʔ²	tsəʔ⁵	tsʰ əʔ⁵	səʔ⁵

方言点	0817 蝇 曾开三 平蒸以	0818 逼 曾开三 入职帮	0819 力 曾开三 入职来	0820 息 曾开三 入职心	0821 直 曾开三 入职澄	0822 侧 曾开三 入职庄	0823 测 曾开三 入职初	0824 色 曾开三 入职生
25 上虞	iŋ³⁵	piəʔ⁵	lieʔ²	ɕiəʔ⁵	dzɐʔ²	tsɐʔ⁵	tsʰɐʔ⁵	sɐʔ⁵
26 嵊州	iŋ⁵³⁴调殊	pieʔ⁵	lieʔ²	ɕieʔ⁵	dzəʔ²	tsəʔ⁵ 白 tsʰəʔ⁵ 文	tsʰəʔ⁵	səʔ⁵
27 新昌	iŋ²²	piʔ⁵	liʔ²	ɕiʔ⁵	dʑiʔ² 白 dʑeʔ² 文	tsɣʔ⁵ 白 tsʰɣʔ⁵ 文	tsʰɣʔ⁵	seʔ⁵
28 诸暨	in⁵⁴⁴调殊	pieʔ⁵	lieʔ¹³	ɕieʔ⁵	dzəʔ¹³	tsʰəʔ⁵	tsʰəʔ⁵	səʔ⁵
29 慈溪	iŋ³⁵	piəʔ⁵	liəʔ²	ɕiəʔ⁵	tsʰaʔ⁵	tsaʔ⁵	tsʰaʔ⁵	tsaʔ⁵
30 余姚	iə̃⁴⁴	piəʔ⁵	liəʔ²	ɕiəʔ⁵	zəʔ²	tsəʔ⁵	tsʰaʔ⁵	səʔ⁵
31 宁波	iŋ⁵³苍~	piəʔ⁵	liəʔ²	ɕiəʔ⁵	dʑiəʔ²	tsaʔ⁵	tsʰaʔ⁵	saʔ⁵
32 镇海	iŋ²⁴	pieʔ⁵	lieʔ¹²	ɕieʔ⁵	dʑieʔ¹²	tsaʔ⁵	tsʰaʔ⁵	saʔ⁵
33 奉化	iŋ³³	piɿʔ⁵	liɿʔ²	ɕiɿʔ⁵	dʑiɿʔ²	tsaʔ⁵	tsʰaʔ⁵	saʔ⁵
34 宁海	iŋ²¹³又 ȵiŋ²¹³又	piəʔ⁵	liəʔ³	ɕiəʔ⁵	dʑiəʔ³	tsaʔ⁵	tsʰaʔ⁵	saʔ⁵
35 象山	iŋ⁴⁴	pieʔ⁵	laʔ² 白 lieʔ² 文	ɕieʔ⁵	dʑieʔ²	tsaʔ⁵ ~身 tsʰaʔ⁵ 一~	tsʰaʔ⁵	saʔ⁵
36 普陀	iŋ⁵³苍~	pieʔ⁵	liɛʔ²³	ɕiɛʔ⁵	dʑiɛʔ²³	tsɐʔ⁵ 白 tsʰɐʔ⁵ 文	tsʰɐʔ⁵	sɐʔ⁵
37 定海	iŋ⁵²	pieʔ⁵	lieʔ²	ɕieʔ⁵	dʑiɤʔ²	tsɐʔ⁵ 白 tsʰɐʔ⁵ 文	tsʰɐʔ⁵	sɐʔ⁵
38 岱山	iŋ²³	pieʔ⁵	lieʔ²	ɕieʔ⁵	dʑieʔ²	tsɐʔ⁵	tsʰɐʔ⁵	sɐʔ⁵
39 嵊泗	iŋ⁵³	piɛʔ⁵	liɛʔ²	ɕiɛʔ⁵	dʑiɛʔ²	tsɐʔ⁵	tsʰɐʔ⁵	sɐʔ⁵
40 临海	ȵiŋ²¹	pieʔ⁵	lieʔ²³	ɕieʔ⁵	dʑieʔ²³	tɕieʔ⁵ 白 tsʰəʔ⁵ 文	tsʰəʔ⁵	səʔ⁵
41 椒江	iŋ⁴²	pieʔ⁵	lieʔ²	ɕieʔ⁵	dʑieʔ²	tɕieʔ⁵ 白 tsʰaʔ⁵ 文	tsʰaʔ⁵	saʔ⁵
42 黄岩	in³²	pieʔ⁵	lieʔ²	ɕieʔ⁵	dʑieʔ²	tɕieʔ⁵ 白 tsʰəʔ⁵ 文	tsʰəʔ⁵	səʔ⁵
43 温岭	in³¹	piʔ⁵	liʔ²	ɕiʔ⁵	dʑiʔ²	tɕiʔ⁵ 白 tsʰəʔ⁵ 文	tsʰəʔ⁵	səʔ⁵
44 仙居	in²¹³	ɓiəʔ⁵	liəʔ²³	ɕiəʔ⁵	dʑiəʔ²³	tɕiəʔ⁵ 白 tsʰəʔ⁵ 文	tsʰəʔ⁵	səʔ⁵

方言点	0817 蝇 曾开三 平蒸以	0818 逼 曾开三 入职帮	0819 力 曾开三 入职来	0820 息 曾开三 入职心	0821 直 曾开三 入职澄	0822 侧 曾开三 入职庄	0823 测 曾开三 入职初	0824 色 曾开三 入职生
45 天台	niŋ²²⁴声殊	piəʔ⁵	liəʔ²	ɕiəʔ⁵	dʑiəʔ²	tsʰəʔ⁵	tsʰəʔ⁵	səʔ⁵
46 三门	niŋ¹¹³	pieʔ⁵	lie²³	ɕieʔ⁵	dʑieʔ²³	tsʰɐʔ⁵	tsʰɐʔ⁵	sɐʔ⁵
47 玉环	iŋ³¹	piɐʔ⁵	liɐʔ²	ɕiɐʔ⁵	dʑiɐʔ²	tsʰɐʔ⁵	tsʰɐʔ⁵	sɐʔ⁵
48 金华	n̩i⁵⁵音殊	piəʔ⁴	liəʔ²¹²	ɕiəʔ⁴	dʑiəʔ²¹²	tsəʔ⁴ 白 tsʰəʔ⁴ 文	tsʰəʔ⁴	səʔ⁴
49 汤溪	ʑiɛi⁰苍~	pei⁵⁵	lei¹¹³	sei⁵⁵	dʑiɛ¹¹³	tɕiɛ⁵⁵	tsʰə⁵⁵	sə⁵⁵
50 兰溪	ɕin⁴⁵	pieʔ³⁴	lieʔ¹²	ɕieʔ³⁴	dʑiəʔ¹²	tɕiaʔ³⁴	tsʰəʔ³⁴	səʔ³⁴
51 浦江	ɕiən⁵³⁴	pɛ⁴²³	lɛ²³²	sɛ⁴²³	dzɛ²³²	tsɛ⁴²³ 白 tsʰə⁴²³ 文	tsʰə⁴²³	sə⁴²³
52 义乌	ɕiən⁴⁵	pai³²⁴	lai³¹²	sai³²⁴ 白 ɕiə³²⁴ 文	dzai³¹²	tsai³²⁴ 白 tsʰə³²⁴ 文	tsʰə³²⁴	sai³²⁴ 白 sə³²⁴ 文
53 东阳	（无）	pei³³⁴	lei²¹³	sei³³⁴	dzei²¹³	tsʰɐʔ³⁴	tsʰɐʔ³⁴	sei³³⁴
54 永康	niŋ²²	ɓə³³⁴	ləi¹¹³	səi³³⁴	dzəi¹¹³	tsəi³³⁴	tsʰəi³³⁴	səi³³⁴
55 武义	nin⁵³	pəʔ⁵	ləʔ²¹³	səʔ⁵	dzə²¹³	tsəʔ⁵	tsʰəʔ⁵	səʔ⁵
56 磐安	xɐŋ⁵²调殊	pei³³⁴	lɛi²¹³	ɕiɛ³³⁴	dzei²¹³	tsɛi³³⁴	tsʰɛ³³⁴	sɛi³³⁴
57 缙云	iɛŋ⁴⁵³	piei³²²	lai¹³	sei³²²	dzai¹³	tsʰɛ³²²	tsʰɛ³²²	sei³²²
58 衢州	in³²调殊	piəʔ⁵	liəʔ¹²	ɕiəʔ⁵	dʒyəʔ¹²	tsʰəʔ⁵声殊	tsʰəʔ⁵	səʔ⁵
59 衢江	ɕiŋ³³音殊	piəʔ⁵	liəʔ²	ɕiəʔ⁵	dzyəʔ²	tsʰəʔ⁵声殊	tsʰəʔ⁵	səʔ⁵
60 龙游	ɕin³³⁴音殊	piəʔ⁴	liəʔ²³	ɕiəʔ⁴	dzəʔ²³	tsəʔ⁴	tsʰəʔ⁴	səʔ⁴
61 江山	ɕiɛ̃⁵¹音殊	piɛʔ⁵	liɛʔ²	ɕiɛʔ⁵	diɛʔ²声殊	tsaʔ⁵	tsʰəʔ⁵	saʔ⁵
62 常山	sɿ̃ʔ⁴⁴声殊	peʔ⁵	lieʔ³⁴	seʔ⁵	dieʔ³⁴	tsɛʔ⁵	tsʰɛʔ⁵	sɛʔ⁵
63 开化	ɕin⁴⁴声殊	piɛʔ⁵	liɛʔ¹³	ɕiɛʔ⁵	diɛʔ¹³	tsaʔ⁵	tsʰaʔ⁵	saʔ⁵
64 丽水	in²²	piʔ⁵	liʔ²³	ɕiʔ⁵	dʑiʔ²³	tseʔ⁵ 白 tsʰaʔ⁵ 文	tsʰaʔ⁵	seʔ⁵
65 青田	iŋ²¹	ɓiʔ⁴²	liʔ³¹	sɿʔ⁴²	dzɿʔ³¹	tsʰɛʔ⁴²	tsʰɛʔ⁴²	sɛʔ⁴²
66 云和	iŋ³¹²	piʔ⁵	liʔ²³	ɕiʔ⁵	dʑiʔ²³	tsaʔ⁵ 白 tsʰaʔ⁵ 文	tsʰaʔ⁵	saʔ⁵
67 松阳	ɕin²⁴音殊	piʔ⁵	liʔ²	ɕiʔ⁵	dʑiʔ²	tsɛʔ⁵ 白 tsʰɛʔ⁵ 文	tsʰeʔ⁵	sɛʔ⁵

续表

方言点	0817 蝇 曾开三 平蒸以	0818 逼 曾开三 入职帮	0819 力 曾开三 入职来	0820 息 曾开三 入职心	0821 直 曾开三 入职澄	0822 侧 曾开三 入职庄	0823 测 曾开三 入职初	0824 色 曾开三 入职生
68 宣平	in^{324}调殊	piəʔ^5	liəʔ^{23}	ɕiəʔ^5	dziəʔ^{23}	tsəʔ^5 白 tsʰəʔ^5 文	tsʰəʔ^5	səʔ^5
69 遂昌	ɕiŋ^{334}	piʔ^5	liʔ^{23}	ɕiʔ^5	dziʔ^{23}	tsɛʔ^5	tsʰɛʔ^5	səɯʔ^5
70 龙泉	in^{21}	pieiʔ^5	lieiʔ^{24}	sʅʔ^5	dzʅʔ^{24}	tsᴇʔ^5	tsʰᴇʔ^5	sʅʔ^5
71 景宁	iŋ^{41}	piʔ^5	liʔ^{23}	sʅʔ^5	dzʅʔ^{23}	tsɛʔ^5 白 tsʰəɯʔ^5 文	tsʰəɯʔ^5	sɛʔ^5
72 庆元	ɕiŋ^{11}声殊	ɓiʔ^5	liʔ^{34}	ɕiʔ^5	tsʅʔ^{34}	tsɤʔ^5	tsʰɤʔ^5	sɤʔ^5
73 泰顺	iŋ^{53}	piʔ^5	liʔ^2	sʅʔ^5	tsʅʔ^2	tsɛʔ^5	tsʰɛʔ^5	sɛʔ^5
74 温州	iaŋ^{33}调殊	pi^{323}	lei^{212}	sei^{323}	dzei^{212}	tsei^{323} 白 tsʰei^{323} 文	tsʰei^{323}	se^{323}
75 永嘉	iaŋ^{31}	pi^{423}	lei^{213}	sʅ^{423}	dzʅ^{213}	tsʅ^{423} 白 tsʰe^{423} 文	tsʰe^{423}	se^{423}
76 乐清	iaŋ^{44}调殊	pi^{323}	li^{212}	si^{323}	dzi^{212}	tɕi^{323} 白 tɕʰiɤ^{323} 文	tɕʰiɤ^{323}	sɤ^{323}
77 瑞安	iaŋ^{31}	pei^{323}	lei^{212}	sei^{323}	dzei^{212}	tsei^{323} 白 tsʰei^{323} 文	tsʰei^{323}	se^{323}
78 平阳	iaŋ^{55}	pie^{34}	li^{12}	si^{34}	dzi^{12}	tʃʰe^{34}	tʃʰe^{34}	se^{34}
79 文成	iaŋ^{55}	pei^{34}	lei^{212}	sei^{34}	dzi^{212}	tʃʰe^{34}	tʃʰe^{34}	se^{34}
80 苍南	iaŋ^{31}	pie^{223}	li^{112}	ɕi^{223}	dzi^{112}	tɕi^{223} 白 tsʰe^{223} 文	tsʰe^{223}	se^{223}
81 建德徽	in^{213}苍~	piɐʔ^5	liɐʔ^{12}	ɕiɐʔ^5	tsɐʔ^{12}	tsɐʔ^5 白 tsʰɐʔ^5 文	tsʰɐʔ^5	sɐʔ^5
82 寿昌徽	ɕien^{112}	piəʔ^3	liəʔ^{31}	ɕiəʔ^3	tsʰəʔ^{31}白 tsəʔ^3 文	tsəʔ^3	tsʰəʔ^3	səʔ^3
83 淳安徽	sen^{55}苍~	piʔ^5	liʔ^{13}	ɕiʔ^5	tsʰəʔ^{13}	tsəʔ^5 白 tsʰəʔ^5 文	tsʰəʔ^5	səʔ^5
84 遂安徽	ɕin^{33}	pi^{24}	li^{213}	ɕiɛ^{24}	tɕʰiɛ^{213}	tsəɯ^{24}	tsʰəɯ^{24}	səɯ^{24}
85 苍南闽	ɕin^{24}	pie^{43}	lɐ^{24}	ɕie^{43}	tie^{24}	tɕʰie^{43}	tɕʰie^{43}	ɕie^{43}
86 泰顺闽	syeŋ^{22}	piɪʔ^5	liɪʔ^3	ɕiɪʔ^5	tiɪʔ^3	tsʰɛʔ^5	tsʰɛʔ^5	sɛʔ^5
87 洞头闽	ɕieŋ^{113}	piek^5	lɐt^{24}	ɕiek^5	tiek^{24}	tɕʰiek^5	tɕʰiek^5	ɕiek^5
88 景宁畲	（无）	piʔ^5	liʔ^2	ɕiʔ^5	tɕʰiʔ^2	（无）	tɕʰit^5	səʔ^5

方言点	0825 织 曾开三 入职章	0826 食 曾开三 入职船	0827 式 曾开三 入职书	0828 极 曾开三 入职群	0829 国 曾合一 入德见	0830 或 曾合一 入德匣	0831 猛 梗开二 上庚明	0832 打 梗开二 上庚端
01 杭州	$tsaʔ^5$	$zaʔ^2$	$saʔ^5$	$dʑiɛʔ^2$	$koʔ^5$	$oʔ^2$	$maŋ^{53}$白 $moŋ^{53}$文	ta^{53}
02 嘉兴	$tsəʔ^5$	$zəʔ^{13}$	$səʔ^5$	$dʑieʔ^{13}$	$kuəʔ^5$	$uəʔ^5$	$m\tilde{A}^{113}$	$t\tilde{A}^{544}$
03 嘉善	$tsɜʔ^5$	$zɜʔ^2$	$sɜʔ^5$	$dʑieʔ^2$	$kuoʔ^5$	$uoʔ^2$	$mən^{44}$	$tæ^{44}$
04 平湖	$tsəʔ^5$	$zəʔ^{23}$	$səʔ^5$	$dʑiəʔ^{23}$	$kuəʔ^5$	$vəʔ^{23}$	$m\tilde{a}^{213}$	$t\tilde{a}^{44}$
05 海盐	$tsəʔ^5$	$zəʔ^{23}$	$səʔ^5$	$dʑiəʔ^{23}$	$kəʔ^5$	$ɔʔ^{23}$	$m\tilde{ɛ}^{334}$	$t\tilde{ɛ}^{423}$
06 海宁	$tsəʔ^5$	$zəʔ^2$	$səʔ^5$	$dʑieʔ^2$	$koʔ^5$	$uəʔ^2$	$m\tilde{a}^{231}$	$t\tilde{a}^{53}$
07 桐乡	$tsəʔ^5$	$zəʔ^{23}$	$səʔ^5$	$dʑiəʔ^{23}$	$kəʔ^5$	$ɔʔ^{23}$	$m\tilde{a}^{242}$	$t\tilde{a}^{53}$
08 崇德	$tsəʔ^5$	$zəʔ^{23}$	$səʔ^5$	$dʑiəʔ^{23}$	$kuəʔ^5$	$uoʔ^{23}$	$m\tilde{a}^{53}$	$t\tilde{a}^{53}$
09 湖州	$tsəʔ^5$	$zəʔ^2$	$səʔ^5$	$dʑieʔ^2$	$kuoʔ^5$	$uoʔ^2$	$mən^{523}$	$t\tilde{a}^{523}$
10 德清	$tsəʔ^5$	$zəʔ^2$	$səʔ^5$	$dʑieʔ^2$	$kuoʔ^5$	$uoʔ^2$	$m\tilde{a}^{52}$	$t\tilde{a}^{52}$
11 武康	$tsɜʔ^5$	$zɜʔ^2$	$sɜʔ^5$	$dʑieʔ^2$	$kuoʔ^5$	$uoʔ^2$	$m\tilde{a}^{242}$	$t\tilde{a}^{53}$
12 安吉	$tsəʔ^5$	$zəʔ^{23}$	$səʔ^5$	$dʑiɛʔ^{23}$	$kuəʔ^5$	$uəʔ^{23}$	$m\tilde{a}^{52}$白 $moŋ^{52}$文	$t\tilde{a}^{52}$
13 孝丰	$tsəʔ^5$	$zəʔ^{23}$	$səʔ^5$	$dʑieʔ^{23}$	$kuəʔ^5$	$uəʔ^{23}$	$m\tilde{a}^{52}$白 $moŋ^{52}$文	$t\tilde{a}^{52}$
14 长兴	$tsəʔ^5$	$zəʔ^2$	$səʔ^5$	$dʒiɛʔ^2$	$kuəʔ^5$	$uəʔ^2$	ma^{52} $məŋ^{52}$文	$t\tilde{a}^{52}$
15 余杭	$tsəʔ^5$	$zəʔ^2$	$səʔ^5$	$dʑieʔ^2$	$koʔ^5$	$oʔ^2$	$moŋ^{53}$	$t\tilde{a}^{53}$
16 临安	$tsæʔ^{54}$	$zɐʔ^{12}$	$sɐʔ^{54}$	$dʑiɐʔ^{12}$	$kuɐʔ^{54}$	$ɐʔ^{12}$	$moŋ^{33}$	$t\tilde{a}^{55}$
17 昌化	$tɕiɛʔ^5$	$ziɛʔ^{23}$	$ɕiɛʔ^5$	$dʑiɛʔ^{23}$	$kuəʔ^5$	$uaʔ^{23}$	$məŋ^{243}$新 $m\tilde{a}^{243}$老	$t\tilde{a}^{453}$
18 於潜	$tsəʔ^{53}$	$zæʔ^{23}$	$səʔ^{53}$	$dʑiæʔ^{23}$	$kuəʔ^{53}$	$uəʔ^{23}$	$meŋ^{51}$	ta^{51}
19 萧山	$tsəʔ^5$	$zəʔ^{13}$	$saʔ^5$	$dʑieʔ^{13}$	$kuoʔ^5$	$uoʔ^{13}$	$m\tilde{a}^{13}$	$t\tilde{a}^{33}$
20 富阳	$tsɛʔ^5$	$ʑiɛʔ^2$	$ɕiɛʔ^5$	$dʑiɛʔ^2$	$kuoʔ^5$	$uoʔ^2$	$moŋ^{224}$	$t\tilde{a}^{423}$
21 新登	$tsəʔ^5$	$zəʔ^2$	$səʔ^5$	$dʑiəʔ^2$	$kuəʔ^5$	$uəʔ^2$	$moŋ^{334}$	$tɛ^{334}$
22 桐庐	$tsəʔ^5$	$zəʔ^{13}$	$səʔ^5$	$dʑiəʔ^{13}$	$kuəʔ^5$	$uəʔ^{13}$	$məŋ^{33}$	$t\tilde{a}^{33}$
23 分水	$tsəʔ^5$	$zəʔ^{12}$	$səʔ^5$	$dʑiəʔ^{12}$	$kuəʔ^5$	$uaʔ^{12}$	$məŋ^{53}$	ta^{53}

续表

方言点	0825 织 曾开三 入职章	0826 食 曾开三 入职船	0827 式 曾开三 入职书	0828 极 曾开三 入职群	0829 国 曾合一 入德见	0830 或 曾合一 入德匣	0831 猛 梗开二 上庚明	0832 打 梗开二 上庚端
24 绍兴	tseʔ^5	zəʔ^2	səʔ^5	dʑieʔ^2	kuoʔ^5	uoʔ^2	maŋ^{223}	taŋ^{334}
25 上虞	tsɐʔ^5	zɐʔ^2	sɐʔ^5	dʑiəʔ^2	koʔ^5	oʔ^2	mã^{213}	tã^{35}
26 嵊州	tsəʔ^5	zəʔ^2	səʔ^5	dʑieʔ^2	kuoʔ^5	oʔ^2	maŋ^{22}	taŋ^{53}
27 新昌	tɕiʔ^5 白 tseʔ^5 文	ziʔ^2 白 zeʔ^2 文	seʔ^5	dʑiʔ^2	kuʔ^5	ɤʔ^2	maŋ^{232}	taŋ^{453}
28 诸暨	tsəʔ^5	zəʔ^{13}	səʔ^5	dʑieʔ^{13}	koʔ^5	oʔ^{13}	mã^{242}	tã^{42}
29 慈溪	saʔ^5	tsaʔ^2	zaʔ^5	dʑiəʔ^2	koʔ^5	oʔ^2	mã^{13}	tã^{35}
30 余姚	tsəʔ^5	zəʔ^2	səʔ^5	dʑiəʔ^2	koʔ^5	oʔ^2	maŋ^{13}	taŋ^{34}
31 宁波	tɕiəʔ^5	ziəʔ^2	ɕiəʔ^5	dʑiəʔ^2	koʔ^5	hoʔ^5	ma^{13}	ta^{35}
32 镇海	tɕieʔ^5	ieʔ^{12}	ɕieʔ^5	dʑieʔ^{12}	koʔ^5	oʔ^{12}	mã^{24}	tã^{35}
33 奉化	tɕiɿʔ^5	ziɿʔ^2	ɕiɿʔ^5	dʑiɿʔ^2	koʔ^5	oʔ^2	mã^{324}	tã^{545}
34 宁海	tɕiəʔ^5	ziəʔ^3	ɕiəʔ^5	dʑiəʔ^3	koʔ^5	uoʔ^3	mã^{31}	tã^{53}
35 象山	tɕieʔ^5	ieʔ^2	ɕieʔ^5	dʑieʔ^2	koʔ^5	uoʔ^2	mã^{31}	tã^{44}
36 普陀	tɕiɛʔ^5	iɛʔ^{23}	ɕiɛʔ^5	dʑiɛʔ^{23}	koʔ^5	oʔ^{23}	mɐŋ^{23}	tã^{45}
37 定海	tɕieʔ^5	ieʔ^2	ɕieʔ^5	dʑieʔ^2	koʔ^5	oʔ^2	mã^{23}	tã^{45}
38 岱山	tɕieʔ^5	ieʔ^2	ɕieʔ^5	dʑieʔ^2	koʔ^5	oʔ^2	mã^{244}	tã^{325}
39 嵊泗	tɕiɛʔ^5	iɛʔ^2	ɕiɛʔ^5	dʑiɛʔ^2	koʔ^5	oʔ^2	mã^{445}	tã^{445}
40 临海	tɕieʔ^5	zieʔ^{23}	ɕieʔ^5	dʑieʔ^{23}	koʔ^5	oʔ^{23}	mã^{52}	tã^{52}
41 椒江	tɕieʔ^5	zieʔ^2	ɕieʔ^5	dʑieʔ^2	koʔ^5	oʔ^2	mã^{42}	tã^{42}
42 黄岩	tɕieʔ^5	zieʔ^2	ɕieʔ^5	dʑieʔ^2	koʔ^5	uoʔ^2	mã^{42}	tã^{42}
43 温岭	tɕiʔ^5	ziʔ^2	ɕiʔ^5	dʑiʔ^2	kuoʔ^5	uoʔ^2	mã^{42}	tã^{42}
44 仙居	tɕiəʔ^5	ziəʔ^{23}	ɕiəʔ^5	dʑiəʔ^{23}	kuəʔ^5	uəʔ^{23}	mã^{324}	nã^{324}
45 天台	tɕiəʔ^5	ziəʔ^2	ɕiəʔ^5	giəʔ^2	kuʔ^5	uəʔ^2	ma^{214}	tã^{325}韵殊
46 三门	tɕieʔ^5	zieʔ^{23}	ɕieʔ^5	dʑieʔ^{23}	koʔ^5	oʔ^{23}	mã^{325}	tɛ^{325} 又 tã^{325} 又
47 玉环	tɕiɐʔ^5	ziɐʔ^2	ɕiɐʔ^5	dʑiɐʔ^2	koʔ^5	uoʔ^2	mã^{53}	tã^{53}

方言点	0825织	0826食	0827式	0828极	0829国	0830或	0831猛	0832打
	曾开三入职章	曾开三入职船	曾开三入职书	曾开三入职群	曾合一入德见	曾合一入德匣	梗开二上庚明	梗开二上庚端
48 金华	tɕiəʔ^4	ʑiəʔ^{212}	səʔ^4 ɕiəʔ^4	dʑiəʔ^{212}	kuəʔ^4	uəʔ^{212}	mɑŋ^{535}	tɑŋ^{535}
49 汤溪	tɕiɛ^{55}	ʑiɛ^{113}	ɕiɛ^{55}	dʑiei^{113}	kuə^{55}	（无）	ma^{113}	na^{535}
50 兰溪	tɕieʔ^{34}	ʑiəʔ^{12}	ɕiəʔ^{34}	dʑieʔ^{12}	kuəʔ^{34}	uɑʔ^{12}	mæ̃^{55}	tæ̃^{55}
51 浦江	tsɛ^{423}	zɛ^{232}	sɛ^{423}	dʑiə^{232}	kuə^{423}	uə^{232}	mɛ̃^{243}白 mon^{243}文	nɛ̃^{53}
52 义乌	tsai^{324}白 tsə^{324}文	zai^{312}	sai^{324}白 sə^{324}文	dʑiə^{312}	kuə^{324}	uə^{312}	mɛ^{312}白 moŋ^{312}勇~ mən^{312}~虎	nɛ^{423}
53 东阳	tsei^{334}	zei^{213}	sei^{334}	dʑiɛ^{213}	kuei^{334}白 kuɐ^{334}文	uɐ^{213}	mɛ^{24}白 mɐn^{231}文	nɛ^{44}
54 永康	tsəi^{334}	zəi^{113}	səi^{334}	dʑiə^{113}	kuəi^{334}	uəi^{113}	mai^{113}	nai^{334}
55 武义	tsəʔ^5	zə^{213}	səʔ^5	dʑiə^{213}	kuəʔ^5	uə^{213}	ma^{445}	na^{445}
56 磐安	tsɛi^{334}	zɛi^{213}	sɛi^{334}	dʑiɛ^{213}	kuɛi^{334}	uə^{213}	mɛ^{334}	nɛ^{334}
57 缙云	tsei^{322}	zai^{13}	sei^{322}	dʑiai^{13}	kuɛ^{322}	uɛ^{13}	ma^{213}	na^{51}
58 衢州	tʃyəʔ^5	ʒyəʔ^{12}	ʃyəʔ^5	dʑiəʔ^{12}	kuəʔ^5	uəʔ^{12}	moŋ^{53}	tã^{35}
59 衢江	tɕyəʔ^5	iəʔ^2 ~饭 zyəʔ^2 粮~	ɕyəʔ^5	dʑiəʔ^2	kuəʔ^5	xuəʔ^{2}声殊	məŋ^{53} 调殊	nɛ^{25}声殊
60 龙游	tsəʔ^4	zəʔ^{23}	səʔ^4	dʑiəʔ^{23}	kuəʔ^4	uəʔ^{23}	mən^{51}调殊	tɛ^{35}
61 江山	tɕiɐʔ^5	ʑiɐʔ^2	ɕiɐʔ^5	giɐʔ^2	koʔ^2	ua^2	maŋ^{213}调殊	taŋ^{241}
62 常山	tseʔ^5	zeʔ^{34}	seʔ^5	dʑieʔ^{34}	kɣʔ^5	uʌʔ^{34}	moŋ^{52}	tĩ^{52}
63 开化	tɕiɛʔ^5	ʑiɛʔ^{13}	ɕiɛʔ^5	dʑiɛʔ^{13}	kua^5	uaʔ^{13}	mɣŋ^{53}	tã^{53}
64 丽水	tɕiʔ^5	ʑiʔ^{23}	ɕiʔ^5	dʑiʔ^{23}	kuɛʔ^5	uɔʔ^{23}	mã^{544}白 mɔŋ^{544}文	nã^{544}
65 青田	tsʅʔ^{42}	iʔ^{31}	sɛʔ^{42}	dʑiæʔ^{31}	kuɛʔ^{42}	uɛʔ^{31}	mɛ^{454}	nɛ^{454}
66 云和	tɕiʔ^5	ʑiʔ^{23}	ɕiʔ^5	dʑiʔ^{23}	kua^5	uaʔ^{23}	mɛ^{41}白 moŋ^{41}文	nɛ^{41}
67 松阳	tɕiʔ^5	ʑiʔ^2	ɕiʔ^5	dʑiʔ^2	kuɛʔ^5	ŋuɛʔ^2	mã^{22}	nã^{212}
68 宣平	tɕiəʔ^5	ʑiəʔ^{23}	ɕiəʔ^5	dʑiəʔ^{23}	kuəʔ^5	uəʔ^{23}	mɛ^{223}	nɛ^{445}

续表

方言点	0825 织	0826 食	0827 式	0828 极	0829 国	0830 或	0831 猛	0832 打
	曾开三入职章	曾开三入职船	曾开三入职书	曾开三入职群	曾合一入德见	曾合一入德匣	梗开二上庚明	梗开二上庚端
69 遂昌	tɕiʔ⁵	ʑiʔ²³	ɕiʔ⁵	dʑiʔ²³	kuɛʔ⁵	uɔʔ²³	miaŋ¹³白 məŋ¹³文	tiaŋ⁵³³
70 龙泉	tsɿʔ⁵	zɿʔ²⁴	sɿʔ⁵	dzɿʔ²⁴	kuoʔ⁵	uoʔ²⁴	moŋ⁵¹韵殊	taŋ⁵¹白 to⁵¹文
71 景宁	tsɿʔ⁵	zɿʔ²³	sɿʔ⁵	dʑiʔ²³	kœʔ⁵	uɔʔ²³	me³³白 maŋ³³文	nɛ³³
72 庆元	tsɿʔ⁵	sɿʔ³⁴	sɿʔ⁵	tɕiɯʔ³⁴	kuɤʔ⁵	uəɯʔ³⁴	mæ̃²²¹	næ̃⁵²调殊
73 泰顺	tsɿʔ⁵	sɿʔ²	sɛʔ⁵	tsɿʔ²	kuɛʔ⁵	uɛʔ²	moŋ⁵⁵	næi⁵⁵
74 温州	tsei³²³	zei²¹²	sei³²³	dʑiai²¹²	kai³²³	va²¹²	miɛ¹⁴	tie²⁵
75 永嘉	tsɿ⁴²³	zɿ²¹³	sɿ⁴²³	dʑiai²¹³	kai⁴²³	va²¹³	me¹³	te⁴⁵
76 乐清	tɕi³²³	zi²¹²	si³²³	dʑiɤ²¹²	kuai³²³	vai²¹²	ma²⁴	ta³⁵
77 瑞安	tsei³²³	zei²¹²	sei³²³	dʑi²¹²	ke³²³	va²¹²	ma¹³	ta³⁵
78 平阳	tɕi³⁴	zi¹²	si³⁴	dʒʌ¹²	kye³⁴	vʌ¹²	mʌ⁴⁵	tʌ⁴⁵
79 文成	tɕi³⁴	zei²¹²	sei³⁴	dʑi²¹²	kuø³⁴	va²¹²	ma²²⁴	ta⁴⁵
80 苍南	tɕi²²³	dʑi¹¹²	ɕi²²³	dʑia¹¹²	kye²²³	uɛ¹¹²	mia⁵³	tia⁵³
81 建德徽	tsɐʔ⁵	sɐʔ¹²	sɐʔ⁵	tɕiɐʔ¹²	kuɐʔ⁵	lɪuɐʔ¹²	moŋ⁵⁵	te²¹³
82 寿昌徽	tsə³	sәʔ³¹	səʔ³	tɕiəʔ³¹	kuəʔ³	uɔʔ³¹	moŋ⁵⁵文	tæ̃²⁴
83 淳安徽	tsəʔ⁵	səʔ¹³	səʔ⁵	tɕʰiəʔ¹³	kue⁵	（无）	mon⁵⁵	tɑ̃⁵⁵
84 遂安徽	tɕiɛ²⁴	ɕiɛ²¹³	ɕiɛ²⁴	tɕiɛ²¹³	kuəɯ²⁴	fəɯ²¹³	məŋ²¹³	（无）
85 苍南闽	tɕie⁴³	ɕie²⁴	ɕie⁴³	kie²⁴	kɐ⁴³	hie²⁴	bin⁴³	（无）
86 泰顺闽	tɕiɪʔ⁵	ɕiɪʔ³	ɕiɪʔ⁵	kiɪʔ⁵	kuøʔ⁵	xɛʔ³	me³⁴⁴	（无）
87 洞头闽	tɕiek⁵	ɕiek²⁴	ɕiek⁵	kiek²⁴	kɔk⁵	ho²¹文	mieŋ⁵³	（无）
88 景宁畲	tɕiʔ⁵	ɕiʔ²	ɕiʔ⁵	tɕiʔ⁵	kot⁵	（无）	moŋ⁵¹调殊	taŋ³²⁵

方言点	0833 冷	0834 生	0835 省 ~长	0836 更 三~,打~	0837 梗	0838 坑	0839 硬	0840 行 ~为,~走
	梗开二 上庚来	梗开二 平庚生	梗开二 上庚生	梗开二 平庚见	梗开二 上庚见	梗开二 平庚溪	梗开二 去庚疑	梗开二 平庚匣
01 杭州	ləŋ⁵³	saŋ³³⁴~活 / səŋ³³⁴~熟	səŋ⁵³	kəŋ³³⁴	kuaŋ⁵³白 / kəŋ⁵³文	kʰaŋ³³⁴白 / kʰəŋ³³⁴文	ŋaŋ¹³	iŋ²¹³
02 嘉兴	lÃ¹¹³	sÃ⁴²	sÃ⁵⁴⁴	kÃ⁴²	kÃ⁵⁴⁴	kʰÃ⁴²	ŋÃ¹¹³	iŋ²⁴²
03 嘉善	læ̃¹¹³	sæ̃⁵³	sæ̃⁴⁴	kæ̃⁵³	kæ̃⁴⁴	kʰæ̃⁵³	ŋæ̃¹¹³	in¹³²
04 平湖	lã²¹³	sã⁵³	sã⁴⁴	kã⁵³	kã⁴⁴	kʰã⁵³	ŋã²¹³	in³¹
05 海盐	lɛ̃⁴²³	sɛ̃⁵³白 / sən⁵³文	sɛ̃⁴²³	kɛ̃⁵³	kɛ̃⁴²³	kʰɛ̃⁵³	ɛ̃²¹³	in³¹
06 海宁	lɑ̃²³¹	sɑ̃⁵⁵	sɑ̃⁵³	kɑ̃⁵⁵	kɑ̃⁵⁵	kʰɑ̃⁵⁵	ɑ̃¹³	iŋ¹³
07 桐乡	lã²⁴²	sã⁴⁴	sã⁵³	kã⁴⁴	kã⁵³	kʰã⁴⁴	ã²¹³	iŋ¹³
08 崇德	lã⁵³	sã⁴⁴	sã⁵³	kã⁴⁴	kã⁵³	kʰã⁴⁴	ã¹³	iŋ¹³
09 湖州	lã⁵²³	sã⁴⁴	sã⁵²³	kã⁴⁴	kã⁵²³	kʰã⁴⁴	ŋã³⁵	in¹¹²
10 德清	lã⁵²	sã⁴⁴	sã⁵²	kã⁴⁴	kã³³⁴	kʰã⁴⁴	ŋã³³⁴	in¹¹³
11 武康	lã²⁴²	sã⁴⁴	sã⁵³	kã⁴⁴	kã²²⁴	kʰã⁴⁴	ŋã²²⁴	in¹¹³
12 安吉	lã⁵²	sã⁵⁵白 / səŋ⁵⁵文	sã⁵²	kã⁵⁵	kuã⁵⁵	kʰã³²⁴白 / kʰɔ³²⁴文	ŋã²¹³	ã²²白 / iŋ²²文
13 孝丰	lã⁵²	sã⁴⁴	sã⁵²	kã⁴⁴	kuã⁵²	kʰã⁴⁴	ŋã³²⁴	iŋ²²
14 长兴	lã⁵²	sã⁴⁴白 / səŋ⁴⁴文	sã⁵²	kã⁴⁴	kã⁴⁴	kʰã⁴⁴	ŋã³²⁴	iŋ¹²
15 余杭	lɑ̃⁵³	sɑ̃⁴⁴	siŋ⁵³	kiŋ⁴⁴	kɑ̃⁵³	kʰɑ̃⁴⁴	ŋɑ̃²¹³	ɑ̃²²
16 临安	lɑ̃³³	sã⁵⁵	sɑ̃⁵⁵	keŋ⁵⁵	kuã⁵⁵	kʰã⁵⁵	ŋɑ̃³³	ã³³
17 昌化	lã²⁴³	sã³³⁴白 / səŋ³³⁴文	səŋ⁴⁵³	kã³³⁴	kã³³⁴白 / kəŋ³³⁴文	kʰã³³⁴	ŋã²⁴³	iəŋ¹¹²~为 / ã¹¹²~走
18 於潜	laŋ⁵¹	saŋ⁴³³白 / seŋ⁴³³文	saŋ⁵¹白 / seŋ⁵¹文	kaŋ⁴³³	kuaŋ⁵¹	kʰaŋ⁴³³	ŋaŋ²⁴	ʑiŋ²²³文
19 萧山	lã¹³	sã⁵³³	sã³³	kã⁵³³	kuã³³	kʰã⁵³³	ŋã²⁴²	ʑiŋ³⁵⁵
20 富阳	lã²²⁴	sã⁵³	sən⁴²³	kã⁵³	kuã⁵³	kʰã⁵³	ŋã³³⁵	in¹³
21 新登	lɛ³³⁴	sɛ⁵³	sɛ³³⁴	kɛ⁵³	kuɛ³³⁴	kʰɛ⁵³	ɛ¹³	eiŋ²³³
22 桐庐	lã³³	sã⁵³³	səŋ³³	kəŋ⁵³³	kuã³³	kʰã⁵³³	ŋã²⁴	ã¹³白 / ɕiŋ¹³文

续表

方言点	0833 冷 梗开二 上庚来	0834 生 梗开二 平庚生	0835 省 ~长 梗开二 上庚生	0836 更 三~,打~ 梗开二 平庚见	0837 梗 梗开二 上庚见	0838 坑 梗开二 平庚溪	0839 硬 梗开二 去庚疑	0840 行 ~为,~走 梗开二 平庚匣
23 分水	lən⁵³	sən⁴⁴	sən⁵³	kən⁵³	kən⁵³	kʰən⁴⁴	ŋən¹³	zin²²
24 绍兴	laŋ²²³	saŋ⁵³	saŋ³³⁴	kaŋ⁵³白 kən⁵³文	kuaŋ³³⁴白 kaŋ³³⁴文	kʰaŋ⁵³	ŋaŋ²²	iŋ²³¹
25 上虞	lã²¹³	sã³⁵	sã³⁵	kã³⁵	kuã³⁵	kʰã⁵³调殊	ŋã³¹	iŋ²¹³
26 嵊州	laŋ²²	saŋ⁵³⁴	saŋ⁵³	kaŋ⁵³⁴	kuaŋ⁵³白 kaŋ⁵³文	kʰaŋ⁵³	ŋaŋ²⁴	aŋ²¹³~为 iŋ²¹³~走
27 新昌	laŋ²³²	saŋ⁵³⁴	saŋ⁴⁵³	kaŋ⁵³⁴	kuaŋ⁴⁵³白 kaŋ⁴⁵³文	kʰaŋ⁵³⁴	ŋaŋ¹³	aŋ²²白 iŋ²²文
28 诸暨	lã²⁴²	sã⁵⁴⁴	sã⁴²	kã⁵⁴⁴	kuã⁴²	kʰã⁵⁴⁴	ŋã³³	ã¹³
29 慈溪	lã¹³	sã³⁵白 sən³⁵文	sã³⁵	kã³⁵	kuã³⁵白 kən³⁵文	kʰã³⁵	ŋã¹³	ən¹³
30 余姚	laŋ¹³	saŋ⁴⁴白 sə̃⁴⁴文	saŋ³⁴	kaŋ⁴⁴	kuaŋ³⁴	kʰaŋ⁴⁴	ŋaŋ¹³	aŋ¹³
31 宁波	la¹³	sa⁵³	sa³⁵	ka⁵³	kua³⁵菜~ ka³⁵作~ kəŋ⁵³~概	kʰa⁵³茅~	ŋa¹³	a¹³~为 iŋ¹³~走
32 镇海	lã²⁴	sã⁵³	sã³⁵	kã⁵³	kuã³⁵又 kã⁰⁵又	kʰã⁵³	ŋã²⁴	ã³¹
33 奉化	lã³²⁴	sã⁴⁴	sã⁵⁴⁵	kã⁴⁴	kuã⁵⁴⁵	kʰã⁵³调殊	ŋã³¹	iŋ³³
34 宁海	lã³¹	sã⁴²³	sã⁵³	kã⁴²³	kuã⁵³	kʰã⁴²³	ŋã²⁴	ã²¹³
35 象山	lã³¹	sã⁵³调殊	sã⁴⁴	kã⁴⁴	kuã⁴⁴	kʰã⁴⁴	ŋã¹³	ã³¹~为 iŋ³¹~走
36 普陀	lã²³	sã⁵³白 səŋ⁵³文	sã⁴⁵	kã⁵³白 kəŋ⁵³文	kuã⁴⁵	kʰã⁵⁵小	ŋã¹³	ã²⁴~为 iŋ²⁴~走
37 定海	lã²³	sã⁵²白 səŋ⁵²文	sã⁴⁵	kã⁵²	kuã⁴⁵树~ kã⁴⁵~塞	kʰã⁵²溪~ kʰo⁴⁴~道	ŋã¹³	ã²³~为 iŋ²³~走
38 岱山	lã²⁴⁴	sã⁵²白 səŋ⁵²文	sã³²⁵	kã⁵²	kuã³²⁵树~ kã³²⁵~塞	kʰã⁴⁴调殊	ŋã²¹³	ã²³~为 iŋ²³~走
39 嵊泗	lã⁴⁴⁵	sã⁵³白 səŋ⁵³文	sã⁴⁴⁵	kã⁵³	kuã⁴⁴⁵树~子 kã⁴⁴⁵~塞	kʰã⁵³水~ kʰo⁵³~道	ŋã²¹³	ã²⁴³

续表

方言点	0833 冷 梗开二 上庚来	0834 生 梗开二 平庚生	0835 省 ~长 梗开二 上庚生	0836 更 三~,打~ 梗开二 平庚见	0837 梗 梗开二 上庚见	0838 坑 梗开二 平庚溪	0839 硬 梗开二 去庚疑	0840 行 ~为,~走 梗开二 平庚匣
40 临海	$lã^{52}$	$sã^{31}$	$sã^{52}$	$kã^{31}$	$kuã^{52}$	$kʰã^{31}$	$ŋã^{324}$	$ã^{21}$
41 椒江	$lã^{42}$	$sã^{42}$	$sã^{42}$	$kã^{42}$	$kuã^{42}$	$kʰã^{42}$	$ŋã^{24}$	$ã^{31}$
42 黄岩	$lã^{42}$	$sã^{32}$	$sã^{42}$	$kã^{32}$	$kuã^{42}$	$kʰã^{32}$	$ŋã^{24}$	$ã^{121}$
43 温岭	$lã^{42}$	$sã^{33}$	$sã^{42}$	$kã^{33}$	$kuã^{42}$	$kʰã^{33}$	$ŋã^{13}$	$ã^{31}$
44 仙居	$lã^{324}$	$sã^{334}$	$sã^{324}$	$kã^{334}$	$kuã^{324}$	$kʰã^{334}$	$ŋã^{24}$	$ã^{213}$
45 天台	la^{214}	sa^{33}	sa^{325}	ka^{33}	kua^{325}	$kʰa^{33}$	$ŋa^{35}$	a^{224}
46 三门	$lɛ^{325}$	$sɛ^{334}$	$sɛ^{325}$	$kɛ^{334}$	$kuɛ^{325}$	$kʰɛ^{334}$	$ŋɛ^{243}$	$ɛ^{113}$~为 $iŋ^{113}$~走
47 玉环	$lã^{53}$	$sã^{42}$	$sã^{53}$	$kã^{42}$	$kuã^{53}$	$kʰã^{42}$	$ŋã^{22}$	$ã^{31}$
48 金华	$lɑŋ^{535}$	$sɑŋ^{334}$白 $səŋ^{334}$文	$sɑŋ^{535}$白 $səŋ^{535}$文	$kɛ̃^{334}$	$kuɑŋ^{535}$	$kʰɑŋ^{334}$	$ɑŋ^{14}$	$ʑiŋ^{313}$
49 汤溪	la^{113}	sa^{24}	sa^{535}	ka^{24}	kua^{535}	$kʰa^{24}$	a^{341}	$ʑiẽi^{11}$
50 兰溪	$læ̃^{55}$	$sæ̃^{334}$	$sæ̃^{55}$	$kæ̃^{334}$	$kuæ̃^{55}$	$kʰæ̃^{334}$	$æ̃^{24}$	$ʑin^{21}$
51 浦江	$nɛ̃^{243}$	$sɛ̃^{534}$	$sɛ̃^{53}$	$kɛ̃^{534}$	$kən^{53}$读字	$kʰɛ̃^{534}$	$ŋɛ̃^{24}$	$iən^{113}$
52 义乌	$lɛ^{312}$	$sɛ^{335}$	$sɛ^{423}$	$kɛ^{335}$打~ ka^{335}三~	$kuɛ^{423}$白 $kən^{335}$文	$kʰɛ^{335}$白 $kʰən^{335}$文	$ɛ^{24}$	$ɛ^{213}$白 $ʑien^{213}$文
53 东阳	$lɛ^{231}$	$sɛ^{334}$	$sɛ^{44}$	$kɛ^{334}$	$kuɛ^{44}$	$kʰɛ^{334}$	$ŋɛ^{24}$	$ɛ^{213}$
54 永康	lai^{113}	sai^{55}	sai^{334}	kai^{55}	$kuai^{334}$	$kʰai^{55}$	$ŋai^{241}$	ai^{22}
55 武义	na^{13}	sa^{24}	sa^{445}	ka^{24}	kua^{445}	$kʰa^{24}$	$ŋa^{231}$	$ŋa^{324}$
56 磐安	$lɛ^{334}$	$sɛ^{445}$	$sɛ^{334}$	$kɛ^{445}$	$kuɛn^{334}$小	$kʰɛ^{445}$	$ŋɛ^{14}$	$ɛ^{213}$
57 缙云	la^{31}	sa^{44}	sa^{51}	ka^{44}	kua^{51}	$kʰa^{44}$	$ŋa^{213}$	a^{243}
58 衢州	$lən^{53}$	$ɕiã^{32}$白 $sən^{32}$文	$sən^{35}$	$tɕiã^{32}$	$kuã^{35}$	$tɕʰiã^{32}$	$ȵiã^{231}$	$ʑin^{21}$
59 衢江	$ləŋ^{53}$调殊	$ɕiɛ^{33}$白 $səŋ^{33}$文	$səŋ^{25}$	$kɛ^{33}$	$kuɛ^{25}$	$kʰɛ^{33}$	$ŋɛ^{231}$	$ʑiŋ^{212}$
60 龙游	$lɛ^{224}$	$sɛ^{334}$白 $sən^{334}$文	$sən^{35}$	$kɛ^{334}$	$kuɛ^{35}$	（无）	$ŋɛ^{231}$	$ʑin^{21}$

续表

方言点	0833 冷	0834 生	0835 省 ~长	0836 更 三~,打~	0837 梗	0838 坑	0839 硬	0840 行 ~为,~走
	梗开二 上庚来	梗开二 平庚生	梗开二 上庚生	梗开二 平庚见	梗开二 上庚见	梗开二 平庚溪	梗开二 去庚疑	梗开二 平庚匣
61 江山	$laŋ^{22}$	$saŋ^{44}$~日 $səŋ^{44}$落脚~	$saŋ^{241}$	$kaŋ^{44}$	$kaŋ^{241}$	$kʰaŋ^{44}$	$ŋaŋ^{31}$	$ĩ^{213}$
62 常山	$lĩ^{52}$	$sĩ^{44}$学~ $soŋ^{44}$~活	$sĩ^{52}$	$kĩ^{44}$	$kuĩ^{52}$	$kʰĩ^{44}$	$ŋĩ^{131}$	$ĩ^{341}$
63 开化	$lɛn^{53}$	$ɕin^{44}$~熟 $sã^{44}$~意 $sɤŋ^{44}$花~	$sã^{53}$白 $sɛn^{53}$文	$kã^{44}$	$kuã^{53}$	$kʰã^{44}$	$ŋã^{213}$	in^{231}
64 丽水	$lã^{544}$	$sã^{224}$	$sã^{544}$	$kã^{224}$	$kuã^{544}$	$kʰã^{224}$	$ŋã^{131}$	in^{22}
65 青田	$lɛ^{454}$	$sɛ^{445}$	$sɛ^{454}$	$kɛ^{445}$	$kuɛ^{454}$	$kʰɛ^{445}$	$ŋɛ^{22}$	$ɛ^{21}$
66 云和	$lɛ^{41}$	$sɛ^{24}$	$sɛ^{41}$	$kɛ^{24}$	$kuɛ^{41}$白 $kɛ^{41}$文	$kʰɛ^{24}$	$ŋɛ^{223}$	$ɛ^{312}$
67 松阳	$lã^{22}$~饮	$sã^{53}$	$sã^{212}$	$tɕin^{53}$	$kuã^{212}$	$kʰã^{53}$	$ŋã^{13}$	$ã^{31}$
68 宣平	$lɛ^{445}$	$sɛ^{324}$	$sɛ^{445}$	$kɛ^{324}$	$kuɛ^{445}$白 $kɛ^{445}$文	$kʰɛ^{324}$	$ŋɛ^{324}$	$ɛ^{433}$
69 遂昌	$ləŋ^{13}$~饮	$ɕiaŋ^{45}$	$ɕiaŋ^{533}$	$kaŋ^{45}$三~ $kəŋ^{45}$打~	$kuaŋ^{533}$	$tɕʰiaŋ^{45}$	$ȵiaŋ^{213}$	$aŋ^{221}$~为 $ziŋ^{221}$~走
70 龙泉	$laŋ^{51}$	$saŋ^{434}$	$saŋ^{51}$	$kaŋ^{434}$	$kuaŋ^{51}$	$kʰaŋ^{434}$	$ŋaŋ^{224}$	$aŋ^{21}$
71 景宁	$lɛ^{33}$	$sɛ^{324}$	$sɛ^{33}$	$kɛ^{324}$	$kuɛ^{33}$白 $kɛ^{33}$文	$kʰɛ^{324}$	$ŋɛ^{113}$	$ɛ^{41}$
72 庆元	$læ̃^{221}$~饮	$sæ̃^{335}$	$sæ̃^{33}$	$kæ̃^{335}$	$kuæ̃^{33}$	$kʰæ̃^{335}$	$ŋæ̃^{31}$	$xæ̃^{52}$
73 泰顺	$lã^{55}$	$sã^{213}$	$sã^{55}$	$kã^{213}$	$kuã^{55}$	$kʰã^{213}$	$ŋã^{22}$	$ã^{53}$
74 温州	$liɛ^{14}$	$siɛ^{33}$	$siɛ^{25}$	$kiɛ^{33}$	$kiɛ^{25}$	$kʰiɛ^{33}$	$ŋiɛ^{22}$	$ɛ^{31}$
75 永嘉	$lɛ^{13}$	$sɛ^{44}$	$sɛ^{45}$	$kɛ^{44}$	$kɛ^{45}$	$kʰɛ^{44}$	$ŋɛ^{22}$	$ɛ^{31}$
76 乐清	la^{24}	sa^{44}	sa^{35}	ka^{44}	kua^{35}菜~ ka^{35}桔~	$kʰa^{44}$	$ŋa^{22}$	a^{31}
77 瑞安	la^{13}	sa^{44}	sa^{35}	ka^{44}	ka^{35}	$kʰa^{44}$	$ŋa^{22}$	a^{31}
78 平阳	lA^{45}	sA^{55}	sA^{45}	kA^{55}	kA^{45}	$kʰA^{55}$	$ŋA^{33}$	A^{242}
79 文成	la^{224}	sa^{55}	sa^{45}	ka^{55}	ka^{45}	$kʰa^{55}$	$ŋa^{424}$	a^{113}

续表

方言点	0833 冷	0834 生	0835 省 ~长	0836 更 三~,打~	0837 梗	0838 坑	0839 硬	0840 行 ~为,~走
	梗开二 上庚来	梗开二 平庚生	梗开二 上庚生	梗开二 平庚见	梗开二 上庚见	梗开二 平庚溪	梗开二 去庚疑	梗开二 平庚匣
80 苍南	lia⁵³	ɕia⁴⁴	ɕia⁵³	kia⁴⁴	kia⁵³	kʰia⁴⁴	ȵia¹¹	ia³¹
81 建德徽	nɛ²¹³	sɛ⁵³白 sən³³文	sən²¹³	kɛ⁵³	kuɛ²¹³白 kən²¹³文	kʰɛ⁵³	ŋɛ⁵⁵	ɕin³³
82 寿昌徽	læ̃⁵³⁴	sæ̃¹¹²	sen²⁴文	kæ̃¹¹²	kuæ̃²⁴	kʰæ̃¹¹²	ŋæ̃³³	xæ̃⁵²白 ɕien¹¹²文
83 淳安徽	lɑ̃⁵⁵	sɑ̃²⁴	sɑ̃⁵⁵	kɑ̃²⁴	kuɑ̃⁵⁵	kʰɑ̃²⁴	ɑ̃⁵³	hɑ̃⁴³⁵
84 遂安徽	lã²¹³	sã⁵³⁴	sã²¹³	kã⁵³⁴	kã²¹³	kʰã⁵³⁴	ã⁵²	ɕin³³
85 苍南闽	lin⁴³	ɕin⁵⁵	ɕin⁴³	kĩ⁵⁵	(无)	kʰĩ⁵⁵	ŋĩ²¹	hin²⁴
86 泰顺闽	(无)	sæŋ²¹³~熟 sɛ²¹³~产	sæŋ³⁴⁴	kæŋ²¹³	kuæŋ³⁴⁴	kʰæŋ²¹³	ŋæŋ³¹	xɛ²²
87 洞头闽	lieŋ⁵³	ɕĩ³³白 ɕieŋ³³文	ɕieŋ⁵³	kĩ³³白 kieŋ³³文	kuãĩ⁵³	kʰĩ³³	ŋĩ²¹	hieŋ¹¹³
88 景宁畲	laŋ⁴⁴调殊	saŋ⁴⁴	saŋ³²⁵	kaŋ⁴⁴	kiaŋ³²⁵	xaŋ⁴⁴	ŋaŋ⁵¹	xaŋ²²

方言点	0841 百	0842 拍	0843 白	0844 拆	0845 择	0846 窄	0847 格	0848 客
	梗开二入陌帮	梗开二入陌滂	梗开二入陌並	梗开二入陌彻	梗开二入陌澄	梗开二入陌庄	梗开二入陌见	梗开二入陌溪
01 杭州	paʔ^5	pʰaʔ^5	baʔ^2	tsʰaʔ^5	tsaʔ^5 ~优 dzaʔ^2 选~	tsaʔ^5	kaʔ^5	kʰaʔ^5
02 嘉兴	pʌʔ^5	pʰʌʔ^5	bʌʔ^{13}	tsʰʌʔ^5	zəʔ^{13}	tsʌʔ^5	kʌʔ^5	kʰʌʔ^5
03 嘉善	paʔ^5	pʰɜʔ^5	bɜʔ^2	tsʰɜʔ^5	zɜʔ^2	tsɜʔ^5	kɜʔ^5	kʰɜʔ^5
04 平湖	paʔ^5	pʰaʔ^{23}	baʔ^{23}	tsʰaʔ^{23}	zəʔ^{23}	tsaʔ^5	kaʔ^5	kʰaʔ^{23}
05 海盐	paʔ^5	pʰaʔ^{23}	baʔ^5	tsʰaʔ^{23}	zəʔ^{23}	tsaʔ^5	kaʔ^5 白 kəʔ^5 文	kʰaʔ^{23}
06 海宁	paʔ^5	pʰaʔ^5	baʔ^2	tsʰaʔ^5	zəʔ^2	tsaʔ^5	kaʔ^5	kʰaʔ^5
07 桐乡	paʔ^5	pʰaʔ^5	baʔ^{23}	tsʰaʔ^5	zəʔ^{23}	tsaʔ^5	kaʔ^5	kʰaʔ^5
08 崇德	paʔ^5	pʰaʔ^5	baʔ^{23}	tsʰaʔ^5	zəʔ^{23}	（无）	kaʔ^5	kʰaʔ^5
09 湖州	paʔ^5	pʰaʔ^5	baʔ^2	tsʰaʔ^5	dzəʔ^2	tsaʔ^5	kaʔ^5	kʰaʔ^5
10 德清	paʔ^5	pʰaʔ^5	baʔ^2	tsʰaʔ^5	zaʔ^2	tsaʔ^5	kaʔ^5	kʰaʔ^5
11 武康	pɜʔ^5	pʰɜʔ^5	bɜʔ^2	tsʰɜʔ^5	dzɜʔ^2	tsɜʔ^5	kɜʔ^5	kʰɜʔ^5
12 安吉	pɐʔ^5	pʰɐʔ^5	bɐʔ^{23}	tsʰəʔ^5	dzəʔ^{23}	ɐʔ^{23}	kəʔ^5	kʰəʔ^5
13 孝丰	paʔ^5	pʰaʔ^5	baʔ^{23}	tsʰaʔ^5	dzəʔ^{23}	aʔ^{23}	kaʔ^5 ~子 kəʔ^5 ~力	kʰaʔ^5
14 长兴	pɑʔ^5	pʰaʔ^5	bɐʔ^5	tsʰaʔ^5	dzəʔ^2	aʔ^5	kəʔ^5	kʰəʔ^5
15 余杭	paʔ^5	pʰaʔ^5	bɑʔ^2	tsʰaʔ^5	zaʔ$^?$	tsaʔ^5	kaʔʔ^5	kʰaʔ^b
16 临安	pɐʔ^{54}	pʰɐʔ^{54}	bɐʔ^{12}	tsʰɐʔ^{54}	tsɐʔ^{54}	tsɐʔ^{54}	kɐʔ^{54}	kʰɐʔ^{54}
17 昌化	paʔ^5	pʰaʔ^5	baʔ^{23}	tsʰaʔ^5	dzəʔ^{23}	aʔ^{23}	kaʔ^5	kʰaʔ^5
18 於潜	pɐʔ^{53}	pʰɐʔ^{53}	bɑʔ^{23}	tsʰɐʔ^{53}	dzæʔ^{23}	dzæʔ^{23}	kɐʔ^{53}	kʰəʔ^{53}
19 萧山	paʔ^5	pʰaʔ^5	baʔ^{13}	tsʰaʔ^5	dzəʔ^{13}	aʔ^{13}	kaʔ^5	kʰaʔ^5
20 富阳	paʔ^5	pʰaʔ^5	baʔ^2	tsʰaʔ^5	dzɛʔ^2	（无）	kiɛʔ^5	kʰaʔ^5
21 新登	paʔ^5	pʰaʔ^5	baʔ^2	tsʰaʔ^5	dzəʔ^2	tsaʔ^5	kaʔ^5	kʰaʔ^5
22 桐庐	paʔ^5	pʰaʔ^5	baʔ^{13}	tsʰaʔ^5	tsaʔ^5 文	tsaʔ^5	kaʔ^5 白 kəʔ^5 文	kʰaʔ^5
23 分水	pəʔ^5	pʰaʔ^5	bəʔ^{12}	tsʰəʔ^5	dzəʔ^{12}	tsaʔ^5	kəʔ^5	kʰəʔ^5
24 绍兴	paʔ^5	pʰaʔ^5	baʔ^2	tsʰaʔ^5	dzəʔ^2	tsaʔ^5	kaʔ^5	kʰaʔ^5

方言点	0841 百 梗开二入陌帮	0842 拍 梗开二入陌滂	0843 白 梗开二入陌並	0844 拆 梗开二入陌彻	0845 择 梗开二入陌澄	0846 窄 梗开二入陌庄	0847 格 梗开二入陌见	0848 客 梗开二入陌溪
25 上虞	paʔ⁵	pʰaʔ⁵	baʔ²	tsʰaʔ⁵	dzəʔ²	(无)	kaʔ⁵	kʰaʔ⁵
26 嵊州	paʔ⁵	pʰaʔ⁵	baʔ²	tsʰaʔ⁵	dzəʔ²	(无)	kɛʔ⁵	kʰɛʔ⁵
27 新昌	paʔ⁵	pʰaʔ⁵	baʔ²	tsʰaʔ⁵	dzaʔ² 白 dzɤʔ² 文	(无)	kɛʔ⁵	kʰaʔ⁵
28 诸暨	paʔ⁵	pʰaʔ⁵	baʔ¹³	tsʰaʔ⁵	dzəʔ¹³	tsaʔ⁵	kaʔ⁵	kʰaʔ⁵
29 慈溪	paʔ⁵	pʰaʔ⁵	baʔ²	tsʰaʔ⁵	dzaʔ²	(无)	kaʔ⁵	kʰaʔ⁵
30 余姚	paʔ⁵	pʰaʔ⁵	baʔ²	tsʰaʔ⁵	dzəʔ²	(无)	kaʔ⁵	kʰaʔ⁵
31 宁波	paʔ⁵	pʰaʔ⁵	baʔ²	tsʰaʔ⁵	dzaʔ²	tsaʔ⁵	kaʔ⁵	kʰaʔ⁵
32 镇海	paʔ⁵	pʰaʔ⁵	baʔ¹²	tsʰaʔ⁵	dzaʔ¹²	(无)	kaʔ⁵	kʰaʔ⁵
33 奉化	paʔ⁵	pʰaʔ⁵	baʔ²	tsʰaʔ⁵	dzaʔ²	(无)	kaʔ⁵	kʰaʔ⁵
34 宁海	paʔ⁵	pʰaʔ⁵	baʔ³	tsʰaʔ⁵	dzaʔ³	tsaʔ⁵	kaʔ⁵	kʰaʔ⁵
35 象山	paʔ⁵	pʰaʔ⁵	baʔ²	tsʰaʔ⁵	dzaʔ²	tsaʔ⁵	kaʔ⁵	kʰaʔ⁵
36 普陀	pɐʔ⁵	pʰɐʔ⁵	bɐʔ²³	tsʰɐʔ⁵	dzɐʔ²³	dzɐʔ²³	kɐʔ⁵	kʰɐʔ⁵
37 定海	pɐʔ⁵	pʰɐʔ⁵	bɐʔ²	tsʰɐʔ⁵	dzɐʔ²	tsɐʔ⁵	kɐʔ⁵	kʰɐʔ⁵
38 岱山	pɐʔ⁵	pʰɐʔ⁵	bɐʔ²	tsʰɐʔ⁵	dzɐʔ²	tsɐʔ⁵	kɐʔ⁵	kʰɐʔ⁵
39 嵊泗	pɐʔ⁵	pʰɐʔ⁵	bɐʔ²	tsʰɐʔ⁵	dzɐʔ²	tsɐʔ⁵	kɐʔ⁵	kʰɐʔ⁵
40 临海	paʔ⁵	pʰaʔ⁵	baʔ²³	tsʰaʔ⁵	dzaʔ²³	tsɛʔ⁵	kaʔ⁵	kʰaʔ⁵
41 椒江	paʔ⁵	pʰaʔ⁵	baʔ²	tsʰaʔ⁵	dzaʔ²	tsaʔ⁵	kaʔ⁵	kʰaʔ⁵
42 黄岩	pɐʔ⁵	pʰɐʔ⁵	bɐʔ²	tsʰɐʔ⁵	dzɐʔ²	tsɐʔ⁵	kɐʔ⁵	kʰɐʔ⁵
43 温岭	paʔ⁵	pʰaʔ⁵	bəʔ²	tsʰaʔ⁵	dzəʔ²	tsəʔ⁵	kaʔ⁵	kʰaʔ⁵
44 仙居	ɓaʔ⁵	pʰaʔ⁵	baʔ²³	tsʰaʔ⁵	dzaʔ²³	(无)	kaʔ⁵	kʰaʔ⁵
45 天台	paʔ⁵	pʰaʔ⁵	baʔ²	tsʰaʔ⁵	dzaʔ²	tseʔ⁵ 韵殊	kaʔ⁵	kʰaʔ⁵
46 三门	paʔ⁵	pʰaʔ⁵	baʔ²³	tsʰaʔ⁵	dzaʔ²³	tsɐʔ⁵	kaʔ⁵	kʰaʔ⁵
47 玉环	pɐʔ⁵	pʰɐʔ⁵	bɐʔ²	tsʰɐʔ⁵	dzɐʔ²	tsɐʔ⁵	kɐʔ⁵	kʰɐʔ⁵
48 金华	pəʔ⁴	pʰəʔ⁴	bəʔ²¹²	tsʰəʔ⁴	dzəʔ²¹²	(无)	kəʔ⁴	kʰəʔ⁴

方言点	0841 百	0842 拍	0843 白	0844 拆	0845 择	0846 窄	0847 格	0848 客
	梗开二入陌帮	梗开二入陌滂	梗开二入陌並	梗开二入陌彻	梗开二入陌澄	梗开二入陌庄	梗开二入陌见	梗开二入陌溪
49 汤溪	pa^{55}	p^ha^{55}	ba^{113}	ts^ha^{55}	dza^{113}	（无）	ka^{55}	k^ha^{55}
50 兰溪	$pəʔ^{34}$	$p^həʔ^{34}$	$bəʔ^{12}$	$ts^həʔ^{34}$	$dzəʔ^{12}$	tse^{55}	$kəʔ^{34}$	$k^həʔ^{34}$
51 浦江	$pɑ^{55}$	$p^hɑ^{423}$白 p^ho^{53}文	$bɑ^{232}$	$ts^hɑ^{423}$	$dzɑ^{232}$	$tsɑ^{55}$地名	$kɑ^{423}$	$k^hɑ^{423}$
52 义乌	$pɛ^{324}$	$bɛ^{312}$~手 $p^hɛ^{324}$~照	$bɛ^{312}$	$ts^hɛ^{324}$	$dzɛ^{324}$	（无）	$kɛ^{324}$	$k^hɛ^{324}$
53 东阳	pa^{334}	p^he^{234}	ba^{213}	$ts^haʔ^{34}$	dza^{213}	（无）	$kaʔ^{34}$	$k^haʔ^{34}$
54 永康	$ɓai^{334}$	p^hai^{334}	bai^{113}	ts^hai^{334}	$dzai^{113}$	$tsuɑ^{334}$	kai^{334}	k^hai^{334}
55 武义	pa^{53}	p^ha^{53}	ba^{13}	ts^ha^{53}	dza^{13}	（无）	ka^{53}	k^ha^{53}
56 磐安	pa^{334}	$p^hɛ^{334}$	ba^{213}	ts^ha^{334}	dza^{213}	（无）	ka^{334}	k^ha^{334}
57 缙云	pa^{322}	p^ha^{322}	ba^{13}	ts^ha^{322}	dza^{13}	（无）	ka^{322}	k^ha^{322}
58 衢州	$piaʔ^5$韵殊	$p^həʔ^5$	$biaʔ^{12}$韵殊	$ts^haʔ^5$	$dzəʔ^{12}$	$tsɑ^{53}$调殊	$kaʔ^5$ 白 $kəʔ^5$ 文	$tɕ^hiaʔ^5$ 白 $k^haʔ^5$ 文
59 衢江	$paʔ^5$	$p^həʔ^5$	$baʔ^2$	$tɕ^hiaʔ^5$	$dzəʔ^2$	（无）	$kaʔ^5$	$k^haʔ^5$
60 龙游	$pəʔ^4$	$p^həʔ^4$	$bəʔ^{23}$	$ts^həʔ^4$	$dzəʔ^{23}$	$tsəʔ^4$	$kəʔ^4$	$k^həʔ^4$
61 江山	$paʔ^5$	$p^haʔ^5$	$baʔ^2$	$ts^haʔ^5$	$daʔ^2$~菜 $dzaʔ^2$选~	$tsɒ^{51}$调殊	$kaʔ^5$	$k^haʔ^5$
62 常山	$pɛʔ^5$	$p^hɛʔ^5$	$bɛʔ^{34}$	$ts^hɛʔ^5$	$dzʌʔ^{34}$	$tsʌʔ^5$	$kaʔ^5$	$k^haʔ^5$
63 开化	$paʔ^5$	$p^hɔʔ^5$	$baʔ^{13}$	$ts^haʔ^5$	$dɔʔ^{13}$	$tsaʔ^5$	$kaʔ^5$	$k^haʔ^5$
64 丽水	$paʔ^5$	$p^haʔ^5$	$baʔ^{23}$	$ts^haʔ^5$	$dzaʔ^{23}$	（无）	$kaʔ^5$	$k^haʔ^5$
65 青田	$ɓɛʔ^{42}$	$p^hɛʔ^{42}$	$bɛʔ^{31}$	$ts^hɛʔ^{42}$	$dzɛʔ^{31}$	$tsaʔ^{42}$	$kɛʔ^{42}$	$k^hɛʔ^{42}$
66 云和	$paʔ^5$	$p^haʔ^5$	$baʔ^{23}$	$ts^haʔ^5$	$doʔ^{23}$白 $dzaʔ^{23}$文	（无）	$kaʔ^5$	$k^haʔ^5$
67 松阳	$paʔ^5$	$p^haʔ^5$	$baʔ^2$	$ts^haʔ^5$	$doʔ^2$~菜 $dzaʔ^2$选~	$tsɔʔ^5$狭~	$kaʔ^5$	$k^haʔ^5$
68 宣平	$paʔ^5$	$p^haʔ^5$	$baʔ^{23}$	$ts^haʔ^5$	$dzaʔ^{23}$	（无）	$kaʔ^5$	$k^haʔ^5$
69 遂昌	$piaʔ^5$	$p^hɛʔ^5$	$biaʔ^{23}$	$t^hiʔ^5$白 $ts^haʔ^5$文	$dɔʔ^{23}$~菜 $dzɛʔ^{23}$选~	$tsaʔ^5$	$kaʔ^5$	$tɕ^hiaʔ^5$白 $k^haʔ^5$文

续表

方言点	0841 百	0842 拍	0843 白	0844 拆	0845 择	0846 窄	0847 格	0848 客
	梗开二入陌帮	梗开二入陌滂	梗开二入陌並	梗开二入陌彻	梗开二入陌澄	梗开二入陌庄	梗开二入陌见	梗开二入陌溪
70 龙泉	$paʔ^5$	$pʰoʔ^5$	$baʔ^{24}$	$tsʰaʔ^5$	$dzaʔ^{24}$	$tsaʔ^5$	$kaʔ^5$	$kʰaʔ^5$
71 景宁	$paʔ^5$	$pʰaʔ^5$	$baʔ^{23}$	$tsʰaʔ^5$	$dzaʔ^{23}$	$tsɔʔ^5$	$kaʔ^5$	$kʰaʔ^5$
72 庆元	$ɓɑʔ^5$	$pʰɑʔ^5$	$pɑʔ^{34}$	$tsʰɑʔ^5$	$tsɑʔ^{34}$	$tsɑʔ^5$	$kɑʔ^5$	$kʰɑʔ^5$
73 泰顺	$paʔ^5$	$pʰaʔ^5$	$paʔ^2$	$tsʰaʔ^5$	$tsaʔ^2$	$tsɔʔ^5$	$kaʔ^5$	$kʰaʔ^5$
74 温州	pa^{323}	$pʰa^{323}$	ba^{212}	$tsʰa^{323}$	dza^{212}	tsa^{323}	ka^{323}	$kʰa^{323}$
75 永嘉	pa^{423}	$pʰa^{423}$	ba^{213}	$tsʰa^{423}$	dza^{213}	(无)	ka^{423}	$kʰa^{423}$
76 乐清	pe^{323}	$pʰe^{323}$	be^{212}	$tɕʰie^{323}$	$dʑie^{212}$	$tɕia^{323}$	ke^{323}	$kʰe^{323}$
77 瑞安	pa^{323}	$pʰa^{323}$	ba^{212}	$tsʰa^{323}$	dza^{212}	(无)	ka^{323}	$kʰa^{323}$
78 平阳	$pʌ^{34}$	$pʰʌ^{34}$	$bʌ^{12}$	$tʃʰʌ^{34}$	$dʒʌ^{12}$	(无)	$kʌ^{34}$	$kʰʌ^{34}$
79 文成	pa^{34}	$pʰa^{34}$	ba^{212}	$tʃʰa^{34}$	$dʒa^{212}$	(无)	ka^{34}	$kʰa^{34}$
80 苍南	pa^{223}	$pʰia^{223}$	bia^{112}	$tɕʰia^{223}$	$dʑia^{112}$	(无)	kia^{223}	$kʰia^{223}$
81 建德徽	$pɑ^{55}$	$pʰɐʔ^5$	$pɑ^{213}$	$tsʰɑ^{55}$	$tsɑ^{213}$	$tsɑ^{55}$地名	$kɑ^{55}$	$kʰɑ^{55}$
82 寿昌徽	$pəʔ^3$	$pʰɔʔ^3$	$pʰəʔ^{31}$	$tsʰəʔ^3$	$tsəʔ^{31}$	$tsəʔ^3$文	$kəʔ^3$	$kʰəʔ^3$
83 淳安徽	$pɑʔ^5$	$pʰɑʔ^5$	$pʰɑʔ^{13}$	$tsʰɑʔ^5$	$tsʰɑʔ^{13}$	(无)	$kɑʔ^5$	$kʰɑʔ^5$
84 遂安徽	pa^{24}	(无)	$pʰa^{213}$	$tsʰa^{24}$	$tsʰa^{213}$	(无)	ka^{24}	$kʰa^{24}$
85 苍南闽	pa^{43}	$pʰa^{43}$	pe^{24}	$tʰia^{43}$	tie^{24}	(无)	ke^{43}	$kʰe^{43}$
86 泰顺闽	pa^{53}	$pʰɛʔ^5$	pa^{31}	$tʰia^{53}$	$tsɛʔ^3$	$ɛʔ^3$	$kɛʔ^5$	$kʰa^{31}$
87 洞头闽	pa^{53}	$pʰɐt^5$	pe^{241}	$tʰia^{53}$白 $tɕʰiek^5$文	$tɕiek^{24}$	(无)	ke^{53}	$kʰe^{53}$
88 景宁畲	$paʔ^5$	(无)	$pʰaʔ^2$	$tsʰaʔ^5$	$tsaʔ^2$	(无)	$kaʔ^5$	$xaʔ^5$

方言点	0849 额	0850 棚	0851 争	0852 耕	0853 麦	0854 摘	0855 策	0856 隔
	梗开二 入陌疑	梗开二 平耕並	梗开二 平耕庄	梗开二 平耕见	梗开二 入麦明	梗开二 入麦知	梗开二 入麦初	梗开二 入麦见
01 杭州	$\eta a\text{ʔ}^2$	$bo\eta^{213}$	$tsa\eta^{334}$白 $ts\eta^{334}$文	$k\eta^{334}$	$ma\text{ʔ}^2$	$tsa\text{ʔ}^5$	$ts^h a\text{ʔ}^5$	$ka\text{ʔ}^5$
02 嘉兴	$\eta\text{ʔ}^5$	$b\tilde{A}^{242}$	$ts\tilde{A}^{42}$	$k\tilde{A}^{42}$	$mA\text{ʔ}^5$	$tsA\text{ʔ}^5$	$ts^h A\text{ʔ}^5$	$kA\text{ʔ}^5$
03 嘉善	$\eta\text{ɜʔ}^2$	$b\tilde{æ}^{132}$	$ts\tilde{æ}^{53}$白 $ts\eta^{53}$文	$k\tilde{æ}^{53}$	$m\text{ɜʔ}^2$	$ts\text{ɜʔ}^5$	$ts^h \text{ɜʔ}^5$	$k\text{ɜʔ}^5$
04 平湖	$\eta a\text{ʔ}^{23}$	$b\tilde{a}^{31}$	$ts\tilde{a}^{53}$白 $ts\eta^{53}$文	$k\eta^{53}$	$ma\text{ʔ}^{23}$	$tsa\text{ʔ}^5$	$ts^h a\text{ʔ}^{23}$	$ka\text{ʔ}^5$
05 海盐	$a\text{ʔ}^{23}$白 $\eta\text{ʔ}^{23}$文	$b\tilde{\varepsilon}^{31}$	$ts\tilde{\varepsilon}^{53}$白 $ts\eta^{53}$文	$k\tilde{\varepsilon}^{53}$	$ma\text{ʔ}^{23}$	$tsa\text{ʔ}^5$	$ts^h a\text{ʔ}^5$	$ka\text{ʔ}^5$
06 海宁	$a\text{ʔ}^2$	$b\tilde{\alpha}^{13}$	$ts\tilde{\alpha}^{55}$白 $ts\eta^{55}$文	$k\eta^{55}$	$ma\text{ʔ}^2$	$tsa\text{ʔ}^5$	$ts^h a\text{ʔ}^5$	$ka\text{ʔ}^5$
07 桐乡	$a\text{ʔ}^{23}$	$b\tilde{a}^{13}$	$ts\tilde{a}^{44}$	$k\tilde{a}^{44}$	$ma\text{ʔ}^{23}$	$tsa\text{ʔ}^5$	$ts^h a\text{ʔ}^5$	$ka\text{ʔ}^5$
08 崇德	$a\text{ʔ}^{23}$白 $\eta\text{ʔ}^{23}$文	$b\tilde{a}^{13}$	$ts\tilde{a}^{44}$	$k\tilde{a}^{44}$	$ma\text{ʔ}^{23}$	$tsa\text{ʔ}^5$	$ts^h a\text{ʔ}^5$	$ka\text{ʔ}^5$
09 湖州	$\eta a\text{ʔ}^2$	$b\tilde{a}^{112}$	$ts\eta^{44}$	$k\eta^{44}$	$ma\text{ʔ}^2$	$tsa\text{ʔ}^5$	$ts^h a\text{ʔ}^5$	$ka\text{ʔ}^5$
10 德清	$\eta a\text{ʔ}^2$	$b\tilde{a}^{113}$	$tsen^{44}$	$k\tilde{a}^{44}$	$ma\text{ʔ}^2$	$tsa\text{ʔ}^5$	$ts^h a\text{ʔ}^5$	$ka\text{ʔ}^5$
11 武康	$\eta\text{ɜʔ}^2$	$b\tilde{a}^{113}$	$ts\tilde{a}^{44}$白 $tsen^{44}$文	$k\tilde{a}^{44}$	$m\text{ɜʔ}^2$	$ts\text{ɜʔ}^5$	$ts^h \text{ɜʔ}^5$	$k\text{ɜʔ}^5$
12 安吉	$\eta\text{əʔ}^{23}$	$b\tilde{a}^{22}$	$ts\tilde{a}^{55}$	$k\tilde{a}^{33}$	$m\text{əʔ}^{23}$	$ts\text{əʔ}^5$	$ts^h \text{əʔ}^5$	$k\text{əʔ}^5$
13 孝丰	$\eta\text{əʔ}^{23}$	$b\tilde{a}^{22}$	$ts\tilde{a}^{44}$白 $ts\eta^{44}$文	$k\tilde{a}^{44}$	$ma\text{ʔ}^{23}$	$tsa\text{ʔ}^5$	$ts^h a\text{ʔ}^5$	$ka\text{ʔ}^5$
14 长兴	$\eta\text{əʔ}^2$	$b\tilde{a}^{12}$	$ts\tilde{a}^{44}$白 $ts\eta^{44}$文	$k\tilde{a}^{44}$	$ma\text{ʔ}^2$	$tsa\text{ʔ}^5$	$ts^h \text{əʔ}^5$	$k\text{əʔ}^5$
15 余杭	$\eta a\text{ʔ}^2$	$b\tilde{\alpha}^{22}$	$ts\tilde{\alpha}^{44}$	kin^{44}	$ma\text{ʔ}^2$	$tsa\text{ʔ}^5$	$ts^h a\text{ʔ}^5$	$k\text{əʔ}^5$
16 临安	$\eta\text{ɐʔ}^{12}$	$b\tilde{\alpha}^{33}$	$tsen^{55}$	$k\tilde{\alpha}^{55}$	$m\text{ɐʔ}^{12}$	$ts\text{ɐʔ}^{54}$	$ts^h \text{ɐʔ}^{54}$	$k\text{ɐʔ}^{54}$
17 昌化	$\eta a\text{ʔ}^{23}$	$b\tilde{a}^{112}$白 $b\eta^{112}$文	$ts\tilde{a}^{334}$白 $ts\eta^{334}$文	$k\tilde{a}^{334}$	$ma\text{ʔ}^{23}$	$tsa\text{ʔ}^5$	$ts^h a\text{ʔ}^5$	$ka\text{ʔ}^5$
18 於潜	$\eta a\text{ʔ}^{23}$	$bo\eta^{223}$	$tsa\eta^{433}$白 $ts\eta^{433}$文	$ke\eta^{433}$文	$m\alpha\text{ʔ}^{23}$	$ts\text{ɐʔ}^{53}$	$ts^h \text{ɐʔ}^{53}$	$k\text{ɐʔ}^{53}$
19 萧山	$\eta a\text{ʔ}^{13}$	$b\tilde{a}^{355}$	$ts\tilde{a}^{533}$白 $ts\eta^{533}$文	$k\tilde{a}^{533}$	$ma\text{ʔ}^{13}$	$tsa\text{ʔ}^5$	$ts^h a\text{ʔ}^5$	$ka\text{ʔ}^5$
20 富阳	$\eta a\text{ʔ}^2$	$b\tilde{a}^{13}$	$ts\tilde{a}^{53}$	kin^{53}	$ma\text{ʔ}^2$	$tsa\text{ʔ}^5$	$ts^h a\text{ʔ}^5$	$ka\text{ʔ}^5$

续表

方言点	0849 额	0850 棚	0851 争	0852 耕	0853 麦	0854 摘	0855 策	0856 隔
	梗开二入陌疑	梗开二平耕並	梗开二平耕庄	梗开二平耕见	梗开二入麦明	梗开二入麦知	梗开二入麦初	梗开二入麦见
21 新登	aʔ²	boŋ²³³	tsɛ⁵³	keiŋ⁵³	maʔ²	tsaʔ⁵	tsʰaʔ⁵	kaʔ⁵
22 桐庐	ŋaʔ¹³	boŋ¹³	tsã⁵³³白 tsəŋ⁵³³文	kã⁵³³白 kəŋ⁵³³文	maʔ¹³	tsaʔ⁵	tsʰaʔ⁵	kaʔ⁵白 kəʔ⁵文
23 分水	ŋəʔ¹²	bən²²	tsən⁴⁴	kən⁴⁴	maʔ¹²	tsəʔ⁵	tsʰəʔ⁵	kəʔ⁵
24 绍兴	ŋaʔ²	baŋ²³¹	tsaŋ⁵³	kaŋ⁵³	maʔ²	tsaʔ⁵	tsʰaʔ⁵	kaʔ⁵
25 上虞	ŋaʔ²	bã²¹³	tsã³⁵	kã³⁵	maʔ²	tsaʔ⁵	tsʰaʔ⁵	kaʔ⁵
26 嵊州	ŋɛʔ²	baŋ²¹³	dzaŋ²¹³白 tseŋ⁵³⁴文	kaŋ⁵³⁴	maʔ²	tsaʔ⁵	tsʰaʔ⁵	kɛʔ⁵
27 新昌	ŋaʔ²	baŋ²²	dzaŋ²²白 tsaŋ⁵³⁴文	kaŋ⁵³⁴	maʔ²	tsaʔ⁵	tsʰaʔ⁵	kɛʔ⁵
28 诸暨	ŋaʔ¹³	bã¹³	tsã⁵⁴⁴	kã⁵⁴⁴	maʔ¹³	tsaʔ⁵	tsʰaʔ⁵白 tsʰəʔ⁵文	kaʔ⁵
29 慈溪	ŋaʔ²	bã¹³	tsã³⁵白 tsəŋ³⁵文	kã³⁵	maʔ²	tsaʔ⁵	tsʰaʔ⁵	kaʔ⁵
30 余姚	ŋaʔ²	baŋ¹³	tsaŋ⁴⁴白 tsə̃⁴⁴文	kaŋ⁴⁴	maʔ²	tsaʔ⁵	tsʰaʔ⁵	kaʔ⁵
31 宁波	ŋaʔ²	ba¹³草~	tsã⁵³白 tsəŋ⁵³文	ka⁵³	maʔ²	tsaʔ⁵	tsʰaʔ⁵	kaʔ⁵
32 镇海	ŋaʔ¹²	bã²⁴	tsã⁵³白 tsəŋ⁵³文	kã⁵³	maʔ¹²	tsaʔ⁵	tsʰaʔ⁵	kaʔ⁵
33 奉化	ŋaʔ²	bã³³	tsã⁴⁴白 tsəŋ⁴⁴文	kã⁴⁴	maʔ²	tsaʔ⁵	tsʰaʔ⁵	kaʔ⁵
34 宁海	ŋaʔ³	bã²¹³	tsã⁴²³	kã⁴²³	maʔ³	tsaʔ⁵	tsʰaʔ⁵	kaʔ⁵
35 象山	ŋaʔ²	bã³¹	tsã⁴⁴白 tsəŋ⁴⁴文	kã⁴⁴	maʔ²	tsaʔ⁵	tsʰaʔ⁵	kaʔ⁵
36 普陀	ŋɐʔ²³	bã²⁴	tsã⁵³白 tsɐŋ⁵³文	kã⁵³	mɐʔ²³	tsɐʔ⁵	tsʰɐʔ⁵	kɐʔ⁵
37 定海	ŋɐʔ²	bã²³	tsã⁵²白 tsəŋ⁵²文	kã⁵²	mɐʔ²	tsɐʔ⁵	tsʰɐʔ⁵	kɐʔ⁵
38 岱山	ŋɐʔ²	bã²³	tsã⁵²白 tsɐŋ⁵²文	kã⁵²	mɐʔ²	tsɐʔ⁵	tsʰɐʔ⁵	kɐʔ⁵

续表

方言点	0849 额 梗开二 入陌疑	0850 棚 梗开二 平耕並	0851 争 梗开二 平耕庄	0852 耕 梗开二 平耕见	0853 麦 梗开二 入麦明	0854 摘 梗开二 入麦知	0855 策 梗开二 入麦初	0856 隔 梗开二 入麦见
39 嵊泗	ŋɐʔ²	ba̰²⁴³	tsã⁵³白 tsɐŋ⁵³文	kã⁵³	mɐʔ²	tsɐʔ⁵	tsʰɐʔ⁵	kɐʔ⁵
40 临海	ŋaʔ²³	bəŋ²¹	tsã³¹	kã³¹	maʔ²³	tsaʔ⁵	tsʰaʔ⁵	kaʔ⁵
41 椒江	ŋaʔ²	boŋ³¹	tsã⁴²	kã⁴²	maʔ²	tsaʔ⁵	tsʰaʔ⁵	kaʔ⁵
42 黄岩	ŋɐʔ²	boŋ¹²¹	tsã³²	kã³²	mɐʔ²	tsɐʔ⁵	tsʰɐʔ⁵	kɐʔ⁵
43 温岭	ŋaʔ²	buŋ³¹	tsã³³	kã³³	maʔ²	tsəʔ⁵	tsʰəʔ⁵	kaʔ⁵
44 仙居	ŋaʔ²³	boŋ²¹³	tsã³³⁴	kã³³⁴	maʔ²³	tsaʔ⁵	tsʰaʔ⁵	kaʔ⁵
45 天台	ŋaʔ²	ba²²⁴大~	tsa³³~气	ka³³	maʔ²	tsaʔ⁵	tsʰaʔ⁵	kaʔ⁵
46 三门	ŋaʔ²³	bɛ²⁵²小	tsɛ³³⁴	kɛ³³⁴	maʔ²³	tsaʔ⁵	tsʰaʔ⁵	kaʔ⁵
47 玉环	ŋɐʔ²	boŋ³¹	tsã⁴²	kã⁴²	mɐʔ²	tsɐʔ⁵	tsʰɐʔ⁵	kɐʔ⁵
48 金华	əʔ²¹²	boŋ³¹³	tsɑŋ³³⁴	kɑŋ³³⁴	məʔ²¹²	tsəʔ⁴	tsʰəʔ⁴	kəʔ⁴
49 汤溪	a¹¹³	ba¹¹	tsa²⁴	ka²⁴	ma¹¹³	tsa⁵⁵	tsʰa⁵⁵	ka⁵⁵
50 兰溪	əʔ¹²	boŋ²¹	tsæ̃³³⁴	kæ̃³³⁴	məʔ¹²	tsəʔ³⁴	tsʰəʔ³⁴	kəʔ³⁴
51 浦江	ŋɑ²³²	bon¹¹³	tsɛ̃⁵³⁴	kɛ̃⁵³⁴	mɑ²³²	tsɑ⁴²³	tsʰɑ⁴²³	kɑ⁴²³
52 义乌	ɛ³¹²	boŋ²¹³	dzɒ²¹³ tsɛ³³⁵又	kɛ³³⁵	mɛ³¹²	tsɛ³²⁴	tsʰɛ³²⁴	kɛ³²⁴~开 ka³²⁴~壁
53 东阳	ŋa²³¹	bɔm²¹³	tsɐn³³⁴	kɛ³³⁴	ma²¹³	tsa³³⁴	tsʰa³³⁴	kaʔ³⁴
54 永康	ŋai¹¹³	boŋ²²	tsai⁵⁵	kai⁵⁵	mai¹¹³	(无)	tsʰai³³⁴	kai³³⁴
55 武义	ŋa¹³	ben³²⁴	tsa²⁴	ka²⁴	ma¹³	la⁵³	tsʰa⁵³	ka⁵³
56 磐安	ŋɛ²¹³	bɛ²¹³	tsɛ⁴⁴⁵	kɛ⁴⁴⁵	ma²¹³	tsa³³⁴	tsʰa³³⁴	ka³³⁴
57 缙云	ŋa¹³	bɔ̃u²⁴³	tsa⁴⁴	ka⁴⁴	ma¹³	ta³²²	tsʰa³²²	ka³²²
58 衢州	ŋəʔ¹²	boŋ²¹	tɕiã³²	tɕiã³²	miaʔ¹²韵殊	tsəʔ⁵	tsʰəʔ⁵	kaʔ⁵
59 衢江	ŋəʔ²	bəŋ²¹²	tɕiɛ³³	kɛ³³	maʔ²	taʔ⁵白 tsaʔ⁵文	tsʰəʔ⁵	kaʔ⁵
60 龙游	ŋəʔ²³	bən²¹	tsɛ³³⁴	kɛ³³⁴	məʔ²³	təʔ⁴声殊	tsʰəʔ⁴	kəʔ⁴
61 江山	ŋaʔ²	boŋ²¹³	tsaŋ⁴⁴	kaŋ⁴⁴	maʔ²	tsaʔ⁵	tsʰaʔ⁵	kaʔ⁵

方言点	0849 额	0850 棚	0851 争	0852 耕	0853 麦	0854 摘	0855 策	0856 隔
	梗开二 入陌疑	梗开二 平耕並	梗开二 平耕庄	梗开二 平耕见	梗开二 入麦明	梗开二 入麦知	梗开二 入麦初	梗开二 入麦见
62 常山	ŋʌʔ³⁴	boŋ³⁴¹	tsĩ⁴⁴	kĩ⁴⁴	mɛʔ³⁴	tsʌʔ⁵	tsʰʌʔ⁵	kʌʔ⁵ ～开 / kɛʔ⁵ ～壁
63 开化	ŋaʔ¹³	bɤŋ²³¹	tsã⁴⁴白 / tsɛn⁴⁴文	kã⁴⁴	maʔ¹³	tiɛʔ⁵白 / tsaʔ⁵文	tsʰaʔ⁵	kaʔ⁵
64 丽水	ŋaʔ²³	boŋ²²	tsã²²⁴	kã²²⁴	maʔ²³	taʔ⁵	tsʰaʔ⁵	kaʔ⁵
65 青田	ŋɛʔ³¹	boŋ²¹	tsɛ⁴⁴⁵	kɛ⁴⁴⁵	mɛʔ³¹	ɗɛʔ⁴²	tsʰɛʔ⁴²	kɛʔ⁴²
66 云和	ŋaʔ²³	bəŋ³¹²	tsɛ²⁴	kɛ²⁴	maʔ²³	tsaʔ⁵	tsʰaʔ⁵	kaʔ⁵
67 松阳	ŋaʔ²	bəŋ³¹	tsã⁵³	kã⁵³	maʔ²	tsaʔ⁵ 文～	tsʰaʔ⁵	kaʔ⁵
68 宣平	ŋaʔ²³	bən⁴³³	tsɛ³²⁴	kɛ³²⁴	maʔ²³	taʔ⁵	tsʰaʔ⁵	kaʔ⁵
69 遂昌	ŋɛʔ²³	biaŋ²²¹白 / bəŋ²²¹文	tɕiaŋ⁴⁵白 / tsəŋ⁴⁵文	tɕiaŋ⁴⁵	mia²³	ti⁵ ～茶叶 / tsaʔ⁵ ～要	tɕʰiaʔ⁵	kaʔ⁵
70 龙泉	ŋaʔ²⁴	bəŋ²¹	tsaŋ⁴³⁴	kaŋ⁴³⁴	maʔ²⁴	tsaʔ⁵	tsʰaʔ⁵	kaʔ⁵
71 景宁	ŋaʔ²³	bəŋ⁴¹	tsɛ³²⁴	kɛ³²⁴	maʔ²³	tsaʔ⁵	tsʰaʔ⁵	kaʔ⁵
72 庆元	ŋɑʔ³⁴	pæ⁵²	tsæ̃³³⁵	kæ̃³³⁵	mɑʔ³⁴	ɗiʔ⁵	tsʰɑʔ⁵	kɑʔ⁵
73 泰顺	ŋaʔ²	pe⁵³	tsã²¹³	kã²¹³	maʔ²	tsaʔ⁵	tsʰaʔ⁵	kaʔ⁵
74 温州	ŋa²¹²	biɛ³¹架子 / boŋ³¹棚屋	tsiɛ³³	kiɛ³³	ma²¹²	tsa³²³	tsʰa³²³	ka³²³
75 永嘉	ŋa²¹³	boŋ³¹	tsɛ⁴⁴	kɛ⁴⁴	ma²¹³	tsa⁴²³	tsʰa⁴²³	ka⁴²³
76 乐清	ŋe²¹²	ba³¹架子 / boŋ³¹棚屋	dzia³¹白 / tɕia⁴⁴文	ka⁴⁴	me²¹²	tɕie³²³	tɕʰie³²³	ke³²³
77 瑞安	ŋa²¹²	boŋ³¹	tsa⁴⁴	ka⁴⁴	ma²¹²	tsa³²³	tsʰa³²³	ka³²³
78 平阳	ŋʌ¹²	boŋ²⁴²	tʃʌ⁵⁵	kʌ⁵⁵	mʌ¹²	tʃʌ³⁴	tʃʰʌ³⁴	kʌ³⁴
79 文成	ŋa²¹²	boŋ¹¹³	tʃa⁵⁵	ka⁵⁵	ma²¹²	tʃa³⁴	tʃʰa³⁴	ka³⁴
80 苍南	n̠ia¹¹²	boŋ³¹	tɕia⁴⁴	kia⁴⁴	mia¹¹²	tɕia²²³	tɕʰia²²³	kia²²³
81 建德徽	ŋɑ²¹³白 / ŋɐʔ¹²文	poŋ³³	tsɛ⁵³	kən³³	mɑ²¹³	tsɑ⁵⁵	tsʰɑ⁵⁵计～ / tsʰɐʔ⁵政～	kɑ⁵⁵
82 寿昌徽	ŋəʔ³¹	pʰɔŋ¹¹²文	tsæ̃¹¹²白 / tsen¹¹²文	kæ̃¹¹²	məʔ³¹	tsəʔ³	tsʰəʔ³	kəʔ³

方言点	0849 额	0850 棚	0851 争	0852 耕	0853 麦	0854 摘	0855 策	0856 隔
	梗开二 入陌疑	梗开二 平耕並	梗开二 平耕庄	梗开二 平耕见	梗开二 入麦明	梗开二 入麦知	梗开二 入麦初	梗开二 入麦见
83 淳安徽	ɑʔ¹³	pʰon⁴³⁵	tsã̃²⁴	kã̃²⁴	mɑʔ¹³	tsɑʔ⁵	tsʰɑʔ⁵	kɑʔ⁵
84 遂安徽	əɯ²¹³	pʰəŋ³³	tsã̃⁵³⁴	kã̃⁵³⁴	ma²¹³	tsa²⁴	tsʰa²⁴	ka²⁴
85 苍南闽	gia²⁴	pʰan²⁴	tɕĩ⁵⁵	kin⁵⁵	be²⁴	tia⁴³	tɕʰie⁴³	ke⁴³
86 泰顺闽	nɛʔ³	pəŋ²²	tsæŋ²¹³竞~ tsɛ²¹³~斗	kɛ²¹³	ma⁵³	tia²²	tsʰɛʔ⁵	kɛʔ⁵
87 洞头闽	hia²⁴¹	pʰoŋ¹¹³	tɕĩ³³白 tɕien³³文	kun³³	be²⁴¹	tia⁵³白 tsai³³文	tɕʰiek⁵	ke⁵³
88 景宁畬	ŋaʔ²	poŋ²²	tsaŋ⁴⁴	kaŋ⁴⁴	maʔ²	tsaʔ⁵	tsʰaʔ⁵	kaʔ⁵

方言点	0857 兵	0858 柄	0859 平	0860 病	0861 明	0862 命	0863 镜	0864 庆
	梗开三 平庚帮	梗开三 去庚帮	梗开三 平庚並	梗开三 去庚並	梗开三 平庚明	梗开三 去庚明	梗开三 去庚见	梗开三 去庚溪
01 杭州	$piŋ^{334}$	$piŋ^{45}$	$biŋ^{213}$	$biŋ^{13}$	$miŋ^{213}$	$miŋ^{13}$	$tɕiŋ^{45}$	$tɕʰiŋ^{45}$
02 嘉兴	$piŋ^{42}$	$piŋ^{224}$	$biŋ^{242}$	$biŋ^{113}$	$miŋ^{242}$	$miŋ^{113}$	$tɕiŋ^{224}$	$tɕʰiŋ^{224}$
03 嘉善	pin^{53}	pin^{334}调殊	bin^{132}	bin^{113}	min^{132}	min^{113}	$tɕin^{334}$	$tɕʰin^{334}$
04 平湖	pin^{53}	pin^{334}	bin^{31}	bin^{213}	$mən^{31}$白 min^{31}文	min^{213}	$tɕin^{334}$	$tɕʰin^{213}$
05 海盐	pin^{53}	pin^{334}	bin^{31}	bin^{213}	$mən^{31}$白 min^{31}文	min^{213}	$tɕin^{334}$	$tɕʰin^{334}$
06 海宁	$piŋ^{55}$	$piŋ^{55}$调殊	$biŋ^{13}$	$biŋ^{13}$	$miŋ^{13}$	$miŋ^{13}$	$tɕiŋ^{35}$	$tɕʰiŋ^{35}$
07 桐乡	$piŋ^{44}$	$piŋ^{334}$	$biŋ^{13}$	$biŋ^{213}$	$mən^{13}$白 $miŋ^{13}$文	$miŋ^{213}$	$tɕiŋ^{334}$	$tɕʰiŋ^{334}$
08 崇德	$piŋ^{44}$	$piŋ^{334}$	$biŋ^{13}$	$biŋ^{13}$	$mən^{13}$白 $miŋ^{13}$文	$miŋ^{13}$	$tɕiŋ^{334}$	$tɕʰiŋ^{334}$
09 湖州	pin^{44}	pin^{35}调殊	bin^{112}	bin^{24}	min^{112}	min^{35}	$tɕin^{35}$	$tɕʰin^{35}$
10 德清	pin^{44}	pin^{334}	bin^{113}	bin^{113}	min^{113}	min^{334}	$tɕin^{334}$	$tɕʰin^{334}$
11 武康	pin^{44}	pin^{224}调殊	bin^{113}	bin^{113}	min^{113}	min^{224}	$tɕin^{224}$	$tɕʰin^{224}$
12 安吉	$piŋ^{55}$	$piŋ^{324}$	$biŋ^{22}$	$biŋ^{213}$	$miŋ^{22}$	$miŋ^{213}$	$tɕiŋ^{324}$	$tɕʰiŋ^{324}$
13 孝丰	$piŋ^{44}$	$piŋ^{324}$	$biŋ^{22}$	$biŋ^{213}$	$miŋ^{22}$	$miŋ^{324}$	$tɕiŋ^{324}$	$tɕʰiŋ^{324}$
14 长兴	$piŋ^{44}$	$piŋ^{324}$	$biŋ^{12}$	$biŋ^{24}$	$mən^{12}$~朝 $miŋ^{12}$清~	$miŋ^{324}$	$tʃiŋ^{324}$	$tʃʰiŋ^{324}$
15 余杭	$piŋ^{44}$	$piŋ^{423}$调殊	$biŋ^{22}$	$biŋ^{213}$	$miŋ^{22}$	$miŋ^{213}$	$tɕiŋ^{423}$	$tɕʰiŋ^{423}$
16 临安	$pieŋ^{55}$	$pieŋ^{55}$	$bieŋ^{33}$	$bieŋ^{33}$	$mieŋ^{33}$	$mieŋ^{33}$	$tɕieŋ^{55}$	$tɕʰieŋ^{55}$
17 昌化	$piəŋ^{334}$	$piəŋ^{453}$	$biəŋ^{112}$	$biəŋ^{243}$	$miəŋ^{112}$新 $məŋ^{112}$老	$miəŋ^{243}$	$tɕiəŋ^{544}$	$tɕʰiəŋ^{544}$
18 於潜	$piŋ^{433}$	$piŋ^{35}$	$biŋ^{223}$	$biŋ^{24}$	$miŋ^{223}$	$miŋ^{24}$	$tɕiŋ^{35}$	$tɕʰiŋ^{35}$
19 萧山	$piŋ^{533}$	$piŋ^{42}$	$biŋ^{355}$	$biŋ^{242}$	$miŋ^{355}$	$miŋ^{242}$	$tɕiŋ^{42}$	$tɕʰiŋ^{42}$
20 富阳	pin^{53}	pin^{335}	bin^{13}	bin^{224}	min^{13}	min^{335}	$tɕin^{335}$	$tɕʰin^{335}$
21 新登	$peiŋ^{53}$	$peiŋ^{45}$	$beiŋ^{233}$	$beiŋ^{13}$	$meiŋ^{233}$	$meiŋ^{13}$	$tɕiŋ^{45}$	$tɕʰiŋ^{45}$
22 桐庐	$piŋ^{533}$	$piŋ^{35}$	$biŋ^{13}$	$biŋ^{24}$	$miŋ^{13}$	$miŋ^{24}$	$tɕiŋ^{35}$	$tɕʰiŋ^{35}$
23 分水	pin^{44}	pin^{53}	bin^{22}	bin^{13}	min^{22}	min^{13}	$tɕin^{24}$	$tɕʰin^{53}$

续表

方言点	0857 兵	0858 柄	0859 平	0860 病	0861 明	0862 命	0863 镜	0864 庆
	梗开三平庚帮	梗开三去庚帮	梗开三平庚並	梗开三去庚並	梗开三平庚明	梗开三去庚明	梗开三去庚见	梗开三去庚溪
24 绍兴	piŋ⁵³	piŋ³³	biŋ²³¹	biŋ²²	miŋ²³¹	miŋ²²	tɕiŋ³³	tɕʰiŋ³³
25 上虞	piŋ³⁵	piŋ⁵³	biŋ²¹³	biŋ³¹	miŋ²¹³	miŋ³¹	tɕiŋ⁵³	tɕʰiŋ⁵³
26 嵊州	piŋ⁵³⁴	piŋ³³⁴	biŋ²¹³	biŋ²⁴	miŋ²¹³	miŋ²⁴	tɕiŋ³³⁴	tɕʰiŋ³³⁴
27 新昌	piŋ⁵³⁴	piŋ³³⁵	biŋ²²	biŋ¹³	meŋ²²白 miŋ²²文	miŋ¹³	tɕiŋ³³⁵	tɕʰiŋ³³⁵
28 诸暨	pin⁵⁴⁴	pin⁵⁴⁴	bin¹³	bin³³	min¹³	min³³	tɕin⁵⁴⁴	tɕʰin⁵⁴⁴
29 慈溪	piŋ³⁵	piŋ⁴⁴	biŋ¹³	biŋ¹³	miŋ¹³	miŋ¹³	tɕiŋ⁴⁴	tɕʰiŋ⁴⁴
30 余姚	pə̃⁴⁴	pə̃⁵³	bə̃¹³	bə̃¹³	mə̃¹³	mə̃¹³	tɕiə̃⁵³	tɕʰiə̃⁵³
31 宁波	piŋ⁵³	piŋ⁵³	biŋ¹³	biŋ¹³	miŋ¹³	miŋ¹³	tɕiŋ⁵³	tɕʰiŋ⁵³
32 镇海	piŋ⁵³	piŋ³⁵	biŋ²⁴	biŋ²⁴	miŋ²⁴	miŋ²⁴	tɕiŋ⁵³	tɕʰiŋ⁵³
33 奉化	piŋ⁴⁴	piŋ⁵³调殊	biŋ³³	biŋ³¹	miŋ³³	miŋ³¹	tɕiŋ⁵³	tɕʰiŋ⁵³
34 宁海	piŋ⁴²³	piŋ³⁵	biŋ²¹³	biŋ²⁴	miŋ²¹³	miŋ²⁴	tɕiŋ³⁵	tɕʰiŋ³⁵
35 象山	piŋ⁴⁴	piŋ⁵³	biŋ³¹	biŋ¹³	miŋ³¹	miŋ¹³	tɕiŋ⁵³	tɕiŋ⁵³
36 普陀	piŋ⁵³	piŋ⁵⁵	biŋ²⁴	biŋ¹³	miŋ²⁴	miŋ¹³	tɕiŋ⁵⁵	tɕʰiŋ⁵⁵
37 定海	piŋ⁵²	piŋ⁴⁴	biŋ²³	biŋ¹³	miŋ²³	miŋ¹³	tɕiŋ⁴⁴	tɕʰiŋ⁴⁴
38 岱山	piŋ⁵²	piŋ⁴⁴	biŋ²³	biŋ²¹³	miŋ²³	miŋ²¹³	tɕiŋ⁴⁴	tɕʰiŋ⁴⁴
39 嵊泗	piŋ⁵³	piŋ⁵³	biŋ²⁴³	biŋ²¹³	miŋ²⁴³	miŋ²¹³	tɕiŋ⁵³	tɕʰiŋ⁵³
40 临海	piŋ³¹	piŋ⁵⁵	biŋ²¹	biŋ³²⁴	miŋ²¹	miŋ³²⁴	tɕiŋ⁵⁵又 kiŋ⁵⁵又	tɕʰiŋ⁵⁵又 kʰiŋ⁵⁵又
41 椒江	piŋ⁴²	piŋ⁵⁵	biŋ³¹	biŋ²⁴	miŋ³¹	miŋ²⁴	tɕiŋ⁵⁵	tɕʰiŋ⁵⁵
42 黄岩	pin³²	pin⁵⁵	bin¹²¹	bin²⁴	min¹²¹	min²⁴	tɕin⁵⁵	tɕʰin⁵⁵
43 温岭	pin³³	pin⁵⁵	bin³¹	bin¹³	min³¹	min¹³	tɕin⁵⁵	tɕʰin⁵⁵
44 仙居	ɕin³³⁴	ɕin⁵⁵	bin²¹³	bin²⁴	mi²¹³~朝 min²¹³清~	min²⁴	tɕin⁵⁵	tɕʰin⁵⁵
45 天台	piŋ³³	piŋ⁵⁵	biŋ²²⁴	biŋ³⁵	miŋ²²⁴	miŋ³⁵	kiŋ⁵⁵	kʰiŋ⁵⁵
46 三门	piŋ³³⁴	piŋ⁵⁵	biŋ¹¹³	biŋ²⁴³	miŋ¹¹³	miŋ²⁴³	tɕiŋ⁵⁵	tɕʰiŋ⁵⁵
47 玉环	piŋ⁴²	piŋ⁵⁵	biŋ³¹	biŋ²²	miŋ³¹	miŋ²²	tɕiŋ⁵⁵	tɕʰiŋ⁵⁵

续表

方言点	0857 兵	0858 柄	0859 平	0860 病	0861 明	0862 命	0863 镜	0864 庆
	梗开三 平庚帮	梗开三 去庚帮	梗开三 平庚並	梗开三 去庚並	梗开三 平庚明	梗开三 去庚明	梗开三 去庚见	梗开三 去庚溪
48 金华	piŋ³³⁴	piŋ⁵⁵	biŋ³¹³	biŋ¹⁴	miŋ³¹³	miŋ¹⁴	tɕiŋ⁵⁵	tɕʰiŋ⁵⁵
49 汤溪	mɛ̃i²⁴	ma⁵²	bɛ̃i¹¹	bɛ̃i³⁴¹	mɛ̃i¹¹	mɛ̃i³⁴¹	tɕiɛ̃i⁵²	tɕʰiɛ̃i⁵²
50 兰溪	pin³³⁴	pæ̃⁴⁵白 pin⁴⁵文	bin²¹	bin²⁴	min²¹	min²⁴	tɕin⁴⁵	tɕʰin⁴⁵
51 浦江	piən⁵³⁴	piən⁵⁵	biən¹¹³	biən²⁴	mən¹¹³~年 miən¹¹³~白	miən²⁴	tɕiən⁵⁵	tɕʰiən⁵⁵
52 义乌	mən³³⁵白 pien³³⁵文	mɛ⁴⁵	bən²¹³	bən²⁴	mən²¹³	mən²⁴	tɕiən⁴⁵	tɕʰiən⁴⁵
53 东阳	pɐn³³⁴	(无)	bɐn²¹³	bɐn²⁴	mɐn²¹³	mɐn²⁴	kɐn⁴⁵³	kʰɐn⁴⁵³白 tɕiɐn⁴⁵³文
54 永康	miŋ⁵⁵	mai⁵²白 miŋ⁵²文	biŋ²²	biŋ²⁴¹	miŋ²²	miŋ²⁴¹	tɕiŋ⁵²	tɕʰiŋ⁵²
55 武义	min²⁴	ma⁵³	bin³²⁴	bin²³¹	muo³²⁴	min²³¹	tɕin⁵³	tɕʰin⁵³
56 磐安	mɐn⁴⁴⁵	mɛ⁵²	bɐn²¹³	bɐn¹⁴	mɐn²¹³	mɐn¹⁴	kɐn⁵²	kʰɐn⁵²
57 缙云	mɛŋ⁴⁴	pa⁴⁵³白 mɛŋ⁵¹文	bɛŋ²⁴³	bɛŋ²¹³	məɤ²⁴³~年 mɛŋ²⁴³~白	mɛŋ²¹³	tɕiɛŋ⁴⁵³	tɕʰiɛŋ⁴⁵³
58 衢州	pin³²	pin⁵³	bin²¹	bin²³¹	min²¹~年 məʔ¹²~日	min²³¹	tɕin⁵³	tɕʰin⁵³
59 衢江	piŋ³³	mɛ⁵³白 piŋ⁵³文	biŋ²¹²	bɛ²³¹	məʔ⁵~日 miŋ²¹²~朝	miŋ²³¹	tɕiŋ⁵³	tɕʰiŋ⁵³
60 龙游	pin³³⁴	pɛ⁵¹白 pin⁵¹文	bin²¹	bin²³¹	min²¹	min²³¹	tɕin⁵¹	tsʰin⁵¹
61 江山	pĩ⁴⁴	paŋ⁵¹	bĩ²¹³	baŋ³¹	mĩ²¹³	mĩ³¹	kĩ⁵¹	kʰĩ⁵¹
62 常山	pĩ⁴⁴	pĩ³²⁴	bĩ³⁴¹	bĩ¹³¹	mã²⁴~日 mɑ²⁴~日 mĩ³⁴¹聪~	mĩ¹³¹	kĩ³²⁴	tsʰĩ⁵²
63 开化	pin⁴⁴	pã⁴¹²	bin²³¹	bã²¹³	mã²³¹~日 min²³¹~显	min²¹³	tɕin⁴¹²	tɕʰin⁵³ 调殊
64 丽水	pin²²⁴	pin⁵²	bin²²	bin¹³¹	min²²	min¹³¹	tɕin⁵²	tɕʰin⁵²
65 青田	ɓeŋ⁴⁴⁵	ɓeŋ³³	beŋ²¹	beŋ²²	meŋ²¹	meŋ²²	tɕiŋ³³	tɕʰiŋ³³
66 云和	piŋ²⁴	pɛ⁴⁵	biŋ³¹²	biŋ²²³	miŋ³¹²	miŋ²²³	tɕiŋ⁴⁵	tɕʰiŋ⁴⁵

续表

方言点	0857 兵 梗开三 平庚帮	0858 柄 梗开三 去庚帮	0859 平 梗开三 平庚並	0860 病 梗开三 去庚並	0861 明 梗开三 平庚明	0862 命 梗开三 去庚明	0863 镜 梗开三 去庚见	0864 庆 梗开三 去庚溪
67 松阳	pin^{53}	pa^{24}	bin^{31}	bin^{13}	min^{31}	min^{13}	$tɕin^{24}$	$tɕʰin^{24}$
68 宣平	pin^{324}	$mɛ^{52}$白 pin^{52}文	bin^{433}	bin^{231}	min^{433}	min^{231}	$tɕin^{52}$	$tɕʰin^{52}$
69 遂昌	$piŋ^{45}$	$piaŋ^{334}$	$biŋ^{221}$	$biŋ^{213}$	$miŋ^{221}$	$miŋ^{213}$	$tɕiŋ^{334}$	$tɕʰiŋ^{334}$
70 龙泉	pin^{434}	$paŋ^{45}$白 pin^{45}文	bin^{21}	bin^{224}	$maŋ^{21}$~日 min^{21}~亮	min^{224}	$tɕin^{45}$	$tɕʰin^{45}$
71 景宁	$piŋ^{324}$	pe^{35}	$biŋ^{41}$	$biŋ^{113}$	$miŋ^{41}$	$miŋ^{113}$	$tɕiŋ^{35}$	$tɕʰiŋ^{35}$
72 庆元	$ɕiŋ^{335}$	$ɕæ̃^{11}$	$piŋ^{52}$	$piŋ^{31}$	$miŋ^{52}$	$miŋ^{31}$	$tɕiŋ^{11}$	$tɕʰiŋ^{11}$
73 泰顺	$piŋ^{213}$	$piŋ^{35}$	$piŋ^{53}$	$piŋ^{22}$	$miŋ^{53}$	$miŋ^{22}$	$tɕiŋ^{35}$	$tɕʰiŋ^{35}$
74 温州	$paŋ^{33}$	$paŋ^{51}$	$baŋ^{31}$	$baŋ^{22}$	$maŋ^{31}$~朝 $maŋ^{31}$光~	$maŋ^{22}$	$tɕiaŋ^{51}$	$tɕʰiaŋ^{51}$
75 永嘉	$peŋ^{44}$	$peŋ^{53}$	$beŋ^{31}$	$beŋ^{22}$	$meŋ^{31}$	$meŋ^{22}$	$tɕiaŋ^{53}$	$tɕʰiaŋ^{53}$
76 乐清	$peŋ^{44}$	$peŋ^{41}$	$beŋ^{31}$	$beŋ^{22}$	$meŋ^{31}$	$meŋ^{22}$	$tɕiaŋ^{41}$	$tɕʰiaŋ^{41}$
77 瑞安	$paŋ^{44}$	$paŋ^{53}$	$baŋ^{31}$	$baŋ^{22}$	$maŋ^{31}$	$maŋ^{22}$	$tɕiaŋ^{53}$	$tɕʰiaŋ^{53}$
78 平阳	$peŋ^{55}$	$peŋ^{53}$	$beŋ^{242}$	$beŋ^{33}$	$meŋ^{242}$	$meŋ^{33}$	$tʃaŋ^{53}$	$tʃʰaŋ^{53}$
79 文成	$peŋ^{55}$	$peŋ^{33}$	$beŋ^{113}$	$beŋ^{424}$	$meŋ^{113}$	$meŋ^{424}$	$tʃaŋ^{33}$	$tʃʰaɹ^{33}$
80 苍南	$peŋ^{44}$	$peŋ^{42}$	$beŋ^{31}$	$beŋ^{11}$	$meŋ^{31}$	$meŋ^{11}$	$tɕiaŋ^{42}$	$tɕʰiaŋ^{42}$
81 建德徽	pin^{53}	pin^{33}	pin^{33}	$pʰin^{55}$	$mən^{33}$~年 min^{33}清~	min^{55}	$tɕin^{33}$	$tɕʰin^{55}$
82 寿昌徽	$pien^{112}$	$pæ̃^{33}$	$pʰien^{52}$	$pʰien^{33}$	men^{112}~朝 $mien^{112}$光~	$mien^{33}$	$tɕien^{33}$	$tɕʰien^{33}$
83 淳安徽	pin^{24}	pin^{24}	$pʰin^{435}$	$pʰin^{53}$	men^{435}~年 min^{435}聪~	min^{53}	$tɕin^{24}$	$tɕʰin^{55}$
84 遂安徽	pin^{534}	pin^{43}	$pʰin^{33}$	$pʰin^{52}$	min^{33}	min^{52}	$tɕin^{43}$	$tɕʰin^{43}$
85 苍南闽	pin^{55}	$pĩã^{43}$	$pĩ^{24}$	$pĩ^{21}$	bin^{24}	$mĩã^{21}$	$kĩa^{21}$	$kʰin^{43}$
86 泰顺闽	$pien^{213}$	$pæŋ^{53}$	$pæŋ^{22}$	$pæŋ^{31}$	$mien^{22}$~白 $mɛ^{22}$~天	$miæŋ^{31}$	$kiæŋ^{53}$	$kʰien^{53}$
87 洞头闽	$pieŋ^{33}$	$pĩ^{21}$	$pĩ^{113}$白 $pieŋ^{113}$文	$pĩ^{21}$	$bieŋ^{113}$	$mĩã^{21}$	$kĩa^{21}$	$kʰien^{21}$
88 景宁畲	pin^{44}	$piaŋ^{44}$	$pʰiaŋ^{22}$	$pʰiaŋ^{51}$	min^{22}	$miaŋ^{51}$	$kiaŋ^{44}$	$tɕʰin^{44}$

方言点	0865 迎	0866 影	0867 剧 戏~	0868 饼	0869 名	0870 领	0871 井	0872 清
	梗开三 平庚疑	梗开三 上庚影	梗开三 入陌群	梗开三 上清帮	梗开三 平清明	梗开三 上清来	梗开三 上清精	梗开三 平清清
01 杭州	iŋ²¹³	iŋ⁵³	dzyɛʔ²	piŋ⁵³	miŋ²¹³	liŋ⁵³	tɕiŋ⁵³	tɕʰiŋ³³⁴
02 嘉兴	ȵiŋ²⁴²	iŋ⁵⁴⁴	dzieʔ¹³	piŋ⁵⁴⁴	miŋ²⁴²	liŋ¹¹³	tɕiŋ⁵⁴⁴	tɕʰiŋ⁴²
03 嘉善	ȵin¹³²	in³³⁴调殊	dziaʔ²	pin⁴⁴	min¹³²	lin¹¹³	tɕin⁴⁴	tɕʰin⁵³
04 平湖	ȵin³¹	in²¹³	dziəʔ²³	pin⁴⁴	min³¹	lin²¹³	tsin⁴⁴	tsʰin⁵³
05 海盐	ȵin³¹	in⁴²³	dziəʔ²³	pin⁴²³	min³¹	lin⁴²³	tɕin⁴²³	tɕʰin⁵³
06 海宁	ȵiŋ¹³	iŋ⁵³	dzieʔ²	piŋ⁵³	miŋ¹³	liŋ²³¹	tɕiŋ⁵³	tɕʰiŋ⁵⁵
07 桐乡	ȵiŋ¹³	iŋ⁵³	dziəʔ²³	piŋ⁵³	miŋ¹³	liŋ²⁴²	tsiŋ⁵³	tsʰiŋ⁴⁴
08 崇德	ȵiŋ¹³	iŋ⁵³	dziəʔ²³	piŋ⁵³	miŋ¹³	liŋ⁵³	tɕiŋ⁵³	tɕʰiŋ⁴⁴
09 湖州	in¹¹²	in⁵²³	dzioʔ²	pin⁵²³	min¹¹²	lin⁵²³	tɕin⁵²³	tɕʰin⁴⁴
10 德清	ȵin³³⁴	pin⁵²	dzieʔ²	pin⁵²	min¹¹³	lin⁵²	tɕin⁵²	tɕʰin⁴⁴
11 武康	ȵin¹¹³	in⁵³	dziøʔ²	pin⁵³	min¹¹³	lin²⁴²	tɕin⁵³	tɕʰin⁴⁴
12 安吉	ȵiŋ²²	iŋ³²⁴	dzyəʔ²³	piŋ⁵²	miŋ²²	liŋ⁵²	tɕiŋ⁵²	tɕʰiŋ⁵⁵
13 孝丰	ȵiŋ²²	iŋ⁵²	dzieʔ²³	piŋ⁵²	miŋ²²	liŋ⁵²	tɕiŋ⁵²	tɕʰiŋ⁴⁴
14 长兴	ȵiŋ¹²	iŋ⁵²	dʒiɛʔ²	piŋ⁵²	miŋ¹²	liŋ⁵²	tʃiŋ⁵²	tʃʰiŋ⁴⁴
15 余杭	ȵiŋ⁴⁴	iŋ⁵³	dzieʔ²	piŋ⁵³	miŋ²²	liŋ⁵³	tsiŋ⁵³	tɕʰiŋ⁴⁴
16 临安	ȵieŋ³³	ieŋ³³	dziɐʔ¹²	pieŋ⁵⁵	mieŋ³³	lieŋ³³	tɕieŋ⁵⁵	tɕʰieŋ⁵⁵
17 昌化	ȵiəŋ¹¹²	iəŋ⁴⁵³	dzyɛʔ²³ 又 tɕy⁵⁴⁴ 又	piəŋ⁴⁵³	miəŋ¹¹²	liəŋ⁴⁵³	tɕiəŋ⁴⁵³	tɕʰiəŋ³³⁴
18 於潜	iŋ²²³文	iŋ⁵¹	dziæʔ²³	piŋ⁵¹	miŋ²²³	liŋ⁵¹	tɕiŋ⁵¹	tɕʰiŋ⁴³³
19 萧山	ȵiŋ³⁵⁵	iŋ⁴²	dzieʔ¹³	piŋ³³	miŋ³⁵⁵	liŋ¹³	tɕiŋ³³	tɕʰiŋ⁵³³
20 富阳	in¹³	in⁴²³	dziɛʔ²	pin⁴²³	min¹³	lin²²⁴	tɕin⁴²³	tɕʰin⁵³
21 新登	eiŋ²³³	eiŋ³³⁴	dziəʔ²	peiŋ³³⁴	meiŋ²³³	leiŋ³³⁴	tɕiŋ³³⁴	tɕʰiŋ⁵³
22 桐庐	iŋ¹³	iŋ³³	dzyəʔ¹³	piŋ³³	miŋ¹³	liŋ³³	tɕiŋ³³	tɕʰiŋ⁵³³
23 分水	in²²	in⁵³	dzyəʔ¹²	pin⁵³	min²²	lin⁵³	tɕin⁵³	tɕʰin⁴⁴
24 绍兴	ȵiŋ²³¹	iŋ³³	dzieʔ²	piŋ³³⁴	miŋ²³¹	liŋ²²³	tɕiŋ³³⁴	tɕʰiŋ⁵³
25 上虞	ȵiŋ²¹³	iŋ³⁵	dziaʔ²	piŋ³⁵	miŋ²¹³	liŋ²¹³	tɕiŋ³⁵	tɕʰiŋ³⁵

方言点	0865 迎	0866 影	0867 剧 戏~	0868 饼	0869 名	0870 领	0871 井	0872 清
	梗开三 平庚疑	梗开三 上庚影	梗开三 入陌群	梗开三 上清帮	梗开三 平清明	梗开三 上清来	梗开三 上清精	梗开三 平清清
26 嵊州	ȵiŋ²¹³	iŋ⁵³	dʑieʔ²	piŋ⁵³	miŋ²¹³	liŋ²²	tɕiŋ⁵³	tɕʰiŋ⁵³⁴
27 新昌	ȵiŋ²²	eŋ⁴⁵³白 iŋ⁴⁵³文	dʑiʔ²	piŋ⁴⁵³	miŋ²²	liŋ²³²	tɕiŋ⁴⁵³	tɕʰiŋ⁵³⁴
28 诸暨	in¹³	in⁴²	dʑieʔ¹³	pin⁴²	min¹³	lin²⁴²	tɕin⁴²	tɕʰin⁵⁴⁴
29 慈溪	ȵiŋ¹³	iŋ³⁵	dʑiəʔ²	piŋ³⁵	miŋ¹³	liŋ¹³	tɕiŋ³⁵	tɕʰiŋ³⁵
30 余姚	ȵiə̃¹³	iə̃³⁴	dʑiəʔ²	pə̃³⁴	mə̃¹³	liə̃¹³	tɕiə̃³⁴	tɕʰiə̃⁴⁴
31 宁波	ȵiŋ¹³	iŋ³⁵	dʑiəʔ²	piŋ³⁵	miŋ¹³	liŋ¹³	tɕiŋ³⁵	tɕʰiŋ⁵³
32 镇海	ȵiŋ²⁴	iŋ³⁵	dʑieʔ¹²	piŋ³⁵	miŋ²⁴	liŋ²⁴	tɕiŋ³⁵	tɕʰiŋ⁵³
33 奉化	ȵiŋ³³	iŋ⁵⁴⁵	dʑiiʔ²	piŋ⁵⁴⁵	miŋ³³	liŋ³²⁴	tɕiŋ⁵⁴⁵	tɕʰiŋ⁴⁴
34 宁海	ȵiŋ²¹³	iŋ⁵³	dʑyəʔ³	piŋ⁵³	miŋ²¹³	liŋ³¹	tɕiŋ⁵³	tɕʰiŋ⁴²³
35 象山	ȵiŋ¹³	iŋ⁴⁴	dʑieʔ²	piŋ⁴⁴	miŋ³¹	leŋ³¹白 liŋ³¹文	tɕiŋ⁴⁴	tɕʰiŋ⁴⁴
36 普陀	ȵiŋ²⁴	iŋ⁴⁵	dʑiɛʔ²³	piŋ⁴⁵	miŋ²⁴	liŋ²³	tɕiŋ⁴⁵	tɕʰiŋ⁵³
37 定海	ȵiŋ²³	iŋ⁴⁵	dʑieʔ²	piŋ⁴⁵	miŋ²³	liŋ²³	tɕiŋ⁴⁵	tɕʰiŋ⁵²
38 岱山	ȵiŋ²³	iŋ³²⁵	dʑieʔ²	piŋ³²⁵	miŋ²³	liŋ²⁴⁴	tɕiiʲ³²⁵	tɕʰiiʲ⁵³
39 嵊泗	ȵiŋ²⁴³	iŋ⁴⁴⁵	dʑiɛʔ²	piŋ⁴⁴⁵	miŋ²⁴³	liŋ⁴⁴⁵	tɕiŋ⁴⁴⁵	tɕʰiiʲ⁵³
40 临海	ȵiŋ²¹	iŋ⁵²	dʑiaʔ²³	piŋ⁵²	miŋ²¹	liŋ⁵²	tɕiŋ⁵²	tɕʰiŋ³¹
41 椒江	ȵiŋ³¹	iŋ⁴²	dʑiəʔ²	piŋ⁴²	miŋ³¹	liŋ⁴²	tɕiŋ⁴²	tɕʰiŋ⁴²
42 黄岩	in¹²¹	in⁴²	dʑieʔ²	pin⁴²	min¹²¹	lin⁴²	tɕin⁴²	tɕʰin³²
43 温岭	ȵin³¹	in⁴²	dʑiʔ²	pin⁴²	min³¹	lin⁴²	tɕin⁴²	tɕʰin³³
44 仙居	ȵin²¹³	in³²⁴	dʑiəʔ²³	ɓin³²⁴	min²¹³	lin³²⁴	tɕin³²⁴	tɕʰin³³⁴
45 天台	ȵiŋ²²⁴	iŋ³²⁵	gieʔ²	piŋ³²⁵	miŋ²²⁴	liŋ²¹⁴	tɕiŋ³²⁵	tɕʰiŋ³³
46 三门	niŋ¹¹³	iŋ³²⁵	dʑiaʔ²³	piŋ⁵²	miŋ¹¹³	liŋ³²⁵	tɕiŋ³²⁵	tɕʰiŋ³³⁴
47 玉环	ȵiŋ³¹	iŋ⁵³	dʑiɐʔ²	piŋ⁵³	miŋ³¹	liŋ⁵³	tɕiŋ⁵³	tɕʰiŋ⁴²
48 金华	niŋ³¹³ ~灯 ni⁵⁵欢~	iŋ⁵³⁵	dʑyəʔ²¹²	piŋ⁵³⁵	miŋ³¹³	liŋ⁵³⁵	tɕiŋ⁵³⁵	tɕʰiŋ³³⁴

方言点	0865 迎	0866 影	0867 剧 戏~	0868 饼	0869 名	0870 领	0871 井	0872 清
	梗开三 平庚疑	梗开三 上庚影	梗开三 入陌群	梗开三 上清帮	梗开三 平清明	梗开三 上清来	梗开三 上清精	梗开三 平清清
49 汤溪	ȵiɛ̃i¹¹	iɛ̃i⁵³⁵	dzei¹¹³	mɛ̃i⁵³⁵	mɛ̃i¹¹	lɛ̃i¹¹³	tsɛ̃i⁵³⁵	tsʰɛ̃i²⁴
50 兰溪	nin²¹	in⁵⁵	dʑiəʔ¹²	pin⁵⁵	min²¹	lin⁵⁵	tɕin⁵⁵	tɕʰin³³⁴
51 浦江	ȵiən¹¹³白 iən¹¹³文	iən⁵³	dʑiə²³²	piən⁵³	miən¹¹³	liən²⁴³	tsiən⁵³	tsʰiən⁵³⁴
52 义乌	ȵiən²¹³	iən⁴²³	dʑiɛ³¹²	mən⁴²³	mən²¹³	lən³¹²	tsən⁴²³	tsʰən³³⁵
53 东阳	ŋiɐn²¹³白 niɐn²¹³文	ɐn⁴⁴白 iɐn⁴⁴文	dʑiɛʔ²³	pɐn⁴⁵³小	mɐn²¹³	lɐn²³¹	tsɐn⁴⁴	tsʰɐn³³⁴
54 永康	ȵiŋ²²	iŋ³³⁴	dʑiə¹¹³	miŋ⁵²小	miŋ²²	liŋ¹¹³	tɕiŋ³³⁴	tɕʰiŋ⁵⁵
55 武义	ȵin³²⁴	in⁴⁴⁵	dʑiɛ²¹³	min⁴⁴⁵	min³²⁴	lin¹³	tɕin⁴⁴⁵	tɕʰin²⁴
56 磐安	ȵiɐn²¹³	iɐn³³⁴	dʑia²¹³	miɐn³³⁴老 piɐn³³⁴新	mɐn²¹³	lɐn³³⁴	tsɐn³³⁴	tsʰɐn⁴⁴⁵
57 缙云	ȵiɛŋ²⁴³	iɛŋ⁵¹	dʑiai¹³	mɐŋ⁵¹	mɐŋ²⁴³	lɐŋ³¹	tsɐŋ⁵¹	tsʰɐŋ⁴⁴
58 衢州	ȵin²¹	in³⁵	dʑiəʔ¹²	pin³⁵	min²¹	lin²³¹	tɕin³⁵	tɕʰin³²
59 衢江	ȵiŋ²¹²	iŋ²⁵	dʑiəʔ²	piŋ²⁵	miŋ²¹²	liŋ²¹²	tɕiŋ²⁵	tɕʰiŋ³³
60 龙游	ȵin²¹	in³⁵	dʑyəʔ²³	pin³⁵	min²¹	lin²²⁴	tɕin³⁵	tɕʰin³³⁴
61 江山	ȵĩ²¹³	ɛ̃²⁴¹依~ ĩ²⁴¹电~	gioʔ²	pĩ²⁴¹	mĩ²¹³	lĩ²²	tɕĩ²⁴¹	tɕʰĩ⁴⁴
62 常山	lĩ³⁴¹	ɔ̃⁵²农~ ĩ⁵²电~	dʑyʌʔ³⁴	pĩ⁵²	mĩ³⁴¹	lĩ²⁴	tsĩ⁵²	tsʰĩ⁴⁴
63 开化	ȵin²¹³ 调殊	ɛn⁵³农~ in⁵³电~	dʑiɛʔ¹³	pin⁵³	min²³¹	lin²¹³	tɕin⁵³	tɕʰin⁴⁴
64 丽水	ȵin²²	in⁵⁴⁴	dʑyɛʔ²³	pin⁵⁴⁴	min²²	lin⁵⁴⁴	tɕin⁵⁴⁴	tɕʰin²²⁴
65 青田	ȵiŋ²¹	iŋ⁴⁵⁴	dʑʅʔ³¹	ɓeŋ⁴⁵⁴	meŋ²¹	leŋ⁴⁵⁴	tɕiŋ⁴⁵⁴	tɕʰiŋ⁴⁴⁵
66 云和	ȵiŋ³¹²	iŋ⁴¹	dʑiʔ²³	piŋ⁴¹	miŋ³¹²	liŋ⁴¹	tɕiŋ⁴¹	tɕʰiŋ²⁴
67 松阳	n̩³¹	æ̃²¹²白 in²¹²文	dʑiʔ²	pin²¹²	min³¹	lin²²	tɕin²¹²	tɕʰin⁵³
68 宣平	ȵin⁴³³	in⁴⁴⁵	dʑiəʔ²³	pin⁴⁴⁵	min⁴³³	lin²²³	tɕin⁴⁴⁵	tɕʰin³²⁴

续表

方言点	0865 迎 梗开三 平庚疑	0866 影 梗开三 上庚影	0867 剧 戏~ 梗开三 入陌群	0868 饼 梗开三 上清帮	0869 名 梗开三 平清明	0870 领 梗开三 上清来	0871 井 梗开三 上清精	0872 清 梗开三 平清清
69 遂昌	n̠iŋ²²¹	ɛ̃⁵³³白 iŋ⁵³³文	dʑyʔ²³	piŋ⁵³³	miŋ²²¹	liŋ¹³	tɕiŋ⁵³³	tɕʰiŋ⁴⁵
70 龙泉	n̠in²¹	in⁵¹	dzɿʔ²⁴	pin⁵¹	min²¹	lin⁵¹	tɕin⁵¹	tɕʰin⁴³⁴
71 景宁	n̠iŋ⁴¹	aŋ³³白 iaŋ³³文	tɕy³⁵音殊	piŋ³³	miŋ⁴¹	liŋ³³	tɕiŋ³³	tɕʰiŋ³²⁴
72 庆元	n̠ĩ⁵²	iŋ³³	tsɿʔ³⁴	ɓiŋ³³	miŋ⁵²	liŋ²²¹	tɕiŋ³³	tɕʰiŋ³³⁵
73 泰顺	n̠iŋ⁵³	iŋ⁵⁵	tsɿʔ²	piŋ⁵⁵	miŋ⁵³	liŋ⁵⁵	tɕiŋ⁵⁵	tɕʰiŋ²¹³
74 温州	n̠iaŋ³¹	iaŋ²⁵	dʑiai²¹²	pəŋ²⁵	məŋ³¹	ləŋ¹⁴	tsəŋ²⁵	tsʰəŋ³³
75 永嘉	n̠iaŋ³¹	iaŋ⁴⁵	dʑiai²¹³	peŋ⁴⁵	meŋ³¹	leŋ¹³	tɕieŋ⁴⁵	tɕʰieŋ⁴⁴
76 乐清	n̠iaŋ³¹	iaŋ³⁵	dʑiɤ²¹²	peŋ³⁵	meŋ³¹	leŋ²⁴	tɕieŋ³⁵	tɕʰieŋ⁴⁴
77 瑞安	n̠iaŋ³¹	iaŋ³⁵	dʑi²¹²	pəŋ³⁵	məŋ³¹	ləŋ¹³	tsəŋ³⁵	tsʰəŋ⁴⁴
78 平阳	n̠iaŋ²⁴²	iaŋ⁴⁵	dʒʌ¹²	peŋ⁴⁵	meŋ²⁴²	leŋ⁴⁵	tʃeŋ⁴⁵	tʃʰeŋ⁵⁵
79 文成	n̠iaŋ¹¹³	iaŋ⁴⁵	dʑi²¹²	peŋ⁴⁵	meŋ¹¹³	leŋ²²⁴	tʃeŋ⁴⁵	tʃʰeŋ⁵⁵
80 苍南	n̠iaŋ³¹	iaŋ⁵³	dʑia¹¹²	peŋ⁵³	meŋ³¹	leŋ⁵³	tseŋ⁵³	tsʰeŋ⁴⁴
81 建德徽	in³³	in²¹³	tɕiɐʔ¹²	piŋ²¹³	min³³	lin²¹³	tɕin²¹³	tɕʰiŋ⁵³
82 寿昌徽	n̠ien¹¹²文	ien²⁴	tɕyəʔ³¹	pien²⁴	mien¹¹²文	lien⁵³⁴	tɕien²⁴	tɕʰien¹¹²
83 淳安徽	in⁴³⁵	in⁵⁵	tɕyʔ⁵ 越~ tɕʰyəʔ¹³ 戏~	pin⁵⁵	min⁴³⁵	lin⁵⁵	tɕin⁵⁵	tɕʰin²⁴
84 遂安徽	in³³	in²¹³	tɕy²¹³	pin²¹³	min³³	lin³³	tɕin²¹³	tɕʰin⁵³⁴
85 苍南闽	gin²⁴	ĩã⁴³	kiɔ²⁴	pĩã⁴³	mĩã²⁴	nĩã³²	tɕĩ⁴³	tɕʰin⁵⁵
86 泰顺闽	nien²²	iæŋ³⁴⁴	ky⁵³	piæŋ³⁴⁴	miæŋ²²	liæŋ³⁴⁴	tsæŋ³⁴⁴	tsʰien²¹³
87 洞头闽	ŋĩã¹¹³白 gieŋ¹¹³文	ĩã⁵³	kiek²⁴	pĩã⁵³	mĩã¹¹³	nĩã⁵³	tɕĩ⁵³	tɕʰieŋ³³
88 景宁畲	n̠in²²	iaŋ³²⁵	（无）	piaŋ³²⁵	miaŋ²²	lin³²⁵	tsaŋ³²⁵	tɕʰin⁴⁴

方言点	0873 静	0874 姓	0875 贞	0876 程	0877 整	0878 正 ~反	0879 声	0880 城
	梗开三上清从	梗开三去清心	梗开三平清知	梗开三平清澄	梗开三上清章	梗开三去清章	梗开三平清书	梗开三平清禅
01 杭州	dʑiŋ¹³	ɕiŋ⁴⁵	tsəŋ³³⁴	dzəŋ²¹³	tsəŋ⁵³	tsəŋ⁴⁵	səŋ³³⁴	dzəŋ²¹³
02 嘉兴	dʑiŋ¹¹³	ɕiŋ²²⁴	tsəŋ⁴²	zəŋ²⁴²	tsəŋ⁵⁴⁴	tsəŋ²²⁴	səŋ⁴²	zəŋ²⁴²
03 嘉善	dʑin¹¹³	ɕin³³⁴	tsən⁵³	zən¹³²	tsən³³⁴ 调殊	tsən³³⁴	sæ̃⁵³ 白 sən⁵³ 文	zən¹³²
04 平湖	zin²¹³	sin³³⁴	tsən⁵³	zən³¹	tsən⁴⁴	tsən³³⁴	sən⁵³	zən³¹
05 海盐	dʑin⁴²³	ɕin³³⁴	tsən⁵³	zən³¹	tsən⁴²³	tsən³³⁴	sɛ̃⁵³ 白 sən⁵³ 文	zən³¹
06 海宁	dʑiŋ²³¹	ɕiŋ³⁵	tsəŋ⁵⁵	zəŋ¹³	tsəŋ⁵³	tsəŋ³⁵	sɑ̃⁵⁵ 白 səŋ⁵⁵ 文	zəŋ¹³
07 桐乡	ziŋ²⁴²	siŋ³³⁴	tsəŋ⁴⁴	zəŋ¹³	tsəŋ⁵³	tsəŋ³³⁴	səŋ⁴⁴	zəŋ¹³
08 崇德	ziŋ²⁴²	ɕiŋ³³⁴	tsəŋ⁴⁴	zəŋ¹³	tsəŋ⁵³	tsəŋ³³⁴	sã⁴⁴ 白 səŋ⁴⁴ 文	zəŋ¹³
09 湖州	ziŋ²³¹	ɕiŋ³⁵	tsən⁴⁴	dzən¹¹²	tsən⁵²³	tsən³⁵	sən⁴⁴	dzən¹¹²
10 德清	dʑin¹⁴³	ɕin³³⁴	tsen⁴⁴	dzen¹¹³	tsen⁵²	tsen³³⁴	sen⁴⁴	dzen¹¹³
11 武康	dʑin²⁴²	ɕin²²⁴	tsen⁴⁴	dzen¹¹³	tsen⁵³	tsen⁵³	sen⁴⁴	dzen¹¹³
12 安吉	ziŋ²⁴³	ɕiŋ³²⁴	tsəŋ⁵⁵	dzəŋ²²	tsəŋ⁵²	tsəŋ³²⁴	sã⁵⁵ 白 səŋ⁵⁵ 文	dzəŋ²²
13 孝丰	ziŋ²⁴³	ɕiŋ³²⁴	tsəŋ⁴⁴	dzəŋ²²	tsəŋ⁵²	tsəŋ³²⁴	sã⁴⁴ 白 səŋ⁴⁴ 文	dzəŋ²²
14 长兴	ʒiŋ²⁴³	ʃiŋ³²⁴	tsəŋ⁴⁴	dzəŋ¹²	tsəŋ⁵²	tsəŋ³²⁴	səŋ⁴⁴	dzəŋ¹²
15 余杭	ziŋ²⁴³	siŋ⁴²³	tsiŋ⁴⁴	ziŋ²²	tsiŋ⁵³	tsiŋ⁴²³	siŋ⁴⁴	ziŋ²²
16 临安	dʑieŋ³³	ɕieŋ⁵⁵	tseŋ⁵⁵	dzeŋ³³	tseŋ⁵⁵	tseŋ⁵⁵	seŋ⁵⁵	dzeŋ³³
17 昌化	ziəŋ²⁴³	ɕiəŋ⁵⁴⁴	tɕiəŋ³³⁴	ziəŋ¹¹²	tɕiəŋ⁴⁵³	tɕiəŋ⁵⁴⁴	ɕiəŋ³³⁴	ziəŋ¹¹²
18 於潜	dʑiŋ²⁴	ɕiŋ³⁵	tseŋ⁴³³	dzeŋ²²³	tseŋ⁵¹	tseŋ³⁵	seŋ⁴³³	dzeŋ²²³
19 萧山	ziŋ¹³	ɕiŋ⁴²	tsəŋ⁵³³	dzəŋ³⁵⁵	tsəŋ³³	tsəŋ⁴²	səŋ⁵³³	dzəŋ³⁵⁵
20 富阳	dʑin²²⁴	ɕin³³⁵	tsən⁵³	dzən¹³	tsən⁴²³	tsən³³⁵	ɕin⁵³	dzən¹³
21 新登	dʑiŋ¹³	sein⁴⁵	tsein⁵³	dʑiŋ²³³	tɕʰiŋ³³⁴	tɕiŋ⁴⁵	sein⁵³	dʑiŋ²³³
22 桐庐	dʑiŋ²⁴	ɕiŋ³⁵	tsəŋ⁵³³	dzəŋ¹³	tsəŋ³³	tsəŋ³⁵	səŋ⁵³³	dzəŋ¹³

续表

方言点	0873 静	0874 姓	0875 贞	0876 程	0877 整	0878 正 ~反	0879 声	0880 城
	梗开三 上清从	梗开三 去清心	梗开三 平清知	梗开三 平清澄	梗开三 上清章	梗开三 去清章	梗开三 平清书	梗开三 平清禅
23 分水	dʑin²⁴	ɕin²⁴	tsən⁴⁴	dzən²²	tsən⁵³	tsən²⁴	sən⁴⁴	dzən²²
24 绍兴	dʑiŋ²²³	ɕiŋ³³	tsẽ³³	dzəŋ²³¹	tsəŋ³³⁴	tsəŋ³³	səŋ⁵³	dzəŋ²³¹
25 上虞	ziŋ²¹³	ɕiŋ⁵³	tsəŋ³⁵	dzəŋ²¹³	tsəŋ³⁵	tsəŋ⁵³	səŋ³⁵	dzəŋ²¹³
26 嵊州	dʑiŋ²²	ɕiŋ³³⁴	tseŋ³³⁴	dzeŋ²⁴	tseŋ⁵³	tseŋ³³⁴	seŋ⁵³⁴	dzeŋ²¹³
27 新昌	ziŋ²³²白 dʑiŋ²³²文	ɕiŋ³³⁵	tseŋ³³⁵	dzeŋ²²	tɕiŋ⁴⁵³白 tseŋ⁴⁵³文	tseŋ³³⁵	seŋ⁵³⁴	dzeŋ²²
28 诸暨	dʑin²⁴²	ɕin⁵⁴⁴	tsɛn⁵⁴⁴	dzɛn¹³	tsɛn⁴²	tsɛn⁵⁴⁴	sɛn⁵⁴⁴	dzɛn¹³
29 慈溪	dʑiŋ¹³	ɕiŋ⁴⁴	tsəŋ³⁵	dzəŋ¹³	tsəŋ³⁵	tsəŋ⁴⁴	səŋ³⁵	dzəŋ¹³
30 余姚	dʑiə̃¹³	ɕiə̃⁵³	tsə̃⁴⁴	dzə̃¹³	tsə̃³⁴	tsə̃⁵³	sə̃⁴⁴	dzə̃¹³
31 宁波	ziŋ¹³	ɕiŋ⁵³	tɕiŋ⁵³	dʑiŋ¹³	tɕiŋ³⁵	tɕiŋ⁵³	ɕiŋ⁵³	dʑiŋ¹³
32 镇海	dʑiŋ²⁴	ɕiŋ⁵³	tɕiŋ⁵³	dʑiŋ²⁴	tɕiŋ³⁵	tɕiŋ⁵³	ɕiŋ⁵³	dʑiŋ²⁴
33 奉化	ziŋ³²⁴	ɕiŋ⁵³	tɕiŋ⁴⁴	dʑiŋ³³	tɕiŋ⁵⁴⁵	tɕiŋ⁵³	ɕiŋ⁴⁴	dʑiŋ³³
34 宁海	ziŋ³¹	ɕiŋ³⁵	tɕiŋ⁴²³	dʑiŋ²¹³	tɕiŋ⁵³	tɕiŋ³⁵	ɕiŋ⁴²³	ziŋ²¹³又 dʑiŋ²¹³又
35 象山	iŋ³¹	ɕiŋ⁵³	tɕiŋ⁴⁴	dʑiŋ³¹	tɕʰiŋ⁴⁴	tɕiŋ⁴⁴	ɕiŋ⁴⁴	iŋ³¹白 dʑiŋ³¹文
36 普陀	iŋ²³	ɕiŋ⁵⁵	tɕiŋ⁵³	dʑiŋ²⁴	tɕiŋ⁴⁵	tɕiŋ⁵⁵	ɕiŋ⁵³	dʑiŋ²⁴
37 定海	iŋ²³	ɕiŋ⁴⁴	tsoŋ⁵²	dʑiŋ²³工~ dʑiŋ¹³姓~	tsiŋ⁴⁵	tsiŋ⁴⁴	ɕiŋ⁵²	dʑiŋ²³
38 岱山	iŋ²⁴⁴	ɕiŋ⁴⁴	tɕiŋ⁴⁴	dʑiŋ²³工~ dʑiŋ²¹³姓~	tɕiŋ³²⁵	tɕiŋ⁴⁴	ɕiŋ⁵²	dʑiŋ²³
39 嵊泗	iŋ⁴⁴⁵	ɕiŋ⁵³	tsoŋ⁵³	dʑiŋ²⁴³工~ dʑiŋ²¹³姓~,调殊	tɕiŋ⁴⁴⁵	tɕiŋ⁵³	ɕiŋ⁵³	dʑiŋ²⁴³
40 临海	ziŋ²¹	ɕiŋ⁵⁵	tɕiŋ³¹	dʑiŋ²¹	tɕiŋ⁵²	tɕiŋ⁵⁵	ɕiŋ³¹	ziŋ²¹
41 椒江	ziŋ³¹	ɕiŋ⁵⁵	tɕiŋ⁴²	dʑiŋ³¹	tɕiŋ⁴²	tɕiŋ⁵⁵	ɕiŋ⁴²	ziŋ³¹
42 黄岩	ziŋ¹²¹	ɕin⁵⁵	tɕiŋ³²	dʑin¹²¹	tɕiŋ⁴²	tɕin⁵⁵	ɕin³²	ziŋ¹²¹
43 温岭	ziŋ³¹	ɕin⁵⁵	tɕiŋ³³	dʑin³¹	tɕiŋ⁴²	tɕin⁵⁵	ɕin³³	ziŋ³¹
44 仙居	ziŋ²¹³	ɕin⁵⁵	tsen³³⁴音殊	dʑin²¹³	tɕin³²⁴	tɕin⁵⁵	ɕin³³⁴	ziŋ²¹³

续表

方言点	0873 静 梗开三 上清从	0874 姓 梗开三 去清心	0875 贞 梗开三 平清知	0876 程 梗开三 平清澄	0877 整 梗开三 上清章	0878 正 ～反 梗开三 去清章	0879 声 梗开三 平清书	0880 城 梗开三 平清禅
45 天台	ʑiŋ³⁵	ɕiŋ⁵⁵	tɕiŋ³³	dʑiŋ²²⁴	tɕiŋ³²⁵	tɕiŋ⁵⁵	ɕiŋ³³	ʑiŋ²²⁴
46 三门	ʑiŋ²¹³	ɕiŋ⁵⁵	tɕiŋ³³⁴	dʑiŋ¹¹³	tɕiŋ³²⁵	tɕiŋ⁵⁵	ɕiŋ³³⁴	ʑiŋ¹¹³
47 玉环	ʑiŋ³¹	ɕiŋ⁵⁵	tɕiŋ⁴²	dʑiŋ³¹	tɕiŋ⁵³	tɕiŋ⁵⁵	ɕiŋ⁴²	ʑiŋ³¹
48 金华	ʑiŋ¹⁴	ɕiŋ⁵⁵	tsəŋ³³⁴	dzəŋ³¹³	tɕiŋ⁵³⁵白 tsəŋ⁵³⁵文	tɕiŋ⁵⁵	ɕiŋ³³⁴	ʑiŋ³¹³白 dzəŋ³¹³文
49 汤溪	zɛ̃i¹¹～落来	sɛ̃i⁵²	tɕiã²⁴	dʑiã¹¹	tɕiã⁵³⁵	tɕiã⁵²	ɕiã²⁴	ʑiã¹¹
50 兰溪	ʑin²⁴	sin⁴⁵	tɕiæ̃³³⁴	dʑiæ̃²¹	tɕiæ̃⁵⁵	tɕiæ̃⁴⁵	ɕiæ̃³³⁴	ʑiæ̃²¹白 dʑiæ̃²¹文
51 浦江	ʑiən²⁴³	siən⁵⁵	tsən⁵³⁴	dziən¹¹³	tsiən⁵³	tsiən⁵⁵	siən⁵³⁴	ziən¹¹³白 dziən¹¹³文
52 义乌	zən³¹²	sən⁴⁵	tsən³³⁵	dzən²¹³	tsən⁴²³	tsən⁴⁵	sən³³⁵	zən²¹³白 dzən²¹³文
53 东阳	zɐn²⁴	sɐn⁴⁵³	tsɐn³³⁴	dzɐn²¹³	tsɐn⁴⁴	tsɐn⁴⁵³	sɐn³³⁴	zɐn²¹³
54 永康	ʑiŋ¹¹³	ɕiŋ⁵²	tɕiŋ⁵⁵	dʑiŋ²²	tɕiŋ³³⁴	tɕiŋ⁵²	ɕiŋ⁵⁵	ʑiŋ²²
55 武义	ʑin¹³	ɕin⁵³	tsen²⁴	dʑin³²⁴	tɕin⁴⁴⁵	tɕin⁵³	ɕin²⁴	ʑin³²⁴
56 磐安	sɐn³³⁴	sɐn⁵²	tsɐn⁴⁴⁵	dzɐn²¹³	tsɐn³³⁴	tsɐn⁵²	sɐn⁴⁴⁵	dzɐn²¹³白 zɐn²¹³文
57 缙云	zɛŋ³¹	sɛŋ⁴⁵³	tsɛŋ⁴⁴	dzɛŋ²⁴³	tsɛŋ⁵¹	tsɛŋ⁴⁵³	sɛŋ⁴⁴	zɛŋ²⁴³
58 衢州	dʑin²³¹	ɕin⁵³	tʃyən³²	dʒyən²¹	tʃyən³⁵	tʃyən⁵³	ʃyən³²	ʒyən²¹白 dʒyən²¹文
59 衢江	dʑiŋ²³¹	ɕiŋ⁵³	tɕiŋ³³	dʑiŋ²¹²	tɕiŋ⁵³调殊	tɕiŋ⁵³	ɕiŋ³³	ʑyoŋ²¹²～里 dʑiŋ²¹²～市
60 龙游	dʑin²³¹ 调殊	ɕin⁵¹	tsən³³⁴	dzən²¹	tsən³⁵	tsən⁵¹	sən³³⁴	zən²¹白 dzən²¹文
61 江山	zɿ̃³¹	ɕɿ̃⁵¹	tɕɿ̃⁴⁴	dʑɿ̃²¹³	tɕɿ̃²⁴¹	tɕɿ̃⁵¹	ɕɿ̃⁴⁴	zɿ̃²¹³
62 常山	dzɿ̃¹³¹	sɿ̃³²⁴	tsɿ̃⁴⁴	dzɿ̃³⁴¹	tsɿ̃⁵²	tsɿ̃³²⁴	sɿ̃⁴⁴	zɿ̃³⁴¹
63 开化	dʑin²¹³	ɕin⁴¹²	tɕin⁴⁴	dʑin²³¹	tɕin⁵³	tɕin⁴¹²	ɕin⁴⁴	ʑin²³¹归～ dʑin²³¹～关
64 丽水	ʑin²²	ɕin⁵²	tsen²²⁴	dʑin²²	tɕin⁵⁴⁴	tɕin⁵²	sen²²⁴	ʑin²²

续表

方言点	0873 静 梗开三 上清从	0874 姓 梗开三 去清心	0875 贞 梗开三 平清知	0876 程 梗开三 平清澄	0877 整 梗开三 上清章	0878 正 ~反 梗开三 去清章	0879 声 梗开三 平清书	0880 城 梗开三 平清禅
65 青田	iŋ⁴⁵⁴	ɕiŋ³³	tsaŋ⁴⁴⁵	dziŋ²¹	tɕiŋ⁴⁵⁴	tɕiŋ³³	ɕiŋ⁴⁴⁵	iŋ²¹
66 云和	ziŋ²³¹	ɕiŋ⁴⁵	tsəŋ²⁴	dziŋ³¹²	tɕiŋ⁴¹	tɕiŋ⁴⁵	ɕiŋ²⁴	ziŋ³¹²
67 松阳	zin²²	ɕin²⁴	tɕin⁵³	dzin³¹	tɕin²¹²	tɕin²⁴	ɕin⁵³	zin³¹
68 宣平	zin²²³	ɕin⁵²	tsən³²⁴	dzin⁴³³	tɕin⁴⁴⁵	tɕin⁵²	ɕin³²⁴	zin⁴³³
69 遂昌	ziŋ¹³	ɕiŋ³³⁴	tɕiŋ⁴⁵	dziŋ¹³ 姓~ ziŋ²¹³ 工~	tɕiŋ⁵³³	tɕiŋ³³⁴	ɕiŋ⁴⁵	ziŋ²²¹
70 龙泉	ɕin⁵¹	ɕin⁴⁵	tin⁴³⁴旧 tsɛn⁴³⁴今	dziŋ²¹	tɕin⁵¹	tɕin⁴⁵	ɕin⁴³⁴	zin²¹
71 景宁	ziŋ³³	ɕiŋ³⁵	tsaŋ³²⁴	dziŋ⁴¹	tɕiŋ³³	tɕiŋ³⁵	ɕiŋ³²⁴	ziŋ⁴¹
72 庆元	ɕiŋ²²¹	ɕiŋ¹¹	tɕiŋ³³⁵	tɕiŋ⁵²	tɕiŋ³³	tɕiŋ¹¹	ɕiŋ³³⁵	ɕiŋ⁵²
73 泰顺	ɕiŋ²¹	ɕiŋ³⁵	tsəŋ²¹³	tɕiŋ⁵³	tɕiŋ⁵⁵	tɕiŋ³⁵	ɕiŋ²¹³	ɕiŋ⁵³
74 温州	zəŋ¹⁴	səŋ⁵¹	tsəŋ³³	dzəŋ³¹	tsəŋ²⁵	tsəŋ⁵¹	səŋ³³	zəŋ³¹
75 永嘉	ieŋ¹³	ɕieŋ⁵³	tɕieŋ⁴⁴	dzieŋ³¹	tɕieŋ⁵³	tɕieŋ⁵³	ɕieŋ⁴⁴	ieŋ³¹
76 乐清	zeŋ²⁴	seŋ⁴¹	tɕieŋ⁴⁴	dzieŋ³¹	tɕieŋ³⁵	tɕieŋ⁴¹	seŋ⁴⁴	zeŋ³¹
77 瑞安	zəŋ¹³	səŋ⁵³	tsəŋ⁴⁴	dzəŋ³¹	tsəŋ⁵³	tsəŋ⁵³	səŋ⁴⁴	zəŋ³¹
78 平阳	zeŋ⁰³	seŋ⁵³	tʃeŋ⁵⁵	dʒeŋ²⁴²	tʃeŋ⁴⁵	tʃeŋ⁵³	seŋ⁵⁵	zeŋ²⁴²
79 文成	zeŋ²²⁴	seŋ³³	tʃeŋ⁵⁵	dʒeŋ¹¹³	tʃeŋ⁴⁵	tʃeŋ³³	seŋ⁵⁵	zeŋ¹¹³
80 苍南	zeŋ²⁴	seŋ⁴²	tsaŋ⁴⁴	dzeŋ³¹	tseŋ⁴²	tseŋ⁴²	seŋ⁴⁴	dzeŋ³¹
81 建德徽	ɕin²¹³	ɕin³³	tsən³³	tsən³³	tsən²¹³	tsən³³	sən⁵³	sən³³
82 寿昌徽	ɕien⁵³⁴	ɕien³³	tsen¹¹²	tsʰen¹¹²文	tsen²⁴	tsen³³	sen¹¹²	sen¹¹²文
83 淳安徽	ɕin⁵⁵	ɕin²⁴	tsen²⁴	tsʰen⁴³⁵	tsen⁵⁵	tsen²⁴	sen²⁴	sen⁴³⁵白 tsʰen⁴³⁵文
84 遂安徽	ɕin⁵²	ɕin⁴³	tɕin⁵³⁴	tɕʰin³³	tɕin²¹³	tɕin⁴³	ɕin⁵³⁴	tɕʰin³³
85 苍南闽	tɕin³²	ɕin²¹	tɕin⁵⁵	tʰin²⁴	tɕĩã²¹调殊	tɕĩã²¹	ɕĩã⁵⁵	ɕĩã²⁴
86 泰顺闽	tsien³¹	sæŋ⁵³	tsien²¹³	tsien²²	tsien³⁴⁴	tɕiæŋ⁵³	ɕiæŋ²¹³	ɕiæŋ²²
87 洞头闽	tɕieŋ²¹	ɕĩ²¹	tɕieŋ³³	tʰieŋ¹¹³	tɕieŋ⁵³	tɕĩã²¹	ɕĩã³³	ɕĩã¹¹³
88 景宁畲	tɕin⁵¹	saŋ⁴⁴	tɕin⁴⁴	tɕin²²	tɕin³²⁵	tɕiaŋ⁴⁴	ɕin⁴⁴	ɕiaŋ²²

方言点	0881 轻 梗开三 平清溪	0882 赢 梗开三 平清以	0883 积 梗开三 入昔精	0884 惜 梗开三 入昔心	0885 席 梗开三 入昔邪	0886 尺 梗开三 入昔昌	0887 石 梗开三 入昔禅	0888 益 梗开三 入昔影
01 杭州	tɕʰiŋ³³⁴	iŋ²¹³	tɕiɛʔ⁵	ɕiɛʔ⁵	dziɛʔ²	tsʰaʔ⁵	zaʔ²	iɛʔ⁵
02 嘉兴	tɕʰiŋ⁴²	yəŋ²⁴²	tɕieʔ⁵	ɕieʔ⁵	dzieʔ¹³	tsʰʌʔ⁵	zʌʔ¹³	ieʔ⁵
03 嘉善	tɕʰin⁵³	in¹³²	tɕieʔ⁵	ɕieʔ⁵	dzieʔ²	tsʰɝʔ⁵	zɝʔ⁵	ieʔ² 调殊
04 平湖	tɕʰin⁵³	yn³¹	tsiəʔ⁵	siəʔ⁵	ziəʔ²³	tsʰaʔ²³	zaʔ²³	iəʔ⁵
05 海盐	tɕʰin⁵³	yn³¹	tɕiəʔ⁵	ɕiəʔ⁵	dziəʔ²³	tsʰaʔ²³	zaʔ²³	iəʔ²³
06 海宁	tɕʰiŋ⁵⁵	iŋ¹³	tɕieʔ⁵	ɕieʔ⁵	dzieʔ²	tsʰaʔ⁵	zaʔ² / zəʔ² 硬~	ieʔ⁵
07 桐乡	tɕʰiŋ⁴⁴	iŋ¹³	tsiəʔ⁵	siəʔ⁵	ziəʔ²³	tsʰaʔ⁵	zaʔ²³	iəʔ⁵
08 崇德	tɕʰiŋ⁴⁴	iŋ¹³	tɕiəʔ⁵	ɕiəʔ⁵	ʑiəʔ²³	tsʰaʔ⁵	zaʔ²³	iəʔ²³
09 湖州	tɕʰin⁴⁴	in¹¹²	tɕieʔ⁵	ɕieʔ⁵	ʑieʔ²	tsʰaʔ⁵	zaʔ²	ieʔ⁵
10 德清	tɕʰin⁴⁴	in¹¹³	tɕieʔ⁵	ɕieʔ⁵	ʑieʔ²	tsʰaʔ⁵	zaʔ²	ieʔ² 调殊
11 武康	tɕʰin⁴⁴	in¹¹³	tɕieʔ⁵	ɕieʔ⁵	ʑieʔ²	tsʰɝʔ⁵	zɝʔ²	ieʔ⁵
12 安吉	tɕʰiŋ⁵⁵	ioŋ²²	tɕiɛʔ⁵	ɕiɛʔ⁵	ʑiɛʔ²³	tsʰəʔ⁵	zəʔ²³	iɛʔ²³
13 孝丰	tɕʰiŋ⁴⁴	iŋ²²	tɕieʔ⁵	ɕieʔ⁵	ʑieʔ²³	tsʰaʔ⁵	zaʔ²³	ieʔ²³
14 长兴	tʃʰiŋ⁴⁴	iŋ¹²	tʃiɛʔ⁵	ʃiɛʔ⁵	ʒiɛʔ²	tsʰaʔ⁵	zaʔ²	iɛʔ²
15 余杭	tɕʰiŋ⁴⁴	iŋ²²	tsieʔ⁵	sieʔ⁵	ʑieʔ²	tsʰəʔ⁵	zaʔ²	ieʔ² 调殊
16 临安	tɕʰieŋ⁵⁵	ioŋ³³	tɕiɐʔ⁵⁴	ɕiɐʔ⁵⁴	dziɐʔ¹²	tsʰɐʔ⁵⁴	zɐʔ¹²	iɐʔ⁵⁴
17 昌化	tɕʰiɛŋ³³⁴	iəŋ¹¹²	tɕiɛʔ⁵	ɕiɛʔ⁵	ʑiɛʔ²³	tsʰaʔ⁵	zaʔ²³	iɛʔ⁵
18 於潜	tɕʰiŋ⁴³³	iŋ²²³	tɕieʔ⁵³	ɕieʔ⁵³	ʑiæʔ²³	tsʰɐʔ⁵³	zɑʔ²³	ieʔ⁵³
19 萧山	tɕʰiŋ⁵³³	iŋ³⁵⁵	tɕieʔ⁵	ɕieʔ⁵	ʑieʔ¹³	tsʰəʔ⁵	zəʔ¹³	ieʔ⁵
20 富阳	tɕʰin⁵³	in¹³	tɕiɛʔ⁵	ɕiɛʔ⁵	ʑiɛʔ⁵	tsʰɛʔ⁵	zaʔ⁵	iɛʔ⁵
21 新登	tɕʰiŋ⁵³	eiŋ²³³	tɕiəʔ⁵	ɕiəʔ⁵	ʑiəʔ²	tsʰaʔ⁵	zaʔ⁵	iəʔ⁵
22 桐庐	tɕʰiŋ⁵³³	iŋ¹³	tɕiəʔ⁵	ɕiəʔ⁵	ʑiəʔ¹³	tsʰaʔ⁵	zaʔ¹³	iəʔ⁵
23 分水	tɕʰin⁴⁴	in²²	tɕiəʔ⁵	ɕiəʔ⁵	ʑiəʔ¹²	tsʰəʔ⁵	zəʔ¹²	iəʔ²
24 绍兴	tɕʰiŋ⁵³	ʑiŋ²³¹	tɕieʔ⁵	ɕieʔ⁵	ʑieʔ² 白 / dzieʔ² 文	tsʰəʔ⁵	zəʔ⁵	ieʔ⁵
25 上虞	tɕʰiŋ³⁵	iŋ²¹³	tɕiəʔ⁵	ɕiəʔ⁵	ʑiəʔ⁵	tsʰɐʔ⁵	zaʔ²	iəʔ⁵

续表

方言点	0881 轻 梗开三 平清溪	0882 赢 梗开三 平清以	0883 积 梗开三 入昔精	0884 惜 梗开三 入昔心	0885 席 梗开三 入昔邪	0886 尺 梗开三 入昔昌	0887 石 梗开三 入昔禅	0888 益 梗开三 入昔影
26 嵊州	tɕʰiŋ⁵³⁴	iŋ²¹³	tɕie?⁵	ɕie?⁵	dzie?²	tsʰə?⁵	zɛ?²	ie?⁵
27 新昌	tɕʰiŋ⁵³⁴	yoŋ²²	tɕi?⁵	ɕi?⁵	ʑi?²	tsʰa?⁵	za?²	i?⁵
28 诸暨	tɕʰin⁵⁴⁴	in¹³	tɕie?⁵	ɕie?⁵	ʑie?¹³白 dʑie?¹³文	tsʰə?⁵	zə?¹³	ie?⁵
29 慈溪	tɕʰiŋ³⁵	əŋ¹³	tɕiə?⁵	ɕiə?⁵	iə?²白 dʑiə?²文	tsʰa?⁵	za?²	iə?⁵
30 余姚	tɕʰiə̃⁴⁴	iə̃¹³	tɕiə?⁵	ɕiə?⁵	dʑiə?² 主~ iə?² 凉~	tsʰa?⁵	za?²	iə?⁵
31 宁波	tɕʰiŋ⁵³	iŋ¹³	tɕiə?⁵	ɕiə?⁵	ʑiə?²	tsʰa?⁵	za?²	iə?⁵
32 镇海	tɕʰiŋ⁵³	iŋ²⁴	tɕie?⁵	ɕie?⁵	ʑie?¹²	tsʰa?⁵	za?¹²	ie?⁵
33 奉化	tɕʰiŋ⁴⁴	ʑiŋ³³	tɕiɪ?⁵	ɕiɪ?⁵	ʑiɪ?²	tsʰa?⁵	za?²	iɪ?⁵
34 宁海	tɕʰiŋ⁴²³	yəŋ²¹³	tɕiə?⁵	ɕiə?⁵	ʑiə?³	tsʰa?⁵	za?³	iə?⁵
35 象山	tɕiŋ⁴⁴	iŋ³¹	tɕie?⁵	ɕie?⁵	ie?²	tsʰa?⁵	za?²	ie?²
36 普陀	tɕʰiŋ⁵³	iŋ²⁴	tɕiɛ?⁵	ɕiɛ?⁵	iɛ?²³	tsʰɐ?⁵	zɐ?²³	iɛ?⁵
37 定海	tɕʰiŋ⁵²	iŋ²³	tɕie?⁵	ɕie?⁵	ie?²	tsʰɐ?⁵	zɐ?²	ie?⁵
38 岱山	tɕʰiŋ⁵²	iŋ²³	tɕie?⁵	ɕie?⁵	ie?²	tsʰɐ?⁵	zɐ?²	ie?⁵
39 嵊泗	tɕʰiŋ⁵³	iŋ²⁴³	tɕiɛ?⁵	ɕiɛ?⁵	iɛ?²	tsʰɐ?⁵	zɐ?²	iɛ?²
40 临海	tɕʰiŋ³¹ 又 kʰiŋ³¹ 又	iŋ³¹	tɕie?⁵	ɕie?⁵	ʑie?²³	tɕʰie?⁵	ʑie?²³	ie?⁵
41 椒江	tɕʰiŋ⁴²	iŋ³¹	tɕie?⁵	ɕie?⁵	ʑie?²	tɕʰie?⁵	ʑie?²	ie?⁵
42 黄岩	tɕʰin³²	in¹²¹	tɕie?⁵	ɕie?⁵	ʑie?²	tɕʰie?⁵	ʑie?²	ie?⁵
43 温岭	tɕʰin³³	in³¹	tɕi?⁵	ɕi?⁵	ʑi?²	tɕʰi?⁵	ʑi?²	i?⁵
44 仙居	tɕʰin³³⁴	in²¹³	tɕiə?⁵	ɕiə?⁵	ʑiə?²³	tɕʰiə?⁵	ʑiə?²³	iə?⁵
45 天台	kʰiŋ³³	iŋ²²⁴	tɕiə?⁵	ɕiə?⁵	ʑiə?²	tɕʰiə?⁵	ʑiə?²	iə?⁵
46 三门	tɕʰiŋ³³⁴	iŋ¹¹³	tɕie?⁵	ɕie?⁵	ʑie?²³	tsʰa?⁵	ʑie?²³	ie?⁵
47 玉环	tɕʰiŋ⁴²	iŋ³¹	tɕiɐ?⁵	ɕiɐ?⁵	ʑiɐ?²	tɕʰiɐ?⁵	ʑiɐ?²	iɐ?⁵
48 金华	tɕʰiŋ³³⁴	iŋ³¹³	tɕiə?⁴	ɕiə?⁴	ʑiə?²¹²白 dʑiə?²¹²文	tɕʰiə?⁴	ʑiə?²¹²	iə?⁴

续表

方言点	0881 轻 梗开三 平清溪	0882 赢 梗开三 平清以	0883 积 梗开三 入昔精	0884 惜 梗开三 入昔心	0885 席 梗开三 入昔邪	0886 尺 梗开三 入昔昌	0887 石 梗开三 入昔禅	0888 益 梗开三 入昔影
49 汤溪	tɕʰiɛ̃i²⁴	yɛ̃i¹¹	tsei⁵⁵	sei⁵⁵	zei¹¹³	tɕʰiɛ⁵⁵	ʑiɛ¹¹³	iei⁵⁵
50 兰溪	tɕʰin³³⁴	yæ̃²¹	tɕie?³⁴	ɕie?³⁴	ʑie?¹²	tɕʰiə?³⁴	ʑiə?¹²	ie?³⁴
51 浦江	tɕʰiən⁵³⁴	yən¹¹³	tsiə⁴²³	sɛ⁵³	zɛ²³²白 ʑiə²³²文	tsʰɛ⁴²³	zɛ²³²	iə⁴²³
52 义乌	tɕʰiən³³⁵	yən²¹³	tsai³²⁴白 tsə³²⁴文	sai³²⁴	zai³¹²白 zia³¹²主~	tsʰai⁴⁵一~	zai³¹²	iə³²⁴
53 东阳	kʰɐn³³⁴	ɐn²¹³	tsɐ?³⁴	ɕia?³⁴	zei²¹³白 dʑiɛ?²³文小	tsʰɐn⁴⁵³	zɐ²¹³白 zei²⁴文	iɛ?²³
54 永康	tɕʰiŋ⁵⁵	iŋ²²	tsəi³³⁴	səi³³⁴	zəi¹¹³	tsʰəi³³⁴	zəi¹¹³	iə³³⁴
55 武义	tɕʰin²⁴	n̥in³²⁴	tsə?⁵	sə?⁵	zə²¹³	tsʰə?⁵	zə²¹³	iə?⁵
56 磐安	kʰɐn⁴⁴⁵	ɐn²¹³	tsɛ³³⁴	ɕia³³⁴	zɛi²¹³篾~ ʑiɛ²¹³主~	tsʰɛi³³⁴	zɛ²¹³	iɛ³³⁴
57 缙云	tɕʰiɛŋ⁴⁴	iɛŋ²⁴³	tsei³²²	sei³²²	zai¹³	tsʰei³²²	zai¹³	iei³²²
58 衢州	tɕʰin³²	in²¹	tɕiə?⁵	ɕiə?⁵	ʑiə?¹²	tʃʰyə?⁵	ʒyə?¹²	iə?⁵
59 衢江	tɕʰiŋ³³	iŋ²¹²	tɕiə?⁵	ɕiə?⁵	ʑiə?²	tɕʰyə?⁵	ʑia?²~头 zyə?²~榴	iə?⁵
60 龙游	tɕʰin³³⁴	in²¹	tɕiə?⁴	ɕiə?⁴	ʑiə?²³篾~ dʑiə?²³主~	tsʰə?⁴	zə?²³	iə?⁴
61 江山	kʰĩ⁴⁴	ĩ²¹³	tɕiɛ?⁵	ɕiɛ?⁵	ʑiɛ?²	tɕʰiɛ?⁵	ʑiɛ?²~头 dʑia?²①	iɛ?⁵
62 常山	kʰĩ⁴⁴	ĩ³⁴¹	tse?⁵	se?⁵	ze?³⁴	tsʰe?⁵	dʑia?³⁴	ie?⁵
63 开化	tɕʰin⁴⁴	in²³¹	tɕiɛ?⁵	ɕiɛ?⁵	ʑiɛ?¹³	tɕʰiɛ?⁵	dʑia?¹³~头 ʑia?¹³量	iɛ?⁵
64 丽水	tɕʰin²²⁴	in²²	tɕi?⁵	ɕi?⁵	ʑi?²³	tɕʰi?⁵	ʑi?²³	i?⁵
65 青田	tɕʰiŋ⁴⁴⁵	iŋ²¹	tsʅ?⁴²	sʅ?⁴²	i?³¹	tsʰʅ?⁴²	i?³¹	i?⁴²
66 云和	tɕʰiŋ²⁴	iŋ³¹²	tɕi?⁵	ɕi?⁵	ʑi?²³	tɕʰi?⁵	ʑi?²³	i?⁵
67 松阳	tɕʰin⁵³	in³¹	tɕi?⁵	ɕi?⁵	ʑi?²	tɕʰi?⁵	ʑi?²	i?⁵
68 宣平	tɕʰin³²⁴	in⁴³³	tɕiə?⁵	ɕiə?⁵	ʑiə?²³	tɕʰia?⁵	ʑiə?²³	iə?⁵

① 碃~:鹅卵石

续表

方言点	0881 轻 梗开三 平清溪	0882 赢 梗开三 平清以	0883 积 梗开三 入昔精	0884 惜 梗开三 入昔心	0885 席 梗开三 入昔邪	0886 尺 梗开三 入昔昌	0887 石 梗开三 入昔禅	0888 益 梗开三 入昔影
69 遂昌	tɕʰiŋ^{45}	iŋ^{221}	tɕiʔ^{5}	ɕiʔ^{5}	ziʔ^{23}	tɕʰiʔ^{5}	ʑiʔ^{23}	iʔ^{5}
70 龙泉	tɕʰin^{434}	yn^{21}	tsɿʔ^{5}	sɿʔ^{5}	zɿʔ^{24}	tsʰɿʔ^{5}	zɿʔ^{24}	ɿʔ^{5}
71 景宁	tɕʰiŋ^{324}	iŋ^{41}	tɕiʔ^{5}	sɿʔ^{5}	zɿʔ^{23}	tsʰɿʔ^{5}	zɿʔ^{23}	iʔ^{5}
72 庆元	tɕʰiŋ^{335}	iŋ^{52}	tsɿʔ^{5}	ɕiɑʔ^{5}白 sɿʔ^{5} 文	sɿʔ^{34}	tsʰɿʔ^{5}	sɿʔ^{34}	iʔ^{5}
73 泰顺	tɕʰiŋ^{213}	iŋ^{53}	tsɿʔ^{5}	sɿʔ^{5}	sɿʔ^{2}	tsʰɿʔ^{5}	sɿʔ^{2}	iʔ^{5}
74 温州	tɕʰiaŋ^{33}	iaŋ^{51}	tsei^{323}	sei^{323}	zei^{212}	tsʰei^{323}	zei^{212}	iai^{323}
75 永嘉	tɕʰiaŋ^{44}	iaŋ^{31}	tsɿ^{423}	sɿ^{423}	zɿ^{213}	tsʰɿ^{423}	zɿ^{213}	iai^{423}
76 乐清	tɕʰiaŋ^{44}	iaŋ^{31}	tɕi^{323}	si^{323}	zi^{212}	tɕʰi^{323}	zi^{212}	iɤ^{323}
77 瑞安	tɕʰiaŋ^{44}	iaŋ^{31}	tsei^{323}	sei^{323}	zei^{212}	tsʰei^{323}	zei^{212}	i^{323}
78 平阳	tʃʰaŋ^{55}	iaŋ^{242}	tɕi^{34}	si^{34}	zi^{12}	tɕʰi^{34}	zi^{12}	iA^{34}
79 文成	tʃʰaŋ^{55}	iaŋ^{113}	tɕi^{34}	sei^{34}	zei^{212}	tɕʰi^{34}	dzei^{212}	i^{34}
80 苍南	tɕʰiaŋ^{44}	iaŋ^{31}	tɕi^{223}	ɕi^{223}	dʑi^{112}	tɕʰi^{223}	dʑi^{112}	iɛ^{223}
81 建德徽	tɕʰin^{53}	yn^{33}韵殊	tɕiɐʔ^{5}	ɕiɐʔ^{5}	ɕiɐʔ^{12}白 tɕiɐʔ^{12}文	tsʰɑ^{55}	sɑ^{213}	iɐʔ^{5}
82 寿昌徽	tɕʰien^{112}	ien^{52}	tɕiəʔ^{3}	ɕiəʔ^{3}	ɕiəʔ^{31}	tsʰəʔ^{3}	səʔ^{31}	iəʔ^{3}
83 淳安徽	tɕʰin^{55}调殊 tɕʰin^{24}	in^{435}	tɕiʔ^{5}	ɕiʔ^{5}	ɕiəʔ^{13}	tsʰɑʔ^{5}	sɑʔ^{13}	i^{53}
84 遂安徽	tɕʰin^{534}	in^{33}	tsɿ^{24}	ɕiɛ^{24}	ɕiɛ^{213}	tsʰa^{24}	sa^{213}	i^{24}
85 苍南闽	kʰin^{55}	ĩã^{24}	tɕie^{43}	ɕio^{43}	ɕie^{24}	tɕʰio^{43}	tɕio^{24}	ie^{43}
86 泰顺闽	kʰien^{213}	iæŋ^{22}	tɕiɪʔ^{5}	ɕiɪʔ^{5}	ɕiɪʔ^{5}主~ tsʰøi^{31}卓~	tsʰøi^{22}	søi^{31}	iɪʔ^{5}
87 洞头闽	kʰieŋ^{33}	ĩã^{113}	tɕie^{53}	ɕieu^{53}	tɕʰieu^{241}	tɕʰieu^{53}	tɕieu^{241}	iek^{5}
88 景宁畲	kʰiaŋ^{44}	iaŋ^{22}	tɕiʔ^{5}	ɕit^{5}	ɕiʔ^{2}	tɕʰiaʔ^{5}	ɕiaʔ^{2}	iʔ^{5}

方言点	0889 瓶	0890 钉名	0891 顶	0892 厅	0893 听~见	0894 停	0895 挺	0896 定
	梗开四平青并	梗开四平青端	梗开四上青端	梗开四平青透	梗开四平青透	梗开四平青定	梗开四上青定	梗开四去青定
01 杭州	biŋ²¹³	tiŋ³³⁴	tiŋ⁵³	tʰiŋ³³⁴	tʰiŋ³³⁴	diŋ²¹³	tʰiŋ⁵³	diŋ¹³
02 嘉兴	biŋ²⁴²	tiŋ⁴²	tiŋ⁵⁴⁴	tʰiŋ⁴²	tʰiŋ⁴²	diŋ²⁴²	tʰiŋ¹¹³	diŋ¹¹³
03 嘉善	bin¹³²	tin⁵³	tin⁴⁴	tʰin⁵³	tʰin⁵³	din¹³²	tʰin³³⁴	din¹¹³
04 平湖	bin³¹	tin⁵³	tin⁴⁴	tʰin⁵³	tʰin⁵³	din³¹	tʰin²¹³	din²¹³
05 海盐	bin³¹	tin⁵³	tin⁴²³	tʰin⁵³	tʰin⁵³	din³¹	tʰin⁴²³	din²¹³
06 海宁	biŋ¹³	tiŋ⁵⁵	tiŋ⁵³	tʰiŋ⁵⁵	tʰiŋ⁵⁵	diŋ¹³	tʰiŋ⁵³	diŋ¹³
07 桐乡	biŋ¹³	tiŋ⁴⁴	tiŋ⁵³	tʰiŋ⁴⁴	tʰiŋ⁴⁴	diŋ¹³	tʰiŋ⁵³	diŋ²¹³
08 崇德	biŋ¹³	tiŋ⁴⁴	tiŋ⁵³	tʰiŋ⁴⁴	tʰiŋ⁴⁴	diŋ¹³	tʰiŋ⁵³	diŋ¹³
09 湖州	bin¹¹²	tin⁴⁴	tin⁵²³	tʰin⁴⁴	tʰin⁴⁴	din¹¹²	tʰin⁵²³	din²⁴
10 德清	bin¹¹³	tin⁴⁴	tin⁵²	tʰin⁴⁴	tʰin⁴⁴	din¹¹³	tʰin⁵²	din¹¹³
11 武康	bin¹¹³	tin⁴⁴	tin⁵³	tʰin⁴⁴	tʰin⁴⁴	din¹¹³	tʰin⁵³	tin⁵³
12 安吉	biŋ²²	tiŋ⁵⁵	tiŋ⁵²	tʰiŋ⁵⁵	tʰiŋ⁵⁵	diŋ²²	tʰiŋ⁵²	diŋ²¹³
13 孝丰	biŋ²²	tiŋ⁴⁴	tiŋ⁵²	tʰiŋ⁴⁴	tʰiŋ⁴⁴	diŋ²²	tʰiŋ⁵²	diŋ²¹³
14 长兴	biŋ¹²	tiŋ⁴⁴	tiŋ⁵²	tʰiŋ⁴⁴	tʰiŋ⁴⁴	diŋ¹²	tʰiŋ⁵²	diŋ²⁴
15 余杭	biŋ²²	tiŋ⁴⁴	tiŋ⁵³	tʰiŋ⁴⁴	tʰiŋ⁴⁴	diŋ²²	tʰiŋ⁵³	diŋ²¹³
16 临安	bieŋ³³	tieŋ⁵⁵	tieŋ⁵⁵	tʰieŋ⁵⁵	tʰieŋ⁵⁵	dieŋ³³	tʰieŋ⁵⁵	dieŋ³³
17 昌化	biəŋ¹¹²	tiəŋ³³⁴	tiəŋ⁴⁵³	tʰiəŋ³³⁴	tʰiəŋ³³⁴	diəŋ¹¹²	tʰiəŋ⁴⁵³	diəŋ²⁴³
18 於潜	biŋ²²³	tiŋ⁴³³	tiŋ⁵¹	tʰiŋ⁴³³	tʰiŋ⁴³³	diŋ²²³	tʰiŋ⁵¹	diŋ²⁴
19 萧山	biŋ³⁵⁵	tiŋ⁵³³	tiŋ³³	tʰiŋ⁵³³	tʰiŋ⁴²调殊	diŋ³⁵⁵	tʰiŋ³³	diŋ²⁴²
20 富阳	bin¹³	tin⁵³	tin⁴²³	tʰin⁵³	tʰin⁵³	din¹³	tʰin⁴²³	din²²⁴
21 新登	beiŋ²³³	teiŋ⁵³	teiŋ³³⁴	tʰeiŋ⁵³	tʰeiŋ⁵³	deiŋ²³³	tʰeiŋ³³⁴	deiŋ¹³
22 桐庐	biŋ¹³	tiŋ⁵³³	tiŋ³³	tʰiŋ⁵³³	tʰiŋ⁵³³	diŋ¹³	tʰiŋ³³	diŋ²⁴
23 分水	bin²²	tin⁴⁴	tən⁵³	tʰin⁴⁴	tʰin⁴⁴	din²²	din²²	din¹³
24 绍兴	biŋ²³¹	tiŋ⁵³	tiŋ³³⁴	tʰiŋ⁵³	tʰiŋ³³调殊	diŋ²³¹	tʰiŋ³³⁴	diŋ²²
25 上虞	biŋ²¹³	tiŋ³⁵	tiŋ³⁵	tʰiŋ³⁵	tʰiŋ⁵³调殊	diŋ²¹³	tʰiŋ³⁵	diŋ³¹

续表

方言点	0889 瓶	0890 钉名	0891 顶	0892 厅	0893 听 ~见	0894 停	0895 挺	0896 定
	梗开四平青并	梗开四平青端	梗开四上青端	梗开四平青透	梗开四平青透	梗开四平青定	梗开四上青定	梗开四去青定
26 嵊州	biŋ²¹³	tiŋ⁵³⁴	tiŋ⁵³	tʰiŋ⁵³ 调殊	tʰiŋ³³⁴ 调殊	diŋ²¹³	tʰiŋ⁵³	diŋ²⁴
27 新昌	biŋ²²	tiŋ⁵³⁴	tiŋ⁴⁵³	tʰiŋ⁵³⁴	tʰiŋ³³⁵ 调殊	diŋ²²	tʰiŋ⁴⁵³	diŋ¹³
28 诸暨	bin¹³	tin⁵⁴⁴	tin⁴²	tʰin⁵⁴⁴	tʰin⁵⁴⁴	din¹³	tʰin⁴²	din³³
29 慈溪	biŋ¹³	tiŋ³⁵	tiŋ³⁵	tʰiŋ³⁵	tʰiŋ⁴⁴ 调殊	diŋ¹³	tʰiŋ³⁵	diŋ¹³
30 余姚	bə̃¹³	tə̃⁴⁴	tə̃³⁴	tʰə̃⁴⁴	tʰə̃⁴⁴	də̃¹³	tʰə̃³⁴	də̃¹³
31 宁波	biŋ¹³	tiŋ⁴⁴	tiŋ³⁵	tʰiŋ³⁵	tʰiŋ⁴⁴ 调殊	diŋ¹³	tʰiŋ³⁵	diŋ¹³
32 镇海	biŋ²⁴	tiŋ⁵³	tiŋ³⁵	tʰiŋ⁵³	tʰiŋ⁵³	diŋ²⁴	tʰiŋ³⁵	diŋ²⁴
33 奉化	biŋ³³	tiŋ⁴⁴	tiŋ⁵⁴⁵	tʰiŋ⁴⁴	tʰiŋ⁵³ 调殊	diŋ³¹ 调殊	tʰiŋ⁵⁴⁵	diŋ³¹
34 宁海	biŋ²¹³	tiŋ⁴²³	tiŋ⁵³	tʰiŋ⁴²³	tʰiŋ³⁵ 调殊	diŋ²⁴ 调殊	tʰiŋ⁵³	diŋ²⁴
35 象山	biŋ³¹	təŋ⁴⁴	tiŋ⁴⁴	tʰiŋ⁴⁴	tʰiŋ⁵³ 调殊	diŋ¹³ 调殊	tʰiŋ⁴⁴	diŋ¹³
36 普陀	biŋ²⁴	tiŋ⁵³	tiŋ⁴⁵	tʰiŋ⁵³	tʰiŋ⁵⁵ 调殊	diŋ²⁴	tʰiŋ⁴⁵	diŋ¹³
37 定海	biŋ¹³ 小	tiŋ⁵²	tiŋ⁴⁵	tʰiŋ⁵²	tʰiŋ⁴⁴ 调殊	diŋ¹³ 调殊	tʰiŋ⁴⁵	diŋ¹³
38 岱山	biŋ²¹³ 小	tiŋ⁵²	tiŋ³²⁵	tʰiŋ³²⁵ 调殊	tʰiŋ⁴⁴ 调殊	diŋ²¹³ 调殊	tʰiŋ³²⁵	diŋ²¹³
39 嵊泗	biŋ²¹³ 小	tiŋ⁵³	tiŋ⁴⁴⁵	tʰiŋ⁵³	tʰiŋ⁵³	diŋ²¹³ 调殊	tʰiᵢ⁴⁴⁵	diŋ²¹³
40 临海	biŋ⁵¹ 小	tiŋ³¹	tiŋ⁵²	tʰiŋ³¹	tʰiŋ⁵⁵ 调殊	diŋ²¹	tʰiŋ⁵²	diŋ³²⁴
41 椒江	biŋ³¹	tiŋ³⁵ 小	tiŋ⁴²	tʰiŋ⁴²	tʰiŋ⁵⁵ 调殊	diŋ³¹	tʰiŋ⁴²	diŋ²⁴
42 黄岩	bin¹²¹	tin³⁵ 小	tin⁴²	tʰin⁴²	lʰin⁵⁵ 调殊	din¹²¹	tʰin⁴²	din²⁴
43 温岭	bin³¹	tin¹⁵ 小	tin⁴²	tʰin⁴²	tʰin⁵⁵ 调殊	din³¹	tʰin⁴²	din¹³
44 仙居	bin²¹³	ɗin³³⁴	ɗin³²⁴	tʰin³²⁴ 调殊	tʰin⁵⁵ 调殊	din²¹³	tʰin³²⁴	din²⁴
45 天台	biŋ⁵¹ 小	tiŋ⁵¹ 小	tiŋ³²⁵	tʰiŋ³³	tʰiŋ⁵⁵ 调殊	diŋ²²⁴	tʰiŋ³²⁵	diŋ³⁵
46 三门	biŋ²⁵² 小	tiŋ³³⁴	tiŋ³²⁵	tʰiŋ³³⁴	tʰiŋ⁵⁵ 调殊	diŋ¹¹³	tʰiŋ³²⁵	diŋ²⁴³
47 玉环	biŋ³¹	tiŋ³⁵ 小	tiŋ⁵³	tʰiŋ⁵³	tʰiŋ⁵⁵ 调殊	diŋ³¹	tʰiŋ⁵³	diŋ²²
48 金华	biŋ³¹³	tiŋ³³⁴	tiŋ⁵³⁵	tʰiŋ³³⁴	tʰiŋ⁵⁵ 调殊	diŋ³¹³	tʰiŋ⁵³⁵	diŋ¹⁴
49 汤溪	bɛ̃i¹¹	nɛ̃i²⁴	nɛ̃i⁵³⁵	tʰɛ̃i²⁴	tʰɛ̃i⁵² 调殊	dɛ̃i¹¹	tʰɛ̃i⁵³⁵	dɛ̃i³⁴¹

续表

方言点	0889 瓶	0890 钉名	0891 顶	0892 厅	0893 听~见	0894 停	0895 挺	0896 定
	梗开四平青並	梗开四平青端	梗开四上青端	梗开四平青透	梗开四平青透	梗开四平青定	梗开四上青定	梗开四去青定
50 兰溪	bin²¹	tin³³⁴	tin⁵⁵	tʰin³³⁴	tʰin⁴⁵调殊	din²¹	tʰin⁵⁵	din²⁴
51 浦江	biən¹¹³	tiən⁵³⁴	tiən⁵³	tʰiən⁵³⁴	tʰiən⁵⁵调殊	diən¹¹³	tʰiən⁵³	diən²⁴
52 义乌	bən²¹³	nən³³⁵	nən⁴²³	tʰən³³⁵	tʰən⁴⁵调殊	dən²¹³	tʰən⁴²³白 tʰien⁴²³文	dən²⁴
53 东阳	bɐn²¹³	tɐn³³⁴	tɐn⁴⁴	tʰɐn³³⁴	tʰɐn⁴⁵³调殊	dɐn²¹³	tʰɐn⁴⁴	dɐn²⁴
54 永康	biŋ²⁴¹小	niŋ⁵⁵	niŋ³³⁴	tʰiŋ⁵⁵	tʰiŋ⁵²调殊	diŋ²²	tʰiŋ³³⁴	diŋ²⁴¹
55 武义	bin³²⁴	nin²⁴	nin⁴⁴⁵	tʰin²⁴	tʰin⁵³调殊	din³²⁴	tʰin⁴⁴⁵	din²³¹
56 磐安	biɐn²¹³	nɐn⁴⁴⁵老 tɐn⁴⁴⁵新	nɐn³³⁴老 tɐn³³⁴新	tʰɐn⁴⁴⁵	tʰɐn⁵²调殊	dɐn²¹³	tʰɐn³³⁴	dɐn¹⁴
57 缙云	bɐŋ²⁴³	nɛŋ⁴⁴	nɛŋ⁵¹	tʰɛŋ⁴⁴	tʰɛŋ⁴⁵³调殊	dɛŋ²⁴³	tʰɛŋ⁵¹	dɛŋ²¹³
58 衢州	bin²¹	tin³²	tin³⁵	tʰin³²	tʰin³²	din²¹	tʰin³⁵	din²³¹
59 衢江	biŋ²¹²	tiŋ³³	tiŋ²⁵	tʰiŋ³³	tʰiŋ³³	diŋ²¹²	tʰiŋ²⁵	diŋ²³¹
60 龙游	bin²¹	tin³³⁴	tin³⁵	tʰin³³⁴	tʰin⁵¹调殊	din²¹	tʰin³⁵	din²³¹
61 江山	bĩ²¹³	tĩ⁴⁴	tĩ²⁴¹	tʰĩ⁴⁴	tʰĩ⁴⁴	dĩ²¹³	tʰĩ²⁴¹	dĩ³¹
62 常山	bĩ³⁴¹	tĩ⁴⁴	tĩ⁵²	tʰĩ⁴⁴	tʰĩ⁴⁴	dĩ³⁴¹	tʰĩ⁵²	dĩ¹³¹
63 开化	bin²³¹	tin⁴⁴	tin⁵³	tʰin⁴⁴	tʰin⁴⁴	din²³¹	tʰin⁵³	din²¹³
64 丽水	bin²²	tin²²⁴	tin⁵⁴⁴	tʰin²²⁴	tʰin⁵²调殊	din²²	tʰin⁵⁴⁴	din¹³¹
65 青田	bɐŋ²¹	ɖɐŋ⁴⁴⁵	ɖɐŋ⁴⁵⁴	tʰɐŋ⁴⁴⁵	tʰɐŋ⁴⁴⁵	dɐŋ²¹	tʰɐŋ⁴⁵⁴	dɐŋ²²
66 云和	biŋ³¹²	tiŋ²⁴	tiŋ⁴¹	tʰiŋ²⁴	tʰiŋ⁴⁵调殊	diŋ³¹²	tʰiŋ⁴¹	diŋ²²³
67 松阳	bin³¹	tin⁵³	tin²¹²	tʰin⁵³	tʰin²⁴调殊	din³¹	tʰin²¹²	din¹³
68 宣平	bin⁴³³	tin³²⁴	tin⁴⁴⁵	tʰin³²⁴	tʰin⁵²调殊	din⁴³³	tʰin⁴⁴⁵	din²³¹
69 遂昌	biŋ²²¹	tiŋ⁴⁵	tiŋ⁵³³	tʰiŋ⁴⁵	tʰiŋ³³⁴调殊	diŋ²²¹	tʰiŋ⁵³³	diŋ²¹³
70 龙泉	bin²¹	tin⁴³⁴	tin⁵¹	tʰin⁴³⁴	tʰin⁴⁵调殊	din²¹	tʰin⁵¹	din²²⁴
71 景宁	biŋ⁴¹	tiŋ³²⁴	tiŋ³³	tʰiŋ³²⁴	tʰiŋ³⁵调殊	diŋ⁴¹	tʰiŋ³³	diŋ¹¹³
72 庆元	piŋ⁵²	ɖiŋ³³⁵	ɖiŋ³³	tʰiŋ³³⁵	tʰiŋ³³⁵	tiŋ⁵²	tʰiŋ³³	tiŋ³¹

续表

方言点	0889 瓶 梗开四平青並	0890 钉名 梗开四平青端	0891 顶 梗开四上青端	0892 厅 梗开四平青透	0893 听~见 梗开四平青透	0894 停 梗开四平青定	0895 挺 梗开四上青定	0896 定 梗开四去青定
73 泰顺	piŋ⁵³	tiŋ²¹³	tiŋ⁵⁵	tʰiŋ²¹³	t‚iŋ²¹³	tiŋ⁵³	tʰiŋ⁵⁵	tiŋ²²
74 温州	bəŋ³¹	təŋ³³	təŋ²⁵	tʰəŋ³³	tʰəŋ³³	dəŋ³¹	tʰəŋ²⁵	dəŋ²²
75 永嘉	beŋ³¹	teŋ⁴⁴	teŋ⁴⁵	tʰeŋ⁴⁴	tʰeŋ⁴⁴	deŋ³¹	tʰeŋ⁴⁵	deŋ²²
76 乐清	beŋ³¹	teŋ⁴⁴	teŋ³⁵	tʰeŋ⁴⁴	tʰeŋ⁴⁴	deŋ³¹	tʰeŋ³⁵	deŋ²²
77 瑞安	bəŋ³¹	təŋ⁴⁴	təŋ³⁵	tʰəŋ⁴⁴	tʰəŋ⁴⁴	dəŋ³¹	tʰəŋ³⁵	dəŋ²²
78 平阳	beŋ²³小	teŋ⁵⁵	teŋ⁴⁵	tʰeŋ⁵⁵	tʰeŋ⁵⁵	deŋ²⁴²	tʰeŋ⁴⁵	deŋ³³
79 文成	beŋ¹¹³	teŋ⁵⁵	teŋ⁴⁵	tʰeŋ⁵⁵	tʰeŋ⁵⁵	deŋ¹¹³	tʰeŋ⁴⁵	deŋ⁴²⁴
80 苍南	beŋ³¹	teŋ⁴⁴	teŋ⁵³	tʰeŋ⁴⁴	tʰeŋ⁴⁴	deŋ³¹	tʰeŋ⁵³	deŋ¹¹
81 建德徽	pin³³	tin⁵³	tin²¹³	tʰin⁵³	tʰin⁵³	tin³³	tʰin²¹³	tʰin⁵⁵
82 寿昌徽	pʰien⁵²	tien¹¹²	tien²⁴	tʰien¹¹²	tʰien³³调殊	tʰien⁵²	tʰien²⁴	tʰien³³
83 淳安徽	pʰin⁴³⁵	tin²⁴	tin⁵⁵	tʰin²⁴	tʰin²⁴	tʰin⁴³⁵	tʰin⁵⁵	tʰin⁵³
84 遂安徽	pʰin³³	tin⁵³⁴	tin²¹³	tʰin⁵³⁴	tʰin⁵³⁴	tʰin³³	tʰin²¹³	tʰin⁵²
85 苍南闽	pan²⁴	tan⁵⁵白 tin⁵⁵文	tin⁴³	tʰĩã⁵⁵	tʰĩã⁵⁵	tʰin²⁴	tʰin⁴³	tĩã²¹
86 泰顺闽	pieŋ²²	tieŋ²¹³	tieŋ³⁴⁴	tʰiæŋ²¹³	tʰiæŋ²¹³	tieŋ²²	tʰieŋ³⁴⁴	tiæŋ³¹
87 洞头闽	pan¹¹³	tan³³	tieŋ⁵³	tʰĩã³³	tʰĩã³³	tʰieŋ¹¹³	tʰieŋ⁵³	tĩã²¹
88 景宁畲	pʰin²²	tin⁴⁴	tin³²⁵	tʰin⁴⁴	tʰaŋ⁴⁴	tin²²	tʰin³²⁵	tʰaŋ⁵¹

方言点	0897 零	0898 青	0899 星	0900 经	0901 形	0902 壁	0903 劈	0904 踢
	梗开四平青来	梗开四平青清	梗开四平青心	梗开四平青见	梗开四平青匣	梗开四入锡帮	梗开四入锡滂	梗开四入锡透
01 杭州	liŋ²¹³	tɕʰiŋ³³⁴	ɕiŋ³³⁴	tɕiŋ³³⁴	iŋ²¹³	pieʔ⁵	pʰieʔ⁵	tʰieʔ⁵
02 嘉兴	liŋ²⁴²	tɕʰiŋ⁴²	ɕiŋ⁴²	tɕiŋ⁴²	iŋ²⁴²	pieʔ⁵	pʰieʔ⁵	tʰieʔ⁵
03 嘉善	lin¹³²	tɕʰin⁵³	ɕin⁵³	tɕin⁵³	in¹³²	pieʔ⁵	pʰieʔ⁵	tʰieʔ⁵
04 平湖	lin³¹	tsʰin⁵³	sin⁵³	tɕin⁵³	in³¹	piəʔ⁵	pʰiəʔ²³	tʰiəʔ²³
05 海盐	lin³¹	tɕʰin⁵³	ɕin⁵³	tɕin⁵³	in³¹	piəʔ⁵	pʰiəʔ²³	tʰiəʔ²³
06 海宁	liŋ¹³	tɕʰiŋ⁵⁵	ɕiŋ⁵⁵	tɕiŋ⁵⁵	iŋ¹³	pieʔ⁵	pʰieʔ⁵	tʰieʔ⁵
07 桐乡	liŋ¹³	tsʰiŋ⁴⁴	siŋ⁴⁴	tɕiŋ⁴⁴	iŋ¹³	piəʔ⁵	pʰiəʔ⁵	tʰiəʔ⁵
08 崇德	liŋ¹³	tɕʰiŋ⁴⁴	ɕiŋ⁴⁴	tɕiŋ⁴⁴	iŋ¹³	piəʔ⁵	pʰiəʔ⁵	tʰiəʔ⁵
09 湖州	lin¹¹²	tɕʰin⁴⁴	ɕin⁴⁴	tɕin⁴⁴	in¹¹²	pieʔ⁵	pʰieʔ⁵	tʰieʔ⁵
10 德清	lin¹¹³	tɕʰin⁴⁴	ɕin⁴⁴	tɕin⁴⁴	in¹¹³	pieʔ⁵	pʰieʔ⁵	tʰieʔ⁵
11 武康	lin¹¹³	tɕʰin⁴⁴	ɕin⁴⁴	tɕin⁴⁴	in¹¹³	pieʔ⁵	pʰieʔ⁵	tʰieʔ⁵
12 安吉	liŋ²²	tɕʰiŋ⁵⁵	ɕiŋ⁵⁵	tɕiŋ⁵⁵	iŋ²²	piɛʔ⁵	pʰiɛʔ⁵	tʰiɛʔ⁵
13 孝丰	liŋ²²	tɕʰiŋ⁴⁴	ɕiŋ⁴⁴	tɕiŋ⁴⁴	iŋ²²	pieʔ⁵	pʰieʔ⁵	tʰieʔ⁵
14 长兴	liŋ¹²	tʃʰiŋ⁴⁴	ʃiŋ⁴⁴	tʃiŋ⁴⁴	iŋ¹²	piɛʔ⁵	pʰiɛʔ⁵	tʰiɛʔ⁵
15 余杭	liŋ²²	tɕʰiŋ⁴⁴	siŋ⁴⁴	tɕiŋ⁴⁴	iŋ²²	pieʔ⁵	pʰieʔ⁵	tʰieʔ⁵
16 临安	lieŋ³³	tɕʰieŋ⁵⁵	ɕieŋ⁵⁵	tɕieŋ⁵⁵	ieŋ³³	piɐʔ⁵⁴	pʰiɐʔ⁵⁴	tʰiɐʔ⁵⁴
17 昌化	liəŋ¹¹²	tɕʰiəŋ³³⁴	ɕiəŋ³³⁴	tɕiəŋ³³⁴	iəŋ¹¹²	pieʔ⁵	pʰiɛʔ⁵	tʰieʔ⁵
18 於潜	liŋ²²³	tɕʰiŋ⁴³³	ɕiŋ¹³³	tɕiŋ¹³³	iŋ²²³	pieʔ⁵³	pʰieʔ⁵³	tʰieʔ⁵³
19 萧山	liŋ³⁵⁵	tɕʰiŋ⁵³³	ɕiŋ⁵³³	tɕiŋ⁵³³	iŋ³⁵⁵	pieʔ⁵	pʰieʔ⁵	tʰieʔ⁵
20 富阳	lin¹³	tɕʰin⁵³	ɕin⁵³	tɕin⁵³	in¹³	pieʔ⁵	pʰiɛʔ⁵	tʰiɛʔ⁵
21 新登	leiŋ²³³	tɕʰiŋ⁵³	seiŋ⁵³	tɕiŋ⁵³	iŋ²³³	piəʔ⁵	pʰiəʔ⁵	tʰiəʔ⁵
22 桐庐	liŋ¹³	tɕʰiŋ⁵³³	ɕiŋ⁵³³	tɕiŋ⁵³³	iŋ¹³	piəʔ⁵	pʰiəʔ⁵	tʰiəʔ⁵
23 分水	lin²²	tɕʰin⁴⁴	ɕin⁴⁴	tɕin⁴⁴	in²²	piəʔ⁵	pʰiəʔ⁵	tʰiəʔ⁵
24 绍兴	liŋ²³¹	tɕʰiŋ⁵³	ɕiŋ⁵³	tɕiŋ⁵³	iŋ²³¹	pieʔ⁵	pʰieʔ⁵	tʰieʔ⁵
25 上虞	liŋ²¹³	tɕʰiŋ³⁵	ɕiŋ³⁵	tɕiŋ³⁵	iŋ²¹³	piəʔ⁵	pʰiəʔ⁵	tʰiəʔ⁵
26 嵊州	liŋ²¹³	tɕʰiŋ⁵³⁴	ɕiŋ⁵³⁴	tɕiŋ⁵³⁴	iŋ²¹³	pieʔ⁵	pʰieʔ⁵	tʰieʔ⁵

续表

方言点	0897 零	0898 青	0899 星	0900 经	0901 形	0902 壁	0903 劈	0904 踢
	梗开四平青来	梗开四平青清	梗开四平青心	梗开四平青见	梗开四平青匣	梗开四入锡帮	梗开四入锡滂	梗开四入锡透
27 新昌	liŋ^{22}	tɕʰiŋ^{534}	ɕiŋ^{534}	tɕiŋ^{534}	iŋ^{22}	piʔ^{5}	pʰiʔ^{5}	tʰiʔ^{5}
28 诸暨	lin^{13}	tɕʰin^{544}	ɕin^{544}	tɕin^{544}	in^{13}声殊	pieʔ^{5}	pʰieʔ^{5}	tʰieʔ^{5}
29 慈溪	liŋ^{13}	tɕʰiŋ^{35}	ɕiŋ^{35}	tɕiŋ^{35}	iŋ^{13}	piəʔ^{5}	pʰiəʔ^{5}	tʰiəʔ^{5}
30 余姚	liə̃^{13}	tɕʰiə̃^{44}	ɕiə̃^{44}	tɕiə̃^{44}	iə̃^{13}	piəʔ^{5}	pʰiəʔ^{5}	tʰiəʔ^{5}
31 宁波	liŋ^{13}	tɕʰiŋ^{53}	ɕiŋ^{53}	tɕiŋ^{53}	iŋ^{13}	piəʔ^{5}	pʰiəʔ^{5}	tʰiəʔ^{5}
32 镇海	liŋ^{24}	tɕʰiŋ^{53}	ɕiŋ^{53}	tɕiŋ^{53}	iŋ^{24}	pieʔ^{5}	pʰieʔ^{5}	tʰieʔ^{5}
33 奉化	liŋ^{33}	tɕiŋ^{44}	ɕiŋ^{44}	tɕiŋ^{44}	iŋ^{33}	piɪʔ^{5}	pʰiɪʔ^{5}	tʰiɪʔ^{5}
34 宁海	liŋ^{213}	tɕʰiŋ^{423}	ɕiŋ^{423}	tɕiŋ^{423}	iŋ^{213}	piəʔ^{5}	pʰiəʔ^{5}	tʰiəʔ^{5}
35 象山	liŋ^{31}	tɕʰiŋ^{44}	ɕiŋ^{44}	tɕiŋ^{44}	iŋ^{31}	pieʔ^{5}	pʰieʔ^{5}	tʰieʔ^{5}
36 普陀	liŋ^{24}	tɕʰiŋ^{53}	ɕiŋ^{53}	tɕiŋ^{53}	iŋ^{24}	piɛʔ^{5}	pʰiɛʔ^{5}	tʰiɛʔ^{5}
37 定海	liŋ^{23}	tɕʰiŋ^{52}	ɕiŋ^{52}	tɕiŋ^{52}	iŋ^{23}	pieʔ^{5}	pʰieʔ^{5}	tʰieʔ^{5}
38 岱山	liŋ^{23}	tɕʰiŋ^{52}	ɕiŋ^{52}	tɕiŋ^{52}	iŋ^{23}	pieʔ^{5}	pʰieʔ^{5}	tʰieʔ^{5}
39 嵊泗	liŋ^{243}	tɕʰiŋ^{53}	ɕiŋ^{53}	tɕiŋ^{53}	iŋ^{243}	piɛʔ^{5}	pʰiɛʔ^{5}	tʰiɛʔ^{5}
40 临海	liŋ^{21}	tɕʰiŋ^{31}	ɕiŋ^{31}	tɕiŋ^{31}	iŋ^{21}	pieʔ^{5}	pʰieʔ^{5}	tʰieʔ^{5}
41 椒江	liŋ^{31}	tɕʰiŋ^{42}	ɕiŋ^{42}	tɕiŋ^{42}	iŋ^{31}	pieʔ^{5}	pʰieʔ^{5}	tʰieʔ^{5}
42 黄岩	lin^{121}	tɕʰin^{32}	ɕin^{32}	tɕin^{32}	in^{121}	pieʔ^{5}	pʰieʔ^{5}	tʰieʔ^{5}
43 温岭	lin^{31}	tɕʰin^{33}	ɕin^{33}	tɕin^{33}	in^{31}	piʔ^{5}	pʰiʔ^{5}	tʰiʔ^{5}
44 仙居	lin^{213}	tɕʰin^{334}	ɕin^{334}	tɕin^{334}	in^{213}	ɓiəʔ^{5}	pʰiəʔ^{5}	tʰiəʔ^{5}
45 天台	liŋ^{224}	tɕʰiŋ^{33}	ɕiŋ^{33}	kiŋ^{33}	iŋ^{224}	piəʔ^{5}	pʰiəʔ^{5}	tʰiəʔ^{5}
46 三门	liŋ^{113}	tɕʰiŋ^{334}	ɕiŋ^{334}	tɕiŋ^{334}	iŋ^{113}	pieʔ^{5}	pʰieʔ^{5}	tʰieʔ^{5}
47 玉环	liŋ^{31}	tɕʰiŋ^{42}	ɕiŋ^{42}	tɕiŋ^{42}	iŋ^{31}	piɐʔ^{5}	pʰiɐʔ^{5}	tʰiɐʔ^{5}
48 金华	liŋ^{313}	tɕʰiŋ^{334}	ɕiŋ^{334}	tɕiŋ^{334}	iŋ^{313}	piəʔ^{4}	pʰiəʔ^{4}	tʰiəʔ^{4}
49 汤溪	liɛ̃i^{11}	tsʰɛ̃i^{24}	sɛ̃i^{24}	tɕiɛ̃i^{24}	iɛ̃i^{11}	pei^{55}	pʰie^{55}	tʰei^{55}
50 兰溪	lin^{21}	tɕʰin^{334}	sin^{334}	tɕin^{334}	in^{21}	pieʔ^{34}	pʰieʔ^{34}	tʰiəʔ^{34}
51 浦江	liən^{113}	tsʰiən^{534}	siən^{534}	tɕiən^{534}	iən^{113}	pɛ^{423}	（无）	tʰɛ^{423}

方言点	0897 零	0898 青	0899 星	0900 经	0901 形	0902 壁	0903 劈	0904 踢
	梗开四 平青来	梗开四 平青清	梗开四 平青心	梗开四 平青见	梗开四 平青匣	梗开四 入锡帮	梗开四 入锡滂	梗开四 入锡透
52 义乌	lən²¹³	tsʰən³³⁵	sən³³⁵	tɕiən³³⁵	iən²¹³	pai³²⁴	pʰiə³²⁴	tʰai³²⁴
53 东阳	lɐn²¹³	tsʰɐn³³⁴	sɐn³³⁴	kɐn³³⁴	ziɐn²¹³	pei̯ʔ³⁴	pʰaʔ³⁴	tʰei³³⁴
54 永康	liŋ²²	tɕʰiŋ⁵⁵	ɕiŋ⁵⁵	tɕiŋ⁵⁵	iŋ²²	ɓə³³⁴	pʰie³³⁴	tʰəi³³⁴
55 武义	lin³²⁴	tɕʰin²⁴	ɕin²⁴	tɕin²⁴	in³²⁴	pəʔ⁵	pʰie⁵³	tʰəʔ⁵
56 磐安	lɐn²¹³	tsʰɐn⁴⁴⁵	sɐn⁴⁴⁵	kɐn⁴⁴⁵ 念～ tɕiɐn⁴⁴⁵ ～过	iɐn²¹³	pɛi³³⁴	pʰiɛ³³⁴	tʰɛi³³⁴
57 缙云	lɛŋ²⁴³	tsʰɛŋ⁴⁴	sɛŋ⁴⁴	tɕiɛŋ⁴⁴	iɛŋ²⁴³	piei³²²	pʰiɛ³²²	tʰei³²²
58 衢州	lin²¹	tɕʰin³²	ɕin³²	tɕin³²	in²¹	piəʔ⁵	pʰiəʔ⁵	tʰiəʔ⁵
59 衢江	liŋ²¹²	tɕʰiŋ³³	ɕiŋ³³	tɕiŋ³³	iŋ²¹²	piəʔ⁵	pʰiəʔ⁵	tʰiəʔ⁵
60 龙游	lin²¹	tɕʰin³³⁴	ɕin³³⁴	tɕin³³⁴	in²¹	piəʔ⁴	pʰiəʔ⁴	tʰiəʔ⁴
61 江山	lĩ²¹³	tɕʰĩ⁴⁴	ɕĩ⁴⁴	kĩ⁴⁴	ĩ²¹³	piɛʔ⁵	pʰiɛʔ⁵	tʰiɛʔ⁵
62 常山	lĩ³⁴¹	tsʰĩ⁴⁴	sĩ⁴⁴	kĩ⁴⁴	ĩ³⁴¹	pieʔ⁵	pʰiʌʔ⁵	tʰieʔ⁵
63 开化	lin²³¹	tɕʰin⁴⁴	ɕin⁴⁴	tɕin⁴⁴	in²³¹	piɛʔ⁵	pʰiaʔ⁵	tʰiɛʔ⁵
64 丽水	lin²²	tɕʰin²²⁴	ɕin²²⁴	tɕin²²⁴	in²²	piʔ⁵	pʰiɛʔ⁵	tʰiʔ⁵
65 青田	leŋ²¹	tɕʰiŋ⁴⁴⁵	ɕiŋ⁴⁴⁵	tɕiŋ⁴⁴⁵	iŋ²¹	ɓiʔ⁴²	pʰiʔ⁴²	tʰiʔ⁴²
66 云和	liŋ³¹²	tɕʰiŋ²⁴	ɕiŋ²⁴	tɕiŋ²⁴	iŋ³¹²	piʔ⁵	pʰiɛʔ⁵	tʰiʔ⁵
67 松阳	lin³¹	tɕʰin⁵³	ɕin⁵³	tɕin⁵³	in³¹	piʔ⁵	pʰiɛʔ⁵	tʰiʔ⁵
68 宣平	lin⁴³³	tɕʰin³²⁴	ɕin³²⁴	tɕin³²⁴	in⁴³³	piəʔ⁵	pʰiəʔ⁵	tʰiəʔ⁵
69 遂昌	liŋ²²¹	tɕʰiŋ⁴⁵	ɕiŋ⁴⁵	tɕiŋ⁴⁵	iŋ²²¹	piʔ⁵	pʰiɛʔ⁵	tʰiʔ⁵
70 龙泉	lin²¹	tɕʰin⁴³⁴	ɕin⁴³⁴	tɕin⁴³⁴	in²¹	piei̯ʔ⁵	pʰiei̯ʔ⁵	tʰiei̯ʔ⁵
71 景宁	liŋ⁴¹	tɕʰiŋ³²⁴	ɕiŋ³²⁴	tɕiŋ³²⁴	ziŋ⁴¹	piʔ⁵	pʰiʔ⁵	tʰiʔ⁵
72 庆元	liŋ⁵²	tɕʰiŋ³³⁵	ɕiŋ³³⁵	tɕiŋ³³⁵	iŋ⁵²	ɓiʔ⁵	pʰiʔ⁵	tʰiʔ⁵
73 泰顺	liŋ⁵³	tɕʰiŋ²¹³	ɕiŋ²¹³	tɕiŋ²¹³	iŋ⁵³	piʔ⁵	pʰiʔ⁵	tʰiʔ⁵
74 温州	leŋ³¹	tsʰəŋ³³	səŋ³³	tɕiaŋ³³	iaŋ³¹	pi³²³	pʰi³²³	tʰei³²³
75 永嘉	leŋ³¹	tɕʰieŋ⁴⁴	ɕieŋ⁴⁴	tɕiaŋ⁴⁴	iaŋ³¹	pi⁴²³	（无）	tʰei⁴²³

续表

方言点	0897 零	0898 青	0899 星	0900 经	0901 形	0902 壁	0903 劈	0904 踢
	梗开四 平青来	梗开四 平青清	梗开四 平青心	梗开四 平青见	梗开四 平青匣	梗开四 入锡帮	梗开四 入锡滂	梗开四 入锡透
76 乐清	leŋ³¹	tɕʰieŋ⁴⁴	seŋ⁴⁴	tɕiaŋ⁴⁴	iaŋ³¹	pi³²³	pʰi³²³	tʰi³²³
77 瑞安	ləŋ³¹	tsʰəŋ⁴⁴	səŋ⁴⁴	tɕiaŋ⁴⁴	iaŋ³¹	pei³²³	pʰei³²³	tʰei³²³
78 平阳	leŋ²⁴²	tʃʰeŋ⁵⁵	seŋ⁵⁵	tʃaŋ⁵⁵	iaŋ²⁴²	pie³⁴	pʰie³⁴	tʰie³⁴
79 文成	leŋ¹¹³	tʃʰeŋ⁵⁵	seŋ⁵⁵	tʃaŋ⁵⁵	iaŋ¹¹³	pei³⁴	pʰei⁵⁵文	tʰei³⁴
80 苍南	leŋ³¹	tsʰeŋ⁴⁴	seŋ⁴⁴	tɕiaŋ⁴⁴	iaŋ³¹	piɛ²²³	pʰiɛ²²³	tʰiɛ²²³
81 建德徽	lin³³	tɕʰin⁵³	ɕin⁵³	tɕin⁵³	ɕin²¹¹文	piɐʔ⁵	pʰi⁵⁵	tʰiɐʔ⁵
82 寿昌徽	lien¹¹²文	tɕʰien¹¹²	ɕien¹¹²	tɕien¹¹²	ɕien¹¹²文	piəʔ³	pʰi⁵⁵	tʰiəʔ³
83 淳安徽	lin⁴³⁵	tɕʰin²⁴	ɕin²⁴	tɕin²⁴	ɕin⁴³⁵	piʔ⁵	pʰiəʔ⁵	tʰiʔ⁵
84 遂安徽	lin³³	tɕʰin⁵³⁴	ɕin⁵³⁴	tɕin⁵³⁴	ɕin³³	pi²⁴	pʰie²⁴	tʰi²⁴
85 苍南闽	lin²⁴	tɕʰin⁵⁵	tɕʰĩ⁵⁵	kin⁵⁵	hin²⁴	pia⁴³	pʰie⁴³	tʰɐ⁴³
86 泰顺闽	lien²²	kʰien²¹³	sien²¹³	kien²¹³	sien²²	piɛʔ³	pʰiɛʔ³	tʰiɪʔ³
87 洞头闽	lieŋ¹¹³	tɕʰĩ⁵³白 tɕʰieŋ³³文	tɕʰĩ³³	kieŋ³³	hieŋ¹¹³	pia⁵³	pʰiek⁵	tʰɐt⁵
88 景宁畲	lin²²	tsʰaŋ⁴⁴	saŋ⁵¹	kin⁴⁴	in²²	piaʔ⁵	pʰiʔ⁵	tʰiʔ⁵

方言点	0905 笛	0906 历 农~	0907 锡	0908 击	0909 吃	0910 横 ~竖	0911 划 计~	0912 兄
	梗开四 入锡定	梗开四 入锡来	梗开四 入锡心	梗开四 入锡见	梗开四 入锡溪	梗合二 平庚匣	梗合二 入麦匣	梗合三 平庚晓
01 杭州	dieʔ²	lieʔ²	ɕieʔ⁵	tɕieʔ⁵	tɕʰioʔ⁵	uaŋ²¹³	uaʔ²	ɕioŋ³³⁴
02 嘉兴	dieʔ¹³	lieʔ⁵	ɕieʔ⁵	tɕieʔ⁵	tɕʰieʔ⁵	uÃ²⁴²	uÃ⁵	ɕioŋ⁴²
03 嘉善	dieʔ²	lieʔ²	ɕieʔ⁵	tɕieʔ⁵	tɕʰiɜʔ⁵	væ̃¹³²声殊	uaʔ²	ɕioŋ⁵³
04 平湖	diəʔ²³	liəʔ²³	siəʔ⁵	tɕiəʔ⁵	tɕʰiəʔ²³	uɑ̃³¹	vaʔ²³	ɕioŋ⁵³
05 海盐	diəʔ²³	liəʔ²³	ɕiəʔ⁵	tɕiəʔ⁵	tɕʰiəʔ²³白 tsʰiəʔ²³文	uɛ̃³¹	uaʔ²³	ɕioŋ⁵³
06 海宁	dieʔ²	lieʔ²	ɕieʔ⁵	tɕieʔ⁵	tɕʰieʔ⁵	uɑ̃¹³	uaʔ²	ɕioŋ⁵⁵
07 桐乡	diəʔ²³	liəʔ²³	siəʔ⁵	tɕiəʔ⁵	tɕʰiəʔ⁵	uɑ̃¹³	uaʔ²³	ɕioŋ⁴⁴
08 崇德	diəʔ²³	liəʔ²³	ɕiəʔ⁵	tɕiəʔ⁵	tɕʰiəʔ⁵	uɑ̃¹³	uaʔ²³	ɕioŋ⁴⁴
09 湖州	dieʔ²	lieʔ²	ɕieʔ⁵	tɕieʔ⁵	tɕʰieʔ⁵	uɑ̃¹¹²	uaʔ²	ɕioŋ⁴⁴
10 德清	dieʔ²	lieʔ²	ɕieʔ⁵	tɕieʔ⁵	tɕʰioʔ⁵	uɑ̃¹¹³	uaʔ²	ɕioŋ⁴⁴
11 武康	dieʔ²	lieʔ²	ɕieʔ⁵	tɕieʔ⁵	tɕʰiɜʔ⁵	uɑ̃¹¹³	uɜʔ²	ɕioŋ⁴⁴
12 安吉	diɛʔ²³	liɛʔ²³	ɕiɛʔ⁵	tɕiɛʔ⁵	tɕʰɣɘʔ⁵	uɑ̃²²	uɐʔ²³	ɕioŋ⁵⁵
13 孝丰	dieʔ²³	lieʔ²³	ɕieʔ⁵	tɕieʔ⁵	tɕʰieʔ⁵	uɑ̃²²	uaʔ²³	ɕioŋ⁴⁴
14 长兴	diɛʔ²	liɛʔ²	ʃiɛʔ⁵	tʃiɛʔ⁵	tʃʰiɛʔ⁵	uɑ̃¹²	uaʔ²	ʃioŋ⁴⁴
15 余杭	dieʔ²	lieʔ²	sieʔ⁵	tɕieʔ⁵	tɕʰieʔ⁵	uɑ̃²²	uaʔ²	ɕioŋ⁴⁴
16 临安	diɐʔ¹²	liɐʔ¹²	ɕiɐʔ⁵⁴	tɕiɐʔ⁵⁴	tɕʰiɐʔ⁵⁴	uɑ̃³³	uɐʔ¹²	ɕioŋ⁵⁵
17 昌化	dieʔ²³	lieʔ²³	ɕieʔ⁵	tɕieʔ⁵	tɕʰieʔ⁵	uɑ̃¹¹²	uaʔ²³	ɕyɘʔ³³⁴
18 於潜	diæʔ²³	liæʔ²³	ɕieʔ⁵³	tɕieʔ⁵³	tɕʰieʔ⁵³	uaŋ²²³	uɐʔ²³	ɕioŋ⁴³³
19 萧山	dieʔ¹³	lieʔ¹³	ɕieʔ⁵	tɕieʔ⁵	tɕʰieʔ⁵	uɑ̃³⁵⁵	aʔ¹³	ɕyoŋ⁵³³
20 富阳	dieʔ²	liɛʔ²	ɕiɛʔ⁵	tɕiɛʔ⁵	tɕʰiɛʔ⁵	uɑ̃¹³	uaʔ²	ɕyoŋ⁵³
21 新登	diəʔ²	liəʔ²	ɕiəʔ⁵	tɕiəʔ⁵	tsʰəʔ⁵	uɛ²³³	uaʔ²	soŋ⁵³
22 桐庐	diəʔ¹³	liəʔ¹³	ɕiəʔ⁵	tɕiəʔ⁵	tɕʰiəʔ⁵	uɑ̃¹³	uaʔ¹³	ɕioŋ⁵³³
23 分水	diəʔ¹²	liəʔ¹²	ɕiəʔ⁵	tɕiəʔ⁵	tɕʰiəʔ⁵	xən²²	uaʔ¹²	ɕioŋ⁴⁴
24 绍兴	dieʔ²	lieʔ²	ɕieʔ⁵	tɕieʔ⁵	tɕʰieʔ⁵	uaŋ²³¹	uaʔ²	ɕioŋ⁵³
25 上虞	diəʔ²	liəʔ²	ɕiəʔ⁵	tɕiəʔ⁵	tɕʰyoʔ⁵	uɑ̃²¹³	uaʔ²	ɕyoŋ³⁵

续表

方言点	0905 笛 梗开四 入锡定	0906 历 农~ 梗开四 入锡来	0907 锡 梗开四 入锡心	0908 击 梗开四 入锡见	0909 吃 梗开四 入锡溪	0910 横 ~竖 梗合二 平庚匣	0911 划 计~ 梗合二 入麦匣	0912 兄 梗合三 平庚晓
26 嵊州	$die\textipa{P}^2$	$lie\textipa{P}^2$	$\textcyr{ɕ}ie\textipa{P}^5$	$t\textcyr{ɕ}ie\textipa{P}^5$	$t\textcyr{ɕ}^h yo\textipa{P}^5$ 白 $t\textcyr{ɕ}^h ie\textipa{P}^5$ 文	$uaŋ^{213}$	$ua\textipa{P}^2$	$\textcyr{ɕ}yoŋ^{534}$
27 新昌	$di\textipa{P}^2$	$li\textipa{P}^2$	$ɕi\textipa{P}^5$	$tɕi\textipa{P}^5$	$tɕ^h i\textipa{P}^5$	$uaŋ^{22}$	$ua\textipa{P}^2$	$ɕyoŋ^{534}$
28 诸暨	$die\textipa{P}^{13}$	$lie\textipa{P}^{13}$	$ɕie\textipa{P}^5$	$tɕie\textipa{P}^5$	$tɕ^h ie\textipa{P}^5$	$vã^{13}$	$va\textipa{P}^{13}$	$ɕiom^{544}$
29 慈溪	$diə\textipa{P}^2$	$liə\textipa{P}^2$	$ɕiə\textipa{P}^5$	$tɕiə\textipa{P}^5$	$tɕ^h yo\textipa{P}^5$	$uã^{13}$	ua^2	$ɕiuŋ^{35}$
30 余姚	$diə\textipa{P}^2$	$liə\textipa{P}^2$	$ɕiə\textipa{P}^5$	$tɕiə\textipa{P}^5$	$tɕ^h yo\textipa{P}^5$	$uaŋ^{13}$	$ua\textipa{P}^2$	$ɕiuŋ^{44}$
31 宁波	$diə\textipa{P}^2$	$liə\textipa{P}^2$	$ɕiə\textipa{P}^5$	$tɕiə\textipa{P}^5$	$tɕ^h yo\textipa{P}^5$	ua^{13}	$ua\textipa{P}^2$	$ɕyoŋ^{53}$
32 镇海	$die\textipa{P}^{12}$	$lie\textipa{P}^{12}$	$ɕie\textipa{P}^5$	$tɕie\textipa{P}^5$	$tɕ^h yo\textipa{P}^5$	$uã^{24}$	$ua\textipa{P}^{12}$	$ɕyoŋ^{53}$
33 奉化	$diɪ\textipa{P}^2$	$liɪ\textipa{P}^2$	$ɕiɪ\textipa{P}^5$	$tɕiɪ\textipa{P}^5$	$tɕ^h yo\textipa{P}^5$	$uã^{33}$	$ua\textipa{P}^2$	$ɕyoŋ^{44}$
34 宁海	$die\textipa{P}^3$	$liə\textipa{P}^3$	$ɕiə\textipa{P}^5$	$tɕiə\textipa{P}^5$	$tɕ^h io\textipa{P}^5$	$uã^{213}$	$ua\textipa{P}^3$	$ɕioŋ^{423}$
35 象山	$die\textipa{P}^2$	$lie\textipa{P}^2$	$ɕie\textipa{P}^5$	$tɕie\textipa{P}^5$	$tɕ^h yo\textipa{P}^5$	$uã^{31}$	$ua\textipa{P}^2$	$ɕyoŋ^{44}$
36 普陀	$dieɛ\textipa{P}^{23}$	$liɛ\textipa{P}^{23}$	$ɕiɛ\textipa{P}^5$	$tɕiɛ\textipa{P}^5$	$tɕ^h yo\textipa{P}^5$	$uã^{24}$	$uɐ\textipa{P}^{23}$	$ɕioŋ^{53}$
37 定海	$die\textipa{P}^2$	$lie\textipa{P}^2$	$ɕie\textipa{P}^5$	$tɕie\textipa{P}^5$	$tɕ^h yo\textipa{P}^5$	$uã^{23}$	$uɐ\textipa{P}^2$	$ɕyoŋ^{52}$
38 岱山	$die\textipa{P}^2$	$lie\textipa{P}^2$	$ɕie\textipa{P}^5$	$tɕie\textipa{P}^5$	$tɕ^h yo\textipa{P}^5$	$uã^{23}$	$uɐ\textipa{P}^2$	$ɕyoŋ^{52}$
39 嵊泗	$diɛ\textipa{P}^2$	$liɛ\textipa{P}^2$	$ɕiɛ\textipa{P}^5$	$tɕiɛ\textipa{P}^5$	$tɕ^h yo\textipa{P}^5$	$uã^{243}$	$uɐ\textipa{P}^2$	$ɕyoŋ^{53}$
40 临海	$die\textipa{P}^{23}$	$lie\textipa{P}^{23}$	$ɕie\textipa{P}^5$	$tɕie\textipa{P}^5$	$tɕ^h yo\textipa{P}^5$	$uã^{21}$	$ua\textipa{P}^{23}$	$ɕyoŋ^{31}$ 又 $hyoŋ^{31}$ 又
41 椒江	$die\textipa{P}^2$	$lie\textipa{P}^2$	$ɕie\textipa{P}^5$	$tɕie\textipa{P}^5$	$tɕ^h yo\textipa{P}^5$ ~饭 $tɕ^h ie\textipa{P}^5$ ~力	$uã^{31}$	$uə\textipa{P}^2$	$ɕyoŋ^{42}$
42 黄岩	$die\textipa{P}^2$	$lie\textipa{P}^2$	$ɕie\textipa{P}^5$	$tɕie\textipa{P}^5$	$tɕ^h yo\textipa{P}^5$ ~饭 $tɕ^h ie\textipa{P}^5$ ~力	$uã^{121}$	$uɐ\textipa{P}^2$	$ɕyoŋ^{32}$
43 温岭	$di\textipa{P}^2$	$li\textipa{P}^2$	$ɕi\textipa{P}^5$	$tɕi\textipa{P}^5$	$tɕ^h yo\textipa{P}^5$ ~饭 $tɕ^h i\textipa{P}^5$ ~力	$uã^{31}$	$uə\textipa{P}^2$	$ɕyuŋ^{33}$
44 仙居	$diə\textipa{P}^{23}$	$liə\textipa{P}^{23}$	$ɕiə\textipa{P}^5$	$tɕiə\textipa{P}^5$	$tɕ^h yə\textipa{P}^5$	$uã^{213}$	$ua\textipa{P}^{23}$	$ɕioŋ^{334}$
45 天台	$diə\textipa{P}^2$	$liə\textipa{P}^2$	$ɕiə\textipa{P}^5$	$kiə\textipa{P}^5$	$tɕ^h yu\textipa{P}^5$	ua^{224}	$ua\textipa{P}^2$	$hyuŋ^{33}$

续表

方言点	0905 笛	0906 历 农~	0907 锡	0908 击	0909 吃	0910 横 ~竖	0911 划 计~	0912 兄
	梗开四 入锡定	梗开四 入锡来	梗开四 入锡心	梗开四 入锡见	梗开四 入锡溪	梗合二 平庚匣	梗合二 入麦匣	梗合三 平庚晓
46 三门	die?²³	lie?²³	ɕie?⁵	tɕie?⁵	tɕʰio?⁵	əŋ¹¹³	ua?²³	ɕioŋ⁵²
47 玉环	diɐ?²	liɐ?²	ɕiɐ?⁵	tɕiɐ?⁵	tɕʰyo?⁵ ～饭 tɕʰiɐ?⁵ ～力	uã³¹	uɐ?²	ɕioŋ⁴²
48 金华	diə?²¹²	liə?²¹²	ɕiə?⁴	tɕiə?⁴	tɕʰiə?⁴	uaŋ³¹³	uə?²¹²	ɕioŋ³³⁴
49 汤溪	（无）	lei¹¹³	sei⁵⁵	tɕiei⁵⁵	tɕʰiei⁵⁵	ua¹¹	ua¹¹³	ɕiao²⁴
50 兰溪	diə?¹²	lie?¹²	ɕie?³⁴	tɕie?³⁴	tɕʰie?³⁴	uæ̃²¹	uɑ?¹²	ɕioŋ³³⁴
51 浦江	（无）	liə²³²	ɕiə⁴²³	tɕiə⁴²³	tɕʰiə⁴²³	uɛ̃¹¹³	uɑ¹¹³	ɕyon⁵³⁴
52 义乌	diə³¹²	lai³¹²	sai³²⁴	tɕiə³²⁴	tɕʰiə³²⁴	uɛ²¹³	uɛ³¹²	ɕioŋ³³⁵
53 东阳	（无）	lei²¹³	ɕiɛ³⁴	tɕiɛ?³⁴	（无）	uɛ²¹³	ua²⁴	ɕiɔm³³⁴
54 永康	dəi¹¹³	ləi¹¹³	səi³³⁴	tɕiə³³⁴	tɕʰiə³³⁴	uai²²	uai¹¹³	ɕyeŋ⁵⁵
55 武义	（无）	lə²¹³	sə?⁵	tɕiə?⁵	tɕʰiə?⁵	ŋua³²⁴	uɑ¹³	ɕyen²⁴
56 磐安	（无）	lɛi²¹³	sɛi³³⁴	tɕiɛ³³⁴	tɕʰiɛ³³⁴	uɛ²¹³	ua²¹³	xɐn⁴⁴⁵ 白 ɕiɔm⁴⁴⁵ 文
57 缙云	（无）	lai¹³	sei³²²	tɕiei³²²	tɕʰiei³²²①	ua²⁴³	ua¹³	ɕyɐŋ⁴⁴
58 衢州	diə?¹²	liə?¹²	ɕiə?⁵	tɕiə?⁵	tɕʰiə?⁵	uã²¹	uã?¹²	ʃyoŋ³²
59 衢江	diə?²	liə?²	ɕiə?⁵	tɕiə?⁵	tɕʰiə?⁵	uɛ²¹²	uã?²	ɕyoŋ³³
60 龙游	diə?²³	liə?²³	ɕiə?⁴	tɕiə?⁴	tɕʰiə?⁴	uɛ²¹	uɔ?²³	ɕioŋ³³⁴
61 江山	diɛ?²	liɛ?²	ɕiɛ?⁵	kiɛ?⁵	kʰiɛ?⁵	uaŋ²¹³	ua?²	xaŋ⁴⁴
62 常山	die?³⁴	lie?³⁴	se?⁵	tɕie?⁵	tɕʰie?⁵	uĩ³⁴¹	ua?³⁴	xĩ⁴⁴
63 开化	dia?¹³	liɛ?¹³	ɕiɛ?⁵	tɕiɛ?⁵	tɕʰiɛ?⁵	uã²³¹	ua?¹³ 老 uɑ²¹³ 新	xã⁴⁴
64 丽水	di?²³	li?²³	ɕi?⁵	tɕi?⁵	tɕʰi?⁵	uã²² 白 en²² 文	ua?²³	ɕyn²²⁴
65 青田	di?³¹	liæ?³¹	sɿ?⁴²	tsɿ?⁴²	tsʰɿ?⁴²	uɛ²¹	uɛ?³¹	ɕioŋ⁴⁴⁵

---

① ～铜:明摆着吃亏

续表

方言点	0905 笛	0906 历农~	0907 锡	0908 击	0909 吃	0910 横~竖	0911 划计~	0912 兄
	梗开四入锡定	梗开四入锡来	梗开四入锡心	梗开四入锡见	梗开四入锡溪	梗合二平庚匣	梗合二入麦匣	梗合三平庚晓
66 云和	diʔ²³	liʔ²³	ɕiʔ⁵	tɕiʔ⁵	tɕʰiʔ⁵	uɛ³¹²	uaʔ²³	ɕioŋ²⁴
67 松阳	diɛʔ²	liʔ²	ɕiʔ⁵	tɕiʔ⁵	(无)	ũɑ³¹	uaʔ²	ɕioŋ⁵³
68 宣平	diəʔ²³	liəʔ²³	ɕiəʔ⁵	tɕiəʔ⁵	tɕʰiəʔ⁵	uɛ⁴³³	uaʔ²³	ɕyən³²⁴
69 遂昌	diɛʔ²³	liʔ²³	ɕiʔ⁵	tɕiʔ⁵	tɕʰiʔ⁵ 小~	yaŋ²²¹	uaʔ²³	ɕioŋ⁴⁵
70 龙泉	dieiʔ²⁴	lieiʔ²⁴	sʅʔ⁵	tsʅʔ⁵	tɕʰieiʔ⁵	uaŋ²¹	uaʔ²⁴	ɕiəŋ⁴³⁴
71 景宁	diʔ²³	liʔ²³	sʅʔ⁵	tɕiʔ⁵	tɕʰiʔ⁵	uɛ⁴¹	uaʔ²³	ɕyŋ³²⁴
72 庆元	tiʔ³⁴	liʔ³⁴	sʅʔ⁵	tɕiɯʔ⁵	tsʰʅʔ⁵ 小~	ũæ⁵²	uɑʔ³⁴	ɕioŋ³³⁵
73 泰顺	tiʔ²	liʔ²	sʅʔ⁵	tsʅʔ⁵	tsʰʅʔ⁵	ũã⁵³	uaʔ²	ɕioŋ²¹³
74 温州	di²¹²	lei²¹²	sei³²³	tɕiai³²³	tsʰʅ³²³	viɛ³¹	va²¹²	ɕioŋ³³
75 永嘉	di²¹³	lei²¹³	sʅ⁴²³	tɕiai⁴²³	tɕʰiai⁴²³	vɛ³¹	va²¹³	ɕioŋ⁴⁴
76 乐清	di²¹²	li²¹²	si³²³	tɕiɤ³²³	tɕʰiɤ³²³	va³¹	ve²¹²	ɕioŋ⁴⁴
77 瑞安	dei²¹²	lei²¹²	sei³²³	tɕi³²³	tɕʰi³²³	va³¹	va²¹²	ɕioŋ⁴⁴
78 平阳	di¹²	li¹²	si³⁴	tʃʌ³⁴	tɕʰi³⁴	vʌ²⁴²	vʌ¹²	soŋ⁵⁵
79 义成	dei³¹³	lei³¹³	sel³⁴	tɕl³⁴	tɕʰl³⁴	va¹¹³	va³¹³	ʃoŋ⁵⁵
80 苍南	di¹¹²	li¹¹²	ɕi²²³	tsɛ²²³	tɕʰi²²³	ya³¹	ya¹¹²	ɕioŋ⁴⁴
81 建德徽	tiʔ¹²	liʔ¹²	ɕiʔ⁵	tɕiʔ⁵	tɕʰiʔ⁵	uɛ³³	uʔ¹²	soŋ⁵³ 声殊
82 寿昌徽	tiʔ³¹	liʔ³¹	ɕiʔ³	tɕiʔ³	tɕʰiʔ³	ũæ⁵²	uʔ³¹	ɕioŋ¹¹²
83 淳安徽	tʰiʔ¹³	li⁵³	ɕiʔ⁵	tɕiʔ⁵	tɕʰiʔ⁵	uã⁴³⁵	uɑʔ¹³	son²⁴ 白 ɕion²⁴ 文
84 遂安徽	tʰi²¹³	lie²¹³	sʅ²⁴	tɕiɛ²⁴	tsʰʅ²⁴	vã³³	vɑ²¹³	ɕioŋ⁵³⁴
85 苍南闽	tie²⁴	lie²⁴	ɕia⁴³	kie⁴³	(无)	hũĩ²⁴	ue²⁴	hĩã⁵⁵
86 泰顺闽	tiɿʔ³	liɿʔ³	ɕiɿʔ⁵	kiɿʔ⁵	kʰiɿʔ⁵	fæ²²	ua³¹	ɕiæŋ²¹³
87 洞头闽	tiek²⁴	liek²⁴	ɕia⁵³	kiek⁵	tɕia²⁴	hũãĩ¹¹³	ua²¹ 文	hĩã³³
88 景宁畲	(无)	liʔ²	saʔ⁵	tɕiʔ⁵	(无)	foŋ²²	uaʔ²	xiaŋ⁴⁴

方言点	0913 荣	0914 永	0915 营	0916 蓬 ~松	0917 东	0918 懂	0919 冻	0920 通
	梗合三 平庚云	梗合三 上庚云	梗合三 平清以	通合一 平东并	通合一 平东端	通合一 上东端	通合一 去东端	通合一 平东透
01 杭州	ioŋ²¹³	ioŋ⁵³	iŋ²¹³	boŋ²¹³	toŋ³³⁴	toŋ⁵³	toŋ⁴⁵	tʰoŋ³³⁴
02 嘉兴	ioŋ²⁴²	ioŋ⁵⁴⁴	iŋ²⁴²	boŋ²⁴²	toŋ⁴²	toŋ⁵⁴⁴	toŋ²²⁴	tʰoŋ⁴²
03 嘉善	ioŋ¹³²	ioŋ⁴⁴	ioŋ¹³²	boŋ¹³²	toŋ⁵³	toŋ⁴⁴	toŋ³³⁴	tʰoŋ⁵³
04 平湖	ioŋ³¹	ioŋ⁴⁴	iŋ³¹	boŋ³¹	toŋ⁵³	toŋ⁴⁴	toŋ³³⁴	tʰoŋ⁵³
05 海盐	ioŋ³¹	ioŋ⁴²³	iŋ³¹	boŋ³¹	toŋ⁵³	toŋ⁴²³	toŋ³³⁴	tʰoŋ⁵³
06 海宁	ioŋ¹³	ioŋ⁵³	iŋ¹³	boŋ¹³	toŋ⁵⁵	toŋ⁵³	toŋ³⁵	tʰoŋ⁵⁵
07 桐乡	ioŋ¹³	ioŋ⁵³	iŋ¹³	boŋ¹³	toŋ⁴⁴	toŋ⁵³	toŋ³³⁴	tʰoŋ⁴⁴
08 崇德	ioŋ¹³	ioŋ⁵³	iŋ¹³	boŋ¹³	toŋ⁴⁴	toŋ⁵³	toŋ³³⁴	tʰoŋ⁴⁴
09 湖州	ioŋ¹¹²	ioŋ⁵²³	iŋ¹¹²	boŋ¹¹²	toŋ⁴⁴	toŋ⁵²³	toŋ³⁵	tʰoŋ⁴⁴
10 德清	ioŋ¹¹³	ioŋ⁵²	iŋ¹¹³	boŋ¹¹³	toŋ⁴⁴	toŋ⁵²	toŋ³³⁴	tʰoŋ⁴⁴
11 武康	ioŋ¹¹³	ioŋ⁵³	iŋ¹¹³	boŋ¹¹³	toŋ⁴⁴	toŋ⁵³	toŋ²²⁴	tʰoŋ⁴⁴
12 安吉	ioŋ²²	ioŋ⁵²	iŋ²²	boŋ²²	toŋ⁵⁵	toŋ⁵²	toŋ³²⁴	tʰoŋ⁵⁵
13 孝丰	ioŋ²²	ioŋ⁵²	iŋ²²	boŋ²²	toŋ⁴⁴	toŋ⁵²	toŋ³²⁴	tʰoŋ⁴⁴
14 长兴	ioŋ¹²	ioŋ⁵²	iŋ¹²	boŋ¹²	toŋ⁴⁴	toŋ⁵²	toŋ³²⁴	tʰoŋ⁴⁴
15 余杭	ioŋ²²	ioŋ⁵³	iŋ²²	boŋ²²	toŋ⁴⁴	toŋ⁵³	toŋ⁴²³	tʰoŋ⁴⁴
16 临安	ioŋ³³	ioŋ³³	ioŋ³³	boŋ³³	toŋ⁵⁵	toŋ⁵⁵	toŋ⁵⁵	tʰoŋ⁵⁵
17 昌化	yəŋ¹¹²	yəŋ⁴⁵³	iəŋ¹¹²	bã¹¹²又 bəŋ¹¹²又	təŋ³³⁴	təŋ⁴⁵³	təŋ⁵⁴⁴	tʰəŋ³³⁴
18 於潜	ioŋ²²³	ioŋ⁵¹	iŋ²²³	boŋ²²³	toŋ⁴³³	toŋ⁵¹	toŋ³⁵	tʰoŋ⁴³³
19 萧山	yoŋ³⁵⁵	yoŋ⁴²文	iŋ³⁵⁵	boŋ³⁵⁵	toŋ⁵³³	toŋ³³	toŋ⁴²	tʰoŋ⁵³³
20 富阳	yoŋ¹³	yoŋ⁴²³	iŋ¹³	boŋ¹³	toŋ⁵³	toŋ⁴²³	toŋ³³⁵	tʰoŋ⁵³
21 新登	ioŋ²³³	ioŋ³³⁴	eiŋ²³³	boŋ²³³	toŋ⁵³	toŋ³³⁴	toŋ⁴⁵	tʰoŋ⁵³
22 桐庐	ioŋ¹³	ioŋ³³	iŋ¹³	boŋ¹³	toŋ⁵³³	toŋ³³	toŋ³⁵	tʰoŋ⁵³³
23 分水	ioŋ²²	ioŋ⁵³	iŋ²²	voŋ²²	toŋ⁴⁴	toŋ⁵³	toŋ²⁴	tʰoŋ⁴⁴
24 绍兴	ioŋ²³¹	ioŋ³³⁴	iŋ²³¹	boŋ²³¹	toŋ⁵³	toŋ³³⁴	toŋ³³	tʰoŋ⁵³
25 上虞	yoŋ²¹³	yoŋ³⁵	iŋ²¹³	boŋ²¹³	toŋ³⁵	toŋ³⁵	toŋ⁵³	tʰoŋ³⁵

续表

方言点	0913 荣	0914 永	0915 营	0916 蓬 ～松	0917 东	0918 懂	0919 冻	0920 通
	梗合三 平庚云	梗合三 上庚云	梗合三 平清以	通合一 平东並	通合一 平东端	通合一 上东端	通合一 去东端	通合一 平东透
26 嵊州	yoŋ²¹³	yoŋ⁵³	iŋ²¹³	boŋ²¹³	toŋ⁵³⁴	toŋ⁵³	toŋ³³⁴	tʰoŋ⁵³⁴
27 新昌	yoŋ²²	yoŋ⁴⁵³	iŋ²²	boŋ²²	toŋ⁵³⁴	toŋ⁴⁵³	toŋ³³⁵	tʰoŋ⁵³⁴
28 诸暨	iom¹³	iom⁴²	in¹³	bã¹³ 韵殊	tom⁵⁴⁴	tom⁴²	tom⁵⁴⁴	tʰom⁵⁴⁴
29 慈溪	iuŋ¹³	iuŋ³⁵	iŋ¹³	buŋ¹³	tuŋ³⁵	tuŋ³⁵	tuŋ⁴⁴	tʰuŋ³⁵
30 余姚	iuŋ¹³	iuŋ¹³	iə̃¹³	buŋ¹³	tuŋ⁴⁴	tuŋ³⁴	tuŋ⁵³	tʰuŋ⁴⁴
31 宁波	yoŋ¹³	yoŋ³⁵	iŋ¹³	boŋ¹³	toŋ⁵³	toŋ³⁵	toŋ⁴⁴	tʰoŋ⁵³
32 镇海	yoŋ²⁴	yoŋ³⁵	iŋ²⁴	boŋ²⁴	toŋ⁵³	toŋ³⁵	toŋ⁵³	tʰoŋ⁵³
33 奉化	yoŋ³³	yoŋ⁵⁴⁵ 读字	iŋ³³	boŋ³³	toŋ⁴⁴	toŋ⁵⁴⁵	toŋ⁵³	tʰoŋ⁴⁴
34 宁海	ioŋ²¹³	ioŋ⁵³	iŋ²¹³	boŋ²¹³	toŋ⁴²³	toŋ⁵³	toŋ³⁵	tʰoŋ⁴²³
35 象山	yoŋ³¹	yoŋ⁴⁴	iŋ³¹	bəŋ³¹	toŋ⁴⁴	toŋ⁴⁴	toŋ⁵³	tʰoŋ⁴⁴
36 普陀	ioŋ²⁴	ioŋ²³	iŋ²⁴	boŋ²⁴	toŋ⁵³	toŋ⁴⁵	toŋ⁵⁵	tʰoŋ⁵³
37 定海	yoŋ²³	yoŋ⁴⁵	iŋ²³	boŋ²³	toŋ⁵²	toŋ⁴⁵	toŋ⁴⁴	tʰoŋ⁵²
38 岱山	yoŋ²³	yoŋ⁵²	iŋ²³	bɐŋ²³	toŋ⁵²	toŋ³²⁵	toŋ⁴⁴	tʰoŋ⁵²
39 嵊泗	yoŋ²⁴³	yoŋ⁵³	iŋ²⁴³	bã²⁴³	toŋ⁵³	toŋ⁴⁴⁵	toŋ⁵³	tʰoŋ⁵³
40 临海	yoŋ³¹	yoŋ⁵²	iŋ²¹	bəŋ²¹	toŋ³¹	toŋ⁵²	toŋ⁵⁵	tʰoŋ³¹
41 椒江	yoŋ³¹	yoŋ⁴²	iŋ³¹	boŋ³¹	toŋ⁴²	toŋ⁴²	toŋ⁵⁵	tʰoŋ⁴²
42 黄岩	yoŋ¹²¹	yoŋ⁴²	in¹²¹	boŋ¹²¹	toŋ³²	toŋ⁴²	toŋ⁵⁵	tʰoŋ³²
43 温岭	yuŋ³¹	yuŋ⁴²	in³¹	buŋ³¹	tuŋ³³	tuŋ⁴²	tuŋ⁵⁵	tʰuŋ³³
44 仙居	ioŋ²¹³	ioŋ³²⁴	in²¹³	boŋ²¹³	noŋ³³⁴ 东～ ɗoŋ³³⁴ 方位	ɗoŋ³²⁴	ɗoŋ⁵⁵	tʰoŋ³³⁴
45 天台	yuŋ²²⁴	yuŋ²¹⁴	iŋ²²⁴	pʰuŋ³³ 音殊	tuŋ³³	tuŋ³²⁵	tuŋ⁵⁵	tʰuŋ³³
46 三门	ioŋ¹¹³	ioŋ³²⁵	iŋ¹¹³	boŋ²⁴³	toŋ³³⁴	toŋ³²⁵	toŋ⁵⁵	tʰoŋ³³⁴
47 玉环	ioŋ³¹	ioŋ⁵³	iŋ³¹	boŋ³¹	toŋ⁴²	toŋ⁵³	toŋ⁵⁵	tʰoŋ⁴²
48 金华	ioŋ³¹³	yəŋ⁵³⁵	iŋ³¹³	boŋ³¹³	toŋ³³⁴	toŋ⁵³⁵	toŋ⁵⁵	tʰoŋ³³⁴
49 汤溪	iao¹¹	yɛ̃i¹¹ ～康	iɛ̃i¹¹	bao¹¹	nao²⁴	nao⁵³⁵	nao⁵²	tʰao²⁴

续表

方言点	0913 荣 梗合三 平庚云	0914 永 梗合三 上庚云	0915 营 梗合三 平清以	0916 蓬 ~松 通合一 平东并	0917 东 通合一 平东端	0918 懂 通合一 上东端	0919 冻 通合一 去东端	0920 通 通合一 平东透
50 兰溪	$ioŋ^{21}$	$yæ̃^{55}$	in^{21}	$boŋ^{21}$	$toŋ^{334}$	$toŋ^{55}$	$toŋ^{45}$	$tʰoŋ^{334}$
51 浦江	yon^{113}	$yən^{243}$	$iən^{113}$	bon^{113}	$tən^{534}$	$tən^{53}$	$tən^{55}$	$tʰən^{534}$
52 义乌	$ioŋ^{213}$	$ioŋ^{312}$	$iən^{213}$	$boŋ^{213}$	$noŋ^{335}$	$noŋ^{423}$	$noŋ^{45}$	$tʰoŋ^{335}$
53 东阳	$iɔm^{213}$	$mɔi^{44}$	$iɐn^{213}$	$bɔm^{213}$	$tɔm^{334}$	$tɔm^{44}$	$tɔm^{453}$	$tʰɔm^{334}$
54 永康	$ioŋ^{22}$	$yeŋ^{113}$	$iŋ^{22}$	$boŋ^{22}$	$noŋ^{55}$	$noŋ^{334}$	$noŋ^{52}$	$tʰoŋ^{55}$
55 武义	$ioŋ^{324}$	yen^{13}	in^{324}	（无）	$noŋ^{24}$	$noŋ^{445}$	$noŋ^{53}$	$tʰoŋ^{24}$
56 磐安	$iɔom^{213}$	yen^{334}~康 $iɔoi^{334}$~远	$iɐi^{213}$	$bɔoi^{213}$	$nɔoi^{445}$老 $tɔoi^{445}$新	$nɔoi^{334}$老 $tɔoi^{334}$新	$nɔoi^{52}$老 $tɔoi^{52}$新	$tʰɔoi^{445}$
57 缙云	$iɔ̃ũ^{243}$	$yɛŋ^{51}$~康	$iɛŋ^{243}$	$bɔ̃ũ^{243}$	$nɔ̃ũ^{44}$	$nɔ̃ũ^{51}$	$nɔ̃ũ^{453}$	$tʰɔ̃ũ^{44}$
58 衢州	$yoŋ^{21}$	$yən^{35}$	in^{21}	$boŋ^{21}$	$toŋ$	$toŋ^{35}$	$toŋ^{53}$	$tʰoŋ^{32}$
59 衢江	$yoŋ^{212}$	$yoŋ^{25}$	$iŋ^{212}$	$bən^{212}$	$tən^{33}$	$tən^{25}$	$tən^{53}$	$tʰən^{33}$
60 龙游	$ioŋ^{21}$	$ioŋ^{231}$调殊	in^{21}	$bən^{21}$	$toŋ^{334}$	$toŋ^{35}$	$toŋ^{51}$	$tʰoŋ^{334}$
61 江山	$ioŋ^{213}$	$yĩ^{22}$	$ĩ^{213}$	$boŋ^{213}$	$toŋ^{44}$	$toŋ^{241}$	$toŋ^{51}$	$tʰoŋ^{44}$
62 常山	$ioŋ^{341}$	$ioŋ^{52}$	$ĩ^{341}$	$boŋ^{341}$	$toŋ^{44}$	$toŋ^{52}$	$toŋ^{324}$	$tʰoŋ^{44}$
63 开化	$iɔŋ^{231}$	yn^{53}	in^{231}	$pʰɤŋ^{44}$	$tɤŋ^{44}$	$tɤŋ^{53}$	$tɤŋ^{412}$	$tʰɤŋ^{44}$
64 丽水	$iɔŋ^{22}$	$iɔŋ^{544}$	in^{22}	$bɔŋ^{22}$	$tɔŋ^{224}$	$tɔŋ^{544}$	$tɔŋ^{52}$	$tʰɔŋ^{224}$
65 青田	$ioŋ^{21}$	$ioŋ^{454}$	$iŋ^{21}$	$boŋ^{21}$	$ɗoŋ^{445}$	$ɗoŋ^{454}$	$ɗoŋ^{33}$	$tʰoŋ^{445}$
66 云和	$ioŋ^{312}$	$ioŋ^{41}$	$iŋ^{312}$	$bəŋ^{312}$	$noŋ^{24}$~西 $toŋ^{24}$方向	$toŋ^{41}$	$toŋ^{45}$	$tʰoŋ^{24}$
67 松阳	$iəŋ^{31}$	$ioŋ^{22}$	in^{31}	$bəŋ^{31}$	$təŋ^{53}$	$tiəŋ^{212}$	$təŋ^{24}$	$tʰəŋ^{31}$
68 宣平	$yən^{433}$	$yæ̃^{223}$	$n̠in^{433}$~业 in^{433}~长	$bən^{433}$	$nən^{324}$~西 $tən^{324}$方向	$tən^{445}$	$tən^{52}$	$tʰən^{324}$
69 遂昌	$iɔŋ^{221}$	$iɔŋ^{13}$	$iŋ^{221}$	$bəŋ^{221}$	$təŋ^{45}$	$təŋ^{533}$	$təŋ^{334}$	$tʰəŋ^{45}$
70 龙泉	$iəŋ^{21}$	yn^{51}	$iəŋ^{21}$	$bəŋ^{21}$	$təŋ^{434}$	$təŋ^{51}$	$təŋ^{45}$	$tʰəŋ^{434}$
71 景宁	$yŋ^{41}$	$yŋ^{33}$	$iŋ^{41}$	$baŋ^{41}$	$nəŋ^{324}$~西 $təŋ^{324}$方向	$təŋ^{33}$	$təŋ^{35}$	$tʰəŋ^{324}$

方言点	0913 荣	0914 永	0915 营	0916 蓬~松	0917 东	0918 懂	0919 冻	0920 通
	梗合三平庚云	梗合三上庚云	梗合三平清以	通合一平东并	通合一平东端	通合一上东端	通合一去东端	通合一平东透
72 庆元	$ioŋ^{52}$	$ioŋ^{221}$	$ioŋ^{52}$	$poŋ^{52}$	$ɗoŋ^{335}$	$ɗoŋ^{33}$	$ɗoŋ^{11}$	$t^hoŋ^{335}$
73 泰顺	$ioŋ^{53}$	$ioŋ^{55}$	$ioŋ^{53}$	$p^hoŋ^{35}$音殊	$toŋ^{213}$	$toŋ^{55}$	$toŋ^{35}$	$t^hoŋ^{213}$
74 温州	$ioŋ^{31}$	$ioŋ^{25}$	$ioŋ^{31}$	$boŋ^{31}$	$toŋ^{33}$	$toŋ^{25}$	$toŋ^{51}$	$t^hoŋ^{33}$
75 永嘉	$ioŋ^{31}$	$ioŋ^{45}$	$ioŋ^{31}$	$boŋ^{31}$	$toŋ^{44}$	$toŋ^{45}$	$toŋ^{53}$	$t^hoŋ^{44}$
76 乐清	$ioŋ^{31}$	$ioŋ^{35}$	$ioŋ^{31}$	$boŋ^{31}$	$toŋ^{44}$	$toŋ^{35}$	$toŋ^{41}$	$t^hoŋ^{44}$
77 瑞安	$ioŋ^{31}$	$ioŋ^{35}$	$ioŋ^{31}$	$boŋ^{31}$	$toŋ^{44}$	$toŋ^{35}$	$toŋ^{53}$	$t^hoŋ^{44}$
78 平阳	$ioŋ^{242}$	$ioŋ^{45}$	$ioŋ^{242}$	$boŋ^{242}$	$toŋ^{55}$	$toŋ^{45}$	$toŋ^{53}$	$t^hoŋ^{55}$
79 文成	$ioŋ^{113}$	$ioŋ^{224}$	$ioŋ^{113}$	$boŋ^{113}$	$toŋ^{55}$	$toŋ^{45}$	$toŋ^{33}$	$t^hoŋ^{55}$
80 苍南	$ioŋ^{31}$	$ioŋ^{53}$	$ioŋ^{31}$	$boŋ^{31}$	$toŋ^{44}$	$toŋ^{53}$	$toŋ^{42}$	$t^hoŋ^{44}$
81 建德徽	$ioŋ^{33}$	yn^{55}	in^{33}	$poŋ^{33}$	$toŋ^{53}$	$toŋ^{213}$	$toŋ^{33}$	$t^hoŋ^{53}$
82 寿昌徽	$iɔŋ^{112}$文	$iɔŋ^{534}$	ien^{112}文	p^hen^{112}文	$tɔŋ^{112}$	$tɔŋ^{24}$	$tɔŋ^{33}$	$t^hɔŋ^{112}$
83 淳安徽	ion^{435}	ven^{55}	in^{435}	p^hon^{435}	ton^{24}	ton^{55}	ton^{24}	t^hon^{24}
84 遂安徽	vin^{33}白 $ioŋ^{33}$文	vin^{33}白 $ioŋ^{213}$文	in^{33}	$p^həŋ^{33}$	$təŋ^{534}$	$təŋ^{213}$	$təŋ^{43}$	$t^həŋ^{534}$
85 苍南闽	in^{24}	in^{32}	$ĩã^{24}$	p^han^{24}	tan^{55}	tan^{43}白 $taŋ^{43}$文	tan^{21}	$t^haŋ^{55}$
86 泰顺闽	$iəŋ^{22}$	$iəŋ^{344}$	$iəŋ^{22}$	$pəŋ^{22}$	$təŋ^{213}$	$təŋ^{344}$	$təŋ^{53}$	$t^həŋ^{213}$
87 洞头闽	$ieŋ^{113}$	$ieŋ^{53}$	$ĩã^{113}$	$p^hoŋ^{113}$	$taŋ^{33}$白 $toŋ^{33}$文	$toŋ^{53}$	$taŋ^{21}$	$t^hoŋ^{33}$
88 景宁畲	$yŋ^{22}$	$yŋ^{325}$	in^{22}	$p^hɔŋ^{22}$	$toŋ^{44}$	$toŋ^{325}$	$toŋ^{44}$	$t^hoŋ^{44}$

方言点	0921 桶 通合一 上东透	0922 痛 通合一 去东透	0923 铜 通合一 平东定	0924 动 通合一 上东定	0925 洞 通合一 去东定	0926 聋 通合一 平东来	0927 弄 通合一 去东来	0928 粽 通合一 去东精
01 杭州	tʰoŋ⁵³	tʰoŋ⁴⁵	doŋ²¹³	doŋ¹³	doŋ¹³	loŋ²¹³	loŋ¹³	tsoŋ⁴⁵
02 嘉兴	doŋ¹¹³	tʰoŋ²²⁴	doŋ²⁴²	doŋ¹¹³	doŋ¹¹³	loŋ²⁴²	loŋ²²⁴	tsoŋ²²⁴
03 嘉善	doŋ¹¹³音殊	tʰoŋ³³⁴	doŋ¹³²	doŋ¹¹³	doŋ¹¹³	loŋ¹³²	loŋ¹¹³	tsoŋ³³⁴
04 平湖	doŋ²¹³	tʰoŋ²¹³	doŋ³¹	doŋ²¹³	doŋ²¹³	loŋ³¹	loŋ²¹³~堂 loŋ⁴⁴~清	tsoŋ³³⁴
05 海盐	doŋ⁴²³	tʰoŋ³³⁴	doŋ³¹	doŋ⁴²³	doŋ²¹³	loŋ³¹	loŋ²¹³	tsoŋ³³⁴
06 海宁	doŋ²³¹	tʰoŋ³⁵	doŋ¹³	doŋ²³¹	doŋ¹³	loŋ¹³	loŋ¹³	tsoŋ³⁵
07 桐乡	doŋ²⁴²	tʰoŋ³³⁴	doŋ¹³	doŋ²⁴²	doŋ²¹³	loŋ¹³	loŋ²¹³	tsoŋ³³⁴
08 崇德	doŋ²⁴²	tʰoŋ³³⁴	doŋ¹³	doŋ²⁴²	doŋ¹³	loŋ¹³	loŋ¹³	tsoŋ³³⁴
09 湖州	doŋ²³¹	tʰoŋ³⁵	doŋ¹¹²	doŋ²³¹	doŋ²⁴	loŋ¹¹²	loŋ³⁵	tsoŋ³⁵
10 德清	doŋ¹⁴³	tʰoŋ³³⁴	doŋ¹¹³	doŋ¹⁴³	doŋ¹¹³	loŋ¹¹³	loŋ³³⁴	tsoŋ³³⁴
11 武康	doŋ²⁴²	tʰoŋ²²⁴	doŋ¹¹³	doŋ²⁴²	doŋ¹¹³	loŋ¹¹³	loŋ²²⁴	tsoŋ²²⁴
12 安吉	doŋ²⁴³	tʰoŋ³²⁴	doŋ²²	doŋ²⁴³	doŋ²¹³	loŋ²²	loŋ²¹³	tsoŋ³²⁴
13 孝丰	doŋ²⁴³	tʰoŋ³²⁴	doŋ²²	doŋ²⁴³	doŋ²¹³	loŋ²²	loŋ⁴⁴动 loŋ³²⁴~堂	tsoŋ³²⁴
14 长兴	doŋ²⁴³	tʰoŋ³²⁴	doŋ¹²	doŋ²⁴³	doŋ²⁴	loŋ¹²	loŋ³²⁴	tsoŋ³²⁴
15 余杭	tʰoŋ⁵³	tʰoŋ⁴²³	doŋ²²	doŋ²⁴³	doŋ²¹³	loŋ²²	noŋ²²音殊	tsoŋ⁴²³
16 临安	tʰoŋ⁵⁵	tʰoŋ⁵⁵	doŋ³³	doŋ³³	doŋ³³	loŋ³³	loŋ³³	tsoŋ⁵⁵
17 昌化	tʰəŋ⁴⁵³	tʰəŋ⁵⁴⁴	dəŋ¹¹²	dəŋ²⁴³	dəŋ²⁴³	ləŋ¹¹²	ləŋ²⁴³~醒 ləŋ⁵⁴⁴~堂	tsəŋ⁵⁴⁴
18 於潜	doŋ²⁴	tʰoŋ³⁵	doŋ²²³	doŋ²⁴	doŋ²⁴	loŋ²²³	noŋ²⁴	tsoŋ³⁵
19 萧山	doŋ¹³	tʰoŋ⁴²	doŋ³⁵⁵	doŋ¹³	doŋ²⁴²	loŋ²⁴²	loŋ²⁴²	tsoŋ⁴²
20 富阳	doŋ²²⁴	tʰoŋ³³⁵	doŋ¹³	doŋ²²⁴	doŋ²²⁴	loŋ¹³	noŋ⁵³	tsoŋ³³⁵
21 新登	doŋ¹³	tʰoŋ⁴⁵	doŋ²³³	doŋ¹³	doŋ¹³	loŋ²³³	noŋ³³⁴动 loŋ³³⁴~堂	tsoŋ⁴⁵
22 桐庐	doŋ²⁴	tʰoŋ³⁵	doŋ¹³	doŋ²⁴	doŋ²⁴	loŋ¹³	loŋ²⁴	tsoŋ³⁵
23 分水	tʰoŋ⁴⁴	tʰoŋ²⁴	doŋ²²	doŋ¹³	doŋ¹³	loŋ²²	loŋ¹³	tsoŋ²⁴
24 绍兴	doŋ²²³	tʰoŋ³³	doŋ²³¹	doŋ²²³	doŋ²²	loŋ²³¹	loŋ²²	tsoŋ⁵³

方言点	0921 桶 通合一 上东透	0922 痛 通合一 去东透	0923 铜 通合一 平东定	0924 动 通合一 上东定	0925 洞 通合一 去东定	0926 聋 通合一 平东来	0927 弄 通合一 去东来	0928 粽 通合一 去东精
25 上虞	doŋ²¹³	tʰoŋ⁵³	doŋ²¹³	doŋ²¹³	doŋ³¹	loŋ²¹³	loŋ³¹	tsoŋ⁵³
26 嵊州	doŋ²²	tʰoŋ³³⁴	doŋ²¹³	doŋ²⁴	doŋ²⁴	loŋ²¹³	loŋ²⁴	tsoŋ³³⁴
27 新昌	doŋ²³²	tʰoŋ³³⁵	doŋ²²	doŋ²³²	doŋ¹³	loŋ²²	loŋ¹³	tsoŋ³³⁵
28 诸暨	dom²⁴²	tʰom⁵⁴⁴	dom¹³	dom²⁴²	dom³³	lom¹³	lom³³	tsom⁵⁴⁴
29 慈溪	tʰuŋ³⁵	tʰuŋ⁴⁴	duŋ¹³	duŋ¹³	duŋ¹³	luŋ¹³	luŋ¹³	tsuŋ⁴⁴
30 余姚	tʰuŋ³⁴	tʰuŋ⁵³	duŋ¹³	duŋ¹³	duŋ¹³	luŋ¹³	luŋ¹³ ~堂 nuŋ¹³ ~好	tsuŋ⁵³
31 宁波	doŋ¹³ 饭~	tʰoŋ⁴⁴	doŋ¹³	doŋ¹³	doŋ¹³	loŋ¹³	loŋ¹³ ~丛	tsoŋ⁴⁴
32 镇海	doŋ²⁴	tʰoŋ⁵³	doŋ²⁴	doŋ²⁴	doŋ²⁴	loŋ²⁴	loŋ²⁴	tsoŋ⁵³
33 奉化	doŋ³²⁴	tʰoŋ⁵³	doŋ³³	doŋ³²⁴	doŋ³¹	loŋ³³	loŋ³¹	tsoŋ⁵³
34 宁海	doŋ³¹ 水~ toŋ⁵³ 饭~	tʰoŋ³⁵	doŋ²¹³	doŋ³¹	doŋ²⁴	loŋ²¹³	loŋ²⁴	tsoŋ³⁵
35 象山	doŋ³¹	tʰoŋ⁵³	doŋ³¹	doŋ³¹	doŋ¹³	loŋ³¹	loŋ¹³	tsoŋ⁵³
36 普陀	doŋ²³	tʰoŋ⁵⁵	doŋ²⁴	doŋ²³	doŋ¹³	loŋ²⁴	loŋ¹³	tsoŋ⁵⁵
37 定海	doŋ²³	tʰoŋ⁴⁴	doŋ²³	doŋ²³	doŋ¹³	loŋ²³	loŋ¹³	tsoŋ⁴⁴
38 岱山	doʊŋ²⁴⁴	tʰoʊŋ⁴⁴	doʊŋ²³	doʊŋ²⁴⁴	doʊŋ²¹³	loŋ²³	loŋ²¹³	tsoŋ⁴⁴
39 嵊泗	doŋ³³⁴	tʰoŋ⁵³	doŋ²⁴³	doŋ³³⁴	doŋ²¹³	loʊŋ²⁴³	loŋ²¹³	tsuŋ⁵³
40 临海	doŋ⁵¹ 小	tʰoŋ⁵⁵	doŋ²¹	doŋ²¹	doŋ³²⁴	loŋ²¹	loŋ³²⁴	tsoŋ⁵⁵
41 椒江	doŋ³¹	tʰoŋ⁵⁵	doŋ³¹	doŋ³¹	doŋ²⁴	loŋ³¹	loŋ²⁴	tsoŋ⁵⁵
42 黄岩	doŋ¹²¹	tʰoŋ⁵⁵	doŋ¹²¹	doŋ¹²¹	doŋ²⁴	loŋ¹²¹	loŋ²⁴	tsoŋ⁵⁵
43 温岭	duŋ³¹	tʰuŋ⁵⁵	duŋ³¹	duŋ³¹	duŋ¹³	luŋ³¹	luŋ¹³	tsuŋ⁵⁵
44 仙居	doŋ²¹³	tʰoŋ⁵⁵	doŋ²¹³	doŋ²¹³	doŋ²⁴	loŋ²¹³	loŋ²⁴	tsoŋ⁵⁵
45 天台	duŋ²¹⁴	tʰuŋ⁵⁵	duŋ²²⁴	duŋ²¹⁴	duŋ³⁵	luŋ²²⁴	luŋ³⁵ ~堂	tsuŋ⁵⁵
46 三门	doŋ²⁵² 小	tʰoŋ⁵⁵	doŋ¹¹³	doŋ²¹³	doŋ²⁴³	loŋ¹¹³	loŋ²⁴³	tsoŋ⁵⁵
47 玉环	doŋ⁴¹	tʰoŋ⁵⁵	doŋ³¹	doŋ³¹	doŋ²²	loŋ³¹	loŋ²²	tsoŋ⁵⁵
48 金华	toŋ⁵³⁵	tʰoŋ⁵⁵	doŋ³¹³	toŋ⁵³⁵	doŋ¹⁴	loŋ³¹³	loŋ¹⁴ ~堂 loŋ³³⁴ ~清	tsoŋ⁵⁵

续表

方言点	0921 桶	0922 痛	0923 铜	0924 动	0925 洞	0926 聋	0927 弄	0928 粽
	通合一上东透	通合一去东透	通合一平东定	通合一上东定	通合一去东定	通合一平东来	通合一去东来	通合一去东精
49 汤溪	dɑo¹¹³	tʰɑo⁵²	dɑo¹¹	dɑo¹¹³	dɑo³⁴¹	lɑo¹¹	lɑo³⁴¹	tsɑo⁵²
50 兰溪	toŋ⁵⁵	tʰoŋ⁴⁵	doŋ²¹	toŋ⁵⁵	doŋ²⁴	loŋ²¹	noŋ³³⁴动 loŋ⁵⁵~堂	tsoŋ⁴⁵
51 浦江	dən²⁴³	tʰən⁵⁵	dən¹¹³	dən²⁴³	dən²⁴	lən¹¹³	lən²⁴	tsən⁵⁵
52 义乌	doŋ³¹²	tʰoŋ⁴⁵	doŋ²¹³	doŋ³¹²	doŋ²⁴	loŋ²¹³	loŋ²⁴	tsoŋ³³⁵
53 东阳	dɔm²³¹	tʰɔm⁴⁵³	dɔm²¹³	dɔm²³¹	dɔm²⁴	lɔm²¹³	lɔm²⁴	tsɔm⁴⁵³
54 永康	doŋ¹¹³	tʰoŋ⁵²	doŋ²²	doŋ¹¹³	doŋ²⁴¹	loŋ²²	loŋ⁵⁵动 loŋ²⁴¹名	tsoŋ⁵²
55 武义	doŋ¹³	tʰoŋ⁵³	doŋ³²⁴	doŋ¹³	doŋ²³¹	loŋ³²⁴	loŋ²⁴	tsoŋ⁵³
56 磐安	tɔom³³⁴	tʰɔom⁵²	dɔom²¹³	tɔom³³⁴	dɔom¹⁴	lɔom²¹³	lɔom¹⁴ ~堂 lɔom³³⁴ ~好	tsɔom⁵²
57 缙云	dɔ̃ũ³¹	tʰɔ̃ũ⁴⁵³	dɔ̃ũ²⁴³	dɔ̃ũ³¹	dɔ̃ũ²¹³	lɔ̃ũ²⁴³	lɔ̃ũ²¹³	tsɔ̃ũ⁴⁵³
58 衢州	doŋ²³¹	tʰoŋ⁵³	doŋ²¹	doŋ²³¹	doŋ²³¹	loŋ²¹	noŋ²³¹~怂 loŋ²³¹~堂	tsoŋ⁵³
59 衢江	dəŋ²¹²	tʰəŋ⁵³	dəŋ²¹²	dəŋ²¹²	dəŋ²³¹	ləŋ²¹²	ləŋ³³调殊	tsəŋ⁵³
60 龙游	doŋ²²⁴	tʰoŋ⁵¹	doŋ²¹	doŋ²²⁴	doŋ²³¹	loŋ²¹	loŋ⁵¹	tsoŋ⁵¹
61 江山	doŋ²²	tʰoŋ⁵¹	doŋ²¹³	doŋ²²	doŋ³¹	loŋ²¹³	loŋ³¹	tsoŋ⁵¹
62 常山	doŋ²⁴	tʰoŋ³²⁴	doŋ³⁴¹	doŋ²⁴	doŋ¹³¹	loŋ³⁴¹	loŋ¹³¹	tsoŋ³²⁴
63 开化	dɤŋ²¹³	tʰɤŋ⁴¹²	dɤŋ²³¹	dɤŋ²¹³	dɤŋ²¹³	lɤŋ²³¹	lɤŋ²¹³~堂 nɤŋ²¹³乱~	tsɤŋ⁴¹²
64 丽水	doŋ²²	tʰoŋ⁵²	doŋ²²	doŋ²²	doŋ¹³¹	loŋ²²	loŋ¹³¹名 loŋ²²⁴动	tsoŋ⁵²
65 青田	doŋ³⁴³	tʰoŋ³³	doŋ²¹	doŋ³⁴³	doŋ²²	loŋ²¹	loŋ²²	tsoŋ³³
66 云和	doŋ²³¹	tʰoŋ⁴⁵	doŋ³¹²	doŋ²³¹	doŋ²²³	loŋ³¹²	loŋ²²³	tsoŋ⁴⁵
67 松阳	dəŋ²²	tʰəŋ²⁴	dəŋ³¹	dəŋ²²	dəŋ¹³	ləŋ³¹	ləŋ¹³	tsəŋ²⁴
68 宣平	dən²²³	tʰən⁵²	dən⁴³³	dən²²³	dən²³¹	lən⁴³³	lən²³¹	tsən⁵²
69 遂昌	dəŋ¹³	tʰəŋ³³⁴	dəŋ²²¹	dəŋ¹³	dəŋ²¹³	ləŋ²²¹	ləŋ²¹³	tsəŋ³³⁴

续表

方言点	0921 桶 通合一上东透	0922 痛 通合一去东透	0923 铜 通合一平东定	0924 动 通合一上东定	0925 洞 通合一去东定	0926 聋 通合一平东来	0927 弄 通合一去东来	0928 粽 通合一去东精
70 龙泉	təŋ^{51}	tʰəŋ^{45}	dəŋ^{21}	dəŋ^{224}	dəŋ^{224}	ləŋ^{21}	ləŋ^{224}	tsəŋ^{45}
71 景宁	təŋ^{33}	tʰəŋ^{35}	dəŋ^{41}	dəŋ^{33}	dəŋ^{113}	ləŋ^{41}	ləŋ^{113}	tsəŋ^{35}
72 庆元	toŋ^{221}	tʰoŋ^{11}	toŋ^{52}	toŋ^{221}	toŋ^{31}	loŋ^{52}	loŋ^{31}	tsoŋ^{11}
73 泰顺	toŋ^{21}	tʰoŋ^{35}	toŋ^{53}	toŋ^{21}	toŋ^{22}	loŋ^{53}	loŋ^{22}	tsoŋ^{35}
74 温州	doŋ^{14}	tʰoŋ^{51}	doŋ^{31}	doŋ^{14}	doŋ^{22}	loŋ^{31}	loŋ^{22}	tsoŋ^{51}
75 永嘉	doŋ^{13}	tʰoŋ^{53}	doŋ^{31}	doŋ^{13}	doŋ^{22}	loŋ^{31}	loŋ^{22}	tsoŋ^{53}
76 乐清	doŋ^{24}	tʰoŋ^{41}	doŋ^{31}	doŋ^{24}	doŋ^{22}	loŋ^{31}	loŋ^{22}	tɕioŋ^{41}
77 瑞安	doŋ^{13}	tʰoŋ^{53}	doŋ^{31}	doŋ^{13}	doŋ^{22}	loŋ^{31}	loŋ^{22}	tsoŋ^{53}
78 平阳	doŋ^{23}	tʰoŋ^{53}	doŋ^{242}	doŋ^{23}	doŋ^{33}	loŋ^{242}	loŋ^{33}	tʃoŋ^{53}
79 文成	doŋ^{224}	tʰoŋ^{33}	doŋ^{113}	doŋ^{224}	doŋ^{424}	loŋ^{113}	loŋ^{424}	tʃoŋ^{33}
80 苍南	doŋ^{24}	tʰoŋ^{42}	doŋ^{31}	doŋ^{24}	doŋ^{11}	loŋ^{31}	loŋ^{11}	tsoŋ^{42}
81 建德徽	tʰoŋ^{213}	tʰoŋ^{33}	toŋ^{33}	toŋ^{213}	tʰoŋ^{55}	loŋ^{33}	loŋ^{213}~堂 loŋ^{53}~坏	tsoŋ^{33}
82 寿昌徽	tʰɔŋ^{534}	tʰɔŋ^{33}	tʰɔŋ^{52}	tʰɔŋ^{534}	tʰɔŋ^{33}	lɔŋ^{52}	lɔŋ^{33}	tsɔŋ^{33}
83 淳安徽	tʰon^{55}	tʰon^{24}	tʰon^{435}	tʰon^{55}	tʰon^{53}	lon^{435}	lon^{24}~堂 lon^{53}~坏	tson^{24}
84 遂安徽	tʰəŋ^{43}	tʰəŋ^{43}	tʰəŋ^{33}	tʰəŋ^{43}	tʰəŋ^{52}	ləŋ^{33}	lu^{24}白 ləŋ^{43}文	tsəŋ^{43}
85 苍南闽	tan^{43}	tʰĩã^{21}	tan^{24}	taŋ^{32}	taŋ^{21}	lɑŋ^{24}读字	lɑŋ^{21}读字	tsan^{21}
86 泰顺闽	tʰəŋ^{344}	tʰəŋ^{53}	təŋ^{22}	təŋ^{31}	təŋ^{31}	ləŋ^{22}	ləŋ^{31}	tsəŋ^{53}
87 洞头闽	tʰaŋ^{53}	tʰĩã^{21}	taŋ^{113}	toŋ^{21}	toŋ^{21}	loŋ^{113}	loŋ^{21}	tsan^{21}
88 景宁畲	tʰoŋ^{325}	tʰoŋ^{51}	tʰoŋ^{22}	toŋ^{51}	toŋ^{51}	loŋ^{44}调殊	loŋ^{22}	（无）

方言点	0929 葱 通合一平东清	0930 送 通合一去东心	0931 公 通合一平东见	0932 孔 通合一上东溪	0933 烘 ~干 通合一平东晓	0934 红 通合一平东匣	0935 翁 通合一平东影	0936 木 通合一入屋明
01 杭州	tsʰoŋ334	soŋ45	koŋ334	kʰoŋ53	xoŋ334	oŋ213	oŋ334	moʔ2
02 嘉兴	tsʰoŋ42	soŋ224	koŋ42	kʰoŋ113	hoŋ42	oŋ242	oŋ42	moʔ5
03 嘉善	tsʰoŋ53	soŋ334	koŋ53	kʰoŋ334	xoŋ53	oŋ132	oŋ53	muoʔ2
04 平湖	tsʰoŋ53	soŋ334	koŋ53	kʰoŋ213	hoŋ53	oŋ31	oŋ53	moʔ23
05 海盐	tsʰoŋ53	soŋ334	koŋ53	kʰoŋ423	xoŋ53	oŋ31	oŋ53	mɔʔ23
06 海宁	tsʰoŋ55	soŋ35	koŋ55	kʰoŋ53	hoŋ55	oŋ13	oŋ55	moʔ2
07 桐乡	tsʰoŋ44	soŋ334	koŋ44	kʰoŋ53	hoŋ44	oŋ13	oŋ44	mɔʔ23
08 崇德	tsʰoŋ44	soŋ334	koŋ44	kʰoŋ53	hoŋ44	oŋ13	oŋ44	mɔʔ23
09 湖州	tsʰoŋ44	soŋ35	koŋ44	kʰoŋ523	xoŋ44	oŋ112	oŋ44	muoʔ2
10 德清	tsʰoŋ44	soŋ334	koŋ44	kʰoŋ52	xoŋ44	oŋ113	oŋ44	muoʔ2
11 武康	tsʰoŋ44	soŋ224	koŋ44	kʰoŋ53	xoŋ44	oŋ113	oŋ44	muoʔ2
12 安吉	tsʰoŋ55	soŋ324	koŋ55	kʰoŋ52	hoŋ55	oŋ22	oŋ55	moʔ23
13 孝丰	tsʰoŋ44	soŋ324	koŋ44	kʰoŋ52	hoŋ44	oŋ22	oŋ44	muoʔ23
14 长兴	tsʰoŋ44	soŋ324	koŋ44	kʰoŋ52	hoŋ44	oŋ12	oŋ44	moʔ2
15 余杭	tsʰoŋ44	soŋ423	koŋ44	kʰoŋ53	xoŋ44	oŋ22	oŋ44	moʔ2
16 临安	tsʰoŋ55	soŋ55	koŋ55	kʰoŋ55	hoŋ55	oŋ33	oŋ55	muɔʔ12
17 昌化	tsʰəŋ334	səŋ544	kəŋ334	kʰəŋ453	xəŋ334	əŋ112	əŋ334	muəʔ23
18 於潜	tsʰoŋ433	soŋ35	koŋ433	kʰoŋ51	xoŋ433	oŋ223	oŋ433	mɑʔ2
19 萧山	tsʰoŋ355	soŋ42	koŋ533	kʰoŋ33	xoŋ533	oŋ355	oŋ533	məʔ13
20 富阳	tsʰoŋ53	soŋ335	koŋ53	kʰoŋ423	hoŋ53	oŋ13	oŋ53	moʔ2
21 新登	tsʰoŋ53	soŋ45	koŋ53	kʰoŋ334	hoŋ53	oŋ233	oŋ53	mɔʔ2
22 桐庐	tsʰoŋ533	soŋ35	koŋ533	kʰoŋ33	xoŋ533	oŋ13	oŋ533	məʔ13
23 分水	tsʰoŋ44	soŋ24	koŋ44	kʰoŋ53	xoŋ44	xoŋ22	oŋ44	maʔ12
24 绍兴	tsʰoŋ53	soŋ33	koŋ53	kʰoŋ334	foŋ53	oŋ231	oŋ53	moʔ2
25 上虞	tsʰoŋ35	soŋ53	koŋ35	kʰoŋ35	hoŋ35	oŋ213	oŋ35	moʔ2

续表

方言点	0929 葱 通合一平东清	0930 送 通合一去东心	0931 公 通合一平东见	0932 孔 通合一上东溪	0933 烘~干 通合一平东晓	0934 红 通合一平东匣	0935 翁 通合一平东影	0936 木 通合一入屋明
26 嵊州	tsʰoŋ⁵³⁴	soŋ³³⁴	kuoŋ⁵³⁴	kʰoŋ⁵³	hoŋ⁵³⁴	oŋ²¹³	oŋ⁵³⁴	moʔ²
27 新昌	tsʰoŋ⁵³⁴	soŋ³³⁵	koŋ⁵³⁴	kʰoŋ⁴⁵³	hoŋ⁵³⁴	oŋ²²	oŋ⁵³⁴	mɤʔ²
28 诸暨	tsʰom⁵⁴⁴	som⁵⁴⁴	kom⁵⁴⁴	kʰom⁴²	hom⁵⁴⁴	om¹³	om⁵⁴⁴	moʔ¹³
29 慈溪	tsʰuŋ³⁵	suŋ⁴⁴	kuŋ³⁵	kʰuŋ³⁵	huŋ³⁵	uŋ¹³	uŋ⁴⁴	moʔ²
30 余姚	tsʰuŋ⁴⁴	suŋ⁵³	kuŋ⁴⁴	kʰuŋ³⁴	huŋ⁴⁴	uŋ¹³	uŋ⁴⁴	moʔ²
31 宁波	tsʰoŋ⁵³	soŋ⁴⁴	koŋ⁵³	kʰoŋ³⁵	hoŋ⁴⁴	oŋ¹³	oŋ⁵³	moʔ²
32 镇海	tsʰoŋ⁵³	soŋ⁵³	koŋ⁵³	kʰoŋ³⁵	hoŋ⁵³	oŋ²⁴	oŋ⁵³	moʔ¹²
33 奉化	tsʰoŋ⁴⁴	soŋ⁵³	koŋ⁴⁴	kʰoŋ⁵⁴⁵	hoŋ⁴⁴	oŋ³³	oŋ⁴⁴	moʔ²
34 宁海	tsʰoŋ⁴²³	soŋ³⁵	koŋ⁴²³	kʰoŋ⁵³	hoŋ⁴²³	oŋ²¹³	oŋ⁴²³	moʔ³
35 象山	tsʰoŋ⁴⁴	soŋ⁵³	koŋ⁴⁴	kʰoŋ⁴⁴	hoŋ⁴⁴	oŋ³¹	oŋ⁴⁴	moʔ²
36 普陀	tsʰoŋ⁵³	soŋ⁵⁵	koŋ⁵³	kʰoŋ⁴⁵	xoŋ⁵³	oŋ²⁴	oŋ⁵³	moʔ²³
37 定海	tsʰoŋ⁵²	soŋ⁴⁴	koŋ⁵²	kʰoŋ⁴⁵	xoŋ⁵²	oŋ²³	oŋ⁵²	moʔ²
38 岱山	tsʰoŋ⁵²	soŋ⁴⁴	koŋ⁵²	koŋ³²⁵	xoŋ⁵²	oŋ²³	oŋ⁵²	moʔ²
39 嵊泗	tsʰoɯ⁵³	soɯ⁵³	koɯ⁵³	lᶜʰoŋ⁴⁴⁵	xoŋ⁵³	oŋ²⁴³	oŋ⁵³	moʔ²
40 临海	tsʰoŋ³¹	soŋ⁵⁵	koŋ³¹	kʰoŋ⁵²	hoŋ³¹	oŋ²¹	oŋ³¹	moʔ²³
41 椒江	tsʰoŋ⁴²	soŋ⁵⁵	koŋ⁴²	kʰoŋ⁵⁵	hoŋ⁴²	oŋ³¹	oŋ⁴²	moʔ²
42 黄岩	tsʰoŋ³²	soŋ⁵⁵	koŋ³²	kʰoŋ⁴²	hoŋ³²	oŋ¹²¹	oŋ³²	moʔ²
43 温岭	tsʰuŋ³³	suŋ⁵⁵	kuŋ³³	kʰuŋ⁴²	huŋ³³	ŋ³¹	uŋ³³	moʔ²
44 仙居	tsʰoŋ³³⁴	soŋ⁵⁵	koŋ³³⁴	kʰoŋ³²⁴	hoŋ³³⁴	oŋ²¹³	oŋ³³⁴	məʔ²³
45 天台	tsʰuŋ⁵⁵	suŋ⁵⁵	kŋ³³	kʰoŋ³²⁵~子	hŋ³³	ŋ²²⁴	ŋ³³	muʔ²
46 三门	tsʰoŋ³³⁴	soŋ⁵⁵	koŋ³³⁴	kʰoŋ³²⁵	hoŋ³³⁴	oŋ¹¹³	oŋ³³⁴	moʔ²³
47 玉环	tsʰoŋ⁴²	soŋ⁵⁵	koŋ⁴²	kʰoŋ⁵³	hoŋ⁴²	oŋ³¹	oŋ⁴²	moʔ²
48 金华	tsʰoŋ³³⁴	soŋ⁵⁵	koŋ³³⁴	kʰoŋ⁵³⁵	xoŋ³³⁴	oŋ³¹³	oŋ³³⁴	moʔ²¹²
49 汤溪	tsʰɑo²⁴	sɑo⁵²	kɑo²⁴	kʰɑo⁵³⁵	xɑo²⁴	ɑo¹¹	ɑo²⁴	mou¹¹³

续表

方言点	0929 葱	0930 送	0931 公	0932 孔	0933 烘 ~干	0934 红	0935 翁	0936 木
	通合一平东清	通合一去东心	通合一平东见	通合一上东溪	通合一平东晓	通合一平东匣	通合一平东影	通合一入屋明
50 兰溪	tsʰoŋ^{334}	soŋ^{45}	koŋ^{334}	kʰoŋ^{55}	xoŋ^{334}	oŋ^{21}	oŋ^{334}	moʔ^{12}
51 浦江	tsʰən^{534}	sən^{55}	kon^{534}	kʰon^{53}	xon^{534}	on^{113}	on^{534}	muɯ^{232}旧 mə^{232}今
52 义乌	tsʰoŋ^{335}	soŋ^{45}	koŋ^{335}	kʰoŋ^{423}	hoŋ^{335}	oŋ^{213}	uən^{335}	mau^{312}
53 东阳	tsʰəm^{334}	səm^{453}	kəm^{334}	kʰəm^{44}	həm^{334}	əm^{213}	əm^{334}	mou^{213}
54 永康	tsʰoŋ^{55}	soŋ^{52}	koŋ^{55}	kʰoŋ^{334}	xoŋ^{55}	oŋ^{22}	oŋ^{55}	mu^{113}
55 武义	tsʰoŋ^{24}	soŋ^{53}	koŋ^{24}	kʰoŋ^{445}	xoŋ^{24}	oŋ^{324}	oŋ^{24}	mɔ^{213}
56 磐安	tsʰɔom^{445}	sɔom^{52}	kɔom^{445}	kʰɔom^{334}	xɔom^{445}	ɔom^{213}	ɔom^{445}	mʌo^{213}
57 缙云	tsʰɔ̃ũ^{44}	sɔ̃ũ^{453}	kɔ̃ũ^{44}	kʰɔ̃ũ^{51}	xɔ̃ũ^{44}	ɔ̃ũ^{243}	ɔ̃ũ^{44}	mau^{13}
58 衢州	tsʰoŋ^{32}	soŋ^{53}	koŋ^{32}	kʰoŋ^{35}	xoŋ^{32}	oŋ^{21}	oŋ^{32}	məʔ^{12}
59 衢江	tsʰəŋ^{33}	səŋ^{53}	kəŋ^{33}	kʰəŋ^{25}	xəŋ^{33}	əŋ^{212}白 xəŋ^{212}文	əŋ^{33}	məʔ^{2}
60 龙游	tsʰoŋ^{334}	soŋ^{51}	koŋ^{334}	kʰoŋ^{35}	xoŋ^{334}	oŋ^{21}	oŋ^{334}	mɔʔ^{23}
61 江山	tsʰoŋ^{44}	soŋ^{51}	koŋ^{44}	kʰəŋ^{241}单用 kʰoŋ^{51}姓~	xoŋ^{44}	oŋ^{213}	oŋ^{44}	moʔ^{2}
62 常山	tsʰoŋ^{44}	soŋ^{324}	koŋ^{44}	kʰoŋ^{52}	xoŋ^{44}	oŋ^{341}	oŋ^{44}	mɤʔ^{34}
63 开化	tsʰɤŋ^{44}	sɤŋ^{412}	kɤŋ^{44}	kʰɤŋ^{53}	xɤŋ^{44}	ɤŋ^{231}	ɤŋ^{44}	məʔ^{13}
64 丽水	tsʰəŋ^{224}	səŋ^{52}	kəŋ^{224}	kʰəŋ^{544}	xəŋ^{224}	ŋ^{22}白 əŋ^{22}文	əŋ^{224}	məʔ^{23}
65 青田	tsʰoŋ^{445}	soŋ^{33}	koŋ^{445}	kʰoŋ^{454}	xoŋ^{445}	oŋ^{21}	oŋ^{445}	muʔ^{31}
66 云和	tsʰoŋ^{24}	soŋ^{45}	koŋ^{24}	kʰoŋ^{41}	xoŋ^{24}	oŋ^{312}	oŋ^{24}	məɯʔ^{23}
67 松阳	tsʰəŋ^{53}	səŋ^{24}	kəŋ^{53}	kʰəŋ^{212}	ɕiəŋ^{53}白 xəŋ^{53}文	ŋ^{31}	ŋ^{53}	mɤʔ^{2}
68 宣平	tsʰən^{324}	sən^{52}	kən^{324}	kʰən^{445}	xən^{324}	ən^{433}	ən^{324}	məʔ^{23}
69 遂昌	tsʰəŋ^{45}	səŋ^{334}	kəŋ^{45}	kʰəŋ^{533}	ɕiəŋ^{45}白 xəŋ^{45}文	əŋ^{221}	əŋ^{45}	məɯʔ^{23}
70 龙泉	tsʰəŋ^{434}	səŋ^{45}	kəŋ^{434}	kʰəŋ^{51}	xəŋ^{434}	ŋ^{21}	ŋ^{434}	ŋʔ^{24}白 mouʔ^{24}文

续表

方言点	0929 葱	0930 送	0931 公	0932 孔	0933 烘 ~干	0934 红	0935 翁	0936 木
	通合一平东清	通合一去东心	通合一平东见	通合一上东溪	通合一平东晓	通合一平东匣	通合一平东影	通合一入屋明
71 景宁	tsʰəŋ³²⁴	səŋ³⁵	kəŋ³²⁴	kʰəŋ³³	xəŋ³²⁴	ŋ⁴¹	uœ³²⁴	mʔ²³
72 庆元	tsʰoŋ³³⁵	soŋ¹¹	koŋ³³⁵	kʰoŋ³³	ɕioŋ³³⁵	ŋ⁵²	ŋ³³⁵	muʔ³⁴
73 泰顺	tsʰoŋ²¹³	soŋ³⁵	koŋ²¹³	kʰoŋ⁵⁵	ɕioŋ²¹³	uoŋ⁵³	uoŋ²¹³	muʔ²
74 温州	tsʰoŋ³³	soŋ⁵¹	koŋ³³	kʰoŋ²⁵	hoŋ³³	oŋ³¹	oŋ³³	mo²¹²
75 永嘉	tsʰoŋ⁴⁴	soŋ⁵³	koŋ⁴⁴	kʰoŋ⁴⁵	hoŋ⁴⁴	oŋ³¹	oŋ⁴⁴	m²¹³
76 乐清	tɕʰioŋ⁴⁴	soŋ⁴¹	koŋ⁴⁴	kʰoŋ³⁵	hoŋ⁴⁴	oŋ³¹	oŋ⁴⁴	mɣ²¹²
77 瑞安	tsʰoŋ⁴⁴	soŋ⁵³	koŋ⁴⁴	kʰoŋ³⁵	hoŋ⁴⁴	oŋ³¹	oŋ⁴⁴	mɯ²¹²
78 平阳	tʃʰoŋ⁵⁵	soŋ⁵³	koŋ⁵⁵	kʰoŋ⁴⁵	xoŋ⁵⁵	xoŋ²⁴²	oŋ⁵⁵	mu¹²
79 文成	tʃʰoŋ⁵⁵	soŋ³³	koŋ⁵⁵	kʰoŋ⁴⁵	xoŋ⁵⁵	oŋ¹¹³	oŋ⁵⁵	mo²¹²
80 苍南	tsʰoŋ⁴⁴	soŋ⁴²	koŋ⁴⁴	kʰoŋ⁵³	hoŋ⁴⁴	oŋ³¹	oŋ⁴⁴	mu¹¹²
81 建德徽	tsʰoŋ⁵³	soŋ³³	koŋ⁵³	kʰoŋ²¹³	hoŋ⁵³	oŋ³³	oŋ³³	mɐʔ¹²
82 寿昌徽	tsʰɔŋ¹¹²	sɔŋ³³	kɔŋ¹¹²	kʰɔŋ²⁴	xɔŋ¹¹²	ɔŋ⁵²	ɔŋ³³ 文	mɔʔ³¹
83 淳安徽	tsʰon²⁴	son²⁴	kon²⁴	kʰon⁵⁵	hon²⁴	on⁴³⁵	on²⁴	mɑʔ¹³
84 遂安徽	tsʰɛŋ⁵³⁴	ɕɔŋ⁴³	kɔŋ⁵³⁴	kʰɔŋ²¹³	xɔŋ⁵³⁴	n³³	vəŋ⁵³⁴	mu²¹³
85 苍南闽	tsʰan⁵⁵	san⁴³	kaŋ⁵⁵	kʰɑŋ⁴³	han⁵⁵ 白 haŋ⁵⁵ 文	an²⁴	ɑŋ⁵⁵	bɐ²⁴
86 泰顺闽	tsʰəŋ²¹³	səŋ⁵³	kəŋ²¹³	kʰəŋ³⁴⁴	fəŋ²¹³	uen²²	uen²¹³	møʔ³
87 洞头闽	tsʰaŋ³³	saŋ²¹	kaŋ³³ 白 koŋ³³ 文	kʰoŋ⁵³	haŋ³³	aŋ¹¹³	oŋ³³	bo²⁴¹
88 景宁畲	tsʰoŋ⁵¹ 调殊	soŋ⁴⁴	koŋ⁴⁴	koŋ³²⁵	（无）	foŋ²²	ɔŋ⁴⁴⁵ 小	moʔ²

方言点	0937 读	0938 鹿	0939 族	0940 谷 稻~	0941 哭	0942 屋	0943 冬 ~至	0944 统
	通合一 入屋定	通合一 入屋来	通合一 入屋从	通合一 入屋见	通合一 入屋溪	通合一 入屋影	通合一 平冬端	通合一 去冬透
01 杭州	doʔ²	loʔ²	dzoʔ²	koʔ⁵	kʰoʔ⁵	oʔ⁵	toŋ³³⁴	tʰoŋ⁵³
02 嘉兴	doʔ¹³	loʔ⁵	zoʔ¹³	koʔ⁵	kʰoʔ⁵	oʔ⁵	toŋ⁴²	tʰoŋ¹¹³
03 嘉善	duoʔ²	luoʔ²	zuoʔ²	kuoʔ⁵	kʰuoʔ⁵	uoʔ⁵	toŋ⁵³	tʰoŋ³³⁴
04 平湖	doʔ²³	loʔ²³	zoʔ²³	koʔ⁵	kʰoʔ²³	oʔ⁵	toŋ⁵³	tʰoŋ²¹³
05 海盐	dɔʔ²³	lɔʔ²³	zɔʔ²³	kɔʔ⁵	kʰɔʔ²³	ɔʔ⁵	toŋ⁵³	tʰoŋ⁴²³
06 海宁	doʔ²	loʔ²	zoʔ²	koʔ⁵	kʰoʔ⁵	oʔ⁵	toŋ⁵⁵	tʰoŋ⁵³
07 桐乡	dɔʔ²³	lɔʔ²³	zɔʔ²³	kɔʔ⁵	kʰɔʔ⁵	ɔʔ⁵	toŋ⁴⁴	tʰoŋ⁵³
08 崇德	dɔʔ²³	lɔʔ²³	zɔʔ²³	kɔʔ⁵	kʰɔʔ⁵	ɔʔ⁵	toŋ⁴⁴	tʰoŋ⁵³
09 湖州	duoʔ²	luoʔ²	zuoʔ²	kuoʔ⁵	kʰuoʔ⁵	uoʔ⁵	toŋ⁴⁴	tʰoŋ⁵²³
10 德清	duoʔ²	luoʔ²	zuoʔ²	kuoʔ⁵	kʰuoʔ⁵	uoʔ⁵	toŋ⁴⁴	tʰoŋ⁵²
11 武康	duoʔ²	luoʔ²	dzuoʔ²	kuoʔ⁵	kʰuoʔ⁵	uoʔ⁵	toŋ⁴⁴	tʰoŋ⁵³
12 安吉	doʔ²³	loʔ²³	zoʔ²³	koʔ⁵	kʰoʔ⁵	oʔ⁵	toŋ⁵⁵	tʰoŋ⁵²
13 孝丰	duoʔ²³	luoʔ²³	zuoʔ²³	kuoʔ⁵	kʰuoʔ⁵	oʔ⁵	toŋ⁴⁴	tʰoŋ⁵²
14 长兴	doʔ²	loʔ²	zoʔ²	koʔ⁵	kʰoʔ⁵	oʔ²	toŋ⁴⁴	tʰoŋ⁵²
15 余杭	doʔ²	loʔ²	zoʔ²	koʔ⁵	kʰoʔ⁵	oʔ⁵	toŋ⁴⁴	tʰoŋ⁵³
16 临安	duoʔ¹²	luoʔ¹²	dzuoʔ¹²	kuoʔ¹²	kʰuoʔ⁵⁴	uoʔ⁵⁴	toŋ⁵⁵	tʰoŋ⁵⁵
17 昌化	duəʔ²³	luəʔ²³	zuəʔ²³	kuəʔ⁵	kʰuəʔ⁵	uəʔ⁵	təŋ³³⁴	tʰəŋ⁴⁵³
18 於潜	duɐʔ²³	læʔ²³	dzuɐʔ²³	kuəʔ⁵³	kʰuəʔ⁵³	uəʔ⁵³	toŋ⁴³³	tʰoŋ⁵¹
19 萧山	dəʔ¹³	ləʔ¹³	dzəʔ¹³	kuoʔ⁵	kʰuoʔ⁵	uoʔ⁵	toŋ⁵³³	tʰoŋ⁴²
20 富阳	doʔ²	loʔ²	dzoʔ²	kuoʔ⁵	kʰuoʔ⁵	uoʔ⁵	toŋ⁵³	tʰoŋ⁴²³
21 新登	dɔʔ²	lɔʔ²	zɔʔ²	kɔʔ⁵	kʰɔʔ⁵	ɔʔ⁵	toŋ⁵³	tʰoŋ³³⁴
22 桐庐	dəʔ¹³	ləʔ¹³	dzuəʔ¹³	kuəʔ⁵	kʰuəʔ⁵	uəʔ⁵	toŋ⁵³³	tʰoŋ³³
23 分水	dəʔ¹²	ləʔ¹²	zuaʔ¹²	kuəʔ⁵	kʰuəʔ⁵	uəʔ⁵	toŋ⁴⁴	tʰoŋ⁵³
24 绍兴	doʔ²	loʔ²	zoʔ²	kuoʔ⁵	kʰuoʔ⁵	uoʔ⁵	toŋ⁵³	tʰoŋ³³⁴
25 上虞	doʔ²	loʔ²	zoʔ²	koʔ⁵	kʰoʔ⁵	oʔ⁵	toŋ³⁵	tʰoŋ³⁵

续表

方言点	0937 读	0938 鹿	0939 族	0940 谷 稻~	0941 哭	0942 屋	0943 冬 ~至	0944 统
	通合一入屋定	通合一入屋来	通合一入屋从	通合一入屋见	通合一入屋溪	通合一入屋影	通合一平冬端	通合一去冬透
26 嵊州	doʔ^2	loʔ^2	dzoʔ^2	kuoʔ^5	kʰuoʔ^5	uo^{53}白 oʔ^5 文	toŋ^{534}	tʰoŋ^{53}
27 新昌	dɤʔ^2	lɤʔ^2	dzɤʔ^2	kuʔ^5	kʰuʔ^5	uʔ^5	toŋ^{534}	tʰoŋ^{453}
28 诸暨	doʔ^{13}	loʔ^{13}	dzoʔ^{13}	koʔ^5	kʰoʔ^5	oʔ^5	tom^{544}	tʰom^{42}
29 慈溪	doʔ^2	loʔ^2	zoʔ^2	koʔ^5	kʰoʔ^5	oʔ^5	tuŋ^{35}	tʰuŋ^{35}
30 余姚	doʔ^2	loʔ^2	zoʔ^2	koʔ^5	kʰoʔ^5	uoʔ^5	tuŋ^{44}	tʰuŋ^{34}
31 宁波	doʔ^2	loʔ^2	dzoʔ^2	koʔ^5	kʰoʔ^5	oʔ^5	toŋ^{53}	tʰoŋ^{53}
32 镇海	doʔ^{12}	loʔ^{12}	dzoʔ^{12}	koʔ^5	kʰoʔ^5	oʔ^5	toŋ^{53}	tʰoŋ^{35}
33 奉化	doʔ^2	loʔ^2	dzoʔ^2	koʔ^5	kʰoʔ^5	oʔ^5	toŋ^{44}	tʰoŋ^{44}调殊
34 宁海	doʔ^3	loʔ^3	dzoʔ^3	koʔ^5	kʰoʔ^5	oʔ^5	toŋ^{123}	tʰoŋ^{53}
35 象山	doʔ^2	loʔ^2	dzoʔ^2	koʔ^5	kʰoʔ^5	oʔ^5	tʰoŋ^{44}	tʰoŋ^{44}
36 普陀	doʔ^{23}	loʔ^{23}	dzoʔ^{23}	koʔ^5	kʰoʔ^5	oʔ^5	toŋ^{53}	tʰoŋ^{55}调殊
37 定海	doʔ^2	loʔ^2	dzoʔ^2	koʔ^5	kʰoʔ^5	oʔ^5	toŋ^{52}	tʰoŋ^{52}
38 岱山	doʔ^2	loʔ^2	dzoʔ^2	koʔ^5	kʰoʔ^5	oʔ^5	toŋ^{52}	tʰoŋ^{52}
39 嵊泗	doʔ^2	loʔ^2	dzoʔ^2	koʔ^5	kʰoʔ^5	oʔ^5	toŋ^{53}	tʰoŋ^{53}
40 临海	doʔ^{23}	loʔ^{23}	zoʔ^{23}	koʔ^{23}	kʰoʔ^5	oʔ^5	toŋ^{31}	tʰoŋ^{52}
41 椒江	doʔ^2	loʔ^2	zoʔ^2	koʔ^5	kʰoʔ^5	uoʔ^5	toŋ^{42}	tʰoŋ^{42}
42 黄岩	doʔ^2	loʔ^2	zoʔ^2	koʔ^5	kʰoʔ^5	oʔ^5	toŋ^{32}	tʰoŋ^{42}
43 温岭	doʔ^2	loʔ^2	zoʔ^2	kuoʔ^5	kʰuoʔ^5	uoʔ^5	tuŋ^{33}	tʰuŋ^{42}
44 仙居	duəʔ^{23}	luəʔ^{23}	zuəʔ^{23}	kuəʔ^5	（无）	uəʔ^5	ɗoŋ^{334}	tʰoŋ^{324}
45 天台	duʔ^2	luʔ^2	ʑyuʔ^2	kuʔ^5	kʰuʔ^5	uʔ^5	tuŋ^{33}	tʰuŋ^{325}
46 三门	doʔ^{23}	loʔ^{23}	zoʔ^{23}	koʔ^5	kʰuəʔ^5	oʔ^5	toŋ^{334}	tʰoŋ^{325}
47 玉环	doʔ^2	loʔ^2	zoʔ^2	koʔ^5	kʰuoʔ^5	uoʔ^5	toŋ^{42}	tʰoŋ^{53}
48 金华	doʔ^{212}	loʔ^{212}	dzoʔ^{212}	koʔ^4	kʰoʔ^4	oʔ^4	toŋ^{334}	tʰoŋ^{535}
49 汤溪	dou^{113}	lou^{113}	dzou^{113}	kou^{55}	kʰou^{55}	ou^{55}	nɑo^{24}	tʰɑo^{535}

方言点	0937 读	0938 鹿	0939 族	0940 谷 稻~	0941 哭	0942 屋	0943 冬 ~至	0944 统
	通合一入屋定	通合一入屋来	通合一入屋从	通合一入屋见	通合一入屋溪	通合一入屋影	通合一平冬端	通合一去冬透
50 兰溪	dɔʔ¹²	lɔʔ¹²	dzɣʔ¹²	kɔʔ³⁴	kʰuɛʔ³⁴	ɔʔ³⁴	toŋ³³⁴	tʰoŋ⁵⁵
51 浦江	duɯ²³²	luɯ²³²	dzuɯ¹¹³	kuɯ⁴²³	kʰɯ⁴²³	ɯ⁴²³	tən⁵³⁴	tʰən⁵³
52 义乌	dau³¹²	lon³¹²小	zau³¹²	kau³²⁴	kʰau³²⁴	au³²⁴	noŋ³³⁵	tʰoŋ⁴²³
53 东阳	dou²¹³	lou²¹³	dzou²¹³	kou³³⁴	kʰou³³⁴	ou³³⁴	tɔm³³⁴	tʰɔm⁴⁴
54 永康	du¹¹³	lu¹¹³	zu¹¹³	ku³³⁴	lɑu⁵²白 kʰu³³⁴文	u³³⁴	noŋ⁵⁵	tʰoŋ³³⁴
55 武义	dɔ²¹³	lɔ²¹³	zɔ²¹³	kɔʔ⁵	kʰɔʔ⁵	ɔʔ⁵	noŋ²⁴	tʰoŋ⁴⁴⁵
56 磐安	dʌo²¹³	lʌo²¹³	zʌo²¹³	kʌo³³⁴	kʰʌo³³⁴	ʌo³³⁴	nɔom⁴⁴⁵老 tɔom⁴⁴⁵新	tʰɔom³³⁴
57 缙云	dɑu¹³	lɑu¹³	zɑu¹³	kou³²²	（无）	ou³²²	nɔ̃ũ⁴⁴	tʰɔ̃ũ⁵¹
58 衢州	dəʔ¹²	ləʔ¹²	dzəʔ¹²	kuəʔ⁵	kʰuəʔ⁵	uəʔ⁵	toŋ³²	tʰoŋ³⁵
59 衢江	dəʔ²	ləʔ²	dzəʔ²	kuəʔ⁵	kʰuəʔ⁵	uəʔ⁵	tən³³	tʰən²⁵
60 龙游	dɔʔ²³	lɔʔ²³	dzɔʔ²³	kɔʔ⁴	kʰuɔʔ⁴	uɔʔ⁴	toŋ³³⁴	tʰoŋ³⁵
61 江山	doʔ²	loʔ²	zoʔ²	koʔ⁵	kʰoʔ⁵	oʔ⁵	taŋ⁴⁴	tʰoŋ²⁴¹
62 常山	dɣʔ³⁴	lɣʔ³⁴	dzɣʔ³⁴	kɣʔ⁵	kʰɣʔ⁵	ɣʔ⁵	tã⁴⁴	tʰoŋ⁵²
63 开化	dəʔ¹³	lɔʔ¹³	zɔʔ¹³白 dzɔʔ¹³文	kəʔ⁵	kʰɔʔ⁵	əʔ⁵	tɣŋ⁴⁴	tʰɣŋ⁵³
64 丽水	dəʔ²³	ləʔ²³	zəʔ²³	kuʔ⁵	kʰuʔ⁵	uʔ⁵	toŋ²²⁴	tʰɔŋ⁵⁴⁴
65 青田	duʔ³¹	luʔ³¹	zuʔ³¹	kuʔ⁴²	kʰuʔ⁴²	uʔ⁴²	ɗoŋ⁴⁴⁵	tʰoŋ⁴⁵⁴
66 云和	dəɯʔ²³	ləɯʔ²³	zəɯʔ²³	kəɯʔ⁵	kʰəɯʔ⁵	əɯʔ⁵	toŋ²⁴	tʰoŋ⁴¹
67 松阳	dɣʔ²	lɣʔ²	zɣʔ²	kɣʔ⁵	（无）	oʔ⁵	tən⁵³	tʰən²¹²
68 宣平	dəʔ²³	ləʔ²³	zəʔ²³	kəʔ⁵	kʰəʔ⁵	əʔ⁵	tən³²⁴	tʰən³²⁴
69 遂昌	dəɯʔ²³	ləɯʔ²³	dzəɯʔ²³	kəɯʔ⁵	kʰəɯʔ⁵	əɯʔ⁵	tən⁴⁵	tʰən⁵³³
70 龙泉	dɣɯʔ²⁴	lɣɯʔ²⁴	zɣɯʔ²⁴	kuʔ⁵	kʰuʔ⁵	uʔ⁵	tən⁴³⁴	tʰən⁵¹
71 景宁	dəɯʔ²³	ləɯʔ²³	zəɯʔ²³	kuʔ⁵	kʰuʔ⁵	uʔ⁵	tən³²⁴	tʰən³³
72 庆元	tuʔ³⁴	luʔ³⁴	suʔ³⁴	kuʔ⁵	kʰuʔ⁵	uʔ⁵	ɗoŋ³³⁵	tʰoŋ³³

续表

方言点	0937 读	0938 鹿	0939 族	0940 谷 稻～	0941 哭	0942 屋	0943 冬 ～至	0944 统
	通合一 入屋定	通合一 入屋来	通合一 入屋从	通合一 入屋见	通合一 入屋溪	通合一 入屋影	通合一 平冬端	通合一 去冬透
73 泰顺	təuʔ²	ləuʔ²	ɕiəuʔ²	kuʔ⁵	kʰuʔ⁵	uʔ⁵	toŋ²¹³	tʰoŋ⁵⁵
74 温州	dɣu²¹²	lɣu²¹²	iɣu²¹²	ku³²³	kʰu³²³	u³²³	toŋ³³	tʰoŋ²⁵
75 永嘉	dəu²²	ləu²¹³	iəu²¹³	ku⁴²³	kʰu⁴²³	u⁴²³	toŋ⁴⁴	tʰoŋ⁴⁵
76 乐清	dau²¹²	lau²¹²	zau²¹²	ku³²³	kʰu³²³	u³²³	toŋ⁴⁴	tʰoŋ³⁵
77 瑞安	dou²¹²	lou²¹²	zou²¹²	kɯ³²³	kʰɯ³²³	ɯ³²³	toŋ⁴⁴	tʰoŋ³⁵
78 平阳	du¹²	lu¹²	dzu¹²	ku³⁴	kʰu³⁴	vu³⁴	toŋ⁵⁵	tʰoŋ⁴⁵
79 文成	dou²¹²	lou²¹²	zou²¹²	ku³⁴	kʰu³⁴	vu³⁴	toŋ⁵⁵	tʰoŋ⁴⁵
80 苍南	du¹¹²	lu¹¹²	dzu¹¹²	ku²²³	kʰu²²³	u²²³	toŋ⁴⁴	tʰoŋ⁵³
81 建德徽	teʔ¹²	leʔ¹²	tɕyeʔ¹²	kueʔ⁵	kʰueʔ⁵	ueʔ⁵	toŋ⁵³	tʰoŋ²¹³
82 寿昌徽	tʰɔʔ³¹	lɔʔ³¹	tsɔʔ³¹	kɔʔ³	kʰɔʔ³	ɔʔ³	toŋ¹¹²	tʰɔŋ²⁴
83 淳安徽	tʰɑʔ¹³	lɑʔ¹³	sɑʔ¹³	koʔ⁵	kʰoʔ⁵	uoʔ⁵	ton²⁴	tʰon⁵⁵
84 遂安徽	tʰu²¹³	lu²¹³	tsu²¹³	ku²⁴	kʰu²⁴	u²⁴	təŋ⁵³⁴	tʰəŋ²¹³
85 苍南闽	tʰɐ²⁴	lɐ²⁴	tsɐ²⁴	kɐ⁴³	（无）	u⁵⁵	tan⁵⁵	tʰaŋ⁴³
86 泰顺闽	tʰøʔ³	løʔ³	tsøʔ³	køʔ⁵	kʰøʔ⁵	uøʔ⁵	təŋ²¹³	tʰəŋ³⁴⁴
87 洞头闽	tʰɐk²⁴	lɐk²⁴	tsɐk²⁴	kɔ⁵³	（无）	ɔk⁵	taŋ³³	tʰaŋ⁵³
88 景宁畲	tʰoʔ²	luʔ²	ɕiet²	kuʔ⁵	（无）	（无）	toŋ⁴⁴	tʰoŋ³²⁵

方言点	0945 脓 通合一 平冬泥	0946 松 ~紧 通合一 平冬心	0947 宋 通合一 去冬心	0948 毒 通合一 入沃定	0949 风 通合三 平东非	0950 丰 通合三 平东敷	0951 凤 通合三 去东奉	0952 梦 通合三 去东明
01 杭州	noŋ²¹³	soŋ³³⁴	soŋ⁴⁵	doʔ²	foŋ³³⁴	foŋ³³⁴	voŋ¹³	moŋ¹³
02 嘉兴	noŋ²⁴²	soŋ⁴²	soŋ²²⁴	doʔ¹³	foŋ⁴²	foŋ⁴²	voŋ¹¹³	moŋ¹¹³
03 嘉善	loŋ¹³²声殊	soŋ⁵³	soŋ³³⁴	duoʔ²	xoŋ⁵³声殊	foŋ⁵³	oŋ¹¹³声殊	moŋ¹¹³
04 平湖	loŋ³¹	soŋ⁵³	soŋ³³⁴	doʔ²³	foŋ⁵³	foŋ⁵³	voŋ²¹³	mã²¹³
05 海盐	loŋ³¹	soŋ⁵³	soŋ³³⁴	dɔʔ²³	foŋ⁵³	foŋ⁵³	voŋ²¹³	moŋ²¹³
06 海宁	loŋ¹³	soŋ⁵⁵	soŋ³⁵	doʔ²	foŋ⁵⁵	foŋ⁵⁵	voŋ¹³	mã¹³白 moŋ¹³文
07 桐乡	loŋ¹³	soŋ⁴⁴	soŋ³³⁴	dɔʔ²³	foŋ⁴⁴	foŋ⁴⁴	voŋ²¹³	moŋ²¹³
08 崇德	loŋ¹³	soŋ⁴⁴	soŋ³³⁴	dɔʔ²³	foŋ⁴⁴	foŋ⁴⁴	voŋ¹³	moŋ¹³
09 湖州	loŋ¹¹²声殊	soŋ⁴⁴	soŋ³⁵	duoʔ²	foŋ⁴⁴	foŋ⁴⁴	voŋ²⁴	moŋ³⁵
10 德清	noŋ¹¹³	soŋ⁴⁴	soŋ³³⁴	duoʔ²	foŋ⁴⁴	foŋ⁴⁴	voŋ¹¹³	moŋ³³⁴
11 武康	noŋ¹¹³	soŋ⁴⁴	soŋ²²⁴	duoʔ²	foŋ⁴⁴	foŋ⁴⁴	voŋ¹¹³	moŋ²²⁴
12 安吉	noŋ²²	soŋ⁵⁵	soŋ³²⁴	doʔ²³	foŋ⁵⁵	foŋ⁵⁵	voŋ²¹³	moŋ²¹³
13 孝丰	noŋ²²	soŋ⁴⁴	soŋ³²⁴	duoʔ²³	foŋ⁴⁴	foŋ⁴⁴	voŋ²¹³	moŋ³²⁴
14 长兴	noŋ¹²	soŋ⁴⁴	soŋ³²⁴	doʔ²	foŋ⁴²	foŋ⁴⁴	voŋ²⁴	moŋ³²⁴
15 余杭	noŋ²²	soŋ⁴⁴	soŋ⁴²³	doʔ²	foŋ⁴⁴	foŋ⁴⁴	voŋ²¹³	moŋ²¹³
16 临安	noŋ³³	soŋ⁵⁵	soŋ⁵⁵	duɔʔ¹²	foŋ⁵⁵	foŋ⁵⁵	voŋ³³	moŋ³³
17 昌化	nəŋ⁵⁴⁴	səŋ³³⁴	səŋ⁵⁴⁴	duəʔ²³	fəŋ³³⁴	fəŋ³³⁴	vəŋ²⁴³	məŋ²⁴³
18 於潜	noŋ²²³	soŋ⁴³³	soŋ³⁵	duɐʔ²³	foŋ⁴³³	foŋ⁴³³	voŋ²⁴	moŋ²⁴
19 萧山	noŋ³⁵⁵	soŋ⁵³³	soŋ⁴²	dəʔ¹³	foŋ⁵³³	foŋ⁵³³	voŋ²⁴²	moŋ²⁴²
20 富阳	loŋ¹³	soŋ⁵³	soŋ³³⁵	doʔ²	foŋ⁵³	foŋ⁵³	voŋ²²⁴	moŋ³³⁵
21 新登	loŋ²³³	soŋ⁵³	soŋ⁴⁵	doʔ²	foŋ⁵³	foŋ⁵³	voŋ¹³	moŋ¹³
22 桐庐	loŋ¹³	soŋ⁵³³	soŋ³⁵	dəʔ¹³	foŋ⁵³³	foŋ⁵³³	voŋ²⁴	moŋ²⁴
23 分水	ioŋ²²	soŋ⁴⁴	soŋ⁵³	dəʔ¹²	foŋ⁴⁴	foŋ⁴⁴	voŋ¹³	moŋ¹³
24 绍兴	ȵioŋ²³¹白 noŋ²³¹文	soŋ⁵³	soŋ³³	doʔ²	foŋ⁵³	foŋ⁵³	voŋ²²	moŋ²²

续表

方言点	0945 脓 通合一 平冬泥	0946 松~紧 通合一 平冬心	0947 宋 通合一 去冬心	0948 毒 通合一 入沃定	0949 风 通合三 平东非	0950 丰 通合三 平东敷	0951 凤 通合三 去东奉	0952 梦 通合三 去东明
25 上虞	ȵyoŋ²¹³	soŋ³⁵	soŋ⁵³	doʔ²	hoŋ³⁵白 foŋ³⁵文	hoŋ³⁵白 foŋ³⁵文	voŋ³¹	mɔ̃³¹白 moŋ³¹文
26 嵊州	noŋ²¹³	soŋ⁵³⁴	soŋ³³⁴	doʔ²	foŋ⁵³⁴	foŋ⁵³⁴	uoŋ²⁴	mɔŋ²⁴白 moŋ²⁴文
27 新昌	noŋ²²	soŋ⁵³⁴	soŋ⁴⁵³	dɤʔ²	foŋ⁵³⁴	foŋ⁵³⁴	uoŋ¹³	mɔ̃¹³白 moŋ¹³文
28 诸暨	lom¹³	som⁵⁴⁴	som⁵⁴⁴	doʔ¹³	fom⁵⁴⁴	fom⁵⁴⁴	vom³³	mom³³
29 慈溪	luŋ¹³	suŋ³⁵	suŋ⁴⁴	doʔ²	fuŋ³⁵	fuŋ³⁵	vuŋ¹³	muŋ¹³
30 余姚	luŋ¹³	suŋ⁴⁴	suŋ⁵³	doʔ²	fuŋ⁴⁴	fuŋ⁴⁴	vuŋ¹³	muŋ¹³
31 宁波	noŋ¹³~血	soŋ⁵³	soŋ⁵³	doʔ²	foŋ⁵³	foŋ⁵³	voŋ¹³	mɔ¹³
32 镇海	noŋ²⁴	soŋ⁵³	soŋ⁵³	doʔ¹²	foŋ⁵³	foŋ⁵³	voŋ²⁴	mɔ̃²⁴
33 奉化	noŋ³³	soŋ⁴⁴	soŋ⁵³	doʔ²	fəŋ⁴⁴	fəŋ⁴⁴	vəŋ³¹	mɔ̃³¹白 məŋ³¹文
34 宁海	noŋ²¹³	soŋ⁴²³	soŋ⁴²³调殊	doʔ³	foŋ⁴²³	foŋ⁴²³	voŋ²⁴	moŋ²⁴
35 象山	noŋ³¹	soŋ⁴⁴	soŋ⁵³	doʔ²	fəŋ⁴⁴	fəŋ⁴⁴	vəŋ³¹	məŋ¹³
36 普陀	noŋ²⁴	soŋ⁵³	soŋ⁵⁵	doʔ²³	foŋ⁵³	foŋ⁵³	voŋ²³	moŋ¹³
37 定海	noŋ²³	soŋ⁵²	soŋ⁴⁴	doʔ²	foŋ⁵²	foŋ⁵²	voŋ¹³	mɔ̃¹³
38 岱山	noŋ²³	soŋ⁵²	soŋ⁴⁴	doʔ²	fɐŋ⁵²	fɐŋ⁵²	vɐŋ²¹³	mɔ̃²¹³
39 嵊泗	noŋ²⁴³	soŋ⁵³	soŋ⁵³	doʔ²	fɐŋ⁵³	fɐŋ⁵³	vɐŋ²¹³	mɔ̃²¹³
40 临海	noŋ²¹	soŋ³¹	soŋ⁵⁵	doʔ²³	fəŋ³¹	fəŋ³¹	vəŋ³²⁴	moŋ³²⁴
41 椒江	noŋ³¹	soŋ⁴²	soŋ⁵⁵	doʔ²	foŋ⁴²	foŋ⁴²	voŋ²⁴	moŋ²⁴
42 黄岩	loŋ¹²¹	soŋ³²	soŋ⁵⁵	doʔ²	foŋ³²	foŋ³²	voŋ²⁴	moŋ²⁴
43 温岭	nuŋ³¹	suŋ³³	suŋ⁵⁵	doʔ²	fuŋ³³	fuŋ³³	vuŋ¹³	mũŋ¹³
44 仙居	noŋ²¹³	ɕioŋ³³⁴	soŋ⁵⁵	duəʔ²³	foŋ³³⁴	foŋ³³⁴	voŋ²⁴	moŋ²⁴
45 天台	nuŋ²²⁴	suŋ³³	suŋ⁵⁵	duʔ²	fuŋ³³	fuŋ³³	vuŋ³⁵	muŋ³⁵
46 三门	noŋ¹¹³	soŋ³³⁴	soŋ⁵⁵	doʔ²³	foŋ³³⁴	foŋ³³⁴	voŋ²⁴³	mõŋ²⁴³

方言点	0945 脓	0946 松 ~紧	0947 宋	0948 毒	0949 风	0950 丰	0951 凤	0952 梦
	通合一平冬泥	通合一平冬心	通合一去冬心	通合一入沃定	通合三平东非	通合三平东敷	通合三去东奉	通合三去东明
47 玉环	noŋ³¹	soŋ⁴²	soŋ⁵⁵	doʔ²	foŋ⁴²	foŋ⁴²	voŋ²²	moŋ²²
48 金华	loŋ¹⁴	soŋ³³⁴	soŋ⁵⁵	doʔ²¹²	foŋ³³⁴	foŋ³³⁴	voŋ¹⁴	moŋ¹⁴
49 汤溪	nɑo³⁴¹	sɑo²⁴	sɑo⁵²	dou¹¹³	fɑo²⁴	fɑo²⁴	vɑo³⁴¹	mɑo³⁴¹
50 兰溪	noŋ²⁴	soŋ³³⁴	soŋ⁴⁵	dɔʔ¹²	foŋ³³⁴	foŋ³³⁴	voŋ²⁴	moŋ²⁴
51 浦江	lən²⁴	sən⁵³⁴	sən⁵⁵	duɯ²³²	fon⁵³⁴	fon⁵³⁴	von²⁴	mon²⁴
52 义乌	noŋ²⁴	soŋ³³⁵	soŋ⁴⁵	dau³¹²	foŋ³³⁵	foŋ³³⁵	voŋ²⁴	moŋ²⁴
53 东阳	nɔm²¹³	sɔm³³⁴	sɔm⁴⁵³	dou²¹³	fɔm³³⁴	fɔm³³⁴	vɔm²⁴	mɔm²⁴
54 永康	noŋ²²	soŋ⁵⁵	soŋ⁵²	du¹¹³	foŋ⁵⁵	foŋ⁵⁵	voŋ²⁴¹	moŋ²⁴¹
55 武义	noŋ³²⁴	soŋ²⁴	soŋ⁵³	dɔ²¹³	foŋ²⁴	foŋ²⁴	voŋ²³¹	moŋ²³¹
56 磐安	nɔom²¹³	sɔom⁴⁴⁵	sɔom⁵²	dʌo²¹³	fɔom⁴⁴⁵	fɔom⁴⁴⁵	vɔom¹⁴	mɔom¹⁴
57 缙云	nɔ̃ũ²⁴³	sɔ̃ũ⁴⁴	sɔ̃ũ⁴⁵³	dɔ̃ũ¹³	fɔ̃ũ⁴⁴	fɔ̃ũ⁴⁴	vɔ̃ũ²¹³	mɔ̃ũ²¹³
58 衢州	noŋ²¹	soŋ³²	soŋ⁵³	dəʔ¹²	foŋ³²	foŋ³²	voŋ²³¹	moŋ²³¹
59 衢江	nəŋ²³¹	səŋ³³	səŋ⁵³	dəʔ²	fəŋ³³	fəŋ³³	vəŋ²³¹	məŋ²³¹
60 龙游	noŋ²¹	soŋ³³⁴	soŋ⁵¹	dɔʔ²³	fən³³⁴	fən³³⁴	vən²³¹	mən²³¹
61 江山	noŋ²¹³	soŋ⁴⁴	soŋ⁵¹	doʔ²	fʊŋ⁴⁴	foŋ⁴⁴	voŋ³¹	moŋ³¹
62 常山	loŋ³⁴¹	soŋ⁴⁴	soŋ⁵²	dɤʔ³⁴	fã⁴⁴	foŋ⁴⁴	voŋ²⁴	moŋ¹³¹
63 开化	nɤŋ²¹³调殊	sɤŋ⁴⁴	sɤŋ⁵³调殊	dəʔ¹³名 duo²¹³动	fɤŋ⁴⁴	fɤŋ⁴⁴	vɤŋ²¹³	mɤŋ²¹³
64 丽水	nɔŋ²²	sɔŋ²²⁴	sɔŋ⁵²	dəʔ²³	fɔŋ²²⁴	fɔŋ²²⁴	vɔŋ¹³¹	mɔŋ¹³¹
65 青田	noŋ²¹	soŋ⁴⁴⁵	soŋ³³	duʔ³¹	foŋ⁴⁴⁵	foŋ⁴⁴⁵	voŋ²²	moŋ²²
66 云和	noŋ³¹²	soŋ²⁴	soŋ⁴⁵	dəɯʔ²³	fəŋ²⁴	fəŋ²⁴	vəŋ²²³	məŋ²²³
67 松阳	nəŋ³¹	səŋ⁵³	səŋ²⁴	dɤʔ²	fəŋ⁵³	fəŋ⁵³	vəŋ¹³	məŋ¹³
68 宣平	nən⁴³³	sən³²⁴	sən⁵²	dəʔ²³	fən³²⁴	fən³²⁴	vən²³¹	mən²³¹
69 遂昌	nəŋ²¹³调殊	səŋ⁴⁵	səŋ³³⁴	dəɯʔ²³	fəŋ⁴⁵	fəŋ⁴⁵	vəŋ²¹³	məŋ²¹³

续表

方言点	0945 脓 通合一 平冬泥	0946 松 ~紧 通合一 平冬心	0947 宋 通合一 去冬心	0948 毒 通合一 入沃定	0949 风 通合三 平东非	0950 丰 通合三 平东敷	0951 凤 通合三 去东奉	0952 梦 通合三 去东明
70 龙泉	nəŋ²¹	səŋ⁴³⁴	səŋ⁴⁵	dɣɯʔ²⁴	fɔŋ⁴³⁴	fɔŋ⁴³⁴	vəŋ²²⁴	ŋ²²⁴白 məŋ²²⁴文
71 景宁	nəŋ⁴¹	səŋ³²⁴	səŋ³⁵	dəɯʔ²³	fəŋ³²⁴	fəŋ³²⁴	vəŋ¹¹³	məŋ¹¹³
72 庆元	noŋ⁵²	soŋ³³⁵	soŋ¹¹	tuʔ³⁴	foŋ³³⁵	foŋ³³⁵	foŋ³¹	moŋ³¹
73 泰顺	noŋ⁵³	soŋ²¹³	soŋ³⁵	təuʔ²	foŋ²¹³	foŋ²¹³	uoŋ²²	moŋ²²
74 温州	noŋ³¹	soŋ³³	soŋ⁵¹	dɣu²¹²	hoŋ³³	hoŋ³³	oŋ²²	moŋ²²
75 永嘉	noŋ³¹	soŋ⁴⁴	soŋ⁵³	dəu²¹³	hoŋ⁴⁴	hoŋ⁴⁴	oŋ²²	moŋ²²
76 乐清	noŋ³¹	soŋ⁴⁴	soŋ⁴¹	dau²¹²	foŋ⁴⁴	foŋ⁴⁴	voŋ²²	moŋ²²
77 瑞安	noŋ³¹	soŋ⁴⁴	soŋ⁵³	dou²¹²	foŋ⁴⁴	foŋ⁴⁴	voŋ²²	moŋ²²
78 平阳	noŋ²⁴²	soŋ⁵⁵	soŋ⁵³	du¹²	foŋ⁵⁵	foŋ⁵⁵	voŋ³³	moŋ³³
79 文成	noŋ¹¹³	soŋ⁵⁵	soŋ³³	dou²¹²	foŋ⁵⁵	foŋ⁵⁵	voŋ⁴²⁴	moŋ⁴²⁴
80 苍南	loŋ³¹	soŋ⁴⁴	soŋ⁴²	du¹¹²	hoŋ⁴⁴	hoŋ⁴⁴	oŋ¹¹	moŋ¹¹
81 建德徽	loŋ⁵⁵	soŋ⁵³	soŋ²¹³~朝 soŋ⁵⁵北~	tɐʔ¹²	foŋ⁵³	foŋ⁵³	foŋ²¹³	moŋ⁵⁵
82 寿昌徽	ləŋ³³	səŋ¹¹²	səŋ³³	tʰɔʔ³¹	fɔŋ¹¹²	fɔŋ¹¹²	fəŋ²⁴文	məŋ³³
83 淳安徽	loŋ²⁴	son²⁴	son²⁴	tʰɑʔ¹³	hon²⁴多 fon²⁴少	fon²⁴	hon⁵³	mon⁵³
84 遂安徽	ləŋ³³	səŋ⁵³⁴	səŋ⁴³	tʰu²¹³	fəŋ⁵³⁴	fəŋ⁵³⁴	fəŋ⁵²	məŋ⁵²
85 苍南闽	lan²⁴	san⁵⁵白 saŋ⁵⁵文	saŋ²¹	tɐ²⁴	huan⁵⁵	haŋ⁵⁵	haŋ²¹	ban²¹
86 泰顺闽	nəŋ²²	səŋ²¹³	səŋ⁵³	tøʔ³	fəŋ²¹³	fəŋ²¹³	fəŋ³¹	məŋ⁵³
87 洞头闽	laŋ¹¹³	soŋ³³	soŋ²¹	tɔk²⁴	huaŋ³³白 hoŋ³³文	hoŋ³³	hoŋ²¹	baŋ²¹
88 景宁畲	noŋ²²	soŋ⁴⁴	soŋ⁴⁴	tuʔ²	pyŋ⁴⁴	foŋ⁴⁴	foŋ⁵¹	moŋ⁵¹

方言点	0953 中 当~	0954 虫	0955 终	0956 充	0957 宫	0958 穷	0959 熊	0960 雄
	通合三平东知	通合三平东澄	通合三平东章	通合三平东昌	通合三平东见	通合三平东群	通合三平东云	通合三平东云
01 杭州	tsoŋ³³⁴	dʑoŋ²¹³	tsoŋ³³⁴	tsʰoŋ³³⁴	koŋ³³⁴	dʑioŋ²¹³	ioŋ²¹³	ioŋ²¹³
02 嘉兴	tsoŋ⁴²	zoŋ²⁴²	tsoŋ⁴²	tsʰoŋ⁴²	koŋ⁴²	dʑioŋ²⁴²	ioŋ²⁴²	ioŋ²⁴²
03 嘉善	tsoŋ⁵³	zoŋ¹³²	tsoŋ⁵³	tsʰoŋ⁵³	koŋ⁵³	dʑioŋ¹³²	ioŋ¹³²	ioŋ¹³²
04 平湖	tsoŋ⁵³	zoŋ³¹	tsoŋ⁵³	tsʰoŋ⁵³	koŋ⁵³	dʑioŋ³¹	ioŋ³¹	ioŋ³¹
05 海盐	tsoŋ⁵³	zoŋ³¹	tsoŋ⁵³	tsʰoŋ⁵³	koŋ⁵³	dʑioŋ³¹	ioŋ³¹	ioŋ³¹
06 海宁	tsoŋ⁵⁵	zoŋ¹³	tsoŋ⁵⁵	tsʰoŋ⁵⁵	koŋ⁵⁵	dʑioŋ¹³	ioŋ¹³	ioŋ¹³
07 桐乡	tsoŋ⁴⁴	zoŋ¹³	tsoŋ⁴⁴	tsʰoŋ⁴⁴	koŋ⁴⁴	dʑioŋ¹³	ioŋ¹³	ioŋ¹³
08 崇德	tsoŋ⁴⁴	zoŋ¹³	tsoŋ⁴⁴	tsʰoŋ⁴⁴	koŋ⁴⁴	dʑioŋ¹³	ioŋ¹³	ioŋ¹³
09 湖州	tsoŋ⁴⁴	dzoŋ¹¹²	tsoŋ⁴⁴	tsʰoŋ⁴⁴	koŋ⁴⁴	dʑioŋ¹¹²	ioŋ¹¹²	ioŋ¹¹²
10 德清	tsoŋ⁴⁴	zoŋ¹¹³	tsoŋ⁴⁴	tsʰoŋ⁴⁴	koŋ⁴⁴	dʑioŋ¹¹³	ioŋ¹¹³	ioŋ¹¹³
11 武康	tsoŋ⁴⁴	dzoŋ¹¹³	tsoŋ⁵³	tsʰoŋ⁴⁴	koŋ⁴⁴	dʑioŋ¹¹³	ioŋ¹¹³	ioŋ¹¹³
12 安吉	tsoŋ⁵⁵	dzoŋ²²	tsoŋ⁵²	tsʰoŋ⁵⁵	koŋ⁵⁵	dʑioŋ²²	ioŋ²²	ioŋ²²
13 孝丰	tsoŋ⁴⁴	dzoŋ²²	tsoŋ⁴⁴	tsʰoŋ⁴⁴	koŋ⁴⁴	dʑioŋ²²	ioŋ²²	ioŋ²²
14 长兴	tsoŋ⁴⁴	dzoŋ¹²	tsoŋ⁴⁴	tsʰoŋ⁴⁴	koŋ⁴⁴	dʒioŋ¹²	ioŋ¹²	ioŋ¹²
15 余杭	tsoŋ⁴⁴	zoŋ²²	tsoŋ⁵³	tsʰoŋ⁴⁴	koŋ⁴⁴	dʑioŋ²²	ioŋ²²	ioŋ²²
16 临安	tsoŋ⁵⁵	dzoŋ³³	tsoŋ⁵⁵	tsʰoŋ⁵⁵	koŋ⁵⁵	dʑioŋ³³	ioŋ³³	ioŋ³³
17 昌化	tsəŋ³³⁴	zəŋ¹¹²	tsəŋ³³⁴	tsʰəŋ³³⁴	kəŋ³³⁴	ʑyəŋ¹¹²	yəŋ¹¹²	yəŋ¹¹²
18 於潜	tsoŋ⁴³³	dzoŋ²²³	tsoŋ⁴³³	tsʰoŋ⁴³³	koŋ⁴³³	dʑioŋ²²³	ioŋ²²³	ioŋ²²³
19 萧山	tɕyoŋ⁵³³	dʑyoŋ³⁵⁵	tɕyoŋ⁵³³	tɕʰyoŋ⁵³³	koŋ⁵³³	dʑyoŋ³⁵⁵	yoŋ³⁵⁵	yoŋ³⁵⁵
20 富阳	tɕyoŋ⁵³	dʑyoŋ¹³	tɕyoŋ⁵³	tɕʰyoŋ⁵³	koŋ⁵³	dʑyoŋ¹³	yoŋ¹³	yoŋ¹³
21 新登	tsoŋ⁵³	dzoŋ²³³	tsoŋ⁵³	tsʰoŋ⁵³	koŋ⁵³	dzoŋ²³³	ioŋ²³³	ioŋ²³³
22 桐庐	tɕioŋ⁵³³	dʑioŋ¹³	tɕioŋ⁵³³	tɕʰioŋ⁵³³ 白 tsʰoŋ⁵³³ 文	koŋ⁵³³	dʑioŋ¹³	ʑioŋ¹³	ioŋ¹³
23 分水	tsoŋ⁴⁴	dzoŋ²²	tsoŋ⁴⁴	tsʰoŋ⁴⁴	koŋ⁴⁴	dʑioŋ²²	ʑioŋ²²	ʑioŋ²²
24 绍兴	tsoŋ⁵³	dzoŋ²³¹	tsoŋ⁵³	tsʰoŋ⁵³	koŋ⁵³	dʑioŋ²³¹	ioŋ²³¹	ioŋ²³¹
25 上虞	tsoŋ³⁵	dzoŋ²¹³	tsoŋ³⁵	tsʰoŋ³⁵	koŋ³⁵	dʑyoŋ²¹³	yoŋ²¹³	yoŋ²¹³

续表

方言点	0953 中 当~	0954 虫	0955 终	0956 充	0957 宫	0958 穷	0959 熊	0960 雄
	通合三 平东知	通合三 平东澄	通合三 平东章	通合三 平东昌	通合三 平东见	通合三 平东群	通合三 平东云	通合三 平东云
26 嵊州	tsoŋ^{534}	dzoŋ^{213}	tsoŋ^{534}	tsʰoŋ^{534}	kuoŋ^{534}	dʑyoŋ^{213}	yoŋ^{213}	yoŋ^{213}
27 新昌	tsoŋ^{534}	dzoŋ^{22}	tsoŋ^{534}	tsʰoŋ^{534}	koŋ^{534}	dʑyoŋ^{22}	yoŋ^{22}	yoŋ^{22}
28 诸暨	tsom^{544}	dzom^{13}	tsom^{544}	tsʰom^{544}	kom^{544}	dʑiom^{13}	iom^{13}	iom^{13}
29 慈溪	tsuŋ^{35}	dzuŋ^{13}	tsuŋ^{35}	tsʰuŋ^{35}	kuŋ^{35}	dʑiuŋ^{13}	iuŋ^{13}	iuŋ^{13}
30 余姚	tsuŋ^{44}	dzuŋ^{13}	tsuŋ^{44}	tsʰuŋ^{44}	kuŋ^{44}	dʑiuŋ^{13}	iuŋ^{13}	iuŋ^{13}
31 宁波	tsoŋ^{53}	dzoŋ^{13}	tsoŋ^{53}	tsʰoŋ^{53}	koŋ^{53}	dʑyoŋ^{13}	yoŋ^{13}	yoŋ^{13}
32 镇海	tsoŋ^{53}	dzoŋ^{24}	tsoŋ^{53}	tsʰoŋ^{53}	koŋ^{53}	dʑyoŋ^{24}	yoŋ^{24}	yoŋ^{24}
33 奉化	tsoŋ^{44}	dzoŋ^{33}	tsoŋ^{44}	tsʰoŋ^{44}	koŋ^{44}	dʑyoŋ^{33}	yoŋ^{33}	yoŋ^{33}
34 宁海	tɕioŋ^{423}	dʑioŋ^{213}	tɕioŋ^{423}	tɕʰioŋ^{423}	koŋ^{423}	gioŋ^{213}	ioŋ^{213}	ioŋ^{213}
35 象山	tɕyoŋ^{44}	dʑyoŋ^{31}	tsoŋ^{44}	tɕʰioŋ^{44}	koŋ^{44}	dʑyoŋ^{31}	yoŋ^{31}	yoŋ^{31}
36 普陀	tsoŋ^{53}	dzoŋ^{24}	tsoŋ^{53}	tsʰoŋ^{53}	koŋ^{53}	dʑioŋ^{24}	ioŋ^{24}	ioŋ^{24}
37 定海	tsoŋ^{52}	dzoŋ^{23}	tsoŋ^{52}	tsʰoŋ^{52}	koŋ^{52}	dʑyoŋ^{23}	yoŋ^{23}	yoŋ^{23}
38 岱山	tsoŋ^{52}	dzoŋ^{23}	tsoŋ^{52}	tsʰoŋ^{52}	koŋ^{52}	dʑyoŋ^{23}	yoŋ^{23}	yoŋ^{23}
39 嵊泗	tsoŋ^{53}	dzoŋ^{243}	tsoŋ^{53}	tsʰoŋ^{53}	koŋ^{53}	dʑyoŋ^{243}	yoŋ^{243}	yoŋ^{243}
40 临海	tɕyoŋ^{31}	dʑyoŋ^{21}	tɕyoŋ^{31}	tɕʰyoŋ^{31}	koŋ^{31}	dʑyoŋ^{21}	yoŋ^{21}	yoŋ^{21}
41 椒江	tsoŋ^{42}	dzoŋ^{31}	tsoŋ^{42}	tsʰoŋ^{42}	koŋ^{42}	dʑyoŋ^{31}	yoŋ^{31}	yoŋ^{31}
42 黄岩	tsoŋ^{32}	dzoŋ^{121}	tsoŋ^{32}	tsʰoŋ^{32}	koŋ^{32}	dʑyoŋ^{121}	yoŋ^{121}	yoŋ^{121}
43 温岭	tɕyuŋ^{33}	dʑyuŋ^{31}	tɕyuŋ^{33}	tɕʰyuŋ^{33}	tɕyuŋ^{33}	dʑyuŋ^{31}	yuŋ^{31}	yuŋ^{31}
44 仙居	tɕioŋ^{334}	dʑioŋ^{213}	tɕioŋ^{334}	tɕʰioŋ^{334}	koŋ^{334}	dʑioŋ^{213}	ioŋ^{213}	ioŋ^{213}
45 天台	tɕyuŋ^{33}	dʑyuŋ^{224}	tɕyuŋ^{33}	tɕʰyuŋ^{33}	kyuŋ^{33}	gyuŋ^{224}	yuŋ^{224}	yuŋ^{224}
46 三门	tɕioŋ^{334}	dʑioŋ^{113}	tɕioŋ^{334}	tɕʰioŋ^{334}	koŋ^{334}	dʑioŋ^{113}	zioŋ^{113}	ioŋ^{113}
47 玉环	tɕioŋ^{42}	dʑioŋ^{31}	tɕioŋ^{42}	tɕʰioŋ^{42}	tɕioŋ^{42}	dʑioŋ^{31}	ioŋ^{31}	ioŋ^{31}
48 金华	tɕioŋ^{334}	dʑioŋ^{313}	tɕioŋ^{334}	tɕʰioŋ^{334}	koŋ^{334}	dʑioŋ^{313}	ioŋ^{313}	ioŋ^{313}
49 汤溪	tɕiɑo^{24}	dʑiɑo^{11}	tɕiɑo^{24}	tɕʰiɑo^{24}	kɑo^{24}	dʑiɑo^{11}	iɑo^{11}	iɑo^{11}

续表

方言点	0953 中 当~	0954 虫	0955 终	0956 充	0957 宫	0958 穷	0959 熊	0960 雄
	通合三 平东知	通合三 平东澄	通合三 平东章	通合三 平东昌	通合三 平东见	通合三 平东群	通合三 平东云	通合三 平东云
50 兰溪	tɕioŋ^{334}	dʑioŋ^{21}	tɕioŋ^{334}	tɕʰioŋ^{334}	koŋ^{334}	dʑioŋ^{21}	ʑioŋ^{21}	ioŋ^{21}
51 浦江	tɕyoŋ^{534}	dʑyoŋ^{113}	tɕyoŋ^{534}	tɕʰyoŋ^{534}	koŋ^{534}	dʑyoŋ^{113}	yoŋ^{113}	yoŋ^{113}
52 义乌	tsoŋ^{335}	dzoŋ^{213}	tsoŋ^{335}	tsʰoŋ^{335}	koŋ^{335}	dʑioŋ^{213}	ioŋ^{213}	ioŋ^{213}
53 东阳	tsəm^{334}	dʑiəm^{213}	tsəm^{334}	tsʰəm^{334}	kəm^{453} 调殊	dʑiəm^{213}	iəm^{213}	iəm^{213}
54 永康	tsoŋ^{55}	dzoŋ^{22}	tsoŋ^{55}	tsʰoŋ^{55}	tɕioŋ^{55}	dʑioŋ^{22}	ioŋ^{22}	ioŋ^{22}
55 武义	tsoŋ^{24}	dzoŋ^{324}	tsoŋ^{24}	tsʰoŋ^{24}	koŋ^{24}	dʑioŋ^{324}	ioŋ^{324}	ioŋ^{324}
56 磐安	tsɔom^{445}	dzɔom^{213}	tsɔom^{445}	tsʰɔom^{445}	kɔom^{445}	dʑiɔom^{213}	iɔom^{213}	iɔom^{213}
57 缙云	tsɔ̃ũ^{44}	dzɔ̃ũ^{243}	tsɔ̃ũ^{44}	tsʰɔ̃ũ^{44}	tɕiɔ̃ũ^{44}	dʑiɔ̃ũ^{243}	iɔ̃ũ^{243}	iɔ̃ũ^{243}
58 衢州	tʃyoŋ^{32}	dʒyoŋ^{21}	tʃyoŋ^{32}	tʃʰyoŋ^{32}	koŋ^{32}	dʒyoŋ^{21}	ʒyoŋ^{21} 声殊	yoŋ^{21}老 ʒyoŋ^{21}新
59 衢江	tɕyoŋ^{33}	dəŋ^{212}	tɕyoŋ^{33}	tɕʰyoŋ^{33}	kəŋ^{33}	dʑyoŋ^{212}	ʑyoŋ^{212}	ʑyoŋ^{212}
60 龙游	tsoŋ^{334}	dzoŋ^{21}	tsoŋ^{334}	tsʰoŋ^{334}	koŋ^{334}	dʑioŋ^{21}	ʑioŋ^{21}	ʑioŋ^{21}
61 江山	tioŋ^{44}	daŋ^{213}	tɕioŋ^{44}	tɕʰioŋ^{44}	koŋ^{44}	gioŋ^{213}	ioŋ^{213}	ioŋ^{213}
62 常山	toŋ^{44}	dã^{341}	tsoŋ^{44}	tsʰoŋ^{44}	koŋ^{44}	dʑioŋ^{341}	ioŋ^{341}	ioŋ^{341}
63 开化	tɤŋ^{44}~央 tɕioŋ^{44}当~	dɤŋ^{231}	tɕioŋ^{44}	tɕʰiəŋ^{44}	kɤŋ^{44}	dʑiəŋ^{231}	ʑiəŋ^{231}	ʑiəŋ^{231}
64 丽水	tɕiəŋ^{224}	dʑiəŋ^{22}	tɕiəŋ^{224}	tɕʰiəŋ^{224}	kəŋ^{224}	dʑiəŋ^{22}	iəŋ^{22}	iəŋ^{22}
65 青田	ɗoŋ^{445}白 tɕioŋ^{445}文	dʑioŋ^{21}	tɕioŋ^{445}	tɕʰioŋ^{445}	tɕioŋ^{445}白 koŋ^{445}文	dʑioŋ^{21}	ioŋ^{21}	ioŋ^{21}
66 云和	tɕioŋ^{24}	dʑioŋ^{312}	tɕioŋ^{24}	tɕʰioŋ^{24}	tɕioŋ^{24}白 koŋ^{24}文	dʑioŋ^{312}	ioŋ^{312}	ioŋ^{312}
67 松阳	təŋ^{24}	dʑiəŋ^{31}	tɕiəŋ^{53}	tɕʰiəŋ^{53}	kəŋ^{53}	dʑiəŋ^{31}	iəŋ^{31}	iəŋ^{31}
68 宣平	tɕyəŋ^{324}	dʑyəŋ^{433}	tɕyəŋ^{324}	tɕʰyəŋ^{324}	kəŋ^{324}	dʑyəŋ^{433}	yəŋ^{433}	yəŋ^{433}
69 遂昌	təŋ^{45}	dʑiəŋ^{221}	tɕiəŋ^{45}	tɕʰiəŋ^{45}	kəŋ^{45}	dʑiəŋ^{221}	ʑiəŋ^{221}	iəŋ^{221} ʑiəŋ^{221}
70 龙泉	tioŋ^{434}~央 tɕiəŋ^{434}	dəŋ^{21}白 dʑiəŋ^{21}文	tɕiəŋ^{434}	tɕʰiəŋ^{434}	tɕiəŋ^{434}旧 kəŋ^{434}今	dʑiəŋ^{21}	iəŋ^{21}	iəŋ^{21}

续表

方言点	0953 中 当~ 通合三平东知	0954 虫 通合三平东澄	0955 终 通合三平东章	0956 充 通合三平东昌	0957 宫 通合三平东见	0958 穷 通合三平东群	0959 熊 通合三平东云	0960 雄 通合三平东云
71 景宁	tɕyŋ³²⁴	dʑyŋ⁴¹	tɕyŋ³²⁴	tɕʰyŋ³²⁴	tɕyŋ³²⁴白 kəŋ³²⁴文	dʑyŋ⁴¹	yŋ⁴¹	yŋ⁴¹
72 庆元	ɖioŋ³³⁵	toŋ⁵²	tɕioŋ³³⁵	tɕʰioŋ³³⁵	tɕioŋ³³⁵地名 koŋ³³⁵王~	tɕioŋ⁵²	ioŋ⁵²	ioŋ⁵²
73 泰顺	tɔ̃²¹³	tɕioŋ⁵³	tɕioŋ²¹³	tɕʰioŋ²¹³	tɕioŋ²¹³	tɕioŋ⁵³	ioŋ⁵³	ioŋ⁵³
74 温州	tɕioŋ³³	dʑioŋ³¹	tɕioŋ³³	tɕʰioŋ³³	tɕioŋ³³白 koŋ³³文	dʑioŋ³¹	ioŋ³¹	ioŋ³¹
75 永嘉	tɕioŋ⁴⁴	dʑioŋ³¹	tsoŋ⁴⁴	tɕʰioŋ⁴⁴	tɕioŋ⁴⁴白 koŋ⁴⁴文	dʑioŋ³¹	ioŋ³¹	ioŋ³¹
76 乐清	tɕioŋ⁴⁴	dʑioŋ³¹	tɕioŋ⁴⁴	tɕʰioŋ⁴⁴	tɕioŋ⁴⁴	dʑioŋ³¹	ioŋ³¹	ioŋ³¹
77 瑞安	tsoŋ⁴⁴	dʑioŋ³¹	tsoŋ⁴⁴	tsʰoŋ⁴⁴	tɕioŋ⁴⁴	dʑioŋ³¹	ioŋ³¹	ioŋ³¹
78 平阳	tʃoŋ⁵⁵	dʒoŋ²⁴²	tʃoŋ⁵⁵	tʃʰoŋ⁵⁵	koŋ⁵⁵	dʒoŋ²⁴²	ioŋ²⁴²	ioŋ²⁴²
79 文成	tʃoŋ⁵⁵	dʒoŋ¹¹³	tʃoŋ⁵⁵	tʃʰoŋ⁵⁵	koŋ⁵⁵	dʒoŋ¹¹³	ioŋ¹¹³	ioŋ¹¹³
80 苍南	tsoŋ⁴⁴又 tɕioŋ⁴⁴又	dʑioŋ³¹	tsoŋ⁴⁴	tsʰoŋ⁴⁴	tɕioŋ⁴⁴白 koŋ⁴⁴文	dʑioŋ³¹	ioŋ³¹	ioŋ³¹
81 建德徽	tsoŋ⁵³	tsoŋ³³	tsoŋ⁵³	tsʰoŋ⁵³	koŋ⁵³	tsoŋ³³	ioŋ³³	ioŋ³³
82 寿昌徽	tɕiəŋ¹¹²	tɕʰiəŋ⁵²	tɕiəŋ¹¹²	tɕʰiəŋ¹¹²	kəŋ¹¹²	tɕʰiəŋ⁵²	ɕiəŋ¹¹²文	iəŋ⁵²
83 淳安徽	tson²⁴	tsʰon⁴³⁵	tson²⁴	tsʰon²⁴	kon²⁴	tsʰon⁴³⁵	son⁴³⁵	son⁴³⁵白 ɕion⁴³⁵文
84 遂安徽	tsəŋ⁵³⁴	tsʰəŋ³³	tsəŋ⁵³⁴	tsʰəŋ⁵³⁴	kəŋ⁵³⁴	tɕʰioŋ³³	ɕioŋ³³	ɕioŋ³³
85 苍南闽	tiaŋ⁵⁵	tʰan²⁴	tɕiaŋ⁵⁵	tɕʰiaŋ⁵⁵	kin⁵⁵	kin²⁴	hin²⁴白 hiaŋ²⁴文	in²⁴白 hiaŋ²⁴文
86 泰顺闽	tsəŋ²¹³	tʰəŋ²²	tsəŋ²¹³	tsʰəŋ²¹³	kiəŋ²¹³	kiəŋ²²	ɕiəŋ²²	ɕiəŋ²²
87 洞头闽	tioŋ³³	tʰaŋ¹¹³	tsoŋ³³	tɕʰioŋ³³	kieŋ³³白 kioŋ³³文	gieŋ¹¹³	hieŋ¹¹³	hioŋ¹¹³
88 景宁畲	tɕyŋ⁴⁴	tɕʰyŋ⁵¹小	tɕyŋ⁴⁴	tɕʰyŋ⁴⁴	koŋ⁴⁴	kʰyŋ²²	yŋ²²	yŋ²²

方言点	0961 福	0962 服	0963 目	0964 六	0965 宿 住~,~舍	0966 竹	0967 畜 ~生	0968 缩
	通合三入屋非	通合三入屋奉	通合三入屋明	通合三入屋来	通合三入屋心	通合三入屋知	通合三入屋彻	通合三入屋生
01 杭州	foʔ⁵	voʔ²	moʔ²	loʔ²	soʔ⁵	tsoʔ⁵	tsʰoʔ⁵	soʔ⁵
02 嘉兴	foʔ⁵	voʔ¹³	moʔ⁵	loʔ⁵	soʔ⁵	tsoʔ⁵	ɕyeʔ⁵	soʔ⁵
03 嘉善	fuoʔ⁵	uoʔ²	muoʔ²	luoʔ²	suoʔ⁵	tsuoʔ⁵	tsʰuoʔ⁵	suoʔ⁵
04 平湖	foʔ⁵	voʔ²³	moʔ²³	loʔ²³	soʔ⁵	tsoʔ⁵	tsʰoʔ²³	soʔ⁵
05 海盐	fɔʔ⁵	vɔʔ²³	mɔʔ²³	lɔʔ²³	sɔʔ⁵	tsɔʔ⁵	tsʰɔʔ²³	sɔʔ⁵
06 海宁	foʔ⁵	voʔ²	moʔ²	loʔ²	soʔ⁵	tsoʔ⁵	tsʰoʔ⁵	soʔ⁵
07 桐乡	fɔʔ⁵	vɔʔ²³	mɔʔ²³	lɔʔ²³	sɔʔ⁵	tsɔʔ⁵	tsʰɔʔ⁵	sɔʔ⁵
08 崇德	fɔʔ⁵	vɔʔ²³	mɔʔ²³	lɔʔ²³	sɔʔ⁵	tsɔʔ⁵	tsʰɔʔ⁵	sɔʔ⁵
09 湖州	fuoʔ⁵	vuoʔ²	muoʔ²	luoʔ²	suoʔ⁵	tsuoʔ⁵	tsʰuoʔ⁵	suoʔ⁵
10 德清	fuoʔ⁵	vuoʔ²	muoʔ²	luoʔ²	suoʔ⁵	tsuoʔ⁵	tsʰuoʔ⁵	suoʔ⁵
11 武康	fuoʔ⁵	vuoʔ²	muoʔ²	luoʔ²	suoʔ⁵	tsuoʔ⁵	tsʰuoʔ⁵	suoʔ⁵
12 安吉	foʔ⁵	voʔ²³	moʔ²³	loʔ²³	soʔ⁵	tsoʔ⁵	tsʰoʔ⁵	soʔ⁵
13 孝丰	fuoʔ⁵	vuoʔ²³	muoʔ²³	luoʔ²³	suoʔ⁵	tsuoʔ⁵	tsʰuoʔ⁵	suoʔ⁵
14 长兴	foʔ⁵	voʔ²	moʔ²	loʔ²	soʔ⁵	tsoʔ⁵	tsʰoʔ⁵	soʔ⁵
15 余杭	foʔ⁵	voʔ²	moʔ²	loʔ²	soʔ⁵	tsoʔ⁵	tsʰoʔ⁵	soʔ⁵
16 临安	fuɔʔ⁵⁴	vuɔʔ¹²	muɔʔ¹²	luɔʔ¹²	suɔʔ⁵⁴	tsuɔʔ⁵⁴	tsʰuɔʔ⁵⁴	suɔʔ⁵⁴
17 昌化	fəʔ⁵	vəʔ²³	məʔ²³	luəʔ²³	suəʔ⁵	tsuəʔ⁵	tsʰuəʔ⁵	suəʔ⁵
18 於潜	fəʔ⁵³	væʔ²³	maʔ²³	læʔ²³	suəʔ⁵³	tsuəʔ⁵³	tsʰuəʔ⁵³	suəʔ⁵³
19 萧山	fəʔ⁵	vəʔ¹³	məʔ¹³	ləʔ¹³	soʔ⁵	tɕyoʔ⁵	tɕʰyoʔ⁵	soʔ⁵
20 富阳	foʔ⁵	voʔ²	moʔ²	loʔ²	soʔ⁵	tɕyoʔ⁵	tɕʰyoʔ⁵	soʔ⁵
21 新登	fɔʔ⁵	vɔʔ²	mɔʔ²	lɔʔ²	sɔʔ⁵	tsɔʔ⁵	tsʰɔʔ⁵	sɔʔ⁵
22 桐庐	fəʔ⁵	vəʔ¹³	məʔ¹³	ləʔ¹³	suəʔ⁵	tɕyəʔ⁵	tɕʰyəʔ⁵	suəʔ⁵
23 分水	faʔ⁵	vaʔ¹²	maʔ¹²	ləʔ¹²	saʔ⁵	tsaʔ⁵	tsʰaʔ⁵	suaʔ⁵
24 绍兴	foʔ⁵	uoʔ²	moʔ²	loʔ²	soʔ⁵	tsoʔ⁵	tɕʰioʔ⁵	soʔ⁵
25 上虞	foʔ⁵	voʔ²	moʔ²	loʔ²	soʔ⁵	tsoʔ⁵	tsʰoʔ⁵	soʔ⁵

续表

方言点	0961 福	0962 服	0963 目	0964 六	0965 宿 住~,~舍	0966 竹	0967 畜 ~生	0968 缩
	通合三 入屋非	通合三 入屋奉	通合三 入屋明	通合三 入屋来	通合三 入屋心	通合三 入屋知	通合三 入屋彻	通合三 入屋生
26 嵊州	foʔ⁵	uoʔ²	moʔ²	loʔ²	soʔ⁵	tsoʔ⁵	tsʰoʔ⁵	soʔ⁵
27 新昌	fɤʔ⁵	vɤʔ²	mɤʔ²	lɤʔ²	sɤʔ⁵	tsɤʔ⁵	tsʰɤʔ⁵	sɤʔ⁵
28 诸暨	foʔ⁵	voʔ¹³	moʔ¹³	loʔ¹³	soʔ⁵	tsoʔ⁵	tsʰoʔ⁵	soʔ⁵
29 慈溪	foʔ⁵	voʔ²	moʔ²	loʔ²	soʔ⁵	tsoʔ⁵	tsʰoʔ⁵	soʔ⁵
30 余姚	foʔ⁵	voʔ²	moʔ²	loʔ²	soʔ⁵	tsoʔ⁵	tsʰoʔ⁵	soʔ⁵
31 宁波	foʔ⁵	voʔ²	moʔ²	loʔ²	soʔ⁵	tsoʔ⁵	tsʰoʔ⁵	soʔ⁵
32 镇海	foʔ⁵	voʔ¹²	moʔ¹²	loʔ¹²	soʔ⁵	tsoʔ⁵	tsʰoʔ⁵	soʔ⁵
33 奉化	foʔ⁵	voʔ²	moʔ²	loʔ²	soʔ⁵	tsoʔ⁵	tsʰoʔ⁵	soʔ⁵
34 宁海	foʔ⁵	voʔ³	moʔ³	loʔ³	soʔ⁵	tɕioʔ⁵	ɕyəʔ⁵	soʔ⁵
35 象山	foʔ⁵	voʔ²	moʔ²	loʔ²	soʔ⁵	tɕyoʔ⁵	ɕyoʔ⁵	soʔ⁵
36 普陀	foʔ⁵	voʔ²³	moʔ²³	loʔ²³	soʔ⁵	tsoʔ⁵	tsʰoʔ⁵	soʔ⁵
37 定海	foʔ⁵	voʔ²	moʔ²	loʔ²	soʔ⁵	tsoʔ⁵	tsʰoʔ⁵	soʔ⁵
38 岱山	foʔ⁵	voʔ²	moʔ²	loʔ²	soʔ⁵	tsoʔ⁵	tsʰoʔ⁵	soʔ⁵
39 嵊泗	foʔ⁵	voʔ²	moʔ²	loʔ²	soʔ⁵	tsoʔ⁵	tsʰoʔ⁵	soʔ⁵
40 临海	foʔ⁵	voʔ²³	moʔ²³	loʔ²³	soʔ⁵	tɕyoʔ⁵	tɕʰyoʔ⁵	ɕyoʔ⁵ 又 ɕyʔ⁵ 又
41 椒江	foʔ⁵	voʔ²	moʔ²	loʔ²	soʔ⁵	tsoʔ⁵	tsʰoʔ⁵	soʔ⁵
42 黄岩	foʔ⁵	voʔ²	moʔ²	loʔ²	soʔ⁵	tsoʔ⁵	tsʰoʔ⁵	soʔ⁵
43 温岭	foʔ⁵	voʔ²	moʔ²	loʔ²	ɕyoʔ⁵	tɕyoʔ⁵	tɕʰyʔ⁵	ɕyoʔ⁵
44 仙居	fəʔ⁵	vəʔ²³	mɯəʔ²³	luoʔ²³	ɕyɔʔ⁵	tɕyɔʔ⁵	ɕyɔʔ⁵	ɕyɔʔ⁵ 音殊
45 天台	fuʔ⁵	vuʔ²	muʔ²	luʔ²	ɕyuʔ⁵	tɕyuʔ⁵	tɕʰyuʔ⁵	ɕyuʔ⁵
46 三门	foʔ⁵	voʔ²³	moʔ²³	loʔ²³	soʔ⁵	tɕioʔ⁵	tɕʰioʔ⁵	soʔ⁵
47 玉环	foʔ⁵	voʔ²	moʔ²	loʔ²	ɕyoʔ⁵	tɕyoʔ⁵	tɕʰyoʔ⁵	ɕyoʔ⁵
48 金华	foʔ⁴	voʔ²¹²	moʔ²¹²	loʔ²¹²	soʔ⁴	tɕioʔ⁴ tsoʔ⁴	tɕʰyəʔ⁴	soʔ⁴
49 汤溪	fou⁵⁵	vou¹¹³	mou¹¹³	lou¹¹³	sou⁵⁵	tɕiou⁵⁵	tɕʰiou⁵⁵	sou⁵⁵

续表

方言点	0961 福	0962 服	0963 目	0964 六	0965 宿 住~、~舍	0966 竹	0967 畜 ~生	0968 缩
	通合三 入屋非	通合三 入屋奉	通合三 入屋明	通合三 入屋来	通合三 入屋心	通合三 入屋知	通合三 入屋彻	通合三 入屋生
50 兰溪	fɔʔ³⁴	vɔʔ¹²	mɔʔ¹²	lɔʔ¹²	suaʔ³⁴	tɕyɤʔ³⁴	tɕʰyɤʔ³⁴	suaʔ³⁴
51 浦江	fɯ⁴²³	vɯ²³²	mɯ²³²	lɯ²³²	su⁴²³	tɕyɯ⁴²³	tɕʰyɯ⁴²³	ɕyo⁴²³
52 义乌	fau³²⁴	vau³¹²	mau³¹²白 mo³¹²文	lau³¹²	sau³²⁴	tsau³²⁴~间	tsʰau³²⁴	ɕiau³²⁴白 so³²⁴文
53 东阳	fou³³⁴	vou²¹³	mou²¹³	lou²¹³	sou³³⁴	tɕion⁴⁵³小	tsʰou⁴⁵³	sou³³⁴
54 永康	fu³³⁴	vu¹¹³	mu¹¹³	lu¹¹³	su³³⁴	tsu³³⁴	tsʰu³³⁴~生 ɕiu³³⁴家~	su³³⁴
55 武义	fəʔ⁵	vɔ²¹³	mɔ²¹³	lɔ²¹³	sɔʔ⁵	lɔʔ⁵	tsʰɔʔ⁵	sɔʔ⁵
56 磐安	fʌo³³⁴	vʌo²¹³	mʌo²¹³	lʌo²¹³	sʌo³³⁴	tɕiʌo³³⁴	tsʰʌo³³⁴	sʌo³³⁴
57 缙云	fou³²²	vɑu¹³	mɑu¹³	lɑu¹³	sou³²²	tou³²²	tsʰou³²²	sɔ³²²
58 衢州	fəʔ⁵	vəʔ¹²	məʔ¹²	ləʔ¹²	səʔ⁵	tʃyeʔ⁵	tʃʰyəʔ⁵	səʔ⁵
59 衢江	fəʔ⁵	vəʔ²	məʔ²	ləʔ²	səʔ⁵	təʔ⁵	tɕʰyəʔ⁵	səʔ⁵
60 龙游	fəʔ⁴	vəʔ²³	məʔ²³	ləʔ²³	sɔʔ⁴	tsɔʔ⁴	tsʰɔʔ⁴	sɔʔ⁴
61 江山	fɒʔ⁵发~ foʔ⁵~气	voʔ²	moʔ²	laʔ²~月 loʔ²~十	soʔ⁵	taʔ⁵	tɕʰioʔ⁵	soʔ⁵
62 常山	fɤʔ⁵	vaʔ³⁴~贴 vɤʔ³⁴~装	mɤʔ³⁴	laʔ³⁴	sɤʔ⁵	taʔ⁵毛~ tsɤʔ⁵人名	tsʰɤʔ⁵	sɤʔ⁵
63 开化	fəʔ⁵	vəʔ¹³	məʔ¹³	liəʔ¹³	səʔ⁵	tyoʔ⁵	tɕʰyaʔ⁵	səʔ⁵
64 丽水	fəʔ⁵	vəʔ²³	məʔ²³	liuʔ²³	ɕiuʔ⁵住~ səʔ⁵~舍	tiuʔ⁵	tɕʰiuʔ⁵	ɕiuʔ⁵
65 青田	fuʔ⁴²	vuʔ³¹	muʔ³¹	leuʔ³¹	ɕiuʔ⁴²	dʑuʔ⁴²	tɕʰyæʔ⁴²	ɕiuʔ⁴²
66 云和	fəɯʔ⁵	vəɯʔ²³	məɯʔ²³	ləɯʔ²³	ɕioʔ⁵	tiəɯʔ⁵	tɕʰiəɯʔ⁵	ɕioʔ⁵
67 松阳	fɤʔ⁵	vɤʔ²	mɤʔ²	lɤʔ²	ɕioʔ⁵	tioʔ⁵	tɕʰyɛʔ⁵	ɕioʔ⁵
68 宣平	fəʔ⁵	vəʔ²³	məʔ²³	ləʔ²³	səʔ⁵	tyəʔ⁵	tɕʰyəʔ⁵	səʔ⁵
69 遂昌	fəɯʔ⁵	vəɯʔ²³	məɯʔ²³	ləɯʔ²³	ɕiɔʔ⁵	tiuʔ⁵	tɕʰyɛʔ⁵	ɕiɔʔ⁵
70 龙泉	fuʔ⁵	vuʔ²⁴	muʔ²⁴	lɤɯʔ²⁴	ɕiouʔ⁵	tɤɯʔ⁵	tɕʰiɤɯʔ⁵	ɕiouʔ⁵
71 景宁	fuʔ⁵	vuʔ²³	mʔ²³	liuʔ²³	ɕioʔ⁵	tiuʔ⁵	tɕʰiuʔ⁵	ɕioʔ⁵

续表

方言点	0961 福	0962 服	0963 目	0964 六	0965 宿 住~,~舍	0966 竹	0967 畜 ~生	0968 缩
	通合三入屋非	通合三入屋奉	通合三入屋明	通合三入屋来	通合三入屋心	通合三入屋知	通合三入屋彻	通合三入屋生
72 庆元	fuʔ⁵	fuʔ³⁴	mɤʔ³⁴	liɯʔ³⁴	ɕioʔ⁵	ɗiɯʔ⁵	tɕʰiɯʔ⁵	ɕioʔ⁵
73 泰顺	fuʔ⁵	uʔ²	muʔ²	ləuʔ²	suʔ⁵	tiəuʔ⁵	tɕʰiəuʔ⁵	suʔ⁵
74 温州	fu³²³	vu²¹²	mo²¹²	lɤu²¹²	ɕiɤu³²³	tɕiɤu³²³	tɕʰiɤu³²³	ɕio³²³
75 永嘉	fu⁴²³	u²¹³	m²¹³	ləu²¹³	ɕiəu⁴²³	tɕiəu⁴²³	tɕʰiəu⁴²³	ɕyo⁴²³
76 乐清	fɤ³²³	vɤ²¹²	mɤ²¹²	lu²¹²	su³²³	tɕiu³²³	tɕʰio³²³	so³²³
77 瑞安	fɯ³²³	vɯ²¹²	mɯ²¹²	lou²¹²	ɕiou³²³住~ sou³²³~舍	tsou³²³	tsʰou³²³	ɕyo³²³
78 平阳	fu³⁴	vu¹²	mu¹²	lɛu¹²	su³⁴	tʃu³⁴	tʃʰu³⁴	ʃuo³⁴
79 文成	fu³⁴	vu²¹²	mo²¹²	lou²¹²	sou³⁴	tʃou³⁴	tʃʰø³⁴	so³⁴
80 苍南	hu²²³	u¹¹²	mu¹¹²	lɛu¹¹²	su²²³	tsu²²³	tsʰu²²³	su²²³
81 建德徽	feʔ⁵	feʔ¹²	mɐʔ¹²	lɐʔ¹²	ɕyɐʔ⁵	tɕyɐʔ⁵	tɕʰyɐʔ⁵	ɕyɐʔ⁵
82 寿昌徽	fɔʔ³	fɔʔ³¹	mɔʔ³¹	lɔʔ³¹	sɔʔ³	tɕiɔʔ³	tɕʰiɔʔ³	sɔʔ³
83 淳安徽	foʔ⁵	faʔ¹³	maʔ¹³	laʔ¹³	soʔ⁵	tsoʔ⁵	tsʰoʔ⁵	soʔ⁵
84 遂安徽	fu²⁴	fu²¹³	mu²¹³	lu²¹³	su²⁴	tsu²⁴	tsʰu²⁴	su²⁴
85 苍南闽	hɐ⁴³	hɐ²⁴	bɐ²⁴	lɐ²⁴	ɕiɔ⁴³	tie⁴³	tɕʰiɔ⁴³	ɕiɔ⁴³
86 泰顺闽	føʔ⁵	føʔ³	møʔ³	løʔ³	søʔ⁵	tøʔ⁵	ɕyʔ⁵	søʔ⁵
87 洞头闽	hɔk⁵	hɔk²⁴	bɐk²⁴	lɐk²⁴	sɔk⁵	tiek⁵	tʰiɔk⁵	sɔk⁵
88 景宁畲	fuʔ⁵	fuʔ²	moʔ²	lyʔ⁵	（无）	tɕyʔ⁵	tɕʰyʔ⁵	ɕioʔ⁵

方言点	0969 粥	0970 叔	0971 熟	0972 肉	0973 菊	0974 育	0975 封	0976 蜂
	通合三入屋章	通合三入屋书	通合三入屋禅	通合三入屋日	通合三入屋见	通合三入屋以	通合三平钟非	通合三平钟敷
01 杭州	tsoʔ⁵	soʔ⁵	zoʔ²	ȵioʔ² 白 zoʔ² 文	tɕyɛʔ⁵	yɛʔ²	foŋ³³⁴	foŋ³³⁴
02 嘉兴	tsoʔ⁵	soʔ⁵	zoʔ¹³	ȵioʔ⁵	tɕyeʔ⁵	yeʔ⁵	foŋ⁴²	foŋ⁴²
03 嘉善	tsuoʔ⁵	suoʔ⁵	zuoʔ²	ȵioʔ²	tɕioʔ⁵	yøʔ²	foŋ⁵³	xoŋ⁵³ 声殊
04 平湖	tsoʔ⁵	soʔ⁵	zoʔ²	ȵyoʔ²³	tɕyoʔ⁵	yoʔ²³	foŋ⁵³	foŋ⁵³
05 海盐	tsɔʔ⁵	sɔʔ⁵	zɔʔ²³	ȵyɔʔ²³	tɕyɔʔ⁵	yɔʔ²³	foŋ⁵³	foŋ⁵³
06 海宁	tsoʔ⁵	soʔ⁵	zoʔ²	ȵioʔ²	tɕioʔ⁵	ioʔ²	foŋ⁵⁵	foŋ⁵⁵
07 桐乡	tsɔʔ⁵	sɔʔ⁵	zɔʔ²³	ȵiɔʔ²³	tɕiɔʔ⁵	iɔʔ²³	foŋ⁴⁴	foŋ⁴⁴
08 崇德	tsɔʔ⁵	sɔʔ⁵	zɔʔ²³	ȵiɔʔ²³	tɕiɔʔ⁵	iɔʔ²³	foŋ⁴⁴	foŋ⁴⁴
09 湖州	tsuoʔ⁵	suoʔ⁵	zuoʔ²	ȵioʔ²	tɕioʔ⁵	ioʔ²	foŋ⁴⁴	foŋ⁴⁴
10 德清	tsuoʔ⁵	suoʔ⁵	zuoʔ²	ȵioʔ²	tɕioʔ⁵	ioʔ²	foŋ⁴⁴	foŋ⁴⁴
11 武康	tsuoʔ⁵	suoʔ⁵	zuoʔ²	ȵioʔ²	tɕioʔ⁵	ioʔ²	foŋ⁴⁴	foŋ⁴⁴
12 安吉	tsoʔ⁵	soʔ⁵	zoʔ²³	ȵɣʔ²³	tɕyɣʔ⁵	yɣʔ²³	foŋ⁵⁵	foŋ⁵⁵
13 孝丰	tsuoʔ⁵	suoʔ⁵	zuoʔ²³	ȵioʔ²³	tɕioʔ⁵	ioʔ²³	foŋ⁴⁴	foŋ⁴⁴
14 长兴	tsoʔ⁵	soʔ⁵	zoʔ²	ȵioʔ²	tʃiɛʔ⁵	ioʔ²	foŋ⁴⁴	foŋ⁴⁴
15 余杭	tsoʔ⁵	soʔ⁵	zoʔ²	ȵioʔ²	tsieʔ⁵	ioʔ²	foŋ⁴⁴	foŋ⁴⁴
16 临安	tsuɔʔ⁵⁴	suɔʔ⁵⁴	zuɔʔ¹²	ȵyɔʔ¹²	tɕyɔʔ⁵⁴	yɔʔ¹²	foŋ⁵⁵	foŋ⁵⁵
17 昌化	tsuəʔ⁵	suəʔ⁵	zuəʔ²³	ȵyɛʔ²³	tɕyɛʔ⁵	yɛʔ²³	fəŋ³³⁴	fəŋ³³⁴
18 於潜	tsuəʔ⁵³	suəʔ⁵³	zuɐʔ²³	ȵyæʔ²³	tɕyeʔ⁵³	yæʔ²³	foŋ⁴³³	foŋ⁴³³
19 萧山	tɕyoʔ⁵	soʔ⁵	yoʔ¹³ 白 zoʔ¹³ 文	ȵyoʔ¹³	tɕyoʔ⁵	yoʔ¹³	foŋ⁵³³	foŋ⁵³³
20 富阳	tɕyoʔ⁵	ɕyoʔ⁵	ʑyoʔ²	ȵyoʔ²	tɕyoʔ⁵	yoʔ²	foŋ⁵³	foŋ⁵³
21 新登	tsoʔ⁵	soʔ⁵	zoʔ²	ȵyəʔ²	tsoʔ⁵	yəʔ²	foŋ⁵³	foŋ⁵³
22 桐庐	tɕyəʔ⁵	ɕyəʔ⁵	ʑyəʔ¹³	ȵyəʔ¹³	tɕyəʔ⁵	yəʔ¹³	foŋ⁵³³	foŋ⁵³³
23 分水	tsuaʔ⁵	suaʔ⁵	zuaʔ¹²	ȵiaʔ¹²	tsuaʔ⁵	yəʔ¹²	foŋ⁴⁴	foŋ⁴⁴
24 绍兴	tsoʔ⁵	soʔ⁵	zoʔ²	ȵioʔ²	tɕioʔ⁵	ioʔ²	foŋ⁵³	foŋ⁵³
25 上虞	tsoʔ⁵	soʔ⁵	zoʔ²	ȵyoʔ²	tɕyoʔ⁵	yoʔ²	foŋ³⁵	hoŋ³⁵

续表

方言点	0969 粥 通合三入屋章	0970 叔 通合三入屋书	0971 熟 通合三入屋禅	0972 肉 通合三入屋日	0973 菊 通合三入屋见	0974 育 通合三入屋以	0975 封 通合三平钟非	0976 蜂 通合三平钟敷
26 嵊州	tsoʔ^5	soʔ^5	zoʔ^2	ȵyoʔ^2	tɕyoʔ^5	yoʔ^2	foŋ^{534}	foŋ^{534}
27 新昌	tsɣʔ^5	sɣʔ^5	zɣʔ^2	ȵyʔ^2	tɕyʔ^5	yʔ^2	foŋ^{534}	foŋ^{534}
28 诸暨	tsoʔ^5	soʔ^5	zoʔ^{13}	nioʔ^{13}	tɕioʔ^5	ioʔ^{13}	fom^{544}	fom^{544}
29 慈溪	tsoʔ^5	soʔ^5	zoʔ^2	ȵyoʔ^2	tɕyəʔ^5	yoʔ^2	fuŋ^{35}	fuŋ^{35}
30 余姚	tsoʔ^5	soʔ^5	zoʔ^2	ȵyoʔ^2	tɕyoʔ^5	yoʔ^2	fuŋ^{44}	fuŋ^{44}
31 宁波	tsoʔ^5	soʔ^5	zoʔ^2	ȵyəʔ^2	tɕyəʔ^5	yəʔ^2	foŋ^{53}	foŋ^{53}
32 镇海	tsoʔ^5	soʔ^5	zoʔ^{12}	ȵyoʔ^{12}	tɕyoʔ^5	yoʔ^{12}	foŋ^{53}	foŋ^{53}
33 奉化	tsoʔ^5	soʔ^5	zoʔ^2	ȵyoʔ^2	tɕyoʔ^5	yoʔ^2	fəŋ^{44}	fəŋ^{44}
34 宁海	tɕioʔ^5	ɕioʔ^5	zioʔ^3	ȵioʔ^3	kyəʔ^5	yəʔ^3	foŋ^{423}	foŋ^{423}
35 象山	tɕyoʔ^5	ɕyoʔ^5	yoʔ^2	ȵyoʔ^2	tɕyoʔ^5	yoʔ^2	fəŋ^{44}	fəŋ^{44}
36 普陀	tsoʔ^5	soʔ^5	zoʔ^{23}	ȵyoʔ^{23}	tɕyoʔ^5	yoʔ^{23}	foŋ^{53}	foŋ^{53}
37 定海	tsoʔ^5	soʔ^5	zoʔ^2	ȵyoʔ^2	tɕyoʔ^5	yoʔ^2	foŋ^{52}	foŋ^{52}
38 岱山	tsoʔ^5	soʔ^5	zoʔ^2	ȵyoʔ^2	tɕyoʔ^5	yoʔ^2	fɐŋ^{52}	fɐŋ^{52}
39 嵊泗	tsoʔ^5	soʔ^5	zoʔ^2	ȵyoʔ^2	tɕyoʔ^5	yoʔ^2	fɐŋ^{53}	fɐŋ^{53}
40 临海	tɕyoʔ^5	ɕyoʔ^5	zyoʔ^{23}	ȵyoʔ^{23}	tɕyeʔ^5 又 / kyeʔ^5 又	yoʔ^{23}	fəŋ^{31}	fəŋ^{31}
41 椒江	tsoʔ^5	soʔ^5	zoʔ^2	ȵyoʔ^2	kyeʔ^5	yoʔ^2	foŋ^{42}	foŋ^{42}
42 黄岩	tsoŋ^{51}小	soʔ^5	zoʔ^2	ȵyoʔ^2	kyeʔ^5	yeʔ^2	foŋ^{32}	foŋ^{32}
43 温岭	tɕyoʔ^5	ɕyoʔ^5	zyoʔ^2	ȵyoʔ^2	kyʔ^5	yoʔ^2	fuŋ^{33}	fuŋ^{33}
44 仙居	tɕyɔʔ^5	ɕyɔʔ^5	zyɔʔ^{23}	ȵyɔʔ^{23}	cyəʔ^5	yɔʔ^5	foŋ^{334}	foŋ^{334}
45 天台	tɕyuʔ^5	ɕyuʔ^5	zyuʔ^2	ȵyuʔ^2	kyuʔ^5	yuʔ^2	fuŋ^{33}	fuŋ^{33}
46 三门	tɕioʔ^5	ɕioʔ^5	zioʔ^{23}	ȵioʔ^{23}	kyəʔ^5	yəʔ^{23}	foŋ^{334}	foŋ^{334}
47 玉环	tɕioŋ^{53}小	ɕyoʔ^5	zyoʔ^2	ȵyoʔ^2	tɕyoʔ^5	yoʔ^2	foŋ^{42}	foŋ^{42}
48 金华	tɕioʔ^4	ɕyəʔ^4	zioʔ^{212}	nioʔ^{212}	tɕioʔ^4	ioʔ^{212}	foŋ^{334}	foŋ^{334}
49 汤溪	tɕiou^{55}	ɕiou^{55}	ziou^{113}	ȵiou^{113}	tɕiou^{55}	iou^{113}	fɑo^{24}	fɑo^{24}

续表

方言点	0969 粥	0970 叔	0971 熟	0972 肉	0973 菊	0974 育	0975 封	0976 蜂
	通合三入屋章	通合三入屋书	通合三入屋禅	通合三入屋日	通合三入屋见	通合三入屋以	通合三平钟非	通合三平钟敷
50 兰溪	tɕyɤʔ³⁴	ɕyɤʔ³⁴	zyɤʔ¹²	ȵyɤʔ¹²	tɕyɤʔ³⁴	ioʔ¹²	foŋ³³⁴	foŋ³³⁴
51 浦江	tɕyɯ⁴²³	ɕyɯ⁴²³	zyɯ²³²	ȵyɯ²³²	tɕyɯ⁴²³	yɯ⁴²³	fon⁵³⁴	fon⁵³⁴
52 义乌	tsau³²⁴	sau³²⁴	zau³¹²	ȵiau³¹²	tɕiau³²⁴	iau³¹²	foŋ³³⁵	foŋ³³⁵
53 东阳	tɕiou³³⁴	ɕiou³³⁴	ziou²¹³	ȵiou²¹³	tɕiou⁴⁵³ 调殊	iou²¹³	fɔm³³⁴	fɔm³³⁴
54 永康	tsu³³⁴	su³³⁴	zu¹¹³	ȵiu¹¹³	tɕiu³³⁴	iu³³⁴	foŋ⁵⁵	foŋ⁵⁵
55 武义	tsɔʔ⁵	sɔʔ⁵	zɔ²¹³	ȵiɔ²¹³	tɕyɔʔ⁵	iɔ²¹³	foŋ²⁴	foŋ²⁴
56 磐安	tɕiʌo³³⁴	sʌo³³⁴ 又 ɕiʌo³³⁴ 又	zʌo²¹³	ȵiʌo²¹³	tɕiʌo³³⁴	iʌo³³⁴	fɔom⁴⁴⁵	fɔom⁴⁴⁵
57 缙云	tsou³²²	sou³²²	zɑu¹³	ȵiɑu¹³	tɕiou³²²	iɑu¹³	fɔ̃ũ⁴⁴	fɔ̃ũ⁴⁴
58 衢州	tʃyəʔ⁵	ʃyəʔ⁵	ʒyəʔ¹²	ȵyəʔ¹²	tʃyəʔ⁵	yəʔ⁵	foŋ³²	foŋ³²
59 衢江	tɕyəʔ⁵	ɕyəʔ⁵	zyəʔ²	ȵyəʔ²	tɕyəʔ⁵	yəʔ⁵	fəŋ³³	fəŋ³³
60 龙游	tsɔʔ⁴	sɔʔ⁴	zɔʔ²³	ȵiɔʔ²³	tɕyəʔ⁴	iɔʔ⁴	fən³³⁴	fən³³⁴
61 江山	tɕioʔ⁵	ɕioʔ⁵	dʑiɒʔ² 饭~ zioʔ² ~依	niɒʔ²	kɒʔ⁵ 旧 kioʔ⁵ 今	ioʔ⁵	fɒŋ⁴⁴	fɒŋ⁴⁴
62 常山	tsɤʔ⁵	sɤʔ⁵	zɤʔ³⁴	niʌʔ³⁴	tɕyeʔ⁵	yeʔ⁵	fã⁴⁴ 一~ foŋ⁴⁴ 信~	fã⁴⁴
63 开化	tɕyoʔ⁵	ɕyoʔ⁵	dʑyoʔ¹³ ~罢 zyoʔ¹³ ~依	ȵyoʔ¹³	tɕyɛʔ⁵	yɛʔ⁵	fɤŋ⁴⁴	fɤŋ⁴⁴
64 丽水	tɕiuʔ⁵	ɕiuʔ⁵	ziuʔ²³	ȵiuʔ²³	tɕyʔ⁵	iuʔ⁵	fɔŋ²²⁴	fɔŋ²²⁴
65 青田	tɕiuʔ⁴²	ɕiuʔ⁴²	iuʔ³¹	ȵiuʔ³¹	tɕiuʔ⁴²	iuʔ⁴²	foŋ⁴⁴⁵	foŋ⁴⁴⁵
66 云和	tɕiəɯʔ⁵	ɕiəɯʔ⁵	ziəɯʔ²³	ȵiəɯʔ²³	tɕiəɯʔ⁵	iəɯʔ⁵	fəŋ²⁴	fəŋ²⁴
67 松阳	tɕioʔ⁵	ɕioʔ⁵	zioʔ²	ȵioʔ²	tɕʰioʔ⁵ 声殊	ioʔ² 教~ yɛʔ² 培~	fəŋ⁵³	fəŋ⁵³
68 宣平	tɕyəʔ⁵	ɕyəʔ⁵	zyəʔ²³	ȵyəʔ²³	tɕyəʔ⁵	yəʔ⁵	fən³²⁴	fən³²⁴
69 遂昌	tɕiuʔ⁵	ɕiuʔ⁵	dʑiuʔ²³ ziuʔ²³	ȵiuʔ²³	tɕiuʔ⁵	iuʔ⁵	fəŋ⁴⁵	fəŋ⁴⁵
70 龙泉	tɕiɤɯʔ⁵	ɕiɤɯʔ⁵	ziɤɯʔ²⁴	ȵiouʔ²⁴	tɕiɤɯʔ⁵	ȵiouʔ²⁴	fəŋ⁴³⁴	fəŋ⁴³⁴

续表

方言点	0969 粥	0970 叔	0971 熟	0972 肉	0973 菊	0974 育	0975 封	0976 蜂
	通合三入屋章	通合三入屋书	通合三入屋禅	通合三入屋日	通合三入屋见	通合三入屋以	通合三平钟非	通合三平钟敷
71 景宁	tɕiuʔ⁵	ɕiuʔ⁵	ʑiuʔ²³	ȵiuʔ²³	tɕiuʔ⁵	iuʔ⁵	fəŋ³²⁴	fəŋ³²⁴
72 庆元	tɕimʔ⁵	ɕimʔ⁵	ɕimʔ³⁴	ȵimʔ³⁴	tɕimʔ⁵	ioʔ³⁴	fəŋ³³⁵	fəŋ³³⁵
73 泰顺	tɕiəuʔ⁵	ɕiəuʔ⁵	ɕiəuʔ²	ȵiəuʔ²	tɕiəuʔ⁵	iəuʔ⁵	foŋ²¹³	foŋ²¹³
74 温州	tɕiɤu³²³	ɕiɤu³²³	iɤu²¹²	ȵiɤu²¹²	tɕiɤu³²³	iɤu³²³	hoŋ³³	hoŋ³³
75 永嘉	tɕiəu⁴²³	ɕiəu⁴²³	iəu²¹³	ȵiəu²¹³	tɕiəu⁴²³	iəu⁴²³	hoŋ⁴⁴	hoŋ⁴⁴
76 乐清	tɕiu³²³	su³²³	zu²¹²	ȵiau²¹²	tɕiau³²³	iau³²³	foŋ⁴⁴	foŋ⁴⁴
77 瑞安	tsou³²³	sou³²³	zou²¹²	ȵiou²¹²	tɕiou³²³	iou³²³调殊	foŋ⁴⁴	foŋ⁴⁴
78 平阳	tʃɛu³⁴	su³⁴	zɛu¹²	ȵiu¹²	tʃu³⁴	iu¹²	foŋ⁵⁵	foŋ⁵⁵
79 文成	tʃou³⁴	sou³⁴	zou²¹²	ȵiou²¹²	tʃou³⁴	iou²¹²	foŋ⁵⁵	foŋ⁵⁵
80 苍南	tsu²²³	su²²³	zu¹¹²	ȵiou¹¹²	tsu²²³	iou¹¹²	hoŋ⁴⁴	hoŋ⁴⁴
81 建德徽	tɕyɐʔ⁵	ɕyɐʔ⁵	ɕyɐʔ¹²	ȵyɐʔ¹²	tɕyɐʔ⁵	yɐʔ⁵	foŋ⁵³	foŋ⁵³
82 寿昌徽	tsɔʔ³文	ɕiɔʔ³文	ɕiɔʔ³¹	ȵiɔʔ³¹	tɕyɔʔ³	yɔʔ³¹	fəŋ¹¹²	fəŋ¹¹²
83 淳安徽	tsoʔ⁵	soʔ⁵	saʔ¹³	iaʔ¹³	tsoʔ⁵	iaʔ⁵	fon²⁴	hon²⁴
84 遂安徽	tsu²⁴	su²⁴	su²¹³	lu²¹³	tsu²⁴	iu²⁴	fəŋ⁵³⁴	fəŋ⁵³⁴
85 苍南闽	（无）	tse⁴³	ɕie²⁴	hie²⁴	kiɔ⁴³	iɔ²⁴	haŋ⁵⁵	pʰan⁵⁵
86 泰顺闽	tsøʔ⁵	søʔ⁵	søʔ³	nyıʔ³	kiıʔ⁵	yıʔ⁵	fəŋ²¹³	pʰəŋ²¹³
87 洞头闽	（无）	tɕiek⁵ 白 / ɕiɔk⁵ 文	ɕiek²⁴	hiek²⁴	kiɔk⁵	ɔk³¹	ʮoŋ³³	pʰɑŋ³³
88 景宁畲	（无）	ɕyʔ⁵	ɕyʔ²	ȵyʔ⁵	tɕyʔ⁵	ioʔ⁵	foŋ⁴⁴	pʰyŋ³²⁵小

方言点	0977 缝 一条~	0978 浓	0979 龙	0980 松 ~树	0981 重 轻~	0982 肿	0983 种 ~树	0984 冲
	通合三 去钟奉	通合三 平钟泥	通合三 平钟来	通合三 平钟邪	通合三 上钟澄	通合三 上钟章	通合三 去钟章	通合三 平钟昌
01 杭州	voŋ^{13}	n̠ioŋ^{213}白 noŋ^{213}文	loŋ^{213}	soŋ^{334}	dzoŋ^{13}	tsoŋ^{53}	tsoŋ^{45}	tsʰoŋ^{334}
02 嘉兴	voŋ^{113}	n̠ioŋ^{242}	loŋ^{242}	soŋ^{42}	zoŋ^{113}	tsoŋ^{544}	tsoŋ^{224}	tsʰoŋ^{42}
03 嘉善	oŋ^{113}	nioŋ^{132}	loŋ^{132}	soŋ^{53}	zoŋ^{113}	tsoŋ^{44}	tsoŋ^{334}	tsʰoŋ^{53}
04 平湖	voŋ^{213}	nioŋ^{31}	loŋ^{31}	soŋ^{53}	zoŋ^{213}	tsoŋ^{44}	tsoŋ^{334}	tsʰoŋ^{53}
05 海盐	voŋ^{213}	nioŋ^{31}	loŋ^{31}	soŋ^{53}	zoŋ^{423}	tsoŋ^{423}	tsoŋ^{334}	tsʰoŋ^{53}
06 海宁	voŋ^{13}	nioŋ^{13}	loŋ^{13}	soŋ^{55}	zoŋ^{231}	tsoŋ^{53}	tsoŋ^{35}	tsʰoŋ^{55}
07 桐乡	voŋ^{213}	nioŋ^{13}	loŋ^{13}	soŋ^{44}	zoŋ^{242}	tsoŋ^{53}	tsoŋ^{334}	tsʰoŋ^{44}
08 崇德	voŋ^{13}	nioŋ^{13}	loŋ^{13}	soŋ^{44}	zoŋ^{242}	tsoŋ^{53}	tsoŋ^{334}	tsʰoŋ^{44}~锋 tsʰoŋ^{334}相~
09 湖州	voŋ^{112}	nioŋ^{112}	loŋ^{112}	soŋ^{44}	dzoŋ^{231}	tsoŋ^{523}	tsoŋ^{35}	tsʰoŋ^{44}
10 德清	voŋ^{113}	nioŋ^{113}	loŋ^{113}	soŋ^{44}	zoŋ^{143}	tɕioŋ^{52}	tsoŋ^{334}	tsʰoŋ^{44}
11 武康	voŋ^{113}	nioŋ^{113}	loŋ^{113}	soŋ^{44}	dzoŋ^{242}	tsoŋ^{53}	tsoŋ^{224}	tsʰoŋ^{44}
12 安吉	voŋ^{213}	nioŋ^{22}	loŋ^{22}	soŋ^{55}	dzoŋ^{243}	tsoŋ^{52}	tsoŋ^{324}	tsʰoŋ^{55}
13 孝丰	voŋ^{213}	nioŋ^{22}	loŋ^{22}	soŋ^{44}	dzoŋ^{243}	tsoŋ^{52}	tsoŋ^{324}	tsʰoŋ^{44}
14 长兴	voŋ^{24}	nioŋ^{12}	loŋ^{12}	soŋ^{44}	dzoŋ^{243}	tsoŋ^{52}	tsoŋ^{324}	tsʰoŋ^{44}
15 余杭	voŋ^{213}	nioŋ^{22}	loŋ^{22}	soŋ^{44}	zoŋ^{243}	tsoŋ^{53}	tsoŋ^{423}	tsʰoŋ^{44}
16 临安	voŋ^{33}	nioŋ^{33}	loŋ^{33}	soŋ^{55}	dzoŋ^{33}	tsoŋ^{55}	tsoŋ^{55}	tsʰoŋ^{55}
17 昌化	vəŋ^{243}	nəŋ^{112}	ləŋ^{112}	səŋ^{334}	zəŋ^{243}	tsəŋ^{453}	tsəŋ^{544}	tsʰəŋ^{334}
18 於潜	voŋ^{24}	nioŋ^{223}	loŋ^{223}	zoŋ^{223}	dzoŋ^{24}	tsoŋ^{51}	tsoŋ^{35}	tsʰoŋ^{433}
19 萧山	voŋ^{242}	noŋ^{242}	loŋ^{355}	soŋ^{533}	dzʑyoŋ^{13}	tɕyoŋ^{33}	tɕyoŋ^{42}	tɕʰyoŋ^{533}
20 富阳	voŋ^{224}	n̠yoŋ^{13}	loŋ^{13}	soŋ^{53}	dzʑyoŋ^{224}	tɕyoŋ^{423}	tɕyoŋ^{335}	tɕʰyoŋ^{53}
21 新登	voŋ^{13}	ioŋ^{233}	loŋ^{233}	soŋ^{53}	dzoŋ^{13}	tsoŋ^{334}	tsoŋ^{45}	tsʰoŋ^{53}
22 桐庐	voŋ^{24}	ioŋ^{13}	loŋ^{13}	soŋ^{533}	dzioŋ^{24}	tɕioŋ^{33}	tɕioŋ^{35}白 tsoŋ^{35}文	tɕʰioŋ^{533}
23 分水	voŋ^{13}	ioŋ^{22}	loŋ^{22}	soŋ^{44}	dzoŋ^{13}	tsoŋ^{53}	tsoŋ^{24}	tsʰoŋ^{44}
24 绍兴	voŋ^{22}	nioŋ^{231}	loŋ^{231}	soŋ^{53}音殊	dzoŋ^{223}	tsoŋ^{334}	tsoŋ^{33}	tsʰoŋ^{53}

续表

方言点	0977 缝 一条~ 通合三 去钟奉	0978 浓 通合三 平钟泥	0979 龙 通合三 平钟来	0980 松 ~树 通合三 平钟邪	0981 重 轻~ 通合三 上钟澄	0982 肿 通合三 上钟章	0983 种 ~树 通合三 去钟章	0984 冲 通合三 平钟昌
25 上虞	$voŋ^{31}$	$n̠zyoŋ^{213}$	$loŋ^{213}$	$soŋ^{35}$	$dzoŋ^{213}$	$tsoŋ^{35}$	$tsoŋ^{53}$	$tsʰoŋ^{35}$
26 嵊州	$uoŋ^{24}$	$n̠zyoŋ^{213}$白 $noŋ^{213}$文	$loŋ^{213}$	$zoŋ^{213}$	$dzoŋ^{24}$	$tsoŋ^{53}$	$tsoŋ^{334}$	$tsʰoŋ^{534}$
27 新昌	$uoŋ^{13}$	$n̠zyoŋ^{22}$	$loŋ^{22}$	$zɔ̃^{22}$	$dzoŋ^{232}$	$tsoŋ^{453}$	$tsoŋ^{335}$	$tsʰoŋ^{534}$
28 诸暨	vom^{33}	iom^{13}	lom^{13}	som^{544}	$dzom^{242}$	$tsom^{42}$	$tsom^{544}$	$tsʰom^{544}$
29 慈溪	$vəŋ^{13}$	$n̠iuŋ^{13}$	$luŋ^{13}$	$suŋ^{35}$	$dzuŋ^{13}$	$tsuŋ^{35}$	$tsuŋ^{44}$	$tsʰuŋ^{35}$
30 余姚	$vuŋ^{13}$	$n̠iuŋ^{13}$	$luŋ^{13}$	$suŋ^{44}$	$dzuŋ^{13}$	$tsuŋ^{34}$	$tsuŋ^{53}$	$tsʰuŋ^{44}$
31 宁波	$voŋ^{13}$	$n̠zyoŋ^{13}$	$loŋ^{13}$	$soŋ^{53}$	$dzoŋ^{13}$	$tsoŋ^{35}$	$tsoŋ^{44}$	$tsʰoŋ^{53}$
32 镇海	$voŋ^{24}$	$n̠zyoŋ^{24}$	$loŋ^{24}$	$soŋ^{53}$	$dzoŋ^{24}$	$tsoŋ^{35}$	$tsoŋ^{53}$	$tsʰoŋ^{53}$
33 奉化	$vəŋ^{31}$	$n̠zyoŋ^{33}$	$loŋ^{33}$	$soŋ^{44}$	$dzoŋ^{324}$	$tsoŋ^{545}$	$tsoŋ^{53}$	$tsʰoŋ^{44}$
34 宁海	$voŋ^{24}$	$n̠ioŋ^{213}$	$loŋ^{213}$	$zoŋ^{213}$	$dʑioŋ^{31}$	$tɕioŋ^{53}$	$tɕioŋ^{35}$	$tɕʰioŋ^{423}$
35 象山	$vəŋ^{13}$	$n̠zyoŋ^{31}$	$loŋ^{31}$	$zoŋ^{31}$白 $soŋ^{44}$文	$dʑyoŋ^{31}$	$tɕyoŋ^{44}$	$tɕyoŋ^{53}$	$tɕʰyoŋ^{44}$
36 普陀	$voŋ^{13}$	$n̠ioŋ^{24}$白 $noŋ^{24}$文	$loŋ^{24}$	$soŋ^{53}$	$dzoŋ^{23}$	$tsoŋ^{45}$	$tsoŋ^{55}$	$tsʰoŋ^{53}$
37 定海	$voŋ^{13}$	$n̠zyou^{23}$	$loŋ^{23}$	$soŋ^{52}$	$dzoŋ^{23}$	$tsoŋ^{45}$	$tsoŋ^{44}$	$tsʰoŋ^{52}$
38 岱山	$vɐu^{213}$	$n̠zyoŋ^{23}$	$loŋ^{23}$	$soŋ^{52}$	$dzoŋ^{244}$	$tsoŋ^{325}$	$tsoŋ^{44}$	$tsʰoŋ^{52}$
39 嵊泗	$vɐu^{213}$	$n̠zyoŋ^{243}$	$loŋ^{243}$	$soŋ^{53}$	$dzoŋ^{334}$	$tsoŋ^{145}$	$tsoŋ^{53}$	$tsʰou^{53}$
40 临海	$vəŋ^{324}$	$n̠zyoŋ^{21}$又 $noŋ^{21}$又	$loŋ^{21}$	$ɕyoŋ^{31}$	$dʑyoŋ^{21}$	$tɕyoŋ^{52}$	$tɕyoŋ^{55}$	$tɕʰyoŋ^{31}$
41 椒江	$vəŋ^{24}$	$n̠zyoŋ^{31}$	$loŋ^{31}$	$zoŋ^{31}$白 $soŋ^{42}$文	$dzoŋ^{31}$	$tsoŋ^{42}$	$tsoŋ^{55}$	$tsʰoŋ^{42}$
42 黄岩	$voŋ^{24}$	$n̠zyoŋ^{121}$	$loŋ^{121}$	$soŋ^{32}$	$dzoŋ^{121}$	$tsoŋ^{42}$	$tsoŋ^{55}$	$tsʰoŋ^{32}$
43 温岭	$vuŋ^{13}$	$n̠zyuŋ^{31}$	$luŋ^{31}$	$ɕyuŋ^{33}$	$dʑyuŋ^{31}$	$tɕyuŋ^{42}$	$tɕyuŋ^{55}$	$tɕʰyuŋ^{33}$
44 仙居	$voŋ^{24}$	$ioŋ^{213}$音殊	$loŋ^{213}$	$zioŋ^{213}$	$dʑioŋ^{213}$	$tɕioŋ^{324}$	$tɕioŋ^{55}$	$tɕʰioŋ^{334}$
45 天台	$vəŋ^{35}$	$n̠zyuŋ^{224}$	$luŋ^{224}$	$ɕyuŋ^{33}$	$dʑyuŋ^{214}$	$tɕyuŋ^{325}$	$tɕyuŋ^{55}$	$tɕʰyuŋ^{33}$

续表

方言点	0977 缝 一条~	0978 浓	0979 龙	0980 松 ~树	0981 重 轻~	0982 肿	0983 种 ~树	0984 冲
	通合三 去钟奉	通合三 平钟泥	通合三 平钟来	通合三 平钟邪	通合三 上钟澄	通合三 上钟章	通合三 去钟章	通合三 平钟昌
46 三门	voŋ²⁴³	noŋ¹¹³	loŋ¹¹³	soŋ³³⁴	dzioŋ²¹³	tɕioŋ³²⁵	tɕioŋ⁵⁵	tɕʰioŋ³³⁴
47 玉环	voŋ²²	noŋ³¹	loŋ³¹	zioŋ³¹白 ɕioŋ⁴²文	dzioŋ³¹	tɕioŋ⁵³	tɕioŋ⁵⁵	tɕʰioŋ⁴²
48 金华	voŋ¹⁴	ioŋ³¹³音殊	loŋ³¹³	zoŋ³¹³	tɕioŋ⁵³⁵	tɕioŋ⁵³⁵	tɕioŋ⁵⁵	tɕʰioŋ³³⁴
49 汤溪	vao³⁴¹	iao¹¹音殊	lao¹¹	zao¹¹	dʑiao¹¹³	tɕiao⁵³⁵	tɕiao⁵²	tɕʰiao²⁴
50 兰溪	voŋ²⁴	ioŋ²¹音殊	loŋ²¹	zoŋ²¹	tɕioŋ⁵⁵	tɕioŋ⁵⁵	tɕioŋ⁴⁵	tɕʰioŋ³³⁴
51 浦江	von²⁴	yon¹¹³音殊	lən¹¹³	zən¹¹³	dʑyon²⁴³	tɕyon⁵³	tɕyon⁵⁵	tɕʰyon⁵³
52 义乌	voŋ²⁴	ioŋ²¹³音殊	loŋ²¹³	zoŋ²¹³	dzoŋ³¹²	tsoŋ⁴²³	tsoŋ⁴⁵	tsʰoŋ³³⁵
53 东阳	vɔm²⁴	ȵiɔm²¹³	lɔm²¹³	zɔm²¹³	dʑiɔm²³¹	tsɔm⁴⁵³	tsɔm⁴⁵³	tsʰɔm³³⁴
54 永康	voŋ²⁴¹	ioŋ²²声殊	loŋ²²	zoŋ²²	dzoŋ¹¹³	tsoŋ³³⁴	tsoŋ⁵²	tsʰoŋ⁵⁵
55 武义	voŋ²³¹	ioŋ³²⁴音殊	loŋ³²⁴	zoŋ³²⁴	dzoŋ¹³	ioŋ⁴⁴⁵声殊	ioŋ⁵³	tsʰoŋ²⁴
56 磐安	vɔɔm¹⁴	nɔɔm²¹³又 ȵiɔɔm²¹³又	lɔɔm²¹³	zɔɔm²¹³	tsɔɔm³³⁴	tsɔɔm³³⁴	tsɔɔm⁵²	tsʰɔɔm⁴⁴⁵
57 缙云	vɔ̃ũ²¹³	ȵiɔ²⁴³	lɔ²⁴³	zɔ²⁴³	dzɔ̃ũ³¹	tsɔ⁵¹	tsɔ⁴⁵³	tsʰɔ̃ũ⁴⁴
58 衢州	voŋ²³¹	yoŋ²¹	loŋ²¹	zoŋ²¹	dʒyoŋ²³¹	tʃyoŋ³⁵	tʃyoŋ⁵³	tʃʰyoŋ³²
59 衢江	vən²³¹	yoŋ²¹²	lən²¹²	zən²¹²	dʑyoŋ²¹²	yoŋ²⁵声殊	yoŋ⁵³声殊	tɕʰyoŋ³³
60 龙游	vən²³¹	noŋ²¹	loŋ²¹	zoŋ²²⁴调殊	dzoŋ²²⁴	ioŋ³⁵声殊	ioŋ⁵¹声殊	tsʰoŋ³³⁴
61 江山	vɒŋ³¹	ȵiaŋ²¹³	liaŋ²¹³	zɒŋ²¹³	dzioŋ²²	ioŋ²⁴¹声殊	ioŋ⁵¹声殊	tɕʰioŋ⁴⁴
62 常山	vã²⁴	ȵiɔ̃³⁴¹	liɔ̃³⁴¹	zɔ̃¹³¹	dzoŋ²⁴	ioŋ⁵²声殊	ioŋ³²⁴声殊	tsʰoŋ⁴⁴
63 开化	vɤŋ²¹³	ȵiɔŋ²³¹	liɔŋ²³¹	zɤŋ²¹³调殊	dziɔŋ²¹³	iɔŋ⁵³声殊	iɔŋ⁴¹²声殊	tɕʰiɔŋ⁴⁴
64 丽水	voŋ¹³¹	ȵiɔŋ²²	liɔŋ²²	zin²²白 soŋ²²⁴文	dziɔŋ²²	tɕiɔŋ⁵⁴⁴	tɕiɔŋ⁵²	tɕʰiɔŋ²²⁴
65 青田	voŋ²²	ȵio²¹	lio²¹	io²¹	dzio³⁴³	dʑio³⁴³音殊	tɕio³³	tɕʰioŋ⁴⁴⁵
66 云和	vən²²³	ȵiɔ̃³¹²	liɔ̃³¹²	ziɔ̃³¹²	dziɔŋ²³¹	tɕiɔ̃⁴¹	tɕiɔ̃⁴⁵	tɕʰioŋ²⁴
67 松阳	vən¹³	ȵiɔŋ³¹	lioŋ³¹	zæ³¹	dziaŋ²²	iəŋ²¹²声殊	iəŋ²⁴声殊	tɕʰiəŋ⁵³
68 宣平	vən²³¹	ȵiɔ̃⁴³³	liɔ̃⁴³³	zən⁴³³	dʑyən²²³	tɕiɔ̃⁴⁴⁵	tɕiɔ̃⁵²	tɕʰyən³²⁴

续表

方言点	0977 缝 一条~	0978 浓	0979 龙	0980 松 ~树	0981 重 轻~	0982 肿	0983 种 ~树	0984 冲
	通合三 去钟奉	通合三 平钟泥	通合三 平钟来	通合三 平钟邪	通合三 上钟澄	通合三 上钟章	通合三 去钟章	通合三 平钟昌
69 遂昌	vəŋ²¹³	n̠iɔŋ²²¹	liɔŋ²²¹	zɛ̃¹³调殊	dzʑiɔŋ¹³	iɔŋ⁵³³声殊	iɔŋ³³⁴声殊	tɕʰiɔŋ⁴⁵
70 龙泉	vəŋ²²⁴	n̠iɔŋ²¹	liɔŋ²¹	zɛ²¹韵殊	tɕiɔŋ⁵¹	iɔŋ⁵¹声殊	iɔŋ⁴⁵声殊	tɕʰiɔŋ⁴³⁴
71 景宁	vəŋ¹¹³	n̠iɔŋ⁴¹	liɔŋ⁴¹	zəŋ¹¹³	tɕyŋ³³	tɕiɔŋ³³	tɕiɔŋ³⁵	tɕʰyŋ³²⁴
72 庆元	fəŋ³¹	n̠iɔ̃⁵²	liɔ̃⁵²	sæ̃⁵²音殊	tɕiɔŋ²²¹	iɔŋ³³声殊	iɔŋ¹¹声殊	tɕʰiɔŋ³³⁵
73 泰顺	uɔŋ²²	n̠iɔ̃⁵³	liɔ̃⁵³	ɕiɔ̃²¹	tɕiɔ̃²¹	tɕiɔ̃⁵⁵	tɕiɔ̃³⁵	tɕʰiɔŋ²¹³
74 温州	oŋ²²	n̠yɔ³¹白 noŋ³¹文	liɛ³¹白 loŋ³¹文	yɔ³¹白 soŋ³³文	dzʑyɔ¹⁴	tɕyɔ²⁵	tɕyɔ⁵¹	tɕʰioŋ³³
75 永嘉	oŋ²²	n̠yɔ³¹	lyə³¹白 loŋ³¹文	yɔ³¹	dzʑyɔ¹³	tɕyɔ⁴⁵	tɕyɔ⁵³	tɕʰioŋ⁴⁴
76 乐清	voŋ²²	n̠iɔ³¹白 noŋ³¹文	luɯʌ³¹白 loŋ³¹文	zuɯʌ³¹	dzʑyɯʌ²⁴	tɕyɯʌ³⁵	tɕyɯʌ⁴¹	tɕʰioŋ⁴⁴
77 瑞安	voŋ²²	n̠yo³¹	lu³¹白 loŋ³¹文	yo³¹	dzʑyo¹³	tɕyo³⁵	tɕyo⁵³	tsʰoŋ⁴⁴
78 平阳	voŋ³³	n̠yo²⁴²	luo²⁴²	soŋ⁵⁵	dʒuo²³	tʃuo⁴⁵	tʃuo⁵³	tʃʰoŋ⁵⁵
79 文成	voŋ⁴²⁴	noŋ¹¹³	luo¹¹³	soŋ⁵⁵	dʒuo²²⁴	tʃuo⁴⁵	tʃuo³³	tʃʰoŋ⁵⁵
80 苍南	oŋ¹¹	n̠yo³¹茶~ loŋ³¹~度	lyɔ³¹	dzʑyɔ³¹	dzʑyɔ²⁴	tɕyɔ⁵³	tɕyɔ⁴²	tɕʰioŋ⁴⁴
81 建德徽	foŋ⁵⁵	ioŋ³³音殊	loŋ³³	soŋ⁵³	tsoŋ²¹³	tsoŋ²¹³	tsoŋ³³	tsʰoŋ⁵³
82 寿昌徽	fɔŋ³³	iɔŋ⁵²	lɔŋ⁵²	sɔŋ¹¹²	tɕʰiɔŋ⁵³⁴	tɕiɔŋ²⁴	tɕiɔŋ³³	tɕʰiɔŋ¹¹²
83 淳安徽	fon⁵³	ion⁴³⁵音殊	lon⁴³⁵	son⁴³⁵	tsʰon⁵⁵	tson⁵⁵	tson²⁴	tsʰon²⁴
84 遂安徽	fəŋ⁵²	ləŋ³³	ləŋ³³	səŋ⁵³⁴	tsʰəŋ⁴³	tsəŋ²¹³	tsəŋ²¹³	tsʰəŋ⁵³⁴
85 苍南闽	pʰan²¹	laŋ²⁴	lin²⁴	saŋ⁵⁵	tan³²	tɕin⁴³	tɕin⁴³	tɕʰiaŋ⁵⁵
86 泰顺闽	fəŋ³¹	niəŋ²²	ləŋ²²	səŋ²²	təŋ³¹	tsəŋ³⁴⁴	tsəŋ⁵³	tsʰəŋ²¹³
87 洞头闽	pʰan²¹	loŋ¹¹³	lieŋ¹¹³	san³³白 soŋ³³文	taŋ²¹	tɕieŋ⁵³	tɕieŋ²¹	tɕʰioŋ³³
88 景宁畲	foŋ⁵¹	n̠yŋ²²	lyŋ²²	soŋ⁴⁴	tɕʰyŋ⁴⁴	tɕyŋ³²⁵	tɕyŋ³²⁵ 调殊	tɕʰyŋ⁴⁴

方言点	0985 恭	0986 共	0987 凶 吉~	0988 拥	0989 容	0990 用	0991 绿	0992 足
	通合三 平钟见	通合三 去钟群	通合三 平钟晓	通合三 上钟影	通合三 平钟以	通合三 去钟以	通合三 入烛来	通合三 入烛精
01 杭州	koŋ³³⁴	goŋ¹³	ɕioŋ³³⁴	ioŋ³³⁴	ioŋ²¹³	ioŋ¹³	loʔ²	tsoʔ⁵
02 嘉兴	koŋ⁴²	goŋ¹¹³	ɕioŋ⁴²	ioŋ⁵⁴⁴	ioŋ²⁴²	ioŋ²²⁴	loʔ⁵	tsoʔ⁵
03 嘉善	koŋ⁵³	goŋ¹¹³	ɕioŋ⁵³	ioŋ⁴⁴	ioŋ¹³²	ioŋ³³⁴	luoʔ²	tsuoʔ⁵
04 平湖	koŋ⁵³	goŋ²¹³	ɕioŋ⁵³	ioŋ⁴⁴	ioŋ³¹	ioŋ²¹³	loʔ²³	tsoʔ⁵
05 海盐	koŋ⁵³	goŋ²¹³	ɕioŋ⁵³	ioŋ⁴²³	ioŋ³¹	ioŋ³³⁴	lɔʔ²³	tsɔʔ⁵
06 海宁	koŋ⁵⁵	goŋ¹³	ɕioŋ⁵⁵	ioŋ⁵³ 调殊	ioŋ¹³	ioŋ⁵³	loʔ²	tsoʔ⁵
07 桐乡	koŋ⁴⁴	goŋ²¹³	ɕioŋ⁴⁴	ioŋ⁵³	ioŋ¹³	ioŋ³³⁴	lɔʔ²³	tsɔʔ⁵
08 崇德	koŋ⁴⁴	goŋ¹³	ɕioŋ⁴⁴	ioŋ⁵³	ioŋ¹³	ioŋ³³⁴	lɔʔ²³	tsɔʔ⁵
09 湖州	koŋ⁴⁴	goŋ²⁴	ɕioŋ⁴⁴	ioŋ⁴⁴	ioŋ¹¹²	ioŋ³⁵	luoʔ²	tsuoʔ⁵
10 德清	koŋ⁴⁴	goŋ¹¹³	ɕioŋ⁴⁴	ioŋ⁴⁴	ioŋ¹¹³	ioŋ³³⁴	luoʔ²	tsuoʔ⁵
11 武康	koŋ⁴⁴	goŋ¹¹³	ɕioŋ⁴⁴	ioŋ²²⁴	ioŋ¹¹³	ioŋ²²⁴	luoʔ²	tsuoʔ⁵
12 安吉	koŋ⁵⁵	goŋ²⁴³	ɕioŋ⁵⁵	ioŋ⁵²	ioŋ²²	ioŋ²¹³	loʔ²³	tsoʔ⁵
13 孝丰	koŋ⁴⁴	goŋ²¹³	ɕioŋ⁴⁴	ioŋ⁴⁴	ioŋ²²	ioŋ³²⁴	luoʔ²³	tsuoʔ⁵
14 长兴	koŋ⁴⁴	goŋ²⁴	ʃioŋ⁴⁴	ioŋ⁴⁴	ioŋ¹²	ioŋ³²⁴	loʔ²	tsoʔ⁵
15 余杭	koŋ⁴⁴	goŋ²¹³	ɕioŋ⁴⁴	ioŋ⁵³	ioŋ²²	ioŋ²¹³	loʔ²	tsoʔ⁵
16 临安	koŋ⁵⁵	goŋ³³	ɕioŋ⁵⁵	ioŋ³³	ioŋ³³	ioŋ³³	luɔʔ¹²	tsuɔʔ⁵⁴
17 昌化	kəŋ³³⁴	gəŋ²⁴³	ɕyəŋ³³⁴	yəŋ³³⁴	yəŋ¹¹²	yəŋ²⁴³	luəʔ²³	tsuəʔ⁵
18 於潜	koŋ⁴³³	goŋ²⁴	ɕioŋ⁴³³	ioŋ⁴³³	ioŋ²²³	ioŋ²⁴	læʔ²³	tsuəʔ⁵³
19 萧山	koŋ⁴²	goŋ²⁴²	ɕyoŋ⁵³³	yoŋ⁴²	yoŋ²⁴² 调殊	yoŋ²⁴²	ləʔ¹³	tsoʔ⁵
20 富阳	koŋ⁵³	goŋ²²⁴	ɕyoŋ⁵³	yoŋ⁵³	yoŋ¹³	yoŋ²²⁴	loʔ²	tsoʔ⁵
21 新登	koŋ⁵³	goŋ¹³	soŋ⁵³	ioŋ³³⁴	ioŋ²³³	ioŋ¹³	lɔʔ²	tsɔʔ⁵
22 桐庐	koŋ⁵³³	goŋ²⁴	ɕioŋ⁵³³	ioŋ⁵³³	ioŋ¹³	ioŋ²⁴	ləʔ¹³	tɕyəʔ⁵
23 分水	koŋ⁴⁴	goŋ¹³	ɕioŋ⁴⁴	ioŋ⁵³	ioŋ²²	ioŋ¹³	ləʔ¹²	tsaʔ⁵
24 绍兴	koŋ⁵³	goŋ²²	ɕioŋ⁵³	ioŋ³³⁴	ioŋ²³¹	ioŋ²²	loʔ²	tsoʔ⁵
25 上虞	koŋ³⁵	goŋ³¹	ɕyoŋ³⁵	yoŋ²¹³	yoŋ²¹³	yoŋ³¹	loʔ²	tsoʔ⁵

方言点	0985 恭 通合三 平钟见	0986 共 通合三 去钟群	0987 凶 吉~ 通合三 平钟晓	0988 拥 通合三 上钟影	0989 容 通合三 平钟以	0990 用 通合三 去钟以	0991 绿 通合三 入烛来	0992 足 通合三 入烛精
26 嵊州	kuoŋ⁵³⁴	dʑyoŋ²⁴白 guoŋ²⁴文	ɕyoŋ⁵³⁴	yoŋ⁵³	yoŋ²¹³	yoŋ²⁴	loʔ²	tsoʔ⁵
27 新昌	koŋ⁵³⁴	dʑyoŋ¹³白 goŋ¹³文	ɕyoŋ⁵³⁴	yoŋ⁵³⁴	yoŋ²²	yoŋ¹³	lɤʔ²	tsɤʔ⁵
28 诸暨	kom⁵⁴⁴	gom³³	ɕiom⁵⁴⁴	iom⁴²	iom¹³	iom³³	loʔ¹³	tsoʔ⁵
29 慈溪	kuŋ³⁵	guŋ¹³	ɕiuŋ³⁵	iuŋ³⁵	iuŋ¹³	iuŋ¹³	loʔ²	tsoʔ⁵
30 余姚	kuŋ⁴⁴	guŋ¹³	ɕiuŋ⁴⁴	iuŋ¹³	iuŋ¹³	iuŋ¹³	loʔ²	tsoʔ⁵
31 宁波	koŋ⁵³	goŋ¹³	ɕyoŋ⁵³	yoŋ⁵³	yoŋ¹³	yoŋ¹³	loʔ²	tsoʔ⁵
32 镇海	koŋ⁵³	goŋ²⁴	ɕyoŋ⁵³	yoŋ⁵³	yoŋ²⁴	yoŋ²⁴	loʔ¹²	tsoʔ⁵
33 奉化	koŋ⁴⁴读字	goŋ³¹	ɕyoŋ⁴⁴	yoŋ⁴⁴	yoŋ³³	yoŋ³¹	loʔ²	tsoʔ⁵
34 宁海	koŋ⁴²³	goŋ²⁴	ɕioŋ⁴²³	ioŋ⁵³	ioŋ²¹³	ioŋ²⁴	loʔ³	tsoʔ⁵
35 象山	koŋ⁴⁴	goŋ¹³	ɕyoŋ⁴⁴	yoŋ⁴⁴	yoŋ³¹	yoŋ¹³	loʔ²	tsoʔ⁵
36 普陀	koŋ⁵³	goŋ¹³	ɕioŋ⁵³	ioŋ⁵³	ioŋ²⁴	ioŋ¹³	loʔ²³	tsoʔ⁵
37 定海	koŋ⁵²	goŋ¹³	ɕyoŋ⁵²	yoŋ⁵²	yoŋ²³	yoŋ¹³	loʔ²	tsoʔ⁵
38 岱山	koŋ⁵²	goŋ²¹³	ɕyoŋ⁵²	yoŋ⁵²	yoŋ²³	yoŋ²¹³	loʔ²	tsoʔ⁵
39 嵊泗	koŋ⁵³	guŋ²¹³	ɕyoŋ⁵³	yoŋ⁵³	yoŋ²⁴³	yoŋ²¹³	loʔ²	tsoʔ⁵
40 临海	koŋ⁵⁵	goŋ³²⁴	ɕyoŋ³¹	yoŋ³¹	yoŋ²¹	yoŋ³²⁴	loʔ²³	tsoʔ⁵
41 椒江	koŋ⁴²	goŋ²⁴	ɕyoŋ⁴²	yoŋ⁴²	yoŋ³¹	yoŋ²⁴	loʔ²	tsoʔ⁵
42 黄岩	koŋ³²	goŋ²⁴	ɕyoŋ³²	yoŋ³²	yoŋ¹²¹	yoŋ²⁴	loʔ²	tsoʔ⁵
43 温岭	tɕyuŋ³³	dʑyuŋ¹³	ɕyuŋ³³	yuŋ³³	yuŋ³¹	yuŋ¹³	loʔ²	tɕyoʔ⁵
44 仙居	koŋ⁵⁵调殊	dʑioŋ²⁴白 goŋ²⁴文	ɕioŋ³³⁴	ioŋ⁵⁵调殊	ioŋ²¹³	ioŋ²⁴	luəʔ²³	tɕyəʔ⁵
45 天台	kyuŋ³³	gyuŋ³⁵	hyuŋ³³	yuŋ³³音殊	yuŋ²²⁴	yuŋ³⁵	luʔ²	tɕyuʔ⁵
46 三门	koŋ³³⁴	goŋ²⁴³	ɕioŋ³³⁴	ioŋ⁵⁵	ioŋ¹¹³	ioŋ²⁴³	loʔ²³	tɕioʔ⁵
47 玉环	tɕioŋ⁴²	dʑioŋ²²	ɕioŋ⁴²	ioŋ⁴²	ioŋ³¹	ioŋ²²	loʔ²	tɕyoʔ⁵
48 金华	koŋ³³⁴	dʑioŋ¹⁴白 goŋ¹⁴文	ɕioŋ³³⁴	ioŋ⁵³⁵	ioŋ³¹³	ioŋ¹⁴	loʔ²¹²	tsoʔ⁴

续表

方言点	0985 恭 通合三 平钟见	0986 共 通合三 去钟群	0987 凶 吉~ 通合三 平钟晓	0988 拥 通合三 上钟影	0989 容 通合三 平钟以	0990 用 通合三 去钟以	0991 绿 通合三 入烛来	0992 足 通合三 入烛精
49 汤溪	kao²⁴	dʑiɑo³⁴¹白 gɑo³⁴¹文	ɕiɑo²⁴	iɑo⁵³⁵	iɑo¹¹	iɑo³⁴¹	lou¹¹³	tsou⁵⁵
50 兰溪	koŋ³³⁴	goŋ²⁴	ɕioŋ³³⁴	ioŋ³³⁴	ioŋ²¹	ioŋ²⁴	lɔʔ¹²	tsuəʔ³⁴
51 浦江	kon⁵³⁴	dʑyon²⁴白 gən²⁴文	ɕyon⁵³⁴	yon⁵³	yon¹¹³	yon²⁴	lɯ²³²	tsɯ⁴²³
52 义乌	koŋ³³⁵	dʑioŋ²⁴白 gəŋ²⁴文	ɕioŋ³³⁵	ioŋ³³⁵	ioŋ²¹³	ioŋ²⁴	lau³¹²	tsau³²⁴
53 东阳	kɔm⁴⁵³	gɔm²⁴	ɕiɔm³³⁴	iɔm³³⁴	iɔm²¹³	iɔm²⁴	lou²¹³	tsou³³⁴
54 永康	tɕioŋ⁵⁵	dʑioŋ²⁴¹	ɕioŋ⁵⁵	ioŋ³³⁴	ioŋ²²	ioŋ²⁴¹	lu¹¹³	tsu³³⁴
55 武义	koŋ⁴⁴⁵	goŋ²³¹	ɕioŋ²⁴	ioŋ⁴⁴⁵	ioŋ³²⁴	ioŋ²³¹	lɔ²¹³	tsɔʔ⁵
56 磐安	kɔom⁴⁴⁵	gɔom¹⁴	ɕiɔom⁴⁴⁵	iɔom³³⁴	iɔom²¹³	iɔom¹⁴	lʌo²¹³	tsʌo³³⁴
57 缙云	kɔ̃ũ⁴⁴	dʑiɔ²¹³	ɕiɔ⁴⁴	iɔ̃ũ⁴⁴	iɔ̃ũ²⁴³	iɔ²¹³	lɔ¹³	tsɔ³²²
58 衢州	koŋ³²	goŋ²³¹	ʃyoŋ³²	yoŋ³⁵	yoŋ²¹	yoŋ²³¹	ləʔ¹²	tsəʔ⁵
59 衢江	kəŋ³³	gəŋ²³¹	ɕyoŋ³³	yoŋ⁵³调殊	yoŋ²¹²	yoŋ²³¹	ləʔ²	tsəʔ⁵
60 龙游	koŋ³³⁴	goŋ²³¹	ɕioŋ³³⁴	(无)	ioŋ²¹	ioŋ²³¹	lɔʔ²³	tsɔʔ⁴
61 江山	koŋ⁴⁴	goŋ³¹	xioŋ⁴⁴	ioŋ⁴⁴调殊	ioŋ²¹³	ioŋ³¹	lɤʔ²白 loʔ²文	tsoʔ⁵
62 常山	koŋ⁴⁴	goŋ³⁴¹	ɕioŋ⁴⁴~恶 ɕyɔ̃⁴⁴~依	ioŋ³²⁴	ioŋ³⁴¹	ioŋ³²⁴	liʌʔ³⁴	tsɤʔ⁵
63 开化	kɤŋ⁴⁴	gɤŋ²¹³	ɕiɔŋ⁴⁴	iɔŋ⁴⁴调殊	iɔŋ²³¹	iɔŋ²¹³	liɔʔ¹³	tsɔʔ⁵
64 丽水	kɔŋ²²⁴	dʑiɔŋ¹³¹白 gəŋ¹³¹文	ɕiɔŋ²²⁴	iɔŋ²²⁴	iɔŋ²²	iɔŋ¹³¹	lioʔ²³	tɕioʔ⁵
65 青田	koŋ⁴⁴⁵	dʑio²²	ɕio⁴⁴⁵	io⁴⁴⁵	io²¹	io²²	lioʔ³¹	tɕioʔ⁴²
66 云和	tɕioŋ²⁴白 koŋ²⁴文	dʑiɔ̃²²³白 goŋ²²³文	ɕiɔ̃²⁴	iɔ̃⁴⁵调殊	iɔ̃³¹²	iɔ̃²²³	lioʔ²³	tɕioʔ⁵
67 松阳	kəŋ⁵³	dʑioŋ²²白 gəŋ¹³文	ɕioŋ⁵³	ioŋ⁵³	ioŋ³¹	ioŋ¹³	lioʔ²	tɕioʔ⁵
68 宣平	kən³²⁴	dʑiɔ̃²³¹白 gən²³¹文	ɕiɔ̃³²⁴	iɔ̃³²⁴	iɔ̃⁴³³	iɔ̃²³¹	lyəʔ²³	tɕyəʔ⁵

续表

方言点	0985 恭	0986 共	0987 凶 吉~	0988 拥	0989 容	0990 用	0991 绿	0992 足
	通合三平钟见	通合三去钟群	通合三平钟晓	通合三上钟影	通合三平钟以	通合三去钟以	通合三入烛来	通合三入烛精
69 遂昌	$kəŋ^{45}$	$dzʑiəŋ^{213}$白 $gəŋ^{213}$文	$ɕiəŋ^{45}$	$iəŋ^{45}$	$iəŋ^{221}$	$iəŋ^{213}$	$liəʔ^{23}$	$tɕiəʔ^{5}$
70 龙泉	$tɕiəŋ^{434}$旧 $kəŋ^{434}$今	$dzʑiəŋ^{224}$旧 $gəŋ^{224}$今	$ɕiəŋ^{434}$	$iəŋ^{45}$调殊	$iəŋ^{21}$	$iəŋ^{224}$	$liouʔ^{24}$	$tɕiouʔ^{5}$
71 景宁	$kəŋ^{324}$	$dzʑiəŋ^{113}$白 $gəŋ^{113}$文	$ɕiəŋ^{324}$	$iəŋ^{35}$调殊	$iəŋ^{41}$	$iəŋ^{113}$	$lioʔ^{23}$	$tɕioʔ^{5}$
72 庆元	$koŋ^{335}$	$tɕiɔ̃^{31}$	$ɕiɔ̃^{335}$	$iɔ̃^{335}$	$iɔ̃^{52}$	$iɔ̃^{31}$	$lioʔ^{34}$	$tɕioʔ^{5}$ ~球
73 泰顺	$koŋ^{213}$	$tɕiɔ̃^{22}$	$ɕiɔ̃^{213}$	$ioŋ^{213}$	$ioŋ^{53}$	$iɔ̃^{22}$	$lioʔ^{2}$	$tɕioʔ^{5}$
74 温州	$koŋ^{33}$	$dzʐyɔ^{22}$	$ɕyɔ^{33}$	$ioŋ^{25}$	$ioŋ^{31}$	$yɔ^{22}$	lo^{212}	$tɕio^{323}$
75 永嘉	$koŋ^{44}$	$dzʐyɔ^{22}$	$ɕyɔ^{44}$	$ioŋ^{45}$	$ioŋ^{31}$	$yɔ^{22}$	lo^{213}	$tɕyo^{423}$
76 乐清	$tɕiɔ^{44}$	$dzʑiɔ^{22}$	$ɕiɔ^{44}$	$ioŋ^{35}$	$ioŋ^{31}$	$iɔ^{22}$	lo^{212}	$tɕio^{323}$
77 瑞安	$koŋ^{44}$	$dzʐyo^{22}$	$ɕyo^{44}$	$ioŋ^{35}$	$ioŋ^{31}$	yo^{22}	lu^{212}	$tɕyo^{323}$
78 平阳	$koŋ^{55}$	$dʒuo^{33}$	$ʃuo^{55}$	$ioŋ^{55}$	$ioŋ^{242}$	yo^{33}	luo^{12}	$tʃuo^{34}$
79 文成	$koŋ^{55}$	$dʒuo^{424}$	$ʃuo^{55}$	$ioŋ^{55}$	$ioŋ^{113}$	yo^{424}	luo^{212}	$tʃo^{34}$
80 苍南	$koŋ^{44}$	$dzʐyɔ^{11}$	$ɕyɔ^{44}$	$ioŋ^{44}$调殊	$ioŋ^{31}$	$yɔ^{11}$	$lyɔ^{112}$	$tɕyɔ^{223}$
81 建德徽	$koŋ^{53}$	$tsʰoŋ^{55}$白 $koŋ^{213}$文	$soŋ^{53}$	$ioŋ^{55}$~护	$ioŋ^{33}$	$ioŋ^{55}$	$lɐʔ^{12}$	$tɕyɐʔ^{5}$
82 寿昌徽	$kɔŋ^{112}$	$kɔŋ^{24}$一~	$ɕiəŋ^{112}$	$ioŋ^{112}$	$ioŋ^{112}$文	$ioŋ^{33}$	$lɔʔ^{31}$	$tsɔʔ^{3}$
83 淳安徽	kon^{24}	$tsʰon^{53}$白 $kʰon^{53}$文	son^{24}	ion^{55}	ion^{435}	ion^{53}	$laʔ^{13}$	$tsoʔ^{5}$
84 遂安徽	$kəŋ^{534}$	$kʰəŋ^{52}$	$ɕioŋ^{534}$	$ioŋ^{534}$	$ləŋ^{33}$	$ləŋ^{52}$	lu^{213}	tsu^{24}
85 苍南闽	$kaŋ^{43}$文	$kiaŋ^{32}$	$hiaŋ^{55}$	$iaŋ^{55}$	$iaŋ^{24}$	in^{21}	lie^{24}	$tɕiɔ^{43}$
86 泰顺闽	$kiəŋ^{213}$	$kiəŋ^{31}$	$ɕiəŋ^{213}$	$iəŋ^{213}$	$iəŋ^{22}$	$iəŋ^{31}$	$løi^{31}$	$tɕiɒi^{5}$
87 洞头闽	$kioŋ^{33}$	$kioŋ^{21}$	$hioŋ^{33}$	$ioŋ^{53}$	$ioŋ^{113}$	ien^{21}	$liek^{24}$	$tɕiɔk^{5}$
88 景宁畲	$koŋ^{44}$	$koŋ^{51}$	xyn^{51}	（无）	$ioŋ^{22}$	（无）	$lioʔ^{2}$	$tɕioʔ^{5}$

方言点	0993 烛	0994 赎	0995 属	0996 褥	0997 曲 ~折,歌~	0998 局	0999 玉	1000 浴
	通合三入烛章	通合三入烛船	通合三入烛禅	通合三入烛日	通合三入烛溪	通合三入烛群	通合三入烛疑	通合三入烛以
01 杭州	tsoʔ⁵	zoʔ²	zoʔ²	zoʔ²	tɕʰyɛʔ⁵	dʑyɛʔ²	ȵioʔ²	yɛʔ²
02 嘉兴	tsoʔ⁵	zoʔ¹³	zoʔ¹³	ȵioʔ⁵	tɕʰyeʔ⁵	dʑioʔ¹³	ȵioʔ⁵	yeʔ⁵
03 嘉善	tsuoʔ⁵	zuoʔ²	zuoʔ²	ȵioʔ²	tɕʰyøʔ⁵	dʑyøʔ²	ȵioʔ²	yøʔ²
04 平湖	tsoʔ⁵	zoʔ²³	zoʔ²³	ȵyoʔ²³	tɕʰyoʔ²³	dʑyoʔ²³	ȵyoʔ²³	yoʔ²³
05 海盐	tsɔʔ⁵	zɔʔ²³	zɔʔ²³	zɔʔ²³	tɕʰyɔʔ²³	dʑyɔʔ²³	ȵyɔʔ²³	yɔʔ²³
06 海宁	tsɔʔ⁵	zoʔ²	zoʔ²	ȵioʔ²	tɕʰioʔ⁵	dʑioʔ²	ȵioʔ²	ioʔ²
07 桐乡	tsɔʔ⁵	zɔʔ²³	zɔʔ²³	ȵiɔʔ²³	tɕʰiɔʔ⁵	dʑiɔʔ²³	ȵiɔʔ²³	iɔʔ²³
08 崇德	tsɔʔ⁵	zɔʔ²³	zɔʔ²³	ȵiɔʔ²³	tɕʰiɔʔ⁵	dʑiɔʔ²³	ȵiɔʔ²³	iɔʔ²³
09 湖州	tsuoʔ²	zuoʔ²	zuoʔ²	ȵioʔ²	tɕʰioʔ⁵	dʑioʔ²	ȵioʔ²	ioʔ²
10 德清	tsuoʔ⁵	zuoʔ²	zuoʔ²	zuoʔ²	tɕʰioʔ⁵	dʑioʔ²	ȵioʔ²	ioʔ²
11 武康	tsuoʔ⁵	zuoʔ²	zuoʔ²	ȵioʔ²	tɕʰioʔ⁵	dʑioʔ²	ȵioʔ²	ioʔ²
12 安吉	tsoʔ⁵	zoʔ²³	zoʔ²³	zoʔ²³	tɕʰyəʔ⁵	dʑyəʔ²³	ȵyəʔ²³	yəʔ²³
13 孝丰	tsuoʔ⁵	zuoʔ²³	zuoʔ²³	zuoʔ²³	tɕʰioʔ⁵	dʑioʔ²	ȵioʔ²³	ioʔ²³
14 长兴	tsoʔ⁵	zoʔ²	zoʔ²	ȵioʔ²	tʃʰioʔ⁵	dʒioʔ²	ȵioʔ²	ioʔ²
15 余杭	tsoʔ⁵	zoʔ²	zoʔ²	ȵioʔ²	tɕʰioʔ⁵	dʑioʔ²	ioʔ²	ioʔ²
16 临安	tsuɔʔ⁵⁴	zuɔʔ¹²	zuɔʔ¹²	zuɔʔ¹²	tɕʰyɔʔ⁵⁴	dʑyɔʔ¹²	ȵyɔʔ¹²	yɔʔ¹²
17 昌化	tsuəʔ⁵	zuəʔ²³	zuəʔ²³	(无)	tɕʰyɛʔ⁵	dʑyɛʔ²³	ȵyɛʔ²³	yɛʔ⁵
18 於潜	tsuəʔ⁵³	zuɐʔ²³	zuɐʔ²³	lu²⁴	tɕʰyeʔ⁵³	dʑyæʔ²³	ȵyæʔ²³	yæʔ²³
19 萧山	tɕyoʔ⁵	yoʔ¹³	zoʔ¹³	(无)	tɕʰyoʔ⁵	dʑyoʔ¹³	ȵyoʔ¹³	yoʔ¹³
20 富阳	tɕyoʔ⁵	zoʔ²	ʑyoʔ²	(无)	tɕʰyoʔ⁵	dʑyoʔ²	yoʔ²	yoʔ²
21 新登	tsɔʔ⁵	zɔʔ²	zɔʔ²	(无)	tɕʰyəʔ⁵	dʑyəʔ²	yəʔ²	yəʔ²
22 桐庐	tɕyəʔ⁵	ʑyəʔ¹³	ʑyəʔ¹³	(无)	tɕʰyəʔ⁵	dʑyəʔ¹³	yəʔ¹³	yəʔ¹³
23 分水	tsaʔ⁵	zuʔ¹²	zaʔ¹²	zaʔ¹²	tɕʰiaʔ⁵	dʑiaʔ¹²	iaʔ¹²	iaʔ¹²
24 绍兴	tsoʔ⁵	zoʔ²	zoʔ²	zoʔ²	tɕʰioʔ⁵	dʑioʔ²	ȵioʔ²	ioʔ²
25 上虞	tsoʔ⁵	zoʔ²	zoʔ²	dzoʔ²	tɕʰyoʔ⁵	dʑyoʔ²	ȵyoʔ²	ȵyoʔ²

续表

方言点	0993 烛	0994 赎	0995 属	0996 褥	0997 曲 ~折，歌~	0998 局	0999 玉	1000 浴
	通合三入烛章	通合三入烛船	通合三入烛禅	通合三入烛日	通合三入烛溪	通合三入烛群	通合三入烛疑	通合三入烛以
26 嵊州	tsoʔ⁵	zoʔ²	zoʔ²	（无）	tɕʰyoʔ⁵	dʑyoʔ²	ȵyoʔ²	yoʔ²
27 新昌	tsɤʔ⁵	zɤʔ²	zɤʔ²	（无）	tɕʰyʔ⁵	dʑyʔ²	ȵyʔ²	yʔ²
28 诸暨	tsoʔ⁵	zoʔ¹³	zoʔ¹³	（无）	tɕʰioʔ⁵	dʑioʔ¹³	nioʔ¹³	ioʔ¹³
29 慈溪	tsoʔ⁵	zoʔ²	zoʔ²	zoʔ²	tɕʰyəʔ⁵	dʑyəʔ²	ȵyoʔ²	ȵyoʔ² 白 yoʔ² 文
30 余姚	tsoʔ⁵	zoʔ²	zoʔ²	zoʔ²	tɕʰyoʔ⁵	dʑyoʔ²	ȵyoʔ²	yoʔ²
31 宁波	tsoʔ⁵	dzoʔ²	dzoʔ²	dzoʔ²	tɕʰyəʔ⁵	dʑyəʔ²	ȵyəʔ²	ȵyəʔ² 白 yəʔ² 文
32 镇海	tsoʔ⁵	zoʔ¹²	dzoʔ¹²	（无）	tɕʰyoʔ⁵	dʑyoʔ¹²	ȵyoʔ¹²	yoʔ¹²
33 奉化	tsoʔ⁵ 音殊	dzoʔ²	dzoʔ² 家~	zoʔ²	tɕʰyoʔ⁵	dʑyoʔ²	ȵyoʔ²	yoʔ²
34 宁海	tɕioʔ⁵	zioʔ³	zioʔ³	zioʔ³	kʰyəʔ⁵	gyəʔ³	ȵioʔ³	yeʔ³
35 象山	tɕyoʔ⁵	zoʔ²	zoʔ²	ȵyoʔ²	tɕʰyoʔ⁵	dʑyoʔ²	ȵyoʔ²	ȵyoʔ²
36 普陀	tsoʔ⁵	zoʔ²³	zoʔ²³	zoʔ²³	tɕʰyoʔ⁵	dʑyoʔ²³	ȵyoʔ²³	yoʔ²³
37 定海	tsoʔ⁵	zoʔ²	zoʔ²	zoʔ² ~疮	tɕʰyoʔ⁵	dʑyoʔ²	ȵyoʔ²	ȵyoʔ² 白 yoʔ² 文
38 岱山	tsoʔ⁵	dzoʔ²	dzoʔ²	zoʔ² ~疮	tɕʰyoʔ⁵	dʑyoʔ²	ȵyoʔ²	ȵyoʔ² 白 yoʔ² 文
39 嵊泗	tsoʔ⁵	zoʔ²	zoʔ²	zoʔ²	tɕʰyoʔ⁵	dʑyoʔ²	ȵyoʔ²	yoʔ²
40 临海	tɕyoʔ⁵	ʑyoʔ²³	ʑyoʔ²³	ʑyoʔ²³	tɕʰyoʔ⁵ 又 kʰyoʔ⁵ 又	dʑyoʔ²³ 又 gyoʔ²³ 又	ȵyoʔ²³	yoʔ²³
41 椒江	tsoʔ⁵	zoʔ²	zoʔ²	ȵyoʔ²	tɕʰyoʔ⁵	dʑyoʔ²	ȵyoʔ²	yoʔ²
42 黄岩	tsoʔ⁵	zoʔ²	zoʔ²	ȵyoʔ²	tɕʰyoʔ⁵	dʑyoʔ²	ȵyoʔ²	yeʔ²
43 温岭	tɕyoʔ⁵	ʑyoʔ²	ʑyoʔ²	ȵyoʔ²	tɕʰyoʔ⁵	dʑyoʔ²	ȵyoʔ²	yoʔ²
44 仙居	tɕyəʔ⁵	ʑyəʔ²³	ʑyəʔ²³	（无）	tɕʰyəʔ⁵	dʑyəʔ²³	ȵyəʔ²³	yəʔ²³
45 天台	tɕyuʔ⁵	ʑyuʔ²	ʑyuʔ²	ʑyuʔ² 面~ / ʑyuʔ² 被~	kʰyuʔ⁵	gyuʔ²	ȵyuʔ²	yuʔ²
46 三门	tɕioʔ⁵	zioʔ²³	zioʔ²³	noʔ²³	kʰyəʔ⁵	gyəʔ²³	ȵioʔ²³	yəʔ²³

续表

方言点	0993 烛	0994 赎	0995 属	0996 褥	0997 曲 ~折,歌~	0998 局	0999 玉	1000 浴
	通合三 入烛章	通合三 入烛船	通合三 入烛禅	通合三 入烛日	通合三 入烛溪	通合三 入烛群	通合三 入烛疑	通合三 入烛以
47 玉环	tɕyoʔ^5	ʑyoʔ^2	ʑyoʔ^2	n̠yoʔ^2	tɕʰyoʔ^5	dʑyoʔ^2	n̠yoʔ^2	yoʔ^2
48 金华	tɕioʔ^4	zoʔ^{212}	ʑioʔ^{212}白 zoʔ^{212}文	(无)	tɕʰyəʔ^4	dʑioʔ^{212}	n̠ioʔ^{212}	ioʔ^{212}
49 汤溪	tɕiou^{55}	ʑiou^{113}	ʑiou^{113}	(无)	tɕʰiou^{55}	dʑiou^{113}	n̠iou^{113}	iou^{113}
50 兰溪	tɕyɤʔ^{34}	zuəʔ^{12}	ʑyɤʔ^{12}	(无)	tɕʰyɤʔ^{34}	dʑyɤʔ^{12}	n̠yɤʔ^{12}	iɔʔ^{12}
51 浦江	tɕyɯ^{423}	(无)	ʑyɯ^{232}	(无)	tɕʰyɯ^{423}	dʑyɯ^{232}	n̠yɯ^{232}	yɯ^{232}
52 义乌	tsau^{324}	zau^{312}	zau^{312}白 zo^{312}文	(无)	tɕʰiau^{324}	dʑiau^{312}	n̠iau^{312}	au^{312}白 iau^{312}文
53 东阳	tɕiou^{334}	zou^{213}	zou^{213}	(无)	tɕʰiou^{334}	dʑiou^{213}	n̠iou^{213}	iou^{213}
54 永康	tsu^{334}	zu^{113}	zu^{113}	n̠iu^{113}~子	tɕʰiu^{334}	dʑiu^{113}	n̠iu^{113}	iu^{113}
55 武义	tsɔʔ^5	zɔ^{213}	zɔ^{213}	(无)	tɕʰiɔʔ^5	dʑiɔ^{213}	n̠iɔ^{213}	iɔ^{213}
56 磐安	tɕiʌo^{334}	zʌo^{213}	zʌo^{213}	(无)	tɕʰiʌo^{334}	dʑiʌo^{213}	n̠iʌo^{213}	iʌo^{213}
57 缙云	tsɔ^{322}	zɔ^{13}	zɔ^{13}	(无)	tɕʰiɔ^{322}	dʑiɔ^{13}	n̠iɔ^{13}	iɔ^{13}
58 衢州	tʃyəʔ^5	ʒyəʔ^{12}	ʒyəʔ^{12}	(无)	tʃʰyəʔ^5	dʒyəʔ^{12}	n̠yəʔ^{12}	yəʔ^{12}
59 衢江	tɕyəʔ^5	(无)	ʑyəʔ^2	(无)	tɕʰyəʔ^5	dʑyəʔ^2	n̠yəʔ^2	yəʔ^2
60 龙游	tsɔʔ^4	zɔʔ^{23}	zɔʔ^{23}	n̠iɔʔ^{23}	tɕʰyəʔ^4	dʑyəʔ^{23}	n̠iɔʔ^{23}	iɔʔ^{23}
61 江山	tɕiɐʔ^5	dʑiɐʔ^{2}白 zoʔ^{2}文	ʑioʔ^2	ʑioʔ^2	kʰɐʔ^{5}歌~ kʰioʔ^5~折	gioʔ^2	n̠ioʔ^2	ioʔ^2
62 常山	tsʌʔ^5	zɤʔ^{34}	zɤʔ^{34}	zɤʔ^{34}	tɕʰyʌʔ^5	dʑyʌʔ^{34}	n̠yʌʔ^{34}	yʌʔ^{34}
63 开化	tɕyaʔ^5	zɔʔ^{13}	ʑyoʔ^{13}	(无)	tɕʰyaʔ^5	dʑyaʔ^{13}	n̠yoʔ^{13}	yoʔ^{13}
64 丽水	tɕioʔ^5	ʑioʔ^{23}	ʑioʔ^{23}	n̠ioʔ^{23}	tɕʰyɛʔ^5	dʑioʔ^{23}	n̠ioʔ^{23}	ioʔ^{23}
65 青田	tɕioʔ^{42}	ioʔ^{31}	ioʔ^{31}	(无)	tɕʰioʔ^{42}	dʑioʔ^{31}	n̠ioʔ^{31}	ioʔ^{31}
66 云和	tɕioʔ^5	ʑioʔ^{23}	ʑioʔ^{23}	n̠ioʔ^{23}	tɕʰioʔ^5	dʑioʔ^{23}	n̠ioʔ^{23}	ioʔ^{23}
67 松阳	tɕioʔ^5	ʑioʔ^2	ʑioʔ^2	(无)	tɕʰioʔ^5	dʑioʔ^2	n̠ioʔ^2	ioʔ^2
68 宣平	tɕyəʔ^5	ʑyəʔ^{23}	ʑyəʔ^{23}	n̠yəʔ^{23}	tɕʰyəʔ^5	dʑyəʔ^{23}	n̠yəʔ^{23}	yəʔ^{23}

续表

方言点	0993 烛	0994 赎	0995 属	0996 褥	0997 曲 ~折，歌~	0998 局	0999 玉	1000 浴
	通合三 入烛章	通合三 入烛船	通合三 入烛禅	通合三 入烛日	通合三 入烛溪	通合三 入烛群	通合三 入烛疑	通合三 入烛以
69 遂昌	tɕiɔʔ⁵	ziɔʔ²³	ziɔʔ²³	n̻iɔʔ²³	tɕʰiɔʔ⁵ 歌~ tɕʰyɛʔ⁵ ~折	dʑiɔʔ²³	n̻iɔʔ²³	iuʔ²³
70 龙泉	tɕiouʔ⁵	ziouʔ²⁴	ziouʔ²⁴	n̻iouʔ²⁴	tɕʰiouʔ⁵	dʑiouʔ²⁴	n̻iouʔ²⁴	iouʔ²⁴
71 景宁	tɕioʔ⁵	zioʔ²³	zioʔ²³	（无）	tɕʰioʔ⁵	dʑioʔ²³	n̻ioʔ²³	oʔ²³
72 庆元	tɕioʔ⁵	ɕioʔ³⁴	ɕioʔ³⁴	（无）	tɕʰioʔ⁵	tɕioʔ³⁴	n̻ioʔ³⁴	ioʔ³⁴
73 泰顺	tɕioʔ⁵	ɕioʔ²	ɕioʔ²	ɕiəuʔ²	tɕʰioʔ⁵	tɕioʔ²	n̻ioʔ²	ioʔ²
74 温州	tɕio³²³	io²¹²	dʑio²¹²	iɣu²¹²	tɕʰio³²³	dʑio²¹²	n̻io²¹²	io²¹²
75 永嘉	tɕyo⁴²³	yo²¹³	yo²¹³	iəu²¹³	tɕʰyo⁴²³	dʑyo²¹³	n̻yo²¹³	yo²¹³
76 乐清	tɕio³²³	zo²¹²	zo²¹²	zu²¹²	tɕʰio³²³	dʑio²¹²	n̻io²¹²	io²¹²
77 瑞安	tɕyo³²³	yo²¹²	yo²¹²	zou²¹²	tɕʰyo³²³	dʑyo²¹²	n̻yo²¹²	yo²¹²
78 平阳	tʃuo³⁴	yo¹²	dʒuo¹²	zu¹²	tʃʰuo³⁴	dʒuo¹²	n̻yo¹²	yo¹²
79 文成	tʃo³⁴	so³⁴	zo²¹²	zou²¹²	tʃʰo³⁴	dʒo²¹²	n̻io²¹²	io²¹²
80 苍南	tɕyɔ²²³	dʑyɔ¹¹²	dʑyɔ¹¹²	zu¹¹²	tɕʰyɔ²²³	dʑyɔ¹¹²	n̻yɔ¹¹²	yɔ¹¹²
81 建德徽	tɕyɐʔ⁵	ɕyɐʔ¹²	ɕyɐʔ¹²	yɐʔ¹²	tɕʰyɐʔ⁵	tɕyɐʔ¹²	yɐʔ¹²	yɐʔ¹²
82 寿昌徽	tɕiɔʔ³	ɕiɔʔ³¹	ɕiɔʔ³¹	（无）	tɕʰyɔʔ³	tɕyɔʔ³¹	n̻iɔʔ³¹	iɔʔ³¹
83 淳安徽	tsoʔ⁵	sɑʔ¹³	sɑʔ¹³	（无）	tɕʰyɔʔ⁵	tsʰɑʔ¹³	iɑʔ¹³	iɑʔ¹³
84 遂安徽	tsu²⁴	su²¹³	su²¹³	lu²¹³	tɕʰy²⁴	tsʰu²¹³	lu²¹³	lu²¹³
85 苍南闽	tɕie⁴³	ɕiɔ²⁴	ɕiɔ²⁴	（无）	kʰiɔ⁴³	kiɔ²⁴	gie²⁴白 iɔ²⁴文	ie²⁴
86 泰顺闽	tsøi⁵³	søʔ³	ɕiɒʔ³	niɪʔ³	kʰɒʔ³	kiɒʔ³	niɒʔ³	yɪʔ⁵
87 洞头闽	tɕiek⁵	（无）	ɕiɔk²⁴	（无）	kʰiɔk⁵	kiɔk²⁴	giek²⁴白 giɔk²⁴文	iek²⁴
88 景宁畬	tsoʔ⁵	ɕioʔ²	ɕioʔ²	（无）	tɕʰioʔ⁵	kioʔ²~长 tɕio³²⁵布~	n̻ioʔ²	ioʔ²

参考文献

鲍士杰 1998 《杭州方言词典》,江苏教育出版社。

北京大学中国语言文学系语言学教研室 1995 《汉语方言词汇》(第二版),
　　语文出版社。

北京大学中国语言文学系语言学教研室 1989 《汉语方音字汇》(第二版),
　　文字改革出版社。

蔡　嵘 1999 浙江乐清方言音系,《方言》第 4 期。

蔡　嵘 2003 吴语瓯江片乐清方言古今韵母比较,《中国语学研究 开篇》第
　　22 期。

蔡　嵘 2004 吴语瓯江片乐清方言古今声母比较,《中国语学研究 开篇》第
　　23 期。

蔡　嵘 2005 瓯语乐清方言两字组连读变调,《温州师范学院学报》第
　　2 期。

蔡　嵘 2006 浙江乐清方言音系再探,《温州师范学院学报》第 3 期。

曹志耘 1990 金华汤溪方言帮母端母的读音,《方言》第 1 期。

曹志耘 1993 金华汤溪方言词汇(一),《方言》第 1 期。

曹志耘 1993 金华汤溪方言词汇(二),《方言》第 2 期。

曹志耘 1996 《金华方言词典》,江苏教育出版社。

曹志耘 1996 金华汤溪方言的体,载《中国东南部方言比较研究丛书第二
　　辑——动词的体》,张双庆主编,香港中文大学中国文化研究所吴多泰
　　中国语文研究中心出版。

曹志耘 2001 南部吴语的小称,《语言研究》第 3 期。

曹志耘 2001　金华汤溪方言的"得",《语言研究》第 2 期。

曹志耘 2001　南部吴语的小称,《语言研究》第 3 期。

曹志耘 2002　《南部吴语语音研究》,商务印书馆。

曹志耘 2011　吴语汤溪方言合变式小称调的功能,《中国语文》第 4 期。

曹志耘 2014　《汤溪方言民俗图典》,语文出版社。

曹志耘 2015　中国语言资源保护工程的定位、目标与和任务,《语言文字应用》第 4 期。

曹志耘 2017　《徽语严州方言研究》,北京语言大学出版社。

曹志耘 2017　跨越鸿沟——寻找语保最有效的方式,《语言文字应用》第 2 期。

曹志耘 2017　关于语保工程和语保工作的几个问题,《语言战略研究》第 4 期。

曹志耘、秋谷裕幸主编 2016　《吴语婺州方言研究》,商务印书馆。

曹志耘、秋谷裕幸、太田斋、赵日新 2000　《吴语处衢方言研究》,〔日本〕好文出版社。

昌化镇志编纂委员会 2010　《昌化镇志》,方志出版社。

常山县志编纂委员会 1990　《常山县志》,浙江人民出版社。

陈忠敏 2011　论吴语海盐话古全浊上声字声母,载《语言研究集刊》第八辑,上海辞书出版社。

陈忠敏、张梅静 2015　论海盐方言的声调,载《中国方言学报》第五期,商务印书馆。

淳安县志编纂委员会 1990　《淳安县志》,汉语大词典出版社。

大溪镇志编委会编 2007　《大溪镇志》,中国文史出版社。

东阳市地方志编委会 1993　《东阳市志》,汉语大辞典出版社。

方松熹 2002　《舟山方言》,中国文联出版社。

傅根清 2001　从景宁畲话古全浊声母的今读看畲话的性质,《中国语文》第 3 期。

傅国通 2010　《方言丛稿》,中华书局。

傅国通、郑张尚芳等 1986　吴语的分区(稿),《方言》第 1 期。

傅国通、郑张尚芳总编 2015 　《浙江省语言志》,浙江人民出版社。

海盐县志编纂委员会 2011 　《海盐县志》(再版本),浙江人民出版社。

杭州市上城区地方志编纂委员会 2015 　《杭州市上城区志》,方志出版社。

胡明扬 1992 　《海盐方言志》,浙江人民出版社。

黄岩志编纂委员会编 2002 　《黄岩志》,中华书局。

黄晓东 2004 　　浙江安吉县官话方言岛研究,北京语言大学博士学位论文。

建德县志编纂委员会 1986 　《建德县志》,浙江人民出版社。

椒江年鉴编纂委员会 2019 　《椒江年鉴 2019》,中华书局。

教育部语言文字信息管理司、中国语言资源保护研究中心 2015 　《中国语
　　言资源调查手册·汉语方言》,商务印书馆。

教育部语言文字信息管理司、中国语言资源保护研究中心 2017 　《中国语
　　言资源保护工程文件汇编》,商务印书馆。

景宁畲族自治县志编委会 1995 　《景宁畲族自治县志》,浙江人民出版社。

江山市志编纂委员会 1990 　《江山市志》,浙江人民出版社。

开化县地方志编纂委员会 2010 　　开化县志,方志出版社。

雷艳萍 2011 　　浙江畲话的变调式方位短语,《汉语学习》第 4 期。

李　荣 1966 　　温岭方言语音分析,《中国语文》第 1 期。

李　荣 1978 　　温岭方言的变音,《中国语文》第 2 期。

李　荣 1979 　　温岭方言的连读变调,《方言》第 1 期。

李　荣 1992 　　温岭方言的轻声,《方言》第 1 期。

李珍华、周长楫 1999 　《汉字古今音表》(修订版),中华书局。

临海县志编纂委员会 1989 　《临海县志》,浙江人民出版社。

林美春 2018 　《泰顺乡土音乐》,内刊。

凌金祚主编 2006 　《康熙定海县志》,舟山市档案局馆。

柳城镇志编纂办公室 1989 　《武义柳城镇志》,浙江人民出版社。

倪有章 2015 　《德清方言词典》,中国华侨出版社。

倪有章 2015 　《武康方言词典》,中国华侨出版社。

浦江县县志编纂委员会 1990 　《浦江县志》,浙江人民出版社。

普陀年鉴编纂委员会 2014 　《普陀年鉴 2007—2011》,中国文史出版社。

普陀县志编纂委员会 1991 《普陀县志》,浙江人民出版社。

钱宏主编 2006 《中国越剧大典》,浙江文艺出版社,浙江文艺音像出版社。

青田县志编纂委员会 1990 《青田县志》,浙江人民出版社。

庆元县志编纂委员会 1996 《庆元县志》,浙江人民出版社。

秋谷裕幸 2001 《吴语江山广丰方言研究》,(日本)爱媛大学法文学部综合政策学科。

秋谷裕幸 2005 《浙南的闽东区方言》,中央研究院语言学研究所。

阮咏梅 2013 《温岭方言研究》,中国社会科学出版社。

三门县志编纂委员会 1992 《三门县志》,浙江人民出版社。

嵊泗县地方志编纂委员会 2016 《嵊泗年鉴》,中国言实出版社。

嵊泗县史志办公室 1989 《嵊泗县志》,浙江人民出版社。

盛益民、李旭平 2018 《富阳方言研究》,复旦大学出版社。

松阳志编纂委员会 1996 《松阳志县》,浙江人民出版社。

遂昌县志编纂委员会 1996 《遂昌县志》,浙江人民出版社。

泰顺县民间文艺家协会 2012 《泰顺谚语》,内刊。

泰顺县志编纂委员会 1998 《泰顺县志》,浙江人民出版社。

汤珍珠、陈忠敏、吴新贤 2003 《宁波方言词典》,江苏教育出版社。

天台县地方志编纂委员会 2007 《天台县志》,方志出版社。

王福堂 2015 《绍兴方言研究》,语文出版社。

王洪钟 2019 《浙江方言资源典藏・衢州》,浙江大学出版社。

王文胜 2008 《处州方言的地理语言学研究》,中国社会科学出版社。

王文胜 2012 《吴语处州方言的地理比较》,浙江大学出版社。

王文胜 2015 《吴语处州方言的历史比较》,中国社会科学出版社。

温端政 1991 《苍南方言志》,语文出版社。

温岭县志编纂委员会 1992 《温岭县志》,浙江人民出版社。

仙居县志编纂委员会 1987 《仙居县志》,浙江人民出版社。

夏 吟 2012《黄岩方言汇编》,中国文联出版社。

肖 萍 2011 《余姚方言志》,浙江大学出版社。

肖 萍、汪阳杰 2019 《浙江方言资源典藏・宁波》,浙江大学出版社。

肖　　萍、郑晓芳 2014　《鄞州方言研究》，浙江大学出版社。

新昌县志编纂委员会 1994　《新昌县志》，上海书店。

徐　　波 2004　《舟山方言与东海文化》，中国社会科学出版社。

徐　　波 2009　《浙江海洋渔俗文化称名考察》，海洋出版社。

徐　　波 2019　《浙江方言资源典藏·定海》，浙江大学出版社。

徐天送、徐关元 2013　《永康话与永康方言》，浙江工商大学出版社。

徐　　越 2002　《吴语嘉善方言研究》，黄山书社。

徐　　越 2007　《浙北杭嘉湖方言语音研究》，中国社会科学出版社。

徐　　越 2007　浙北杭嘉湖方言中的小称音，《杭州师范学院学报》第 5 期。

徐　　越 2013　《杭州方言与宋室南迁》，杭州出版社。

徐　　越 2015　《钱塘江方言》，杭州出版社。

徐　　越 2016　《浙江吴音研究》，浙江大学出版社。

徐　　越、周汪融 2019　《浙江方言资源典藏》，浙江大学出版社。

颜逸明 1992　《吴语概说》，华东师范大学出版社

颜逸明 2000　《浙南瓯语》，华东师范大学出版社。

姚若丰、鲁　　滨 2009　《海宁方言志》，浙江人民出版社。

游汝杰、杨乾明 1998　《温州方言词典》，江苏教育出版社。

义乌市志编纂委员会编 2011　《义乌市志》，上海人民出版社。

俞光中 1988　嘉兴方言同音字汇，《方言》第 3 期。

张　　洁 1997　萧山方言同音字汇，《方言》第 2 期。

赵普义 2013　《江山方言》，中国文史出版社。

赵日新 2005　徽语的特点和分区，《方言》第 3 期。

赵元任 1956　《现代吴语的研究》，科学出版社。

赵则玲、郑张尚芳 2002　浙江景宁畲话的语音特点，《民族语文》第 6 期。

浙江省民政厅编 2020　《浙江省标准地名词典》（第一卷），浙江人民出版社。

浙江省玉环县编史修志委员会 1994　《玉环县志》，汉语大词典出版社。

浙江通志编纂委员会 2017　《浙江通志·方言志》，浙江大学出版社。

浙江温岭方志办 1997　《太平县古志三种》，中华书局。

郑张尚芳 1964   温州音系,《中国语文》第 1 期。

郑张尚芳 1964   温州方言的连读变调,《中国语文》第 2 期。

郑张尚芳 2008   《温州方言志》,中华书局。

中国社会科学院语言研究所、中国社会科学院民族学与人类学研究所、香港
　　城市大学语言资讯科学研究中心编 2012   《中国语言地图集》(第 2
　　版),商务印书馆。

周祖谟 2004   《广韵》校本,中华书局。

附录一　发音人、调查点及调查人信息一览表

01 杭州

发音合作人信息表

调查点	发音角色	姓名	性别	出生年月	文化程度	职业
杭州	方言老男	周杰人	男	1957 年 8 月	初中	保安
	方言老女	盖教英	女	1955 年 4 月	初中	职工
	方言青男、口头文化	谢浩宇	男	1984 年 3 月	本科	基层干部
	方言青女	丁姝妮	女	1987 年 9 月	本科	教师

调查点及调查人信息表

调查点	杭州
调查人	王文胜，雷艳萍，陈瑜，沈敏佳
协助调查者	郑文裕
调查设备	SAMSON C03U，SONY FDR-AX30
调查时间	2015 年 7 月 18 日—2015 年 8 月 7 日
调查地点	杭州市上城区（枝头巷）教育学院

02 嘉兴

发音合作人信息表

调查点	发音角色	姓名	性别	出生年月	文化程度	职业
嘉兴	方言老男、口头文化	黄永春	男	1951 年 10 月	初中	职工
	方言老女、口头文化	许瑞芬	女	1951 年 7 月	初中	职工
	方言青男	张宁宇	男	1986 年 8 月	本科	基层干部
	方言青女	史怡雯	女	1989 年 11 月	本科	职工

调查点及调查人信息表

调查点	嘉兴
调查人	孙宜志,程平姬,马欣欣,刘斌,仲莉莉
协助调查者	熊国红
调查设备	SAMSON C03U
调查时间	2015 年 8 月 15 日—2015 年 12 月 16 日
调查地点	嘉兴市万信酒店

03 嘉善

发音合作人信息表

调查点	发音角色	姓名	性别	出生年月	文化程度	职业
嘉善	方言老男	郎国帆	男	1964 年 9 月	初中	职员
	方言老女	王彩英	女	1954 年 4 月	初中	职员
	方言青男	郎佳俊	男	1991 年 9 月	本科	职员
	方言青女	陈洁	女	1987 年 6 月	本科	职员
	口头文化	钟爱文	女	1954 年 8 月	大专	职工
	口头文化	徐越	女	1963 年 4 月	研究生	教师
	口头文化	孟雅琴	女	1969 年 4 月	本科	教师

调查点及调查人信息表

调查点	嘉善
调查人	徐越，周汪融，葛果
协助调查者	钱贺成
调查设备	SAMSON C03U，SONY FDR-Ax30，LOGITECH C930E
调查时间	2019 年 6 月 13 日—2019 年 7 月 10 日
调查地点	嘉善县档案馆

04 平湖

发音合作人信息表

调查点	发音角色	姓名	性别	出生年月	文化程度	职业
平湖	方言老男、口头文化	龚国铭	男	1951 年 12 月	大专	教师
	方言青男	于晨哲	男	1986 年 3 月	本科	基层干部
	方言老女	金其英	女	1959 年 9 月	高中	职工
	方言青女、口头文化	马旻斐	女	1990 年 11 月	本科	基层干部
	口头文化	黄萌萌	女	1997 年 5 月	本科	学生
	口头文化	邵婷婷	女	1980 年 2 月	本科	教师

调查点及调查人信息表

调查点	平湖
调查人	张薇，黄晓东
协助调查者	陆忠民，曹嘉伟
调查设备	SAMSON C03N，SAMSON C03N 内置声卡，SONY HDR-CX700E
调查时间	2017 年 8 月 10 日—2017 年 8 月 25 日
调查地点	平湖市实验小学

05 海盐

发音合作人信息表

调查点	发音角色	姓名	性别	出生年月	文化程度	职业
海盐	方言老男、口头文化	王国翼	男	1952 年 1 月	大专	教师
	方言青男	朱垸熠	男	1992 年 12 月	本科	基层干部
	方言老女、口头文化	张圣英	女	1951 年 1 月	初中	职工
	方言青女	富小燕	女	1980 年 7 月	本科	基层干部
	口头文化	沈永康	男	1944 年 11 月	中师	教师
	口头文化	徐玉英	女	1954 年 1 月	小学	农民

调查点及调查人信息表

调查点	海盐
调查人	张薇,黄晓东
协助调查者	叶惠玉,汤雪民
调查设备	SAMSON C03N,SAMSON C03N 内置声卡,SONY HDR-CX700E
调查时间	2016 年 7 月 1 日—2016 年 7 月 30 日
调查地点	海盐高级中学

06 海宁

发音合作人信息表

调查点	发音角色	姓名	性别	出生年月	文化程度	职业
海宁	方言老男、口头文化	徐伟平	男	1953 年 7 月	初中	职工
	方言老女、口头文化	陈韵超	女	1962 年 10 月	高中	职工
	方言青男	陈贤彪	男	1984 年 5 月	研究生	教师
	方言青女	汤虹	女	1984 年 2 月	本科	职工
	口头文化	夏忠杰	男	1959 年 10 月	中师	基层干部

调查点及调查人信息表

调查点	海宁
调查人	徐越,周汪融,葛果
协助调查者	倪有章,刘琛哲
调查设备	SAMSON C03U,Sony FDR-Ax30,LOGITECH C930E
调查时间	2018 年 6 月 20 日—2018 年 7 月 10 日
调查地点	海宁文苑小学

07 桐乡

发音合作人信息表

调查点	发音角色	姓名	性别	出生年月	文化程度	职业
桐乡	方言老男	姚文洲	男	1955 年 10 月	高中	文艺工作者
	方言青男	倪一震	男	1984 年 7 月	本科	基层干部
	方言老女、口头文化	张幸华	女	1955 年 12 月	初中	基层干部
	方言青女	钱家欢	女	1992 年 3 月	本科	教师
	口头文化	席丽萍	女	1957 年 10 月	高中	文艺工作者

调查点及调查人信息表

调查点	桐乡
调查人	张薇,黄晓东
协助调查者	丁钰芬
调查设备	SAMSON C03N,SAMSON C03N 内置声卡,SONY HDR-CX700E
调查时间	2018 年 7 月 24 日—2018 年 8 月 12 日
调查地点	桐乡市教育局

08 崇德

发音合作人信息表

调查点	发音角色	姓名	性别	出生年月	文化程度	职业
崇德	方言老男	杜秋熊	男	1950 年 9 月	大专	职工
	方言青男	吴昊	男	1981 年 3 月	本科	基层干部
	方言老女	蔡淑敏	女	1961 年 6 月	高中	职工
	方言青女	娄蕴芝	女	1988 年 8 月	大专	旅游工作者
	口头文化	徐建人	男	1958 年 2 月	大专	基层干部
	口头文化	胡金林	男	1957 年 12 月	大专	基层干部

调查点及调查人信息表

调查点	崇德
调查人	张薇,黄晓东
协助调查者	丁钰芬,李彦杰
调查设备	SAMSON C03N,SAMSON C03N 内置声卡,SONY HDR-CX700E
调查时间	2019 年 8 月 7 日—2019 年 8 月 25 日
调查地点	桐乡市崇德小学语溪校区

09 湖州

发音合作人信息表

调查点	发音角色	姓名	性别	出生年月	文化程度	职业
湖州	方言老男	冯伟民	男	1955 年 12 月	高中	职工
	方言老女	蕲宜萍	女	1958 年 4 月	研究生	教师
	方言青男	魏霈侃	男	1985 年 2 月	研究生	基层干部
	方言青女	高佳薇	女	1989 年 12 月	本科	教师
	口头文化	崔少俊	男	1982 年 12 月	本科	教师

调查点及调查人信息表

调查点	湖州
调查人	徐越,周汪融,葛果
协助调查者	董萍
调查设备	SAMSON C03U,Sony FDR-Ax30,LOGITECH C930E
调查时间	2018 年 7 月 10 日—2018 年 7 月 29 日
调查地点	湖州市高级中学

10 德清

发音合作人信息表

调查点	发音角色	姓名	性别	出生年月	文化程度	职业
德清	方言老男	余敏强	男	1961 年 10 月	高中	职工
	方言老女	潘自英	女	1962 年 4 月	高中	职工
	方言青男	钱程新	男	1987 年 1 月	本科	职工
	方言青女	朱桓瑾	女	1986 年 12 月	本科	职工
	口头文化	唐小英	男	1950 年 6 月	小学	职工

调查点及调查人信息表

调查点	德清
调查人	徐越,周汪融,葛果
协助调查者	倪有章,刘琛哲
调查设备	SAMSON C03U,SONY FDR-Ax30,LOGITECH C930E
调查时间	2018 年 7 月 24 日—2018 年 8 月 10 日
调查地点	德清县第四中学

11 武康

发音合作人信息表

调查点	发音角色	姓名	性别	出生年月	文化程度	职业
武康	方言老男	凌志国	男	1958 年 7 月	高中	职工
	方言老女	王法娣	女	1962 年 6 月	高中	职工
	方言青男	李列伟	男	1991 年 2 月	大专	工商业者
	方言青女	杨洁	女	1990 年 9 月	大专	职工
	口头文化	余洁	男	1977 年 3 月	小学	职工
	口头文化	王红琴	女	1965 年 3 月	初中	职工

调查点及调查人信息表

调查点	武康
调查人	徐越,周汪融,葛果
协助调查者	倪有章,刘琛哲
调查设备	SAMSON C03U,SONY FDR-AX30,LOGITECH C930E
调查时间	2019 年 7 月 20 日—2018 年 8 月 10 日
调查地点	德清县第二中学

12 安吉

发音合作人信息表

调查点	发音角色	姓名	性别	出生年月	文化程度	职业
安吉	方言老男、口头文化	章云天	男	1948 年 4 月	小学	农民
	方言老女、口头文化	章美莉	女	1955 年 3 月	初中	农民
	方言青男、口头文化	吴章伟	男	1983 年 2 月	本科	教师
	方言青女、口头文化	张丹妮	女	1986 年 6 月	本科	教师
	口头文化	杨芳芳	女	1959 年 8 月	中专	农民

调查点及调查人信息表

调查点	安吉
调查人	叶晗，赵翠阳，赵春阳，王杰于
协助调查者	杨芳芳
调查设备	SAMSON C03U，SONY HDR-PJ670
调查时间	2015 年 7 月 27 日—2015 年 8 月 28 日
调查地点	安吉县递铺社区

13 孝丰

发音合作人信息表

调查点	发音角色	姓名	性别	出生年月	文化程度	职业
孝丰	方言老男、口头文化	刘勤	男	1951 年 9 月	大专	教师
	方言老女	马小菊	女	1963 年 5 月	高中	基层干部
	方言青男	查金良	男	1986 年 6 月	本科	基层干部
	方言青女、口头文化	朱云	女	1983 年 8 月	本科	护士
	口头文化	戴彩艳	女	1979 年 9 月	本科	基层干部

调查点及调查人信息表

调查点	孝丰
调查人	叶晗，赵翠阳，赵春阳，郑新悦，周哲楠
协助调查者	张博
调查设备	SAMSON C03U，摄录一体机，LOGITECH 920
调查时间	2018 年 7 月 27 日—2018 年 8 月 14 日
调查地点	安吉县孝丰镇孝景酒店

14 长兴

发音合作人信息表

调查点	发音角色	姓名	性别	出生年月	文化程度	职业
长兴	方言老男、口头文化	乔纪良	男	1950 年 3 月	大专	职工
	方言老女	肖慧勤	女	1955 年 12 月	初中	基层干部
	方言青男	李晟	男	1991 年 12 月	大专	职工
	方言青女、口头文化	舒悦	女	1982 年 2 月	本科	教师
	口头文化	王兵	男	1937 年 2 月	中专	基层干部
	口头文化	江语萧	女	2009 年 10 月	小学	学生
	口头文化	吴印哲	男	2009 年 12 月	小学	学生
	口头文化	吴利勇	男	1977 年 9 月	大专	工商业者
	口头文化	周建丽	女	1981 年 9 月	本科	教师
	口头文化	李荣祥	男	1950 年 11 月	高中	工商业者
	口头文化	窦新红	女	1955 年 9 月	初中	职工

调查点及调查人信息表

调查点	长兴
调查人	叶晗,赵翠阳,赵春阳,王杰于,郑新跃
协助调查者	钱锋
调查设备	SAMSON C03U,摄录一体机,LOGITECH 920
调查时间	2016 年 7 月 10 日—2016 年 7 月 31 日
调查地点	长兴县皇冠假日大酒店

15 余杭

发音合作人信息表

调查点	发音角色	姓名	性别	出生年月	文化程度	职业
余杭	方言老男、口头文化	叶天法	男	1952 年 8 月	小学	职工
	方言老女	姚和玉	女	1959 年 12 月	中专	职工
	方言青男、口头文化	金良瓶	男	1983 年 1 月	高中	职工
	方言青女	郎良燕	女	1985 年 1 月	本科	职工

调查点及调查人信息表

调查点	余杭
调查人	徐越,王晨欣,沈敏佳
协助调查者	余杭区教育局相关人员
调查设备	SAMSON C03U,SONY FDR-AX30,LOGITECH C930E
调查时间	2016 年 8 月 2 日—2016 年 8 月 30 日
调查地点	纸笔调查地点:浙江省余杭区崇福山居
	摄录地点:杭州文澜未来科技学校

16 临安

发音合作人信息表

调查点	发音角色	姓名	性别	出生年月	文化程度	职业
临安	方言老男	王炳南	男	1958 年 9 月	高中	职工
	方言老女	马丽娟	女	1956 年 1 月	小学	农民
	方言青男	章杭	男	1988 年 10 月	大专	职工
	方言青女	章立	女	1988 年 8 月	本科	职工
	口头文化	黄金森	男	1948 年 1 月	小学	职工

调查点及调查人信息表

调查点	临安
调查人	徐越，周汪融，葛果
协助调查者	方以苏
调查设备	SAMSON C03U，SONY FDR-AX30，LOGITECH C930E
调查时间	2017 年 8 月 10 日—2017 年 8 月 28 日
调查地点	临安电视台

17 昌化

发音合作人信息表

调查点	发音角色	姓名	性别	出生年月	文化程度	职业
昌化	方言老男、口头文化	张南云	男	1961 年 3 月	高中	基层干部
	方言老女	吴丽娜	女	1961 年 10 月	初中	农民
	方言青男、口头文化	吴陈焘	男	1991 年 5 月	专科	基层干部
	方言青女、口头文化	邱冰鑫	女	1988 年 7 月	本科	职工
	口头文化	翁三芳	女	1975 年 7 月	高中	工商业者
	口头文化	公仲木	男	1956 年 9 月	高中	农民
	口头文化	郑惠仙	女	1965 年 9 月	小学	工商业者
	口头文化	姚亚平	男	1959 年 10 月	小学	农民

调查点及调查人信息表

调查点	昌化
调查人	赵翠阳，赵春阳，欧阳艳华，何培文
协助调查者	唐礼平，卢丽亚
调查设备	SAMSON C03U，摄录一体机，LOGITECH 920
调查时间	2019 年 7 月 19 日—2019 年 8 月 6 日
调查地点	杭州市临安区昌化镇华悦松泉酒店

18 於潜

发音合作人信息表

调查点	发音角色	姓名	性别	出生年月	文化程度	职业
於潜	方言老男、口头文化	潘敏	男	1956 年 7 月	初中	职工
	方言老女、口头文化	汪雪姣	女	1961 年 3 月	初中	农民
	方言青男	叶锋	男	1981 年 12 月	中专	基层干部
	方言青女、口头文化	应思帆	女	1994 年 1 月	专科	工商业者
	口头文化	何雅芬	女	1968 年 8 月	初中	自由职业者

调查点及调查人信息表

调查点	於潜
调查人	程永艳,胡云晚,谢珊,胡徐梁,陈雨欣
协助调查者	唐礼平,卢露,叶萍
调查设备	SAMSON C03U,摄录一体机,LOGITECH 920
调查时间	2019 年 7 月 15 日—2019 年 8 月 31 日
调查地点	杭州市临安区於潜镇彩丽商务酒店

19 萧山

发音合作人信息表

调查点	发音角色	姓名	性别	出生年月	文化程度	职业
萧山	方言老男	吴怀德	男	1960 年 4 月	初中	职工
	方言老女	赵庆林	女	1956 年 8 月	初中	职工
	方言青男	邱超峰	男	1992 年 1 月	本科	工程师
	方言青女	严淑娜	女	1984 年 10 月	本科	基层干部
	口头文化	邱超峰	男	1992 年 1 月	本科	工程师
	口头文化	吴怀德	男	1960 年 4 月	初中	职工

调查点及调查人信息表

调查点	萧山
调查人	孙宜志,林丹丹,何月
协助调查者	钱国灿
调查设备	SAMSON C03U
调查时间	2018 年 7 月 15 日—2018 年 7 月 30 日
调查地点	浙江省杭州市萧山区广播电视台

20 富阳

发音合作人信息表

调查点	发音角色	姓名	性别	出生年月	文化程度	职业
富阳	方言老男	唐正元	男	1959 年 4 月	小学	自由职业者
	方言老女	倪华安	女	1958 年 7 月	初中	工商业者
	方言青男	章捷	男	1984 年 11 月	本科	职工
	方言青女	孙丽琦	女	1984 年 10 月	本科	教师
	口头文化	江幽松	男	1950 年 9 月	高中	职工
	口头文化	蒋金乐	男	1962 年 6 月	大专	自由职业者

调查点及调查人信息表

调查点	富阳
调查人	吴众,程永艳,徐思越,孟桐羽,周哲楠,陈慧琳
协助调查者	杭州市富阳区教育局,徐晖,杭州市富阳广播电视台
调查设备	SAMSON C03U,SONY FDR-AX30,LOGITECH C930E
调查时间	2018 年 7 月 12 日—2018 年 7 月 28 日
调查地点	杭州市富阳电视台

21 新登

发音合作人信息表

调查点	发音角色	姓名	性别	出生年月	文化程度	职业
新登	方言老男	吴新人	男	1955 年 10 月	高中	基层干部
	方言老女	陈银娟	女	1955 年 1 月	小学	裁缝
	方言青男	林建新	男	1985 年 6 月	本科	基层干部
	方言青女	陈堃	女	1985 年 7 月	本科	教师
	口头文化	陈银娟	女	1955 年 1 月	小学	裁缝
	口头文化	罗雁	女	1989 年 4 月	本科	教师
	口头文化	陈堃	女	1985 年 7 月	本科	教师
	口头文化	楼雨文	男	1955 年 1 月	初中	农民

调查点及调查人信息表

调查点	新登
调查人	吴众,徐思越,殷倩雯,李玥萱,程晓雨
协助调查者	富阳教育局徐晖,新登镇中心小学杨丽华,松溪小学
调查设备	SAMSON C03U,SONY FDR-AX30,LOGITECH C930E
调查时间	2019 年 7 月 3 日—2019 年 7 月 27 日
调查地点	松溪小学

22 桐庐

发音合作人信息表

调查点	发音角色	姓名	性别	出生年月	文化程度	职业
桐庐	方言老男	林胜华	男	1956 年 12 月	高中	职工
	方言老女	金超英	女	1959 年 8 月	初中	职工
	方言青男	孙余伟	男	1990 年 12 月	本科	基层干部
	方言青女	向杭玥	女	1987 年 8 月	大专	基层干部
	口头文化	林胜华	男	1956 年 12 月	高中	职工
	口头文化	金超英	女	1959 年 8 月	初中	职工

调查点及调查人信息表

调查点	桐庐
调查人	孙宜志,程平姬,林丹丹
协助调查者	潘胜君,何彩珍,华斌
调查设备	SAMSON C03U
调查时间	2017 年 07 月 10 日—2017 年 07 月 25 日
调查地点	浙江省桐庐县桐庐杭州传媒高级中学

23 分水

发音合作人信息表

调查点	发音角色	姓名	性别	出生年月	文化程度	职业
分水	方言老男	邱水明	男	1954 年 6 月	高中	职工
	方言老女	刘春美	女	1955 年 3 月	文盲	无
	方言青男	吴志华	男	1988 年 5 月	初中	职工
	方言青女	江亚芬	女	1983 年 9 月	初中	无
	口头文化	何明珠	女	1964 年 2 月	初中	工商业者
	口头文化	刘春美	女	1955 年 3 月	文盲	无

调查点及调查人信息表

调查点	分水
调查人	许巧枝,施伟伟,徐梦菲,谢娇娇,魏振国
协助调查者	潘胜君
调查设备	SAMSON C03U,SONY FDR-AX45
调查时间	2018 年 7 月 20 日—2018 年 8 月 6 日
调查地点	桐庐分水高级中学

24 绍兴

发音合作人信息表

调查点	发音角色	姓名	性别	出生年月	文化程度	职业
绍兴	方言老男	杨永祥	男	1952 年 7 月	初中	职工
	方言老女、口头文化	董之洁	女	1954 年 4 月	高中	财会人员
	方言青男	魏昉昊	男	1989 年 9 月	大专	自由职业者
	方言青女	金晶	女	1984 年 4 月	本科	护士
	口头文化	宋小青	女	1945 年 3 月	初中	文艺工作者
	口头文化	陆纪生	男	1944 年 11 月	中专	医生
	口头文化	韦菊儿	女	1949 年 11 月	初中	职工
	口头文化	郭耀灿	男	1951 年 6 月	初中	销售员

调查点及调查人信息表

调查点	绍兴
调查人	施俊
协助调查者	张芳芽
调查设备	SAMSON C03U,SONY HDR-PJ670
调查时间	2015 年 7 月 20 日—2015 年 8 月 24 日
调查地点	绍兴市绍兴文理学院人文学院会议室,绍兴市绍兴文理学院附中语音室

25 上虞

发音合作人信息表

调查点	发音角色	姓名	性别	出生年月	文化程度	职业
上虞	方言老男	俞夫根	男	1956 年 4 月	高中	基层干部
	方言青男	张辰	男	1988 年 8 月	本科	基层干部
	方言青女	杭玉枫	女	1988 年 6 月	大专	教师
	方言老女、口头文化	朱丽娟	女	1959 年 1 月	高中	职工

调查点及调查人信息表

调查点	上虞
调查人	肖萍,汪阳杰,宋李佳
协助调查者	谢琼,董洪根
调查设备	SAMSON C03U,SONY EX280
调查时间	2018 年 5 月 31 日—2018 年 7 月 24 日
调查地点	绍兴市上虞区百官街道,绍兴市上虞区体育馆

26 嵊州

发音合作人信息表

调查点	发音角色	姓名	性别	出生年月	文化程度	职业
嵊州	方言老男、口头文化	钱樟明	男	1958 年 6 月	初中	自由职业者
	方言老女	虞和亚	女	1962 年 5 月	高中	职工
	方言青男	胡科铭	男	1984 年 10 月	本科	基层干部
	方言青女	袁璐	女	1986 年 4 月	本科	工商业者
	口头文化	沈初耀	男	1948 年 8 月	中专	职工
	口头文化	贝仲林	男	1955 年 6 月	大专	统计员
	口头文化	丁娟兰	女	1956 年 4 月	高中	自由职业者

调查点及调查人信息表

调查点	嵊州
调查人	施俊
协助调查者	求佳莉,丁胜
调查设备	SAMSON C03U,SONY HDR-PJ670
调查时间	2016 年 6 月 26 日—2016 年 7 月 24 日
调查地点	嵊州市教育局办公室,嵊州市城南小学语音室

27 新昌

发音合作人信息表

调查点	发音角色	姓名	性别	出生年月	文化程度	职业
新昌	方言老男	俞魁忠	男	1955 年 9 月	初中	职工
	方言老女	陈金妹	女	1954 年 10 月	中专	护士
	方言青男	石程超	男	1991 年 5 月	大专	职工
	方言青女	黄伟伟	女	1984 年 11 月	大专	职工
	口头文化	王莺	女	1971 年 10 月	大专	文艺工作者
	口头文化	张婷芳	女	1995 年 11 月	大专	文艺工作者
	口头文化	何玉燕	女	1953 年 8 月	初中	职工
	口头文化	陈金妹	女	1954 年 10 月	中专	护士

调查点及调查人信息表

调查点	新昌
调查人	施俊
协助调查者	陈钢,梁杉杉
调查设备	SAMSON C03U,SONY HDR-PJ670
调查时间	2017 年 6 月 26 日—2017 年 7 月 17 日
调查地点	绍兴市新昌县锦江之星酒店,绍兴市新昌县实验中学录播室

28 诸暨

发音合作人信息表

调查点	发音角色	姓名	性别	出生年月	文化程度	职业
诸暨	方言老男	朱雷	男	1952 年 6 月	初中	职工
	方言老女	章苗芳	女	1960 年 4 月	初中	职工
	方言青男	蒋咏凯	男	1981 年 9 月	本科	基层干部
	方言青女	应红叶	女	1982 年 9 月	中专	职工
	口头文化	朱雷	男	1952 年 6 月	初中	职工
	口头文化	蒋咏凯	男	1981 年 9 月	本科	基层干部
	口头文化	应红叶	女	1982 年 9 月	中专	职工

调查点及调查人信息表

调查点	诸暨
调查人	孙宜志，程平姬，仲莉莉，林丹丹，程康平
协助调查者	虞颖洁
调查设备	SAMSON CO3U
调查时间	2016 年 7 月 11 日—2016 年 8 月 12 日
调查地点	诸暨市锦江之星酒店大桥路店

29 慈溪

发音合作人信息表

调查点	发音角色	姓名	性别	出生年月	文化程度	职业
慈溪	方言老男	叶爱银	男	1946 年 8 月	初中	基层干部
	方言老女	陈美仙	女	1949 年 7 月	初中	基层干部
	方言青男	蒋熠	男	1979 年 10 月	本科	基层干部
	方言青女、口头文化	罗许云	女	1978 年 3 月	大专	单证员

调查点及调查人信息表

调查点	慈溪
调查人	肖萍，骆柔嘉，李俊杰，肖介汉
协助调查者	马拉吉，任央君
调查设备	SAMSON C03U，SONY PMW-EX160
调查时间	2017 年 5 月 25 日—2017 年 6 月 28 日
调查地点	慈溪市教育局

30 余姚

发音合作人信息表

调查点	发音角色	姓名	性别	出生年月	文化程度	职业
余姚	方言老男	周凤朝	男	1955 年 10 月	大专	基层干部
	方言老女	翁小谦	女	1950 年 11 月	初中	基层干部
	方言青男	朱梁	男	1986 年 10 月	本科	基层干部
	方言青女	张洁	女	1979 年 6 月	大专	旅游工作者
	口头文化	鲁桂花	女	1952 年 10 月	初中	职工

调查点及调查人信息表

调查点	余姚
调查人	王洪钟,马玉佩,张细呈,朱瑾丽,肖介汉
协助调查者	马再英,陈燕娟
调查设备	SAMSON C03U,SONY HDR-PJ670
调查时间	2015 年 8 月 1 日—2015 年 8 月 15 日
调查地点	余姚市阳明街道新城市社区,宁波市宁波大学

31 宁波

发音合作人信息表

调查点	发音角色	姓名	性别	出生年月	文化程度	职业
宁波	方言老男	方芝萍	男	1954 年 3 月	大专	职工
	方言老女	沈良敏	女	1948 年 5 月	小学	农民
	方言青男	邵国强	男	1982 年 6 月	大专	职工
	方言青女	汪鸿	女	1983 年 1 月	本科	基层干部
	口头文化	林国芳	男	1960 年 12 月	初中	职工
	口头文化	张根娣	女	1951 年 11 月	大专	教师

调查点及调查人信息表

调查点	宁波
调查人	肖萍,马玉佩,朱瑾丽,张细呈,肖介汉
协助调查者	蒋和法,曾吉女,胡尧龙
调查设备	SAMSON C03U,SONY HDR-PJ670
调查时间	2016 年 4 月 24 日—2016 年 5 月 24 日
调查地点	宁波市海曙区,宁波市宁波大学

32 镇海

发音合作人信息表

调查点	发音角色	姓名	性别	出生年月	文化程度	职业
镇海	方言老男	竺联民	男	1957 年 6 月	高中	工商业者
	方言老女、口头文化	张兆进	女	1959 年 9 月	中师	教师
	方言青男	俞凌	男	1991 年 8 月	大专	电工
	方言青女	郑佳	女	1985 年 12 月	本科	基层干部
	口头文化	周惠蒙	男	1946 年 4 月	初中	人民调解员
	口头文化	周培元	男	1949 年 1 月	初中	职工
	口头文化	秦家声	男	1944 年 5 月	中专	财会人员

调查点及调查人信息表

调查点	镇海
调查人	肖萍,沈子洋,汪阳杰
协助调查者	沈家裕
调查设备	SAMSON C03U,SONY HVR-V1C
调查时间	2019 年 8 月 19 日—2019 年 8 月 26 日
调查地点	宁波市镇海应行久外语实验学校

33 奉化

发音合作人信息表

调查点	发音角色	姓名	性别	出生年月	文化程度	职业
奉化	方言老男	陈撷平	男	1955 年 3 月	初中	职工
	方言老女	张伏意	女	1954 年 4 月	中专	教师
	方言青男	陆立峰	男	1986 年 1 月	大专	销售员
	方言青女	舒芬	女	1988 年 8 月	本科	教师
	口头文化	徐恩琴	女	1967 年 12 月	大专	陪审员

调查点及调查人信息表

调查点	奉化
调查人	肖萍,汪阳杰,骆柔嘉
协助调查者	顾文斌
调查设备	SAMSON C03U,SONY EXIR
调查时间	2018 年 5 月 14 日—2018 年 8 月 20 日
调查地点	宁波市奉化区教育局九楼会议室

34 宁海

发音合作人信息表

调查点	发音角色	姓名	性别	出生年月	文化程度	职业
宁海	方言老男	丁良荣	男	1952 年 11 月	初中	职工
	方言老女	裘春绵	女	1961 年 5 月	初中	职工
	方言青男	胡挺	男	1985 年 10 月	高中	驾校教练
	方言青女	袁柳静	女	1981 年 8 月	本科	教师
	口头文化	陈一兵	男	1962 年 12 月	大专	工程师

调查点及调查人信息表

调查点	宁海跃龙街道
调查人	肖萍,宋李佳,王舰,李俊杰
协助调查者	黄晓莹,魏超辉
调查设备	SAMSON C03U,SONY 280
调查时间	2017 年 2 月 13 日—2017 年 6 月 29 日
调查地点	宁波市宁海县教育局

35 象山

发音合作人信息表

调查点	发音角色	姓名	性别	出生年月	文化程度	职业
象山	方言老男	蒋明杨	男	1963 年 10 月	大专	基层干部
	方言老女	费素琴	女	1956 年 7 月	中专	医生
	方言青男	沈欣增	男	1990 年 12 月	本科	职工
	方言青女	费越	女	1993 年 1 月	本科	教师
	口头文化	倪赛娟	女	1946 年 6 月	小学	职工

调查点及调查人信息表

调查点	象山
调查人	肖萍,汪阳杰
协助调查者	鲍瑞燕
调查设备	SAMSON C03U,SONY X280
调查时间	2019 年 6 月 3 日—2019 年 7 月 20 日
调查地点	宁波市象山县教育局

36 普陀

发音合作人信息表

调查点	发音角色	姓名	性别	出生年月	文化程度	职业
普陀	方言老男、口头文化	周海儿	男	1958 年 11 月	高中	保安
	方言老女	周明珠	女	1959 年 5 月	初中	职工
	方言青男	李奇	男	1986 年 4 月	大专	职工
	方言青女	柳莺	女	1983 年 1 月	本科	教师
	口头文化	徐正泰	男	1948 年 11 月	高中	教师

调查点及调查人信息表

调查点	普陀
调查人	王文胜，周倩倩，王晨欣，李嘉玲
协助调查者	李雨纯
调查设备	SAMSON C03U；SONY FDR-Ax30；LOGITECH C930E
调查时间	2015 年 8 月 2 日—2015 年 8 月 17 日
调查地点	舟山市普陀区沈家门小学

37 定海

发音合作人信息表

调查点	发音角色	姓名	性别	出生年月	文化程度	职业
定海	方言老男	刘汉龙	男	1956 年 10 月	初中	职工
	方言老女	沈鱼熊	女	1950 年 10 月	初中	职工
	方言青男	林宏磊	男	1983 年 10 月	本科	工商业者
	方言青女	张晶晶	女	1983 年 6 月	本科	教师
	口头文化	孙瑞珍	女	1947 年 12 月	初中	职工
	口头文化	毕文	女	1968 年 11 月	本科	教师
	口头文化	赵翔	男	1973 年 6 月	大专	基层干部
	口头文化	冯岳平	女	1958 年 4 月	高中	面点师

调查点及调查人信息表

调查点	定海
调查人	徐波,任文轩,李枚,沈栋,聂子怡
协助调查者	朱建军,李清秋
调查设备	SONY PMW-580K
调查时间	2016 年 5 月 31 日—2016 年 9 月 30 日
调查地点	舟山市民盟振华职业技术学校,浙江海洋大学

38 岱山

发音合作人信息表

调查点	发音角色	姓名	性别	出生年月	文化程度	职业
岱山	方言老男	徐国平	男	1956 年 8 月	中专	教师
	方言老女	周亚娣	女	1962 年 5 月	初中	自由职业者
	方言青男	邱梁	男	1988 年 12 月	本科	基层干部
	方言青女	刘缘	女	1987 年 6 月	本科	教师
	口头文化	张平球	男	1949 年 3 月	专科	文艺工作者
	口头文化	张亚珍	女	1953 年 11 月	初中	职工

调查点及调查人信息表

调查点	岱山
调查人	徐波,陈筱姁,俞海静,王天鸽,杨柯
协助调查者	徐伟波,邱宏方
调查设备	SONY PMW-580K
调查时间	2017 年 5 月 31 日—2017 年 9 月 30 日
调查地点	舟山市岱山县教育局,舟山市岱山县高亭中心小学微格教室

39 嵊泗

发音合作人信息表

调查点	发音角色	姓名	性别	出生年月	文化程度	职业
嵊泗	方言老男	邵金坤	男	1950 年 9 月	中专	基层干部
	方言老女	叶亚彬	女	1954 年 11 月	中师	教师
	方言青男	徐奇能	男	1985 年 11 月	本科	基层干部
	方言青女	谢燕	女	1989 年 8 月	本科	基层干部
	口头文化	洪国强	男	1946 年 3 月	初中	文艺工作者
	口头文化	沈利兵	男	1967 年 3 月	本科	基层干部
	口头文化	毛银来	男	1947 年 12 月	初中	基层干部
	口头文化	徐海梅	女	1906 年 3 月	中专	教师
	口头文化	黄佳优一	女	2010 年 7 月	小学	学生

调查点及调查人信息表

调查点	嵊泗
调查人	陈筱妁,徐波,任文轩,黄鑫,李晨阳
协助调查者	沈君霞
调查设备	SONY FDR AX100
调查时间	2018 年 5 月 24 日—2018 年 10 月 7 日
调查地点	舟山市嵊泗县初级中学,浙江海洋大学

40 临海

发音合作人信息表

调查点	发音角色	姓名	性别	出生年月	文化程度	职业
临海	方言老男、口头文化	沈建中	男	1956 年 7 月	中专	基层干部
	方言老女	张丽君	女	1953 年 6 月	初中	职工
	方言青男	谢华义	男	1985 年 12 月	本科	基层干部
	方言青女	江璟妮	女	1985 年 3 月	本科	教师
	口头文化	赵宏禄	男	1956 年 4 月	小学	律师
	口头文化	柯华富	男	1965 年 9 月	高中	教师

调查点及调查人信息表

调查点	临海
调查人	阮咏梅,丁薇
协助调查者	王天亚,贺俊燕,单仁慰,王万康,朱瑾丽,叶泽成,项小红,杨钰
调查设备	SAMSON C03U;SONY PXW-X160
调查时间	2017 年 6 月 18 日—2017 年 8 月 18 日
调查地点	台州市临海市回浦中学

41 椒江

发音合作人信息表

调查点	发音角色	姓名	性别	出生年月	文化程度	职业
椒江	方言老男	张鸣	男	1955 年 1 月	大专	基层干部
	方言老女、口头文化	洪文聪	女	1954 年 11 月	大专	基层干部
	方言青男	王勇	男	1980 年 11 月	高中	工商业者
	方言青女	於佳倩	女	1982 年 10 月	大学	职工
	口头文化	林锦红	女	1963 年 7 月	初中	职工
	口头文化	张华飞	女	1955 年 1 月	高中	文艺工作者
	口头文化	王振华	男	1956 年 3 月	高中	医生

调查点及调查人信息表

调查点	椒江
调查人	阮咏梅,王万康
协助调查者	王能,张建英,刘勇,阮永瑜
调查设备	SAMSON C03U,SONY AX2000,LOGITECH C930E
调查时间	2017 年 6 月 26 日—2017 年 7 月 23 日
调查地点	台州市椒江区第二职业技术学校

42 黄岩

发音合作人信息表

调查点	发音角色	姓名	性别	出生年月	文化	职业
黄岩	方言老男	董济忠	男	1955 年 7 月	初中	职工
	方言老女、口头文化	徐桂妹	女	1962 年 6 月	大专	职工
	方言青男	陈一樨	男	1993 年 9 月	本科	教师
	方言青女	牟晗嘉	女	1990 年 3 月	本科	教师
	口头文化	陈信义	男	1954 年 11 月	初中	文艺工作者
	口头文化	胡从德	女	1950 年 2 月	高中	文艺工作者
	口头文化	周姿含	女	2008 年 2 月	初中	学生
	口头文化	陈明达	男	1953 年 2 月	大专	职工

调查点及调查人信息表

调查点	黄岩
调查人	阮咏梅,钱燕群,吴腾飞,孙铭洺,喻志远
协助调查者	林斌,夏吟,王以贤,许守胜
调查设备	SAMSON C03U,LOGITECH C930E,CANON 5D4
调查时间	2019 年 7 月 30 日—8 月 9 日
调查地点	台州市黄岩实验小学,黄岩第一职技校

43 温岭

发音合作人信息表

调查点	发音角色	姓名	性别	出生年月	文化	职业
温岭	方言老男	王根土	男	1946 年 10 月	初中	记者
	方言老女	林香莲	女	1956 年 10 月	高中	基层干部
	方言青男	李靖	男	1978 年 1 月	本科	工商业者
	方言青女、口头文化	王霞	女	1986 年 7 月	大专	教师
	口头文化	金明才	男	1944 年 11 月	初中	文艺工作者

续　表

调查点	发音角色	姓名	性别	出生年月	文化	职业
温岭	口头文化	阮素琴	女	1971 年 3 月	高中	文艺工作者
	口头文化	应光远	男	1939 年 2 月	小学	文艺工作者
	口头文化	王云兵	男	1972 年 3 月	初中	工商业者
	口头文化	林晓春	男	1941 年 12 月	初中	文艺工作者

调查点及调查人信息表

调查点	温岭
调查人	阮咏梅,王万康
协助调查者	滕林华,金建辉,张俊杰,王敏杰,阮小春,阮法根,黄晓慧
调查设备	SAMSON C03U, SONY PMW-EX260（补录时用 SONY HDR-PJ670）
调查时间	2015 年 7 月 25 日—8 月 10 日
调查地点	台州市温岭市教育局;温岭市第三中学

44 仙居

发音合作人信息表

调查点	发音角色	姓名	性别	出生年月	文化程度	职业
仙居	方言老男、口头文化	张真弟	男	1956 年 9 月	初中	农民
	方言老女	王燕青	女	1955 年 10 月	中师	教师
	方言青男	王均吉	男	1987 年 11 月	大专	工商业者
	方言青女	赵璐雯	女	1990 年 10 月	本科	教师
	口头文化	吴建设	男	1967 年 2 月	大专	教师
	口头文化	王燕青	女	1955 年 10 月	中专	教师
	口头文化	吴云香	女	1936 年 4 月	文盲	农民

调查点及调查人信息表

调查点	仙居
调查人	黄晓东,张薇,罗璐霞,吴梦瑜,任令如
协助调查者	吴伟亚,朱晓勇
调查设备	SAMSON C03U,SAMSON C03U 内置声卡,SONY HDR-CX700E
调查时间	2019 年 7 月 1 日—2019 年 8 月 6 日
调查地点	仙居县第四小学

45 天台

发音合作人信息表

调查点	发音角色	姓名	性别	出生年月	文化程度	职业
天台	方言老男	袁相爱	男	1951 年 12 月	初中	驾驶员
	方言老女	陈美玲	女	1945 年 10 月	初中	职工
	方言青男	余波	男	1992 年 4 月	本科	基层干部
	方言青女	肖颖颖	女	1981 年 8 月	本科	教师
	口头文化	潘祖来	男	1948 年 10 月	初中	农民
	口头文化	张哲炎	男	1955 年 1 月	初中	农民
	口头文化	梅碧婷	女	1951 年 6 月	小学	职工
	口头文化	陈美玲	女	1945 年 10 月	初中	职工

调查点及调查人信息表

调查点	天台
调查人	肖萍,丁薇
协助调查者	王洪钟,王培红,王万康,朱瑾丽,许世琪
调查设备	SAMSON C03U,SONY PMW-EX260
调查时间	2016 年 1 月 15 日—2016 年 4 月 18 日
调查地点	天台县赤城中学

46 三门

发音合作人信息表

调查点	发音角色	姓名	性别	出生年月	文化程度	职业
三门	方言老男	郑志青	男	1960 年 1 月	高中	职工
	方言老女、口头文化	蒋智会	女	1962 年 2 月	初中	职工
	方言青男	郑寒文	男	1990 年 7 月	本科	教师
	方言青女、口头文化	林唯依	女	1984 年 11 月	本科	工商业者
	口头文化	施甜甜	女	2010 年 6 月	小学	学生
	口头文化	章思营	男	1956 年 2 月	高中	农民
	口头文化	章丹葳	女	1990 年 6 月	本科	教师
	口头文化	叶维虎	男	1946 年 1 月	小学	农民

调查点及调查人信息表

调查点	三门
调查人	叶晗,赵翠阳,何培文,黄依娜
协助调查者	丁赵明
调查设备	SAMSON C03U,摄录一体机,LOGITECH C920
调查时间	2019 年 8 月 17 日—2019 年 9 月 8 日
调查地点	三门县台湾卡特主题酒店

47 玉环

发音合作人信息表

调查点	发音角色	姓名	性别	出生年月	文化	职业
玉环	方言老男	张崇利	男	1953 年 10 月	高中	工程管理
	方言老女	胡玲俐	女	1958 年 1 月	大专	财会人员
	方言青男	董西强	男	1981 年 6 月	大专	职工
	方言青女	林璐	女	1987 年 6 月	本科	教师
	口头文化	鲍迪胜	男	1966 年 2 月	初中	文艺工作者
	口头文化	陆绍朗	男	1968 年 6 月	高中	主持人
	口头文化	陈帮强	男	1957 年 11 月	小学	农民

调查点及调查人信息表

调查点	玉环
调查人	阮咏梅,郑敏敏,钱燕群,吴腾飞
协助调查者	张伟斌,杨艳艳,庄飞娥
调查设备	SAMSON C03U,PANASONIC 3MOS;LOGITECH C930E
调查时间	2018 年 8 月 1 日—2018 年 8 月 16 日
调查地点	玉环市城关中心小学

48 金华

发音合作人信息表

调查点	发音角色	姓名	性别	出生年月	文化程度	职业
金华	方言老男	汪新潮	男	1949 年 5 月	高中	工商业者
	方言老女	金晚生	女	1948 年 12 月	高中	财会人员
	方言青男	姜谦	男	1984 年 7 月	本科	记者
	方言青女	陈媛	女	1983 年 3 月	本科	教师
	口头文化	金晚生	女	1948 年 12 月	高中	财会人员
	口头文化	叶琳	男	1948 年 2 月	中专	技术员
	口头文化	傅海菊	女	1949 年 8 月	初中	职工

调查点及调查人信息表

调查点	金华
调查人	黄晓东,张薇,肖潇,吴露露,徐小甜
协助调查者	王洪钟,刘力坚
调查设备	SAMSON C03U,SAMSON C03U 内置声卡,SONY HDR-CX700E
调查时间	2015 年 5 月 1 日—2015 年 8 月 10 日
调查地点	金华市浙江师范大学

49 汤溪

发音合作人信息表

调查点	发音角色	姓名	性别	出生年月	文化程度	职业
汤溪	方言老男	魏雪清	男	1954 年 12 月	小学	工商业者
	方言老女	汪素云	女	1957 年 6 月	小学	职工
	方言青男	严俊阳	男	1994 年 3 月	高中	工商业者
	方言青女、口头文化	何莉丹	女	1984 年 7 月	本科	职工
	口头文化	魏雪清	男	1954 年 12 月	小学	工商业者
	口头文化	汪素云	女	1957 年 6 月	小学	职工
	口头文化	郑宗林	男	1944 年 3 月	初中	基层干部

调查点及调查人信息表

调查点	汤溪
调查人	宋六旬,奚佳佳,陈懿,李双宏,程朝
协助调查者	苏战辉,谢惠娟
调查设备	SAMSON C03U,SONY FDR-AX30,LOGITECH C930E
调查时间	2019 年 7 月 6 日—2019 年 7 月 22 日
调查地点	金华市汤溪小学

50 兰溪

发音合作人信息表

调查点	发音角色	姓名	性别	出生年月	文化程度	职业
兰溪	方言老男	王文荣	男	1952 年 12 月	初中	职工
	方言老女	唐筱薇	女	1957 年 6 月	高中	教师
	方言青男	金树	男	1986 年 5 月	本科	教师
	方言青女	陈晓瑶	女	1986 年 11 月	本科	教师
	口头文化	李关根	男	1948 年 4 月	小学	职工

调查点及调查人信息表

调查点	兰溪
调查人	吴众,陈艺雯
协助调查者	浙江省兰溪市教育局,浙江省兰溪市文化馆,毛俊寅,许峥
调查设备	SAMSON C03U;SONY FDR-AX30;LOGITECH C930E
调查时间	2017 年 7 月 30 日—2017 年 8 月 19 日
调查地点	兰溪市文化馆

51 浦江

发音合作人信息表

调查点	发音角色	姓名	性别	出生年月	文化程度	职业
浦江	方言老男	应平	男	1955 年 10 月	小学	农民
	方言老女	张灵仙	女	1956 年 10 月	初中	职工
	方言青男	洪建松	男	1980 年 10 月	高中	工商业者
	方言青女	张婷婷	女	1990 年 8 月	大专	教师
	口头文化	楼桂元	女	1956 年 11 月	小学	农民
	口头文化	方鼎晟	男	1935 年 11 月	高中	教师

调查点及调查人信息表

调查点	浦江
调查人	黄晓东,张薇,严彩云,肖潇,吴露露
协助调查者	傅江英
调查设备	SAMSON C03U,SAMSON C03U 内置声卡,SONY HDR-CX700E
调查时间	2016 年 6 月 11 日—2016 年 8 月 18 日
调查地点	金华市浦江县浦江第四中学

52 义乌

发音合作人信息表

调查点	发音角色	姓名	性别	出生年月	文化程度	职业
义乌	方言老男	陈雄文	男	1962 年 8 月	高中	自由职业者
	方言老女、口头文化	楼飞	女	1963 年 12 月	高中	职工
	方言青男	孟正昂	男	1987 年 2 月	大专	工商业者
	方言青女	陈晓倩	女	1990 年 10 月	本科	教师
	口头文化	陈碧瑛	女	1961 年 11 月	初中	自由职业者
	口头文化	贾来香	女	1947 年 7 月	文盲	文艺工作者
	口头文化	宋松芳	女	1975 年 1 月	大专	文艺工作者

调查点及调查人信息表

调查点	义乌
调查人	施俊
协助调查者	虞润尧，胡雨卉
调查设备	SAMSON C03U，SONY HDR-PJ670
调查时间	2018 年 7 月 12 日—2018 年 8 月 4 日
调查地点	义乌市绣湖小学

53 东阳

发音合作人信息表

调查点	发音角色	姓名	性别	出生年月	文化程度	职业
东阳	方言老男	蒋文星	男	1953 年 8 月	初中	农民
	方言老女	卢慧芳	女	1963 年 12 月	初中	职工
	方言青男	张丹锋	男	1988 年 3 月	本科	教师
	方言青女	吴蓉蓉	女	1989 年 11 月	本科	教师
	口头文化	吴锡华	男	1928 年 12 月	中专	职工
	口头文化	王子平	男	1955 年 6 月	初中	农民
	口头文化	张允诊	女	1957 年 2 月	初中	工商业者
	口头文化	王荷姣	女	1963 年 7 月	初中	农民

调查点及调查人信息表

调查点	东阳
调查人	刘力坚,施佳红,张纯纯,张爽
协助调查者	金黎明,申屠婷婷
调查设备	SAMSON C03U,SONY FDR-Ax30,LOGITECH C930E
调查时间	2016 年 4 月 28 日—2017 年 12 月 30 日
调查地点	东阳市吴宁镇

54 永康

发音合作人信息表

调查点	发音角色	姓名	性别	出生年月	文化程度	职业
永康	方言老男	胡仲继	男	1954 年 4 月	小学	自由职业者
	方言老女	颜绿林	女	1960 年 5 月	初中	职工
	方言青男	楼滔	男	1987 年 6 月	本科	职工
	方言青女	李卫洁	女	1985 年 12 月	本科	教师
	口头文化	程静	女	1960 年 4 月	大专	基层干部

调查点及调查人信息表

调查点	永康
调查人	程永艳,吴众,王杰于,徐思越,周哲楠
协助调查者	王艾荷
调查设备	SAMSON C03U,SONY FDR-AX30,LOGITECH C930E
调查时间	2017 年 8 月 21 日—2017 年 9 月 9 日
调查地点	永康市广播电视台

55 武义

发音合作人信息表

调查点	发音角色	姓名	性别	出生年月	文化程度	职业
武义	方言老男	项琳	男	1959 年 10 月	初中	财会人员
	方言老女	徐丽英	女	1958 年 8 月	中专	医生
	方言青男	廖俊	男	1990 年 11 月	大专	基层干部
	方言青女	董彬	女	1988 年 6 月	大专	自由职业者
	口头文化	何淑芝	女	1953 年 9 月	初中	播音员
	口头文化	王青	女	1954 年 11 月	初中	职工
	口头文化	贺兰仙	女	1949 年 10 月	高中	播音员

调查点及调查人信息表

调查点	武义
调查人	叶晗,吴众,程永艳,徐思越,周哲楠,余茂龙
协助调查者	武义县教育局
调查设备	SAMSON C03U,SONY FDR-AX30,LOGITECH C930E
调查时间	2017 年 7 月 5 日—2017 年 7 月 27 日
调查地点	武义县广播电视台

56 磐安

发音合作人信息表

调查点	发音角色	姓名	性别	出生年月	文化程度	职业
磐安	方言老男、口头文化	陈德品	男	1956 年 9 月	中师	教师
	方言老女	陈促进	女	1958 年 3 月	中师	教师
	方言青男	陈健汉	男	1990 年 5 月	本科	职工
	方言青女	陈晶晶	女	1986 年 3 月	本科	职工
	口头文化	陈旭中	男	1962 年 10 月	大专	基层干部
	口头文化	杨良福	男	1947 年 2 月	大专	基层干部

调查点及调查人信息表

调查点	磐安
调查人	雷艳萍,程朝,蒋婷婷,曾霁馨,刘乙霖
协助调查者	潘向红
调查设备	SAMSON C03U,SONY FDR-AX40,LOGITECH C930E
调查时间	2019 年 7 月 15 日—2019 年 8 月 12 日
调查地点	浙江省磐安县教育局,浙江省磐安县第二中学

57 缙云

发音合作人信息表

调查点	发音角色	姓名	性别	出生年月	文化程度	职业
缙云	方言老男	黄国盛	男	1954 年 10 月	初中	自由职业者
	方言老女	李自端	女	1956 年 8 月	小学	农民
	方言青男	李凯斌	男	1986 年 11 月	大专	职工
	方言青女	黄佳丽	女	1983 年 12 月	本科	职工
	口头文化	李月华	女	1953 年 7 月	初中	农民
	口头文化	蔡玮华	女	1957 年 10 月	本科	新闻工作者
	口头文化	丁新燕	女	1979 年 4 月	本科	教师
	口头文化	杜志方	男	1945 年 7 月	大专	基层干部

调查点及调查人信息表

调查点	缙云
调查人	程永艳,吴众,徐思越,孟桐羽,周哲楠,陈慧琳
协助调查者	丁新燕,李江丽
调查设备	SAMSON C03U,SONY FDR-AX30,LOGITECH C930E
调查时间	2018 年 8 月 6 日—2018 年 8 月 27 日
调查地点	缙云县五云镇仙都中学

58 衢州

发音合作人信息表

调查点	发音角色	姓名	性别	出生年月	文化程度	职业
衢州	方言老男、口头文化	郑文奎	男	1952 年 6 月	初中	职工
	方言老女、口头文化	刘慧珍	女	1955 年 9 月	小学	无
	方言青男	龚舜	男	1986 年 3 月	本科	主持人
	方言青女	胡月	女	1983 年 1 月	本科	护士
	口头文化	陈大槐	男	1945 年 12 月	初中	自由职业者
	口头文化	杨欣	女	1970 年 5 月	高中	职工

调查点及调查人信息表

调查点	柯城
调查人	王洪钟,吴露露,郑敏敏,陈佩云
协助调查者	许建芳,朱碧月
调查设备	SAMSON C03U,SONY FDR-AX30,LOGITECH C930E
调查时间	2018 年 7 月 24 日—2018 年 8 月 10 日
调查地点	衢州市柯城区白云小学,衢州市柯城区美林宾馆

59 衢江

发音合作人信息表

调查点	发音角色	姓名	性别	出生年月	文化程度	职业
衢江	方言老男、口头文化	程明洪	男	1963 年 1 月	初中	农民
	方言老女、口头文化	杜巧英	女	1962 年 11 月	高中	农民
	方言青男	徐伟	男	1986 年 3 月	本科	辅警
	方言青女	徐淑娟	女	1988 年 11 月	中专	工商业者
	口头文化	杜忠德	男	1966 年 6 月	初中	农民
	口头文化	周炎福	男	1963 年 6 月	初中	农民

调查点及调查人信息表

调查点	衢江
调查人	王洪钟,张恬
协助调查者	吴红艳,祝志明
调查设备	SAMSON C03U,SONY FDR-AX30,LOGITECH C930E
调查时间	2019 年 7 月 22 日—2019 年 8 月 3 日
调查地点	衢江区杜泽镇杜三村,衢江区第二小学

60 龙游

发音合作人信息表

调查点	发音角色	姓名	性别	出生年月	文化程度	职业
龙游	方言老男、口头文化	陈玉柱	男	1953 年 9 月	初中	财会人员
	方言老女、口头文化	陈美蓉	女	1954 年 10 月	高中	职工
	方言青男	游佳	男	1983 年 9 月	大专	记者
	方言青女、口头文化	周芸	女	1984 年 2 月	本科	教师
	口头文化	袁耀明	男	1944 年 1 月	高中	文艺工作者
	口头文化	施维嘉	男	1994 年 10 月	大专	主持人
	口头文化	林信怡	男	1941 年 9 月	初中	职工

调查点及调查人信息表

调查点	龙游
调查人	王洪钟,陈佩云,郑敏敏
协助调查者	赖正清,雷慧清
调查设备	SAMSON C03U,SONY HDR-CX550,LOGITECH C930E
调查时间	2017 年 7 月 17 日—2017 年 7 月 28 日
调查地点	龙游县实验小学,龙游县万豪酒店

61 江山

发音合作人信息表

调查点	发音角色	姓名	性别	出生年月	文化程度	职业
江山	方言老男、口头文化	蔡秉洪	男	1954 年 1 月	小学	职工
	方言老女	祝文娟	女	1956 年 8 月	高中	自由职业者
	方言青男	张康	男	1989 年 10 月	中专	文艺工作者
	方言青女、口头文化	徐珺	女	1980 年 12 月	本科	基层干部
	口头文化	邓作友	男	1945 年 10 月	初中	地理先生
	口头文化	刘青青	女	1988 年 8 月	本科	基层干部

调查点及调查人信息表

调查点	江山
调查人	王洪钟,邢芬,李仪
协助调查者	陈丁亮,赵普义
调查设备	SAMSON C03U,SONY CX550E
调查时间	2015 年 7 月—2017 年 11 月
调查地点	江山市江山中学

62 常山

发音合作人信息表

调查点	发音角色	姓名	性别	出生年月	文化程度	职业
常山	方言老男、口头文化	王生根	男	1952 年 9 月	初中	职工
	方言老女、口头文化	占姣兰	女	1953 年 10 月	初中	职工
	方言青男	汪建荣	男	1983 年 4 月	本科	教师
	方言青女	彭莹	女	1984 年 9 月	本科	基层干部
	口头文化	陈土根	男	1945 年 6 月	初中	职工
	口头文化	曾令兵	男	1956 年 6 月	本科	自由职业者

调查点及调查人信息表

调查点	天马街道
调查人	黄沚青,王洪钟,戈光敏,陈容生
协助调查者	陈懿,范晨菲
调查设备	SAMSON C03U;SONY FDR-AX30;LOGITECH C930E
调查时间	2018 年 7 月 24 日—2018 年 8 月 10 日
调查地点	常山县常山育才小学

63 开化

发音合作人信息表

调查点	发音角色	姓名	性别	出生年月	文化程度	职业
开化	方言老男、口头文化	凌润初	男	1960 年 3 月	初中	职工
	方言老女	叶爱美	女	1963 年 7 月	高中	基层干部
	方言青男	叶校政	男	1983 年 12 月	中专	职工
	方言青女	汪娟	女	1983 年 1 月	高中	职工
	口头文化	夏启明	男	1957 年 4 月	中师	教师

调查点及调查人信息表

调查点	开化
调查人	王洪钟,戈光敏,王怡雯,宋六旬
协助调查者	郑磊,齐朝阳
调查设备	SAMSON C03U;SONY FDR-AX30,LOGITECH C930E
调查时间	2018 年 7 月 17 日—2018 年 7 月 30 日
调查地点	开化县第二中学

64 丽水

发音合作人信息表

调查点	发音角色	姓名	性别	出生年月	文化程度	职业
莲都	方言老男	何卫军	男	1956 年 3 月	中师	教师
	方言老女	叶旭霞	女	1960 年 5 月	本科	教师
	方言青男	汪剑锋	男	1987 年 9 月	本科	基层干部
	方言青女	张海云	女	1987 年 11 月	大专	基层干部
	口头文化	赵丽珍	女	1970 年 2 月	大专	基层干部
	口头文化	周丽君	女	1947 年 1 月	高中	基层干部
	口头文化	周佩君	女	1957 年 1 月	大专	基层干部

调查点及调查人信息表

调查点	莲都
调查人	雷艳萍,蒋婷婷,董晓英
协助调查者	陈久远
调查设备	SAMSON C03U,SONY FDR-AX40,LOGITECH C930E
调查时间	2016 年 5 月 1 日—2016 年 11 月 20 日
调查地点	丽水市莲都区云图文化传媒公司

65 青田

发音合作人信息表

调查点	发音角色	姓名	性别	出生年月	文化程度	职业
青田	方言老男	姚观遇	男	1961 年 11 月	高中	农民
	方言老女、口头文化	詹爱琴	女	1963 年 8 月	初中	农民
	方言青男	蒋顺恺	男	1989 年 12 月	本科	基层干部
	方言青女、口头文化	吴佩艳	女	1990 年 3 月	本科	教师
	口头文化	李雪静	女	1971 年 12 月	本科	教师
	口头文化	虞惠阳	男	1964 年 11 月	本科	教师
	口头文化	徐汉民	男	1958 年 7 月	大专	基层干部

调查点及调查人信息表

调查点	青田
调查人	王文胜,程朝,盛思文
协助调查者	徐绍来
调查设备	SAMSON C03U,SONY FDR-AX30,LOGITECH C930E
调查时间	2018 年 7 月 24 日—2018 年 8 月 10 日
调查地点	青田县教育局,青田县华侨中学

66 云和

发音合作人信息表

调查点	发音角色	姓名	性别	出生年月	文化程度	职业
云和	方言老男、口头文化	邱裕森	男	1952 年 9 月	初中	农民
	方言老女	赵美云	女	1961 年 8 月	高中	职工
	方言青男、口头文化	褚炜	男	1993 年 6 月	本科	造价员
	方言青女	陈晶	女	1991 年 1 月	本科	基层干部
	口头文化	赵美云	女	1961 年 8 月	高中	职工
	口头文化	宋李娟	女	1965 年 7 月	初中	农民
	口头文化	魏以南	男	1966 年 9 月	高中	工程师
	口头文化	梅素英	女	1958 年 12 月	高中	职工
	口头文化	林土清	男	1945 年 8 月	高小	农民

调查点及调查人信息表

调查点	云和
调查人	雷艳萍,蒋婷婷,董晓英,沈桂松,刘美娟
协助调查者	项菲
调查设备	SAMSON C03U,SONY FDR-AX40,LOGITECH C930E
调查时间	2017 年 7 月 10 日—2017 年 10 月 30 日
调查地点	云和县古坊小学

67 松阳

发音合作人信息表

调查点	发音角色	姓名	性别	出生年月	文化程度	职业
松阳	方言老男、口头文化	刘志宏	男	1963 年 9 月	大专	工商业者
	方言老女	余金秀	女	1962 年 8 月	初中	职工
	方言青男	叶啸	男	1985 年 9 月	本科	医生
	方言青女	叶乐影	女	1987 年 9 月	大专	医生
	口头文化	刘超英	女	1960 年 8 月	大专	主持人

调查点及调查人信息表

调查点	松阳
调查人	王文胜,程朝,窦林娟
协助调查者	胡志伟,尹颖,王跃,池积善
调查设备	SAMSON C03U,SONY FDR-AX30,LOGITECH C930E
调查时间	2017 年 7 月 29 日—2017 年 8 月 13 日
调查地点	丽水市松阳县西屏街道丽水学院幼儿师范学院,丽水市松阳县西屏街道天元名都大酒店

68 宣平

发音合作人信息表

调查点	发音角色	姓名	性别	出生年月	文化程度	职业
宣平	方言老男、口头文化	何新海	男	1956 年 9 月	初中	农民
	方言老女	王玫玲	女	1962 年 11 月	高中	农民
	方言青男	马骏	男	1984 年 7 月	本科	教师
	方言青女	何欣	女	1987 年 3 月	本科	教师
	口头文化	叶卫平	男	1960 年 12 月	本科	教师
	口头文化	陈周鹤	男	1997 年 2 月	高中	学生
	口头文化	楼火木	男	1948 年 9 月	小学	木工
	口头文化	吴宣娇	女	1956 年 5 月	高中	职工

调查点及调查人信息表

调查点	宣平
调查人	雷艳萍,蒋婷婷,华国盛,陈缪
协助调查者	蓝寅剑
调查设备	SAMSON C03U,SONY FDR-AX40,LOGITECH C930E
调查时间	2018 年 7 月 16 日—2018 年 8 月 22 日
调查地点	武义县柳城畲族镇政府,武义县柳城小学

69 遂昌

发音合作人信息表

调查点	发音角色	姓名	性别	出生年月	文化程度	职业
遂昌	方言老男、口头文化	郭雄飞	男	1961 年 1 月	大专	教师
	方言老女	李桂飞	女	1951 年 7 月	初中	职工
	方言青男	江汇	男	1988 年 9 月	大专	职工
	方言青女、口头文化	应瑛	女	1981 年 11 月	本科	职工

调查点及调查人信息表

调查点	遂昌
调查人	王文胜,周倩倩,窦林娟
协助调查者	雷巧菁
调查设备	SAMSON C03U,SONY FDR-AX30,LOGITECH C930E
调查时间	2016 年 7 月 22 日—2016 年 8 月 3 日
调查地点	丽水市遂昌县妙高小学,丽水市遂昌县凯恩大酒店

70 龙泉

发音合作人信息表

调查点	发音角色	姓名	性别	出生年月	文化	职业
龙泉	方言老男	沈光寅	男	1949 年 4 月	小学	职工
	方言老女	吴俐伶	女	1961 年 12 月	高中	财会人员
	方言青男	俞鑫	男	1990 年 7 月	大专	职工
	方言青女	沈莉薇	女	1984 年 8 月	本科	职工
	口头文化	李文	男	1935 年 9 月	大专	教师
	口头文化	邱友松	男	1947 年 11 月	初中	基层干部

调查点及调查人信息表

调查点	龙泉
调查人	王洪钟,吴露露,孙家荣,王雪凝
协助调查者	钟小伟,李仪
调查设备	SAMSON C03U;SONY HDR-CX550
调查时间	2017 年 7 月 6 日—2017 年 7 月 16 日;同年 11 月 10 日—12 日补录
调查地点	龙泉市西新小学,龙泉市水南小学

71 景宁

发音合作人信息表

调查点	发音角色	姓名	性别	出生年月	文化程度	职业
景宁	方言老男、口头文化	洪卫东	男	1958 年 10 月	初中	农民
	方言老女、口头文化	梁平英	女	1962 年 7 月	初中	农民
	方言青男	陈赞文	男	1993 年 6 月	本科	职工
	方言青女	陈璇	女	1991 年 12 月	本科	职工
	口头文化	任传奎	男	1951 年 6 月	本科	教师

调查点及调查人信息表

调查点	景宁
调查人	蒋婷婷,雷艳萍,华国盛,陈缪
协助调查者	叶良
调查设备	SAMSON C03U,SONY FDR-AX40,LOGITECH C930E
调查时间	2018 年 7 月 25 日—2018 年 8 月 25 日
调查地点	景宁畲族自治县电视台,丽水市莲都小学

72 庆元

发音合作人信息表

调查点	发音角色	姓名	性别	出生年月	文化程度	职业
庆元	方言老男、口头文化	李成山	男	1951 年 12 月	小学	农民
	方言老女、口头文化	杨桂芬	女	1958 年 4 月	中师	教师
	方言青男	杨丽坤	男	1989 年 11 月	大专	职工
	方言青女	吴春芳	女	1981 年 7 月	大专	教师

调查点及调查人信息表

调查点	庆元
调查人	王文胜,陈瑜,窦林娟
协助调查者	杨申花
调查设备	SAMSON C03U,SONY FDR-AX30,LOGITECH C930E
调查时间	2016 年 7 月 5 日—2016 年 7 月 18 日
调查地点	丽水市庆元县城东小学,丽水市庆元县国际大酒店

73 泰顺

发音合作人信息表

调查点	发音角色	姓名	性别	出生年月	文化程度	职业
泰顺	方言老男、口头文化	卢亦挺	男	1948 年 12 月	本科	教师
	方言老女、口头文化	赖晓珍	女	1953 年 4 月	初中	职工
	方言青男	胡昌敏	男	1987 年 12 月	本科	基层干部
	方言青女、口头文化	魏杨	女	1985 年 4 月	本科	教师
	口头文化	林美春	男	1973 年 5 月	本科	教师

调查点及调查人信息表

调查点	泰顺
调查人	王文胜,李金燕,盛思文,程朝
协助调查者	陈修远
调查设备	SAMSON C03U,SONY FDR-AX30,LOGITECH C930E
调查时间	2019 年 7 月 3 日—2019 年 7 月 28 日
调查地点	温州市泰顺县罗阳镇泰顺中学,温州市泰顺县罗阳镇柏悦酒店

74 温州

发音合作人信息表

调查点	发音角色	姓名	性别	出生年月	文化程度	职业
温州	方言老男、口头文化	潘亮	男	1947 年 1 月	中专	基层干部
	方言老女	徐兰琴	女	1961 年 8 月	初中	基层干部
	方言青男	郑重	男	1988 年 12 月	本科	学生
	方言青女	白瑶	女	1990 年 4 月	本科	职工
	口头文化	陈海娅	女	1975 年 1 月	中专	基层干部
	口头文化	金寿金	男	1941 年 5 月	初中	职工

调查点及调查人信息表

调查点	温州
调查人	蔡嵘,周艳
协助调查者	郑上忠
调查设备	SAMSON C03U,SONY FDR-AX30
调查时间	2015 年 8 月 2 日—2015 年 8 月 30 日
调查地点	温州市温州大学

75 永嘉

发音合作人信息表

调查点	发音角色	姓名	性别	出生年月	文化	职业
永嘉	方言老男、口头文化	杜培飞	男	1953 年 12 月	小学	木工
	方言老女、口头文化	孙秀姆	女	1954 年 6 月	中师	教师
	方言青男	叶疆明	男	1990 年 4 月	本科	基层干部
	方言青女	胡建晓	女	1982 年 5 月	本科	教师

调查点及调查人信息表

调查点	上塘
调查人	徐丽丽,王洁曼,吴晓菲
协助调查者	徐晓当,叶军海,李晓瑜
调查设备	SAMSON C03U,SONY FDR-AX30
调查时间	2017 年 6 月 25 日—2017 年 7 月 16 日
调查地点	永嘉县永嘉宾馆,永嘉职业中学

76 乐清

发音合作人信息表

调查点	发音角色	姓名	性别	出生年月	文化程度	职业
乐清	方言老男、口头文化	周滇生	男	1949 年 9 月	大专	教师
	方言老女、口头文化	孔珊珊	女	1955 年 9 月	中专	播音员
	方言青男	李浩	男	1987 年 5 月	本科	主持人
	方言青女	李逸听	女	1988 年 7 月	本科	职工
	口头文化	陈其松	男	1930 年 6 月	文盲	农民

调查点及调查人信息表

调查点	乐清
调查人	蔡嵘,周艳
协助调查者	章明朗
调查设备	SAMSON C03U,SONY FDR-AX30
调查时间	2016 年 7 月 14 日—2016 年 8 月 1 日
调查地点	乐清市委党校

77 瑞安

发音合作人信息表

调查点	发音角色	姓名	性别	出生年月	文化	职业
瑞安	方言老男	徐金川	男	1959 年 5 月	小学	农民
	方言青男	许可	男	1985 年 9 月	本科	教师
	方言老女、口头文化	林爱棉	女	1957 年 6 月	小学	职工
	方言青女	管慧春	女	1990 年 1 月	本科	护士
	口头文化	夏锡桃	男	1957 年 8 月	文盲	工商业者
	口头文化	阮爱兰	女	1964 年 9 月	初中	文艺工作者

调查点及调查人信息表

调查点	瑞安
调查人	徐丽丽，金碧，吴晓菲
协助调查者	徐晓当
调查设备	SAMSON C03U，SONY FDR-AX30
调查时间	2016 年 7 月 14 日—2016 年 10 月 7 日
调查地点	瑞安市集云实验学校

78 平阳

发音合作人信息表

调查点	发音角色	姓名	性别	出生年月	文化程度	职业
平阳	方言老男、口头文化	刘昌馀	男	1962 年 5 月	初中	职工
	方言老女	施世俊	男	1987 年 7 月	大专	职工
	方言青男	王爱华	女	1958 年 6 月	初中	职工
	方言青女	叶茜茜	女	1988 年 4 月	本科	教师
	口头文化	叶来旺	男	1950 年 11 月	初中	文艺工作者
	口头文化	胡玉燕	女	1964 年 3 月	初中	文艺工作者
	口头文化	陈斌	男	1962 年 10 月	本科	基层干部

调查点及调查人信息表

调查点	平阳
调查人	孙宜志
协助调查者	程平姬，林丹丹
调查设备	SAMSON CO3U；SONY HDR-PJ670；LOGITECH C930E
调查时间	2017 年 8 月 6 日—2017 年 8 月 20 日
调查地点	浙江省温州市平阳县昆阳镇第一小学

79 文成

发音合作人信息表

调查点	发音角色	姓名	性别	出生年月	文化程度	职业
文成	方言老男、口头文化	周安定	男	1953 年 11 月	小学	职工
	方言老女、口头文化	赵凤柳	女	1960 年 8 月	高中	职工
	方言青男	吴朝杰	男	1987 年 12 月	研究生	教师
	方言青女	金丽春	女	1986 年 1 月	大学	教师
	口头文化	季慧聪	女	1977 年 7 月	高中	基层干部
	口头文化	赵玲玲	女	1971 年 4 月	初中	工商业者

调查点及调查人信息表

调查点	文成
调查人	孙宜志,林丹丹,何月
协助调查者	胡国栋,陈学峰
调查设备	SAMSON CO3U
调查时间	2018 年 8 月 1 日—2018 年 8 月 15 日
调查地点	浙江省温州市文成县大峃镇

80 苍南

发音合作人信息表

调查点	发音角色	姓名	性别	出生年月	文化	职业
苍南	方言老男	陈舜远	男	1958 年 9 月	大专	教师
	方言老女	周美凤	女	1955 年 7 月	中专	教师
	方言青男	黄康定	男	1991 年 5 月	本科	职工
	方言青女	周雯雯	女	1991 年 5 月	大专	外贸业务员
	口头文化	黄兴安	男	1964 年 6 月	初中	手艺人

调查点及调查人信息表

调查点	灵溪
调查人	徐丽丽,王洁曼,金碧,吴晓菲
协助调查者	徐晓当,杨守铬
调查设备	SAMSON C03U;SONY FDR-AX30
调查时间	2018 年 7 月 16 日—2018 年 10 月 7 日
调查地点	苍南县职业中等专业学校

81 建德徽

发音合作人信息表

调查点	发音角色	姓名	性别	出生年月	文化程度	职业
建德	方言老男	胡尚武	男	1942 年 12 月	小学	职工
	方言老女	胡蔼云	女	1948 年 9 月	高中	教师
	方言青男	丁勋	男	1980 年 11 月	本科	教师
	方言青女	唐春燕	女	1979 年 1 月	本科	教师
	口头文化	胡蔼云	女	1948 年 9 月	高中	教师

调查点及调查人信息表

调查点	建德
调查人	黄晓东,张薇,肖潇,吴露露,支亦丹
协助调查者	陈利群
调查设备	SAMSON C03U;SONY HDR-CX700E
调查时间	2015 年 7 月 16 日—2015 年 9 月 10 日
调查地点	建德市梅城镇

82 寿昌徽

发音合作人信息表

调查点	发音角色	姓名	性别	出生年月	文化程度	职业
	方言老男、口头文化	邓双林	男	1951 年 5 月	小学	职工
	方言青男	林子傑	男	1992 年 10 月	本科	教师
寿昌	方言老女、口头文化	邵素云	女	1963 年 3 月	初中	职工
	方言青女	占金雅	女	1990 年 11 月	大专	自由职业者
	口头文化	邵素娥	女	1965 年 10 月	初中	工商业者

调查点及调查人信息表

调查点	寿昌
调查人	王文胜，程朝，盛思文，那日松
协助调查者	乐先斑
调查设备	SAMSON C03U；SONY FDR-AX30；LOGITECH C930E
调查时间	2018 年 7 月 8 日—2018 年 7 月 23 日
调查地点	浙江省建德市寿昌第一小学；浙江省建德市新安江中学

83 淳安徽

发音合作人信息表

调查点	发音角色	姓名	性别	出生年月	文化程度	职业
	方言老男、口头文化	应陶明	男	1950 年 3 月	初中	基层干部
	方言老女	邵梅娇	女	1951 年 11 月	初中	职工
淳安	方言青男	任蔚江	男	1988 年 9 月	本科	基层干部
	方言青女	徐敏燕	女	1975 年 5 月	高中	金融
	口头文化	胡小马	男	1954 年 9 月	高中	农民

调查点及调查人信息表

调查点	淳安
调查人	黄晓东,张薇
协助调查者	刘勇
调查设备	SAMSON C03U；SONY HDR-CX700E
调查时间	2017 年 7 月 1 日—2017 年 8 月 10 日
调查地点	淳安县千岛湖丽景度假酒店

84 遂安徽

发音合作人信息表

调查点	发音角色	姓名	性别	出生年月	文化程度	职业
遂安	方言老男	毛立忠	男	1962 年 2 月	高中	职工
	方言老女	沈娟妹	女	1957 年 5 月	小学	无
	方言青男	刘英俊	男	1986 年 1 月	高中	职工
	方言青女、口头文化	李雯钰	女	1983 年 7 月	大专	基层干部
	口头文化	徐姣娉	女	1998 年 12 月	本科	学生

调查点及调查人信息表

调查点	遂安
调查人	许巧枝,徐梦菲,谢娇娇,魏振国
协助调查者	徐兰花,汪洋
调查设备	SAMSON C03U,SONY FDR-AX45
调查时间	2019 年 7 月 9 日—2019 年 8 月 2 日
调查地点	姜家镇中心小学

85 苍南闽

发音合作人信息表

调查点	发音角色	姓名	性别	出生年月	文化程度	职业
苍南	方言老男、口头文化	宋显炸	男	1960 年 10 月	小学	农民
	方言老女	杨玉辉	女	1956 年 11 月	小学	农民
	方言青男、口头文化	黄节安	男	1984 年 12 月	大学	自由职业者
	方言青女、口头文化	周小春	女	1985 年 12 月	大学	工商业者
	口头文化	赖陈香	女	1950 年 8 月	文盲	自由职业者

调查点及调查人信息表

调查点	苍南
调查人	孙宜志,何月,沈娅玲
协助调查者	杨守铭
调查设备	SAMSON CO3U
调查时间	2019 年 7 月 10 日—2019 年 7 月 20 日
调查地点	浙江省温州市苍南县灵溪镇苍南第三中学

86 泰顺闽

发音合作人信息表

调查点	发音角色	姓名	性别	出生年月	文化程度	职业
泰顺	方言老男、口头文化	董直善	男	1963 年 12 月	高中	基层干部
	方言老女、口头文化	包旺旭	女	1958 年 9 月	中专	教师
	方言青男、口头文化	张亚凤	男	1987 年 5 月	专科	教师
	方言青女、口头文化	赖淑楠	女	1991 年 1 月	专科	教师

调查点及调查人信息表

调查点	泰顺
调查人	李建校,盛思文
协助调查者	陈修远
调查设备	SAMSON C03U;SONY FDR-Ax30;LOGITECH C930E
调查时间	2019 年 7 月 3 日—2019 年 7 月 28 日
调查地点	温州市泰顺县罗阳镇泰顺中学;温州市泰顺县罗阳镇柏悦酒店

87 洞头 闽

发音合作人信息表

调查点	发音角色	姓名	性别	出生年月	文化程度	职业
洞头	方言老男、口头文化	林忠营	男	1958 年 8 月	高中	基层干部
	方言老女、口头文化	陈爱雪	女	1963 年 2 月	小学	农民
	方言青男、口头文化	韩一剑	男	1991 年 8 月	大学	职工
	方言青女、口头文化	林姿婷	女	1985 年 11 月	高中	职工

调查点及调查人信息表

调查点	洞头
调查人	孙宜志,何月,沈娅玲
协助调查者	林攀树,陈松财,陈旭东
调查设备	SAMSON CO3U
调查时间	2019 年 7 月 21 日—2019 年 7 月 31 日
调查地点	浙江省温州市洞头区北岙街道实验中学

88 景宁畲

发音合作人信息表

调查点	发音角色	姓名	性别	出生年月	文化程度	职业
景宁	方言老男	雷松林	男	1950 年 9 月	中专	教师
	方言老女	雷桂契	女	1960 年 4 月	初中	农民
	方言青男	蓝旭忠	男	1980 年 7 月	本科	教师
	方言青女	雷晓英	女	1984 年 6 月	本科	教师
	口头文化	蓝木昌	男	1958 年 8 月	小学	农民
	口头文化	蓝仙兰	女	1963 年 10 月	小学	文艺工作者

调查点及调查人信息表

调查点	景宁
调查人	刘力坚,施佳红,陈礼梅
协助调查者	雷艳萍
调查设备	SAMSON C03U;SONY FDR-AX30;LOGITECH C930E
调查时间	2015 年 1 月 24 日—2016 年 8 月 10 日
调查地点	景宁鹤溪镇;东弄村等

附录二 方言点及撰稿人信息一览表

序号	方言点	地级市	方言区	方言片	方言小片	撰稿人	单位
01	杭州	杭州	吴语	太湖	杭州	王文胜	浙江师范大学
02	嘉兴	嘉兴	吴语	太湖	苏嘉湖	孙宜志	杭州师范大学
03	嘉善	嘉兴	吴语	太湖	苏嘉湖	徐越	杭州师范大学
04	平湖	嘉兴	吴语	太湖	苏嘉湖	张薇	杭州师范大学
05	海盐	嘉兴	吴语	太湖	苏嘉湖	张薇	杭州师范大学
06	海宁	嘉兴	吴语	太湖	苏嘉湖	徐越	杭州师范大学
07	桐乡	嘉兴	吴语	太湖	苏嘉湖	张薇	杭州师范大学
08	崇德	嘉兴	吴语	太湖	苏嘉湖	张薇	杭州师范大学
09	湖州	湖州	吴语	太湖	苏嘉湖	徐越	杭州师范大学
10	德清	湖州	吴语	太湖	苏嘉湖	徐越	杭州师范大学
11	武康	湖州	吴语	太湖	苏嘉湖	徐越	杭州师范大学
12	安吉	湖州	吴语	太湖	苏嘉湖	赵翠阳 叶晗	浙江科技学院
13	孝丰	湖州	吴语	太湖	苏嘉湖	叶晗 赵翠阳	浙江科技学院
14	长兴	湖州	吴语	太湖	苏嘉湖	赵翠阳 叶晗	浙江科技学院
15	余杭	杭州	吴语	太湖	苏嘉湖	徐越	杭州师范大学
16	临安	杭州	吴语	太湖	临绍	徐越	杭州师范大学

续表

序号	方言点	地级市	方言区	方言片	方言小片	撰稿人	单位
17	昌化	杭州	吴语	太湖	临绍	赵翠阳	浙江科技学院
18	於潜	杭州	吴语	太湖	临绍	胡云晚 程永艳	浙江科技学院
19	萧山	杭州	吴语	太湖	临绍	孙宜志	杭州师范大学
20	富阳	杭州	吴语	太湖	临绍	吴众	浙江科技学院
21	新登	杭州	吴语	太湖	临绍	吴众	浙江科技学院
22	桐庐	杭州	吴语	太湖	临绍	孙宜志	杭州师范大学
23	分水	杭州	吴语	太湖	临绍	许巧枝	湖州师范学院
24	绍兴	绍兴	吴语	太湖	临绍	施俊	绍兴文理学院
25	上虞	绍兴	吴语	太湖	临绍	肖萍	宁波大学
26	嵊州	绍兴	吴语	太湖	临绍	施俊	绍兴文理学院
27	新昌	绍兴	吴语	太湖	临绍	施俊	绍兴文理学院
28	诸暨	绍兴	吴语	太湖	临绍	孙宜志	杭州师范大学
29	慈溪	宁波	吴语	太湖	临绍	肖萍	宁波大学
30	余姚	宁波	吴语	太湖	临绍	肖萍	宁波大学
31	宁波	宁波	吴语	太湖	甬江	肖萍	宁波大学
32	镇海	宁波	吴语	太湖	甬江	肖萍	宁波大学
33	奉化	宁波	吴语	太湖	甬江	肖萍	宁波大学
34	宁海	宁波	吴语	太湖	甬江	肖萍	宁波大学
35	象山	宁波	吴语	太湖	甬江	肖萍	宁波大学
36	普陀	舟山	吴语	太湖	甬江	王文胜	浙江师范大学
37	定海	舟山	吴语	太湖	甬江	徐波	浙江海洋大学
38	岱山	舟山	吴语	太湖	甬江	徐波	浙江海洋大学
39	嵊泗	舟山	吴语	太湖	甬江	徐波	浙江海洋大学
40	临海	台州	吴语	台州		丁薇 卢笑予	宁波大学 北京师范大学
41	椒江	台州	吴语	台州		阮咏梅	宁波大学

续表

序号	方言点	地级市	方言区	方言片	方言小片	撰稿人	单位
42	黄岩	台州	吴语	台州		阮咏梅	宁波大学
43	温岭	台州	吴语	台州		阮咏梅	宁波大学
44	仙居	台州	吴语	台州		黄晓东	北京语言大学
45	天台	台州	吴语	台州		肖萍 丁薇	宁波大学
46	三门	台州	吴语	台州		赵翠阳 叶晗	浙江科技学院
47	玉环	台州	吴语	台州		阮咏梅	宁波大学
48	金华	金华	吴语	金衢		黄晓东	北京语言大学
49	汤溪	金华	吴语	金衢		宋六旬	嘉兴学院
50	兰溪	金华	吴语	金衢		吴众	浙江科技学院
51	浦江	金华	吴语	金衢		黄晓东	北京语言大学
52	义乌	金华	吴语	金衢		施俊	绍兴文理学院
53	东阳	金华	吴语	金衢		刘力坚	浙江师范大学
54	永康	金华	吴语	金衢		吴众 程永艳	浙江科技学院
55	武义	金华	吴语	金衢		吴众 叶晗	浙江科技学院
56	磐安	金华	吴语	金衢		雷艳萍	丽水学院
57	缙云	丽水	吴语	金衢		吴众 程永艳	浙江科技学院
58	衢州	衢州	吴语	金衢		王洪钟	浙江师范大学
59	衢江	衢州	吴语	金衢		王洪钟	浙江师范大学
60	龙游	衢州	吴语	金衢		王洪钟	浙江师范大学
61	江山	衢州	吴语	上丽	上山	王洪钟	浙江师范大学
62	常山	衢州	吴语	上丽	上山	黄沚青	浙江师范大学
63	开化	衢州	吴语	上丽	上山	王洪钟	浙江师范大学

续表

序号	方言点	地级市	方言区	方言片	方言小片	撰稿人	单位
64	丽水	丽水	吴语	上丽	丽水	雷艳萍	丽水学院
65	青田	丽水	吴语	上丽	丽水	王文胜	浙江师范大学
66	云和	丽水	吴语	上丽	丽水	雷艳萍	丽水学院
67	松阳	丽水	吴语	上丽	丽水	王文胜	浙江师范大学
68	宣平	金华	吴语	上丽	丽水	雷艳萍	丽水学院
69	遂昌	丽水	吴语	上丽	丽水	王文胜	浙江师范大学
70	龙泉	丽水	吴语	上丽	丽水	王洪钟	浙江师范大学
71	景宁	丽水	吴语	上丽	丽水	雷艳萍 蒋婷婷	丽水学院
72	庆元	丽水	吴语	上丽	丽水	王文胜	浙江师范大学
73	泰顺	丽水	吴语	上丽	丽水	王文胜	浙江师范大学
74	温州	温州	吴语	瓯江		蔡嵘	温州理工学院
75	永嘉	温州	吴语	瓯江		徐丽丽	温州大学
76	乐清	温州	吴语	瓯江		蔡嵘	温州大学
77	瑞安	温州	吴语	瓯江		徐丽丽	温州大学
78	平阳	温州	吴语	瓯江		孙宜志	杭州师范大学
79	文成	温州	吴语	瓯江		孙宜志	杭州师范大学
80	苍南	温州	吴语	瓯江		徐丽丽	温州大学
81	建德徽	杭州	徽语	严州		黄晓东	北京语言大学
82	寿昌徽	杭州	徽语	严州		程朝	浙江师范大学
83	淳安徽	杭州	徽语	严州		黄晓东	北京语言大学
84	遂安徽	杭州	徽语	严州		许巧枝	湖州师范学院
85	苍南闽	温州	闽语	闽南		孙宜志	杭州师范大学
86	泰顺闽	温州	闽语	闽东		李建校	曲阜师范大学
87	洞头闽	温州	闽语	闽南		孙宜志	杭州师范大学
88	景宁畲	丽水	畲话			刘力坚	浙江师范大学

后　记

　　浙江省从 2015 年年初开始试点实施中国语言资源保护工程项目，前后历时 5 年，完成了全省 88 个汉语方言点的调查任务，其中国家规划的方言点 77 个，浙江省自筹经费增加的旧县方言点 11 个，由此积累了非常丰富而宝贵的方言语料。关于方言资源的开发和利用，省语委和省教育厅于 2016 年开始谋划，先后组织高校方言专家及出版编辑人员进行专题研讨，于 2018 年年底正式推出了"浙江方言资源典藏"丛书首批 16 部，开启了阅读并聆听浙江乡音的崭新模式。

　　根据教育部办公厅的统一部署，随着语保工程一期的陆续收官，从 2019 年起，作为语保工程标志性成果的"中国语言资源集·浙江"的编纂成为浙江语保团队的工作重点。2020 年 2 月，浙江省语委办下发《关于启动〈中国语言资源集·浙江卷〉编写工作的通知》，明确了组织架构，设立了编写课题，省语委办朱鸿飞同志任编委会主任，王洪钟、黄晓东、叶晗、孙宜志任主编，各调查点的负责专家任编委。随后，主编团队根据《中国语言资源集（分省）编写出版规范》开列了需交材料与文稿清单，初步拟定了体例规范及编写样例。2020 年 6 月初，"中国语言资源集·浙江（样稿）"通过了中期验收。

　　2020 年 12 月，在汇齐全部语料的基础上，根据中期检收反馈意见，主编团队编成"中国语言资源集·浙江（初稿）"9 册，在浙江义乌接受了项目预验收，曹志耘、顾黔、陶寰、汪国胜、严修鸿 5 位专家分头进行了严谨细致的审阅，指出存在的主要问题是：缺少卷首总体概述，体例用字不一致，内容详略不均衡。同时，专家组也提出了修改指导建议：准确性应优先于一致性,根据浙江方言的具体情况进行必要的体例创新。

2021年3月,在预验收意见的基础上,王洪钟起草了语音、词汇、语法各卷的校对意见,重点规范字词注释的体例、词汇语法的用字、音标与符号的格式等;黄晓东拟定了方音样本及口头文化样本,重点规范章节构成、资料来源及体例格式等。校对意见和样本经主编团队讨论修订后,发由编委们开展新一轮修改。2021年8月,在各点修改稿的基础上,王洪钟与黄晓东重新编纂形成了"中国语言资源集·浙江(修订稿)"各卷,初步解决了用字不统一、体例不规范、内容有缺漏等问题。

为进一步提高书稿质量,尽可能减少差错与分歧,主编团队酝酿召开若干场编委定稿会,按方言片区的不同,编委分批参与,就同一套纸质书稿从头通读到尾,通过前后左右的相互比照,检视彼此尚存的差错与分歧,以现场讨论的方式解决问题并记录在册,最后由主编集中定稿,由于疫情,这个设想始终没能等到合适的时机来实现。2021年11月,主编团队决定放弃会议形式的定稿过程,改为先由编委各自校对修订稿电子版,再由主编汇总校对意见后讨论定稿的形式。定稿阶段主编们进一步明确了分工:王洪钟负责语音卷(字音对照)及词汇卷,执笔撰写全书后记;黄晓东负责语音卷(各地方音)及口头文化卷;叶晗负责沟通国家语保中心和省语委办,对接出版社;孙宜志负责语法卷,执笔撰写全书序,落实调查点分布图。当然,这只是大致的分工,实际上编纂过程中团队经常进行互校和讨论。另外,王文胜、雷艳萍、肖萍、阮咏梅、张薇等老师也参与了部分审校工作。

2022年3月底,语音卷、词汇卷定稿交付出版社;5月底,语法卷、口头文化卷定稿交付出版社。浙江大学出版社极其重视资源集的出版,早在浙江语保工程启动的次年,出版社的专家就加入了浙江语保团队,提前参与筹划浙江语保成果的编辑出版。收到定稿后,出版社迅即组织精兵强将,精心分解编校任务,详细制定进度日程。进入8月,出版社编辑与编写团队之间开始了更为频繁的互动,通过线上线下的统稿会及微信、邮件等方式进行密集交流,解决书稿中一字一符的准确性、规范性、一致性问题。

在书稿即将付梓的时刻,蓦然回首,我辈学人居然已在浙江语保的旗下时聚时散、不离不弃地一路同行了七八个寒暑!多少青丝染上了霜雪,几多

"语宝"已呱呱而生。如今即将修成正果,我们的心中不由涌起万千感慨。这一刻,我们首先要感谢省语委、省教育厅对浙江语保工程的高度重视和大力支持,尤其要真诚地感谢浙江资源集编写项目负责人朱鸿飞同志,他不仅对前期的科学编纂进行了周密部署,而且为后期的顺利出版付出了大量心血。同时,我们也很想跟此前主事的李斌同志分享我们的喜悦,传递我们的感念,感谢他主事期间为浙江语保所创设的良好开端与长远规划。我们还要感谢各地教育局语委系统为语保工程的宣传发动、发音人的征召遴选、摄录场地的挑选落实等工作所付出的努力,感谢省内各高校的通力合作,感谢志愿协助调查与摄录的各高校师生,感谢各地发音人不畏酷暑、不厌其烦地接受调查与咨询,感谢浙江科技学院语保团队在会务组织、对外宣传、出版联络等方面做出的诸多贡献。尤其需要感谢浙江科技学院房纪东老师,他为整个浙江语保团队做了大量后勤保障工作,是浙江语保的幕后英雄。

　　本书的调查研究得到了中国语言资源保护工程专项资金的资助,成果出版得到了浙江省财政的资助,谨此致谢。同时,感谢教育部语信司和中国语言资源保护研究中心的诸位专家、历次检查验收的众位省外方家所给予的指导和帮助,感谢顾黔教授在担任浙江语保首席专家期间对我们团队的悉心指教与热情鼓励,尤其感谢曹志耘教授在浙江语保的各个关键节点所给予的特别关注与倾力指引,感谢浙江大学出版社,特别是包灵灵老师、陆雅娟老师等编辑的鼎力支持与紧密合作。她们的专业水准和敬业精神令人感佩!

　　浙江方言的多样性与差异性超乎想象,本书编写者的学术背景与研究风格又各不相同,各方言点之间的材料就难免参差不齐。我们虽时时想做统一的"格式化"处理,但每每喟叹自身学养与水平太过有限,率尔操觚的结果必然是牵一发而动全身,以致最后顾此失彼甚或挂一漏万。因此,我们仅在尊重调查者原稿及发音人原始录音的前提下做了有限的修改与补正,书中有待商榷及错谬缺漏之处定然不少,敬请各位读者不吝指教。

　　身处时空距离缩小、边界模糊或消失的信息时代,各地方言的存亡去留格外令人揪心。浙江境内的方言丰富而复杂,每一种方言都是一条自古至今流淌不息的溪流,每一滴溪水里都蕴含着特定时空里的历史文化信息。

在这样一个全球化的时空节点,我们以统一的规格,掬起一瓢瓢浙江大地上的方言之水善加保存,或许它们只是终将逝去的几滴乡愁之泪,但就我们这一代方言学人而言,这何尝不是一种致敬母语的深情回馈?

　　是为记。

　　　　　　　　　　　　　　　　　　　　　　　　本书主编

　　　　　　　　　　　　　　　　　　　　　　　2022 年 10 月 12 日